U0027857

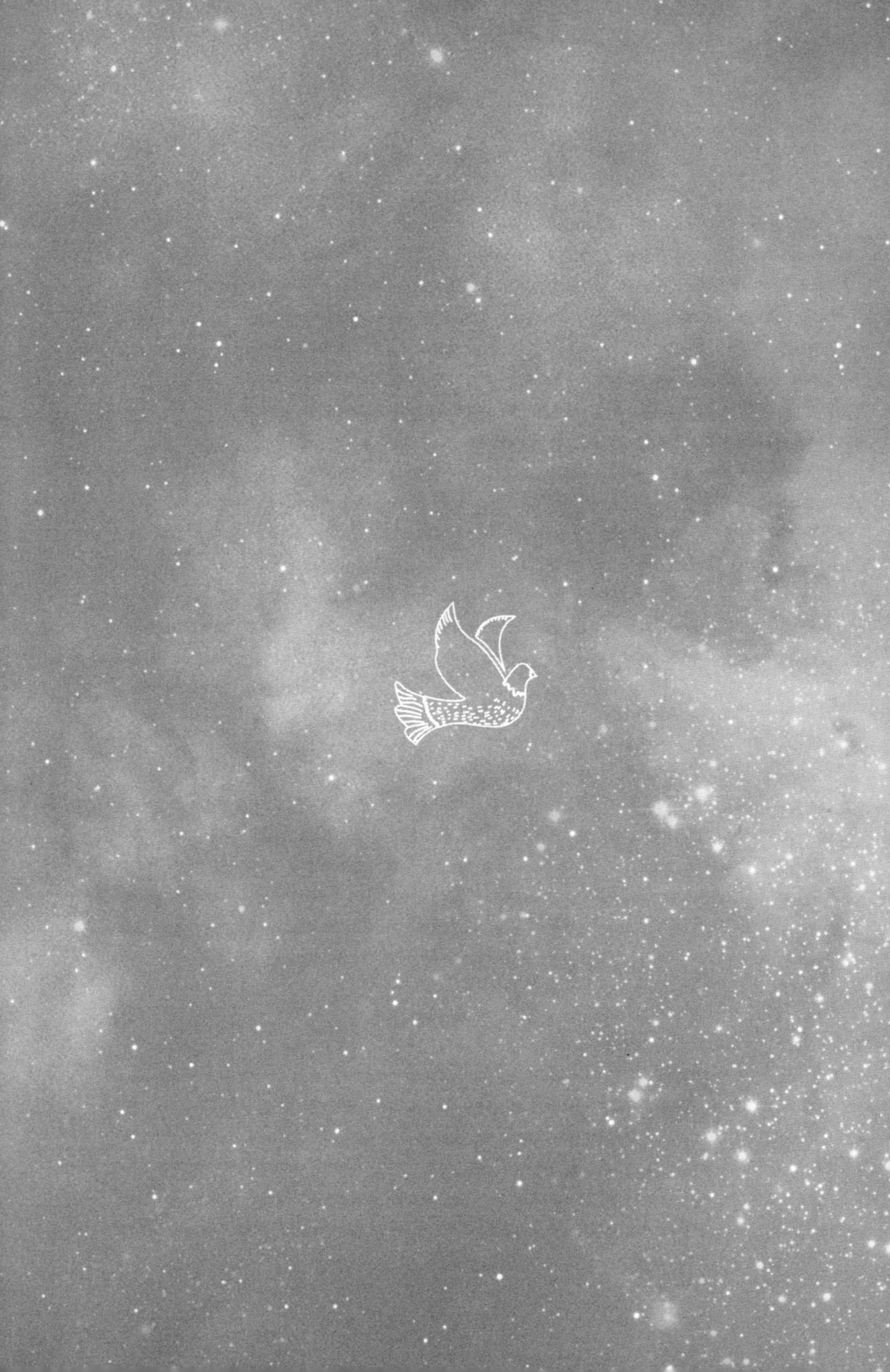

# 366生日生命靈數全書

從生日數字的意義，了解你的天賦與使命，

…………… 掌握一生運勢的祕密 ……………

生命靈數教父 葉月虹映 著

周若珍、林詠純 譯

suncolor 三采文化

# Contents

Fortune-telling on the basis of Hazuki Numerology

## 366日生命靈數全書

序言 Preface

# 幫助你解讀自己的大門，此刻已經敞開

據說，我們每個人都曾是一顆星星。而「星」這個字，恰好是由「生」與「日」兩個字組成的。也許我們出生在哪一天，註定有什麼樣的命運，其實都是出於自己的選擇。

從生命靈數的角度來看，早在出生前，你在前世親自寫下的人生腳本，就已經深植於你的生日裡。所以解讀人生意義的關鍵，就在這構成生日的「數字」之中。

早在史前時代，在數字尚未被用作計算之前，人類就已在久遠的時間與空間裡，刻下數字的印記。數字的智慧從古埃及、巴比倫文明再流傳到古希臘，最後由猶太人加以編纂，並以「卡巴拉生命靈數」之名流傳至今。

將出生的月分與日期的數字加以搭配後，總共有 366 種組合。每個人詳細且私密的資訊，都藏在這 366 天的生日裡。

此刻，世界正面臨巨大的改變。人們對於過度偏重物質的現象開始產生反感，逐漸關注無形世界的靈性力量。我所撰寫的這本生命靈數之書就是一種智慧，告訴我們有形事物背後那些無形事物的力量，以及與生命的關聯。

為了傳達隱藏在數字背後的訊息，我採用了所謂占卜的形式，而這是洞察人性最精闢的方法，也是流傳千年以來的真正智慧。

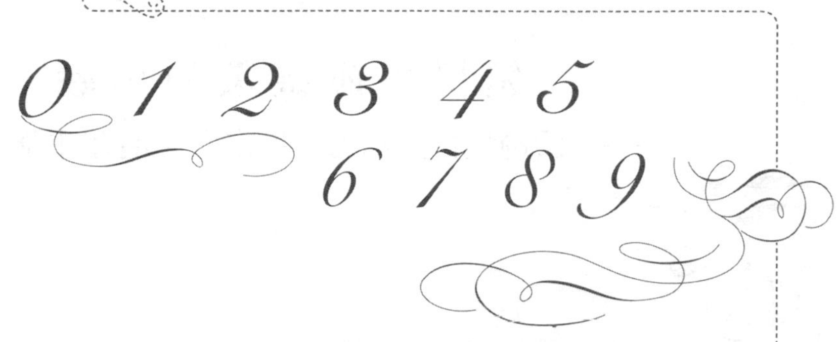


只要解讀隱藏在你生日內的數字密碼，便能抽絲剝繭，釐清你今生是帶著什麼樣的前世記憶與未來使命而誕生的。生日之中，同時也隱藏著能幫助你活出真正自我的人生提示，例如：你的潛能、戀愛運、結婚運、性生活、工作運、財運、適合的對象……等訊息，請務必用心聆聽。

為了讓你的人生透過閱讀本書變得更加充實、更有意義，本書在開頭說明了每一個數字的意義及影響你一生走向的「命運數」；在書末則收錄了藉由數字可算出的「人生的 9 種運勢變化（循環）」以及「人生運勢週期表」。

你已經準備好開啟隱藏在數字裡的神祕之門了嗎？幫助你解讀自己的大門，此刻已經敞開。現在就請翻開你人生劇本的第一頁吧。

我帶著由衷的愛，向各位致上最深的謝意！

日本生命靈數教父
葉月虹映

# 領悟生命靈數的奧義

## —— 透過生日揭示的人生方向、潛在才華 ——

the Secrets of Hazuki Numerology

假如有人問你：「哪個數字最能代表你？」你會怎麼回答呢？

是身高、體重、鞋子的尺寸、學號、身分證字號，還是住家的門牌號碼呢？

面對這個問題時，我想幾乎所有的人都會回答：「最能代表自己的數字？應該是生日吧⋯⋯」沒錯，這就是正確答案。

事實上，組成生日的數字裡，的確隱藏著有助於解讀人生腳本的密碼。而這本書的主軸，就是有助於解讀生日數字意義的「生日占卜」。

生日占卜的起源，可追溯至距今約 2500 年前，也就是西元前 500 年的古希臘哲學家畢達哥拉斯。畢達哥拉斯認為數字是萬物的根源，數學可以解釋世界上一切的事情。對數學的研究，讓他發現了至今仍通用的各種數學定理，例如眾所皆知的三角形定理（畢氏定理），相信你一定也曾在學校學過吧。

以畢達哥拉斯為始，這經過 2000 年以上的歲月考驗而流傳至今的學問體系，就是我所彙整之生命靈數占卜的源頭——「卡巴拉生命靈數」。

而將卡巴拉生命靈數流傳至今的，就是自古重視家族文化一脈相傳的猶太民族。

現在的猶太人在全球金融界擁有莫大的影響力，可說是公認的事實。更令人震驚的是，在諾貝爾獎得主中，有近 4 分之 1 的人是猶太人，但猶太人的人數比例還不到地球總人口的 0.2%。

我們甚至可以說，猶太人在金融與學術研究方面的表現極為突出，原因就在於他們深諳卡巴拉生命靈數的智慧。猶太民族所崇尚的鍊金術，指的就是「卡巴拉」的智慧。因為他們能解讀數字背後的意義、運用只有他們知道的數字的法則，才能活躍於金融界與各領域的跨國事業。

全球各地使用的語言有許多種，但幾乎沒有一個國家不使用「1、2、3……」的阿拉伯數字；即使世上有不說英語的國家，卻幾乎沒有不使用數字的國家或地區。阿拉伯數字或許可謂史上唯一的「世界共通語言」。而將阿拉伯數字推廣到全世界的，據說也是猶太人。我想，也許是因為猶太人不想讓太多人知道隱藏在數字背後的含義，以及數字所扮演的另一種角色吧。倘若這個祕密被人知道了，猶太人便無法獨占一直以來只有他們了解並運用的數字密碼，因而失去在商務領域的優勢。

因此，以前我們從來沒學過數字背後的意義，也是理所當然的。不過這樣的時代已經過去了。

我彙整出生命靈數占卜的初心，是希望藉由向全世界公開 2000 年來只有猶太人知道的「卡巴拉生命靈數」的智慧，以幫助更多人獲得幸福與富足。

數字不止是「數值」，同時具有「文字」的功能，只是後者在過去始終被隱藏起來，無論是在學時或出社會之後，都沒有人教過我們……。

每個數字都具有文字般的獨特意義，且蘊藏著大量訊息，這是數千年來不可撼動的事實。

每個人的生日數字背後，都含有專屬自己的生命密碼。特別是出生日期。這是每個小嬰兒自己挑選並決定誕生的日子，因此出生那一天的數字對每個人而言格外有意義。

因為「出生日期」的決定權在嬰兒手上，因此，在你成為嬰兒之前的前世記憶，才會以密碼的形式藏在出生日期裡。

相對地，「出生月分」的主要決定權則掌握在父母手裡。假如在嬰兒誕生的十個月之前，父母沒有交合，那麼十個月後新生命也不會誕生。因此，出生月分的決定權由父母掌握，而出生月分數字裡隱藏的暗號，則可以解讀出父母寄予你生命的「未來訊息」。

至於「出生年分」，則是綜合了你自身與你的父母、祖先、子孫等人的意念而決定的。

若我們像這樣一一解讀隱藏在生日數字裡的密碼：出生年分、月分、日期的數字意義，便能清楚掌握今生的你來自哪裡、會經過何處、最後將前往何方。

釐清你的生日數字，除了能了解自己的才華、特徵、優點、缺點之外，更能輕鬆解讀你的前世記憶與未來展望。

當然，要不要運用這份智慧，全部取決於你自己……。

你仍想繼續無視這些隱藏在生日裡的數字密碼，過著一成不變的人生嗎？為了讓自己的人生更加耀眼，你何不試著活用數字背後的意義呢？

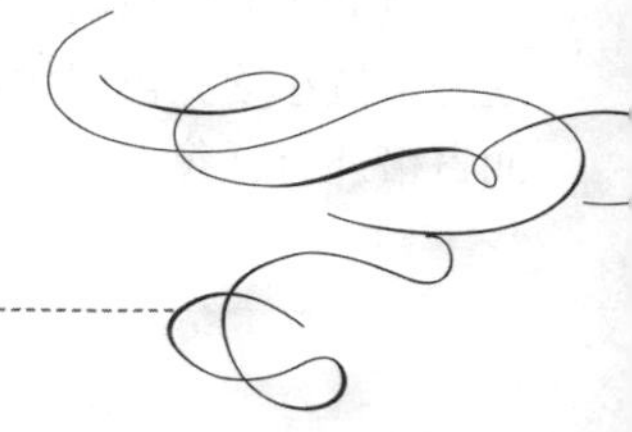

# 了解數字的祕密

Numerology Profiles

## ❖ 數字，也是一種文字 ❖

數字並不只是單純的數值。每一個數字，都是有獨特意義的文字。日常生活中用於計算時的數字，我稱為「左腦數字」。這種作為金錢單位、度量衡計量，以及用於四則運算等的邏輯性數字，是由掌管理智的左腦進行處理的一般性數字。

相對地，世上也存在著一種可憑感覺挑選的數字，由掌管感性、知覺的右腦所負責處理，我稱為「右腦數字」。

如果「左腦數字」的特徵是將數字視為單純的「數值」，那麼「右腦數字」的特徵，便是將數字視作「文字」。只要善加運用右腦數字，便能幫助我們解讀藏在生日裡的數字密碼。

從另一個角度來看，數字其實還有性別之分——奇數是男性的，偶數是女性的。

數學中可被 2 整除的數字稱為「偶數」，隱藏在偶數裡的象徵，就是身上擁有 2 個一模一樣的東西，這就代表著女性。另一方面，無法被 2 整除或除後餘一的數字稱為「奇數」，這就象徵著擁有突出之處的男性。各位可用男女身體特徵的差異來想像，就更能理解「偶數是女性的，奇數是男性的」說法了。

數字看似簡單，對人生的影響力卻不容小覷。我們明明每天使用它、看到它，卻對它有太多不了解……。首先，就讓我們從了解自己的生日數字開始，揭開數字神祕的面紗吧。

# 用9宮格掌握數字的特質

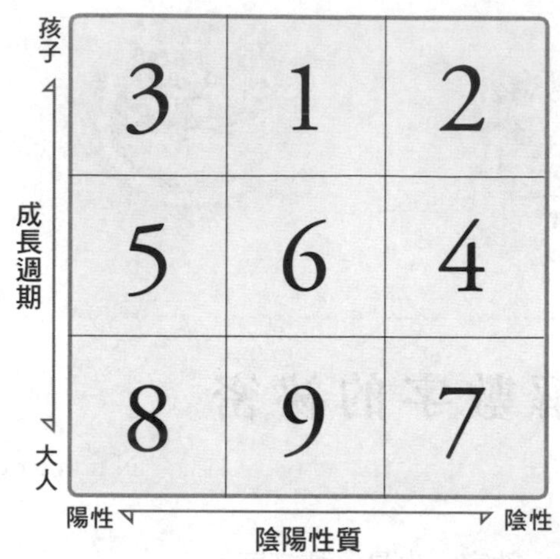


為了讓每個數字的特性能夠一目了然，我將數字以 9 宮格圖表分類如上圖。「9 宮格」是將 1～9 的數字所具備的特質分為 3 大類，並將同種特質的數字歸類在同組的數字矩陣。

9 宮格中的縱軸表示「成長週期」，橫軸表示數字的「陰陽性質」。從這兩個軸線的分類，我們便可初步掌握每個數字的特質。最左方「3・5・8」這條直線，是屬於陽性的數字；最右方「2・4・7」這條直線，則是屬於陰性的數字。儘管中間這條直線的「1・6・9」處於中間的位置，但「1」偏陽數，「9」偏陰數，所以只有位在 9 宮格正中央的「6」可真正被歸類為中庸之數。

換言之，「1・3・5・8」這 4 個數字，是屬於陽性的數字，「2・4・7・9」這 4 個數字，是屬於陰性的數字；而不屬於陰陽任何一方的「6」，則是屬於中庸的數字。

陽性數字「1・3・5・8」具有開朗、正向、積極等特質，是充滿男性能量的數字；相對地，陰性數字「2・4・7・9」則具有冷靜、深思熟慮、被動等的特質，是充滿女性能量的數字；而屬於中庸的數字「6」，則代表能將陰陽融合的特質。

我之所以沒有單純將代表女性的偶數「2・4・6・8」視為陰性，將代表男性的奇數「1・3・5・7・9」視為陽性，是因為中國思想的「陰陽論」與西洋思想的「卡巴拉」在見解上有所差異。

在 9 宮格裡，除了數字的陰陽性質之外，各個數字所代表的成長週期與人生角色，也能一目了然。各數字的成長狀態可由 9 宮格裡的橫線來判斷。最上方的橫線「1・2・3」代表著年輕有活力、充滿創造力的「孩子」；中間的橫

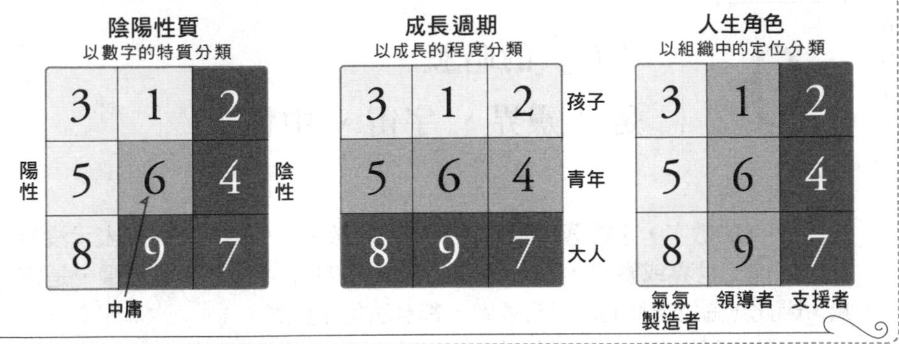


線「4・5・6」代表著銜接孩子與大人之間，具有協調、開創特質的「青年」；而下方的橫線「7・8・9」，則代表富有判斷力的成熟「大人」。

除此之外，在各數字的影響下，我們在人生中所扮演的角色也有所不同。最左方「3・5・8」的陽性數字，代表充滿活力、積極的角色，在組織裡通常是擔任主動出擊的「業務員」；最中間的「1・6・9」的數字，代表能夠統籌全局的領頭羊，在組織裡適合擔任「管理階層」；而「2・4・7」的陰性數字，則代表在幕後支援全體的角色，在組織裡往往是會計、總務等「後勤支援者」。

只要使用 9 宮格，我們就能瞬間掌握各數字所具備的陰陽屬性、成長週期及人生角色。換言之，只要看一眼 9 宮格，就能明白「1」是具有「陽性、孩子、領導者」傾向的數字。

請試著將你的生日數字放入下圖中的 9 宮格裡，進行分類，從中找出你與生俱來的特質，並將它靈活運用在生活中吧。

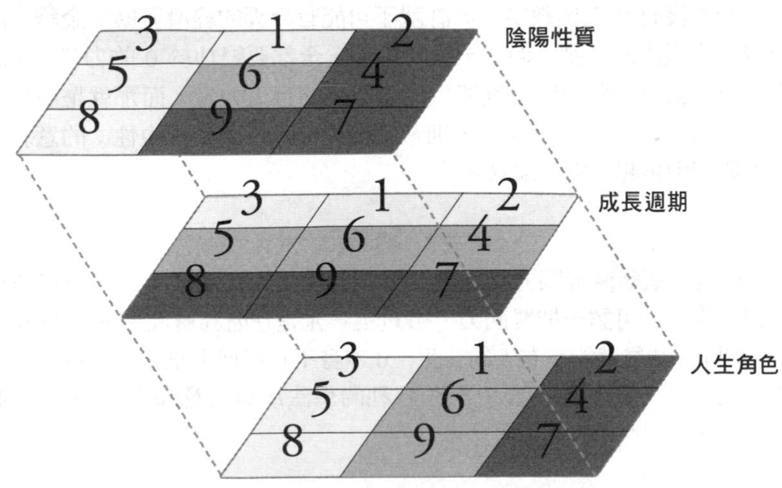

# 0 「0」的暗號，是「靈界、宇宙、中性」

1～9 的數字，象徵著實際存在於現世的數字。相對地，0 則表示沒有實體的虛幻世界或靈界。當 0 單獨存在時不具任何意義。0 是零、是空無，因此無論這空無的境界有多廣，都無法化作實際。

0 是一個代表著完整世界的符號。在這個世界裡匯集了一切，卻又難以完全理解。我們可以將它視為宇宙的同義詞——明明有實體存在，卻深奧難懂。

另外，0 的任務，就是激發其相鄰數字所擁有的力量。換句話說，也就是替相鄰的數字賦予新生、更大的能量。

如果用石頭來比喻，那麼 0 就像是水晶。水晶本身是透明的，它的特徵是：傳遞、轉換、增強鄰近物體的能量。因此，若你帶著負能量使用水晶，那麼負能量就會增強；若帶著正能量使用水晶，正能量就會逐漸擴散。無論是好的能量或壞的能量，水晶都能加以增強、擴散，端看你如何使用。

0 也是一樣。0 本身並沒有好壞之分，是一個完全中立、中庸、中性，代表著靈界、宇宙的數字。

## —— 優點 ——

倘若沒有 0 這個數字，或許就不可能有今天的經濟發展。金錢之所以能夠與實體經濟分割，擴展至天文數字，全都要歸功於 0 的力量。0 的優點，就是擁有一股能將現世能量無限擴大的巨大力量，而那就是靈界的力量。同時，當 0 獨自存在時，則意謂著「中心、中庸、中性」的意義，有助人們東山再起、重新來過。

## —— 缺點 ——

0 是一個蘊藏無限力量的數字，倘若使用方法錯誤，便可能造成無可挽回的事態，可謂一把雙面刃。事實上，光是在財務層面增加一個 0 或減少一個 0，往往就能左右人的一生。0 本身不具任何力量，一切取決於人們的使用方法。請千萬不要用自私自利的想法或負面意識來使用 0 這個數字……。

## —— 字形由來 ——

0是代表靈界或宇宙的數字，因此無法單獨用平面來呈現其形體。以0原有的意義而言，什麼都不寫也許才最貼切。不過，倘若不具任何形體，便完全無法意會，因此我建議各位在手寫 0 的時候，請不要寫成封閉的圓，而是寫成有開口的圓，才更能活化0的力量。

## 象徵圖形 Symbols

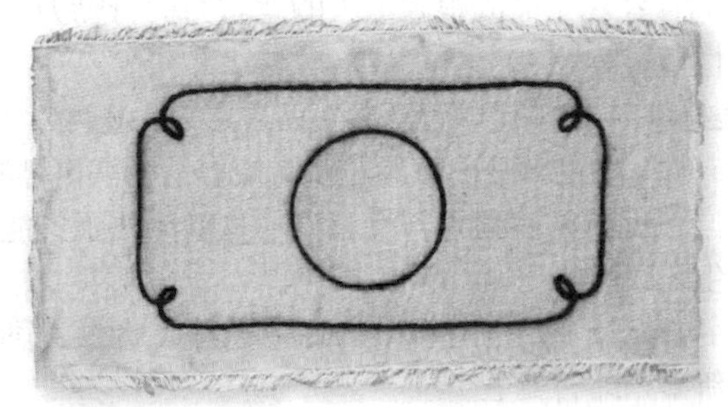

## 0 隱藏的訊息 Hidden Message *of* "0"

一般而言，0 總是被理解為「無」，但事實上並非如此。正確來說，0 真正的意義應該是「雖然有，卻看不見」或「儘管看不見，一切其實都匯集於此」。

象徵著宇宙及靈界的 0，連接著靈界與現世，具有協調、融合的作用。

當你在身邊看見「0」的數字時，就表示它正在提醒你回到「中心」。無論當時的你是積極的或消極的，從「中心」來看，你都是偏頗的。

請試著修正你的偏頗，回到全新的、中立的狀態。擁有無限可能的你，切莫畫地自限。請再次找回你的重心，從零開始重新評估所有選項。

## —— 字義聯想 ——

空無一物／色即是空，空即是色／空中樓閣／無用之用／天衣無縫／無限小數／諸行無常／無明長夜／無間地獄／十年樹木，百年樹人

# 1「1」的暗號，是「第一、開始、一體」

1 是數字 1～9 之首，意謂著「最初、起點、開端」，進而衍生出「前進、發展、起點、領先、第一」等意義，名符其實地代表著「第一步、最初的種子」。

另外，1 也象徵著將各種事物加以整理、收集、統合等的領導能力，並暗示為唯一的存在、生命的根源、人的意志力與行動力，以及朝著目標勇往直前的男性特質等等。

同時，1 也具有方向、箭頭等意義。換言之，1 這個數字的特徵，就是具有明確的方向性，並隱藏著出發的訊號，使事情朝著目標發展。

若沒有方向，就無法流動；若沒有流動，就無法匯集能量，也不會有任何新事物誕生。

1 這個數字的能量，是創造新事物時所不可或缺的，同時 1 的存在，也代表著某種新事物即將誕生。

1 是筆直朝上的箭頭，因此儘管擅長突破與衝刺，卻欠缺臨機應變的靈活想法與接納周遭事物的包容性。就像發射出的火箭般，只會朝著已決定的方向筆直前進，單一思考而毫無疑慮。

## —— 優點 ——

1 的優點就是充滿力量的爆發力。凡事起頭難，1 最大的特徵，就是擁有在空無一物的狀態下創造新事物的力量。它具有能統合一切的強大能量與領袖魅力，同時代表一名擁有統率能力、指導能力、行動力且值得信賴的領袖、冠軍、首席、領導者。1 的優點象徵著在競爭中努力爭取第一、強而有力的男性。

## —— 缺點 ——

由於 1 只能選擇單一方向，因此其他的選項都會遭到排除或淘汰。正因為 1 擁有強大的能量，因此一旦方向錯誤，就容易偏向孤立、獨裁、強權的態勢，造成巨大的能量消耗或嚴重的損傷。基本上，1 只能筆直前進，因此無法靈活應變，即使內心有所察覺，有時損害也會不斷擴大。

### —— 字形由來 ——

1 的形狀象徵著箭頭、方向。縱向的箭頭正是數字 1 字形的根源。一般的直線與 1 的差別，在於末端是否為箭頭。此外，1 同時也象徵著男性的性器、陽具、精子等，因此我將 1 視為象徵男性特質的數字。

## 象徵圖形 S y m b o l s

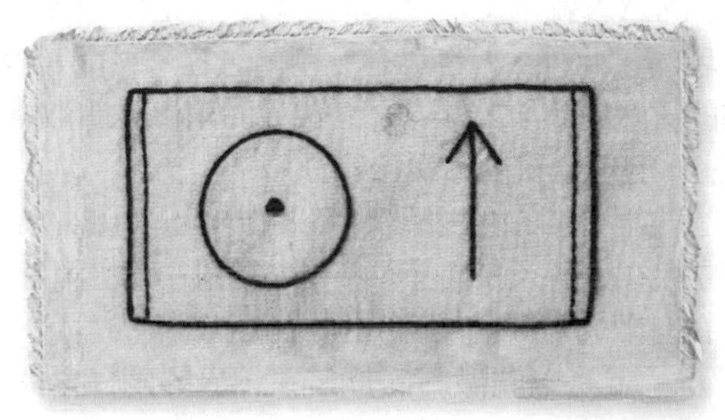

## 1 隱藏的訊息 Hidden Message of "1"

1 是一種宛如雷射光般勇往直前的能量，因此總能強而有力地在背後推你一把。當你不知該如何選擇時、事情停滯不前時、缺乏勇氣時、想知道答案時，就請刻意選擇 1 這個數字吧。

在生活中刻意挑選一號、獨一無二的商品或當季第一批收成的作物等屬於 1 的物品，便能幫助你排除沉澱已久的能量。當你在身邊看見 1 這個數字，請了解到它正在提醒你「朝著新方向重新出發」。

此外，1 的形狀也如同打勾一般，因此也具有肯定、認可的意義，就像在告訴你：只要順著你此刻選擇的方向前進就好。最重要的是，別停駐在原地，從現在開始，毫不遲疑地向前邁進。

### —— 字義聯想 ——

萬綠叢中一點紅／一期一會／一日三秋／發起一念／專心一志／乾坤一擲／一石二鳥／有一得必有一失／首屈一指／一葉知秋／羅馬不是一天造成的

# 2 「2」的暗號，是「和諧、包容、平衡」

2 是二元論的基礎。意謂著始於一的事物將一分為二，開始分裂、增加、擴展。這個數字象徵著男與女、光明與黑暗、太陽與月亮、陰與陽、善與惡等彼此相反的兩極。

2 這個數字的意義就是：現世裡的一切，皆是由相異的兩種極端取得平衡之後而出現的。此外，2 也具有分割、包容、平衡等含義。相對於 1 那種勇往直前的男性特質，2 則具有在相異的兩極之間取得平衡，擁有包容、認可、和諧，且較為被動的女性特質。

2 的任務是「連結」。它提醒我們：處於兩極的事物原為一體，並非從一開始就獨立存在，所以我們必須接受、認同、牽起兩者之間的關聯。2 的義務，就是在有限的時間內交棒，並扮演好橋梁的角色。另外，2 還有一個重要的任務，就是以圓融的態度，在相異的兩極之間協調、取得平衡，營造出兩者共存的狀態，而不是選擇其中一方。

另一方面，2 可以拆成 1 加 1，這代表我們心中的另一個自己，因此容易產生迷惘或內心糾結。所謂的處事圓融、可在兩者間取得平衡的人，換個角度來說，也可謂心意不堅、容易優柔寡斷。

### —— 優點 ——

2 的優點是涵蓋、包容、接納，也就是兼容並蓄。這個數字具有善用兩者，使其和諧共處的力量，並不會為了得到某一方而割捨、拋棄另一方。此外，2 的另一個特徵就是圓融，能在幕後扮演輔助的角色。它是一個帶有柔性、順從的數字，不走極端、不去評斷好壞，富有深度而且療癒人心。

### —— 缺點 ——

一旦 2 的負面力量被放大，便容易出現分裂、矛盾、背叛、依賴等情況，或在兩端之間游移不定；一旦失去平衡，就容易優柔寡斷，請格外注意。尤其 2 對 1 這種強大能量的數字，容易產生依賴，甚至被對方操控，站上受害者的位置。有時也會利用表裡不一的方式控制周遭的一切。

### —— 字形由來 ——

據說 2 的字形，源自於一般稱為陰陽或太極的圖形。位在太極中間、區分黑白兩部分的曲線，正是 2 的原形。

這個形狀是不斷重複的波形，象徵著裂縫、縫隙。相對於象徵男性特質、陽具的 1，2 象徵的則是女性特質、女陰，如同代表 1 的精子進入卵子，形成受精卵後最初細胞分裂時的形狀。

## 象徵圖形 Symbols

## 2 隱藏的訊息 Hidden Message of “2”

2 象徵溫和、輕柔地將兩種事物加以統合，富有連結、分享的能量。

換言之，當你在身邊看見 2，就是在暗示你應該與他人打好關係、和平共處。因此，你可以大膽地採取具體行動，例如打通電話、寫封 E-mail 給有好感的對象、約對方見面聊聊、與對方牽手、擁抱等肢體接觸。當人與人之間產生連結後，世間萬物才有誕生的可能。更進一步而言，2 肩負著統合與協調的任務，因此當看到 2 出現時，可以解讀為不偏袒任何一方，在兩個人、事、物之間尋求平衡。

2 是象徵女性特質的數字，它提醒我們去意識到自己內在的女性特質、接納自己陰柔的一面。

### —— 字義聯想 ——

兩面討好／兩相違背／心無二用／首尾兩端／身兼二職／別無二話／接二連三／兩者不可兼得

# 3 「3」的暗號，是「創造、歡笑、孩子」

3 是一個蘊藏著孕育新生的力量，代表創新、發展的數字，正如三位一體、三神器等詞彙，象徵在和諧與安定中內藏著變化的可能。當我們在正負兩極之中加上第三種力量後，便能產生全新的能量。

另外，相對於代表父親的 1 與代表母親的 2，3 是一個具有孩子特質的數字，它擁有孕育新事物的創造力和靈感、無拘無束的點子與不受侷限的可能性。3 的另一個特質，就是在穩定中藏著轉變，可能轉向創造或破壞，也可能轉向正面或負面。

此外，3 也是表示時間或團體最小單位的數字，在各種單位裡，3 都可以表示最短、最小的一段或一塊區間。

3 的使命，就是顯現出存在感與動態感。這個數字存在的本身，就能為人們帶來某種期待或希望。它能透過不斷重複創造與破壞，催生出新的潮流或動向，可說是一個充滿潛能的數字。

由於 3 是象徵孩子的數字，因此具有 3 的生日數字的人，不喜歡待在原地不動，經常順著好奇心採取行動，並富有幽默、節奏感等有創造性又能取悅大眾的娛樂特質。有句俗話說，孩子是維繫婚姻的關鍵，這代表了 3 扮演著連接兩個極端的角色，是個多采多姿的數字。

## —— 優點 ——

有別於 1 的男性特質，3 所具備的男性特質充滿了躍動的年輕活力。3 的優點包括了孩子所具備的天真無邪、自由奔放的無限可能，以及催生新事物的創造力等。這個數字洋溢著節奏感與速度感，富有音樂、運動、歌舞、逗人發笑等娛樂性。3 意謂著，當我們能將各種力量匯集，專心於某件事物上時，將會展現出優異的專注力和強大的力量。

## —— 缺點 ——

一般常在孩子身上看見的缺點如：不穩定、多變、喜新厭舊、三分鐘熱度、無法顧全大局、沒有耐性等，也是 3 的缺點。3 是具有行動力與衝勁的數字，因此在我們想為事物注入新活力時相當有助益；若想腳踏實地、穩健經營，或準備完成、統整某件事情時，便不太合適使用。因為 3 也具有與創造力密不可分的破壞力、製造混亂等要素。

### —— 字形由來 ——

將 3 這個數字往右轉 90 度，看起來像不像被打破的雞蛋呢？

0 是代表宇宙、全世界的數字，而當它一分為二之後，誕生的便是新生命，也就是嬰兒、孩子。

此外，3 的形狀是一個由曲線構成、只有單邊敞開的半圓，這代表著它只對某方面有興趣、充滿了不穩定以及經常性變動的特質。

## 象徵圖形 Symbols

## 3 隱藏的訊息 Hidden Message of "3"

最簡單運用 3 這個數字的方法，就是像個天真無邪的孩子一般，讓自己每天過著雀躍、開心的日子。為了達到這個目標，最重要的就是展現笑容。3 的暗號告訴我們，像孩子一樣唱歌、跳舞、畫畫、創作，用自身展現出自己的獨特性，才是最重要的。

當你在周遭看見 3 這個數字時，就是它在提醒你——該找回天真無邪的童心了。其中隱藏著這樣的訊息：與住在你內心的孩子連結，當感到迷惘時，選擇令你感到快樂的那個答案就對了！

現在的你，很可能因為太過斤斤計較，或受限於所謂的社會期許，而將事情想得太複雜。就是在這種時刻，我們才應該回想自己內在的童心，坦率而單純地看待各種事物——這就是 3 這個數字所傳達的訊息。

### —— 字義聯想 ——

三位一體／三顧茅廬／三分鐘熱度／三千世界／孟母三遷／三年有成／三個臭皮匠勝過一個諸葛亮／無事不成三

# 4 「4」的暗號，是「穩定、持續、成形」

4 意謂著物質世界的誕生，是一個象徵固定、穩定，具有強大力量的數字。這個世界藉由東西南北等四種方位、風火土水等四種元素、春夏秋冬等四個季節、喜怒哀樂等四種感情、起承轉結、生老病死等，替現實的世界打穩基礎，成為一切事物的根基。正如同四輪、四腳或四角都代表著最穩定的狀態一般，這個數字也具有在大地扎根，四平八穩的安定感。

此外，4 也含有持續性、穩定、不動搖、堅定的信念、受到呵護的安心感等意義。它代表著物質世界，同時主宰、守護、治理這個世界。正因如此，4 與象徵現實的金錢、土地也密不可分，是一個強而有力的數字。

4 的主要任務，就是把基礎打穩。作為一個固定四方、構築基礎、打造地基，扮演主軸角色的數字，它也具有穩定事物、讓事物成形、持續不斷、培養實力的意義。如果用樹木的生長狀況來比喻，那麼 4 就相當於為將來做準備的除草、整土時期。4 最大的特徵，就是其優異的穩定感。儘管欠缺獨創性和速度感，但它兼具耐力和持續性，可以努力為基礎打底、按部就班地慢慢培養實力。

## —— 優點 ——

在現實世界中，只要確立了四方的方向，我們就能明確畫出自己的領域或定位。從這個角度來看，4 的優點就是穩定、安定、統合、主宰、正直、誠實、腳踏實地、具體呈現等等。4 代表守，在現實世界裡是一個關鍵的數字；它擁有優異的續航力和計畫性，特別在政治、金融、不動產業領域，更是自古受到重視的數字。

## —— 缺點 ——

4 的人我界線明確，是一個不願接受他人意見、固執的數字，往往因為排他性而容易變得僵化。因為 4 的保守，意謂著遵守社會常規，是非分明，潛藏著分裂的危險。基本上 4 是一個固執的數字，缺乏行動力，因此不適合用於想推動事情或求新求變的時候。生日數字具有 4 的人，一旦過於守成不變，便容易出現停滯、失效、僵化等負面要素，請特別注意。

## —— 字形由來 ——

4 的字形是根據「十」、「卍」和「口」等圖形而來。在 1～9 當中，只有 4 的字形擁有四個頂點。此外，也只有 4 的字形裡存在著被直線框住的空間。地圖上表示「北方」的方位符號，形狀也與 4 雷同。

據說，由於地圖上顯示自己所在位置的符號是「＋」，因此方位符號便代表著從自己位置看出去時所指示的北方的箭頭。

## 象徵圖形 Symbols

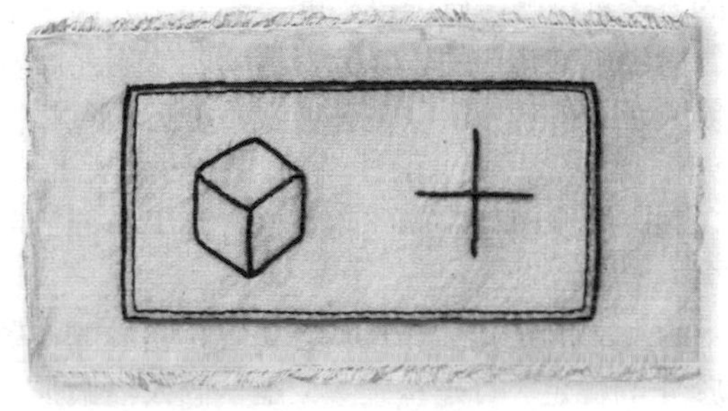

## 4 隱藏的訊息 Hidden Message of "4"

4 的意義是建立物質的基礎，使其穩定，因此當你想完成眼前的任務，或想留下具體成果時，請善用現實中 4 的力量。

例如採取具體的行動，包括四個人一起討論、將計畫分成四個階段來進行等等，這麼一來事情必定能順利進展。4 雖然缺乏彈性、爆發力和速度感，卻最穩定、最持之以恆，能讓事情具體落實。

當你在周遭看見 4 這個數字，就代表它在暗示你必須穩紮穩打。請將這段期間當作打好基礎的時期，請腳踏實地、穩健確實地做好眼前的工作。因為 4 這個數字傳遞的訊息，正是：面對現實。

## —— 字義聯想 ——

四維／四靈獸（青龍、白虎、朱雀、玄武）／四知（天知，神知，我知，子知）／四大天王／四面楚歌／四分五裂／四海之內皆兄弟／說三道四／四海為家

# 5 「5」的暗號，是「自由、變化、銜接」

由 2 的女性特質與 3 的男性特質結合而成的 5，代表著五體、五隻手指、五感、五臟等，是一個象徵人類的數字。因此它的意義正是人類的特性——自由、變化、行動力、溝通、智慧、直覺等，富有活動力。

此外，它同時也象徵著人類的正面與負面特質，是一個意謂著多變、重心不穩、載浮載沉等，兼具自由與不穩定的數字。

作為象徵的五芒星符號，自古以來就是驅邪、咒術、靈力的象徵；在日本，則是因為曾被平安時代的陰陽師安倍晴明使用而廣為人知。一般認為五芒星是代表人類的符號，所以在各種魔法中五芒星都被當作人的替身使用。

換言之，我們可以說 5 是一個能將人類正面、負面的所有特徵加以增強、放大的數字。

如果用樹木的生長狀況來比喻，那麼 5 就相當於開枝散葉、大幅成長的時期。不同於 4 的穩定、打好基礎，5 是一個大幅擴張、成長的時期，正因如此，其特徵之一就是經常產生劇烈變化。

由於 5 總是在變動，因此也充滿了彈性和速度感。它就像在吶喊著：「衝啊，GO！GO！」富有追求人性化的意義。

## —— 優點 ——

人類所具備的優點，幾乎都是 5 的優點，包括隨心所欲地行動、擁有能發揮創意巧思的智慧與創造力、環境適應能力、溝通能力、使用言語或文字傳遞資訊的能力等；在面對變化時，也可以靈活應對、迅速行動，具有優異的機動性。此外，5 具有和人類一樣的特性，代表著愛好自由，可以持續不斷變化的特質。

## —— 缺點 ——

5 的缺點，正是人類天生具有的黑暗面，例如內心的陰影、邪惡的念頭等。一旦人們的自我過度膨脹，便無可挽救。這時容易展現出任性、傲慢、自我中心的一面；遇到困難時，往往會逃避責任、拚命找藉口，或是依賴他人。同時，情緒起伏也會很大，當精神變得耗弱，便容易失去平衡。

## —— 字形由來 ——

2 是源自太極圖的數字，相對於此，5 便是與其對稱的形狀，表示統合兩極的波動。由於 5 的形狀類似英文字母的 S，因此具有特別（Special）的意義。另外，它也融合了男性與女性的特質，兼具光明與黑暗兩面；而人類將雙手雙腳張開的姿態，也與五芒星或海星的形狀相似。

## 象徵圖形 Symbols

## 5 隱藏的訊息 Hidden Message of "5"

5 是象徵自由與變化的數字，因此在事情停滯不前、想為事物注入新活力時，使用 5 這個數字特別有幫助。假如由四個人召開的會議遇到瓶頸，只要再加入一人，變成五個人之後，就能替會議注入活力。最適合團隊的人數就是五個人。另外，5 也掌管了資訊與溝通的管道，透過刻意使用五角形、五號、五個人等象徵，便能更順利地招募到人手、收集到資訊。

當你看見身邊出現 5 這個數字時，便在暗示你該有所變化、該出發了；此刻最重要的，就是站上迎面而來的浪頭。5 的訊息是拿出有別於以往的勇氣與行動力，來挑戰新事物。你必須果斷地做出決定，並迅速展開行動。

## —— 字義聯想 ——

五感／五穀豐收／五里霧中／五百羅漢／五十步笑百步／三五成群／陰陽五行／五五波／五十知天命

# 6 「6」的暗號，是「愛、美、母性」

6 是一個充滿愛的數字，象徵著和諧與平衡、美與創造。由於 6 是代表創造力的 3 的倍數，因此代表著男與女、精神與肉體、物質與心靈等彼此對立的兩者的創造性能量獲得了整合。6 的字形就像是環抱、守護著代表宇宙、生命的 0，因此也被認為宛如孕婦一般，在體內孕育著另一個生命、另一個宇宙，擁有創造新生命所需的巨大能量。

如果用樹木的生長狀況來比喻，那麼 6 就相當於開花的時期。6 是 3 的倍數，意謂著將自己分割，創造出類似於 3 的花朵、新生命與孩子。而其奉獻自我又富創造性的姿態，則表示真正的美、愛、和諧與平衡。

根據前述的 9 宮格圖表（請參考 p.10），6 是位在正中央的位置，既不正面也不負面，是一個處於正中央、擁有中庸、中性能量的數字，因此可負責協調整體的平衡。

6 同時也是富有母性的數字，因此具有溫柔的特質。它能協調萬物的平衡，代表著美與和諧，充滿顯著的女性特質。不過這裡所謂的溫柔並非懦弱。如俗話所說：「為母則強」，當孕婦不只是為了保護自己，而是為了保護腹中的胎兒時，力量會變得比誰都強大。6 的特徵，就是在美麗中帶有堅強。

## —— 優點 ——

6 的優點是一種平衡的美；不偏正面或負面，是一種位居中心、中庸、中性之美。此外，它也蘊藏著創造新生命的巨大力量，以及能展現出終極的愛、無私的愛。6 具備的溫柔，是擁有優異的美感以及美術、音樂方面的才能，且經常替人著想。

## —— 缺點 ——

一旦 6 的數字力量失去平衡，那麼愛便可能變成恨、創造便可能變成破壞、美便可能變成醜。而為對方好的想法也一樣，只要踏錯一步，就很容易陷入依賴、膠著，或是主宰、掌控，出現偽善的傾向。假如創造新生命的力量被用在負面的地方，就可能變成破壞一切的激烈能量，請留意。

## —— 字形由來 ——

6的字形，代表了肚子裡懷著胎兒的母親、孕婦。

6之所以被稱為象徵孕婦的數字，是因為0代表宇宙、世界、生命，而6的形狀，彷彿是為了保護0而展現出穩定感，同時用溫柔的曲線包覆著0。象徵6的圖形為六芒星和六角形，又可稱為大衛之星、籠目紋，是象徵猶太文化的重要圖形。

## 象徵圖形 Symbols

## 6 隱藏的訊息 Hidden Message of "6"

6象徵著無私的愛與溫柔，宛如母親一般，因此它傳達給我們的訊息是分享。假如你收到了六個東西，最理想的做法，就是將一半分享給別人，讓大家一起圍著餐桌享用。另外，6也是個穩重和諧的數字，因此會讓人有意識地做出待人和善、溫暖、指導別人的行為。

當你在身邊看見6這個數字時，就是愛的訊號。現在就是你對父母、兄弟姊妹、伴侶或孩子等家人，以及讓自己誕生在世上的家族、同胞傳達愛與感謝的好時機。6同時也是母性的象徵，具有生產、養育、教導的意義，因此可以解讀為提醒你應該多努力指導、培養孩子、屬下、後進等。

## —— 字義聯想 ——

第六感／六根清淨／五臟六腑／三頭六臂／六道輪迴／六根清淨／六十而耳順／六六大順

# 7 「7」的暗號，是「完成、自立、單獨」

7 代表一個週期的結束，意謂著完成與協調。自古以來，7 不論在東西方都代表著祝福、勝利，被視為「幸運 7」。

宛如斜箭頭的 7，就像為了與某種超越人類存在的宇宙生命而聯繫所樹立的天線。為了達成超越自己的目標，人們必須帶著無盡的求知欲，對自己進行嚴苛的修行，並找到屬於自己的獨特風格。因此 7 是一個嚴以律己的數字。

7 代表著七曜、七彩、七聲音階、七脈輪等象徵，這意謂著事物的完結，表示已完成、協調，是一個帶有自立、獨立意義的數字。7 代表著我們為了開拓新世界而堅持一種與眾不同的獨特生活方式，而祝福與勝利就在前方等待。

若以樹木的生長狀況來比喻，7 就相當於疏苗、修整枝葉的時期。也就是花已開完，為了下一次收成而剪去不必要的枝葉，預做準備的時期。

將「1、2、3」的數字組合起來，便是一個完整的家庭（1 是父親，2 是母親，3 是孩子）；而「4、5、6」這組數字，則代表人生的成長階段（4 是腳踏實地，5 是尋求突破，6 是發揮創意）。7 則代表著超越肉體層次的人類，踏入包括靈界在內的新境界，是一個著重心靈的成熟數字。

## —— 優點 ——

7 的優點是它本身就充滿了力量，可以不假他人之手，獨力完成事情。7 代表著一種獨特的視角，用敏銳的洞察力與直覺，找到自己獨特的風格與世界觀，擁有大獲成功的力量。幸運 7 並不是單純表示幸運的數字，而是告訴我們：勇於開拓未知領域的獨特性與堅持，才是迎向勝利的關鍵。

## —— 缺點 ——

假如我們依照 7 的斜箭頭的方向前進，會與身邊人們的距離愈來愈遠，最後甚至完全偏離人群，陷入孤獨的狀態，請特別注意。此外，由於生日數字中帶有 7 的人，習慣從獨特的角度看事物，因此容易成為唱反調者、虛無主義者或偏執者，而遭到孤立。經常躲在自己的世界裡默默做事，容易與人溝通不足。

## —— 字形由來 ——

7 的形狀是一個斜向的箭頭。有別於同樣象徵箭頭、筆直朝上的 1 和 4，7 的原形是往右斜 30 度左右的斜箭頭。7 的象徵是七芒星與七角形，但它們並不如五芒星或六芒星使用普及。

7 可以解讀為超出人類可理解的範圍，代表進入一個新次元。

## 象徵圖形 Symbols

## 7 隱藏的訊息 Hidden Message of "7"

7 是代表自立、獨立的數字，因此當你看見 7 的時候，就表示 7 在提醒你：請增加自己獨處的機會，多留一些讓自己審視內心的時間，而非和別人一起。為了獨立自主地活出自己的特色，請盡量把時間和金錢投注在閱讀或參加研習等能夠提昇自己的事情上，讓自己更進步。

7 是表示一個週期結束的信號，當你看見身邊出現 7 的時候，請將它視為：現在是你喘口氣、稍事休息，為下一個週期做好準備的時機。此外，7 是表示完成的數字，因此七個人組成的團隊往往具有卓越的團結力量。當我們看見七個相同的東西並列時，自然能接收到眾多、大量、完整的訊息。

## —— 字義聯想 ——

頭七／七堂伽藍（唐宋佛教寺院的標準建築）／北斗七星／七步成詩／救人一命，勝造七級浮屠

# 8 「8」的暗號，是「熱情、無限、富足」

8 是代表物質與精神這兩個世界獲得整合、呈現平衡的數字。8 的形狀與無限大（∞）的符號相同，象徵著繁榮、榮耀、熱情、富足等意義，擁有能無限擴張的巨大能量。

在日本，漢字的八因為字形上窄下寬，而被視為一個吉利的數字。正如四面八方、八方受敵、八面玲瓏等慣用語，8 意謂著各種方向、所有面向；而日文的八百萬、八千代等詞彙，也具有大量、全部、永遠的意義。因此 8 的使命，就是增加與提昇能量。

8 扮演的角色雖然與 0 相似，但 0 和 8 的差異，就是 8 遠比 0 更實際。8 這個數字的任務，就是將物質上的力量和能量加以提昇、擴大。

此外，和莫比烏斯帶一樣由兩個○組成的 8，同時也具有整合兩個性質相異的世界、維持平衡，並將兩者串連起來的功能。若以樹木的成長過程來比喻，那麼 8 就是結果，代表充實、收穫的時機。

在以 9 為週期的數字循環中，8 屬於最實際的層級，能同時獲得精神上的繁榮與物質世界的富足。然而 8 擁有了兩個○，代表著隨時可能分裂成 4 與 4，也就是兩個不同的實質世界，因此必須格外留意。

## —— 優點 ——

8 的優點在於它不可限量的力量。8 是代表實際的 4 的倍數，擁有將實質力量擴增至無限大的能力，因此在現實的商業社會裡倍受重視，無論在任何商品的價格上，幾乎都能常常看見 8 這個數字。8 是富足的象徵，更是物質世界中獲得成功所不可或缺的數字。

## —— 缺點 ——

8 那股可擴增至無限大的力量，是一把雙面刃。假如我們無法好好掌控這股龐大的力量，力量反而會分散，往四面八方竄逃，造成無法收拾的局面。正因為這股力量非常強大，因此在遇到挫折時產生的傷害也勢必比較大。生日數字中帶有 8 的人，一旦陷入只重視物質的貪心、傲慢、拜金主義，很可能會對身邊的人造成困擾，請留意。

## —— 字形由來 ——

8 的字形來自無限大（∞）符號。兩個〇分別代表不同的兩個世界、兩個極端，可以解讀為透過整合兩者來產生更巨大的力量。另外，8 是 4 的倍數，代表它的圖形是由兩個象徵基礎、地基的四方形疊在一起（請參考下圖），是一種具有意志力、權力、組織力等的實際力量，並能維持實質平衡的形狀。

## 象徵圖形 Symbols

## 8 隱藏的訊息 Hidden Message of "8"

8 擁有將能量無限擴張的特性，因此最適合用於我們想提昇旁邊數字的能量時。因此在表示商品價格上的個位數裡，除了 0 以外，最常看見的就是 8，正是因為 8 擁有的能量具有提昇、擴大富足含義的效果。

當你在身邊看見 8 這個數字時，它向你傳達的訊息是：現在就下定決心、踩下油門前進。8 擁有向四面八方擴展的能量，因此能讓象徵物質的金錢能量擴充，實現現實上的富足。當 8 來到你身邊時，便無須客氣，請大大地張開雙手，盡情接受迎面而來的富足，並與身旁的人分享。

## —— 字義聯想 ——

八字／八卦鏡／八面玲瓏／八方受敵／才高八斗／八千里路雲和月／八仙過海，各顯神通

# 9 「9」的暗號，是「終結、智慧、放下」

9是單數中最大的數字，在1～9當中居於最末，具有結束、最後一棒的意義。它表示包括現世與靈界在內的宇宙全體的總合，象徵著極致的智慧與真理。「1＋8」、「2＋7」、「3＋6」、「4＋5」之後都是9，因此它包含了1～8所有數字的要素，是一個表示完滿、告終的數字。此外，9也是智慧的象徵，意謂著真理、神祕力量、宇宙意識等，擁有統整世間萬物並使其重生的力量，彷彿一名偉大的智者。

扮演統整全體數字力量的最後一棒角色的9，具有為了將棒子傳給下一代而犧牲自我、退居幕後、擔任後勤的意義。換言之，9能夠強化旁邊的數字，扮演輔助的角色。而從9的字形也看得出來，它如同一個腦中充滿智慧的智者，是能利用這些智慧統合全體，犧牲自己做出貢獻的數字。

若以樹木的成長過程來比喻，9相當於回歸大地的時期。在8的階段結果、收成之後，為了播下新的種子，老樹就必須回歸大地。9上半部的○，代表成熟的果實，蘊藏著即將展開嶄新週期的種子。而9的特徵，就是包含了1～8的所有數字的意義、要素，滿載著以往的經驗與智慧。

## —— 優點 ——

9的優點，是彰顯、強調旁邊數字的長處，並予以支援輔助。因為9無論和哪個數字相加，都會前進1位數，最後9會消失，只剩下9以外的數字。所以9的長處，就是永遠以整體的和諧為優先，不固執己見，總是待在幕後默默做出貢獻，自願擔任統整的工作。9象徵著以和為貴的傳統思想，是一個宛如智者般的數字。

## —— 缺點 ——

9的缺點，一言以蔽之，就是沒有特色。由於它能彰顯旁邊數字的特長，因此本身沒有太明顯的特色。此外，它的智者特質也被認為像老人一般，意謂著動作緩慢，缺乏新穎的創意和力量。只有在整體的數值當中，9才會顯現光芒，單獨看它的時候，或許會給人稍嫌不足的印象。9這個數字的缺點，還帶有容易出現不通情理、拘泥於常識、保守的傾向。

## —— 字形由來 ——

9 的形狀就像個頭很大的智者，象徵著腳步有些不穩的老人、賢者。上方的○代表整個世界，表示蘊藏著許多智慧的種子。9 的任務，就是讓腦中的智慧重返大地，作為銜接新生命的橋梁。此外，將 6 和 9 結合，就會成為太極的圖案，也代表著孕婦和老人象徵的生命的開始與完結。

## 象徵圖形 Symbols

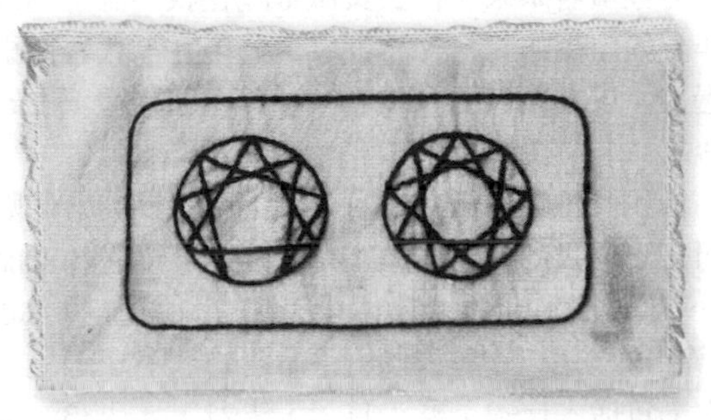

## 9 隱藏的訊息 Hidden Message of "9"

9 表示結束，同時也是代表完結、和諧的數字，因此想讓團隊和諧地運作，最多只能以九個人為限。若超過九個人，較難保持和諧，必須分成兩個團隊。

此外，9 具有突顯相鄰數字力量的特性，若把 9 放在你想強調的數字旁，效果會非常好，例如 98 元的價格設定，就是一個很好的例子。當你看見身邊出現 9 這個數字時，就是完結、結束的暗示。它傳達的訊息是：結束你現在手上的工作，開始替下一個階段做準備吧。

象徵著智慧、和平、和諧的 9，是最後一個數字，因此請將「結束、整理、放下」放在心上，運用聰明才智創造出整體的和諧。

## —— 字義聯想 ——

九品之上／九重天／九五之尊／三拜九叩／九牛一毛／九死一生／九命怪貓／九九登高／九霄雲外／為山九仞，功虧一簣

# 從生日看命運

## *Fortune Number*

### ❖ 什麼是「命運數」？ ❖

如前所述，出生日期象徵著我們從前世帶來現世的才華與擅長的領域；出生月分象徵著未來，代表父母寄託在我們身上的人生走向；而包含出生年分的出生年、月、日則象徵著現在，代表從祖先到父母一脈相傳的過去，以及從自己到孩子、子孫一路延續下去的未來，也就是自己的命運。

換言之，當我們將出生年分、月分、出生日期的各個數字相加之後，等於將所有影響我們此生的數字意義匯聚在一起，就能得出我們在前世所寫下的人生設計圖，也就是今生的命運劇本。這個用出生年、月、日計算出的，足以主導我們一生命運的數字，稱為「命運數」。

「命運數」包括「1～9」與「11」、「22」、「33」這三個由同一個數字組成的二位數，共有 12 種。現在請你計算出自己的「命運數」，細細解讀自己這一生的命運吧。

**Fortune Number**

了解你的才華、能力、資質


| 1 | 2 | 3 | 4 | 5 | 6 |
|---|---|---|---|---|---|
| … p.34 | … p.35 | … p.36 | … p.37 | … p.38 | … p.39 |
| 7 | 8 | 9 | 11 | 22 | 33 |
| … p.40 | … p.41 | … p.42 | … p.43 | … p.44 | … p.45 |

## 「命運數」的計算方法

請依照下述方式，將你西曆生日的出生年、月、日的每個數字加起來。如果加總後的數字是 11、22、33，這就是你的「命運數」。若不是這三個數，請將 1 位數和 2 位數相加，直到變成 1 位數，這 1 位數就是你的「命運數」。

**✣ 1900 年代出生的人 ✣**

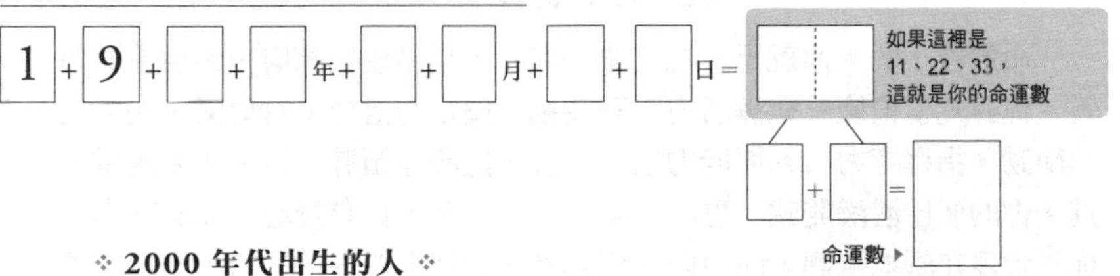


**✣ 2000 年代出生的人 ✣**

2 + 0 + □ + □ 年 + □ + □ 月 + □ + □ 日 = □□

如果這裡是
11、22、33，
這就是你的命運數

□ + □ = □

命運數 ▸

Examples

例

1 + 9 + 8 + 2 年 + 0 + 8 月 + 0 + 7 日 = 3 5

3 + 5 = 8

命運數 ▸ 8

例

1 + 9 + 7 + 5 年 + 0 + 4 月 + 1 + 2 日 = 2 9

2 + 9 = 11

命運數 ▸ 11

答案是 2 位數時，則繼續相加，直到變成 1 位數。
但如果是 11 · 22 · 33 的話，
這就是你的命運數。

例

2 + 0 + 1 + 8 年 + 0 + 2 月 + 2 + 4 日 = 1 9

1 + 9 = 1 0

1 + 0 = 1

命運數 ▸ 1

19 以外的數字也一樣。
例如 39 → 3 + 9 = 12 → 1 + 2 = 3 ←這就是命運數。

Fortune Number

命運數

❖氣質：陽性
❖角色：領導者
❖成長：孩子

## 天生資質

命運數 1 的天命就是成為「第一名」，具備成為高層、領導者的資質。你對凡事積極，充滿活力。同時抱有堅定的信念，有勇氣、決斷力與衝勁。指導能力、判斷能力也很優異，能發揮領導才華，率領團隊前進。你的個性活潑開朗，專注力高，上進心強，具有野心，充滿魅力。你不會停在原地空想，而會向目標邁進，發揮出眾的行動力，是一個值得信賴的領導人。

擁有強大的能量與開拓自我人生力量的你，能在人生舞臺上發光發熱，用自己的雙手掌握機會，悠然自得地展現自我。

你的特徵是擁有堅強的意志，不輕易服輸，一旦下定決心，無論遇到多少艱難也會努力到底。你的個性就像個老大哥，很會照顧人，心地善良，但也容易被人欺騙。無論做任何事你都會自然地吸引別人的目光，表達能力也很出眾。不僅落落大方，聲音宏亮，對自己的想法能清楚表達；並且正義感強，個性豪爽，相當受到眾人的歡迎。

你的缺點是個性急躁。即使只是一點小事，只要傷到你的自尊，就會發怒。假如你身上的這股強大的能量朝負面發展，就會突顯出你傲慢與冷酷的一面，而遭到旁人孤立。

## 注意要點

你的心裡總是想得第一，無論是多麼無足輕重的事，只要自己不是第一就難以接受，也非常討厭被人命令。因為你自尊心強，因而很容易樹敵。有時會令人覺得你的態度囂張跋扈又急躁，甚至可能因為太過獨善其身而遭到孤立。

雖然你擁有難得的領導長才，但若老是拘泥於微不足道的小事，便容易變成一個易怒的獨裁者，請特別注意。在人生的危急時刻，你過強的自尊心，會讓你不願放低姿態，態度強硬地做無謂的掙扎，往往讓事態一發不可收拾。在這種時候，你應該謙虛地聽取他人的忠告，以客觀的角度反省自己。

Fortune Number
命運數

❖氣質：陰性
❖角色：支援者
❖成長：孩子



## 天生資質

命運數 2 的人是個聰明的支援者、合作夥伴。你總能體察別人的心情，擁有母性本能及一顆溫柔的心。你親切又善良的態度總能為團體帶來和諧的氣氛。

你很知性且謙虛有禮，做事細心謹慎，具有高度的協調能力，能與每一個人合作愉快。你熟知分寸，做人誠實，因此有人緣。無論是在人生或工作層面，你都喜歡找到同伴，並輔助對方。你不喜歡與人相爭，重視和諧，善於維持物質世界與精神世界之間的平衡。你很體貼、富有同情心，是個可以博得所有人信賴的療癒系角色。你對身旁的人總是盡心盡力付出，只要有你在，就能讓大家感到安心。

此外，你是個深思熟慮，細心關懷他人的浪漫主義者。這種特質在女性身上尤其明顯，你總會想辦法配合對方。

相反地，細心的你也比較神經質，容易擔憂。由於你的感受力很強，因此情緒經常起伏不定，經常陷於悲觀之中，也很容易受到他人的影響，而自覺成為受害者。由於你經常想太多，累積了太多壓力，有時可能會變得歇斯底里，甚至可能精神衰弱。建議你找到適合自己的抒壓方式，心情低落時，也能找回自己身心的平衡。

## 注意要點

在溫柔體貼和優柔寡斷之間，其實只有一線之隔。由於你經常站在自己與別人的角度來判斷，因此難以做決定，容易受到旁人意見的影響，失去自己的主張。你常常會猶豫不決，希望別人替你做決定。由於你的情感比較細膩，容易受傷；想法比較悲觀，有時也會因為情緒起伏不定而造成旁人的困擾。

請從小事開始，養成明確提出自己的想法、自己做決定的習慣，提昇獨立自主的能力。你的運勢往往會受到身邊的人的影響，因此無論如何，請慎選朋友。

命運數

Fortune Number

命運數

❖氣質：陽性

❖角色：氣氛製造者

❖成長：孩子

## 天生資質

命運數 3 的人總是開朗、直率、保有天真浪漫的童心，是一個天生的開心果。你經常為生活周遭的人帶來歡笑，是團體裡的人氣王，能讓身邊的人們充滿精神與力量。

你富有幽默感以及旺盛的好奇心，遇到看起來很有趣的事情，一定會積極嘗試。你的想像力豐富，理解力也很高。你的交遊廣闊，會擁有各年齡層和各種職業的朋友，也有賺錢的天分。你的直覺天生敏銳，也充滿了行動力。你也善於表現自己，喜歡受到矚目。個性樂天的你，不太在乎將來的事，是一個懂得享受人生的天才。

你不太受拘束，經常像個開心果，散發正能量，能讓身旁的人們恢復活力。你和任何人都能好好相處，容易與人親近，作風乾脆爽快。由於你對當下流行的新事物很敏銳，因此和人談天的話題也很豐富。你不喜歡受到俗世拘束，經常挑戰未知的可能，全身洋溢著創造新事物的能量。

即使你遇到挫折也能很快振作起來，憑著天生的創造力和行動力度過難關。不過你的個性不太願意服輸，一旦事與願違，就會變得任性、固執，有時甚至會鬧脾氣。當你孩子氣的一面浮現，很可能會耽溺於酒精、性、賭博、遊戲等享樂當中。

## 注意要點

基本上，你就像個孩子一樣，因此往往三分鐘熱度、靜不下來，又很任性。儘管善於享受當下，但不懂得未雨綢繆，人生經常因此卡關不知如何是好。一旦你手上有錢就會想花掉。你也不喜歡獨自默默地完成事情，面對努力過程中的辛勞，也不願過於忍耐。

假如你太過自我中心，便無法與身旁的人相互配合，而變得孤立。有時遇事你會失去分寸，難以抵擋眼前的誘惑。請珍惜你源源不絕的感受與好奇心，當你遇到不懂的事情時，謙虛地去請教專家或長輩的建議，不要自己隨意下判斷。

Fortune Number
命運數

❖氣質：陰性
❖角色：支援者
❖成長：青年



## 天生資質

命運數 4 的人總是認真努力，選擇腳踏實地且符合經濟效益的生活方式，是一個具有行動力的務實派。你的想法保守又忠誠，相當適合在社會與團體中生活。由於你個性誠實、正直，值得信賴，所以大家會很放心地把事情交給你。你喜歡成果明確、有建設性的工作，會因凡事按部就班地進行順利而感到開心。你有一點一滴累積財富的天分，適合需要證照資格、公務員或財務、會計的相關工作。

你那種不仰賴他人，只憑自己努力就能實現理想的才華非常寶貴。個性認真沉穩的你，在投入一件事情時，總是很有耐心，且能按部就班地執行，因而獲得人們高度的信賴。你是凡事深思熟慮後才會行動的人，雖然平時不會引人注目，行事節奏也不特別明快，在生活中卻擁有實際、傑出的處事能力，一貫的表現也很穩定。

你不會突然情緒失控，永遠保持著沉著冷靜的態度；責任感很強，重視規矩和原則，也很守信用。在人際關係上，你通常會與特定的朋友深交，朋友人數或許不多，但一輩子都會受到朋友的親睞與照顧。

由於你的想法受限於社會的主流價值，因此無法接受不符合自己原則的行動或想法。有時會頑固地堅持自己的想法才是正確的，甚至試圖把自己的價值觀強加在對方身上。

## 注意要點

命運數 4 的人習慣一板一眼，做人做事也相對不夠圓融。你的行事步調慢，因此一旦發生超出預期的問題，你就會陷入恐慌，不知該如何向別人求援。你喜歡把任何事情都藏進自己心裡，有時會認真到過勞也不懂得自救。你喜歡穩定，對於改變現狀會強烈地抗拒。你總是想把風險控制在最小的可能性，因此在金錢方面顯得小氣。其實你的應對能力非常強，無須那麼害怕變化。

請不要光用業績、成果、地位或頭銜等現實的部分來論斷他人的價值。試著以輕鬆的態度好好享受自己的人生，這也是很重要的事。

Fortune Number
命運數

❖氣質：陽性
❖角色：氣氛製造者
❖成長：青年

## 天生資質

命運數 5 的人是追求自由的信使。喜歡新鮮和多變化的事物，對環境的適應力很強。

你的頭腦很機靈，不論做什麼事情都能很快上手，馬上執行應用。面對任何人時，你都能很快和他們打成一片。你的好奇心很旺盛，對流行敏銳，擁有吸收新知後馬上再傳遞給眾人的能力。對任何事都勇於嘗試的你，步調很快，最喜歡到處旅行。命數 5 的人充滿了行動力與決斷力，想到什麼就想立刻付諸實行。

你熱愛冒險與自由，也很多才多藝，容易受到眾人的喜愛。你常常扮演著溝通者的角色，並利用這樣的才華，讓不同的人之間有所互動與連結。

儘管你的心情陰晴不定、好惡分明，但從來不會記恨，是個個性爽朗的人。你最討厭受到束縛，因此在旁人眼中可能很任性，但很奇妙地卻不會被人討厭，是不可多得的人氣王。

相對地，你也容易缺乏耐心，不喜歡長期從事同一種工作。而且你的表現欲很強，喜歡受人矚目。你的情緒也時常劇烈波動、忽高忽低，身心狀態不太穩定。

## 注意要點

你討厭被人束縛，又容忍力低，因此容易把自由和任性搞混，變得太自我中心。一旦心情低落，你就只想躲在家裡。當現實情況嚴峻的時候，你很容易想逃避，去追求一時的快樂，這點請務必注意。

你對什麼事情都只有三分鐘熱度。因為太喜歡充滿變化的生活，有時可能會害自己陷入不幸的狀況，對周遭的人帶來極大的困擾，這點你必須有所自覺。當你精神飽滿時，和意志消沉時的表現和反應落差極大，讓身邊的人常常不知如何是好。請記得，世界並不是繞著你轉，不要忘了考量到身邊的人，並懂得表示感謝。

Fortune Number
命運數

❖氣質：中庸
❖角色：領導者
❖成長：青年

## 天生資質

命運數 6 的人是一個博愛主義者。你對所有的人都很親切，願意為人犧牲奉獻。你喜歡美的事物，熱愛藝術或音樂，想像力和表現力都很豐富。事實上，這也是很多俊男美女會出現的生日數字。

你受人所託時通常不會拒絕，也不喜歡與人爭執，喜歡公平競爭，不允許投機取巧或不公平的狀況發生，是個擁有強烈的正義感的人。你個性溫和，很會照顧人，非常重視家人、同伴等親近的人，待人和善體貼，並認為這是你應當做的，是一個充滿愛的人。你既擅長、也很喜歡教導別人，對公益活動很熱心。

由於你本身的感性勝於理性，因此看到弱小或遇到麻煩的人，絕對不會坐視不管，總是盡一己之力去照顧他們。或許因為如此，當自己受到別人親切對待或接受別人的恩惠時，你一定會謹記在心，並想辦法回報對方。因為你很有正義感，假如發現對方做出有違法紀的行為時，可能會勃然大怒。

因為你太習慣照顧別人，有時在家人或親友面前，反而會忽略對方的心情，變得任性或想被溺愛。由於你的情感豐富，有時甚至會假裝對別人示好，藉此隨心所欲地操控對方。

## 注意要點

無法分得清「親切」和「雞婆」的不同，大概是你最大的阻礙。你常常想要八面玲瓏地討好每一個人，藉此讓自己和每個人都很親近。因為你不懂得拒絕別人，結果在每件事都答應的情況下，反而讓自己變得不負責任。你不擅長管理金錢，為人太老實也存不了什麼錢。

熱心的你，有時容易產生心理矛盾。明明是自己想去幫助別人，假如因為沒有得到對方的感謝又會覺得心裡不舒服。甚至把自己的價值觀強加在別人身上，希望對方依照自己的想法去做，這絕非愛的表現。當你心中出現「我都為你做這麼多了……」這種想法時，就必須格外注意，因為你可能是將自己的溫情主義強迫推銷給別人了。

Fortune Number
命運數

❖氣質：陰性
❖角色：支援者
❖成長：大人

## 天生資質

命運數 7 的人是擁有追根究柢精神的完美主義者。你喜愛孤獨，有耐心從事專業的工作，喜歡以自己的步調將事情完美達成。

你很嚴以律己，又非常努力，責任感很強，個性認真，因此最討厭被人催促。你是追求知識和智慧的理論派，頭腦清晰，為人既獨立，又有自信。你可以客觀地整合分析自己的經驗，並以條理分明又淺顯易懂的方式向他人說明。你很重視經驗，總是希望能從中學到真理。你也擁有開創時代潮流的直覺與天才般的創意，你那敏銳的感性和觀察力、分析力，往往讓周遭的人為之驚豔。

你的個性沉著，深思熟慮，不太喜歡在人前表露感情。你基本上不喜歡待在人太多的地方，因為你很注重隱私，也很重視自己獨處的時間。當你遇到不懂的事情，喜歡自己查詢資訊，求知欲旺盛。你雖然擁有自己的想法，卻不太主動在人前發表意見。比起和許多人建立關係，你更希望能和少數值得信賴的人深交。

你很能容忍與吃苦，幾乎從不對外示弱，就算流淚也獨自啜泣。一旦你躲進自己的世界裡，對外的眼光就會充滿批判，使自己變得孤立。

## 注意要點

孤獨，對你來說根本不算什麼，因此你不會主動找別人溝通。你的態度總是一貫的高冷，鮮少有笑容，因此很容易讓第一次見面的人留下冷淡傲慢的印象。除了自己關心的人事物之外，你對其他人都漠不關心，不太聽得進別人的意見，是個頑固的人。你也不習慣對別人訴說自己的煩惱，或在人前表現出軟弱的一面，因此常把情緒往自己肚子裡吞。其實你是一個夢想家，喜歡待在屬於自己的小世界裡。由於你慣於獨自做決定，因此在溝通不足的狀況下，身旁的人很可能無法理解你新穎的想法和行為舉止，因而將你視為怪胎或將你孤立，請特別留意。對你來說，最重要的就是避免什麼都自己一個人承擔，多聽聽周遭的人的意見，培養一顆圓融的心。

Fortune Number
命運數

❖氣質：陽性
❖角色：氣氛製造者
❖成長：大人

## 天生資質

命運數 8 的人充滿了行動力與野心。好奇心旺盛，喜歡富有刺激性的工作，勝過於傳統產業的職場環境。

你總是想把成敗、敵我、黑白分個清楚，是個好惡分明的人。不管做什麼事，你都不允許其中出現虎頭蛇尾的情況。當你遇到危機時，也不會消沉，喜歡和夥伴一起挑戰困難，就像在運動場上奮戰的選手。

你重視物質的價值，擁有獲得成功的力量與商業頭腦，並獨具人格魅力。你成功的關鍵，就在於是否能將這股力量和他人分享。你總是比別人加倍努力，好勝心強，力爭上游。為了達成目標，你所付出的努力和耐性，絕不輸給任何人。除了工作，在玩樂和戀愛方面你也會全心投入，不會有絲毫鬆懈。你優異的執行力和專注力，宛如推土機一般，具有推動事物前進的力量。

當你的目的明確、燃燒熱情、開始投入後，就沒有人能阻止你。正因如此，你對身邊的人的影響力極大，一旦掌握了權力，很可能就踩不了煞車，出現獨裁者一般的行徑，誰都無法阻擋。由於自己非常努力，因此會對努力不足的人十分嚴格，甚至會毫不留情地離棄他人，可能因此引起反感。

## 注意要點

你對許多事物都感興趣，但由於目標設定太過廣泛，因此容易變得散漫。有時貪心地這個也想要、那個也想要，在四處施放絢麗的煙火之後，就棄置一旁，不善後處理，又轉向下一個目標。總是讓身旁的人辛苦地替你善後，給他們添麻煩。不喜輕言放棄的你，有時會對自己想要的東西死纏爛打，不惜用任何強硬的手段也要得到。倘若你輕忽了家庭的關愛，只一心追求物質欲望，很可能會招致不幸的人生。你自己想努力是你的自由，請勿用自己的標準去要求別人。不要強迫別人遵循你的做法，試著體諒他人的不足，用更寬容的態度去面對他人。

Fortune Number
命運數

❖ 氣質：陰性
❖ 角色：領導者
❖ 成長：大人

## 天生資質

9 囊括了 1～8 當中所有數字的特質，是一個代表「完成」的數字。命運數 9 的人是一個有智慧、心胸寬大的理想主義者。富有同情心，會為了世界和平祈禱，也願意為此奉獻自我。你充滿創造力，感情豐富，也很重視周遭的人和，為人溫和穩重，受到大家的喜愛。

你對現實的世界不太感興趣，但神祕的事物卻十分吸引你。你對很多事物都充滿亟欲了解的興趣，有時也喜歡天馬行空地幻想。你經常以這個世界和全人類去思考，關心環保、健康議題、各種和平運動等等，願意投身公益。基本上，你是安靜而理智的，是個擁有高尚情操的和平主義者。

不過，你也存在著複雜的一面。表面上很和藹可親，願意與他人合作，但因為你討厭對人吐露真心，因此身旁的人有時會覺得你難以捉摸。事實上，你兼具溫柔與冷漠、堅強與脆弱、開朗與陰沉等極端的情感，外表和內在恰好相反，具有雙重人格的特質。

你是一個求知欲旺盛的專家學者，博學多聞。你也是個勤勉、努力、頭腦聰明的天才型人物，但你的內在其實很單純、容易受傷，並且非常在意別人的眼光。有時會因為太過顧慮別人而感到疲憊。

## 注意要點

你很容易因為太在乎他人的心情而變得神經質。由於你的感受力很強，因此容易情緒不穩，心情陰晴不定。當你感受到理想與現實之間的落差很大時，易心生無力感。你很聰明，但相對的缺點是有時會預先設想太多，因此很快就想放棄，並感到無力感或罪惡感。你對凡事太過追根究柢的態度，有時使得身旁的人無法理解，因而對你敬而遠之。

缺乏幽默感的你，個性比較陰沉，有時會給人很宅的感覺，由於知識深厚也因此覺得別人不如你。你很容易受到周遭環境的影響，要是太在乎旁人對你的評價，就會在無形中累積壓力，使得身心失衡，請格外小心。

Fortune Number
命運數

❖氣質：陰性
❖角色：支援者
❖成長：孩子

## 天生資質

11 是一個具有特殊意義的神聖數字。命運數 11 的人擁有敏銳的感受力，比一般人更能感受神聖、美感的事物，就像感應力強的法師或女巫。你具有運用腦海浮現的靈感鼓舞人心，將人們導向正途的使命。富有藝術天分的你，感受力與表現力皆很豐富。你的人生既獨特又充滿了變化。雖然你平常不太引人注目，個性溫厚，但心中藏有遠大的理想，能以堅定的意志朝著目標前進。

你所說的話對一般人而言充滿了影響力，因此你必須對自己話語的分量有所覺察，善用這份語言的力量。個性獨特的你，總是走在時代的前端，擁有獨特的世界觀。太過平凡的事物並無法滿足你，所以你會不斷尋求新的夢想和理想，並付諸行動。出於你對刺激的追求，經常一頭栽進有趣的、神祕的、前衛的事物之中，因此一生中可能會經歷好幾次波濤洶湧的閱歷。

儘管身旁的人常常為你擔心，但由於你的格局夠大，無論是幸運或變故，你都不會放在心上。你很聰明，做什麼都得心應手。而且你是個直腸子的人，有時話會說得太過火，對別人造成傷害。雖然你有神經質的一面，但有時又會因為神經太大條，突然說出驚人之語。

## 注意要點

你的特徵是感覺很敏銳，因此無論是正面或負面的事物，都很容易影響你。即使你的直覺知道解答，卻也無法輕易說清其中的道理。若將命運數 11 的數字相加成 1 位數，1+1 之後就會變成 2，因此你也具有命運數 2 的人格特質。優柔寡斷的你，容易受到他人意見的影響，以致想法總是搖擺不定。因此你會容易變得感情用事，既神經質又憂慮。所以必須時時提醒自己，說得出就要做得到，言行要一致。

你擁有感應能量的能力，請對此有所覺察，並將這種能力運用在可以替人們帶來幸福的事物上。即使擁有獨特的能力，假如沒有努力加以磨練，很可能會替自身埋下禍根，請特別留意。

Fortune Number

命運數

❖氣質：陰性

❖角色：支援者

❖成長：青年

## 天生資質

命運數 22 的你不拘小節，是一個胸襟寬大的人。你具有指導、統率與團結眾人的能力，並兼具腳踏實地和以誠待人的特質，因此擁有讓理想與現實達成平衡的才華。在強大的意志下，你能實現崇高的理想，賦予人們偉大的夢想和希望，這就是你最神奇的魅力與力量。

你的貴人運很好，每當遇到危機，一定會有人對你伸出援手。自覺擁有某種重要使命的你，會在時代交替時，達成原本幾乎不可能實現的目標。從年輕時起，你就具有與眾不同的氣息，是個引人注目的領袖。

若將命運數 22 相加成 1 位數後，2+2=4，所以你也擁有命運數 4 的人格特質。你會很認真努力，一舉一動都很有個性、特立獨行，即使本人沒有自覺，在周遭親友的眼裡也可能是個特殊的人。

要特別留意的是，你常以自我為中心，一旦怒氣爆發，表現就會變得非常極端。你對人的好惡也經常反覆不定，關係說變就變，因此很容易為自己樹敵。不過，基本上你是個心胸開闊、不會記恨的人。只是有時會因為太敏感而神經質，讓人難以捉摸。

## 注意要點

首先，請承認自己的與眾不同，甚至是個怪咖。因為你心中藏有極度崇高的理想，因此讓旁人以為你是個不問世事的夢想家，難以理解你的想法；此外，你也不在意別人的觀感，與旁人之間往往存在著溝通的鴻溝。你也不太喜歡配合別人，經常要求對方以比照你的做法。

你的命運比一般人還要戲劇化，一旦遇到大風大浪時，就容易變得過度自我中心。有時會顯得獨裁又任性，無視一般社會常識和規則。一旦你失去了想為眾人做出偉大貢獻的理想，你的自我就會不斷膨脹，可能因此讓未來的人生充滿阻礙，請務必留意。請意識到自己與眾不同的天賦，用更遠大、更寬廣的視野，實現你的人生志業。

Fortune_Number
命運數

❖氣質：中庸
❖角色：領導者
❖成長：青年

## 天生資質

命運數 33 的你，是一個無私的奉獻者。只要回想起前世自己立下的重要誓言，你的愛和意念就能穿透整個宇宙，宛如菩薩一般，付出不求回報的愛。你認為自己最大的幸福就是世界和平，並願意為此一生犧牲奉獻。你是一個胸襟寬大、富有大愛的人，並為許多人的人生帶來重大的影響，被眾人當作追隨的典範。你從小就發現自己具有神祕的力量，同時對人事具有極大的包容力。一般人看不見的另一個世界，在你而言卻是理所當然的存在。

基本上你的個性善良，開朗、穩重又樂天，因為 3+3=6，所以你也擁有命運數 6 的特質，對人體貼，感情豐富。並且心胸開闊，對孩子、世上萬物和大自然，都充滿了溫暖的愛。

你的看法很獨特，也很堅持己見，不太在乎他人的眼光。這樣的想法和生活方式往往不見得能容於世俗，即使你認為自己很平凡，卻可能被周圍的人貼上標籤，認為你是個難以理解的人。

因為你的不拘小節，因此很容易忘記事情。無論聽過幾次別人的名字或約好的地點，你還是會忘記。你很少會表現出心裡的不愉快或憤怒，但面對巨大的惡行或不公不義的事情時，會深感憤慨。

## 注意要點

無論你自己是否有意識到，其實你總是刻意選擇比較辛苦的環境，也許是因為幼年時期的境遇比較悲慘所至。而且，你欠缺在面對現實時的處事能力，對於一般人而言是常識的事，對你來說幾乎完全沒概念。此外，因為喜愛隨興所致，所以你是天生的路痴，對於用錢也毫無節度。就算你因為人太好而吃到苦頭，也完全不會記取教訓。

33 歲可能會成為你人生中巨大的轉捩點。一旦你失去為愛奉獻這個最初的目標，接下來的人生可能會困難重重。在新舊時代交替之際，請想起你此生肩負的使命，去實踐自己無私大愛的理想。

# 生命靈數占卜Q&A

Q **若實際生日與報戶口時的日期不同時，該以哪一個為準呢？**

A 從生命靈數的觀點來看，報戶口的生日代表了父母希望你擁有的個性與人生，實際的生日則表示你自己本質上的個性與人生。
無論哪一個生日都會影響當事人的人生。不過，因為你誕生在這個世界上的日子，才是你真正的生日，因此我建議各位以實際生日計算出的命運數特質為準。

Q **所謂的前世，是指我投胎到這輩子之前的人生嗎？**

A 所謂的前世指的並不僅是你的前一世人生，而是過去幾世記憶的總結，類似靈魂資料庫的概念。因此，你不一定只擁有一個前世，許多人也可能擁有相同的前世記憶（集體記憶）。本書列舉的前世是每個生日的人最典型的前世歷程。

Q **雙胞胎或同天生的人，命運會相同嗎？**

A 我認為同一天生的人，天生資質和人生方向基本上是一樣的。但是生日數字的 3 個數字組合（年、月、日的數字）總共擁有 1200 種，比四種血型，或十二星座多出 100 倍以上，因此用生命靈數占卜得知的特質與走向會更專屬於個人。
即使來自哪裡、經過何處、最後前往何方的答案方向都相同，但在生命歷程中，每個人眼前的景緻也會因為目前所在的位置、前往腳步的快慢而截然不同。在不同環境因素的影響下，即使同一天生日，也會因為在各種情境下被強化的數字力量不同，而呈現出不同的個性、特質。
我們人生的走向與潛能，就在生日的數字之中。即使乍看之下沒什麼特別的靈感，但只要欣然接受它是伴隨著你出生、早已存於你內在的一股力量，必能幫助你將天賦得到最大的發揮。

1月是象徵「發展、開始」的月分。
1月出生的你，是「開拓道路的人」。

**你具備開拓新局的勇氣與行動力，**
**能發揮耀眼的領導長才。**

# 1月1日

January first

在理念之路上
勇往直前的
天生領袖



1月1日出生的人，擁有超群的行動力與執行力，經常位居高層的位階，是個徹頭徹尾的領袖，天生具備作為領導者的格局。

1是表示一切初始的數字，代表著朝向目標勇往直前的箭頭、努力的方向，也帶有顯著的男性特質。

1月1日出生的你，很明顯具有1的數字特徵。無論你是否感覺得到，在一群人當中，你總是格外突出，宛如照耀大地的太陽。無論何時何地，你都散發著主角般的炫目光環。此外，你的五官立體，外表也很亮眼。尤其是你英氣逼人的雙眼，更是有股令人折服的氣勢。你的個性爽朗大方，善於照顧自己身邊的人或後生晚輩，散發像是老大、大姐頭的氣質。你討厭半途而廢，喜歡單刀直入，面對什麼事情都希望有個確切的答案。

1日出生的人最大的特徵，就是對第一有莫名的堅持，自尊心也很高。由於對於敵我關係、上下關係都分得一清二楚，因此往往較易樹敵。面對任何人時，你都無所畏懼，因此常被人認為眼睛長在頭頂上，容易遭到誤解。有時可以稍微保留自己的想法，謙虛地多聽聽旁人的意見。

## ✧戀愛・婚姻・性生活✧

好勝的你，是典型的大男人或大女人。你不會玩什麼小花招，總是用直球對決，遇到喜歡的對象就會展開攻勢，也不管對方的狀況，因此容易帶給人獨裁、恐怖的印象，如果能讓對方看見你柔軟的一面，反而能替你的魅力加分。

因為你總是想當第一名，婚後家裡的實權很可能也會掌握在你手中。以1日出生的人的特質而言，家庭勢必會以你為中心，這樣家庭比較和樂。性生活方面，你容易只顧自己的感受，習慣一成不變，請多體諒伴侶的需求。

## ✧工作・財運✧

你擁有無論從事什麼行業都能成為領袖的格局。與其聽人指揮，不如自己獨立工作，更能發光發熱。假如你是上班族，那麼最大的關鍵就在於你和主管之間的關係。若沒有遇見一個能讓你尊敬的主管，你可能會不停換工作。

即使遇到需要拋頭露面、面對人群的工作，你也不會害怕；你有能力、人緣也高，想必能成為一流的演藝人員或運動選手。你總是積極行動，因此能靠自己的實力從零開始累積巨大財富。只是你禁不起奉承，有時容易受騙上當，若聽到不費工夫就能賺大錢的話術，請務必小心。

## ❖ 今生使命・未來展望 ❖

你今生的目標是幫助他人，所以你的使命是：發揮領導能力，同時輔佐別人，協助身邊的人達成目標。

身為領袖型人物的你，請不要忘了對輔佐你的人隨時抱著感謝的心情。同時，為了報答一直以來幫助自己的人，若能刻意退居二線協助他們，也能使你有所成長。

你具有很大的影響力，因此透過你的協助，能帶給更多人一躍而起的機會。

只是有時為了要幫助別人，你可能會壓抑自己的情緒、勉強自己，反而使自己和身邊的人更痛苦。

所以請先重視自己、鼓勵自己、支持自己。只要你懂得愛自己，愛便能自然傳達給身旁的人，你也可以毫無負擔地協助別人。

## ❖ 生日帶來的訊息 ❖

「永不動搖的信念」

「成為第一」

「熱情地勇往直前」

### 前世の故事

你的前世是地理大發現時代的冒險家。你出生於地中海沿岸的貧窮漁村，從小就是個不屈不撓、好勝的少年。長大成人之後，你就離開家鄉，當上了船員。

終於，有一天你成為一名可靠的船長，航向未知的土地。航程中，你遇到惡劣的天候與海盜的襲擊，但你本著不屈不撓的精神繼續掌舵。然而在漫長的航程中，最後船隻不幸沉沒。你只好丟下夥伴，一個人乘著小船逃出，但就在你看見心心念念的那片陸地時，已是風中殘燭。

你的靈魂永遠記得自己因為太過執著於得到第一，而犧牲了同甘共苦的夥伴，因此你開始去思考，對領導者而言，真正重要的是什麼。

1/1 希伯來文



### ❖ 生日契合度 ❖

◉ 情人・伴侶

| | |
|---|---|
| 1月9, 18, 27日 | 7月3, 21, 30日 |
| 2月8, 17, 26日 | 8月2, 20, 29日 |
| 3月7, 16, 25日 | 9月10, 19, 28日 |
| 4月6, 15, 24日 | 10月9, 18, 27日 |
| 5月5, 14, 23日 | 11月8, 17, 26日 |
| 6月4, 13, 22日 | 12月7, 16, 25日 |

◉ 工作夥伴・朋友

| | |
|---|---|
| 1月10, 19, 28日 | 7月4, 13, 31日 |
| 2月9, 18, 27日 | 8月3, 21, 30日 |
| 3月8, 17, 26日 | 9月2, 20, 29日 |
| 4月7, 16, 25日 | 10月1, 19, 28日 |
| 5月6, 15, 24日 | 11月9, 18, 27日 |
| 6月5, 14, 23日 | 12月8, 17, 26日 |

◉ 競爭對手・天敵

[1/28] [5/1] [7/8] [10/10] [11/18] [12/18] [12/30]

◉ 靈魂伴侶

[4/20] [6/21] [8/11] [8/24] [8/31] [9/10] [10/2]

### ❖ 生日名人 ❖

古柏坦（現代奧林匹克之父）
J・E・胡佛（FBI 第一任局長）
J・D・沙林傑（作家）、
莫里斯・貝嘉（芭蕾編舞家）
夢枕獏（作家）
高橋源一郎（作家）
役所廣司（演員）
大友康平（歌手）
尾田榮一郎（漫畫家）
堂本光一（歌手）

◉ 從你的生日看命運
請見32頁

# 1月2日

January second

## 為了自己支持的領導者竭盡心力的祕書

你擅於找到一個傑出的領袖，並主動扮演輔佐的角色，是一個忠誠的祕書人才。對於你所認定的領袖，你的忠誠之心甚至能感動眾人。

你的出生日期2象徵著男與女、光明與黑暗、太陽與月亮等相反二極的事物，是一個具有女性特質的數字。加上你的出生月分1所具備的明確的方向性，1月2日出生的你，通常對自己所相信的事物抱有深深的執著。

比起自己發揮領導能力，協助他人更令你感到快樂，因此你喜歡扮演在幕後協助領袖或旁人的角色。你是個會無微不至地照顧別人的浪漫主義者，感受力也很強，總是能敏銳地察覺旁人的心情。

只不過你太容易擔心，常因為太關心對方而變得多管閒事，最後卻只是杞人憂天。若是太在意周遭人們的一言一行，你可能會因為想太多而綁手綁腳，甚至再也無法好好協助對方，請務必注意。

你的出生日期2這個數字，是二元論的基礎，具有和諧、包容、平衡等意義。因此，你討厭爭執，待人和善，給人留下良好的印象。你總是體恤別人、站在對方的立場思考，這也是你受到身邊人們喜愛的原因之一。

### ❖戀愛・婚姻・性生活❖

面對愛情，低調的你不會自己主動展開攻勢，而是靜靜等待對方轉向你。兼具堅強與溫柔這兩種特質的你，總能吸引許多異性，從不缺戀愛對象。

結婚後，你喜歡全力支持伴侶的發展，但有時也會堅持己見，呈現出你性格中極端的另一面，令對方無所適從。

在性生活方面，你雖然比較被動，卻很可能出自同情另一個人的處境，而與自己不喜歡的對象發生關係、歹戲拖棚似地交往，甚至是出軌，請格外留意。

### ❖工作・財運❖

不喜歡與人競爭的你，最能發揮能力的位置，就是作為一名優秀領導者的忠實左右手。換言之，你比較適合擔任副總經理而非總經理、比較適合扮演配角而非主角，總之退一步，擔任參謀的角色較為理想。你總是無微不至地照顧別人，因此也很適合服務業。如果能避免太過神經緊張的特質，把工作當成一種玩樂，相信更能突顯你的才華。你有穩健的財運，但請盡量避免金錢借貸。此外，如有大筆的財富或許委託別人管理比較安全。你不適合買彩券或賭博等投機行為。

## ❖ 今生使命・未來展望 ❖

你今生的使命，就是：像孩子一般常保天真無邪，盡情享受人生。

你總是將人生想得太複雜。假如只因為年紀增長，就認為自己必須努力成為大人、勉強自己裝出大人的樣子，也只是讓自己內心更加疲累不堪罷了。你可能因此變得容易依賴他人，或變得任性、喜歡耍賴。

另外，你常因為太在乎身旁的人而壓抑自己的心情，因此對你而言最重要的，就是常保童心，展現出率直而天真的一面。

請謹記，用心去感受，而非用頭腦思考。建議你可以先從表面的形式上著手，比方刻意展現笑容。例如，你可以去看喜劇類演出，或是實際體驗音樂、舞蹈等需要透過感官去感受的事物。請帶著笑容，喚起你的童心。

## ❖ 生日帶來的訊息 ❖

「與人分享的喜悅」
「輔佐他人」
「喚回童心」

### 前世の故事

你是古埃及王室的次子，王國的領地有河川與沃土，一族和樂地生活著。你和未來將繼承王位的哥哥也很感情融洽。

然而有一天，你們兩人出遠門的時候，因為你的疏失而使哥哥受了重傷。父王因此責備你，身旁的人也以為你一定是覬覦王位才故意這麼做，於是對你投以冷酷的視線。百口莫辯的你，離開了王宮，獨自前往荒野。從小就將輔佐哥哥視為己任的你，沒想到竟落得這種下場……。

你來世的課題就是好好做自己，傾聽內在的聲音，不再當任何人的輔佐。

1/2 希伯來文

### ❖ 生日契合度 ❖

**◉ 情人・伴侶**

1月6, 15, 24日　7月9, 18, 27日
2月5, 14, 23日　8月8, 17, 26日
3月4, 13, 22日　9月7, 16, 25日
4月12, 21, 30日　10月6, 15, 24日
5月2, 11, 29日　11月5, 14, 23日
6月1, 10, 28日　12月4, 13, 22日

**◉ 工作夥伴・朋友**

1月2, 11, 29日　7月5, 14, 23日
2月1, 10, 28日　8月4, 13, 31日
3月9, 18, 27日　9月12, 21, 30日
4月8, 17, 26日　10月11, 20, 29日
5月7, 16, 25日　11月1, 19, 28日
6月6, 15, 24日　12月9, 18, 27日

**◉ 競爭對手・天敵**

[3/20] [3/29] [5/5] [7/31] [9/3] [9/5] [12/7]

**◉ 靈魂伴侶**

[1/10] [2/11] [3/10] [6/19] [8/28] [10/5] [12/1]

### ❖ 生日名人 ❖

以撒・艾西莫夫（作家）
凱特・柏絲沃（演員）
河合雅雄（動物學家）
梶山季之（作家）
森村誠一（作家）
海部俊樹（政治家）
津川雅彥（演員）
浦澤直樹（漫畫家）
竹野內豐（演員）
佐藤珠緒（藝人）

◉ 從你的生日看命運
請見32頁

# 1月3日

January third

## 想要簡單地貫徹想要的人生朝氣蓬勃的孩子

你的個性開朗真率，最討厭虛偽造作。你非常喜歡那些令人愉快的事物，希望簡簡單單地度過隨心所欲的人生，就像個充滿活力的孩子。

你出生的日期3，是一個在安定中富有變化的可能，充滿創造力與活力的數字，象徵著孩子般純真無邪的心思。基本上，你喜歡新奇的事物，好奇心旺盛，面對陌生的事物也會積極挑戰。而1月的1代表率領眾人，勇往直前朝目標邁進的力量，因此1月3日出生的你，正好具有這股正面力量的核心特質。

此外，你擁有決斷力、執行力、行動力，同時想像力豐富。你的頭腦靈活，擅長即興發揮，直覺也很敏銳。

你的五官立體，特別是笑容總格外令人印象深刻。樂天派的你，就算意志消沉也很快就能重新振作，不拘小節，充滿享受當下的熱情和活力。

不過，儘管你擁有爆發力，但是面對不感興趣的事就會遲遲不願展開行動，不擅長一直持續做同一件事。你有時會三分鐘熱度，甚至半途而廢。另外，你很容易專注在自己有興趣的事物上，陷入自己的想法中，使視野變得狹隘，最後被周遭的人們而孤立。偶爾也請關心一下身邊的人的想法，有始有終地做完自己想做的事吧。

### ❖戀愛・婚姻・性生活❖

你喜歡忠於自己的感情，坦率而積極地談戀愛。你總是懷抱著熱情往前衝，喜歡主動引導對方。談起戀愛來就像個天真無邪的孩子一般的你，既開朗又有趣，能擁有一段幸福的婚姻。為了常保新鮮感，婚後也請給另一半驚喜，這就是感情長久的祕訣。至於性生活，你總是容易以自我為中心，很可能因為忽視對方的反應而起爭執。有時也可以向對方撒撒嬌，做出有別以往的行為，效果也不錯。要是你太遲鈍，長期疏忽對方的心情，對方很可能會突然提出分手，請特別留意。

### ❖工作・財運❖

無時無刻都樂天又正向的你，是個享受工作的天才，在組織裡也是個開心果。假如受到主管青睞，便能一路升遷；但如果遇不到好的主管，很可能就會不斷換工作，最後也許會考慮獨立創業。只要把自己的興趣當作指標來選擇工作，便能發揮長才。透過積極行動，便能招來財運。你的點子很可能會直接帶來財富。你不擅長理財，為了在事業上獲得成功，你需要一個能支持自己的事業夥伴。

## ❖ 今生使命・未來展望 ❖

今生的你，具有開拓未知領域、創造新事物並具體展現，使其流傳後代的使命。

當我們主動踏進一個不曾有人踏入的地方，會感到恐懼是理所當然的。但是你的好奇心與行動力早已超越了恐懼，充滿跨出新的一步的力量。

只要你秉持著想過簡簡單單、快快樂樂的生活理念，並以此為目標化作具體的行動，便能有助你完成使命。假如老是責怪自己沒有做到完美，一直強迫自己努力，認為非做到好不可，反而只會讓自己痛苦。

人生沒有必要過得符合他人期望。只有快樂地走在人生道路上，才能享受人生的精髓。請發揮你享受自我的才華，將你今生的展望化為實際行動，加以實踐吧。

## ❖ 生日帶來的訊息 ❖

**「創造與破壞」**

**「純真」**

**「全新的挑戰」**

### 前世の故事

你的前世是亞馬遜森林深處某部族首領的孩子。你和其他孩子一起開心地玩耍，每天過得充滿朝氣與活力，但隨著年紀增長，你開始意識到自己將來必須繼承父親的地位。

為了成為一個能保護族人的強大首領，無論是長槍或弓箭的技巧，你都必須比一般人強。你原本對狩獵沒那麼有興趣，但看見男性進行的狩獵儀式後，便改變了想法。

和成年後的男性一起將臉和身體畫上圖騰的你，漸漸喜歡上這樣的服裝與色彩，拋開傳統的束縛，想要更自由自在地表現自己。

1/3 希伯來文

### ❖ 生日契合度 ❖

◉ **情人・伴侶**

| | |
|---|---|
| 1月7, 16, 25日 | 7月10, 19, 28日 |
| 2月6, 15, 24日 | 8月9, 18, 27日 |
| 3月5, 14, 23日 | 9月9, 17, 26日 |
| 4月4, 13, 22日 | 10月7, 16, 25日 |
| 5月3, 12, 21日 | 11月6, 15, 24日 |
| 6月2, 20, 29日 | 12月5, 14, 23日 |

◉ **工作夥伴・朋友**

| | |
|---|---|
| 1月12, 21, 30日 | 7月6, 15, 24日 |
| 2月2, 11, 29日 | 8月5, 14, 23日 |
| 3月1, 10, 28日 | 9月4, 13, 22日 |
| 4月9, 18, 27日 | 10月12, 21, 30日 |
| 5月8, 17, 26日 | 11月2, 11, 29日 |
| 6月7, 16, 25日 | 12月1, 19, 28日 |

◉ **競爭對手・天敵**

[1/21] [2/23] [4/9] [8/22] [10/2] [12/4] [12/31]

◉ **靈魂伴侶**

[1/8] [2/9] [6/30] [8/12] [10/10] [10/19] [12/24]

### ❖ 生日名人 ❖

西塞羅（哲學家）
托爾金（作家）
梅爾・吉勃遜（演員）
舒馬克（賽車手）
小林一三（企業家）
鳥居由紀（設計師）
小堺一機（藝人）
柳葉敏郎（演員）
小澤真珠（演員）
內村航平（體操選手）

◉ 從你的生日看命運
請見32頁

# 1月4日

January fourth

在信念之路上
認真前進的
實業家

1月4日出生的你個性耿直，最討厭矯揉造作，是個認真又腳踏實地的人。不管遇到什麼事都堅持正道而行，為人誠實又專一。但因為你總是太過冷靜地判斷事情，有時會顯得城府很深，或讓人覺得冷酷。

你的出生日期4是一個意謂著安定、固定的數字，你可謂「一絲不苟」的代名詞。你討厭不真誠的發言或虛偽造作的態度，有時會聽不進別人的意見。你抱著全神貫注的態度，凡事嚴謹細心，從第一刻開始就全力付出。具有決斷力的你，深受人們的信賴。你具有堅定的信念，訂立目標後就會勇往直前。

以這樣的資質為基礎，再加上你的出生月分1所具備的要素，你朝著自己所相信的事物努力前進的能量就更強大了。你往往不懂得變通，又最討厭半途而廢，只用好、壞的價值來判斷事情。

你嚮往理智又有良知的生活，自己也努力實踐。但有時周遭的人無法跟上你那永不妥協的態度，使你變得孤立無援。

你會和自己認為值得信賴的人建立重情重義的穩定關係。你重視社會規範，守信用，以一種穩定的節奏不斷努力，度過心中理想的人生。

## ❖戀愛・婚姻・性生活❖

你純真坦率的特質，在戀愛時會特別明顯地展現出來。你不擅長使用小花招，總是直接向對方表白，喜歡直來直往的戀愛。面對喜歡的對象會展開強烈攻勢，很可能直接與對方結婚。

不過，這一天出生的人對性卻意外地保守，許多人可能會堅持在婚前保持處子之身。你認為性的目的是延續後代，而不是享受，因此很難放鬆。然而一旦嚐到性的美好，可能會上癮，必須注意。

## ❖工作・財運❖

不論從事什麼工作，你都能因為優異的專注力而嶄露頭角。你好學又充滿挑戰精神，因此可以穩健地登上一定的地位。做事認真又有行動力的你，只要是自己認為正確的事，有時會毫無顧忌地說出口，因此必須特別注意與主管之間的人際關係。需要專業技術、必須符合高標準的工作，或是需要特殊知識或證照的工作，最能讓你發揮實力，也最適合你。你擁有穩健的財運，可以按照計畫慢慢累積財富。

## ❖ 今生使命・未來展望 ❖

今生的你，以不受限於原先自身狹隘的價值觀，挑戰更自由的人生，期望自己能成為一個連結人與人的溝通者為使命。

你的內心其實想要追求自由、希望改變，卻對變化有所抗拒，總是想要緊抓住眼前安穩的狀態。自由與任性、安定與固定，其實是一體兩面。打穩基礎固然重要，但如果只是原地踏步，就等於被綁死在同一個地方，事實上的你並沒有前進。

你可以先從小事開始改變，例如改變服裝或髮型、走不同的路線等等。

此外，養成當機立斷的明快也很重要，例如當你腦海中浮現某個人時，就撥個電話給對方。這些明快的行動，會幫助你達成連結人與人的使命。

### ❖ 生日帶來的訊息 ❖

「即刻去做」
「專心致志」
「接受改變」

### 前世の故事

你的前世，是出生在一片廣大冰原上的貧窮小村莊裡的村民。你從小聽從父母的教導，是個低調、有禮貌、言行一致、率直的孩子。

長大後，你在父母之命下結婚生子。在終年積雪的環境下，靠著狩獵維生的生活絕對稱不上富足，但你從不抱怨，繼續默默地工作。

直到臨終前你才發現，即使這單調的生活早已令你的心枯萎，但之所以拿不出勇氣來改變現狀，或許是因為自己對變化感到不安吧。你心想：到了來世，我一定要鼓起勇氣，前往未知的世界展開冒險。

1/4 希伯來文

### ❖ 生日契合度 ❖

**◉ 情人・伴侶**

| | |
|---|---|
| 1月12, 21, 30日 | 7月6, 15, 24日 |
| 2月2, 11, 29日 | 8月5, 14, 23日 |
| 3月1, 19, 28日 | 9月4, 13, 22日 |
| 4月9, 18, 27日 | 10月3, 21, 30日 |
| 5月8, 17, 26日 | 11月11, 20, 29日 |
| 6月7, 16, 25日 | 12月10, 19, 28日 |

**◉ 工作夥伴・朋友**

| | |
|---|---|
| 1月4, 13, 31日 | 7月7, 16, 25日 |
| 2月3, 12, 21日 | 8月6, 15, 24日 |
| 3月2, 20, 29日 | 9月5, 14, 23日 |
| 4月1, 19, 28日 | 10月4, 13, 31日 |
| 5月9, 18, 27日 | 11月12, 21, 30日 |
| 6月8, 17, 26日 | 12月2, 11, 20日 |

**◉ 競爭對手・天敵**

[3/11] [7/5] [7/9] [8/22] [8/31] [9/30] [12/29]

**◉ 靈魂伴侶**

[2/24] [3/5] [4/4] [8/9] [9/26] [10/18] [12/25]

### ❖ 生日名人 ❖

雅各・格林（作家）
貝絲・莫莉索（畫家）
牛頓（物理學家）
夢野久作（作家）
山田風太郎（作家）
子門真人（歌手）
三田紀房（漫畫家）
竹內力（演員）
中村達也（音樂人）
植村花菜（音樂人）

◉ 從你的生日看命運
請見32頁

# 1月5日

January fifth

不在乎別人看法
貫徹自己人生的
自由之士

你憑著自己的意志，過著你心中理想的人生。你不會受旁人意見左右，總是隨心所欲、自由大膽地向前邁進。對 1 月 5 日出生的你來說，按照既定的規則、走在鋪好的軌道上，可說既痛苦又無聊。你不喜歡受到各種制約，那會讓你感到綁手綁腳。

你的出生日期 5，是代表自由與變化的數字，象徵著人類的潛能。加上你的出生月分 1 的特質，你比別人更能誠實面對自己的想法，自由自在地度過人生。

你對新事物抱有強烈的好奇心，是個想到就立刻去做的行動派。你總是用自己的方法做事，即使這個方法不符合社會觀感，你也毫不在意。當事情順利按照自己的想法進行時，當然沒問題，然而一旦出現了困難，你就會頓時失去動力，甚至想把責任轉嫁給他人。

你是個忽冷忽熱、陰晴不定的人，有時會太過任性。一旦顯現出 5 日出生者的負面特質，行事會變得極端，甚至做出超乎常理的荒誕無稽行為。你對任何事物都感興趣，人脈廣又擁有聰明才智的你，總是大受歡迎，人們自然會聚集在你身旁。

## ❖ 戀愛・婚姻・性生活 ❖

對於外遇、劈腿等世人無法接受的戀情，你並不會太過排斥，面對感情你忠於自己的感受，支持自由自在的戀愛。如果是女性，也許會出現宛如小惡魔的一面，喜歡欲擒故縱、將對方玩弄在股掌間。

你對性也不太設限，總是熱情又積極。你喜歡掌握主導權，也很擅長規劃記念日。相反地，感情一旦變得公式化，你可能就會突然降溫。結婚後假如被家庭這個框架束縛，會覺得喘不過氣。你認為平凡的日子等於無聊的日子，因而會多花點心思在工作或興趣上，才能取得平衡。

## ❖ 工作・財運 ❖

你適合業務員、服務業、活動企劃等，握有某種程度的裁量權與決定權，以自己的步調自由進行的工作。你不擅長不斷重複的單調工作，必須在直接與人接觸的工作上才能發揮能力。你對流行很敏感，也善於溝通，因此美容業界或擔任模特兒、藝人的演藝界，都是你可以發揮長才的領域。

你的財運很旺，但你有嚮往一夕致富的賭徒性格，因此財務狀況可能會大起大落。你花錢不眨眼，不擅儲蓄，委託他人管理財富比較令人放心。

## ❖ 今生使命・未來展望 ❖

喜歡開放且平等的人際關係的你，今生的使命就是在人與人的關係中學習無私的愛。

你熱愛自由，不喜歡受到制約，因此在與人交往的時候也很討厭受到束縛。然而，你雖然看起來像是認同每個人都應該自由自在，但事實上是不是只以你自己的自由為優先呢？將他人的自由與自己的自由皆一視同仁地重視，正是學會無私的愛的第一步。

最重要的是，當你提供對方知識或資訊時，請勿要求對方有所回報。假如對方無法接受你所欣賞的事物，也請不要發怒或失望。

請先接受自己的自由與他人的自由同等重要的觀念，才能貫徹你隨心所欲的生活方式，迎向你心目中理想的人生。這時，你自然能對周遭的人們展露不求回報的愛。

## ❖ 生日帶來的訊息 ❖

「忠於自我」
「自由自在」
「學習無私的愛」

### 前世の故事

你的前世，是一個跟著小團體在歐洲各地流浪的人。你居無定所，四處漂泊，過著無拘無束的生活。

你從小就極為自然地接觸各種文化，每到一處，就能很快學會當地的語言、熟悉當地的習慣，培養出不受侷限的靈敏。

隨著年紀增長，你肩負起養育下一代的責任，然而總是以自由為優先，不太懂得如何照顧人的你，因此遭到周遭人們的批判，認為你是個任性的傢伙。

學習自由與任性的差異以及何謂團體裡的自由，正是你靈魂的課題。

1/5 希伯來文



### ❖ 生日契合度 ❖

**● 情人・伴侶**

| | |
|---|---|
| 1月8, 17, 26日 | 7月2, 20, 29日 |
| 2月7, 16, 25日 | 8月10, 19, 28日 |
| 3月6, 15, 24日 | 9月9, 18, 27日 |
| 4月5, 14, 23日 | 10月8, 17, 26日 |
| 5月4, 13, 31日 | 11月7, 16, 25日 |
| 6月3, 12, 30日 | 12月6, 15, 24日 |

**● 工作夥伴・朋友**

| | |
|---|---|
| 1月5, 14, 23日 | 7月8, 17, 26日 |
| 2月4, 13, 22日 | 8月8, 16, 25日 |
| 3月3, 21, 30日 | 9月6, 15, 23日 |
| 4月2, 11, 29日 | 10月5, 14, 23日 |
| 5月1, 19, 28日 | 11月4, 13, 22日 |
| 6月9, 18, 27日 | 12月12, 21, 30日 |

**● 競爭對手・天敵**

[1/23] [2/5] [4/16] [7/4] [8/7] [10/9] [11/18]

**● 靈魂伴侶**

[2/23] [4/13] [5/30] [6/17] [9/5] [10/7] [11/3]

### ❖ 生日名人 ❖

安伯托・艾可（作家）
黛安・基頓（演員）
土井勝（料理研究家）
長岡輝子（演員）
宮崎駿（導演）
渡邊惠里（演員）
榎木孝明（演員）
元千歲（歌手）
青木宣親（棒球選手）
小池徹平（演員）

● 從你的生日看命運
請見32頁

# 1月6日
January sixth

喜好路見不平
充滿正義感的
博愛主義者

1月6日生的你擁有強烈的正義感，是個能包容旁人的博愛主義者。

你和他人之間沒有界線，總是設身處地認真與旁人一起煩惱、一起高興，令人感到溫暖。同時，你不擅長處理費神或複雜的事情，喜歡簡單明快的思考方式。

你的出生月分1象徵領導能力。這讓你有堅定不撓的意志與正義感，不喜歡在暗地裡密謀策劃，面對違反公平正義的事情會挺身而出。

你試圖對每個人平等，擅長分享與教導別人。但即使出自善意，一旦超過了分際，便可能令對方覺得多事。儘管設身處地體貼他人的心意值得尊敬，但若闖進對方的私領域，把自己的感受強加在對方身上，想必只會令對方生厭。

你的出生日期6具有愛與和諧的意義，是一個象徵母性的數字。因此，你是一個可靠、溫暖，宛如母親般具有包容力的人。個性開朗又會照顧人的你，對待任何人都一視同仁，因此受到許多人喜愛與仰賴。

## ✧戀愛・婚姻・性生活✧

很會照顧人、心胸開闊又有包容力的你，在面對比較不可靠的對象時，喜歡掌握主導權，對愛情很專一。只要對方撒嬌，你就幾乎全盤接受，從此展現出你的愛。

你喜歡照顧別人，結婚後，即使犧牲自己也願意為家人奉獻。正因如此，你絕對無法原諒伴侶外遇。

在性生活方面，你雖然會盡可能迎合對方，但遇到不喜歡的事情，適度拒絕也很重要。必須留意的是，有時一心為對方付出，可能會造成關係失衡，反而令對方退卻。

## ✧工作・財運✧

你所散發的溫暖，能緩和職場上的氣氛，讓人感到安心。你富有責任感與決斷的能力，受人信賴，但有時會顯得太過雞婆。對你而言，培育人才是一種極富價值的工作，你很合適擔任指導者或主管，輔助、培養下屬或學生。

雖然沒有明顯的財運，但你需要用錢的時候也很少擔心缺錢的問題。只不過你對儲蓄不太熱中，又喜歡討人歡心，因此常常給別人錢或借別人錢，請留意。

## ❖ 今生使命・未來展望 ❖

你今生的使命，就是：跳脫優先為他人奉獻的想法，學會獨立自主，凡事獨力完成。

你可能不太擅長獨自完成任務，或自己一個人獨處。但負起責任、獨立自主與自私任性、被孤立於群體之外，是截然不同的兩回事。

待人體貼又善良的你，因為每次受人請託都無法回絕，往往接下超出自己能力的工作。勉強自己接下工作後，可能會為身邊的人帶來麻煩，最後甚至完全仰賴自己真正重要的人。正因為重視對方，才更應該相信對方、保持讓彼此舒適的距離，在平衡的狀態下彼此自立。

你只要做好自己分內的事，而超出自己能力範圍的事，則必須明確地拒絕。一旦自己決定的事就必須負起責任，努力到最後一刻，才真正能幫助大家，同時自己才能真正獨立。

### ❖ 生日帶來的訊息 ❖

「用情專一」

「純潔的愛」

「不要過度依賴他人」

### 前世の故事

你前世的母親，是負責照顧古羅馬帝國皇帝子女的保母。你和母親一起工作，與日後的皇帝感情好得像兄弟一般。你的母親也因此深受皇帝信賴，對皇子們視如己出。

但隨著成長，你對這個無法獨享母愛的狀況開始心生不滿，嫉妒心讓你對皇子們產生憎恨。

母親年老後，你們母子便喪失了一切的特權，恢復平民生活。這時你才體悟到，即使是身在皇宮時，你也確確實實地完整擁有母親的愛，因而為母親那真摯又無私的情感而落淚。

# וא

1/6 希伯來文

### ❖ 生日契合度 ❖

**◉ 情人・伴侶**

| | |
|---|---|
| 1月4, 13, 31日 | 7月7, 16, 25日 |
| 2月3, 12, 21日 | 8月6, 15, 24日 |
| 3月2, 11, 29日 | 9月5, 14, 23日 |
| 4月10, 19, 28日 | 10月4, 22, 31日 |
| 5月9, 18, 27日 | 11月3, 12, 30日 |
| 6月8, 17, 26日 | 12月11, 20, 29日 |

**◉ 工作夥伴・朋友**

| | |
|---|---|
| 1月6, 15, 24日 | 7月9, 18, 27日 |
| 2月5, 14, 23日 | 8月8, 17, 26日 |
| 3月4, 13, 31日 | 9月7, 16, 25日 |
| 4月12, 21, 30日 | 10月6, 15, 24日 |
| 5月11, 20, 29日 | 11月5, 14, 23日 |
| 6月1, 19, 28日 | 12月4, 13, 31日 |

**◉ 競爭對手・天敵**

[2/5] [4/22] [6/7] [8/7] [9/9] [10/30] [11/11]

**◉ 靈魂伴侶**

[2/6] [3/9] [7/13] [9/17] [9/21] [10/20] [11/5]

### ❖ 生日名人 ❖

聖女貞德（法國民族英雄）
海因里希・謝里曼（考古學家）
藤堂高虎（武將）
杉村春子（演員）
恰克（音樂人）
李相日（導演）
森見登美彥（作家）
菊地凜子（演員）
夏洛克・福爾摩斯（偵探）
古畑任三郎（刑警）

◉ 從你的生日看命運
請見32頁

# 1月7日

January seventh

**遵從自己信念**
**在崎嶇道路上**
**前行的修行僧**

你從小就顯得成熟，在精神上相當獨立，宛如一個遵從自己的信念，熱愛自我探索的修行僧。

1月7日出生的7，象徵著斜箭頭，宛如接受訊息的天線一般。7同時也代表一個週期的結束，意謂著完成、協調的數字。你是對每個細節都有所堅持的完美主義者，由於想法和關心的範疇都有自己的一套見解，因此不會輕易妥協。你雖然安靜，但總是仔細觀察周遭的狀況，能自然地注意到各個小細節。

加上你出生的月分1的特徵——一旦決定方向後就會前進，於是具有強烈的自尊心的你，會朝著自己所相信的艱難道路勇往直前。只是你不擅長主動與人溝通，尤其是面對陌生人時，很容易帶給人冷淡、傲慢的印象。你也不太向人透露自己的煩惱或埋怨，總是獨自默默承受一切。

你沉默寡言，常保冷靜。雖然不會特別引人注目，但你擁有客觀的視野和優異的分析判斷能力。此外你也十分努力，但不會讓人看見你努力的過程，也不會向人吐露真心，始終面無表情地堅持自己的作風。你討厭受人干涉，就算被孤立也不以為意。

## ❖戀愛・婚姻・性生活❖

基本上，即使是戀人或伴侶，你也不喜歡對方踏入自己的領域。儘管平時態度冷酷，但偶爾也會露出敏感、怕寂寞的一面，而這在對方眼中看起來可能充滿魅力，或許可以藉此擄獲對方的心。與你所信任的對象共享的性愛，是你少數能夠敞開心胸、完全放鬆的時光。

當你認定一個人之後，就會非常專情，結婚後也會是個忠實的妻子或丈夫，在家中也能確實完成應盡的義務。然而即使是夫妻，也必須互相尊重對方的隱私，這才是維持良好關係的關鍵。

## ❖工作・財運❖

在工作上，如果找到能展現自己獨特風格的專業領域，或能夠探究一輩子的研究主題，你的人生必能發光發熱。你最討厭別人催促或打亂自己的步調，因此與許多人合作的工作可能會對你造成壓力。

你的財運不錯，但比起金錢，更加看重自己的興趣和堅持。只要你持續追求自己的路線，勇往直前、不妥協，確立自己的品牌，財運也會隨之愈來愈旺。

## ❖ 今生使命・未來展望 ❖

你今生的使命是：擁有如職人一般的堅持，與周遭的人們分享自己的才華、金錢和時光。

喜歡獨處的你，不習慣團體行動，也不擅長與他人溝通。面對任何事都不會顯得特別熱情，總是以冷酷的眼神看著身邊的一切，因此必須注意不要將自己封閉起來，孤立於人群之外。

你充滿夢想，為了獲得成功，你的腦中經常浮現各種點子。然而腦中的藍圖明明完美無缺，一旦付諸實踐後卻不如預期，敗在理想與現實之間的落差。

這個世界並不是只為了你而存在。你今生的課題，就是大方地將你的才華、創意、金錢和時間與周遭的人們分享，在與人的連結與互動中體驗真正的富足。

## ❖ 生日帶來的訊息 ❖

**「獨立與孤獨」**
**「信念」**
**「分享富足」**

### 前世の故事

你出生在西藏圖博深山內一戶擁有虔誠信仰的人家。你的父親每天都花很多時間祈禱，母親則為了維持自給自足的生活而辛勤工作。你非常尊敬父母，常常幫忙父母的工作，過著遠離俗世的生活，長大成人。

一天，你和母親一同前往城裡的市集，市場裡充滿你從未見過的新奇物品以及令人垂涎的食物。你忍不住伸手偷拿一個食物，於是被商人痛打一頓。

直到那一刻，你對自己始終過著不知商業為何物的生活感到遺憾，誓言來世一定要與更多人廣結善緣。

# זא

1/7 希伯來文

### ❖ 生日契合度 ❖

**◉ 情人・伴侶**

| | |
|---|---|
| 1月5, 14, 23日 | 7月8, 17, 26日 |
| 2月4, 13, 22日 | 8月7, 16, 25日 |
| 3月12, 21, 30日 | 9月6, 15, 24日 |
| 4月2, 20, 29日 | 10月5, 14, 23日 |
| 5月1, 19, 28日 | 11月4, 13, 22日 |
| 6月9, 18, 27日 | 12月3, 21, 30日 |

**◉ 工作夥伴・朋友**

| | |
|---|---|
| 1月7, 16, 25日 | 7月1, 19, 28日 |
| 2月6, 15, 24日 | 8月9, 18, 27日 |
| 3月5, 14, 23日 | 9月8, 17, 26日 |
| 4月4, 13, 22日 | 10月7, 16, 25日 |
| 5月3, 21, 30日 | 11月6, 15, 24日 |
| 6月2, 20, 29日 | 12月5, 14, 23日 |

**◉ 競爭對手・天敵**

[3/6] [4/6] [6/22] [7/7] [8/2] [11/3] [11/12]

**◉ 靈魂伴侶**

[2/14] [5/4] [7/11] [8/1] [8/4] [11/16] [12/15]

### ❖ 生日名人 ❖

路易斯・漢米爾頓（賽車手）
尼可拉斯・凱吉（演員）
森茉莉（作家）
木下唯助（木下大馬戲團創始人）
吉田日出子（演員）
水木一郎（歌手）
朱川湊人（作家）
高橋由美子（演員）
青木琴美（漫畫家）
本名陽子（聲優）

◉ 從你的生日看命運
請見32頁

# 1月8日

January eighth

1月

## 貫徹自我意志
## 追求是非分明的
## 熱血掌舵者

出生在這一天的你，擁有明確的自我意識與目標，會透過你的熱情號召力對身邊的人們帶來影響，如同一個熱血的隊長。

不論任何事情你都想分清是非，好惡分明。你打從骨子裡不服輸，不管遇到什麼樣的困難或逆境都不會屈服，因此能逐一度過難關。在完成一個挑戰後，你就會立刻追尋下一個挑戰，不斷前進。

你的出生日期 8 象徵著無限大（∞），代表著偉大的力量、平衡、光榮，是一個擁有強大力量的數字。再加上出生月分 1 所具備的突破力，你便能夠結合朝向目標的強大能量與在背後推進的力量，吸引身邊的人。

為了達成目的，你甚至可能做出毫不留情地和夥伴關係切割這種冷酷的行為。這種傲慢的行為很可能招致孤立，請務必小心。

擁有強烈正義感與出眾領導能力的你，充滿了熱情，總是想幫助社會上的弱勢者或需要幫助的人。你最好不要單槍匹馬的行事，應該經常對外展現開朗的正能量，吸引更多的人，你所設定的目標便自然能順利達成。

### ❖ 戀愛・婚姻・性生活 ❖

你一旦喜歡上一個人，就會非常專情，並展開熱烈的追求，直到對方成為自己的另一半。如果遇到對方主動追求，由於你自尊心強又好惡分明，如果不喜歡對方，就絕對不會接受。

結婚後，你會努力成為一個好太太或好先生，但仍會掛心工作，把家庭放在第二順位。對於性，你時而非常積極，時而冷淡，落差非常大，能否掌握親密關係的時機將是維繫家庭圓滿的關鍵。

### ❖ 工作・財運 ❖

無論從事什麼工作，你都能憑著卓越的商業頭腦與領導能力，自然而然地成為核心的角色。你的頭腦聰明，做事果決，是一個充滿活力的超級商務人才。即使在龐大的組織裡，你也有往上爬的實力，當上管理許多下屬的領導者或主管，發揮長才。

你具備足夠的智慧與能力，即使獨立創業也會大獲成功。你擁有很強的財運，一生都不會為金錢所困擾。正因如此，你更應該抱著用賺來的錢回饋身邊的人與社會的態度，讓財運正向循環。

## ❖ 今生使命・未來展望 ❖

今生的你，自認的使命是：用熱情吸引許多人，創造一個和平的社會。

為了達成目標，你滿腹熱血，不畏任何苦難，只會勇往直前。你擅長慷慨激昂地向人們宣揚你為了達成世界和平這個目標的理念，喚起人們心中的熱情。

然而由於你的正義感太過強烈，往往試圖用所謂正確的價值觀來評斷他人。雖然有許多人認同你的熱情、願意協助你，但請注意不要將自己的價值觀強加在他人身上，親手埋下引起爭執的種子。

為了創造光明和平的世界，對社會有所助益，首先你必須明確界定自己的夢想、希望和願景，並使其茁壯，進而實現。當你的夢想實現，你的內心獲得平靜時，你所處的世界也將邁向和平。

## ❖ 生日帶來的訊息 ❖

「熱情洋溢」
「榮耀」
「避免過於極端」

### 前世の故事

你的前世是生於中國秦朝的秦始皇帝時代一個小商家的長子。從小你常不論做什麼都引人注目，在朋友之間居於領導地位。

你很早就開始幫忙家裡的事業，發揮天生的商業才華。十幾歲就繼承家業，將事業發展到直接與皇室做買賣，成為一代巨富。

得到莫大財富、名聲與權力的你，逐漸變得傲慢，因而觸怒皇帝，遭到處刑。

你所擁有的強大影響力也大大地影響了你與身旁的人的生活，今生的你也將繼承這耀眼的光環。

1/8 希伯來文

1月

### ❖ 生日契合度 ❖

◉ **情人・伴侶**

| | |
|---|---|
| 1月10, 19, 28日 | 7月4, 13, 31日 |
| 2月9, 18, 27日 | 8月12, 21, 30日 |
| 3月8, 17, 26日 | 9月2, 11, 29日 |
| 4月7, 16, 25日 | 10月1, 19, 28日 |
| 5月6, 15, 24日 | 11月9, 18, 27日 |
| 6月5, 14, 23日 | 12月8, 17, 26日 |

◉ **工作夥伴・朋友**

| | |
|---|---|
| 1月8, 17, 26日 | 7月2, 11, 20日 |
| 2月7, 16, 25日 | 8月10, 19, 28日 |
| 3月6, 15, 24日 | 9月9, 18, 27日 |
| 4月5, 14, 23日 | 10月8, 17, 26日 |
| 5月4, 13, 31日 | 11月7, 16, 25日 |
| 6月3, 12, 30日 | 12月6, 15, 24日 |

◉ **競爭對手・天敵**

[1/16] [3/23] [4/22] [7/1] [8/8] [9/19] [10/10]

◉ **靈魂伴侶**

[2/2] [6/7] [7/9] [9/22] [10/15] [11/2] [12/4]

### ❖ 生日名人 ❖

貓王（歌手）
史蒂芬・霍金（物理學家）
大衛・鮑伊（歌手）
小泉純一郎（政治家）
鮫島有美子（聲樂家）
小林浩美（高爾夫選手）
螢原徹（諧星）
井岡弘樹（拳擊手）
竹內洋岳（登山家）
田村亮（藝人）

◉ **從你的生日看命運**
**請見32頁**

# 1月9日

January ninth

**希望如己所願 想要控制一切 賢明的實力者**

1月9日生的人，是一個願意為世界、為眾人付出的賢者。你天生就能洞悉一切，運用智慧，試圖按照自己的想法控制局面。你從小就是個頭腦聰明、聽話的好學生，總是表現得特別成熟。

生日的9，象徵著低著頭的老人，代表賢者、導師、智者，同時也是一個完成、完結的數字。基本上，你很認真、穩重、不服輸，同時也非常努力。你求知欲旺盛，不論什麼事都能做得很好。你做事也很機靈，待人和善，給人安靜的正面印象，但也有太固執、稍嫌缺乏幽默感等負面特質。

只要立定目標，你就會發揮優異的行動力，但其實你自尊心很強，非常討厭別人對你下指令。

其實，你的心思很細膩，非常在意別人對自己的評價。倘若你的自尊心在人前受傷，你就會瞬間變臉，對人的態度也截然不同。

出生月分1的特徵，是擁有下定決心踏出第一步的力量。你擁有可靠的領導者資質，能朝向目標邁進，實際發揮行動力。你個性也很穩重，擅於照顧身邊的人，總能廣納眾人的意見，並高明地加以統合。

## ❖戀愛．婚姻．性生活❖

你是個會仔細挑選戀愛對象的慎重派。雖然有時可能因為無法拒絕對方的表白而交往，但抱著敷衍態度的交往並不會長久。

結婚後，你會犧牲奉獻，努力當個好先生或好太太。不過，假如長期把家庭的和諧放在第一順位，而忽略了自己的感受，便可能因為太為他人著想而造成心理上的失衡，請留意。

關於性，你可能會認為這種行為是動物的低等行為而不屑，因此不感興趣。請多和你的伴侶牽手、擁抱，重視彼此間的肌膚之親。

## ❖工作．財運❖

你的能力在助人的工作上最能發揮，對單純以賺錢為目的的商務工作沒有興趣。只要把工作的發展重點放在能否展現你的智慧，就能從小地方開始發揮領導能力。

你有靠自己就能賺錢的能力，財運穩健。只要目標明確，便有機會一舉獲得巨大的財富。只要善加運用智慧，積極挑戰還沒有任何人嘗試過的未知領域，你的未來就充滿無限的可能而開花結果。

## ❖ 今生使命・未來展望 ❖

今生的你與生俱來的使命，就是：扮演統籌的角色，發揮長才，同時對自己的選擇或決斷負起責任，將領導才能運用在自己的人生。

擁有實現世界和平這個崇高使命的你，最重要的就是體認唯有貫徹自己獨特的行事風格，這個目標才有可能實現。如果你總是扮演好人，體恤身邊的人們，就連自己的心都無法成功說服。

成為領袖的第一步，就是先練習做到：「喜歡的就說喜歡，討厭的就說討厭」，明確地表達出自己的意見。

即使是日常的瑣碎小事，也請盡量尊重自己的想法，自己主動積極去做。只要抱持著無論最後是否成功，你都不會抱怨世道、怪罪他人的態度，能讓許多人獲得幸福的真正領袖這個角色，便會輪到你身上，為你的使命助一臂之力。

### ❖ 生日帶來的訊息 ❖

「統合力」
「智慧」
「缺乏耐性」

### 前世の故事

你的前世是日本平安時代的宮廷貴族。你出生在富裕的名門世家，是一個乖巧懂事的好孩子。

求知欲旺盛的你，從小的玩伴就是書。你是同年紀的孩子們當中最具有智慧的一個，發生事情時，你總是充當和事佬，從不堅持自己的意見。強烈希望大家相親相愛，努力避開爭執，總是忍耐並壓抑自己情緒的你，到了臨終時，才發現自己的心裡其實並不好過。

比起祈禱世界和平，先讓自己的心獲得真正的滿足與平靜，對於這個世界或許更有幫助喔。

# טא

1/9 希伯來文

### ❖ 生日契合度 ❖

**◉ 情人・伴侶**

| | |
|---|---|
| 1月2, 11, 29日 | 7月5, 14, 23日 |
| 2月1, 19, 28日 | 8月4, 13, 31日 |
| 3月9, 18, 27日 | 9月3, 21, 30日 |
| 4月8, 17, 26日 | 10月2, 11, 20日 |
| 5月7, 16, 25日 | 11月10, 19, 28日 |
| 6月6, 15, 24日 | 12月9, 18, 27日 |

**◉ 工作夥伴・朋友**

| | |
|---|---|
| 1月9, 18, 27日 | 7月12, 21, 30日 |
| 2月8, 17, 26日 | 8月2, 20, 29日 |
| 3月7, 16, 25日 | 9月1, 19, 28日 |
| 4月6, 15, 24日 | 10月9, 18, 27日 |
| 5月5, 14, 23日 | 11月8, 17, 26日 |
| 6月4, 13, 22日 | 12月7, 16, 25日 |

**◉ 競爭對手・天敵**

[2/3] [4/5] [6/3] [7/7]
[8/9] [9/26] [12/6]

**◉ 靈魂伴侶**

[1/23] [4/11] [5/15] [7/31]
[8/7] [9/2] [11/27]

### ❖ 生日名人 ❖

理查・尼克森（第 37 任美國總統）
西蒙・波娃（作家）
吉米・佩奇（吉他手）
AJ（歌手）
森祇晶（棒球選手）
東君平（繪本作家）
岸部一德（演員）
一路真輝（演員）
岡本真夜（音樂人）
井上真央（演員）

◉ 從你的生日看命運
請見32頁

# 1月10日

January tenth

絕對不將冠軍寶座讓給任何人永遠的王者

1月

你可說是天生的領袖。你的自尊心強，不得第一絕不善罷甘休，是個絕對的王牌。不拘小節的你，個性大膽豪邁，就像個大哥、大姐頭。

1月10日的10，是1加上0所組成，因此更突顯出領袖特質。而你的出生月分也是1，因此主觀意識更強，絕不將王牌的寶座讓給任何人。

你擁有一種不可思議的領袖魅力，不必自己報上姓名，光是你的存在感與照顧人的特質，就自然能吸引周圍的人，不知不覺之中成為眾人的核心。

只不過1的行動力太強，一旦你投入某件事，就會不顧身旁的狀況，一直向前衝，因此可能會使身邊的人不知所措。

你的個性大方豪爽，就算遇到討厭的事，也能迅速轉換心情，若無其事，不會耿耿於懷。此外，你不管想到什麼都會立即反應在臉上或態度上，但這種直來直往的單純，往往也是受到眾人喜愛的原因之一。

你對新資訊很敏銳，也很懂得維持人際關係平衡，只要對身邊的人更細心，相信就會有支持你的人出現，幫助你更容易邁向成功。

## ❖戀愛．婚姻．性生活❖

遇到喜歡的對象，你會直接採取猛烈的攻勢。你也很容易喜歡上別人，一下子就陷入熱戀之中。你對性也相當主動，認為性和愛是一體的。因此你會藉由性來推測對方的愛有多深，若變成無性生活可能會成為導致你和另一半分手的原因。

婚後，你可能會變得大男人或大女人，希望掌握主導權。有時因為太愛對方，可能會試圖掌控一切，希望對方完全聽命自己，這點請特別注意。不要忘了，隨時考慮對方的心情，才是維繫長久關係的良方。

## ❖工作．財運❖

你擁有用宏觀的視野提出大方向，凝聚團隊向心力的能力。你適合善用你優異的專注力、爆發力以及獨特的眼光，擔任活動企劃或研發新產品等短期專案的負責人。你喜歡新事物又富有聲望，若積極投入事業將大有斬獲。你對金錢不太執著，但經濟上從不匱乏，擁有極佳的財運。因為你有工作運和投資才華，一輩子都不用為金錢犯愁。

## ❖ 今生使命・未來展望 ❖

今生你的使命是：運用天生的領導能力，主動創造和諧的環境，壓抑太過自我的意識，好好扮演幕後英雄的角色。

你擁有擔任領袖的資質，能在各方面獲得成功，而這一切都要歸功於在你背後默默支持你的人們。所以，請不要只顧著自己出鋒頭，可以試著克制自我的主張，保持低調，謙虛地聽取身旁人們的意見，努力營造和諧。

具有影響力的你只要願意提供協助，必定能帶給許多人一躍而起的機會。儘管不太習慣退居幕後，但這勢必也能對你自己的人生有所助益。

此外，你兼具大膽與細心這兩個截然不同的資質，如果有勇氣承認自己的弱點，相信這項弱點也能轉變成你身為輔佐者特有的魅力。

### ❖ 生 日 帶 來 的 訊 息 ❖

「展現企圖心」
「解放自我」
「感謝重要的人」

### 前世の故事

你的前世，是美國南北戰爭時代的北軍將領。出生在富裕家庭的你，從小就非常努力，而且不服輸。學生時代，你更是帶領全班的領袖人物。以優秀的成績畢業後，你便志願從軍。

在南北戰爭中屬於北軍的你，提出解放黑奴的主張，率領眾多部下前往各地征戰，最後不幸中彈。

臨終前，你回顧自己一生貫徹的信念、以追求勝利為目標，卻造成許多部下戰死沙場的人生，體認到作為一名領導者的困難。

# יא

1/10 希伯來文

### ❖ 生日契合度 ❖

◉ **情人・伴侶**

| | |
|---|---|
| 1月9, 18, 27日 | 7月3, 12, 30日 |
| 2月8, 17, 26日 | 8月11, 20, 29日 |
| 3月7, 16, 25日 | 9月1, 10, 19日 |
| 4月6, 15, 24日 | 10月9, 18, 27日 |
| 5月5, 14, 23日 | 11月8, 17, 26日 |
| 6月4, 13, 22日 | 12月7, 16, 25日 |

◉ **工作夥伴・朋友**

| | |
|---|---|
| 1月1, 19, 28日 | 7月4, 13, 31日 |
| 2月9, 18, 27日 | 8月3, 12, 30日 |
| 3月8, 17, 26日 | 9月2, 20, 29日 |
| 4月7, 16, 25日 | 10月1, 10, 28日 |
| 5月6, 15, 24日 | 11月9, 18, 27日 |
| 6月5, 14, 23日 | 12月8, 17, 26日 |

◉ **競爭對手・天敵**

[5/1] [8/16] [8/21] [9/11] [11/10] [11/22] [12/10]

◉ **靈魂伴侶**

[1/11] [3/2] [4/26] [5/20] [6/2] [10/27] [10/29]

### ❖ 生日名人 ❖

洛・史都華（歌手）
福澤諭吉（思想家、教育家）
山村暮鳥（詩人）
田中英光（作家）
長門裕之（演員）
嵐山光三郎（作家）
小松政夫（藝人）
青井輝彥（演員）
佐良直美（歌手）
財前直見（演員）

◉ **從你的生日看命運**
**請見32頁**

# 1月11日

January eleventh

## 順應直覺四處探訪的傳達者



你對肉眼看不見的事物非常敏感，宛如具有敏銳的感應力與直覺的法師、巫女。你的個性開朗活潑，對萬物充滿好奇心，喜歡四處探訪。

你的出生日期11，象徵著擁有洞悉萬物力量的千手觀音般的精神性以及革命、革新的力量，肉眼看不見的世界對你而言就像是理所當然地存在。再加上出生月分1的特質，使你成為一個具有堅強意志力，順從自己的直覺，一旦下定決心，不論遇到什麼樣的困境都會努力完成，富有統整能力的人。你天生具備在一瞬間找出答案的才華，以及吸引人的領袖魅力，但基本上你不太喜歡引人注目。然而即使想退居幕後，扮演輔助的角色，也經常自然而然地被推到人前。即使能透過直覺知道答案，卻無法以常理解釋，因此往往難以得到身旁人們的理解。

1月11日生的人，可能在人生的各種階段接受來自無形的世界的引導，經歷一般人所沒有的奇蹟、神祕體驗，也會獲得意想不到的幸運。由於你總是以直覺做決定，大膽地採取行動，因此難以決定人生的方向，但只要心如明鏡，便無須擔心。

### ❖ 戀愛．婚姻．性生活 ❖

基本上，你屬於對另一半無微不至的類型。你是個浪漫主義者，重視心靈的連結勝過一切。生日數字全是1的你，擁有獨特的愛情觀，以自己的感受為優先，絕不輕易向另一半妥協。

你認為性是一種能量的交換，因此很容易受到對方能量波動的影響，請務必慎選對象。你可以先透過握手或擁抱等肢體接觸來確認對方是否適合。結婚後，你會是一個好太太或好先生，但可能某一天突然陷入婚外情或禁忌之戀。請注意不要自己默默承受精神上的壓力。

### ❖ 工作．財運 ❖

你總有獨特的創意，適合當藝術家或設計師等創作者。若善加運用靈感和敏銳度，你也可以在心靈相關領域發揮實力，擔任心理治療師或占卜師。

你散發著領袖魅力，具備無論從事什麼行業都能擔任高層的資質，不過由於你總是順著直覺行動，可能令周圍的人難以理解。你的財運佳，很奇妙地從來不會為金錢煩惱。不過，你可能會輕易將大筆金錢花在一般人看起來毫無價值的東西上，或是用於探索無形的世界。

## ✧ 今生使命・未來展望 ✧

今生的你所懷抱的使命，就是：憑藉自己的直覺，用孩子般的心態盡情享受人生。

你擁有審美的眼光和敏銳的感性，能夠感受到世上神聖的事物以及真正美麗的事物。然而請不要忘了，可以讓你發揮直覺的地方，仍是實際存在的現世。請不要一味追求神祕的事物，躲在看不見的世界裡逃避，應該順從自己的心，以更開闊的心胸享受現實人生。

在人生的岔路上迷惘時，請正視自己的感受，選擇讓你內心感到比較快樂的那個選項。最重要的，就是善加運用你的靈感，坦然順從自己接收到的訊息而為。

## ✧ 生日帶來的訊息 ✧

「感性的判斷」
「天賦」
「學會坦然拒絕」

### 前世の故事

前世在古代美索不達米亞擔任薩滿的你，自幼就具有強大的靈感和直覺，發揮不可思議的力量。後來，你成為一名優秀的薩滿，爬到可以直接對國王提出建議的高位，握有極大的權力。

然而，卻有人對你心生嫉妒，最後你遭到自己深深信賴的弟子背叛，被毒殺而身亡。你一直認為替國王等他人傳遞訊息、提出建言，正是你的使命，然而在你嚥下最後一口氣的瞬間，浮現在你心中的是：上天傳達給我的訊息，我應該要多運用在自己的人生中才對。

1/11 希伯來文



### ✧ 生日契合度 ✧

◉ 情人・伴侶

| | |
|---|---|
| 1月6, 15, 24日 | 7月9, 18, 27日 |
| 2月5, 14, 23日 | 8月8, 17, 26日 |
| 3月13, 22, 31日 | 9月7, 16, 25日 |
| 4月3, 12, 30日 | 10月6, 15, 24日 |
| 5月2, 11, 29日 | 11月5, 14, 23日 |
| 6月10, 19, 28日 | 12月4, 13, 31日 |

◉ 工作夥伴・朋友

| | |
|---|---|
| 1月2, 20, 29日 | 7月5, 14, 23日 |
| 2月10, 19, 28日 | 8月4, 22, 31日 |
| 3月9, 18, 27日 | 9月12, 21, 30日 |
| 4月8, 17, 26日 | 10月2, 11, 20日 |
| 5月7, 16, 25日 | 11月10, 19, 28日 |
| 6月6, 15, 24日 | 12月9, 18, 27日 |

◉ 競爭對手・天敵

[3/29] [6/8] [7/16] [8/6] [10/4] [10/13] [11/21]

◉ 靈魂伴侶

[2/11] [3/10] [4/27] [5/20] [6/25] [9/5] [12/22]

### ✧ 生日名人 ✧

艾伯特・霍夫曼（化學家）
艾勒里・昆恩（作家）
阿卜杜拉屠夫（職業摔角手）
山岡莊八（作家）
岡田茉莉子（演員）
千葉徹彌（漫畫家）
輪島大士（相撲選手）
冰室冴子（作家）
深津繪里（演員）
松岡昌宏（歌手）

◉ 從你的生日看命運
請見32頁

# 1月12日

January twelfth

1月

## 充滿爆發力 活潑開朗 滿懷衝勁的孩子

1 月 12 日出生的你，儼然是個開朗活潑的孩子。你就像個調皮的孩子王，爆發力和行動快速正是你的特徵。你自尊心強，不服輸，也很喜歡成為眾人目光的焦點。

好強的你有時會扮演喜歡欺負人的孩子，但你的內在其實非常溫和，感情細膩而自然。你的內心充滿了正義感，當看到有人欺負弱小，你絕對不會坐視不管；個性率直的你，無論喜怒哀樂都會直接表現在臉上。

你的出生日期 12 意謂著衝勁、節奏感，是屬於孩子的數字。加上出生月分 1 的特質，使你的力量和推進力都更上一層樓，採取行動的速度和衝勁也更加明顯。

你屬於充滿瞬間爆發力的短跑型選手，當你立定目標時，你的專注力和行動力會令人瞠目結舌。但是你不擅長按部就班地慢慢累積實力，有時可能會半途而廢。你對什麼事都只有三分鐘熱度，容易變成想到什麼就做什麼。

你具有一旦上了軌道，就能發揮無人能及的力量與氣勢，在短時間內一口氣大獲成功的潛力，因此對你來說最重要的就是看準時機。

### ❖ 戀愛・婚姻・性生活 ❖

你完全展現了 12 日生日的人的衝勁，會在一瞬間墜入情網，屬於典型的一見鍾情型。你的外表帶給人輕浮的印象，但你其實很專情，例如對初戀情人念念不忘。你總是一心為對方著想，但假如將這份心情直接傳達給對方，反而可能令對方退卻。

你很嚮往婚姻，有可能閃電結婚或奉子成婚。

婚後，你會努力實現自己理想中的家庭該有的模樣。關於性方面，你不會受限於傳統，而是抱著旺盛的好奇心進行各種嘗試，樂在其中。

### ❖ 工作・財運 ❖

你是需要爆發力的短期專案中不可或缺的開心果。具備領導能力的你，同時也能當個稱職的副手，工作能力很強。你有能力替身邊夥伴提振士氣，可說是個全能的人才，無論身在什麼樣的組織裡，都能獲得重用。

另外，你經常尋求變化，喜歡轉換跑道，或許除了本業之外，同時兼任其他工作也不錯。整體而言你的財運佳，賭運也不錯。有賭博或投資的才能，但一不小心就可能無法自拔，請特別留意。

## ❖ 今生使命・未來展望 ❖

你今生的使命是：善用孩子般充滿幹勁的才華，把自己一直以來想做的事具體實踐。

基本上你就是個孩子，因此容易沒耐心，不擅長按部就班地持續做同一件事，但挑戰這一點正是你今生的課題，也是你人生的方向。

不過，一旦非得做好才行的想法愈強烈，你就愈容易用傳統的價值觀束縛自己，反而無法隨心所欲地享受人生，請注意。

請鎖定自己喜歡的事物，在自己可接受的範圍內，試著把自己一直以來做的事情化為具體的成果吧。確實留下自己的人生足跡，就等於獲得在世上走一遭的證明。

## ❖ 生日帶來的訊息 ❖

「一閃而逝的光芒」
「純粹」
「腳踏實地不斷努力」

### 前世の故事

你的前世是古代馬雅帝國中廣受歡迎的格鬥家。你出生在一個貧窮的農家，從小就被迫幫忙需要付出勞力的農務工作，不過喜歡體力活的你卻不以為苦。

隨著年紀增長，你的體格愈來愈壯碩；運動神經發達的你，參加了國王舉辦的格鬥大會，漂亮地奪得冠軍。你獲得國王的青睞，受到重用，卻因為一心想變得更強而在訓練中操壞了身體。最後你在戰鬥中落敗，失去地位與一切。

在失意之中，你深深體認到凡事都應該適度，在人生中取得平衡才是最重要的。

1/12 希伯來文

### ❖ 生日契合度 ❖

◉ 情人・伴侶

| | |
|---|---|
| 1月7, 16, 25日 | 7月1, 19, 28日 |
| 2月6, 15, 24日 | 8月9, 18, 27日 |
| 3月5, 14, 23日 | 9月8, 17, 26日 |
| 4月4, 13, 22日 | 10月7, 16, 25日 |
| 5月3, 21, 30日 | 11月6, 15, 24日 |
| 6月2, 11, 20日 | 12月5, 14, 23日 |

◉ 工作夥伴・朋友

| | |
|---|---|
| 1月12, 21, 30日 | 7月6, 15, 24日 |
| 2月2, 11, 29日 | 8月5, 14, 23日 |
| 3月1, 19, 28日 | 9月4, 13, 22日 |
| 4月9, 18, 27日 | 10月12, 21, 30日 |
| 5月8, 17, 26日 | 11月2, 20, 29日 |
| 6月7, 16, 25日 | 12月10, 19, 28日 |

◉ 競爭對手・天敵

[6/1] [6/19] [7/18] [8/17] [8/26] [9/16] [12/4]

◉ 靈魂伴侶

[2/18] [3/24] [6/3] [8/21] [9/11] [10/26] [12/6]

### ❖ 生日名人 ❖

夏爾・佩羅（詩人）
羽田健太郎（鋼琴家）
藤井旭（天文攝影師）
村上春樹（作家）
安井一美（作詞家）
井上雄彥（漫畫家）
中谷美紀（演員）
藤卷亮太（歌手）
井本絢子（藝人）
橋本愛（演員）

◉ 從你的生日看命運
請見32頁

# 1月13日

January thirteenth

宛如孩子般勇往直前老實的掌權者

你的個性開朗活潑，總是隨心所欲地勇往直前。忠於自己信念的你，會像孩子一樣努力向前衝，並希望一切都在自己掌控中，屬於掌權者的類型。

你的生日13，正如撲克牌中的國王所象徵的，是一個代表握有龐大權力，擁有實質的統治權等意義的強大數字。再加上出生月分1的箭頭意義，更加強調明確的方向性，使你成為一個會朝著自己所決定的目標勇往直前的領導者。無論什麼事，你都能當機立斷，在旁人眼中可能有點以自我為中心。

1月13日出生的你，擁有清楚的價值觀和對善惡的判別，不會輕易改變自己的認知。另一方面，你重視原則，一旦約好就一定會守信。態度積極的你，總能一路朝向目標邁進。你給人的安心感，讓你能與各種年齡或職業的人打好關係。

你對爭權奪位的權力遊戲特別敏感，想要掌權的意願也很高，因此有時可能會主動打造屬於自己的派系。不過由於你很在乎世人的評價，責任感也很強，所以不太習慣對人說出真心話。只要你坦然地接受，並貫徹自己所想要的人生，就能發揮你與生俱來的善良、堅強以及誠實等特質。

## ✧戀愛・婚姻・性生活✧

你對愛情專一又認真。一旦墜入情網，你的生活就會以戀愛為重心，想要綁住對方。不但如此，你還會提出一些任性的要求，希望對方順從自己的想法，但自身卻又不願意被綁住，顯得很自私。

結婚後，你會變得更穩重，也不再那麼執意想綁住對方，但你不喜歡平淡無奇的度日，可能會萌生外遇的念頭。你對性有旺盛的好奇心，喜歡主導性關係，期待激情的互動。假如性愛變得公式化，無法令你滿足，你就會想換對象，因此不斷嘗試各種變化對你而言相當重要。

## ✧工作・財運✧

凡事腳踏實地的你，可以確實地拿出成果，獲得身旁人們的好評，表現既穩定又值得信賴。不管從事什麼工作都能發揮作為領導者的資質，是一個不可或缺的關鍵人物。你那可以確實團結組織的能力，必定能獲得高度評價。

你很擅長處理財務，把理財工作交給你也很適合。因為你會主動招來財運，並擁有確實獲利的才華，可以慢慢累積財富。只要善用人才，搶先一步投入符合時代潮流的事業，便能獲得穩定的收入。

## ✣ 今生使命・未來展望 ✣

你今生的使命，就是：善用掌權者的資質，成為一個能將所有人串聯起來，為了共同目標所努力的溝通者。

能聯合每個人的力量的願景非常美好，這也是你的人生價值所在，所以你會為此感到興奮。但是現在的你，卻是個好惡分明，像孩子一樣任性的掌權者。你似乎不擅長配合對方而做出改變，或是靈活地改變自己的想法。倘若對自己認為正確的事或價值觀太過固執，便容易抹煞他人的自由，難以在對等的關係下互相合作，請特別注意。

改變是一件需要勇氣的事情，但唯有你自己慢慢改變，才有可能接受對方的想法，展現出合作關係中真正的包容與靈活。為此，你必須面對自己的內心，試著表現出坦率的一面，先賦予你的內在自我真正的自由。

## ✣ 生日帶來的訊息 ✣

「堅定的自信」
「真心誠意」
「讓心自由」

### 前世の故事

你的前世是巴洛克時代的宮廷貴族。你的父親喜歡哲學，母親熱愛藝術，從小你就展現出令人讚賞的藝術天分。在青少年時期，你那無人能出其右的才華就已經獲得高度評價，甚至負責指導要參加宮廷音樂會或歌劇的貴族們。然而貴族的身分卻讓你自己的演出限制重重，無法好好表現。

最後你終於掌權，一生致力於支持各種藝術活動。在當時的社會風氣下，你努力提升了表演的藝術價值，締造不少成果，卻同時也因為強烈的責任感而產生極大的壓力。而你來世的課題，就是從這份堅持之中跳脫出來，獲得真正的自由。

1/13 希伯來文



### ✣ 生日契合度 ✣

**◉ 情人・伴侶**

| | |
|---|---|
| 1月3, 21, 30日 | 7月6, 15, 23日 |
| 2月2, 11, 20日 | 8月5, 14, 23日 |
| 3月1, 10, 28日 | 9月4, 13, 22日 |
| 4月9, 18, 27日 | 10月3, 21, 30日 |
| 5月8, 17, 26日 | 11月2, 20, 29日 |
| 6月7, 16, 25日 | 12月1, 19, 28日 |

**◉ 工作夥伴・朋友**

| | |
|---|---|
| 1月4, 22, 31日 | 7月7, 16, 25日 |
| 2月3, 12, 21日 | 8月6, 15, 24日 |
| 3月2, 20, 29日 | 9月5, 14, 23日 |
| 4月10, 19, 28日 | 10月4, 13, 22日 |
| 5月9, 18, 27日 | 11月3, 12, 30日 |
| 6月8, 17, 26日 | 12月2, 20, 29日 |

**◉ 競爭對手・天敵**

[1/11] [2/28] [6/5] [7/14] [8/13] [9/12] [11/12]

**◉ 靈魂伴侶**

[1/25] [2/24] [5/14] [8/2] [9/19] [10/9] [10/16]

### ✣ 生日名人 ✣

奧蘭多・布魯（演員）
田中一光（設計師）
阿刀田高（作家）
野澤那智（聲優）
相米慎二（導演）
五十嵐三喜夫（漫畫家）
伊藤蘭（演員）
大地丙太郎（動畫導演）
CHARA（音樂人）
中山優馬（藝人）

◉ 從你的生日看命運
請見32頁

# 1月14日

January fourteenth

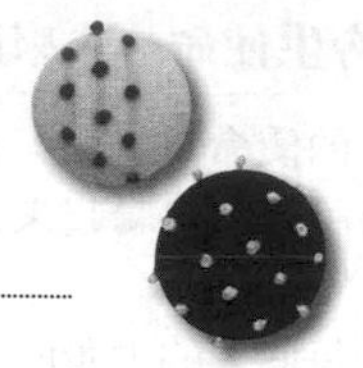

毫不猶豫地持續前行的自由之士

1月14日出生的你，擅於當機立斷，能本著自我信念開創道路，滿懷著活成自己想要的人生的氣勢，下定決心，勇往直前。

你的出生日期14中的1和4，皆是象徵著箭頭的數字，具有明確的方向性。所以你能積極地朝向目標，展開具體的行動。再加上出生月分1的特質，你不顧一切往前邁進的特質更加明顯。

大多時候，你都是想都不想就採取行動，只要自己覺得這樣做比較好，行動就會立刻轉向，讓身邊的人認為你總是變來變去，跟著你忙得團團轉。其實你只要向大家誠心說明就好，但你又相當固執，不習慣展現出自己柔軟的一面。

這一天出生的人很喜歡接觸新事物，旺盛的精力也很適合擔任行動的先鋒。由於你很容易跟別人變熟，人脈很廣，又重視朋友和夥伴，因此人氣總是居高不下。擁有絕佳靈感的你，總會挑戰一些別人不過去沒做過的事，讓眾人大吃一驚，藉此引起關注。

另外，你不喜歡主動暴露自己的弱點，或接受別人對你的干涉，有時會因太任性或太放縱的作風，令人頭痛不已。聰明的你，如果能以客觀的角度好好檢討自己不按牌理出牌的行事風格，便能確實提昇你的領導能力。

## ✧ 戀愛・婚姻・性生活 ✧

14日出生的你擁有好人緣，喜歡令人怦然心動的戀情。你喜歡掌握主導權，因此追求願意將選擇權交付給你的伴侶最為理想。你討厭對方刺探自己的隱私，卻想綁住伴侶，比較自私。而且你希望對方完全按照自己的想法去做，結婚後可能變成大男人或公主病。

你經常對人一見鍾情，閃電結婚的可能性極高，然而你的情緒起伏很大，又容易變心，因此熱戀期可能不會持續很久。在性生活方面，你喜歡讓自己盡興，表現得很熱情。

## ✧ 工作・財運 ✧

你擁有傑出業務能力，最適合負責開發新事業或新客戶等創始性的工作。你習慣獨自行動，也很懂得怎麼用人。只是有時會變得有點獨裁，在做出重要決定時，請多聽聽身旁的聲音，必能獲得更多人的信賴，工作運也會變得更好。

你在金錢方面很有眼光。當你認為有賺頭時，就會在新領域或產品上投入大筆資金，假如成功，便能大賺一筆。

## ❖ 今生使命・未來展望 ❖

你今生的使命是：讓自己活得自由自在，並將無私的愛分享給生命中遇見的每一個人。

對人親和，抱著奉獻自己的心與人往來，是很棒的體驗。但你是個喜歡我行我素、受人矚目的人，而且想要成為人中之龍的欲望相當強烈，因此對你而言，這個課題比較困難。

要特別注意的是，即使是你認為對的事情，假如單方面地勉強對方，只是滿足了自己的控制欲罷了，那並不是愛。

你也不必強求自己一定要為了愛而活，最重要的是，成為最真實的自己，即使有些缺點也無妨。只要你懂得先付出，自己必定能輕鬆獲得無私的愛作為回饋。

## ❖ 生日帶來的訊息 ❖

「突飛猛進」
「簡單明瞭」
「學習真實的愛」

### 前世の故事

你的前世，是在中世紀時期徜徉汪洋之中的海盜。

你本來是出生在地中海沿岸的小村莊，以海為友，健康地成長。長大成人後，你懷抱著看看外面世界的夢想，於是和夥伴們一同搭乘小船出海，想離開家鄉。然而一陣大浪打翻了小船。在海上漂流時你被海盜船救起，就這樣成了海盜的一員。最後，你成為掌管海盜船的船長，卻在爭執中不幸送命。這時，你才第一次反省，自己任意妄為的半生，原來只是不斷地從他人身上強取豪奪，因此這一世才想學會與人無私地分享。

# יךא

1/14 希伯來文

### ❖ 生日契合度 ❖

**◉ 情人・伴侶**

| | |
|---|---|
| 1月8, 17, 26日 | 7月2, 20, 29日 |
| 2月7, 16, 25日 | 8月1, 19, 28日 |
| 3月6, 15, 24日 | 9月9, 18, 27日 |
| 4月5, 14, 23日 | 10月8, 17, 26日 |
| 5月4, 13, 31日 | 11月7, 16, 25日 |
| 6月3, 12, 30日 | 12月6, 15, 24日 |

**◉ 工作夥伴・朋友**

| | |
|---|---|
| 1月5, 14, 23日 | 7月8, 17, 26日 |
| 2月4, 13, 22日 | 8月7, 16, 25日 |
| 3月3, 12, 21日 | 9月6, 15, 24日 |
| 4月11, 20, 29日 | 10月5, 14, 23日 |
| 5月1, 19, 28日 | 11月4, 13, 22日 |
| 6月9, 18, 27日 | 12月12, 21, 30日 |

**◉ 競爭對手・天敵**

[1/10] [2/9] [4/16] [5/15] [6/14] [11/13] [12/17]

**◉ 靈魂伴侶**

[2/21] [4/19] [5/12] [8/18] [9/23] [10/25] [12/29]

### ❖ 生日名人 ❖

史懷哲（醫師）
費・唐娜薇（演員）
史蒂芬・索德柏（導演）
三島由紀夫（作家）
細川護熙（政治家）
田中真紀子（政治家）
石田純一（演員）
柴田理惠（演員）
吉田鋼太郎（演員）
北川悠仁（歌手）
玉木宏（演員）

**◉ 從你的生日看命運 請見32頁**

# 1月15日

January fifteenth

1 月

**極度珍惜人與人的關係信念的奉獻者**

你非常重視人與人的連結、羈絆與團結。所以，你的每個行動都會考慮到夥伴，是一個對自我信念有所的無私奉獻者。

你的出生日期 15 兼具 1 的「開始」與 5 的「自由與變化」等特質，而兩個數字相加的 6，則象徵著包容一切的大愛與溫柔。再加上出生月分 1 的特質，你那充滿無私奉獻精神的領導者資質會更加突顯，你將遵從自己的信念，帶領身邊的人們前進。

1 月 15 日出生的你，注重人情義理，最討厭人家走旁門左道。熱心的你，當身邊的人遇到危急，會挺身而出保護對方。你的心地也很善良，看見有人遇到困難，你會毫不猶豫地伸出援手。

你很難把想法或情緒藏在心裡，總是在表情或行為上表露無遺。只要是自己覺得對的事情，不管對方的意願如何，你可能都會自顧自地一頭熱，使對方感到困擾。

你擁有超乎常人的行動力，身邊的人往往無法跟上你的思考和行動。有時不妨停下腳步，看看四周，配合旁人的步調，也是很重要的。

### ❖戀愛・婚姻・性生活❖

在戀愛方面，你想要掌控一切的特質會變得特別明顯。當你喜歡上一個人，你就會非常照顧對方，但一不小心就會變得多管閒事——這正是 15 日出生的人的特色。

在性生活方面，你會因為想討對方歡心而失去自我，反而對關係無益。儘管是為了對方好，也不能只用自己的想法來判斷事情，應該尊重伴侶的感受，提醒自己時時傾聽對方。

你很重視家庭，結婚後，即使身為女性也會成為一家之主，主導家的生活模式。但若保護家人的意識太過強烈，極易出現想控制對方的言行，請留意。

### ❖工作・財運❖

你最適合擔任團隊裡的協調者。你富有行動力，總是充滿活力地工作，又受人愛戴，因此可以在眾人的信任和協助下熱情地完成目標。在組織裡，你也很照顧屬下或後進，是個受人仰慕的前輩、主管。

你的財運很旺，只是你總是有多少花多少，沒辦法有計劃地儲蓄。你平常總是出手闊綽，因此在緊急時刻也會有人對你伸出援手。從結果來看，在金錢方面你可以達到收支平衡，無須擔憂。

## ❖ 今生使命・未來展望 ❖

你今生的使命是：善用你的才華，靠自己的力量完成目標。

建議總是心繫夥伴，充滿對人奉獻精神的你，今生多花一點時間在自己身上。

照顧夥伴固然重要，但能否擁有自我獨立的能力與空間也一樣不容忽視。假如你一直對別人多管閒事，便無法專注於自我成長。請避免因為太重視與夥伴之間的關係，而忽略自己應該學會的人生課題，最後反而不得不依賴他人。

你可以先從自己的興趣開始，試著不假他人之手，從頭到尾獨力完成。只要懂得掌握人我分際，學會自我決斷，日後遇到別人拜託，但你不想做的事情時，一定就能直接拒絕。

## ❖ 生日帶來的訊息 ❖

**「自尊」**
**「覺醒」**
**「取得平衡並獨立自主」**

### 前世の故事

你的前世是中世紀法國的一名熱血軍官，負責訓練剛加入軍隊的新兵。

在法國鄉村出生、成長的你，自幼就充滿正義感、重視朋友。你最討厭看到欺負弱小或投機取巧的事情，因此志願從軍。擁有傑出的教學能力的你，對每個人都一視同仁，因此受到眾多新兵的仰慕。然而你因為公開指出皇室的腐敗，最後連學生都與你一起遭到處刑。

為了貫徹自己的信念，不但自己送命，還牽連了身邊的人。於是你立誓來生再也不要把自己的價值觀強加給別人。

1/15 希伯來文

### ❖ 生日契合度 ❖

**◉ 情人・伴侶**

| | |
|---|---|
| 1月4, 22, 31日 | 7月7, 16, 25日 |
| 2月3, 12, 21日 | 8月6, 15, 24日 |
| 3月11, 20, 29日 | 9月5, 14, 23日 |
| 4月1, 19, 28日 | 10月4, 13, 31日 |
| 5月9, 18, 27日 | 11月12, 21, 30日 |
| 6月8, 17, 26日 | 12月2, 20, 29日 |

**◉ 工作夥伴・朋友**

| | |
|---|---|
| 1月6, 15, 24日 | 7月9, 18, 27日 |
| 2月5, 14, 23日 | 8月8, 17, 26日 |
| 3月4, 13, 31日 | 9月7, 16, 25日 |
| 4月3, 21, 30日 | 10月6, 15, 24日 |
| 5月2, 11, 20日 | 11月5, 14, 23日 |
| 6月1, 10, 28日 | 12月4, 22, 31日 |

**◉ 競爭對手・天敵**

[3/22] [4/12] [6/16] [9/13] [10/3] [10/15] [11/11]

**◉ 靈魂伴侶**

[1/2] [2/28] [4/8] [6/15] [7/14] [8/13] [12/9]

### ❖ 生日名人 ❖

莫里哀（劇作家）
馬丁・路德・金恩（社會運動家）
今江祥智（作家）
富士真奈美（演員）
樹木希林（演員）
落合惠子（作家）
田中真弓（聲優）
石原良純（藝人）
町田康（作家）
吉岡里帆（演員）

◉ 從你的生日看命運
請見32頁

# 1月16日

January sixteenth

本著自我信念
貫徹個人風格
的專家



1月16日出生的人對凡事都有自己的堅持，像個本著自己的信念，勇往直前的專家。你對自己的能力充滿自信，也很熱心地指導後進，是個豪爽的師傅、大姊頭。

出生日期16，兼具1的「開始、方向性」與6的「愛、美、和諧」等特質，意謂著獨自完成目標的韌性。你有自己的行事節奏，非常討厭有人打擾或催促。

面對將你當作人生指標、對你極度肯定的家人、晚輩和孩子們，你會非常體貼，想照顧他們。儘管你也有略為冷酷的一面，但你從不吝嗇分享自己擁有的知識和技術，願意努力而細心地指導後進。不過因為你的自尊心很強，所以不太喜歡請人幫忙，有時也聽不進他人的意見。

你具有領導者的資質，無論什麼事都會被大家推到第一線，不過你其實沒有那麼喜歡出鋒頭，反而比較重視獨處的時光。

出生月分1代表的意義是「領袖」，又擁有朝著目標邁進的力量，因此你很熱愛自己負責的工作，同時對工作的成果引以為傲。

## ❖戀愛・婚姻・性生活❖

你同時擁有勇往直前的熱情與母性的愛與包容力，而這兩者不同的特質會交互出現。

你在眾人面前的態度和兩人獨處時的態度有著極大的落差。你不喜歡別人管你太多，但你自己卻相當雞婆，嫉妒心也很強，有時會毫不掩飾地展現無遺。

婚後的你雖然很重視另一半，但仍想確實保有自己的隱私空間。

在性生活方面，自尊心很高的你，會為了滿足對方而努力鑽研各種技巧。

## ❖工作・財運❖

你對工作很嚴格，是不容許妥協的完美主義者。你有職人特質，對小細節也很堅持，和你一起工作的同事或屬下雖然能學到很多東西，但想必也很辛苦。尤其是你當上領導者後，就會徹底要求身旁的人也遵循自己的做法，用斯巴達式的嚴厲態度對待他們。你可能會透過照顧屬下或學生，慢慢網羅自己的人馬。

假如你的工作成果宛若一件作品般獲得好評，便能一舉得到豐富的經濟來源與名聲。當你把精力全心投注在自己的工作時，你的財運就會變好，因此最重要的是，與在身邊協助你的人維持良好的人際關係，他們能幫助你更快做出作品、取得成果。

## ❖ 今生使命・未來展望 ❖

今生的你，使命就是：善用你身為專家的才華，將手裡富足的資源與更多人分享。

你希望凡事做到盡善盡美，因此即使腦中浮現新點子，也會多方考慮，可能要花一陣子才付諸行動。而在付諸實行後，若不順利，往往會立刻放棄，丟著不管。由於你太想追求完美，總是不自覺提高標準，進而容易產生挫折感，請格外留意。這就是你的志向與現實之間產生的落差。即使志向崇高，若沒有實現，就等於沒有意義；假如因此變得懦弱，又把志向放棄，那就更是本末倒置了。

只要清楚意識到理想與現實的差距，利用你天生的直覺找到其中的平衡，一定就能抓住成功。而到手的成功，請不要當作是自己的成就，請與身旁的人分享，如此一來必能獲得更大的成就感。

## ❖ 生日帶來的訊息 ❖

「放手一搏」
「愛己所擇」
「分享擁有的富足」

### 前世の故事

你的前世是中世紀德國一名鞋匠師傅的兒子。你的父親有著專業職人的特質，沉默寡言，對工作標準極高。你很尊敬這樣的父親，期望自己也能成為像他一樣的鞋匠，於是向父親學藝。

即使是自己的兒子，既然已經拜師學藝，父親也對你非常嚴格，讓你身心俱疲。但由於這是自己選擇的路，所以你沒什麼好埋怨。努力的過程中，沒有旁人支持的你，漸漸變得孤獨。後來工作遇到瓶頸，一直自責的你，最後罹患了重病。

這時候你才深深體悟：以後我應該對自己好一點，再也不要逞強，早點向人求助。

1/16 希伯來文

### ❖ 生日契合度 ❖

◉ 情人・伴侶

| | |
|---|---|
| 1月5, 14, 23日 | 7月8, 17, 26日 |
| 2月4, 13, 22日 | 8月7, 16, 25日 |
| 3月12, 21, 30日 | 9月6, 15, 24日 |
| 4月2, 20, 29日 | 10月5, 14, 23日 |
| 5月1, 19, 28日 | 11月4, 13, 22日 |
| 6月9, 18, 27日 | 12月3, 21, 30日 |

◉ 工作夥伴・朋友

| | |
|---|---|
| 1月7, 16, 25日 | 7月1, 10, 19日 |
| 2月6, 15, 24日 | 8月9, 18, 27日 |
| 3月5, 14, 23日 | 9月8, 17, 26日 |
| 4月4, 13, 22日 | 10月7, 16, 25日 |
| 5月12, 21, 30日 | 11月6, 15, 24日 |
| 6月11, 20, 29日 | 12月5, 14, 23日 |

◉ 競爭對手・天敵

[4/15] [5/3] [7/12] [9/10] [9/28] [11/17] [12/25]

◉ 靈魂伴侶

[3/15] [4/14] [5/31] [6/21] [7/14] [7/20] [8/28]

### ❖ 生日名人 ❖

安德烈・米其林（米其林創始人）
約翰・卡本特（導演）
凱特・摩絲（模特兒）
葛西善藏（作家）
神山繁（演員）
藤田敏八（導演）
堀內恆夫（棒球選手）
池上季實子（演員）
內藤麻呂（影像創作者）
賀集利樹（演員）

◉ 從你的生日看命運
請見32頁

# 1月17日

January seventeenth

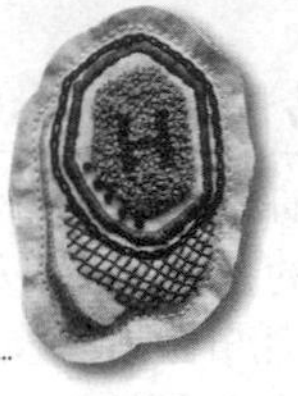



## 堅持自己信念 勇往直前的 熱血鬥士

你是一個堅持自己的信念，勇往直前的熱血戰士。衝勁和強大的推進力是你的特質，只要做了決定就會奮不顧身地向前衝。

1月出生的你，一旦1的特徵顯著地表現出來，不管對方是誰，你都會直來直往的應對，絕不輕易改變自己的想法。

你出生的數字17，是由縱向箭頭與斜向箭頭這兩種箭頭所組成。所以你擁有專注在一件事情上的資質，又能從不同的角度來客觀行事。你命中注定要站在眾人的前方，率領身旁的人前進。

因為你對自己信念非常堅持，有時可能會招來旁人強烈的反彈，導致你成為一個遭到孤立的領導者，請小心。

你不服輸的精神勝過旁人千萬倍。喜歡靠著努力和耐力挑戰困難的你，經常挑戰沒有人做過的新事物，同時可以集中心力去達成。

你非常討厭受到別人的指使或操控。在面臨必須做出決斷的時刻，你大膽而果斷的執行力和決斷力，任誰都會刮目相看。

### ✧ 戀愛・婚姻・性生活 ✧

若是女性，在戀愛方面容易出現男性的傾向，經常想掌握主導權。不論男女，都希望對方最好什麼事都沒意見，跟著自己走就對了！喜歡自己在戀愛關係中的地位比對方高。你總是堅持己見，自尊心又強，因此一遇到不順心的事，就會立刻和對方吵架，使戀情告終。

結婚之後的你也以自我為中心，可能會過著以工作為重的生活。

至於性，你的控制欲比較強，因此你應該比較喜歡被對方取悅。你喜歡掌握主導權，用你喜歡的方式享受性愛，請注意不要變得只有自己盡興而已。

### ✧ 工作・財運 ✧

在工作方面，你會發揮傑出的才華。你具有領導的才能與冷靜的分析能力，也有不服輸、認真努力的一面，無論從事什麼工作都能嶄露頭角。

有堅定的信念與行動力的你，即使獨自一人，也不會感到挫折，會對目標堅持到底。

比起一輩子受雇於人，你更適合自己創業，例如投入新創事業，成功的機率應該相當高。你有強勢的財運，具有靠著白手起家累積財富的商業頭腦和執行力，運勢銳不可當。

## ❖ 今生使命・未來展望 ❖

今生的你，抱有善用自己的信念力量來幫助世人，對世界做出貢獻的使命。

只不過在強烈的使命感之下，假如你始終以世界、世人為優先，只會讓自己和身邊的人陷入痛苦。請特別注意，你有時會打著正義的大旗，利用你豐富的知識武裝自己，正義凜然地論斷他人。

暫時放下為世人做出貢獻這個遠大的目標，先好好利用你作為領導者的力量與影響力，以實現自己的夢想為優先吧。

你無須在意他人的評價，只要清楚地意識到自己對夢想和願景的渴望，專注於實現它，不必壓抑自己的欲望，也不必因此懷有罪惡感。當你的內心獲得了滿足，也會同時達成對世人有所貢獻的心願。

## ❖ 生日帶來的訊息 ❖

「擴張影響力」
「源源不絕的力量」
「承認自己的弱點」

### 前世の故事

你的前世是統治著廣大領土的大蒙古帝國的皇族，也是對經濟影響甚巨的富商。

身為皇族子嗣的你，從小就接受文武雙全的精英教育。擁有強烈的自尊心的你，自詡為將來必須治理國家的領導者，並培養自己作為領袖的資質。

充滿野心又喜歡挑戰新事物的你，投入了東西方的貿易，大獲成功。然而你總是毫不留情地捨棄不聽從命令行事的部下，這份傲慢使你漸漸失去人心。於是你的靈魂深深體會到，擁有一顆寬容的心和懂得與人分享成果有多麼重要。

1/17 希伯來文



### ❖ 生日契合度 ❖

◉ 情人・伴侶

| | |
|---|---|
| 1月10, 19, 28日 | 7月4, 13, 31日 |
| 2月9, 18, 27日 | 8月12, 21, 30日 |
| 3月8, 17, 26日 | 9月2, 11, 29日 |
| 4月7, 16, 25日 | 10月1, 10, 28日 |
| 5月6, 15, 24日 | 11月9, 18, 27日 |
| 6月5, 14, 23日 | 12月8, 17, 26日 |

◉ 工作夥伴・朋友

| | |
|---|---|
| 1月8, 17, 26日 | 7月2, 11, 20日 |
| 2月7, 16, 25日 | 8月1, 10, 28日 |
| 3月6, 15, 24日 | 9月9, 18, 27日 |
| 4月5, 14, 23日 | 10月8, 17, 26日 |
| 5月4, 22, 31日 | 11月7, 16, 25日 |
| 6月12, 21, 30日 | 12月6, 15, 24日 |

◉ 競爭對手・天敵

[1/16] [5/13] [7/10] [8/9]
[8/19] [9/17] [12/23]

◉ 靈魂伴侶

[1/21] [3/31] [6/19] [8/14]
[9/16] [9/25] [11/20]

### ❖ 生日名人 ❖

班傑明・富蘭克林（政治家）
維達・沙宣（髮型設計師）
穆罕默德・阿里（拳擊手）
金凱瑞（演員）
村田英雄（歌手）
坂本龍一（音樂人）
橫山秀夫（作家）
山口百惠（歌手）
平井堅（音樂人）
工藤夕貴（演員）

◉ 從你的生日看命運
請見32頁

# 1月18日

January eighteenth

## 自尊心很高 掌控權力的 賢者

1 月 18 日出生的你，是一個兼具豐富知識與執行力，充滿力量的賢者。富有理智的你，看似爽朗，其實內在的自尊心非常高。

你的生日數字 18 的 1 代表「開始」，8 代表「無限大」，意謂著你是位擁有崇高理想與器量的可靠賢者。再加上出生月分 1，你那朝向目標奮力邁進、值得信賴的領袖資質便更加顯著。

你是一個打從心底盼望世界和平的理想主義者，也是善良體貼的人道主義者。你可以站在前面率領眾人，同時在工作現場和夥伴們一起揮汗，也能擔任統籌整體的協調者，這種能在不同場合扮演不同類型的領導者的器量，正是你的特質。你的責任感太強，有時會為了順應旁人的期待而努力過頭。

你的自尊心很強，因此從不向人吐露真心話，也從不示弱。倘若為了符合周遭的期待而想把事事做到完美，可能會給自己帶來過大的壓力，請特別注意。

儘管你能力很強，卻也有太感性、情緒上容易失調的一面，很容易產生無力感或罪惡感。如果能找到一個可以放心傾訴真心話的對象，相信你的心靈便能得到慰藉。

### ✧戀愛・婚姻・性生活✧

比起找到光是順從自己的另一半，你更想讓戀情按照你在腦中模擬的完美計畫進行。你雖然也想握有主導權，但理性總是讓你避免將自己的感情顯露出來。

你對婚姻也有崇高的理想，會尋求理想的另一半，但有時也會遇到無法依照計畫，令你幻滅的時刻。你應該傳達給伴侶的，是你心中真實的情感，而非理想中的想像。

你重視精神上的契合，對於性這種使用肉體的交流方式可能比較不感興趣。

### ✧工作・財運✧

不論從事哪種行業，你都會當上領導者，是一個在組織裡備受期待的優秀人才。你總是積極地完成工作，使得主管對你的評價非常高。

你的求知欲旺盛，頭腦聰明，又很勤勉，不管做什麼工作都認真盡責，能憑著實力坐上應得的位置。

雖然你瞧不起眼中只有錢的人，但也認為有沒有錢也是判斷一個人的能力要素之一。你的財運很穩定，沒有太大的起伏，你很了解儲蓄、投資、保險等理財之道，能穩健地累積財富。

### ❖ 今生使命・未來展望 ❖

今生的你的使命是：「善用統整協調的能力，對自己所選擇的路負起責任，將領導能力發揮在自己的人生中。」

你擅長解讀旁人的心思、時代的潮流以及現場的反應，因此對別人的想法也會過度敏感。體貼他人固然是好事，但也應該同等地重視自己。

具有優異領導資質的你，必須將天生的領導能力用於自己的人生。

有時可以不用太顧慮旁人，不再當爛好人，試著勇於表達自我，討厭的就說討厭、喜歡的就說喜歡。

因為把自己真正的想法化為言語坦白地說出來，正是發揮領導能力的第一步；只要做到這一點，你身為真正領導者的光芒便會愈來愈閃耀。

### ❖ 生日帶來的訊息 ❖

**「戰鬥的智慧」**
**「英明」**
**「不要太執著完美」**

### 前世の故事

你的前世，是日本戰國時代受到諸侯重用為策士的名僧。

你自幼聰明勤奮，在村子裡也是孩子們的領袖，是個評價很高的少年。有先見之明的你，早早從武士轉為僧侶，並且一路往上爬，不知不覺中便成為了身經百戰的軍師，名聲響遍全國。

然而你就算對主人也不願讓步的態度觸怒了某位諸侯，使得家中遭到縱火。

在熊熊火焰包圍下，你回顧自己在亂世之中的人生，不免沉思：我是否應該將自己的智慧用在創造和平的世界，而非戰爭的謀略上呢？

1/18 希伯來文



### ❖ 生日契合度 ❖

**◉ 情人・伴侶**

| | |
|---|---|
| 1月2, 11, 29日 | 7月5, 14, 23日 |
| 2月10, 19, 28日 | 8月4, 13, 31日 |
| 3月9, 18, 27日 | 9月3, 21, 30日 |
| 4月8, 17, 26日 | 10月2, 20, 29日 |
| 5月7, 16, 25日 | 11月1, 19, 28日 |
| 6月6, 15, 24日 | 12月9, 18, 27日 |

**◉ 工作夥伴・朋友**

| | |
|---|---|
| 1月9, 18, 27日 | 7月3, 12, 21日 |
| 2月8, 17, 26日 | 8月2, 20, 29日 |
| 3月7, 16, 25日 | 9月10, 19, 28日 |
| 4月6, 15, 24日 | 10月9, 18, 27日 |
| 5月5, 14, 23日 | 11月8, 17, 26日 |
| 6月4, 13, 22日 | 12月7, 16, 25日 |

**◉ 競爭對手・天敵**

[1/8] [4/14] [6/12] [7/30] [9/18] [11/16] [11/18]

**◉ 靈魂伴侶**

[2/18] [2/27] [4/20] [7/4] [8/7] [8/25] [10/14]

### ❖ 生日名人 ❖

孟德斯鳩（法學家）
凱文・科斯納（演員）
南部陽一郎（物理學家、諾貝爾獎得主）
衣笠祥雄（棒球選手）
北野武（導演）
笑福亭鶴光（落語家）
森山良子（歌手）
秋野暢子（演員）
新井浩文（演員）
長谷部誠（足球選手）

◉ 從你的生日看命運
請見32頁

# 1月19日

January nineteenth

**希望計畫如願**
**順利進行**
**英明領導者**

你擅長掌握四周的狀況，讓事情依照自己的計畫進行，是個喜歡規劃的領導者。擁有堅定信念的你，運勢也很強，總是不知不覺中讓事情按照自己的計畫進行。

出生日期 19 是由起始與最後的數字所組成。所以你擁有 1 的領導者資質，也有 9 作為最後一棒的協調者才華。再加上出生月分 1 的特質，你將所有事情整合為一的力量便得到增強，讓你可以發揮統率能力、行動力及值得信賴的領導能力。

你經常希望事情能做到完美，對自己非常嚴格。平時待人和善、溫穩而敦厚。你很會照顧人，所以旁人對你的評價也很高。

你的自尊心很強，總是在大家看不見的地方比別人加倍努力。你也鮮少吐露真心話，即使是面對好朋友，也經常冷靜地觀察對方的言語和態度，再決定自己要如何回應。你的求知欲旺盛、頭腦好、視野也很廣，擅長掌握事情的全貌。

當你想負責統籌安排的那一面出現時，有時會把自己的意見強加在別人身上，這點請特別注意。以一己之見決定的指示或命令，即使是正確的，有時也會招致反彈，請多留意自己的言行舉止。

## ✧戀愛・婚姻・性生活✧

在戀愛方面，你是兼具大膽與細心的雙重人格。有時會強硬地決定事情，但又因為對方的一句反駁而受傷，很可能讓另一半不知如何是好。但你很重視心靈的連結，因此只要認定了對方，就會忠誠地與對方交往。

婚後的你會成為守護家庭的好先生或好太太。只是你可能會出現想要掌握家中大小事、安排一切的傾向。

在性生活方面，你雙重人格的特質會更明顯，主動與被動的態度可能會交互出現，令對方感到不知所措。

## ✧工作・財運✧

在工作上，你會發揮作為團隊領袖的才華。不管從事什麼工作，你都勢必成為核心幹部。只要善用你的統率力和指導力，成為一個統整團隊的協調者，你就能得到很高的評價。你也有自己開拓道路的力量，因此只要及早磨練自己的才能，在音樂界或體育界可能也會相當活躍。

你有穩健的財運，賺了錢之後，也懂得儲蓄或增值。你對理財方面的知識豐富，也懂得維持平衡，可以確實地累積財富。

## ❖ 今生使命・未來展望 ❖

你今生的使命就是：善用懂得協調的領導能力，磨練自己的直覺，探索精神的世界，並將其力量展現於現實世界中。

你應該感受得到，現實世界並非只由三度空間的物質世界所構成。但在此之前，首先你必須接受另一個精神世界的存在。

兼具現實的領導能力以及創造新事物能力的你，必定能將精神的世界與現實世界加以連結起來，並維持之間的平衡。

請不要受到傳統或世俗的束縛，相信自己的直覺，抱著凡事必親身體驗的態度。相信自己的感性，將你從精神的世界學到的事物應用在日常生活中，便能完成你今生的使命。

### ❖ 生日帶來的訊息 ❖

「宏觀的視野」
「統合一切」
「順從直覺」

### 前世の故事

你的前世是美國西進運動時期的印第安人酋長。你從小就喜歡學習新的、未知的事物。你很聰明，被視為一位智者，自然而然地成為了一族的領袖。

有一天，身為白人的殖民者突然出現，脅迫你交出從祖先以來代代相傳的土地。你嚴正拒絕，試著和他們對話，他們卻不願溝通。最後你只好拿起武器抵抗，但面對懸殊的武力，村子最終走上了滅亡的命運。

你相信戰鬥是正確的而勇往直前，卻因此犧牲了許多夥伴，此刻你感到後悔，思索著當初是否有其他方法、自己真正應該守護的又是什麼。

---

# יטא

1/19 希伯來文



### ❖ 生日契合度 ❖

◉ **情人・伴侶**

| | |
|---|---|
| 1月9, 18, 27日 | 7月12, 21, 30日 |
| 2月8, 17, 26日 | 8月2, 11, 29日 |
| 3月7, 16, 25日 | 9月1, 19, 28日 |
| 4月6, 15, 24日 | 10月9, 18, 27日 |
| 5月5, 14, 23日 | 11月8, 17, 26日 |
| 6月4, 13, 22日 | 12月7, 16, 25日 |

◉ **工作夥伴・朋友**

| | |
|---|---|
| 1月1, 10, 28日 | 7月4, 13, 31日 |
| 2月9, 18, 27日 | 8月3, 21, 30日 |
| 3月8, 17, 26日 | 9月2, 20, 29日 |
| 4月7, 16, 25日 | 10月1, 19, 28日 |
| 5月6, 15, 24日 | 11月9, 18, 27日 |
| 6月5, 14, 23日 | 12月8, 17, 26日 |

◉ **競爭對手・天敵**

[1/5] [4/29] [5/28] [6/18] [10/1] [10/5] [12/21]

◉ **靈魂伴侶**

[4/8] [5/25] [6/24] [8/22] [8/24] [10/21] [12/18]

### ❖ 生日名人 ❖

愛倫・坡（作家）
保羅・塞尚（畫家）
森鷗外（作家）
明石康（前聯合國副祕書長）
丘光子（演員）
松任谷由實（音樂人）
柴門文（漫畫家）
松重豐（演員）
川井郁子（小提琴家）
宇多田光（音樂人）

◉ **從你的生日看命運**
**請見32頁**

# 1月20日

January twentieth

## 有實力成為領袖的輔佐者



1月20日出生的你，是個能在緊要關頭發揮領導能力、具有影響力的輔佐者。你擁有開朗、有行動力的領導者的一面，也有和藹可親、待人體貼、受人喜愛的一面。

你的出生日期20中，代表協調、包容這種女性特質的2，在0的影響下變得更顯著。

基本上你的個性敦厚，待人親切，能夠為當下帶來和諧與輕鬆的氛圍。假如有人強力請託，你可能很難拒絕，往往自己扛下許多事情。你不擅清楚表達自己的意見，喜歡擔任協調或輔助的角色。不過，雖然你不會表現出來，但你的內心其實相當強大，若有需要，你也可以勝任領導者的腳色。

受到出生月分1的「領導者」、「箭頭象徵」的影響，你擁有強大的行動力和領導能力，不單單是個只能在幕後協助的輔佐者。無論在什麼場合，你都能面面俱到，因此深受領導者的信賴，在組織裡想必也會受到重用。

### ❖戀愛・婚姻・性生活❖

不論是戀愛或結婚，你都會以對方為優先，容易犧牲過頭而喪失自我。尤其是你面對喜歡的對象時，無論在現實生活或心理層面，你都會絕對順從對方的想法。你會永遠將伴侶放在第一，從不表達自己的意見或提出反對，抱著犧牲奉獻的心態與對方相處。

在性生活方面，你也會完全配合對方，只要伴侶要求，基本上無論什麼事你都會努力配合。

無論男女，婚後你都會為家人奉獻，對孩子可能會有點保護過度。體貼對方固然重要，但倘若太過依賴對方，就會喪失自我，偶爾也請找回真正的自己吧。

### ❖工作・財運❖

基本上你適合擔任讓業務或工作順利進行的協調者，是組織裡不可或缺的潤滑劑。雖然你也具有領導者的實力，但比起在幕前活躍，在幕後進行準備工作或打好關係，對你而言更能發揮與生俱來的能力。

你的財運會受到往來對象的影響。由於你能為對方帶財，與其說金錢本身，不如說人際關係的好壞才是影響你財運的關鍵。

如果你有理想的合作夥伴，就能幫助對方充分發揮自己的能力，同時為自己帶來龐大的財運。

## ❖ 今生使命．未來展望 ❖

你今生的使命是：善用具有影響力的輔佐者天分，為他人謀前途，自己也能適才適任；退居幕後，能讓你保有孩子般的純真，盡情享受人生。

你人太好，不敢清楚說出自己的意見，總是在意旁人的眼光，導致因為太習慣看對方臉色而委屈了自己。

你是個願意配合對方而奉獻自己的人，但為了配合對方而壓抑自己真正的想法，並不是真正的支持。有時候也請支持一下你自己吧。

重要的是，你應該聚焦在自己的需求上，努力達到享受屬於自己的人生這個目標。像孩子一樣盡情地想做什麼就做什麼，正是活出自我的第一步。

你有時會因為太體貼周遭而猶豫不決，在陷入思考之前，請先養成選擇讓自己快樂的那一方的習慣吧。

### ❖ 生日帶來的訊息 ❖

「精神上的奉獻」
「利他主義」
「不要太勉強自己」

### 前世の故事

你的前世，是中世紀時生活在中東沙漠的遊牧民族女性。

打從你呱呱落地，就隨家人騎著駱駝從一個綠洲前往下一個綠洲。在沙漠的生活絕對不輕鬆，因此你從小就飽嚐自然的嚴峻。

你曾多次遭遇生命危險，於是會嚴格遵守部族的傳統和規定。長大後，你也順從雙親和部族長老們的教誨，身為部族的一份子，盡心盡力地為大家奉獻，但內心的某個角落其實也發現自己早已疲累不堪。因此，更坦率地享受屬於自己的人生，便成為你來世的課題。

1/20 希伯來文



### ❖ 生日契合度 ❖

**◉ 情人．伴侶**

| | |
|---|---|
| 1月6, 15, 24日 | 7月9, 18, 27日 |
| 2月5, 14, 23日 | 8月8, 17, 26日 |
| 3月13, 22, 31日 | 9月7, 16, 25日 |
| 4月3, 12, 30日 | 10月6, 15, 24日 |
| 5月2, 11, 29日 | 11月5, 14, 23日 |
| 6月1, 10, 19日 | 12月13, 22, 31日 |

**◉ 工作夥伴．朋友**

| | |
|---|---|
| 1月2, 11, 29日 | 7月5, 14, 23日 |
| 2月1, 19, 28日 | 8月13, 22, 31日 |
| 3月9, 18, 27日 | 9月3, 12, 21日 |
| 4月8, 17, 26日 | 10月11, 20, 29日 |
| 5月7, 16, 25日 | 11月10, 19, 28日 |
| 6月6, 15, 24日 | 12月9, 18, 27日 |

**◉ 競爭對手．天敵**

[3/2] [4/15] [5/27] [7/7] [9/23] [10/2] [12/29]

**◉ 靈魂伴侶**

[3/10] [5/26] [6/16] [9/22] [9/25] [11/2] [12/1]

### ❖ 生日名人 ❖

費德里柯．費里尼（導演）
大衛．林區（導演）
今泉隆雄（作曲家）
三國連太郎（演員）
有吉佐和子（作家）
太田裕美（歌手）
南果步（演員）
若乃花勝（相撲選手）
深水元基（演員）
矢口真里（藝人）

◉ 從你的生日看命運
請見32頁

# 1月21日

January twenty-first

## 不善表達自己卻有所堅持害羞的孩子

你是個好勝心有點強，難以坦率表達自我的害羞孩子。你很怕生，但又有想引人注目的一面。

你擁有兩種極端的複雜個性，一方面會因為考慮他人或身邊的狀況而不敢直接表現自己，一方面又想率領眾人，成為目光的焦點。

你的個性開朗活潑，散發像孩子般的氣息，但因生性害羞，面對陌生人可能需要花點時間才能變熟。而一旦和你變熟了，你就會展現活潑得令人驚訝的一面，一口氣縮短彼此間的距離。

面臨嚴峻的現實時，你可能會展現出逃避、推卸責任等任性的一面。你基本上是個沒有心機的人，並且頭腦靈活，充滿創造力。只要在自己喜歡的領域裡，學會展現自我能力的方法，你獨特的才華就會開花結果。

你的生日 1 月 21 日當中，21 包括 2 所代表的「協調、和諧」等女性能量，以及 1 所代表的「勇往直前」等男性能量，象徵著你具有融合兩者，孕育出新事物的力量。再加上出生月分 1 的特質，便更加突顯你內心強烈的自尊以及不屈不撓的信念。

### ✧戀愛・婚姻・性生活✧

你是個期待被愛的浪漫主義者。面對愛情，你通常處於被動的狀態，若是遇到態度堅決的追求者，便難以回絕對方。

你喜歡小孩，也嚮往婚姻，會追求理想中的戀愛。無論是戀愛或是結婚，你都很重視彼此之間的羈絆，希望工作以外的時間可以無時無刻在一起。

對於性，比起行為本身，你更喜歡牽手、接吻或擁抱等肢體接觸。請珍惜日常的親密交流，在體溫中深刻地確認彼此的愛吧。

### ✧工作・財運✧

你適合透過團隊合作激發出新創意的工作，也很擅長引導、支持別人發揮才華。你對流行很敏銳，美容師、造型師、設計師、色彩顧問等工作也很適合你。透過給別人新的髮型的建議，或替別人搭配合適的造型，能幫助對方變得更耀眼，也能讓你自己的才能閃閃發光。

你的財運穩健，假如創意的才華能開花結果，可為你帶來大筆財富。成功與否的關鍵，就在於你能不能有耐心地堅持下去。

### ✧ 今生使命・未來展望 ✧

你今生的使命，是善用發自內心的感性，將自己一直以來所做的事情以具體的形式記錄下來。

個性有點害羞的你，不論幾歲都有孩子氣的一面，也有天真、愛撒嬌的時候。

你的內心希望自己可以把所做的事情具體地透過記錄保留下來，事實上你卻不擅長按部就班地慢慢持續累積紀錄。一旦你愈是覺得自己一定要做好才行，就愈容易責怪做不好的自己，產生反效果。

不要把事情想得太難，總之先開始把某件事情寫下來。請透過寫日記或部落格等，用別人也看得見的形式留下紀錄。

重要的是先從每天持續寫下一件小事開始，找回自己創作的靈感。

### ✧ 生日帶來的訊息 ✧

「靈活以對」
「惹人憐愛」
「創造具體成果」

**前世の故事**

你的前世是住在安地斯山脈的山麓，是一位熱愛歌唱與演奏的印加帝國樂師。

你自幼就接觸歌曲與舞蹈，在音樂薰陶下成長。從懂事開始，你就很自然地學會藉由音樂來表現自己的心情。漸漸地，你所演奏的音樂及優美的歌聲獲得極高的評價，於是父母便利用你的音樂才華來賺錢。

應工作要求而演奏音樂、唱歌的日子持續一段時間後，你就這麼病倒了。在人生最後的時光，你發現自己將一生奉獻給音樂，是為了別人，而不是為了自己，這才發現讓自己快樂是多麼重要的事。

1/21 希伯來文

1月

### ✧ 生日契合度 ✧

**◉ 情人・伴侶**

| | |
|---|---|
| 1月7, 16, 25日 | 7月10, 19, 28日 |
| 2月6, 15, 24日 | 8月9, 18, 27日 |
| 3月5, 14, 23日 | 9月8, 17, 26日 |
| 4月4, 13, 22日 | 10月7, 16, 25日 |
| 5月12, 21, 30日 | 11月6, 15, 24日 |
| 6月2, 11, 20日 | 12月5, 14, 23日 |

**◉ 工作夥伴・朋友**

| | |
|---|---|
| 1月3, 12, 30日 | 7月6, 15, 24日 |
| 2月2, 11, 20日 | 8月5, 14, 23日 |
| 3月1, 10, 28日 | 9月4, 13, 22日 |
| 4月9, 18, 27日 | 10月12, 21, 30日 |
| 5月8, 17, 26日 | 11月2, 11, 29日 |
| 6月7, 16, 25日 | 12月1, 10, 19日 |

**◉ 競爭對手・天敵**

[2/23] [4/3] [6/28] [7/27] [8/8] [9/7] [12/31]

**◉ 靈魂伴侶**

[1/17] [2/18] [4/25] [5/15] [6/14] [8/19] [11/7]

### ✧ 生日名人 ✧

克里斯汀・迪奧（設計師）
傑克・尼克勞斯（高爾夫選手）
普拉西多・多明哥（聲樂家）
上杉謙信（戰國武將）
龍雷太（演員）
高田純次（藝人）
京本政樹（演員）
平尾誠二（橄欖球選手）
宮崎吾朗（導演）
水樹奈奈（聲優）

◉ 從你的生日看命運
請見32頁

# 1月22日

January twenty-second

志向遠大
心懷全世界
活躍的魅力領袖

1月

1 月 22 日出生的你，具有活躍於世界舞臺上的魅力。你看起來很直爽，給人老實的印象，但實際上卻不如眼見般平凡。

你出生的日子 22，是一個象徵時間與空間的一切，暗示著你的格局之大，有神祕力量的神聖數字。

你總是腳踏實地、默默努力，同時也充滿自信，有著強烈的自尊心並擁有世界級格局的創意和行動力。國內無法容納你那遠大的夢想和高昂的志向，因此前往國外發展更能發揮實力，旁人對你的評價也會更高。每個人心中的夢想其實都是因為能有實現的機會，願景才浮上心頭，所以不管夢想多大都無妨。

你的出生月分數字 1 的影響力也很大，讓你的男性特質比較強，再加上領袖的特質，使你的領導能力、執行能力都更加突顯。兼具大膽與細膩這兩種雙重個性的你，常常令人難以捉摸。你散發著領袖魅力，從來不對別人逢迎諂媚，有時可能會為自己樹敵。

你是一個奇妙的人，不論是你對別人，或者是別人對你，好惡都很兩極。可是你具有某種奇特的吸引力，人們一旦喜歡上你，就不會變心。

## ✧ 戀愛・婚姻・性生活 ✧

你平常很體貼、很會照顧人，但隨著和對方的關係愈來愈深，你就會從好好先生搖身一變為國王或女王。你討厭戀愛的對象將你和其他人一視同仁，因為你希望自己在他的心裡永遠是第一位，並希望對方順從你。

婚後如果只是平凡度日，你會好好地守護家庭，可是假如你從事的有如天職般的工作，那麼隨著成果愈來愈豐碩，你可能會犧牲家庭。

在性生活方面，你比較主動，可能會要求對方配合你，大膽地引導對方。

## ✧ 工作・財運 ✧

散發領袖魅力的你，就像一個國際巨星，不只在國內，在國外也能大受歡迎。你會往返世界各地，在政治界、演藝界或體育界發揮長才。無庸置疑地，你是個能成就大事業的人，與國外的關係特別緊密，即使從事貿易或金融行業也不會膽怯，擁有站上全球舞臺的大格局。

財運雖然起起落落，但你總是用超乎常人的運勢自己吸引好運。不要將自己侷限在舒適圈，擁抱遠大的夢想和目標吧。

## ❖ 今生使命・未來展望 ❖

你今生的使命就是：成為一個大格局的魅力領袖，以及連結人與人關係的溝通者。

喜愛追求自由與變化的你，經常扮演向外界傳遞新訊息的角色，試著用寬廣的眼界與格局，去實現世界一家的理念。

你能成為與全世界溝通的橋梁；不只是現實中的物質世界，就連無形世界，你也能加以連結。

在世界各地奔波，或許會為你帶來恐懼和不安，但只要下定決心向外拓展，運勢就會是你的好朋友。

你生日數字的關鍵意義是「人、情報、速度」。這代表著你能從人脈或資訊之中，快速地獲得好運。請好好展現你的領袖魅力，向世界自由地展翅高飛，將天外飛來的靈感一一實現。

## ❖ 生日帶來的訊息 ❖

「胸懷大志」
「展現魅力」
「讓自己自由」

### 前世の故事

你的前世是俄羅斯帝國時期集榮華富貴於一身的女皇之子。你從出生那一刻起，就注定要繼承皇位。於是，你從小就在帝王學的薰陶之下長大，以待來日成為人皇。

身為萬人之上的高貴女皇的母親，是你夢想的典範，也是你視為榜樣的人。

然而，有一天他國國王來訪，你看見身為女皇的母親竟然向對方展現敬意，令你大為震驚，沒想到擁有莫大權力的母親也必須向人低頭。

知道這一點後，為了母親，你便立志得到世界的一切，想在更遼闊的世界領土中證明自己的實力。

---

# כבא

1/22 希伯來文

1月

### ❖ 生日契合度 ❖

**◉ 情人・伴侶**

| | |
|---|---|
| 1月12, 21, 30日 | 7月6, 15, 24日 |
| 2月2, 11, 20日 | 8月5, 14, 23日 |
| 3月10, 19, 28日 | 9月4, 13, 22日 |
| 4月9, 18, 27日 | 10月3, 12, 30日 |
| 5月8, 17, 26日 | 11月2, 20, 29日 |
| 6月7, 16, 25日 | 12月1, 10, 28日 |

**◉ 工作夥伴・朋友**

| | |
|---|---|
| 1月4, 13, 31日 | 7月7, 16, 25日 |
| 2月3, 12, 21日 | 8月6, 15, 24日 |
| 3月2, 11, 20日 | 9月5, 14, 23日 |
| 4月10, 19, 28日 | 10月4, 13, 31日 |
| 5月9, 18, 27日 | 11月3, 12, 30日 |
| 6月8, 17, 26日 | 12月2, 20, 29日 |

**◉ 競爭對手・天敵**

[2/19] [3/18] [4/1] [5/7] [6/6] [8/22] [10/11]

**◉ 靈魂伴侶**

[2/15] [4/22] [6/2] [7/30] [8/11] [11/6] [11/8]

### ❖ 生日名人 ❖

法蘭西斯・培根（哲學家）
喬治・拜倫（詩人）
鄭明勳（指揮家）
大鹽平八郎（儒學研究者）
網野善彥（歷史學家）
鳥井信一郎（企業家）
千葉真一（演員）
松平康隆（排球選手）
星野仙一（棒球選手）
中田英壽（足球選手）

◉ 從你的生日看命運
請見32頁

# 1月23日

January twenty-third

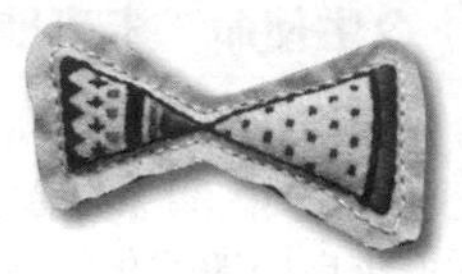

不願束縛任何人
也不想被束縛
永遠的旅人

1月

你從不願束縛任何人，也不願被任何人束縛，只想自由自在地做自己。1 月 23 日出生的你很會炒熱氣氛，又有決斷力，理應能夠擔任領導者的角色，統率眾人，卻又常常忽然消失，不見人影，帶有自由奔放的旅人性格。

出生日期 23 中，2 代表「協調、和諧」，3 代表「天真無邪的孩子」，象徵著宛如流水般無拘無束、自由變化。你擁有不拘小節、乾脆又爽朗的個性，對於仰慕自己的人則會多加照顧。

加上誕生月 1 象徵的勇往直前的「箭頭」、「方向」等特質，你就成了擁有傑出行動力與執行力，經常求新求變，四處奔波，開朗又受人歡迎的人。

你對每個人都很親切，看見別人有困難，絕不會束手旁觀，有時會太多管閒事。你討厭被別人束縛，卻也有不甘寂寞的一面。

你在人群之中往往非常突出醒目，行事迅速，無論在什麼樣的環境下，都能立刻和每個人打成一片，敞開心胸交往。你的溝通能力也很強，擅長引導對方說出心裡話，也能在各種交際的場合中如魚得水。

## ❖ 戀愛・婚姻・性生活 ❖

當你喜歡上一個人之後，就會立刻向對方敞開心胸，表白心意。你的穿著打扮也會隨著交往的對象而出現很大的變化，可能會配合對方的喜好，變得像是換了一個人似的。

充滿熱情的你，無時無刻都想談戀愛，不喜歡被任何一段關係所束縛。結婚後的你，表面上會裝成好太太或好好先生，但其實你喜歡刺激勝過平穩，因此很可能外遇卻不認為自己有錯。你在性生活方面很開放，認為性是一種交流的方式。但即使你很開放，對方也不見得一樣，因此請慎選伴侶。

## ❖ 工作・財運 ❖

你在工作上學習得很快，什麼事情都能迅速俐落地處理好，是個擁有即戰力的人。你也很貼心，擅長觀察對方的需求，讓自己事先做好準備，一轉眼就能成為職場上的人氣王。無論你從事什麼樣的工作都能嶄露頭角，但很容易受旁人影響，如果是上班族，若沒有遇到好主管，很可能會一直換工作。

除了自己的財運之外，你也能替身邊的人增加財運，是個幸運星。只要自己的靈感和時代的潮流相符，便能一口氣創造風潮，在短時間內獲得大筆財富。

## ❖ 今生使命・未來展望 ❖

今生的你的使命是：善用靈活自由的特質，學習將無私的愛分送給每一個人。

即使你自認為無私的愛，但有時仍會被人指責：對方明明不想要，你卻擅自多事地硬塞給對方。

你討厭束縛，希望彼此都能擁有自由，卻總是勉強自己為對方犧牲奉獻，希望藉此能夠得到對方的回報。

事實上，你自己才是最需要愛的人，倘若你無視這一點，認為自己必須對他人極盡體貼才行，而努力錯方向，你便會離真正的愛愈來愈遠。

請先讓自己自由，徹底把愛投注在自己身上吧。當你百分之百接受自己以及對方應有的自由，不求回報的無私的愛便會自然湧現。

## ❖ 生日帶來的訊息 ❖

「自由奔放」
「永恆不變」
「不要期待過高」

### 前世の故事

你的前世是熱愛歌唱與舞蹈，自由奔放的西班牙佛朗明哥舞者。

你出生在西班牙的鄉村，從小就在父母經營的酒店幫忙，後來遇見了佛朗明哥舞，從此深深著迷。

你立志成為首屈一指的舞者，非常努力練習，後來終於成為專業舞者，活躍於舞臺。你的美貌和舞蹈才華，讓你的評價愈來愈高。

出名後的你漸漸變得自我中心，人們漸漸遠離你，使你變得孤立。這時你才體悟到做自己與自負的差異。

1/23 希伯來文



### ❖ 生日契合度 ❖

**◉ 情人・伴侶**

| | |
|---|---|
| 1月8, 17, 26日 | 7月2, 20, 29日 |
| 2月7, 16, 25日 | 8月10, 19, 28日 |
| 3月6, 15, 24日 | 9月9, 18, 27日 |
| 4月5, 14, 23日 | 10月8, 17, 26日 |
| 5月4, 13, 31日 | 11月7, 16, 25日 |
| 6月3, 12, 30日 | 12月6, 15, 24日 |

**◉ 工作夥伴・朋友**

| | |
|---|---|
| 1月5, 14, 23日 | 7月8, 17, 26日 |
| 2月4, 13, 22日 | 8月7, 16, 25日 |
| 3月3, 12, 30日 | 9月6, 15, 24日 |
| 4月2, 11, 29日 | 10月5, 14, 23日 |
| 5月1, 10, 28日 | 11月4, 13, 22日 |
| 6月9, 18, 27日 | 12月12, 21, 30日 |

**◉ 競爭對手・天敵**

[4/7] [4/20] [6/23] [8/12]
[9/2] [10/31] [11/27]

**◉ 靈魂伴侶**

[2/12] [3/14] [4/10] [7/1]
[8/27] [9/14] [9/26]

### ❖ 生日名人 ❖

司湯達（作家）
馬內（畫家）
湯川秀樹（物理學家、諾貝爾獎得主）
巨人馬場（職業摔角選手）
小日向文世（演員）
錦織健（聲樂家）
葉加瀨太郎（小提琴家）
室剛（演員）
津村記久子（作家）
特林德爾・玲奈（藝人）

◉ 從你的生日看命運
請見32頁

# 1月24日

January twenty-fourth

## 容易用自己想法影響他人和藹的教師

1月24日生的人，就像個因為太為對方著想，而容易將自己的想法強加在對方身上的教師。擁有像電視連續劇中熱血教師般熱情的一面。

出生日期24的2代表「栽培、培育」，4代表「認真、誠懇」，代表著你能夠細細品味誠心培育人才的喜悅。加上出生月分1的特質後，你那正向又充滿幹勁的一面會更加突出，想替對方著想的心情也隨之增強。

你總是為了身旁的人而努力，即使犧牲自己也在所不惜。同時也是默默支持著眾人的幕後功臣，對旁人的一舉一動很敏感。你富有藝術品味，喜歡美麗和具有歷史價值的事物，也有細膩而喜歡作夢的一面。誠懇實在的你，富有責任感，做人沉穩又溫暖。受人之託的事，一定會好好地達成。

你不喜歡隨便開玩笑，對自己所堅持的信念認真以對。遇見價值觀與你不同的人，你就會想嚴格地指導對方，試圖將對方引導至「正途」。

你做事腳踏實地，但假如你付出的努力沒有得到相對的評價，你可能會不高興。你也無法接受說謊或各種投機取巧的事情，用大愛試圖守護弱勢族群。

### ✧戀愛．婚姻．性生活✧

若你是女性，你會喜歡無微不至地照顧對方，遇到緊要關頭，也能適時拉對方一把，是非常可靠的對象。不論男女，都不會把戀愛當作遊戲，你永遠對眼前的戀情盡心盡力。

你對輕佻的性行為有些抗拒，但只要發生過一次關係，你就會將對方當成自己的伴侶，想要綁住對方。你的個性很居家，因此結婚後應該會是好先生或好太太。你不會偷腥、婚外情，但很可能因為出自同情而身陷歹戲拖棚般的戀情，請注意。

### ✧工作．財運✧

你擁有指導他人以及發掘天分的才能，因此很適合擔任與人接觸的工作，例如教師、講師、諮商師、顧問等等。另外，你也不排斥默默努力型的工作，在幕後支援的工作也能讓你發揮長才。

你的財運穩定，雖然可能不會賺大錢，但你懂得維持收支平衡，因此可以確保生活不成問題。如果能取得證照，實際運用在工作上，相信就能提昇財運。

## ✧今生使命・未來展望✧

今生的你，認為自己的使命是：為別人付出，同時貫徹自己的人生目標，達到現實生活與心靈層面的獨立。

責任感很強的你，因為難以拒絕別人的請託，往往將自己的事情順延。你認為以自己的事情為優先是一種自私、任性，覺得不管他人就會被孤立。然而，自立與自律是緊密相關的。對自己所屬的團體變得依賴，或是讓對方依賴的你來說，各自擁有獨自的空間與經驗是很重要的。

即使只是興趣也無妨，請盡可能花時間慢慢學會不假他人之手，獨力完成，才能達到真正的獨立自主。

## ✧生日帶來的訊息✧

**「重視家人」**
**「忠誠」**
**「讓身心皆獨立自主」**

### 前世の故事

你的前世是在混亂的法國大革命時代，是一位能讓眾人獲得救贖的教會修道士。

出生於山間貧窮小村落的你，是大家庭裡的一份子，照顧著兄弟姊妹。從小，在教會祈禱就是你的心靈支柱，長大成人後，你便選擇成為修道士。

你在法國大革命中不分敵我地無私奉獻，儘管受到迫害仍不改初衷。然而面對動盪的大環境，你也無能為力，最後在無力感中嚥下最後一口氣。你深深嘆息，思索著你奉獻了自己的一生，究竟所為何物。

# כדא

1/24 希伯來文

### ✧生日契合度✧

**◉ 情人・伴侶**

| | |
|---|---|
| 1月4, 13, 31日 | 7月7, 16, 25日 |
| 2月3, 12, 21日 | 8月6, 15, 24日 |
| 3月11, 20, 29日 | 9月5, 14, 23日 |
| 4月10, 19, 28日 | 10月4, 13, 31日 |
| 5月9, 18, 27日 | 11月3, 21, 30日 |
| 6月8, 17, 26日 | 12月2, 11, 29日 |

**◉ 工作夥伴・朋友**

| | |
|---|---|
| 1月6, 15, 24日 | 7月9, 18, 27日 |
| 2月5, 14, 23日 | 8月8, 17, 26日 |
| 3月4, 13, 22日 | 9月7, 16, 25日 |
| 4月3, 12, 21日 | 10月6, 15, 24日 |
| 5月2, 11, 29日 | 11月5, 14, 23日 |
| 6月1, 10, 19日 | 12月4, 13, 31日 |

**◉ 競爭對手・天敵**

[2/11] [5/8] [6/7] [6/28]
[8/5] [9/4] [11/20]

**◉ 靈魂伴侶**

[1/11] [2/19] [3/2] [5/25]
[7/5] [9/12] [12/18]

### ✧生日名人✧

腓特烈二世（普魯士國王）
翁倩玉（歌手）
娜塔莎・金斯基（演員）
市原悅子（演員）
廣瀨隆（作家）
里中滿智子（漫畫家）
五輪真弓（音樂人）
渡邊正行（藝人）
岩井俊二（導演）
木下鳳華（演員）

◉ 從你的生日看命運
請見32頁

# 1月25日

January twenty-fifth

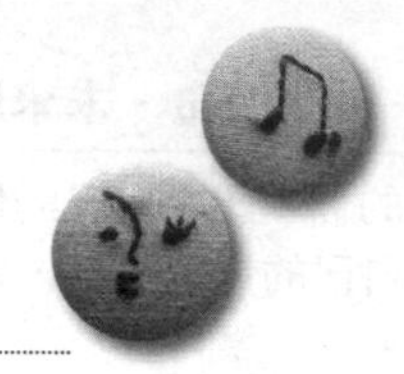



## 在貫徹自我道路上保有靈活度的專家

身為一個貫徹自我想法的專業人士，你擁有卓越的品味與獨特的感性，也有能力展現自己。

在你有所堅持的領域裡，你會追求完美、努力不懈。你無心與他人比較，更不可能半途而廢，總是追求自己心中最完美的表現，同時也擁有能夠達成這個目標的能力。

基本上你喜歡獨處，但溝通能力也很強，擅長察言觀色，自然地為對方做出各種貼心的舉動，也具有率領眾人前進的力量。

出生日期 25 的 2 代表著「協調、和諧」，5 代表著「自由、變化、溝通」，象徵著你維持內在與外在的協調，同時確立自我。加上出生月分 1 的領袖特質，你會提出崇高的理想，朝著自己決定的目標勇往直前地邁進。

1 月 25 日生的人具有臨機應變的靈活思考能力，這樣的特質能讓你得到身旁的人很高的評價。

你從小就具有彷彿成熟大人一般的氣質，但你的內心也十分敏感。你很容易受傷，但也有天真無邪的一面。只是因為你的自尊心很強，並不會把這種特質顯露出來。偶爾可以對你信賴的人示弱或說出自己的真心話，適時尋求對方的協助。

### ❖ 戀愛・婚姻・性生活 ❖

你在戀愛中比較容易顯露出冷酷的一面，總是把真心話藏在心裡，給人某種冷淡的印象。有時你也會在內心責備自己的冷淡，懊惱著自己為什麼不能表現出你有多愛對方。即使擁有許多段戀情，你認真投入的也寥寥無幾。你的戀愛運總是起伏很大，或許會經歷突然陷入熱戀、瞬間改變人生的戀情。

和信賴的對象共享性愛，是你少數可以放鬆的時光。當你認定一個人之後，就會非常重視對方，婚後也會成為忠誠的丈夫或妻子。不過夫妻之間彼此的隱私也很重要，絕對不可以任意侵犯對方的空間。

### ❖ 工作・財運 ❖

你對工作富有責任感，具有貫徹始終、把事情做到完美的執行力和耐心。總是努力不懈的你，也很在乎自己和旁人的相處是否融洽。具有獨創性的你，在工作上也有自己的堅持；在公司組織裡也會負起應有的責任，使命必達。你適合需要仔細分析或加以調查的工作。

不過，因為你知識豐富、自尊心又強，有時會顯得頑固，不接受他人的意見，必須特別留意。你的財運穩健，懂得管理預算、調度資金，不會過度浪費金錢。你對財富的欲望也不強。

## ❖ 今生使命・未來展望 ❖

今生的你懷抱的使命，就是善用身為專家的獨創性，獲得實質成功，與身邊人們分享豐碩成果。

在這個現實的世界裡，得到實際的成果是非常具有價值的事情。每個人對成功都有不同的定義，但是把成功具體實現，是一件非常單調又辛苦的工作。

你除了具有專家的才華之外，也具備能接受各種狀況的靈活思考、令人喜歡的魅力以及資訊收集能力等迎向成功所不可或缺的素質。請盡情地活用這些才華，想辦法得到實際上的成功吧。

沒有付出就沒有收穫，這指的不只是金錢。當你想獲得任何一種形式的富足，首先，都必須在你的能力範圍內，毫不吝嗇地與人分享你的時間、能力、資訊、知識。懂得與周遭的人們共享你原本擁有的一切，這是走向成功的第一步。

## ❖ 生日帶來的訊息 ❖

「專心一志」
「多元性」
「練習包容」

### 前世の故事

你的前世，是在歐洲自己製作藥物、進行民俗療法的女巫之子。每天都有許多身體或心理生病的人從遠方來找你的母親。生性敏銳的你，在長期的耳濡目染之下，學會了母親的治療方法。

靠著家學與天賦的你，從大自然之中學會了更多的治療技巧。於是你像母親一樣，開始替人治病，並漸漸得到不少好評，這讓你名聲遠播。於是，你開始對自己的能力有些自傲，最後卻因為不慎被病人傳染，抱病而亡。

你在生命最後的時光哩，深切反省自己的傲慢，更明白自己應對大自然懷有謙虛與感謝之心，這些體認深深刻進你的靈魂之中。

1/25 希伯來文

### ❖ 生日契合度 ❖

**◉ 情人・伴侶**

| | |
|---|---|
| 1月5, 14, 23日 | 7月8, 17, 26日 |
| 2月4, 13, 22日 | 8月7, 16, 25日 |
| 3月3, 12, 30日 | 9月6, 15, 24日 |
| 4月2, 11, 29日 | 10月5, 14, 23日 |
| 5月10, 19, 28日 | 11月4, 13, 22日 |
| 6月9, 18, 27日 | 12月3, 21, 30日 |

**◉ 工作夥伴・朋友**

| | |
|---|---|
| 1月7, 16, 25日 | 7月10, 19, 28日 |
| 2月6, 15, 24日 | 8月9, 18, 27日 |
| 3月5, 14, 23日 | 9月8, 17, 26日 |
| 4月4, 13, 22日 | 10月7, 16, 25日 |
| 5月3, 12, 30日 | 11月6, 15, 24日 |
| 6月2, 11, 29日 | 12月5, 14, 23日 |

**◉ 競爭對手・天敵**

[2/8] [3/7] [4/24] [6/22] [7/30] [9/10] [11/8]

**◉ 靈魂伴侶**

[6/3] [7/2] [7/11] [8/19] [9/18] [11/13] [12/6]

### ❖ 生日名人 ❖

艾莉西亞・凱斯（音樂人）
北原白秋（詩人）
池波正太郎（作家）
石森章太郎（漫畫家）
松本零士（漫畫家）
江守徹（演員）
森田芳光（導演）
櫻井翔（歌手）
皆藤愛子（藝人）
多部未華子（演員）

◉ 從你的生日看命運
請見32頁

# 1月26日

January twenty-sixth

面對危急時刻
愈是激發鬥志
熱血隊長

1月26日出生的你，是一個當面對的情況愈危急，愈想要突破難關的熱血隊長型的人物。你對凡事都很認真仔細，總是全力迎向挑戰，努力不懈。

擁有一顆熾熱的心的你個性體貼，總是替夥伴著想，又重感情。你不喜歡與人競爭，總以維持周遭和諧為優先，重視與家人、朋友等重要他人之間的關係，講究人情義理。

你在團體裡是個開心果，最喜歡和大家一起努力。比起自己，你更在乎所愛的人與重要的人，為了守護他們，無論什麼樣的挑戰你都會果敢地迎接，充滿幹勁與活力。

愈是危急時刻就愈充滿拚勁的你，總是受到眾人的倚重。平易近人的你，會對仰慕自己的人照顧有加，但也容易因為太過多事而被討厭，或是因為想討好每個人而變得鄉愿。為了避免給身旁的人添麻煩，別人委託的事情假如無法自己負荷，請在一開始就鼓起勇氣明確地拒絕。

出生日期26，結合了2的「協調、和諧」以及6的「母性、愛與美」等特質，表示你能整合兩個世界並擁有創造新世界的能力。再加上出生月分1的領袖能量，你作為帶領夥伴前進的熱血隊長的特質便更加顯著。

## ✧戀愛・婚姻・性生活✧

在戀愛方面，你會用盡各種辦法將對方拉進自己的世界之中。一心想為對方付出的你，無法享受戀愛中的欲擒故縱，遇到喜歡的對象時，甚至會無視對方的意願，就為對方盡心盡力。若為女性，你會喜歡煮飯、做家事，像媽媽一樣照顧對方；若為男性，你可能會用昂貴的禮物攻勢來吸引對方。你容易將性視為戀愛的武器之一。婚後你比較重視工作或興趣，不會把重心放在家庭上。

## ✧工作・財運✧

能與人直接接觸的工作，最能讓你發揮與生俱來的才華。你屬於會工作到老的類型。總是體貼又溫暖開朗的個性，讓你無論從事什麼樣的工作都很受人歡迎。你也擁有當經營者的資質，但你更喜歡直接和客戶或同事相處。你喜歡整個團隊一起努力，所以或許不太適合太機械式的工作或坐辦公桌的工作。

你擁有奇佳的財運，擅長儲蓄。你會努力賺錢，也努力花錢，而這種啟動金流能量的方式，正是你財運旺盛的原因。

## ❖ 今生使命・未來展望 ❖

今生的你，將善用熱血隊長的才華，對這個世界與人們做出貢獻，以實現世界和平為自己的使命。

熱切盼望大家和平共處的你，個人的使命感可能會太強。你提出的目標雖然崇高而偉大，但若將自己的想法和價值觀強加在別人身上，用自己的標準來評斷對方，只會離世界和平這個目標愈來愈遠。

你必須回頭想想，每個人的想法都不同，而你卻只認為自己的價值觀才正確，真的是對的嗎？人與人之間的紛爭與戰爭，就是從「只有我心中的正義才是正義」這種信念開始的。

正如同你心中有你認為正確的價值觀，別人也有他們所認為正確的價值觀。在努力達成崇高目標之前，請先達成自己內心的和平，因為這才是一切的起點。

## ❖ 生 日 帶 來 的 訊 息 ❖

**「富有同情心」**

**「熱情」**

**「從義務中解放」**

### 前世の故事

你的前世，是印度繁盛昌隆的蒙兀兒帝國王族之妻。

你生在地位崇高的領主家，從小就是個活潑的女孩。你對城外的世界充滿好奇，於是溜出無聊的城堡，來到街上探險。在你看見庶民的生活之後大感驚訝，原來自己富裕的生活與庶民貧困的生活之間，有著極大的落差，令你心生憐憫。日後，你成為王族之妻，開始努力弭平貧富差距與爭端，最後因為過勞而病倒。

為了人民的幸福奉獻一生的你，忽然發現或許更應該為自己的幸福多多著想才對，因而心中滿是懊悔。

# כוא

1/26 希伯來文

1月

### ❖ 生日契合度 ❖

**◉ 情人・伴侶**

| | |
|---|---|
| 1月1, 19, 28日 | 7月4, 13, 31日 |
| 2月9, 18, 27日 | 8月12, 21, 30日 |
| 3月8, 17, 26日 | 9月2, 11, 29日 |
| 4月7, 16, 25日 | 10月1, 19, 28日 |
| 5月6, 15, 24日 | 11月9, 18, 27日 |
| 6月5, 14, 23日 | 12月8, 17, 26日 |

**◉ 工作夥伴・朋友**

| | |
|---|---|
| 1月8, 17, 26日 | 7月2, 11, 20日 |
| 2月7, 16, 25日 | 8月1, 19, 28日 |
| 3月6, 15, 24日 | 9月9, 18, 27日 |
| 4月5, 14, 23日 | 10月8, 17, 26日 |
| 5月4, 13, 31日 | 11月7, 16, 25日 |
| 6月3, 12, 30日 | 12月6, 15, 24日 |

**◉ 競爭對手・天敵**

[2/15] [5/30] [6/11] [7/19] [8/9] [9/17] [10/7]

**◉ 靈魂伴侶**

[1/12] [1/30] [3/13] [4/12] [7/9] [9/4] [12/4]

### ❖ 生日名人 ❖

麥克阿瑟（軍人）
保羅・紐曼（演員）
盛田昭夫（Sony 創始人）
所喬治（藝人）
長嶋一茂（棒球選手）
嶽本野薔薇（作家）
hitomi（歌手）
小柳由紀（歌手）
綾野剛（演員）
村上信五（歌手）

◉ 從你的生日看命運
請見32頁

# 1月27日

January twenty-seventh

## 信念堅定 卻過度自負的 人道主義者

1月27日生的人端莊有禮，儘管個性低調，內心卻有著堅定的信念，是個聰明人。

基本上你的個性敦厚成熟，任誰都能安心交往，但內在的自尊心卻極為強烈，不喜歡在人前吐露真心。

出生日期27，結合了2的「協調、和諧」與7的「孤獨、職人氣質」等特性，具有為了實現理想，願意替眾人盡己所能的意義。加上出生月分1的「第一、開始」等特質，你會對自己的意見和想法更堅定，不輕易改變。

充滿奉獻精神的你，總是想幫上別人的忙；但比起自己帶頭去做，你更喜歡運用豐富的知識，在幕後協助身邊的人。相對地，因為你博學多聞、頭腦聰明，一旦認為對方不夠成熟，你就會不自覺地在心中鄙視對方。

請避免以「都是為了你好」為藉口，把自己認為正確的想法強加在對方身上。你的內在既纖細又脆弱，導致身心很容易失衡，因此請好好面對自己的內在需求，不要忽略了自我療癒的重要。

### ✧ 戀愛・婚姻・性生活 ✧

面對愛情，你比較不會自己積極展開攻勢，而是喜歡被動地等待他人的追求。你不會順著自己情感往前衝，而是淡然處之，甚至帶點冷漠，客觀地分析自己的戀情。此外，你會盡力配合對方，因此與不同的人交往時，穿著打扮和氣質可能也會有巨大的改變。

在性生活方面也有同樣的傾向，你不擅拒絕對方的要求，因此很可能在非自願的狀況下陷入婚外情或三角關係中。

婚後，你會全力支持對方。你相當重視伴侶和家人，總是不著痕跡地奉獻自己，協助他們。

### ✧ 工作・財運 ✧

你擁有豐富的知識、敏銳的觀察力、創造力和靈感，是能夠創造時代潮流的幕後策劃者。所以基本上你比較適合幕後工作。同時，你也是個浪漫主義者，把「為人們帶來歡笑」視為人生的意義。工作對你而言，與其說是賺錢，不如說是為了助人。你很適合創造流行、策劃活動或是擔任製作人。

你的財運穩健，但如果不能透過自己的工作對社會做出貢獻，為人們帶來喜樂，便無法安心地收下金錢。

## ❖ 今生使命・未來展望 ❖

你今生的使命，就是：善用人道主義者的才能，同時將強大的領導能力用在人生中，帶領眾人迎向幸福。

你總是對身邊的人們體貼入微，把自己的事情排在後面。擁有強大的感受力又聰明的你，可能認為表達自己的意見就是任性且自我中心，因此往往對自己加以否定。

有時候你可以試著坦率地表達自己的意見，好好關照自己的情緒。不必太在意周圍人們的言行，試著表示自己的意見，覺得討厭的就說討厭、喜歡的就說喜歡。

接納他人的意見，同時將你的領導能力在自己的人生中徹底發揮，正是實現你今生使命的第一步。只要更珍惜自己，自然有機會成為真正的領袖。

## ❖ 生日帶來的訊息 ❖

「為和平付出貢獻」
「福報」
「貫徹自己的人生」

### 前世の故事

你的前世是暗地裡偷偷支援幕府末期維新志士的醫師之子。

你從小就把父親行醫的工具當玩具，也常央求父親讀醫學書籍或專業書籍給你聽，是個求知欲旺盛的孩子。經常出入父親工作場所的你，自然而然成為了父親的助手，開始工作。當時，密謀推翻幕府的志士們常聚集在診所，你也私下努力協助他們。然而壯志未酬，你就罹患疾病，撒手人寰。

從懂事之前就把助人視為理所當然的你，對自己竟沒有為了自己一生的幸福而心生遺憾。

# כזא

1/27 希伯來文

1月

### ❖ 生日契合度 ❖

**◉ 情人・伴侶**

| | |
|---|---|
| 1月2, 11, 29日 | 7月5, 14, 23日 |
| 2月1, 10, 28日 | 8月4, 13, 31日 |
| 3月9, 18, 27日 | 9月3, 12, 21日 |
| 4月8, 17, 26日 | 10月11, 20, 29日 |
| 5月7, 16, 25日 | 11月1, 19, 28日 |
| 6月6, 15, 24日 | 12月9, 18, 27日 |

**◉ 工作夥伴・朋友**

| | |
|---|---|
| 1月9, 18, 27日 | 7月12, 21, 30日 |
| 2月8, 17, 26日 | 8月2, 11, 29日 |
| 3月7, 16, 25日 | 9月1, 10, 19日 |
| 4月6, 15, 24日 | 10月9, 18, 27日 |
| 5月5, 14, 23日 | 11月8, 17, 26日 |
| 6月4, 13, 22日 | 12月7, 16, 25日 |

**◉ 競爭對手・天敵**

[1/17] [2/25] [6/21] [6/30] [8/28] [9/28] [11/7]

**◉ 靈魂伴侶**

[2/27] [3/12] [5/24] [5/28] [6/9] [7/13] [8/16]

### ❖ 生日名人 ❖

莫札特（作曲家）
本庶佑（醫學家、諾貝爾獎得主）
淺川真紀（歌手）
清水美智子（藝人）
折原美都（漫畫家）
小山田圭吾（音樂人）
雛形明子（演員）
雨宮處凜（作家）
松永貴志（鋼琴家）
上白石萌音（演員）

◉ 從你的生日看命運
請見32頁

# 1月28日

January twenty-eighth

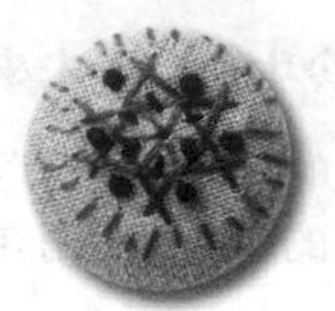

## 集結眾人的才智與力量熱血領導者

1月28日出生的你，經常和眾多夥伴共同行動，無論什麼事都喜歡和大家一起努力，是重視夥伴的熱血領袖。你很擅長照顧身邊的人，個性親和，因此總在不知不覺中成為眾人的核心。

出生月分1的特質——讓你的領導能力受到突顯，增強你全力往前衝的行動力。重視人情義理的你，也有爛好人的一面，即使被拜託了麻煩事，也會因為不好意思拒絕而接受。

你出生日期28的2代表「協調、和諧」，8代表「無限大」的力量，意謂著你擁有集結眾人的力量，朝著夢想與理想前進的能量。所以能組織一個團隊，率領大家一起朝目標邁進，對你來說是無上的喜悅。你成功的祕訣，就是盡可能將夢想或目標高調地與人分享。

你不管做什麼事都很拚命，充滿熱情地全力衝刺，但也有神經質又杞人憂天的一面。你也很善於觀察旁人的言行舉止，總是想照顧人，可是一旦過度關心，就會變得雞婆，使人對你敬而遠之，請注意。作為領導者，你通常會以家人或夥伴為優先，請別忘了更重視自己的身心。

### ✧戀愛・婚姻・性生活✧

在戀愛方面，你開朗積極的一面會被隱藏起來，突然變得文靜。儘管你有許多異性友人，卻不敢向喜歡的對象表白。

對人擁有極大包容力的你雖然可以讓對方撒嬌，但你自己卻因為自尊心太強而無法倚靠對方。有時也請鼓起勇氣，在對方面前展現自己脆弱的一面。

婚後你可能會因為照顧家人而忙碌不堪。你常常會把我都是為你好掛在嘴邊，試圖掌控對方，請特別注意。在性愛方面，基本上你屬於被動的一方，但也可能為了討對方歡心而變得熱情。

### ✧工作・財運✧

你身為熱血領袖的特徵，在工作上表現得最明顯，會帶領團結一心的夥伴們朝著目標前進。你適合擔任站長、店長、專案經理等負責組織團隊的職務。愈是在需要團隊合作的職場裡，你的能力愈能發揮。

相反地，你可能不太適合單獨作業的工作、面對機械的工作，或是遠離第一線的主管職。透過率領團隊締造豐碩成果，可以為你帶來財運。只要妥善分配財富，相信你一輩子都不會為錢傷腦筋。

### ❖ 今生使命．未來展望 ❖

今生的你的使命，就是：善用熱血領袖的能力，藉由精神世界中獲得的靈感，將其應用於現實的世界之中。一旦重視精神世界，你可能就會遠離現實生活。相反地，假如你與精神世界疏離，便可能只追求現實物質世界中的成功。

無論是何者，都很容易變得太過極端，請留意。請用自己的步調好好探索精神的世界，將從中學到的東西帶回日常生活中實踐，你就能找回理想與現實社會之間的平衡。

首先請試著將你的直覺或靈感應用在日常生活中。雖然不一定總能得到對自己最好的結果，但重要的答案或許就藏在靈光乍現之中。只要善用自己領導者的身分，把從中得到的靈感傳達給更多的人，便能幫助你達成使命。

### ❖ 生日帶來的訊息 ❖

「團體的中心」

「慷慨付出」

「完全交付」

**前世の故事**

你的前世住在近代美國的一片大草原上，是一名鄉村婦女的長子。

你在眾多弟妹的圍繞下順利成長。你的父親很早就離世，家中兄弟姊妹由寡母獨力扶養長大。你也努力幫忙照顧弟妹以及家事。然而當時正值時代潮流出現巨大改變的變革期。每當政治情勢或律法一發生改變，母親的工作和生活就會受到影響，讓你的家庭窮困至極。

你一心一意想幫助母親，於是立志長大後要從政，打造一個能讓每個人都能真正安心生活的社會。

כחא

1/28 希伯來文

#### ❖ 生日契合度 ❖

◉ **情人．伴侶**

| | |
|---|---|
| 1月9, 18, 27日 | 7月3, 21, 30日 |
| 2月8, 17, 26日 | 8月2, 11, 20日 |
| 3月7, 16, 25日 | 9月1, 10, 28日 |
| 4月6, 15, 24日 | 10月9, 18, 27日 |
| 5月5, 14, 23日 | 11月8, 17, 26日 |
| 6月4, 13, 22日 | 12月7, 16, 25日 |

◉ **工作夥伴．朋友**

| | |
|---|---|
| 1月10, 19, 28日 | 7月4, 13, 31日 |
| 2月9, 18, 27日 | 8月12, 21, 30日 |
| 3月8, 17, 26日 | 9月11, 20, 29日 |
| 4月7, 16, 25日 | 10月1, 19, 28日 |
| 5月6, 15, 24日 | 11月9, 18, 27日 |
| 6月5, 14, 23日 | 12月8, 17, 26日 |

◉ **競爭對手．天敵**

[1/1] [2/22] [5/10] [6/27] [8/7] [10/5] [12/17]

◉ **靈魂伴侶**

[2/19] [3/9] [4/17] [6/24] [8/29] [9/3] [11/17]

#### ❖ 生日名人 ❖

米哈伊爾．巴雷什尼科夫（芭蕾舞者）
勅使河原宏（花道家）
小松左京（作家）
市村正親（演員）
三浦友和（演員）
新庄剛志（棒球選手）
佐藤琢磨（賽車手）
川畑要（歌手）
遠藤保仁（足球選手）
星野源（音樂人、演員）

◉ **從你的生日看命運**
**請見32頁**

# 1月29日

January twenty-nth

## 實力足以運用直覺優勢幕後掌權者

這一天出生的你，儘管不會站在第一線，卻是個能憑直覺將事情安排妥當，具有影響力的背後掌權者。

1 月 29 日生的人個性溫和，不喜歡爭端，具有綜觀全局的遠見與高深的智慧，屬於深思熟慮的人生導師型人物。

如果將出生日期 29 相加，就會成為 11；一般認為它是一個充滿精神性的神聖數字。2 代表「協調、和諧」，9 代表「完結、智慧、賢者」，代表你具有善用自己的才華，讓身邊的人幸福的意義。加上出生月分 1 的領袖特質，你可成為一個能連結起心靈與物質世界，領導人們走向正途的領導者。

你是個聰明的模範生，常提供朋友意見，而受託協調或仲裁爭端時，也能妥善應對，是個善於處理人事的好好先生。

充滿個性又走在眾人之前的你，總是帶著一股神祕的氣息，同時擁有獨特的世界觀。平凡的人生無法滿足你，因此你總是追求刺激，遇到不可思議或神祕的事情更會立刻被吸引。你擁有敏銳的感覺，憑直覺的判斷力相當準確，因此對自己的決斷具有絕對的自信。

### ❖ 戀愛・婚姻・性生活 ❖

你在戀愛中對伴侶既寬容且忠實。會以自己的方式，體貼對方，全心全意為對方付出。你非常重視與伴侶的心靈契合，比起肉體上的出軌，你更無法原諒精神上的背叛。雖然你很習慣配合別人，但遇到真正喜歡的對象時，可能會犀利地說出直指核心的話，讓人嚇一跳。一旦結婚，你就會非常重視家庭，也會成為一個愛小孩、關心教育的父母親。至於性生活，則是依你的心情而定。你總是憑直覺或感覺行動，有時會大膽而主動，但心情不好時可能會在半途停下來，令對方感到困惑。

### ❖ 工作・財運 ❖

無論從事什麼工作，你都能利用豐富的知識和高超的技術勝任。待人和善的你，在組織裡是個受到器重的全才。

擔任領導者時，你會用直覺和果斷的判斷力統籌身邊的人事，發揮朝著目標勇往直前的行動力。你對賺錢這件事本身不太感興趣，因此財運會隨著平時來往的人而有所不同。你具有看出時代潮流的眼光和分析能力，對商業相關判斷也很準確，只要協助周遭的人們迎向成功，想必你的財運也會提昇。

## ❖ 今生使命・未來展望 ❖

今生你的使命是：善用作為幕後功臣的能力，帶著笑容輕鬆地享受人生。

你很成熟，總是關心別人，體貼地事先做好準備，然而為了回應身邊人們的期待，你往往不自覺地壓抑自己真正的想法。對於重視和諧、身為模範生的你來說，自在地表現出真正的自己，也許是個高難度的課題。

你可能一生都對直率與任性之間的差異有所質疑。謙虛地傾聽他人的忠告固然重要，但偶爾也可以拋開理性判斷，允許自己順著情感而行。有時也必須把頭腦放空，不要想太多，自然地接受自己的童心。只要持續坦率地選擇令你開心的選項，嘴角就會在不知不覺中上揚。當你露出發自內心的笑容，身邊的人也會跟著微笑，而這一切將能讓世界變得更快樂。

### ❖ 生日帶來的訊息 ❖

「完全的和諧」
「看清本質」
「把握當下」

### 前世の故事

你出生在東西方貿易興盛的中東沙漠之城裡，父母在當地經營一家旅社。

在旅社提供的眾多服務中，你最喜歡替疲勞的商人一邊按摩，一邊聽他們訴說旅途中發生的事。在接觸過許多人後，你漸漸能自然而然地覺察到每個人的身體哪裡出了問題，或他們藏在心裡的煩惱等。這項獨特的專業，讓你大受好評，也讓旅社的生意變得也愈來愈好。

其實，你並不喜歡使用這個特殊的能力，但為了維持家裡的事業，卻也不敢啟齒。等你發現時為時已晚。於是，你每天繼續努力扮演著這種療癒他人的角色，實際上卻想把自己的這項能力發揮在別的地方。

# כטא

1/29 希伯來文

### ❖ 生日契合度 ❖

**◉ 情人・伴侶**

| | |
|---|---|
| 1月6, 15, 24日 | 7月9, 18, 27日 |
| 2月5, 14, 23日 | 8月8, 17, 26日 |
| 3月13, 22, 31日 | 9月7, 16, 25日 |
| 4月12, 21, 30日 | 10月6, 15, 24日 |
| 5月11, 20, 29日 | 11月5, 14, 23日 |
| 6月1, 19, 28日 | 12月4, 13, 31日 |

**◉ 工作夥伴・朋友**

| | |
|---|---|
| 1月11, 20, 29日 | 7月5, 14, 23日 |
| 2月1, 19, 28日 | 8月13, 22, 31日 |
| 3月9, 18, 27日 | 9月3, 21, 30日 |
| 4月8, 17, 26日 | 10月2, 11, 29日 |
| 5月7, 16, 25日 | 11月10, 19, 28日 |
| 6月6, 15, 24日 | 12月9, 18, 27日 |

**◉ 競爭對手・天敵**

[1/4] [4/28] [5/9] [6/17]
[8/24] [10/20] [12/11]

**◉ 靈魂伴侶**

[2/11] [3/19] [6/7] [7/6]
[7/24] [10/21] [12/22]

### ❖ 生日名人 ❖

小約翰・洛克斐勒（企業家）
鄧麗君（歌手）
北里柴三郎（醫學家）
深澤七郎（作家）
貞本義行（動畫師）
呂比須（足球選手）
hyde（歌手）
濱口優（諧星）
青木隆治（藝人）
卡莉怪妞（藝人）

◉ 從你的生日看命運
請見32頁

# 1月30日

January thirtieth

## 對讓自己快樂的事才感興趣永遠的孩子

1月30日出生的你，只對自己喜歡的事感興趣，就像個永遠的孩子。

你的個性開朗，天真浪漫，對自己感興趣的事情總是不顧一切地往前衝。出生日期30的3是象徵著「孩子」的數字，而0又強調、增強了孩子的特質，因此你不管幾歲看起來都不會顯老。

藏不住事情的你，喜怒哀樂全都會直接表現在臉上或態度上。你天不怕地不怕，即使是從來沒接觸過的領域也能勇敢投入，不怕失敗。一旦訂下了目標，你的爆發力和專注力可說無人能及，但卻欠缺計畫性和續航力。

你具有逗人開心的娛樂才華，但禁不起別人奉承，也很容易出現三分鐘熱度、不夠穩重、耐性不足等孩子的負面特質，請特別注意。

再加上出生月分1的領袖資質，在眾人之中你總是特別引人注目，對人的好惡也很明顯。

當你自己啟動想做某件事的開關，就會加速前進。你也很擅長社交，可以和每個人都處得很好，而且你給人如沐春風的感覺，總是帶給身邊的人希望、活力與歡笑，因此深受大家的喜愛。

### ✧戀愛・婚姻・性生活✧

你總是幻想著宛如白馬王子般的理想對象有一天出現。面對自己的感情，你也很坦率，一旦喜歡上了，不管對方的狀況如何，都會採取直接進攻。

喜歡小孩的你，婚後會努力當個好太太或好先生、好媽媽或好爸爸。你們全家人都充滿活力，會一起外出活動，彼此感情融洽，全家人就像朋友一樣。

你比外表看起來還晚熟，因此對性有些抗拒，認為那是為了生小孩才必要的行為，因此容易陷入無性生活，請小心。

### ✧工作・財運✧

只要發揮你天生的創造力，善用你獨特的想法，那與眾不同的才華就會發光發熱。30日出生的人就像個永遠的孩子，因此不適合反覆又單調的工作，標準太嚴格的工作，你也忍受不了。

你潛在的財運很旺，只要積極採取行動就會招來財運。若能把興趣作為志業，便能一口氣賺得萬貫家財。不過，假如無法好好運用此能量，凡事三分鐘熱度，則可能反遭吞噬。由於你不擅長理財，因此需要一個值得信賴的財務顧問。

## ❖今生使命・未來展望❖

今生你的使命是：善用與生俱來的才華，將自己的興趣化作實際的作品。

比較孩子氣的你，本來就不太懂得如何做事的方法；當自己做得不理想時，也很容易責備、批評自己。

一旦你的自尊心太強，甚至會把這種態度轉移到其他人身上，對別人過於嚴苛。

今生請把自己的心力用於留下具體的成果上，而非一心想把事情「做好」。關鍵是，你不必一開始就試圖留下什麼大作品，只要從日常的攝影、寫部落格、畫畫等小事開始挑戰。

每天一點一滴地留下紀錄，確實地持之以恆，就能慢慢抓到創作的靈感與方式。你的生命的軌跡就會不知不覺中被保存下來。

### ❖生日帶來的訊息❖

「天真浪漫」
「脫胎換骨」
「持之以恆」

### 前世の故事

你的前世生在古代美洲馬雅文明興盛時期，是一位廣受歡迎的街頭藝人。

從小，你對未知事物的好奇心就比別人還要旺盛，總是問個不停，讓大人們傷透腦筋。同時你也非常喜歡帶給眾人歡笑，讓娛樂的才華逐漸開花結果。

興趣廣泛的你，往往發表的話題也很豐富。後來，你度過令人驚呼連連、散播歡樂的一生，然而在臨終前，你卻開始思索著自己這輩子究竟為何而活。

充滿歡樂的人生固然不錯，但你希望來世能夠更深入了解生而為人的意義。

1/30 希伯來文

### ❖生日契合度❖

◉ 情人・伴侶

| | |
|---|---|
| 1月7, 16, 25日 | 7月1, 19, 28日 |
| 2月6, 15, 24日 | 8月9, 18, 27日 |
| 3月5, 14, 23日 | 9月8, 17, 26日 |
| 4月4, 13, 22日 | 10月7, 16, 25日 |
| 5月12, 21, 30日 | 11月6, 15, 24日 |
| 6月2, 20, 29日 | 12月5, 14, 23日 |

◉ 工作夥伴・朋友

| | |
|---|---|
| 1月12, 21, 30日 | 7月6, 15, 24日 |
| 2月2, 20, 29日 | 8月5, 14, 23日 |
| 3月10, 19, 28日 | 9月4, 13, 22日 |
| 4月9, 18, 27日 | 10月3, 12, 30日 |
| 5月8, 17, 26日 | 11月2, 11, 20日 |
| 6月7, 16, 25日 | 12月1, 19, 28日 |

◉ 競爭對手・天敵

[3/31] [4/18] [6/19] [7/9] [8/17] [9/7] [10/12]

◉ 靈魂伴侶

[2/18] [4/23] [6/12] [7/11] [8/3] [11/7] [12/26]

### ❖生日名人❖

富蘭克林・羅斯福（第 32 任美國總統）
勝海舟（政治家）
鳥井信治郎（三得利創始人）
高見順（作家）
長谷川町子（漫畫家）
稻盛和夫（企業家）
三橋千禾子（漫畫家）
土屋圭市（賽車手）
石川小百合（歌手）
吉村由美（歌手）

◉ 從你的生日看命運
請見32頁

# 1月31日

January thirty-first

## 堅守原則盡忠職守的穩健者

1月31日的31中，3意謂著天真無邪的孩子，1代表著方向、箭頭，是象徵能發揮孩子般的創造力，並留下具體成果的數字。

再加上出生月分1的特質，你勇往直前的力量、凡事以個人守則為主的男性特質會更增強。

你是一個總是堅持遵守規定而正直的人。你也擁有能夠認真面對任何事，並將其化為現實的力量。可靠、誠懇，富有強烈責任感的你，無論什麼事都會極力遵守社會常規等既定原則。因為你很擅長按照計畫行事，因而深受身旁人們的信賴。相反地，你不擅長應付非預期的突發狀況，遇到需要臨機應變的狀況時，你可能會驚慌失措。

你的正義感很強，絕不允許投機取巧、謊言、矇混等行為。對任何事都保持誠懇正直的態度是你的原則，但相反地，有時你會因太剛正不阿而無法靈活應變，使身邊的人認為你是個不懂得變通的固執的人。

對凡事一絲不苟的態度固然正確，但有時或許也需要敷衍帶過。請待自己寬容一些。

### ❖ 戀愛．婚姻．性生活 ❖

你在戀愛方面相當晚熟。你總是把自己的心意藏在心底，因此戀情往往必須花很多時間才能有所進展。一向自律甚嚴的你，對戀愛也很認真。

你認為戀愛等於結婚，有時會慎重過頭，例如在交往前就開始擔心結婚後的事情等等。若透過相親或介紹，比較能掌握對方的人品和條件，因此你也會比較能放心與對方交往，並進展到結婚。婚後你會是典型的好太太或好先生。你對性比較消極，倘若當成義務感，很可能會變成無性生活，請特別注意。

### ❖ 工作．財運 ❖

在工作方面，你樸實、正直、敦厚的人品會受到眾人的支持，備受信賴。無論什麼事你都能確實完成，做出具體的成果，這樣的工作態度深受主管、客戶以及顧客的好評，讓他們可以放心把工作交給你。在總務或會計等幕後的工作崗位上，你的才華將會更耀眼。另外，你也很適合進行創作、工藝類的工作。

你有穩定的財運，可以確實累積財富。擅長理財的你，能確實掌握財務情況。存錢或許是你的興趣之一。

## ✧ 今生使命・未來展望 ✧

今生的你，將透過誠懇正直的人品贏得信賴，同時立志成為連結眾人的溝通者。

你對每個人都很溫和，臉上總是掛著笑容，具有優秀的穩定性，然而在日常的工作、人際關係、生活環境以及習慣上，往往會表現出相對保守的態度。你總是下意識地緊抓著當前安穩的狀態不放，對於環境的改變，極度抗拒。

希望成為人與人之間的溝通者的你，或許內心深處渴望著變化與自由，卻又感到恐懼。請善用本身溫和的個性，開始擴展人際關係吧。無論是你介紹朋友給別人，或是請別人介紹朋友給自己，更常與各種不同的人接觸，也會提昇你的靈活度。在日常生活中重複經歷這微小的改變，便能確實幫助你達成今生的使命。

## ✧ 生日帶來的訊息 ✧

「遵守規則」
「敦厚」
「學會臨機應變」

### 前世の故事

你的前世，是近代初期中歐國家為了維持國家權力而設的特務。

你絕不容忍欺壓弱小或不合理的事情，不管對方是誰，你都會毫不畏懼地挺身而出，是一名意志堅定的少年。從小你就為人正直，最討厭投機取巧的事。長大後，你那強烈的正義感受到青睞，被拔擢為直屬政府的特務。對國家效忠的你，在以法律為名的絕對正義之下，檢舉了許多嫌犯，將他們送進牢獄。在擒拿人犯、奪走他人自由的工作中，你心中漸漸對此開始感到迷惑：真正的正義究竟是什麼？我的行為就是正義嗎？

1/31 希伯來文

1月

### ✧ 生日契合度 ✧

◉ 情人・伴侶

| | |
|---|---|
| 1月12, 21, 30日 | 7月6, 15, 24日 |
| 2月2, 11, 20日 | 8月5, 14, 23日 |
| 3月10, 19, 28日 | 9月4, 13, 22日 |
| 4月9, 18, 27日 | 10月3, 12, 30日 |
| 5月8, 17, 26日 | 11月2, 11, 29日 |
| 6月7, 16, 25日 | 12月1, 10, 19日 |

◉ 工作夥伴・朋友

| | |
|---|---|
| 1月4, 22, 31日 | 7月7, 16, 25日 |
| 2月3, 12, 21日 | 8月6, 15, 24日 |
| 3月2, 11, 20日 | 9月5, 14, 23日 |
| 4月1, 10, 19日 | 10月4, 13, 31日 |
| 5月9, 18, 27日 | 11月3, 21, 30日 |
| 6月8, 17, 26日 | 12月2, 20, 29日 |

◉ 競爭對手・天敵

[1/13] [2/28] [6/6] [7/23] [8/22] [9/30] [11/13]

◉ 靈魂伴侶

[1/16] [5/30] [6/4] [6/29] [8/2] [10/9] [12/25]

### ✧ 生日名人 ✧

舒伯特（作曲家）
安娜・帕芙洛娃（芭蕾舞者）
厄尼・班克斯（棒球選手）
諾蘭・萊恩（棒球選手）
李英愛（演員）
大江健三郎（作家、諾貝爾獎得主）
真矢美季（演員）
石黑賢（演員）
香取慎吾（藝人）
藪宏太（歌手）

◉ 從你的生日看命運
請見32頁

2月是象徵「結合、協調」的月分。
2月出生的你，是個「輔佐者」。

你會用溫柔體貼的心關懷他人，
退居幕後，發揮輔佐長才。

# 2月1日

February first

## 溫柔地激發別人才華新一代的領袖



2月1日出生的你開朗又穩重，受人喜愛。你就像照亮眾人的太陽，具有激發旁人才華的能力。

1是表示萬物之始的數字，也是代表朝著目標勇往直前，具有箭頭、方向、男性特質等意義，是屬於領導者的數字。

不過，想成為一名能感受到對方更深層特質、溫和地激發其潛力的新一代領導者，還必須加上出生月分2的包容、和諧以及女性特質等數字象徵。

在組織裡，你常扮演負責協調的角色。兼具優異的觀察力與執行力的你，天生擁有成為領導者的器量。雖然你看來很溫和，但你堅定的眼神往往最令人印象深刻。你很會照顧別人，個性爽朗乾脆，仰慕你的人也很多。

不過你的自尊心很強，總是想明辨善惡、好惡。一旦失去從容，你可能就會變得傲慢而目中無人，四處樹敵，請留意。

不要忘記感謝支持你的人。既然你自帶主角的光環，就不要太在意小細節，不必猶豫，坦率地走向你所想要的人生吧。

### ❖戀愛・婚姻・性生活❖

在感情方面，你喜歡握有主導權，以直球決勝。你不擅長欲迎還拒的小把戲，卻很擅長掌握愛情的決勝關鍵點。只要喜歡上對方，你就會立刻表白，試圖讓對方配合自己的步調。你容易讓對方留下強勢的印象，不過只要刻意展現出自己脆弱的一面，這種落差將會帶來極佳的效果。

婚後，你可能會成為掌控對方的大男人或大女人。性生活方面總是一成不變。雖然你會聆聽對方的需求，但最後仍以自己的欲求為優先，變得太過自我中心，請格外留意。

### ❖工作・財運❖

你屬於當老闆的類型，必須獨立創業才能有所發展。無論從事什麼樣的工作，一定都會成為高高在上的領導者。不過，你並不會獨自努力，而是善用將人才培育成夥伴的能力。人緣不錯的你，無論是自己當老闆創業或自己開店等靠人脈的工作上，都能有所發揮。

你的財運很旺，自己積極行動，就能吸引財富，擁有靠白手起家賺大錢的實力。不過，你是個好好先生，請特別注意和朋友之間的金錢借貸或不切實際的投資消息。

## ❖ 今生使命・未來展望 ❖

今生你的使命是：善用激發旁人才華的領導者資質，像天真無邪的孩子一般盡情享受人生。

你擁有作為領袖的優異才華，能帶領眾人前進，也能發掘別人的才華，但你總是把享受人生的順位擺在最後面。

隨著年齡增長，你將愈來愈容易受到過去或未來的束縛，執著的事情也會變多，更難活在當下。

但這些事情光用理解的是不夠的。比起用頭腦思考，不如先重視你的感覺。

投入讓自己打從心底感到快樂的事情，拋開面子和自尊，不要太在乎身旁的人。只要常保笑容，就能找回天真爛漫的童心，進而自然地享受人生。

## ❖ 生日帶來的訊息 ❖

「溫柔的領導者」
「創造和諧」
「坦率的人生」

### 前世の故事

你的前世，是出生在地理大發現時代的荷蘭貧窮農家，後來你前往當時最熱門的新大陸，成為一位美洲的冒險家。

嚮往未知的世界的你，踏上冒險之旅，儘管旅途中遇到嚴峻的天候與海盜的侵襲，卻仍和支持你夢想的夥伴們團結一致，努力航向新大陸。然而你因為準備不足，在航程途中船隻便沉沒於大海。導致夥伴們被沖散，幾乎全數喪命。即使如此，你仍獨自划著小船，最後終於抵達了新大陸。

你的夢想雖然實現了，卻失去了能分享這份喜悅的夥伴，面對這事實，你才開始沉思自己真正應該重視的究竟是什麼。

2/1 希伯來文

### ❖ 生日契合度 ❖

**◉ 情人・伴侶**

| | |
|---|---|
| 1月6, 15, 24日 | 7月9, 18, 27日 |
| 2月5, 14, 23日 | 8月8, 17, 26日 |
| 3月4, 13, 22日 | 9月7, 16, 25日 |
| 4月3, 21, 30日 | 10月6, 15, 24日 |
| 5月11, 20, 29日 | 11月5, 14, 23日 |
| 6月10, 19, 28日 | 12月4, 13, 31日 |

**◉ 工作夥伴・朋友**

| | |
|---|---|
| 1月2, 11, 29日 | 7月5, 14, 23日 |
| 2月1, 19, 28日 | 8月13, 22, 31日 |
| 3月9, 18, 27日 | 9月3, 21, 30日 |
| 4月8, 17, 26日 | 10月2, 20, 29日 |
| 5月7, 16, 25日 | 11月1, 10, 19日 |
| 6月6, 15, 24日 | 12月9, 18, 27日 |

**◉ 競爭對手・天敵**

[3/2] [3/29] [4/10] [5/18]
[8/15] [10/22] [11/30]

**◉ 靈魂伴侶**

[1/12] [2/20] [3/1] [4/12]
[7/6] [10/30] [11/20]

### ❖ 生日名人 ❖

梁家輝（演員）
須賀敦子（作家）
渡邊貞夫（薩克斯風樂手）
吉村作治（考古學家）
中村雅俊（演員）
三浦純（漫畫家）
布袋寅泰（音樂人）
村上隆（美術家）
東出昌大（演員）
吉澤亮（演員）

◉ 從你的生日看命運
請見32頁

# 2月2日

February second

太過善良
往往為此迷惑的
療癒系輔佐者

你很懂得協調的藝術、待人和善，總是用親切而穩重的態度緩和周遭的氣氛，是個能為組織帶來和諧的療癒系人物。

你擅長維持平衡，誠懇的人品讓你擁有人氣。在人生的各個階段，你都寧願找到一個好伴侶，扮演輔佐者的角色，而不喜歡自己拋頭露面。你是一個個性低調又無微不至的浪漫主義者，比起表達自己的意見，為別人付出更能令你感到喜悅。

你擁有豐富的感性與創造力。你的感受力很強，但也有神經質又愛擔心的一面，對身邊人們的反應也很敏感。

此外，你很容易受到旁人意見左右。面臨必須做出決斷的時刻，很可能因為擔心太多而產生壓力，這也是2月2日——生日裡有兩個2的你會遇到的問題。在旁人眼中的你想必是個好人，但請避免抹煞自我，成為一個人云亦云的人。

請不要忘了，人生中處處是風景。請養成無論多小的事都以自己的想法確切地做出決定的習慣，培養獨立自主的態度。

你生日中的2，是作為二元論基礎的數字，也是表示彼此相對的兩個世界的統合或兩極的平衡、象徵女性特質的數字。而擁有兩個2的你，天生就是擁有1這個男性特質領袖的數字的人最得力的助手。

## ❖戀愛・婚姻・性生活❖

你總是深受交往對象的影響，無論發生什麼事，都願意持續為對方付出。外表低調卻富有深度的你，能吸引各種類型的人。雖然你體貼、親切，但總是猶豫不定，導致你可能在非自願的狀況下腳踏兩條船甚至三條船，請務必注意。你或許因為對婚姻太過慎重，總是無法跨出最後的一步、做出最終決定。在性生活方面，你也可能因為太體恤對方而不敢說出自己的心情，無法打從心底享受。

## ❖工作・財運❖

你適合擔任祕書、醫事人員、諮商師、占卜師等協助人的工作。你總是仔細地傾聽別人的話語，不會任意批評，這種天生的能力是任誰都模仿不來的。

你完全沒有自私自利的想法，從來不會為了自己的成功而不惜巧取豪奪；你總是按部就班地認真做好自己分內的工作。即使聽見賺錢良機或遇到有關親友借貸的請求，也請力行自己的信念，避免盲從。你擁有審慎運用財富的能力，不會為錢極度煩惱。

## ❖ 今生使命・未來展望 ❖

你今生的使命，就是：善用作為一名溫柔的輔佐者的才華，為你的人生留下實際可見的成果。

對於習慣察言觀色、總是配合他人的你而言，或許不擅長主動將自己一直以來所做的事情具體展現出來。

一旦你的目標和理想過大，便很容易猶豫不定，導致無法順利進行，請注意。

你可以先從日常的小事開始，有意識地試著挑戰一下，留下具體的成果吧。

建議你可以透過寫日記或拍照等方式記錄身邊所發生的一切。一點一滴累積自己的過去，便能確認自己的足跡，也能更切實地感受人生。

## ❖ 生日帶來的訊息 ❖

「最佳的輔佐者」
「靈活」
「留下生命的軌跡」

### 前世の故事

你的前世生於古代土耳其某個城市裡，是個在平價旅社工作並寄居於此的少女。由於你家境貧困，從小就被賣到旅社打雜，負責打掃和準備餐點。

年紀小小的你相當機靈，工作認真，旅社的老闆也很疼愛你。不過，由於你在工作上一直習慣聽命行事，因此無法學會清楚表達自己的意見。

長大成人後，你漸漸明白自己所處的環境，然而儘管想脫離卻始終提不起勇氣。

以自己的意志決定自己的人生，並擁有付諸實踐的力量，便成為你來世的課題。

2/2 希伯來文

### ❖ 生日契合度 ❖

**◉ 情人・伴侶**

| | |
|---|---|
| 1月7, 16, 25日 | 7月1, 10, 28日 |
| 2月6, 15, 24日 | 8月9, 18, 27日 |
| 3月5, 14, 23日 | 9月8, 17, 26日 |
| 4月4, 13, 22日 | 10月7, 16, 25日 |
| 5月3, 21, 30日 | 11月6, 15, 24日 |
| 6月2, 20, 29日 | 12月5, 14, 23日 |

**◉ 工作夥伴・朋友**

| | |
|---|---|
| 1月3, 21, 30日 | 7月6, 15, 24日 |
| 2月2, 11, 29日 | 8月5, 14, 23日 |
| 3月10, 19, 28日 | 9月4, 13, 22日 |
| 4月9, 18, 27日 | 10月3, 21, 30日 |
| 5月8, 17, 26日 | 11月2, 20, 29日 |
| 6月7, 16, 25日 | 12月1, 19, 28日 |

**◉ 競爭對手・天敵**

[1/12] [6/10] [8/1] [9/25] [10/15] [11/23] [12/4]

**◉ 靈魂伴侶**

[1/19] [2/25] [5/4] [7/13] [9/18] [10/1] [12/15]

### ❖ 生日名人 ❖

佛里茲・克萊斯勒（小提琴家）
法蘭克・洛伊德（導演）
尚・路易・迪馬（前愛馬仕 CEO）
天龍源一郎（格鬥家）
寺尾常史（相撲選手）
HISASHI（吉他手）
劇團一人（藝人）
宮地真緒（演員）
淺尾美和（沙灘排球選手）
吉村界人（演員）

◉ 從你的生日看命運
請見32頁

# 2月3日

February third

擁有細膩的心
既純真又脆弱的
永遠的孩子

2月

你的個性開朗率直，不管幾歲都不會失去純粹的童心。出生日期3，是在穩定中藏有變化的可能性，充滿創造性與活動力的數字，象徵著赤子之心。好奇心旺盛的你，喜歡積極挑戰沒做過或看起來很有趣的事，儼然是個永遠的孩子。再加上出生月分2的特質，便突顯出你純真、脆弱又敏感的一面。

基本上你喜歡與人接觸，比起自己獨處，你在被許多人圍繞的時候更有活力。在眾人聚集的場合，你懂得掌握狀況，自然地緩和現場的氣氛或逗大家發笑，相當貼心。

你對每個人都很溫和親切，總是替人著想，不喜歡爭執，個性溫和，交遊廣闊。同時，你擁有豐富的想像力，頭腦靈活，懂得臨機應變。你的直覺天生敏銳，並具有決斷力與執行力。

2月3日出生的你，除了有善於展現自我、希望受人注目的一面，同時也有比較害羞、敏感的部分。擁有純真的心的你，或許難以適應這個必須區分真心話和場面話的大人世界。但你也很善變，有時不太能定下心，請不要因此而自責。首先請接受最真實的自己，努力為自己露出笑容。這對身旁的人來說也是最棒的療癒。

### ✧戀愛・婚姻・性生活✧

你對任何人都親切以待，因此可能會受到許多人的追求，但除非是你真正喜歡的人，否則無法維持長期的關係。在戀愛方面，你喜歡與眾不同，可能會採取大膽的行動，演出一場讓身邊的人瞠目結舌的戲。

你天生具有看透對方本質的能力，但倘若在充滿心機打算、滿足虛榮心的狀況下結婚，可能會吃上苦頭。你對性抱有強烈的好奇心，但比起性行為本身，你更想和喜歡的對象享受肌膚之親。

### ✧工作・財運✧

你擁有與任何人都容易親近的個性，在組織裡是一個開心果。你通常能獲得主管的賞識，一路升遷。你適合可以發揮旺盛的好奇心、新穎的點子、富有創造力的感性與玩心的工作，例如媒體圈或娛樂圈。

你的創意和感性會直接為你帶來財富。只要從事能讓你真心雀躍的工作，新穎的想法就會源源不絕。不過，你不擅長把無形的靈感具體實現，能不能遇到一個好的事業夥伴，將是你成功的關鍵。

## ❖ 今生使命・未來展望 ❖

你今生的使命，就是：善用屬於孩子的敏銳度，像在天空中振翅飛翔的鳥兒一般，自由飛向世界各地，成為一個將人們串連起來的溝通者。

你的內心明明渴望自由與變化，但你是不是常常找藉口說自己做不到，一直自欺欺人呢？

你害怕受傷，於是故意讓自己身處在一個不自由的環境，尋求穩定。

有時候你可能分不清自由與任性的差異，出現自私又幼稚的言行舉止，請注意。

請記得，真正的自由必然伴隨著責任。此外，為了使更多的人與你一同攜手合作，請善用你的直覺，快點行動。在日常生活中加入一些微小的變化，例如積極地前往令你感到好奇的、新穎的場所，一定有助於你的使命達成。

## ❖ 生日帶來的訊息 ❖

「纖細的童心」
「單純」
「為自由負責」

### 前世の故事

你的前世是生於古埃及王朝，一個在儀式、宴會上炒熱氣氛的舞孃。

你的祖母和母親以前也是宮廷的舞孃。在這樣的家庭環境下成長的你，從小就自然而然地學會舞蹈，在祭典等場合演出，娛樂眾人，令人刮目相看。

就在你天真無邪、快樂地跳著舞的某一天，你接獲通知，得知你最愛的母親在工作時腳受了傷。原來是母親的競爭對手在舞臺上暗藏塗了毒藥的尖刺。導致毒性竄遍母親全身，她就這樣離世了。

當家人哀戚不已時，你暗自在心底立誓，一定要早日成為最優秀的舞孃，繼承這個家的優良傳統。

2/3 希伯來文

### ❖ 生日契合度 ❖

◉ 情人・伴侶

| | |
|---|---|
| 1月3, 21, 30日 | 7月6, 15, 24日 |
| 2月2, 20, 29日 | 8月5, 14, 23日 |
| 3月10, 19, 28日 | 9月4, 13, 22日 |
| 4月9, 18, 27日 | 10月12, 21, 30日 |
| 5月8, 17, 26日 | 11月2, 11, 29日 |
| 6月7, 16, 25日 | 12月1, 10, 19日 |

◉ 工作夥伴・朋友

| | |
|---|---|
| 1月4, 13, 31日 | 7月7, 16, 25日 |
| 2月3, 12, 21日 | 8月6, 15, 24日 |
| 3月2, 11, 29日 | 9月5, 14, 23日 |
| 4月1, 19, 28日 | 10月4, 13, 31日 |
| 5月9, 18, 27日 | 11月3, 12, 30日 |
| 6月8, 17, 26日 | 12月2, 11, 20日 |

◉ 競爭對手・天敵

[1/4] [2/19] [3/2] [5/9] [5/18] [8/13] [12/27]

◉ 靈魂伴侶

[3/5] [5/14] [7/3] [7/21] [8/9] [9/26] [10/7]

### ❖ 生日名人 ❖

孟德爾頌（作曲家）
保羅・奧斯特（作家）
壇一雄（作家）
川合俊一（排球選手）
濱田隆士（古生物學家）
久邦彥（漫畫家）
根岸季衣（演員）
吉田羊（演員）
柳原可奈子（藝人）
土屋太鳳（演員）

◉ 從你的生日看命運
請見32頁

# 2月4日

February fourth

## 想法細膩 給別人安全感的 務實者

這一天出生的你，特徵是認真、堅毅、誠懇。你是個設想周到的務實者，能讓身邊的人感到安心。

出生日期4，是作為創造現實世界的基礎的數字，本身代表著物質世界。再加上出生月分2的輔佐者特質，即使注重倫常、一絲不苟地努力，你也不會給人古板的感覺，待人敦厚穩重。

你很能抓到關係之間的平衡，因而受到眾人倚賴，讓身邊的人對你充滿信賴。對任何人都很親切的你，個性溫和，不會樹敵。

你喜歡居於幕後，輔助領導者或身旁的人，同時願意忠實聽從命令，責任感也很強。

你總是理性而謙虛，絕不會強出頭。同時懂得看場合，能緩和、穩住現場的氣氛。你不但擁有執行力，也天生謙遜有禮，始終能配合任何人的協調性和親切的態度，使你成為最適合團體活動的人才。

你擁有無論做什麼都一絲不苟、貫徹始終地堅定信念，但也有敏感、純真的一面。一旦你有所猶豫就很容易被隨波逐流，變得容易依賴別人，請特別注意。

如果身邊有個值得信賴、當你迷惘時可以說出真心話的對象，你的實務能力便能更上一層樓。

### ❖戀愛・婚姻・性生活❖

你對戀愛也很認真。喜歡上一個人時，你會直接向對方表白，並不擅長使用欲擒故縱的招數吸引對方。相反地，假如對方很強勢地追求你，或是對方條件非常好，即使沒那麼喜歡，你可能也會和對方交往。

婚後，你會全力守護家庭。相當在意社會大眾對自己的評價的你，絕對不可能原諒對方說謊或外遇。你對性強烈地厭惡與抗拒，請營造出能讓兩人心心相印的氛圍，避免變成無性生活的伴侶。

### ❖工作・財運❖

你會因為在公司裡能扮演好自己的角色而感到喜悅。不惜辛勞的你，總是一點一滴地努力，無論從事什麼工作都能爬到一定的地位。在競爭激烈的社會中，你不擅長發表自己的意見，因此比較適合後勤部門的工作，輔佐旁人。此外，如教保員、護理師等需要證照資格的助人工作，也非常適合你。

你的財運穩健，很奇妙地從來不用為錢傷腦筋。儘管不會賺大錢，卻有慢慢存錢、守財與運用金錢的能力，可以確實累積財富。

## ❖ 今生使命．未來展望 ❖

你今生的使命是：善用穩定又務實的特質，對人生中所認識的每一個人付出無私的愛。

你總是將身邊的人照顧得無微不至，但認真的你，有時會希望得到回報。因為你一直告訴自己，我必須體貼別人、我必須幫上別人的忙，才會渴求回報。

請留意不要因為太關心他人，而把對方不想要的事物硬塞給對方，或是變得多管閒事。

體恤對方的你，原本就是一個令人安心的存在。在對旁人付出愛之前，請先讚許努力的自己，更愛自己一些。

你愛自己多少，對方就能得到多少愛。唯有更愛自己，才能幫助你對每個人付出不求回報、真正無私的愛。

## ❖ 生日帶來的訊息 ❖

「相互支持的愛」
「忠實」
「不求回報」

### 前世の故事

你的前世是出生在西伯利亞一個貧窮村落中的女孩，你的父親是村長的左右手。從小看著擔任輔佐工作的父親長大，你也自然成為一個聽話的孩子，同時也很貼心，凡事都會主動幫忙。

儘管你沉默寡言，卻宛如綻放在原野的花朵一般美麗又有氣質，長大後，便在父母的決定下與村長的次子結婚，生下孩子。生活雖然稱不上富裕，但為了認真守護每一天，你辛勤工作，從不抱怨，過著沒有任何變化的平淡人生。你始終相信擁有富足而幸福的家庭是自己的夢想，但到了晚年，你發現自己內心其實是對變化感到恐懼，這也將成為你來世的課題。

# כב

2/4 希伯來文

### ❖ 生日契合度 ❖

◉ **情人．伴侶**

| | |
|---|---|
| 1月8, 17, 26日 | 7月2, 11, 29日 |
| 2月7, 16, 25日 | 8月1, 19, 28日 |
| 3月6, 15, 24日 | 9月9, 18, 27 日 |
| 4月5, 14, 23日 | 10月8, 17, 26日 |
| 5月13, 22, 31日 | 11月7, 16, 25日 |
| 6月3, 21, 30日 | 12月6, 15, 24日 |

◉ **工作夥伴．朋友**

| | |
|---|---|
| 1月5, 14, 23日 | 7月8, 17, 26日 |
| 2月4, 13, 22日 | 8月7, 16, 25日 |
| 3月3, 12, 30日 | 9月6, 15, 24日 |
| 4月2, 20, 29日 | 10月5, 14, 23日 |
| 5月1, 19, 28日 | 11月4, 13, 22日 |
| 6月9, 18, 27日 | 12月3, 12, 21日 |

◉ **競爭對手．天敵**

[2/20] [4/25] [6/14] [9/29] [10/19] [10/25] [11/9]

◉ **靈魂伴侶**

[4/4] [5/9] [5/27] [7/28] [8/15] [11/24] [12/2]

### ❖ 生日名人 ❖

喜多郎（音樂人）
山下達郎（音樂人）
千葉繁（聲優）
時任三郎（演員）
井上荒野（作家）
東野圭吾（作家）
小泉今日子（藝人）
佐佐木藏之介（演員）
桐谷健太（演員）
大政絢（演員）

◉ **從你的生日看命運**
**請見32頁**

# 2月5日

February fifth

## 關心別人 連結人們關係的 溝通者

2月5日出生的你，是一個懂得不著痕跡地體恤他人，扮演人與人之間橋梁的溝通者。你能在一瞬間察覺現場的氣氛或旁人的心情，做出貼心的舉動。你的好奇心旺盛，因此對各種領域的消息都很靈通，聊天的話題很豐富，無論和誰都談得來。

可以瞬間掌握現場的氣氛的你，常常很自然就能將人與人之間的關係連結起來。而能在不被察覺的狀況下提供他人小小的貼心服務，是2月出生的你最擅長之處。如此溫柔體貼的你，身邊經常聚集了許多友人，每天都環繞在歡笑聲中。

你擁有可以立刻做出決斷的能力，但相反地，遇到問題或瓶頸時，就會猶豫、煩惱，使情緒大受影響，顯得優柔寡斷。有時明明是自己的問題，你卻總是想倚賴別人的幫忙，讓人覺得你很任性。請把自己應該做的事，好好地徹底完成。

你的出生日期5，是代表自由、變化、溝通的數字。加上出生月分2的影響後，你的包容力、和諧、羈絆等特質便受到強化。同時，你也擁有能馬上適應各種環境的靈活度，即使是初次到訪的地方或在人群之中，也能自然地營造出開朗而和諧的氣氛。

### ❖戀愛・婚姻・性生活❖

你很熟悉各種有趣的話題，又能體貼對方的心情，因此廣受異性歡迎。你的戀愛門檻很低，既自由又開放。即使是婚外情等不受世間允許的戀情，只要對方主動，你可能就會接受。

但你也有任性的一面：你本身不喜歡受到制約或束縛，但面對喜歡的對象時，卻希望對方配合自己。婚後你會體貼丈夫或妻子，重視夫妻關係，卻無法安分地守護家庭。在性生活方面，你大膽而開放，只要對方主動，你可能連一夜情也能接受。

### ❖工作・財運❖

你適合與人接觸的工作。尤其是接受客訴、聆聽客人的需求，再利用豐富的知識與巧妙的話術向對方提案或推銷的工作，更能發揮你的能力。如果擔任保險業務員、領隊、美容師、造型師等每天都能接觸變化與刺激的工作，會讓你更有動力。

你也適合採取業績制或分紅制的工作方式，但不喜歡被任何目標或規定給綁住。你擁有賺錢的實力，只是賺來的錢往往會一口氣花在自己或別人身上，沒辦法穩定儲蓄。

## ❖ 今生使命・未來展望 ❖

會默默關心別人的你，對任何人都能敞開心胸，與人之間毫無隔閡。而你今生的使命，就是善用這份能連結起人與人之間關係的溝通者才能；並且學會不仰賴他人，獨自將每件事貫徹到底，學會真正的自立。

當你感到困擾、煩惱時，是不是會立刻向人求助，顯示出依賴的傾向呢？

你必須真實地面對自己的內心，檢視自己是否為了圖方便而利用了人與人之間的關係。自立與自私是不同的。請冷靜地看清楚你所希望的自立，是否是真正的獨立。

最重要的是，永遠不要輕言放棄，一旦你開始做一件事，就要貫徹始終。你可以從自己有興趣的領域或自己喜歡的事情開始，在你能力範圍內，挑戰在不假他人之手下獨力完成一件事。

## ❖ 生日帶來的訊息 ❖

「自由與和諧」
「融合」
「貫徹始終」

### 前世の故事

你的前世是在歐洲各地漂泊，幫人修理各種工具的工匠之女。

由於你是誕生於父母的旅途中，因此從小就和同業的夥伴們一同四處旅行。在逐漸接觸過各國不同文化和語言的交流後，為你培養出靈敏的反應力，與一顆不受拘束的自由之心。

對於具有優異環境適應能力的你而言，這種每天自由自在的生活，可說是刺激又快樂。你不確定身處自由環境的自己，與定居一處、每天重複同樣的事情，卻也同樣感到幸福的人們相比，何者的生活才是真正的幸福，因此也想體驗看看與現在不同的生活。

2/5 希伯來文

### ❖ 生日契合度 ❖

◉ 情人・伴侶

| | |
|---|---|
| 1月4, 13, 31日 | 7月7, 16, 25日 |
| 2月3, 12, 21日 | 8月6, 15, 24日 |
| 3月2, 20, 29日 | 9月5, 14, 23日 |
| 4月1, 10, 28日 | 10月4, 22, 31日 |
| 5月9, 18, 27日 | 11月3, 21, 30日 |
| 6月8, 17, 26日 | 12月2, 11, 29日 |

◉ 工作夥伴・朋友

| | |
|---|---|
| 1月6, 15, 24日 | 7月9, 18, 27日 |
| 2月5, 14, 23日 | 8月8, 17, 26日 |
| 3月4, 13, 22日 | 9月7, 16, 25日 |
| 4月3, 21, 30日 | 10月6, 15, 24日 |
| 5月2, 11, 29日 | 11月5, 14, 23日 |
| 6月1, 10, 28日 | 12月4, 13, 22日 |

◉ 競爭對手・天敵

[3/4] [4/30] [5/9] [6/19]
[8/8] [8/14] [11/20]

◉ 靈魂伴侶

[2/10] [5/25] [7/14] [8/22]
[8/31] [9/21] [10/13]

### ❖ 生日名人 ❖

約翰・登祿普（發明家）
C・羅納度（足球選手）
內馬爾（足球選手）
美濃部亮吉（經濟學家）
西鄉輝彥（歌手）
中尾隆聖（聲優）
大地真央（演員）
花村萬月（作家）
矢部達哉（小提琴家）
松本穗香（演員）

◉ 從你的生日看命運
請見32頁

# 2月6日

February sixth

對人無微不至
細心體貼的
博愛主義者



臉上總是掛著溫柔笑容的你，對每一個人都很親切和善。出生日期6的形狀代表腹中懷著胎兒的孕婦，象徵著「美、和諧、平衡」，是一個愛的數字。再加上出生月分2的輔佐者特質後，你那充滿母性本能、喜歡照顧人的特質便會更加顯著。

基本上，你的個性溫和，具有溫暖的包容力，是個體貼的博愛主義者。因此每個人都和你相當親近，也相當仰賴你。

易感的你，在看電視或電影時往往會心生共鳴。不懂得在關係中設下界限的你，經常把別人的事情當作自己的事情般認真以對。富有人情味的你，總是與身旁的人一起分享喜怒哀樂。

你討厭太艱澀複雜的事。且正義感很強，不接受任何謊言或各種不正當的行為。尤其對欺負弱小的人更是感冒，總是為了弱勢者的權益勇敢挺身而出。

懂得關係的平衡之道的你，適合扮演幕後的輔助者的角色，但相反地，一旦關係失衡，便會優柔寡斷，開始依賴對方或使自己坐上被害者的位置，請注意。

與人分享、教導別人，對你是家常便飯，但若太過度，會變成多管閒事。請留意是否有時會利用親和力向對方強迫推銷，試圖讓對方照自己的意思行動。

## ❖ 戀愛・婚姻・性生活 ❖

在感情中，你很會照顧人又具有包容力，即使知道對方很差勁，也會不由自主地付出，是典型的好太太類型。因為你總是抱著奉獻的心態照顧你的戀人，所以愈是沒用的人，愈能喚起你的母性本能，使你愈陷愈深。

在性生活方面，你總是把取悅對方擺在第一。如果對方強迫你，優柔寡斷的你可能會不敢拒絕，請特別留意。重要的是，如果你想拒絕，請清楚地告訴對方，不要擺出模稜兩可的態度。當你找到好伴侶，進入婚姻生活後，會細心地支持家人，打造一個溫暖的家庭。

## ❖ 工作・財運 ❖

你的個性穩重，做事細心，適合從事服務客人或後勤支援的工作。另外，你也很擅長培育人才，如果從事培育、教育的相關工作，這項才華便能開花結果。從你擅長照顧人的特質來看，你也很適合當家庭主婦、帶孩子。

關於財富，只要將金錢視為幫助自己達成夢想的工具，而不是骯髒或俗氣之物，財運就會提昇。由於你是好好先生，因此即使是辛勤工作賺來的錢，也會因為人太好而輕易借給別人；在借別人錢前，請務必找個能冷靜判斷的人商量。

### ❖ 今生使命・未來展望 ❖

今生你的使命是：為他人付出，同時無論遇到什麼樣的狀況，都絕不輕易放棄，不斷挑戰目標，與身邊的人共享物質上的成就。

因為你習慣將幫助別人看得比自己的事還重要，這種利他主義的想法讓你無法坦然地接納財富的能量，甚至對賺錢懷有罪惡感，看見有困難的人，就會無條件借錢給對方，而這一點正是你今生的課題。

對金錢太過執著當然是個問題，但在現實社會中，金錢仍是很重要的。請認真面對金錢的能量，提出能讓自己更富足的具體目標，認真工作吧。

若能愉快地將你手中的富足分享給身旁的人，便能達成今生的使命。

### ❖ 生日帶來的訊息 ❖

**「包容一切的力量」**
**「互相友愛」**
**「接受無限的富足」**

### 前世の故事

你的前世是侍奉古羅馬帝國皇室的老師，負責王子們的教育。

你出生於身分地位崇高的貴族家庭，年紀和王子們有點差距，但你們就像兄弟一樣一起成長。國王對體貼又善良的你充滿信賴，因此命你擔任王子們的老師。

於是你敬業地奉獻自己的一生，盡心盡力地照顧他們，而就在最長的王子即位後，你的工作便告一段落，黯然地離開了皇室。這時你才發現自己將人生寄託在王子身上，把培育王子這份工作當作自己的歸屬，因而遺憾人生從未為自己而活。

## וב

2/6 希伯來文

### ❖ 生日契合度 ❖

**◉ 情人・伴侶**

| | |
|---|---|
| 1月5, 14, 23日 | 7月8, 17, 26日 |
| 2月4, 13, 22日 | 8月7, 16, 25日 |
| 3月3, 21, 30日 | 9月6, 15, 24日 |
| 4月2, 11, 29日 | 10月5, 14, 23日 |
| 5月1, 19, 28日 | 11月4, 13, 22日 |
| 6月9, 18, 27日 | 12月3, 12, 21日 |

**◉ 工作夥伴・朋友**

| | |
|---|---|
| 1月7, 16, 25日 | 7月1, 19, 28日 |
| 2月6, 15, 24日 | 8月9, 18, 27日 |
| 3月5, 14, 23日 | 9月8, 17, 26日 |
| 4月4, 13, 22日 | 10月7, 16, 25日 |
| 5月3, 21, 30日 | 11月6, 15, 24日 |
| 6月2, 20, 29日 | 12月5, 14, 23日 |

**◉ 競爭對手・天敵**

[1/9] [2/17] [3/25] [4/24] [6/22] [8/29] [10/27]

**◉ 靈魂伴侶**

[3/4] [5/17] [6/7] [6/28] [7/9] [9/22] [11/23]

### ❖ 生日名人 ❖

貝比・魯斯（棒球選手）
雷根（第 40 任美國總統）
巴布・馬利（音樂人）
鄭允浩（歌手）
高村薰（作家）
大槻賢二（音樂人）
坂井泉水（歌手）
福山雅治（音樂人）
中田康貴（音樂人）
市原隼人（演員）

◉ 從你的生日看命運
請見32頁

# 2月7日

February seventh

經常關懷別人
心地善良的
專注職人

選擇這一天出生的你，就像個堅持自我風格的頑固職人。基本上你不習慣團體生活，比起與人相處，你更喜歡單獨行動，彷彿一頭孤狼。

出生日期7，像斜箭頭的象徵，是代表一個週期告終、表示「完成、協調」的數字。7日生的人，是對細節非常講究的完美主義者，很有主見，不輕易向人妥協。你雖然勤奮，但從不刻意表現出來。再加上出生月分2這兩種平衡兩端的特質，讓你擁有關懷旁人的體貼之心，以及作為輔佐者的才華。

擁有獨立又能關懷他人這兩種相反特質並能維持平衡的你，因為人品正直而具有聲望。你不會多管閒事，但對任何人都很和善親切，待人溫和。另一方面，你也討厭受到干涉，必須保有自己的時間。你不喜歡將喜怒哀樂明顯表現出來，總是保持一貫的冷靜。你也具備客觀的觀察力、分析力以及優異的判斷力。

很難說出真心話的你，總是壓抑自己的感情，試圖低調地貫徹自我的風格，但你偶爾也會害怕寂寞。你不擅長主動和人溝通，因此你的真心或許難以得到理解，但身旁的人依然能感受到你的體貼和溫柔，所以大可不必彆扭又固執，躲在自己的世界裡。

## ✧戀愛・婚姻・性生活✧

你帶有某種既憂鬱又獨立的成熟氣息，極富個人魅力。當你認定一個人，你就會對對方一生忠誠，但即使是戀人或伴侶，你也很討厭對方踏進自己的空間，並不是想和伴侶無時無刻在一起的類型。

你在冷酷中偶爾會展現出自己脆弱、害怕孤單的一面，令異性深深著迷。婚後，你會對伴侶盡心盡力，努力扮演好自己在家庭中的角色。雖然你對性很感興趣，但比起行為本身，你更重視心靈相通，因此只要有令你安心的對象和環境，你就能好好享受魚水之歡。

## ✧工作・財運✧

對你來說，擁有能一輩子投入的工作比什麼都重要。如果能從事照自己的步調去做或可以自我風格的工作，你的人生便會發光發熱。你具有擔任領導者或支援團體中其他成員的能力，但你不喜歡被催促或步調被打亂，因此需要接觸很多人的繁忙工作，對你而言或許是種壓力。你沒有太多物欲，能追求自己的興趣就很滿足。只要你全心投入工作，確立自己的做事方法，財富必會隨之而來。

### ✧ 今生使命・未來展望 ✧

今生你的使命是：繼續抱著職人的堅持，為了實現世界和平而奉獻自己，不斷努力。

富有洞察力與分析力的你，知道如何讓自己當前的處境變得更好。然而豐富的智識，有時卻讓你不自覺地高舉正義感或使命感的大旗批判他人，請務必注意。當你因為太過堅持自己的做法，而試圖將這些想法強加在別人身上時，請三思而行。

在你努力達到世界和平前，請先努力做到讓自己的心保持平靜。只要你能接受真實的自己，你的心就會變得溫和，也能自然地接納身邊的人。認同此刻的自己以及真實的對方，就是通往世界和平的道路。

### ✧ 生日帶來的訊息 ✧

「默默體貼」
「毅然決然」
「讓心靜下來」

### 前世の故事

你的前世，是中世紀英國一名為了成為騎士而持續練習的女騎士。

由於你的父親是個傑出的騎士，因此你自幼就想成為像父親一樣的人。於是，你像玩遊戲一般學會了劍和長槍的用法，也懂得馬術。長大成人後，即使身為女性，為了精進騎士之道，你仍向一位知名騎士拜師。無論多麼嚴格的練習，你都不曾叫苦，努力達成，但你卻沒有可以發揮的舞臺，也不能享受身為女性的喜悅。於是你開始自省——力行自己的想法，對自己而言真的是幸福嗎？

2/7 希伯來文

2月

### ✧ 生日契合度 ✧

◉ **情人・伴侶**

| | |
|---|---|
| 1月1, 19, 28日 | 7月4, 13, 31日 |
| 2月9, 18, 27日 | 8月3, 12, 30日 |
| 3月8, 17, 26日 | 9月2, 20, 29日 |
| 4月7, 16, 25日 | 10月1, 19, 28日 |
| 5月6, 15, 24日 | 11月9, 18, 27日 |
| 6月5, 14, 23日 | 12月8, 17, 26日 |

◉ **工作夥伴・朋友**

| | |
|---|---|
| 1月8, 17, 26日 | 7月2, 20, 29日 |
| 2月7, 16, 25日 | 8月1, 19, 28日 |
| 3月6, 15, 24日 | 9月9, 18, 27日 |
| 4月5, 14, 23日 | 10月8, 17, 26日 |
| 5月4, 13, 31日 | 11月7, 16, 25日 |
| 6月12, 21, 30日 | 12月6, 15, 24日 |

◉ **競爭對手・天敵**

[1/8] [2/24] [3/5] [5/12] [6/20] [8/27] [11/6]

◉ **靈魂伴侶**

[3/4] [4/27] [5/17] [6/7] [6/28] [7/9] [9/22]

### ✧ 生日名人 ✧

愛新覺羅溥儀（清朝皇帝）
艾希頓・庫奇（演員）
益川敏英（物理學家、諾貝爾獎得主）
小林稔侍（演員）
石鍋裕（廚師）
柳井正（Uniqlo 創始人）
香坂美雪（演員）
寺岡呼人（音樂人）
宮本恆靖（足球選手）
向井理（演員）

◉ **從你的生日看命運**
**請見32頁**

# 2月8日

February eighth

## 滿懷溫情<br>又重視夥伴<br>心地善良的戰士

你的出生日期8，象徵著無限大（∞）的意義，是一個代表意志力、組織力、榮耀、富足等偉大力量的數字。你喜歡嘗試新事物、不斷挑戰各種困難的個性，正是8日出生者的特徵。

再加上出生月分2的特質是接納、和諧，所以你體貼夥伴的特質也會更加強化，能夠包容任何人。重視人際關係以及夥伴的你，是一個體貼善良的戰士。當你面臨困境或課題時，會以團隊合作的方式去解決問題，而不是單打獨鬥。

你常常關心身邊的人，在必要的時候悄悄伸出援手。有時因為太過重視團隊的和諧，為了迎合周遭的意見而喪失自我，這也是受到出生月分2的影響所致。

你的意志力很堅定，也擁有帶給旁人影響的強大能量，只要時時提醒自己要果決明快，更能發揮實現目標的力量。

開朗又熱情的你，身邊總是圍繞著許多人，擁有優於常人的群眾魅力。正因為你把夥伴看得比什麼都重要，為了大家，你更應該學習果斷地做出決定。

### ❖戀愛．婚姻．性生活❖

當你確定交往對象後，你會配合對方，變身成另一種模樣，可說是戀愛變色龍。因此根據你交往對象的不同，你給人的印象也會有所改變。你不喜歡半途而廢的戀情，會談一場熾熱的戀愛並從一而終。

你認為選擇戀人就等於是選擇一生的伴侶。婚後，你會扮演一個開朗熱情的爸爸或媽媽，好好守護、經營這個家，同時也能兼顧家庭與工作。在性生活方面，你比較喜歡積極主導，因此請多體貼對方，避免太過自我中心。

### ❖工作．財運❖

無論在什麼樣的公司裡，你都能一眼看出身旁人們的才華或能力並提供協助；你也很擅長打造良好的職場環境或氣氛，提昇團隊的成效。在與眾人合作時，比起獨力完成更能發揮你的實力。

你總是身先士卒地協助夥伴或後進，讓他們發揮自己的能力。看著他們慢慢成長茁壯的模樣，總是令你感到很開心。

你的升遷運很強，無論從事什麼行業，都會被委任領導者的工作。由於你很會維持收支平衡，所以財運穩定。致富關鍵在於，你是能否審慎計畫，將賺來的財富加以活用。

## ❖ 今生使命・未來展望 ❖

你今生的目標，是懷著重視夥伴的熱情，對自己的言行負責，發揮真正的領導能力。

不論遇到什麼事都抱著積極的態度與充滿力量的行動力，是你最迷人的魅力。但學會冷靜判斷狀況，確認應該前進的方向，鎖定人生目標也十分重要。此外，你也有懦弱的一面，當面對重要他人時，你往往無法明確說出自己的想法，在緊要關頭變得優柔寡斷，或受到旁人意見所左右。

由於你對身邊的人帶來的影響很大，因此受到他人意見左右的發言或行為，往往會連帶影響其他人，請特別注意。重要的是，不要輕視日常生活中的每個小選擇，為自己的決定負起全責，再採取行動。請將自己的意見明確地傳達給身邊的人，在人生中發揮你優異的領導能力吧。

## ❖ 生日帶來的訊息 ❖

「熱情與主宰」

「羈絆」

「對自己的人生負責」

### 前世の故事

你的前世，是中國唐代一名家財萬貫的貿易商之女。

你從小就在一旁看著父親工作的模樣，學習做生意的基礎知識。擅長看穿對方心意的你，成為了父親的左右手，開始幫忙家裡的事業。你那少見的交涉能力發揮到極致，後來，使家中生意蒸蒸日上，累積了龐大的財富。你家的客戶遍及中國大陸的每個角落，你也開始負責與他國進行貿易合作，並將合作方式導向對自己有利的方向，獲得更多財富。

然而你卻開始懷疑：透過交涉才能去操控對方，讓對方依照自己的意思行動，並從對方身上奪取財富，究竟是不是自己真正想做的事呢？

---

חב

2/8 希伯來文

### ❖ 生日契合度 ❖

**◉ 情人・伴侶**

| | |
|---|---|
| 1月2, 11, 20日 | 7月5, 14, 23日 |
| 2月1, 10, 28日 | 8月13, 22, 31日 |
| 3月9, 18, 27日 | 9月3, 21, 30日 |
| 4月8, 17, 26日 | 10月2, 20, 29日 |
| 5月7, 16, 25日 | 11月1, 10, 19日 |
| 6月6, 15, 24日 | 12月9, 18, 27日 |

**◉ 工作夥伴・朋友**

| | |
|---|---|
| 1月9, 18, 27日 | 7月3, 12, 30日 |
| 2月8, 17, 26日 | 8月2, 11, 20日 |
| 3月7, 16, 25日 | 9月1, 10, 28日 |
| 4月6, 15, 24日 | 10月9, 18, 27日 |
| 5月5, 14, 23日 | 11月8, 17, 26日 |
| 6月4, 13, 22日 | 12月7, 16, 25日 |

**◉ 競爭對手・天敵**

[3/24] [4/14] [4/23] [5/4] [6/12] [11/7] [12/15]

**◉ 靈魂伴侶**

[1/1] [1/10] [4/20] [5/15] [5/28] [6/18] [8/7]

### ❖ 生日名人 ❖

儒勒・凡爾納（作家）
詹姆斯・狄恩（演員）
船戶與一（作家）
山本寬齋（設計師）
廣井王子（遊戲設計師）
土井善晴（美食研究家）
山田詠美（作家）
松下奈緒（演員）
佐佐木希（演員）
松友美佐紀（羽球選手）

◉ 從你的生日看命運
請見32頁

# 2月9日

February ninth

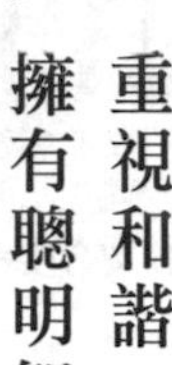

**重視和諧擁有聰明智慧的智者**



2月9日出生的你，是個聰明的智者，打從心底希望世界和平，並重視與人們的關係。你不喜歡受人注目，但本身很有個性，充滿了領導的魅力，不僅頭腦聰明，感情也很豐富。你是個心思細膩的人，能夠掌握整體的情況，以無微不至的關心來整合團隊的力量。

你很重視和諧、待人親切，無論遇到什麼樣的人，都能與對方合作。你勤勉努力的模範生性格，也使你獲得眾人的信賴。雖然你個性穩重，但也有太過理性的一面，有時會被身邊的人討厭，這可能是受到9日出生的數字影響所致。

擁有豐富的智識的你，有時卻因此看不起人，請特別注意。請誠實面對最真實的自己以及現實的生活壓力，允許自己偶爾示弱。

雖然你很有主見，但總是太在乎旁人對你的評價，而難以吐露真心話。請留意不要讓體貼他人所帶來的壓力破壞了自己身心的平衡。

你的出生日期9包含所有了數字的元素，是象徵著完成、結束的數字，也代表賢者、智者、導師。再加上出生月分2的特質是和諧、連結，於是你重視周遭和諧的特質，以及整合無形世界智慧的能力，便會更加顯著。

## ✧ 戀愛・婚姻・性生活 ✧

在感情中，你總是為對方盡心盡力，溫柔體貼。因為你害怕受傷，所以難以積極展開行動。有時因為對人太過體貼，可能會從同情心發展成男女關係。不過你會冷靜地把戀愛和婚姻分開看待，找到理想的伴侶。

婚後，你會努力打造一個理想的家庭，對孩子的教育也很關心。基本上你對性愛不太擅長，認為讓對方掌握主導權比較輕鬆。如果對方比較強勢，你也許會難以拒絕，不過假如打定主意只是玩玩，你可能會大膽的行動。

## ✧ 工作・財運 ✧

由於你充滿奉獻精神，如果是從事實際上對人有幫助的工作，你會不惜一切地付出。你對公益活動也很熱心，適合擔任公務員、醫師、護理師等職業。此外，在需要特別技能或專業知識的領域上，你也能發揮長才。你的溫柔體貼和和善的態度，能為職場帶來和諧的氣氛。

你善於理財，能好好運用金錢，不會浪費，屬於能一點一滴存下積蓄的類型。你擁有懂得運用財富的才能，只要不懷有罪惡感，便很有機會獲得大筆財富。

### ✧ 今生使命・未來展望 ✧

你今生的使命，是善用聰明智者的資質，探尋無形的世界，將從中獲得的智慧與資訊傳遞至現實世界。

你天生容易受到神祕事物的吸引，卻也可能對科學無法證明的事物感到恐懼，並一直逃避。因為太聰明的關係，有時反而無法相信自己的直覺或靈感。

首先最重要的，就是接受無形的力量確實存在。例如有些事情無論多麼努力都做不好，或是相反地，有些事情卻像開玩笑似地進展順利——相信你應該已經察覺到，這種體驗並不是單純的偶然。回顧自己發生的事情，你不認為一切都是如此理所當然嗎？

請拋開只用理性來判斷事情的習慣，相信自己的直覺和靈感，將靈魂感受到的一切真實地傳達給身旁的人們。

### ✧ 生日帶來的訊息 ✧

「善用知識」
「支持對方」
「活用無形的世界的智慧」

### 前世の故事

你的前世生於日本平安時代，是一位朝廷官員之女。

為了不讓父母蒙羞，從小你就接受嚴格的教育，包括教養、言行與儀態的訓練，而你全都輕鬆學會，出眾的美貌與聰明才智更贏得眾人讚賞。

曾有許多王公貴族向你求婚，但你卻不想將自己的智識用於這種戀愛的攻防上，因此總是不自覺地輕蔑對方。

在你不斷追尋自己理想對象的同時，也希望能為了世界、為了他人多多貢獻自己的長處。最後，你沒有順利步入婚姻，並感到自己對人生理想與現實之間差距的失望愈來愈深。

2/9 希伯來文

### ✧ 生日契合度 ✧

**◉ 情人・伴侶**

| | |
|---|---|
| 1月9, 18, 27日 | 7月3, 12, 30日 |
| 2月8, 17, 26日 | 8月2, 11, 29日 |
| 3月7, 16, 25日 | 9月10, 19, 28日 |
| 4月6, 15, 24日 | 10月9, 18, 27日 |
| 5月5, 14, 23日 | 11月8, 17, 26日 |
| 6月4, 13, 22日 | 12月7, 16, 25日 |

**◉ 工作夥伴・朋友**

| | |
|---|---|
| 1月1, 19, 28日 | 7月4, 22, 31日 |
| 2月9, 18, 27日 | 8月3, 21, 30日 |
| 3月8, 17, 26日 | 9月2, 20, 29日 |
| 4月7, 16, 25日 | 10月1, 19, 28日 |
| 5月6, 15, 24日 | 11月9, 18, 27日 |
| 6月5, 14, 23日 | 12月8, 17, 26日 |

**◉ 競爭對手・天敵**

[2/7] [3/3] [6/18] [8/25] [9/15] [10/23] [12/21]

**◉ 靈魂伴侶**

[1/20] [3/18] [4/8] [5/25] [7/21] [8/20] [10/11]

### ✧ 生日名人 ✧

卡洛・金（音樂人）
章子怡（演員）
夏目漱石（作家）
大隅良典（生物學家、諾貝爾獎得主）
伊集院靜（作家）
廣岡達朗（棒球選手）
安達充（漫畫家）
拉莫斯・瑠偉（足球選手）
木村祐一（藝人）
降谷建志（歌手）

◉ 從你的生日看命運
請見32頁

# 2月10日

February tenth

## 擁有引領世界的格局與能力的實力者

將這一天選為生日的你，個性爽朗而乾脆，是一個能以清新氣質吸引眾人的領導者。你具有某種讓人們自然聚集在你身邊的獨特吸引力，同時具有對眾人的影響力，能統籌全局。

你的出生日期10，是由1加上0組成的，因此領導者的資質會更強大。為人豪爽的你，不拘小節，無論面對什麼事都積極正向，擁有開拓人生的力量。擁有遠大目標的你，朝向目標勇往直前的行動力也優於常人。再加上出生月分2的數字影響，重視身邊人們的你，更能發揮激發旁人才華，高明統合大家的力量。

你有開闊的視野，能客觀地綜觀全局，也能自然而然地關心他人，因此極具聲望。因為你很善於照顧人，所以會受到屬下或後進的仰慕與信賴。

你的情緒起伏稍嫌激烈，容易把情緒表現在臉上或態度上。你不過可以迅速轉換心情，就算遇到不開心的事，也不會真的放在心上。

2月10日出生的你，對任何事的反應都很極端，當你狀況好和狀況不好的時候的表現差別極大。一旦陷入不安，就會侷限在小事上，無法控制情緒。請時時提醒自己，要站在宏觀的立場，不要忘了自己遠大的目標。

### ✧戀愛・婚姻・性生活✧

只要喜歡上一個人，你就會猛烈地採取攻勢、追求對方。在戀愛中的你會覺得自己更有活力、生活變得更充實。但偶爾要考量一下對方的感受，倘若自己一個人衝得太快，當對方跟不上你的步調時會感到困惑，請留意。

婚後的你，在家庭和工作上都會全力付出，生活可能會變得相當混亂。請記得，多抽些時間和你的伴侶溝通，彼此才能一同前進。

你充滿了對性的欲望與熱情。因為你很重視與對方的關係，因此愛與性對你而言是無法分割的。

### ✧工作・財運✧

你天生的指導力和判斷力，在工作上可以獲得很好的發揮。具有優異的統率能力的你，擅長掌握整體的大方向，提出方針，整合團隊從零開始打拚。你也擁有從無到有開始努力，最後留下成果的實力，因此也很適合創設從來沒人嘗試過的新事業。你對金錢不太執著，但財運亨通。因為你能靠自己的能力，或透過經營事業或投資來賺錢。若若你能讓更多人學會如何獲得財富，並加以實踐的方法，你的財運必定會更旺。

## ❖ 今生使命．未來展望 ❖

今生你的使命為：善用整合人們才華的領導力，並帶著孩子般的天真，盡情地享受屬於自己的人生。

面對事情，你總是能客觀地綜觀全局，對身邊的人也很體貼，可是一旦換成自己的事情，就變得不太會處理。

因為你的自尊心很強，所以往往將目標設定得很高，把人生想得太難。請更加努力展現自己真實的一面，會更貼近自己的心。

生活中，比起用頭腦去思考，更重要的是去感受。請想想自己什麼時候才是快樂的，讓你能更聚焦於讓自己快樂的事物上。

建議你養成主動微笑的習慣。養成這種習慣，就能幫助你更自在地享受人生。經常帶著笑容，也能喚醒你內心那個充滿魅力、如孩子般的純真。

## ❖ 生日帶來的訊息 ❖

**「正義與和平」**
**「雄偉的抱負」**
**「接受不成熟的童心」**

### 前世の故事

你的前世生於美國南北戰爭時代，是一個支援北軍的小鎮鎮長。

出生在富裕家庭的你，在成長過程中不曾遇過任何阻礙，不管做什麼事都想努力成為第一。你以優秀的成績從學校畢業後，因為充滿對改革社會的熱情，而立志成為政治家。你主張消除種族歧視、解放奴隸，年紀輕輕就當選了市長。

南北戰爭爆發後，無論在精神上或物資上你都全力支持與自己擁有相同志向的北軍。即使不惜犧牲眾多市民，你也堅持繼續支持北軍。直到北軍獲勝，但眼見敵我雙方都出現大量的犧牲者，你不禁捫心自問：戰爭的意義為何？

2/10 希伯來文

### ❖ 生日契合度 ❖

**◉ 情人．伴侶**

| | |
|---|---|
| 1月6, 15, 24日 | 7月9, 18, 27日 |
| 2月5, 14, 23日 | 8月8, 17, 26日 |
| 3月4, 22, 31日 | 9月7, 16, 25日 |
| 4月3, 21, 30日 | 10月6, 15, 24日 |
| 5月2, 20, 29日 | 11月5, 14, 23日 |
| 6月1, 19, 28日 | 12月4, 13, 22日 |

**◉ 工作夥伴．朋友**

| | |
|---|---|
| 1月2, 11, 29日 | 7月5, 14, 23日 |
| 2月1, 10, 28日 | 8月13, 22, 31日 |
| 3月9, 18, 27日 | 9月3, 12, 30日 |
| 4月8, 17, 26日 | 10月2, 11, 29日 |
| 5月7, 16, 25日 | 11月1, 19, 28日 |
| 6月6, 15, 24日 | 12月9, 18, 27日 |

**◉ 競爭對手．天敵**

[2/19] [3/11] [3/29] [5/9] [6/17] [7/25] [10/13]

**◉ 靈魂伴侶**

[2/2] [4/3] [6/25] [8/23] [10/30] [11/2] [12/1]

### ❖ 生日名人 ❖

貝托爾特．布萊希特（劇作家）
馬克．史畢茲（游泳選手）
格雷格．諾曼（高爾夫選手）
平塚雷鳥（社會運動家）
高橋英樹（演員）
龜山郁夫（俄國文學研究家）
島田洋七（相聲演員）
山田章博（插畫家）
根本美緒（氣象預報員）
川口春奈（演員）

◉ 從你的生日看命運
請見32頁

# 2月11日

February eleventh

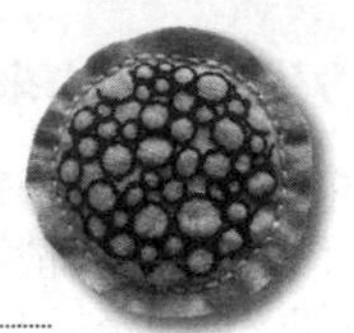

低估自己能力
處事謙和的
傳達者

2月

你的出生日期11，是一個讓人擁有洞察一切的能力，並象徵著革命、革新的神聖數字。再加上出生月分2的特質，讓你更顯得謙虛而低調，有時甚至太過看輕自己的能力。

2月11日出生的你，天生就對無形的世界具有敏銳的感應力，打從骨子裡就屬於法師、巫女，也就是所謂「靈媒」的類型。

你的個性很認真嚴肅，靈感與直覺卻非常敏銳。對別人而言，靈界像是虛無飄渺的無形世界，對你卻是理所當然的存在。

富有美感的你，能感受到事物神聖的、美麗的一面，內心細膩。你擁有特別優異的靈感與能洞悉答案的直覺，以及與生俱來的魅力，但你不喜歡拋頭露面，比較喜歡在幕後擔任輔佐者的角色。

你不喜歡受到世俗所束縛，想追求自在又獨特的人生，倘若你無法完全相信自己的直覺，就可能受到身邊人們的影響，陷入迷惘之中。

11日出生的你，一旦開始猶疑，就像莫非定律一般，會在不經意間吸引壞事接踵而至，請特別注意。雖然你很敏感又容易受傷，但有時卻會說出極為大膽的言論，讓身邊的人大吃一驚。無法以等閒視之的你，擁有一種不可思議的魅力。

## ❖戀愛・婚姻・性生活❖

「直覺」正是你選擇對象的關鍵。由於你很重視第六感，因此對於你所在意的點會非常堅持。擁有獨特戀愛觀的你，選擇對象時往往超脫常理，讓身邊的人很難理解。

婚後你會為家盡心盡力付出，但有時會脫口而出一句直指核心的話，埋下爭吵的種子，請特別小心。心靈相通對你而言十分重要，因此你不可能接受精神上的出軌。你對性本身沒有太大的興趣，光是和對方在一起就感到十分滿足。

## ❖工作・財運❖

普通的工作無法滿足你，你比較適合具有理想性的工作，才能發揮你獨特的個性。你擁有一般人所沒有的奇特的創意，以及敏銳的洞察力，適合擔任藝術家、設計師等創意工作。而從事與神祕、未知事物相關的靈性領域的工作，也能有所發揮。你對金錢不太在意，卻很神奇地從來不必為錢傷腦筋，你的財運也會隨工作內容而有所轉變。你獨特的品味和感性會帶來財運，至於理財最好交給別人。

## ❖ 今生使命・未來展望 ❖

大多靠直覺而行的你，今生的使命是：順著自己的直覺，將自己一直以來所做的事情化為具體的成效。

你往往想到什麼就做什麼，而不擅長按部就班地持續做同一件事。一旦認為自己必須努力、必須好好做等想法太過強烈，便很容易用自己認為正確的標準來衡量自己或他人，請注意。

首先，你可以試著將自己做過的事逐一實際記錄下來。

無論是部落格、照片……多小的事情都無妨，只要留下讓別人也能看見的作品或紀錄，每天一點一滴地持續下去，相信一定可以幫助你達成今生的使命。至於要用什麼形式留下紀錄，順從你的直覺即可。

### ❖ 生日帶來的訊息 ❖

**「審美觀」**
**「感受力」**
**「聚沙成塔」**

### 前世の故事

你的前世是古埃及時代輔佐法老王的薩滿。從小就擁有敏銳靈感和直覺的你，接受作為薩滿所須的精英教育，為法老王貢獻自己的能力與人生。

然而，由於你一直以來都將自己接收到的各種訊息全都如實傳達，身邊的人竟開始對你多所責難，指責你的言行前後矛盾、招致不祥。最後就連法老王都開始懷疑你的能力，讓你感到不安與混亂。後來你終於覺察到接收與傳達之間的差異，體認訊息不只是用說的，更重要的是應該記錄下來。

2/11 希伯來文

### ❖ 生日契合度 ❖

◉ **情人・伴侶**

| | |
|---|---|
| 1月7, 16, 25日 | 7月1, 19, 28日 |
| 2月6, 15, 24日 | 8月9, 18, 27日 |
| 3月5, 14, 23日 | 9月8, 17, 26日 |
| 4月4, 13, 22日 | 10月7, 16, 25日 |
| 5月3, 21, 30日 | 11月6, 15, 24日 |
| 6月2, 20, 29日 | 12月5, 14, 23日 |

◉ **工作夥伴・朋友**

| | |
|---|---|
| 1月3, 21, 30日 | 7月6, 15, 24日 |
| 2月2, 11, 20日 | 8月5, 14, 23日 |
| 3月1, 19, 28日 | 9月4, 13, 22日 |
| 4月9, 18, 27日 | 10月3, 12, 30日 |
| 5月8, 17, 26日 | 11月2, 20, 29日 |
| 6月7, 16, 25日 | 12月1, 10, 28日 |

◉ **競爭對手・天敵**

[1/15] [2/14] [3/4] [5/11] [8/26] [10/15] [12/22]

◉ **靈魂伴侶**

[3/24] [4/7] [5/31] [7/22] [8/21] [8/26] [10/12]

### ❖ 生日名人 ❖

愛迪生（發明家）
席尼・薛爾頓（作家）
保羅・博庫斯（廚師）
瑪莉・官（設計師）
珍妮佛・安妮斯頓（演員）
鳩山由紀夫（政治家）
岡田惠和（劇作家）
緒川環（演員）
小畑健（漫畫家）
岸井雪乃（演員）

◉ **從你的生日看命運**
**請見32頁**

# 2月12日

February twelfth

太過直率
容易迷惘的
單純孩子

2月12日出生的你，個性開朗活潑。你雖然非常直率，但卻容易受到旁人影響，容易舉棋不定，宛如天真的孩子。乍看之下你似乎很倔強、喜歡受人注目，但你的內心其實非常體貼、細膩而純真。你總是默默地照顧身邊的人，替人著想，卻缺乏為了自己跨出一步的勇氣。富有正義感的你，看見有人欺負弱小，絕對不會坐視不管，只是可能不會真的出面制止。

你所表現出的個性和情緒，容易隨著來往的對象而改變，因此在朋友的選擇上非常重要。你和意氣相投的朋友在一起時，言行舉止總是像孩子一般，偶爾也會耍任性，真正地做自己。當你下定決心，你的專注力和行動力會令人刮目相看，發揮令人難以想像的力量和衝勁，潛藏著在短期內一口氣締造戲劇性改變的可能性。由於你有看人臉色、倚賴別人的傾向，請時時提醒自己，倘若發生問題，請自己負責，不要把責任轉嫁給他人。

出生日期12，是屬於孩子的數字，意謂著衝勁、流動、節奏感。再加上出生月分2的特質，你會把與他人的關係或周遭的和諧視為優先，壓抑自己的獨特性，展現出內向的一面，請留意。

## ❖戀愛・婚姻・性生活❖

你是典型的一見鍾情型，會毫無理由地瞬間墜入情網。你也很專情，可能至今都對初戀情人念念不忘。但假如遇到態度比較強勢的人，即使你不喜歡對方，也可能難以拒絕，請注意。

你對喜歡的人會非常盡心盡力，也很嚮往婚姻，不過一旦真的論及婚嫁，你可能又會為理想與現實之間的差距而煩惱。你非常喜歡能和對方進行深度交流的性愛。不管對方提出什麼要求，你幾乎都會接受，因此請記得多重視自己的感受。

## ❖工作・財運❖

你最適合與團隊一起工作。雖然你有領導能力，但在幕後擔任輔佐者也能發揮影響力。此外，你也很擅長扮演開心果的角色，炒熱組織的氣氛，並擁有發想新事物的創造力。

你整體的財運非常旺，但你經常有多少就花多少，請有計畫地理財、規劃開銷的用途。你的賭運也不錯，但掌握見好就收的時機十分重要。請避免自己一頭熱的投資，多聽聽旁人的建議。

## ✧ 今生使命‧未來展望 ✧

你今生的使命是：懷著童心，前往各地，成為與眾人交流的溝通者。

宛如純真孩子的你，內心深處強烈地渴望自由與變化，然而你是否因為太在乎身旁的人，一直以來都在欺瞞自己，或是壓抑自己的心情，告訴自己不可以太任性？

如果一直把無法改變現況的歸咎於他人，只是徒增你的依賴心罷了。請試著坦然地順從自己的心，多去一些你想去的地方看看。

建議你到直覺覺得有趣的地方，或是光用想像就令你感到雀躍的地方去走走，並把在那裡實際體驗的事物或感受傳達給身旁的人。透過旅行、轉職或搬家等方式積極地改變，正是幫助你自身蛻變的第一步。

## ✧ 生日帶來的訊息 ✧

「勇於面對迷惘」
「到處走走」
「解放自我」

### 前世の故事

你的前世，是古代馬雅民族裡廣受歡迎的舞孃。出身在貧窮人家的你，為了補貼家用，自幼便擔任舞孃來賺錢。

由於身邊都是大人，所以你無法坦率地用言語表達自己的心情，但熱愛跳舞的你善於用舞蹈展現自己，才華也隨著成長而日漸發揮，博得好評。最後，就連王公貴族都邀請你表演，使你的生活日益富足。然而隨著年華老去，舞蹈功力也不如從前，你才發現自己最大的願望原來是能留在父母身邊，感受家庭溫暖，而不禁淚流滿面。

יבר

2/12 希伯來文

### ✧ 生日契合度 ✧

◉ 情人‧伴侶

| | |
|---|---|
| 1月3, 12, 30日 | 7月6, 15, 24日 |
| 2月2, 11, 20日 | 8月5, 14, 23日 |
| 3月10, 19, 28日 | 9月4, 13, 22日 |
| 4月9, 18, 27日 | 10月3, 12, 21日 |
| 5月8, 17, 26日 | 11月2, 20, 29日 |
| 6月7, 16, 25日 | 12月1, 10, 28日 |

◉ 工作夥伴‧朋友

| | |
|---|---|
| 1月4, 13, 22日 | 7月7, 16, 25日 |
| 2月3, 12, 21日 | 8月6, 15, 24日 |
| 3月2, 11, 20日 | 9月5, 14, 23日 |
| 4月1, 10, 28日 | 10月4, 13, 22日 |
| 5月9, 18, 27日 | 11月3, 21, 30日 |
| 6月8, 17, 26日 | 12月2, 20, 29日 |

◉ 競爭對手‧天敵

[2/19] [3/9] [4/19] [6/6] [7/23] [9/12] [11/10]

◉ 靈魂伴侶

[3/14] [5/14] [6/11] [7/21] [9/26] [12/5] [12/14]

### ✧ 生日名人 ✧

林肯（第16任美國總統）
達爾文（生物學家）
路易‧雷諾（雷諾汽車創始人）
新島襄（教育家）
田邊茂一（紀伊國屋書店創始人）
直木三十五（作家）
植村直己（冒險家）
高木虎之介（賽車手）
榮倉奈奈（演員）
川榮李奈（演員）

◉ 從你的生日看命運
請見32頁

# 2月13日

February thirteenth

心願是幫助他人的務實主義者



出生日期13，正如撲克牌中的國王所象徵的，是一個代表握有龐大權力，統治現實的一切等意義的強大數字。所以你的信念從不會輕易動搖，也堅決不會向人認錯。再加上出生月分2的重視和諧、懂得包容特質，你無法坐視別人身陷困難，也無法接受欺壓弱者的行為，想助人的心會變得更強烈。

2月13日出生的你認真、樸實又正直，即使是一般人感到厭煩的工作，你也能逐步完成，是個務實主義者。你很重視社會社會倫常與規範，同時非常守信用。

你也重視資歷或前輩、後輩等上下關係，因此即使是自己認為不正確的事，也無法直接對長輩提出意見。相反地，當你面對晚輩或屬下時，則習慣用自己的價值觀、自己心中的那把尺來衡量對方，用嚴格的態度下達命令，企圖完全掌控對方，這點請務必有所自覺。

基本上你的人品敦厚，不過內心藏著熾熱的熱情。你也擁有謀略家的能力，為了達成目的，你會冷靜地審時度勢、打好關係。若能善用自己的能力，將自己獲得的事物分享給其他人，你身邊的人就能感受到愛，而你也能成為一個真正的國王，幫助更多的人。

## ✧戀愛・婚姻・性生活✧

即使是戀愛你也很認真，認為戀愛就如同結婚一般。因此戀愛次數可能並不多。既坦率又專情的你，不喜歡隨便玩玩的戀愛或腳踏兩條船。但你很容易墜入情網，萬一被感情沖昏了頭，發生婚外情，會受到罪惡感譴責，請千萬注意。

在性愛中，你會變得和白天低調的形象截然不同，喜歡自己主導，燃燒熊熊的熱情。對你來說，這樣的形象轉換是一種抒壓方式，能為你的內心帶來療癒，因此請好好地向伴侶傳達你的需求。

## ✧工作・財運✧

比起施放璀璨的煙火，你更喜歡腳踏實地地累積成果。你的實務能力獲得旁人高度的評價，給人滿滿的穩定感與信賴感。你在組織裡常扮演橋梁般的關鍵腳色。雖然你也有擔任領導者的實力，不過在組織裡如果站在輔佐的立場，更能發揮你的影響力。

你很擅長理財，擁有穩健的財運。你認為錢是靠自己的實力賺來的，而非運氣，因此對賭博、投資等具有風險的理財方式毫無興趣。

## ✧今生使命・未來展望✧

不善說謊或矇混，既坦率又忠誠的你，今生的使命是：善用自己的真誠，對人生中所有遇到的人付出無私的愛。

做人老實又認真的你，有時會搬出「我所做的一切都是為了大家好」這個冠冕堂皇的理由，讓身旁的人無話可說。請記住，真正和諧的關係，並非將自己認為的真理強加在旁人身上，而應該接受每個人不同的、獨特的價值觀，才能走進彼此的心。

當心想著自己必須付出才能獲得愛，那麼你的所做所為無論多麼良善，都稱不上真正的愛。重要的是在努力向對方付出前，請先多愛自己一點。

真誠的你，只要透過深度的自我療癒，便能將超越善惡、是非的無私之愛傳遞給身邊的人。

## ✧生日帶來的訊息✧

「敦厚的態度」
「赤誠之心」
「接受真實的愛」

### 前世の故事

你的前世，是在俄羅斯羅曼諾夫王朝時代治理廣大領地的大地主之妻。

你雖然出生於貧窮的家庭，但你出眾的美貌在鄉里間人盡皆知。有一名住在豪宅、一生衣食無缺的領主嫡子聽聞後，便聘你為侍女，將你帶回家中。做事認真的你，大受好評，最後與繼承領地的他結婚，為他奉獻一生。然而，儘管過著富足的生活，你卻感受不到愛，這場跨越身分地位的婚姻只是形式。你雖然對富足的生活心懷感激，但那種自由自在不受地位、身分所綁束的真實的愛，便成為了你來世的課題。

# יגב

2/13 希伯來文

### ✧生日契合度✧

◉ 情人・伴侶

1月8, 17, 26日　7月2, 11, 29日
2月7, 16, 25日　8月1, 19, 28日
3月6, 15, 23日　9月9, 18, 27日
4月5, 14, 24日　10月8, 17, 26日
5月4, 22, 31日　11月7, 16, 25日
6月3, 12, 30日　12月6, 15, 24日

◉ 工作夥伴・朋友

1月5, 14, 23日　7月8, 17, 26日
2月4, 13, 22日　8月7, 16, 25日
3月3, 21, 30日　9月6, 15, 24日
4月2, 20, 29日　10月5, 14, 23日
5月1, 19, 28日　11月4, 13, 22日
6月9, 18, 27日　12月3, 12, 21日

◉ 競爭對手・天敵

[1/10] [2/18] [3/17] [4/16] [5/24] [7/13] [7/31]

◉ 靈魂伴侶

[1/22] [2/24] [4/13] [5/21] [7/25] [11/15] [12/20]

### ✧生日名人✧

伊曼紐爾・溫加羅（設計師）
彼得・蓋布瑞爾（歌手）
佐藤曉（作家）
森本治行（演員）
南高節（音樂人）
竹宮惠子（漫畫家）
宮本和知（棒球選手）
南原清隆（藝人）
阿部力（演員）
有村架純（演員）

◉ 從你的生日看命運
請見32頁

# 2月14日

February fourteenth

## 用體貼與溫柔包容身邊的人愛的使者



你是個開朗又體貼的愛的信使，能溫暖地接納每一個人。由於你的性格很直率，因此經常會主動和旁人溝通彼此真正的想法，進行真心的交流。興趣廣泛的你，也充滿了行動力，經常在各處結交好友，人脈非常廣。

重視朋友和夥伴、對人無微不至的你，只要聽見朋友有困難，就會不顧一切協助對方；然而當你給予意見後，對方卻沒有表達感謝，你便會感到不滿。

儘管你擁有自己的信念與願景，但如果因為重視和諧而聽太多周遭旁人的意見，就會開始心生猶豫，甚至改變方向，請特別注意。想兼顧自己和他人的用心的想法，最終可能使你優柔寡斷。為對方著想縱然重要，但請勿對對方言聽計從，或是試圖隨心所欲地操控對方；彼此建立對等的關係才是最重要的。

你的出生日期14，是由1和4這兩個代表箭頭的數字組合而成，具有明確的志向的意義。再加上出生月分2的特質，即使你是男性，也會兼具力求實踐自我志向的韌性，以及溫柔包容旁人的女性特質。

### ❖戀愛・婚姻・性生活❖

在情侶、夫妻關係中，你很容易表現出既想保持自由之身，同時又想控制對方的任性一面。你對伴侶體貼時和冷淡時的差別很大，尤其是在性生活方面，這種傾向更是明顯，你的反應可能會讓伴侶不知所措。

你渴望婚姻，因此有早婚的傾向，但結婚之後，你很可能不會乖乖待在家裡。雖然你重視家庭，但也許會突然出門旅行一段很長的時間，或將多年好友看得比家人還重，無法安分地守在家裡。

### ❖工作・財運❖

你無論做什麼事都很俐落，是個在工作上很能幹的人。你的頭腦靈活，會視情況發揮領導的能力，但卻不擅長管理人事。因此與其擔任主管職，不如擔任祕書等可輔佐特定對象的工作，或許更適合你。你做事明快，極有可能成為一名幹練的祕書，成為檯面下的主事者。

你不會亂花錢，但若有必要，你可能會將大筆金錢借給別人，最後造成自己的困擾。即使如此，你的財運還是很旺，當你需要錢的時候，錢一定會回到你身邊，至少一生不愁吃穿。

## ❖ 今生使命・未來展望 ❖

你的未來展望是：充分善用懂得與人溝通的優勢，並維持身心的平衡，與生活的自主。

對喜歡照顧別人的你來說，要打從內心做到真正的自立或許有些困難，也非你所擅長。

但所謂的自立，不僅是非常清楚與了解自己的能力到什麼程度，也能接受最真實的自己。

就算你想幫上別人的忙，倘若沒有實力，也只會替旁人帶來困擾。此外，假如是你無法獨力完成的事情，有時也可以選擇不做。

你不用完全單靠自己一個人生活，而是從珍惜一個人獨處的時光，享受一個人用餐、散步或購物，或是嘗試可以獨自完成的畫畫、手工藝等興趣開始也不錯。

人生到最後都是一個人，學著靠自己一個人的力量走到最後，或許才是你真正的使命。

## ❖ 生日帶來的訊息 ❖

**「包容的自由」**

**「變化」**

**「成為獨立的個體」**

### 前世の故事

你的前世，是中世紀生活在海上的一名女海盜。

你在地中海的小島上出生和長大。有一天，你搭船前往另一座島時，遭到海盜襲擊。在船上有許多人被殺害，但是年輕貌美的你被海盜給擄走，於是你便成為海盜的一員。

別無選擇的你，發揮天生的環境適應力，漸漸習慣海盜的生活，最後還被拔擢為掌管整艘船的船長。

然而，雖然你在海上過著自由自在的生活，你卻開始懷疑：這真的是我想要過的生活嗎？

2/14 希伯來文

### ❖ 生日契合度 ❖

**◉ 情人・伴侶**

| | |
|---|---|
| 1月4, 13, 31日 | 7月7, 16, 25日 |
| 2月3, 12, 21日 | 8月6, 15, 24日 |
| 3月2, 11, 29日 | 9月5, 14, 23日 |
| 4月1, 19, 28日 | 10月4, 13, 22日 |
| 5月9, 18, 27日 | 11月3, 21, 30日 |
| 6月8, 17, 26日 | 12月2, 20, 29日 |

**◉ 工作夥伴・朋友**

| | |
|---|---|
| 1月6, 15, 24日 | 7月9, 18, 27日 |
| 2月5, 14, 23日 | 8月8, 17, 26日 |
| 3月4, 13, 22日 | 9月7, 16, 25日 |
| 4月3, 21, 30日 | 10月6, 15, 24日 |
| 5月2, 20, 29日 | 11月5, 14, 23日 |
| 6月1, 19, 28日 | 12月4, 13, 31日 |

**◉ 競爭對手・天敵**

[1/21] [3/10] [5/26] [7/6] [9/13] [9/22] [12/1]

**◉ 靈魂伴侶**

[1/20] [2/10] [3/20] [5/16] [7/14] [8/4] [10/31]

### ❖ 生日名人 ❖

艾倫・帕克（導演）
格雷戈里・海因斯（演員）
秋野太作（演員）
木原敏江（漫畫家）
鈴木喜三郎（作曲家）
平子理沙（模特兒）
武雙山正士（相撲選手）
JUJU（音樂人）
沖方丁（作家）
山口紗彌加（演員）

**◉ 從你的生日看命運**
**請見32頁**

# 2月15日

February fifteenth

## 從培育人才中獲得自我價值的博愛主義者

2月

你從小就散發賢慧的氣質，能讓人感到安心，是個沉穩又療癒的角色。身為博愛主義者的你，認為人生的價值與喜悅在於培育人才。

出生日2月15日的15，帶有1的開始與5的自由與變化等意義，象徵包容一切的大愛與溫柔。再加上出生月分2的特質，讓你擁有母親一般的溫暖，像個好管閒事的教師。

重視人情義理的你，容易感動，懂得體恤他人。內心很堅韌，但由於感受力強，因此容易受到身邊的人影響，因小事忽喜忽憂。因為你擅長聆聽，自然而然有許多人圍繞在身邊，你也常替人提供建議。

你重視人與人之間的關係，擁有團隊意識。你會發自內心的認為：只要家人、朋友、身旁的人幸福，就是自己的幸福。

面對比自己弱勢的人時，你總是格外體恤；倘若對方遭遇困難，你會挺身而出加以保護。富有強烈正義感的你，認為人生的價值在於引導人們走上正道。不過，假如老是將自己認為正確的想法強加在別人身上，你身邊的人可能會有點喘不過氣。請小心不要因為太在乎所謂的對錯，讓自己和對方都陷入痛苦，而忽略了真正重要的事情。

### ❖戀愛・婚姻・性生活❖

感情中，你會對喜歡的人盡心盡力地付出。充滿了愛與母性本能的你，喜歡替對方安排好所有的事情，遇到緊要關頭時，會傾盡全力地保護對方。因為你平時就很會照顧人，因此往往容易愛上需要自己照顧的異性。

你希望擁有安穩的婚姻生活，但有時會將自己的想法強加在對方身上，自顧自地讓內心中的計畫向前推進。

在性方面，你相當保守，認為性的目的只是傳宗接代。只要發生關係，你就會把對方當成自己的所有物而想掌控對方，這點請注意。

### ❖工作・財運❖

你最適合負責統籌組織的主管職。因為你教導組織裡的人才，讓每個人發揮自己的特色，同時也能和大家一起努力工作。很會照顧屬下或工作夥伴的你，總能贏得人們的信賴。

你的財運亨通，但由於個性太豪爽，經常請客，因此開支很大。除了這一點之外，你幾乎不會毫無目的地亂花錢。只要注意一下開支，就能確實地儲蓄。

## ❖今生使命・未來展望❖

你今生的使命，就是善用奉獻的精神，展現出不屈不撓的韌性，在理想實現之時，與他人共享這份富饒的果實。

你是否總是以追求大眾利益為優先，而喪失了自己的人生目標呢？又或者是只顧著追求理想，而沒有顧及現實呢？

希望自己身邊的人都能得到幸福固然不是壞事，但你可能因此認為獲得物質方面的成果就是追求一己之利，導致內心有所抗拒。

然而身在現實世界中，懂得生存之道也是非常重要的。只要在你獲得物質上的成就時，大方地與身邊的人分享，就能展現你對人們的大愛。

因此，請先讓自己的人生變得豐盛富足，這將是你達成使命的第一步。

## ❖生日帶來的訊息❖

**「重視人情義理」**
**「愛護萬物」**
**「掌握富足的來源」**

### 前世の故事

你的前世是在法國一個小鄉村裡教導孩子們的私塾教師。

你從小就是個活力充沛的女孩，富有正義感。你很努力地學習，希望有一天能運用自己的學識為世人貢獻。長大後，你召集鄉村的孩子們，替他們上課，傳授知識，沒想到卻被政府官員盯上，以進行「反政府活動」的嫌疑遭到逮捕。看見老師被捕，孩子們的心靈也很受創，使得整個村莊陷入一片愁雲慘霧之中。

你所做的一切努力，明明是為了社會公義，最後卻害孩子們心靈受創。得知自己所相信的「正義」的價值竟無法幫助人們，你不禁捫心自問：「究竟什麼才是真正的正義？」

2/15 希伯來文

❖生日契合度❖

◉ **情人・伴侶**

| | |
|---|---|
| 1月5, 14, 23日 | 7月8, 17, 26日 |
| 2月4, 13, 22日 | 8月7, 16, 25日 |
| 3月3, 12, 30日 | 9月6, 15, 24日 |
| 4月11, 20, 29日 | 10月5, 14, 23日 |
| 5月1, 19, 28日 | 11月4, 13, 22日 |
| 6月9, 18, 27日 | 12月3, 12, 30日 |

◉ **工作夥伴・朋友**

| | |
|---|---|
| 1月7, 16, 25日 | 7月1, 19, 28日 |
| 2月6, 15, 24日 | 8月9, 18, 27日 |
| 3月5, 14, 23日 | 9月8, 17, 26日 |
| 4月4, 13, 22日 | 10月7, 16, 25日 |
| 5月12, 21, 30日 | 11月6, 15, 24日 |
| 6月2, 20, 29日 | 12月5, 14, 23日 |

◉ **競爭對手・天敵**

[5/5] [5/14] [6/13] [7/10] [10/9] [11/26] [12/7]

◉ **靈魂伴侶**

[3/24] [4/14] [5/10] [5/22] [6/21] [7/11] [10/8]

❖生日名人❖

伽利略（天文學家）
井伏鱒二（作家）
松谷美代子（兒童文學作家）
白土三平（漫畫家）
近藤正臣（演員）
立川志之輔（單口相聲演員）
淺田美代子（演員）
山崎邦正（藝人）
西脇綾香（歌手）
海老沼匡（柔道選手）

◉ **從你的生日看命運**
**請見32頁**

# 2月16日

February sixteenth

受人之託便難以推辭
擅長照顧人的
善良的職人

2月16日出生的你很懂得如何照顧人，是個只要受到請託就無法拒絕的好好先生，也是對自我風格有所堅持的專業職人。

出生日期16日的1表示開始，6表示愛與和諧，象徵著你擁有能統整一切事物，獨力完成的力量。再加上出生月分2的特質，你富有感情的一面就變得更明顯，倘若有人深陷苦惱又非常仰賴你，你就無法坐視不管，忍不住伸出援手。

你擁有專業度與責任感，交付給你的任務，你都會努力做到盡善盡美。為了幫助別人或提攜後進，你也非常樂意貢獻自己的知識或技術。你希望身邊夥伴也和你擁有同樣專業的態度，有時為了讓大家跟上你的標準和步調，可能會用高高在上的態度指導別人。受到2月出生的影響，即使你很自命非凡，待人也很溫和親切。

比起提出自己的意見，微笑著聆聽別人的話語更令你感到自在。雖然仰賴你指導的人們經常會自然地聚在你的身邊倚賴你而自然聚集在你身邊，但你並不太喜歡引人注目，比較重視獨處的時間。你容易對自己照顧過的人或自己經手的工作投入太多情感，會因這些人事物得到好評而感到莫大喜悅。不過你也有敏感、易受傷的一面，請與他人適度保持距離，對自己好一點。

## ❖ 戀愛・婚姻・性生活 ❖

你是個心思複雜的人，即使你希望對方怎麼做，也無法坦率地傳達，甚至可能脫口說出一些口是心非的話。這種態度有時會令人感到難以捉摸，然而一旦論及婚嫁，這可能是會令對方卻步的主因，請特別注意。

在性生活方面，你也時而冷淡、時而熱情，表現相當極端。你不擅直接表現出內心的情感，但對自己所愛的人又很容易吃醋。面對伴侶時請不要壓抑自己，坦率地對他敞開心胸吧。

## ❖ 工作・財運 ❖

你在工作上很有自信，對自己的要求也很高，對接受的工作會負責到底，交出一個令人滿意的結果。因為你的職人個性，使你十分講究細節，雖然這能讓身邊的人學到不少，但是太過兢兢業業，可能會讓自己和別人都很累。

擅長照顧人的你，乍看雖然親和，但可能因太注重禮節而對屬下或學生過於嚴厲，易強迫對方接受自己的做法。請小心不要把心思都放在照顧他人，而疏忽了自己。無論是太看重別人或自己，都可能讓你與財神擦身而過，請特別注意。

## ✧ 今生使命・未來展望 ✧

你今生的使命就是：用自己的知識與才能為人們帶來助益，對世界做出貢獻。

個性屬於職人類型的你，對自己感興趣的事物非常講究。當人們向你請教時，你會將自己的專業知識或特殊技術不吝傳授給別人，但你可能不太會自己主動貢獻所長。

你想培育人才、為世人帶來幫助的心情很強烈，因此你今生的課題，或許就是不要太拘泥於自尊，更主動積極地與更多人接觸。倘若太堅持自己的做法，就會變得太頑固，受到身旁的人孤立，請特別注意。

願意無私地向身旁的人分享你所擁有的知識和技術，正是對世界做出貢獻最關鍵的第一步。

## ✧ 生日帶來的訊息 ✧

「帶著愛靜觀其變」
「團結」
「分享優異的才華」

### 前世の故事

你的前世，是中世紀德國某個手工藝職人的女兒。

出生於職人家庭的你，自幼便對父親的工作抱有憧憬。你承繼了職人的血脈，但在那個女性幾乎沒有工作的時代裡，你完全無法發揮自己的才華。你很想幫忙父親，於是一直思索著自己有哪些能做的事。個性文靜又外貌出眾的你，深受父親弟子們的疼愛，最後與其中一名弟子結婚。

婚後，你就像對父親一樣，一心支持著你的丈夫，讓他無後顧之憂地工作，不過你心中強烈地希望來世能生在一個能發揮一己之長、為社會貢獻的自由時代，而非只能扮演幕後支持的角色。

# טוב

2/16 希伯來文

### ✧ 生日契合度 ✧

**◉ 情人・伴侶**

| | |
|---|---|
| 1月1, 19, 28日 | 7月4, 13, 31日 |
| 2月9, 18, 27日 | 8月3, 21, 30日 |
| 3月8, 17, 26日 | 9月2, 20, 29日 |
| 4月7, 16, 25日 | 10月1, 10, 19日 |
| 5月6, 15, 24日 | 11月9, 18, 27日 |
| 6月5, 14, 23日 | 12月8, 17, 26日 |

**◉ 工作夥伴・朋友**

| | |
|---|---|
| 1月8, 17, 26日 | 7月2, 20, 29日 |
| 2月7, 16, 25日 | 8月1, 19, 28日 |
| 3月6, 15, 24日 | 9月9, 18, 27日 |
| 4月5, 14, 23日 | 10月8, 17, 26日 |
| 5月4, 13, 31日 | 11月7, 16, 25日 |
| 6月12, 21, 30日 | 12月6, 15, 24日 |

**◉ 競爭對手・天敵**

[4/4] [5/12] [8/10] [9/17] [10/7] [10/25] [11/15]

**◉ 靈魂伴侶**

[2/20] [3/19] [4/18] [6/25] [7/27] [8/8] [10/24]

### ✧ 生日名人 ✧

理查・麥當勞（麥當勞創始人）
約翰・馬克安諾（網球選手）
高倉健（演員）
多岐川裕美（演員）
相川七瀨（歌手）
中村俊介（演員）
小田切讓（演員）
香椎由宇（演員）
松岡茉優（演員）
小松菜奈（演員）

**◉ 從你的生日看命運 請見32頁**

# 2月17日

February seventeenth

## 潛藏熱情 首屈一指的 無名英雄

在這一天出生的你，乍看之下似乎個性溫和，但內心卻潛藏著無人能及的熱情，宛如一個無名英雄。你總是待人體貼，無時無刻都在關心著身邊的人，是個為人著想的領袖。

出生日期17是由象徵「直向箭頭」的1與「斜向箭頭」的7所組成。所以你擁有勇往直前的領袖資質，以及能用不同角度冷靜觀察事情的能力。

平時你幾乎很少表現出非常熱情的一面，但其實你非常不服輸。宛如一名戰士，獨力靠著努力和耐心不斷挑戰困難。

再加上2月出生的特質，讓你擁有關懷與輔佐的能力。因此散發著領袖氣息的你，不只能成為團體的核心人物、統籌眾人，也懂得如何扮演支援他人的角色。

擁有高度的團體意識的你，非常重視團體的和諧，因此對於破壞團體秩序或自我中心的行為，你的態度會非常嚴厲。每個人心中都有一套自己的處事原則，而你的心中也有自己所想捍衛的信念，當你下定決心，即使面對強大的敵人，也能勇敢挺身而出。

此外，有時你會因為不好意思得罪身旁的人，而把事情交給別人決定，然而一旦結果不如自己所願，你就會抱怨連連。請為自己的決斷負起責任。

### ✧戀愛・婚姻・性生活✧

總是默默關心他人的你，是個值得信任的對象，能在感情中帶領對方與你一同成長。因為你個性豪爽，比較喜歡照顧別人，讓對方撒嬌，但你卻不太會依賴對方。因為你的自主性強，一旦被對方冷淡以對，你可能就會立刻移情別戀。而且你也很容易對劈腿或外遇的對象動真感情。婚後，你會希望在家裡扮演主導的角色，但重視家人的你，對家人也很體貼用心。

在性生活方面，你比較喜歡對方對你百依百順，堅持自己強勢的作風。

### ✧工作・財運✧

你擁有能在工作上發揮各種能力及成功的運勢。而與生俱來的熱情和無微不至的體貼，也讓你有機會成就一番大事業。你可以靠才華和行動力創造財富，也有運勢相助，若能再把身邊的人拉進來成為夥伴，必定能獲得更大的成功。

你的財運很旺，但關鍵在於事業的成功與否。請把你獲得的財富大方地分享給身邊的人。一旦你忘了謙虛、變得傲慢，前方可能就有一個陷阱等著你，請格外留意。不要忘了要隨時抱著感謝的心。

## ✧ 今生使命・未來展望 ✧

今生你的使命是：發揮戰士般愈挫愈勇的特質，將領導力應用於自己的人生之中。

你是一個天生的領袖，總是很關心身邊的人，也有很多機會在團體裡扮演協調、統整的關鍵角色，但有時你必須適度拋開這樣的角色。

因為責任感與自尊心都很強的你，往往不自覺地認為自己必須做好每一件事情。因此你很容易壓抑自己真實的想法，努力成為眾人喜歡的樣子。

其實，你應該多花點時間真誠地面對自己，好好思考該如何才能真正地「做自己」。請將你的領航力發揮在自己的人生，而非單純成為旁人希望你扮演的領袖角色。將你一直以來對身邊的人或組織付出的熱情，盡情地運用在自己的人生吧。

## ✧ 生日帶來的訊息 ✧

「深藏的熱情」
「坐等榮華」
「捫心自問」

### 前世の故事

你的前世是統治整片歐亞大陸的蒙古帝國的王妃。

身為王公貴族之女的你，從小就很好勝，完全不輸給男性。你的父親發現你這項特質後，便讓你接受與男性一樣的教育，將你鍛鍊成文武雙全的精英。兼具智慧與美貌的你，後來和與你有近親關係的國王結婚，成為了王妃。你成為了身為一國之君的丈夫最強力的後盾，在政治和商業上發揮實力。多虧了你，國家變得更強盛，領土也不斷擴張，但你的獨斷獨行卻讓你和國王起了衝突，導致兩人之間的鴻溝愈來愈深。深感孤獨的你，這才赫然發現：你以為已得到了一切，事實上卻失去了真正重要的東西。

2/17 希伯來文

### ✧ 生日契合度 ✧

◉ 情人・伴侶

| | |
|---|---|
| 1月2, 20, 29日 | 7月5, 14, 23日 |
| 2月1, 19, 28日 | 8月4, 13, 22日 |
| 3月9, 18, 27日 | 9月3, 12, 21日 |
| 4月8, 17, 26日 | 10月2, 20, 29日 |
| 5月7, 16, 25日 | 11月1, 10, 19日 |
| 6月6, 15, 24日 | 12月9, 18, 27日 |

◉ 工作夥伴・朋友

| | |
|---|---|
| 1月9, 18, 27日 | 7月3, 21, 30日 |
| 2月8, 17, 26日 | 8月2, 11, 29日 |
| 3月7, 16, 25日 | 9月1, 19, 28日 |
| 4月6, 15, 24日 | 10月9, 18, 27日 |
| 5月5, 14, 23日 | 11月8, 17, 26日 |
| 6月4, 13, 22日 | 12月7, 16, 25日 |

◉ 競爭對手・天敵

[1/8] [3/15] [5/13] [7/2] [7/20] [7/29] [12/16]

◉ 靈魂伴侶

[1/23] [5/19] [6/27] [7/13] [9/20] [10/28] [11/4]

### ✧ 生日名人 ✧

麥可・喬丹（籃球選手）
派瑞絲・希爾頓（企業家）
島崎藤村（作家）
梶井基次郎（作家）
吹越滿（演員）
岸谷香（音樂人）
舞之海秀平（相撲選手）
YUKI（音樂人）
太田雲丹（插畫家）
吉瀨美智子（演員）

◉ 從你的生日看命運
請見32頁

# 2月18日

February eighteenth

不知不覺之間 主導一切的 幕後實力者

2 月

2 月 18 日出生的你，是在幕後最具影響力的功臣，總是在不知不覺間讓一切事態順著自己的想法發展。你也很擅長臨機應變，能應付任何突發狀況，因此自然會被旁人拱為領袖。

你具有擔任各類型領袖的才能，既能率領大家前進，也能在現場和夥伴們一起揮汗努力，有時也會扮演參謀的角色，輔佐他人。這種能在多種角色間取得平衡的能力，是受到出生月分 2 月的影響。

你的運勢很強，即使你鮮少強烈表達自己的主張，卻擁有獨特領袖魅力。你最值得一提的特質就是：待人溫和，不會樹敵。總是理性、謙虛的你，懂得在不同場合扮演好不同角色，讓身旁的人感到安心。同時你也具有遠大的格局，即使在權力遊戲的爭鬥中，也能順利取得權力。只是具有強烈責任感的你，往往為了符合旁人的期待，把自己逼到毫無退路可走，請特別留意。

你的出生日期18的1代表開始，8代表無限大，兩者皆充滿持續擴張的能量，象徵著能以領袖之姿統籌一切。再加上出生月分 2 的包容、和諧的特質，你那擅長在各角色之間取得平衡的實力會更加發光發熱。

### ❖ 戀愛・婚姻・性生活 ❖

在感情層面，你是一個既看重現實又擁有理想目標的浪漫主義者。你會在腦中勾勒出完美的戀愛腳本，想要將自己的一切奉獻給對方，但對收入、外表等條件又設定得非常高。

你對性方面抱有太多幻想，以致理想與現實之間出現落差時，會令你心生退卻。而且面對伴侶，你不太敢說出真心話，就算感到嫉妒也不會表現出來，容易累積焦躁的情緒與壓力。你把戀愛和婚姻分得很清楚，會慎選結婚對象，因此條件明確的相親或許很適合你。

### ❖ 工作・財運 ❖

在工作上，你溫和的人品與聰明的頭腦，都能幫助你一路平步青雲。懂得看場合的你，對任何人都配合度高，因此特別受到高層的青睞，而能出人頭地。在職場上常常擔任領袖的你，是個優秀的人才。此外，你很喜歡協助他人，假如待在單純以賺錢為目的的組織裡，或是從事成天面對電腦的工作，可能會失去幹勁，變得無精打采。你的財運穩健，但為了維持中上的生活品質，往往會過度在意金錢，請留意。

## ❖ 今生使命・未來展望 ❖

理智又聰明的你，今生的使命就是：探求無形世界的真理，將訊息傳遞給更多的人。儘管你對神祕事物很感興趣，但由於有些事物並無法以科學或邏輯來解釋，因此可能對此有些抗拒。

因為你一心希望自己能對這個世界、對人們有所貢獻，所以你或許誤以為探求若自己在精神世界中探求，就無法真正幫上人們的忙。然而，你應該也已察覺到了，我們所處的現世，並不是只由能以科學解釋的物質世界所構成，還有另一個無形世界同樣地影響著我們。

人們在生活中，其實也經常運用這種靈性的智慧。例如芳療的香味，雖然肉眼看不見，卻能透過嗅覺確實對人類的心情產生影響。因此，你今生的課題，就是將曾閃過腦中的靈感付諸實行，以更多超然的感受力，去感受另一個看不見的世界。

## ❖ 生日帶來的訊息 ❖

「掌握自己的想法」
「稱霸」
「徹底做自己」

### 前世の故事

你的前世生於日本戰國時代，是一個受到諸侯重用為參謀的高僧的私生女。

你的父親總是有先見之明，經常替許多諸侯提供意見，後來漸漸成為馳名的軍師。儘管父親沒有特定支持某一方，最終卻促成了戰爭，令你無法諒解。你希望身為僧侶的父親能回想起他從政的初衷，於是自己出家為尼。

後來，父親的態度終究觸怒了某個諸侯，於是你和父親一同被燒死。在熊熊烈火中，你後悔自己因為對父親所選擇的人生太執著，而選擇了尼姑的生活，立誓來世的自己一定要活得更無拘無束。

2/18 希伯來文

### ❖ 生日契合度 ❖

◉ **情人・伴侶**

| | |
|---|---|
| 1月9, 18, 27日 | 7月3, 21, 30日 |
| 2月8, 17, 26日 | 8月2, 11, 29日 |
| 3月7, 16, 25日 | 9月10, 19, 28日 |
| 4月6, 15, 24日 | 10月9, 18, 27日 |
| 5月5, 14, 23日 | 11月8, 17, 26日 |
| 6月4, 13, 22日 | 12月7, 16, 25日 |

◉ **工作夥伴・朋友**

| | |
|---|---|
| 1月1, 19, 28日 | 7月4, 13, 22日 |
| 2月9, 18, 27日 | 8月3, 12, 30日 |
| 3月8, 17, 26日 | 9月11, 20, 29日 |
| 4月7, 16, 25日 | 10月1, 19, 28日 |
| 5月6, 15, 24日 | 11月9, 18, 27日 |
| 6月5, 14, 23日 | 12月8, 17, 26日 |

◉ **競爭對手・天敵**

[1/14] [3/12] [3/30] [5/10] [6/9] [11/4] [12/3]

◉ **靈魂伴侶**

[2/19] [3/27] [4/2] [5/7] [6/13] [8/25] [10/20]

### ❖ 生日名人 ❖

恩佐・法拉利（法拉利創始人）
約翰・屈伏塔（演員）
最強昌珉（歌手）
越路吹雪（歌手）
小野洋子（藝術家）
松原千明（演員）
田中哲司（演員）
影山浩宣（歌手）
馳星周（作家）
安藤櫻（演員）

◉ **從你的生日看命運**
**請見32頁**

# 2月19日

February nineteenth

## 待人親切無微不至的統籌者



你是個性情溫和、待人親切又體貼的統籌者，就像個療癒系的角色，因為無微不至的體貼和關心而受人仰慕。即使居於領導地位，往往也是受到身旁的人推舉而出線，並非自己主動爭取。

然而，你的外表雖然溫柔和善，內在的自尊心卻很強，永遠在別人看不見的地方腳踏實地地努力。

你的求知欲旺盛，對各種領域都感興趣，博學多聞。你具有宏觀的視野，擅長掌握事物的全貌。你散發著一股隨遇而安的氛圍，能讓身旁的人安心，是一個能提供意見的領導者，因此經常扮演聆聽的角色。

你懂得看場合、懂得維持平衡，經常事先猜到下一步的發展。雖然你很少直接說出自己真實的想法，但因為擁有堅定的信念，總能不著痕跡地讓自己的意見得到採納，如同策士一般。不過，假如太在意旁人的想法和情緒，讓自己想太多，就容易變得舉棋不定，甚至作繭自縛，請特別留意。

你的出生日期 19，是由最初的數字 1 與最後的數字 9 組成的。因此你兼具 1 的領導特質與 9 所代表最後一棒的統籌能力。再加上出生月分 2 的輔佐者特質，讓你成為一個重視團體和諧、個性溫和的領導者。

### ❖ 戀愛．婚姻．性生活 ❖

遇到喜歡的對象時，你就如同雙重人格者一般，不管對方主動或被動，表面上你都能配合。但私底下你卻希望能掌控對方的一切。兼具大膽與細膩的你，也有純真、易感的一面，不過你一旦喜歡上對方，就會變得比較強勢。

婚後，你會扮演好在家裡的角色，成為家人的依靠。在性生活方面，你會配合對方巧妙地切換主動或被動的回應，不過你個人應該比較喜歡由對方主導一切，讓自己對伴侶言聽計從的角色。

### ❖ 工作．財運 ❖

你適合擔任統整身邊眾人的意見，負責整合協調的角色，例如主管職或領導多人團隊的專案經理；在這個位置上，你也更能發揮自己的能力。無論從事什麼樣的工作，你都能成為核心人物；但你並不是主動站在前方率領人們往前走的強勢型領袖，而是懂得傾聽身邊人們的心聲、細心應對，評價極高的協調者。

你的財運穩健，能確實地創造財富。擁有豐富理財知識的你，也懂得將賺的錢存起來，逐步增殖。

## ❖今生使命・未來展望❖

身為指導者的你，個性溫厚，具有宏觀的視野，你今生的使命是：扮演維持全體和諧的領袖，同時像個天真無邪的孩子般快樂地度過一生。

你的個性讓每個人都很喜歡，可是你往往太在意自己應該扮演的角色，而壓抑了自己的真心。你總是優先照顧身邊的人，或許因此內心的感受力變得稍微遲鈍了些。你今生的課題，就是釋放你內在天真無邪的童心。一再勉強自己裝出大人的樣子，也只是徒增疲憊；請放輕鬆，試著不要用理性思考，而是用心去感受。

享受屬於自己的人生的第一步就是：綻放笑容。透過有意識地揚起嘴角，笑的循環就會從你開始。由身為領袖的你先釋放笑容的能量，這份能量就會加倍地傳遞出去，最後成為莫大的喜悅回到你身邊。

## ❖生日帶來的訊息❖

**「細膩而大膽」**
**「囊括一切」**
**「做自己」**

### 前世の故事

你的前世是美國西部拓荒時代印第安人酋長的女兒。

從孩提時代，你就相當聰明，個性低調卻充滿韌性，深受眾人的信賴。

某天，白人殖民者突然出現，表示他們要開採金礦，要求族人離開這片土地。你想要避免無謂的流血衝突，於是不斷向酋長和村民喊話，希望能透過對話來解決。在村民分成兩派的情況下，對方以壓倒性的武力將全村殲滅。

臨死之前，你對自己的提議反而造成更多族人犧牲而悲慟不已，懊悔地思索著：「是不是還有其他方法能讓族人得救呢？」

# יטב

2/19 希伯來文

### ❖生日契合度❖

**◉ 情人・伴侶**

| | |
|---|---|
| 1月6, 15, 24日 | 7月9, 18, 27日 |
| 2月5, 14, 23日 | 8月8, 17, 26日 |
| 3月4, 13, 31日 | 9月7, 16, 25日 |
| 4月3, 21, 30日 | 10月6, 15, 24日 |
| 5月2, 20, 29日 | 11月5, 14, 23日 |
| 6月10, 19, 28日 | 12月4, 13, 22日 |

**◉ 工作夥伴・朋友**

| | |
|---|---|
| 1月2, 11, 29日 | 7月5, 14, 23日 |
| 2月1, 19, 28日 | 8月13, 22, 31日 |
| 3月9, 18, 27日 | 9月3, 12, 30日 |
| 4月8, 17, 26日 | 10月2, 20, 29日 |
| 5月7, 16, 25日 | 11月1, 10, 19日 |
| 6月6, 15, 24日 | 12月9, 18, 27日 |

**◉ 競爭對手・天敵**

[3/11] [4/1] [5/9] [6/26] [7/7] [8/6] [10/13]

**◉ 靈魂伴侶**

[1/12] [2/2] [4/9] [7/6] [8/23] [9/11] [11/11]

### ❖生日名人❖

哥白尼（天文學家）
班尼西歐・狄奧・托羅（演員）
藤岡弘（演員）
貴乃花利彰（相撲選手）
村上龍（作家）
藥丸裕英（藝人）
堀井學（競速滑冰選手）
森且行（賽車手）
中島美嘉（歌手）
入野自由（聲優）

◉ 從你的生日看命運
請見32頁

# 2月20日

February twentieth

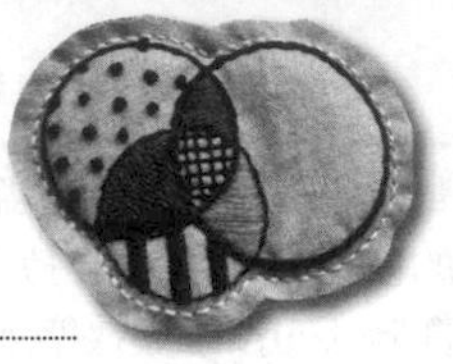

能為每一個人帶來幫助真正的奉獻者



你對每個人都一視同仁，總能體貼地協助對方，是一名真正的奉獻者。同時你也屬於比較療癒性的角色，只要有你在場，就能帶來和諧與安祥。你的出生日期20中，2代表包容、和諧，屬於比較女性的特質，而0又會將它增強、擴大。再加上出生月分2的影響，擁有能接受對方最真實一面的器量，同時能細心照顧人，散發溫和寬厚的魅力。

你不喜歡拋頭露面，比較適合在幕後支援他人，擔任協調或輔助的角色。身邊的人對你的評價非常高，在上位者更是對你疼愛有加。不過你有時不敢清楚地表達自己的想法，而會變成一個爛好人。

由於你想助人的想法十分強烈，因此只要受到別人向你請託就會忍不住答應；也經常因為顧慮對方的立場，只要對方態度強硬一點，便無法拒絕。請留意，千萬別因為承接了太多事情，而在精神上把自己逼到絕境。此外，由於你很在意別人的眼光，在做決定的時候經常猶豫不決。假如總是壓抑自己的心情，只顧著照顧別人、為他人奉獻，可能會變成一種偽善，讓自己陷入痛苦之中。有時候也必須下定決心，明確地表達自己的想法。

## ❖戀愛・婚姻・性生活❖

用情專一的你，總是全心全意為對方著想，有時甚至忘了真正的自己。在談戀愛時，你往往以對方為優先，展現出體貼的一面。面對喜歡的人，無論是外在行為或內在想法，你都會絕對服從對方。你把伴侶視為第一，很少表達自己的想法，或是提出反對的意見。

在性生活方面，你必須當心性愛上癮。婚後你可能會因為付出太多，而把伴侶變成一個生活白痴。替對方著想固然重要，但你也應該擁有自己的想法，與對方站在對等的立場進行溝通。

## ❖工作・財運❖

職場上，你總是扮演保持人與人間負責協調的角色。雖然你不太引人注目，卻是不可或缺的可靠夥伴。你不喜歡自己站上舞臺，華麗展現自己的才能；退居幕後，負責溝通協調或給予他人建議，更能發揮你的能力。同時，你具有與人交涉與管理的能力，因此祕書、助理、經紀人等輔佐性質的工作也很適合你。

你的財運中庸，不好也不壞，正因如此，你的財運會隨著交往的對象大幅變化。因此人際關係的好壞，正是影響你財運的關鍵。

## ❖ 今生使命・未來展望 ❖

今生你的使命是：溫暖地支持、陪伴對方，同時將自己努力的成果以實際的形式留下。

雖然為人「奉獻」、帶來「療癒」等字眼聽起來很好聽，但往往會讓你變得依賴對方。最主要的原因，或許是你對自己沒有自信，或在內心深處否定自己。即使經常責備或批判自己做得不夠好，也只是讓自己痛苦罷了。

請先挑選一件事，在不仰賴任何人的情況下，自己做決定並採取行動吧。無論工作、興趣或多小的事情都無妨，請從你感興趣的領域中挑選一件事，憑靠自己的力量持續地去做、去完成，並將實際地將成果記錄下來。

在不受他人意見所左右的情況下，培養「靠自己決定一件事並持續去做」的經驗，長此以往之下，就能幫助你完成今生的使命。

### ❖ 生日帶來的訊息 ❖

**「崇高的奉獻」**

**「安詳」**

**「靠意志堅持下去」**

### 前世の故事

你的前世生於中世紀中東沙漠的遊牧民族中，是一位生性浪漫、用情專一的女性。

當時，你已與一名同族的青年論及婚嫁，但對方卻愛上了其他部族的女性，忽然從你面前消失，從此再也不見人影。後來，你無意間得知他們兩人已經結婚，但你卻選擇繼續相信過去的誓言，痴痴地等著他有一天能回到自己身邊，完成他對自己的承諾。

隨著年紀增長，你依然孤獨寂寞地等著他回頭。

直到臨終前，你才發現那只是一場無止盡的夢。你回顧將一生寄託在他身上的自己，誓言來世一定要好好地為自己而活。

2/20 希伯來文



### ❖ 生日契合度 ❖

**◉ 情人・伴侶**

| | |
|---|---|
| 1月7, 16, 25日 | 7月1, 19, 28日 |
| 2月6, 15, 24日 | 8月9, 18, 27日 |
| 3月5, 14, 23日 | 9月8, 17, 26日 |
| 4月4, 13, 22日 | 10月7, 16, 25日 |
| 5月3, 12, 30日 | 11月6, 15, 24日 |
| 6月11, 20, 29日 | 12月5, 14, 23日 |

**◉ 工作夥伴・朋友**

| | |
|---|---|
| 1月3, 12, 30日 | 7月6, 15, 24日 |
| 2月2, 11, 20日 | 8月5, 14, 23日 |
| 3月10, 19, 28日 | 9月4, 13, 22日 |
| 4月9, 18, 27日 | 10月3, 12, 30日 |
| 5月8, 17, 26日 | 11月2, 20, 29日 |
| 6月7, 16, 25日 | 12月1, 10, 28日 |

**◉ 競爭對手・天敵**

[2/23] [3/31] [4/21] [6/19] [7/18] [10/24] [11/14]

**◉ 靈魂伴侶**

[1/19] [2/16] [3/8] [5/13] [5/22] [7/4] [12/15]

### ❖ 生日名人 ❖

勞勃・阿特曼（導演）
薛尼・鮑迪（演員）
辛蒂・克勞馥（模特兒）
志賀直哉（作家）
石川啄木（和歌創作家）
淺香光代（演員）
長嶋茂雄（棒球選手）
安東尼奧豬木（職業摔角選手）
志村健（藝人）
森田剛（歌手）
藤田妮可（模特兒）

◉ 從你的生日看命運
請見32頁

# 2月21日

February twenty-first

充滿感受力
身段柔軟的
羞澀的孩子



這一天出生的你，是個擅長於各種人際關係之中維持平衡與和諧的羞澀的孩子。

雖然你的外表看起來溫和穩重，內心卻很堅強。你總是習慣配合別人，不太主動發表自己的意見，並樂於接受不同的想法，腦筋靈活，創造力豐富。如果能找到適合自己的表達方式，你的才華便能開花結果。

你的優柔寡斷，總是讓你習慣看別人的臉色做事。一旦面對現實的嚴峻，就會想要逃離、推卸責任，必須特別注意。

心地善良的你，非常疼愛比自己弱小的生命，例如小孩、寵物或動植物等，發自內心地想要好好愛護這些生命。

你的出生日期21兼具2的協調、和諧等女性能量，以及1的開始、行動力等男性能量，象徵著能融合兩種特質，開朗又有活力的孩子，具開創新事物的創造力。再加上出生月分2的特質，女性般沉著內斂的能量會更加強化，因此害羞特質會變得更明顯，面對陌生人時，往往需要多花些時間才能真正敞開心胸。

## ❖ 戀愛．婚姻．性生活 ❖

你就像個滿懷夢想的少女，希望能被自己喜歡的人所用心疼愛，在戀愛中特別容易處於被動的位置。如果追求你的對象，態度比較強勢一些，你可能就難以拒絕，甚至自己也因此開始動心。

你喜歡孩子，渴望婚姻；婚後，你也希望能經常與伴侶和孩子為伴。請避免太過依賴伴侶或家人，刻意為自己保留一些獨處的時間，給彼此都留一點空間，以此取得平衡。

在性方面，你認為性愛是透過肉體的交流方式，因此很能享受肌膚之親的樂趣。

## ❖ 工作．財運 ❖

你具有將原本各自獨立、看似無關的事物加以整合、重組後，創造出新事物的才華。對流行很敏銳的你，適合擔任激發他人才華的智囊，或從事與團隊一同創造新事物的工作。不過，假如將重大決策交給你決定，你可能會因為太多顧忌而突然退縮，錯失難得的機會。

你的財運穩健，但容易受到結識的對象或環境的影響而大起大落。如果你的創意得以發揮，便可能受到眾所矚目，進而獲得大筆財富，但怎麼使用這筆財富、怎麼與人分享，正是左右你財運的關鍵所在。

### ❖ 今生使命・未來展望 ❖

你今生的使命是：將自己感受到、所創造出的新事物分享出去，向外推廣、傳達給更多的人。

對你而言最重要的，就是找出你真正想做的事。以自己的想法做出決定，並對此負起責任，付諸實行。首先，請試著把自己擅長或喜歡的事情告訴身邊的人，慢慢地打破侷限自我的藩籬，跳脫生性害羞又怕生的自己。

當你靈機一動時，就立刻去執行。面對陌生人時，也可以試著自己主動打招呼，在每天的日常生活中做一些小小的嘗試，就是改變人生的第一步。

你不用太在乎旁人的眼光，只要懷著純真的心，放手去做，就能開啟限制住你的大門，讓你自由自在地翱翔天際。人生路途中，所結識的新夥伴和所習得的新知，都能成為幫助你人生改變的助力。

### ❖ 生日帶來的訊息 ❖

「溫柔的堅強」

「純情」

「擴展自己的世界」

### 前世の故事

你的前世，是住在安地斯山脈山麓，古印加帝國中一位熱愛唱歌跳舞的女歌手。

因為你美妙的歌喉與舞蹈大受好評，因此受邀表演的邀約不斷。對你而言，只要自己的歌聲和舞蹈能帶給人們快樂與療癒的感受，一切就值得，於是不辭辛勞應邀前往到各處表演，將一生奉獻給需要你的人。

漸漸地，你年華老去，直到再也無法引吭高歌時，你才赫然發現這世上沒有一個人為你歌唱。於是一個想法從你的靈魂深處湧現：「我應該多為自己而活、為自己而唱，而不是為別人」。

# כאב

2/21 希伯來文

### ❖ 生日契合度 ❖

◉ **情人・伴侶**

| | |
|---|---|
| 1月3, 21, 30日 | 7月6, 15, 24日 |
| 2月2, 11, 20日 | 8月5, 14, 23日 |
| 3月10, 19, 28日 | 9月4, 13, 22日 |
| 4月9, 18, 27日 | 10月3, 12, 21日 |
| 5月8, 17, 26日 | 11月2, 20, 29日 |
| 6月7, 16, 25日 | 12月1, 19, 28日 |

◉ **工作夥伴・朋友**

| | |
|---|---|
| 1月4, 13, 31日 | 7月7, 16, 25日 |
| 2月3, 12, 21日 | 8月6, 15, 24日 |
| 3月2, 11, 29日 | 9月5, 14, 23日 |
| 4月10, 19, 28日 | 10月4, 13, 31日 |
| 5月9, 18, 27日 | 11月3, 21, 30日 |
| 6月8, 17, 26日 | 12月2, 11, 29日 |

◉ **競爭對手・天敵**

[1/20] [4/8] [5/25] [6/6] [7/5] [11/1] [12/9]

◉ **靈魂伴侶**

[5/23] [7/30] [8/27] [10/18] [11/15] [12/7] [12/14]

### ❖ 生日名人 ❖

于貝爾・德・紀梵希（設計師）
大前研一（記者）
井上順（藝人）
酒井美紀（演員）
要潤（演員）
和田毅（棒球選手）
國枝慎吾（輪椅網球選手）
香里奈（演員）
川嶋愛（音樂人）
菅田將暉（演員）

◉ 從你的生日看命運
請見32頁

# 2月22日

February twenty-second

**希望將愛散播給眾人的超凡領袖**

2月22日出生的你，是個魅力領袖，擁有對所有人平等視之的大愛。你的心地善良，富有同情心，沉穩、有禮、認真且正直。而且你對自己的信念很堅定，不願輕易向人妥協，無論遇到什麼樣的對手，都不可能對他逢迎諂媚。

出生日期22象徵著時間與空間中的一切，代表宇宙的真理，是一個擁有大格局、充滿精神性的神聖數字。加上出生月分2的特質，你溫和的人品與接納一切的包容力便更加突出，相對地，你優柔寡斷、猶豫不決的傾向也會更加明顯。

你是一個令人難以想像與理解的人，擁有獨特的世界觀以及國際性的格局；個性也很複雜，兼容符合社會期許的穩健態度，卻又懷有敏感細膩的心思。因此，旁人對你的評價應該很兩極。

無論做什麼事，你都很難侷限在小範圍內發展，總是能帶給許多人影響。最重要的是，你必須承認自己是一個與眾不同的人，即使自己認為值得去做的好事，也可能因為你的想法和觀點太過獨特，而使得旁人難以理解。請不要太在乎小事，鼓起勇氣朝著自己所想的道路勇往直前，便能發揮你的特色。

## ❖戀愛・婚姻・性生活❖

你平日裡隱藏起來的雙重個性，在戀愛時比較容易顯露出來。你會根據對方的個性，成為一個掌握主導權的國王或女王，或是成為一切交由對方決定的隨從。婚後的你會努力負起在家庭中的責任，但你不是一個可以被侷限在家庭生活的人，光是待在家中並無法滿足你，你會透過興趣或工作持續與社會交流。在性生活中，你兼具主動與被動傾向，有時主導對方，有時讓對方主導。你表達愛的方式往往也很極端，或許得花點心思與對方溝通，才能取得平衡。

## ❖工作・財運❖

你早早就訂立了遠大的目標，並有能力實現自己的理想。擁有領袖魅力和超凡人氣的你，請不要妄自菲薄。你的工作運很強，只要每天按部就班地努力不懈，無論在什麼領域都能成為一流人才。擁有才華和力量的你，若從事自己喜歡的工作，便能累積大筆財富。請懷抱著遠大的夢想和目標，不要侷限自我。你兼具賺錢與儲蓄的能力，因此應該不會為金錢煩惱。不過你不適合借錢給別人，易生困擾，建議你盡量避免。

## ❖ 今生使命・未來展望 ❖

你今生的使命，就是朝著理想邁進，賦予人們夢想和希望，同時對人生中接觸到的每一個人付出無私的愛。

想要將源源不絕的愛散播給眾人的你，此刻是否得到了滿滿的愛呢？當自己心中沒有足夠的愛，卻又想將無私的愛散播出去，這種行為是不是有些傲慢或自私呢？有時候你以為自己是為對方好，但事實上卻是在掌握、控制對方。那不過是以愛為名的束縛，與無私的愛有著天壤之別。

在療癒他人之前，請先療癒自己，讓自己心中充滿真正的愛。此外，你也應該確立自己與他人的界線，別人的人生是屬於別人的，不要隨意干涉對方，這才是真正的愛。

## ❖ 生日帶來的訊息 ❖

「高度統合力」
「關愛」
「讓自己充滿愛」

### 前世の故事

你的前世是俄羅斯帝國裡某個貴族世家的女兒。過著衣食無缺的生活的你，若有任何願望幾乎都能實現。

某天，你發現僕人家裡有個和你年紀相仿的女孩，儘管對她很感興趣，卻無法坦率地邀她一起玩。你明明想跟她交朋友，卻無法好好表達自己的想法，總是用命令的口吻對她說話。而女孩當然不敢靠近身分地位與自己截然不同的千金小姐，身旁的人也不允許她這麼做。

你每次見到女孩，都會格外希望自己能不受身分或環境影響，用真心與每個人接觸與交流，因此這就成了你來世的課題。

2/22 希伯來文

### ❖ 生日契合度 ❖

◉ **情人・伴侶**

| | |
|---|---|
| 1月8, 17, 26日 | 7月2, 20, 29日 |
| 2月7, 16, 25日 | 8月1, 19, 28日 |
| 3月6, 15, 24日 | 9月9, 18, 27日 |
| 4月5, 14, 23日 | 10月8, 17, 26日 |
| 5月4, 13, 22日 | 11月7, 16, 25日 |
| 6月3, 21, 30日 | 12月6, 15, 24日 |

◉ **工作夥伴・朋友**

| | |
|---|---|
| 1月5, 14, 23日 | 7月8, 17, 26日 |
| 2月4, 13, 22日 | 8月7, 16, 25日 |
| 3月3, 12, 30日 | 9月6, 15, 24日 |
| 4月2, 11, 20日 | 10月5, 14, 23日 |
| 5月1, 19, 28日 | 11月4, 13, 22日 |
| 6月9, 18, 27日 | 12月3, 12, 30日 |

◉ **競爭對手・天敵**

[2/9] [3/26] [6/5] [7/13]
[10/1] [11/9] [12/8]

◉ **靈魂伴侶**

[1/25] [2/15] [3/5] [3/29]
[6/2] [8/6] [11/3]

### ❖ 生日名人 ❖

喬治・華盛頓（美國首任總統）
蕭邦（作曲家）
茱兒・芭莉摩（演員）
大藪春彥（作家）
加納典明（攝影師）
都春美（歌手）
尾形一成（演員）
佐佐木主浩（棒球選手）
陣內智則（藝人）
狩野英孝（藝人）

◉ 從你的生日看命運
請見32頁

# 2月23日

February twenty-third

## 願意配合眾人心地善良的溝通者

2 月 23 日出生的你，是一個能營造周圍和諧氣氛、心地善良的溝通者。

你對每個人都溫和親切，不會樹敵；能視對象及狀況臨機應變，在組織中是個療癒系的人物。

出生日期 23 的 2 象徵協調、和諧，3 象徵天真無邪的孩子，兩者結合之後，便代表著性格宛如流水般柔軟、富有彈性的自由之士。你能瞬間判斷當下的氛圍適合如何展現，你不會刻意出鋒頭，也不會畏畏縮縮。這種在兩個極端之間維持良好平衡的能力，比較傾向女性的特質，同時也是 2 月出生者的特色，因此你能讓身旁的人感到安心，順利贏得每個人的信賴。

你具有高度的協調性，可以配合任何人，同時透過親和力與溝通能力，引導對方表達他內心的想法，是個優秀的聆聽者。你天生擅長安排與主持團體活動，最適合擔任宴會的主辦人，總是能拋出各種話題來炒熱氣氛。

相對地，由於你的女性特質較強，個性比較被動低調，因此經常猶豫不決。你也有害怕寂寞的一面，總是希望有人陪在身邊。請避免因為太過迎合對方而喪失了自我，請維持關係的平衡，打造獨立自主的人生。

### ❖戀愛・婚姻・性生活❖

你對每個人都很溫和又親切，因此應該有許多人向你示好。擅長配合對方的你，從不缺戀愛對象，有時甚至可能因為無法拒絕而不得已腳踏兩條船。你很希望對方能保護你，但你又很討厭受束縛。像個淘氣的小惡魔，操控對方的心。

婚後，你會在表面上扮演好太太或好先生的角色，但有時卻想跳脫這樣的限制。你對性愛抱持著開放的想法，你認為性愛是一種交流的方式，與對方結合會令你感到喜悅與享受。

### ❖工作・財運❖

體貼與細心的你，總是能為職場帶來和諧與療癒的氛圍。你經常會暗中觀察身邊的情況，默默地在適當的時機端茶出來，或迅速地準備好資料，深受主管的信賴。和愈多人接觸，你的優點就愈能發揮。

另外，你對流行的趨勢也很敏銳，富有品味，適合從事時尚相關產業的工作。你的財運會隨交往的對象而定，假如自己獨力做出決策，可能會因判斷錯誤而吃苦頭。不如把決定權交給伴侶，自己扮演輔助的角色，財運會更好。

## ❖ 今生使命・未來展望 ❖

和任何人都能立刻熟稔的你，今生的使命是：透過與人們的來往與交流，學習真理，靠自己的力量將事情做到盡善盡美，學會真正的獨立自主。

能配合任何人的人，反過來說，也就是非常依賴別人的人。這樣的你，如果身邊沒有別人作陪，就很容易感到焦慮不安。請試著表明自己的想法，而非老是配合別人。清楚地意識到對自己來說人生中真正不可或缺的是什麼？何謂真理？

為此，你可以從享受一個人獨處開始。請挑些自己一個人就能做的事情，例如散步、閱讀、寫詩等等，並徹底力行。你的人生是屬於你自己的，為了擁有身心皆獨立自主的人生，學習享受獨處時光，就是你達成使命的第一步。

## ❖ 生日帶來的訊息 ❖

「情感的羈絆」

「合作」

「靠自己的力量站穩、前進」

### 前世の故事

你的前世是一名熱愛唱歌跳舞的西班牙佛朗明哥舞者。

從小你就在父母經營的酒店幫忙，後來遇見了表演佛朗明哥舞的舞團，於是你向舞者拜師，從最基礎的舞藝開始學習，並日益精進。擁有舞蹈天分的你，年紀輕輕就以職業舞者的身分參加巡演，一舉成名。然而隨著演出而來的世人的評價和外在的名聲對你來說漸漸變成一種負擔，於是你主動退出職業舞者的行列。

之後，你轉為替舞者們打理雜務的隨行人員，趁著工作空檔才偷偷練舞，但這卻讓你感到非常充實，這才發現原來自己只是想自由自在、快樂跳著佛朗明哥舞而已。

2/23 希伯來文

### ❖ 生日契合度 ❖

**◉ 情人・伴侶**

| | |
|---|---|
| 1月4, 13, 31日 | 7月7, 16, 25日 |
| 2月3, 12, 21日 | 8月6, 15, 24日 |
| 3月2, 11, 20日 | 9月5, 14, 23日 |
| 4月1, 19, 28日 | 10月4, 13, 31日 |
| 5月9, 18, 27日 | 11月3, 21, 30日 |
| 6月8, 17, 26日 | 12月2, 20, 29日 |

**◉ 工作夥伴・朋友**

| | |
|---|---|
| 1月6, 15, 24日 | 7月9, 18, 27日 |
| 2月5, 14, 23日 | 8月8, 17, 26日 |
| 3月4, 13, 22日 | 9月7, 16, 25日 |
| 4月3, 21, 30日 | 10月6, 15, 24日 |
| 5月2, 11, 29日 | 11月5, 14, 23日 |
| 6月10, 19, 28日 | 12月4, 13, 22日 |

**◉ 競爭對手・天敵**

[1/3] [3/10] [6/7] [6/25] [7/24] [9/4] [11/2]

**◉ 靈魂伴侶**

[2/10] [3/18] [5/7] [5/16] [7/23] [8/13] [11/10]

### ❖ 生日名人 ❖

韓德爾（作曲家）
雅斯佩斯（哲學家）
艾瑞克・卡斯特納（兒童文學作家）
北大路欣也（演員）
中島美雪（音樂人）
中嶋悟（賽車手）
野口五郎（歌手）
近藤春菜（諧星）
龜梨和也（歌手）
石川佳純（桌球選手）

◉ 從你的生日看命運
請見32頁

# 2月24日
February twenty-forth

總以他人優先卻不懂接受的愛的奉獻者

2月

溫柔、體貼又認真的你，經常幫助他人，凡事總以對方優先，是一個充滿愛的奉獻者。你總是替對方著想，熱情地散播愛，卻不習慣接受別人對自己的付出。

24日出生的人，今生的課題就是用愛與和諧去接納所有的人，並加以細心地培育。這天生日的人個性中包含了2所代表的協調、和諧，以及4所代表的認真、正直等特質。再加上出生月分2的特質，會讓你可以配合任何人的優異協調性，以及讓氣氛變得融洽的柔性能量，更加突出。

你常常把能讓別人感到高興、對別人有助益的事擺在處事的第一順位，自己的事則被放在後面。只要是為了對方，你甚至犧牲了自己也在所不惜，是個徹頭徹尾的奉獻者。

為了有能力照顧身邊的人，你總是對自己很嚴苛，很努力且按部就班地一再進行著日復一日的基礎工作。你的責任感很強，受人請託後總是無法拒絕。此外，你也充滿正義感，不能坐視各種謊言、虛偽以及不正當行為的發生。

體貼的你，總是不吝地對身邊的人付出，若連與你無關的事情都管不住自己的嘴，就只是單純的多管閒事了。你必須了解，有時候不以自己的價值觀來評斷好壞，而是默默地守著對方，這才是對對方最有幫助的、充滿愛的行為。

## ❖ 戀愛・婚姻・性生活 ❖

擁有認真、正直、包容及體貼等特質的你，是個典型的好先生或好太太，你願意為對方盡心盡力、付出一切。你通常會把戀愛和結婚視為一體，心中也有理想的類型。為了避免太認真而使得戀情變得太過沉重，請適度增添一些玩心。

你認為性是與婚姻密不可分的行為，只是傳宗接代的義務，從沒想過性可是一種享受，因此容易出現無性生活。婚後你會是一個重視家庭的好先生或好太太，盡責地打理家務、照顧家人。

## ❖ 工作・財運 ❖

與人相處時才能發揮長處的你，比起獨自作業，更適合與團隊一起從事面對人群的工作。而正直又細心的你，也很擅長發掘對方的才華，因此教師、顧問、製作人等等，都是能讓你發揮所長的職業。

透過激發對方的才華並輔助對方，使得彼此雙雙獲益，會比你獨自賺錢更能帶來財運。你的財運穩健，有時不妨奢侈一下。

## ❖ 今生使命・未來展望 ❖

今生你的使命是：善用為他人奉獻的才華，坦率面對自己的心願，細細品味現實的豐饒，並與旁人分享。

善良、認真的你，總以助人為樂，經常關懷身旁的人，不過有時也應該把這些對人付出的能量用在自己的身上。

首先，建議你花一些時間和金錢，買份禮物送給平常總是努力不懈的自己，作為獎勵。在這個現實世界裡，獲得金錢或物質也是一種重要的經驗，並不是只有為人奉獻的人生才算成功。

有時享受一下奢侈的滋味，對你來說也是必要的體驗。說不定，竟意外地成為能帶給你和更多人喜悅與幸福的捷徑。

## ❖ 生日帶來的訊息 ❖

### 「難以動搖的協調能力」
### 「奉獻」
### 「品味豐饒的現實」

### 前世の故事

你的前世，是在混亂的法國大革命中拯救人命的修女。

你自幼就每天上教堂，在教堂裡聽修士說了許多故事，對你的人格形成有著莫大的影響。在成長的過程中，你不停地自問：正義是什麼？愛是什麼？真理又是什麼？最後你的心裡出現了一個答案——為愛奉獻。

長大後，你便毫不躊躇地踏上了修女之路。當法國革命展開後，國內陷入一片混亂，你便成為人們的心靈支柱，同時自己也被時代的浪潮吞沒，在這個對神的愛與正義都無用的紛亂時代中，你仍堅決地捍衛著自己的信仰。

2/24 希伯來文

❖ 生日契合度 ❖

◉ 情人・伴侶

| | |
|---|---|
| 1月5, 14, 23日 | 7月8, 17, 26日 |
| 2月4, 13, 22日 | 8月7, 16, 25日 |
| 3月3, 12, 30日 | 9月6, 15, 24日 |
| 4月2, 20, 29日 | 10月5, 14, 23日 |
| 5月1, 10, 28日 | 11月4, 13, 22日 |
| 6月9, 18, 27日 | 12月3, 21, 30日 |

◉ 工作夥伴・朋友

| | |
|---|---|
| 1月7, 16, 25日 | 7月10, 19, 28日 |
| 2月6, 15, 24日 | 8月9, 18, 27日 |
| 3月5, 14, 23日 | 9月8, 17, 26日 |
| 4月4, 13, 22日 | 10月7, 16, 25日 |
| 5月3, 21, 30日 | 11月6, 15, 24日 |
| 6月2, 20, 29日 | 12月5, 14, 23日 |

◉ 競爭對手・天敵

[1/18] [2/17] [5/14] [7/1] [8/11] [10/27] [12/25]

◉ 靈魂伴侶

[1/8] [1/14] [3/6] [3/24] [5/28] [6/27] [7/26]

❖ 生日名人 ❖

威廉・格林（文學家）
亞倫・保魯斯（賽車手）
史帝夫・賈伯斯（蘋果電腦創始人）
菲爾・奈特（NIKE 創始人）
山村聰（演員）
安川加壽子（鋼琴家）
淡島千景（演員）
佐久間良子（演員）
ASKA（音樂人）
岩佐真悠子（藝人）

◉ 從你的生日看命運
請見32頁

# 2月25日

February twenty-fifth

一心一意
以助人為志願
低調的藝術家

2月25日出生的你，總是以助人為己願，儘管個性低調，卻不忘對人付出體貼與溫暖。你對每件事的細節都有所堅持，就像以獨特的感性傳達自己內心世界的藝術家。出生日期25的2代表協調、和諧，5代表自由、變化、溝通，進而象徵著這天生日的人懂得如何做到內外協調的同時，也能確立自我的風格。基本上，你很重視自己獨處的時間，不過你也懂得看場合，自然而然地為旁人設想。再加上出生月分2的特質，你總是盡力幫助別人的想法和體貼的心意便更加突顯。

你有著穩重成熟的氣息，給身旁的人獨立、冷酷的印象，但你的內心其實很溫柔，願意為他人付出。你擁有明確的主見，卻總是藏在心中，不太表露於外。你的個性沉穩低調，但自尊心很強，神經非常纖細，有時會因為別人無心的一句話或態度而過於敏感，容易導致情緒不穩。

在面對困難或感到迷惘的時候，你往往會想借助他人的力量、依賴他人，或交由他人判斷，但最後可能會因此後悔。請記得，雖然可以廣納他人的意見，但最終還是必須交由自己決定。

## ❖ 戀愛・婚姻・性生活 ❖

即使喜歡上一個人，你也很難向對方表露真心。甚至兩人的往來已經很密切，你卻怎麼都無法順利發展成情侶或伴侶關係，經常形成只差一步的曖昧狀態。你也有純真的一面，可能因為對方的一個小舉動就感到動心，因此對方可能會因為猜不透你的真心而傷腦筋。

身心都能交融的性愛，也許是你少數能坦然向對方展現心中愛意的時光。婚後，你會非常重視丈夫、妻子與孩子，但你仍希望保有隱私與自己的時間。

## ❖ 工作・財運 ❖

你彷彿藝術家一般，充滿個性又擁有自己的堅持。在工作方面，你會展現出專家的架勢，每天勤奮不懈地努力，不斷精進自己的技術。即使在組織裡工作，你也比較適合擔任能發揮獨特技術的專業人員。另外如設計師、甜點師傅等能發揮靈感、造福他人的工作，也很適合你。某種程度上，能依照自己想法自由發揮的工作，才能讓你的才華發光發熱。

你投入在工作中的熱情會直接反映在財運上，因此請專注在工作上，不必認為是為了錢而不得不工作。只要能獲得與付出心力相符的報酬，你就能接受。

## ❖ 今生使命・未來展望 ❖

你今生的使命就是：毫不吝惜地發揮自己的能力與才華，藉此為這個世界以及人們帶來幫助。

為世界與世人帶來幫助，聽起來可能有些誇張，不過因為你總是珍惜屬於自己獨有的世界，待人又體貼，因此許多人都會被你獨特的世界觀所吸引，聚集在你身邊。相信你也希望能藉由自己的力量，讓人們獲得幸福吧。

你的專業知識和技術都十分傑出，若能將這些知識和技術傳遞、分享給更多的人，也是一種對社會的貢獻。你所擁有的獨特專業知識或技術可以為許多人帶來助益，請帶著自信將它們傳遞出去。

另外，請不要因為旁人的反應或社會的評價而影響自己的情緒。當你快樂地暢談自己最喜歡的領域，開朗地散發光芒，對社會就是最棒的貢獻。

## ❖ 生日帶來的訊息 ❖

「細膩的溝通者」
「回歸自我」
「隨波逐流」

### 前世の故事

你的前世是中世紀歐洲一名隱居的女巫。你的母親也是進行民俗療法、調配藥草的女巫，因此你從小就擁有敏銳的靈感與療癒他人的能力。

在獵巫行動的黑暗時期中，你和母親躲在森林深處，安靜地生活著。但是你那罕見的能力卻自然而然地傳開了，即使你想避人耳目，仍有絡繹不絕的病患前來。看見愈來愈多人因為自己的能力而痊癒，你固然欣喜，卻也對必須膽顫心驚地生活的現實感到憤怒。

2/25 希伯來文

### ❖ 生日契合度 ❖

**◉ 情人・伴侶**

| | |
|---|---|
| 1月1, 19, 28日 | 7月4, 13, 31日 |
| 2月9, 18, 27日 | 8月3, 21, 30日 |
| 3月8, 17, 26日 | 9月2, 11, 29日 |
| 4月7, 16, 25日 | 10月1, 10, 19日 |
| 5月6, 15, 24日 | 11月9, 18, 27日 |
| 6月5, 14, 23日 | 12月8, 17, 26日 |

**◉ 工作夥伴・朋友**

| | |
|---|---|
| 1月8, 17, 26日 | 7月2, 20, 29日 |
| 2月7, 16, 25日 | 8月1, 19, 28日 |
| 3月6, 15, 24日 | 9月9, 18, 27日 |
| 4月5, 14, 23日 | 10月8, 17, 26日 |
| 5月4, 22, 31日 | 11月7, 16, 25日 |
| 6月3, 12, 21日 | 12月6, 15, 24日 |

**◉ 競爭對手・天敵**

[3/14] [4/22] [5/21] [7/19] [8/9] [9/26] [10/16]

**◉ 靈魂伴侶**

[4/9] [7/18] [7/27] [8/17] [9/16] [10/3] [11/11]

### ❖ 生日名人 ❖

雷諾瓦（畫家）
喬治・哈里遜（音樂人）
松方正義（政治家）
森田公一（作曲家）
石井苗子（演員）
寺脇康文（演員）
常田真太郎（歌手）
中澤佑二（足球選手）
越智志帆（歌手）
松山英樹（高爾夫選手）

◉ 從你的生日看命運
請見32頁

# 2月26日

February twenty-sixth

體貼入微
能統籌全場
值得信賴的經紀人

2月26日出生的你，為人正直，對人體貼無微不至，重情義，個性豪爽，所到之處總能帶給人們溫暖。

你有一顆為朋友著想的心，不喜歡與人爭執。同時你也充滿了活力，只要為了守護你所愛的人或對你來說重要的人，無論任何困難，你都會果敢地挑戰，就像個能幹的經紀人一般。

你最重視人與人之間的接觸與交流，開朗、溫和的你，不管到哪裡都能將掌控流程的角色扮演得當。你很平易近人，也很會照顧人，因此備受身邊的人所信賴。

不過，你很容易接受別人請託，往往一不小心背負的事情早就超出能力範圍。有時也因為對每個人都很好，被認為是個爛好人。你是團隊裡的開心果，喜歡和夥伴一起努力，同時內斂有禮，因此身旁的人不論幾歲都跟你很親近。

出生日期26日的2代表協調、和諧，6代表母性、愛、美，因此象徵著以愛與和諧為基礎，創造新事物並將其擴展的能量。再加上出生月分2的影響，你總是以和諧為優先，把家人、朋友、夥伴等身邊的人與自己的關係放在第一位，使你溫柔體貼、重視人情義理的性格更為明顯。

## ✧戀愛・婚姻・性生活✧

你對伴侶會特別盡心盡力地付出。假如你是女性，很可能為對方打理一切事務，變成媽媽而不是女友的角色；若你是男性，可能會把一切責任攬在身上，希望自己能成為對方在物質或精神上的後援。而你對每個人親切又體貼的態度，或許很容易招來誤解。

你認為性也是戀愛中的樂趣之一，因此身心交融的時光，對你來說就是深深感受兩人羈絆的重要時刻。婚後，你會重視家人，但可能不會一直待在家裡，你會努力兼顧工作與家庭。

## ✧工作・財運✧

你不分對象的貼心以及開朗溫暖的人品，讓你無論從事什麼工作，都會自然而然地成為眾人的核心，活躍於職場中。比起面對機械式的工作，你更適合從事有比較多機會與人接觸的工作。假如有訂定銷售量或業績等具體的目標，你就會更有幹勁。你很適合擔任團結組織的領航員。

你財運很旺，也很會存錢。若看到親朋好友有困難，你會立刻有所察覺，主動借對方錢或請對方吃飯，甚至把錢直接送給對方，是個出手豪氣的人。

### ❖ 今生使命・未來展望 ❖

天生擁有整合能力的你，今生的使命就是：將你的領導能力盡情地發揮在自己人生。

因為你很努力成為一個能帶領所有人邁向幸福的領導者，以致有時會一下子付出太多，導致自己無力負荷。偶爾也請擺脫好好先生的角色，把更多能量投注在自己身上。

經常以維持團體和諧為優先的你，必須認真重視自己的想法和心情。

你今生的課題，就是鼓起勇氣，老實地對過去你可能會勉強自己接受的工作說「對不起，我做不到」。總是體貼他人的你，必須學會體貼自己，才可能成為真正的領導者。

### ❖ 生日帶來的訊息 ❖

「熱切的意志」

「熱心」

「練習為自己而活」

#### 前世の故事

你的前世，是近代泰國皇室的王妃。

你本來是身分地位崇高的領主之女，從小就發現自己富裕生活與平民窮困的生活有天壤之別，並為此感到困惑。長大後，你偷溜到城外，與村民們一起揮汗工作，享受收穫的喜悅。你為了消除貧富差距，付出許多努力，然而現實卻很難真正改變。在你與國王結婚、成為王妃後，那些本來和你很要好的村民們的心便漸漸離你而去。

身為王妃的你，願意不顧身分地位的隔閡，只想一心與平民同在，卻無法改變這現實的鴻溝，因此深感無力。

# כוב

2/26 希伯來文

#### ❖ 生日契合度 ❖

**◉ 情人・伴侶**

| | |
|---|---|
| 1月2, 11, 20日 | 7月5, 14, 23日 |
| 2月10, 19, 28日 | 8月13, 22, 31日 |
| 3月9, 18, 27日 | 9月3, 21, 30日 |
| 4月8, 17, 26日 | 10月2, 20, 29日 |
| 5月7, 16, 25日 | 11月1, 10, 28日 |
| 6月6, 15, 24日 | 12月9, 18, 27日 |

**◉ 工作夥伴・朋友**

| | |
|---|---|
| 1月9, 18, 27日 | 7月3, 12, 30日 |
| 2月8, 17, 26日 | 8月2, 11, 20日 |
| 3月7, 16, 25日 | 9月1, 19, 28日 |
| 4月6, 15, 24日 | 10月9, 18, 27日 |
| 5月5, 14, 23日 | 11月8, 17, 26日 |
| 6月4, 13, 22日 | 12月7, 16, 25日 |

**◉ 競爭對手・天敵**

[2/25] [3/6] [4/23] [7/11]
[9/18] [10/1] [11/16]

**◉ 靈魂伴侶**

[2/4] [3/3] [4/25] [5/1]
[5/19] [7/13] [10/10]

#### ❖ 生日名人 ❖

雨果（作家）
李維・史特勞斯（Levi's 創始人）
岡本太郎（畫家）
竹下登（政治家）
山下洋輔（音樂人）
門田博光（棒球選手）
桑田佳祐（音樂人）
三浦知良（足球選手）
藤本美貴（藝人）
克莉絲朵・凱兒（歌手）

◉ 從你的生日看命運
請見32頁

# 2月27日

February twenty-seventh

深受無形世界吸引
難以吐露真心話
低調的智者



這一天出生的你充滿知性又謙虛，個性沉穩內斂，是個低調的賢者。你喜歡幫助他人，擅長維持周遭環境的和諧與平衡。

出生日期27的2代表和諧、協調，7代表職人的性格，兩者都具有「適合成為輔佐者」的溫和特質，因此無論面對什麼樣的人，你都能做到無微不至地配合對方。再加上出生月分2的特質，讓你不喜歡出鋒頭，總是退居幕後悄悄輔助他人的那份體貼、細膩便更顯突出。

你的個性冷靜、沉著且成熟，任何人和你在一起就能感到安心。你的感受力很強，單純而易感，不太容易對身邊的人吐露真心或在人前展現自己真實的情緒。你很容易受到無形的神祕世界所吸引，同時又兼具邏輯思考與洞察先機的能力，能充分計畫、徹底執行，讓事情按部就班地進行。

你既有氣質，又有禮貌，頭腦聰明，博學多聞。如此優秀的你，卻總是關心身旁的人，以別人的事情為優先。其實你的自尊心相當強，因此當自信心不足時，情緒容易不穩。你不必太在意旁人的評價，請試著更坦率地順著真實的想法去做自己。

## ✧戀愛・婚姻・性生活✧

無論是對戀愛或性，你都不會採取主動，熱情追求。你會配合對方的喜好扮演各種類型的角色，也會隨著交往的對象改變個性。因為你不擅拒絕，因此若遇到比較強勢的對象，很可能會陷入婚外情或三角關係中。而在談戀愛時的你，也不太展露自己真正的情感，可能讓對方認為你難以相處。

某種程度上，你認為結婚和談戀愛是不同的，會審慎評估之後才決定結婚對象。婚後，你會努力扮演好先生或好太太，不過，面對你好不容易才願意敞開心胸的對象時，請試著更大方地表露感情，你自己也會比較輕鬆。

## ✧工作・財運✧

你就像個導演或製作人，很擅長喚醒別人的才華和魅力。你也很適合在幕後負責策劃、安排。比起為了得到報酬而工作，你認為藉由自己的能力協助別人，人生才更有價值。因此必須擁有豐富知識的顧問、仲介等工作，也很適合你。

你的財運穩定，但你厭惡用金錢來衡量事情，認為一個人對社會的貢獻度的多寡才代表他真正的價值。若能在奉獻精神與賺取金錢能量的想法間取得平衡，相信你的財運也會跟著提昇。

## ❖ 今生使命．未來展望 ❖

今生你的使命就是：探尋無形的世界，巧妙地運用從那裡獲得的奇妙力量與資訊，並傳達給身邊的人。

直覺、感應、靈感、感受等超越科學的能力，都是我們看不見也摸不到的，不過你是否隱約相信它們的存在呢？

聰明的你，只要把從那個世界學到的智慧應用於現實世界，便有可能幫助更多的人。在無形的世界裡，沒有教科書或操作手冊，你能相信的只有自己的感受。請下定決心好好探索這個一般人無法走進的世界，直到你能全然地接納為止。請不要否定自己的任何直覺或靈感，坦然地順著它們走，練習你的感應力。當你能自由地將從中獲得的智慧，活用於現實世界中，對世界帶來貢獻，便能實現你今生的使命。

### ❖ 生日帶來的訊息 ❖

「理性與感性」
「憑感受而定」
「練習感應力」

### 前世の故事

你的前世，是幕府末期江戶時代一名醫師的女兒。

你是父親工作上的助手，扮演著類似現在的護理師或藥劑師一般的角色，擁有治癒傷病的神奇能力。此外，你家的診所也是各地反幕府的年輕人的聚集場所。後來，你對其中一名年輕人懷有情愫，並盡力支援他們，而他們也不負你的冀望，努力奮鬥，希望能改變歷史。

但是，在你還沒來得及表露自己淺淺的愛意之時，就罹病過世了。你的靈魂一直深深地記得：好好運用自己的療癒能力，不只能拯救人命，更有機會能改變整個世界。

2/27 希伯來文

### ❖ 生日契合度 ❖

◉ 情人．伴侶

| | |
|---|---|
| 1月9, 18, 27日 | 7月3, 21, 30日 |
| 2月8, 17, 26日 | 8月2, 11, 20日 |
| 3月7, 16, 25日 | 9月10, 19, 28日 |
| 4月6, 15, 24日 | 10月9, 18, 27日 |
| 5月5, 14, 23日 | 11月8, 17, 26日 |
| 6月4, 13, 22日 | 12月7, 16, 25日 |

◉ 工作夥伴．朋友

| | |
|---|---|
| 1月1, 19, 28日 | 7月4, 13, 31日 |
| 2月9, 18, 27日 | 8月3, 12, 30日 |
| 3月8, 17, 26日 | 9月2, 20, 29日 |
| 4月7, 16, 25日 | 10月1, 19, 28日 |
| 5月6, 15, 24日 | 11月9, 18, 27日 |
| 6月5, 14, 23日 | 12月8, 17, 26日 |

◉ 競爭對手．天敵

[1/23] [2/4] [5/28] [6/27] [7/26] [8/21] [12/12]

◉ 靈魂伴侶

[1/11] [2/28] [3/7] [6/6] [8/31] [10/29] [12/18]

### ❖ 生日名人 ❖

約翰．史坦貝克（作家）
伊莉莎白．泰勒（演員）
高田賢三（設計師）
德永英明（音樂人）
富田靖子（演員）
萬城目學（作家）
佐藤隆太（演員）
小塚崇彥（花式滑冰選手）
清水翔太（歌手）
蓮佛美沙子（演員）

◉ 從你的生日看命運
請見32頁

# 2月28日

February twenty-eighth

和眾人分享富裕與喜悅的豪爽領導者



選擇這一天出生的你，富有包容力、重視夥伴、充滿活力。你是一個豪邁的領導者，喜歡和大家一起朝著目標努力，快樂地分享成果。

你喜歡和家人、夥伴等一起團體行動，你能激發每個人的能力，讓身邊的人獲得豐碩的成果。你很擅長在聚餐或慶功宴上炒熱氣氛，創造歡樂的時光；甚至為了讓大家高興，你會毫不猶豫地一擲千金。

你很有氣質，待人親和，但容易因為細微的小事而感到迷惘，時而顯現出想太多的一面。有時在和大家一起狂歡的時候，你卻在擔心下一攤的流程該如何安排，把自己搞得很累。

你太重視和旁人的關係，往往把自己真正想做的事情順位擺在後面。其實你只要坦然順從自己的心意，並具備採取行動的勇氣，身旁的人一定會支持你，為你加油打氣。

出生日期28日的2代表協調、和諧，8代表無限大的力量，整體象徵你是一位能結合眾人的力量，朝向夢想與希望前進、充滿力量的領導者。而出生月分2代表接納、和諧的女性特質，因此你對旁人的體貼與照顧人的能力便更顯著。

## ❖戀愛・婚姻・性生活❖

和伴侶相處時，你會收起那副領導者的態度，變得溫順，無微不至地照顧喜歡的對象，全力支持他。假如遇到主動示好或作風比較強勢的對象，即使你不喜歡對方，可能也會因為拒絕不了，而答應與對方交往。

婚後你會是個好太太或好先生，對家務或養育孩子盡心盡力，但可能會太多管閒事，請注意。在性生活上，你會把主導權交給對方，然而若長期壓抑自己真正的心情，不滿情緒總有一天會爆發。面對家人時，請坦率表達自己的心情。

## ❖工作・財運❖

跟一群人一同朝著目標邁進的工作，最能發揮你的能力。因此在規模較大的公司裡工作，你應該也會覺得比較有價值。你很擅長擔任領導者，照顧組織中的每一名成員，激發大家的幹勁。雖然無論什麼工作你都能應付得來，不過你比較不適合獨自埋頭苦幹的工作或單調的事務性工作。

在財運方面，作為一個領導者，你有帶領團隊一起賺錢的才華。只要懷著感謝的心情，將賺來的財富大方地與身旁的人共享，便能帶來更好的運氣。

## ❖ 今生使命・未來展望 ❖

今生你的使命就是：扮演統籌的角色，適時支應身邊的人，同時像天真的孩子般，盡情地享受屬於自己的人生。

雖然你希望大家團結一心的精神固然美好，但倘若管得太多，只會讓對方感到困擾。即使是出自好意替對方著想，也可以稍微轉換方向，不要總是以夥伴為優先，有時也應該以自己的快樂為優先。

請坦然面對自己的感受，像個天真無邪的孩子一般，想做什麼就去做，專注在這個只屬於你自己的人生中。

請透過玩樂、大笑、唱歌、跳舞……去感受，不要用頭腦思考，從重視實際的體驗開始踏出改變人生的第一步。當你每天露出宛如孩子般純真的笑容時，便能成為一名真正的領導者，帶領身旁的人締造真正的幸福快樂。

## ❖ 生日帶來的訊息 ❖

「溫柔的關懷者」
「親切」
「釋放內心的孩子」

### 前世の故事

你的前世生在近代美國的鄉村，是身在一個大家庭裡的少女。

你是家中長女，擁有許多兄弟姊妹，因此從小就要幫忙照顧弟妹，是個非常貼心的孩子。一直以來，你努力扮演一個好姊姊，壓抑自己偶爾也想向母親撒嬌的心情。

因為你非常重視身旁的人，深受大家的喜愛，父母親也很仰賴你。盡力扮演長女角色的你，總是以別人為優先。其實你也想像弟妹們一樣撒嬌、任性，坦率地表現出自己的心情，更夢想有一天能到大城市中生活，盡情地發揮自己的能力。

2/28 希伯來文

### ❖ 生日契合度 ❖

◉ 情人・伴侶

| | |
|---|---|
| 1月6, 15, 24日 | 7月9, 18, 27日 |
| 2月5, 14, 23日 | 8月8, 17, 26日 |
| 3月4, 22, 31日 | 9月7, 16, 25日 |
| 4月3, 21, 30日 | 10月6, 15, 24日 |
| 5月2, 11, 29日 | 11月5, 14, 23日 |
| 6月10, 19, 28日 | 12月4, 13, 22日 |

◉ 工作夥伴・朋友

| | |
|---|---|
| 1月2, 11, 29日 | 7月5, 14, 23日 |
| 2月1, 10, 28日 | 8月4, 13, 31日 |
| 3月9, 18, 27日 | 9月3, 21, 30日 |
| 4月8, 17, 26日 | 10月2, 11, 29日 |
| 5月7, 16, 25日 | 11月1, 19, 28日 |
| 6月6, 15, 24日 | 12月9, 18, 27日 |

◉ 競爭對手・天敵

[1/13] [1/31] [2/19] [3/11] [6/8] [9/14] [9/23]

◉ 靈魂伴侶

[1/3] [3/19] [5/17] [7/15] [10/12] [10/20] [11/11]

### ❖ 生日名人 ❖

布萊恩・瓊斯（音樂人）
佐久間象山（思想家）
二葉亭四迷（作家）
正田貞一郎（企業家）
村下孝藏（音樂人）
田原俊彥（歌手）
高坂希太郎（動畫師）
高安晃（相撲選手）
芳根京子（演員）
上白石萌歌（演員）

◉ 從你的生日看命運
請見32頁

# 2月29日

February twenty-ninth

默默奉獻
輔佐眾人
擁有影響力的賢者

2與9相加後的數字就會變成11，是一個充滿精神性的神聖數字。29的2象徵著協調、和諧，9象徵著結束、完成、智慧、賢者等意義。再加上出生月分2的特性，你為他人著想的溫和氣質，以及認真又專注的一面便更會加突顯。

選擇4年只出現一次的2月29日作為生日的你，是個具有影響力的幕後人物，優異的才能會受到公眾的認可。基本上，你的個性溫和，不喜歡爭執，是個好好先生；思慮周密，就算被扯進麻煩裡，也能冷靜地應對，不會驚慌失措。

乍看之下，你很低調，但因為具有一種獨特的存在感，因此總是令人印象深刻，充滿魅力。你喜歡透過貢獻自己的能力來協助身旁的人解決問題，所以經常替別人的煩惱提出建議，或擔任調解紛爭的中間人。

不過，倘若你一心想回應對方的期待，一直想扮演好好先生，很可能會疲勞過度，請特別留意。若總是光想著自己可以為對方做些什麼，只會讓自己感到痛苦罷了。而且你的感受力很強，容易受到周遭環境的影響，因此找到一個宣洩壓力的方法，對你而言非常重要。

## ❖ 戀愛・婚姻・性生活 ❖

即使是旁人眼裡的模範生，在戀人的面前也會耍任性。你平常不會暴露真心，但遇到真正喜歡的對象，就會直接說出真心話，有時可能會傷害對方。如果你很重視「心靈相通」，面對真正喜歡的對象時，更應該注意自己的言行舉止。

婚後，你會是守護家庭的好先生或好太太。在性生活方面，你雖然願意假裝配合對方，但很可能因為當天的心情而態度丕變。當發現自己在性愛過程中不小心傷害了對方，請立刻直接道歉。

## ❖ 工作・財運 ❖

你的理解力很強，再加上與生俱來的判斷力，大部分的工作都能輕鬆勝任。同時你的專業知識和技術，在工作上也能充分發揮。待人和善的你，往往會成為團體中不可或缺的存在。在運用獨特感受力的藝術領域裡，你也能發揮才華。

你對賺錢本身沒有太大的興趣，可說是腳踏實地的穩健派。財運會隨著交往的對象而變化，但你具有敏銳的直覺與分析能力，因此很懂得賺錢的方法。對別人的事業或有關投資的建議往往非常準確。

## ❖ 今生使命・未來展望 ❖

像個模範生的你，今生的使命就是：奉獻自己，協助身旁的人，同時把自己一直以來做的事情化為具體的成果。

因為你太希望能符合他人的期待，因此總是告訴自己「必須努力、必須把事情做好」。其實你已經很認真生活，現在的你就很好了，因此請更加重視自己，看見自己真正的魅力和才華，而不要總是為別人而活。

敏銳的直覺、靈感及獨特感受力是你的天賦，建議你將這些化為具體作品，以有形方式呈現。

例如畫畫、拍照、寫文章、製作手工藝品等等，請用自己喜歡的方法，將自己的感受以具體的方式呈現。透過你的工作或作品，將屬於你的獨特訊息傳達給全世界吧。

❖ 生日帶來的訊息 ❖

「盡心奉獻」
「神祕」
「將無形訊息具體化」

### 前世の故事

你的前世生於東西方文明交織的中東沙漠城市裡，是一名能夠看見人們未來的奇妙少女。

從小你就擁有敏銳的感應力，可以看見或感覺到超自然事物的存在。由於你對未來的預言準確無比，因此許多人前來找你尋求建議，你的占卜師人生也就此展開。

等到你一回神才發現，自己竟然將多愁善感的青春期都花在替人們占卜上。儘管運用自己的能力為他人帶來幸福是一件好事，但你其實也想把這份能力運用在自己的人生幸福上……。你在心中如此盼望著，同時感嘆自己，雖然能預知別人的命運，卻無法掌控自己的人生。

2/29 希伯來文

❖ 生日契合度 ❖

◉ 情人・伴侶

| | |
|---|---|
| 1月7, 16, 25日 | 7月1, 10, 28日 |
| 2月6, 15, 24日 | 8月9, 18, 27日 |
| 3月5, 14, 23日 | 9月8, 17, 26日 |
| 4月4, 13, 22日 | 10月7, 16, 25日 |
| 5月3, 21, 30日 | 11月6, 15, 24日 |
| 6月2, 20, 29日 | 12月5, 14, 23日 |

◉ 工作夥伴・朋友

| | |
|---|---|
| 1月12, 21, 30日 | 7月6, 15, 24日 |
| 2月2, 11, 20日 | 8月5, 14, 23日 |
| 3月1, 10, 28日 | 9月4, 13, 22日 |
| 4月9, 18, 27日 | 10月3, 21, 30日 |
| 5月8, 17, 26日 | 11月2, 20, 29日 |
| 6月7, 16, 25日 | 12月1, 19, 28日 |

◉ 競爭對手・天敵

[4/30] [5/29] [6/28] [7/27] [8/26] [9/7] [11/14]

◉ 靈魂伴侶

[1/17] [4/16] [5/22] [6/12] [7/31] [10/19] [11/18]

❖ 生日名人 ❖

焦阿基諾・羅西尼（作曲家）
路易斯・斯威夫特（天文學家）
牧野雅弘（導演）
原田芳雄（演員）
赤川次郎（作家）
男鹿和雄（動畫師）
羽仁未央（導演）
飯島直子（演員）
辻村深月（作家）
吉岡聖惠（歌手）

◉ 從你的生日看命運
請見32頁

**3 月是象徵「創造、活躍」的月分。**

**3 月出生的你，是個「創造者」。**

**用孩子般純真的玩心與好奇心，**

**創造出新事物吧。**

# 3月1日

March first

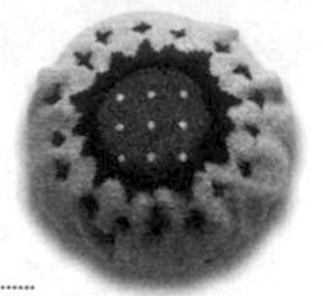

## 忠於自己想法 活得坦率的 純真領導者

3月1日出生的你，個性爽朗、不拘小節，總是開朗、率直又充滿活力，為身邊的人帶來陽光，是個任誰都喜愛的領導者。你兼具優異的行動力與執行力，在人群中總是非常引人注目。而且你很擅長社交，交遊廣闊，對於比你弱勢的人照顧有加。

擁有堅定信念的你，能率領眾人一起努力達成目標，非常可靠。而你也樂於成為眾人目光的焦點，行事單刀直入。

自尊心很強的你，習慣以年齡或職位來明確地區分人我之間的上下關係。此外，你也有固執的一面，當你下定決心的事就絕對不會妥協，往往無視於旁人的建議，執意且衝動地去做。你應該謙虛一點，遇到不懂的事情時，可以多請教他人。因為你很天真，所以身旁的人總是願意幫助你，但請不要忘了對他們表達感謝的心。

出生日期1是表示一切開端的數字，代表朝向目標勇往直前的箭頭、方向，象徵著男性特質較強的領導者。再加上出生月分3所代表的純真孩子特質，讓你成為一名無時無刻都會忠於自己的心情與想法的領導者，而且不管幾歲都單純可愛、充滿魅力。

### ✧戀愛．婚姻．性生活✧

1日出生的人，擁有直來直往的性格，在戀愛中也是如此。你不擅長算計或欲擒故縱的招數，總是積極地展開追求，有時可能會讓人覺得你太過強勢，因而感到壓力。正因如此，當你展露出內心潛藏的純情時，反而會讓對方感到非常意外，成為你吸引異性的魅力關鍵。

婚後，你會想掌握家中的實權。遇到不順心的事情，你常常會表現出孩子氣的一面，用命令的口吻跟伴侶說話。你是個關心孩子的父母，但請注意不要過度掌控家人。在性生活方面，你也經常只顧自己的感受，請更體貼對方一些。

### ✧工作．財運✧

具有領導者架式的你，能利用自己獨創的點子，率領身邊的人前進。而且你無論從事什麼工作都能發揮實力，但關鍵在於你能否像孩子一般享受工作的樂趣。你的人緣好，因此很適合能與大眾接觸的餐飲業等行業，可以自己開店，也可當店長。個性不服輸的你，也很獨立，可試著挑戰還沒有人嘗試過的新領域。

你能靠自己的行動力招來財運。若有具體目標，你的願望便更容易實現。但你可能因為虛榮心而花大錢，請特別留意。

## ✧今生使命・未來展望✧

今生你的使命，就是將自己的人生軌跡以具體的形式留下。

坦率又真誠的你，認為人生就是要腳踏實地，努力是理所當然的，苟且隨便是不可原諒的，但也常不自覺地用你心中的那把尺來責備自己或衡量他人，變得太獨斷獨行，請小心。

請不要受限於自己心中的答案，放鬆心情，試著將自己一直以來累積的成果逐一以具體的方式保留下來。無論多小的事情都無妨，請發揮你天生的娛樂才華，創造出讓身邊的人看了感到開心的作品吧。這麼做，對你的領導能力想必也會帶來正面的影響。

## ✧生日帶來的訊息✧

「勇敢的挑戰」
「單純的心」
「有計畫地準備」

### 前世の故事

你的前世生在大航海時代，你是一名想前往新大陸一展身手的拓荒者。

出生於義大利南部小農村的你，從小就喜歡呼朋引伴，帶領大家去探索未知事物。長大後，你聽到有關新大陸的消息，二話不說便與夥伴一同踏上尋訪新大陸的旅程。你意氣風發地出發，卻在半途遇到存糧不足的問題，船隻又不慎觸礁。眼看目的地就在前方，夥伴們卻一個接一個倒下。身為船長的你，這才發現自己當初太急著出發，深切體認到事先為了目標做足準備有多麼重要，因此這也成為你來世的課題。

3/1 希伯來文

### ✧生日契合度✧

**◉ 情人・伴侶**

| | |
|---|---|
| 1月7, 16, 25日 | 7月1, 10, 19日 |
| 2月6, 15, 24日 | 8月9, 18, 27日 |
| 3月5, 14, 23日 | 9月8, 17, 26日 |
| 4月4, 13, 22日 | 10月7, 16, 25日 |
| 5月3, 12, 30日 | 11月6, 15, 24日 |
| 6月2, 20, 29日 | 12月5, 14, 23日 |

**◉ 工作夥伴・朋友**

| | |
|---|---|
| 1月3, 21, 30日 | 7月6, 15, 24日 |
| 2月2, 11, 20日 | 8月5, 14, 23日 |
| 3月10, 19, 28日 | 9月4, 13, 22日 |
| 4月9, 18, 27日 | 10月3, 12, 30日 |
| 5月8, 17, 26日 | 11月2, 20, 29日 |
| 6月7, 16, 25日 | 12月1, 19, 28日 |

**◉ 競爭對手・天敵**

[2/5] [5/20] [6/10] [9/16] [11/5] [11/23] [12/10]

**◉ 靈魂伴侶**

[1/1] [3/24] [4/25] [5/31] [7/2] [7/4] [12/24]

### ✧生日名人✧

蕭邦（作曲家）
小賈斯汀（音樂人）
岡本迦納子（作家）
芥川龍之介（作家）
石丸寛（指揮家）
南田洋子（演員）
加藤茶（藝人）
峰龍太（演員）
川崎麻世（演員）
中山美穗（演員）

◉ 從你的生日看命運
請見32頁

# 3月2日

March second

## 全心信任他人 天真爽朗的 輔助者

這一天出生的你，是擅於支持他人的輔佐者。你的個性天真無邪又爽朗，總是開朗愉悅地協助身邊的人。

出生日期2是帶有女性特質，以二元論為基礎的數字，代表了這天出生的人擁有被動與包容的特質，也很重視和諧，以及與人交流的意義。出生月分3，是富有創造力與活力的數字，象徵著只對自己喜歡的事物才感興趣的孩子。

基本上，你的個性溫和穩重，不喜歡爭執，深獲他人的信賴，能帶給人安心感。為人正直的你，像一個療癒系的角色，總能緩和現場的氣氛。即使是板著臉、正在煩惱的人，也能被你的笑容和幽默所治癒。

相對地，因為你的感受力比較強，因此會有些神經質、杞人憂天，也很容易受到他人意見左右，常常忍不住想太多。所謂的溫柔體貼和優柔寡斷之間，有時只有一線之隔，請特別留意。即使是小事，也要自己學著做決定，提昇獨立自主的精神。

若遇到一個能引導你前進的優秀領導者，你的才華與資質便會得以發揮。因為你的運氣會受到交往對象的大幅影響，因此請務必慎選朋友與伴侶。

### ❖戀愛・婚姻・性生活❖

融合了療癒和幽默兩種氣質的你，相當討喜，異性緣極佳。無論是談戀愛或性生活，你都比較喜歡把主導權交給對方，而且很重視有沒有樂趣。你也會為了配合交往對象的喜好而改變自己的氣質，以及給人的印象。

婚後，若能一心支持著伴侶的發展，能帶給你快樂，因此你很適合年紀比自己大、個性穩重的對象。即使是男性，也會比較喜歡能帶領自己前進的對象。一旦你與伴侶的關係變得不穩定，生活重心可能會轉而依賴孩子，請注意。

### ❖工作・財運❖

你溫柔、體貼、沉穩的態度，以及從任何事物中都能挖掘出樂趣的才華，在工作上也會派上用場。無論在什麼樣的職場上，你都會自然而然地協助身邊的人。你不擅長競爭，待人溫和、天真無邪，從來不會樹敵，因此可以順利度過人生中的高低起伏，抵達人生的目的地。

你的財運穩健，很奇妙地從來不必為錢煩惱。雖然你用錢慎重，但有可能會在旁人勸說下花大錢購物。不過，只要確定這是必需物品，就不需要太擔心。

### ✧今生使命・未來展望✧

你今生的使命是：善用輔佐者的特質，成為人們之間的溝通橋梁，追尋生命的自由與改變。

對於不擅做決定的你而言，改變現狀或許會令你產生極大的抗拒與不安。不過，你應該也察覺了「改變才是創造未來」的關鍵。

請先從日常生活中做一些小小的改變吧。例如髮型、打扮、用餐的習慣等等，抱著玩心，從這些無關緊要的小事開始嘗試，你就會覺得改變很有趣。

此外，不論是多麼微小的發現，只要看見你覺得不錯的事物，就請積極地與身旁的人分享吧。多主動前往有機會認識新朋友、獲得新體驗的地方，你對未來的想法，必定會變得更明確。

### ✧生日帶來的訊息✧

「單純付出」
「樸實」
「釋放自己的才華」

### 前世の故事

你的前世是古印加王朝中，王宮裡一流舞團或樂團成員的孩子。

自你有印象以來，無論你的父母或兄弟姊妹，身邊的每個人都在不斷努力鑽研自己的舞蹈或演奏的技巧。當時小小年紀的你，也懂得體貼他人，不吵不鬧，讓大家可以好好地練習。

到了家人們正式公演的那一天，你突然發起高燒，臥病在床，但你沒有告訴家人，自己身體多麼不適，只是奮力擠出開朗的笑容，目送大家出發。在病痛折磨下，你彷彿聽到那首表演的樂曲，意識逐漸遠離的你，心想著：真希望自己能和大家一起唱歌、跳舞，表現才藝……。

3/2 希伯來文

### ✧生日契合度✧

**◉情人・伴侶**

| | |
|---|---|
| 1月3, 21, 30日 | 7月6, 15, 24日 |
| 2月2, 11, 20日 | 8月5, 14, 23日 |
| 3月10, 19, 28日 | 9月4, 13, 22日 |
| 4月9, 18, 27日 | 10月3, 21, 30日 |
| 5月8, 17, 26日 | 11月2, 20, 29日 |
| 6月7, 16, 25日 | 12月1, 10, 19日 |

**◉工作夥伴・朋友**

| | |
|---|---|
| 1月4, 13, 22日 | 7月7, 16, 25日 |
| 2月3, 12, 21日 | 8月6, 15, 24日 |
| 3月2, 11, 20日 | 9月5, 14, 23日 |
| 4月10, 19, 28日 | 10月4, 13, 22日 |
| 5月9, 18, 27日 | 11月3, 12, 30日 |
| 6月8, 17, 26日 | 12月2, 11, 20日 |

**◉競爭對手・天敵**

[1/31] [2/16] [4/16] [4/26] [8/13] [10/20] [11/21]

**◉靈魂伴侶**

[3/14] [5/5] [7/1] [7/30] [8/11] [9/10] [11/6]

### ✧生日名人✧

貝多伊齊・史麥塔納（作曲家）
戈巴契夫（政治家）
凱倫・卡本特（歌手）
邦喬飛（歌手）
鄭大世（足球選手）
柳瀨尚紀（英國文學研究家）
三遊亭小遊三（單口相聲演員）
島崎和歌子（藝人）
中田大輔（彈翻床選手）
優木真央美（藝人）

◉從你的生日看命運
請見32頁

# 3月3日

March third

## 開朗大方 富有親和力的 孩子王

你的個性開朗，富有親和力，無論幾歲都像個純真的孩子一般。你非常喜歡開玩笑或策劃驚喜，身邊總是笑聲不斷。

3是在穩定中富有變化的可能性、具有創造力與活力的數字，也代表孩子的特質。而出生月分與出生日期都是3的你，是一個懂得在人生中縱情享樂的天才。你就像一個擅長娛樂他人的藝人，不會隨著年齡的增長而喪失童心。開朗又坦率的你，行為表裡一致，個性乾脆，任誰都會喜歡你。

富有個性的你，不喜歡受到各種框架的侷限，也不會在乎旁人的眼光，總是相信自己的感覺，勇敢付諸行動。你的好奇心旺盛，會積極主動地挑戰未曾嘗試過或能讓自己開心的事情。富有創造力和行動力的你，也具備了創造新事物的才能。你的直覺敏銳，頭腦靈活，又具有幽默感；同時你也喜歡表現自己，總希望能成為眾人目光的焦點。不過，你有時會因失了分寸而吃上苦頭。

雖然你對許多事情都很感興趣，但總是三分鐘熱度，缺乏耐性。因此你的表現總是不太沉定，偶爾還會出現自私又任性的一面。請善用你的笑容和那些有趣的點子為別人加油打氣，因為這種才華是你的天賦。此外，也要正視自己太過任性的問題，若身旁的人能夠更加理解你，便能創造出美好的人際關係。

### ✧戀愛・婚姻・性生活✧

面對感情，你很誠實，也很大膽，特別容易喜歡上與眾不同的對象。喜惡分明的你，談戀愛的次數並不多。你擁有看穿對方本質的能力，因此請相信自己的感覺，若遇到喜歡的對象，就直接了當地傳達出自己的感受與想法。

即使結了婚，你那孩子氣與不服輸的個性也不會改變，經常因為一些雞毛蒜皮的小事而和伴侶吵架。請不要過於堅持己見，若是自己的問題就老實地向對方道歉。你對性充滿了好奇心，不過比起性行為本身，你更重視彼此的溝通與交流。

### ✧工作・財運✧

你是組織裡的開心果，會獲得主管的青睞，因此有機會出人頭地。懂得樂在工作的你，無論任何時候都能保持正向的想法和心態。你很適合媒體或物流等能夠發揮獨立性和創造力的行業。

你的財運極佳，擁有許多獨創的賺錢點子。但你不擅長把靈感化為實際，所以能否遇到一個好的事業夥伴，對你非常關鍵。另外你雖然很會賺錢，卻不擅長理財，常花錢如流水，最好將財富交給值得信賴的對象或專家來管理，比較安心。

## ❖ 今生使命・未來展望 ❖

你今生的使命就是：保有孩子般的純真，同時對人們付出無私的愛。

總是保有童心的你，常常替身旁的人帶來歡笑與活力。但是，當你出現任性的一面時，就會希望自己的付出得到回報，或是強迫對方接受自以為的好意。

你今生的課題，就是學會發自內心對身邊的人付出，以及真正無私的愛。為此你必須先徹底把愛的能量投注在自己身上，請接受最真實的自己。

當你感受到，這未曾矯飾的自己，也能獲得滿滿的愛時，就會自然流露出與發自內心的喜悅，同時湧現真正不求回報的無私的愛。

## ❖ 生日帶來的訊息 ❖

「敞開心胸」
「展露笑顏」
「淡泊名利」

## 前世の故事

你的前世，是生活在亞馬遜森林深處的一個充滿野性的孩子。

你從小就充滿好奇心，隨心所欲在叢林中往來穿梭，一直以來都無拘無束、自由地成長。你總是以自己的喜好為先，從來不參與村子裡的祭典等各種你討厭的活動。你認為人生的目的就是享樂，追求自由。

然而，有一天在進行祭典的時候，你看見了全村村民那種為了目標各司其職，團結一心的模樣，深深受到感動。這時你才發現，因為自己只重視眼前的享樂，而喪失了與他人之間建立羈絆的重要性。

3/3 希伯來文

### ❖ 生日契合度 ❖

◉ **情人・伴侶**

| | |
|---|---|
| 1月8, 17, 26日 | 7月2, 11, 29日 |
| 2月7, 16, 25日 | 8月10, 19, 28日 |
| 3月6, 15, 24日 | 9月9, 18, 27日 |
| 4月5, 14, 23日 | 10月8, 17, 26日 |
| 5月4, 22, 31日 | 11月7, 16, 25日 |
| 6月3, 21, 30日 | 12月6, 15, 24日 |

◉ **工作夥伴・朋友**

| | |
|---|---|
| 1月5, 14, 23日 | 7月8, 17, 26日 |
| 2月4, 13, 22日 | 8月7, 16, 25日 |
| 3月3, 21, 30日 | 9月6, 15, 24日 |
| 4月2, 11, 29日 | 10月5, 14, 23日 |
| 5月10, 19, 28日 | 11月4, 13, 22日 |
| 6月9, 18, 27日 | 12月3, 21, 30日 |

◉ **競爭對手・天敵**

[1/28] [2/27] [3/8] [5/6] [6/23] [9/11] [10/19]

◉ **靈魂伴侶**

[1/22] [2/12] [8/15] [8/27] [9/26] [11/24] [12/20]

### ❖ 生日名人 ❖

貝爾（發明家）
斯托伊科維奇（足球選手）
板谷波山（陶藝家）
伊藤晴雨（畫家）
坪田讓治（兒童文學作家）
天知茂（演員）
大森一樹（導演）
栗田貫一（藝人）
宮臺真司（社會學家）
川島海荷（演員）

◉ 從你的生日看命運
請見32頁

# 3月4日
March fourth

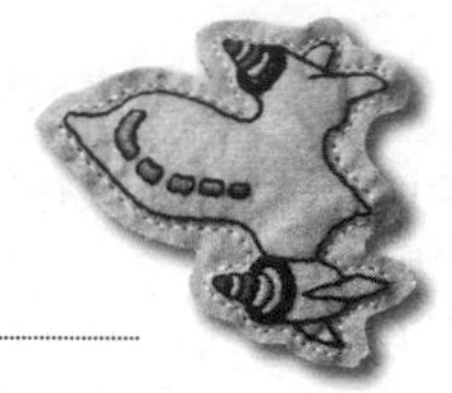

## 無法隱藏心中真實情感的正義的盟友

你為人正直，安分守則，是個可靠的好好先生。你很討厭各種投機取巧的行為，總是主動幫助弱者，就像一個正義盟友。

出生日期4象徵著四角形，是一個意謂著穩定、固定的數字。再加上出生月分3的純真特質，讓你展現出擇善固執的一面。只要你認為正確的事，就會貫徹始終地力行到底。同時，你會坦率地表現出自己真正的感受，有話直說，不會隱瞞。

基本上，你是個認真努力的人。因為你做事很腳踏實地，因此能贏得眾人的信賴，讓人感到放心。假如事情能依照計畫順利進行，你就會很開心。你總會嚴格遵守各種守則與約定。一旦下定決心，就絕對不會半途而廢，如此富有責任感的你，非常適合執行需要續航力的團體任務。你的個性認真又有耐心，好奇心又旺盛，只要利用這些優點，就能迎向各種挑戰，無畏險阻。

然而，有時你會因為太過在乎某些規範而有些不知變通，在處理事情上顯得略為笨拙。由於你常把心中感受直接表現出來，有時可能讓人覺得太嚴厲或很難搞，請特別注意。偶爾展現出孩子般開朗天真的一面，必能提昇你的魅力。

### ❖戀愛・婚姻・性生活❖

你不擅長欲擒故縱的戀愛遊戲。只要喜歡上對方，就會直接了當地主動追求；只是你的衝勁往往會使對方嚇一跳而退縮，於是後悔莫及。你希望擁有穩定、安心的婚姻生活，也會努力為家庭付出。如果對心目中的理想家庭藍圖太執著，可能會對理想與現實之間的差距感到痛苦，而造成不必要的家庭問題。

你對性心生抗拒，認為性行為只是為了傳宗接代的行為。因為對你而言戀愛與結婚是一體的，在婚前也許會堅決守貞。

### ❖工作・財運❖

你適合在團體中工作，表現穩定，在各種領域都能確實地做出成果。由於你很重視規定或原則，因此最適合需要資格證照的嚴謹、專業型的工作。另外，既細心又有耐性的你，也很適合擔任後勤支援的角色。你也很善於管理財務，因此也可擔任會計等負責財務的工作或與公共事業相關的公務員。

你的財運穩健，生性節儉，追求穩定的生活。你也不會亂花錢，會有計畫地儲蓄。只要呼應時代潮流，訂立穩紮穩打的人生計畫並加以執行，你就能確實地累積財富。

## ❖ 今生使命・未來展望 ❖

擅長一點一滴累積努力的你，今生的使命是：善用你坦率又真誠的優勢，透過生命的歷練習得真理，達成自己的人生目標。

你的責任感很強，同時擁有能將所有事情做到盡善盡美的力量，因此不習慣仰賴他人；然而獨立自主的第一步，就是勇於拒絕超出自己能力範圍的事情，或向他人求助。

每個人能做到的事情都有限。真正獨立自主的人，會對自己可以獨力完成的事情認真負責，而遇到自己做不到的事情時，也會誠懇地拜託他人。

請鼓起勇氣承認自己也有脆弱的時候，接受自己的弱點，慢慢地改變那些不合時宜的做法，才能幫助你實現真正的獨立自主。

## ❖ 生日帶來的訊息 ❖

「續航力」
「安全感」
「確立自我風格」

### 前世の故事

你的前世，是住在西伯利亞森林深處，一個小村莊裡的村民。

熱愛大自然的你，是個文靜又直率的孩子。在幫忙家事之餘，你也喜歡和朋友或動物們為伴，過著幸福的日子。個性老實的你，非常聽父母的話，長大後也和父母決定的對象結婚，生下了3個小孩，每天為了家庭而忙碌。你一直都在辛勤工作，幾乎不曾擁有自己的時間。

一天，你聽見村民談起前往遠方狩獵的冒險經歷，赫然發現自己的世界有多麼狹隘，於是強烈地盼望來世能擁有更為不同的人生。

דג

3/4 希伯來文

### ❖ 生日契合度 ❖

◉ 情人・伴侶

| | |
|---|---|
| 1月13, 22, 31日 | 7月7, 16, 25日 |
| 2月3, 12, 21日 | 8月6, 15, 24日 |
| 3月2, 20, 29日 | 9月5, 14, 23日 |
| 4月1, 19, 28日 | 10月4, 13, 22日 |
| 5月9, 18, 27日 | 11月3, 12, 30日 |
| 6月8, 17, 26日 | 12月2, 20, 29日 |

◉ 工作夥伴・朋友

| | |
|---|---|
| 1月6, 15, 24日 | 7月9, 18, 27日 |
| 2月5, 14, 23日 | 8月8, 17, 26日 |
| 3月4, 13, 31日 | 9月7, 16, 25日 |
| 4月3, 21, 30日 | 10月6, 15, 24日 |
| 5月2, 20, 29日 | 11月5, 14, 23日 |
| 6月10, 19, 28日 | 12月4, 13, 22日 |

◉ 競爭對手・天敵

[1/3] [1/12] [2/2] [5/17]
[6/1] [10/21] [11/11]

◉ 靈魂伴侶

[1/4] [4/19] [5/7] [5/16]
[7/23] [8/13] [12/18]

### ❖ 生日名人 ❖

韋瓦第（作曲家）
亞倫・西利托（作家）
波爾・瑪麗亞（作曲家）
有島武郎（作家）
松岡洋右（外交官）
山本琳達（歌手）
魔夜峰央（漫畫家）
佐野史郎（演員）
淺野溫子（演員）
細田善彥（演員）

◉ 從你的生日看命運
請見32頁

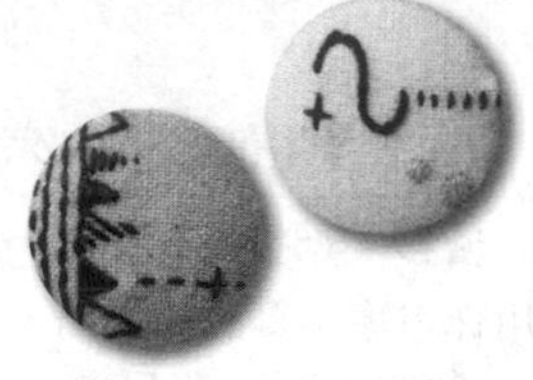

# 3月5日

March fifth

只對新事物
感興趣
永遠自由的靈魂

3月

選擇這一天生日的你，對各種新奇有趣的事物都很感興趣，是個自由的靈魂。你的特色是不受拘束，並富有行動力。你對環境的適應力十分優異，無論到什麼地方都能立刻融入各種團體之中，並且擅長炒熱氣氛。個性外向的你，喜歡社交，和每個人都能相處融洽。而且你很會看場合，反應機靈，因此不管男女老幼都喜歡你這個開心果。

富有決斷力和行動力的你，腦筋靈活，只要你認為好的事物，就會立刻採行。你最喜歡新奇好玩的事物，總是力求改變。你的理解力也很高，做什麼事都很明快俐落。對於流行的敏銳度很高的你，經常會到處蒐集最新資訊，同時具有時尚眼光與風格。不過因為你總是以自由為名，不願備被拘束，因此身邊的人可能會認為你很任性。此外，你很沒耐心，常常情緒起伏過大。請學著體貼他人，時時保持感謝的心。

你的出生日期5，是代表自由與變化的數字，同時也象徵著人類的智慧。再加上出生月分 3 所具有的純真、歡笑等等像孩子一樣的特質，讓你成為一個好奇心旺盛、活潑又自在的人。

## ✧ 戀愛・婚姻・性生活 ✧

擁有許多興趣的你，談天的話題也很豐富，非常健談，再加上優秀的時尚品味，讓你的異性緣極佳。即使已有了交往對象，重視自由的你，對於腳踏兩條船、婚外情以及一夜情也來者不拒。奉行享樂主義的你，有時候會任性地主導一切，而讓對方愛得很辛苦。對性方面，你也很積極，既熱情又技巧純熟。

因為你很受歡迎，又容易出軌，因此婚姻對你和對方來說，可能會是一種壓力。假如你是男性，可能會是花花公子；假如你是女性，就宛如小惡魔般。無論在感情或婚姻中，你都是個不安於室的人。

## ✧ 工作・財運 ✧

你的頭腦靈活，吸收快，無論從事什麼工作都能成為「即戰力」。你不喜歡被人管，因此適合以業績計酬的業務員或直銷人才等時間上比較不會被制約的自由業。你可能會不停換工作，不過最能讓你發揮才華的，還是自己能樂在其中的工作，或是能接觸到孩子的工作。

你的財務狀況很不穩定，導致財運起伏劇烈。但總能掌握時代脈動又具有精準判斷力的你，只要掌握正確的時機，就能在短時間內累積致富。

## ❖ 今生使命・未來展望 ❖

今生你的使命是：善用你懂得靈機應變的思考，跨越別人難以克服的困境，獲得現實世界的成就，並將富足的成果與身邊的人分享。

你是否明明想追求成功，卻常常半途而廢，或太貪心，同時追求太多目標，最後迷失了方向？想獲得成功，就必須付出扎實的努力，認真面對眼前的課題，按部就班地逐一解決。

另外，認真面對現實世界中代表成就的金錢，也是相當重要的。金錢被視為一種「能讓這個世界變得更快樂」的富足能量，因此請抱著感謝的心情，仔細地處理你的財務問題。物質上的成功與富足，唯有活在現世的人們才能體驗。若能將手中的財富與更多的人分享，就能幫助你實現未來的心願。

## ❖ 生日帶來的訊息 ❖

「改革的先驅」
「引導」
「分享的力量」

### 前世の故事

你的前世是一名在歐洲各地巡迴演出的藝人之子，每天靠著演奏樂器、進行街頭表演過活。

熱愛唱歌、跳舞等表演的你非常受到群眾的歡迎，每次站上舞臺，都能博得滿堂喝采，連大人都自嘆弗如。後來，有位王牌經紀人看上你的才華，把你挖角到大城市的劇場中演出。你在那裡也成為了王牌藝人，但隨著名氣愈來愈大，你也變得愈來愈傲慢，身旁的朋友漸漸離你而去。你明明只是想把這份才華與更多人分享，卻因而遭到朋友的妒忌，甚至被惡意中傷，內心感嘆不已。

הג

3/5 希伯來文

### ❖ 生日契合度 ❖

◉ **情人・伴侶**

1月5, 14, 23日　7月8, 17, 26日
2月4, 13, 22日　8月7, 16, 25日
3月3, 12, 21日　9月6, 15, 24日
4月2, 20, 29日　10月5, 14, 23日
5月1, 19, 28日　11月4, 13, 22日
6月9, 18, 27日　12月3, 21, 30日

◉ **工作夥伴・朋友**

1月7, 16, 25日　7月1, 19, 28日
2月6, 15, 24日　8月9, 18, 27日
3月5, 14, 23日　9月8, 17, 26日
4月4, 13, 22日　10月7, 16, 25日
5月3, 21, 30日　11月6, 15, 24日
6月2, 20, 29日　12月5, 14, 23日

◉ **競爭對手・天敵**

[3/16] [4/15] [5/12] [7/21] [8/2] [9/10] [12/7]

◉ **靈魂伴侶**

[3/30] [4/23] [7/29] [8/19] [8/28] [10/8] [11/16]

### ❖ 生日名人 ❖

周恩來（政治家）
丹尼爾・康納曼（經濟學家）
皮耶・保羅・帕索里尼（導演）
安藤百福（日清食品創始人）
中村真一郎（作家）
長谷川信彥（桌球選手）
北条司（漫畫家）
山田瑪利亞（藝人）
松山研一（演員）
川內優輝（馬拉松選手）

◉ **從你的生日看命運**
**請見32頁**

# 3月6日
March sixth

## 細心體貼看重人情的人生導師

你像個無微不至的導師，總是自然流露出對旁人的關懷與體貼，看見別人有難，你絕對不會坐視不管。你永遠都面帶著笑容，對每個人都很親切，極富親和力。

6是代表美、創造與愛的數字。而6的字形彷彿一個懷著胎兒的孕婦，象徵溫暖、溫柔、宛如被環抱的安心感等母性特質。再加上出生月分3具備的孩子特質，你的開朗、社交能力，以及創造出新事物的能量便更加顯著。

你討厭太困難複雜的事情，行事作風簡單明快。待人親和又溫暖的你，笑總是容可掬，跟任何人都能立刻打成一片，同時備受眾人喜愛。

你看起來誠懇又直率，內心卻隱藏著不服輸的韌性，自尊心很強。而富有正義感的你，也不容許各種不正當的行為，同時會體貼、照顧身邊的人，也喜歡與他人分享或教導他人。

你可能會因為一心為了世界、為了人們而太過干涉他人事務，因此請注意不要太多管閒事，或將自己的好意強加在他人身上。你的母性本能很強，對欺負弱小之類的事情相當敏感，也會鼓起勇氣挺身而出。

### ❖戀愛．婚姻．性生活❖

只要你喜歡上一個人，就會全心全意為對方付出，屬於典型的好太太。若是女性，即使你知道對方是個麻煩人物或不可靠的人，也會被對方吸引。婚後，你會是個非常重視家庭的好爸爸或好媽媽。有了孩子之後，你也會是個愛孩子、關心教育的母親，或滿心為孩子著想的父親。

你覺得被對方需要是一件開心的事，因此即使知道對方不是好對象，在對方的強勢作風下，你可能也會與對方發生關係。其實你不必一直扮演好人的角色，有時候也需要拿出勇氣堅決地拒絕對方。

### ❖工作．財運❖

工作上，你也會徹底展現出善於照顧人的特質，尤其是從事教師、教保員等教育相關工作時，更能發揮長才。而醫療、社福等為人們奉獻的工作，也能讓你充滿幹勁，覺得努力很有價值。若從事服務業等協助顧客的工作也很適合你。

你的財運不算太差，卻經常對於為了五斗米折腰的自己懷有罪惡感，無法好好地享受金錢帶來的富裕生活。此外，把自己所擁有的事物與人分享，當然不是壞事，但請留意：金錢借貸往往是麻煩的開始。

## ❖ 今生使命・未來展望 ❖

擁有強烈正義感與使命感的你，今生的使命是：帶著體貼的心，為了實現世界和平而奉獻自己，並不斷努力。

對身邊的人體貼、親切固然是好事，但你很容易把自己認為正確的觀念任意強加在他人身上，甚至以此評論對方，或是插手太多別人的事務，關於這點請特別注意。

你今生的課題，是在希望世界和平實現與為人付出前，先讓自己的內心獲得平靜。想懂得愛人的真諦，就須先懂得愛自己、接納最真實的自己。

首先，請誠實地面對自己的心願，認清自己真實的需求。不必對享受屬於你的人生懷有罪惡，若你能更坦率地努力實現自己的願望，對你今生的使命必定有所助益。

### ❖ 生日帶來的訊息 ❖

「無瑕的愛」
「教學相長」
「學會真正的體貼」

### 前世の故事

你的前世生於古羅馬時代，你是侍奉某位貴族，負責照顧與教育孩子們們的導師。

原本你是僕人的女兒，由於個性溫和、擅於照顧人，受到主人的喜愛，因此開始負責照顧主人的孩子們。本來就喜歡孩子的你，也因此深受孩子們的愛戴，你努力地培育他們，將他們拉拔長大。但是成人之後的他們，卻安於貴族的身分，每天只顧著吃喝玩樂。

看著他們墮落的模樣，你的心中湧上一股複雜的情緒，不禁自問：我這一輩子盡心盡力地為他們付出，到底是為了什麼……？

גו

3/6 希伯來文

### ❖ 生日契合度 ❖

◉ 情人・伴侶

| | |
|---|---|
| 1月10, 19, 28日 | 7月4, 13, 22日 |
| 2月9, 18, 27日 | 8月3, 21, 30日 |
| 3月8, 17, 26日 | 9月2, 11, 20日 |
| 4月7, 16, 25日 | 10月1, 19, 28日 |
| 5月6, 15, 24日 | 11月9, 18, 27日 |
| 6月5, 14, 23日 | 12月8, 17, 26日 |

◉ 工作夥伴・朋友

| | |
|---|---|
| 1月8, 17, 26日 | 7月2, 20, 29日 |
| 2月7, 16, 25日 | 8月1, 19, 28日 |
| 3月6, 15, 24日 | 9月9, 18, 27日 |
| 4月5, 14, 23日 | 10月8, 17, 26日 |
| 5月4, 22, 31日 | 11月7, 16, 25日 |
| 6月3, 21, 30日 | 12月6, 15, 24日 |

◉ 競爭對手・天敵

[2/6] [3/5] [4/22] [7/28] [9/8] [10/16] [12/23]

◉ 靈魂伴侶

[1/3] [4/27] [4/30] [7/18] [7/24] [7/27] [8/8]

### ❖ 生日名人 ❖

米開朗基羅（藝術家）
加布列・賈西亞・馬奎斯（作家）
大岡昇平（作家）
安藤和津（作家）
高橋真梨子（歌手）
田中健（演員）
柳澤慎吾（演員）
重松清（作家）
Becky（藝人）
岩田剛典（演員）

◉ 從你的生日看命運
請見32頁

# 3月7日

March seventh

獨特的創意
讓人驚豔的
創造者

你的出生日期7代表著一週的結束，同時有完成、和諧的意義。因此7日出生的人，會展現出自我獨特的風格，做事乾脆果決。再加上出生月分3的特質，讓這天出生的你富有創造的能量與天真浪漫的特質，彷彿永遠像個長不大的孩子。

如同創造者的你，總能夠用自由的想像與嶄新的點子創造出許多新事物。你不太能融入團體生活之中，比較喜歡自己單獨行動，討厭受到別人的干涉。

你天生擁有敏銳的直覺，並富有決斷力、執行力與行動力。此外，你也有樂天的一面，不太在乎以後的事情，充滿熱情與活力，懂得享受當下。另一方面，你總能冷靜地觀察身邊的人，並默默地關心、體貼別人。

你是一個非常重視細節的完美主義者，很有主見，且從不輕易妥協。要特別注意的是，假如你試圖掌控身邊的一切，可能會因為太過偏執最後遭到旁人的孤立。一旦你的心情或生活狀況不穩定，就很容易對身心產生負面的影響，因此請常保笑容，適時轉換心情。

### ❖戀愛・婚姻・性生活❖

在戀愛方面，你有時是獨立成熟的大人，有時又是愛撒嬌、怕寂寞的孩子，兩種個性交錯出現，可能會令對方感到混亂。即使是戀人或伴侶，你也無法接受對方涉入自己的隱私，不喜歡每天和對方黏在一起。但你有時也會像孩子一般向伴侶撒嬌，這種極端的兩種性格，也許正是你讓對方著迷之處。

婚後，讓自己仍保有獨處的時間，是你維繫婚姻長久的祕訣。而和伴侶共享性愛，是你少數可以真正放鬆身心的時光。當你感到好奇時，就會想嘗試各種不同的性愛招式。

### ❖工作・財運❖

你適合在感興趣的領域中找到一個能全心投入的工作，並努力成為該領域的箇中翹楚。例如從事專業人員、研究人員等能善用職人精神的工作，能讓你的才華得到更大的發揮。如果遇到一個你願意花一輩子投入的天職，人生會更加耀眼。另外，你也適合擔任產品研發等能運用你天生的創造力與企劃能力的工作。

你對財富沒有太大的欲望，比起賺錢，你更希望能保有自己喜愛的生活步調和方式，因此財務狀況可能不太穩定。若能運用你的直覺和觀察力，冷靜地從當下情勢中做出正確的判斷，相信便能提昇財運。

## ✣ 今生使命・未來展望 ✣

今生你的使命就是：善用創造者的才華，對自己的人生負責，發揮領導的才能。

對於擁有獨特人生觀的你而言，作為團體的領導者，需要整合眾人的意見、帶領大家往前走，或許是件麻煩又辛苦的事。

但你不用一下子急著發揮領導能力，請先從「對身邊的人傳達自己的想法、給他們所需的建議」開始。重要的是，即使對方不接受，也請當作現在只是時機不對，微笑以對，日後再抱著輕鬆的心情挑戰看看。

由於你擁有獨特的想法與實際的專業，久而久之身邊的人就會願意傾聽你的意見。即使面對意見相左的人，也請用笑容應對，如此一來，對方有一天可能會成為你的支持者，激發你潛在的領導能力。

## ✣ 生日帶來的訊息 ✣

### 「統合兩極的力量」
### 「創新」
### 「統率眾人」

#### 前世の故事

你的前世生於中世紀末期的英國，是一位力行騎士精神的孤傲騎士。

從小，你就非常景仰身為騎士的父親，因此決定自己也要走上與父親相同的人生之路。你總是偷看騎士們在城堡的庭院裡進行訓練的情況，也很喜歡觀看他們在王公貴族面前展現騎術的比賽，內心嚮往不已。

由於在比賽中獲得優勝的騎士，能得到公主的獎賞，還能親吻美麗公主的手，於是你在心中立誓，總有一天自己也要成為那樣的騎士，繼續忍受著父親對你的嚴格訓練。然而因應時代變遷，騎士的榮譽與地位已不再，你心中的理想的生活也漸漸成為過去式，成為永遠的遺憾。

3/7 希伯來文

### ✣ 生日契合度 ✣

**◉ 情人・伴侶**

| | |
|---|---|
| 1月2, 20, 29日 | 7月5, 14, 23日 |
| 2月1, 10, 19日 | 8月4, 13, 22日 |
| 3月9, 18, 27日 | 9月3, 12, 30日 |
| 4月8, 17, 26日 | 10月2, 11, 20日 |
| 5月7, 16, 25日 | 11月1, 10, 19日 |
| 6月6, 15, 24日 | 12月9, 18, 27日 |

**◉ 工作夥伴・朋友**

| | |
|---|---|
| 1月9, 18, 27日 | 7月3, 21, 30日 |
| 2月8, 17, 26日 | 8月2, 11, 29日 |
| 3月7, 16, 25日 | 9月1, 19, 28日 |
| 4月6, 15, 24日 | 10月9, 18, 27日 |
| 5月5, 14, 23日 | 11月8, 17, 26日 |
| 6月4, 13, 22日 | 12月7, 16, 25日 |

**◉ 競爭對手・天敵**

[1/26] [3/24] [5/4] [6/12]
[8/20] [9/10] [10/8]

**◉ 靈魂伴侶**

[1/1] [3/3] [4/7] [5/19]
[7/31] [11/18] [11/22]

### ✣ 生日名人 ✣

蒙德里安（畫家）
莫里斯・拉威爾（作曲家）
張東健（演員）
石川淳（作家）
上條恆彥（歌手）
林靜一（插畫家）
陰山英男（教育家）
矢澤愛（漫畫家）
川越達也（廚師）
長谷川博己（演員）

◉ 從你的生日看命運
請見32頁

# 3月8日

March eighth

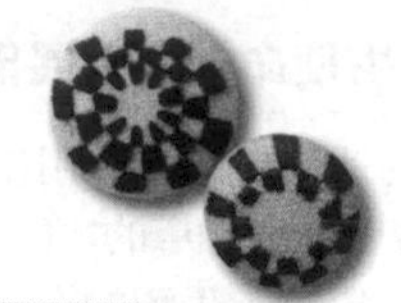

為身邊人們點燃熱情的激勵者

3月8日出生的你，對任何事物都充滿好奇，熱情洋溢，能激勵身邊的人，讓人們忍不住想與你並肩挑戰。你看起來總是既開朗又有活力、天真無邪，永遠散發著正能量，帶給身邊的人好心情，讓人不由自主地覺得一切問題或困難都有辦法解決，世上沒有不可能做到的事。你只要活用這份力量，想在現實社會中獲得成功或富裕的生活絕非難事。

但由於你不善訂定計畫，總是不考慮後果就直接行動，於是在發生問題時可能會手足無措。當遇到困境時，請不要自己一個人想太多，請把與生俱來的幽默感和笑容當作武器，坦率向長輩或上級求助。

此外，如果你能認真學習如何運用靈感或直覺等肉眼看不見的力量，你原本的熱情能量再加上神祕力量，一定能為你帶來更大的影響力。

你的出生日期8代表了意志力、組織力等偉大的力量與榮耀，同時也表示擁有整合與協調物質與精神兩個面向的能力。再加上出生月分3代表的孩子、創造等意義，這象徵著你對凡事勇於挑戰、無所畏懼的積極態度與強烈動機，更能打動旁人的心。

## ❖戀愛・婚姻・性生活❖

你的戀愛雷達很敏銳，並會如實反映自己的心情。一旦你喜歡一個人，就會單純地散發出「我喜歡你」的氣息，向對方展開積極的攻勢。由於你的感性重於理性，因此很容易愛上別人，導致每段戀愛可能都不長久。

你很有可能會閃電結婚，正因如此，也很難避免離婚的風險，請特別注意。其實你比較適合能讓你安心做自己、性格穩重的對象。你總是為了工作或興趣而忙碌，即使婚後，待在家裡的時間可能也不多。你對性的好奇心比一般人更強烈，但有時可能因為一點小事而突然變得怯懦。

## ❖工作・財運❖

只要善用你突出的社交能力與個人魅力，無論從事什麼工作都能逐漸嶄露頭角。不過你不擅長單打獨鬥，和大家一起熱鬧、開心地工作，更能讓你在團隊中發揮實力，締造成果。你獨特的性格和創新的點子，也會幫助你從事業中獲得自信、拿出成績。

你的財運很強，非常懂得生財之道，一輩子都不會為金錢所苦。不過出手闊綽的你，有時會豪邁地花錢，因此需要一個會幫你管控支出的人。

## ✧ 今生使命・未來展望 ✧

你今生的使命是：善用激勵人心的才能，在無形的世界中持續探索，展現自我獨特的價值。

注重現實，一眼就能看出每件物品背後價值的你，擁有足以在現實社會中獲得成功或富裕的才能。然而光靠這些，你可能很難發自內心地感到滿足。

你應該也已隱約感受到，其實真正重要的東西，用眼睛是看不見的。

由於你對物質世界的理解與實力已經十分充足，因此今生只要學習對於心靈、靈魂、能量等精神世界的課題，加深對此的理解，能幫你獲得更大的成就感。讓物質與精神這兩個截然不同的世界加以整合，取得平衡，並將你從精神世界中習得的智慧，快樂地將它運用在現實生活中，便是你的人生目標。

## ✧ 生日帶來的訊息 ✧

**「無盡的創造力」**

**「挑戰」**

**「探索心靈世界」**

### 前世の故事

你的前世是中國唐代以販售風景畫為業的商家之子。

你的父親繼承了家中的傳統成為一位畫師，而母親則負責將父親的畫作拿去街上販售。天生鬼靈精怪又擁有社交長才的你，有天想到可以把父親的畫作拿去進獻給皇帝。結果皇帝非常喜歡你父親的畫作，從此命他專門負責繪製宮內的肖像畫。但是有一天，得意忘形的你竟然無意中洩漏了皇帝的秘密，觸怒龍顏，被關進了大牢。當你在昏暗的牢獄中等待著被處刑的時日裡，開始思及另一個心靈世界的存在，那是個比起地位、名聲更重要的世界。

3/8 希伯來文

### ✧ 生日契合度 ✧

**◉ 情人・伴侶**

| | |
|---|---|
| 1月9, 18, 27日 | 7月3, 21, 30日 |
| 2月8, 17, 26日 | 8月2, 20, 29日 |
| 3月7, 16, 25日 | 9月10, 19, 28日 |
| 4月6, 15, 24日 | 10月9, 18, 27日 |
| 5月5, 14, 23日 | 11月8, 17, 26日 |
| 6月4, 13, 22日 | 12月7, 16, 25日 |

**◉ 工作夥伴・朋友**

| | |
|---|---|
| 1月10, 19, 28日 | 7月4, 22, 31日 |
| 2月9, 18, 27日 | 8月3, 21, 30日 |
| 3月8, 17, 26日 | 9月2, 11, 29日 |
| 4月7, 16, 25日 | 10月1, 19, 28日 |
| 5月6, 15, 24日 | 11月9, 18, 27日 |
| 6月5, 14, 23日 | 12月8, 17, 26日 |

**◉ 競爭對手・天敵**

[1/23] [2/22] [6/27] [7/26] [8/25] [10/10] [11/18]

**◉ 靈魂伴侶**

[1/2] [3/18] [4/8] [6/6] [7/12] [8/11] [8/13]

### ✧ 生日名人 ✧

安塞姆・基弗（畫家）
松井須磨子（演員）
水木茂（漫畫家）
大澤在昌（作家）
堀江美都子（歌手）
江川達也（漫畫家）
角田光代（作家）
櫻井和壽（歌手）
須藤元氣（格鬥家）
松井珠理奈（歌手）

◉ 從你的生日看命運
請見32頁

# 3月9日

March ninth

## 擁有孩子般笑容
## 樂於助人的
## 和平主義者

你是個頭腦聰明、心胸寬大、待人親和的和平主義者。富有同情心的你，很希望世人都能過上和平喜樂的生活，進而樂於助人。

出生日期9包含了所有數字的元素，是一個代表完成、結束的數字，同時象徵著賢者、導師、智者的才能。再加上出生月分3具備的孩子特質，會讓你開朗、富有活力的特質，以及給人親和力的印象更加顯著。

你很聰明伶俐，求知欲旺盛，是個認真的英才。平常就會主動關心他人的你，會在歡樂的氣氛下統領團隊，因此備受眾人仰慕。你很重視社會規範，但不會讓自己的發展因而受限。

你總是面帶笑容地為身邊的人帶來活力，內心誠摯地祈求世界和平，是個浪漫的理想主義者。不過，擅長社交、待人親切的你，會因為太在乎別人的評價，而無法坦率地表達自己內心的想法，很難對人說出真心話。

由於你的感受力很強，因此也很容易受到他人或環境的影響，因此受傷，展現出脆弱的一面。請注意，過多的壓力會造成身心失衡，請適時地鼓起勇氣給予自己肯定。

### ✧戀愛・婚姻・性生活✧

你不擅長面對真實世界中的愛情，反而比較容易進入想像中的愛情世界。面對喜歡的人時，你可能會緊張到什麼都做不了。相反地，假如你打定主意自己只是玩玩，就會大膽行動，甚至發展出婚外情。

婚後，你會努力打造理想的家庭，只是對伴侶經常展現出孩子氣的一面，把自己的想法強加在對方身上。重視精神世界的你，也比較看重與伴侶之間的情感交流。你對性本身存著些微的抗拒，若能像孩子般一邊嬉鬧一邊自然地進入狀況，或許比較理想。

### ✧工作・財運✧

在工作方面，只要善用你豐富的智識與對人的親和力，無論任何工作你都能輕鬆勝任。若從事需要專業知識或技術的工作，更能讓你發揮長才。若你覺得自己的工作對別人沒有助益，就無法感受到其中的價值。請不要太在乎別人的評價，你只要做好自己喜歡的事，讓自己快樂就夠了。

你的財運穩定，但因為你的公益之心太強，有時反而會刻意遠離賺錢的機會。雖然你擁有理財的能力，但只要感受到太大的壓力，就會為了抒壓而變得奢侈浪費，請格外留意。

## ❖ 今生使命・未來展望 ❖

總是為了助人而努力不懈的你，今生的使命是：懷著祈求世界和平的心願，以孩子般的純真，盡情享受屬於自己的人生。

從小就比同齡孩子更顯成熟穩重的你，儘管擁有童心，卻很少展現出天真無邪的樣貌。請不要把人生想得那麼複雜，學著用笑容面對每一天，過著快樂又輕鬆的人生吧。

聰明的你，總是不自覺地用理性來判斷事物，有時可以試著在你動腦思考之前，先憑著直覺採取行動。請打開感官，傾聽自己，仔細體驗自己真正的感受。因為享受人生的第一步，就是學會覺察自己真正的心情，才能順著自己的感情走。

## ❖ 生日帶來的訊息 ❖

**「兼具大人與孩子的氣質」**
**「真心誠意」**
**「找回天真無邪的童心」**

### 前世の故事

你的前世是日本室町時代一名貴族的嫡子，長得眉清目秀，並且才智出眾。

為了繼承貴族的身分，你從小就開始接受嚴格的教育，所以在待人處事上一直比同齡孩子更顯得成熟穩重。雖然你生活中的一切都有僕人幫忙打點，讓你的生活衣食無虞，但父母每日忙於政事，有時你連想見上他們一面都很困難。

一心想成為名副其實的貴族的你，像是一個急著長大的孩子，卻愈來愈無法壓抑內心那想直接對父母撒嬌的童心。

טג

3/9 希伯來文

### ❖ 生日契合度 ❖

**◉ 情人・伴侶**

| | |
|---|---|
| 1月6, 15, 24日 | 7月9, 18, 27日 |
| 2月5, 14, 23日 | 8月8, 17, 26日 |
| 3月4, 13, 31日 | 9月7, 16, 25日 |
| 4月3, 21, 30日 | 10月6, 15, 24日 |
| 5月2, 20, 29日 | 11月5, 14, 23日 |
| 6月10, 19, 28日 | 12月4, 13, 22日 |

**◉ 工作夥伴・朋友**

| | |
|---|---|
| 1月2, 11, 29日 | 7月5, 14, 23日 |
| 2月10, 19, 28日 | 8月4, 13, 31日 |
| 3月9, 18, 27日 | 9月3, 21, 30日 |
| 4月8, 17, 26日 | 10月2, 11, 20日 |
| 5月7, 16, 25日 | 11月1, 19, 28日 |
| 6月6, 15, 24日 | 12月9, 18, 27日 |

**◉ 競爭對手・天敵**

[2/1] [6/26] [7/16] [9/12] [9/23] [11/12] [12/2]

**◉ 靈魂伴侶**

[1/30] [2/11] [4/18] [4/27] [9/22] [10/21] [11/29]

### ❖ 生日名人 ❖

尤里・加加林（太空人）
鮑比・費雪（西洋棋士）
茱麗葉・畢諾許（演員）
太妍（歌手）
梅原龍三郎（畫家）
篠田正浩（導演）
來生悅子（作詞家）
未唯 mie（歌手）
木梨憲武（諧星）
千葉雄大（演員）

◉ 從你的生日看命運
請見32頁

# 3月10日

March tenth

## 不怕挑戰 開朗有活力的 領導者

3月10日出生的你，不拘小節，是開朗、有活力、格局又大的領導者。具有積極正向、勇往直前的力量，無論面對什麼困難都不會退縮；同時你也像孩子一般，擁有天真無邪的直率性格。同時你擁有宏觀視野，總是用正能量為身邊的人加油打氣。

散發著亮麗光環的你，很有人緣，深受眾人愛戴與仰慕。你擁有一股難以言喻的魅力，好奇心旺盛且待人親切，因此和每個人都能打成一片，永遠都是團體裡的核心角色。

不過，你的個性常常忽冷忽熱，情緒起伏很大，請特別注意這一點，努力讓自己的心情保持平衡。

兼具運氣與實力的你，總能迅速轉換心情，即使面對危機，也能發揮與生俱來的活力和衝勁，突破眼前的困境。對於想完成的目標，你擁有高度的專注力，不過一旦全心投入，往往就會忽視了身旁的人，請注意。

你的出生日期10，是代表領導者的1與帶有強化隔壁數字力量的0所組成的，因此你必定能成為一名活躍的領導型人才。再加上出生月分3的孩子特質，會增強你的能量，讓你的執行力也得到強化。

### ❖ 戀愛・婚姻・性生活 ❖

在戀愛中，也會發揮你坦率的特質和行動力。你很容易對人動心，一旦遇上喜歡的人，就會立刻向對方展開熱情的攻勢。不過，由於你很專情，有時太操之過急，反而會造成對方的困擾。因此在展開追求前，請先考慮對方的狀況和心情，這是行動能否成功的關鍵。

你對性方面很積極且大膽，可能會熱情地向對方求歡。婚後，你很可能變得大男人或大女人，請注意不要因為想在家中掌權，而對家人表現出高傲無禮的態度。記得要時時對伴侶表達感謝的心，這是使家庭圓滿和樂的祕訣。

### ❖ 工作・財運 ❖

擅長綜觀全局，提出新方向的你，是一位能統整團隊的領導者。若能利用自己創造新事物的能力與獨特的靈感，從事活動企劃或產品研發等推陳出新的工作，你一定會更快樂。對於擅於表達又有群眾魅力的你而言，從事電視、電影等演藝、媒體相關的工作，也很適合。

你的財運亨通，一生都不必為錢煩惱。由於你擁有獨特魅力與投資才能，只要全力做好自己的工作，財富自然會流向你。

## ❖ 今生使命・未來展望 ❖

今生你的使命是：善用與生俱來的開朗特質與領導能力，並將自己努力過的成果，具體記錄下來。

凡事積極、勇往直前、充滿行動力的你，不習慣一步一腳印地慢慢累積成果。如果你總是體驗過就拋在腦後，你所經歷過的一切事蹟便無法流傳後世，自己也可能漸漸遺忘曾做過哪些豐功偉業。

請先整理一下，你目前做到一半的事情，一邊整理，一邊紀錄下來，無論透過任何形式都無妨。學會每天持續做好一件事，並留下具體的紀錄，就是你今生的課題。

透過具體的紀錄，不但能幫助你回顧往日的努力、確認自己當下的實力，也能讓你更確實地感受到自己的人生，正在往前進。

### ❖ 生日帶來的訊息 ❖

**「具備群眾魅力」**
**「頑固」**
**「留下人生的紀錄」**

### 前世の故事

你是美國南北戰爭時代一名北軍將領的長子，從小就看著父親慷慨激昂地主張解放黑奴。你很努力，又不輕易認輸，所以在學校的課業總是名列前茅，同時展現出能帶領大家一同前進的領導者才能。

由於你很崇拜身為軍人的父親，於是志願從軍，後來也順利地被分配到由父親帶領的部隊裡。成為軍人的你，努力地完成嚴格的訓練，並在戰場上竭盡所能。然而，看著即使讓眾多部下犧牲也堅持繼續奮戰的父親，你不禁懷疑「這場戰爭打得是否有意義」，並思索著「何謂真正的正義」？

3/10 希伯來文

❖ 生日契合度 ❖

● **情人・伴侶**

| | |
|---|---|
| 1月7, 16, 25日 | 7月1, 19, 28日 |
| 2月6, 15, 24日 | 8月9, 18, 27日 |
| 3月5, 14, 23日 | 9月8, 17, 26日 |
| 4月4, 13, 22日 | 10月7, 16, 25日 |
| 5月3, 21, 30日 | 11月6, 15, 24日 |
| 6月2, 11, 20日 | 12月5, 14, 23日 |

● **工作夥伴・朋友**

| | |
|---|---|
| 1月3, 21, 30日 | 7月6, 15, 24日 |
| 2月2, 11, 20日 | 8月5, 14, 23日 |
| 3月10, 19, 28日 | 9月4, 13, 22日 |
| 4月9, 18, 27日 | 10月3, 21, 30日 |
| 5月8, 17, 26日 | 11月2, 20, 29日 |
| 6月7, 16, 25日 | 12月1, 19, 28日 |

● **競爭對手・天敵**

[1/12] [7/18] [8/8] [9/7] [11/5] [11/11] [12/10]

● **靈魂伴侶**

[1/26] [4/16] [5/22] [7/13] [7/31] [9/9] [12/26]

❖ 生日名人 ❖

莎朗・史東（演員）
石井桃子（兒童文學作家）
御木本幸吉（MIKIMOTO 創始人）
山下清（畫家）
渥美清（演員）
藤子不二雄Ⓐ（漫畫家）
松田聖子（歌手）
鈴木大地（游泳選手）
山田花子（藝人）
佐久間由衣（演員）

● 從你的生日看命運
請見32頁

# 3月11日

March eleventh

**對喜歡的事非常入迷靈性能力者**

這一天出生的你，個性活潑率直，很容易為了自己喜歡的事物全心投入，充滿了創造新事物的能量。

11 日出生的人，天生就帶著一股神祕的奇妙氣質，對無形的世界十分敏感，更把靈性的事物視為理所當然的存在。由於你的感應力和直覺很敏銳，打從骨子裡就屬於靈媒類型的人物。

11 就像千面觀音所象徵的意義，是一個代表「洞悉一切、革命、革新」的數字。再加上出生月分 3 所代表的孩子特質，會讓你成為一個好奇心旺盛、喜歡出鋒頭的人。

你很忠於自己的感受，只要是有興趣的事，就不害怕失敗，會積極挑戰。

你具有一瞬間領悟到答案的智慧，以及吸引群眾的魅力，但你比較喜歡在幕後支援別人，扮演後勤的角色。不過，有時即使你直覺知道答案，也無法用道理說明原因，因此身旁的人可能會難以理解。

內心極其脆弱又易感的你，有時可能會口無遮攔地傷害對方，或是語出驚人。當你發現自己講錯話時，請不要找藉口，立刻當場向對方道歉為佳。

## ✧ 戀愛・婚姻・性生活 ✧

你非常重視自己的感覺，遇到來電的對象，就會積極地展開追求，對對方體貼備至。你認為性是一種能量的交流，因此相當享受其中。你很容易被對方的氣場影響，因此可以先透過握手、擁抱等肢體接觸，來為自己篩選適合的對象。

擁有自己的家庭之後，你會是個好太太或好先生，但結婚後，你也可能輕易與情投意合的對象發生關係。你經常出現精神壓力太大的情形，請務必隨時注意因壓力造成的身心變化。

## ✧ 工作・財運 ✧

只要帶著你的搞笑功力和幽默感，無論從事什麼工作都能留下超乎預期的成果。由於你擁有一般人想不到的獨特創意，因此很適合擔任藝術家或設計師。若能善用你的靈感與敏銳的洞察力，擔任療癒人心的心理治療師、心理諮商師或占卜師等，也很適合。

你對金錢不感興趣，但財運奇佳，當你有需要的時候絕不會缺錢。不過你有可能砸大錢在一般人看起來毫無任何價值事物上，或是用於探索靈性的世界，請格外注意自己用錢的習慣。

### ✧ 今生使命・未來展望 ✧

你今生的使命是：善用自己的直覺，讓人與人之間建立有意義且深刻的連結，追求人生中的自由與改變。

興趣廣泛，又容易舉棋不定的你，是不是對自己的選擇沒有自信，只想追求眼前的安穩呢？

請善用你的靈感，從日常生活中的小事開始積極地改變。別忘了，只有在現實世界裡，你才能盡情發揮自己與生俱來的直覺，使自己所想的一切有可能被實現。

建議你可以從服裝、髮型等外表層面，先開始做出改變。這種想到什麼就立刻去做的行動力，能夠幫助你發揮潛在的才華，讓你在生命中自由自在地翱翔。

### ✧ 生日帶來的訊息 ✧

「開發直覺」
「革新」
「不斷改變」

### 前世の故事

你的前世是古埃及時代的薩滿巫師。

直覺敏銳的你，從小就被帶離父母身邊，在法老王的指示下接受成為薩滿巫師的精英教育。在培育下，你的才華逐漸展露，成為一名優秀的薩滿巫師，最後甚至能直接向法老王傳達神諭，擁有極高的社會地位，備受眾人尊崇。

對自己力量自信過頭的你，開始對法老王的施政及私人領域都毫不隱晦地提出諫言。最後你觸怒了法老王，被視為反叛份子遭到處刑。臨死前你很後悔沒好好善用自己的天賦，將神的旨意傳達給更多的人。

3/11 希伯來文

### ✧ 生日契合度 ✧

**◉ 情人・伴侶**

| | |
|---|---|
| 1月3, 12, 21日 | 7月6, 15, 24日 |
| 2月2, 11, 29日 | 8月5, 14, 23日 |
| 3月10, 19, 28日 | 9月4, 13, 22日 |
| 4月9, 18, 27日 | 10月3, 12, 21日 |
| 5月8, 17, 26日 | 11月2, 20, 29日 |
| 6月7, 16, 25日 | 12月1, 10, 28日 |

**◉ 工作夥伴・朋友**

| | |
|---|---|
| 1月4, 22, 31日 | 7月7, 16, 25日 |
| 2月3, 12, 21日 | 8月6, 15, 24日 |
| 3月2, 11, 20日 | 9月5, 14, 23日 |
| 4月10, 19, 28日 | 10月4, 13, 31日 |
| 5月9, 18, 27日 | 11月3, 12, 30日 |
| 6月8, 17, 26日 | 12月2, 11, 20日 |

**◉ 競爭對手・天敵**

[2/1] [3/27] [4/8] [5/16] [6/15] [7/27] [10/15]

**◉ 靈魂伴侶**

[3/23] [5/14] [6/22] [6/29] [7/3] [9/8] [10/18]

### ✧ 生日名人 ✧

大隈重信（政治家）
深田久彌（作家）
石牟禮道子（作家）
織田哲郎（音樂人）
三木谷浩史（樂天創始人）
大澤隆夫（演員）
中村江里子（播報員）
土屋安娜（歌手）
白鵬翔（相撲選手）
篠田麻里子（藝人）

◉ 從你的生日看命運
請見32頁

# 3月12日

March twelfth

## 才華洋溢 娛樂大眾的 藝人

3月12日出生的你擁有不服輸的個性，喜歡成為大家目光的焦點。你是一個有什麼就說什麼的人，不會隱藏心裡真實的想法，會直接將喜怒哀樂等情緒寫在臉上。儘管有時你會逞強，但你的內心其實非常溫柔，心思細膩而單純。充滿玩心的你，最喜歡逗人開心，像個活潑開朗的藝人。

出生日期12，是代表衝勁、流動、韻律感，以及象徵著孩子的數字。因此你的特質是直率又反應靈敏，擅長炒熱氣氛。再加上出生月分3的數字影響，讓你孩子般天真無邪的特質，以及洋溢著創造力、活動力等催生新事物的能量變得更加明顯。

有時你的大膽發言，會讓身邊的人嚇一跳，但同時也容易因為太在意小事而心情低落。做事經常缺乏計畫的你，有時還會半途而廢，或丟下才做到一半的事情，就轉而著手其他事情，讓身旁的人覺得很困擾，請特別注意。雖然你有時很任性，但其實大家都能理解你並沒有惡意，不會因此被討厭。

充滿爆發力的你，同時具備了一切領導者所需的素質。無論做任何事，一旦事情順利上了軌道，便會發揮無人能擋的驚人力量。當你鎖定目標後所展現的專注力與行動力，總令人瞠目結舌。

### ✧戀愛・婚姻・性生活✧

在愛情方面，你是典型的一見鍾情型，容易在相遇瞬間墜入情網。看似對每個人都很親切的你，其實相當專情。而且你表達感情時總是特別坦率，聰明的你，在愛情中往往顯得十分笨拙。基本上你很喜歡小孩，因此對結婚有強烈渴望，希望將來有很多小孩，可能奉子成婚。會努力實現心中理想家庭樣貌。

在性方面，你有些性急，但又容易陷入一成不變的模式中。請把性愛當作能讓兩人深度交流的時光，更放鬆地享受吧。

### ✧工作・財運✧

善於臨機應變的你，有時能發揮領導能力，有時又能扮演輔佐者，在幕後支援他人，有時也能當個開心果炒熱氣氛。你無論什麼角色都能勝任，在職場上是珍貴的全才。不過，假如你沒在工作中找到樂趣，就無法感受到自己的價值。

整體而言，你的財運極佳，賭運也很好，有可能一舉獲得大筆財富。只是如果你太熱中於賭博，很容易無法自拔，因此請先設定好停損點，建立一套專屬自己的遊戲規則，才不會失去一切。

## ❖ 今生使命・未來展望 ❖

今生你的使命是：善用表演的天分，對生命旅途中所有遇見的人付出無私的愛。

雖然你很喜歡逗人開心，但若是在期待對方有所反應的心態下，才願意帶給他人歡樂，這其實並不是出自於無私的心。

在你想迎合對方之前，請先讓自己獲得真正的開心吧。當你感到快樂，伴隨著笑容自然湧現的感受，才是真正的愛。因此請更努力地愛自己，讓自己發自內心地感到快樂。

請允許自己做一些開心的事，例如吃吃喜愛的美食、給自己一段旅行的時光等。當你打從心底得到滿足，真正的快樂與愛自然會擴及身邊的人。

當你看見大家露出發自內心的歡笑，你就能明白何謂「無私的愛」。

## ❖ 生日帶來的訊息 ❖

「開創性的活動」
「活力」
「提昇自我」

### 前世の故事

你的前世是中世紀時期中歐的一位大受歡迎的特技表演者。

你從小就運動神經極佳，跳起舞來既靈活又輕巧。某次，一個雜耍團來到你的家鄉演出，令你深深著迷，於是你決定加入這個雜耍團，並跟著他們到各地去巡迴演出。在舞臺上，你盡情發揮與生俱來的運動神經與表演天分，很快就成為家喻戶曉的特技表演者，備受矚目。

受到眾人仰慕後，忍不住得意忘形的你，由於太過自負而疏於訓練，結果在某次表演中身受重傷。再也無法行動自如的你，才發現自己一直受到不少身邊的人的支持，才得以走到今日，因而學會了愛的可貴。

# יבג

3/12 希伯來文

### ❖ 生日契合度 ❖

**◉ 情人・伴侶**

| | |
|---|---|
| 1月8, 17, 26日 | 7月2, 20, 29日 |
| 2月7, 16, 25日 | 8月10, 19, 28日 |
| 3月6, 15, 24日 | 9月9, 18, 27日 |
| 4月5, 14, 23日 | 10月8, 17, 26日 |
| 5月4, 13, 22日 | 11月7, 16, 25日 |
| 6月3, 12, 30日 | 12月6, 15, 24日 |

**◉ 工作夥伴・朋友**

| | |
|---|---|
| 1月5, 14, 23日 | 7月8, 17, 26日 |
| 2月4, 13, 22日 | 8月7, 16, 25日 |
| 3月3, 21, 30日 | 9月6, 15, 24日 |
| 4月2, 20, 29日 | 10月5, 14, 23日 |
| 5月1, 19, 28日 | 11月4, 13, 22日 |
| 6月9, 18, 27日 | 12月3, 12, 21日 |

**◉ 競爭對手・天敵**

[1/28] [2/18] [3/17] [8/21] [8/30] [10/19] [11/13]

**◉ 靈魂伴侶**

[1/16] [2/15] [3/23] [4/19] [5/3] [8/6] [12/11]

### ❖ 生日名人 ❖

尼金斯基（芭蕾舞者）
江崎玲於奈（物理學家、諾貝爾獎得主）
奧寺康彥（足球選手）
池波志乃（演員）
畠山秀樹（漫畫家）
銀色夏生（詩人）
DIAMOND ☆ YUKAI（音樂人）
勝俁州和（藝人）
陣內貴美子（羽球選手）
中山裕介（演員）

◉ 從你的生日看命運
請見32頁

# 3月13日

March thirteenth

## 對於凡事好惡分明的坦率的實力者



3月13日出生的你最喜歡能讓自己快樂的事物。對於凡事都有自己的堅持，是一個好惡分明的人。

出生日期13，就像撲克牌中的國王一樣，象徵著強大的力量、權力，以及擁有主宰現實的能力等等。再加上出生月分3具備的孩子特質，當你面對有趣或自己喜歡的事物時，就會心無旁騖地朝目標勇往直前。

你會透過一點一滴的努力，慢慢累積成具體的成果。富有創造力與實踐力的你，也經常喜歡挑戰各種新奇有趣的事物，並將它吸收、內化，再以原創的方式使其再造、新生。此外，你對有關地位、資源等的權力遊戲特別敏感，為了掌握實權，你可能會組成屬於自己的小圈圈或派系。你善於運用力量去拉攏許多人，以掌握實質的權力，擴展自己的影響力。

你常常依照自己的步調獨自往前衝，因此容易遭到孤立，請特別小心。你具有認真、正直的一面，與開朗、活潑的一面，只要能維持兩者的平衡並加以活用，便能盡情地發揮你真正的實力。

### ❖戀愛．婚姻．性生活❖

你對戀愛與婚姻都會抱著認真誠懇的態度，用情專一，並且非常體貼對方。你很不會說謊，一旦出軌或變心，一定很快就被對方察覺。

你喜歡各種能讓自己快樂的事物，所以可以試試利用笑話或驚喜，打造讓兩人感到幸福與喜悅的情境。在性生活方面，你會塑造出白天與黑夜兩種不同的自己，相信一定能為你增添魅力以及性愛的樂趣。請不用害羞，誠實地告訴對方你的需求。

### ❖工作．財運❖

你會挑選自己喜歡的工作，按部就班地去做，並樂在其中。由於你擁有締造工作成果的能力，因此身邊的人對你的評價也很高，實力不容小覷。在組織裡，你也具備成為領導者的資質，若能擔任總監型的角色，提出想法並將它具體實現，便能徹底發揮你的才華。

必須注意的是，一旦你體驗過金錢的魅力，態度可能會變得傲慢，什麼事都想用錢來解決。其實你並不虛榮，又擁有穩定的財運，不用擔心入不敷出的問題。

## ❖ 今生使命・未來展望 ❖

今生你的使命是：善用自己的影響力，透過親自體驗追求真理，並學會獨力貫徹始終地完成一件事情。

雖然你很擅長按部就班、持之以恆的行事風格，但假如只做自己覺得開心的事，便很容易變成偏向自我中心、任性，必須特別留意。

不要往你覺得比較輕鬆的方向逃，只要你堅持到底，獨力地努力到最後，真理便會自然浮現。

首先，請先學著享受一個人的時光，因為習慣獨處是你今生的重要課題。

此外，將你最後得到的成果與眾人分享，也十分重要。當本身就具有實力的你，在某個領域達到巔峰並能做到獨立自主，你的實力便更加不可撼動。

## ❖ 生日帶來的訊息 ❖

「誠心誠意」
「奢豪享受」
「獨力完成」

## 前世の故事

你的前世是生於歐洲哈布斯堡王朝時期，是身為某貴族後裔的音樂家。

你從小就生長在衣食無虞的環境中，為了取悅大家而努力作曲、演奏樂器。因為你創作的音樂大受好評，於是日漸受到矚目，開始應邀前往各地演出。然而由於工作太過忙碌，使你的身體不堪負荷而病倒。

當你再也無法作曲與演奏之後，過去疼愛你的貴族們竟立刻態度丕變。這時你才發現，原來自己一直以來只關心音樂，於是開始思索「何謂真正的幸福」。

יגג

3/13 希伯來文

### ❖ 生日契合度 ❖

◉ 情人・伴侶

| | |
|---|---|
| 1月4, 13, 31日 | 7月7, 16, 25日 |
| 2月3, 12, 21日 | 8月6, 15, 24日 |
| 3月2, 11, 29日 | 9月5, 14, 23日 |
| 4月1, 19, 28日 | 10月4, 13, 31日 |
| 5月9, 18, 27日 | 11月3, 21, 30日 |
| 6月8, 17, 26日 | 12月2, 20, 29日 |

◉ 工作夥伴・朋友

| | |
|---|---|
| 1月6, 15, 24日 | 7月9, 18, 27日 |
| 2月5, 14, 23日 | 8月8, 17, 26日 |
| 3月4, 13, 31日 | 9月7, 16, 25日 |
| 4月3, 21, 30日 | 10月6, 15, 24日 |
| 5月2, 20, 29日 | 11月5, 14, 23日 |
| 6月1, 19, 28日 | 12月4, 22, 31日 |

◉ 競爭對手・天敵

[3/19] [4/12] [5/17] [6/10]
[9/4] [10/12] [11/29]

◉ 靈魂伴侶

[3/9] [5/25] [6/15] [7/14]
[8/31] [11/10] [12/9]

### ❖ 生日名人 ❖

赫本（羅馬拼音創始人）
快嘴約翰（音樂人）
藍迪・巴斯（棒球選手）
高村光太郎（詩人）
鳥越俊太郎（記者）
吉永小百合（演員）
大和和紀（漫畫家）
佐野元春（音樂人）
戶田菜穗（演員）
小淵健太郎（歌手）

◉ 從你的生日看命運
請見32頁

# 3月14日

March fourteenth

## 用歡樂建立關係坦率的交流者

3月

你是個坦率的交流者，喜歡與人們分享人生中各種歡樂的事物。你的好奇心旺盛，充滿行動力，因此不管幾歲都會四處奔波，持續地追逐夢想。

即使年紀增長，你也不會失去年輕的心，而會透過工作或興趣與不同年齡層、不同性別、不同職業的人多加接觸，經營人際關係，擴大人脈的網絡。

你的出生日期 14 的 1 和 4，都是以「箭頭」為象徵的數字，代表著明確的方向性。出生月分 3 則代表天真無邪、孩子的特質，因此 3 月 14 日出生的你，天生開朗活潑、笑容滿面，人見人愛。

你總能坦率地去追求能讓自己快樂的事物。而你的行動也會受到個人興趣極大的影響，對沒興趣的事情總是不屑一顧，但是對於感興趣的事物則會全心投入，甚至到了無視於身邊的人的地步。有時會因此廢寢忘食，或是會心血來潮地突然出國一趟。

重視自由的你，非常討厭受到任何束縛，卻往往在無意間成為別人的負擔，替身邊的人帶來困擾，因此可能被旁人認為你很任性，請千萬注意。

### ❖ 戀愛・婚姻・性生活 ❖

當你喜歡上一個人，就會不顧一切，積極地向對方展開攻勢。

只是儘管你表白時很認真，當兩人開始交往後，可能又會突然變得冷淡，導致戀情也許無法長久。你討厭被對方綁住，但自己有時卻又完全不顧對方的狀況，希望能像個孩子一樣，能永遠對所愛任性地撒嬌。

在性生活方面，當你有興致時會表現得熱情如火，沒興致時又表現得興趣缺缺，這麼大的落差可能會令對方無所適從。你認為婚姻是一種束縛，因此不太想結婚。假如在年輕時就結了婚，或許會覺得處處受限而自己主動提出離婚。

### ❖ 工作・財運 ❖

你不論做什麼都很俐落，只是不喜歡管人、也不喜歡被管，因此比較適合能照自己步調進行的自由業，例如創作類的工作，或藝術、美術相關的工作。若是自己創立新事業，或負責開發新客戶等開創型的工作，也很適合你。

你對時勢的脈動很敏銳，有先見之明，能看出未來會賺錢的領域。對你而言，工作也是享受人生的方式之一。因此與其把重點放在賺錢本身，不如快快樂樂地工作，更能為你創造財富。

## ❖ 今生使命・未來展望 ❖

你今生的使命，就是善用作為溝通者的特質，無論面對什麼困難都不輕易退縮，獲得實際的成果，並與旁人一同分享。

你感興趣或關心的事情經常說變就變，因為你總是將自己的快樂擺在第一，因此對你而言，需要付出許多勞力與時間，按部就班地獲得實質上的成就，或許是個高難度的課題。

不過，在現實世界之中，若想要創造出某樣東西來為自己生財，勢必得先投注某種程度的時間與勞力。因此當你面臨困難的課題時，請不要逃避，唯有堅持到底才可能成功。重要的是，請拋開只要自己開心就好的想法，轉而思考該如何讓大家一起開心做事、締造成果？自由地創造出屬於你的成就，並愉快與身邊的人分享吧。

### ❖ 生日帶來的訊息 ❖

「充滿好奇心」
「青春活力」
「克服困難」

### 前世の故事

你的前世，是中世紀活躍於地中海的海盜之子。你在船上出生，自幼就和父親一同住在海盜船上。

長大後，你想看看這個令人雀躍的世界，於是滿懷著期待，以海盜首領之姿，開著自己的新船前往歐洲以外的世界。然而未能謹遵父親教誨、貿然妄為的你，在與某國軍隊的戰爭中敗北，因此失去了許多夥伴。

因為自己的想法太天真而害死了夥伴的你，開始反省自己不該一心追求享樂，同時深刻體認到自由的背後其實伴隨著相對沉重的責任與義務。

---

# יגג

3/14 希伯來文

### ❖ 生日契合度 ❖

◉ 情人・伴侶

| | |
|---|---|
| 1月5, 14, 23日 | 7月8, 17, 26日 |
| 2月4, 13, 22日 | 8月7, 16, 25日 |
| 3月3, 21, 30日 | 9月6, 15, 24日 |
| 4月2, 11, 29日 | 10月5, 14, 23日 |
| 5月1, 19, 28日 | 11月4, 13, 22日 |
| 6月9, 18, 27日 | 12月3, 12, 21日 |

◉ 工作夥伴・朋友

| | |
|---|---|
| 1月7, 16, 25日 | 7月1, 19, 28日 |
| 2月6, 15, 24日 | 8月9, 18, 27日 |
| 3月5, 14, 23日 | 9月8, 17, 26日 |
| 4月4, 13, 22日 | 10月7, 16, 25日 |
| 5月3, 21, 30日 | 11月6, 15, 24日 |
| 6月2, 11, 20日 | 12月5, 14, 23日 |

◉ 競爭對手・天敵

[2/8] [4/6] [4/15] [9/10]
[10/9] [10/18] [12/16]

◉ 靈魂伴侶

[1/8] [1/26] [3/6] [4/14]
[5/10] [6/21] [7/2]

### ❖ 生日名人 ❖

愛因斯坦（物理學家）
昆西・瓊斯（作曲家）
比利・克里斯托（演員）
大澤啓二（棒球選手）
五木宏（歌手）
山口智充（藝人）
委月麻人（演員）
松田直樹（足球選手）
青木崇高（演員）
黑木華（演員）

◉ 從你的生日看命運
請見32頁

# 3月15日

March fifteenth

一想到學生就充滿人情味的熱血導師



選擇3月15日出生的你，個性善良而單純，從不懷疑他人。你很了解孩子，就像個熱血的教師，願意為夥伴或學生挺身而出。

出生日期15的1代表開始，5代表自由、變化等特質，而相加的6又象徵著包容一切的溫柔大愛。再加上出生月分3所代表的天真無邪，你率直又體貼的個性便更為顯著，是一個表裡一致，看重人情又溫暖的人。

你最喜歡快樂的氛圍，總認為自己肩負著為人們帶來歡笑的任務。而且你的直覺很敏銳，能迅速察覺旁人的狀況。因為你不擅長將想法化為言語，因此總是以行動來表達內心充沛的感情。

為了實現重要的目標，你會奮不顧身，專注地勇往直前，雖然這樣的個性有時可能會讓身旁的人無所適從，但因為大家都了解你是出自單純的初衷，所以不至於因此被討厭。

你最討厭各種投機取巧、旁門左道的事，並不擅長成大世界裡的客套語言或迂迴戰術。遇到爭執時，你會發揮天生的正義感，正面迎戰。當你的想法遭受反對，但你還是堅持己見時，請多聽聽旁人的建議，對你更有助益。

### ✧戀愛．婚姻．性生活✧

你能敏銳地感受到他人對自己是喜歡或厭惡，因此在戀愛方面不會出現那種曖昧不明的局面。不過當你面對值得信賴的對象時，會將自己愛撒嬌、孩子氣的一面完全展現出來，往往讓對方不知所措。

結婚之後，你會建立一個以孩子為核心的家庭，可能會寵溺孩子，或與孩子形影不離，而把伴侶晾在一旁，請特別注意。

在性生活中，你常不自覺將自己的想法強加在對方身上。有時甚至可能會受氣氛影響，而與原本不喜歡的人發生關係，請好好地保護自己。

### ✧工作．財運✧

你是團隊中的開心果，因此大家總是自然而然地聚集在你的身邊。你具有能左右團隊士氣的影響力，因此只要從事自己喜歡的工作，就能帶來成功。你擁有培育人才的能力，比起擔任主管，若處於自由度較高的職位，你的實力更能獲得充分發揮。

你的財運雖然不錯，卻不擅儲蓄。你經常花大錢在自己喜歡的事情上，或讓別人開心。建議你將理財工作交給值得信賴的專家，比較放心。

## ◆今生使命・未來展望◆

今生你的使命是：善用熱血教師的特質，為了實現世界和平的理想而盡力助人。

很重視人情義理的你，總是想著要如何幫助別人，有時會因使命感會太強，而容易讓自己受傷。

你的個性體貼，總是以別人為優先，一直以來都認為，只有自己成為對別人、對社會有所助益的人，自己才有價值。如此一來，你愈是努力，就愈會把自己的價值觀強加在別人身上，用自己心中的標準來衡量別人，請特別注意。

請先認清自己的夢想和願望，把心思放在如何實現。唯有你認同自己的價值，維持自己內心的平靜，思索該如何充分發揮你專屬的才華、如何貢獻，這才是實現世界和平的第一步。

### ◆生日帶來的訊息◆

**「虔誠的信仰與愛」**
**「愛的教育」**
**「分享自己的才華」**

### 前世の故事

你的前世，是法國大革命時代在孤兒院教導孩子的教師。從小就父母雙亡，在孤兒院長大的你，很自然地選擇了幫助和自己有同樣遭遇的孩子們的教職工作。你擁有強烈的責任感，認真地指導孩子，期望他們出了社會之後也不能出人頭地；只要孩子違反規定，你就會立刻予以懲罰。

但因為你的教育方法太過嚴厲，孩子們竟然因此偷偷逃離孤兒院，反而造成更嚴重的問題。這讓院長傷透了腦筋，最後只好把你解僱。當你離開孤兒院的時候，才發現自己因為太過堅持己見，反而失去了更重要的東西。

3/15 希伯來文

### ◆生日契合度◆

**◉ 情人・伴侶**

| | |
|---|---|
| 1月1, 10, 19日 | 7月4, 13, 31日 |
| 2月9, 18, 27日 | 8月3, 21, 30日 |
| 3月8, 17, 26日 | 9月2, 11, 20日 |
| 4月7, 16, 25日 | 10月1, 19, 28日 |
| 5月6, 15, 24日 | 11月9, 18, 27日 |
| 6月5, 14, 23日 | 12月8, 17, 26日 |

**◉ 工作夥伴・朋友**

| | |
|---|---|
| 1月8, 17, 26日 | 7月2, 11, 29日 |
| 2月7, 16, 25日 | 8月1, 19, 28日 |
| 3月6, 15, 24日 | 9月9, 18, 27日 |
| 4月5, 14, 23日 | 10月8, 17, 26日 |
| 5月4, 13, 31日 | 11月7, 16, 25日 |
| 6月3, 21, 30日 | 12月6, 15, 24日 |

**◉ 競爭對手・天敵**

[1/17] [3/14] [4/13] [6/12] [6/15] [7/19] [10/25]

**◉ 靈魂伴侶**

[2/2] [4/9] [4/21] [5/8] [7/27] [10/3] [12/31]

### ◆生日名人◆

山姆・霍普金斯（音樂人）
原敬（政治家）
福島菊次郎（攝影師）
平岩弓枝（作家）
正司照枝（相聲演員）
武內直子（漫畫家）
小林尊（大胃王）
中村友理（演員）
舞子（演員）
北乃綺（演員）

◉ 從你的生日看命運
請見32頁

# 3月16日

March sixteenth

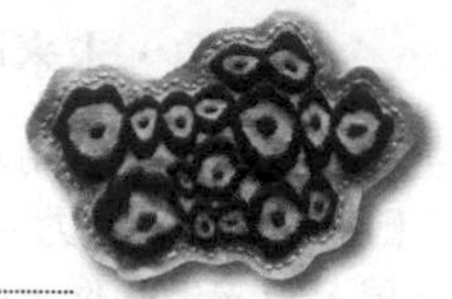

## 熱愛工作 永不言退的 專業職人

這一天出生的你，是一個擁有頂尖專業知識與技術、貫徹自我風格的專業人士。出生日期16的1代表開始，6代表愛與和諧，象徵著統整一切、靠自己的力量達成目標的能量。再加上數字3所代表的孩子、創造等特質，3月16日出生的你，總能將腦中浮現的想法具體實現，具有職人般的天賦。

具有專業意識與責任感的你，總是能將接下的任務徹底達成。雖然你的自尊心很強，但外表給人的印象很溫和，個性耿直，很會照顧屬下或後進，同時也很有長輩緣。

不過，由於你的自我表現欲很強，假如不刻意保持低調，你的態度可能會變得任性或自大，讓身邊的人對你敬而遠之。

雖然凡事你都想親身體驗，但有時也會膽怯。對你感興趣的事物，請勇於挑戰，這有利於開拓自己的視野。因有時你會躲在自己的世界裡，因此請不要離群索居。在展現獨特自我價值的同時，協助你的夥伴，更能激發潛在的才華。

### ✧戀愛・婚姻・性生活✧

你在愛情裡總是顯得非常笨拙，雖然心裡希望對方怎麼做，但你認為告訴對方是一件不必要的事，所以總是無法好好表達，不懂得如何向情人索愛。即使必須多花點時間，但只要你好好與對方相處，相信對方一定能明白你的魅力，因此請不要操之過急。當然你可能也會比較晚婚，但是以結果而言，你一定能挑選一個能接納彼此又老實正直的對象。

在性生活方面，你雖然想進行各種不同的嘗試，但卻提不起勇氣告訴對方，有時候甚至會突然喪失興致，讓人難以捉摸。面對伴侶時，請說出你的真心話，好好地與對方溝通。

### ✧工作・財運✧

無論從事什麼工作，你都會在每個細節上有所堅持。雖然和你一起工作的人可能會覺得這樣有點累，但是你的專業技術和智慧最終一定能對大家帶來幫助。不過若是你在每件事上都太固執，有時反而限制了自己所能發揮的長處，因此請提醒自己要適時收斂一些。基本上，你適合從行政型的工作，不過需要專業技術的工程師也很適合你。

你的求知欲很強，但對賺錢本身並沒有太大興趣。其實你擁有高度專業的知識與技術，只要找到賺錢的目的，便可能帶來巨大的財富。

## ❖ 今生使命・未來展望 ❖

你擁有與專業領域相關的高度知識與技術，對自己感興趣的事也會堅持到底。

所以你今生的使命就是：對自己的人生負起全責，並發揮領導能力。

好奇心旺盛、又對自己喜歡的事物有些狂熱的你，有時可能難以被眾人理解。因為你對自己的知識和技術充滿自信，不太願意聽取他人的建議，因而容易被孤立，請特別留意。

重要的是，請努力將自己所擁有的能力，主動和眾人分享。

請你善用領導能力，培育能繼承你的知識與技術的人才，並協助身邊的人達成目標。讓每個人都能發揮自己的才華，你自己的人生便能更加耀眼。

## ❖ 生日帶來的訊息 ❖

「重視第一線」
「木訥」
「貫徹自我風格」

### 前世の故事

你的前世，是中世紀德國的一名甜點師傅。你出生於世世代代都是甜點師傅的家庭，因而繼承了父業。

腦中充滿各種新點子的你，對於堅守傳統風格的父親不時會感到懷疑，因此儘管你遵守父親的教誨，仍然試圖找機會嘗試自己的創新作法。日後，你成為一位廣受眾人認同的優秀甜點師傅，但最後還是不敵當時的傳統氛圍，無法盡情發揮自己的才華。

到了晚年，你深深地盼望著在兼顧傳統的同時，同樣能讓你展現自我特色的時代能早日到來。

3/16 希伯來文

### ❖ 生日契合度 ❖

◉ 情人・伴侶

| | |
|---|---|
| 1月2, 11, 29日 | 7月5, 14, 23日 |
| 2月1, 19, 28日 | 8月13, 22, 31日 |
| 3月9, 18, 27日 | 9月3, 21, 30日 |
| 4月8, 17, 26日 | 10月2, 20, 29日 |
| 5月7, 16, 25日 | 11月1, 10, 19日 |
| 6月6, 15, 24日 | 12月9, 18, 27日 |

◉ 工作夥伴・朋友

| | |
|---|---|
| 1月9, 18, 27日 | 7月3, 21, 30日 |
| 2月8, 17, 26日 | 8月2, 11, 29日 |
| 3月7, 16, 25日 | 9月1, 10, 28日 |
| 4月6, 15, 24日 | 10月9, 18, 27日 |
| 5月5, 14, 23日 | 11月8, 17, 26日 |
| 6月4, 13, 22日 | 12月7, 16, 25日 |

◉ 競爭對手・天敵

[2/25] [3/15] [4/23] [5/13] [8/20] [9/9] [10/8]

◉ 靈魂伴侶

[1/10] [2/27] [3/30] [4/16] [5/28] [8/25] [9/11]

### ❖ 生日名人 ❖

歐姆（物理學家）
柏納多・貝托魯奇（電影導演）
伊莎貝・雨蓓（演員）
澀澤榮一（企業家）
若乃花幹士（相撲選手）
石田太郎（演員）
笙野賴子（作家）
木村多江（演員）
柏原崇（演員）
高橋大輔（花式滑冰選手）

◉ 從你的生日看命運
請見32頁

# 3月17日

March seventeenth

## 下定決心後 便勇往直前 充滿幹勁的鬥士

3 月 17 日出生的你，開朗活潑、充滿活力，熱愛展現自我。你擁有宛如孩子般的天真，又富有創造力，一旦找到新的目標，就會勇往直前，是個衝勁十足的鬥士。

出生日期 17，是由表示縱向箭頭的 1 與表示斜向箭頭的 7 這兩個箭頭所組成的，強化了你的行動力。這讓你擁有 1 的領導者特質，並能用不同角度冷靜地觀察和判斷事情，並擁有 7 的職人才能。另一方面，你的出生月分 3 的字形只有單側開放，一副彷彿快要站不穩的模樣，象徵著缺乏穩定性，但這也會增強你朝著目標勇往直前的衝勁與活力。

個性不服輸的你，總是用努力與耐心挑戰各種難關，無論面對什麼樣的困境，你都能用與生俱來的開朗笑容度過。而擁有創造新事物能力的你，也能在自己感興趣的領域，投注能量。

你很重視夥伴，不過對於漫無目的聚會不感興趣；相對地，你在同好社團或與你一起運動的夥伴中，總是表現得特別有活力。個性乾脆爽朗的你，往往受到眾人所喜愛。唯一需要注意的是，請你不要只顧著往前衝，有時也應該停下腳步，留一些獨處的時間，細細體驗什麼是此刻真正重要的事。

### ❖ 戀愛・婚姻・性生活 ❖

你很有異性緣，在戀愛中也不會一心依賴對方。因為你的自尊心高，又有孩子氣的一面，一旦戀人對你態度冷淡，你就會心懷不滿，甚至可能移情別戀。一旦出軌，往往可能假戲真做，讓感情覆水難收。

即使因為偷吃被發現，對方提出分手，你也會倔強地不承認自己的錯誤。婚後，你仍把重心放在工作，恐怕招致家庭不睦，請特別小心。在性生活方面，你經常希望自己能掌握主導權，滿足自己的喜好為先。

### ❖ 工作・財運 ❖

在工作方面，你擁有強大的運勢，能靠自己的力量獲取成功。擅長掌握趨勢與流行的你，或許可以進入或創立走在時代尖端的事業。由於你的意志堅定，即使遇到困境，也會萌生更多的幹勁與熱情逐一克服所有問題，甚至能很享受困境給你的磨礪。

你的財運很旺，擅長把靈光一閃的點子化為實際可銷售的商品，靠才華與行動力創造財富。若能懷著愛與感謝的心，分享富裕，財運將得以提昇。

## ❖ 今生使命・未來展望 ❖

你今生的使命是：善用鬥士的才能，在現實的世界中獲得成功，同時探索靈性的世界，並將其智慧應用於現實世界之中。

在靈性的世界中，沒有標準答案，也不存在著任何的界限。因此，請不要急著立刻找出答案，而應該用自己的步調，學著與這個無形的世界共處。

因為另一個世界離我們並不遙遠，而是存在於日常生活中的每個時間與空間之中。當太陽升起、草木萌芽、花朵綻放、人生在世背後的每一分能量，全都是靈性世界的展現。

因此，你不需要刻意追求，便能從一般日常生活中，感受到那無形世界的智慧其實無處不在。若能好好開發你內在的靈性，將這份智慧運用於現實世界，便能幫助你實現今生的使命。

### ❖ 生日帶來的訊息 ❖

「寬容的笑臉」
「專注」
「不輕斷好惡」

你的前世是大蒙古帝國的富商之子，勢力龐大得足以左右一國的經濟。

出身於富裕家庭的你，從小就接受文武全才的精英教育。你的父親是個手腕高明的商人，而你也毫不遜色；優秀的你，自年紀輕輕就開始協助父親的事業，發揮你罕見的商業頭腦，創造莫大的財富。

你的商業才能威脅到父親對事業的掌控權，使他心生恐懼，於是試圖從你手中收回權力，然而對自己做法充滿自信的你，決定離開父親，另行創業。

由於做的是同門生意，在事業上最終不得不與父親互相抗衡的你，心中卻湧起了一個疑問：「這個與父親敵對的結果，真的是自己想要的嗎？」

前世の故事

3/17 希伯來文

### ❖ 生日契合度 ❖

◉ 情人・伴侶

| | |
|---|---|
| 1月9, 18, 27日 | 7月3, 21, 30日 |
| 2月8, 17, 26日 | 8月2, 11, 29日 |
| 3月7, 16, 25日 | 9月1, 19, 28日 |
| 4月6, 15, 24日 | 10月9, 18, 27日 |
| 5月5, 14, 23日 | 11月8, 17, 26日 |
| 6月4, 13, 22日 | 12月7, 16, 25日 |

◉ 工作夥伴・朋友

| | |
|---|---|
| 1月1, 19, 28日 | 7月4, 13, 31日 |
| 2月9, 18, 27日 | 8月3, 21, 30日 |
| 3月8, 17, 26日 | 9月2, 20, 29日 |
| 4月7, 16, 25日 | 10月1, 19, 28日 |
| 5月6, 15, 24日 | 11月9, 18, 27日 |
| 6月5, 14, 23日 | 12月8, 17, 26日 |

◉ 競爭對手・天敵

[1/14] [2/13] [6/18] [8/12] [9/24] [11/22] [12/30]

◉ 靈魂伴侶

[1/20] [1/29] [3/18] [4/17] [8/4] [9/10] [9/30]

### ❖ 生日名人 ❖

戈特利布・戴姆勒（汽車發明家）
凱特・格林威（畫家）
寇特・羅素（演員）
三木武夫（政治家）
松井紀子（繪本作家）
山本陽子（演員）
甲本浩人（音樂人）
藤森慎吾（諧星）
香川真司（足球選手）
村上虹郎（演員）

◉ 從你的生日看命運
請見32頁

# 3月18日

March eighteenth

**擁有群眾魅力 實現理想的 成熟領導者**

3月

這一天出生的你，既理智又聰明，是個自尊心很高、責任感很強的完美主義者，也是人人所敬仰的領導者。

你總是充滿活力地統率眾人，推動著各項事物前進。擁有群眾魅力的你，待人溫和，也很容易親近。

你總是喜歡營造愉快的氣氛，常常說笑話逗身旁的人開心，自己也總是面帶笑容。你的眼界很廣，且能根據現實的狀況臨機應變。你有時是領導者，有時是軍師，善於在各種不同的角色間轉換，並發揮所長。

你總是希望自己對社會有所貢獻，更盼望所有的人都能過著幸福的日子，但可能為了符合旁人的期待而努力過頭。若你太在乎旁人，或許會為自己帶來許多不必要的壓力，請留意。

你的出生日期 18 中的 1 代表著領導者、開始的意義，8 代表無限大，兩者加起來便意謂著：一個充滿力量，能實現崇高理想的成熟領導者。再加上出生月分 3 的特質，讓你富有創造性的行動力。當生日月分與日期的數字力量相結合，你便成為兼具邏輯思考的賢者與平易近人的孩子這兩種特質的人氣王。

## ❖ 戀愛・婚姻・性生活 ❖

你渴望理想化的戀情，無論針對對方的收入、外表或聰明才智，你都設下了極高的標準，且絕不妥協。一旦開始與對方交往後，你也會希望一切發展按照自己心中的腳本進行，倘若不如意，可能會遷怒對方。

平常理智成熟的你，在性生活中可能恰恰相反，喜歡玩 SM 或角色扮演等有點極端的遊戲。婚後，你會重視家庭，努力成為理想的父母，也十分關心孩子的教育，只是有時可能會關心過頭，給孩子太大壓力。

## ❖ 工作・財運 ❖

你是一個優秀的人才，無論從事什麼工作都必定能嶄露頭角，自然而然地被賦予領導者的角色。在組織裡，你深知自己所扮演的角色受到什麼樣的期待，總能表現得體。由於你能充滿幹勁又確實地完成工作，因此受到主管極高的評價，若能在工作上找到為自己為社會貢獻的意義，便會更有動力。

由於你擁有奉獻的精神，因此會對單純只為賺錢而做的工作有些抗拒。你的財運穩健，若能活用自身對於金融商品的知識，便能累積財富。你的外表看似冷靜，其實內心充滿了熱情與冒險的性格，因此判斷收手的時機就更顯重要。

## ❖ 今生使命・未來展望 ❖

今生你的使命是：善用領袖的資質，為世界和平而努力，同時像天真的孩子般盡情享受屬於自己的人生。

聰明的你，擅於邏輯思考。雖然你經常面帶笑容，但卻對人們的心思如此

敏感，這是否並非為了身邊的人，而是為了保護自己？

你對享受人生這件事有些抗拒，請更坦然地用心去感受生命，而非總是用理性思考。請多花點時間在運動、舞蹈等能在輕鬆的運動，或是能讓頭腦暫時放空的活動上，專心地享受單純的快樂。

當你認真享受屬於自己的人生，露出像孩子般純真的笑容時，就是對世人的幸福做出貢獻。

## ❖ 生日帶來的訊息 ❖

「富創造性的智者」
「精神力」
「為自己歡笑」

### 前世の故事

你的前世，是日本戰國時代以寫得一手好書法著稱的僧侶。

小時候的你，是個不服輸的孩子王，出家後在修行時接觸到書法的藝術，從此書法就成為了你的心靈支柱。你會透過書法來展現自己在禪修的世界裡學到的東西，而你那筆力雄勁的作品也深受領主們的喜愛。漸漸地，開始參與擬定策略或戰略的你，影響力也愈來愈大。你明明身為僧侶，卻掌握過大的權力，使自己招致殺身之禍。聰明的你後來想辦法逃過了一劫，但想到這些並非自己的初衷，其實你只是想單純展現書法的技藝，便悲從中來。

3/18 希伯來文

❖ 生日契合度 ❖

◉ 情人・伴侶

| | |
|---|---|
| 1月6, 15, 24日 | 7月9, 18, 27日 |
| 2月5, 14, 23日 | 8月8, 17, 26日 |
| 3月4, 13, 22日 | 9月7, 16, 25日 |
| 4月3, 21, 30日 | 10月6, 15, 24日 |
| 5月2, 20, 29日 | 11月5, 14, 23日 |
| 6月10, 19, 28日 | 12月4, 13, 22日 |

◉ 工作夥伴・朋友

| | |
|---|---|
| 1月2, 11, 20日 | 7月5, 14, 23日 |
| 2月1, 10, 28日 | 8月4, 13, 22日 |
| 3月9, 18, 27日 | 9月3, 12, 30日 |
| 4月8, 17, 26日 | 10月2, 20, 29日 |
| 5月7, 16, 25日 | 11月1, 10, 19日 |
| 6月6, 15, 24日 | 12月9, 18, 27日 |

◉ 競爭對手・天敵

[1/4] [4/1] [5/18] [8/15]
[9/14] [10/11] [11/21]

◉ 靈魂伴侶

[1/21] [2/29] [4/9] [4/12]
[7/6] [9/22] [11/2]

❖ 生日名人 ❖

魯道夫・狄塞爾（柴油發動機發明家）
盧貝松（導演）
范妮莎・威廉斯（歌手）
小池朝雄（演員）
和田惠美（服裝設計師）
奧田瑛二（演員）
豐川悅司（演員）
菅野洋子（作曲家）
黑田俊介（歌手）
西野加奈（歌手）

◉ 從你的生日看命運
請見32頁

# 3月19日

March nineteenth

## 在熱情與冷靜之間 發揮創造力的 聰明領導者

3月19日出生的你，聰明絕頂，天生具備領導者的資質。你兼具熱情能力與冷靜沉著的一面，並能在兩者之間取得平衡。

出生日期19，是由最初的1與最後的9兩個數字所組成，因此你具有1的領導者資質，同時也具有9作為最後一棒的統合後的才能。而3月出生者的特質，則是擁有創造新事物與帶動新趨勢的創造力，以及有如孩子般的單純與活力。

除了熱情與堅定的信念，你也具有深思熟慮的冷靜與理性，同時你的運氣極佳，事情總是不知不覺中如你所願地進行。

你的求知欲旺盛，頭腦靈活，並力爭上游。由於你很追求完美，因此有時對自己和他人都很嚴苛。雖然你不會表現出來，但你的自尊心其實非常強，是個如鴨子划水般暗自努力的人。而且你的真實內在與外在表現存在著極大的落差，真正和你進一步深交的人，可能會覺得你有些難相處。

你不喜歡自己主動爭取，而是希望受到旁人推舉，自然被賦予領導者的任務。在人際關係方面，你應該努力維持平衡，請尊重對方的立場與個人想法，靈活地應對，而不要把自己的想法強加在別人身上。

### ❖戀愛．婚姻．性生活❖

你總是想掌握對方的一切，儘管嘴上說相信對方，卻不時懷疑對方，或過度解讀對方的行為，往往讓自己很累。兼具大膽與細膩的你，可能會在感情中演出令身旁的人大感吃驚的戲碼，伴侶也許也會因為猜不透你而深感困惑、不知所措。

婚後，你會是個好太太或好先生，努力扮演好自己在家中的角色。你對性方面充滿了好奇，有時喜歡強勢地下命令，有時則喜歡完全地服從對方，每次的反應都存在著極大的落差。

### ❖工作．財運❖

你的才華適合擔任協調眾人意見的中階主管。無論從事什麼工作，你都會深受旁人信賴。你並不是屬於那種帶著大家不斷前進的領導者，而是能仔細聆聽大家意見的上級，在顧慮到全盤的狀況下整合眾人的力量，因此獲得高度的評價。你也適合擔任負責帶領多名組員的專案經理。

你的財運穩定，不會亂花錢。你會將賺來的財富確實儲蓄，並使其穩定增值，總能保持財務上的平衡。

## ✧今生使命．未來展望✧

你今生的使命是：更聚焦在自己感興趣的事情上，每天一點一滴地把自己一路走來的軌跡，化為具體的形式留存下來。

你是個責任感很強的領導者，往往會逼自己一定要努力、一定要做好；然而這種想法如果太強烈，你可能會用自己心中的標準去衡量別人、責備自己，請特別注意。努力把事情做好固然重要，但請不要受到這個想法的侷限，有時也可以試著把事情交給別人做，讓自己放鬆一下。

請試著從日常生活中的小事開始做起，把自己的工作或興趣等化為具體的作品。請抱著日後可與身旁的人分享自己的作品、為人們帶來幸福快樂的心情，從事自己喜歡的事情，如此一來，便能幫助你實現今生的使命。

### ✧生日帶來的訊息✧

「整合兩者」

「平衡」

「留下成果」

### 前世の故事

你的前世，是西部拓荒時期的美國原住民。你有一個慈祥的祖父，你非常愛他，但是對嚴厲的父親卻抱有許多不滿。一天，白人的殖民者突然闖進村落，搗毀了你們祖先留下的土地，更試圖把你們趕走。身為酋長的祖父，希望透過交涉請白人撤退，但身為村長的父親，卻率領部分村民與白人交戰，最後父親等人慘敗，導致部族幾乎全毀。

看著堅持各自心中的正義而互相對罵的祖父和父親，讓你不得不深深思考：守護夥伴或家人與守護自己的信念之間的差異。

# יטג

3/19 希伯來文

### ✧生日契合度✧

◉ **情人．伴侶**

| | |
|---|---|
| 1月7, 16, 25日 | 7月1, 19, 28日 |
| 2月6, 15, 24日 | 8月9, 18, 27日 |
| 3月5, 14, 23日 | 9月8, 17, 26日 |
| 4月4, 13, 22日 | 10月7, 16, 25日 |
| 5月3, 21, 30日 | 11月6, 15, 24日 |
| 6月2, 20, 29日 | 12月5, 14, 23日 |

◉ **工作夥伴．朋友**

| | |
|---|---|
| 1月3, 21, 30日 | 7月6, 15, 24日 |
| 2月2, 11, 20日 | 8月5, 14, 23日 |
| 3月10, 19, 28日 | 9月4, 13, 22日 |
| 4月9, 18, 27日 | 10月3, 21, 30日 |
| 5月8, 17, 26日 | 11月2, 20, 29日 |
| 6月7, 16, 25日 | 12月1, 10, 28日 |

◉ **競爭對手．天敵**

[1/15] [3/4] [5/29] [7/9] [8/17] [9/25] [10/24]

◉ **靈魂伴侶**

[1/19] [2/7] [3/24] [4/14] [5/13] [7/31] [9/2]

### ✧生日名人✧

張作霖（政治家）
布魯斯．威利（演員）
米夏埃爾．克魯姆（賽車手）
福永武彥（作家）
尾崎亞美（音樂人）
伊藤正幸（作家）
稻森泉（演員）
長谷川朝晴（演員）
市川實和子（演員）
安藤桃子（導演）

◉ **從你的生日看命運**
**請見32頁**

# 3月20日

March twentieth

想展現自我
卻又多所顧忌的
輔佐長才



你出生日期20的2是女性特質較強，代表著和諧、包容的數字；0則意謂著增加、擴大的能量，能更加強調2的性質。出生月分的3月，則象徵著孩子。

3月20日出生的你，擁有像孩子般的天真無邪與開朗笑容，是個心地善良的輔佐者。你經常扮演幕後功臣的角色，不與人爭，卻又善於協助別人，因此人見人愛。即使你上了年紀也不會忘記自己的夢想，因此看起來總是特別年輕有活力。

儘管你偶爾也想盡情地展現自我，卻多所顧忌。太在乎別人想法的你，往往以別人的意見為優先，是個善良的好好先生。不過，平常溫順的你，在面對特定對象的時候，可能會展現出自己任性、頑固的另一面，這時，不只身旁的人，連你都會懷疑究竟哪個才是真實的自己？

這是因為20日出生的你具有雙面性、兩極性的關係。只要意識到這件事，你就能掌握自己同時擁有輔佐者和孩子般的特質，並視狀況善用兩者的優點。即使是男性，只要好好發揮你圓融應對的女性特質，必能活出獨具個人特色的精彩人生。

### ❖戀愛・婚姻・性生活❖

在戀愛中，你會努力為對方盡心盡力付出。面對喜歡的對象，不管是在日常生活中或是在性生活方面，你都會絕對順從對方的想法，習慣把伴侶擺在第一位。

不過，當你遇到自己真正願意敞開心胸以對的對象時，可能會變得孩子氣，喜歡撒嬌、依賴對方。假如你一直把真實的想法藏在心中，無法坦率地表達出來，便可能造成情緒上的失衡。比起言語，透過肢體接觸表現的愛，或許更能令你感到安心。

你渴望婚姻，婚後會努力打造一個溫暖歡樂的家庭。除了丈夫或妻子之外，你也很重視孩子、公婆或岳父母等其他家人，相當體貼。

### ❖工作・財運❖

你是組織裡不可或缺的幕後功臣。由於你非常細心，若擔任祕書、助理、經紀人等專業輔佐者的工作，必能發揮長才。

你擅長守，而不擅長自己主動進攻。因此你的財運會隨著你輔佐或支持的對象而大幅變動。最重要的是，在你選擇想要追隨的對象時，必須看清對方的性格。如果能遇到懂得尊重、信賴你的領導者或事業夥伴，便能為你帶來財富。

## ✧今生使命・未來展望✧

今生你的使命是：體會助人的喜悅，自由地成為連結眾人的溝通者。

你可以輕易接受別人想做什麼就做什麼，自己卻無法隨心所欲。然而自己無法真心賦予自己的東西，即使想賦予對方，也只是一種虛假的行為。

把決定權交給對方，乍看之下也許體貼，但也可能是抱著「既然是你決定的，你就要負責」的心態，把責任推到對方身上。另外，你有時也會因為自己無法改變眼前的困境而怪罪別人。

在以對方的選擇優先之前，請先認可自己也有選擇的自由，靠自己的意志來做出決定吧。順從自己的心情，更坦率自由地生活，或許才是你真正的使命。

## ✧生日帶來的訊息✧

**「精神上的獨立」**
**「單純」**
**「為自己的人生負責」**

### 前世の故事

你的前世是中東沙漠的遊牧民族之女，在沙漠出生的你，與家人一起逐綠洲而居，日漸成長。在水源與植物豐沛的綠洲，你們有時會與其他部族一同生活。在駐足於某一片綠洲時，你與其他部族的青年墜入了情網。當他的部族準備啟程前往另一片土地時，本想帶你一起走，但你因為無法拋棄家人而沒有隨著戀人離開。

日後，你和父母選定的另一名青年結婚，但你始終無法忘懷過去的戀人，一直過著鬱悶的日子，後悔自己當初竟沒有勇氣選擇自己所愛的人。

---

# כג

3/20 希伯來文

### ✧生日契合度✧

◉ **情人・伴侶**

| | |
|---|---|
| 1月3, 12, 30日 | 7月6, 15, 24日 |
| 2月2, 11, 20日 | 8月5, 14, 23日 |
| 3月10, 19, 28日 | 9月4, 13, 22日 |
| 4月9, 18, 27日 | 10月3, 12, 21日 |
| 5月8, 17, 26日 | 11月2, 11, 20日 |
| 6月7, 16, 25日 | 12月1, 19, 28日 |

◉ **工作夥伴・朋友**

| | |
|---|---|
| 1月4, 13, 31日 | 7月7, 16, 25日 |
| 2月3, 12, 21日 | 8月6, 15, 24日 |
| 3月2, 11, 20日 | 9月5, 14, 23日 |
| 4月1, 19, 28日 | 10月4, 13, 22日 |
| 5月9, 18, 27日 | 11月3, 21, 30日 |
| 6月8, 17, 26日 | 12月2, 20, 29日 |

◉ **競爭對手・天敵**

[2/25] [4/17] [4/26] [5/25] [6/24] [11/10] [12/27]

◉ **靈魂伴侶**

[4/3] [5/23] [6/2] [7/12] [7/19] [10/27] [12/5]

### ✧生日名人✧

易卜生（作家）
謝爾蓋・拉赫曼尼諾夫（作曲家）
鄭雨盛（演員）
片岡義男（作家）
上岡龍太郎（藝人）
竹內瑪利亞（音樂人）
竹中直人（演員）
奧華子（音樂人）
阿部慎之助（棒球選手）
川島永嗣（足球選手）

◉ 從你的生日看命運
請見32頁

# 3月21日

March twenty-first

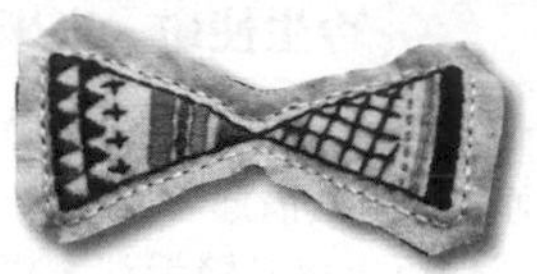

## 純真無邪 開朗率真 體貼的孩子

3月21日出生的你，個性開朗直率、單純、體貼又親切，還充滿了想像力。你一直都抱著一顆純真的心來體驗人生，不喜以謊言、虛假待人的人。雖然剛認識你時，必須花點時間才能變熟，但你面對熟人時，就會展現出孩子般的個性，比誰都放得開。

你對身邊的人很體貼，同時又喜歡逗大家開心，炒熱氣氛，因此在團體裡自然而然就會成為歡笑的核心。

富有創造力的你，總會想到各種新奇的點子，只要有機會讓你展現，才華便能開花結果。不過，倘若你太重視為他人服務的精神，很容易因此變得多管閒事，請特別注意。當面臨現實的嚴峻考驗時，你可能會把責任轉嫁到身邊值得信賴的人身上。

出生日期的21中，2代表協調、和諧等女性能量，能與1具備的強大能量相互調節，進而創造新事物。再加上出生月分3的特質，你如孩子般天真浪漫的個性就會更為突出。

3月出生的人擁有開朗正向、活力充沛的陽性能量，不過21日出生的人，則多了幾分害羞。

### ✧戀愛・婚姻・性生活✧

你很渴望愛情，會在心中描繪出理想的愛情樣貌，希望被愛勝於愛人。由於你的個性比較被動，無論是談戀愛或性方向，只要對方強烈要求，你就無法拒絕，無論什麼要求，你都會想辦法接受。你也很希望能和對方形影不離，因此喜愛被擁抱或牽手的肢體接觸。

你很喜歡孩子，對婚姻也懷有憧憬。在婚姻生活中，你從不吝惜對家人付出，然而一旦你把家人當作自己的所有，就會出現自以為是的多管閒事情況，意圖掌控家人的一切，請特別留意。

### ✧工作・財運✧

你豐富的創意也能在工作上好好發揮，總擅於提出令人驚豔的點子，或是用靈活的思考整合多種事物的優勢後，再進而創造出新事物。

此外，你也非常適合擔任激發他人才華的製作人。儘管你將工作視為興趣，不過交付予你的工作或任務，你都會負起責任好好完成。

基本上你的財運穩健，但容易受到身旁的人影響，財務狀況往往會隨著旁人或環境大起大落，因此請慎選工作環境與結交的對象。

## ❖ 今生使命・未來展望 ❖

今生你的使命是：重視自己如孩子般的純真與感性，同時對每一個人付出無私的愛。

若你將不求回報的無私的愛視為人生中最崇高的理想，並一心追求，最後很可能變成以愛為名的多管閒事，試圖主宰、控制對方，必須特別留意。

首先，請先對自己付出純真無私的愛，而不是為了世上的任何一個人。當你能夠毫無保留地愛自己時，你的愛便能自然地傳達給身邊的人。

重要的是，你自己必須先成為一個能不斷湧出愛的豐富泉源。為此，你必須認真地好好愛自己，這才是你達成今生使命不可或缺的態度。

## ❖ 生日帶來的訊息 ❖

「單純的力量」

「純潔」

「不求回報」

### 前世の故事

你的前世，是印加帝國時代住在安地斯山脈山麓中的女性音樂家。

你的歌聲優美、舞姿動人，熱愛音樂同時渾身充滿能量的你，無論何時看起來都是如此耀眼。因為你的歌喉與舞蹈，讓人們被療癒，獲得笑容與活力。國王得知你擁有擄獲人心的才藝，便邀請你進入皇宮裡，擔任專屬的樂師。

儘管皇宮裡的生活衣食無缺，但只為國王與少數貴族獻唱、獻舞的你，漸漸地感受不到快樂，日復一日的生活變得無趣。你開始懷念起那段被許多聽眾圍繞，順著自己的心情唱歌、跳舞的日子，那才是真正的你。

3/21 希伯來文

### ❖ 生日契合度 ❖

**◉ 情人・伴侶**

| | |
|---|---|
| 1月8, 17, 26日 | 7月2, 20, 29日 |
| 2月7, 16, 25日 | 8月10, 19, 28日 |
| 3月6, 15, 24日 | 9月9, 18, 27日 |
| 4月5, 14, 23日 | 10月8, 17, 26日 |
| 5月4, 13, 31日 | 11月7, 16, 25日 |
| 6月3, 12, 30日 | 12月6, 15, 24日 |

**◉ 工作夥伴・朋友**

| | |
|---|---|
| 1月5, 14, 23日 | 7月8, 17, 26日 |
| 2月4, 13, 22日 | 8月7, 16, 25日 |
| 3月3, 12, 30日 | 9月6, 15, 24日 |
| 4月2, 20, 29日 | 10月5, 14, 23日 |
| 5月1, 19, 28日 | 11月4, 13, 22日 |
| 6月9, 18, 27日 | 12月3, 21, 30日 |

**◉ 競爭對手・天敵**

[3/26] [4/11] [4/16] [5/15] [7/13] [8/30] [10/1]

**◉ 靈魂伴侶**

[1/13] [3/11] [8/24] [9/17] [11/6] [11/12] [11/15]

### ❖ 生日名人 ❖

巴哈（作曲家）
蓋瑞・歐德曼（演員）
菲利普・特魯西埃（足球選手）
羅納迪諾（足球選手）
加藤和彥（音樂人）
岩城滉一（演員）
田崎真也（侍酒師）
江國香織（作家）
土田世紀（漫畫家）
佐藤健（演員）

◉ 從你的生日看命運
請見32頁

# 3月22日

March twenty-second

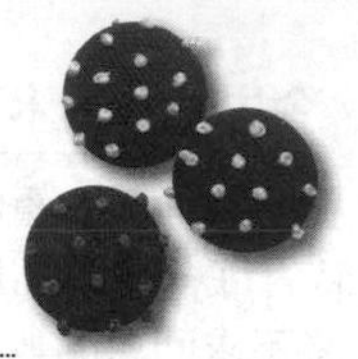

## 兼具大人與孩子特質的魅力領袖

這一天出生的你，具有獨特的風格，是個引人注目的魅力領袖。你自己應該也深知自己的與眾不同，因而感到有些自負。

出生日期22，代表著遼闊無際的宇宙，是一個象徵著大格局的神聖數字。你雖然很懂得社會運作的規則，但你的想像力與行動力卻是沒有界線的。

再加上出生月分3的特質：創造、歡笑、天真無邪，從外表看起來，你是個沉穩認真的大人，不過內心卻像個不受拘束、個性十足的孩子。你擁有獨特、大膽的想法，同時也擁有一顆天真無邪的心，能讓你樂在其中；但你有時卻突然散發出王者或女王般的氣場，展現出你兼具大人與孩子的特質。你的自尊心很強，往往因為太過追求完美，而對自己設下非常高的標準。你不擅配合對方的程度而調整，因此經常強迫別人接受自己的做法。請重視腳踏實地、慢慢累積的努力過程，同時抱著樂天的態度，不必太擔心未來的發展只要，好好地享受當下。

此外，遇到嚴峻的情勢時，你或許會變得有些獨裁、任性。導致身旁的人對你的評價可能很兩極，但請不用太鑽牛角尖，盡量放開手腳去做，開拓自己的每一分可能，你的優點只要讓懂的人懂就好。

### ❖戀愛．婚姻．性生活❖

你總能憑著直覺就一眼望向自己喜歡的對象，也常常擄獲意中人的心。但你喜歡對方的時候，會表現十足的熱情，當感情降溫時，態度就會立刻轉為冷淡，反應十分極端。婚後，你會不再隱藏心中如同國王、女王般的本性，因此會選擇能接納這一點的人作為另一半，這正是你維繫婚姻長久的祕訣。

你對性方面充滿好奇心，或許會擁有比較複雜的性觀念。有時表現得強勢，有時又溫柔順從，在不同的態度之間不停轉變，因此對方可能會比較辛苦。

### ❖工作．財運❖

你在工作上的特徵是：擁有世界級格局，隨著工作活躍於世界各地。你有獨創點子和無限靈感，並抱著玩心，足以締造出讓世人屏息的工作成果。此外，具有群眾魅力的你，只要努力不懈，無論什麼領域都能成為備受矚目的傑出人才。

你擁有到世界各地賺錢的能力，財運也超乎想像地旺。因為你的點子和靈感能直接帶來財富，因此只要盡情享受工作的樂趣，遇到困難時必定會出現貴人相助，需要的資金也自然會出現。

## ❖ 今生使命．未來展望 ❖

擁有群眾魅力的你，今生的使命是：無論遇到什麼困難，都願意為自己的選擇負起責任，實現理想與目標，做到真正的獨立自主。

你想為世人的幸福貢獻一己之力的理想太過崇高，使得身邊的人難以理解，而你也認為即使不被理解也無妨，因此容易遭到孤立。

真正的獨立自主，關鍵在於為自己的決定負起責任。

真正自立的人，不會勉強接下自己做不到的事，而會明確地拒絕；至於自己做得到的事，則會貫徹始終地完成。對你而言，有時或許需要鼓起勇氣，乾脆地承認自己也有做不到的事情。

請好好發揮自己天生穩健踏實的執行力，從日常生活中自己能做到的事情開始確實執行，便能幫助你實現今生的目標，學會真正的自立。

### ❖ 生日帶來的訊息 ❖

「不完美的結果」
「獨特」
「獨善其身」

### 前世の故事

你的前世是帝俄時代俄羅斯西部的某位貴族之子。

在自由自在的環境下成長的你，個性獨特、與眾不同。由於你在金碧輝煌的官邸裡沒有歸屬感，一天，想追求變化的你突然向眾人宣布自己要當修道士。後來，你不顧身邊的人的反對，踏入了修道士的世界，但從小過著富裕生活的你非常不習慣清心寡慾的生活，於是很快就放棄了。

之後，你一直試圖尋找自己的天賦，只要有機會就去嘗試，然而到頭來卻愈來愈不了解自己。你每天都煩惱著：究竟該怎麼做，才能得知自己今生的使命呢？

# גבכ

3/22 希伯來文

### ❖ 生日契合度 ❖

◉ **情人．伴侶**

| | |
|---|---|
| 1月4, 13, 31日 | 7月7, 16, 25日 |
| 2月3, 12, 21日 | 8月6, 15, 24日 |
| 3月11, 20, 29日 | 9月5, 14, 23日 |
| 4月1, 19, 28日 | 10月4, 13, 22日 |
| 5月9, 18, 27日 | 11月3, 12, 21日 |
| 6月8, 17, 26日 | 12月2, 11, 20日 |

◉ **工作夥伴．朋友**

| | |
|---|---|
| 1月6, 15, 24日 | 7月9, 18, 27日 |
| 2月5, 14, 23日 | 8月8, 17, 26日 |
| 3月4, 13, 31日 | 9月7, 16, 25日 |
| 4月3, 21, 30日 | 10月6, 15, 24日 |
| 5月2, 11, 29日 | 11月5, 14, 23日 |
| 6月10, 19, 28日 | 12月4, 13, 31日 |

◉ **競爭對手．天敵**

[3/13] [3/28] [6/1] [9/22]
[11/2] [11/14] [12/19]

◉ **靈魂伴侶**

[1/29] [2/19] [5/16] [6/8]
[7/14] [8/4] [8/31]

### ❖ 生日名人 ❖

查爾斯．輝瑞（化學家）
馬歇．馬叟（默劇小丑）
安德魯．洛伊．韋伯（作曲家）
瑞絲．薇斯朋（演員）
草間彌生（畫家）
山岸伸（攝影師）
大貫健一（動畫師）
有働由美子（播報員）
馬場裕之（諧星）
土岐麻子（歌手）

◉ **從你的生日看命運**
**請見32頁**

# 3月23日

March twenty-third

只要感興趣
什麼都願意嘗試
好奇心旺盛的人氣王

3月23日出生的你天真浪漫，是個好奇心旺盛又能堅決做自己的人。

你的個性開朗直率直，喜歡惡作劇、開玩笑或設計驚喜，善於自我表現，喜歡成為眾人目光的焦點。

不拘小節的你，與每個人都能立刻打成一片。而且你很擅長引導對方說出心裡的想法，是個好聽眾，也很適合在各種與人互動的場合中擔任主持人。你很落落大方，能與人談論各種話題，天生懂得怎麼炒熱氣氛。

你雖然擁有衝勁，做事情動作也很快，但是卻很容易放棄，常常半途而廢。對於挫折，你往往會感到難以承受，但是很快就能重新振作，經常積極地挑戰未知的可能，渾身充滿了創造新事物的力量與能量。

你的出生日期23日的2代表著協調、和諧，3則象徵著天真無邪的孩子，代表著你擁有宛如流水般的柔軟與韌性。再加上出生月3那種充滿創造力與活力的特質，使你成為充滿執行力、行動力，交遊廣闊，身邊總充滿了笑聲，深受眾人喜愛的人氣王。

### ❖戀愛・婚姻・性生活❖

在愛情裡，你的外表和內在都會隨著交往的對象而出現極大的改變，簡直判若兩人。你的孩子氣可能會讓對方想保護你，但你絕對不會讓自己因此被綁住。假如你是女性，便可能成為能將對方的心掌握在股掌之間，充滿魅力的小惡魔。

婚後，表面上你會扮演一個好太太或好先生，但實際上卻讓家裡的人承受了不少的壓力。你對性的態度很開放，沒什麼堅持或原則可言，就算和對方發生關係，你也不會將對方視為特別重要的人。

### ❖工作・財運❖

你的個性溫和，非常討喜，在團體裡就像個開心果，主管也對你照顧有加。在工作上，雖然你擁有爆發力，但是不擅於持之以恆，也可能虎頭蛇尾，請留意。

你對於流行的眼光非常敏銳，也富有品味，是一個能夠在幕後催生出新時代潮流的人。

除了自己的財運之外，你也擁有「幫助與你來往的對象提昇財運」的能力。假如你的點子能搭上時代的潮流，便可能一舉成功，在短時間內累積大筆財富。

## ✧ 今生使命・未來展望 ✧

你今生的使命是：透過自由且不受限的想法與行動，無論陷入什麼樣的困難都絕不放棄，致力於獲得現實層面的成功。

在事情初始時，你雖然很有衝勁，但你是否總是很快就放棄，半途而廢，或者是太過貪心，同時進行許多事情，導致迷失了真正的目標呢？

你的溝通能力很強，可以很快地和所有人打成一片，因此你早就已經擁有「良好的人際關係」這個用錢也買不到的成果。

請好好地利用你的人際關係，認真面對眼前的課題，獲得現實上的成功，並與身邊的人分享。

認同自己的價值，坦率地接受象徵著富饒的金錢，就是達成你今生使命的捷徑。

## ✧ 生日帶來的訊息 ✧

**「不受拘束的心」**

**「輝煌」**

**「讓能量循環」**

### 前世の故事

你的前世生於西班牙南部，是一個廣受眾人歡迎的吉他手。

在你父母經營的酒吧裡，每晚都有佛朗明哥舞的表演，而你深深被那能巧妙配合舞者演奏音樂的吉他手所吸引，你很希望有一天自己也能像那樣即興地演奏音樂，於是懇求駐酒吧的吉他手偷偷收你為徒。

你趁著幫忙店裡生意的空檔學習彈吉他，琴藝愈來愈好，然而有一天父母發現了這件事，於是把你痛斥一頓。你心想，未來若能自己開一間店，就可以在不用顧慮任何人的情況下，隨心所欲地彈奏吉他了。

3/23 希伯來文

### ✧ 生日契合度 ✧

**◉ 情人・伴侶**

| | |
|---|---|
| 1月5, 14, 23日 | 7月8, 17, 26日 |
| 2月4, 13, 22日 | 8月7, 16, 25日 |
| 3月3, 21, 30日 | 9月6, 15, 24日 |
| 4月2, 11, 29日 | 10月5, 14, 23日 |
| 5月10, 19, 28日 | 11月4, 13, 22日 |
| 6月9, 18, 27日 | 12月3, 21, 30日 |

**◉ 工作夥伴・朋友**

| | |
|---|---|
| 1月7, 16, 25日 | 7月1, 19, 28日 |
| 2月6, 15, 24日 | 8月9, 18, 27日 |
| 3月5, 14, 23日 | 9月8, 17, 26日 |
| 4月4, 13, 22日 | 10月7, 16, 25日 |
| 5月3, 12, 30日 | 11月6, 15, 24日 |
| 6月11, 20, 29日 | 12月5, 14, 23日 |

**◉ 競爭對手・天敵**

[1/27] [2/26] [7/21] [10/18] [10/25] [11/17] [12/25]

**◉ 靈魂伴侶**

[1/17] [2/13] [4/5] [5/31] [7/2] [8/1] [10/17]

### ✧ 生日名人 ✧

塞德里克・吉班斯（美術指導）
埃里希・弗羅姆（精神分析學家）
夏卡・康（歌手）
北大路魯山人（陶藝家）
黑澤明（導演）
川上哲治（棒球選手）
多和田葉子（作家）
中島京子（作家）
澤松奈生子（網球選手）
梅佳代（攝影師）
本田武史（花式滑冰選手）

◉ 從你的生日看命運
請見32頁

# 3月24日

March twenty-fourth

**充滿正義感樂觀開朗的博愛主義者**

3月

選擇這一天出生的你，是一個充滿正義感的博愛主義者；你適合擔任教師或領導者，教導身邊的人正確的觀念。你的個性開朗樂觀，天真無邪，讓身邊的人們備感親切，獲得療癒。

你的責任感很強，也有好好先生的一面，因此不好意思拒絕別人的請託。你總是告訴自己助人是好事，往往在沒有考慮後果的情況下就接受請託，最後可能因為實在做不到而半途而廢，反而給對方造成困擾。

你的外表看起來很溫和，內心卻有不知變通、非常固執的一面，不擅長臨機應變。不過由於你為人正直誠懇，因此不至於惹人討厭。你相當重視家人與夥伴，總是在思考該怎麼做才能讓大家和平相處，因此看見有人破壞家中秩序或傷害關係的行為，你一定會挺身而出。

出生日期24的2代表協調、和諧，4代表認真、正直，整體象徵著你擁有「愛與美的協調性」與「細心孕育後代的母性」。再加上出生月分3的特質，也就是宛如孩子般的天真浪漫，你溫柔沉穩的氣質就會更為突顯，成為你獨特的魅力。

## ❖ 戀愛・婚姻・性生活 ❖

你擁有獨特的戀愛雷達，喜歡與眾不同的愛情，但往往不敢付諸行動。由於你很喜歡幻想，因此也可能對沉迷於偶想。基本上，你會全心全意為對方付出，但有時你付出的愛可能太自以為是，令人想逃開。

無論是愛情或性方面，你都有一套自己心中的理想或範本，而無法打從心底享受。婚後，你會努力與伴侶和孩子一同打造幸福的家庭，在旁人眼中，你們全家就像是兄弟姊妹一般，和樂融融。

## ❖ 工作・財運 ❖

若你從事能和許多人接觸的工作，能讓實力得以發揮，同時樂在其中。你給人的印象雖是穩重而細心，但你同時也是個炒熱職場氣氛的開心果。此外，你也擅長教導、指導別人，適合講師類的工作。

你不只喜歡與人接觸，又很會照顧人，因此常常把錢花在交際方面。不過，託你平時細心體貼的個性之福，當你遇到困難時，總是有人對你伸出援手，讓你幾乎不用為了錢煩惱。

## ✧ 今生使命・未來展望 ✧

今生你的使命是：善用純真的博愛主義者特質，努力為人們、為世界所付出，實現世界和平的目標。

一心想助人、希望世上的每個人都能和平共處的你，可能會認為自己心中的「正道」是絕對正確的，並以此為由投入各種活動。

然而，一旦每個人都認為只有自己的想法才是正確的，就會產生爭端。想貢獻一己之力幫助他人的態度固然很令人敬佩，但仍須避免為了堅持自己心中的正道，而無視對方的心情。

當你面對事情時，請勿堅持己見，也不要過度評論那些沒有遵循正道而行的人。請發揮你與生俱來的圓融，先好好地愛自己，讓自己的內心平靜下來吧。

### ✧ 生日帶來的訊息 ✧

**「純真的笑容」**

**「美好」**

**「真實地療癒自我」**

### 前世の故事

你的前世，是在混亂的法國大革命時期，負責照顧教會孤兒院裡孩子們的神父。

其實你本身也是孤兒，但在嚴峻的環境下，你很幸運地遇到一名溫柔的神父，在他的照顧下順利成長。

長大成人之後，為了照顧和自己一樣命運坎坷的孤兒，你成為了神父。在革命的風暴中持續為了孩子們奉獻的你，遭到來自政府的各種打壓。即使如此，為了守護孩子們，你依舊堅持自己的信念，不願對權力屈服，然而情勢卻愈來愈糟。儘管孤兒們純真的笑容成為了你的救贖，但你仍必須面對自己的無能為力。

# כדג

3/24 希伯來文

### ✧ 生日契合度 ✧

**◉ 情人・伴侶**

| | |
|---|---|
| 1月10, 19, 28日 | 7月4, 22, 31日 |
| 2月9, 18, 27日 | 8月3, 21, 30日 |
| 3月8, 17, 26日 | 9月2, 20, 29日 |
| 4月7, 16, 25日 | 10月1, 10, 28日 |
| 5月6, 15, 24日 | 11月9, 18, 27日 |
| 6月5, 14, 23日 | 12月8, 17, 26日 |

**◉ 工作夥伴・朋友**

| | |
|---|---|
| 1月8, 17, 26日 | 7月2, 20, 29日 |
| 2月7, 16, 25日 | 8月1, 19, 28日 |
| 3月6, 15, 24日 | 9月9, 18, 27日 |
| 4月5, 14, 23日 | 10月8, 17, 26日 |
| 5月4, 13, 31日 | 11月7, 16, 25日 |
| 6月3, 12, 30日 | 12月6, 15, 24日 |

**◉ 競爭對手・天敵**

[2/24] [3/5] [5/3] [9/8] [10/16] [11/6] [12/14]

**◉ 靈魂伴侶**

[4/18] [4/27] [5/2] [5/26] [7/9] [11/11] [12/22]

### ✧ 生日名人 ✧

威廉・莫里斯（工藝家）
湯米・希爾費格（設計師）
新井白石（儒學研究者）
羽鳥慎一（播報員）
持田香織（歌手）
平野早矢香（桌球選手）
大友愛（排球選手）
綾瀨遙（演員）
井岡一翔（拳擊手）

◉ 從你的生日看命運
請見32頁

# 3月25日

March twenty-fifth

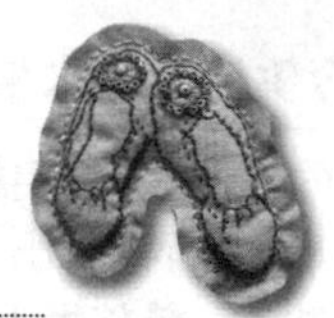

對每個細節都很堅持才華洋溢的藝術家

3月

這一天出生的你，有一顆細膩的心，情緒起伏較大，具有藝術家的特質。

25日的2代表協調、和諧，5代表自由、變化、溝通，整體象徵著你會追求和諧，同時以盡善盡美為目標，漸漸確立自我。

25日出生的人，與其說像個頑固的職人，不如說像是對每個細節都有所堅持的藝術家。你擁有獨特的感性，品味超群，才華洋溢，能藉由自己創作的作品來展現自我。再加上出生月3的特質，你便擁有如孩子一般的單純，會傾盡全力追求獨特的自我世界。

在你有所堅持的領域中，總是力求完美，絕不允許虎頭蛇尾，永遠竭盡全力做好自己的工作或作品。在旁人眼中你似乎清心寡慾，對自己很嚴厲，但其實只要是為了實現夢想，即使必須克服困難，你也樂在其中。

你對人待很親和，但因為內心纖細又敏感，因此顯得害羞、膽怯。儘管你創作的作品相當新穎，你本人卻非常低調。對你而言，獨自專注在喜愛的事情上，是自己最放鬆的時光。

## ❖戀愛・婚姻・性生活❖

你最富魅力的地方，就是從不對任何人吐露真心話的那股神祕感。讓人摸不透的你，彷彿擁有某種不可思議的吸引力，吸引著異性的目光。另一方面，你也擁有天真無邪、可愛的一面，像貓一樣變化莫測的行動，總讓異性不知所措。

你不擅長用言語來表達自己的情感，因此身心交融的性愛時光，對你來說是難得能真正解放自我的寶貴時刻。但與伴侶之間建立信賴關係是很重要的，就由你開始，先敞開心胸，把自己最脆弱的部分坦然地告訴對方吧。

## ❖工作・財運❖

能用專屬自己的方式展現感性特質的你，適合擔任各種設計師、寫手等具有專業技術的自由業。此外，能將感動傳遞給眾人的運動選手、音樂人、廚師、甜點師等宛如職人一般的工作，也很適合你。你在工作上絕不妥協，也不會忘記讓自己樂在其中。

在工作上，如果能在所屬責任範圍明確的情況下，讓你自由發揮，便能創造更好的成果。

你對儲蓄沒有興趣，但你的財運會隨著實力逐漸提昇，只要你的專業能跟上時代的浪潮，便可能一舉致富。

## ❖ 今生使命．未來展望 ❖

一心追求自我風格的你，今生的使命是：善用藝術家的獨特性與感受力，對自己的人生負起責任，發揮領導能力。

重視自己獨特的世界、能獨力完成工作，與任性妄為、自我孤立是截然不同的兩回事。倘若你太在意別人對自己的評價，內心便容易失衡，變得經常迷惘或讓情緒起伏不定，請格外留心。

若你想打造專屬自己的獨特世界或風格，就必須有所覺悟：無論遇到什麼困難，都必須自己負起全責。

首先，請試著在日常生活中明確展現自己的想法，刻意地在自己的人生中發揮你強大的領導能力。不要躲在自己的世界裡，唯有積極地表現自我，才能真正展現你的領導長才，如此一來，身邊的人也自然會支持你。

### ❖ 生日帶來的訊息 ❖

**「自我探索」**
**「神祕」**
**「為自己負責的覺悟」**

### 前世の故事

你的前世，是一名活躍在中世紀歐洲的畫家。

你從小就察覺自己擁有敏銳的感應力與治癒能力，由於生在獵巫活動盛行的時代，於是你的父母嚴格禁止你展現此才能。為了聽從父母的話，你把天生的能力隱藏起來，成為一名專職畫畫、雕刻的藝術家。

某天，你的朋友發高燒，無法坐視不管的你，替他進行了治療。你的朋友也因此漸漸康復，撿回了一命，然而你治療的過程卻不幸被人撞見，於是你遭到逮捕。你忿忿不平地想：我明明是在幫助別人，為什麼會落得如此的下場？

---

# כהג

3/25 希伯來文

### ❖ 生日契合度 ❖

**◉ 情人．伴侶**

| | |
|---|---|
| 1月11, 20, 29日 | 7月5, 14, 23日 |
| 2月1, 19, 28日 | 8月4, 13, 31日 |
| 3月9, 18, 27日 | 9月3, 21, 30日 |
| 4月8, 17, 26日 | 10月2, 11, 29日 |
| 5月7, 16, 25日 | 11月1, 19, 28日 |
| 6月6, 15, 24日 | 12月9, 18, 27日 |

**◉ 工作夥伴．朋友**

| | |
|---|---|
| 1月9, 18, 27日 | 7月3, 12, 30日 |
| 2月8, 17, 26日 | 8月11, 20, 29日 |
| 3月7, 16, 25日 | 9月10, 19, 28日 |
| 4月6, 15, 24日 | 10月9, 18, 27日 |
| 5月5, 14, 23日 | 11月8, 17, 26日 |
| 6月4, 13, 22日 | 12月7, 16, 25日 |

**◉ 競爭對手．天敵**

[1/17] [4/14] [6/21] [6/30] [7/21] [8/10] [10/8]

**◉ 靈魂伴侶**

[1/19] [5/1] [6/18] [8/16] [9/11] [10/19] [10/28]

### ❖ 生日名人 ❖

艾瑞莎．弗蘭克林（歌手）
艾爾頓．強（音樂人）
莎拉．潔西卡．派克（演員）
島崎藤村（作家）
志茂田景樹（作家）
橋本治（作家）
嘉門達夫（歌手）
堀部圭亮（演員）
拜田祥子（歌手）
織田信成（花式滑冰選手）

◉ 從你的生日看命運
請見32頁

# 3月26日

March twenty-sixth

## 隨時能和任何人做朋友熱情的隊長

3月26日出生的你活潑開朗、溫和親切，隨時能和團體裡每個人打成一片。無論你處在什麼樣的環境，你都能讓自己的才能有所發揮，是個活力充沛的領導者。

出生日期26的2代表協調，6代表母性，顯示你並不是那種走在前方帶領眾人前進的領導者，而是關心夥伴、擁有滿腔熱血的隊長型人物。再加上出生月分3象徵的孩子、創造力等特質，你就像是團隊裡的開心果一般。

你喜歡和大家熱熱鬧鬧地一起努力，總是以最團隊裡的和諧氣氛為優先，極度重視自己與身邊的人之間的關係。甚至比起達成自己的目標，當你為夥伴付出時，更能毫無保留地發揮能力。假如是為了家人等重要他人，你更是不敢輕忽怠慢，無論面對什麼難關，都願意果敢地挑戰，以捍衛自己與重要的人的幸福。

你很會照顧人，深受旁人的信賴，然而當別人愈仰賴你，你可能就愈難以拒絕，最後把事情全都攬在身上，演變成難以收拾的狀況，反而給旁人添麻煩。請不要因為想要幫忙對方，就主動提出過多意見，會像是多管閒事，請注意。

### ✧戀愛・婚姻・性生活✧

在感情層面，你總是希望讓對方開心，於是一想到什麼就會立刻展開行動，有時甚至無視於對方的實際情況。你很希望能時時得到對方的關注，就如同孩子黏在母親身邊，想要幫忙一樣。

你認為性是戀愛的武器之一，於是會利用自己的魅力吸引對方，擄獲對方的心。婚後，你可能會因為重視家人，而連小事都過度干涉。即使是家人，彼此也是獨立的個體，請尊重對方的自由，默默在一旁守護著他們。

### ✧工作・財運✧

你會善用細心體貼又開朗溫暖的個性，透過可以直接與人接觸或相處的工作，好好展現你人格特質的優勢，並樂於工作，一生都不想退休。雖然你具有作為經營者的能力，不過你更喜歡和大家一起待在第一線努力。你也喜歡照顧人、為人服務的工作，因此服務業也很適合你。

你的財運旺盛，具有利用興趣賺錢的才華。只是賺得多，出手也闊綽，因此不太擅長一點一滴地儲蓄。

## ✧今生使命・未來展望✧

你今生的使命是：好好地探索另一個無形的世界，將從中所獲得的智慧與訊息，分享給更多的人。

對於一直以來比較重視眼前的人與現實的你來說，讓你去探索那個無形世界的存在，或許對你而言，更難實際掌握。然而，相信你應該也感受到，肉眼可見的現實背後，其實一直存在著無形世界的影響力。

首先，在日常生活中採取任何行動時，請以無形世界帶給你的訊息為優先。例如，只要靈光一閃，就盡量當場實踐，快樂地活用自己的直覺。

你一直努力想幫上別人的忙，不過偶爾也請透過冥想來進行內觀，傾聽自己內心的聲音，並將從中得到的療癒或發現帶進現實生活中，傳達給身旁的人，如此才是真正的分享。

### ✧生日帶來的訊息✧

「熱情的心」
「包容」
「分享靈感」

#### 前世の故事

你的前世，生於近代印度史上極為興盛的蒙兀兒帝國中，是一位為人民盡心盡力的王子。

你的母親，也就是王妃，為了拯救貧窮的人們，儘管身為女性也參與國政，致力於改革社會結構。自幼看著這樣的母親，你也立志走上與母親相同的道路。

王妃為了消除貧富差距所施行的措施，獲得了大多數人民的支持。然而王宮裡卻出現反對的勢力，讓事情逐漸演變為血腥的政治鬥爭。你一心努力支持王妃的理念，最後卻發現自己其實是以謀求人民的福祉作為藉口，其實你只是離不開母親。

# כוג

3/26 希伯來文

### ✧生日契合度✧

◉ 情人・伴侶

| | |
|---|---|
| 1月9, 18, 27日 | 7月3, 12, 21日 |
| 2月8, 17, 26日 | 8月11, 20, 29日 |
| 3月7, 16, 25日 | 9月10, 19, 28日 |
| 4月6, 15, 24日 | 10月9, 18, 27日 |
| 5月5, 14, 23日 | 11月8, 17, 26日 |
| 6月4, 13, 22日 | 12月7, 16, 25日 |

◉ 工作夥伴・朋友

| | |
|---|---|
| 1月10, 19, 28日 | 7月4, 13, 31日 |
| 2月9, 18, 27日 | 8月3, 12, 30日 |
| 3月8, 17, 26日 | 9月2, 20, 29日 |
| 4月7, 16, 25日 | 10月1, 19, 28日 |
| 5月6, 15, 24日 | 11月9, 18, 27日 |
| 6月5, 14, 23日 | 12月8, 17, 26日 |

◉ 競爭對手・天敵

[1/23] [3/12] [3/30] [5/10]
[7/8] [10/14] [11/4]

◉ 靈魂伴侶

[1/29] [6/15] [6/24] [7/5]
[8/2] [8/13] [12/9]

### ✧生日名人✧

恩斯特・恩格爾（統計學家）
史蒂芬・泰勒（歌手）
綺拉・奈特莉（演員）
天野喜孝（插畫家）
京極夏彥（作家）
安野夢洋子（漫畫家）
後藤久美子（演員）
YUI（音樂人）
柳樂優彌（演員）
渡邊麻友（藝人）

◉ 從你的生日看命運
請見32頁

# 3月27日

March twenty-seventh

不願表達真實想法真正的智者



這一天出生的你，是創造出新時代潮流的智者，你擁有豐富的知識與敏銳的觀察力、創造力以及靈感。

出生日期27日的2代表協調、和諧，7代表職人、專家的特質，結合之後，便意謂著「能運用自己的專業技術助人」的數字。

再加上出生月分3的創造力與天真無邪特質，讓你的開朗性格和各種陽性的力量更加突顯。你很博學多聞、好奇心旺盛，因此會積極地想去挑戰自己喜歡或想進一步了解的領域。

你會冷靜地觀察身邊的人的反應，事先察覺狀況，同時擁有確實的執行力。你認為，率直地顯露出內心的感受是一種不太成熟的表現，因此從不展現自己的情緒。由於你待人很親和，因此大家不會發現你其實自尊心很高。同時，你的感受力強，有時會一個人煩惱太多，一旦情緒失衡，就會責怪自己，而容易懷有罪惡感，必須格外注意。

不過你的個性冷靜沉著，不會因為情緒化而失態，是個溫柔有氣質，讓每個人都能放心相處的成熟大人。你單純地希望能實現社會和諧的心願，因此將自己的知識運用在社會貢獻或志工活動上，能讓你發自內心的感到喜悅。

## ❖ 戀愛・婚姻・性生活 ❖

你總是想太多而難以表現出真實的自己，即使身在戀愛中也無法認真展現熱情。你很在乎旁人的眼光，因此會盡量配合對方，不會自己積極採取行動。你一直處於被動的狀態，因此可能即使不喜歡對方，也可能因為對方的態度比較強勢而不得不與對方發生關係。

你對性方面興趣缺缺，但可能因為某些契機在幻想的世界裡找到樂趣，進而深陷其中。你認為戀愛和結婚是兩回事，因此可以透過能設定條件的相親或朋友介紹來認識對象，比較安心。

## ❖ 工作・財運 ❖

擁有旺盛的求知欲、冷靜的分析能力，以及創造力與企劃能力的你，非常擅長喚醒對方的潛在魅力。你能看出潮流的趨勢，了解大眾的需求，因此適合擔任製作人、導演、協調者等富有智慧與創造性的工作。如果讓你坐在辦公桌前，從事單調的事務性工作，你會感受不到工作的價值，容易喪失幹勁。

你很討厭用金錢來衡量自己的能力。實際上，你的財運也很穩健，如果能把錢用在幫助他人或貢獻社會，或許能吸引更多的財富。

## ✧ 今生使命・未來展望 ✧

看來彬彬有禮，總是體貼旁人的你，今生的使命是：在助人的同時，也別忘了像孩子般天真地享受自己的人生。

由於你太過在意旁人的評價，因此往往把人生想得太難。所謂宛如孩子一般的純真狀態，就是希望你能不受過去或未來束縛，與活在當下的自己對話，去傾聽自己內心的真實感受。

為此，你必須學著用心感受，而非用頭腦思考。建議你從事一些能激發感性的運動或舞蹈，透過活動身體、揮灑汗水，讓平常全速運轉的大腦暫時放空，試著掌握每一分感受。

請喚回孩提時代的自己，專注在眼前的事情上，純粹地體驗當下的心情。當你打從心底綻放笑容、享受人生時，就能站在實踐今生使命的起點上。

### ✧ 生日帶來的訊息 ✧

「廉潔」
「精華」
「細細品味感情」

### 前世の故事

你的前世，是日本江戶時代末期一名立志成為醫師的青年。

你雖然出身武術世家，但喜歡學問勝過於武道，於是向一名在江戶老街經營診療所的醫師拜師。你以這位懸壺濟世的醫師為榜樣，拚命地學習，希望自己未來也能像他一樣救人無數。

在幕府末期的動盪時代裡，診所成為維新志士的集會地點。你雖然認同暗地裡協助志士的醫師，卻對自己因此無法好好學習而感到不滿。因為你深信武力不可能帶來和平，為了實踐自己心中的正道，你只好下定決心更加勤學。

כזג

3/27 希伯來文

### ✧ 生日契合度 ✧

◉ **情人・伴侶**

| | |
|---|---|
| 1月6, 15, 24日 | 7月9, 18, 27日 |
| 2月5, 14, 23日 | 8月8, 17, 26日 |
| 3月4, 13, 31日 | 9月7, 16, 25日 |
| 4月3, 21, 30日 | 10月6, 15, 24日 |
| 5月2, 20, 29日 | 11月5, 14, 23日 |
| 6月1, 19, 28日 | 12月4, 13, 22日 |

◉ **工作夥伴・朋友**

| | |
|---|---|
| 1月2, 11, 29日 | 7月5, 14, 23日 |
| 2月1, 10, 28日 | 8月4, 13, 22日 |
| 3月9, 18, 27日 | 9月3, 21, 30日 |
| 4月8, 17, 26日 | 10月2, 20, 29日 |
| 5月7, 16, 25日 | 11月1, 19, 28日 |
| 6月6, 15, 24日 | 12月9, 18, 27日 |

◉ **競爭對手・天敵**

[1/4] [3/20] [6/17] [7/16] [8/6] [8/15] [8/31]

◉ **靈魂伴侶**

[3/19] [4/27] [6/16] [7/15] [8/5] [9/4] [10/3]

### ✧ 生日名人 ✧

威廉・倫琴（物理學家）
莎拉・沃恩（歌手）
昆汀・塔倫提諾（導演）
瑪麗亞・凱莉（歌手）
佐藤榮作（政治家）
遠藤周作（作家）
宮本信子（演員）
松本孝弘（吉他手）
樫本大進（小提琴家）
內田篤人（足球選手）

◉ **從你的生日看命運**
**請見32頁**

# 3月28日

March twenty-eighth

喜歡與夥伴一同努力的熱血隊長

3 月 28 日出生的你，就像個熱血沸騰的足球隊隊長，樂於成為眾人的核心，和許多人一起快樂地做事。

你充滿活力，個性開朗，是個熱情的領導者；總是能激勵夥伴，讓夥伴充滿幹勁，進而達成目標。你擁有強烈的正義感，懂得體恤夥伴，看見別人有困難或煩惱時，絕對不會坐視不管。

雖然你能設身處地地給人建議，但有時會不聽對方說話，而將自己的想法強加在對方身上。有時也必須考慮對方的實際狀況，只要好好在一旁守護即可，當對方需要時再提供協助。

你的頭腦靈活，擁有豐富的想像力，能接二連三地提出點子，同時又擁有實現這些點子的力量與聲望。你喜歡與家人或夥伴一起團體行動，但有時太過關心他人，可能會變成多管閒事，請注意不要讓自己的好意造成對方的困擾。

你的出生日期 28 日中，2 代表的是協調、和諧，8 代表的是無限大的力量。兩者相加後，便意謂著你是一位能結合眾人之力提昇團隊氣勢的領導者。再加上出生月分 3 的孩子、創造力等特質，讓你站在前線率領眾人勇敢挑戰新事物的特質，更加顯著。

## ✧戀愛・婚姻・性生活✧

平常完全不畏懼新事物，總是站在前方迎接挑戰的你，在愛情裡卻變得害羞而被動，在喜歡的人面前簡直判若兩人。如果遇到態度比較強勢的對象，你可能就無法拒絕。

你希望能和喜歡的對象形影不離，也很容易吃醋，假如對方忽略了你，忘了適時對你表達感謝，你可能就會變得情緒化。

婚後，你會打造一個和樂融融的家庭，享受全家出遊的樂趣。在性生活方面，基本上你屬於被動的類型，比起性行為本身，你更嚮往性愛中的浪漫氣氛。

## ✧工作・財運✧

在工作上，你會展現出彷彿運動員一般的特質，像個熱血隊長，統領團隊，不斷締造佳績。你具有服務精神，因此也很適合服務業或物流業。在重視團隊合作的體育界或娛樂圈，也有讓你發揮長才的機會。雖然你也擁有能處理好例行公事或繁瑣事務的能力，但如此一來便無法運用你真正的才能。

團隊合作的順利與否，是左右你財運的關鍵。因此在分配報酬時，請不要被當下氛圍所影響，必須重視公平，給予擔任幕後功臣的人們合理評價與報酬。

## ❖ 今生使命・未來展望 ❖

今生你的使命就是：扮演好領導者的角色，認真正直地生活，同時把自己所做過的事情化為具體的紀錄留存下來。

你的理想就是每個人都能開朗愉快、彼此間能和平共處，但站在領導者的立場，你是否一直告訴自己必須努力，而把許多不必要的責任也攬在自己肩上呢？

認真地生活，是生而為人非常重要的事，但請不要被責任義務感所束縛，今生請更努力地為自己留下具體的成果。

正因為你喜歡新事物，會不斷變換興趣，因此請努力不要半途而廢，確實地把事情完成，對你而言才是最重要的。你可以從最簡單的事情開始挑戰，例如，每天在日記或部落格上記錄植物的成長，或你當天吃的餐點，讓自己快樂地持續記錄下去，如此必能幫助你實現今生的使命。

### ❖ 生日帶來的訊息 ❖

「心繫同伴」
「意志」
「貫徹始終」

### 前世の故事

你的前世，生於美國近代的某個鄉村裡，你從小在大自然的環繞下長大，是個擅長唱歌跳舞、活潑好動的女孩。

一天，你對一名到處巡演的年輕藝人一見鍾情。儘管父母反對，但你極力說服他們讓你加入這個表演團隊，以發揮自己的歌舞才華，最後你與年輕人順利成婚。然而，婚後等著你的，卻是在大家庭裡做不完的家事以及帶孩子的疲累生活。

雖然受到大家倚重很值得高興，但你原本想表演歌舞的願望，卻被迫放棄。在跟著團隊巡迴演出的旅途中，你每天辛勞工作同時心想：這並不是我嚮往的生活……。

כחג

3/28 希伯來文

### ❖ 生日契合度 ❖

◉ **情人・伴侶**

| | |
|---|---|
| 1月7, 16, 25日 | 7月1, 19, 28日 |
| 2月6, 15, 24日 | 8月9, 18, 27日 |
| 3月5, 14, 23日 | 9月8, 17, 26日 |
| 4月4, 13, 22日 | 10月7, 16, 25日 |
| 5月3, 21, 30日 | 11月6, 15, 24日 |
| 6月2, 20, 29日 | 12月5, 14, 23日 |

◉ **工作夥伴・朋友**

| | |
|---|---|
| 1月3, 12, 21日 | 7月6, 15, 24日 |
| 2月2, 11, 20日 | 8月5, 14, 23日 |
| 3月10, 19, 28日 | 9月4, 13, 22日 |
| 4月9, 18, 27日 | 10月3, 21, 30日 |
| 5月8, 17, 26日 | 11月2, 20, 29日 |
| 6月7, 16, 25日 | 12月1, 10, 28日 |

◉ **競爭對手・天敵**

[1/6] [2/5] [4/12] [5/11] [6/1] [8/17] [10/15]

◉ **靈魂伴侶**

[1/6] [1/10] [2/16] [4/15] [5/4] [7/22] [8/3]

### ❖ 生日名人 ❖

高爾基（作家）
萊斯特・布朗（環保先驅）
女神卡卡（歌手）
萩原雄祐（天文學家）
北之富士勝昭（相撲選手）
石田衣良（作家）
水野真紀（演員）
神田宇乃（藝人）
古谷實（漫畫家）
鈴木明子（花式滑冰選手）

◉ **從你的生日看命運**
**請見32頁**

# 3月29日

March twenty-ninth

**嚴格指導他人**
**依然深受敬重**
**幕後高人**



你的個性溫和，不喜與人爭執，並擁有綜觀全局的視野與高深的智慧，思慮周密，是握有影響力的幕後高人。你在旁人眼中的評價很高，同時又具有親和力，擁有不可思議的魅力。

你的出生日期29日中，2代表協調、和諧，9代表結束、智慧、賢者，象徵著你能發揮長才、幫助他人或帶給人們歡樂。同時，2與9相加後等於11，因此也具有11的特質，是一個富有精神性的神聖數字。再加上3月出生者特有的創造力與宛如孩子一般的特質，使你在嚴厲中不失幽默，兩者性格間的落差反倒成為一種魅力，令晚輩十分仰慕。

你很聰明，不過個性卻令人難以捉摸，一面散發著一股神秘的氛圍，同時又具有群眾魅力。許多人有煩惱時都會找你商量，遇到爭執時也會請你協調或充當和事佬。你並非站在人前、發揮強勢領導能力的領袖，而是能團結成員、吸引他人關注的領袖，因此人們總是自然而然地聚集在你身邊。

你就像雷達一樣敏感地接收各種訊息，習慣用直覺來判斷事情，因此不擅長按照常規行動。你經常猶豫不決，往往很難跨出第一步，但只要更積極地採取行動，身邊的人一定能更容易接收到你想傳遞的訊息。

## ✧戀愛・婚姻・性生活✧

你在人們眼中就像個模範生，為了符合家人或旁人的期待而扮演著好好先生的角色，唯有面對真正喜歡的對象時，才敢大膽地說出真心話，這種出乎意料的雙重性格可能會令對方感到困惑。倘若你太過強求緊密的關係，可能會選到不適合你的對象，而引起軒然大波，因此維持人際關係的平衡也很重要。

在性生活方面，你總是靠直覺挑選對象，有時表面上看起來很內斂，但其實相當狂熱大膽。而且你不會只顧著自己的需求，而會希望能與對方一起享受。

## ✧工作・財運✧

只要善用你的幽默感，無論從事什麼工作，你都能締造出超乎想像的成果。你擁有一般人所沒有的獨創性與敏銳的洞察力，經常靈光一閃就有想法，因此適合擔任心理治療師、諮商師、占卜師等工作。你對神祕的、未知的、無形的世界充滿好奇心，因此一般平凡的工作可能無法滿足你。

你重視精神性，因此對金錢毫不關心，但很奇妙地你也從來不用為錢煩惱。只是你可能會在自己的興趣或精神領域砸大錢。

## ⁘ 今生使命・未來展望 ⁘

今生你的使命是：凡事順從直覺，自由地行動，成為人與人之間的溝通者。

你天生擁有敏銳的直覺與豐富的創造力，而唯有在現實世界中，才能夠活用這些能力。

由於你能靠著腦海中突然浮現的靈感瞬間找到答案，因此關鍵在於你必須試著順從自己所接收的訊息，並直接行動。一旦你開始猶豫，便難以做出正確的抉擇，因此只要一有起心動念，就立刻採取行動吧。

讓旁人看見你順應直覺而行動，也能喚起人們的行動力。不要限制自己額限的可能性，讓自己順應直覺，把你所接收到的知識或訊息傳播出去，成為一名真正的溝通者。

### ⁘ 生日帶來的訊息 ⁘

「愛的語言」

「協調」

「順應直覺」

### 前世の故事

你的前世，生於東西文明交織的中東沙漠城市裡，是個能一眼看穿人們一生的占卜師。

你從小就對常理無法解釋的事物很感興趣，是一個能和靈魂、妖精溝通的奇特少女。後來，你的聲名逐漸遠播，被當權者拔擢為參謀。然而，終其一生替人占卜的你，還沒來得及踏出這個城市一步，人生便已因病落幕。

你在臨終前最惋惜的，就是你透過占卜而得知有關各地的知識，卻從未有機會實際走訪。

כטג

3/29 希伯來文

### ⁘ 生日契合度 ⁘

**◉ 情人・伴侶**

| | |
|---|---|
| 1月3, 12, 30日 | 7月6, 15, 24日 |
| 2月2, 11, 29日 | 8月5, 14, 23日 |
| 3月1, 10, 28日 | 9月4, 13, 22日 |
| 4月9, 18, 27日 | 10月3, 21, 30日 |
| 5月8, 17, 26日 | 11月2, 11, 29日 |
| 6月7, 16, 25日 | 12月1, 19, 28日 |

**◉ 工作夥伴・朋友**

| | |
|---|---|
| 1月4, 13, 31日 | 7月7, 16, 25日 |
| 2月3, 12, 21日 | 8月6, 15, 24日 |
| 3月2, 20, 29日 | 9月5, 14, 23日 |
| 4月10, 19, 28日 | 10月4, 13, 31日 |
| 5月9, 18, 27日 | 11月3, 12, 30日 |
| 6月8, 17, 26日 | 12月2, 20, 29日 |

**◉ 競爭對手・天敵**

[1/2] [2/19] [3/27] [5/30] [7/28] [8/13] [9/17]

**◉ 靈魂伴侶**

[3/5] [4/22] [5/21] [7/12] [7/28] [8/11] [12/14]

### ⁘ 生日名人 ⁘

賽揚（棒球選手）
范吉利斯（作曲家）
珍妮佛・卡普莉亞蒂（網球選手）
金泰希（演員）
實相寺昭雄（導演）
江口壽史（漫畫家）
西島秀俊（演員）
瀧澤秀明（Johnny's Island 社長）
鈴木亮平（演員）
里田舞（藝人）

◉ 從你的生日看命運
請見32頁

# 3月30日

March thirtieth

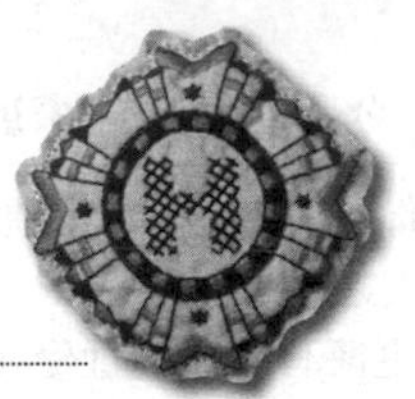

無論幾歲笑容都很耀眼純真的大孩子

選擇這一天生日的你，個性純真，好奇心旺盛，無論幾歲都不會失去童心。你生性淘氣，很喜歡和人開玩笑或製造驚喜，因此身旁永遠笑聲不斷，是團隊的開心果。而好惡分明的你，也喜歡把喜怒哀樂等各種情緒毫不掩飾地直接寫在臉上。

你的個性爽朗乾脆，人見人愛。因為你的興趣廣泛，富有幽默感，因此與人談天的話題也很豐富，因此善於社交，交遊廣闊。

你不喜歡讓自己的人生停在原地、毫無進展，對新事物或未知的事物充滿興趣，總是積極地挑戰，無所畏懼。

你的直覺敏銳，有時說話會直指核心，但沒有惡意，因此不會招人厭惡。你總是三分鐘熱度，一旦得意忘形，就容易展現出任性的一面，有時在緊要關頭反而會萌生退意，半途而廢，請特別注意。

3是象徵孩子的數字，而你的出生日期是30，顯示你如孩子般的特性會受到0的增強、強化，於是會更加讓人感受不出你的年紀，彷彿永遠像個大孩子般，面對任何事都會順著自己的感受而自由、積極地行動。

## ❖ 戀愛・婚姻・性生活 ❖

你非常浪漫，若是女性，可能會幻想自己有一天能遇到白馬王子。雖然你確實擁有許多要好的異性朋友，然而要發展成真正的戀情也許並不如想像中容易。比起不得不考慮現實的婚姻關係，你更喜歡享受戀愛的樂趣，但由於你很喜歡小孩，因此也有可能奉子成婚。

婚後，你會發揮「把人生中的一切變成一場遊戲」的才能，愉快地做家事以及帶小孩。你認為性行為的目的就是傳宗接代，並不認為那是為了讓彼此身心交融、更深度交流，因此你的另一半可能會有所不滿。

## ❖ 工作・財運 ❖

你認為工作不是義務，而是一種樂趣，因此無論從事什麼工作你都能樂在其中。你不喜歡待在原處死守著崗位，因此比較適合需要東奔西跑的業務員，或需要發揮創意的設計類工作。而類似公務員或金融業等需要嚴格遵守各種規定的庶務工作，並不適合你。

你有潛在的財運，能夠藉由喜歡的工作而為自己累積大筆財富。不過你不擅理財，常有許多不必要的開銷，因此將財務交給值得信賴的專家管理，比較能降低財務風險。

## ✧ 今生使命・未來展望 ✧

你今生的使命是：活用天真浪漫的特質，對所有的人付出無私的愛。

內心孩子氣的你，是不是往往自以為是地付出愛之後，認為自己付出了很多，因此會期待對方的回報呢？如果你擁有這種想法，請先接受自己心中有個像孩子般柔軟的部分，需要好好地被滿足，好好地愛自己。

當你自己被愛填滿，這份愛的能量便自然能擴及身邊的人。當你為別人付出之後，能不能乾脆地放下這份心意，非常重要。一直期待對方的感謝或回禮，其實是一種任性，也是在尋求對方的認同。

關鍵是，請在自己的能力範圍內開心地幫助你想幫助的人即可。當你露出真誠的笑容的那一刻，便能實現對他人付出的無私的愛。

## ✧ 生日帶來的訊息 ✧

「真誠的笑容」
「童心」
「療癒內在小孩」

### 前世の故事

你的前世，是古代馬雅文明時期一位廣受眾人歡迎的街頭藝人之子。

你的父親是一位發明家，也是街頭藝人，於是你從懂事開始，就跟他一起到各地進行演出。對你而言，表演就像吃飯、睡覺一樣，是種與生俱來的本能。因為你認為只要自己能表演、過得開心就好，因此把生活的一切事務都交給父親安排。

但有一天，你的父親卻突然過世了，讓你頓時失去人生的方向。即使有能力表演，你也完全不知道該如何生活，不禁對過去始終倚賴父親、只貪圖快樂的自己感到懊悔。了解生活的不易後，你為了養活自己，只好開始步上沒有父親的人生，從零開始學習生活的本事。

לג

3/30 希伯來文

### ✧ 生日契合度 ✧

**◉ 情人・伴侶**

| | |
|---|---|
| 1月8, 17, 26日 | 7月2, 11, 29日 |
| 2月7, 16, 25日 | 8月10, 19, 28日 |
| 3月6, 15, 24日 | 9月9, 18, 27日 |
| 4月5, 14, 23日 | 10月8, 17, 26日 |
| 5月4, 13, 22日 | 11月7, 16, 25日 |
| 6月3, 12, 30日 | 12月6, 15, 24日 |

**◉ 工作夥伴・朋友**

| | |
|---|---|
| 1月5, 14, 23日 | 7月8, 17, 26日 |
| 2月4, 13, 22日 | 8月7, 16, 25日 |
| 3月3, 21, 30日 | 9月6, 15, 24日 |
| 4月2, 20, 29日 | 10月5, 14, 23日 |
| 5月1, 10, 28日 | 11月4, 13, 22日 |
| 6月9, 18, 27日 | 12月3, 12, 30日 |

**◉ 競爭對手・天敵**

[1/19] [1/28] [2/27] [4/25] [6/14] [10/10] [11/18]

**◉ 靈魂伴侶**

[2/6] [2/12] [2/21] [6/20] [7/10] [11/15] [12/23]

### ✧ 生日名人 ✧

法蘭西斯科・德・哥雅（畫家）
梵谷（畫家）
艾瑞克・克萊普頓（音樂人）
席琳・狄翁（歌手）
諾拉・瓊絲（歌手）
堤清二（企業家）
島倉千代子（歌手）
坂本冬美（歌手）
Rola（模特兒）
島崎遙香（演員）

◉ 從你的生日看命運
請見32頁

# 3月31日

March thirty-first

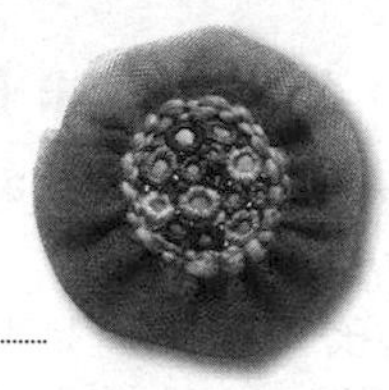

永遠長不大
認真而單純的
務實者



這一天出生的你，性格表裡一致、率直、認真，凡事負責，力求盡善盡美，是個正直的務實主義者。不過，你有時會把事情想得太單純，像個長不大的孩子。

31日出生的3，代表天真的孩子，1代表方向、箭頭，整體的意義是你能發揮如孩子般的創意能量，創造出具體的成果。再加上出生月分3的影響，你的純真和創造力的特質便會更加顯著。

你的特徵就是常帶著可愛的笑容，對任何人都溫和親切，深受眾人喜愛。因為你天真浪漫又溫文有禮，特別受到長輩疼愛。

你有一顆純真的心，從不會懷疑他人。而性格耿直的你，無論做任何事都會嚴格遵守原有的規則或約定，不過你也有固執的一面，往往堅持自己的觀念才是正確的，而不願敞開心胸，接受旁人的想法。

你的好奇心很旺盛，但同時也很重視社會規範或觀感，行事總格外慎重。因此，當你面對環境中的巨大變化時，可能會心生抗拒。其實擁有確實的執行力的你，不必什麼事都獨自承受。請放鬆心情，有需要之時，坦然地倚賴或求助於身旁的人，這也是一種幫助自己成長的方式。

### ✧戀愛・婚姻・性生活✧

你在戀愛裡會顯得純情而笨拙，總是因為太在意喜歡的對象而變得害羞，不敢跟對方說話。對凡事都非常認真、執著的你，也不會在戀愛裡耍心機，因此可能會突然向喜歡的對象表白，把對方嚇一跳。

你對性方面抱有強烈的好奇心，但實際上並不積極，因此能否營造出一個讓自己打從心底感到享受的氛圍相當重要。婚後，你會是一個好先生、好太太或好爸爸、好媽媽。你會打造一個穩定的家庭，但很可能把另一半當家人，而不是異性看待。請多體貼伴侶，不要讓對方感到寂寞。

### ✧工作・財運✧

工作方面，你的責任感與妥善的計畫安排都深獲好評，在人事、總務、會計等後勤工作上都能讓發揮實力。在組織裡，你重視人情義理，也很會照顧人，因此有很大的機會出人頭地。個性正直的你，對任何事都會認真以待，因此深受信賴。同時，你富有創造力，能將想法化為具體作品，這能為你帶來成就感，因此擔任各種製造商或藝術相關的工作也很適合你。你擅長管理財務，因此財運很穩定。由於金錢觀很務實，因此極少耗費心力或遭遇嚴重的打擊。

## ✧今生使命・未來展望✧

今生你的使命是：善用自身嚴肅、認真特質，從各種經驗中習得真理，並學會真正地獨立自主。

由於你擅長一點一滴慢慢累積，確實地打造成果，無論好壞都不仰賴他人，因此經常獨自攬下所有工作。不過，所謂的自立，並不是將自己封閉起來，或是任性地脫離群體。

假如在自己能力不足的情況下就試圖獨力完成事情，若最後結果不如預期，你可能會因此出現容易放棄，或依賴他人的傾向，請特別留意。

關鍵是，面對自己做不到的事，你其實可以求助於他人，不需要過度勉強自己。

請先從自己有興趣的領域開始，向自我挑戰，獨力把一件事情從頭到尾地完成。從原本狹隘的世界跨出一步，從試著單獨行動的經驗中領悟做事的道理，才能幫助你達成真正的自立。

## ✧生日帶來的訊息✧

「純真無瑕」
「踏實」
「回到核心」

### 前世の故事

你的前世，是在近代初期德國負責維持治安的警官。你最討厭投機取巧的事，絕不容許人欺負弱小。

充滿正義感的你，從小就嚮往當個警察，長大後順利成為警官，為了保家衛國，為了名為「法律」的正義而盡忠職守。在國家的施政方針下，你曾逮捕許多不法份子，將他們送進牢獄，也為自己的工作感到驕傲。然而有一天，你遇到必須逮捕好友的狀況，這時你才發現自己一直以來所相信的正義，原來只是權力的附屬品。

對於自己因為太過堅持所謂的「正義」，而必須將重要的朋友送入牢獄，你悔恨不已。

3/31 希伯來文

### ✧生日契合度✧

**◉ 情人・伴侶**

| | |
|---|---|
| 1月4, 13, 22日 | 7月7, 16, 25日 |
| 2月3, 12, 21日 | 8月6, 15, 24日 |
| 3月2, 11, 20日 | 9月5, 14, 23日 |
| 4月10, 19, 28日 | 10月4, 13, 22日 |
| 5月9, 18, 27日 | 11月3, 21, 30日 |
| 6月8, 17, 26日 | 12月2, 20, 29日 |

**◉ 工作夥伴・朋友**

| | |
|---|---|
| 1月6, 15, 24日 | 7月9, 18, 27日 |
| 2月5, 14, 23日 | 8月8, 17, 26日 |
| 3月4, 13, 31日 | 9月7, 16, 25日 |
| 4月3, 12, 30日 | 10月6, 15, 24日 |
| 5月2, 20, 29日 | 11月5, 14, 23日 |
| 6月10, 19, 28日 | 12月4, 13, 31日 |

**◉ 競爭對手・天敵**

[2/20] [4/18] [5/11] [8/5] [9/22] [12/10] [12/19]

**◉ 靈魂伴侶**

[2/28] [3/11] [5/7] [6/9] [7/23] [10/13] [12/9]

### ✧生日名人✧

笛卡兒（哲學家）
海頓（作曲家）
伊旺・麥奎格（演員）
朝永振一郎（物理學家、諾貝爾獎得主）
永井路子（作家）
大島渚（導演）
館博（演員）
戶川純（歌手）
筒井道隆（演員）
坂本真綾（聲優）

**◉ 從你的生日看命運**
**請見32頁**

4月是象徵「穩定、持續」的月分。
4月出生的你，是「締造具體成果」的人。

**透過堅持穩紮穩打的努力，**
**發揮將理想化為真實成果的才華。**

# 4月1日

April first

**貫徹信念**
**擁有優異執行力**
**踏實的領導者**

這一天出生的你，擁有優異的行動力與執行力，是一個能貫徹自己信念的踏實領導者。

出生日期1，代表朝著目標持續邁進的箭頭、方向，屬於男性特質較強的數字。讓你無論什麼事情都樂觀看待，充滿力量，是個天生的領導者。

加上出生月分4的安定、持續性等特質，你絕不動搖的信念與貫徹始終的個性便更為明顯。一旦下定決心，無論遇到什麼狀況都能堅定意志，奮戰到底。



你為人正直，厭惡投機取巧的行為或半途而廢的態度。你擁有傑出的指導能力與判斷力，總是能站在最前方，率領組織前進。此外，你也是個腳踏實地的人，凡事一絲不苟，又很會照顧屬下或晚輩，因此深受人們仰慕及信賴。

你充滿自信，自尊心很強，不服輸，有時甚至會堅持己見，絕不讓步。你擁有強烈的正義感，會對當權者的不法行為或社會上的惡行憤慨不平，且會積極抵抗。你對上下倫常關係相當敏感。凡事總想得到確切答案，有時顯得死腦筋。

為了不讓身邊的人產生反感，有時也該謙虛地聽取他人的意見或忠告，並容許灰色地帶。

## ❖戀愛．婚姻．性生活❖

在愛情中，你總是直截了當，遇到喜歡對象就會直接採取猛烈的攻勢。你不擅長玩欲擒故縱的花招，但善於擬定計畫、設想情境，因此認真規劃約會或許可以為你加分。

婚後，你很可能變成一個要求對方絕對服從的大男人或大女人，即使在家裡也想當第一，因此每件事都想掌控。在性生活方面，你容易因為缺少變化、過於單調而變得冷感，甚至陷入無性生活，因此營造氣氛更顯重要。

## ❖工作．財運❖

你擁有清晰的頭腦、冷靜的判斷力與強大的行動力等事業成功所需的各種特質，無論從事什麼行業都能成為核心。你很擅長照顧身旁的人，同時能掌握整體的方向，率領團隊前進，發揮領導長才。你也擅長從零開始建立基礎，因此適合挑戰全新的領域。

透過貫徹自己的信念，你便能靠自己的實力確實地賺錢。尤其是當目標明確時，你便能展露出優異的穩定感，一點一滴地累積財富。

## ✧ 今生使命．未來展望 ✧

今生的你，使命是：善用踏實領導者的資質，快速展開行動，成為一個連接人與人關係的溝通者。

擁有領導者資質的你，儘管擅長統整事物，卻可能不太習慣廣納各方意見、臨機應變。

你是否無法接受他人的意見，總是堅持自己才是對的呢？

為了接受與自己不同的價值觀，首先請從自己的生活開始做些改變。

只要稍微改變一下平常的生活習慣即可，比方提早起床、換一條通勤路線等。試著獲取新知、認識新朋友，「改變」說不定比你想像的更愉快。積極地挑戰變化，敞開心胸接受他人，一定能幫助你完成使命。

## ✧ 生日帶來的訊息 ✧

「貫徹意志」
「老實」
「接受變化」

### 前世の故事

你的前世是大航海時代的探險家。

當時社會因為發現新大陸而沸沸揚揚，歐洲各國為了爭奪美國大陸的霸權，開拓各種航線，因此許多探險家紛紛前往美國大陸，你也是其中之一。

你抵達了還沒有任何同業抵達的地區，成為當地的首位探險者，留下歷史性的紀錄。許多人在航程中遭遇失敗，尚未抵達目的地就在途中送命，而你認為自己成功的原因，除了擁有傑出的航海技術外，對於航海地圖及物資的萬全準備更是關鍵，於是你繼續進行準備，挑戰下一次探險。

4/1 希伯來文

### ✧ 生日契合度 ✧

◉ 情人．伴侶

| | |
|---|---|
| 1月3, 12, 30日 | 7月6, 15, 24日 |
| 2月2, 11, 20日 | 8月5, 14, 23日 |
| 3月1, 19, 28日 | 9月4, 13, 22日 |
| 4月9, 18, 27日 | 10月3, 21, 30日 |
| 5月8, 17, 26日 | 11月2, 20, 29日 |
| 6月7, 16, 25日 | 12月1, 10, 28日 |

◉ 工作夥伴．朋友

| | |
|---|---|
| 1月4, 13, 31日 | 7月7, 16, 25日 |
| 2月3, 12, 21日 | 8月6, 15, 24日 |
| 3月2, 11, 20日 | 9月5, 14, 23日 |
| 4月10, 19, 28日 | 10月4, 22, 31日 |
| 5月9, 18, 27日 | 11月3, 12, 30日 |
| 6月8, 17, 26日 | 12月2, 20, 29日 |

◉ 競爭對手．天敵

[1/22] [2/1] [2/19] [4/26] [8/4] [9/3] [11/1]

◉ 靈魂伴侶

[2/26] [3/16] [5/21] [8/2] [10/25] [11/6] [11/26]

### ✧ 生日名人 ✧

拉赫曼尼諾夫（作曲家）
旺加里．馬塔伊（環保人士、諾貝爾和平獎得主）
阿爾貝托．扎凱羅尼（足球選手）
蘇珊．波爾（歌手）
三船敏郎（演員）
林真理子（作家）
川上弘美（作家）
高橋克實（演員）
桑田真澄（棒球選手）
竹內結子（演員）

◉ 從你的生日看命運
請見32頁

# 4月2日

April second

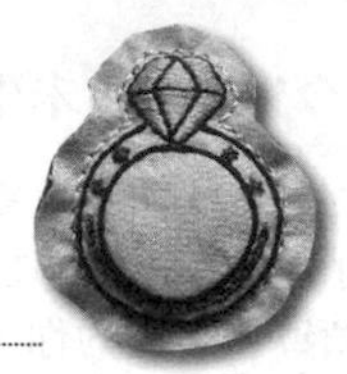

## 腳踏實地不斷努力的幕後無名英雄

你的出生日期2是世界上二元論的基礎，象徵著兩極的平衡、和諧、連結等意義，表示被動的特質與包容力，屬於女性特質較強的數字。你的出生月分4代表著穩定、持續，因此4月2日出生的你，便懂得維持平衡，擅長配合他人，能夠在幕後默默協助在檯面上努力的人，是個幕後英雄。

你很少引人注目，但總能散發出療癒人心的氣息，讓身旁的人感到安心。你的個性溫和，能顧及所有細節，重視與旁人之間的協調性。



你富有包容力，懂得設身處地體恤、協助他人，再加上你行事上按部就班、貫徹始終的認真態度因此深受人們信賴。

只是個性太善良的你，往往難以推辭別人的請託，最後承接了自己根本無法負荷的工作。假如總是事後才懊悔，或是因為忍耐而讓自己受傷，將會虛耗你的人生。有時你必須鼓起勇氣拒絕，明確地表達自己的心情。請不要被身旁的人牽著走，用自己的意志來拓展自己的人生吧。

### ✧戀愛・婚姻・性生活✧

你幾乎不會自己主動表示，而是一直等著對方出擊。你不擅長拒絕對方強勢的追求，一旦對方展開猛烈的攻勢，你很可能就會接受。面對不喜歡的對象時，其實可以稍微冷淡一些無妨，同時也必須培養「說不」的勇氣。

婚後，若由伴侶掌握主導權，你比較能順利處理家中大小事，打造一個溫暖的家庭。你在性方面較為低調內斂，尤其是男性，很容易產生非得按照某種原則不可的想法。請多重視自己的感受，同時尊重伴侶的想法，和對方一同享受。

### ✧工作・財運✧

你能根據對方做出最恰當的應對，讓人願意對你敞開心胸，因此適合教保員、護理師、美容師、諮商師等需要接觸人的工作。除此之外，你能察覺對方所需要的答案，不著痕跡地建議對方，因此也很適合扮演指導者的角色。

你對名牌等高級商品幾乎不感興趣，有良好的金錢觀，是能慢慢存錢的類型。不過金錢也有能量循環和流通的規律，請小心不要變成守財奴；也可以定期定額捐款給慈善團體。

## ❖ 今生使命・未來展望 ❖

你的今生使命，是在幕後協助身旁的人，探求何謂無私的愛，並時時帶著愛與人接觸。

現在的你，是不是希望當自己付出時，對方也能有所回報，或是強迫對方接受你自認為的好意？若將付出當作是一種義務，你的行為便稱不上無私的愛；當你下意識地、自然而然地行動，才是真正的無私的愛。唯有自己得到滿足時，無私的愛才會自然湧現。

總是以別人的事情優先的你，在試圖對他人付出之前，請先記得愛自己。你必須認清一個事實：不論再怎麼親近，別人的人生永遠屬於別人。請把時間和能量投注在自己的人生，讓自己開心、用愛填滿自己。

## ❖ 生日帶來的訊息 ❖

**「堅定地守護信念」**
**「具體支援」**
**「愛自己」**

### 前世の故事

你的前世，是古代阿拉伯國王嫡子的老師。你教導即將繼承王位、肩負著一國未來的王子，對國家而言也可說是個重要任務。你因為與生俱來的體貼、細心、正直等特質，而被交付這份工作。

你雖然盡心盡力教育王子，但圍繞在其他庶子身旁的大人們，卻故意欺負你和王子，策劃陰謀試圖阻止王子繼承王位。在這樣的環境下，你拚命保護王子，同時感嘆這個連有血緣關係的兄弟都彼此爭奪的世間，思忖著：難道這世上沒有真正的愛嗎？

# בך

4/2 希伯來文

### ❖ 生日契合度 ❖

◉ **情人・伴侶**

| | |
|---|---|
| 1月8, 17, 26日 | 7月2, 20, 29日 |
| 2月7, 16, 25日 | 8月1, 10, 28日 |
| 3月6, 15, 24日 | 9月9, 18, 27日 |
| 4月5, 14, 23日 | 10月8, 17, 26日 |
| 5月4, 22, 31日 | 11月7, 16, 25日 |
| 6月3, 12, 30日 | 12月6, 15, 24日 |

◉ **工作夥伴・朋友**

| | |
|---|---|
| 1月5, 14, 23日 | 7月8, 17, 26日 |
| 2月4, 13, 22日 | 8月7, 16, 25日 |
| 3月3, 21, 30日 | 9月6, 15, 24日 |
| 4月2, 20, 29日 | 10月5, 14, 23日 |
| 5月1, 19, 28日 | 11月4, 13, 22日 |
| 6月9, 18, 27日 | 12月3, 12, 30日 |

◉ **競爭對手・天敵**

[1/10] [1/19] [7/31] [8/21] [9/2] [11/9] [11/27]

◉ **靈魂伴侶**

[3/29] [5/12] [7/25] [8/6] [9/8] [11/12] [12/23]

### ❖ 生日名人 ❖

安徒生（童話作家）
傑克・布拉漢姆（賽車手）
馬文・蓋伊（歌手）
史蒂芬・蘭比爾（花式滑冰選手）
松田光弘（設計師）
忌野清志郎（音樂人）
入江雅人（演員）
森繪都（作家）
高橋尚成（棒球選手）
櫻井日奈子（演員）

◉ **從你的生日看命運**
**請見32頁**

# 4月3日

April third

## 擁有創造力<br>卻像孩子般<br>天真的表演者

4月3日出生的你，是個擁有如孩子般天真與豐富創造力的表演者。

出生月分4代表穩定、持續，是一個努力使事情順利進展的數字。另一方面，出生日期3則象徵在穩定中產生變化的可能性、富有創造力與活力的孩子。對你而言，最重要的就是接受自己內心這些相反的特質。儘管你擅長創造新事物，卻很難堅持到最後一刻，因此經常虎頭蛇尾。

你的個性開朗率直，喜歡逗人笑。在正直同時又不失童心，經常成為歡笑的中心，任誰都喜歡你。你好奇心旺盛，想像力豐富，也具有決斷力和行動力，因此能接連將腦中的點子具體實踐。只是你的三分鐘熱度，往往使你半途而廢，因此建議你訂一個期限，集中心力將事情在短期內完成。遇到做不到或不擅長的事情時，請不要逞強，老實地求助也很重要。

你雖然有時比較脆弱，但總能很快地振作起來，喜歡挑戰未知的可能性，洋溢著創造新事物的力量與能量。請當一個能享受自己人生的表演者，用你天真無邪的笑容為身旁的人帶來活力吧。



### ❖戀愛・婚姻・性生活❖

你總是順從自己的感受，坦率又大膽，富有行動力，對喜歡的對象相當專情。然而因為你能看穿對方的本質，倘若在愛情中城府太深、太喜歡算計，很可能會吃苦頭。你渴望婚姻，但如果把理想訂得太高，理想與現實之間的落差會令你感到厭煩，可能導致離婚收場，請特別注意。

你對性的好奇心高於一般人，但內心其實有些膽怯。比起性行為本身，牽手、擁抱等身體接觸更能令你感到安心，因此請老實地向對方表達你的心情，獲得對方的理解。

### ❖工作・財運❖

你總是積極正向，無論從事什麼樣的工作都能樂在其中。你天生個性開朗，是組織裡的開心果。你能透過天馬行空的想像力與敏銳的感性發揮創造才華，而參與團隊合作會比你獨自奮鬥更快獲得具體成果。

你的點子和感受力會直接左右你的財運。若能享受人生，抱著期待的心情投入自己所喜歡的工作，腦中便自然會湧現許多賺錢的點子。不過假如被金錢的力量所迷惑，便可能踩不住煞車，造成破財，請留意。

## ❖ 今生使命・未來展望 ❖

常保童心、充滿創造性的你，今生的使命為：藉由自己的經驗追尋真理，獨力貫徹始終地完成一件事，做到獨立自主。

即使你擁有創造新事物並能具體實踐的才華，但對你來說，持之以恆反而比較困難。若要求你憑著一己之力做完一件事，對你來說是否門檻更高？

孩子氣的你，一旦面對困難，可能就會立刻想要依賴別人。

請好好省思，試著刻意讓自己一個人行動。可以從你感興趣的領域開始嘗試，讓自己挑戰，獨力把事情完成。沉迷在自己喜歡的事物當中，你會發揮驚人的專注力。留下個人獨處的時間，從小事情開始慢慢累積行事上貫徹始終的經驗，便能幫助你達成真正的自立。

## ❖ 生日帶來的訊息 ❖

「認真享樂」
「遊山玩水」
「不求完美」

### 前世の故事

你的前世，是中美洲阿茲提克帝國知名的音樂家。你自幼接觸歌唱與樂器，樂於將內心自然湧現的音樂表現給身邊的人欣賞。

你作曲和演奏的才華受到愈來愈多人的稱讚，逐漸出名，工作也源源不絕地找上門。然而客戶對樂曲提出諸多要求，又希望你能依約表演，令習慣順著自己的感受創作音樂的你感到十分痛苦。

漸漸地，你愈來愈常爽約，於是客戶不再委託你。你終於找回剛開始作曲時的心情，暗自立誓，即使沒有任何人認同，也要貫徹屬於自己的音樂人生。

גד

4/3 希伯來文

### ❖ 生日契合度 ❖

**◉ 情人・伴侶**

| | |
|---|---|
| 1月4, 13, 31日 | 7月7, 16, 25日 |
| 2月3, 12, 21日 | 8月6, 15, 24日 |
| 3月2, 20, 29日 | 9月5, 14, 23日 |
| 4月1, 19, 28日 | 10月4, 13, 31日 |
| 5月9, 18, 27日 | 11月3, 21, 30日 |
| 6月8, 17, 26日 | 12月2, 20, 29日 |

**◉ 工作夥伴・朋友**

| | |
|---|---|
| 1月6, 15, 24日 | 7月9, 18, 27日 |
| 2月5, 14, 23日 | 8月8, 17, 26日 |
| 3月4, 13, 31日 | 9月7, 16, 25日 |
| 4月3, 21, 30日 | 10月6, 15, 24日 |
| 5月2, 11, 29日 | 11月5, 14, 23日 |
| 6月10, 19, 28日 | 12月4, 13, 31日 |

**◉ 競爭對手・天敵**

[4/12] [5/17] [6/1] [7/24] [9/13] [11/2] [12/1]

**◉ 靈魂伴侶**

[2/10] [3/11] [3/27] [6/17] [7/5] [10/2] [12/27]

### ❖ 生日名人 ❖

馬龍・白蘭度（演員）
艾迪・墨菲（演員）
金田一春彥（語言學家）
千住真理子（小提琴家）
富永美衣奈（聲優）
金本知憲（棒球選手）
大泉洋（演員）
高橋由伸（棒球選手）
上原浩治（棒球選手）
佐野岳（演員）

◉ 從你的生日看命運
請見32頁

# 4月4日

April fourth

## 朝目標勇往直前 認真執著的 實業家

4月4日的4這個數字，象徵著四個方位、四季等創造物質世界的基礎，同時如四角形一般，表示穩定、持續。因此生日裡擁有兩個4的你，重視原則和規矩，朝著自己所相信的道路勇往直前，是一個踏實又可靠的人。

你最討厭別人不守規矩或說謊矇混，非常守信用。你做事鉅細靡遺，擅長按部就班，一點一滴持續努力，為人正直，受到身邊的人完全的信賴。充滿責任感的你，一旦下定決心就貫徹始終，全力以赴，直到最後一刻。



你一絲不苟的作風，能有計畫地執行事情，同時又能夠將計畫具體實現，是大家所仰賴的對象。雖然你做事並不快，但凡事都仔細思考，準備萬全之後才付諸實踐，因此能夠確實地留下成果。

在人際關係方面，你也會慢慢花時間跟每一個人打好關係。你有堅定的信念，卻有點不知變通，又有點笨拙，有時候會把自己的想法強加在別人身上，請特別注意。

你在現實生活中的應對能力非常優秀，因此只要抱著一顆溫暖和藹的心，接受身邊的人以及環境，好好享受人生，你的人生將會更遼闊。

### ✧戀愛・婚姻・性生活✧

在戀愛中，你完全不會耍心機，總是非常認真。你認為每個人都應該對愛忠實，因此對於外遇或背叛當然是零容忍，同時也完全不容許謊言和矇混。有時你可能會將自己認為正確的戀愛觀強加在對方身上，請留意。

你對性的態度也非常認真，會想在結婚之前守貞。婚後的你也會認為性行為只是傳宗接代的儀式，很容易陷入無性生活之中。你會把家庭擺在第一位。而認為戀愛等於結婚的你，比較適合相親。

### ✧工作・財運✧

無論身在什麼樣的職場上，你都會努力不懈，確實累積成果。在組織裡，你會因為完成自己的任務而感到快樂。如果能在一個你自己可以接受的環境裡工作，例如一個理念與你相符的公司，你就更能發揮實力。你適合擔任稅務、法務人員或公務員等能發揮你踏實性格的工作。

正如同你穩健實際的人生，你的財運也非常穩健，能夠確實地累積財富。雖然不會一口氣賺大錢，但你擅長管理、運用財富，因此能好好儲蓄，不會亂花錢。

## ❖ 今生使命・未來展望 ❖

你今生的目標，就是善用正直而踏實的個性，不怕困難，獲得現實上的成果，並且和身邊的人分享。

認真的你，無論遇到什麼樣的困境，都會努力下去。然而這麼做的結果，將會導致你就算獲得了現實上的成果，也會全部蓄積起來，無法慷慨地和別人分享。

為了將成功和富足分享給身邊的人，你必須認真面對象徵物質能量的金錢。請不要揮金如土，也不需要把每一分錢都存起來，請學習能夠讓金錢好好發揮力量的用法，並且實踐它。

只要把手裡掌握的成功大方地分享給身邊的人，多累積這種經驗，必定能幫助你完成人生的目標——迎向真正的富足。

## ❖ 生日帶來的訊息 ❖

「頑固堅持」
「實在」
「與眾人分享」

### 前世の故事

你的前世，是住在俄羅斯堪察加半島的一名原住民女性。

生長在天寒地凍的環境下的你，非常乖巧，是個對父母言聽計從的乖孩子。長大成人之後，你便和父母選好的對象結婚。你聽從母親的教誨，認為守護一個家是妻子的責任，在這樣的信念之下，你從來沒有屬於自己的時間，每天忙著帶小孩，把收成的食物好好儲存等等，有做不完的家事。

而你一絲不苟的態度使你的丈夫感到喘不過氣，於是前往遠處打獵，幾乎不回家。你一直被自己深信不疑的價值觀所束縛，只能將怒氣和寂寞藏在心中，不斷問自己到底做錯了什麼。

# 77

4/4 希伯來文

### ❖ 生日契合度 ❖

**◉ 情人・伴侶**

| | |
|---|---|
| 1月5, 14, 23日 | 7月8, 17, 26日 |
| 2月4, 13, 22日 | 8月7, 16, 25日 |
| 3月3, 12, 30日 | 9月6, 15, 24日 |
| 4月2, 20, 29日 | 10月5, 14, 23日 |
| 5月1, 19, 28日 | 11月4, 13, 22日 |
| 6月9, 18, 27日 | 12月3, 12, 21日 |

**◉ 工作夥伴・朋友**

| | |
|---|---|
| 1月7, 16, 25日 | 7月1, 10, 28日 |
| 2月6, 15, 24日 | 8月9, 18, 27日 |
| 3月5, 14, 23日 | 9月8, 17, 26日 |
| 4月4, 13, 22日 | 10月7, 16, 25日 |
| 5月3, 21, 30日 | 11月6, 15, 24日 |
| 6月2, 20, 29日 | 12月5, 14, 23日 |

**◉ 競爭對手・天敵**

[2/26] [3/7] [5/23] [6/22]
[9/19] [10/18] [12/16]

**◉ 靈魂伴侶**

[3/6] [5/10] [5/22] [6/12]
[8/19] [10/26] [11/7]

### ❖ 生日名人 ❖

愛德華・盧卡斯（數學家）
卡爾・威廉・萊因穆特（天文學家）
安德烈・塔可夫斯基（導演）
瑪格麗特・莒哈絲（作家）
小勞勃道尼（演員）
希斯・萊傑（演員）
山本五十六（軍人）
細木數子（占星師）
山本昌邦（足球選手）
深浦加奈子（演員）

◉ 從你的生日看命運
請見32頁

# 4月5日

April fifth

## 結合自由與安定兩種特質正經的自由之士

行事上，你同時擁有不受拘束、靈活的一面，以及一絲不苟、慎重、認真的一面。你做事果斷，決定之後就會立刻展開行動。而且你能夠按照計畫確實進行，但有時也會大膽地提出想法，不會受到既定的制約所影響。

你的出生日期5，是代表自由、變化、溝通等意義的數字。再加上出生月分4的特質，使你變得更有效率且踏實。你看起來認真其實卻很隨便，看起來自由卻又死腦筋，有時嘴上說一套做的又是另外一套……。你身邊的人或許總是被你那種難以捉摸的極端個性耍得團團轉。



實際上，你行動迅速，非常喜歡新奇的事物。你也很擅長判斷狀況，只要覺得好的意見就會立刻採用，兼具速度感與臨機應變的能力。你對新環境的適應力很強，什麼話題都能聊，待人又和藹可親，因此大受歡迎。

不論面對誰，你都能積極地與對方溝通，但關於自己的堅持以及價值觀，是絕對不會退讓的。在心理方面，你的情緒上下起伏非常激烈，可能會容易出現躁鬱傾向，請務必注意。

### ✧戀愛・婚姻・性生活✧

你有熱情的一面，也有冷靜沉著的一面，這兩種態度總是交錯出現，讓對方無所適從。你的行動自由又大膽行動，積極享受戀愛的樂趣。當你興致來的時候，甚至能接受一夜情。但你也很懂得算計，會冷靜觀察對方。不過你會把玩玩的感情跟認真的感情分得很清楚，在令人料想不到的地方展現出認真態度。

婚後，你也會花很多時間在工作和興趣上，希望家是一個能讓你放鬆的地方。在性生活方面，你可以盡情、熱情地享受，不過該遵守的原則還是會好好遵守，例如會極力避免奉子成婚。

### ✧工作・財運✧

你兼具踏實與大膽的特質，擁有豐富的知識和敏銳的感受力，這些都能幫助你在事業上獲得成功。你能透過嶄新的想法和卓越的行動力打造一個新事業。此外，你能夠綜觀全局，因此在需要分析能力的工作上也能發揮長才。

你只要跟上潮流，就有極高的可能性獲得巨大的財富。此外，若能把賺來的錢用在投資，就能夠創造出財富。該省則省，該花則花，在花錢的方式上拿捏得宜，就是提升你財運的關鍵。

## ❖ 今生使命・未來展望 ❖

你兼具認真的態度與自由的心，今生的使命是：為了實現一個自由、不受拘束的幸福世界，盡力為人們和世界付出。

對你而言，所謂幸福的世界，或許是每個人都能無拘無束、享受自由的狀態。為了實現這個目標，先請你覺察自己受到了哪些制約，進而解放自己，獲得真正的自由。重要的是，你必須抱著謙虛的態度反思自己的言行舉止，你自認為對別人好的事，有時會不會只是單純的一廂情願呢？

其實只要你自己處於自由而快樂的狀態，就能確實地對自己有所助益。

當你能夠理解自由和任性的差異，完全地接受自己或他人的自由，才是邁向人生使命的第一步。

## ❖ 生日帶來的訊息 ❖

**「大膽而細膩」**
**「改變志向」**
**「跨出舒適圈」**

### 前世の故事

你的前世，是在歐洲各地巡迴演出的劇團成員。你從小跟著劇團到處旅行，向父母學習表演才藝，自然而然學會謀生技能。

你年紀輕輕就展現出多才多藝的天分，不只是演戲，無論什麼工作都做得很好，穩定的工作效率大受好評，聲名大噪。這時有人來與你接觸，提出高額的報酬試圖挖角你，但你仍選擇當一個巡迴演出的演員，享受自由的人生。

「對自己而言真正的穩定和自由究竟是什麼？」儘管這個問題還沒找到答案，但你仍然會繼續這趟沒有終點的旅程。

# הז

4/5 希伯來文

### ❖ 生日契合度 ❖

◉ **情人・伴侶**

| | |
|---|---|
| 1月10, 19, 28日 | 7月4, 13, 31日 |
| 2月9, 18, 27日 | 8月3, 21, 30日 |
| 3月8, 17, 26日 | 9月2, 11, 29日 |
| 4月7, 16, 25日 | 10月1, 19, 28日 |
| 5月6, 15, 24日 | 11月9, 18, 27日 |
| 6月5, 14, 23日 | 12月8, 17, 26日 |

◉ **工作夥伴・朋友**

| | |
|---|---|
| 1月8, 17, 26日 | 7月11, 20, 29日 |
| 2月7, 16, 25日 | 8月10, 19, 28日 |
| 3月6, 15, 24日 | 9月9, 18, 27日 |
| 4月5, 14, 23日 | 10月8, 17, 26日 |
| 5月4, 13, 31日 | 11月7, 16, 25日 |
| 6月3, 12, 30日 | 12月6, 15, 24日 |

◉ **競爭對手・天敵**

[2/1] [3/14] [4/4] [5/21] [7/2] [7/19] [11/15]

◉ **靈魂伴侶**

[3/28] [5/26] [5/29] [6/16] [8/26] [10/6] [12/10]

### ❖ 生日名人 ❖

史賓塞・屈賽（演員）
海伯特・馮・卡拉揚（指揮家）
葛雷哥萊・畢克（演員）
板東英二（藝人）
原田大二郎（演員）
吉田拓郎（音樂人）
鳥山明（漫畫家）
川原亞矢子（模特兒）
竹內順子（聲優）
三浦春馬（演員）

◉ **從你的生日看命運**
**請見32頁**

# 4月6日

April sixth

**對原則一絲不苟**
**並重視人情義理**
**替人著想的導師**

6 象徵著和諧、平衡、美以及創造，是一個充滿愛的數字。因此，6 日出生的你待人親和，就像一名慈祥的母親。

你擁有一種溫暖的包容力，每個人都跟你很親近，並且深深信賴著你。再加上出生月分 4 的穩定、持續等特質，你的認真態度就會變得更明顯，令人更加安心。

善良親切的你，總是面帶笑容，重視人情義理。而且，你總是替他人著想，很喜歡照顧身旁的人。你非常喜歡教導別人事情，看見別人有難，絕對不會坐視不管。為人正直的你，當有人找你商量煩惱，你總是會設身處地為對方認真思考。你很容易產生移情作用，經常和別人一起哭、一起笑，努力同理對方的心情，試圖理解對方。

你的想法很單純，同時擁有堅韌的性格，能好好完成自己被賦予的工作。你有強烈的正義感與責任感，非常守信用，也一定會遵守規定。

相對地，你無法接納不符合自己價值觀的行為或想法，有時甚至會譴責對方。無論什麼事都不應該太固執，若能帶著更寬廣的視野來看待人生，你的人生將會變得更寬廣，同時也能幫助更多人。

## ✧戀愛・婚姻・性生活✧

喜歡照顧人的你，總是為對方盡心盡力。假如有許多人同時追求你，你可能會因為優柔寡斷而無法明確地拒絕，導致最後全部落空。

結婚之後，你非常重視家庭，會努力扮演好自己的角色。雖然能打造一個穩定的家庭，但你可能會把自己的想法強加在家人身上，請留意。

在性生活方面，你比較內向害羞，不太能享受性本身的樂趣。請不要被義務感所束縛，可以從平日開始逐漸習慣肌膚之親。

## ✧工作・財運✧

在工作上，你很會照顧人，也很勤勉，總是不停努力，在職場上深受信賴。比起每天對著電腦的事務性工作，能夠接觸人群的工作更令你感到有意義。充滿奉獻精神的你，只要能得到對方的感謝或看見對方開心，你就會更有幹勁。你的責任感很強，做事會貫徹始終，能夠留下確實的成果。

你在金錢方面很理智，不會鋪張浪費，也不會有不必要的支出。你會有計畫地創造財富，不過看見別人有難的時候，往往會不考慮後果就直接借錢給對方，必須注意。

## ❖ 今生使命・未來展望 ❖

你今生的使命就是：善用自己作為導師的才華，盡力助人，同時對自己的人生負起全責、做出決定，發揮真正的領導力。

對認真、溫和又體貼的你而言，為別人付出是再自然也不過的事。

但是你卻不擅長處理自己的事情。為了迎合別人的意見，你往往會優柔寡斷，明明是自己的事情，卻想要仰賴別人幫你決定。

在人前展現你的領導能力之前，請先從日常生活的小事開始自己做決定。你不用在乎身邊的人會有什麼反應，把自己的想法和決定確實傳達給身旁的人，應該就能緩解你對這件事的擔憂。請對自己的選擇負起責任，主導自己的人生，便能成為一名真正的領導者。

## ❖ 生日帶來的訊息 ❖

「嚴苛的愛」
「嚴正以待」
「自己做決定」

### 前世の故事

你的前世是侍奉羅馬帝國皇室的教師。你出生在貴族家庭，有教養、待人體貼又很會照顧人，因此被國王看上，安排你擔任王子專屬的家庭教師。

你認為必須好好地教導這個未來即將繼承王位的人，因此你鉅細靡遺地規劃安排王子一整天的行程，並且嚴格管理與指導。王子受不了每天綁手綁腳的生活，於是對你做出不實的指控，要求國王將你解任。

被皇室趕出來的你，一心認為自己是想把王子培養成一名傑出的國王，只是無法獲得共鳴，這時才發現自己原來一直都在試圖掌控王子，發揮你的影響力。

ודו

4/6 希伯來文

### ❖ 生日契合度 ❖

◉ 情人・伴侶

| | |
|---|---|
| 1月2, 11, 29日 | 7月5, 14, 23日 |
| 2月1, 19, 28日 | 8月4, 22, 31日 |
| 3月9, 18, 27日 | 9月3, 12, 30日 |
| 4月8, 17, 26日 | 10月2, 20, 29日 |
| 5月7, 16, 25日 | 11月1, 10, 19日 |
| 6月6, 15, 24日 | 12月9, 18, 27日 |

◉ 工作夥伴・朋友

| | |
|---|---|
| 1月9, 18, 27日 | 7月12, 21, 30日 |
| 2月8, 17, 26日 | 8月2, 11, 29日 |
| 3月7, 16, 25日 | 9月1, 19, 28日 |
| 4月6, 15, 24日 | 10月9, 18, 27日 |
| 5月5, 14, 23日 | 11月8, 17, 26日 |
| 6月4, 13, 22日 | 12月7, 16, 25日 |

◉ 競爭對手・天敵

[1/8] [2/16] [3/24] [4/23] [9/9] [9/10] [11/16]

◉ 靈魂伴侶

[1/1] [1/23] [3/8] [5/10] [7/26] [9/29] [11/18]

### ❖ 生日名人 ❖

雷內・拉利克（工藝家）
安東・赫辛克（柔道選手）
珍奈特・林恩（花式滑冰選手）
龜倉雄策（平面設計師）
小澤昭一（演員）
別役實（劇作家）
秋山幸二（棒球選手）
宮澤理惠（演員）
乙武洋匡（作家）
森本龍太郎（音樂人）

◉ 從你的生日看命運
請見32頁

# 4月7日

April seventh

## 堅持自己的信念與風格執著的職人

4月7日出生的你，對自己的信念相當堅定，彷彿一名堅持完美的職人。充滿獨特性的你，總是默默地貫徹自己的風格，散發出孤芳自賞的氣質。

數字7，象徵一個週期結束，也就是完成、協調的數字。再加上出生月分4的特質，會讓你你凡事按部就班、努力追求完美的特色便更為明顯。你從小就比一般人成熟，獨處對你並不痛苦，能習以為常。因此比起團體行動，你更喜歡單獨行動，重視自己的步調和風格。



你總是努力不懈，有強烈的責任感，精神上也很獨立，因此非常討厭受到他人干涉。假如你太過堅持自己的價值觀，可能會變得固執，無法接納他人，也難以得到旁人的理解，而變得孤立，請注意。

你往往一絲不苟，沉默寡言，儘管不引人注目，但總能冷靜觀察狀況，提出一針見血的建議。你犀利的分析能力可為身旁的人帶來助益，因此請帶著笑容與人接觸，坦率和對方分享想法。只要讓人們了解你的堅持並非一味的頑固，並繼續培養專屬你的獨特風格，你的存在將會隨著年紀增長而更加耀眼。

### ✧戀愛・婚姻・性生活✧

在愛情中也十分冷酷的你，即使是面對戀人或伴侶，也不喜歡整天和對方黏在一起，而且很討厭對方踏入自己的領域。不過冷漠的你偶爾也會展現出細膩又怕寂寞的一面，這種落差讓你充滿魅力，容易擄獲對方的心。

你盼望一個穩定的關係，因此往往會以結婚為前提，再考慮是否和對方交往或發生親密關係，因而讓對方卻步。婚後，你會努力打造一個美滿的家庭。性愛可能是你唯一能對伴侶表現愛的重要時光。

### ✧工作・財運✧

你在工作上也有自己的堅持，非常重視自己的信念，建議你選擇能發揮自己特色、讓你用自己的步調工作的職場。如果找到自己感興趣並能深入探究的工作，你就會更有幹勁，也更能發揮你的才華。只不過無論面對誰都不肯退讓的固執態度，可能會使你和主管起衝突，因此必須格外注意。

你對金錢的慾望並不強，不過只要專注在工作上，便自然能吸引財富上門。你擅長理財，可以設定明確的目標，確實儲蓄，財運穩健。

## ✧ 今生使命・未來展望 ✧

今生的你，使命是：帶著自己的風格和堅持，探索另一個無形的世界。

你是否對無形的世界充滿興趣，被它深深吸引呢？你從小就富有高度的好奇心，應該很早就發現無形的世界確實存在。而你今生的課題，就是把這種感覺化作具體，成為現世與無形世界之間的橋梁。

為此，你必須了解感受比思考更重要。

為了練習自己的感受力，你可以進行冥想，聆聽自己內心的聲音，或是多接觸大自然，訓練自己的感官。請不要依賴或逃避無形的世界，而應該抱著將它活用於現實世界的態度。自由地將自己所感受到的一切用作品形式呈現出來，就是完成你今生使命的第一步。

### ✧ 生日帶來的訊息 ✧

**「專心一致」**
**「不動如山」**
**「萬物皆相連」**

### 前世の故事

你的前世，是中世紀歐洲一名孤傲的騎士。你從小就侍奉著君王，一邊幫忙打雜，一邊學習騎士精神的基礎。你懷抱著理想，希望能成為最傑出的騎士，多年來持續專心致志地鍛鍊自我。從武器的使用，到拿著劍、披上盔甲戰鬥，甚至隨著君王和其他騎士前輩們在實戰中吸取經驗。

看見不眠不休地進行修鍊的你，和你同年齡的夥伴們感到不可置信，開始與你保持距離。到了最後，你成為一個貫徹自我目標的孤傲騎士，聲名遠播，然而到了這個時候，你卻已經沒有任何交心的朋友。

# 77

4/7 希伯來文

### ✧ 生日契合度 ✧

**◉ 情人・伴侶**

| | |
|---|---|
| 1月9, 18, 27日 | 7月3, 12, 30日 |
| 2月8, 17, 26日 | 8月2, 11, 29日 |
| 3月7, 16, 25日 | 9月1, 19, 28日 |
| 4月6, 15, 24日 | 10月9, 18, 27日 |
| 5月5, 14, 23日 | 11月8, 17, 26日 |
| 6月4, 13, 22日 | 12月7, 16, 25日 |

**◉ 工作夥伴・朋友**

| | |
|---|---|
| 1月1, 10, 28日 | 7月4, 13, 31日 |
| 2月9, 18, 27日 | 8月3, 12, 30日 |
| 3月8, 17, 26日 | 9月2, 20, 29日 |
| 4月7, 16, 25日 | 10月1, 19, 28日 |
| 5月6, 15, 24日 | 11月9, 18, 27日 |
| 6月5, 14, 23日 | 12月8, 17, 26日 |

**◉ 競爭對手・天敵**

[2/22] [3/21] [4/11] [5/19] [6/27] [7/8] [9/15]

**◉ 靈魂伴侶**

[2/19] [3/9] [6/6] [8/20] [9/12] [10/29] [11/1]

### ✧ 生日名人 ✧

方濟・沙勿略（傳教士）
比莉・哈樂黛（歌手）
法蘭西斯・福特・柯波拉（導演）
成龍（演員）
小川未明（童話作家）
小林誠（物理學家、諾貝爾獎得主）
甲斐祥弘（音樂人）
神山雄一郎（公路自行車賽車手）
玉山鐵二（演員）
島袋寬子（歌手）

◉ 從你的生日看命運
請見32頁

# 4月8日

April eighth

## 不會對困境低頭 努力不懈的 熱情的勇者

4月8日出生的你，相當不服輸，無論遭遇什麼樣的困境，都能鼓起勇氣面對困難，就像一個熱情的勇者。

你最喜歡和一大群夥伴同心協力，不畏困難地朝著目標努力。當事情按照你所訂立的計畫順利進行，你就會感到無比開心。

8的形狀象徵著無限大（∞），是代表意志力、權力、財富等意義的數字。再加上出生月分4的特質，也就是穩定、持續，你的才華就會更加明顯，凡事絕不輕言放棄，最終總能獲得自己想要的成果。



你總是帶著一顆熱情的心，努力不懈。因而身邊的人經常被你的熱情所吸引，幫助你實現你所提出的目標。擁有很強的責任感的你，個性認真，自尊心也很高，因此對於各種離經叛道的想法以及擾亂團隊和諧的行為會感到非常憤怒，甚至會毫不留情地與其切割。

請注意不要太過於鑽牛角尖，如果你能用更大的格局來看待人生，深藏在你心中的無限可能便能開花結果。

### ✧ 戀愛・婚姻・性生活 ✧

為了吸引對方的注意，你會仔細地擬定策略，想盡辦法得到意中人。你的個性非常認真，因此很難把談戀愛和結婚分開看待。

在性生活方面，你會努力扮演好自己的角色，滿足對方。婚後，你會變得更穩定，一點一滴加深你和伴侶之間的信賴關係，努力打造一個快樂幸福的家庭。然而你並不是能夠乖乖待在家裡的類型，因此可能因為外務繁忙而疏忽了家人。請珍惜和家人共處的時光，用笑容和幽默度過難關。

### ✧ 工作・財運 ✧

在工作方面，你總是擁有明確的目標，並且會仔細地擬定計畫，能夠讓事業確實地成功。腳踏實地的你，具有實際的想法和行動力，即使在龐大的組織當中也有出人頭地的實力。

此外，如果是獨立創業，你也能讓事業穩穩地邁向成功。你具有大膽的行動力、判斷力以及管理能力，因此很適合創新企業等風險事業。你能靠自己的力量穩健地賺錢，也可以一點一滴地儲蓄，因此財運一輩子都很穩定，可以累積大筆的財富。

## ❖ 今生使命・未來展望 ❖

宛如一名熱情勇者的你，今生賦予自己的未來展望，就是：帶著宛如孩子一般的天真無邪，盡情地享受人生。

個性不服輸又好戰的你，其實喜歡不斷挑戰極限，樂於咬緊牙關，朝著下一個艱難的目標前進。但是，假如你一直抱持著和自己的人生戰鬥的態度，困難的課題就會接連不斷地出現，使你疲憊不堪。

請回想當你還是一個純真孩子時的心態，隨心所欲地滿足自己的好奇心。你可以坦率地順著自己的童心採取行動，例如開始做一件自己一直想做的事情，或是到一個一直想去的地方看看。

不用拘泥於一定要獲得什麼成果或結果，當你盡情地享受人生，打從心底感到快樂時，超乎想像的成果或報酬便會自然出現。

### ❖ 生日帶來的訊息 ❖

**「不服輸」**

**「挑戰」**

**「坦率」**

### 前世の故事

你的前世，生在中國的秦始皇的時代，是一個擁有廣大領土的地主之妻。

你的丈夫出生豪門，個性溫和，不喜歡和人競爭。於是你代替他，利用與生俱來的美貌與商業頭腦，開始跟皇帝做生意，使未來更加穩健。但是，在秦王駕崩後，社會變得一團混亂，你所想像的未來藍圖瞬間化為泡影。原本，你為了維持一家人優渥的生計不斷努力，如今才發現世上根本沒有絕對的保障。

這時，你的心中湧上一個想法：接下來，我每天都要毫無遺憾地享受生活。這應該才是真正的幸福吧。

# חח

4/8 希伯來文

### ❖ 生日契合度 ❖

**◉ 情人・伴侶**

| | |
|---|---|
| 1月6, 15, 24日 | 7月9, 18, 27日 |
| 2月5, 14, 23日 | 8月8, 17, 26日 |
| 3月4, 13, 31日 | 9月7, 16, 25日 |
| 4月3, 12, 30日 | 10月6, 15, 24日 |
| 5月2, 20, 29日 | 11月5, 14, 23日 |
| 6月10, 19, 28日 | 12月4, 13, 22日 |

**◉ 工作夥伴・朋友**

| | |
|---|---|
| 1月2, 20, 29日 | 7月5, 14, 23日 |
| 2月1, 19, 28日 | 8月4, 13, 22日 |
| 3月9, 18, 27日 | 9月3, 21, 30日 |
| 4月8, 17, 26日 | 10月2, 11, 29日 |
| 5月7, 16, 25日 | 11月1, 10, 28日 |
| 6月6, 15, 24日 | 12月9, 18, 27日 |

**◉ 競爭對手・天敵**

[1/11] [6/17] [7/25] [9/12] [10/31] [11/19] [12/29]

**◉ 靈魂伴侶**

[1/20] [2/2] [4/4] [6/11] [8/2] [11/3] [12/11]

### ❖ 生日名人 ❖

胡塞爾（哲學家）
藤山一郎（歌手）
黑川紀章（建築家）
千昌夫（歌手）
桃井薰（演員）
森下愛子（演員）
松本明子（藝人）
DAIGO（音樂人）
澤尻英龍華（演員）
高橋南（藝人）

◉ 從你的生日看命運
請見32頁

# 4月9日

April ninth

## 追求完美努力不懈的賢者

4月9日出生的你，就像一個認真又正直的模範生，總是以助人為己任。你的頭腦聰明，熱心向學，一絲不苟地努力不懈。你從小就顯得比較成熟，個性低調內斂，雖然不會站在最前方帶領大家前進，卻擅長綜觀全局，在幕後進行統整的工作。

出生日期9結合所有數字的特質，是一個完成、和諧的數字，象徵賢者、導師，是一個有智慧的理想主義者。再加上出生月分4的穩定、持續特質，讓你擁有把理想化為具體形態的執行力。



擁有堅定意志的你，雖然心中抱有遠大的夢想和目標，但卻不會表現出來。對於你認同的事，你會拚命努力，力求完美，有計畫地持續進行。凡事你都能一步一腳印地做好，非常適合待在組織裡。而且，你為人正直，從不苟且隨便，深深獲得旁人的信賴。

你待人非常親切，卻往往太小心翼翼地察言觀色，假如一直隱藏自己的感受，身心狀態可能會失衡。請不要把事情想得太難，拿出更多自信和從容，帶著誠懇的態度與人相處、溝通。

### ❖ 戀愛・婚姻・性生活 ❖

你在感情上很害羞，必須花一段時間才能將關係發展成戀情。你認為戀愛和結婚是一體的，因此遇到好對象時，可能會太過拘泥於結婚的條件而無法享受戀愛的樂趣。婚後你會很重視家庭，但如果一直壓抑自己的真心，可能會愈來愈痛苦，因此請讓自己更放鬆，營造一個能夠讓自己主動吐露真心話的氛圍。

關於性，由於你抱著先入為主的觀念以及義務感，因此也許無法盡情地享受。很多時候甚至對於性行為本身感到厭惡，很可能演變為無性生活，因此有必要多花點心思讓彼此都能好好放鬆，再深入交流。

### ❖ 工作・財運 ❖

你善於察言觀色，總是努力不懈，因此無論從事什麼工作，必定能爬到某種程度的位置。你喜歡學習各種新知，在需要特別技能或資格的專業性工作上，能讓你好好發揮才華。如果是在醫療、社福、照護等對人有所幫助的環境下，你更能感受到工作價值的所在。

你對於賺錢這件事懷有罪惡感，不過財運相對穩健。你可以訂立一個能同時對社會做出貢獻的計畫，當獲得豐饒的成果時，你也能心安理得。

## ❖ 今生使命．未來展望 ❖

希望能對世人和社會有幫助的你，今生的使命是：將自己一直以來的成果化為具體的形態，流傳後世。

認真的你，如果一直強烈地覺得自己非得努力不可、非把事情做好不可，就會不自覺地責備做不好的自己或別人，請特別留意。

請別急著努力追求完美，為了把自己的經驗傳承給下一個世代，你可以試著寫文章、寫日記，或是透過攝影，用別人也能理解的方式留下自己的紀錄。一旦人生化為具體可見的成果，你便更能肯定自己的努力，也能感受到何謂人生的意義。

告訴自己：「現在的我已經非常努力了」，並更加認同、讚美自己，或許才是你今生真正的課題。

## ❖ 生日帶來的訊息 ❖

**「貢獻所學」**

**「睿智」**

**「練習讚美自己」**

### 前世の故事

你的前世，是日本平安時代宮廷貴族的女兒。你的父親以及身旁的貴族們，都仗恃著特權階級，不關心朝政，每天只顧著飲酒作樂。他們的模樣，和你心中貴族應有的形象相去甚遠，令你相當痛心。另一方面，你也看見了隨從們每天從早忙到晚，卻只能領到微薄報酬的狀況。面對這樣的差別待遇，你卻什麼都不能做，心中湧現深深的無力感與罪惡感。

心胸開闊的你，看遍了各種不同階級的人，使你不會因為自己所處的優渥環境而安逸，你思索著：有沒有什麼辦法，能打造一個理想的社會，讓世界上的人都能過更好的生活呢？

---

# טז

4/9 希伯來文

### ❖ 生日契合度 ❖

**◉ 情人．伴侶**

| | |
|---|---|
| 1月7, 16, 25日 | 7月1, 19, 28日 |
| 2月6, 15, 24日 | 8月9, 18, 27日 |
| 3月5, 14, 23日 | 9月8, 17, 26日 |
| 4月4, 13, 22日 | 10月7, 16, 25日 |
| 5月3, 12, 30日 | 11月6, 15, 24日 |
| 6月2, 20, 29日 | 12月5, 14, 23日 |

**◉ 工作夥伴．朋友**

| | |
|---|---|
| 1月3, 12, 30日 | 7月6, 15, 24日 |
| 2月2, 20, 29日 | 8月5, 14, 23日 |
| 3月1, 19, 28日 | 9月4, 13, 22日 |
| 4月9, 18, 27日 | 10月3, 12, 30日 |
| 5月8, 17, 26日 | 11月2, 11, 29日 |
| 6月7, 16, 25日 | 12月1, 19, 28日 |

**◉ 競爭對手．天敵**

[1/15] [2/5] [4/21] [5/29] [7/9] [9/22] [10/15]

**◉ 靈魂伴侶**

[2/27] [4/23] [7/11] [8/3] [9/2] [10/26] [11/27]

### ❖ 生日名人 ❖

夏爾．皮耶．波特萊爾（詩人）
馬克．雅各布斯（設計師）
尚．保羅．貝爾蒙多（演員）
傑克．維倫紐夫（賽車手）
佐藤春夫（詩人）
白川靜（中國文學家）
廣中平祐（數學家）
本多俊之（音樂人）
永島昭浩（足球選手）
山下智久（演員）

**◉ 從你的生日看命運**
**請見32頁**

# 4月10日

April tenth

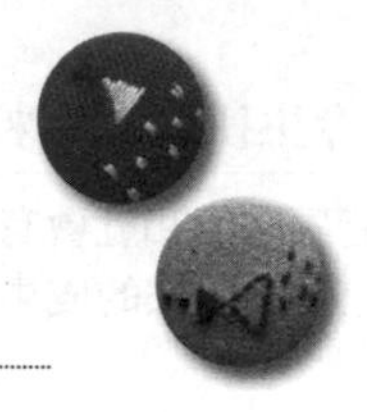

**確立信念後就勇往直前可靠的領導者**

這一天出生的你，擁有堅定的信念，一旦你下定決心，無論面臨多麼嚴峻的狀況，都絕對會繼續努力，勇往直前、貫徹始終，是一個可靠的領導者。

你總是開朗正向，個性耿直又體貼別人，因此受到許多後輩或屬下的愛戴，深受信賴。

你具有優異的指導力與判斷力，能夠率領整個組織前進。面對問題時，你不會只停在原地思考，而會發揮與生俱來的行動力，想辦法在解決問題的同時繼續向前邁進。



儘管你有點急性子，但個性沉穩，責任感也很強，只要著手進行一件事，就會確實留下具體成果。相對地，你有些固執，即使是瑣碎小事也會堅持，有時會聽不進旁人的意見。總是直來直往的你，因此容易遭到誤解，請特別留意。

你的出生日期是10由1與0組成，1代表領導力，而0則具有增強1力量的能量，因此你的領導者特質會更為顯著。再加上出生月分4的穩定、持續等特質，讓你能成為一個心無旁騖地朝著既定目標勇往直前，踏實又率直的領導者。一旦你立定目標，基本上凡事都能使命必達。

### ❖ 戀愛・婚姻・性生活 ❖

在感情方面你也總是直來直往，很容易對人一見鍾情，有時甚至在還不完全了解對方的情況下，就墜入情網。而且你很專情，一旦開始穩定交往，就會希望與對方形影不離。

你在性生活方面很熱情，為了讓對方開心，你會表現得很積極主動。需要注意的是，不管在戀愛中或性生活中，請不要只顧自己而忽略對方的感受。婚後，你也會保持勇往直前的個性，家中的大小事都想要按照自己的意思安排。請小心不要變成過度掌控伴侶或家人。

### ❖ 工作・財運 ❖

你具有領導者的才華，能夠組織、統整團隊，朝著目標前進。

你總是非常努力，喜歡能夠看見實際成果的工作，因此可以把目標訂得具體一點，你會更有動力。你很有主見，因此在組織裡有時會和主管起衝突，要特別注意。擅於獨立自主的你，也很適合自己創業。

你的財運非常旺盛，擅長發揮所長來獲取報酬。你也很有人緣，經常透過認識的人牽線而獲得賺錢的機會。

## ✧ 今生使命．未來展望 ✧

今生的你，使命是：善用勇往直前的領導者的資質，成為一個能連結眾人關係的領導者。

由於個性太過認真又不知變通，眼界容易變得狹窄的你，是否明明心中渴望改變、嚮往一個新的世界，卻又抗拒變化，不願意脫離舒適圈呢？根據過往經驗所培養的知識和能力固然優異，但假如始終拘泥於此，便永遠不可能踏入新世界。

最重要的是，請不要被自己的想法、風格以及過去的成果所侷限。正因為你充滿自信，又有強烈的自尊心，才更應該早日察覺自己其實已被往日的價值觀所束縛，進而釋放自己，得到真正的自由。

此外，立刻採取行動也很重要。更自由、更迅速地行動，才是邁向真正的領導者的第一步。

## ✧ 生日帶來的訊息 ✧

**「貫徹初心」**
**「先鋒」**
**「超越自我」**

### 前世の故事

你的前世生於近代英國，是一個隸屬於英國皇家地理學會的植物學家。

自幼生長在富裕家庭，衣食無缺的你，個性相當不服輸，不論是學業或體育，總是努力拿第一。還在讀大學的時候，你就經常出入皇家地理學會，畢業後便成為學會的核心成員之一。後來，你決定參加前往南美的地理調查團，並且期待大家推舉你當團長，然而卻事與願違。

到了當地之後，你一心只想立功，於是漸漸遭到夥伴們孤立。這個時候，你才捫心自問：我當初到底是為了什麼才立志研究植物學的呢？

---

יך

4/10 希伯來文

### ✧ 生日契合度 ✧

**◉ 情人．伴侶**

| | |
|---|---|
| 1月3, 21, 30日 | 7月6, 15, 24日 |
| 2月2, 11, 20日 | 8月5, 14, 23日 |
| 3月10, 19, 28日 | 9月4, 13, 22日 |
| 4月9, 18, 27日 | 10月3, 12, 30日 |
| 5月8, 17, 26日 | 11月2, 20, 29日 |
| 6月7, 16, 25日 | 12月1, 10, 28日 |

**◉ 工作夥伴．朋友**

| | |
|---|---|
| 1月4, 13, 22日 | 7月7, 16, 25日 |
| 2月3, 12, 21日 | 8月6, 15, 24日 |
| 3月2, 11, 20日 | 9月5, 14, 23日 |
| 4月1, 19, 28日 | 10月4, 13, 31日 |
| 5月9, 18, 27日 | 11月3, 12, 30日 |
| 6月8, 17, 26日 | 12月2, 20, 29日 |

**◉ 競爭對手．天敵**

[1/20] [3/9] [4/17] [5/25] [6/24] [8/22] [10/11]

**◉ 靈魂伴侶**

[3/14] [4/22] [6/4] [8/11] [8/29] [9/19] [9/26]

### ✧ 生日名人 ✧

普立茲（記者）
史蒂芬．席格（演員）
水島新司（漫畫家）
和田現子（歌手）
佐田雅志（音樂人）
六平直政（演員）
德光修平（藝人）
赤星憲廣（棒球選手）
木村佳乃（演員）
堂本剛（歌手）

◉ 從你的生日看命運
請見32頁

# 4月11日

April eleventh

**面對任何事都不會半途而廢正經的靈性能力者**

11日出生的你，天生就對無形的世界非常敏感。你的靈感和直覺也很敏銳，彷彿靈媒一般，將各種靈性事物的存在視為理所當然。

11象徵著革命、革新，能看透一切事物背後的真相，是一個神聖的數字。再加上出生月分4具備的穩定、持續等特質，使你正直、穩定及認真的特色更為顯著。對你而言，凡事一旦起步就會貫徹始終，絕不會半途而廢。



你具有獨特的風格以及領袖的魅力，但卻不喜歡引人注目，適合在幕後支持、協助別人。儘管你擁有豐富的靈感，能夠憑著直覺知道答案，但是卻無法用常理解釋你所知悉的一切，因此身邊的人往往無法理解你。

你在人生中的各個階段，都能獲得來自看不見的世界的指引，只要接受這些引導，並且加以實踐，你的人生方向就會愈來愈明確。因為你凡事都想盡力做得盡善盡美，萬一無法完美地完成任務，往往會過於自責，請留意。

只要力行你獨特的生活態度，把一般人未曾領悟過的經驗傳達給身旁的人，你的才華就會更加發光發熱。

### ✧戀愛・婚姻・性生活✧

你心中有種自以為正確的戀愛觀與婚姻觀。由於你最重視的是自己的感受和靈感，因此可以用與眾不同的觀點來挑選對象。基本上，你相當體貼對方，會為對方盡心盡力，認為心靈相通比什麼都重要，是個浪漫主義者。

此外，你很容易受到對方能量影響，對你而言，性愛是種愉快的能量交換。成家之後，你會成為好太太或好先生，但不受常理拘束的你，可能一不小心就墜入情網，發展出婚外情。請時時覺察自我的需求，避免讓精神壓力過大。

### ✧工作・財運✧

你擁有一般人所沒有的獨創性，喜歡能夠留下具體成果的工作，例如藝術家或設計師等。只要善用你與生俱來的靈感以及敏銳的洞察力，也可以朝占卜師的方向發展。如果想擔任心理諮商師或心理治療師，你會努力取得證照，一點一滴累積經驗和成績。

你重視精神性勝過物質，對金錢不太感興趣，不過你擁有難以解釋的財運，金錢總是在你需要的時候自己送上門來。不過你經常砸大錢在自己的興趣上，或探索無形的世界，身邊的人也許難以理解。

## ❖ 今生使命・未來展望 ❖

今生你所懷抱的使命，就是善用敏銳的直覺，隨時隨地帶著愛與人接觸，向身邊的人展示無私的愛。你能夠接收直覺中所蘊含的訊息，然而卻不太擅長將接收的訊息傳達給他人。由於你的主觀意識很強，有時可能會在訊息中加入自己的意見或價值觀，用它來衡量別人、批評別人，有時甚至會說出一些傷人的話。

所謂無私的愛，並不是判斷對方的好壞，而是包容一切，接受對方最真實的狀態。在習慣坦率地對別人展現你的想法之前，請先試著用愛填滿自己吧。當你獲得滿足，無私的愛就會自然湧現。用無私的愛填滿自己，再把滿溢出來的愛傳遞給身邊的人，正是你今生努力的真正目標。

### ❖ 生日帶來的訊息 ❖

**「接納的能力」**

**「清廉」**

**「公正」**

### 前世の故事

你的前世是古埃及的魔術師。你的父母也是魔術師，因此你從小就在耳濡目染之下學會魔術。你擁有占卜、天文學、醫學、藥草學等知識，最後成為國王的心腹。

你為了國家，向國王傳達了許多重要的資訊，然而國王卻只相信對自己有利的訊息。認真的你，感受到再這樣下去國家可能會滅亡，便向國王提出強烈的忠告。但是你的這番話觸怒了國王，最後遭到流放。

在獨處的時刻，你忽然發現，原來自己一直以來總是把自以為的好意及自認正確的想法強加在別人身上，不禁深深體會真正的溝通有多麼困難。

---

יאד

4/11 希伯來文

### ❖ 生日契合度 ❖

**◉ 情人・伴侶**

| | |
|---|---|
| 1月8, 17, 26日 | 7月2, 11, 29日 |
| 2月7, 16, 25日 | 8月1, 10, 28日 |
| 3月6, 15, 24日 | 9月9, 18, 27日 |
| 4月5, 14, 23日 | 10月8, 17, 26日 |
| 5月4, 22, 31日 | 11月7, 16, 25日 |
| 6月3, 21, 30日 | 12月6, 15, 24日 |

**◉ 工作夥伴・朋友**

| | |
|---|---|
| 1月5, 14, 23日 | 7月8, 17, 26日 |
| 2月4, 13, 22日 | 8月7, 16, 25日 |
| 3月3, 12, 30日 | 9月6, 15, 24日 |
| 4月11, 20, 29日 | 10月5, 14, 23日 |
| 5月1, 19, 28日 | 11月4, 13, 22日 |
| 6月9, 18, 27日 | 12月3, 12, 30日 |

**◉ 競爭對手・天敵**

[2/19] [7/22] [7/24] [8/30] [9/2] [9/11] [11/9]

**◉ 靈魂伴侶**

[3/20] [4/28] [6/11] [6/29] [9/23] [10/4] [12/5]

### ❖ 生日名人 ❖

正力松太郎（企業家）
小林秀雄（評論家）
金子美鈴（詩人）
井深大（SONY 創始人）
田中澄江（作家）
椙山浩一（作曲家）
武田鐵矢（歌手）
森高千里（歌手）
前田健太（棒球選手）
真野惠里菜（演員）

◉ 從你的生日看命運
請見32頁

# 4月12日

April twelfth

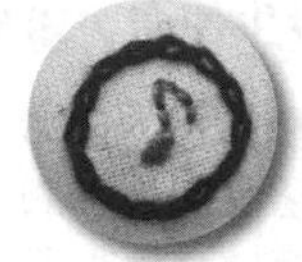

## 擁有將想像化為現實的力量 坦率的創造者

這一天出生的你，就像個創造者，非常擅長把腦袋裡的想法化為具體可見的作品。

你的個性耿直，並像孩子一般坦率，若有任何想法都會直接了當地表現出來。你富有正義感，絕對不容許欺負弱小的事情發生，無論對方是誰，你都會勇敢地挺身而出。

總是充滿活力的你，擁有各種嶄新的點子以及創造出新事物的能量。只要下定決心，你的專注力和爆發力會很驚人，只要加速執行就能一口氣衝到終點，締造成效。你的內心體貼又細膩，不過有時可能缺乏耐心。當缺乏耐性時，你可能會嫌麻煩，或是變得喜歡找藉口搪塞，請留意。

對好奇心旺盛的你來說，能善用自己樂觀又充滿希望的心態，每天都像孩子一樣快樂地生活，才是最重要的。

你的出生日期 12 意謂著幹勁、節奏感，是一個代表孩子的數字。再加上出生月分 4 的穩定、持續等特質，你便能利用宛如孩子一般天馬行空、豐富的想像力，把腦中的點子化為實體，展現作為一名創造者的才華。

### ❖ 戀愛・婚姻・性生活 ❖

你是典型的一見鍾情型，由於非常你專情，戀愛經驗可能比較少。你不會在愛情裡耍心機，總是有什麼想法就直話直說。你比誰都在乎對方，面對你的衝勁和認真，對方可能會不知所措。你渴望婚姻，在心中勾勒理想的家庭樣貌。

婚後，你會努力當個好先生或好太太。你認為性是一種溝通，非常喜歡和所愛的人身心結合。不過在技巧方面可能比較笨拙一些，可能會希望對方主導。

### ❖ 工作・財運 ❖

你是一個全才型的人物，無論從事什麼行業都能有所表現。你能夠把自己獨創的想法化為具體實現，因此適合負責企劃新的專案或短期活動。不過，你有些三分鐘熱度，可能會經常換工作；除了本行之外也有能力兼職副業。

整體而言，你的財運非常旺盛，賭運也很好，很可能靠著股票等風險性的投資一口氣致富。不過假如你太過投入，便容易深陷其中，難以自拔，因此建議找個值得信賴的人商量。

## ✧ 今生使命・未來展望 ✧

今生的你，使命是：善用充滿創造力的資質，凡事徹底力行，追求完美，達到真正的獨立自主。

你是不是滿懷創造新事物的能量，帶著旺盛的好奇心，卻凡事走一步算一步呢？明明你擁有把想法化為具體的力量，有時卻因為太過貪心而落得虎頭蛇尾，最後甚至還得依靠他人。

因此，學會獨力完成任務，正是你今生的課題。首先，請你刻意把獨處的時間排入行程，安排一些可以自己獨力完成的事，例如散步或寫食記等等日常小事也無妨。此外，也可以為自己訂一個期限，去挑戰考取某種證照。只要鎖定你喜歡的、擅長的的事，當你一個人能徹頭徹尾地達成時，便能邁向真正的獨立自主。

## ✧ 生日帶來的訊息 ✧

「創意巧思」

「創造性」

「獨力創建」

### 前世の故事

你的前世，是古代波斯的一名舞孃。

你因為擁有出色的外表和舞蹈才華而廣為人知，國王得知後，便將你拔擢為皇室專屬的舞孃。能夠每晚在富麗堂皇的皇宮裡表演自己的舞蹈，令你欣喜若狂，因此你總是自由自在地盡情跳舞。

一天，國王表示他想再看一次你以前跳過的舞，但你卻怎麼都想不起當時的舞步，讓國王非常失望。這個時候，你才赫然發現自己一直以來都是隨興地跳舞，並沒有將舞步記錄下來，使其成為一種專業，於是希望未來能發展出屬於你的舞步並流傳後世。

4/12 希伯來文

### ✧ 生日契合度 ✧

◉ 情人・伴侶

| | |
|---|---|
| 1月4, 13, 31日 | 7月7, 16, 25日 |
| 2月3, 12, 21日 | 8月6, 15, 24日 |
| 3月2, 11, 29日 | 9月5, 14, 23日 |
| 4月1, 19, 28日 | 10月4, 13, 31日 |
| 5月9, 18, 27日 | 11月3, 12, 30日 |
| 6月8, 17, 26日 | 12月2, 20, 29日 |

◉ 工作夥伴・朋友

| | |
|---|---|
| 1月6, 15, 24日 | 7月9, 18, 27日 |
| 2月5, 14, 23日 | 8月8, 17, 26日 |
| 3月4, 13, 31日 | 9月7, 16, 25日 |
| 4月3, 12, 30日 | 10月6, 15, 24日 |
| 5月2, 11, 29日 | 11月5, 14, 23日 |
| 6月10, 19, 28日 | 12月4, 13, 31日 |

◉ 競爭對手・天敵

[2/2] [3/28] [6/16] [7/24] [9/4] [10/21] [11/11]

◉ 靈魂伴侶

[3/9] [4/10] [6/6] [7/14] [8/31] [10/29] [12/27]

### ✧ 生日名人 ✧

安迪・加西亞（演員）
賀比・漢考克（爵士鋼琴家）
川島芳子（間諜）
田中康夫（作家）
長沼毅（生物學家）
高田延彥（格鬥家）
森川由加里（歌手）
廣瀨香美（音樂人）
紺野真晝（演員）
岩隈久志（棒球選手）

◉ 從你的生日看命運
請見32頁

# 4月13日

April thirteenth

在檯面下主宰一切
並統合全局的
幕後實力者

選擇這一天作為生日的你，擁有絕不動搖的意志，就像幕後的掌權者一般，能在檯面下掌控、統整全局。

出生日期 13 正如同撲克牌的國王所象徵的，是一個代表龐大權力以及主宰實質世界的數字。再加上出生月分 4 的穩定、持續特質，你將顯露出認真、誠實、遵守常規的態度，同時充滿正義感，希望每個人都平等地和睦相處。

4 月 13 日出生的人擁有強悍的意志力，能為身旁的人帶來安全感，同時也深受信賴。儘管你不會站在前方，帶領大家前進，但卻能充分顧及整體、輔助旁人，整合團隊的力量。

你擅長打穩基礎並穩定的持續發展，只要找到能夠讓你盡情發揮這個長才的環境，你就會更加發光發熱。你凡事都願意腳踏實地努力，從來不嫌麻煩，最後總能展現出具體的成果。

你的個性率直，表裡如一，信守承諾。但是必須小心不要把自己認為正確的想法強加在別人身上，或是用自己的標準來衡量他人。請不要固執地堅守自己的想法和價值觀，圓融地接受改變，就能拓展自己的世界。

### ❖ 戀愛・婚姻・性生活 ❖

你對愛情很忠誠，總是為對方著想，認真地面對每一段感情。你認為結婚是戀愛的延續，非常渴望打造一個幸福的家庭，因此無法接受只是玩玩的戀愛遊戲，談過的戀愛次數可能也不多。

婚後，你表面上看起來低調內斂，相當居家，但實際上卻總是想要控制伴侶或家人，請留意。在性生活方面，你會拋開平時紳士、淑女的一面，希望掌控主導權，燃燒熱情。只要你把這樣的心情確實地傳達給對方，想必就能度過更充實的兩人時光。

### ❖ 工作・財運 ❖

你在工作上同樣認真踏實，做事貫徹始終，從來不馬虎，能夠端出具體成果，因此在旁人心中的評價極高。同時，你的個性穩重，值得信賴，也懂得權衡一切。

你具有成為領導者的才華，總是在幕後默默統整所有的事情，發揮幕後掌權者的實力。

你對金錢有自己的一套堅持及規矩，因此你財運穩健，同時擅長理財，基本上只要不受金錢的誘惑而改變，你都不會為錢傷腦筋。

## ❖ 今生使命．未來展望 ❖

今生的你，使命是：善用幕後掌力者的才華，即使遭遇困難也絕不放棄，獲得現實上的成果並與眾人分享。

具有實力的你，內心擁有無限的熱情，能夠吸引身旁的人和你一起努力。而你不喜歡半途而廢，卻可能因為太過貪心，想要一次達成許多目標，反而忘了初衷。想要獲得現實上的成果，最重要的就是先好好面對眼前的課題，逐一完成。

首先，你可以先從重視「象徵物質能量的金錢」開始做起。只要認真面對金錢的意義，必能了解何謂現實中的成功。接著，請不要執著於已獲得的成就，請帶著愉快的心情與眾人分享。最後能否拋開對金錢和成功的堅持，正是你今生的課題。

## ❖ 生日帶來的訊息 ❖

**「整合一切的能力」**
**「踏實」**
**「放下執著」**

### 前世の故事

你的前世，生於俄羅斯羅曼諾夫王朝時代，是一個治理廣大領地的大地主之女。

你從小就和兄長感情融洽，與兄長一起努力學習帝王學，思考如何讓人民過更富足的生活。充滿理想的你，希望自己也能協助治理領地，在兄長繼承領主後，便在他身旁提供建議。然而你認為正確的作法卻招致人民的反感，最後導致人民群起叛亂，將你流放。這時你才發現，自己一直以來堅信不疑的治國理念，只不過是不知人間疾苦的紙上談兵。

# יגד

4/13 希伯來文

### ❖ 生日契合度 ❖

◉ **情人．伴侶**

| | |
|---|---|
| 1月5, 14, 23日 | 7月8, 17, 26日 |
| 2月4, 13, 22日 | 8月7, 16, 25日 |
| 3月3, 21, 30日 | 9月6, 15, 24日 |
| 4月2, 20, 29日 | 10月5, 14, 23日 |
| 5月1, 19, 28日 | 11月4, 13, 22日 |
| 6月9, 18, 27日 | 12月3, 12, 21日 |

◉ **工作夥伴．朋友**

| | |
|---|---|
| 1月7, 16, 25日 | 7月1, 19, 28日 |
| 2月6, 15, 24日 | 8月9, 18, 27日 |
| 3月5, 14, 23日 | 9月8, 17, 26日 |
| 4月4, 13, 22日 | 10月7, 16, 25日 |
| 5月3, 21, 30日 | 11月6, 15, 24日 |
| 6月2, 20, 29日 | 12月5, 14, 23日 |

◉ **競爭對手．天敵**

[1/9] [7/10] [7/30] [8/11] [9/19] [11/17] [11/26]

◉ **靈魂伴侶**

[2/25] [3/6] [3/15] [5/13] [8/1] [9/27] [12/24]

### ❖ 生日名人 ❖

湯瑪斯．傑佛遜（第3任美國總統）
薩繆爾．貝克特（劇作家）
吉行淳之介（作家）
宮尾登美子（作家）
松永真（平面設計師）
上沼惠美子（藝人）
西城秀樹（歌手）
萬田久子（演員）
積木美穗（演員）
水嶋斐呂（演員）

◉ **從你的生日看命運 請見32頁**

# 4月14日

April fourteenth

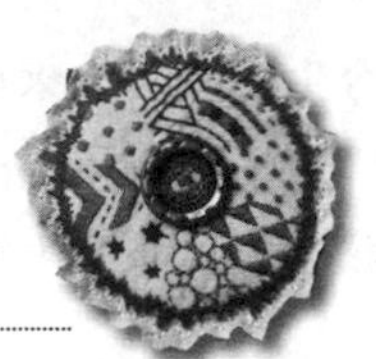

## 對喜愛的事物勇往直前的自由之士

你是一個擁有自己的堅持，會勇往直前地追求所愛的自由之士。交遊廣闊的你，重視朋友和夥伴，總是體貼別人，因此人緣極佳。你擁有旺盛的好奇心，不過好惡分明，對於感興趣或喜歡的事物會全心投入，對於討厭的事物則會完全不屑一顧，無論旁人如何勸你，你都無動於衷，十分固執。

你討厭受到框架限制，總是把自由擺在第一。儘管在旁人眼裡，你看來總是想到什麼就做什麼，但實際上你是朝著一個確切目標前進。你能透過不斷實踐，將自己描繪的夢想具體化。



你總是順著自己的感受而行，因此一旦想法改變，目標也會隨之改變。導致身旁的人往往跟不上你變化的速度，而感到不知所措。只要讓自己的心變得更從容、更懂得尊重他人，你的視野也會更加寬廣，格局也會變得更大。

你的出生日期 14 所包含的 1 和 4 都是代表箭頭的數字，象徵著你是一個擁有明確目標的自由之士。再加上出生月分 4 所代表的穩定、持續等特質，你一旦下定決心就會朝著目標勇往直前、努力邁進的自由能量，會更加突顯。

### ❖ 戀愛・婚姻・性生活 ❖

儘管你或許並不亮眼，但開朗正直的個性使你廣受異性歡迎。你雖然希望對方時時刻刻注意你，自己卻不喜歡受拘束，在愛情中相當自我中心。不過，你會認真地看待愛情，認為戀愛等於結婚，因此正式交往後，可能很快步入婚姻。

無論是男性或是女性，都非常重視家人，但都不是只安於家庭的人。在性生活方面，你有時大膽而熱情，有時卻完全提不起興致，完全取決於你當下的心情。無論在日常生活中或在性生活方面，你總是堅持自己的步調。

### ❖ 工作・財運 ❖

毫無疑問的，你是個工作能力很強的人，無論什麼工作都能迅速俐落地完成，更擅長把想法或抽象的概念化為具體。你適合從零開始打造作品的小說家、設計師、建築師等職業，或是自己創業。只要找到自己感興趣的工作，你的才華就會更加耀眼。

你擁有賺錢的能力，同時也懂得如何管理運用，可在財務方面取得一個良好的平衡。當你認為一件事情值得投資，就會勇敢地投注龐大的資金。不過平時的你並不會奢侈浪費，因此不會為錢傷腦筋。

## ❖ 今生使命・未來展望 ❖

崇尚自由的你，今生的使命是：善用自己靈巧俐落的行動力，為世人付出，實現一個人人都能和平共處的社會。

對於總是依照自己的心情行事的你而言，助人這個人生課題，可能會讓你覺得自己的自由受到了限制，令你感到不自在。

但是，所謂真正的和平，應該是在每個人都能獲得解放、享受自由的狀態下才算成立。假如你為了實現世界和平的目標，而限制自己的自由、勉強自己去幫助別人，那只會變成用自己的標準來衡量對方或者被對方利用而已，請特別注意。

你應該做的，是敞開心胸，認可別人的自由，同時維持自己內心的平靜，這才是實現世界和平的第一步。

## ❖ 生日帶來的訊息 ❖

**「守護自由」**

**「實在」**

**「維持心靈平靜」**

### 前世の故事

你的前世，是中世紀阿拉伯一個富裕的貿易商。

你從小就夢想能走遍世界各國，長大後，便和朋友一起成為了商人。你透過海路、陸路，經由各種途徑收集辛香料等等物資，再將其運送至威尼斯販售。擁有優異的商業眼光的你，只要是你認為值得的商品，一定都能讓對方用高價買下，讓生意愈做愈大。在世界各地經商的你，總是希望能找到更新奇有趣的東西介紹給世人，對未知的世界充滿無盡的想望。

# יזד

4/14 希伯來文

### ❖ 生日契合度 ❖

◉ **情人・伴侶**

| | |
|---|---|
| 1月1, 19, 28日 | 7月4, 13, 31日 |
| 2月9, 18, 27日 | 8月3, 21, 30日 |
| 3月8, 17, 26日 | 9月2, 20, 29日 |
| 4月7, 16, 25日 | 10月1, 19, 28日 |
| 5月6, 15, 24日 | 11月9, 18, 27日 |
| 6月5, 14, 23日 | 12月8, 17, 26日 |

◉ **工作夥伴・朋友**

| | |
|---|---|
| 1月8, 17, 26日 | 7月2, 11, 29日 |
| 2月7, 16, 25日 | 8月1, 10, 28日 |
| 3月6, 15, 24日 | 9月9, 18, 27日 |
| 4月5, 14, 23日 | 10月8, 17, 26日 |
| 5月4, 22, 31日 | 11月7, 16, 25日 |
| 6月3, 12, 30日 | 12月6, 15, 24日 |

◉ **競爭對手・天敵**

[1/7] [3/14] [4/13] [6/11] [7/20] [9/8] [10/7]

◉ **靈魂伴侶**

[2/29] [3/19] [3/31] [5/26] [7/8] [8/26] [12/31]

### ❖ 生日名人 ❖

安妮・蘇利文（教育家）
日馬富士公平（第 70 代橫綱）
大友克洋（漫畫家）
中谷彰宏（作家）
今井美樹（演員）
小澤健二（音樂人）
工藤靜香（歌手）
村治佳織（吉他手）
杏（演員）
平野美宇（桌球選手）
山里亮太（諧星）

◉ **從你的生日看命運**
**請見32頁**

# 4月15日

April fifteenth

## 絕不允許投機取巧行為 熱血的人道主義者

4月15日出生的你個性熱情洋溢，對任何事都會竭盡全力、正面迎戰。你擁有強烈的正義感，厭惡各種不法或投機取巧的行為，是個熱血的人道主義者。

出生日期15包含了1代表的開始與5代表的自由、變化等特質，將1與5相加後等於6，也象徵著包容一切的大愛與溫柔的意義。再加上出生月分4的穩定、持續等特質，會使你正直而坦率的個性更加突出。

4月

你待人體貼，重視人情義理，個性耿直溫和，總是照顧身旁的人，因此備受愛戴。你喜歡穩定度日，討厭破壞和諧的行為；平常行事雖然低調，然而一旦遇上什麼問題，總是會挺身面對，相當熱血。

有時，你會因為太關心對方而不自覺插手干涉，這正是15日出生者的特徵。只要是自己覺得好的事物、自己相信正確的事物，都會不由自主地想推薦給別人。

請多多考慮對方的心情和狀況，避免單方面將自己的價值觀強加在別人身上，或是太多管閒事。你總是在別人看不見的地方注意小細節、努力不懈，只要將你這種做事態度坦然地表現出來，必定能更加耀眼。

### ❖戀愛・婚姻・性生活❖

忠誠是你最大的特徵，一旦喜歡上一個人，你就會非常專一。你也很喜歡策劃驚喜，讓對方開心。只是你認為戀愛就是以結婚為前提，可能會給交往對象帶來壓力。

結婚後，你會成為一個賢妻良母或好爸爸。雖然你對外遇、出軌深感厭惡，但是若無法明確拒絕對你有好的對象的追求，很可能會深陷泥沼，請格外留意。你對性很積極，不過可能會把性當作逼婚的手段，展現出非有結果不可的明顯目的性。

### ❖工作・財運❖

你很擅長團結夥伴或組織，總是替夥伴著想，喜歡和大家一起在第一線揮汗工作。總是冷靜的你，能夠做出明智的判斷，因此深受身邊的人信賴，同時也容易得到領導者的青睞，被指派為負責統管的職位。

你的財運穩定，因為不會鋪張浪費，因此自然能慢慢累積財富。對投資的判斷也很精準，經常被身邊的人當作可靠的理財顧問，廣受信賴。

## ✧ 今生使命・未來展望 ✧

今生的你，使命是：帶著體貼的熱情，將領導能力發揮在自己的人生。

你對夥伴與身邊的人充滿關懷，喜歡照顧人，但卻不擅長走在前方帶領大家。

屬於好好先生型的你，一旦被交付領導的責任，就會變得優柔寡斷，容易被別人的意見左右，或是出現想依賴他人的傾向。

你該做的第一步，就是清楚地表達自己的主張或意見。

你的人生是屬於你自己的，因此最重要的，就是憑自己的意志做決定，而不仰賴任何人。當你明確地做出選擇並傳達給身旁的人，你的聲音也會傳入自己的耳裡，幫助你實現今生的使命，成為一位理想的領導者。

## ✧ 生日帶來的訊息 ✧

**「熱情洋溢」**
**「真心」**
**「傳達自己的想法」**

### 前世の故事

你的前世，是近代荷蘭共和國的士兵。

自幼充滿正義感的你，希望為當代貢獻一己之力，因此志願加入軍隊。由於你會服從長官的命令，因此迅速地升遷，最後成為統率一支部隊的指揮官。

某次你所率部隊參加某地區的統治權爭奪戰時，接到高層的命令，要求你對平民使用武力。你認為這是違反軍紀的行為，因此透過直屬長官向高層表達抗議，卻被當成叛軍逮捕。你對順從自己的心、勇敢直言的自己並不後悔，只是深感自己無能為力。

# טוד

4/15 希伯來文

### ✧ 生日契合度 ✧

**◉ 情人・伴侶**

| | |
|---|---|
| 1月2, 11, 29日 | 7月5, 14, 23日 |
| 2月1, 19, 28日 | 8月4, 13, 22日 |
| 3月9, 18, 27日 | 9月3, 21, 30日 |
| 4月8, 17, 26日 | 10月2, 11, 20日 |
| 5月7, 16, 25日 | 11月1, 10, 28日 |
| 6月6, 15, 24日 | 12月9, 18, 27日 |

**◉ 工作夥伴・朋友**

| | |
|---|---|
| 1月9, 18, 27日 | 7月12, 21, 30日 |
| 2月8, 17, 26日 | 8月2, 11, 29日 |
| 3月7, 16, 25日 | 9月1, 19, 28日 |
| 4月6, 15, 24日 | 10月9, 18, 27日 |
| 5月5, 14, 23日 | 11月8, 17, 26日 |
| 6月4, 13, 22日 | 12月7, 16, 25日 |

**◉ 競爭對手・天敵**

[6/2] [6/21] [7/11] [8/1] [9/18] [10/8] [11/16]

**◉ 靈魂伴侶**

[3/17] [5/15] [5/24] [8/25] [9/11] [10/23] [12/3]

### ✧ 生日名人 ✧

李奧納多・達文西（藝術家）
艾瑪・華森（演員）
田原總一朗（記者）
小出義雄（馬拉松選手）
釜本邦茂（足球選手）
酒井和歌子（演員）
小林進（演員）
坂崎幸之助（音樂人）
野口聰一（太空人）
楢崎正剛（足球選手）

◉ 從你的生日看命運
請見32頁

# 4月16日

April sixteenth

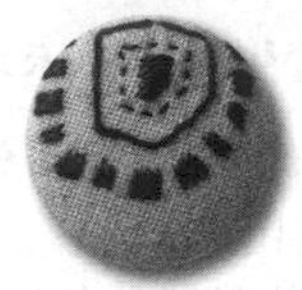

## 朝著目標努力不懈認真的職人

這一天出生的你，十分重視自己獨特的風格，像一個工匠、職人般，樂於將自己的想法具體化。

出生日期16，結合了1代表的開始與6代表的愛與和諧，而1與6相加後等於7，象徵著獨力統合並完成一切的力量。再加上出生月分4的穩定、持續等特質，讓你朝著自己決定的目標，腳踏實地、持續不懈地努力，宛如一名求道者的性格便會格外顯著。於是你富有強烈的正義感與責任感，總是認真地在期限內完成被賦予的任務。



看見夥伴遇到困難時，貼心的你會主動伸出援手。行事上，你會注意各種細節，盡力使整個團隊的步調一致。由於你具有強烈的自尊心，因此對於擾亂整體和諧的行為會感到憤慨不已，有時甚至會嚴厲地指責對方。

你喜歡獨處，不過由於你待人親和，因此並不會遭到孤立。

你擁有敏銳的直覺，但因為對肉眼看不見的事物感到恐懼，因此往往將自己的能力封印起來。其實你的感受力很強，當腦中浮現靈感時，可以把當下的感受寫下來，以具體的方式展現。如此一來，你便能將重要的事情傳達給更多的人。

### ❖戀愛·婚姻·性生活❖

對於戀愛，你認真而專情。你總是在心中描繪理想的家庭，對婚姻抱有某種先入為主的想法。即使深愛著對方，你也不擅長好好表達自己的心情，有時還會逞強或耍脾氣。只要兩人心意相通，你就會坦率地為對方盡心盡力，然而必須避免將自己的想法強加在對方身上。

你具有對性狂熱的一面，時而喜歡主導，時而喜歡被動；若能找到理解你的二種面貌、又能樂在其中的伴侶，相信你就能擁有美滿的性生活。

### ❖工作·財運❖

你具有很高的道德標準，對自己的工作充滿自信。即使是別人不喜歡的工作，你也能負起責任，按部就班、耐心地做到最後。假如用你那宛如職人般的堅持來要求身邊的人，可能會被大家認為太過吹毛求疵而疏遠，請留意。

你很擅長照顧後進或晚輩，雖然外表看起來溫和，但說不定會拉攏屬下或徒弟製造派系。

在金錢方面，你屬於腳踏實地、慢慢儲蓄的類型。不過你擁有奇妙的財運，當遇到財務困難時，所需的金錢就會自然出現。

## ✧ 今生使命・未來展望 ✧

你挑選為今生展望的，就是不斷磨練自己的直覺和感受力，將肉眼看不見的世界裡的事物傳達給更多的人。

擁有獨特世界觀的你，應該感受得到三次元的現世並非一切。然而，儘管感受到肉眼看不見的世界，卻因為在乎旁人的眼光，以及恐懼、缺乏自信，而無法順利地表現出來。

感性豐富的你，為了將專屬於自己的世界觀以作品的形式呈現並傳達給社會大眾，首先要做的就是把在肉眼看不見的世界所得到的智慧，實踐在日常生活中。可以利用言語的力量，或是利用芳療來刺激嗅覺，透過接觸大自然或繪畫作品等美麗的事物，磨練自己的感性。只要確實感受到人生中真正重要的事，你的未來展望也會更加明朗。

## ✧ 生日帶來的訊息 ✧

**「化為具體的力量」**
**「執行力」**
**「創造作品」**

### 前世の故事

你的前世，是中世紀德國一名建築工匠的妻子。你的丈夫出生在建築工匠的家庭，很早就展露出建築方面的才華，你們兩人是奉父母之命而結婚。

優秀又正直的丈夫在你全心全力的支持下，收了許多徒弟，成為師傅級的人物。身為師母的你，每天為了照顧丈夫和徒弟們過著非常忙碌的生活，但是面對只重視現物質成就的丈夫和徒弟們，你不免在內心感到疑惑：難道世界上沒有更重要的事了嗎？你期待有一天能夠在一個不受拘束的世界，自由自在地發揮自己的潛能。

# טוד

4/16 希伯來文

### ✧ 生日契合度 ✧

**◉ 情人・伴侶**

| | |
|---|---|
| 1月9, 18, 27日 | 7月3, 21, 30日 |
| 2月8, 17, 26日 | 8月2, 11, 20日 |
| 3月7, 16, 25日 | 9月1, 19, 28日 |
| 4月6, 15, 24日 | 10月9, 18, 27日 |
| 5月5, 14, 23日 | 11月8, 17, 26日 |
| 6月4, 13, 22日 | 12月7, 16, 25日 |

**◉ 工作夥伴・朋友**

| | |
|---|---|
| 1月1, 19, 28日 | 7月4, 13, 31日 |
| 2月9, 18, 27日 | 8月3, 21, 30日 |
| 3月8, 17, 26日 | 9月2, 20, 29日 |
| 4月7, 16, 25日 | 10月1, 19, 28日 |
| 5月6, 15, 24日 | 11月9, 18, 27日 |
| 6月5, 14, 23日 | 12月8, 17, 26日 |

**◉ 競爭對手・天敵**

[1/5] [3/30] [4/20] [5/10] [7/22] [10/10] [11/4]

**◉ 靈魂伴侶**

[2/28] [4/26] [8/29] [10/11] [11/10] [12/9] [12/18]

### ✧ 生日名人 ✧

威爾伯・萊特（飛機發明者）
查理・卓別林（演員）
賈霸（籃球選手）
皮埃爾・列巴斯基（足球選手）
坂上二郎（藝人）
團鬼六（作家）
池野戀（漫畫家）
大西順子（鋼琴家）
BONNIE PINK（音樂人）
岡崎慎司（足球選手）

**◉ 從你的生日看命運**
**請見32頁**

# 4月17日

April seventeenth

總是全力以赴
凡事貫徹始終
專注的前鋒

4 月 17 日出生的你充滿自信，總是對眼前的事全力以赴，彷彿一名熱血隊長。你為人正直，做事從不馬虎，並擁有堅定的信念，只要是自己認為正確的事，就會專注地貫徹始終。

你擁有不輸給任何人的熱情以及執行力，最適合在組織裡擔任統整協調的工作，同時也深受身邊的人信賴。你的特徵是只要做出決定就絕對不會妥協，會負起責任做到最後。

你喜歡提出一個明確的目標，和整個團隊一起努力。只要自己決定的計畫能夠順利進展，就會感到快樂。不過，假使遇到出乎意料之外的狀況，你可能就會不知變通而進退失據。你最需要的，就是無論遇到什麼樣的狀況都能臨機應變的靈活思維。

你的出生日期 17，包含了 1 代表的縱向箭頭與 7 代表的斜向箭頭，也就是兩種箭頭的組合，象徵著全力以赴的行動力。你擁有 1 的領導者資質，以及能夠用不同角度觀察事物的職人天分。這代表你的意志堅定，無論面對什麼人，都不會輕易扭曲或改變自己的想法。你的出生月分 4 是作為現實世界基礎的數字，因此你很重視社會倫常與規範，並能耐心地一點一滴持續不斷地累積成果。

### ✧戀愛・婚姻・性生活✧

你非常享受被對方依賴的感覺，但是自己卻不擅長向對方撒嬌。因為你的自尊心太高，很難改變自己的想法，有時可能會跟對方大吵一架後，自己單方面結束戀情。你也有倔強的一面，例如表白後被拒絕，或是面臨分手的時候，都不會承認自己有錯。婚後，你會努力打造一個穩定的家庭，但你絕對不是會乖乖待在家裡的人，而會努力完美地兼顧工作與家庭。

你在性生活方面有一些堅持，總是希望用自己喜歡的方式享受。請記得對伴侶更體貼一些，不要老是只想到自己。

### ✧工作・財運✧

你比旁人認真而努力，從不對眼前的困難所屈服，擁有堅強的信念和行動力，總能使命必達。嚴以律己的你，往往會不小心用同樣的標準來要求別人，請注意。

你有生意頭腦，運氣也很好，只要掌握明確的方向，持續不斷地努力，就一定能得到豐碩的回報。雖然很容易成功，但是當你獲得金錢上的成功時，假如態度從穩定轉為保守，或是忘了謙虛的心而變得傲慢，很可能會掉進陷阱。請經常懷抱著感謝的心，透過捐款等行動，讓和世人分享成果。

## ✧ 今生使命．未來展望 ✧

凡事全力以赴，熱情洋溢的你，今生的使命是：善用宛如孩子一般的天真，盡情享受人生。

你是不是把人生想得太困難了一點？儘管你很擅長全力衝刺，但卻不太懂得享受，因此你可能必須學習享受和偷懶的差別。

首先，請放鬆自己，用心去感受生活中的快樂。所謂的享受既不是無所事事，也不是敷衍了事，而是幫助自己敞開心胸的方法之一。單純地享受眼前的事物，坦率地表現出自己的感受，必定能夠緩和你總想橫衝直撞的那股能量，幫助你取得平衡。

用心去感受，比用頭腦思考來得重要。我們不是要和人生中發生的事情對抗，而是學著去接受它。只要能抱著享受態度，相信人生一定會更精彩。

## ✧ 生日帶來的訊息 ✧

「全力以赴」

「突破」

「練習放鬆」

### 前世の故事

你的前世，是中亞沙漠國度的皇族，同時也是舉足輕重的富商。

你從小接受文武雙全的精英教育，展現繼任領導者所應具備的能力。你利用絲路打穩貿易基礎，擴大事業版圖。在你獲得龐大的利益、地位與名聲，握有強權之後，各地的商人紛紛來到這個國度，覬覦你的地位。為了守護自己的利益和地位，遇上愈是優秀的競爭對手，你就愈想徹底擊潰對方。看見你毫不留情的做法，人心漸漸遠離，使你四面楚歌。即使如此，你依然堅信自己沒有錯，想不出還有其他的人生選項。

ידז

4/17 希伯來文

### ✧ 生日契合度 ✧

◉ 情人．伴侶

| | |
|---|---|
| 1月6, 15, 24日 | 7月9, 18, 27日 |
| 2月5, 14, 23日 | 8月8, 17, 26日 |
| 3月4, 13, 31日 | 9月7, 16, 25日 |
| 4月3, 12, 30日 | 10月6, 15, 24日 |
| 5月11, 20, 29日 | 11月5, 14, 23日 |
| 6月1, 19, 28日 | 12月4, 13, 22日 |

◉ 工作夥伴．朋友

| | |
|---|---|
| 1月2, 11, 29日 | 7月5, 14, 23日 |
| 2月1, 19, 28日 | 8月4, 13, 22日 |
| 3月9, 18, 27日 | 9月12, 21, 30日 |
| 4月8, 17, 26日 | 10月2, 11, 29日 |
| 5月7, 16, 25日 | 11月1, 19, 28日 |
| 6月6, 15, 24日 | 12月9, 18, 27日 |

◉ 競爭對手．天敵

[3/2] [7/16] [8/15] [9/14] [10/13] [12/20] [12/29]

◉ 靈魂伴侶

[2/11] [3/10] [6/16] [8/14] [8/23] [11/29] [12/10]

### ✧ 生日名人 ✧

約翰．皮爾龐特．摩根（金融家）
奧莉薇．荷西（演員）
里卡多．帕特雷斯（賽車手）
維多莉亞．貝克漢（歌手）
板垣退助（政治家）
瀧口順平（聲優）
畑正憲（作家）
市川森一（編劇）
高見澤俊彥（歌手）
玉城千春（歌手）

◉ 從你的生日看命運
請見32頁

# 4月18日

April eighteenth

嚴以律己嚴以待人
充滿智慧與實力的
認真智者

這一天出生的你，有著強烈的責任感，凡事認真盡力完成。你就像一名充滿智慧和實力的賢者，能視當場的狀況巧妙地臨機應變。你總是理智，個性果斷乾脆，是個可靠的協調者。老實的你從不敷衍苟且，永遠腳踏實地，努力朝著理想的目標前進，因此深受身旁的人信賴。

出生日期 18 的 1 代表著開始，8 則代表著無限大（∞），兩者皆是充滿能量的數字，因此 18 日出生的你，兼具充滿活力的領導者與可靠的協調者的特質。加上出生月分 4 的穩定、持續特質便讓你成為一名嚴以律己，討厭投機取巧的行為，絕不容許半途而廢的人。

你是個宛如模範生般的領導者，同時又擁有綜觀全局的能力，因此可以聰明地依照狀況變換立場，有時會自己退居二線，扮演輔助他人的角色。

你懷有實現世界和平的崇高理想，具備團結眾人的能力。乍看之下，你似乎溫和而文靜，但內心卻是個自尊心極高的完美主義者，常常因為對自己要求太高而把自己逼得喘不過氣。有時你也會要求別人努力達成崇高的目標或理想，倘若別人做不到，你可能會譴責對方。不論是對自己或對別人，都應該更寬容一些。

## ❖戀愛・婚姻・性生活❖

你生性文靜，身上散發著理智的氣質。同時你也是個浪漫主義者，對愛情抱有崇高的理想。在挑選對象時，你很重視收入和外表等現實上的條件，與其說是單純喜歡對方，倒不如說是為了滿足自尊心才挑選對方。

你可能會忽視自己的感受，而按照自己頭腦中的完美腳本來發展戀情。遇到中意的目標時，你會直接向對方表白。你無法容許外遇或背叛。

婚後，你會很重視家庭，但重要的是你必須打造一個讓彼此都能安心吐露真心話的關係。你比較重視精神層面，因此可能對性行為較為冷感。

## ❖工作・財運❖

你的求知欲旺盛又勤勉，頭腦聰明，個性認真，是個優秀的人才，在組織裡必定能嶄露頭角，可擔任主管職或負責協調的工作。你總是能完美地完成被交付的任務，穩定的工作態度總能贏得主管的高度評價。不過由於你的責任感太強，有時會為了符合旁人的期待而讓自己過勞，請特別留意。

你的財運穩健，不會冒險。只要善加運用你對儲蓄、保險等金融商品的知識，便能確實累積財富。

## ❖ 今生使命・未來展望 ❖

你今生的使命是：把自己一直以來的成果化為具體的紀錄，留存下來。

作為一個能夠團結眾人的模範生，你總是努力不懈，然而你是否認為許多事情都非做不可，有點努力過頭了呢？假如為了追求完美，而去批判、責怪無法達成完美的自己或旁人，便是本末倒置。為了避免這種狀況，請你先聚焦在自己眼前能做到的事情上，再將完成的成果逐一具體地記錄下來。

這種具體成果的展現，會成為一道明確的軌跡。無論是做筆記也好、寫部落格也好，不管多小的事情都好，請盡量將自己所做的事以別人也能理解你的努力的方式表現出來。透過把自己的想法或經驗轉為有形的成果，一定能讓你感受生命的價值與對未來的展望。

## ❖ 生日帶來的訊息 ❖

「完成任務」
「專心」
「放下義務」

### 前世の故事

你的前世，是在日本戰國時代大為活躍的能樂師。

你和戰國諸侯們的交情匪淺，以博學多聞、具有遠見而馳名，是一個公認的賢者。儘管你認為生命很可貴，也替那些不斷犧牲的無辜生命感到擔憂，但生在戰亂的時代，你只能假裝專心精進才藝，盡量避免表態。

然而，一名想延攬你為參謀的諸侯，對你始終不置可否的態度感到不滿，於是下令將你流放至小島。

其實這樣的結果早在你的意料之中，在你成功脫離小島後，便開始策劃下一步棋，以實現你理想中的太平之世。

4/18 希伯來文

### ❖ 生日契合度 ❖

◉ **情人・伴侶**

| | |
|---|---|
| 1月7, 16, 25日 | 7月1, 10, 28日 |
| 2月6, 15, 24日 | 8月9, 18, 27日 |
| 3月5, 14, 23日 | 9月8, 17, 26日 |
| 4月4, 13, 22日 | 10月7, 16, 25日 |
| 5月3, 21, 30日 | 11月6, 15, 24日 |
| 6月2, 11, 29日 | 12月5, 14, 23日 |

◉ **工作夥伴・朋友**

| | |
|---|---|
| 1月3, 12, 30日 | 7月6, 15, 24日 |
| 2月2, 11, 20日 | 8月5, 14, 23日 |
| 3月1, 19, 28日 | 9月4, 13, 22日 |
| 4月9, 18, 27日 | 10月3, 21, 30日 |
| 5月8, 17, 26日 | 11月2, 11, 29日 |
| 6月7, 16, 25日 | 12月1, 10, 28日 |

◉ **競爭對手・天敵**

[2/29] [6/19] [9/7] [11/14] [11/23] [12/13] [12/31]

◉ **靈魂伴侶**

[1/28] [2/16] [3/26] [7/29] [10/10] [11/25] [12/8]

### ❖ 生日名人 ❖

詹姆士・伍茲（演員）
五島慶太（企業家）
中川信夫（導演）
島尾敏雄（作家）
內藤正敏（攝影師）
吉村實子（演員）
小宮悅子（播報員）
川本盛文（作曲家）
伊藤裕子（演員）
上地雄輔（演員）

◉ **從你的生日看命運**
**請見32頁**

# 4月19日

April nineteenth

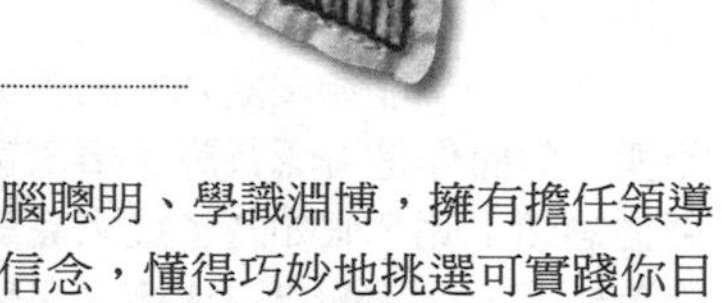

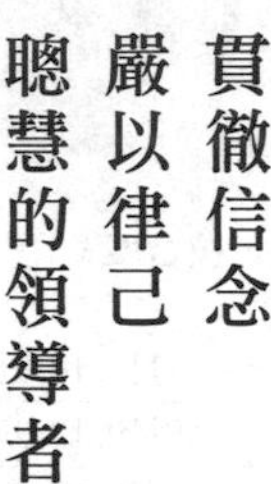




選擇這一天生日的你，頭腦聰明、學識淵博，擁有擔任領導者的資質。你擁有絕不動搖的信念，懂得巧妙地挑選可實踐你目標的道路，宛如一名高明的策士。儘管你能勝任領導者的角色，卻絕對不會自己主動爭取。

你內心藏著強烈的自尊心，總是在別人看不見的地方加倍努力。你重視社會倫常與規範，不太會明顯地表達出自己真正的想法，對自己和他人都很嚴格。你擅長用宏觀的角度掌握全局。在執行專案時，會先擬定綿密的計畫，並適材適所地進行人員配置，思考最有效率的程序，以利事情成功。

你能用簡單易懂的方式準確地對身邊的人下達指令，而這正是 4 月 19 日生日的人特有的能力。當事情依照自己的計畫順利進行，便能使你感到喜悅。此外，你也很擅長察言觀色，並輕鬆地想出策略，讓自己的意見順利被採納。

你的出生日期 19，是由代表最初的 1 與最後的 9 兩個數字組合而成。於是你兼具 1 的領導者資質，以及 9 作為做後一棒的協調、統合才華。而出生月分 4 代表能讓事物具體化的能量，使你身為一名聰明而嚴格的領導者的資質更加顯著。

## ❖ 戀愛．婚姻．性生活 ❖

儘管你不想向對方透露太多自己的事，卻想掌握對方的一切，在戀愛中希望能掌有主導權。雖然你看起來總是很直率，但其實背後充滿了縝密的算計。你很希望對方的價值觀和你一致。但你可能會隨著對方的態度，一下表現出你單純又易感的一面，一下又表現出大膽又強勢的一面，令對方覺得你十分複雜。在性方面，你的表現之間的落差可能又會更大。婚後，你會守護家庭，努力成為值得倚賴的好太太或好先生。請記得，家才是你真正能安心做自己的地方。

## ❖ 工作．財運 ❖

你很認真而努力，總是遵守規則，無論從事什麼工作，都必定能成為核心。你能細心聆聽身邊人的意見，協調整個團隊，是個深受信賴的協調者，適合擔任企業或組織活動的中階主管。

你擁有穩健而旺盛的財運，具備自己開拓財路的力量，能夠踏實地把賺來的財產儲蓄或增值。只要鎖定目標，便能用極具效率的執行力將理想化為現實。

## ❖ 今生使命・未來展望 ❖

你的今生使命，就是擔任統籌團隊的領導者，同時成為連結眾人的角色，共謀大業。

認真、聰明，總是追求完美的你，是否早已被往日保守的想法所侷限了呢？你的內心很自負，總認為自己的想法才是正確的，因此不喜歡自己生活環境或習慣被他人指指點點。

你今生的課題，就是打破這種狹隘的價值觀框架。你可以試著改變髮型或通勤路線，積極地在日常生活中加入一些小變化。

只要你敞開心胸，勇於接受改變，便有可能開創一個全新的世界。透過讓自己更自由，你便能成為一個更亮眼、更富魅力又具有大格局的領導者，串連起世人，為共同的大業而努力。

## ❖ 生日帶來的訊息 ❖

**「從容自若」**
**「統籌全局」**
**「保留餘地」**

### 前世の故事

你的前世，是西部開拓時代的一名美國原住民女性。

一天，白人殖民者闖入你的部族，要求以極少的金錢換取你們的土地。你們拒絕這個不合理的要求，卻換來他們的武力攻擊。希望和平共存的你們只能採取消極的抵抗，於是出現眾多的犧牲者，後來酋長靈機一動，讓族裡的女性、老人和孩子們逃走，你也得以逃過一劫。

然而你體悟到光靠族裡傳承的教誨，是什麼都保護不了的。面對這個現實，你立誓要擴展自己的視野，更堅強地活下去。

# יטד

4/19 希伯來文

### ❖ 生日契合度 ❖

**◉ 情人・伴侶**

| | |
|---|---|
| 1月12, 21, 30日 | 7月6, 15, 24日 |
| 2月2, 11, 29日 | 8月5, 14, 23日 |
| 3月10, 19, 28日 | 9月4, 13, 22日 |
| 4月9, 18, 27日 | 10月3, 21, 30日 |
| 5月8, 17, 26日 | 11月2, 20, 29日 |
| 6月7, 16, 25日 | 12月1, 10, 28日 |

**◉ 工作夥伴・朋友**

| | |
|---|---|
| 1月4, 13, 31日 | 7月7, 16, 25日 |
| 2月3, 12, 21日 | 8月6, 15, 24日 |
| 3月2, 11, 29日 | 9月5, 14, 23日 |
| 4月10, 19, 28日 | 10月4, 13, 22日 |
| 5月9, 18, 27日 | 11月3, 21, 30日 |
| 6月8, 17, 26日 | 12月2, 11, 29日 |

**◉ 競爭對手・天敵**

[1/20] [5/7] [7/5] [8/31]
[10/2] [10/31] [12/9]

**◉ 靈魂伴侶**

[2/8] [3/5] [4/13] [5/5]
[9/26] [11/8] [11/17]

### ❖ 生日名人 ❖

帕洛瑪・畢卡索（設計師）
艾許莉・賈德（演員）
瑪麗亞・莎拉波娃（網球選手）
凱特・哈德森（演員）
岡潔（數學家）
松本竣介（畫家）
村野武範（演員）
和田慎二（漫畫家）
坂下千里子（藝人）
小嶋陽菜（藝人）

◉ 從你的生日看命運
請見32頁

# 4月20日

April twentieth

廣受身邊人信賴
充滿正義感
又認真的奉獻者

4月20日出生的你，是個認真又洋溢著正義感的奉獻者，總是支持著身旁的人，令人感到可靠、放心。

出生日期20的2表示和諧、包容，是女性特質較強的數字。0具有增加、擴大的效果，使2的特質更加顯著。出生月分4則是代表穩定、持續的數字。

因此，20日出生的你非常喜歡幫助別人，受到請託時往往無法拒絕，不論什麼工作都會接受，再加上你腳踏實地的性格，更是廣受身邊的人信賴。



不過你比較不擅長視狀況臨機應變，假如給你的指示太多、太複雜或太瑣碎，你可能就會產生迷惘而不知所措。你很在意旁人的眼光或身旁的人對你的評價，幾乎不會向人吐露真心話。此外，你的體貼或善意的幫忙，有時也許只是單純的多管閒事，必須多加留意。

4月出生的你擁有屬於自己的正義。你也有固執的一面，絕不容許投機取巧的行為。而20日出生的特質，就是只要有你在的現場，就能為身邊的人帶來和諧與療癒的氛圍。不過，假如你總是以別人為優先，往往會耽擱自己的事情，並且容易怪罪身旁的人或責備自己。請別忘了多愛自己一些。

## ✧戀愛・婚姻・性生活✧

不論什麼事你都願意為對方盡心盡力。儘管你總是站在對方的立場替他著想，體貼又忠誠，但在愛情裡卻相當內斂，或許透過相親才能比較快結婚。不論男女，都會盡全力守護自己的家庭。但必須小心不要太過火，否則可能會演變為想用家庭束縛對方。

你對性有興趣，但比較喜歡配合對方，因此當對方問起你的需求，反而不知該如何是好。為了避免讓對方誤以為你不感興趣，請坦率地傳達自己的心情。

## ✧工作・財運✧

在組織裡，你雖然不太顯眼，卻是個不可或缺的幕後功臣。你具備管理與規劃能力，因此適合會計、財務等事務性的工作。此外，你也很擅長觀察對方的心思，因此也很適合擔任諮商師或顧問等。

你的財運不好也不壞，但會隨著平常來往的人而改變，因此須慎選事業夥伴。雖然你的賺錢能力一般，但幾乎不會亂花錢，可說是個聰明的省錢專家，會好好守護手裡握有的財富。

## ✧ 今生使命・未來展望 ✧

今生你的使命是：對生命中遇見的每一個人付出無私的愛。

待人和善、體貼他人，是你的長處。你總是細心觀察，對人照顧得無微不至，但你是否在不知不覺中，即使對方沒有要求，也會多事地插手？此外，假如對方沒有表達謝意，你是不是會有所埋怨，認為自己為對方做了這麼多，應該要有所回報？這種強迫別人接受你自以為是的好意，只不過是一種任性的愛。

請先把愛投注在自己身上，先讓自己的心得到滿足。要對他人付出無私的愛的前提，就是你自己必須先獲得滿滿的愛。珍惜最真實的自己，便能幫助你實現今生的使命。

## ✧ 生日帶來的訊息 ✧

**「絕對的正義」**

**「正氣凜然」**

**「學會愛人的喜悅」**

### 前世の故事

你的前世是鄂圖曼帝國的王妃。

你原是在皇后、嬪妃及宮女們生活的後宮打雜的奴隸，後來受到皇帝的寵幸，懷了皇帝的孩子。在後宮裡，只要孩子的血緣獲得承認，母子就能一起脫離奴隸的身分。皇帝相當中意氣質出眾、總是低調內斂的你，於是先承認了孩子，再正式立你為妃。

儘管後宮流傳著耳語，說這一切都是你的計謀，但獲得皇帝絕對的寵愛與信賴的你，又接連生下了皇帝的孩子，讓你對謊言再無所畏懼。

# כך

4/20 希伯來文

### ✧ 生日契合度 ✧

**◉ 情人・伴侶**

| | |
|---|---|
| 1月8, 17, 26日 | 7月11, 20, 29日 |
| 2月7, 16, 25日 | 8月10, 19, 28日 |
| 3月6, 15, 24日 | 9月9, 18, 27日 |
| 4月5, 14, 23日 | 10月8, 17, 26日 |
| 5月13, 22, 31日 | 11月7, 16, 25日 |
| 6月3, 12, 30日 | 12月6, 15, 24日 |

**◉ 工作夥伴・朋友**

| | |
|---|---|
| 1月5, 14, 23日 | 7月8, 17, 26日 |
| 2月4, 13, 22日 | 8月7, 16, 25日 |
| 3月3, 12, 30日 | 9月6, 15, 24日 |
| 4月2, 11, 29日 | 10月5, 14, 23日 |
| 5月1, 19, 28日 | 11月4, 13, 22日 |
| 6月9, 18, 27日 | 12月3, 12, 21日 |

**◉ 競爭對手・天敵**

[2/18] [4/7] [8/3] [9/20] [11/27] [12/8] [12/30]

**◉ 靈魂伴侶**

[1/4] [7/28] [9/14] [11/6] [11/21] [12/2] [12/14]

### ✧ 生日名人 ✧

胡安・米羅（畫家）
潔西卡・蘭芝（演員）
米蘭達・寇兒（超級名模）
犬養毅（政治家）
森崎和江（作家）
吉井理人（棒球選手）
紀里谷和明（攝影師、導演）
大澤樹生（演員）
山崎麻里（漫畫家）
草刈麻有（演員）

◉ 從你的生日看命運
請見32頁

# 4月21日

April twenty-first

不忘對身旁的人
付出關懷與體貼
富有責任感的人

這一天出生的你態度認真，富有責任感，是個可靠的人。你擁有怕生、害羞、宛如孩子的一面，同時也具有母性的一面，從不吝於體貼關心身邊的人。你的個性耿直，總是盡全力完成交付給你的工作，盡力扮演好自己的角色。你的頭腦靈活，創造力豐富，具備將腦中的點子化為實體的實力。

時時面帶笑容的你，人見人愛，任誰都能放心與你來往。你平常雖然低調內斂，不過在熟人面前，則會展現出坦率而孩子氣的模樣。你能按部就班努力完成計畫好的事情，但有時會展現出三分鐘熱度的特質，最後又對無法完成任務的自己感到自責。此外，一旦面臨嚴峻的現實，你可能會把失敗的原因歸咎於他人，試圖逃避責任。

你的出生日期21中，2代表協調、和諧等屬於女性的能量，1則帶有強力的男性能量，具有孕育新事物的力量，象徵著你會溫柔地處世、率直地成長，並充滿創造性。再加上出生月分4具備的穩定、持續，讓你的認真、負責、可靠等特色更加突出，使你廣受眾人的愛戴與信賴。

### ❖ 戀愛・婚姻・性生活 ❖

你是個浪漫主義者，心中存在著某種理想的愛情樣貌。你喜歡由對方掌握主導權，自己享受盡情撒嬌、被愛的幸福感。你的母性本能很強，在對方面前會顯露出溫暖貼心的一面。然而交往久了或是結婚之後，兩人的關係愈親密，你就愈容易變得任性、固執，往往想強迫對方接受自己的想法。

你對性方面雖然也會感到好奇，但可能會認為那是一種義務，基本上傾向被動。就算沒有性行為，你也想要時時刻刻與伴侶在一起。

### ❖ 工作・財運 ❖

比起獨力作業，在組織裡工作更能發揮你的才華。你不擅長自己走在前頭率領眾人前進，比較適合擔任輔佐他人或企劃製作的角色。由於你富有責任感，能好好完成被交付的任務，然而一旦事情超出自己的能力範圍，你可能會立刻展現出孩子氣的一面，想要依賴他人。

你的財運穩健，但或許因為太過認真，而容易受到各種資訊影響。平時來往的人會對你的運氣帶來很大的影響，因此換工作或搬家時請慎重考慮。

## ❖今生使命・未來展望❖

個性認真又像個孩子的你，今生的使命是：凡事親身體驗，徹底實踐，追求完美，做到真正的獨立自主。

可靠的你，內心雖然很堅韌，骨子裡卻像個小孩。面臨難題時就會顯現出懦弱的一面，想要倚賴他人，或是選擇逃避。

正因為擁有這樣的個性，你才應該學習自己做決定，透過自己獨力完成一件事的體驗，學習獨立自主。然而，假如你貿然嘗試去完成一個大任務，反而只會給身旁的人帶來麻煩。

請先試著在日常生活中認真地面對每一件小事，就算感到迷惘、就算不知所措，也不要輕易向人求助，自己努力做到最後。慢慢增加自己徹底執行的經驗，才能幫助你學會真正的獨立自主。

## ❖生日帶來的訊息❖

「率直的想法」
「安心」
「靠自己」

### 前世の故事

你的前世，是住在安地斯山脈的山腳下，負責釀造獻給神明聖酒的女孩。

在印加帝國，獻給太陽神的聖酒是由女孩們團結合作，將穀物釀造而成的。就在這次聖酒即將釀造完成的時候，你發現容器裡的酒竟然變少了。你相信夥伴之中應該沒有人會偷要獻給神明的祭品，但酒量減少畢竟是事實。

充滿責任感的你，向法師道歉，表示那是你不小心灑出來的。然而你也懷疑自己是不是不應該背此黑鍋，而是應該向大家說明真相才對……。

4/21 希伯來文

### ❖生日契合度❖

◉ 情人・伴侶

| | |
|---|---|
| 1月4, 13, 31日 | 7月7, 16, 25日 |
| 2月3, 12, 21日 | 8月6, 15, 24日 |
| 3月2, 11, 29日 | 9月5, 14, 23日 |
| 4月10, 19, 28日 | 10月4, 13, 31日 |
| 5月9, 18, 27日 | 11月3, 12, 30日 |
| 6月8, 17, 26日 | 12月2, 11, 29日 |

◉ 工作夥伴・朋友

| | |
|---|---|
| 1月6, 15, 24日 | 7月9, 18, 27日 |
| 2月5, 14, 23日 | 8月8, 17, 26日 |
| 3月4, 13, 31日 | 9月7, 16, 25日 |
| 4月3, 12, 30日 | 10月6, 15, 24日 |
| 5月2, 20, 29日 | 11月5, 14, 23日 |
| 6月1, 19, 28日 | 12月4, 13, 22日 |

◉ 競爭對手・天敵

[5/17] [6/7] [9/4] [9/22] [11/2] [12/19] [12/21]

◉ 靈魂伴侶

[1/29] [2/10] [7/5] [9/13] [9/30] [11/20] [12/20]

### ❖生日名人❖

馬克斯・韋伯（經濟學家）
伊莉莎白二世（英國女王）
岡田嘉子（演員）
三船久藏（柔道選手）
輪島功一（拳擊手）
臼井儀人（漫畫家）
神谷廣志（將棋棋士）
今井雅之（演員）
久寶留理子（歌手）
安田美沙子（藝人）

◉ 從你的生日看命運
請見32頁

# 4月22日

April twenty-second

## 堅持自己的規則 勤勉不懈的魅力領袖

4月22日出生的你，天生勤勉，總是一點一滴、慢慢努力累積成果。你對自己心中的標準與原則充滿自信，總是默默地遵守著。很有禮貌的你，總能讓身旁的人感到安心。你天生具有敏銳而遼闊的視野，能夠精準地洞察理想與現實的落差，是一個受到眾人矚目的魅力領袖。

出生日期22，象徵時間與空間中的一切，代表著宇宙般浩瀚的格局，是一個帶有精神性的神聖數字。再加上出生月分4的特質：將抽象化為具體的才華，讓你擁有踏實的個性，對於自己想做的事，直到完成之前的最後一刻，你都不會輕易放棄。

你的形象清新正直，深受眾人喜愛。不過其實你擁有極為強烈的自尊心，內心宛如鋼鐵般堅強。你不會對人逢迎拍馬，而會堅持貫徹自己的風格，因此無可避免地為自己樹敵無數。乍看你是個遵守社會規範、一絲不苟的人，但你的創意及夢想的格局卻非一般人所能及。擁有獨特世界觀的你，無法被侷限在小小的世界裡。正因如此，若你太在意細節，可能會變成難以取悅的怪人。所以大可不必在乎身旁雜音，請大膽展現出獨特的一面。

### ❖戀愛・婚姻・性生活❖

表面上看起來認真、正直、溫和又擅長照顧人的你，一旦與對方的關係變得親密，就會從好好先生搖身一變，散發出國王或女王的氣場。

在性生活方面，你也有自己獨特的喜好與堅持，萬一對方不配合自己的意思，你可能會頓時興趣全失。

婚後，你會盡力守護家庭，但你並不是會乖乖待在家的類型，可能會經常把心力花在自己的工作上。一旦你的才華在工作上得以發揮，便很難同時兼顧家庭，容易不自覺地犧牲了家人，因此必須取得伴侶的理解與支持。

### ❖工作・財運❖

毫無疑問，你是能成就大事業的人。你擁有國外人脈資源，並具躍上國際的格局，因此適合從事貿易、金融等相關行業。只要每天努力不懈，無論在什麼領域，都能占有一席之地。請相信自己擁有與眾不同的才華，不必妄自菲薄。

你的財運也很旺。請努力發揮自己特有的才華，不要安於現狀，盡量心懷遠大的夢想或目標。同時，別忘了隨時對身旁支持你的人們存有一顆感謝的心。

## ❖ 今生使命・未來展望 ❖

不會對自己的能力過度自滿，又具有群眾魅力的你，今生的使命就是：獲得真正的成就，並與眾人分享。

你總是貫徹著自己獨特的作風，朝著目標一點一滴持續累積努力，或許你已經嘗過許多次現實中的成功滋味。然而，你不能只因為這小小的成功而感到滿足。

因為身為領袖的你所獲得的成功，並不是只屬於你。請先看看那些一路為你加油、支持著你的人，並向他們表達感謝。接著，將你的成功慷慨地分享給他們，進而換你支持他們，幫助他們成功，這對你而言，才是真正的成功。

當你體會到「分享，才是富足的證據」時，更宏大的成就自然會降臨。

### ❖ 生日帶來的訊息 ❖

**「努力的人氣領導者」**
**「勤奮工作」**
**「感謝豐足人生」**

### 前世の故事

你的前世，是代代侍奉俄羅斯帝國皇室的貴族之女。

你自幼就和未來即將成為女皇的公主一起讀書、遊戲，形影不離。由於你擁有不輸公主的美貌與才華，因此也備受眾人矚目。在宮中勤奮工作、全心侍奉公主的你，散發出一種令人難以親近的高冷氣質。

由於宮裡的工作非常充實，使你對一般女性的生活完全不感興趣，因而一輩子單身。到了晚年，你回顧自己的人生，不禁思忖：自己是不是錯失了身為女性的幸福呢？

4/22 希伯來文

### ❖ 生日契合度 ❖

**◉ 情人・伴侶**

| | |
|---|---|
| 1月5, 14, 23日 | 7月8, 17, 26日 |
| 2月4, 13, 22日 | 8月7, 16, 25日 |
| 3月3, 21, 30日 | 9月6, 15, 24日 |
| 4月2, 11, 29日 | 10月5, 14, 23日 |
| 5月10, 19, 28日 | 11月4, 13, 22日 |
| 6月9, 18, 27日 | 12月3, 12, 21日 |

**◉ 工作夥伴・朋友**

| | |
|---|---|
| 1月7, 16, 25日 | 7月1, 19, 28日 |
| 2月6, 15, 24日 | 8月9, 18, 27日 |
| 3月5, 14, 23日 | 9月8, 17, 26日 |
| 4月4, 13, 22日 | 10月7, 16, 25日 |
| 5月3, 21, 30日 | 11月6, 15, 24日 |
| 6月2, 20, 29日 | 12月5, 14, 23日 |

**◉ 競爭對手・天敵**

[1/18] [5/12] [6/11] [7/3] [8/2] [10/9] [11/17]

**◉ 靈魂伴侶**

[3/12] [5/1] [6/4] [6/30] [9/9] [10/8] [11/16]

### ❖ 生日名人 ❖

伊曼努爾・康德（哲學家）
羅伯特・奧本海默（物理學家）
傑克・尼克遜（演員）
卡卡（足球選手）
新川和江（詩人）
增山江威子（聲優）
三宅一生（設計師）
井上京子（職業摔角選手）
今井雄三（歌手）
中田翔（棒球選手）

◉ 從你的生日看命運
請見32頁

# 4月23日

April twenty-third

## 無法展現真正自我的溝通者

這一天出生的你，非常重視社會常識與規範，但內心卻是個喜好自由的靈魂。你是個擅長與人建立關係的溝通者，無論面對什麼樣的對象，都能立刻與對方打成一片。你能夠迅速判斷現場的氣氛和狀況，充滿彈性地改變自己以配合對方。

另一方面，你會恪守規則，擁有自己的堅持和信念。此外，你也很擅長引導對方說出自己的想法，是個很好的聆聽者。實際上，你的個性低調內斂，卻擁有將緣分化為人脈的天賦，能夠在一群人當中，不著痕跡地將人與人之間串連起來。

由於你對環境的適應力很強，相對地，也很容易因此隨波逐流。有時會因替對方考慮太多，而失去自我，或是感到內心疲累不堪。儘管你也想更隨心所欲地做自己，卻總是無法盡情地表現。你本來就很容易情緒起伏不定，請特別注意人際關係帶來的心理壓力。

你的出生日期23日中，2代表協調、和諧等特質，3則代表孩子的特質，象徵著宛如流水一般自由自在、變化多端的自由之士。再加上出生月分4所代表的穩定、持續等特質，讓你不接受謊言與矇混、凡事絕不偷工減料的正直能量更加顯著，身邊的人對你的評價也會隨之提高。

### ❖ 戀愛・婚姻・性生活 ❖

在戀愛中，你的外表會隨著對方喜好而大幅變化。只要愛上對方，無論什麼樣的造型你都能接受；但你改變造型後可能判若兩人，也許會讓別人嚇一跳。

一旦墜入情網，你在精神層面也會深受對方影響，容易因此情緒不穩，請特別注意。不論是結婚或性生活，你都很注重既有的形式。重視家庭氣氛的你，如果生活中有太多制約或束縛，可能會對你造成太大的壓力，導致婚姻無法長久。你覺得性是一種很自然的交流方式，會樂在其中。

### ❖ 工作・財運 ❖

你總是很認真工作，在組織裡會努力扮演好自己的角色。因你具備溝通者的特質，因此對事物的理解力很強，很快就能進入狀況。由於你的無微不至，總能預先想到對方的要求，提前做好準備，轉眼間就會成為職場裡最受歡迎的人。

雖然你不擅長站在最前面率領團隊，但是你擁有能夠精準判斷時勢走向的眼光，讓你可以掌握住最新的時代脈動，締造具體成果。

你是一個能夠為交往對象帶來財運的人。假如待人慷慨，你的財運也會提昇。

## ❖ 今生使命・未來展望 ❖

你今生的使命是：努力貢獻自己所長，為每一個有緣人帶來幫助，實現世界和平的心願。

你很希望每個人都能獲得幸福，因此很努力地盡一己之力，但也正因如此，當你的表現不如預期時，往往會責備自己。你是不是認為假如無法幫助別人的自己就沒有價值？

別忘了，你的溝通能力很強，又擅長聆聽，其實這樣就已經能為別人帶來很大的幫助了。但因為你的個性認真，所以很容易心生罪惡感，請記得多多肯定總是努力不懈的自己。

接受自己最真實的樣子，維持自己內心的平靜，這才是實現世界和平的第一步。請專注在自己的人生上，在為別人帶來幫助之前，請先幫助你自己，這才是最重要的。

### ❖ 生日帶來的訊息 ❖

「有限度的自由」
「優雅」
「幫助自己」

### 前世の故事

你的前世，是一個熱愛舞蹈的西班牙佛朗明哥舞者。

身為專業舞者的你，和其他舞者以及樂隊的夥伴，一同過著到世界各地巡迴演出的生活。每踏上一次舞臺，你的舞技就更加精湛，再加上出眾的美貌，讓你的知名度愈來愈高。為了讓舞團更加出名，你日以繼夜地練習，也嚴格地要求夥伴。然而夥伴們希望過著自由隨興的生活，因此對你的要求產生反感。你沒想到最愛的舞蹈竟然有一天會變成你和夥伴翻臉的原因。這時你才發現，儘管你認為舞團出名就是大家的幸福，可是夥伴們卻不見得這麼想。

כגד

4/23 希伯來文

### ❖ 生日契合度 ❖

◉ **情人・伴侶**

| | |
|---|---|
| 1月1, 19, 28日 | 7月4, 13, 31日 |
| 2月9, 18, 27日 | 8月3, 12, 30日 |
| 3月8, 17, 26日 | 9月11, 20, 29日 |
| 4月7, 16, 25日 | 10月1, 19, 28日 |
| 5月6, 15, 24日 | 11月9, 18, 27日 |
| 6月5, 14, 23日 | 12月8, 17, 26日 |

◉ **工作夥伴・朋友**

| | |
|---|---|
| 1月8, 17, 26日 | 7月11, 20, 29日 |
| 2月7, 16, 25日 | 8月1, 19, 28日 |
| 3月6, 15, 24日 | 9月9, 18, 27日 |
| 4月5, 14, 23日 | 10月8, 17, 26日 |
| 5月4, 13, 31日 | 11月7, 16, 25日 |
| 6月3, 12, 30日 | 12月6, 15, 24日 |

◉ **競爭對手・天敵**

[2/24] [4/13] [5/3] [6/29] [7/19] [8/9] [12/14]

◉ **靈魂伴侶**

[2/5] [4/18] [7/27] [8/8] [8/23] [9/22] [12/1]

### ❖ 生日名人 ❖

麥可・摩爾（導演）
園山俊二（漫畫家）
大月宮古（歌手）
千石正一（動物學家）
河島英五（音樂人）
國廣富之（演員）
前田亘輝（歌手）
阿部貞夫（演員）
森山直太朗（音樂人）
加藤綾子（播報員）

◉ **從你的生日看命運**
**請見32頁**

# 4月24日

April twenty-fourth

不喜歡引人注目
總是體恤他人的
人道主義者

這一天出生的你，是個溫和但沉默寡言的人道主義者。你總是體恤他人，把別人的事情擺在第一位，並希望身旁的人都能夠過得幸福與喜樂。

出生日期24的2代表協調、和諧，4代表認真、正直，將2與4相加後等於6，象徵著母性、孕育、教導等意義。再加上出生月分4所具備的踏實、穩定特質，讓你為人耿直，同時又擁有敏銳的觀察力，能夠馬上察覺現場的狀況，臨機應變。你總習慣替別人著想，所有的行動，都秉持著讓大家一視平等地和諧共處的原則。你的個性低調內斂，比較喜歡在幕後協助支援大家，並不是一位強勢的領導者。

富有責任感的你，不會拒絕別人的請託。只要是為了大家好，你可以獨自逐一完成瑣碎的工作，並為此努力不懈。

對於謊言、搪塞、任何不法或違規的行為，你會嚴厲地以待。尤其是發現親近的人做錯事時，你絕對不會保持沉默，而是會努力將對方導向正途。

假如你一直堅持自己認為正確的想法或正義，最後只是苛待自己罷了，請試著接受最真實的自己，對自己更寬容一些。



## ❖戀愛・婚姻・性生活❖

你的個性踏實，因此在愛情裡不會感情用事，總能冷靜地觀察對方，希望以結婚為前提認真交往。你不太容易一見鍾情，而會與一個誠懇的對象慢慢培養感情。

你天生喜歡照顧人，往往會像個老師一樣教導對方。即使知道對方無可救藥，你依然會期待他有所改變，甚至反而更投入。你對性的想法比較保守，對外遇或有性無愛的關係感到厭惡。對你而言，性是一種測量愛的工具。

## ❖工作・財運❖

無論多麼困難的工作，只要能讓人們感到快樂或讓你覺得有挑戰性，你就會積極地完成這份工作。

你常常對自己不夠有自信，但你一絲不苟又確實的工作態度，總能得到主管的高度評價，同時深受同事和後輩的信賴。在和許多人接觸的工作中，你的能力更能發揮。因此，你很適合擔任教師、顧問、訓練師等能夠激發對方潛能的工作。

你的金錢觀很實際，因此可以穩當地賺錢，也很懂得節儉。或許沒有賺大錢的機會，但一定能確實地累積財富。

## ❖ 今生使命・未來展望 ❖

不擅長站在人前率領群眾的你，今生的使命是：對自己的人生負起全責，發揮領導能力。

你富有責任感又認真，擅長教導、支援身邊的人。但是假如對方展現出不受教、不認真或沒禮貌的態度，你便會怒不可遏。不論你認為自己對他人多麼好，到頭來也只是你自己選擇的結果。因此當你自己選擇這麼做時，無論得到什麼樣的反應，都不應該有怨言。

總是習慣站在他人的立場思考事情的你，應該把更多心思放在自己身上，對自己挹注更多能量。只要你將強大的領導能力發揮在自己的人生上，盡情地做自己，就能成為旁人的榜樣，而身為領導者的任務也就自然能夠完成。

## ❖ 生日帶來的訊息 ❖

「支持的力量」
「貞潔賢淑」
「確立自我」

### 前世の故事

你的前世，是在混亂的法國大革命時代，為了讓全體市民都能接受教育，而致力於推動教育改革的思想家。

你希望能打破階級與貧富的差距，讓所有的孩子都能平等地上學，因此提出了免費義務教育的構想；然而這個想法在當時可說是個門檻極高的理想。

儘管你提出的改革運動獲得許多人的贊同，但在各種不同立場的想法激盪下，這場運動終究還是以失敗作收，而你被視為危險人物而遭到逮捕。但即使被剝奪了自由，你仍然繼續夢想有一天能實踐理想的教育。

4/24 希伯來文

### ❖ 生日契合度 ❖

◉ 情人・伴侶

| | |
|---|---|
| 1月2, 11, 29日 | 7月5, 14, 23日 |
| 2月1, 19, 28日 | 8月4, 22, 31日 |
| 3月9, 18, 27日 | 9月12, 21, 30日 |
| 4月8, 17, 26日 | 10月2, 20, 29日 |
| 5月7, 16, 25日 | 11月1, 10, 28日 |
| 6月6, 15, 24日 | 12月9, 18, 27日 |

◉ 工作夥伴・朋友

| | |
|---|---|
| 1月9, 18, 27日 | 7月3, 21, 30日 |
| 2月8, 17, 26日 | 8月2, 11, 29日 |
| 3月7, 16, 25日 | 9月1, 10, 28日 |
| 4月6, 15, 24日 | 10月9, 18, 27日 |
| 5月5, 14, 23日 | 11月8, 17, 26日 |
| 6月4, 13, 22日 | 12月7, 16, 25日 |

◉ 競爭對手・天敵

[1/17] [2/7] [3/24] [4/14] [7/11] [9/19] [11/25]

◉ 靈魂伴侶

[1/23] [2/9] [4/29] [5/24] [8/12] [9/6] [11/9]

### ❖ 生日名人 ❖

莎莉・麥克琳（演員）
芭芭拉・史翠珊（歌手）
尚・保羅・高緹耶（設計師）
牧野富太郎（植物學家）
松本清（松本清創始人）
桂由美（設計師）
星野富弘（畫家）
嶋田久作（演員）
大鶴義丹（演員）
山本梓（藝人）

◉ 從你的生日看命運
請見32頁

# 4月25日

April twenty-fifth

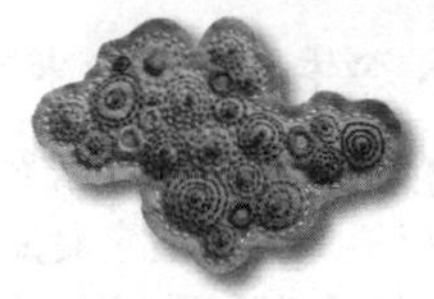

**將腦中靈感具體展現的細膩的藝術家**

4月25日出生的你，擁有與眾不同的品味與感受力，宛如一名職人或藝術家，堅持著自己獨特的風格。出生日期25，是由代表協調的2與代表自由的5這兩種特質相反的數字所組成，而2與5相加後等於7，具完成、和諧的意義，更顯示出你對一件事情追求極致的職人精神。再加上出生月分4的穩定、持續特質，讓你能將獨特的靈感化為作品時的實力更加突顯。

你擁有能展現自我想法的才華，在自己感興趣的領域裡總是追求完美，努力不懈。你也擁有敏銳的感受力，讓你能接收無形世界的訊息。你無法容許做事虎頭蛇尾或為了各種現實情況而妥協，總是追求最棒的演出與成果。平時你的個性溫和體貼，從來不會和他人比較，甚至有點我行我素。然而你非常厭惡模糊不清的態度及敷衍隨便的行為，所以有時會對別人十分嚴厲。

你喜歡獨處，但是你的溝通能力也很強，能與身旁的人維持穩定的關係。儘管你沉默寡言，但總是能不著痕跡地體貼別人，因而獲得許多人的喜愛。由於你從很小的時候就開始培養獨立的能力，因此顯得比一般人成熟，但你的內心十分纖細脆弱，也很純真，容易受到別人影響的你，其實擁有一顆易碎的玻璃心。



## ✧戀愛・婚姻・性生活✧

你有一股神祕感，就算面對自己的戀人，也絕對不會吐露真心話。而神祕感正是你最大的魅力，能夠吸引異性的關注。不過，你對人的防衛心也很重，會抱著堅決守貞的態度，不會接受只是玩玩的戀情。在戀愛中的你可能會給對方一種冷漠的印象，對於性可能也興趣缺缺。婚後的你會想繼續追求自己的理想，即使是家人，也不允許對方踏入自己的私人領域。如果對方能完全接納你脆弱、神經質的部分，便是一個理想的伴侶。

## ✧工作・財運✧

你具有彷彿職人一般的精神，凡事都想追求完美，對於自己的堅持絕不退讓。在組織裡，你總是努力一邊維持整體的和諧，一邊完美地扮演好自己的角色，但是你那種追求完美的態度，可能會讓旁人覺得你難以親近。

你對金錢的態度很務實，會有計畫地支出。擁有強烈專業意識的你，不喜歡只為了賺錢而工作，認為報酬應是自己工作成果的回饋。而你對工作的態度也會影響財運，因此請貫徹自己的信念，確立風格，才能心無旁騖地投入工作中。

## ❖ 今生使命・未來展望 ❖

今生你的使命是：磨練自己的直覺和感應力，學習來自無形的世界的事物，並傳達給更多的人。

感覺敏銳的你，應該早已感受到構成現世的並非只是單純的物質而已。然而，倘若你對無形的世界抱有恐懼，或是抱有太強烈的興趣，便無法順利從中學習，傳達出正確的訊息。當你將自己獨特的想法透過作品呈現時，其實就是在試圖傳達無形世界捎來的重要訊息。

對具有職人精神的你而言，善用天生的靈感，創作出繪畫或書法等作品，等於在鍛鍊創作才華的同時，提昇你的直覺感應力。

不過，若成天只沉溺在自己的世界裡，與現實世界間的平衡就會失衡，而遭到孤立。在日常生活中也多多善用你的直覺，並具體付諸實踐，就是幫助連結現實世界與另一個無形世界的關鍵。

### ❖ 生日帶來的訊息 ❖

**「開拓的力量」**
**「天性」**
**「順從直覺」**

### 前世の故事

你的前世，是中世紀歐洲以藝術家的身分作為掩護的女巫。

你從小就擁有敏銳的感應力與神奇的治癒能力，但家人嚴格要求你必須隱瞞這些能力。長大成人後，你透過創作繪畫與藝術品來發揮這份能力，成為一名出色的藝術家。

然而，由於無法盡情發揮你先天的能力，使你愈來愈抑鬱、苦惱。因為只能透過作品來展現自我，並無法令你獲得真正的滿足與成就感，因此你渴望來世能夠更自在地做自己。

## כהה

4/25 希伯來文

### ❖ 生日契合度 ❖

**◉ 情人・伴侶**

| | |
|---|---|
| 1月9, 18, 27日 | 7月12, 21, 30日 |
| 2月8, 17, 26日 | 8月2, 11, 20日 |
| 3月7, 16, 25日 | 9月10, 19, 28日 |
| 4月6, 15, 24日 | 10月9, 18, 27日 |
| 5月5, 14, 23日 | 11月8, 17, 26日 |
| 6月4, 13, 22日 | 12月7, 16, 25日 |

**◉ 工作夥伴・朋友**

| | |
|---|---|
| 1月1, 19, 28日 | 7月4, 22, 31日 |
| 2月9, 18, 27日 | 8月3, 21, 30日 |
| 3月8, 17, 26日 | 9月2, 11, 29日 |
| 4月7, 16, 25日 | 10月1, 19, 28日 |
| 5月6, 15, 24日 | 11月9, 18, 27日 |
| 6月5, 14, 23日 | 12月8, 17, 26日 |

**◉ 競爭對手・天敵**

[1/23] [2/4] [2/22] [3/21] [5/19] [9/6] [10/23]

**◉ 靈魂伴侶**

[1/20] [2/28] [3/25] [8/4] [9/1] [11/17] [11/28]

### ❖ 生日名人 ❖

費利克斯・克萊因（數學家）
艾拉・費茲潔拉（歌手）
艾爾・帕西諾（演員）
芮妮・齊薇格（演員）
西本幸雄（棒球選手）
三浦綾子（作家）
富永一朗（漫畫家）
十勝花子（藝人）
幸田真音（作家）
鶴田真由（演員）

◉ 從你的生日看命運
請見32頁

# 4月26日

April twenty-sixth

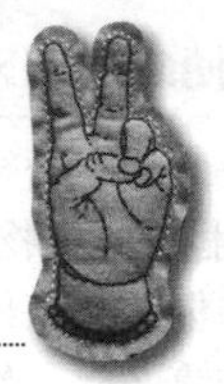

## 與大家一同朝著目標前進熱血的隊長

選擇4月26日作為生日的你個性非常熱血，做事絕不苟且隨便，凡事都會盡全力挑戰。你就像一個超級隊長，喜歡帶著整個組織或團隊，團結一致地朝著目標努力邁進。

你很重視人與人的和諧，喜歡和眾人一起努力的感覺，擁有強烈的夥伴意識。當然你也很重視與家人、朋友等身邊的人，因此深受身旁的人們信賴。由於你很會照顧人，因此總是有許多人來找你幫忙，於是你便自然而然地成為統領團隊的領袖。

你具有優異的執行力和行動力，只是如果太強求大家一定要一起做事，就會不自覺地要求別人必須像自己一樣努力，並會嚴格地對待能力不足的人。此外，有時你會插手與自己無關的問題，使問題變得更嚴重。

你的出生日期26日中，2代表協調、和諧等意義，6代表愛與美，相加之後的8則象徵著無限大（∞）的力量。

這象徵著26日出生的人，是一名溫柔但有力的戰士。再加上出生月分4的穩定、持續等特質，讓你擁有熱情的力量與無限的潛能，面對各種人生課題時，總是能腳踏實地不斷努力，達成目標。

### ❖戀愛．婚姻．性生活❖

你在戀愛中總是為對方盡心盡力，但有時或許會不自覺地變成多管閒事。例如，你經常不考慮對方的狀況，就插手干涉對方身邊的瑣事。請不要把自認的好意強加在對方身上，維持兩人之間適當的距離，尊重對方的隱私，才是長久之道。

你認為性是戀愛的武器，有時甚至會利用性關係把對方留在身邊。即使對方結了婚，也必須懂得適可而止。請尊重對方的想法，維持兩人之間的平衡，不要讓對方覺得你多管閒事，相信就能建立良好的關係。

### ❖工作．財運❖

比起單打獨鬥，你在組織中更能發光發熱。你具有擔任主管的才華，但你更喜歡能實際在第一線和夥伴們一起達成目標的工作。你總是讓人感受到溫暖，擁有讓人值得信賴的人品，因此很適合擔任與客戶接觸的零售業店長或經紀人。你也具有精準的判斷力，因此適合任職於穩定的大企業之中。

財運穩健，很有賺錢的頭腦，但卻不擅長穩定地儲蓄。假如別人用人情義理作為藉口說服你，你可能會因為無法拒絕而掏出錢來，不過，抱著著錢為天下物的心態慷慨解囊，將會提昇你的財運。

### ❖ 今生使命・未來展望 ❖

宛如熱血隊長的你，今生的使命就是永不喪失天真爛漫的童心，帶著歡笑，盡情地享受人生。

喜歡照顧人的你，一看見別人陷入困境，就無法坐視不管。就算對方並沒有開口要求，你是否也總是忍不住插手干涉呢？

今生，請你把重點放在讓自己感到快樂的事物上，而非只是關心他人。

建議你可以透過運動或舞蹈好好活動身體，或是透過旅行或電影，接觸與音樂或藝術相關的領域，細細品嚐你打從心底喜愛的事物。

永遠努力不懈的你，往往對享樂的自己抱有某種罪惡感，但事實上適度的努力也可以很快樂。當你帶著像孩子般天真的笑容享受人生時，發自內心的喜悅一定能傳達給身邊的人。

### ❖ 生日帶來的訊息 ❖

**「團結一致」**
**「美德」**
**「簡單生活」**

#### 前世の故事

你的前世，是在蒙兀兒帝國時代的印度，一個為國為民的王妃。

你在與國王結婚後，便努力推動階級制度的改革，致力於改善社會制度。你親自前往農村，與人民一同揮汗工作，漸漸地贏得人民的信賴。你的努力奏效了，然而就在國家日漸穩定的時候，你卻因為過勞而病倒，同時得知國王又娶了第二個王妃。

你對自己為國家付出的一切雖然無怨無悔，卻對丈夫感到失望，只能獨自與病魔奮戰。病榻上的你不禁思忖：我長久以來的努力究竟是為了什麼呢？

4/26 希伯來文

#### ❖ 生日契合度 ❖

**◉ 情人・伴侶**

| | |
|---|---|
| 1月6, 15, 24日 | 7月9, 18, 27日 |
| 2月5, 14, 23日 | 8月8, 17, 26日 |
| 3月4, 13, 22日 | 9月7, 16, 25日 |
| 4月3, 12, 30日 | 10月6, 15, 24日 |
| 5月11, 20, 29日 | 11月5, 14, 23日 |
| 6月10, 19, 28日 | 12月4, 13, 22日 |

**◉ 工作夥伴・朋友**

| | |
|---|---|
| 1月2, 11, 20日 | 7月5, 14, 23日 |
| 2月1, 19, 28日 | 8月4, 13, 22日 |
| 3月9, 18, 27日 | 9月3, 12, 30日 |
| 4月8, 17, 26日 | 10月2, 11, 29日 |
| 5月7, 16, 25日 | 11月1, 10, 19日 |
| 6月6, 15, 24日 | 12月9, 18, 27日 |

**◉ 競爭對手・天敵**

[3/2] [4/1] [4/28] [7/25] [8/24] [10/22] [11/30]

**◉ 靈魂伴侶**

[2/11] [6/25] [7/15] [9/6] [10/3] [10/21] [11/11]

#### ❖ 生日名人 ❖

威廉・莎士比亞（劇作家）
歐仁・德拉克羅瓦（畫家）
內田吐夢（導演）
瀨田貞二（兒童文學作家）
風間杜夫（演員）
大橋純子（歌手）
栗山英樹（棒球選手）
加藤浩次（藝人）
綾小路翔（歌手）
福留孝介（棒球選手）

◉ 從你的生日看命運
請見32頁

# 4月27日

April twenty-seventh

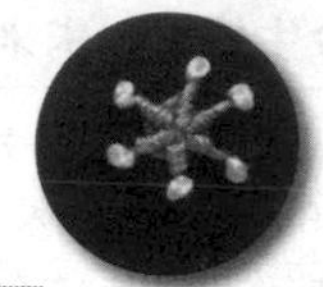

**謙和有禮 低調內斂 有氣質的智者**

這一天出生的你聰明伶俐，散發著智慧的氣質。你以助人為己願，適合在幕後輔佐他人，不過你對自己和他人都很嚴厲。

出生日期27結合了2的協調、和諧等特質以及7的堅持完美的職人精神；再加上出生月分4的穩定、持續的特性，4月27日出生的你，便成為一個冷靜成熟，任誰都能安心來往的人。

你就像一個能洞察事物的賢者，總是冷靜且客觀地分析狀況。謙虛有禮、性情敦厚的你，個性低調而內斂，喜歡站在遠處看著身旁的人感到喜樂的模樣。你凡事都會深思熟慮之後才謹慎地採取行動，富有強烈的責任感。頭腦聰明的你，求知欲旺盛，而且喜歡深入研究，因此可能會狂熱地沉迷於某事物。

凡事懂得看場合而定的你，總是會以對方優先，但其實你的自尊心相當高，認為自己心中的價值觀是絕對的判斷標準。遇到你有所堅持的事物，就絕對不會妥協，有時甚至會毫不留情地評論他人。看似不會感情用事的你，內心卻很纖細，很容易對人對事懷有罪惡感。因為你不習慣講出自己的真心話，所以一旦情緒失衡，你就會躲在自己的世界裡走不出去，請特別留意。



### ❖ 戀愛・婚姻・性生活 ❖

你的個性認真、踏實而冷靜，在愛情中也有會展現出冷酷的一面，有時會客觀地分析自己的愛情。你不會自己主動出擊，因此總是被動地等著對方表白。

在性生活方面也一樣，你可能不太習慣享受性愛的樂趣。由於太過重視知性，往往對於身體的接觸比較冷感，甚至有可能演變為無性生活。結婚時，你會參考身邊的人的意見、考慮對方的條件等等，不會輕易妥協，因此晚婚的可能性很高。

### ❖ 工作・財運 ❖

你很擅長從一個人身上找出其不為人知的才華和魅力，並引導對方使其加以發揮。富有創造力的你，求知欲也很旺盛。你總是觀察身旁的人，精準地預測下一步，因此非常適合擔任創造新時勢潮流的製作人或顧問等工作。此外你能從為人帶來喜悅的工作上感到價值，也會更有幹勁，但是請留意，假如你太過拘泥於追求理想，很可能會用自己的價值觀綁束身旁的人。

你擁有穩健的財運，但因為不喜歡別人用金錢來衡量自己，因此如果沒有明確地感受到自己對社會有所貢獻，你就無法安心地接受報酬。

## ❖ 今生使命・未來展望 ❖

凡事絕不妥協的你，今生的使命是：將自己一直以來所做的事化為具體的成果，流傳後世。

你強烈地認為凡事都必須精準無誤、完美地達成。一旦事情發展不如己所願，你是不是就愈容易覺得自己毫無價值或產生罪惡感呢？

首先，請試著把你所做過的事情具體記錄下來。你可以從一些日常小事開始做起，例如寫日記等等。透過每天持之以恆地記錄，便能確實感受自己留下了人生的足跡。

記錄時的關鍵在於，不要把非做不可或力求正確的心態帶進來，你只要隨心所欲快樂地留下具體成果即可。當你做到這一點，相信就能體會人生處處是風景的真諦。

## ❖ 生日帶來的訊息 ❖

「禁慾」

「燦爛」

「持之以恆」

### 前世の故事

你的前世，是江戶時代富山的一名懂得體恤庶民之苦的藥商。

戰國時代的紛亂落幕後，幕府與諸侯們皆致力於救國濟民，其中對人民的健康格外重視。然而，當時疫病頻傳，藥品卻嚴重不足，一般平民根本沒有機會買到藥物，只要疾病一流行，就會有許多人犧牲性命。你從富山自古流傳的藥商身上獲得靈感，想出一種劃時代的方法，能讓庶民獲得藥物，拯救了人民。

當時的你並不知道這種方法日後將會廣為流傳，成為後世的一大產業，而之所以能有這樣的成果，全是因為你打從心底盼望和平的那份單純。

# כזך

4/27 希伯來文

### ❖ 生日契合度 ❖

◉ **情人・伴侶**

1月7, 16, 25日　7月1, 19, 28日
2月6, 15, 24日　8月9, 18, 27日
3月5, 14, 23日　9月8, 17, 26日
4月4, 13, 22日　10月7, 16, 25日
5月3, 12, 30日　11月6, 15, 24日
6月11, 20, 29日　12月5, 14, 23日

◉ **工作夥伴・朋友**

1月3, 12, 30日　7月6, 15, 24日
2月2, 11, 29日　8月5, 14, 23日
3月1, 19, 28日　9月4, 13, 22日
4月9, 18, 27日　10月3, 12, 30日
5月8, 17, 26日　11月2, 11, 20日
6月7, 16, 25日　12月1, 19, 28日

◉ **競爭對手・天敵**

[1/6] [3/4] [5/11] [7/25] [9/16] [10/6] [12/31]

◉ **靈魂伴侶**

[2/18] [2/27] [3/15] [8/19] [8/21] [9/9] [10/10]

### ❖ 生日名人 ❖

薩繆爾・摩斯（發明家）
希納・伊斯頓（歌手）
莎莉・霍金斯（演員）
藤井貞和（文學家）
宮根誠司（播報員）
加藤雅也（演員）
富樫義博（漫畫家）
松野明美（馬拉松選手）
岸田繁（音樂人）
鈴木杏（演員）

◉ **從你的生日看命運**
**請見32頁**

# 4月28日

April twenty-eighth

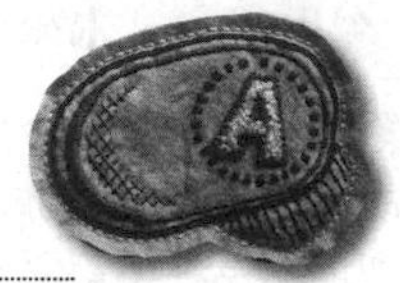

## 重視人情義理　對人諄諄善誘的　領導者



4月28日出生的你，具有師傅或大姊頭的特質，擅長統籌人事，對人照顧有加。你平常總是面帶微笑，慷慨大方，能跟所有人打成一片，但是提到自己心中的信念或價值，你便絕不妥協。

你有強烈的夥伴意識與正義感，若看見有人因為犯錯而困擾，你便無法坐視，總是抱著一顆熱情的心，試圖導正對方。你富有責任感，別人委託你的事情，就算犧牲自己也會努力達成。

為了獲得物質上的成功，你總是努力不懈。重視人情義理，因此具有聲望，能確實地居於領導地位，成為一名優秀的領導者。只不過必須留意的是，倘若你太堅持事情必須達到盡善盡美，可能會不自覺地試圖掌控身邊的人，要求對方按照你的意思去做。

你的出生日期28的2代表協調、和諧等意義，8則代表無限大（∞）的力量。因此28日出生的人，洋溢著實現夢想與目標的能量，天生具備率領夥伴前進的領導者資質。再加上出生月分4的穩定、持續等特質，讓你一方面待人溫和、身段柔軟，同時又渴望擁有權力，希望所有事情都能照自己的意思安排。

### ❖ 戀愛・婚姻・性生活 ❖

平常在各種場合發揮領導能力的你，在愛情裡卻總是努力配合對方的步調。你對愛情的態度很認真，卻有些害羞內斂，不過一旦正式開始交往，你就會變得熱情如火，全心全意為對方付出。

結婚後，你會認真照顧家人和父母，懂得開源節流，持家有方。但請注意不要用「都是為你好」當作藉口，要求家人順著自己的意。在性生活方面，你也會一改平常的強勢作風，變得非常順從。你認為戀愛就等於結婚，因此就算對婚外情感到好奇，也不會貿然行動。

### ❖ 工作・財運 ❖

你所具備的認真、負責以及優異的指導能力，都能在工作上盡情發揮。你會仔細地訂立計畫，同時留意團隊裡的每一個成員的感受，以凝聚團隊向心力，讓計畫順利進行。你適合進入製造業或建築業等能留下具體成果的業界，在第一線的現場擔任領導者；在強調團隊合作的職業運動世界裡，或許你也能大為活躍。

你擁有和團隊攜手創造財富的才華，因此不應獨占利益。建議你把財務管理工作交給後進，不但可以訓練後進，彼此也能共享良好的結果。

## ❖ 今生使命・未來展望 ❖

身為踏實領導者的你，今生的使命是：接受人生中的變化，努力成為一個能團結眾人的溝通者。

你自認絕對正確且深信不疑的常識與規則，事實上會隨著時代、國家或地區而有所不同。但你是否因為堅守那些價值觀，而侷限了自己呢？

請你敞開心胸，抱著寬容的態度，試著接受以往的你無法接受的新資訊或不同的價值觀。請稍微收起你那總想隨心所欲指使對方的領導能力，積極地前往各種你未曾去過的地方，試著結交擁有不同價值觀的朋友。

最重要的是，別想太多，做就對了。在你體驗變化的過程中，你的世界將會愈來愈寬廣，總有一天必定能恣意地翱翔天際。

## ❖ 生日帶來的訊息 ❖

「統合全局」
「控制」
「多多增廣見聞」

### 前世の故事

你的前世，是在邁向近代化的美國鄉村一間雜貨店的女兒。你做事認真又有生意頭腦，總是開朗的你，在客人之間也非常受到歡迎。

一天，一群流浪街頭的小混混故意來店裡找碴，在場的人全都嚇得不敢動，只有充滿正義感的你挺身而出，勇敢地面對他們。你心想，只要讓他們了解身為一個人應有的道德觀，他們應該也會改過向善，因此慷慨激昂地試圖說服他們，然而他們卻毫不留情地對你舉起了槍。面對人生最大的危機，你才體悟到，人生歷練不足的自己，是無法用自己的價值觀來說服對方的。

4/28 希伯來文

### ❖ 生日契合度 ❖

◉ **情人・伴侶**

| | |
|---|---|
| 1月3, 21, 30日 | 7月6, 15, 24日 |
| 2月2, 11, 20日 | 8月5, 14, 23日 |
| 3月10, 19, 28日 | 9月4, 13, 22日 |
| 4月9, 18, 27日 | 10月3, 12, 21日 |
| 5月8, 17, 26日 | 11月2, 11, 20日 |
| 6月7, 16, 25日 | 12月1, 10, 19日 |

◉ **工作夥伴・朋友**

| | |
|---|---|
| 1月4, 22, 31日 | 7月7, 16, 25日 |
| 2月3, 12, 21日 | 8月6, 15, 24日 |
| 3月2, 20, 29日 | 9月5, 14, 23日 |
| 4月1, 19, 28日 | 10月4, 13, 31日 |
| 5月9, 18, 27日 | 11月3, 21, 30日 |
| 6月8, 17, 26日 | 12月2, 20, 29日 |

◉ **競爭對手・天敵**

[1/20] [1/29] [3/18] [5/7] [5/16] [7/23] [11/12]

◉ **靈魂伴侶**

[2/17] [4/6] [7/28] [9/17] [9/19] [10/9] [11/15]

### ❖ 生日名人 ❖

庫爾特・哥德爾（數學家）
奧斯卡・辛德勒（企業家）
費魯齊歐・藍寶堅尼（藍寶堅尼創始人）
尤金・舒梅克（天文學家）
潘妮洛普・克魯茲（演員）
東鄉青兒（畫家）
中利夫（棒球選手）
辻元清美（政治家）
江口德子（演員）
中村美里（柔道選手）

◉ **從你的生日看命運**
**請見32頁**

# 4月29日

April twenty-nith

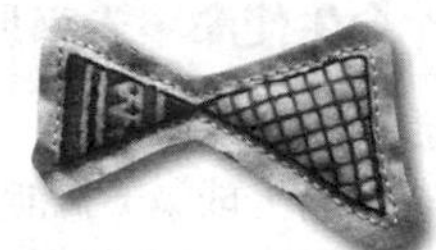

總是為了他人不遺餘力老實的幕後高人

你的個性深思熟慮，溫和敦厚，擁有宏觀的視野。即使你擁有地位或聲望，也不會站在舞臺上展現權力，而會在幕後發揮影響力。

若將出生日期29的2與9這兩個數字相加後就是11，是一個富有精神性的神聖數字。另外，2代表協調、和諧等意義，9代表完成、智慧、賢者等意義，整體而言象徵著：你能善加運用自己的才華助人，為別人的生命帶來喜悅。再加上出生月分4所具備的穩定、持續等特質，讓你不會對自己的能力過於自滿，而會按部就班地不斷努力，協助身邊的人。

你就像一個頭腦很好的模範生，但是真實的個性卻令人難以捉摸。你經常幫助別人解決煩惱，若看見旁人起爭執，也會主動擔任協調的角色，在危急時刻，非常值得信賴。你的感性與理性兼備，總能做出正確的判斷。

你很重視社會常識和潛規則，因此萬一直覺或靈感不符合那些規則，可能就會感到不知所措。你總是關心體貼身旁的人，但正因如此，你也很容易受到身邊的人的狀況所影響。請多多磨練自己的感受力，相信自己的直覺和靈感，並加以發揮。言詞犀利的你，言談中往往能直指核心，對旁人產生很大的影響，但也可能在無意中傷到人，因此請不要忘了隨時對身邊的人傳達愛與感謝之情。

## ❖ 戀愛・婚姻・性生活 ❖

你的個性耿直，在愛情裡總是想要滿足對方的期望。同時你的直覺很敏銳，一旦察覺對方出軌，就會立刻翻臉。即使你試圖用一些條件來篩選對象，但最後還是憑直覺去愛，因此假如遇到了真正喜歡的對象，就直接表白吧。

在性生活方面，你比較內斂害羞，因此希望對方主導。你對一些特殊癖好也很感興趣，當你與對方進展到可以放心享受性愛之後，也許就會變得大膽。

## ❖ 工作・財運 ❖

就算是別人不喜歡的工作，你也能積極投入，締造成果。你擁有敏銳的洞察力，經常靈光一閃，擅長聆聽，因此很適合從事心理諮商師、心理治療師等工作。你對神祕未知的精神領域會抱有強烈的好奇心，但不會和工作混為一談。

你的財運穩定，能夠理解金錢在精神層面的意義，同時也很重視現實層面的理財之道。懂得取得良好的平衡的你，總在不知不覺中累積大筆的財富。而你提昇財運的祕訣，就是隨時保持慷慨大方的態度。

## 今生使命・未來展望

身為幕後高人的你，今生的使命是：對生命中遇見的每一個人付出無私的愛，並不求回報。

你本來就很體貼善良，適合擔任協助者的角色，因此對別人的事往往比對自己的事還要盡心盡力。不過，假如每一件請託都照單全收，對你來說是毫無益處的。

請不要再繼續當爛好人，相信自己的感覺，隨心所欲地做自己吧。當你猶豫不決的時候，請選擇讓自己覺得舒服、自在的那個答案。

只要你將與生俱來的感受力發揮到極致，那麼你的內心自然會發揮真正大愛的精神。

## 生日帶來的訊息

「神聖的奉獻」
「堅忍」
「釋放感性」

### 前世の故事

你的前世，是東西方文明交錯的中東沙漠城市裡的一名占卜師。

你從小就能看見大人們所看不見的東西，但是因為說出來會惹大人生氣，因此你總是把這件事藏在心裡。長大之後，你想把這份能力用在需要幫忙的人身上，於是開始偷偷替人占卜與治療。

你明明擁有這些天賦，卻必須偷偷摸摸地工作，因此對自己所做的事到底是否有意義而感到迷惑。後來你思及「現世本來就是由可見的事物與無形的事物所組成」，於是在內心暗自立誓，未來要透過自己的能力，將無形世界的力量以人人能理解的方式具體地傳達出去。

כטז

4/29 希伯來文

### 生日契合度

**◉ 情人・伴侶**

| | |
|---|---|
| 1月8, 17, 26日 | 7月11, 20, 29日 |
| 2月7, 16, 25日 | 8月1, 19, 28日 |
| 3月6, 15, 24日 | 9月9, 18, 27日 |
| 4月5, 14, 23日 | 10月8, 17, 26日 |
| 5月4, 22, 31日 | 11月7, 16, 25日 |
| 6月3, 12, 30日 | 12月6, 15, 24日 |

**◉ 工作夥伴・朋友**

| | |
|---|---|
| 1月5, 14, 23日 | 7月8, 17, 26日 |
| 2月4, 13, 22日 | 8月7, 16, 25日 |
| 3月3, 21, 30日 | 9月6, 15, 24日 |
| 4月11, 20, 29日 | 10月5, 14, 23日 |
| 5月1, 10, 28日 | 11月4, 13, 22日 |
| 6月9, 18, 27日 | 12月3, 12, 30日 |

**◉ 競爭對手・天敵**

[1/28] [2/18] [4/2] [5/24] [9/11] [9/21] [11/19]

**◉ 靈魂伴侶**

[3/2] [3/23] [7/28] [8/15] [10/4] [10/7] [11/21]

### 生日名人

彭加勒（數學家）
祖賓・梅塔（指揮家）
安德烈・阿格西（網球選手）
鄔瑪・舒曼（演員）
中原中也（詩人）
岸田今日子（演員）
蓮實重彥（法國文學研究家）
米原萬里（作家）
田中裕子（演員）
北村有起哉（演員）

◉ 從你的生日看命運
請見32頁

# 4月30日

April thirtieth

能將靈感具體展現的表演者

選擇了4月30日作為生日的你，開朗又充滿活力，像個孩子一樣，最喜歡新奇好玩、有趣的事物。

你擁有獨特的想法，擅長把自己的想像力或點子具體呈現，彷彿一名天生的表演者。你的個性表裡一致、率直、好惡分明。雖然有時太過固執、不知變通，但因為你很果斷乾脆，因此不致於陷在後悔情緒中愁眉不展。

你全身充滿了創造新事物的力量，對於新知非常敏銳，總能迅速地掌握有趣又有用的資訊。你具有出眾的專注力和爆發力，即使面對未知的事物，也會相信自己的直覺，積極挑戰。



不過，當面對困難時，你可能會推託其詞，或是明顯地撒謊，試圖推卸責任，請特別注意。請不要被自己的想法或社會常識所侷限，就算面對困難，也不要逃避，努力做到真正的獨立自主。

你的出生日期30日中，象徵孩子特質的3會被0的力量所放大、強調，讓你成為那種讓人看不出年紀、永保赤子之心的模樣。再加上出生月分4的穩定、持續等特質，你那厭惡投機取巧的行為，以及固執的一面便會更為突顯。

## ❖戀愛・婚姻・性生活❖

在戀愛方面，只要喜歡上一個人，你就會勇往直前。你總是順從自己的直覺，感覺對了，便有很高的機率閃電結婚。你有時會展現出怕寂寞、孩子氣的一面，可能會醋勁大發，想獨占對方。婚後，你會努力扮演好自己在家庭裡的角色。而且你很重視休閒活動，假日喜歡全家一起出遊。相對地，假如無法為自己保留一些獨處的空間和時間，或許你會感到喘不過氣。你比外表看起來還要害羞內斂，對性有些心生抗拒，請小心不要演變成無性生活。

## ❖工作・財運❖

只要能從事自己喜歡的工作，你就能獲得滿足。你認為工作就像興趣的延續，保持著自己的步調或風格，樂在工作。正因如此，你比較不適合規定多如牛毛又嚴格的公司。

你擁有潛在的財運，但是你對財富的欲望並不強。只要你對工作毫不妥協，貫徹始終地獨力完成，財富自然會來到你身邊。一旦有錢，你可能會浪費，因此能否找到一個值得信賴的夥伴為你理財將成為守護財運的關鍵。

## ❖ 今生使命・未來展望 ❖

擁有天真無邪的童心與豐富創造力的你，今生的使命是：對凡事追求完美地堅持到底，並學會真正的獨立自主。

每當事情不如意時，你是不是會習慣怪罪他人或半途而廢？有時你是否會先把事情攬下來，嘴上說要自己完成，最後卻依賴旁人，為別人帶來麻煩？

首先，你應該先培養「在自己的能力範圍內，將自己能做到的事確實完成」的態度。你可以從日常生活的瑣事開始做起，在不假他人之手的情況下，自己花時間按部就班地慢慢完成。

重要的不是結果，而是讓你去體會由自己負起責任、盡力完成的過程。唯有先做到這一步，你才能發揮表演者的長才，將腦中的點子落實、執行，實現真正獨立自主的使命。

### ❖ 生日帶來的訊息 ❖

**「開創新局」**
**「創造力」**
**「獨力達成平衡」**

### 前世の故事

你的前世，是在馬雅文化時代大受歡迎的街頭藝人。

你擅長為人們帶來驚喜與歡笑，在來往的行人面前，發揮表演天分，娛樂大眾。你一直以來都過著不想考慮現實和未來的生活，後來你與一個懂得欣賞自己才華的對象結婚生子，建立了一個家庭。

然而，你仍然無法放棄自己原本熱愛的生活方式，於是變得遊手好閒，現實生活中全部只能仰賴妻子，因此過得並不順利。這時你才知道，想要同時兼顧自己的興趣和工作，做到真正的獨立自主是多麼地困難。

# לך

4/30 希伯來文

### ❖ 生日契合度 ❖

◉ **情人・伴侶**

| | |
|---|---|
| 1月4, 13, 31日 | 7月7, 16, 25日 |
| 2月3, 12, 21日 | 8月6, 15, 24日 |
| 3月2, 11, 29日 | 9月5, 14, 23日 |
| 4月1, 19, 28日 | 10月4, 13, 31日 |
| 5月9, 18, 27日 | 11月3, 12, 30日 |
| 6月8, 17, 26日 | 12月2, 11, 29日 |

◉ **工作夥伴・朋友**

| | |
|---|---|
| 1月6, 15, 24日 | 7月9, 18, 27日 |
| 2月5, 14, 23日 | 8月8, 17, 26日 |
| 3月4, 13, 31日 | 9月7, 16, 25日 |
| 4月3, 21, 30日 | 10月6, 15, 24日 |
| 5月2, 20, 29日 | 11月5, 14, 23日 |
| 6月1, 10, 28日 | 12月4, 13, 31日 |

◉ **競爭對手・天敵**

[2/20] [3/22] [5/8] [5/11] [9/13] [10/3] [10/21]

◉ **靈魂伴侶**

[2/4] [3/18] [5/7] [6/25] [10/11] [11/21] [12/18]

### ❖ 生日名人 ❖

卡爾・弗里德里希・高斯（數學家）
尤金・布魯勒（精神分析學家）
克勞德・夏農（數學家）
大原健士郎（精神醫學家）
河野多惠子（作家）
金子哲雄（記者）
常盤貴子（演員）
ATSUSHI（歌手）
三浦祐太朗（音樂人）
淵上泰史（演員）

◉ 從你的生日看命運
請見32頁

5 月是象徵「自由、改變」的月分。
5 月出生的你，是個「溝通者」。

善用自由發想的創意與靈活的反應，
以溝通者的角色，串起人與人的關係。

# 5月1日

May first

## 無拘無束　行動敏捷　有力的領導者

這一天出生的你，是一個無拘無束、行事明快、擁有高度行動力與執行力的領導者。

你永遠保持積極正向的態度，充滿活力，不拘小節，貫徹隨心所欲的人生。你非常重視行事上的速度，又具有爆發力，能夠果斷地做出決策，因此能夠站在眾人的前方，帶領整個組織前進，發揮傑出的領導能力。

你總是開朗有朝氣，同時對身邊的人照顧有加，因此深受旁人愛戴。無論在什麼樣的環境下，你都能迅速地融入，與大家打成一片，懂得臨機應變。

你的個性相當不服輸，無法忍受被人命令。由於自尊心太強，有時候會對長輩展現出反抗的態度。請謙虛地接納別人的忠告，客觀地反省自己。

你的出生日期 1，是一個代表萬物之始的數字。它象徵著朝目標直線前進的箭頭、方向，代表著男性特質較強的領導者。再加上出生月分 5 具備的自由、變化等特質，讓你成為能隨心所欲、自由輕快朝著目標勇往直前的領導者。

### ❖ 戀愛．婚姻．性生活 ❖

在感情上，無論面對什麼樣的對象，你從未擔心過，而會積極地試圖掌握對方的心。由於你喜歡有變化的生活，因此一旦開始交往，你就會計劃各種形式的約會，並樂在其中。有時你甚至可以接受一夜情。

婚後，你很可能會成為大男人或大女人。你本來就是個很有異性緣的人，因此交往對象可能不限於伴侶一個人。在性生活方面，你喜歡居於主導地位，享受各種不同形式的性愛時光。如果對方誇獎你，你就會更賣力。

### ❖ 工作．財運 ❖

你很有自信，同時充滿上進心，無論從事什麼工作，想必都能成為核心成員。而且你動作迅速，富有執行力，因此適合開拓新的領域。你的人緣很好，若能擔任率領眾人前進的領導者，或是負責統籌眾人的協調者，便能發揮長才。讓自己身先士卒地展開行動，是讓你在職場上更加耀眼的關鍵。

你的財運非常旺盛，能憑藉自己的實力累積財富。只不過你的持續性較差，因此須要明確地設定目標，若能在短期內專注於某個投資目標上，便能獲得更理想的成果。

## ❖ 今生使命．未來展望 ❖

今生你的使命是：善用自己身為領導者的資質，對生命中遇見的每一個人付出無私的愛。

身為領導者的你，當有人反對你的決策或提出不同意見時，你是不是會固執地將自己的意見強加在別人身上，強迫人們服從呢？

有時，你自以為的付出，很可能只是一廂情願地強迫身旁的人接受而已。在表達自己想法的同時，更重要的是聽聽旁人的心聲，尊重彼此的想法，顧慮對方的心情。

接納對方，並不等於抹煞自己。當你接受別人和自己一樣，都應擁有同等的自由，你的心就會變得更開闊。你的愛，自然能傳達給更多的人。

## ❖ 生日帶來的訊息 ❖

「隨興的創作」
「神清氣爽」
「接受愛」

### 前世の故事

你的前世是大航海時代的冒險家。你從小就無拘無束，在夥伴裡總是扮演領導者的角色，最喜歡當第一。

長大後的你便率領夥伴，前往未知的國度探險。你的目標是找到一片還沒有人到過的新大陸，或是發現一條未知的航線。然而，因為你的目標太廣大又太模糊，使得夥伴們提不起勁。

身為領導者的你，在面對這個無法單憑衝動就能達成目標的現實情況時，才開始深思「人生中最重要的究竟是什麼」。

# אה

5/1 希伯來文

### ❖ 生日契合度 ❖

◉ **情人．伴侶**

| | |
|---|---|
| 1月8, 17, 26日 | 7月2, 20, 29日 |
| 2月7, 16, 25日 | 8月10, 19, 28日 |
| 3月6, 15, 24日 | 9月9, 18, 27日 |
| 4月5, 14, 23日 | 10月8, 17, 26日 |
| 5月4, 22, 31日 | 11月7, 16, 25日 |
| 6月3, 12, 30日 | 12月6, 15, 24日 |

◉ **工作夥伴．朋友**

| | |
|---|---|
| 1月5, 14, 23日 | 7月8, 17, 26日 |
| 2月4, 13, 22日 | 8月7, 16, 25日 |
| 3月12, 21, 30日 | 9月6, 15, 24日 |
| 4月2, 11, 29日 | 10月5, 14, 23日 |
| 5月1, 19, 28日 | 11月4, 13, 22日 |
| 6月9, 18, 27日 | 12月3, 12, 21日 |

◉ **競爭對手．天敵**

[1/10] [4/7] [7/4] [8/21] [9/20] [10/19] [11/9]

◉ **靈魂伴侶**

[2/3] [3/5] [6/26] [7/19] [8/6] [11/24] [12/29]

### ❖ 生日名人 ❖

格倫．福特（演員）
丹妮爾．黛麗尤（演員）
吳宇森（導演）
圓山應舉（畫家）
北杜夫（作家）
吉村昭（作家）
加藤鷹（演員）
原沙知繪（演員）
坂本美雨（歌手）
小山慶一郎（歌手）

◉ 從你的生日看命運
請見32頁

# 5月2日

May second

## 能和所有人靈活應對的經理人

你的出生月分 5 是象徵自由與變化的數字，出生日期 2 則代表兩極的平衡，以及接納、和諧的含意。因此 5 月 2 日出生的你，很擅長溝通，就像是個心胸寬大的經理人一般，擁有能與任何人配合的協調性與彈性。

你喜歡也擅長與人接觸，無論面對任何人，與人為善的態度都不會改變，因此深獲人們的信賴，讓他人願意只對你敞開心胸。特別是當你看到格外認真努力的人時，便會打從心底想支持他，天生具備輔佐者的特質。

你願意為了公司、團隊或家人而奉獻自己。平常你會默默地收集各種資料，做好一切萬全的準備，以便隨時應付各種狀況。這種勇於付出的態度，讓身旁的人給你高度的評價。

你總讓人覺得和你在一起很安心，是因為你不知不覺中散發出的和諧的氣場。不過，假如你什麼事都照單全收而沒有自己的想法，可能會變成單純的爛好人。長期下來，可能會讓你累積過多的壓力，或是變得情緒不穩，請留意。儘管不擅長自己做決定，但請你務必試著慢慢對身邊的人傳達自己的想法。

### ❖戀愛・婚姻・性生活❖

對任何人都十分體貼的你，容易造成對方誤會，對你展開追求。你既感性又純真，因此能敏銳地察覺對方情緒的變化。而你也經常為了小事而煩心，因此消沉或氣餒。

婚後，你會從支持伴侶的角色中感到喜悅，並想打造一個穩定家庭。性生活方面，若你為男性，通常會把取悅對方擺在第一位；若你為女性，則會把主導權交給男性，各種形式都能配合。無論如何，你都會以對方的需求為優先。

### ❖工作・財運❖

你的能力必須在扮演輔佐者的角色時才能完全發揮，因此，比起獨力完成的工作，你更適合在團隊中貢獻一己之力。你也具有挑選事業夥伴的眼光，請相信自己的直覺和天分。感性的你，也有細膩的一面，因此從事創造性的工作比較容易成功。

受人請託時，有時你會難以開口拒絕，因此請盡量避免與人產生金錢借貸的關係。建議你把借出去的錢就當作送給對方，不要抱著有可能收回來的希望為佳。但即使如此，你的財運絕對不差。

## ❖ 今生使命・未來展望 ❖

身為輔佐者的你，今生的使命，就是用自己的力量完美地將事情達成，做到真正的獨立自主。

你是否經常受人請託卻難以拒絕，一次攬下太多事情，最後反而必須仰賴他人的力量呢？

真正的體貼，其實就是在自己的能力範圍內把本分的事做好。而達成真正自立的第一步，就是不接受自己無法做到的委託，以及明確地拒絕對方。

為此，首先你必須重視自己獨處的時間，養成一個人行動的習慣。偶爾你可以一個人出門逛街、從事一些休閒活動。一開始，你可能會感到寂寞，但是你一定能發現獨處時特有的輕鬆及自由。請透過親身體驗，慢慢體會到：所謂真正的自立，並非寂寞的孤立。

### ❖ 生日帶來的訊息 ❖

**「適應環境的能力」**
**「結合」**
**「依自己的想法去做」**

### 前世の故事

你的前世是古代以色列國王的親信。頭腦聰明、絕不出鋒頭，又擅長收集資訊的你，深受國王的信賴，成為他的左右手。

儘管在臣子中擁有頂尖的能力，但你從不驕矜自滿，不爭權奪利，只是一心一意地輔佐著國王。你認為國王的功績、財富、榮耀，以及人們對國王的讚賞，就是自己最好的報酬，因此努力協助國王。

然而另一方面，你卻也在心中暗自盼望著：有一天能隨心所欲地做自己人生的主角。

---

# כה

5/2 希伯來文

### ❖ 生日契合度 ❖

◉ **情人・伴侶**

| | |
|---|---|
| 1月4, 13, 22日 | 7月7, 16, 25日 |
| 2月3, 12, 21日 | 8月6, 15, 24日 |
| 3月2, 11, 20日 | 9月5, 14, 23日 |
| 4月1, 19, 28日 | 10月4, 13, 31日 |
| 5月9, 18, 27日 | 11月3, 21, 30日 |
| 6月8, 17, 26日 | 12月2, 20, 29日 |

◉ **工作夥伴・朋友**

| | |
|---|---|
| 1月6, 15, 24日 | 7月9, 18, 27日 |
| 2月5, 14, 23日 | 8月8, 17, 26日 |
| 3月4, 13, 22日 | 9月7, 16, 25日 |
| 4月3, 21, 30日 | 10月6, 15, 24日 |
| 5月11, 20, 29日 | 11月5, 14, 23日 |
| 6月1, 10, 28日 | 12月4, 13, 31日 |

◉ **競爭對手・天敵**

[1/21] [3/31] [4/12] [8/5] [8/23] [10/3] [10/30]

◉ **靈魂伴侶**

[1/29] [2/19] [3/10] [7/14] [9/12] [10/22] [11/19]

### ❖ 生日名人 ❖

葉卡捷琳娜二世（俄羅斯皇帝）
霍斯特・史坦（指揮家）
唐娜特拉・凡賽斯（設計師）
大衛・貝克漢（足球選手）
薩拉・休斯（花式滑冰選手）
樋口一葉（作家）
木下恭輔（企業家）
夏木麻里（演員）
秋元康（製作人）
佐藤直紀（作曲家）

◉ 從你的生日看命運
請見32頁

# 5月3日

May third

與任何人都能成為好朋友的搞笑藝人

5月3日出生的你，就像個能讓所有人開心的搞笑藝人，人見人愛。個性如同孩子般天真無邪、活潑開朗的你，不管在什麼場合都能立刻和人們打成一片，人際關係良好，交遊廣闊。

你會發揮與生俱來的行動力與好奇心，接連挑戰自己有興趣的事物。你也很擅長表現自己，懂得察言觀色，炒熱氣氛，有你在的地方總是充滿了歡笑。

你經常被一些第一次接觸的新奇事物所吸引，喜歡嘗試各種未知的可能性，因此能不斷創造出新的事物。

相對地，你做事總是三分鐘熱度，不夠穩重。一旦遭遇困難，便會推卸責任或想逃避，做出一些任性的舉動。雖然人生不用太勉強自己，但是請對自己的言行舉止負起應負的責任。

你的出生日期3，是一個在安定中充滿變化的可能、富有創造性與活力的數字。再加上出生月分5的自由、變化等特質，讓你順著好奇心到處探索，充滿活動力的特質更加突出。

## ✧戀愛・婚姻・性生活✧

跟誰都能夠打成一片，話題又很豐富的你，毫無疑問地非常有異性緣。你擁有獨特的戀愛觀，每一次戀愛都能幫助自己成長。結婚之後，如果能在生活中保有戀愛時的氛圍，婚姻便能長長久久。

你永遠懷著童心，因此希望對方能夠尊重你的自由，同時又在身旁守護著你。你對性具有強烈的好奇心，認為性只是其中一種交流的方式，因此可能不太注重技巧。比起性行為本身，你更在乎日常生活中的肢體接觸，例如擁抱或牽手的互動。

## ✧工作・財運✧

你在工作上也很樂觀積極，如果能找到你喜歡的工作、可以樂在其中的工作內容，便能發揮實力。活潑外向的你是職場上的開心果，因此不適合太嚴肅的職場氣氛。你適合可以活用自己的好奇心與獨特想法的大眾傳播業、時尚產業、音樂界或娛樂產業。

只要享受人生、從事自己喜歡的工作，你的創意和感受力自然就會帶來財運。只要搭上時勢潮流，賺錢的點子就會源源不絕湧現，為你創造大筆財富。

## ❖ 今生使命・未來展望 ❖

今生你的使命是：充分善用自己有如藝人般的才華，即使遇到困難也不輕言放棄，並在獲得成功後，與身旁的人分享。

天生孩子氣的你，是不是只要一遇到困難就想立刻放棄，半途而廢？若想在人生中成功，就必須按部就班地努力。即使麻煩，也必須把眼前的課題逐一解決。

你可以先從重視「象徵成功的金錢」開始做起。你皮夾裡的錢是否有好好地排列整齊？還是你會把錢隨便亂放，在皮夾裡塞進許多不必要的東西？正視金錢的能量，是相當重要的。

接下來，認真面對眼前的課題，確實地逐一解決，就是你走向人生成功的第一步。

## ❖ 生日帶來的訊息 ❖

「自由行動」
「飛越」
「專注於當下」

### 前世の故事

你的前世，是在亞馬遜森林深處探險的冒險家。

你隻身進入森林深處，過著採集未知的植物與昆蟲、與動物搏鬥的生活。你不喜歡停留在同一個地方，因此沒人能掌握你的行蹤。因為你對被社會規範所束縛的生活可說是深惡痛絕，因此選擇了這種自由自在的生活方式。終身未婚的你，最後孤單寂寞地迎向死亡。

你回顧這個不曾與任何人產生交集的人生，不禁懷疑：這段沒有家人和朋友相伴，完全沒有任何交心對象的人生，究竟是不是正確的呢？

ג ה

5/3 希伯來文

### ❖ 生日契合度 ❖

**◉ 情人・伴侶**

| | |
|---|---|
| 1月5, 14, 23日 | 7月8, 17, 26日 |
| 2月4, 13, 22日 | 8月7, 16, 25日 |
| 3月3, 21, 30日 | 9月6, 15, 24日 |
| 4月11, 20, 29日 | 10月5, 14, 23日 |
| 5月10, 19, 28日 | 11月4, 13, 22日 |
| 6月9, 18, 27日 | 12月3, 12, 30日 |

**◉ 工作夥伴・朋友**

| | |
|---|---|
| 1月7, 16, 25日 | 7月1, 19, 28日 |
| 2月6, 15, 24日 | 8月9, 18, 27日 |
| 3月5, 14, 23日 | 9月8, 17, 26日 |
| 4月4, 13, 22日 | 10月7, 16, 25日 |
| 5月3, 12, 30日 | 11月6, 15, 24日 |
| 6月2, 11, 29日 | 12月5, 14, 23日 |

**◉ 競爭對手・天敵**

[4/24] [5/5] [7/30] [9/1] [10/9] [10/21] [11/26]

**◉ 靈魂伴侶**

[2/25] [3/15] [6/21] [7/20] [8/1] [9/18] [12/6]

### ❖ 生日名人 ❖

馬基維利（哲學家）
平・克勞斯貝（歌手）
舒格・雷・羅賓遜（拳擊手）
詹姆士・布朗（歌手）
維拉・恰斯拉夫斯卡（體操選手）
赤羽末吉（繪本作家）
橋幸夫（歌手）
三宅裕司（演員）
相原弘治（漫畫家）
野村宏伸（演員）

◉ 從你的生日看命運
請見32頁

# 5月4日

May fourth

## 渴望自由卻無法掙脫限制的知識份子

你是個對凡事抱有正確觀念的好好先生，儘管渴望自由自在地生活，卻因為太重視世俗眼光而無法拋開束縛。

出生日期4意謂著安定、繼續，代表認真、踏實、一絲不苟的個性。再加上出生月分5的自由、變化等特質，讓你渴望順從自由的心、自由行動的心願更為強烈。

重視規定的你，總是忠實地遵守各種指示或命令。由於你為人正直，凡事都會認真以對，因此最討厭別人說謊或表現出那種漫不經心的態度。無論你遇到什麼樣的狀況，都不會輕率隨便，永遠會按部就班地將事情完成。這樣的態度，為你贏得身邊的人極高的評價以及深厚的信賴。雖然你非常渴望自由，但卻因為天生嚴謹的個性，讓你總是按照計畫進行，這可說是5月4日出生的人特有的矛盾之處。



此外，你重視親身經歷，總是親立親為，對於自己認為應該要做好的事情，擁有堅定的信念，並會貫徹始終地完成。不過，由於責任感太強，你很容易堅持自己的想法，即使遇到難以獨力解決的問題，也不願意向人求助。

雖然對什麼事都全力以赴，固然是你的優點，然而如果被狹隘的想法所侷限，人生便容易失衡。請你抱著更自由開放的心態，積極地為人生多加入一點變化，你的世界將會更寬廣。

### ❖戀愛・婚姻・性生活❖

你認真的性格會在戀愛中明顯地展現出來。一旦你喜歡上一個人，就會不顧一切地往前衝。開始交往後，你才比較有心思考慮對方的心情，不過你非常專情，絕對不容許背叛。

你雖然對性有一些抗拒，但是只要將內心的渴望傳達給對方，或許就能更自在地享受。婚後，你在家庭中也會發揮好好先生的特質。你總是優先考慮家人，不過必須注意不要把自己的想法強加在家人身上。

### ❖工作・財運❖

勤勉努力的你，擅長處理各種瑣碎事務。你雖然不太適合業務員等類似職務，不過你的溝通能力很強，因此可勝任組織內部的協調工作。你對自己的職責很清楚，並總能確實完成，因此深受主管信賴。凡事依法而行的你，也很適合公務員等穩定的職業。你幾乎很少浪費金錢，只要態度別過於保守，順著自己的想法，建立適合自己的人生計畫或儲蓄計畫，便能確實累積財富。

## ❖ 今生使命・未來展望 ❖

你今生的使命，是利用自己對凡事嚴謹以對的的特質幫助他人，努力實現世界和平。

認真的你，只要一想到自己必須幫助人才行，正義感和使命感就會湧上心頭，容易變得對自己和對他人都很嚴格；然而這只不過是用自己的價值觀來衡量他人的需求罷了。努力實現世界和平的目標固然重要，但仍必須小心不要把你自認正確的價值觀強加在別人身上。

為此，你必須先讓自己的內心平靜下來。總是希望能協助別人的你，或許不太習慣把自己的事情擺在第一位。但讓自己的內心平靜，接受自己的獨特及渴望自由的心情，會讓視野更加寬廣，廣納不同意見。這才是邁向世界和平的第一步。

### ❖ 生日帶來的訊息 ❖

「攻守的平衡」
「遵從」
「打破藩籬」

#### 前世の故事

你的前世是生活在冰天雪地的阿拉斯加的獵人。你們一家人住在一個小村落裡，以狩獵為生。

你從小就沉默寡言，卻具備優異的觀察力，天生擁有獵人的才華。後來你和村子裡的女性結婚，生下小孩。為了家人，你每天辛勤工作，過著雖然不夠富裕，卻無拘無束、自由幸福的生活。

然而年老之後，將狩獵的工作交棒給孩子，你才突然意識到自己原來也想看看更多不同的世界，將自己的才華貢獻給更多人。

הד

5/4 希伯來文

### ❖ 生日契合度 ❖

◉ **情人・伴侶**

| | |
|---|---|
| 1月1, 19, 28日 | 7月4, 13, 31日 |
| 2月9, 18, 27日 | 8月3, 21, 30日 |
| 3月8, 17, 26日 | 9月2, 20, 29日 |
| 4月7, 16, 25日 | 10月1, 10, 19日 |
| 5月6, 15, 24日 | 11月9, 18, 27日 |
| 6月5, 14, 23日 | 12月8, 17, 26日 |

◉ **工作夥伴・朋友**

| | |
|---|---|
| 1月8, 17, 26日 | 7月11, 20, 29日 |
| 2月7, 16, 25日 | 8月1, 19, 28日 |
| 3月6, 15, 24日 | 9月9, 18, 27日 |
| 4月5, 14, 23日 | 10月8, 17, 26日 |
| 5月4, 22, 31日 | 11月7, 16, 25日 |
| 6月12, 21, 30日 | 12月6, 15, 24日 |

◉ **競爭對手・天敵**

[1/7] [5/13] [5/30] [7/10] [10/16] [11/15] [11/24]

◉ **靈魂伴侶**

[3/4] [3/10] [9/13] [9/16] [10/30] [12/19] [12/31]

### ❖ 生日名人 ❖

奧黛麗・赫本（演員）
格拉漢姆・史威夫特（作家）
凱斯・哈林（畫家）
池大雅（畫家）
森繁久彌（演員）
田中角榮（政治家）
火坂雅志（作家）
菊池桃子（藝人）
伊藤沙莉（演員）
谷花音（藝人）

◉ **從你的生日看命運**
**請見32頁**

# 5月5日

May fifth

無拘無束 想什麼做什麼 真正的自由之士

這一天出生的你，不太在意社會規範、世俗眼光或別人的看法，是個完全不受拘束的自由之士。

擁有旺盛好奇心的你，想到什麼就會馬上採取行動。你也很喜歡出國旅遊或出差，可在世界各地穿梭自如。你對任何事的反應都非常快，不過你感興趣或關心的事物也會不斷更換，很少花時間慢慢鑽研。

由於你總是三分鐘熱度，因此很難長期持續做同一件事。此外你的情緒起伏很激烈，請不要因為自己任性的舉動而為旁人帶來困擾。身邊的人常因跟不上你改變的速度，被你耍得團團轉而感到疲累。

不過，不受常理拘束，擁有自由奔放的想像力與優異的行動力，是你最大的魅力。因此，就算你老是做出一些出人意表的事，也總能獲得原諒。而且相當樂天的你，可以迅速地轉換心情，不會老是把過去的不愉快放在心上。

5 這個數字，代表了自由、變化、溝通，象徵著人類的形象與才能。因此生日中擁有兩個 5 的你，就是一個不受拘束、滿懷自由意識與開朗能量的人。



## ❖戀愛・婚姻・性生活❖

你能夠和每個人迅速變熟，與人聊天的話題也很豐富。因為你的打扮時尚又有品味，充滿魅力，因此即使是同性也很喜歡你，人緣極佳。對於戀愛，你沒有任何禁忌，可以同時和很多人交往，也可以接受婚外情、一夜情，完全順著自己的感覺自由地享受戀情。

面對容易移情別戀的你，你的情人可能很難放心。婚後，你依然崇尚自由，並不會乖乖待在家庭裡。在性方面則是充滿熱情、自由且大膽。

## ❖工作・財運❖

你對環境的適應力極佳，好奇心旺盛，比起維持同一種職業，偶爾換工作或同時兼任許多工作，或許比較能發揮長才。你也不適合一直做重複性太高的工作，或是待在同一個環境中發展。由於你的頭腦靈活，能快速理解事物，因此即使換工作也能立刻進入狀況，發揮才能。若從事大眾媒體、演藝圈、音樂界等充滿刺激又絢爛的工作也很適合。

你不論從事什麼事業都能成功，財運也很旺盛，只不過花錢也很豪邁，常常有多少就花多少，因此理財的事請別人協助比較妥當。

## ❖ 今生使命・未來展望 ❖

今生你的使命是：在重視自由的精神下，同時對自己的人生負起責任，發揮領導能力。

因為你擁有不受限的自由想像力以及大膽的行動力，常常負責推動事物，因此在組織裡擔任領導者的機會很多。

雖然你面對凡事都能迅速俐落地處理，擁有想不斷挑戰新事物的欲望固然很棒，但按照自己的步調隨心所欲地做事，並不等同於發揮領導能力。一旦事情不如所願，你可能會推卸責任或半途而廢，顯得自我中心又不負責任。

為了學習自由與任性的差別，請下定決心，負責地將自己選定的事確實完成。你必須確切體認到，只有你才能主導你的人生，在自己的人生中發揮真正的領導能力。

## ❖ 生日帶來的訊息 ❖

「變化自如」
「自由」
「貫徹意志」

### 前世の故事

你的前世是在歐洲各地巡迴演出的街頭藝人。你和在每個地方遇見的人，都能像多年老友般立刻打成一片。

你從小就需要快速適應各種不同的環境，因此懂得如何堅強地生存下去，有時為了生活，甚至不得不犯罪。然而你並沒有太大的罪惡感和厭惡感，你認為那只是單純為了生活而不得已採取的手段。

自由自在的生活雖然很愉快，但隨著年紀增長，你漸漸感到不安，不知道在旅行的盡頭、人生的盡頭，自己究竟會落腳何處。即使如此，你仍無法放棄追尋那活在當下燦爛的人生旅程。

הה

5/5 希伯來文

### ❖ 生日契合度 ❖

◉ **情人・伴侶**

| | |
|---|---|
| 1月2, 11, 29日 | 7月5, 14, 23日 |
| 2月1, 10, 28日 | 8月13, 22, 31日 |
| 3月9, 18, 27日 | 9月3, 12, 30日 |
| 4月8, 17, 26日 | 10月2, 11, 29日 |
| 5月7, 16, 25日 | 11月1, 10, 19日 |
| 6月6, 15, 24日 | 12月9, 18, 27日 |

◉ **工作夥伴・朋友**

| | |
|---|---|
| 1月9, 18, 27日 | 7月3, 21, 30日 |
| 2月8, 17, 26日 | 8月2, 11, 29日 |
| 3月7, 16, 25日 | 9月10, 19, 28日 |
| 4月6, 15, 24日 | 10月9, 18, 27日 |
| 5月5, 14, 23日 | 11月8, 17, 26日 |
| 6月4, 13, 22日 | 12月7, 16, 25日 |

◉ **競爭對手・天敵**

[3/6] [3/15] [5/31] [7/11]
[8/10] [9/27] [11/25]

◉ **靈魂伴侶**

[1/23] [2/18] [3/8] [4/29]
[9/2] [10/5] [11/9]

### ❖ 生日名人 ❖

索倫・奧貝・齊克果（哲學家）
馬克思（經濟學家）
小林一茶（俳句詩人）
金田一京助（語言學家）
中島敦（作家）
地井武男（演員）
工藤公康（棒球選手）
高山南（聲優）
渡部篤郎（演員）
中川翔子（藝人）

◉ **從你的生日看命運**
**請見32頁**

# 5月6日

May sixth

## 在愛與自由之間搖擺不定的博愛主義者

5月6日出生的你，是一個願意為對方付出一切，也希望自己能自由生活的博愛主義者。

出生日期6是象徵著和諧、平衡之美與愛的數字。基本上，你是個非常善良的好好先生，總是面帶笑容，很會照顧身旁的人。再加上出生月分5所具備的自由、變化等特質，讓你想追求自由的心更加強烈。為此，你的情緒也容易起伏不定。

由於你待人親切，總是溫暖地包容著身旁的人，因而受到許多人的愛戴。心中充滿愛的你，最喜歡也最擅長將東西與他人分享或教導他人事物。你心地善良，熱心助人，看見別人有困難時，你絕對不會坐視不管；能替別人帶來歡笑、幫上別人的忙，是你最快樂的事。



行事大而化之、簡單明快的你，並不擅長處理過於細瑣的事。每當受人請託，你會因難以拒絕而接受，但你一面想為對方付出，一面又想獲得自由，最後導致兩頭落空。這種虎頭蛇尾的態度，往往會對身邊的人造成困擾，請特別注意。

請努力在尊重對方的自由與顧及自己的心情之間好好維持平衡。

### ❖ 戀愛・婚姻・性生活 ❖

面對喜歡的對象，你會全心全意地付出，當對方愈需要你的照顧、愈依賴你，你就愈容易愛上他。由於情人很清楚你無法拒絕人的個性，因此假如他對你提出不合理的要求，請鼓起勇氣明確地拒絕。

你渴望婚姻，婚後也會打造一個幸福的家庭，但你應該不會每天待在家裡，而是充滿活力地到處去串門子。你重視心靈上的契合勝過於性，但往往會不顧自己的感受，滿足對方的需求。

### ❖ 工作・財運 ❖

你擅長照顧他人、提攜後進，適合能實際與人接觸的工作。但因為培育人才的工作很難迅速看見成果，因此不要太強求結果，帶著你的初衷繼續去做，才是最重要的。你能夠未雨綢繆，也擁有良好的溝通能力，因此在服務業應該能發揮長才。

你對賺錢沒什麼興趣，就算獲得大筆財富，你也不會改變自己的生活方式，而會把錢借給需要幫助的人。由於你的財運很好，若能為自己多賺一些錢，便能把物質上的成就分享出去。

## ❖ 今生使命・未來展望 ❖

你今生的使命，是探求無形的世界，將你從中學到的智慧與資訊應用、展現於現實的世界裡。

總是溫柔體貼，為身邊的人盡心盡力的你，相信從過往的各種體驗中，已經發現現世並非只由我們所能看見的物質所組成。請相信自己的直覺和靈感，並順從所想而採取行動。你不用太在意結果，當你隨心而為之後，你一定會察覺到，在你身邊發生的事全都不是偶然，而是必然。

重要的是，將你的領悟用於日常生活中。你無須以別人為優先，而是順著自己心中那股無法言喻的感覺，慢慢地解放自我。

別忘了對那更崇高的世界賦予你的智慧傳達感謝，你今生的課題就是用自己獨特的方式把那些靈感自由地展現出來。

### ❖ 生日帶來的訊息 ❖

「無條件的愛」
「默認」
「學習愛」

### 前世の故事

你的前世，是侍奉於羅馬帝國的皇室，負責照顧王子和公主生活起居的乳母。

由於你的細心體貼，得到皇帝深厚的信賴，因此把自己的孩子交給你教養。你用滿滿的愛教育年幼的孩子們，但是隨著年紀增長，他們慢慢開始擁有自己的世界。你因為感到寂寞而變得有些多管閒事，漸漸被皇帝的親信們疏遠，甚至被誤認為你是想要得到權力。人們對你的誤會最後終於解開，你也才發現自己對孩子們的過度保護，只是因為你想得到一些回饋。

ו ה

5/6 希伯來文

### ❖ 生日契合度 ❖

◉ 情人・伴侶

| | |
|---|---|
| 1月9, 18, 27日 | 7月3, 12, 30日 |
| 2月8, 17, 26日 | 8月2, 11, 29日 |
| 3月7, 16, 25日 | 9月1, 19, 28日 |
| 4月6, 15 24日 | 10月9, 18, 27日 |
| 5月5, 14, 23日 | 11月8, 17, 26日 |
| 6月4, 13, 22日 | 12月7, 16, 25日 |

◉ 工作夥伴・朋友

| | |
|---|---|
| 1月1, 19, 28日 | 7月4, 13, 31日 |
| 2月9, 18, 27日 | 8月3, 12, 30日 |
| 3月8, 17, 26日 | 9月2, 20, 29日 |
| 4月7, 16, 25日 | 10月1, 10, 19日 |
| 5月6, 15, 24日 | 11月9, 18, 27日 |
| 6月5, 14, 23日 | 12月8, 17, 26日 |

◉ 競爭對手・天敵

[2/13] [3/21] [7/8] [8/16] [9/24] [11/13] [12/3]

◉ 靈魂伴侶

[2/28] [6/15] [8/31] [9/30] [11/1] [11/17] [12/9]

### ❖ 生日名人 ❖

西格蒙德・佛洛伊德（心理學家）
奧森・威爾斯（導演）
伊維卡・奧西姆（足球選手）
喬治・克隆尼（演員）
野上彌生子（作家）
井上靖（作家）
向井千秋（太空人）
荒木大輔（棒球選手）
高橋尚子（馬拉松選手）
吉田美和（歌手）

◉ 從你的生日看命運
請見32頁

# 5月7日

May seventh

## 不願坦白自己心聲的固執職人

你表面上平易近人，看起來個性開朗，但事實上彷彿一名固執的職人，總是堅持貫徹自己的風格。

7的形狀代表斜向的箭頭，象徵一個週期的結束，是一個表示完成、協調的數字。因此7日出生的人，從小就帶著一絲老成的氣息，精神上很早就成熟獨立。再加上出生月分5所代表的自由、變化等特質，讓5月7日出生的人很抗拒受人約束，只想靠自己的專業技能在社會上生存，彷彿一名孤狼似的職人。因為你想要自由自在，不願受任何人干涉，因此孤單一人也不以為苦。

你總是冷靜沉穩，不會將喜怒哀樂的情緒顯露在外。你也擁有客觀的觀察力與優異的分析能力，判斷力十分準確。儘管你待人親切，但由於總是隱藏自己內心的想法，因此容易被認為是個冷漠的人。

你是個注重細節的完美主義者，總是默默地貫徹自己的風格，相當帥氣。而且你對自己的專業或技術充滿自信，無法對不完美妥協。你的強項是以宏觀的視野來思考事情，並廣泛地收集資訊。不過，假如你太執著於自己的想法，擅自推動計畫或採取行動，便可能遭到身旁的人孤立，請格外注意。

### ✧戀愛．婚姻．性生活✧

你散發著一股難以言喻的成熟魅力，不論與同性或異性都能相處融洽，有時可能會讓對方誤以為你對他有意思而暗自抱有期待。在戀愛中，你時而獨立成熟，時而害怕寂寞，讓對方感到不知所措。

婚後，即使是伴侶也不能踏入你的私人領域。你在性愛中會展現熱情的一面，結束後卻立刻變得冷酷，判若兩人。或許你願意敞開心胸的對象，只有能讓你安心享受親密關係的人。

### ✧工作．財運✧

你適合從事能投入一輩子，不用退休的工作。無論工作或興趣，你都能以自己的步調和獨特風格長久持續地做下去。只要找到一個想鑽研的主題，你的人生就會變得格外耀眼。你適合擔任能活用技術與知識的專業人員或研究人員；另外你也可以利用擅長安排計畫、喜歡旅行的特性，從事規劃旅遊行程的工作，便能快樂地發揮個人的才華。

你不必追求財富，只要堅持自己的專業路線，就能創造專屬於你的品牌，財運自然會跟著來。請不用著急，你只要踏實地做好自己的工作就好。

## ❖ 今生使命・未來展望 ❖

今生的你所選擇的未來展望，就是運用職人般的技術與知識，懷著童心，天真地享受人生。

從小就比較早熟的你，似乎誤以為孩子般的純真，就是自我中心的任性態度。事實上，真正的純真，應該是坦然接受眼前的一切，並盡情享受。當你沉醉於自己喜歡的事情時，或許就是你最純真的模樣。

每個人心中都有個小孩，請用感受代替理性來思考。理性的你，也許不擅長將感受表現出來，請試著在日常生活中，用笑容展現出你快樂的心情。

當你釋放自己壓抑已久的童心，用笑容傳達你最真實的心情，讓身心皆放鬆時，你所創作的作品將會獲得新生。

## ❖ 生日帶來的訊息 ❖

**「獨立」**
**「自律」**
**「直接地表現感情」**

### 前世の故事

你的前世，是中世紀瑞士的一名戰士。

你很景仰身為弓箭手的父親，因此自幼便在父親的親自指導下學習射箭，長大成人後，你也成為村裡無人能出其右的弓箭手。

樂於自我鍛鍊的你，對弓箭以外的武器也很感興趣，漸漸地，你得到了戰鬥的專家的封號。才華受到許多人賞識的你，被派往各處征戰。而你挑戰過每一名強者，就能為自己累積更雄厚的實力。

不過，不斷戰鬥的你，終於發現自己早被「想變得更強」的想法所束縛，而忽略了身旁真正重要的人。

5/7 希伯來文

### ❖ 生日契合度 ❖

**◉ 情人・伴侶**

| | |
|---|---|
| 1月6, 15, 24日 | 7月9, 18, 27日 |
| 2月5, 14, 23日 | 8月8, 17, 26日 |
| 3月4, 22, 31日 | 9月7, 16, 25日 |
| 4月3, 12, 30日 | 10月6, 15, 24日 |
| 5月11, 20, 29日 | 11月5, 14, 23日 |
| 6月10, 19, 28日 | 12月4, 22, 31日 |

**◉ 工作夥伴・朋友**

| | |
|---|---|
| 1月2, 11, 20日 | 7月5, 14, 23日 |
| 2月1, 19, 28日 | 8月4, 22, 31日 |
| 3月9, 18, 27日 | 9月3, 21, 30日 |
| 4月8, 17, 26日 | 10月2, 11, 29日 |
| 5月7, 16, 25日 | 11月1, 19, 28日 |
| 6月6, 15, 24日 | 12月9, 18, 27日 |

**◉ 競爭對手・天敵**

[4/19] [5/9] [6/26] [7/16] [8/6] [10/22] [11/21]

**◉ 靈魂伴侶**

[1/3] [6/7] [8/14] [8/23] [10/3] [11/20] [12/13]

### ❖ 生日名人 ❖

布拉姆斯（作曲家）
柴可夫斯基（作曲家）
泰戈爾（詩人）
美濃部達吉（法學家）
萩本欽一（藝人）
上川隆也（演員）
西加奈子（作家）
窪塚洋介（演員）
五十嵐圭（籃球選手）
森本貴幸（足球選手）

◉ 從你的生日看命運
請見32頁

# 5月8日

May eighth

## 行動敏捷 胸懷大志的 實力者

擁有實力的你，能善用少見的靈活執行力，胸懷大志，並努力實現。

出生日期8象徵無限大（∞），代表著偉大的力量，以及繁榮、榮耀。再加上出生月分5的自由、變化、溝通等特質，讓你與生俱來的巨大影響力將會被更加擴大，行事效率也會更佳。你會不斷挑戰新事物，並克服種種難題，持續散發正面的影響力。

做事圓融的你，無論面對什麼樣的人，都能應用你天生的溝通能力臨機應變。你很擅長交際應酬，且又喜愛不受拘束的生活方式，非常具有魅力，人緣極佳。

你的實力，能夠讓你組織團隊，同心協力達成自己訂下的艱難目標。但是，假如事情的發展不如你所願，你可能會突然喪失幹勁或改變心意，變得意氣用事。由於你的影響力很大，因此請不要因此讓身旁的人感到無所適從。

喜歡變化、經常做新的嘗試固然是好事，但有時專注在同一件事情上的態度也很重要。只要能逐一地留下具體成果，你的魅力會更加耀眼。

### ❖ 戀愛・婚姻・性生活 ❖

散發著耀眼光芒的你，可說是情場高手。由於你不在意世俗眼光，因此可能同時與多名異性交往，或是明知對方已婚，但只要看上就會想盡辦法得手。正因為你很受異性歡迎，所以經常換對象，但每次談戀愛都不長久。

在婚姻方面，雖然你渴望變化和刺激，但是你也認為家庭應該和樂融洽，因此很重視家人。為了讓婚姻長長久久，請給伴侶更多自由，並且多注意對方的轉變。在性生活上，你充滿熱情又懂得許多技巧，是一個無可挑剔的好伴侶。

### ❖ 工作・財運 ❖

你很有事業的頭腦，能利用優異的適應力在各種職場或環境中迅速嶄露頭角，同時深具人緣。而且你對與人溝通，以及與人相關的各種產業也很感興趣，因此適合物流業或醫療相關的工作。如果能和團隊攜手合作，完成目標，更能發揮你的才華。不過，你不習慣規矩太多的組織，對單調枯燥的工作更沒耐心。

在金錢方面，你出手闊綽，不擅長儲蓄。還好你擁有賺錢的頭腦和能力，需要用錢的時候絕對不用愁。

## ⁘ 今生使命・未來展望 ⁘

兼具活力與實力的你，今生的使命是：讓自己專注在一件事情上，並持之以恆地認真發展，留下具體可見的成果。

志向遠大，同時擁有無窮能量的你，是否經常邀請許多人加入你的行列、參與計劃，卻沒想到事情一發不可收拾，最後只能虎頭蛇尾、草草結束？

擁有旺盛的挑戰精神固然是好事，不過，制定明確的目標和方向，留下具體可見的成果，才是你必須面對的課題。請避免被一時的感覺牽著走，以至於太過貪心，卻無力達成。

偶爾請停下腳步，冷靜客觀地分析自己的現狀。人生需要腳踏實地的努力，將事情逐一仔細地完成，才能留下具體的成果，讓你今生所懷抱的使命，有機會進一步完成。

### ⁘ 生日帶來的訊息 ⁘

「遠大志向」
「擴張」
「停下腳步」

### 前世の故事

你的前世，是中國春秋時代惡名昭彰的強盜。

你幼時被襲擊村子的強盜擄走，從此與強盜一起生活。由於你的外貌出眾可愛，因此被強盜們當成自己的孩子般扶養長大。富有挑戰精神，頭腦靈活的你，無論遇到什麼困難都能圓融處理，得到自己所想要的財富。於是，你在各地過著靠搶奪他人財物維持奢華浪費的生活。

在臨終前，你發現自己沒有留下任何證明自己曾經活在世上的事物，於是在心中立誓，來生一定要更認真地留下具體的成果。

# חה

5/8 希伯來文

### ⁘ 生日契合度 ⁘

**◉ 情人・伴侶**

| | |
|---|---|
| 1月7, 16, 25日 | 7月10, 19, 28日 |
| 2月6, 15, 24日 | 8月9, 18, 27日 |
| 3月5, 14, 23日 | 9月8, 17, 26日 |
| 4月4, 13, 22日 | 10月7, 16, 25日 |
| 5月3, 21, 30日 | 11月6, 15, 24日 |
| 6月2, 20, 29日 | 12月5, 14, 23日 |

**◉ 工作夥伴・朋友**

| | |
|---|---|
| 1月3, 21, 30日 | 7月6, 15, 24日 |
| 2月2, 11, 20日 | 8月5, 14, 23日 |
| 3月1, 19, 28日 | 9月4, 13, 22日 |
| 4月9, 18, 27日 | 10月3, 12, 30日 |
| 5月8, 17, 26日 | 11月2, 20, 29日 |
| 6月7, 16, 25日 | 12月1, 10, 19日 |

**◉ 競爭對手・天敵**

[1/24] [3/13] [4/12] [7/27] [8/8] [8/17] [11/14]

**◉ 靈魂伴侶**

[3/6] [3/24] [6/14] [7/29] [7/31] [11/25] [12/17]

### ⁘ 生日名人 ⁘

杜魯門（第33任美國總統）
托馬斯・品欽（作家）
澀澤龍彥（作家）
田上明（格鬥家）
榊原郁惠（藝人）
天童荒太（作家）
櫻桃子（漫畫家）
曙太郎（第64代橫綱）
荒川弘（漫畫家）
田島寧子（游泳選手）

◉ 從你的生日看命運
請見32頁

# 5月9日

May ninth

希望能對眾人有所貢獻的和平主義者

9日出生的人，求知欲旺盛、認真又聰明，是一個希望能為世人、對社會帶來助益的和平主義者。

出生日期9結合了所有數字的特質，代表完成、和諧，更象徵著賢者、導師、智者。再加上出生月分5的自由、變化等特質，讓你優異的溝通能力以及希望能將理念傳達給眾人的傾向變得更強。

你從小就是個懂事、能幹又成熟的孩子。你的頭腦靈活，判斷準確，擅長收集各種資訊，對於新事物的理解力很強。做事機靈又俐落的你，具有邏輯歸納的思考能力，總能將自己的見聞整理得簡單易懂，並將想法與眾人分享。

5月

你的個性低調內斂，總是以別人的事情優先。而且你懂得看場合做事，又擁有統整團隊的能力，因此能與更多人建立友好關係。

不過由於你的感受力較強，情緒容易不穩定，內心難以捉摸。即使你待人和善，卻總是隱藏自己真實的想法，因此容易累積負面的情緒。請不要因為在乎身旁的人的感受，而假裝自己是個好好先生。請隨心而活，才能讓你變得更加閃耀。

## ❖ 戀愛・婚姻・性生活 ❖

充滿知性氣質的你，總給人清爽的印象。你將戀愛和結婚視為兩回事，在談戀愛的時候，可以接受同時與多名異性交往，也可以接受婚外情和一夜情等不負責任的關係。

結婚後，你會努力成為一個好太太或好先生，但是單調的生活也許會讓你覺得喘不過氣。只要能尊重彼此的自由，敞開心胸溝通，兩人的關係便能更長久。在性生活方面，只要能解放你潛藏在心中的熱情，拋開顧忌，便能盡情樂在其中。

## ❖ 工作・財運 ❖

你很擅長管理時間與金錢，因此適合比較有彈性的工作。而富有智慧的你，頭腦靈光，懂得察言觀色，不管從事什麼行業都能立刻進入狀況，成為眾人倚重的對象。你對公益活動也相當熱心，如果能擔任志工，用你的專業知識造福更多的人，更能創造自我價值。

你的財運穩健，可是一旦對賺錢懷有罪惡感，也許就會一口氣把錢花光。若能善用你對於金錢的專業知識與管理能力，或許可以擔任財金專家。

### ❖ 今生使命・未來展望 ❖

今生，你的使命是善用和平主義者的特質，成為對世界更有貢獻的傳達者。

一心為世界及人們付出的你，總是為人們著想。為了達成這個目標，你必須先接受一些改變。儘管你擅長輔助身旁的人，但是對自身的改變似乎有些抗拒。請試著在每天的日常生活中加入一些微小的改變，接著將你從這些變化中獲得的感受或新知，透過部落格和推特傳達給身旁的人。

當你親身體驗到改變對人生的助益，並且把這些知識和世人分享，你就有機會認識更多的人，這將有助於達成你的人生目標。

### ❖ 生日帶來的訊息 ❖

## 「與時俱進的知性」
## 「智力」
## 「散播資訊」

### 前世の故事

你的前世是日本平安時代的僧侶。

從小就在寺廟學習知識與教養的你，很年輕就出家，成為僧侶之後更是持續不斷地修行。然而，寺院是一個嚴守戒律、受到佛法保護的和平世界，一離開佛門之地，放眼望去都是窮苦的人家。而你想救助人們的心情比誰都強烈，因此對於無能為力的自己非常自責，甚至開始懷疑自己安穩的人生。

一天，你聽說有名僧侶從中國大唐（唐朝）回來的消息，帶回了許多寶貴的學問。於是希望自己也能成為遣唐使，在全新的世界接受異國文化的洗禮，培養真正的實力。

5/9 希伯來文

### ❖ 生日契合度 ❖

**◉ 情人・伴侶**

| | |
|---|---|
| 1月3, 21, 30日 | 7月6, 15, 24日 |
| 2月2, 11, 20日 | 8月5, 14, 23日 |
| 3月10, 19, 28日 | 9月4, 13, 22日 |
| 4月9, 18, 27日 | 10月3, 21, 30日 |
| 5月8, 17, 26日 | 11月2, 11, 20日 |
| 6月7, 16, 25日 | 12月1, 10, 28日 |

**◉ 工作夥伴・朋友**

| | |
|---|---|
| 1月4, 13, 31日 | 7月7, 16, 25日 |
| 2月3, 12, 21日 | 8月6, 15, 24日 |
| 3月2, 11, 20日 | 9月5, 14, 23日 |
| 4月1, 19, 28日 | 10月4, 13, 22日 |
| 5月9, 18, 27日 | 11月3, 21, 30日 |
| 6月8, 17, 26日 | 12月2, 20, 29日 |

**◉ 競爭對手・天敵**

[2/19] [4/26] [5/25] [6/15] [8/22] [9/21] [11/10]

**◉ 靈魂伴侶**

[1/18] [2/26] [3/14] [5/3] [7/28] [8/11] [12/5]

### ❖ 生日名人 ❖

比利・喬（音樂人）
森光子（演員）
北村邦太郎（企業家）
掛布雅之（棒球選手）
長塚圭史（導演）
大橋卓彌（歌手）
松田龍平（演員）
橫山裕（歌手）
平原綾香（歌手）
山田涼介（歌手）

◉ 從你的生日看命運
請見32頁

# 5月10日

May tenth

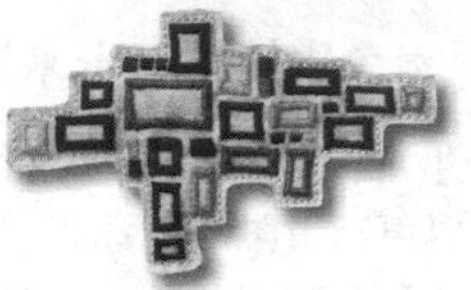

**心懷遠大夢想 欲實現願景的 自由領袖**

這天出生的你，懷抱著遠大夢想與目標，為了實現它們而勇往直前，是擁有大格局的領導者。你的個性活潑爽朗，並擁有不可思議的魅力，因此總是不知不覺成為眾人中的核心人物。

你喜歡新奇的事物，對任何事都充滿好奇心。而且你行事果斷，擁有傑出的執行力，一有靈感就會立刻行動，徹底發揮你骨子裡自由靈魂的特質。由於你擁有強烈的上進心，因此心中充滿了靠自己開拓人生的力量，以及能率領眾人前進的領導能力。

雖然你是個可靠的領導者，但出於天生的自信，你的自尊心也很高。因為你的好惡分明、情緒起伏不定，所以有時會讓人感到你很任性或傲慢。



在必要的時刻，你能馬上做出決斷，朝著遠大的夢想前進，但在大膽的作風下也隱藏著細膩無比的心思，比一般的領導者更為敏感、情緒化，有時會令身旁的人不知所措，請必須注意。請不要忘了隨時保持謙虛的態度，平常就應該多多關心及感謝身邊的人。

你的出生日期 10，是由 1 加上 0 所組成的，因此你身為領導者的資質將會變得更突出。再加上出生月分 5 所具備的自由、變化等特質，更能讓你成為一名擁有夢想與願景、自由作風的領導者。

## ❖ 戀愛・婚姻・性生活 ❖

你很容易就會對人心動，因此戀愛經驗很豐富。愛情對你來說是一件快樂的事，一旦你喜歡上一個人，就會滿心都是對方，並不顧一切地積極展開追求，直到對方有所回應。假如遇到身旁的人反對或遭到對方無視等阻礙，反而會讓你更加燃燒熱情。

你對性也很熱情，喜歡享受激情的性愛時光。婚後，你不會每天待在家裡，而會東奔西跑，忙於工作或興趣。由於你的生活忙碌，因此懂得分配時間以及與伴侶的溝通便更顯重要。

## ❖ 工作・財運 ❖

你能夠以宏觀的視野來觀察整體局勢，提出方向，領導團隊前進。無論從事什麼工作，你都有成為高層的能力。你對發展新事物的態度很積極，因此也很適合自己創業。在組織裡，目標定得愈高，你的能力就愈能獲得更大的發揮。

你的財運很旺，但不擅長儲蓄。你能靠實力賺錢，因此踏實努力地工作，就能帶來財運。你對金錢並不執著，也有投資才華，因此應該不會為錢煩惱。

## ❖ 今生使命・未來展望 ❖

今生你的使命是：善用胸懷遠大格局的領導者資質，對人生中遇見的每一個人付出無私的愛。

擅長領導的你，可能會不自覺地向對方要求回報。就算一開始你是基於自願的付出，往往也會浮現「我都為你做了這麼多，你應該要回報我」的念頭。有時只是你自以為是的付出，對對方來說，很可能只是多管閒事。

身為一名領導者，你總是會提出自己的意見，卻也會下意識地掌控身邊的人的想法。請注意上述的問題，即使面對晚輩的時候，請你也學會尊重對方的想法或自由，帶著愛接受別人最真實的一面。

當你擁有能夠接受任何人的寬廣心胸時，無私的愛自然就會從心中湧現。

## ❖ 生日帶來的訊息 ❖

**「遠大的發展」**
**「鋒芒畢露」**
**「接納他人」**

### 前世の故事

你的前世，是美國南北戰爭時期的北軍的將領。

你的能力非常傑出，又擁有不服輸的精神，因此在進入軍隊後，便立刻被拔擢為將領。明明身為精英的你，卻不斷命令屬下進行各種有勇無謀的攻擊。在一次戰鬥中，你自己也受傷了；在另一次戰鬥中，你甚至失去了整支軍隊，因此在軍中惡名昭彰。

利用政治力量獲得權力的你，招來屬下嚴重的反感。但你絲毫不以為意，繼續向前衝，提昇自己的名聲與地位。不斷想往上爬的你，面對心中那股連自己都無法控制的欲望，不禁感到畏懼。

5/10 希伯來文

### ❖ 生日契合度 ❖

**◉ 情人・伴侶**

| | |
|---|---|
| 1月8, 17, 26日 | 7月2, 11, 29日 |
| 2月7, 16, 25日 | 8月1, 10, 28日 |
| 3月6, 15, 24日 | 9月9, 18, 27日 |
| 4月5, 14, 23日 | 10月8, 17, 26日 |
| 5月4, 22, 31日 | 11月7, 16, 25日 |
| 6月3, 12, 30日 | 12月6, 15, 24日 |

**◉ 工作夥伴・朋友**

| | |
|---|---|
| 1月5, 14, 23日 | 7月8, 17, 26日 |
| 2月4, 13, 22日 | 8月7, 16, 25日 |
| 3月3, 12, 30日 | 9月6, 15, 24日 |
| 4月2, 20, 29日 | 10月5, 14, 23日 |
| 5月10, 19, 28日 | 11月4, 13, 22日 |
| 6月9, 18, 27日 | 12月3, 12, 21日 |

**◉ 競爭對手・天敵**

[2/9] [3/21] [4/11] [5/24]
[7/4] [9/20] [10/1]

**◉ 靈魂伴侶**

[3/2] [4/28] [6/11] [6/17]
[7/1] [7/10] [10/31]

### ❖ 生日名人 ❖

湯瑪斯・立頓（立頓創始人）
席德・維瑟斯（音樂人）
武田修宏（足球選手）
外山雄三（指揮家）
山口洋子（作詞家）
永井一郎（聲優）
高橋伴明（導演）
森達也（導演）
藤彩子（歌手）
志田未來（演員）

◉ 從你的生日看命運
請見32頁

# 5月11日

May eleventh

不想被任何人束縛
自由奔放的
靈性能力者

你天生就對無形世界的感應靈敏，認為心靈世界是理所當然的存在，就像個直覺敏銳、感應力強的靈性能力者。

出生日期 11 是一個能看穿一切事物，象徵著革命、革新的神聖數字。再加上出生月分 5 的自由、變化等特質，讓你對於隨心所欲、自由生活的嚮往變得更強，於是你便順著直覺，靈活地成為人與人之間的橋梁。

你擁有瞬間吸引人的領袖魅力，但你不喜歡站出來成為鎂光燈的焦點，而比較偏好在幕後協助他人、替大家加油打氣。

你是個浪漫的夢想家，經常追求嶄新的夢想或遠大的理想。

擁有獨特個性的你，不受傳統框架所侷限。而天生靈感豐富的你，也擁有瞬間能想出解答的才能。儘管你能憑著直覺知道答案，但是卻無法用常理解釋，因此身邊的人常常無法理解你，甚至把你當成怪人。你也很容易受到身旁的人或環境的影響而產生迷惘，導致情緒也比較不穩定。

只要你對自己出眾的才華有所自覺，並能將它應用在現實世界中，就會大幅提昇你的魅力與影響力。

### ❖ 戀愛．婚姻．性生活 ❖

你散發著一種令人難以捉摸的奇妙魅力，因此從來不缺對象，戀愛經驗豐富。擁有獨特戀愛觀的你，一切以自己的直覺為重。基本上，你很溫柔體貼，願意為對方盡心盡力付出，是一個希望能與情人心靈契合的浪漫主義者。

你認為性是一種能量交流的行為，因此很容易受到對方情緒的影響，因此必須慎選對象。成家之後，你會成為一個好太太或好先生，但因為你不在意世俗眼光，因此可能出現婚外情或同時和許多對象發生關係。

### ❖ 工作．財運 ❖

你對環境的適應力很強，能夠憑直覺找出適合自己的工作。你的好奇心旺盛，同時擁有與眾不同的獨特想法與創意，適合成為藝術家或設計師等創造者。

由於你經常靈光一現，又具有敏銳的洞察力，因此也很適合擔任精神治療師、占卜師或靈媒。

你很重視精神世界，因此對賺錢沒什麼興趣，而你本人的意念將會直接左右你的財運。你可能會花大錢在追求理想與夢想、或是探索在一般人眼裡毫無價值的心靈世界。

## ❖ 今生使命・未來展望 ❖

你今生的使命，就是善用天生的直覺，從自己的體驗中學習真理，獨力把事情完成，並在現實與精神的世界之間取得平衡。

感受力較強，腦中充滿靈感的你，有時由於一下子得到了太多訊息，因此容易猶豫不決，情緒不穩。順從自己的直覺固然重要，但如果沒有把你所接收到的訊息化為具體的形態，運用在現實生活中，便無法傳達給任何人。請你先把接收到的訊息化成文字、圖畫或音樂等具體的形態。

別忘了，你應該運用直覺的地方，就是現實裡的現世。按照自己所接收到的訊息，率先活出自我，才是你今生應該努力的真正任務。

## ❖ 生日帶來的訊息 ❖

### 「從束縛中解放」
### 「隨興」
### 「學習真理」

### 前世の故事

你的前世，是古埃及金字塔時代的薩滿。在你成為優秀的薩滿之後，便一路爬到國師的地位，能對國王直接提供諫言，掌握了極大的權力。

但是，在眼前的現實世界以及精神世界之間接收大量訊息的你，漸漸無法判斷什麼才是正確的。於是，你的徒弟們開始不信任你的言行，為了避免被逐漸迷失自我的你所波及，因此對你下毒。

你在漸漸稀薄的意識夾縫中，拚命地尋找真正的自己，但是你的靈魂已經被惡魔奪走，以至於無法發現早已迷失的自己。

5/11 希伯來文

### ❖ 生日契合度 ❖

◉ **情人・伴侶**

| | |
|---|---|
| 1月4, 13, 31日 | 7月7, 16, 25日 |
| 2月3, 12, 21日 | 8月6, 15, 24日 |
| 3月2, 20, 29日 | 9月5, 14, 23日 |
| 4月1, 19, 28日 | 10月4, 13, 22日 |
| 5月9, 18, 27日 | 11月3, 12, 30日 |
| 6月8, 17, 26日 | 12月2, 11, 29日 |

◉ **工作夥伴・朋友**

| | |
|---|---|
| 1月6, 15, 24日 | 7月9, 18, 27日 |
| 2月5, 14, 23日 | 8月8, 17, 26日 |
| 3月4, 13, 31日 | 9月7, 16, 25日 |
| 4月3, 21, 30日 | 10月6, 15, 24日 |
| 5月2, 20, 29日 | 11月5, 14, 23日 |
| 6月1, 19, 28日 | 12月4, 13, 31日 |

◉ **競爭對手・天敵**

[2/29] [3/19] [5/26] [6/7] [8/5] [9/4] [12/10]

◉ **靈魂伴侶**

[6/6] [6/24] [7/14] [10/20] [10/29] [11/1] [12/9]

### ❖ 生日名人 ❖

薩爾瓦多・達利（畫家）
瑪莎・葛蘭姆（舞蹈家）
瓦倫蒂諾・加拉瓦尼（設計師）
山折哲雄（宗教學家）
三杉磯拓也（相撲選手）
冬木弘道（職業摔角選手）
松尾貴史（藝人）
濱田雅功（藝人）
松井大輔（足球選手）
安德烈斯・伊涅斯塔（足球選手）

◉ 從你的生日看命運
請見32頁

# 5月12日

May twelfth

## 擁有脫穎而出環境適應力的藝人

5 月 12 日出生的你，個性開朗、充滿活力，不管幾歲都保有著童心。你的個性好強，又喜歡成為目光的焦點，雖然看起來嘻皮笑臉，卻能應對各種變化，擁有像藝人般對各種環境的卓越適應力。

你的好奇心旺盛，一旦發現令你感到好奇或有趣的事物，就會立刻想了解看看。你的另一個特徵是心情陰晴不定，喜歡或感興趣的東西也會不停改變。你會積極地尋找各種有趣的事物，充滿挑戰精神。

你是個外向的社交高手，因此總有許多人圍繞在你身邊，你也很樂於帶給別人歡樂。你不會怕生，因此擅長在各種場合中拓展人際關係。

總是逞強的你，內心卻十分脆弱。此外，你對許多事都只有三分鐘熱度，抱著走一步算一步的想法，有時為了逃避甚至會找藉口或說謊，虎頭蛇尾、半途而廢，讓身邊的人為了幫你收拾善後而傷腦筋。

請設定明確的目標，讓自己不斷地挑戰，才能將你的才華發揮到極致。

你的出生日期 12，意謂著衝勁、活躍、節奏感，是一個彷彿孩子般的數字。再加上出生月分 5 的自由、變化等特質，讓你強烈的好奇心與自由奔放的個性更加突出。

### ❖ 戀愛．婚姻．性生活 ❖

你屬於典型的一見鍾情的類型，總是在與對方相遇的瞬間墜入情網。而且你很專情，會對初戀情人念念不忘。對於欣賞的對象，你突如其來的猛烈追求攻勢，可能會讓對方嚇一跳。請配合對方的步調，調適自己對情感的反應。

婚後，你會希望兩個人都能夠繼續工作，永保活力。面對伴侶的時候，你有時會想控制對方，有時卻會展現出愛撒嬌的一面，對於感情的手段非常高明。你喜歡讓人感到心靈契合的性愛，即使年齡增長，也會想要享受熱情的親密時光。

### ❖ 工作．財運 ❖

你是組織裡的開心果，擅長炒熱氣氛。你擁有作為領導者的資質，同時又能在幕後輔助他人，是一個全能的角色，備受眾人信賴。你很能順應環境的變化，因此適合擔任除了本業之外又能身兼數職的自由工作者。

整體而言，你的財運非常好，也有賭運，適合進入以創意決勝的流行產業。在股票、投資等風險較高的領域中較容易累積大筆財富，但留意不要太沉迷。

## ❖ 今生使命・未來展望 ❖

像孩子一般會朝著喜歡的事情勇往直前的你，今生的使命是：善用藝人般的資質，無論遇到什麼樣的困難都不放棄，獲得現實中的成功，並與身旁的人分享豐盈的成果。

充滿好奇心的你，是否經常想同時完成許多事情，卻又草草放棄或半途而廢？又或者是突然找不到目標，而卡在原地動彈不得，一旦感到痛苦就想逃避現實？

為了獲得現實中的成功，你必須先面對眼前的課題，腳踏實地，逐一解決。無論過程中出現什麼樣的困難，你都必須誠懇地面對，不能放棄，持續朝著目標邁進。

讓自己踩著穩健的步伐，一小步、一小步地前進，才是對今生的你而言最重要的課題。

## ❖ 生日帶來的訊息 ❖

**「充滿活力的感性」**

**「活躍」**

**「專注當下」**

### 前世の故事

你的前世，是古希臘的格鬥家。

從小就好動的你，參加了國王主辦的格鬥大賽，展現了天生的力量與優異的運動能力，漂亮地獲得冠軍。由於國王十分賞識你的能力，於是聘僱你擔任保鏢。然而，在你獲得財富與名聲後，便疏於鍛鍊，日日沉溺於酒色之中。

某次，你與一名年輕優秀的格鬥家比試，卻落得慘敗的下場，失去地位、名聲與財富，被趕出皇宮。在失意中迎接生命尾聲的你，終於發現立定目標、按部就班地持續努力有多麼重要，並立誓自己來世一定要重新來過。

# יבה

5/12 希伯來文

### ❖ 生日契合度 ❖

**◉ 情人・伴侶**

1月5, 14, 23日
2月4, 13, 22日
3月3, 21, 30日
4月2, 11, 29日
5月1, 19, 28日
6月9, 18, 27日
7月8, 17, 26日
8月7, 16, 25日
9月6, 15, 24日
10月5, 14, 23日
11月4, 13, 22日
12月3, 12, 21日

**◉ 工作夥伴・朋友**

1月7, 16, 25日
2月6, 15, 24日
3月5, 14, 23日
4月4, 13, 22日
5月12, 21, 30日
6月11, 20, 29日
7月10, 19, 28日
8月9, 18, 27日
9月8, 17, 26日
10月7, 16, 25日
11月6, 15, 24日
12月5, 14, 23日

**◉ 競爭對手・天敵**

[2/8] [4/12] [5/14] [7/30] [8/29] [11/8] [12/7]

**◉ 靈魂伴侶**

[2/16] [3/15] [6/3] [7/11] [7/29] [8/10] [10/26]

### ❖ 生日名人 ❖

南丁格爾（護理師）
凱瑟琳・赫本（演員）
武者小路實篤（作家）
草野心平（詩人）
萩尾望都（漫畫家）
余貴美子（演員）
渡邊徹（演員）
奧田民生（音樂人）
坂元裕二（編劇）
高見盛精彥（相撲選手）

◉ 從你的生日看命運
請見32頁

# 5月13日

May thirteenth

**重視自由**
**不喜歡被束縛的**
**捍衛自我權利者**

這一天出生的你，是認真又耿直的好好先生。不過自尊心很強，重視自己的想法與自由，屬於會捍衛自我權利的類型。

出生日期13，正如撲克牌的國王所象徵的，是個表示強大力量、權力、主宰等意義的強力數字。再加上出生月分5的自由、變化等特質，讓你厭惡被他人束縛，重視自由與責任的能力將會被突顯出來。

你很遵守社會規範，和別人做了約定，就一定會守信用。你也很好惡分明，絕不輕易改變自己的價值觀與信念。

你非常正直與固執，絕對不接受任何自己認為不對的事。雖然你渴望自由，不喜歡被人束縛，但有時你卻想掌控對方，要求對方聽你的話。請注意自己是不是常用「我都是為你好」當作藉口，事實上卻是為了控制對方。

你的責任感很強，又很在意世俗眼光與旁人對你的評價，所以無法向別人吐露內心的軟弱，總是自己一個人承擔所有問題，並為此苦惱。

你擁有自由發想的想像力，凡事都能切實執行，締造具體成果。不拘小節的你，能發揮自己的才華，用宏觀的視野為社會做出貢獻。

## ❖戀愛・婚姻・性生活❖

你在愛情裡非常忠誠且認真。專情的你，並不擅長玩票性質的戀愛或腳踏兩條船，你這一生談過的戀愛次數應該不多。但對更自由的戀情也抱有強烈的憧憬。

在性生活方面，你會跳脫平日嚴肅的形象，希望掌握主導權，享受不受傳統拘束、激情而大膽的性愛時光。婚後，你會想打造一個理想的家，因此嚴謹的態度會變得更明顯。請注意不要用自己的想法綁住了伴侶。

## ❖工作・財運❖

你擁有將腦中自由的想像力和點子具體呈現的才華，且責任感很強，做事幹練又有實力。身旁的人對你評價相當高，而你也想要出人頭地、掌握權力；但由於你相當重視自由，假如在規矩太多、氣氛太嚴肅的職場，便難以發揮實力。

你對金錢有自己的一套想法，不會輕易改變。一旦被金錢的魅力所迷惑，在財務管理上可能會出現一百八十度的轉變。基本上，你擁有穩健的財運，因此只要不做出什麼極端的事情，應該不會為錢傷腦筋。

## ❖ 今生使命・未來展望 ❖

你今生的使命是：用你認真而真誠的特質，幫助人們實現一個更自由、更和平、更融洽的社會。

以世界和平為目標、助人為樂的你，有時使命感會太過強烈。你是不是認為假如沒有幫上別人的忙，自己就沒有價值了呢？在助人之前，請對自己的人生負起責任，讓自己的心獲得真正的自由與平和。同時，請認清自己的夢想或願望，並專注地實現它們。

最重要的是，你無須對自己做不到的事情抱有任何罪惡感。不必責備自己、評斷自己，以更自由開放的想法享受自己的人生，以結果而言，這才是為世人帶來幫助、實現和平社會的最短捷徑。

## ❖ 生日帶來的訊息 ❖

「重視實績」

「有能力」

「天助自助者」

### 前世の故事

你的前世，是近代初期的波蘭貴族。身為嫡子的你，在繼承了父親的領主地位之後，便開始思考如何讓人民的生活更富足。

充滿理想的你，以你的所學作為基石，採用各種嚴刑峻法的方式來治理領地。然而，由於你並不了解基層人民的生活，因而招致人民的反感，最後甚至群起叛亂。

這時你才終於正視人民的生活，認真思考該如何才能讓所有人過得幸福。於是你開始傾聽人民的意見，立誓要努力施行德政。

יגה

5/13 希伯來文

### ❖ 生日契合度 ❖

**◉ 情人・伴侶**

| | |
|---|---|
| 1月1, 10, 28日 | 7月4, 22, 31日 |
| 2月9, 18, 27日 | 8月3, 21, 30日 |
| 3月8, 17, 26日 | 9月2, 20, 29日 |
| 4月7, 16, 25日 | 10月1, 10, 19日 |
| 5月6, 15, 24日 | 11月9, 18, 27日 |
| 6月5, 14, 23日 | 12月8, 17, 26日 |

**◉ 工作夥伴・朋友**

| | |
|---|---|
| 1月8, 17, 26日 | 7月2, 11, 29日 |
| 2月7, 16, 25日 | 8月10, 19, 28日 |
| 3月6, 15, 24日 | 9月9, 18, 27日 |
| 4月5, 14, 23日 | 10月8, 17, 26日 |
| 5月4, 13, 31日 | 11月7, 16, 25日 |
| 6月3, 21, 30日 | 12月6, 15, 24日 |

**◉ 競爭對手・天敵**

[1/25] [3/14] [6/2] [7/1]
[9/8] [9/17] [10/16]

**◉ 靈魂伴侶**

[1/24] [3/13] [6/16] [7/15]
[10/30] [11/29] [12/31]

### ❖ 生日名人 ❖

瑪麗亞・特蕾莎（奧地利女王）
史提夫・汪達（音樂人）
巴比・瓦倫泰（棒球選手）
丹尼斯・羅德曼（籃球選手）
笠智眾（演員）
鈴木光司（作家）
佐渡裕（指揮家）
太田光（諧星）
加藤晴彥（演員）
野波麻帆（演員）

◉ 從你的生日看命運
請見32頁

# 5月14日

May fourteenth

**速度就是一切**
**充滿幹勁的**
**自由之士**

你是一個充滿幹勁的自由之士，雖然在人生路上會不停變換目標，但是當你下定決心，就會全力以赴、勇往直前。

你認為凡事都應該講求速度，因此總是當機立斷，遇到變化時也能彈性地臨機應變。你的好奇心旺盛，興趣廣泛，因此在決定方向之前往往會多方嘗試。不過當你確定目標之後，展現出的爆發力與行動力，將令人眼睛為之一亮。你的頭腦很清晰，感情也很豐富，交遊廣闊，希望和每個人交心。

靈活的你，腦中充滿各種新點子，因此經常調整方向；然而每次改變方向，都會讓身旁的人不知所措。

你常常自己在心裡暗自決定，得出結論，可能就連最親近的人也無法得知你真正的想法，因此難免會遭到孤立。其實你的溝通能力很強，只要在採取行動之前，先和身旁的人好好說一聲，人際關係就會變得更圓融。

你的出生日期 14 日中的 1 和 4 都是代表箭頭意義的數字，象徵明確的方向，讓你能依照自己的信念與願景，朝著目標直線前進。再加上出生月分 5 所具備的自由、變化等特質，讓你成為一個敏捷前進、充滿行動力的自由靈魂。

### ❖戀愛・婚姻・性生活❖

你所散發出的亮眼光環，總是吸引著旁人的目光，毫無疑問地，你是一個相當受異性歡迎的人。待人和善的你，身邊總是圍繞著許多人，因此從來不缺戀愛對象。你非常嚮往充滿阻礙、戲劇性的戀情，戀愛經驗也很豐富，可能有過一夜情、婚外情等經驗，或是和年紀與你差距極大的對象談一場轟轟烈烈的愛情。

你對性很積極，因此喜歡和不同的對象進行各種大膽的嘗試。你討厭受到束縛，因此對結婚沒有太大的興趣，就算結了婚，也可能對自己的先生或太太不滿，反覆地結了又離、離了又結。

### ❖工作・財運❖

你不管什麼事都能迅速完成，又能和每個人打成一片，因此很適合擔任在外面跑業務的業務員或推銷員。由於你會關心各種領域的事物，擁有獲取各種資訊的能力，因此也很適合在資訊業或旅遊業發展。重要的是，你不喜歡一成不變，因此比較適合需要四處奔波、變化性高的工作。

你擁有賺錢的能力，但是卻不擅長有計畫地儲蓄，總一心想著錢只要再賺就有，可能會有多少花多少。假如養成每個月存下一筆錢的習慣，你的財運會更旺。

## ❖ 今生使命・未來展望 ❖

一旦下定決心就勇往直前的你，今生的使命是：在自由的前提下，在人生中發揮你的領導能力，引導人們前進。

熱愛自由，經常變換方向的你，想要發揮領導能力，或許是一個高難度的課題。

首先，請從對自己的選擇負責開始做起。重要的是，不要一開始就輕言放棄或任意改變方向，要在設定的時程裡只專注於一件事情。你可以學習一種才藝或減重，盡量做到言出必行、貫徹始終。只要能達成這個目標，身旁的人應該也會更信賴你，願意跟隨你。

對自己的承諾負責，直到你確實履行的那一刻為止。 只要你能做到，就能在人生中發揮自己真正的領導能力。對自己的人生負責，正是你今生必須完成的使命。

### ❖ 生日帶來的訊息 ❖

「臨機應變」

「變動」

「言出必行」

### 前世の故事

你的前世，是在中世紀歐洲四處橫行的竊盜集團首領。

你原本生長在一個貧窮而封閉的村落，出於對外面世界的憧憬，於是和幾名夥伴一起離開村子，想去各地看看。你們每到一個新的地方，就有新的發現，於是你們又興致勃勃地前往下一個地方。然而，由於你們本來就沒什麼錢，因此只好在各地行竊。

你總是隨著自己當下的心情決定是否行竊，又經常突然改變預定的計畫，使得夥伴們漸漸離你而去。就在所有人都離開，只剩下你一人的時候，你才後悔：當初自己若是懂得多替大家著想一些就好了。

# יהה

5/14 希伯來文

### ❖ 生日契合度 ❖

**◉ 情人・伴侶**

| | |
|---|---|
| 1月2, 20, 29日 | 7月5, 14, 23日 |
| 2月10, 19, 28日 | 8月13, 22, 31日 |
| 3月9, 18, 27日 | 9月12, 21, 30日 |
| 4月8, 17, 26日 | 10月2, 11, 29日 |
| 5月7, 16, 25日 | 11月1, 10, 19日 |
| 6月6, 15, 24日 | 12月9, 18, 27日 |

**◉ 工作夥伴・朋友**

| | |
|---|---|
| 1月9, 18, 27日 | 7月3, 12, 30日 |
| 2月8, 17, 26日 | 8月2, 11, 20日 |
| 3月7, 16, 25日 | 9月10, 19, 28日 |
| 4月6, 15, 24日 | 10月9, 18, 27日 |
| 5月5, 14, 23日 | 11月8, 17, 26日 |
| 6月4, 13, 22日 | 12月7, 16, 25日 |

**◉ 競爭對手・天敵**

[1/26] [2/7] [4/23] [4/30] [6/30] [8/19] [12/15]

**◉ 靈魂伴侶**

[2/9] [7/26] [7/31] [9/11] [9/15] [10/1] [11/4]

### ❖ 生日名人 ❖

羅伯特・歐文（社會運動家）
喬治・盧卡斯（導演）
勞勃・辛密克斯（導演）
馬克・祖克柏（Facebook 創始人）
齋藤茂吉（詩人）
前川國男（建築師）
立石泰則（作家）
倉持房子（漫畫家）
佐戶井賢太（演員）
柴田亞衣（游泳選手）

◉ 從你的生日看命運
請見32頁

# 5月15日

May fifteenth

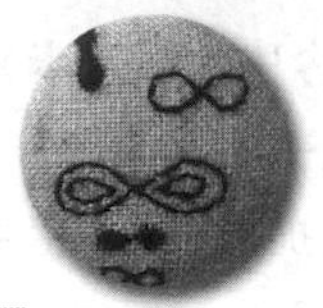

## 行動力十足又充滿活力的熱血老師

選擇5月15日這一天出生的你，是個充滿活動力、愛好自由的領導者。你就像個熱情洋溢的老師，總是和學生一起哭、一起笑、一起生氣。

不論面對何種性別或國籍的人，你天生的好奇心與優秀的溝通能力，都能讓你受人歡迎。你的團體意識很強，非常重視人與人之間的關係。因為你喜歡認識很多人，因此自然會有許多人聚集在你身邊，讓你獲得許多別人所不知的資訊，讓你則可以用這些資訊來幫助身邊的人。

出生日期15，兼具1象徵的開始特質與5象徵的自由、變化的特質，1與5相加之後的6，則象徵著能夠包容一切的大愛與溫柔，是一個如教師存在般的數字。這讓你富有正義感，遇到問題時一定會勇於面對並努力解決。再加上出生月分5的特質，讓你享受變化，自許為連結眾人的溝通者的特質也會更加明顯。

你是一個坐不住的人，充滿行動力，有時還沒想好就先行動。基本上，你待人體貼溫和，也很會照顧人，但有時會把自以為的好意強塞給對方。即使是自己認為好的事情，有時對對方而言卻是多事，因此請注意不要過度熱心。

### ❖ 戀愛・婚姻・性生活 ❖

你待人親切又會說話，因此無論在同性或異性間都很受歡迎，戀愛經驗豐富。在旁人眼中的你，看起來可能很輕浮，但你本人對每一段戀情都很認真。因為你的每一段戀情分手時都不會撕破臉，因此能和每個前任都成為好朋友。由於你不喜歡被束縛，所以可能比較晚婚。

結婚後，你會很重視對方，努力打造一個幸福的家庭。在性生活方面，你比較被動，總是想討對方歡心，而自己卻無法盡情享受。

### ❖ 工作・財運 ❖

你擁有吸引人的魅力，經常在各種場合中被委任為領導者。不過你不太喜歡下指令，而是利用你敏捷的身手站在第一線，和夥伴們一起工作。你天生的靈敏度，讓你無論從事什麼樣的職業都能得心應手。此外，你也很擅長照顧屬下，是一個備受信賴與愛戴的主管。

你的財運大起大落，起伏不定。雖然你擁有充分的賺錢能力，但卻經常把賺來的錢花在旁人身上，請留意。建議你將理財工作委託給值得信賴的專家處理，較為放心。

## ✧ 今生使命・未來展望 ✧

身為一個熱情的領導者，你今生的目標，就是探索精神的世界，將你從中學到的知識與經驗，與更多人分享。

好奇心旺盛的你，應該也對精神的世界充滿了興趣。不過，你是否會刻意逃避接觸，或是太沉溺在精神的世界中，而對它產生了依賴呢？無論如何，人們對於精神世界的探索是永無止境的，請有所覺悟，即使在日常生活中也要好好地面對它。

請在大自然中聞聞各種花香、用肌膚感受風的吹拂，或側耳傾聽各種訊息，打開感官，去感受精神世界的存在，並試著用言語將感受傳達出來。請從現實世界中能確切感受到的事物開始，慢慢將這種體悟融入生活中。不過，請不要將自己的感受強加在別人身上，而是將它如實地傳達給對方，與更多人分享，這樣便能幫助你實現今生的使命。

### ✧ 生日帶來的訊息 ✧

「熱情指導」
「重視情感」
「學習真正重要的事」

### 前世の故事

你的前世生於法蘭西殖民帝國時代，是一個法國軍隊的教官。

加入軍隊後，由於你很會照顧和教導他人，因此被任命為負責教導士兵的教官。你對教學充滿熱情，並細心地指導每一個士兵，深獲學生們的愛戴。

然而，你的指導方法日漸嚴格，雖然你自認這是為了學生好，但學生的心仍然漸漸離你遠去。有一天，忍無可忍的學生對你提出了猛烈的抗議。面對他們嚴厲的批判，你才發現自己一直以來都在強迫別人接受自己的價值觀。

# טוה

5/15 希伯來文

### ✧ 生日契合度 ✧

◉ **情人・伴侶**

| | |
|---|---|
| 1月9, 18, 27日 | 7月3, 12, 30日 |
| 2月8, 17, 26日 | 8月2, 20, 29日 |
| 3月7, 16, 25日 | 9月1, 19, 28日 |
| 4月6, 15, 24日 | 10月9, 18, 27日 |
| 5月5, 14, 23日 | 11月8, 17, 26日 |
| 6月4, 13, 22日 | 12月7, 16, 25日 |

◉ **工作夥伴・朋友**

| | |
|---|---|
| 1月1, 19, 28日 | 7月4, 22, 31日 |
| 2月9, 18, 27日 | 8月3, 21, 30日 |
| 3月8, 17, 26日 | 9月2, 20, 29日 |
| 4月7, 16, 25日 | 10月1, 10, 19日 |
| 5月6, 15, 24日 | 11月9, 18, 27日 |
| 6月5, 14, 23日 | 12月8, 17, 26日 |

◉ **競爭對手・天敵**

[2/4] [3/3] [4/29] [7/13]
[9/11] [10/14] [12/17]

◉ **靈魂伴侶**

[3/27] [6/15] [8/11] [8/31]
[9/12] [10/2] [12/18]

### ✧ 生日名人 ✧

皮耶・居禮（物理學家）
安迪・莫瑞（網球選手）
市川房枝（女權運動家）
伊丹十三（導演）
美輪明宏（歌手）
美川憲一（歌手）
長谷直美（演員）
井上康生（柔道選手）
藤原龍也（演員）
南明奈（藝人）

◉ 從你的生日看命運
請見32頁

# 5月16日

May sixteenth

**在興趣的領域**
**用盡心力的**
**專家**

5月16日出生的你，不論涉及何種領域都會擁有自己獨特的堅持，就像一名講求專業的職人般。

不過你的興趣很廣泛，很難只鎖定一件想做的事情或想挑戰的目標，因此你經常同時進行許多事情，但對每一件事卻都有自己的堅持，努力追求完美，直到自己滿意為止。

你的個性比較文靜，很重視自己獨處的時間。雖然你的自尊心很強，不過不會讓別人發現。你經常用自己的步調做事，是個個人主義者。你總會冷靜沉著地觀察別人或分析狀況，乍看之下你似乎能和夥伴們打成一片，但卻帶著一絲冷酷的氣質，彷彿和夥伴們有一層隔閡。不過，對於你所信賴、仰慕的對象，你則會毫無保留地與對方分享自己所擁有的一切，也是個很會照顧人的領導者。

你的出生日期16的1代表著開始，6代表著愛與和諧，兩者皆為帶有統合力量的數字。正因如此，16日出生的人天生具備了將一切導往同一個方向，並且具體實踐的特質。再加上出生月分5的自由、變化等特質，讓你善於運用直覺挑戰新事物，即使遇到變化時也能迅速地臨機應變。

## ❖戀愛・婚姻・性生活❖

你平時給人的印象和態度，和你與喜歡的人獨處時有著天壤之別。你同時擁有冷酷又沉著冷靜的一面，與熱情的一面，並會隨著不同場合展現出不同的自己。你很討厭受到他人干涉，但自己卻很喜歡幫忙別人，而且嫉妒心很強。

擁有強烈自尊心的你，無論在戀愛中或在性生活方面都會堅持自己喜歡的方式，這樣的態度可能會讓你的伴侶感到無所適從。面對真心喜愛的對象時，有時需要你鼓起勇氣，坦然顯露自己脆弱的一面，展現最真實的自己。

## ❖工作・財運❖

你在工作上非常嚴謹，是絕對不容許妥協的完美主義者，就像注重每一個細節的專業職人。當你擔任領導者時，可能會因為責任感太強，而用斯巴達教育的方式指導屬下。因為你很擅長照顧人，有時會想刻意拉攏屬下或晚輩，請留意。若你能坐上領導者的位置，又能與身旁的人溝通順暢，必能留下耀眼成績。

作為一名職人，假如你的工作心血能成為作品，那麼便有很高的機會獲得經濟上的豐碩成果和名聲。請細心地創作屬於自己的作品，並謙虛地向旁人分享你的豐碩成果，如此便能提昇財運。

## ❖ 今生使命・未來展望 ❖

今生你的使命是：回到初心，盡情享受自己獨特的人生。

你是否總是把人生想得太難了？因為你太堅持自己的風格，而變得只求獨善其身，有時甚至會變得任性。

想擁有純真的人生，關鍵就在於不要凡事都用頭腦去思考，而要用心去感受。請你不要被過去或未來所侷限，好好地活在當下，這就是回歸初心的祕訣。

你可以做做運動、跳跳舞，活動一下身體，暫時停止用理性思考，也可以透過音樂或與人交流來提昇你的感受力。

無論在任何領域都無妨，只要你能夠活用靈敏的感受力，全心投入你最喜歡的事物，帶著純真的笑容，每天專注於創造作品，那麼不管是你自己或身邊的人，乃至於整個世界，都會變得更快樂。

### ❖ 生日帶來的訊息 ❖

「求知欲」
「創作」
「心無雜念地去做」

### 前世の故事

你的前世，是中世紀德國某個家具工匠的工會領袖。

出生於工匠家庭的你，從小在嚴格的師徒制度下接受磨練，於是年紀輕輕就展現出才華。你為了學習新技術而走訪歐洲各地，在吸收了許多新知之後，你也自然地成為了工匠們的領導者；而習慣照顧人的你，也收了許多徒弟。

但你一方面想更自由前往各處學習新知識與新技術，一方面又想穩定專注在工作上，努力創作出新的家具。你在這兩種想法間的矛盾與衝突中苦苦掙扎，傷透腦筋。

טזה

5/16 希伯來文

### ❖ 生日契合度 ❖

◉ 情人・伴侶

| | |
|---|---|
| 1月6, 15, 24日 | 7月9, 18, 27日 |
| 2月5, 14, 23日 | 8月8, 17, 26日 |
| 3月4, 13, 31日 | 9月7, 16, 25日 |
| 4月3, 21, 30日 | 10月6, 15, 24日 |
| 5月2, 11, 29日 | 11月5, 14, 23日 |
| 6月1, 19, 28日 | 12月4, 13, 22日 |

◉ 工作夥伴・朋友

| | |
|---|---|
| 1月2, 20, 29日 | 7月5, 14, 23日 |
| 2月10, 19, 28日 | 8月13, 22, 31日 |
| 3月9, 18, 27日 | 9月3, 12, 30日 |
| 4月8, 17, 26日 | 10月2, 11, 29日 |
| 5月7, 16, 25日 | 11月1, 10, 28日 |
| 6月6, 15, 24日 | 12月9, 18, 27日 |

◉ 競爭對手・天敵

[2/21] [4/1] [5/27] [7/7] [7/25] [10/31] [11/12]

◉ 靈魂伴侶

[4/9] [6/25] [7/6] [8/14] [10/21] [10/30] [12/19]

### ❖ 生日名人 ❖

亨利・方達（演員）
奧特瑪・舒特納（指揮家）
克里斯汀・拉克魯瓦（設計師）
皮爾斯・布洛斯南（演員）
珍娜・傑克森（歌手）
東伏見慈洽（僧侶）
溝口健二（導演）
遠山景織子（演員）
大倉忠義（歌手）
田中和仁（體操選手）

◉ 從你的生日看命運
請見32頁

# 5月17日

May seventeenth

具有強大影響力及瞬間爆發力的勇者

這一天出生的你，是個好奇心旺盛、行動敏捷的戰士。你擁有執行力與續航力，以及不輸給任何人的熱情與力量，能夠帶領組織前進。

頭腦靈活的你，喜歡嘗試新的事物，並隨時掌握新知。由於你對環境的適應力非常優異，溝通能力也很強，因此能精準地判斷狀況，無論在什麼場合都能俐落地把事情做好。負責擬定計畫時，你總能迅速炒熱氣氛，團結眾人，發揮可靠的領導能力。

你的個性好強，具有堅定的信念，凡事都能貫徹始終地完成，是一個勇於挑戰困難並獲得成功的勇者。由於你交遊廣闊，因此可與人談論的興趣和話題都相當豐富，人緣極佳；不過你對於那種毫無任何意義的聚會則不感興趣。

你的出生日期 17，是由代表縱向箭頭的 1 與代表斜向箭頭的 7 所組成的。因此你擁有 1 所具備的領導者資質，同時又擁有職人般的才華，能從不同的角度來觀察、思考事情。

再加上出生月分 5 所代表的自由、變化等特質，讓你凡事都想親身體驗，具有彈性的心態，只要遇到你覺得好的事物就會立刻採納。

### ✣戀愛・婚姻・性生活✣

如果不是遇到讓你心動或令你感興趣的異性，你根本不屑一顧。你強烈的自尊心，在愛情裡可能會造成反效果。假如對方對你沒興趣，你可能就會相當不滿，轉而追求其他對象。即使面對外遇，你也無法只是玩玩而已，很可能會影響原本的感情。

由於你喜歡自由又富有變化的戀情，因此結婚後會希望維持像婚前一樣的戀愛感覺；另外，你不是能乖乖待在家庭裡的人，喜歡和人接觸的你，可能會把工作和興趣擺在家庭之前。在性生活方面，你喜歡自己主導，隨心所欲地享受。

### ✣工作・財運✣

在工作上，你能透過自己的信念獲得亮眼成功。你的事業才能相當突出，無論遇到什麼困難都能克服，充滿積極正向的力量。富有行動力、影響力和爆發力的你，總能堅持到最後，因此假如能創業，便有極高的機率能成功。

你的財運很旺，又擁有自己賺錢的能力，因此想獲得大筆財富並非夢想。只要你腳踏實地、持續努力，一輩子都能過著不愁金錢的生活。

## ✧ 今生使命・未來展望 ✧

作為一個貫徹自我信念的勇者，你今生的使命是：一次堅持做好一件事，並替自己一路以來做過的事留下具體的成果。

你能透過強大的行動力與熱情，完成絕大部分的事情；然而旺盛的好奇心與遠大的志向，是不是讓你總是不斷嘗試或進行新的事物，最後導致無法收拾呢？

做事往往半途而廢的你，請有意識地替自己做過的事好好留下具體的紀錄，以便你能站在客觀的角度重新省視自己。例如寫日記、畫畫、創作作品等，無論多小的事情都沒有關係。

只要你能持續做一件事，獨力堅持到最後，並留下具體可見的成果，你那罕見的力量便能真正運用在現實世界，流傳後世。

### ✧ 生日帶來的訊息 ✧

「散播力」
「欣羨」
「維持穩定」

### 前世の故事

你的前世是大蒙古帝國的皇族，也是對經濟影響甚巨的富商。

當時的蒙古，東西方之間的貿易交流繁盛，你也運用天生的商業頭腦與行動力做起貿易的生意。你透過東西方之間的物資交流，獲得了莫大的利益，掌握了崇高的地位、名聲，與強大的權力。

然而你一味拓展事業，卻欠缺計畫的做法，漸漸地招來身邊人們的反感。即使如此，你仍然沒有改變行事作風，最後遭到夥伴的背叛，大受打擊。透過自己的親身經歷，你學到了隨時觀察狀況、加以修正的重要性。

---

# יזה

5/17 希伯來文

### ✧ 生日契合度 ✧

◉ **情人・伴侶**

| | |
|---|---|
| 1月7, 16, 25日 | 7月1, 19, 28日 |
| 2月6, 15, 24日 | 8月9, 18, 27日 |
| 3月5, 14, 23日 | 9月8, 17, 26日 |
| 4月4, 13, 22日 | 10月7, 16, 25日 |
| 5月12, 21, 30日 | 11月6, 15, 24日 |
| 6月2, 11, 29日 | 12月5, 14, 23日 |

◉ **工作夥伴・朋友**

| | |
|---|---|
| 1月3, 12, 30日 | 7月6, 15, 24日 |
| 2月2, 11, 29日 | 8月5, 14, 23日 |
| 3月1, 19, 28日 | 9月4, 13, 22日 |
| 4月9, 18, 27日 | 10月3, 12, 30日 |
| 5月8, 17, 26日 | 11月2, 11, 29日 |
| 6月7, 16, 25日 | 12月1, 19, 28日 |

◉ **競爭對手・天敵**

[1/24] [4/3] [7/15] [8/17] [8/26] [9/7] [12/13]

◉ **靈魂伴侶**

[4/14] [5/22] [6/5] [7/22] [9/9] [11/18] [12/6]

### ✧ 生日名人 ✧

約瑟夫・諾曼・洛克耶（天文學家）
艾瑞克・薩提（作曲家）
丹尼斯・霍柏（演員）
艾倫・凱（電腦科學家）
安井曾太郎（畫家）
安部讓二（作家）
小川洋（政治家）
坂井真紀（演員）
井之原快彥（歌手）
中村禮子（游泳選手）

◉ 從你的生日看命運
請見32頁

# 5月18日

May eighteenth

**在自由與自我間**
**陷入困境**
**搖擺不定的賢者**

選擇這一天做為生日的你，充滿了智慧，是一個心胸寬大的理想主義者。

出生日期18的1代表著開始，8則代表著無限大（∞），兩者皆為充滿力量的數字。因此，18日出生的你，便是擁有遠大理想與無限力量的賢者。

再加上出生月分5的自由、變化等特質，讓你在自由與任性間搖擺不定，因而造成不少困擾。你能站在前方率領眾人，也能在第一線和夥伴一起揮汗努力，更能勝任整個組織的協調者，適應能力極佳，是個全能型領導者。無論在什麼場合，你都能立刻融入其中，和每個人都能打好關係，但內心卻非常冷靜，以整體和諧為優先，既努力又好強。

相較於你的外在，你內在的性格則相當複雜，經常在體貼和冷漠、堅強與脆弱、開朗與陰沉等相反的特質之間游移。你總是想符合旁人的期待，因此責任感非常強，然而卻又不擅長持續去做同一件事。

你很在乎身邊的人怎麼看待自己，對於自己這樣做是否正確，或會不會破壞原有的和諧是你判斷行動時的標準。因此，你會瞧不起那些不遵守規定或懂得看場合的人，對他們露出嚴厲的一面。

## ❖戀愛・婚姻・性生活❖

興趣和話題都很豐富健談的你，非常受異性歡迎。雖然你是浪漫主義者，但在選擇戀愛對象時，卻會格外看重收入或外表等現實條件，設下理想標準。由於你把戀愛和結婚當作兩回事，可能會視交往狀況而改變你對對方的態度，讓對方無所適從。婚後，你很重視家庭，但關鍵在於你能向伴侶吐露多少真心話、建立多強的信賴關係。你平常給人的印象是理智而冷酷，但對性的好奇心卻比一般人還要強烈。一旦產生興趣，內心深層的欲望可能會想挑戰極端的SM或角色扮演。

## ❖工作・財運❖

在工作方面，你很容易被指派為領導者。在組織裡備受期待的你，很了解自己扮演的角色，能在不樹敵的狀態下發揮實力。你的工作特質是頭腦靈活，理解力也很高，懂得看場合，精準地判斷狀況。你會努力把被指派的工作做到完美，因此能夠得到主管極高的評價。而行動敏捷，懂得圓滑地經營人際關係的你，也很適合擔任業務員。你的財運基本上很穩健。你也擁有儲蓄、保險等金融商品的相關知識，但假如你進行高風險投資，便極有可能會虧損，請注意。

## ❖今生使命．未來展望❖

今生的你所必須努力的人生課題，就是在世上自由遊走，成為一個能團結眾人的溝通者。此外，學習自由與任性的差異，也是你的使命之一。

你是否在內心深處明明想追求變化，卻對改變有所抗拒，只想抓住眼前的安穩？將世界和平和幫助他人作為理想目標的你，或許會把隨心所欲、為自由而行當成一種任性，而強烈的排斥。

然而，你是否只是把做不到、無法改變當作藉口，來合理化你不願改變的自己呢？

請先在日常生活中，每天加入一些微小的變化。例如比平常早起、讀一本不曾讀過的類型的書等等，累積許多微小的變化，便能加速你本身的改變，這是讓你在世上自由翱翔的第一步。

## ❖生日帶來的訊息❖

「動靜之間」
「融合」
「不斷變化」

### 前世の故事

你的前世，是日本戰國時代深受諸侯們信賴，以戰爭顧問聞名的高僧。

由於你擁有豐富的知識與深謀遠慮的眼光，因此成為諸侯們的顧問。由於你的名聲傳遍全國，任誰都想聘你為參謀，但你不想只協助特定的人。

個性低調又文靜的你，對紛亂的世事感到擔憂，夢想有一天能天下統一，讓一切歸於平靜。

最後，你被敵對諸侯軟禁在碉堡，透過小窗，你看見翱翔在天空的鳥兒，盼望著自己來世能像那隻鳥一般自由展翅高飛。

5/18 希伯來文

### ❖生日契合度❖

◉ **情人．伴侶**

| | |
|---|---|
| 1月3, 12, 30日 | 7月6, 15, 24日 |
| 2月2, 11, 20日 | 8月5, 14, 23日 |
| 3月10, 19, 28日 | 9月4, 13, 22日 |
| 4月9, 18, 27日 | 10月3, 21, 30日 |
| 5月8, 17, 26日 | 11月2, 20, 29日 |
| 6月7, 16, 25日 | 12月1, 10, 28日 |

◉ **工作夥伴．朋友**

| | |
|---|---|
| 1月4, 22, 31日 | 7月7, 16, 25日 |
| 2月3, 12, 21日 | 8月6, 15, 24日 |
| 3月2, 11, 20日 | 9月5, 14, 23日 |
| 4月10, 19, 28日 | 10月4, 13, 31日 |
| 5月9, 18, 27日 | 11月3, 21, 30日 |
| 6月8, 17, 26日 | 12月2, 20, 29日 |

◉ **競爭對手．天敵**

[3/18] [3/29] [4/1] [4/26] [6/15] [8/4] [9/12]

◉ **靈魂伴侶**

[2/17] [5/21] [5/23] [7/12] [8/27] [9/8] [10/7]

### ❖生日名人❖

雅各布．莫雷諾（心理學家）
皮埃爾．巴爾曼（設計師）
若望．保祿二世（羅馬教皇）
周潤發（演員）
阿麗娜．扎吉托娃（花式滑冰選手）
寺尾聰（演員）
東尾修（棒球選手）
槇原敬之（音樂人）
島本理生（作家）
瀨戶康史（演員）

◉ **從你的生日看命運**
**請見32頁**

# 5月19日

May nineteenth

**在自由與安穩間取得平衡的協調型領導者**

選擇5月19日作為生日的你，能夠準確地判斷人們的意見以及狀況，巧妙地加以統整，是一個擅長協調的領導者。

你不會自己站出來爭取成為領導者，而是希望能獲得身邊人們的信賴後，再被推舉為領導者。雖然不會表現在外，但你的自尊心其實很強，總是比別人付出加倍的努力。由於你的求知欲旺盛，因此消息非常靈通。你也懂得應用這些豐富的知識與資訊，透過靈活的頭腦，讓自己能在自由與安穩的環境間取得平衡。

具有宏觀視野的你，總能掌握事物的全貌。你懂得從觀察現場的氣氛以及旁人的意見之中，讓自己的意見自然地受到採納，是一個手腕不輸政治家的策士。你對各種狀況的良好適應能力，讓你深受眾人的喜愛。不過，一旦你的想法失衡，頑固的一面就會顯現出來，變得任性又不負責任，甚至強迫他人接受自己的意見，請務必留意。你的出生日期19是代表最初的1和最後的9兩個數字的組合。因此你擁有1具備的領導者資質，及9作為最後一棒的協調者的才華。再加上出生月分5的自由、變化等特質，讓你無論遇到什麼樣的狀況，都能圓融應對，成為一名優秀的領導者。



## ❖戀愛・婚姻・性生活❖

你在戀愛中彷彿是雙重人格，時而強勢、時而被動。你具有純真的一面，也有大膽的一面。若是女性，就像個小惡魔；若是男性，就像個花花公子。雖然你是個很有魅力的情人，卻很容易讓對方難以捉摸，無所適從。

結婚後，你會是一個重視家庭的好太太或好先生，隨著年紀增長，這種傾向就會愈明顯。你對性方面充滿熱情，喜歡掌握主導權，若對方允許，你可能會隨著心情大玩SM遊戲，盡情地享受魚水之歡。

## ❖工作・財運❖

若善加運用你豐富的知識、敏銳的直覺以及溝通能力，便能擔任組織裡的中階主管，發揮長才，在高層主管與屬下之間發揮緩衝與潤滑的功能。你的頭腦靈活，理解力強，因此不管從事哪一個行業都能立刻進入狀況。而你做事踏實，值得信賴，有時也會被指派負責協調或教育訓練的任務。此外，你待人親和又靈活，只要能發揮與生俱來的才能，在物流業、餐飲業或政治圈會大有可為。

你的財運既旺又穩健，不過假如你對賺錢懷過於強烈的罪惡感，可能會沉迷於賭博，一轉眼就散盡家財，請特別留意。

## ❖ 今生使命・未來展望 ❖

善於凡事協調平衡的你，今生的使命是：對生命中遇見的每一個人付出無私的愛。

身為一名領導者，大多時候你都是人們仰賴的對象，但在不知不覺中，你是否把自以為是的愛硬塞給身旁的人呢？尤其是對家人和比較親近的人，你更容易不斷自以為是的付出，並且期待對方有所回報，甚至試圖藉此控制對方，請千萬注意。

你今生的課題之一，就是學習真正的愛與無私的愛之間的差異。為此，請先替自己注滿愛的能量，當你心中的愛已滿溢，自然會擴及身邊的人。

先滿足自己，再把知識或資源慷慨地與身邊的人分享，並且不求回報，如此一來，必能幫助你達成今生的使命。

## ❖ 生日帶來的訊息 ❖

「慢慢統合」
「鋪天蓋地」
「拋開人情」

### 前世の故事

你的前世是西部拓荒時代的美國原住民。由於白人的殖民者覬覦你祖先代代流傳下來的土地，因此三番兩次前來。身為一名勇敢的青年，你主動前往白人的城鎮，希望透過溝通找出能圓滿解決問題的方法。然而，他們卻對你的話充耳不聞，毫不留情地開始對村子展開攻擊，造成許多村民的犧牲。最後，你也不得不拿起武器奮戰，但在對方壓倒性的武力下，全村遭到殲滅。

在面臨死亡之際，你才想到，其實當初你也曾有搬去其他地方的選項，因而對自己的思慮不周感到後悔。

# יטה

5/19 希伯來文

### ❖ 生日契合度 ❖

◉ **情人・伴侶**

| | |
|---|---|
| 1月8, 17, 26日 | 7月11, 20, 29日 |
| 2月7, 16, 25日 | 8月10, 19, 28日 |
| 3月6, 15, 24日 | 9月9, 18, 27日 |
| 4月5, 14, 23日 | 10月8, 17, 26日 |
| 5月4, 22, 31日 | 11月7, 16, 25日 |
| 6月3, 12, 30日 | 12月6, 15, 24日 |

◉ **工作夥伴・朋友**

| | |
|---|---|
| 1月5, 14, 23日 | 7月8, 17, 26日 |
| 2月4, 13, 22日 | 8月7, 16, 25日 |
| 3月3, 21, 30日 | 9月6, 15, 24日 |
| 4月2, 20, 29日 | 10月5, 14, 23日 |
| 5月1, 19, 28日 | 11月4, 13, 22日 |
| 6月9, 18, 27日 | 12月3, 12, 21日 |

◉ **競爭對手・天敵**

[2/18] [5/6] [6/23] [7/22] [8/21] [9/2] [10/28]

◉ **靈魂伴侶**

[3/29] [4/1] [8/24] [8/27] [9/17] [10/16] [12/20]

### ❖ 生日名人 ❖

胡志明（政治家）
吳清源（圍棋棋士）
麥爾坎・X（人權運動家）
諾拉・艾芙倫（導演）
西田幾多郎（哲學家）
桑名晴子（歌手）
大友直人（指揮家）
道尾秀介（作家）
澤部佑（藝人）
神木隆之介（演員）

◉ **從你的生日看命運**
**請見32頁**

# 5月20日

May twentieth

**容易因他人意見而感到迷惑的輔佐者**

選擇5月20日這一天出生的你，是一名溝通能力極佳、心地善良的輔助者。

出生日期20的2代表和諧、包容，是個女性特質較強的數字。0具有增加、擴大的效果，能更強化2的特質。出生月分5則是代表自由、變化，是具有行動力的數字。

因此5月20日出生的你，特質就是能夠接納、協助他人，同時做事圓融有彈性，懂得臨機應變。你會自然地關心體貼身邊的人，擅長在背後默默地協助別人。你擁有溫柔的包容力，個性開朗、有氣質，對人總是無微不至，是個人見人愛的角色。而你對環境的適應能力也很強，讓身邊的人對你的評價極高，尤其長輩更是對你疼愛有加。

你受人請託時不擅推辭，不論什麼工作都會接受，但最後往往超出自己的負荷，因而傷透腦筋。你是個能療癒人心的開心果，不過卻不擅長堅持己見，經常因為聽到太多旁人的意見或環境影響而感到迷惑，使得自己的想法或行為受到影響，讓情況更加混沌不明。

你本身的個性就很容易累積壓力，為了有意識地改善這種情況，請培養旅行等能讓身心放鬆的習慣。

## ❖戀愛．婚姻．性生活❖

對於所愛的人，你會盡心盡力地照顧對方。你最有魅力的一點，就是在溫柔療癒形象背後那亮麗的一面。婚後，你會很重視家庭，但同時也不會放棄工作或興趣，因此可能會為了兼顧兩者而忙碌不堪。

在性生活中，你會盡力滿足對方的需求，並且樂在其中，也會想進行各種嘗試，只是因為害羞而不好意思告訴對方。顧慮對方的心情固然重要，但偶爾也請坦率地順從自己的感受，允許自己對伴侶任性。

## ❖工作．財運❖

在組織裡，你能夠圓融地處理各種事務，經常活躍於幕後。除了支援他人的能力之外，你也具有執行力，因此適合擔任祕書或經紀人，在檯面下發揮實力。

你的財運會受到平常往來對象極大的影響。基本上，你不會揮霍無度，但有時可能會因為想宣洩壓力而一口氣把錢花光，請特別注意。你的心地善良，看見別人有困難時，有時沒問清楚就把錢借給別人，因此人際關係的好壞，正是影響你財運的關鍵。

## ❖ 今生使命・未來展望 ❖

今生你的使命是：凡事自立自強，力求完美，不做到最後一刻，絕不放棄。

對於容易受到身旁的人影響的你來說，靠自己的力量貫徹到底，可能是一個艱難的課題。但是所謂真正的獨立自主，就是做好當下的自己能力所及的事。

無論對方是多麼重要的人，面對做不到的事情時，就應該鼓起勇氣，明確地向對方坦誠自己做不到。拒絕別人並不是傷害別人，也不是否定自我。假如你因實力不足卻隨便答應別人的請託，反而只會給身旁的人帶來麻煩。

今生請把時間留給自己，做一些自己喜歡的事，不必一心一意只為他人付出。重視獨處的時光，充實自己的人生，才是讓你達成你今生使命的關鍵。

## ❖ 生日帶來的訊息 ❖

### 「美與和諧」
### 「包容」
### 「享受獨處時光」

### 前世の故事

你的前世，是生活在中世紀中東沙漠的遊牧民族女性。

你出生於沙漠，與家人一同逐水草而居。長大成人之後，你對毫無變化的生活與人際關係感到厭煩。就在這個時候，你在某個綠洲遇見了一名青年並與他墜入情網。嚮往著自由生活的你，在青年的強力遊說之下，告別了家人。然而，兩個沒有智慧也沒有生存能力的人，只能過著極為窮困的生活，最後他離開了你，再也沒有回來過。你本來想把一切都怪罪在他身上，但就在這個時候，你才發現原來自己總是在依賴別人。

5/20 希伯來文

### ❖ 生日契合度 ❖

◉ **情人・伴侶**

| | |
|---|---|
| 1月4, 13, 31日 | 7月7, 16, 25日 |
| 2月3, 12, 21日 | 8月6, 15, 24日 |
| 3月2, 11, 29日 | 9月5, 14, 23日 |
| 4月10, 19, 28日 | 10月4, 22, 31日 |
| 5月9, 18, 27日 | 11月3, 21, 30日 |
| 6月8, 17, 26日 | 12月2, 20, 29日 |

◉ **工作夥伴・朋友**

| | |
|---|---|
| 1月6, 15, 24日 | 7月9, 18, 27日 |
| 2月5, 14, 23日 | 8月8, 17, 26日 |
| 3月4, 22, 31日 | 9月7, 16, 25日 |
| 4月3, 12, 30日 | 10月6, 15, 24日 |
| 5月2, 11, 29日 | 11月5, 14, 23日 |
| 6月1, 19, 28日 | 12月4, 22, 31日 |

◉ **競爭對手・天敵**

[1/21] [3/19] [6/25] [9/22] [10/12] [11/2] [12/13]

◉ **靈魂伴侶**

[1/20] [4/26] [8/4] [9/21] [10/13] [11/28] [12/11]

### ❖ 生日名人 ❖

詹姆斯・史都華（演員）
貝爾納・卡多蘭（畫家）
何塞・穆西卡（第40任烏拉圭總統）
渡邊文藏（企業家）
前畑秀子（游泳選手）
王貞治（棒球選手）
野田佳彥（政治家）
益子直美（排球選手）
河村隆一（音樂人）
永井大（演員）

◉ **從你的生日看命運**
**請見32頁**

# 5月21日

May twenty-first

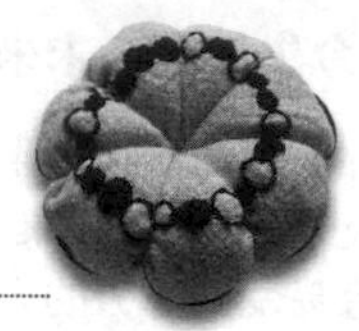

## 環境適應力強 人見人愛的 老實的孩子

這一天出生的你，對於環境的適應力極高，能自然地與人建立關係。你像個坦率的孩子一般討人喜歡，是個生性開朗又充滿活力的人。

個性有些害羞，是21日出生的人的特徵。你在面對陌生人的時候雖然會緊張，但頭腦靈活，天生又擁有優秀的應對能力與溝通能力，常常在不知不覺間變得深受眾人歡迎，人見人愛。你雖然低調內斂，但是情緒起伏激烈，總是陰晴不定。

你的想法靈活，富有創意，不喜歡有太多制約的環境。如果能找到一個允許你展現自我特色的環境，你的才華就能開花結果。你行動敏捷，充滿行動力，但是卻缺乏制定目標的能力，做事容易半途而廢，請注意。



你的出生日期21包含了2所代表的協調、和諧的女性能量，以及1所代表的領導者、強力的男性能量，意謂著打造新事物的創造力。再加上出生月分5的變化、自由等特質，讓你更加敏捷，更懂得享受自由與變化。

### ✧戀愛・婚姻・性生活✧

無論是戀愛或結婚，你都很重視彼此的連結，強烈地希望能隨時和心愛的人在一起。你認為被愛是一種幸福，喜歡享受被追求的感覺。即使不是自己心儀的對象，假如對方稍微強勢一些，你可能就會覺得對方也不錯，而一口答應對方的追求。

你喜歡小孩，因此渴望結婚，但又不喜歡被對方束縛，因此內心充滿矛盾。在性生活方面，若對方主導，你便能熱情且積極地配合。你喜歡撒嬌，希望隨時隨地與對方有肢體接觸，例如牽手或擁抱等，不會在意旁人的眼光。

### ✧工作・財運✧

在工作方面，只要能讓你發揮靈活的想像力與豐富的創造力，樂在其中，你的才華就會更加耀眼。

你不適合單調的事務性工作，比較適合企劃、研發或設計師等能夠創造新事物的工作。你也能夠勝任製作人的工作，激發出別人的才華。

你能不受既有的價值觀或世俗常規的侷限，自由大膽地發揮你的點子和靈感，只要能夠符合時代的潮流，就有可能獲得巨大的財富。至於要如何運用、如何分享手中的財富，將是影響你財運的關鍵。

### ❖ 今生使命・未來展望 ❖

今生你的使命，就是不畏困難，持續地挑戰，獲得現實上的成功，再與旁人共同分享這份豐盈的成果。

在這個三度空間的物質世界裡，如能獲得現實上的成功，是非常有價值的事。然而對於情緒起伏不定、總是猶豫不決的你而言，訂立目標，按部就班地打好基礎，打造出具體的成果，想必並不容易。

你是否對於金錢作為現實成就的象徵有些抗拒，無法坦然地接受這種價值觀，對於金錢抱有偏見呢？

坦然地面對金錢的價值，將它當作你努力後的回饋，體會金錢對人生真正的意義，正是你今生的課題之一。請單純地為成功而喜悅，大方地接受現實中的成果，這也是一種格局的展現。

### ❖ 生日帶來的訊息 ❖

「自由發揮創意」
「優美」
「共享成果」

### 前世の故事

你的前世，是住在安地斯山脈的山麓，一名熱愛唱歌跳舞的印加舞者。

你美妙的歌聲與優美的舞姿得到國王的青睞，因此你成為皇宮裡的舞姬。年紀尚輕的你，很快就適應了皇宮的生活，家臣們也對你寵愛備至，使你成為宛如偶像一般的存在。儘管生活愉快，但人們總是只注意你的美貌，而忽視了你每日辛勤練習的舞技。即使你深知自己的身分，卻仍抱著一顆熱切的心，希望有一天能成為真正的舞蹈家，提昇自己的地位，獲得世人更高的評價。

5/21 希伯來文

### ❖ 生日契合度 ❖

**◉ 情人・伴侶**

| | |
|---|---|
| 1月5, 14, 23日 | 7月8, 17, 26日 |
| 2月4, 13, 22日 | 8月7, 16, 25日 |
| 3月3, 21, 30日 | 9月6, 15, 24日 |
| 4月2, 11, 29日 | 10月5, 14, 23日 |
| 5月1, 10, 28日 | 11月4, 13, 22日 |
| 6月9, 18, 27日 | 12月3, 12, 30日 |

**◉ 工作夥伴・朋友**

| | |
|---|---|
| 1月7, 16, 25日 | 7月1, 19, 28日 |
| 2月6, 15, 24日 | 8月9, 18, 27日 |
| 3月5, 14, 23日 | 9月8, 17, 26日 |
| 4月4, 13, 22日 | 10月7, 16, 25日 |
| 5月3, 21, 30日 | 11月6, 15, 24日 |
| 6月2, 11, 29日 | 12月5, 14, 23日 |

**◉ 競爭對手・天敵**

[3/7] [4/24] [5/5] [7/12] [9/10] [12/16] [12/25]

**◉ 靈魂伴侶**

[4/20] [5/19] [7/11] [7/13] [7/20] [10/14] [11/16]

### ❖ 生日名人 ❖

腓力二世（西班牙國王）
亨利・盧梭（畫家）
羅伯特・蒙哥馬利（演員）
斯圖爾特・辛克（高爾夫選手）
北林谷榮（演員）
堂場瞬一（作家）
中村泰士（作曲家）
岡本健一（演員）
米良美一（聲樂家）
梨花（藝人）

◉ 從你的生日看命運
請見32頁

# 5月22日

May twenty-second

**隨心所欲翱翔世界的自由魅力領袖**

這一天出生的你，是一個隨心所欲地翱翔世界，帶有自由奔放魅力的領袖。你總是打扮得乾乾淨淨，給人清爽的印象，看似耿直體貼，但其實相當固執。

出生日期22，象徵著時間與空間的一切，暗示著宇宙等級的格局，是一個充滿精神性的神聖數字。

再加上出生月分5所具備的變化、自由等特質，象徵著一個傳遞新知的溝通者，這讓你自由自在、翱翔於世界的才華更加突出。你平常做事很腳踏實地，努力不懈，但是只要下定決心，你就能發揮大膽的想像力與敏捷的行動力，展現出魅力領袖的特質。你與外國有很深的緣分，比起待在國內，到外國發展似乎更能夠發揮你原有的實力，獲得的評價也會比較高。



你不用太在乎世人的觀感、不用怕被討厭，只要你能勇敢採取行動，那具有廣大格局的個人特色便能展現出來。你最大的魅力就是兼備大膽與細膩，勇於突破傳統的框架。不論面對什麼人，你都不會逢迎拍馬，因此旁人對你的評價往往很兩極，不過你無須對此感到畏懼。請不要侷限自己，接納自己的與眾不同，帶著自信勇往直前。

## ❖戀愛・婚姻・性生活❖

當你與對方的關係愈親密，就離平常溫柔、體貼、認真的形象愈遠，而會展露出內在的特質，搖身一變成為國王或女王。總是隨心所欲的你，假如事情不合你意，就會情緒極為低落或突然暴怒，令人無法招架。

在性生活方面，你比較主動積極，會大膽地引導對方。在你的感情路上，就算看見充滿戲劇化的發展也不稀奇，你可能會在經歷了幾次轟轟烈烈的戀愛之後，才邁入婚姻。雖然你會努力扮演好自己在家庭裡的角色，但光是待在家裡並不能滿足你，你會一直想要出去工作，繼續在社會上活躍。

## ❖工作・財運❖

你具備了成就大事業的資質，特別的是，你擁有國外的人脈，因此能在國際貿易的商業領域中大為活躍，展現出令人刮目相看的大格局。另外，你也擁有和運動、演藝相關的才華，不只能在國內走紅，更有機會成為國際巨星。

你的財運格局也非常大，儘管財運上有時波濤洶湧，但請不要小看自己，努力磨練自己的才華，你懷有多大的夢想或目標，就擁有多強的運勢。

## ❖ 今生使命・未來展望 ❖

你今生的使命，就是奉獻一己之力，努力實現世界和平。

你總是以助人為己任，擁有強烈的使命感。不過假如你一心覺得自己是為了世界、為了人們而努力，便很容易用自以為正確的標準來評斷他人。當你一直認為只有自己的想法才正確時，就無法接納那些意見與你相左的人，進而批評他人，或可能責備自己，認為自己的想法對別人沒有助益，因而毫無價值。

在你想要幫助他人之前，請先了解並接受真實的自己。你的格局和魅力，是旁人所不能及的。請活用自己自由奔放的想法，按照自己的想法大膽地行動吧。只要心中有愛，你的行動一定能為實現世界和平帶來助益。

## ❖ 生日帶來的訊息 ❖

「永恆的流動」
「廣闊的格局」
「祈求世界和平」

### 前世の故事

你的前世，是極盛時期的俄羅斯帝國皇帝的次子。

你與未來即將繼承皇帝的哥哥不同，一直在廣大的領土上自由奔放地成長。長大後，你對俄羅斯的諸多鄰國產生興趣，因此頻繁地前往他國進行視察，致力於外交工作，締結邦交。你透過從小培養的開闊思維與大膽行動力，在外交領域發揮無人能及的實力，成為眾所仰慕的對象。

然而，你的領導魅力卻讓你始終遇不到能交心的對象，終其一生過著單身生活。儘管你獲得了地位與名聲，但其實你最希望能體驗的是日常生活中平凡的幸福。

5/22 希伯來文

### ❖ 生日契合度 ❖

◉ **情人・伴侶**

| | |
|---|---|
| 1月1, 19, 28日 | 7月4, 22, 31日 |
| 2月9, 18, 27日 | 8月3, 21, 30日 |
| 3月8, 17, 26日 | 9月2, 11, 29日 |
| 4月7, 16, 25日 | 10月1, 19, 28日 |
| 5月6, 15, 24日 | 11月9, 18, 27日 |
| 6月5, 14, 23日 | 12月8, 17, 26日 |

◉ **工作夥伴・朋友**

| | |
|---|---|
| 1月8, 17, 26日 | 7月2, 20, 29日 |
| 2月7, 16, 25日 | 8月1, 19, 28日 |
| 3月6, 15, 24日 | 9月9, 18, 27日 |
| 4月5, 14, 23日 | 10月8, 17, 26日 |
| 5月13, 22, 31日 | 11月7, 16, 25日 |
| 6月12, 21, 30日 | 12月6, 15, 24日 |

◉ **競爭對手・天敵**

[1/16] [3/14] [7/11] [7/19] [8/10] [10/16] [12/14]

◉ **靈魂伴侶**

[6/19] [7/24] [8/14] [9/7] [9/22] [10/6] [11/2]

### ❖ 生日名人 ❖

理察・華格納（作曲家）
亞瑟・柯南・道爾（作家）
娜歐蜜・坎貝兒（超級名模）
諾瓦克・喬科維奇（網球選手）
中勘助（作家）
庵野秀明（動畫導演）
大竹誠（演員）
中村修二（電子工程學家、諾貝爾獎得主）
宇多丸（饒舌歌手）
高木美帆（競速滑冰選手）

◉ **從你的生日看命運**
**請見32頁**

# 5月23日

May twenty-third

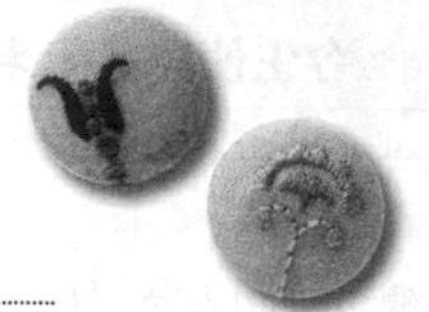

永遠追求自由與變化永恆的旅人

5月23日出生的你，從未停滯不前，總是追求變化，尋找新的安身之處，是一個自由的旅人。

你和每個人都很快就能打成一片，可以敏銳地感知現場的環境和狀況，因此不論在什麼場合都能適切地應對。而擅長溝通的你，也能夠迅速察覺對方的需求。

你的外表出色，舉止優雅，廣受人們的喜愛。無論是同性或者是異性，都會不自覺地把目光集中在你身上。你喜歡新奇的事物，對流行也很敏感。23日出生的人大多外表亮眼、打扮時尚。不過，你感興趣的事物總是變來變去，因此可能會被認為有些輕浮。

因為你的適應能力很強，有時容易受到環境的影響而迷失自我。只要你不要太在乎別人對你的評價，同時擁有自己衡量的標準，無論在身心方面都能趨於穩定，過著平靜的生活。

出生日期23日的2代表協調、和諧，3代表天真無邪的孩子。2與3相加後等於5，代表23日出生的人，也擁有如同5的特質，不受拘束、彈性多變，享受自由。再加上出生月分5原本的變化、自由等特質，會讓你本來擁有的自由發想的能力及適應變化的彈性更加明顯，讓你成為喜愛追求自由變化的永恆旅人。

### ❖戀愛・婚姻・性生活❖

你會隨著交往對象，巧妙地改變自己的外表或內在，就像變色龍一樣。你好奇心旺盛，喜歡和人交流，因此能和各種不同類型的人交往。結婚之後的你也會忙於工作或興趣，不會乖乖待在家裡。由於你討厭受到束縛，因此如果和一個處處會干涉你的人交往，可能不會長久。

由於你認為性是一種交流的方式，因此你對性的想法很開放。

假如你遇到不合適的對象，便可能因為彼此想法上的衝突而陷入兩難。因為你的異性緣非常好，所以更應該慎選伴侶。

### ❖工作・財運❖

你擅長感知旁人的心情與現場的氣氛，因此瞬間就能成為職場人氣王。由於工作效率高，往往容易受人請託，儘管你有能力把事情都做好，但也可能因為不好意思拒絕而攬下過多的工作。你必須信任同事和屬下，把工作交付他們。

擅長掌握時勢脈動的你，可以此增加財富，財運奇佳。不過你的開銷也很大，只要刻意地儲蓄，便能取得平衡。在工作上請慎選好的合作對象，他能幫助你提昇財運。

## ❖ 今生使命・未來展望 ❖

你今生的使命，是對自己的選擇負起責任，在自己的人生中發揮領導能力。

其實你不擅長站在團隊的前方發揮領導能力，因為你總是太過在意旁人的視線，總是優柔寡斷。能夠在體察旁人想法的情況下採取行動，固然是你的優點；但有時你沒有及時明確表達自己的意見，或是因為過於依賴他人而喪失自己原有的立場。

請對自己的選擇負起責任，即使是日常生活中的小事，也請盡量自己做決定。領導者的工作並不是只有率領身邊的人前進而已，只要善加利用你的細心體貼，以及炒熱氣氛、為旁人帶來歡笑的能力，自然能吸引他人來到你身邊，讓大家一起朝著同一個目標邁進。只要你能為自己自由發想的計畫和行動負起責任，就會有個新型態的魅力領袖誕生。

## ❖ 生日帶來的訊息 ❖

**「人生的旅人」**
**「美貌」**
**「培養責任感」**

### 前世の故事

你的前世生於土耳其伊斯坦堡，是一個跳肚皮舞的舞孃。你熱愛唱歌跳舞，過著自由奔放的生活。

你年紀輕輕就成為職業舞者，和夥伴們到處巡迴演出。在刺激又快樂的旅程中，你憑藉著美貌與舞蹈才華獲得地位和名聲。後來，你希望能到更多不同的地方演出，然而夥伴們卻希望停留在客源穩定的地方，因此你們之間出現意見上的分歧，最後你選擇了脫團獨立。

雖然你變得更自由了，但同時責任也變大了，使你感到不安。這時你才發現，原來你一直以來的自由，都是建立在夥伴們的支持之上。

5/23 希伯來文

### ❖ 生日契合度 ❖

◉ **情人・伴侶**

| | |
|---|---|
| 1月2, 20, 29日 | 7月5, 14, 23日 |
| 2月1, 10, 28日 | 8月13, 22, 30日 |
| 3月9, 18, 27日 | 9月3, 21, 31日 |
| 4月8, 17, 26日 | 10月2, 11, 29日 |
| 5月7, 16, 25日 | 11月1, 19, 28日 |
| 6月6, 15, 24日 | 12月9, 18, 27日 |

◉ **工作夥伴・朋友**

| | |
|---|---|
| 1月9, 18, 27日 | 7月3, 21, 30日 |
| 2月8, 17, 26日 | 7月2, 11, 29日 |
| 3月7, 16, 25日 | 9月1, 19, 28日 |
| 4月6, 15, 24日 | 10月9, 18, 27日 |
| 5月5, 14, 23日 | 11月8, 17, 26日 |
| 6月4, 13, 22日 | 12月7, 16, 25日 |

◉ **競爭對手・天敵**

[4/14] [5/4] [5/22] [7/11] [8/19] [9/10] [11/7]

◉ **靈魂伴侶**

[3/17] [5/24] [6/5] [7/26] [10/1] [11/9] [12/3]

### ❖ 生日名人 ❖

約翰・佩恩（演員）
約翰・紐康姆（網球選手）
大衛・格雷厄姆（高爾夫選手）
齋藤秀雄（指揮家）
野島稔（鋼琴家）
高橋治（作家）
赤坂憲雄（民俗學家）
杉浦正則（棒球選手）
阿武教子（柔道選手）
夏菜（演員）

◉ **從你的生日看命運**
**請見32頁**

# 5月24日

May twenty-fourth

**用不設限的心持續奉獻的慈善家**

選擇這一天做為生日的你，是一個兼具自由奔放與穩健踏實兩種特質的慈善家。你總是心地善良、設身處地替人著想，所有行為都是為了大家的福祉。

出生日期24的2代表協調、和諧，4代表認真、正直。由於2與4相加後等於6，代表24日出生的人，天生具備了6的特質，能細心培育人才，並為此感到喜悅。再加上出生月分5的自由、變化等特質，讓你散發認真、開朗的氣息，以及不受任何框架所侷限的靈活性。

你的個性耿直，是個好好先生。而你能敏銳地感知現場的氣氛，直覺也很準，因此總是能察言觀色之後再採取行動。此外，你的責任感也很強，受人請託時總是不好意思拒絕，看見別人有難，就會毫不猶豫地伸出援手。

你喜歡和人接觸，平易近人又溫暖的態度，總是讓身旁的人得到療癒。

你雖然個性溫和，卻又充滿活動力，同時兼具冷靜與熱情兩種面向，而這正是你的魅力所在，也是你受到廣受男女老幼歡迎的祕訣。不過，假如你總是把別人的事情擺在第一順位，就會容易受到周遭氣氛的影響，而疏忽了自己應該做的事情，因此你需要更重視自己的直覺和感受。

## ❖戀愛・婚姻・性生活❖

在戀愛中，你因為太害怕受傷，往往會告訴自己這只是玩玩，或是克制自己不要太投入。此外，你也會因為想要尊重彼此的自由，而刻意避開認真經營的戀情。然而一旦你認真投入，就會對心靈契合的對方非常專情。

結婚後，你會打造一個溫暖快樂的家庭。由於你的認真個性，可能會對孩子非常嚴格，甚至過度干涉。你對性的態度比較保守，但只要對方稍微強勢一點，你說不定就會接受無愛的性關係。

## ❖工作・財運❖

只要讓你從事可以接觸大眾的工作，你的才華便得以發揮；若是獨力完成的工作或面對機械、電腦的工作，便無法展現出你的優點。此外，你也擁有激發別人才華的能力，因此也很適合教師、講師、導覽員等教導、指引他人的工作。

你的財運穩定，雖然不會賺大錢，不過也不會破財。你常把錢花在別人身上，因此財運會受到平時來往的人影響。請記得你對人愈慷慨，財運也會愈好。

## ❖ 今生使命・未來展望 ❖

總是替對方著想的你，今生的使命是：探索無形的世界，將你從中學到的真理傳達給更多的人。

你應該可以感受到人與人之間那種不可思議的緣分或命運，因此對那無形的世界很感興趣。又或者，你可能深信世上只有這個現實世界的存在，因而對其他的事物抱持著懷疑的態度。

請善用你認真以及探究真相的態度，誠懇地向無形世界學習。或許先從生命的奧妙開始探索也不錯。無論如何都不要急於獲得解答，重要的是，用自己的步調，慢慢花時間加以了解。請把你接觸無形世界之後所習得的一切領悟，呈現在現實世界中。假如你能實踐真正的愛與自由，就能讓兩個不同的世界獲得良好的平衡。

## ❖ 生日帶來的訊息 ❖

「慈善活動」
「信念」
「接受命運」

### 前世の故事

你的前世生於法國大革命前夕，是某個貴族的家臣，並負責教育貴族的孩子們。

在革命即將爆發的混亂時代裡，你教導著未來將在社會立足的下一代學著思考何謂真正的自由、和平與人權。你順從自己的理念，將你認為重要的觀念傳遞下去，然而在保守的舊制度社會中，你卻被視為一名危險的叛亂份子，遭到逮捕。所幸孩子們確實地承接了你的思想，你一方面期待著新時代揭幕，卻又無法親眼確認，只能一個人寂寞地迎接人生的落幕。

5/24 希伯來文

### ❖ 生日契合度 ❖

**◉ 情人・伴侶**

| | |
|---|---|
| 1月9, 18, 27日 | 7月3, 21, 30日 |
| 2月8, 17, 26日 | 8月2, 11, 20日 |
| 3月7, 16, 25日 | 9月10, 19, 28日 |
| 4月6, 15, 24日 | 10月9, 18, 27日 |
| 5月5, 14, 23日 | 11月8, 17, 26日 |
| 6月4, 13, 22日 | 12月7, 16, 25日 |

**◉ 工作夥伴・朋友**

| | |
|---|---|
| 1月1, 19, 28日 | 7月4, 22, 31日 |
| 2月9, 18, 27日 | 8月3, 21, 30日 |
| 3月8, 17, 26日 | 9月11, 20, 29日 |
| 4月7, 16, 25日 | 10月1, 19, 28日 |
| 5月6, 15, 24日 | 11月9, 18, 27日 |
| 6月5, 14, 23日 | 12月8, 17, 26日 |

**◉ 競爭對手・天敵**

[2/13] [3/3] [3/21] [4/9]
[7/17] [8/25] [9/15]

**◉ 靈魂伴侶**

[3/16] [4/5] [4/8] [9/12]
[9/21] [10/29] [11/10]

### ❖ 生日名人 ❖

維多利亞女王（英國女王）
巴布・狄倫（音樂人）
張柏芝（演員）
橫溝正史（作家）
藤間紫（日本舞蹈家）
田村亮（演員）
真保裕一（作家）
小林聰美（演員）
柴田亞美（漫畫家）
河相我聞（演員）

◉ 從你的生日看命運
請見32頁

# 5月25日

May twenty-fifth

## 追求自由 打破框架的 藝術家

5月25日出生的人，是個擁有自己獨特堅持的完美主義者，彷彿一位重視每個細節的藝術家。在人生中，你會不停地追求自由與變化，勇敢地突破傳統，絕不會侷限於既有的框架。

出生日期25的2代表協調、和諧，5代表自由、變化。若將2與5相加後等於7，因此25日出生的人也擁有7的特質，重視品質，思緒嚴謹，就像一名追求完美，心思細膩的藝術家，天生具備獨特的品味。

再加上出生月分5的特質，讓你不受規範或形式束縛，大膽而自由的思考能力也更為突出。你會透過卓越的品味與獨特的感性，來展現自己的想法，並把目光鎖定在追求新的可能性和最好的表現上。

若遇到感興趣的事，你一定會親自體驗。你很重視透過親身體驗得到的感受，並積極地將它融入自己的創作中。頭腦靈活的你，消息也很靈通，因而能夠準確地判斷狀況。你不是一個會和他人比較的人，而是要求自己達成自己所訂立的目標，是一個嚴以律己的理想主義者。

不過，你的心情有時會陰晴不定，一旦你對於做這件事失去興趣，就會半途而廢；遭遇困難時，可能會出現逃避現實的傾向，請注意。基本上，你喜歡自己獨處，但也能夠在群體中展現處事圓融的一面。

### ❖戀愛・婚姻・性生活❖

無論面對什麼樣的對象，你都能靈活地配合對方。由於你的興趣廣泛、話題豐富，因此經常成為異性注目的焦點。然而，你卻很少向情人吐露真心話，似乎在心裡築起一道牆，有一股莫名的冷淡。

在婚姻生活中，你不希望對方踏入自己的隱私領域，一旦對方闖進你的世界，你就會感到不自在，甚至想要逃離對方。你對性也有些冷漠，無法全心投入。然而，有時你會渴望溫暖的肌膚之親，因此有可能嘗試一夜情。

### ❖工作・財運❖

你不喜歡被人使喚制約，因此較適合能自由發揮想法、不受人限制的公司文化。你很在乎與身旁的人之間的和諧，但你總是努力不懈、毫不妥協、追求完美的態度，卻可能讓人感到難以親近。你可以和團隊一起工作，不過若能明確界定你的工作內容、權責範圍，再讓你自由發揮，也許能獲得更豐碩的成果。

擁有強烈的專業意識的你，對金錢並不執著，一直都把金錢擺在第二位。你不會用賺錢與否來決定自己要不要工作。

## ✧ 今生使命・未來展望 ✧

今生你的使命就是：回歸天真爛漫的初心，輕鬆自在地享受人生。

你從小就很早熟，又具有藝術家的專業特質，因此讓你坦率地表達感受，或是像孩子一樣單純地享受人生，對你來說或許並不容易。

請把最獨特的你展現出來，允許自己隨心所欲地享受人生。世界上的每一個人，本來就是為了盡情享受屬於自己的人生，才誕生於世。

不妨試著讓自己多運動，並且不要用頭腦思考，而是用心去感受。當你透過瑜伽或舞蹈等運動，在愉快的氛圍中放空腦袋，或許就能學會如何用心去感受。當冷酷的你開始露出純直的笑顏時，你的才華也將更加耀眼，這樣才能幫助你達成享受人生的使命。

## ✧ 生日帶來的訊息 ✧

**「描繪夢想」**

**「幻想」**

**「從大人變成孩子」**

### 前世の故事

你的前世，是中世紀歐洲的一名致力於學術研究的歷史學家。

你從小就充滿好奇心，對於感到疑問的事物，總是打破沙鍋問到底。你的努力沒有白費，你的研究成果後來受到很高的評價。不過，當時的主政者卻認為那是一種危險思想，命令你停止研究。無法釋懷的你，於是離開故鄉，四處流浪，尋找可以繼續做研究的地方。於是你隱姓埋名，持續進行研究，終其一生沒有再回到故鄉，最後懷才不遇的一生就這樣劃上休止符。

你對古代遺蹟之謎非常心馳神往，卻迫於時代的無奈，無法盡情做自己想做的事，因此盼望來世能更自由享受自己的人生。

5/25 希伯來文

### ✧ 生日契合度 ✧

◉ **情人・伴侶**

| | |
|---|---|
| 1月6, 15, 24日 | 7月9, 18, 27日 |
| 2月5, 14, 23日 | 8月8, 17, 26日 |
| 3月4, 22, 31日 | 9月7, 16, 25日 |
| 4月3, 12, 30日 | 10月6, 15, 24日 |
| 5月2, 20, 29日 | 11月5, 14, 23日 |
| 6月1, 19, 28日 | 12月4, 13, 22日 |

◉ **工作夥伴・朋友**

| | |
|---|---|
| 1月2, 11, 29日 | 7月5, 14, 23日 |
| 2月10, 19, 28日 | 8月4, 22, 31日 |
| 3月9, 18, 27日 | 9月3, 12, 30日 |
| 4月8, 17, 26日 | 10月2, 20, 29日 |
| 5月7, 16, 25日 | 11月1, 10, 19日 |
| 6月6, 15, 24日 | 12月9, 18, 27日 |

◉ **競爭對手・天敵**

[1/22] [2/12] [3/2] [5/9] [7/16] [10/4] [12/20]

◉ **靈魂伴侶**

[1/21] [5/11] [6/16] [9/13] [9/22] [10/30] [11/20]

### ✧ 生日名人 ✧

傑克・施泰因貝格爾（物理學家）
索尼亞・里基爾（設計師）
伊恩・麥克連（演員）
菊池武夫（設計師）
荒木經惟（攝影師）
江川卓（棒球選手）
二宮知子（漫畫家）
石田光（演員）
上野樹里（演員）
清宮幸太郎（棒球選手）

◉ 從你的生日看命運
請見32頁

# 5月26日

May twenty-sixth

因和人往來
而感到快樂
善良的戰士

這一天出生的你，總是開朗活潑、面帶笑容，永遠努力不懈，就像一個與志同道合的夥伴朝著目標不斷邁進的熱血戰士。

你會積極地前往不曾去過的地方，探尋新的知識，並運用優異的溝通能力，在那裡與不同的人交流，拓展人脈。你很希望能分辨身邊的人是敵還是友，但本質上的你個性很純樸，善良又充滿熱忱。

你喜歡和大家一起同心協力完成一件事，非常重視團隊和夥伴。只要有人來拜託你，你就會設身處地幫助對方，因此受到眾人愛戴。另外，你非常可靠，無論遇到多少困難都不會因此受挫，始終能抱持著積極正向的熱情，輕鬆度過難關。不過，你很難拒絕別人的請求，因此總不斷接下難題，經常忙碌地四處奔波，不過你本人似乎樂在其中。

你的出生日期26中，2代表協調、和諧，6代表愛與美，意謂著關心夥伴、善良的個性。因此比起獨處，你更喜歡和人接觸，並能從中獲得成就感。再加上出生月分5的自由、變化等特質，讓你的社交能力更加提昇，行動也更敏捷，每天都充滿能量與活力。

## ✧戀愛．婚姻．性生活✧

一旦墜入情網，你就會想為對方付出一切，甚至出現太照顧對方的傾向。請小心不要讓你為對方付出的努力變成了多管閒事。

性對你而言，與其說是彼此的肌膚之親，不如說是讓對方對自己死心塌地的手段。結婚之後，你會以能讓對方開心的事為優先，從照顧對方身上獲得成就。不過，假如你太過多管閒事，可能就會變得囉唆，因此請善用你天生擅長維持平衡的能力，與家人保持適當的距離。

## ✧工作．財運✧

你認為工作就像是自己一生的朋友。擁有親和力的你，能在直接面對大眾的工作現場發揮領導能力。同時你也具有精準的判斷力，以你的才能，很適合在穩定的大公司裡服務。你具有擔任主管的實力，喜歡在第一線活用溝通能力，提昇整個團隊的業績。

你的財運很旺，在賺錢方面也富有才華，卻不擅長穩定儲蓄。如果別人對你施加人情壓力，你很可能就會因為難以拒絕對方而答應借錢，結果最後收不回來，請務必慎重為之。

## ❖ 今生使命・未來展望 ❖

你總是比別人還要努力，像一名戰士般，果敢地迎接每一個挑戰。你今生的使命，就是認真地生活，將努力的成果具體化。

因為和夥伴一起達成目標會讓你很快樂，因此你會不斷地迎向各種目標。儘管你擅長尋求不同的挑戰，但你卻不懂得如何收拾善後，也不習慣將自己的成果具體化。你認為自己必須把每一件事做好，因此努力不懈，同時也會用你認為正確的論點來責備自己或衡量他人，請特別注意。

請你先將自己一直以來所做的事情逐一具體化。無論是做一道菜也好、做一個手工藝品也好，建議你將成果與大家分享，為身旁的人帶來歡樂。只要你每天持續不斷地將成果具體化，在逐步累積之下，你就會發現人生充滿了奇蹟般的幸福。

## ❖ 生日帶來的訊息 ❖

「重視第一線」

「寬容」

「累積實績」

### 前世の故事

你的前世，是印度蒙兀兒帝國時代一名為人民盡心盡力的王子。

身為君主嫡子的你，心地善良，對比自己弱勢的人總是親切和善，繼承大位後，便致力改革社會結構。為此，你親自體驗庶民的生活，和他們一起揮汗工作，貫徹以人民優先的觀念，並將你認為立意良善的事一一立法規範，改變政策。然而人民卻跟不上改革而來的急遽變化，導致社會變得混亂。

面對這個出乎意料的結果，你漸漸喪失了旁人對你的信賴。失意的你，透過親身經歷，學到了凡事應該按部就班、從長計議的重要性。

# כוה

5/26 希伯來文

### ❖ 生日契合度 ❖

◉ 情人・伴侶

| | |
|---|---|
| 1月7, 16, 25日 | 7月1, 10, 28日 |
| 2月6, 15, 24日 | 8月9, 18, 27日 |
| 3月5, 14, 23日 | 9月8, 17, 26日 |
| 4月4, 13, 22日 | 10月7, 16, 25日 |
| 5月12, 21, 30日 | 11月6, 15, 24日 |
| 6月2, 11, 29日 | 12月5, 14, 23日 |

◉ 工作夥伴・朋友

| | |
|---|---|
| 1月3, 21, 30日 | 7月6, 15, 24日 |
| 2月2, 11, 20日 | 8月5, 14, 23日 |
| 3月1, 19, 28日 | 9月4, 13, 22日 |
| 4月9, 18, 27日 | 10月3, 12, 30日 |
| 5月8, 17, 26日 | 11月2, 11, 29日 |
| 6月7, 16, 25日 | 12月1, 19, 28日 |

◉ 競爭對手・天敵

[2/14] [3/10] [4/21] [6/1] [8/17] [9/16] [11/5]

◉ 靈魂伴侶

[1/10] [5/24] [6/3] [7/2] [7/20] [9/20] [10/17]

### ❖ 生日名人 ❖

約翰・韋恩（演員）
佩姬李（歌手）
邁爾士・戴維斯（音樂人）
亞歷山大・謝爾蓋耶維奇・普希金（作家）
谷川徹三（哲學家）
加藤一彥（漫畫家）
和月伸宏（漫畫家）
TAKURO（音樂人）
鶴野剛士（藝人）
伊東美咲（演員）

◉ 從你的生日看命運
請見32頁

# 5月27日

May twenty-seventh

**重視自由**
**追求改變**
**靈活的賢者**

5月27日出生的你，個性低調、謙恭有禮、成熟穩健，每個人都能安心與你來往。此外，你尊重包括自己在內的每個人的自由，同時擁有彈性順應變化的才華。頭腦聰明，具有遠見，能夠創造時代潮流的你，就像是一個追求改變的賢者。

你以助人為樂，但是不習慣自己拋頭露面，而比較喜歡在幕後協助身邊的人，扮演經理人或製作人的角色。

博學多聞的你，永遠冷靜沉著，很少驚慌失措或感情用事，在精神上也很獨立。你總是能冷靜且客觀地觀察身旁的人與環境，並具有卓越的分析能力。

你擁有細膩感性，雖然你不太表露情感，但潛藏在內心的自尊心相當高，甚至有點瞧不起無知的人。重視自由的你，認為自己對於變革有使命感，但因感受力較強，情緒易失衡，一旦產生罪惡感，就會把自己封閉起來，請務必注意。

出生日期27的2代表著和諧、協調，7代表完成與職人的特質。再加上出生月分5的自由、變化，讓你成為一名能維持整體平衡、懂得臨機應變，活躍於檯面下的導師或賢者。



## ❖戀愛・婚姻・性生活❖

內心深處渴望變化的你，儘管希望自己能自由地享受戀愛的樂趣，卻始終無法認真付出真情。你有時會冷靜客觀地分析自己的愛情，或是希望透過配合對方尋求穩定。你也會因為交往的對象而展現出不同的形象，若遇到態度比較強勢的追求者時，也許會因為拒絕不了而陷入婚外情或三角關係之中。

你認為戀愛不等於結婚，因此考慮結婚時會仔細評估對方的條件。比起肉體上的契合，你更重視精神上的穩定，因此對性行為本身可能不那麼感興趣。即使演變成無性生活，你可能也會因為在意旁人的眼光而繼續扮演貌合神離的夫妻。

## ❖工作・財運❖

你能憑著豐富的知識與想像力來創造新的潮流、趨勢。比起賺錢，對社會有所貢獻、獲得更多人的正面評價，對你來說才更有價值，因此你對公益活動也很感興趣，樂於助人。但因為你不太擅長溝通，因此會有點吃虧。此外，你也具有發掘別人才華與魅力的能力，因此適合擔任製作人。

你的財運穩健，若你能將個人的財務規劃與市場經濟現況相結合，就能吸引更多財富上門。

## ✧ 今生使命・未來展望 ✧

你就像個追求改變的賢者，今生的使命是成為人與人之間的溝通者。

你是否希望擁有自由，卻總是在意旁人的反應或評價，而無法維持內心的安穩呢？一直找藉口說自己做不到、無法改變，不過是一種自欺欺人，只會加深你的罪惡感，沒有任何意義。

請從日常生活中的小事開始做出改變，將你從中獲得的新知和身旁的人分享。建議你可以積極前往比較陌生的地方，認識新朋友。

當你想到什麼就立刻去做，也很重要。有時不必太在乎旁人，只要順從自己的直覺，迅速地行動，自由自在地四處探訪，會讓你今生的使命變得更加明確。

## ✧ 生日帶來的訊息 ✧

「追尋浪漫」
「先見之明」
「扮演橋梁的角色」

### 前世の故事

你的前世，是江戶時代一名立志成為天文學家的商人。

你醉心於夜空中閃爍的群星，從小就喜歡待在家裡閱讀有關星象的書籍。你在鎮上的私塾讀書，成績優異，希望未來能成為一名天文學家。然而當時的天文學，是一門用於製作曆法的學問，而非研究天體，一般平民根本沒有機會接觸。後來由於氣候惡劣，飢荒肆虐，在你居住的城鎮中出現了許多犧牲者。你明知只要活用天文學的知識就可以避免飢荒，自己卻無能為力，因此懊悔不已。於是，這成為了你來世要面對的課題。

5/27 希伯來文

### ✧ 生日契合度 ✧

◉ 情人・伴侶

| | |
|---|---|
| 1月12, 21, 30日 | 7月6, 15, 24日 |
| 2月2, 20, 29日 | 8月5, 14, 23日 |
| 3月10, 19, 28日 | 9月4, 13, 22日 |
| 4月9, 18, 27日 | 10月3, 12, 21日 |
| 5月8, 17, 26日 | 11月2, 20, 29日 |
| 6月7, 16, 25日 | 12月1, 19, 28日 |

◉ 工作夥伴・朋友

| | |
|---|---|
| 1月4, 22, 31日 | 7月7, 16, 25日 |
| 2月3, 12, 21日 | 8月6, 15, 24日 |
| 3月2, 11, 20日 | 9月5, 14, 23日 |
| 4月1, 19, 28日 | 10月4, 13, 22日 |
| 5月9, 18, 27日 | 11月3, 21, 30日 |
| 6月8, 17, 26日 | 12月2, 20, 29日 |

◉ 競爭對手・天敵

[1/13] [3/9] [9/12] [9/30] [10/31] [11/1] [12/9]

◉ 靈魂伴侶

[1/7] [1/13] [1/27] [3/23] [4/24] [9/30] [10/25]

### ✧ 生日名人 ✧

達許・漢密特（作家）
喬治・魯奧（畫家）
亨利・季辛吉（政治家）
中曾根康弘（政治家）
小櫻京子（演員）
清水真砂子（兒童文學作家）
植田正志（漫畫家）
內藤剛志（演員）
堀內敬子（演員）
柳澤敦（足球選手）

◉ 從你的生日看命運
請見32頁

# 5月28日

May twenty-eighth

## 珍惜人我關係
## 重視夥伴的
## 熱血隊長

選擇這一天做為生日的你，總是活潑開朗、充滿活力。你平易近人，和每個人都能打成一片，非常重視與夥伴之間的關係，就像一名熱血隊長。你的好奇心旺盛，總是積極挑戰未知的事物。充滿魅力的你，總能吸引許多人加入你的行列。你很重視夥伴與家人，只要有人拜託你事情，你總會輕易答應，因此成為大家倚重的對象，自然而然被賦予領導者的角色。

比起平凡的每一天，你更喜歡刺激；若發生突發事件，你反而會非常興奮，想要大顯身手。你喜歡幫助別人，但就連與自己無關的事也會插手；但若突然喪失興趣，你也許會半途而廢，請特別注意。

你的心情陰晴不定，情緒會直接表現在言語或態度上，但因為旁人清楚你的為人，知道你並沒有惡意，因此並不會因此討厭你。當你遇到困難的時候，絕對不會悲觀，而是一邊享受過程一邊度過難關。不過，假如你只在乎身旁的人，而沒有好好地面對自己，便可能迷失人生的方向，請注意。

你的出生日期 28 日中，2 代表協調、和諧，8 代表無限大的力量；出生月分 5 則代表著自由、變化、溝通，因此 5 月 28 日出生的人，是個極為重視自己與家人、夥伴之間關係，充滿熱情的領導者。

### ✧戀愛・婚姻・性生活✧

打扮入時的你，話題也很豐富，交遊廣闊，但是在戀愛中卻偏向被動。由於人緣極佳，因此經常有人向你表白。倘若你因為不想破壞友誼或不想傷害任何人，而採取曖昧不明的態度，反而會讓對方感到錯亂，因此請留意。

婚後，你喜歡陪家人一起去時下最流行的餐廳、景點，或培養共同的運動作為興趣，你與家人就像朋友一般。在性生活方面，你平時喜歡讓對方主導，不過當好奇心勝過配合對方的心情時，便可能突然變得大膽而熱情。

### ✧工作・財運✧

職場是你最能發揮才華、顯得最耀眼的地方。你不但能炒熱氣氛，更能精準地掌握資訊，迅速靈活地應對，因此必定能在事業的第一線擔任領導者，大為活躍。你適合的工作，包括匯聚了各種人、需要臨機應變能力的物流或服務業，以及新創事業的專案經理等等。你和團隊一起努力，會比自己一個人工作還要容易獲得財富。不過重視夥伴的你，在金錢借貸方面必須特別慎重；由於你不會催促對方，因此避免借錢給人是最保險的做法。

## ❖ 今生使命・未來展望 ❖

今生你的人生課題是了解無私的愛的真諦，而你的使命則是對生命中接觸的所有人付出無私的愛。無時無刻都極為重視夥伴與家人關係的你，往往付出太多努力在照顧別人上。然而，假如對方沒有提出要求，你就會擅自插手，甚至抱怨對方沒有感謝你、沒有按照你的指示行動，這可就本末倒置了。

其實你自己才是最渴望愛的人，而很遺憾，認為自己非做不可而付出的愛，並不是無私的愛。

真正的愛，是當自己被滿足了之後，自然而然流露出來的。而讓自己獲得滿足的線索，其實就藏在你平常視而不見或假裝漠不關心的事物中。請承認你對那些事物的興趣與關心，讓自己樂於其中或從中獲得力量，便能體會何謂無私的愛。

### ❖ 生日帶來的訊息 ❖

**「單純的關係」**
**「明快」**
**「拋開偽善」**

### 前世の故事

你的前世，是在美國一所歷史悠久的大學中，擔任美式足球隊隊長的年輕人。熱愛嘗試新事物的你，充滿幹勁與體力，於是與夥伴一起組隊，投入美式足球這個新運動。後來，其他大學也陸續出現了美式足球隊，就在校際比賽愈來愈如火如荼地展開時，你也即將大學畢業。

你對於畢業前沒有率領隊伍在比賽中獲得好成績而感到悔恨，因此在心中立誓：未來一定要打造一支職業的美式足球隊。

כחה

5/28 希伯來文

### ❖ 生日契合度 ❖

◉ **情人・伴侶**

| | |
|---|---|
| 1月8, 17, 26日 | 7月2, 20, 29日 |
| 2月7, 16, 25日 | 8月1, 10, 19日 |
| 3月6, 15, 24日 | 9月9, 18, 27日 |
| 4月5, 14, 23日 | 10月8, 17, 26日 |
| 5月4, 22, 31日 | 11月7, 16, 25日 |
| 6月3, 21, 30日 | 12月6, 15, 24日 |

◉ **工作夥伴・朋友**

| | |
|---|---|
| 1月5, 14, 23日 | 7月8, 17, 26日 |
| 2月4, 13, 22日 | 8月7, 16, 25日 |
| 3月3, 12, 30日 | 9月6, 15, 24日 |
| 4月11, 20, 29日 | 10月5, 14, 23日 |
| 5月10, 19, 28日 | 11月4, 13, 22日 |
| 6月9, 18, 27日 | 12月3, 12, 30日 |

◉ **競爭對手・天敵**

[1/1 ] [2/18] [3/21] [8/3] [10/19] [11/18] [12/26]

◉ **靈魂伴侶**

[3/20] [4/10] [5/18] [6/20] [7/10] [11/12] [12/14]

### ❖ 生日名人 ❖

喬治一世（英國國王）
伊恩・佛萊明（作家）
凱莉・米洛（歌手）
新井隆二（BIC CAMERA 創始人）
筒美京平（作曲家）
大石芳野（攝影師）
中澤新一（宗教學家）
水沼貴史（足球選手）
黑木梅紗（演員）
柴崎岳（足球選手）

◉ 從你的生日看命運
請見32頁

# 5月29日

May twenty-ninth

心志容易動搖而感到迷惑的幕後實力者

5 月 29 日出生的你，散發著一股神祕氣質及獨特的魅力，是一個在幕後擁有實質影響力的人。

將出生日期 29 相加後就會變成 11，這是一個富有精神性的神聖數字。2 代表協調、和諧，9 代表完成、智慧、賢者等意義。再加上出生月分 5 所具備的自由、變化、溝通等資質，讓你的心志往往不夠堅定，也可能經常改變方向。

你生性溫和，不喜歡爭執，具有能綜觀全局的遠見與智慧，深謀遠慮。你擁有團結所有人的實力與吸引人的奇妙魅力，是一個可靠的輔佐者。

不過，有時為了符合旁人的期待，你會隱藏自己的真心，扮演模範生的角色。因為你一個人承受了所有的壓力，最後很可能會故意地指出對方的痛處，而且由於事實的確如此，因此旁人也很難打圓場。

你的想法對身旁的人往往具有強烈的影響力，因此自然會成為眾所矚目的對象。你在藝術方面非常有品味，感受力與表現力都很豐富。不過因為你的天線比較敏感，無論好事壞事，都很容易對你造成影響，使你常常猶豫不決，因此隨時將自己保持在最佳狀態，才是最重要的。

## ❖ 戀愛・婚姻・性生活 ❖

你就像是小惡魔或花花公子，具有一種吸引異性的神祕魅力。在愛情裡，你經常展現出天使和惡魔的兩種面貌。面對真正喜歡的對象時，由於你打從心底把他當成自己人，因此有時說話可能口無遮攔，無意間傷害了對方。當你發現自己說得太過火，最重要的是立刻誠心地向對方道歉。婚後，你會努力成為一個好先生或好太太，常常為了許多事而勉強自己，只是如果太過於勉強，你會獨自承受太大的壓力，請特別注意。在性方面，請把你最真實的感受坦誠地告訴對方，更真心地享受。

## ❖ 工作・財運 ❖

你待人溫和親切，無論什麼工作都能勝任。你雖然屬於全才型，不過你的直覺和創造力格外突出，因此需要一個能自由應用這些特質的環境。你擁有藝術品味與鑑別真偽的眼光，因此也有成為藝術家的潛力。

你對賺錢不太感興趣，卻有客觀地評斷事物的才華，因此對於想投資的人能夠提出精準的建議。你的財運可能會隨著周圍的狀況出現大幅變動，不過你本身則非常腳踏實地。

## ✧ 今生使命・未來展望 ✧

你的人生目標，就是透過自己的經驗追求真理，靠自己的力量將事情做到完美，學會獨立自主。

對今生的你來說，藉由親身體驗來學習真理，獨立自主並達到平衡，是極為重要的課題。

你或許不習慣貫徹自己的意志，獨自努力到最後一刻，不過請試著在可接受的範圍內開始練習自立。一開始可以先鎖定自己感興趣的領域，花時間慢慢地做。

對你來說，最重要的是珍惜一個人獨處的時間，並且慢慢習慣。一個人行動、一個人思考，逐漸累積一個人的各種體驗，不用理會家人的看法，也不用符合旁人的期待。

善加運用你的靈感，獨自挑戰自己喜歡的事物，才能幫助你達成真正獨立自主的目標。

## ✧ 生日帶來的訊息 ✧

「不可思議的魅力」
「吸引注意」
「接受孤獨」

### 前世の故事

你的前世，是在東西方文明交錯的中世紀土耳其城市裡，窺知人們一生的占卜師。你從小就從水晶、塔羅牌這些占卜工具中看出命運的端倪。每天都有不同種族、過著不同人生的人們來到你的面前，向你尋求解答。你不用出門，就能透過水晶球看見許多人的生活、痛苦與煩惱，並持續為人們占卜。

雖然你並不後悔自己終其一生都在替人們解惑，但仍不免想著：假如來世依然擁有這樣的能力，一定要多多用來幫助自己，活出屬於自己的人生。

כמה

5/29 希伯來文

### ✧ 生日契合度 ✧

◉ **情人・伴侶**

| | |
|---|---|
| 1月4, 13, 31日 | 7月7, 16, 25日 |
| 2月3, 12, 21日 | 8月6, 15, 24日 |
| 3月2, 11, 29日 | 9月5, 14, 23日 |
| 4月1, 10, 28日 | 10月4, 13, 22日 |
| 5月9, 18, 27日 | 11月3, 21, 30日 |
| 6月8, 17, 26日 | 12月2, 20, 29日 |

◉ **工作夥伴・朋友**

| | |
|---|---|
| 1月6, 15, 24日 | 7月9, 18, 27日 |
| 2月5, 14, 23日 | 8月8, 17, 26日 |
| 3月4, 13, 22日 | 9月7, 16, 25日 |
| 4月12, 21, 30日 | 10月6, 15, 24日 |
| 5月2, 11, 29日 | 11月5, 14, 23日 |
| 6月10, 19, 28日 | 12月4, 13, 22日 |

◉ **競爭對手・天敵**

[1/3] [1/30] [5/17] [7/15] [9/22] [10/30] [12/28]

◉ **靈魂伴侶**

[1/22] [3/20] [4/17] [6/24] [7/23] [9/14] [11/10]

### ✧ 生日名人 ✧

查理二世（英國國王）
約瑟夫・馮・斯登堡（導演）
約翰・甘迺迪（第35任美國總統）
堤義明（企業家）
大鵬幸喜（相撲力士）
片山右京（賽車手）
美空雲雀（歌手）
池上遼一（漫畫家）
大桃美代子（藝人）
伊勢谷友介（演員）

◉ **從你的生日看命運**
**請見32頁**

# 5月30日

May thirtieth

**任何人都無法阻止你對自由的熱愛 永遠的孩子**

5月30日出生的你彷彿純真的孩子，好奇心旺盛，喜愛新奇的事物。你經常東奔西跑，尋求變化，不會停留在同一個地方。

面對凡事你都會主動積極地挑戰，即使知道有些難度還是會勇於嘗試看看。因為你具有一眼看穿任何事物本質的能力，因此謊言和矇混在你面前都無用。

你頭腦靈活，消息靈通，溝通能力也很強，和每個人都能立刻打成一片，廣受歡迎。而你會把喜怒哀樂的情緒都直接寫在臉上，藏不住事情，是個容易被看穿的人。你總是正向思考，遇到失敗也能迅速轉換心情，展開下一個行動。

不過，雖然你擁有爆發力與專注力，但卻欠缺計畫性與續航力，做事容易三分鐘熱度。一旦遭遇困難，便會推卸責任或想逃避，請特別注意。

熱愛自由的你，不喜歡被任何限制或規定所束縛。你的出生日期30中，3是象徵孩子特質的數字，在0的增強、擴大之下，你便成為一個讓人感受不出實際年齡的永遠的孩子。再加上出生月分5的自由、變化特質，讓你擁有敏捷的行動力，能奔向任何你覺得有趣的地方，無拘無束的自由傾向也更為顯著。



## ✧戀愛・婚姻・性生活✧

你擁有浪漫的一面，對戀愛可能有些超乎現實的想像。雖然你擁有許多異性的朋友，但因為你對於伴侶的條件門檻似乎相當高，離發展成戀愛總有一段差距。一旦喜歡上一個人，你就會積極地展開追求，並且希望對方趕快答覆。

結婚之後，你也不會乖乖待在家裡，不論男女，都會想持續工作。假日與其在家休息，你更喜歡全家人一起進行戶外活動。

在性生活方面，你比外表看起來更內斂害羞，然而一旦好奇心湧現，便想掌握主導權，和對方在性愛的世界相互探索。

## ✧工作・財運✧

你無法忍受一直坐在辦公桌前重複單調事務的工作，比較適合需要到處奔波的業務員。你總是把工作當成遊戲，樂在其中，因此只要能找到一個自由的環境，讓你發揮獨特的創意和嶄新的點子，必能大有所為。

你擁有旺盛的潛在財運。只要從事喜歡的工作，投注熱情，財富便會自動上門。請將你獲得的財富和豐足與身邊的人分享，這正是提昇財運的重要關鍵。

## ✧ 今生使命・未來展望 ✧

永遠都像個孩子的你，今生的使命是：不向困難低頭，獲得現實上的成功，並將富足與身邊的人分享。

熱愛自由的你，是否總是順著自己的好奇心，同時進行許多件事，而沒有設定確切的目標呢？若想獲得具體的成功，你需要腳踏實地，將眼前的課題逐一解決才行。

首先，請從認真對待象徵物質能量的金錢開始做起。假如你粗暴地對待金錢，例如把錢亂塞進皮包裡、過分守財，或是去賭博，揮霍無度，都會被財神厭惡。只要把金錢視為一種能量，便能掌握現實的成功。

請更進一步將你手中的富足與眾人分享，財運才會來到你身邊，你也會朝成功邁進一大步。

## ✧ 生 日 帶 來 的 訊 息 ✧

「生氣蓬勃」

「直爽」

「面對現實」

### 前世の故事

你的前世，是在阿茲提克文明時代廣受歡迎的街頭藝人。

好奇心比誰都旺盛的你，在街頭表演的過程中逐漸展露才華，你在來往的行人面前表演自己創作的歌舞、用輕快的語調唱歌、演奏自製的樂器，日漸馳名。不過，儘管你多才多藝，但身為藝人，你卻沒有一個與眾不同的特色，直到結束演藝生涯，都未能達到事業的巔峰。

當你回顧自己的人生，才發現自己並沒有設下明確的目標，隨心所欲地過活，因此事業無法向上提昇，而感到懊悔不已。

# לה

5/30 希伯來文

### ✧ 生日契合度 ✧

◉ **情人・伴侶**

| | |
|---|---|
| 1月5, 14, 23日 | 7月8, 17, 26日 |
| 2月4, 13, 22日 | 8月7, 16, 25日 |
| 3月3, 21, 30日 | 9月6, 15, 24日 |
| 4月2, 20, 29日 | 10月5, 14, 23日 |
| 5月1, 10, 28日 | 11月4, 13, 22日 |
| 6月9, 18, 27日 | 12月3, 12, 21日 |

◉ **工作夥伴・朋友**

| | |
|---|---|
| 1月7, 16, 25日 | 7月1, 19, 28日 |
| 2月6, 15, 24日 | 8月9, 18, 27日 |
| 3月5, 14, 23日 | 9月8, 17, 26日 |
| 4月4, 13, 22日 | 10月7, 16, 25日 |
| 5月12, 21, 30日 | 11月6, 15, 24日 |
| 6月11, 20, 29日 | 12月5, 14, 23日 |

◉ **競爭對手・天敵**

[2/8] [3/7] [4/24] [6/22] [7/30] [9/17] [11/17]

◉ **靈魂伴侶**

[1/17] [2/7] [3/12] [7/29] [9/18] [10/23] [11/7]

### ✧ 生日名人 ✧

班尼・古德曼（音樂人）
安岡章太郎（作家）
渡邊恆雄（企業家）
大野雄二（作曲家）
山形浩生（畫家）
第 18 代中村勘三郎（歌舞伎演員）
宮嶋茂樹（攝影師）
河瀨直美（導演）
內田朝陽（演員）
福士蒼汰（演員）

◉ 從你的生日看命運
請見32頁

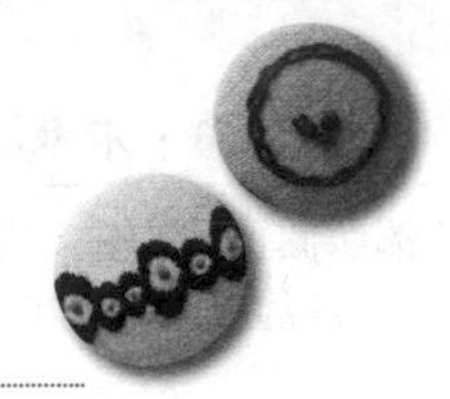

# 5月31日

May thirty-first

## 重視原則 認真而耿直的 實務家

這一天出生的你，個性認真踏實，是個耿直的務實者。你重視規定和原則，不習慣自由發揮。

出生日期31的3意謂著天真無邪的孩子，1則代表著方向、箭頭，因此31日出生的人，便能發揮如同孩子一般富有創造性的能量，並留下具體成果。

再加上出生月分5的特質，你在行事上的進展便會比別人快速，能一邊打穩基礎，一邊急速成長的特質便更為突出。

基本上你正直穩重，冷靜負責，信守承諾，謙恭有禮，待人溫和親切，受到許多人愛戴。你能憑著天生的創造力與專注力，將事情確實執行，令人感到安心，因此自然會受到許多請託。



你擅長處理各種現實上的問題，能使事情按照計畫進行，並留下具體的成果。你雖然也有旺盛的好奇心，喜歡新奇的事物，但不會立刻投入。

因為你充滿自信，往往會用自己的想法來評斷事物的好壞，或強迫別人接受自己的價值觀，請留意。你有時很固執，在某些事情上絕對堅持不讓步；而且一旦遇到問題，便容易將自己封閉起來。請試著更自由自在地享受人生吧。

### ✣戀愛・婚姻・性生活✣

即使有喜歡的對象，你也不敢表露自己的心意。你不懂得戀愛的攻守法則、進退自如，而且在還沒開始交往之前，就會先想到對方是否是合適的結婚對象，因此往往需要花很多時間才會進展到戀愛。

結婚後，你會是一個顧家的人，你會透過和家人的相處，發展出一套溝通模式。不過，你有時會強迫別人遵守自己的規定，請特別注意。

你很認真地看待親密關係，性生活往往過於單調而沒有變化。如果能夠營造出讓你可以更輕鬆享受的氛圍，兩人的關係一定會變得更緊密。

### ✣工作・財運✣

你總是很努力，無論在什麼領域都能確實累積成果，拿出亮眼成績。很會照顧人的你，同時又能讓事情按照計畫發展，因此適合擔任後勤支援的角色。在組織裡，若有一個能讓你依照自己的步調工作的環境，實力便能好好發揮。你富有創造力，喜歡留下具體的成果，因此製造大型產品的製造商也很適合你。

你的財運穩定，一生幾乎不會因為金錢而吃苦頭或失敗。你不會奢侈浪費，也有慢慢存錢的能力，因此必定能確實累積財富。

## ❖ 今生使命・未來展望 ❖

今生的你，為自己選擇的課題是：善用實務者的資質，為實現世界和平盡心盡力奉獻自己。

認真盡責的你，似乎無時無刻都擁有強烈的使命感。由於你認為非得對別人有貢獻不可，所以想法會太過僵化，也很容易對自己太嚴苛，同時也會強迫他人接受你的價值觀，對事物的好壞嚴加評論。

在試圖幫別人的忙之前，請先認可自己的努力。腳踏實地的你，至今一定已經締造許多成果。請先接納自己過去曾做過的一切作為，不論對錯，帶著更開闊的心胸面對最真實的自己。

當你認同自己的價值，便能帶來內心的平靜，而這亦有助於世界和平的實現。

## ❖ 生日帶來的訊息 ❖

「自由與安定」
「專注」
「肯定自己的價值」

### 前世の故事

你的前世，是俄羅斯帝國末期的空軍飛行員。

從小就充滿正義感，對不正當的行為厭惡至極的你，為了效忠奉獻國家，長大後便毫不猶豫地自願從軍，並被分配到當時最受歡迎的空軍。由於你天生具有擔任飛行員的資質，因此能夠發揮長才，駕駛著你的戰鬥機擊落敵軍的飛機、投下炸彈，屢屢建功。

然而，即使是為了保衛國家，你仍漸漸地對自己親手奪走許多性命的行為感到疑惑。熱愛飛行的你，盼望有一天世上不再有戰爭，能夠讓你自由翱翔天際的和平世界早日到來。

# לאה

5/31 希伯來文

### ❖ 生日契合度 ❖

◉ **情人・伴侶**

| | |
|---|---|
| 1月1, 19, 28日 | 7月4, 13, 22日 |
| 2月9, 18, 27日 | 8月3, 21, 30日 |
| 3月8, 17, 26日 | 9月11, 20, 29日 |
| 4月7, 16, 25日 | 10月1, 10, 28日 |
| 5月6, 15, 24日 | 11月9, 18, 27日 |
| 6月5, 14, 23日 | 12月8, 17, 26日 |

◉ **工作夥伴・朋友**

| | |
|---|---|
| 1月8, 17, 26日 | 7月11, 20, 29日 |
| 2月7, 16, 25日 | 8月1, 19, 28日 |
| 3月6, 15, 24日 | 9月9, 18, 27日 |
| 4月5, 14, 23日 | 10月8, 17, 26日 |
| 5月4, 22, 31日 | 11月7, 16, 25日 |
| 6月3, 21, 30日 | 12月6, 15, 24日 |

◉ **競爭對手・天敵**

[1/7] [3/5] [4/22] [7/1] [7/2] [8/27] [10/16]

◉ **靈魂伴侶**

[1/30] [2/11] [3/22] [3/31] [6/25] [9/25] [11/29]

### ❖ 生日名人 ❖

華特・惠特曼（詩人）
克林・伊斯威特（演員）
勞拉・博赫（高爾夫選手）
布魯克・雪德絲（演員）
伊福部昭（作曲家）
若杉弘（指揮家）
日高範子（聲優）
枝野幸男（政治家）
鈴木京香（演員）
有吉弘行（藝人）

◉ 從你的生日看命運
請見32頁

6 月是象徵「信賴、愛情」的月分。
6 月出生的你，是負責「培育的人」。

**對身旁的人表達感謝，**
**在能力範圍內提供協助，發揮分享的精神。**

# 6月1日

June first

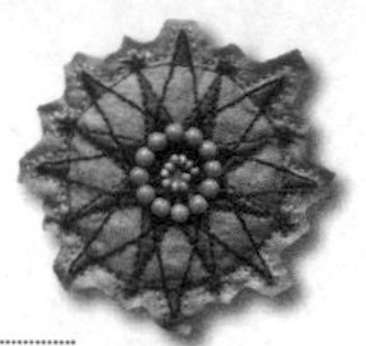

**富有同情心**
**重視人情義理的**
**領導者**

你個性開朗，人緣極佳。個性不拘小節又果斷乾脆，同時擁有出眾的行動力，具有領袖特質。

你充滿吸引人的魅力，在人群之中總是特別亮眼，無論在什麼環境下，都會散發出宛如主角的氣場。

你重人情，喜歡照顧人，尤其對景仰你的人更是照顧有加。你的正義感很強，絕對不允許旁人欺負弱小或做壞事。你容易掉眼淚，充滿同情心，擁有一顆溫暖的心。只要有人拜託你，你就不忍心坐視不管，當作是自己的事一般盡力幫忙，有時會被誤認為濫好人，請留意。

你的自尊心極高，好惡分明，有時會把自認為正確的想法強加在別人身上。請提醒自己不要太拘泥小事，也不要忘了隨時感謝身邊的人。只要下定決心，你就有能力達成目標，因此請勇往直前，打造自己心目中理想的人生。

你的出生日期1，是一個表示萬物初始的數字，代表著朝著目標勇往直前的箭頭、方向，象徵男性特質較強的領導者。再加上出生月分6的母性、愛等特質，你便能成為一名重視團體和諧，溫暖地守護身旁的人，充滿人情味的領導者。

## ❖戀愛・婚姻・性生活❖

在戀愛中，你會用大膽且浪漫的方式積極追求對方。但由於你過於熱情主動，往往會讓對方覺得你太強勢，因此可以適度表現冷淡的一面，讓對方出乎意料，進而留下印象。由於你對每個人都很親切，有時會讓對你有好感的人產生誤會，請特別留意。

婚後，你會關心家人、重視家庭，但同時也會想要一手掌握家中的實權。在性生活方面的你相當熱情，但是技巧不足，容易流於單調的方式。有時你雖然想配合對方，卻仍然過於自我，請將性當作是與伴侶相處的重要時光，從容地享受。

## ❖工作・財運❖

若能自己獨立創業當老闆，你的才華便能發光發熱。你兼具實力與行動力，更擁有擔任經營者的器量，無論在什麼環境下都能身先士卒，帶領身旁的人前進。你擅長照顧屬下或員工，很有人望，適合經營餐廳或零售業。

你的財運佳，只要自己積極行動，就能從零開始累積莫大的財富。不過你容易聽信奉承、容易被騙，因此遇到不合理的賺錢管道或金錢借貸相關的事情時，請格外小心。

## ❖ 今生使命・未來展望 ❖

你今生的使命，是善用領導者的資質，透過親身體驗學習真理，凡事力求完美並完成到最後一刻，實踐真正的獨立自主。

身為一名公認的領導者，你有時會強迫大家接受你的想法和價值觀，因而受到孤立。你嘴上雖說一切都是為了大家好，但心理上其實非常依賴身旁的人。首先，請認同每個人的人生都是屬於他自己的，請不要用好壞或任何標準來評斷，接受每個人最真實的一面。

同時，也請對自己的人生負起責任。為此，你可以先挑戰獨力完成自己所喜歡的事物。當你能夠自己完成 切事務，達到自立，便能成為 名腳踏實地、格局更大的領導者，率領更多的人。

## ❖ 生日帶來的訊息 ❖

**「強韌的心」**
**「教導」**
**「劃清人我界線」**

### 前世の故事

你的前世，是大航海時代的一名葡萄牙船員。

你從小就是眾人的領袖，對當時最具話題性的新大陸充滿了興趣。後來，你找到一艘船，也募集到不少夥伴，希望能找到一片歐洲人從未踏上的土地，博得名聲。然而你們在航程中遇到了暴風雨，船隻雖然免於沉沒，但船員的士氣全都一蹶不振。儘管只差一點點就抵達目的地的海岸，但考慮到大家的安全，你決定回頭。平安無事返航後，你聽說另一名冒險家採用與你幾乎相同的航線，而他已經順利抵達那片土地了，因此心懷遺憾。

6/1 希伯來文

❖ 生日契合度 ❖

**◉ 情人・伴侶**

| | |
|---|---|
| 1月4, 13, 22日 | 7月7, 16, 25日 |
| 2月3, 12, 21日 | 8月6, 15, 24日 |
| 3月2, 11, 29日 | 9月5, 14, 23日 |
| 4月1, 19, 28日 | 10月4, 13, 31日 |
| 5月9, 18, 27日 | 11月3, 21, 30日 |
| 6月8, 17, 26日 | 12月2, 11, 29日 |

**◉ 工作夥伴・朋友**

| | |
|---|---|
| 1月6, 15, 24日 | 7月9, 18, 27日 |
| 2月5, 14, 23日 | 8月8, 17, 26日 |
| 3月4, 13, 22日 | 9月7, 16, 25日 |
| 4月3, 21, 30日 | 10月6, 15, 24日 |
| 5月2, 20, 29日 | 11月5, 14, 23日 |
| 6月1, 10, 28日 | 12月4, 22, 31日 |

**◉ 競爭對手・天敵**

[3/10] [5/11] [7/6] [8/5] [9/13] [10/21] [11/11]

**◉ 靈魂伴侶**

[3/9] [5/25] [7/14] [8/4] [10/2] [11/12] [12/18]

❖ 生日名人 ❖

瑪麗蓮・夢露（演員）
摩根・費里曼（演員）
羅尼・伍德（音樂人）
青山二郎（美術評論家）
熊井啓（導演）
山下泰裕（柔道選手）
玉置成實（歌手）
HIRO（歌手）
夏川結衣（演員）
本田望結（演員）

◉ 從你的生日看命運
請見32頁

# 6月2日

June second

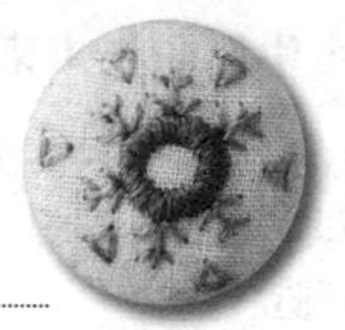

能將喜悅與豐饒
與眾人分享
愛的奉獻者

6月2日出生的你，個性溫和，對每個人都很親切和善。你心思細膩，喜歡和身旁的人分享你的喜悅和你所擁有的一切，會打從心底為對方付出。

出生日期2是二元論的基礎，代表兩個相反世界的整合，以及包容、和諧等意義，象徵著女性特質。在協助領導者或身邊的人時，你總能感到喜悅。再加上出生月分6具備的母性、愛等特質，你擅長照顧人的一面就會更顯著，洋溢著愛的能量。

你為人正直，懂得維持平衡，圓融的身段，總是能緩和周遭的氣氛，為人帶來療癒。你喜歡照顧別人，看見別人有困難，便忍不住伸出援手。你從來不會樹敵，總是依照現場的狀況採取行動；你的態度謙虛，受到每個人的信賴，非常有人緣。只要你在現場，就能令大家很放心，營造出和樂融融的氛圍。

不過，由於你純真而脆弱，容易舉棋不定，會對於些微的環境變化或他人的言行舉止非常敏感。你不擅長自己做決定，容易被氣氛帶著走，也容易依賴別人。對你而言最重要的，就是必須提醒自己：每個人的想法都不同。



## ❖戀愛・婚姻・性生活❖

在戀愛中，你總是對對方言聽計從。無論男女都會擁有強烈的母性，又富有同理心，因此總是有許多不同類型的人來追求你，使你從來不缺戀愛對象。不過在正式開始交往之前，請你仔細確認自己是不是真的喜歡對方。由於你總是試圖配合對方，因此往往會被對方牽著走。由於你渴望結婚，因此早婚的機率很高。

在性生活方面，你會把主導權交給對方，但是有些事情不說出來，對方就無法理解，為了雙方著想，請不要放棄溝通。

## ❖工作・財運❖

你適合擔任祕書、教保員，護理師等負責輔助他人的工作；此外，不論男女，也都適合擔任以女性為服務對象的工作。你不擅長在以競爭為主的男性社會中提出自己的意見，因此請找到一個優秀的領導者，成為他可靠的左右手，便能發揮長才。

你待人體貼，散發出溫和的氣場，能為職場帶來和諧與療癒的氛圍。比起自己賺錢，你更具備理財的才華。由於你對心靈上的滿足遠勝於金錢，因此不會鋪張浪費。你對人的一些親切或體貼的舉動，說不定會透過繼承等方式，變成一筆驚人的財富回到你身邊。

## ❖ 今生使命．未來展望 ❖

永遠以別人為優先，而把自己的事情擺在後面的你，今生的使命是：遇到困難也不屈服，獲得現實上的成功，與身邊的人分享豐盈的成果。

願意自然地協助身旁的人、發自內心鼓勵他們，是你最大的優點；想必已有許多人在你的輔助之下得到了榮耀。然而，你卻非常不善於協助自己。有時應該把自己的事擺在第一順位，鼓勵自己，讓自己先完成自己想做的事。

對容易優柔寡斷的你而言，最重要的，就是即使面對日常生活中的小事，也要明確地表達自己的意見。除了幫助他人之外，也應該好好品味自己的人生，才能實際掌握住成功與豐饒的成果。如此一來，便能好好在現實中磨練你的反應能力，作為輔佐者的實力也會確實地提昇。

## ❖ 生日帶來的訊息 ❖

「分享」
「細心培育」
「品味成功」

### 前世の故事

你的前世，是在古埃及法老王背後默默支持他的妃子。你才貌兼備，氣質出眾，俐落能幹，卻總是低調地在背後協助法老王，因此你不但獲得法老王深厚的信賴，更受到眾多侍從的愛戴。

然而，無論如何忠誠地侍奉，出身貧窮家庭的你也無法成為王后，同時由於法老王對你比對王后還要信賴，於是王后對你百般刁難。最後你病倒了，人們卻因為懼怕王后，而沒有人敢前來探望你。即使如此，你依然認為侍奉法老王的人生充滿快樂，對王后也沒有一絲憎恨，平靜地結束這一生。

6/2 希伯來文

### ❖ 生日契合度 ❖

◉ 情人．伴侶

| | |
|---|---|
| 1月5, 14, 23日 | 7月8, 17, 26日 |
| 2月4, 13, 22日 | 8月7, 16, 25日 |
| 3月3, 12, 30日 | 9月6, 15, 24日 |
| 4月11, 20, 29日 | 10月5, 14, 23日 |
| 5月10, 19, 28日 | 11月4, 13, 22日 |
| 6月9, 18, 27日 | 12月3, 12, 30日 |

◉ 工作夥伴．朋友

| | |
|---|---|
| 1月7, 16, 25日 | 7月1, 19, 28日 |
| 2月6, 15, 24日 | 8月9, 18, 27日 |
| 3月5, 14, 23日 | 9月8, 17, 26日 |
| 4月4, 13, 22日 | 10月7, 16, 25日 |
| 5月3, 21, 30日 | 11月6, 15, 24日 |
| 6月2, 11, 29日 | 12月5, 14, 23日 |

◉ 競爭對手．天敵

[1/20] [4/6] [6/13] [7/10] [8/2] [8/11] [8/26]

◉ 靈魂伴侶

[1/8] [2/16] [3/21] [4/5] [5/13] [7/11] [7/20]

### ❖ 生日名人 ❖

薩德侯爵（作家）
愛德華．艾爾加（作曲家）
羅柏托．佩塔吉尼（棒球選手）
莫文蔚（演員）
小田實（作家）
八代英太（政治家）
三澤明美（歌手）
鷲尾真知子（演員）
五月女桂子（插畫家）
乾貴士（足球選手）

◉ 從你的生日看命運
請見32頁

# 6月3日

June third

期盼自己能夠
幫助弱小
心地善良的孩子

這天出生的你，就像是心地善良的孩子，待人親切，富有同情心，以幫助弱勢為己任。你最討厭看到別人欺負弱小，經常挺身而出，保護受到欺負的人，儼然是一個正義的英雄。

你開朗率直，永遠保持純真的童心。並且，你能夠自然地關心體貼身邊的人，因此交遊廣闊，人緣極佳，身邊總是圍繞著許多人。

好奇心旺盛的你，一旦對任何事產生了興趣，即使是第一次接觸也會樂於挑戰，無所畏懼。你擁有美感與品味，想像力也很豐富，頭腦靈活。你天生直覺敏銳，做事果斷，具有執行力與行動力。你也充滿了正義感，無法容忍違規、說謊等不正當的事情。

藏不住興奮情緒的你，總是活力充沛，洋溢著積極正向的能量。不過，即使年紀增長後，你可能依然像孩子一般，對什麼事都三分鐘熱度，有時會顯露出自我中心又任性的一面，做出因為同情而撿回野貓或野狗，卻自己不照顧，推給家人之類的行為。

你的出生日期3，象徵著富有創造力與活動力的孩子。再加上出生月分6的母性、愛等特質，讓你待人親切和藹的特質便更為突出。



### ❖ 戀愛・婚姻・性生活 ❖

在戀愛中，你是一個浪漫主義者，總是想追尋心目中理想的對象。你希望隨時隨地都和喜歡的人在一起，也有純情的一面，可能會對青梅竹馬或初戀對象念念不忘。你希望早點生小孩，因此渴望結婚，婚後也會非常重視家庭。但請注意不要把自己的理想強加在現實中的家庭生活。

你認為性是一種交流的方式，比起性行為本身，你更重視擁抱等身體上的觸碰；如果能將你的想法確實傳達給對方，便能放心享受。

### ❖ 工作・財運 ❖

你隨時隨地都抱著樂觀積極的態度，是享受工作的天才。你個性敦厚，臉上總是掛著充滿活力的笑容，可說是組織裡的開心果。你有美感與品味，適合能發揮你天馬行空的想像力與獨特創意的時尚業、大眾傳播業或音樂相關的工作。

你樂在工作的態度，會直接影響財運。只要相信自己的感受，順從內心的聲音，各種與賺錢有關的點子就會自然湧現。不過，由於你對金錢本身不太感興趣，不擅長管理與運用，因此委託專家理財比較令人放心。

## ✧今生使命・未來展望✧

今生你的使命是：保持童心，為實現一個人人和平共處的社會貢獻心力。

如孩子般純真的你，有時會認為只有自己的想法才正確，而忽略了世上每個人都是獨特的。樂於助人的想法固然美好，但倘若只用自己的價值觀作為標準來行動，很可能就像個任性的孩子一樣，只是把自己的想法強加在身邊的人身上罷了，請留意。

在試圖幫助他人之前，請先照顧好自己，優先幫自己的忙。

只要認真完成自己的任務，就能從容地用更寬廣的視野來看事情。當你發自內心的微笑，貫徹自己獨特的人生，才是對實現今生的目標——世界和平最大的貢獻。

## ✧生日帶來的訊息✧

「支持的力量」
「親和」
「盡責」

### 前世の故事

你的前世，是在安地斯山脈的山麓間各個村子巡迴演出的劇團中，最受歡迎的招牌女演員。

你出生在劇團裡，從小就學會唱歌、跳舞與演戲。天生的才華與出眾的外貌，使你聲名大噪，無論前往何處都大受歡迎，在舞臺上華麗演出。後來，你和劇團裡的當紅男演員結婚，卻始終沒有懷孕。

於是，你在旅行途中領養了許多家境困苦的孩子與孤兒，讓劇團成為一個大家族，家族也日漸興盛。年老後，你在孩子們的圍繞下，思索著自己沒有懷孕的原因，以及家人的真正意義。

6/3 希伯來文

### ✧生日契合度✧

◉ 情人・伴侶

| | |
|---|---|
| 1月1, 19, 28日 | 7月4, 13, 31日 |
| 2月9, 18, 27日 | 8月3, 21, 30日 |
| 3月8, 17, 26日 | 9月2, 20, 29日 |
| 4月7, 16, 25日 | 10月1, 19, 28日 |
| 5月6, 15, 24日 | 11月9, 18, 27日 |
| 6月5, 14, 23日 | 12月8, 17, 26日 |

◉ 工作夥伴・朋友

| | |
|---|---|
| 1月8, 17, 26日 | 7月11, 20, 29日 |
| 2月7, 16, 25日 | 8月10, 19, 28日 |
| 3月6, 15, 24日 | 9月9, 18, 27日 |
| 4月5, 14, 23日 | 10月8, 17, 26日 |
| 5月4, 22, 31日 | 11月7, 16, 25日 |
| 6月3, 12, 30日 | 12月6, 15, 24日 |

◉ 競爭對手・天敵

[1/7] [2/15] [5/13] [6/20] [7/10] [10/7] [10/25]

◉ 靈魂伴侶

[2/20] [3/19] [4/21] [5/17] [5/29] [9/4] [9/25]

### ✧生日名人✧

東尼・柯蒂斯（演員）
艾倫・金斯堡（詩人）
拉斐爾・納達爾（網球選手）
村上紀香（漫畫家）
佐野稔（花式滑冰選手）
黑田知永子（模特兒）
唐澤壽明（演員）
鈴木桂治（柔道選手）
福士誠治（演員）
長澤雅美（演員）

◉ 從你的生日看命運
請見32頁

# 6月4日

June fourth

**下定決心後**
**就貫徹到底**
**正直又有教養的人**

你個性踏實，十分注重世俗眼光和社會規範，並且嚴格遵守，不管做什麼事都一板一眼。

出生日期4，具有穩定、固定的意義。加上出生月分6的母性與愛的特質，你對人情義理的重視以及強烈的正義感就變得更為突出。

6月4日出生的人個性溫和體貼，循規蹈矩，對任何人都很親切，跟每個人都很親近。總是腳踏實地，不斷努力，能夠締造具體的成果，具有優異的穩定感。你總是為別人不辭辛勞地付出，因此獲得身邊的人深厚的信賴。你擁有強烈的責任感，一旦下定決心，就會堅持到最後。你也擁有卓越的計劃能力，總是全力以赴，一點一滴累積成果。

平常你個性很敦厚，但看見不正當、投機取巧的事時，就會出現強烈正義感，嚴加斥責對方。你具有堅定的信念與固執的態度，只要是認為正確的事情，無論遇到什麼狀況，都會貫徹始終。假如把自己的想法強加在別人身上，身旁的人和自己都會變得綁手綁腳，請注意。不要被自己狹隘的價值觀侷限，更努力地去享受日常生活中的變化，視野就會更寬闊，人生也會變得更有彈性。



## ✧戀愛·婚姻·性生活✧

你對戀愛也是一絲不苟，但是總被一般的價值觀所束縛，認為一定要找一個條件很好的人、認真與對方交往才行，因此眼光變得狹隘。請更順從自己的感情，坦率地展現自己的情感。

你對性的想法也很古板而固執。只要相信你和伴侶之間的親密聯繫，樂在其中即可。婚後，你會按照自己在心裡描繪的形象建立理想家庭，重視家人。而且你很擅長持家，展現出優異的穩定感。不論男女都很關心孩子的教育，可能會興沖沖地送孩子去補習或學才藝。

## ✧工作·財運✧

在工作上，你會按部就班地持續努力，發揮照顧屬下和後輩的才華。你適合擔任總務、人事等負責安排或協調人事的工作，或者是客服人員。你也擅長理財，因此稅務、會計等相關的工作也很適合。你做事總是一板一眼，因此也很適合需要證照的專業工作。

你的財運並不差，但是對於賺錢可能抱有不必要的罪惡感。為了消除對金錢的不安，你應該好好地規劃人生並且確實執行，應該就能穩定地致富。

## ❖ 今生使命・未來展望 ❖

總是腳踏實地的你，今生未來的展望是：對自己的人生負起責任，發揮強大的領導能力。

你雖然能貫徹自己認為正確的想法，但不擅長作為一名領導者團結統整眾人。在社會規範的侷限下，你可能無法接納別人的意見，或是不敢說出自己的意見。

你不用急著一開始就率領許多人，請先從對自己的人生發揮領導能力做起吧。對於自己喜歡的東西就說喜歡、討厭的東西就說討厭，不用在乎身旁的人，明確地表達自己的意見是很重要的。只要養成習慣，日常生活的小事開始學會對自己的選擇負責，漸漸地便能展現出你的領導能力。

## ❖ 生日帶來的訊息 ❖

「正經的愛」
「忠義」
「解放感情」

### 前世の故事

你的前世是東歐一個小村落的村民，從小個性耿直，很認真幫忙父母處理家事。

長大成人之後，你運用長期累積的知識與經驗，在村裡的小學校擔任助教，協助老師教學。自己沒有小孩的你，將學生當作自己的孩子一般疼愛；雖然你的職責是協助指導學生的課業，但由於你期盼孩子們未來成為可靠的大人，因此自然對他們愈來愈嚴格。在你嚴厲的指導下，孩子們的心漸漸離你遠去，而你最後也被趕出了學校。

直到這時，你才發現自己太堅持自己所捍衛的價值，但已後悔莫及。

# ךז

6/4 希伯來文

### ❖ 生日契合度 ❖

**◉ 情人・伴侶**

| | |
|---|---|
| 1月2, 11, 20日 | 7月5, 14, 23日 |
| 2月1, 10, 28日 | 8月13, 22, 31日 |
| 3月9, 18, 27日 | 9月3, 21, 30日 |
| 4月8, 17, 26日 | 10月2, 11, 20日 |
| 5月7, 16, 25日 | 11月1, 19, 28日 |
| 6月6, 15, 24日 | 12月9, 18, 27日 |

**◉ 工作夥伴・朋友**

| | |
|---|---|
| 1月9, 18, 27日 | 7月3, 12, 30日 |
| 2月8, 17, 26日 | 8月2, 11, 29日 |
| 3月7, 16, 25日 | 9月1, 10, 28日 |
| 4月6, 15, 24日 | 10月9, 18, 27日 |
| 5月5, 14, 23日 | 11月8, 17, 26日 |
| 6月4, 13, 22日 | 12月7, 16, 25日 |

**◉ 競爭對手・天敵**

[1/26] [2/22] [3/15] [8/20] [9/18] [9/19] [12/6]

**◉ 靈魂伴侶**

[2/4 ] [7/22] [9/24] [10/23] [10/28] [11/9] [12/8]

### ❖ 生日名人 ❖

喬治三世（英國國王）
諾亞・懷利（演員）
安潔莉娜・裘莉（演員）
田淵行男（攝影師）
林美千代（歌手）
庄司陽子（漫畫家）
高原直泰（足球選手）
和泉元彌（狂言師）
半田健人（演員）
玉井詩織（歌手）

◉ 從你的生日看命運
請見32頁

# 6月5日

June fifth

## 細心體貼 心地善良的 溝通者

6月5日出生的你，個性溫和又體貼，是一個心地善良的溝通者。你很平易近人，能透過優異的溝通能力與維持平衡的才華，用愛與溫柔包圍人生中遇見的每一個人。

你的頭腦靈活，能在一瞬間做出精準的判斷，並擅長照顧身邊的人，因此受到許多人的信賴。

你的出生日期5，是擁有自由、變化、溝通等含意的數字。再加上出生月分6的和諧、平衡、母性、愛等特質，你便能在自由奔放的同時，你不忘體貼他人，充滿愛的特質格外突出。

好奇心旺盛的你，從不吝嗇將自己擁有的豐富知識、資訊以及人脈與身旁的人分享，並且幾乎不求回報。但必須注意的是，有時別人並沒有拜託你，你卻多管閒事地主動插手。

你有時會因為太過依賴他人，讓人感到負擔沉重。此外，你的情緒容易失衡，假如能夠定期前往山上或海邊，接觸大自然，轉換心情，或是養寵物，都能幫助你穩定精神。



### ❖戀愛・婚姻・性生活❖

你總是不著痕跡地為旁人帶來療癒的作用，在愛情裡也總能吸引異性的心，異性緣極佳。你習慣順著感受選擇對象，而不是理性的條件，不吝展現豐富的情感是你最大的武器。但喜新厭舊的你，可能會同時愛上許多人。因為你崇尚自由戀愛，卻又想獨占對方，嫉妒心又很強，往往讓對方無所適從。

結婚後你很重視伴侶，但仍會貫徹自己隨心所欲的生活模式。你無法接受沒有愛的性，不過在性愛中沒有禁忌，會主動熱情地享受。

### ❖工作・財運❖

你總能掌握最新流行的趨勢，富有美感與獨特的品味，在美容、時尚業界能盡情發揮長才。此外，你擁有敏銳的感受力，能瞬間掌握對方的狀況，這個特質無論在什麼領域都能派上用場。

由於你溝通能力強，能和每個人打成一片，因此也很適合經常與人接觸的服務業。相反地，枯燥乏味或整天面對機械的工作則不適合你。

你的財運大起大落，而且非常不擅長理財，有時會為了家人或夥伴而豪邁地慷慨解囊。

## ✧ 今生使命・未來展望 ✧

身為心地善良的溝通者，你今生的使命是探索精神性的世界，在物質與精神的兩個世界中扮演好橋梁的角色，將從中獲得的知識與資訊傳遞給身邊的人。

對直覺本來就敏銳的你而言，坦然順從無法言喻的靈感，貫徹不受世俗或規則侷限的自由生活，也許正是你已自然接納精神性世界的最好證明。

重要的是，你必須對此有清楚的自覺，認真學習這無形世界的智慧。請將腦中浮現的直覺和靈感化為語言、文字好好地記錄下來。

你必須一輩子持續探索精神性世界的智慧。只要有意識地用自己獨特的方法將那份智慧具體展現，你便能與取得現實與精神世界之間的平衡，完成今生的使命。

## ✧ 生日帶來的訊息 ✧

**「隨波逐流」**
**「聯繫」**
**「認真學習」**

### 前世の故事

你的前世，是往返中世紀歐洲各地的一名貿易商之女。

你從小跟著經商的父母在各個港都與大都市之間不斷遷移，不知故鄉為何物。每搬到一個地方，你就自然而然學會當地文化、語言和習慣等，並受到身邊大人們的疼愛，逐漸成為一名自由、善良溫柔的女性。

你隨著年紀增長而愈來愈有魅力，許多男性向你求婚。然而早已習慣自由的你，完全沒想過和一名特定對象組成家庭。這時，你才第一次認真思考結婚成家以及人與人之間關係的真義。

הו

6/5 希伯來文

### ✧ 生日契合度 ✧

**◉ 情人・伴侶**

| | |
|---|---|
| 1月9, 18, 27日 | 7月3, 12, 30日 |
| 2月8, 17, 26日 | 8月2, 11, 20日 |
| 3月7, 16, 25日 | 9月1, 19, 28日 |
| 4月6, 15, 24日 | 10月9, 18, 27日 |
| 5月5, 14, 23日 | 11月8, 17, 26日 |
| 6月4, 13, 22日 | 12月7, 16, 25日 |

**◉ 工作夥伴・朋友**

| | |
|---|---|
| 1月1, 10, 28日 | 7月4, 13, 31日 |
| 2月9, 18, 27日 | 8月3, 12, 30日 |
| 3月8, 17, 26日 | 9月2, 20, 29日 |
| 4月7, 16, 25日 | 10月1, 10, 28日 |
| 5月6, 15, 24日 | 11月9, 18, 27日 |
| 6月5, 14, 23日 | 12月8, 17, 26日 |

**◉ 競爭對手・天敵**

[1/23] [4/11] [6/9] [6/27] [7/22] [9/15] [12/13]

**◉ 靈魂伴侶**

[2/19] [3/19] [6/15] [9/26] [10/11] [10/29] [11/1]

### ✧ 生日名人 ✧

亞當・史密斯（經濟學家）
凱因斯（經濟學家）
佛多里柯・賈西亞・羅卡（詩人）
古川薰（作家）
柳本晶一（排球選手）
安・劉易斯（歌手）
中嶋朋子（演員）
波田陽區（藝人）
鈴木隆行（足球選手）
長谷川潤（模特兒）

◉ 從你的生日看命運
請見32頁

# 6月6日

June sixth

努力貫徹無私的愛的奉獻者

6是一個具備和諧、平衡之美、創造，充滿了愛的數字。它的字形象徵腹中懷著胎兒的孕婦，呈現出溫暖、溫柔、被擁抱的安心感等母性特質。

而生日中有兩個6的你，正是洋溢著愛的能量之人。你的女性特質極為強烈，會以極大的溫柔與善意對待人們，是個博愛主義者。平易近人的你，對任何人都會一視同仁地展現出親切與體貼的態度，付出相同的關愛。

你溫和的笑容能為人們帶來療癒的作用，緩和他人的負面情緒。你總是和大家打成一片，認為替身邊的人帶來快樂是自己人生中最有價值的事。假如看見遇到困難或處於弱勢的人，絕不會坐視不管，願意奉獻自己的一切照顧對方。此外，你的正義感和責任感都很強，可能會因為看到他人欺負弱小而感到憤怒，鼓起勇氣站出來指責對方。

你喜歡簡單明快的生活，不喜歡與人爭執和去想太複雜的事。同時熱愛藝術和音樂等美的事物。

不過，有時你若一心奉獻，可能會變成多管閒事。你往往不考慮對方的心情，就把自己的想法強加在對方身上，而會不自覺地想控制對方，請格外留意。請多考慮對方的心情，不要過於任性或依賴，在愛的付出與接納之間學會取得平衡。

### ❖ 戀愛・婚姻・性生活 ❖

能夠把別人照顧得無微不至的你，對於喜歡的對象更是全心全意付出，發揮母性本能。你非常喜歡照顧別人，因此對方愈是依賴你，你就愈可能深陷其中。在性生活方面，你習慣順應對方的要求，言聽計從，將對方的快樂視為第優先。

婚後，你會把家人擺在第一位，為家庭盡心盡力。只要注意別過分干涉家人，同時對自己好一點，就能在自己與家人之間取得平衡，打造更美滿的家庭。

### ❖ 工作・財運 ❖

你適合能發揮「善於照顧人」這項特質的工作。若從事能接觸大眾的工作，你會更有幹勁，也會充滿成就感。你的個性穩重，令人感到安心，因此在教師、教保員等作育英才的工作，或是拯救性命的醫療相關工作上，你都能發揮長才。在服務客人的餐飲業或旅館業想必也能發揮實力。

你的財運雖然不差，但對金錢不太執著，並不會拚命賺錢。由於心地善良，容易把錢花在讓他人開心的事物上；有時也該對自己慷慨一些，讓自己高興。

## ❖ 今生使命・未來展望 ❖

充滿愛與溫柔的你，今生使命是：作為一名愛的奉獻者，常保天真爛漫的童心，帶著笑容享受人生。總是以旁人的事情為優先，喜歡照顧人的你，往往不太懂得享受自己的人生，甚至可能對享受人生抱有罪惡感。

若想要常保童心，不受過去或未來束縛，活在當下，就必須拋開理性的思考，用心去感受。

當你展現發自內心的笑容，才能發揮真正的力量，散發無私的愛。請主動積極體驗歡樂的氣氛，多多開心大笑，刺激五感，便能掌握用心感受的訣竅，同時能避免將注意力過度集中在旁人身上。

找回自己天真無邪的笑容，正是讓你與身旁的人獲得幸福的實際方法。

### ❖ 生日帶來的訊息 ❖

「無私的愛」

「慈愛」

「像孩子般生活」

### 前世の故事

你的前世是羅馬帝國時代一名熱愛孩子的教師。

出生在自由富裕家庭的你，從小就對人和善親切。長大成人後，你開設了一間專門教導貧窮人家孩子的私塾，希望提供每個人平等的學習機會。當時，教師是身分地位較低的工作，但你不以為意，決定教導孩子們基礎知識，並從中獲得成就感。若發現天資聰穎，卻因為家庭因素無法繼續讀書的孩子，你甚至會連他的生活都一併照顧。儘管旁人紛紛告訴你做得太多了，你卻仍然在自己所相信的路上勇往直前。

# וו

6/6 希伯來文

### ❖ 生日契合度 ❖

◉ 情人・伴侶

| | |
|---|---|
| 1月6, 15, 24日 | 7月9, 18, 27日 |
| 2月5, 14, 23日 | 8月8, 17, 26日 |
| 3月4, 13, 22日 | 9月7, 16, 25日 |
| 4月3, 12, 30日 | 10月6, 15, 24日 |
| 5月2, 20, 29日 | 11月5, 14, 23日 |
| 6月1, 10, 28日 | 12月4, 13, 22日 |

◉ 工作夥伴・朋友

| | |
|---|---|
| 1月2, 11, 29日 | 7月5, 14, 23日 |
| 2月10, 19, 28日 | 8月13, 22, 31日 |
| 3月9, 18, 27日 | 9月3, 21, 30日 |
| 4月8, 17, 26日 | 10月2, 20, 29日 |
| 5月7, 16, 25日 | 11月1, 10, 19日 |
| 6月6, 15, 24日 | 12月9, 18, 27日 |

◉ 競爭對手・天敵

[1/20] [2/12] [4/28] [6/8] [9/12] [10/4] [12/2]

◉ 靈魂伴侶

[1/12] [3/31] [4/27] [6/19] [6/25] [9/13] [12/28]

### ❖ 生日名人 ❖

維拉斯奎茲（畫家）
比約恩・博格（網球選手）
新田次郎（作家）
大瀧秀治（演員）
那須正幹（兒童文學作家）
高橋幸宏（音樂人）
是枝裕和（導演）
小澤征悅（演員）
平山相太（足球選手）
齋藤佑樹（棒球選手）

◉ 從你的生日看命運
請見32頁

# 6月7日

June seventh

**嚴厲教導後進 充滿人情味的 專業師傅**

你的出生日期 7 象徵斜向箭頭，表示一個週期的告終，是意謂完成、圓滿的數字。7 日出生的人，從小在精神上就相當獨立成熟。

再加上出生月分 6 的母性、愛等特質，讓你擁有豐沛的愛，同時很會照顧人，就像個頑固卻擅長培育徒弟的師傅。基本上，你喜歡孤獨，個性冷酷，不過也充滿人情味，擁有善良體貼的一面；看見別人有困難，絕不會坐視不管。

你沉默寡言，在人群中並不突出，卻自然地對身邊的人展現出細心又體貼的一面。你不習慣團體生活，不過對自己人則相當親切；也正因如此，你往往受到許多晚輩的仰賴。

一旦有人求教於你，你就會仔細教導對方，卻也常因追求完美而熱心過頭。由於擁有自己獨特的風格，因此遇到自己無法接受的事物，也會嚴正拒絕。

你不擅長主動地去與人接觸，因此身旁的人往往難以理解你，認為你難相處。另外，你十分重視自己的步調，假如受到別人過度的干涉，你便容易生氣或感到壓力。只要抱著每個人都只須對自己負責的想法，相信就能減緩你焦慮的情。

### ✣戀愛・婚姻・性生活✣

基本上，你在戀愛中相當冷酷，但成熟獨立的一面與溫柔體貼的一面經常交互出現，而令對方感到錯亂。即使是戀人或伴侶，也不能踏入你的私人領域。對你而言，性是能感受到對方的愛、又能放鬆自己的珍貴時光。請注意不要因為追求技巧而忽略了對方的心情。

婚後，你會全心全意照顧家人，成為忠誠的丈夫或妻子。請在保有私人時間的前提下，維持平衡的家庭生活。

### ✣工作・財運✣

假如你找到一個能配合自己的步調、發揮獨特風格，並且可以終身投入的工作，便能經濟獨立，讓人生更加閃耀。你適合需要職人般特質的專業性工作，也能發揮自己的長才，栽培該領域的後進。為了使身心都能達到平衡與獨立自主，工作對你來說是非常關鍵的因素。

你的財運穩健，對金錢沒有太多欲望。若能專注地投入自己喜歡的工作，而不要去想能賺多少錢，財富便自然會上門。

## ✣ 今生使命・未來展望 ✣

你今生的使命，是貫徹自己的風格，打造自己的品牌，並將靈感化為實際的作品，流傳後世。

你透過能力與技術展現的成果，具廣受大眾歡迎的潛力。重要的是，請耐心在自己相信的路上持續磨練自己，直到自己的品牌確立的那一天。

為了讓自己的成果獲得更多人肯定，聽取旁人的各種想法和意見是不可或缺的。請在維持自己的堅持與風格下，同時適度採納旁人的建議，將自己在工作上的創作成果打造成自己的品牌。

而致力培育後進，使自己的品牌得以傳承，正是你今生的使命。

## ✣ 生日帶來的訊息 ✣

「培育後進」
「英姿」
「確立品牌」

### 前世の故事

你的前世，是侍奉中世紀歐洲某貴族的女廚師。

你從小喜歡在母親身邊幫忙，慢慢學會做菜。長大後的你，在某次由貴族主辦的廚藝比賽中奪得冠軍。由於你的獲獎，讓貴族們對你的廚藝大為讚賞，因此聘僱你到城堡裡擔任廚師。於是，你抱著無盡的求知欲，努力鍛鍊自己的廚藝，希望能讓更多人滿意。而且你非常適合這個能夠大膽使用各種稀奇豪華的食材，自由創作料理的環境。你晚年唯一的遺憾，就是因為太過專注於提昇廚藝，而忘了留下食譜。

6/7 希伯來文

### ✣ 生日契合度 ✣

◉ 情人・伴侶

| | |
|---|---|
| 1月7, 16, 25日 | 7月10, 19, 28日 |
| 2月6, 15, 24日 | 8月9, 18, 27日 |
| 3月5, 14, 23日 | 9月8, 17, 26日 |
| 4月4, 13, 22日 | 10月7, 16, 25日 |
| 5月3, 12, 30日 | 11月6, 15, 24日 |
| 6月2, 11, 29日 | 12月5, 14, 23日 |

◉ 工作夥伴・朋友

| | |
|---|---|
| 1月3, 21, 30日 | 7月6, 15, 24日 |
| 2月2, 11, 20日 | 8月5, 14, 23日 |
| 3月10, 19, 28日 | 9月4, 13, 22日 |
| 4月9, 18, 27日 | 10月3, 12, 21日 |
| 5月8, 17, 26日 | 11月2, 11, 29日 |
| 6月7, 16, 25日 | 12月1, 19, 28日 |

◉ 競爭對手・天敵

[1/24] [2/5] [4/12] [6/19] [8/22] [12/22] [12/31]

◉ 靈魂伴侶

[1/17] [2/7] [8/28] [10/28] [11/9] [12/6] [12/17]

### ✣ 生日名人 ✣

高更（畫家）
湯姆・瓊斯（歌手）
中山成彬（政治家）
岸部四郎（藝人）
小林武史（音樂製作人）
岡崎郁（棒球選手）
荒木飛呂彥（漫畫家）
手塚理美（演員）
矢部美穗（藝人）
淺見麗奈（演員）

◉ 從你的生日看命運
請見32頁

# 6月8日

June eighth

## 對夥伴的危難絕不袖手旁觀充滿人情味的戰士

你的外表看起來溫和穩重，但在夥伴遇到危急時，就會突然變得可靠，是個注重人情味的戰士。

6月8日出生的你充滿熱情，只要有人需要幫助，你就會飛奔而至。由於你的責任感很強，又擅長照顧人，因此能夠關心、支援夥伴，一起朝著遠大的目標前進。

面對愈困難的挑戰，你就愈熱血沸騰。你的母性本能也很強，假如能確實感受到自己的行動對夥伴或社會有所貢獻，動機就會更加強烈。不過，所謂的為他人奉獻，只要稍有偏差，很可能就會陷入過度依賴或掌控對方的情況，請特別注意。關鍵在於保持適度的分寸，才能讓關係取得平衡。

擁有大愛的你，心中藏著希望將愛與富足與夥伴們分享的熱情。請不要妄自菲薄，相信自己無限的可能，鼓起勇氣朝向遼闊的世界踏出一步，你的魅力必定會與日俱增。

你的出生日期8象徵著無限大（∞），表示富足、繁華、榮耀，是個充滿力量的數字。再加上出生月分6的母性、愛等特質，只要點燃你心中無私的愛的能量，那麼無論於公於私，都能對身邊的人付出無盡的一切。



### ❖戀愛・婚姻・性生活❖

一旦你喜歡上一個人，就會向對方傳達自己的心意，試圖讓對方跟著自己的步調走。然而，感情狀況愈是困難，或對方愈有問題，你就愈認為自己應該做些什麼，往往不由自主地太過多事。經常感情用事的你，請提醒自己不要喪失冷靜。

你喜歡工作也喜歡小孩，因此會努力兼顧教養小孩與工作。在性生活方面，你在發生關係前會很積極，之後可能就會變得被動。一旦陷入公式化的互動，你就會想追求刺激，有可能同時與許多人交往。

### ❖工作・財運❖

在大家齊心合力達成目標的職場環境中，最能讓你發揮實力。在規模較大的組織裡，你也具備足以擔任中階主管或協調型領導者的實力，更有機會一路升遷。同時，若在服務業或教育界等能直接與人互動的行業自立門戶，你也能獲得成功，因此請不要侷限了自己。

如果能抱著為了世人、為了社會而使用金錢的態度，你付出的一切就會輾轉回到你手中，使你維持穩定的財運。

## ✧ 今生使命・未來展望 ✧

身為一名人情味濃厚的戰士，你的使命是：追求自由與變化，成為一名串起人與人關係的溝通者。

你生性不服輸，總是比別人加倍努力，但是你目前正在挑戰的事，以及你為自己設定的目標，真的能讓你的能力發揮到極致嗎？即使你自認果敢地挑戰，也可能下意識限縮了自己的活動範圍或目標。

你必須打破這個藩籬，才能達成今生真正的目標。除了努力不懈之外，你必須藉由不斷的改變、逐漸成長，才能激發出你內在無限的可能性。

請帶著無限的可能性，自由地飛向更寬廣的世界吧。這個時候，你的吸引力與正向的力量就會完全釋放，可能成為連結世上所有人的一股力量。

## ✧ 生日帶來的訊息 ✧

「孕育的力量」
「豐潤」
「相信一切可能」

**前世の故事**

你的前世，是中國宋朝一名與貴族政治聯姻的女音樂家。

你出生於代代侍奉領主的音樂世家，是遠近馳名的琴師。某次你在皇帝的宴席上演奏時，一名受邀的貴族對美麗動人的你一見鍾情，於是向你求婚。你的父母一直以來都與皇室無緣，心想這是一個接近皇室的好機會，便勸你接受這門親事，你也毫不猶豫地答應了。於是，你脫離了作為音樂家的人生，終身享受榮華富貴，然而到了晚年，你才發現原來自己真正的心願，是想讓更多人聽見你的琴聲。

6/8 希伯來文

### ✧ 生日契合度 ✧

◉ **情人・伴侶**

| | |
|---|---|
| 1月3, 12, 30日 | 7月6, 15, 24日 |
| 2月2, 11, 20日 | 8月5, 14, 23日 |
| 3月10, 19, 28日 | 9月4, 13, 22日 |
| 4月9, 18, 27日 | 10月3, 12, 30日 |
| 5月8, 17, 26日 | 11月2, 20, 29日 |
| 6月7, 16, 25日 | 12月1, 19, 28日 |

◉ **工作夥伴・朋友**

| | |
|---|---|
| 1月4, 13, 31日 | 7月7, 16, 25日 |
| 2月3, 12, 21日 | 8月6, 15, 24日 |
| 3月2, 11, 29日 | 9月5, 14, 23日 |
| 4月1, 10, 28日 | 10月4, 22, 31日 |
| 5月9, 18, 27日 | 11月3, 12, 30日 |
| 6月8, 17, 26日 | 12月2, 20, 29日 |

◉ **競爭對手・天敵**

[1/22] [1/29] [5/7] [6/24]
[10/2] [10/13] [11/21]

◉ **靈魂伴侶**

[3/23] [6/13] [7/1] [10/16]
[11/6] [11/26] [12/7]

### ✧ 生日名人 ✧

羅伯特・舒曼（作曲家）
法蘭克・洛伊・萊特（建築家）
伯茲史蓋茲（音樂人）
秋山庄太郎（攝影師）
金子修介（導演）
森尾由美（演員）
三村勝和（諧星）
TERU（歌手）
城島健司（棒球選手）
宮野真守（聲優）

◉ **從你的生日看命運**
**請見32頁**

# 6月9日

June ninth

總是以眾人優先滿懷愛心的賢者

6月9日出生的你，是一名洋溢著愛的聖人。你很重視團體的和諧，總是以對社會與大眾有益的事優先，而把自己的事擺在後面。

出生日期9囊括了所有數字的特質，是代表完成、和諧的數字。9日出生的人，有熱中於探求真理、追尋智慧的傾向。再加上出生月分6的母性與愛等特質，於是你充滿親和力，為他人奉獻的情感便會更被強化。

你是極為善良、溫和文靜的人。從小就成熟懂事，頭腦聰明，求知欲旺盛。你待人親切的態度，總能贏得身邊的人深厚的信賴。你擁有綜觀全局的眼光，看見別人有困難，便無法坐視不管，總是主動伸出援手。你會以整體和諧為優先，常把別人的事當作自己的事一般認真煩惱。你熱心公益，以助人為樂。重視禮尚往來的你，受到別人親切對待或恩惠時，一定有所回報。



待人和善是你的特徵之一，不過相對地，你也總是太在乎別人的臉色，不由得變得鄉愿，難以表露真心話。團體的和諧固然重要，但也請多在乎自己一些，避免身心失衡。

## ❖ 戀愛・婚姻・性生活 ❖

你給人的感覺是溫和、親切而清新，身邊的人對你的印象都很好。在戀愛中，你既體貼又會照顧對方，但略為害羞內斂，幾乎不曾自己主動向對方表示好感。不過你對於打定主意只是玩玩的對象，則會大膽地接觸，請小心別讓對方因此產生誤會。

這一天出生的人對性比較消極，可能有不少人都會因此感到傷腦筋。結婚後，你會努力打造一個人人欣羨的理想家庭。有了孩子之後，你會是個關心教育的家長，請小心不要對孩子過度保護。

## ❖ 工作・財運 ❖

你認為工作表現好壞的判斷標準，取決於一個人能帶給他人多少幫助。你的頭腦聰明又靈光，因此無論從事什麼工作，都能發揮實力。而喜歡學習的你，適合需要專業知識或證照資格的工作。你對公益活動也很熱心，但請避免對助人太過執著。

你的財運穩健，卻容易對賺錢抱有罪惡感。請不要被金錢的概念所束縛，抱著對社會貢獻的心情使用金錢，自然而然財運就會提昇。

## ❖ 今生使命・未來展望 ❖

你的今生使命，是利用你的知識與經驗，對人生中接觸的所有人付出無私的愛。

你為了社會與大眾而努力，想要照顧所有與你相關的人。然而你的內心深處，是否期待著對方的讚賞呢？你的心情似乎總是因為他人的評價而起伏，遺憾的是，這並不能稱為無私的愛。為了理解何謂無私的愛，請先好好愛自己，對自己更體貼。

一切都以別人優先的你，似乎對滿足自己有些抗拒。正因如此，你才更應該先忘記別人，拋開心中的罪惡感，找回以自己為重心的生活。

真正的體貼，是消除自己與別人之間的分別。只要你被愛滿足，那麼從你身上散發出的愛，自然也能填滿身旁的人，這便是真正的無私的愛。

## ❖ 生日帶來的訊息 ❖

### 「陰與陽」
### 「中庸」
### 「實踐無私的愛」

### 前世の故事

你的前世，是日本平安時代一名貴族的女兒。

你自幼飽讀詩書，有教養，是個聰明又漂亮的女孩。長大後，你成為宮廷中的女官，文才備受肯定。一天，一名女官拜託你代筆撰寫情書，你推辭不掉，只好答應。結果，你出色的文筆抓住了對方的心，拜託你的那位女官非常高興。儘管這種欺騙人的行為令你感到不安，卻仍不斷接受請託，接連不斷地幫人代筆。日後，有一名男性得知真正的寫手是你，對你的文筆深受感動而向你求婚，但你考慮到委託你寫信的託付者的心情，而拒絕了對方。

6/9 希伯來文

❖ 生日契合度 ❖

◉ **情人・伴侶**

| | |
|---|---|
| 1月8, 17, 26日 | 7月2, 20, 29日 |
| 2月7, 16, 25日 | 8月10, 19, 28日 |
| 3月6, 15, 24日 | 9月9, 18, 27日 |
| 4月5, 14, 23日 | 10月8, 17, 26日 |
| 5月4, 13, 31日 | 11月7, 16, 25日 |
| 6月3, 12, 30日 | 12月6, 15, 24日 |

◉ **工作夥伴・朋友**

| | |
|---|---|
| 1月5, 14, 23日 | 7月8, 17, 26日 |
| 2月4, 13, 22日 | 8月7, 16, 25日 |
| 3月3, 21, 30日 | 9月6, 15, 24日 |
| 4月2, 11, 29日 | 10月5, 14, 23日 |
| 5月1, 19, 28日 | 11月4, 13, 22日 |
| 6月9, 18, 27日 | 12月3, 12, 21日 |

◉ **競爭對手・天敵**

[1/10] [2/18] [6/14] [7/22] [8/30] [10/1] [11/9]

◉ **靈魂伴侶**

[2/24] [4/10] [6/11] [7/16] [7/25] [10/25] [11/21]

❖ 生日名人 ❖

強尼・戴普（演員）
娜塔莉・波曼（演員）
柳田邦男（作家）
青木雄二（漫畫家）
澀谷陽一（音樂評論家）
藥師丸博子（演員）
內田恭子（藝人）
國仲涼子（演員）
大久保嘉人（足球選手）
水谷隼（桌球選手）

◉ **從你的生日看命運**
**請見32頁**

# 6月10日

June tenth

## 受人愛戴 擅長照顧人的 領導者

你有像老大或大姐頭一般的特質，是個豪邁的指導者。6月10日出生的你總是懂得關照他人，因此一生會與許多人結識，並受到眾人的愛戴。

你待人親和，個性開朗活潑，擅長照顧人；只要和你在一起，就會感到快樂、充滿活力，因此你的身邊自然圍繞著許多人，常常在不知不覺中成為領袖，扮演團結大家的角色。

你充滿人情味，看見弱勢的人或遇到困難的人，絕對不會袖手旁觀。你也能發揮與生俱來的領導能力與執行力，給予對方建議或實際伸出援手協助他人，值得信賴。擁有強烈正義感的你，絕對不允許任何不正當的行為。不過有時你會太過堅持己見，單純以好、壞來判斷事情，請注意。平時你很重視與他人之間關係的平衡，但情緒起伏激烈的你，有時會遷怒於對方，顯得任性。雖然你可以迅速轉換心情，不會一直把事情放在心上，不過請記得隨時對身邊的人表示關懷與感謝。



你的出生日期10，在1加上0之後，作為領導者的特質就會變得更顯著，格局也會更大。再加上出生月分6的母性、愛等特質，你便成為一名能綜觀全局，同時又體貼細心的領導者。

### ❖ 戀愛・婚姻・性生活 ❖

你很容易墜入情網，只要喜歡上一個人，就會為對方神魂顛倒；即使與對方不熟，也會直接展開追求攻勢。開始交往後，你會掌握主導權，盡心盡力地照顧對方。

你對性的態度也是直來直往，你會順著自己的心情，熱情地向對方求愛，並努力取悅對方，並希望能得到稱讚。婚後，你會深愛著伴侶，幾乎不可能出軌。不過，你希望家中一切都順著自己的意，有時會想掌控家人，請留意。

### ❖ 工作・財運 ❖

在工作上，你能夠獲得夥伴的信賴，凝聚團隊的向心力。無論從事什麼工作，你都能夠和夥伴同心協力，一起前進，因此很適合擔任專案的負責人。因為你的責任感很強，能夠綜觀全局，做事絕不半途而廢，所以也很適合獨立創業。

你的財運良好，但假如把錢用於和別人周轉或沉迷於賭博，就有可能發生無可挽回的事態，請特別留意。你天生擁有用自己的才華換取金錢的運勢，因此一輩子不會為錢傷腦筋。

## ✧ 今生使命・未來展望 ✧

身為一個很會照顧人的領導者，你今生的使命就是凡事貫徹始終，追求完美，努力做到最後一刻，身心平衡地達到獨立自主。

你總是扮演領導者的角色，率領大家前進，擅長下達指令以及培養後進，但卻無法一個人將事情做到最後一刻。你是否總是太關心別人，以至於無法專注於眼前的事，往往把自己的事情延後處理？

請先鎖定自己喜歡的事或感興趣的事，就算是小事也無妨，請不要靠別人的力量，嘗試一些自己一個人也能做到的事。

憑自己的力量貫徹始終地完成，就是達到獨立自主的第一步。只要能夠做到真正的自立，你身為指導者的氣度就會變得更寬廣。

## ✧ 生日帶來的訊息 ✧

**「寬大的包容力」**
**「剛毅」**
**「拋開自尊」**

### 前世の故事

你的前世，是在19世紀中葉爆發的克里米亞戰爭中，在烏克蘭戰場上的軍中護理師。你從小正義感就比別人強，在朋友之間總是扮演領導者的角色。長大成人後，你為了幫助更多的人而走上了護理師的路。

在克里米亞戰爭爆發後，你前往戰場支援，只見戰場上滿是無可計數的傷者。在急救設備與藥品皆不足的狀況下，你拚命努力拯救每一個生命。然而面對持續不斷增加的傷者，接連一個個離開人世，你開始深思自己所做的一切究竟意義何在。

יך

6/10 希伯來文

### ✧ 生日契合度 ✧

**◉ 情人・伴侶**

| | |
|---|---|
| 1月4, 13, 31日 | 7月7, 16, 25日 |
| 2月3, 12, 21日 | 8月6, 15, 24日 |
| 3月2, 20, 29日 | 9月5, 14, 23日 |
| 4月1, 19, 28日 | 10月4, 13, 31日 |
| 5月9, 18, 27日 | 11月3, 21, 30日 |
| 6月8, 17, 26日 | 12月2, 11, 29日 |

**◉ 工作夥伴・朋友**

| | |
|---|---|
| 1月6, 15, 24日 | 7月9, 18, 27日 |
| 2月5, 14, 23日 | 8月8, 17, 26日 |
| 3月4, 13, 31日 | 9月7, 16, 25日 |
| 4月3, 21, 30日 | 10月6, 15, 24日 |
| 5月2, 11, 29日 | 11月5, 14, 23日 |
| 6月1, 19, 28日 | 12月4, 13, 22日 |

**◉ 競爭對手・天敵**

[2/11] [4/27] [6/7] [6/25] [8/23] [10/3] [11/29]

**◉ 靈魂伴侶**

[1/29] [2/19] [3/11] [4/8] [6/24] [10/22] [11/19]

### ✧ 生日名人 ✧

居斯塔夫・庫爾貝（畫家）
茱蒂・嘉蘭（演員）
莫里斯・桑達克（繪本作家）
久野收（哲學家）
鶴見和子（社會學家）
米長邦雄（將棋棋士）
喜納昌吉（音樂人）
松隆子（演員）
細貝萌（足球選手）
本橋麻里（冰壺選手）

◉ 從你的生日看命運
請見32頁

# 6月11日

June eleventh

**習慣照顧他人**
**充滿人情味的**
**靈性能力者**

11 日出生的你，天生對精神性的世界極為敏感，彷彿擁有魔法師或女巫一般的感受力。

你的出生日期 11 是一個暗示著革命、革新，富有靈性的數字。這讓你的直覺敏銳，認為神祕力量與精神世界的存在是理所當然的。

再加上出生月分 6 的母性與愛等特質之後，你便充滿愛與照顧他人的能力，成為一名富有同情心的靈性能力者。感覺敏銳的你，具有細膩的感受力，能體會神聖或美麗事物的本質，同時能運用天生的靈感在一瞬間領悟到答案。

你善於照顧他人，比起站在大眾面前，你更喜歡在幕後協助他人。只要把你所感受到的訊息傳達給對方，就能使更多人受益。

你的性格獨特，盼望能隨心所欲地生活，但往往難以獲得他人理解。不過，由於你的天線太過靈敏，不論好的事物或壞的事物，你都非常容易受到影響，因此請特別留意。

你經常受到別人意見所左右，因此保持情緒面的平衡相當重要。不用太過在意自己是否對別人有幫助，適度與他人保持距離為佳。

## ❖ 戀愛・婚姻・性生活 ❖

你在選擇戀愛對象時也很重視直覺與靈感。一旦開始交往，你就會想在各方面都能照顧對方。但假如你總是按照自己的想法來判斷，很可能會忽視對方的心情而傷害對方，請注意。

你總是順著感覺行動，因此對性的反應也會隨著當下心情出現極大落差，會難以捉摸。你對婚姻也是當機立斷，假如有所遲疑就不會勉強交往下去。你重視心靈契合，因此對真心交往的對象十分忠誠，婚後會打造一個穩定的家庭。

## ❖ 工作・財運 ❖

你擁有與眾不同的獨創性，喜歡獨特、擁有夢想的工作。小說家、漫畫家、服裝設計師、攝影師、美容師等與藝術相關的工作，或是與心靈相關的諮商師、靈性療癒師等，都很適合你。在組織裡，你獨特的個性可能難以獲得他人理解，因此往往在反覆換工作的過程中才能逐漸發揮實力。

你習慣隨心所欲地享受生活，因此基本上對金錢毫不關心。若能在工作中發揮你掌握時代潮流的才華，增加支持你的人，便能提昇你的財運及工作運。

## ❖ 今生使命・未來展望 ❖

直覺敏銳的你，今生的使命，就是對於任何挑戰不屈不撓，獲得現實的成功與豐饒，將它與更多人分享。

你在追求成功時，是否仍有許多迷惘？例如因為不擅長處理現實生活中的各種棘手情況，往往半途而廢；或同時進行太多事情，而喪失了真正的目標呢？請先面對眼前的課題，逐一耐心解決。

對精神方面的事物高度關心的你，或許不擅長處理與錢有關的事情。其實金錢就是一種純粹的能量。不管是浪費無度或無意義的儲蓄，都不是能讓金錢能量活絡的方法。請學習金錢能量的循環之道，對有價值的事物毫不吝惜地使用，必要時便自己賺取。當你獲得物質上的豐饒，精神上也會變得富足，進而在有形的世界與無形的世界之間取得平衡。

## ❖ 生日帶來的訊息 ❖

「優秀的直覺」

「善行」

「品味豐饒的世界」

### 前世の故事

你的前世，是古埃及的薩滿。

從小就擁有優異感應力與直覺的你，學習了醫學、藥學、數學、天文學等各種學問，成為眾多薩滿中最突出的一個。後來，你的地位愈來愈高，最後甚至提昇到能直接對國王提出建議的地位。然而，有人卻嫉妒你的地位，想要置你於死地。感受到這股惡意的你，你漸漸無法信任身旁的人，變得疑神疑鬼，就連本來最信賴、最親近的徒弟，你都懷疑他會不會是刺客。最後，你連自己的能力都無法相信，因而精神崩潰。

# יאר

6/11 希伯來文

### ❖ 生日契合度 ❖

**◉ 情人・伴侶**

| | |
|---|---|
| 1月5, 14, 23日 | 7月8, 17, 26日 |
| 2月4, 13, 22日 | 8月7, 16, 25日 |
| 3月3, 21, 30日 | 9月6, 15, 24日 |
| 4月2, 11, 29日 | 10月5, 14, 23日 |
| 5月10, 19, 28日 | 11月4, 13, 22日 |
| 6月9, 18, 27日 | 12月3, 12, 30日 |

**◉ 工作夥伴・朋友**

| | |
|---|---|
| 1月7, 16, 25日 | 7月10, 19, 28日 |
| 2月6, 15, 24日 | 8月9, 18, 27日 |
| 3月5, 14, 23日 | 9月8, 17, 26日 |
| 4月4, 13, 22日 | 10月7, 16, 25日 |
| 5月3, 12, 30日 | 11月6, 15, 24日 |
| 6月2, 11, 29日 | 12月5, 14, 23日 |

**◉ 競爭對手・天敵**

[2/17] [3/7] [5/21] [7/1] [9/19] [10/9] [12/16]

**◉ 靈魂伴侶**

[3/15] [4/23] [5/1] [7/20] [7/29] [11/7] [12/21]

### ❖ 生日名人 ❖

理查・史特勞斯（作曲家）
崔志宇（演員）
岡本一平（漫畫家）
豐田喜一郎（豐田汽車創始人）
森村泰昌（美術家）
澤口靖子（演員）
山口萌（藝人）
田中理惠（體操選手）
新垣結衣（演員）
佐佐木彩夏（歌手）

◉ 從你的生日看命運
請見32頁

# 6月12日

June twelfth

**無法自私心地善良的孩子**

6月12日出生的你開朗又充滿活力，宛如孩子一般率真。儘管你也有調皮的一面，但你待人親切，總是溫柔地在一旁守護他人，擁有彷彿天使般純潔的心。

你熱愛歡樂的事物，也喜歡受到矚目，甚至有些自戀。內心溫柔而純潔的你，總是不忘關懷弱者，臉上永遠掛著笑容，不過其實你生性害羞，並不擅長表露自己的心聲。

你擁有力量與幹勁，一旦計畫上了軌道，你的執行力就會爆發出來，做事的效率與專注力令人詫異。但是你不太認真思考未來的事，因此可能在前往目標的途中迷失方向或不知所措。

倘若你不服輸、缺乏耐性、對一件事太過堅持的個性不小心顯露出來，就會出現許多搪塞的謊言，變得過度任性。這時，如果有人指責你，你可能會發怒，自暴自棄地半途而廢，請注意。

擁有爆發力的你，擅長短跑，不過現在請試著將距離慢慢延長。對自己的言行負起責任，留意與旁人之間的和諧與平衡，便能迎接更繽紛美好的人生

你的出生日期12，是具有衝勁、流動、韻律感等孩子特質的數字。再加上出生月分6的母性、愛等特質，會讓你率真的體貼與想保護他人的溫柔更為突出。

### ✧戀愛・婚姻・性生活✧

你外表給人的印象雖然有點輕浮，但你很純情，絕不會喜新厭舊，只要喜歡上一個人就會從一而終，極為專情。你付出的愛比誰都深，然而這卻可能讓對方感到沉重而開始疏遠你。

你渴望婚姻，心中總描繪著理想的家庭樣貌。婚後，你會想立刻生小孩，並對自己的孩子疼愛有加。你在性愛中可以感受到彼此深深的羈絆，因此並不排斥，只是技巧可能稍嫌稚拙，總是被動且單調。

### ✧工作・財運✧

在職場上，你是一個全才型角色，無論什麼職務都難不倒你。總是活潑開朗、做事俐落的你，在職場人緣極佳。你不適合單調的工作，而比較擅長活動企劃等速戰速決型的工作。由於你很懂得體貼他人，因此也很適合團隊工作。

你的財運非常良好，賭運也很強。由於你有很大的機會靠股票投資獲利，反而令你一下子就深陷其中。掌握退場時機也很重要，建議你找一名能冷靜判斷的對象討論投資策略。

## ❖ 今生使命・未來展望 ❖

今生你的使命是：善用如孩子般心地善良的特質，幫助更多人，讓每個人都能和平共處。

你只要投入一件事，往往就會不顧旁人，勇往直前。但愈是努力想為別人帶來幫助，就愈是容易白忙一場。

最重要的是，請用更開闊的心情接受最真實的自己。在助人之前，請先把自己的事情做好，幫助自己。

首先，請接納現下最真實的自己，讓心靈獲得平靜。唯有先做到這一點，才有能力助人。你不用急著得到結果，冷靜而緩慢地朝著人生的目標前進。當你發自內心地展現出天真無邪的笑容時，身旁的人就能擁有愉快的心情，而這正是實現世界和平的第一步。

### ❖ 生日帶來的訊息 ❖

**「真實」**

**「正直」**

**「做好分內的事」**

### 前世の故事

你的前世，是在古代美索不達米亞地區守衛王國的士兵。

你從小體格強健、運動神經優異、正義感又很強，長大後，便毫不猶豫地成為了士兵。你的主要任務就是保護國王、維持國家的治安。後來，你逮捕了許多壞人，獲得人們的感謝，更自詡為正義英雄，努力工作。然而某一天，你將一個罪犯送進監獄後，那個人的孩子生氣地對你說：「把爸爸還給我！」這時你才驚覺每個人都有家人正等著他回家，於是開始懷疑自己的工作是否真正對人們有幫助。

# יבן

6/12 希伯來文

### ❖ 生日契合度 ❖

**◉ 情人・伴侶**

| | |
|---|---|
| 1月10, 19, 28日 | 7月4, 13, 31日 |
| 2月9, 18, 27日 | 8月3, 12, 30日 |
| 3月8, 17, 26日 | 9月2, 20, 29日 |
| 4月7, 16, 25日 | 10月1, 10, 28日 |
| 5月6, 15, 24日 | 11月9, 18, 27日 |
| 6月5, 14, 23日 | 12月8, 17, 26日 |

**◉ 工作夥伴・朋友**

| | |
|---|---|
| 1月8, 17, 26日 | 7月2, 11, 29日 |
| 2月7, 16, 25日 | 8月1, 10, 28日 |
| 3月6, 15, 24日 | 9月9, 18, 27日 |
| 4月5, 14, 23日 | 10月8, 17, 26日 |
| 5月4, 13, 31日 | 11月7, 16, 25日 |
| 6月3, 12, 30日 | 12月6, 15, 24日 |

**◉ 競爭對手・天敵**

[1/25] [3/6] [4/4] [5/21] [5/22] [7/19] [8/18]

**◉ 靈魂伴侶**

[3/10] [4/30] [5/17] [6/19] [7/24] [11/2] [12/31]

### ❖ 生日名人 ❖

約翰娜・施皮里（作家）
埃貢・席勒（畫家）
喬治・沃克・布希（第41任美國總統）
安妮・法蘭克（作家）
江副浩正（RECRUIT 創始人）
宮本浩次（歌手）
松井秀喜（棒球選手）
釋由美子（演員）
茂山逸平（狂言師）
立石諒（游泳選手）

◉ 從你的生日看命運
請見32頁

# 6月13日

June thirteenth

## 溫柔支持旁人 認真的 正義之士

你的出生日期13，正如撲克牌的國王所象徵的，是一個具有龐大權力、現實主宰力量等意義的數字。再加上出生月分6的愛與母性等特質，6月13日出生的人那認真且溫和、喜歡照顧人的性格便會更加強化。

你為人耿直，會自然地關心身旁的人，是個好好先生。你待人親和，散發著溫柔和藹的氣質；然而內心卻藏著強韌的力量，無論面對什麼事都不會屈服，卓越的實力深受旁人信賴。

你從不畏懼任何事，總是直接面對，同時擁有按部就班、持續努力，拿出具體成果的傑出才華。

擁有強烈正義感的你，看見有人欺負弱小，便一定會介入，絕不會袖手旁觀。你是否從小就嚮往成為一個正義英雄，很喜歡超級英雄系列的作品呢？嚮往當個正義英雄固然無妨，但你可能會太過嚴厲地責備不遵守規定的人，這點請留意。

你有強烈的責任感，幾乎不會向別人傾訴自己的困擾，總是一個人傷腦筋；建議你找一個可以讓自己放心、敞開心胸商量的對象。

你同時擁有穩重與熱情這兩種相反的特質，只要整合兩種特質，就能對身邊的人帶來更大的影響力。

### ✧戀愛・婚姻・性生活✧

你認真又老實的個性，會在戀愛、婚姻與性生活中展現出來。你迫切渴望打造一個幸福的家庭，往往認為戀愛就等於前往婚姻之路。你無法接受玩玩的愛情或腳踏兩條船，因此在感情中基本上不會撒謊。

你在白天的形象溫和文靜，但在夜裡的性愛時光，就像換了一個人，變得積極主動，渴望激情。正因為你太過嚴肅的個性，你可能不太願意在對方面前呈現出不像自己的一面，但若能拋開害羞，確實地傳達給對方，想必更能激發你內心潛藏的熱情。

### ✧工作・財運✧

在工作方面，你總是腳踏實地、努力不懈，擁有將成果慢慢具體化的才華。你從不忘記對身邊的人體貼，因此深受眾人的信賴，經常被交付重要的任務。你具有實力，因此也喜歡和能力高於自己的人一起工作。

你擅長處理、運用金錢，但請留意不要被金錢的魔力所魅惑而迷失自我。只要你不被金錢的力量控制，就不會為錢傷腦筋，持續擁有穩健的財運。

### ❖ 今生使命・未來展望 ❖

富有實力又認真的你，為自己設定的今生使命是：對自己的人生負起責任，發揮領導能力，努力使每個人獲得幸福。

你明明擁有充分的實力，但是否總是壓抑自己的想法，用一般世俗的觀點來限制自己的實力呢？假如你一直壓抑那股熾熱的能量，那麼它很可能會突然朝負面的方向爆發，請務必留意。

請將你的實力積極正向地發揮在自己的人生中吧。不用在意旁人的眼光，也不用再當爛好人，努力做到無論是討厭或喜歡都直話直說。

最重要的是，無論多麼小的事情，都應該靠自己的意志來決定，並負起責任。只要能對自己的人生負起責任，今生的你作為領導者的實力，也會變得更加確實。

### ❖ 生日帶來的訊息 ❖

「藏在心中的想法」
「實力」
「不要勉強別人」

#### 前世の故事

你的前世，是在近代初期的瑞典，為一名統治廣大領地的貴族工作的乳母。

你毫無保留地對貴族家的孩子們付出關愛，將他們視如己出。然而，你秉持自己的理念，沒有嚴格地束縛孩子，讓他們自由自在地成長，卻遭到他們的母親，也就是領主夫人的反對。夫人認為，身為貴族的子女，必須接受嚴厲的管教，否則將來吃虧的是他們自己；但你嚴正地反駁。最後你遭到解職，同時被趕出城堡。

這時你才感到後悔，不該過分堅持自己的價值觀。

6/13 希伯來文

#### ❖ 生日契合度 ❖

◉ 情人・伴侶

| | |
|---|---|
| 1月2, 11, 29日 | 7月5, 14, 23日 |
| 2月1, 19, 28日 | 8月4, 13, 22日 |
| 3月9, 18, 27日 | 9月3, 12, 30日 |
| 4月8, 17, 26日 | 10月2, 20, 29日 |
| 5月7, 16, 25日 | 11月1, 10, 19日 |
| 6月6, 15, 24日 | 12月9, 18, 27日 |

◉ 工作夥伴・朋友

| | |
|---|---|
| 1月9, 18, 27日 | 7月3, 12, 30日 |
| 2月8, 17, 26日 | 8月2, 11, 29日 |
| 3月7, 16, 25日 | 9月1, 19, 28日 |
| 4月6, 15, 24日 | 10月9, 18, 27日 |
| 5月5, 14, 23日 | 11月8, 17, 26日 |
| 6月4, 13, 22日 | 12月7, 16, 25日 |

◉ 競爭對手・天敵

[1/17] [4/14] [5/4] [5/13] [5/22] [8/20] [11/16]

◉ 靈魂伴侶

[1/10] [2/9] [5/10] [6/9] [7/31] [10/19] [12/21]

#### ❖ 生日名人 ❖

威廉・巴特勒・葉慈（詩人）
艾麗・西蒂（演員）
金子直吉（企業家）
梅棹忠夫（民族學家）
山田邦子（藝人）
宮脇康之（演員）
大江光（作曲家）
森口博子（歌手）
市川實日子（演員）
本田圭佑（足球選手）

◉ 從你的生日看命運
請見32頁

# 6月14日

June fourteenth

容易產生罪惡感
情感豐富的
自由之士

你十分重視人際關係，是個洋溢著愛的自由之士。凡事當機立斷的你，即使有自己的想法，也會顧慮團體的和諧而有所保留。由於你的感受力很強，因此能夠自然地察覺旁人沒有表達出來的情緒或現場的氣氛。

懂得體貼旁人的你，人脈很廣。而行動敏捷的你，有時即使想勇往直前，卻因為太在意旁人的看法，而無法自由自在地行動。

你常因人際關係感到困擾，容易產生罪惡感；然而，其實人們並不如你所想的那麼關注你的事。請將你敏銳的直覺用於感受美麗的事物上，而非在意別人的眼光。如此一來，你的內在與外在便能取得平衡，使你更加耀眼。

你最明顯的特質，就是能堅定地提出自己的信念與展望，並迅速地採取行動，朝向目標勇往直前。



你的出生日期 14 中的 1 與 4，都是代表箭頭意義的數字，代表著明確的方向性。再加上出生月分 6 的母性與愛等特質，讓你對美的品味、豐富的感情以及敏銳的感受力，都變得更為顯著與強化。

## ✣ 戀愛・婚姻・性生活 ✣

假如你是女性，則給人端莊賢淑的印象；假如你是男性，則給人溫柔體貼的印象。雖然你的異性緣佳，但你也很容易喜歡上別人。你對所愛的人會全心全意付出，同時渴望被愛。有時你會想掌控對方，要求對方按照自己的意思行動，有時會因為莫名的小事而突然變得冷淡，情緒起伏不定。

婚後，你可能會在「重視家人」與「只有家人是不夠的」這兩種想法之間動搖。在性生活方面，若是男性，會使用各種技巧使對方開心；若是女性，則會為了討好對方而積極挑戰大膽的招式。

## ✣ 工作・財運 ✣

你非常能幹，無論什麼事情都能俐落地完成。懂得臨機應變的你，視情況也能成為領袖的輔佐者，懂得維持與領袖之間的平衡。假如你是領導者，適合擔任負責協調的中階主管；假如你是輔佐者，則適合發揮你細心體貼的特質，從事服務業。由於你具有美感品味，因此也很適合服裝設計師或時尚相關的工作。

你對金錢的掌握也很得當，懂得財務管理，不過在工作上，順著自己的感覺去行動，會比評估損益得失後才行動要來得自在許多。

## ✧今生使命・未來展望✧

你今生的使命是探索精神性的世界，將從中獲得的體驗與資訊運用於現實世界，並傳達給更多人。

你擁有敏銳的感性，能感知到無形的事物，包括旁人的心情與現場的氣氛。正因為感受力強，你可能會因為太過細心而疲勞，或是莫名感到恐懼。

請你不只是關心身邊的人，也多多關注自己的身體和心，試著去感受自己真實的想法。如果有什麼打從心底想嘗試的事，就算有人反對，你也應該體驗一下。

感到疲勞時，可以使用芳療精油放鬆身心，或是前往充滿正向氣場的大自然或廟宇，做做深呼吸。只要重視自己內心的感受，並如實地表現出來，便能幫助你達成今生的使命。

## ✧生日帶來的訊息✧

「靈敏度」

「機智」

「重視內在」

### 前世の故事

你的前世，是中世紀出沒在歐洲附近海域的海盜。

你出生於北歐的小島，自幼嚮往著寬廣自由的世界。一天，你駕著捕魚用的小船離開了小島，在海上漂流時，被一艘海盜船救了起來，從此成為海盜的一員，在船上負責掌廚。你雖然不討厭這份工作，但每天為了眾多夥伴準備三餐，你幾乎不眠不休，尤其是夜裡，更要照顧一群飲酒狂歡的海盜。

你不禁感嘆：明明是嚮往自由才離開故鄉小島，但真正自由的世界究竟在哪裡？

# יזך

6/14 希伯來文

### ✧生日契合度✧

**◉ 情人・伴侶**

| | |
|---|---|
| 1月9, 18, 27日 | 7月3, 21, 30日 |
| 2月8, 17, 26日 | 8月2, 20, 29日 |
| 3月7, 16, 25日 | 9月1, 10, 28日 |
| 4月6, 15, 24日 | 10月9, 18, 27日 |
| 5月5, 14, 23日 | 11月8, 17, 26日 |
| 6月4, 13, 22日 | 12月7, 16, 25日 |

**◉ 工作夥伴・朋友**

| | |
|---|---|
| 1月1, 19, 28日 | 7月4, 22, 31日 |
| 2月9, 18, 27日 | 8月3, 12, 30日 |
| 3月8, 17, 26日 | 9月2, 11, 29日 |
| 4月7, 16, 25日 | 10月1, 10, 28日 |
| 5月6, 15, 24日 | 11月9, 18, 27日 |
| 6月5, 14, 23日 | 12月8, 17, 26日 |

**◉ 競爭對手・天敵**

[3/8] [3/21] [5/1] [6/27] [8/16] [9/15] [11/4]

**◉ 靈魂伴侶**

[3/25] [4/26] [6/24] [7/23] [8/22] [10/18] [11/10]

### ✧生日名人✧

愛羅斯・阿茲海默（精神醫學家）
切・格瓦拉（革命家）
唐納・川普（第 45 任美國總統）
喬治男孩（音樂人）
施特菲・葛拉芙（網球選手）
川端康成（作家）
大塚寧寧（演員）
前田健（藝人）
比嘉愛未（演員）
溝端淳平（演員）

◉ 從你的生日看命運
請見32頁

# 6月15日

June fifteenth

**樂於幫助弱者**
**富有人情味的**
**人道主義者**

你是個心地善良的人道主義者，彷彿母親對孩子一般，總是主動對身旁的人伸出援手。當看見弱勢者或遇到困難的人，絕對不會坐視不管。你非常重視夥伴和家人，對每個人一視同仁。

你的出生日期15具備1的開始與5的自由、變化等特質，而1與5相加後等於6，象徵著包容一切的大愛與溫柔。因此15日出生的人非常重視人情義理，心軟又溫暖，再加上出生月分6所代表的母性與愛，你那宛如母親般的溫暖體貼便更為明顯。

你擁有強烈的正義感，厭惡所有不公不義的事。只要是為了導正任何你覺得不公平的問題，你願意正面迎接挑戰，尤其對於仗勢凌人的人，你更是無法原諒。你的夥伴意識很強，經常關心別人，重視彼此的關係與羈絆，因此自然而然受到許多人的愛戴。

然而，這份關懷與體貼倘若只是單方面的想法，就會變成單純的多管閒事。此外，當你為對方付出後，你可能會希望對方感謝或回報自己，請留意。請不要將自己認為正確的想法或信念強加在別人身上，而是應該用寬廣的心胸包容對方，適度靈活地回應。



## ❖ 戀愛・婚姻・性生活 ❖

你願意全心全意付出、照顧喜歡的對象；但是假如做得太過火，就會變成掌控對方，因此請適可而止。由於你待人親切和善，八面玲瓏，有時可能會受到現場氣氛的影響，答應跟你其實不喜歡的人交往。

你對婚姻非常慎重，很可能晚婚。你重視安心和穩定，因此結婚後也會和伴侶一起打造一個全家都像朋友一樣的家庭。

在性生活方面，你充滿奉獻精神，能夠配合對方做出各種變化。只要能讓對方獲得滿足，你就會更加努力。

## ❖ 工作・財運 ❖

你適合在一個團隊裡面擔任協調的角色。比起單純下指令，你更想和大家一起在第一線揮汗工作，分享一起努力的感動。你具有行動力，因此一旦決定目標，就會發揮領導能力，努力實現。你很重視團隊的和諧，因此很會照顧晚輩與屬下，受到許多人愛戴。

你的財運很旺，但總是有多少就花多少，無法有計劃地儲蓄。遇到危急時，身旁的人都會對你伸出援手，因此以結果而言你並不會為錢困擾。

## ❖今生使命・未來展望❖

重情義、體貼別人的你，今生的使命是：帶著像孩子一般的純真，盡情享受人生。

現在的你，總是忙著照顧別人、以別人的事情為優先，而將享受自己的人生擺在後面。

然而，那只不過是限制了自己的發展，用以愛為名的繩索束縛他人罷了。無論是多麼好的事，都不應該帶著義務感或使命感，強逼自己去做。

請順從自己的心，讓自己像孩子一般天真地生活。不過，天真無邪與任性是不同的；假如壓抑真正的自己，勉強自己努力，最後只會責怪對方，變得任性。請更坦率地展現出像孩子般純真的一面，抱著開闊的心胸享受人生。

## ❖生日帶來的訊息❖

「禮讓精神」
「溫情主義」
「隨心所欲地生活」

### 前世の故事

你的前世，是在義大利南部一處港都經營餐廳的女主人。

從小就懂得照顧人、個性體貼的你，很年輕就與一名漁夫青年結婚。婚後，你開了一家餐廳，發揮自己最擅長的廚藝，將丈夫捕回的魚製作成餐點。善良的你免費提供窮人用餐，而這個溫暖的善行大受歡迎，使你的餐廳生意興隆。你除了經營餐廳之外，還負責做家事、帶小孩，甚至連員工都悉心照顧，因此忙到每天睡眠不足，完全無法思考自己的事。就在這樣的日復一日之中，忽然間，你開始懷疑這樣的生活是否真是自己想要的。

טור

6/15 希伯來文

### ❖生日契合度❖

◉ 情人・伴侶

| | |
|---|---|
| 1月6, 15, 24日 | 7月9, 18, 27日 |
| 2月5, 14, 23日 | 8月8, 17, 26日 |
| 3月4, 13, 31日 | 9月7, 16, 25日 |
| 4月3, 12, 30日 | 10月6, 15, 24日 |
| 5月2, 11, 29日 | 11月5, 14, 23日 |
| 6月1, 19, 28日 | 12月4, 13, 31日 |

◉ 工作夥伴・朋友

| | |
|---|---|
| 1月2, 11, 29日 | 7月5, 14, 23日 |
| 2月1, 19, 28日 | 8月13, 22, 31日 |
| 3月9, 18, 27日 | 9月3, 21, 30日 |
| 4月8, 17, 26日 | 10月2, 20, 29日 |
| 5月7, 16, 25日 | 11月1, 10, 19日 |
| 6月6, 15, 24日 | 12月9, 18, 27日 |

◉ 競爭對手・天敵

[1/13] [2/12] [3/29] [5/9] [6/17] [8/4] [11/3]

◉ 靈魂伴侶

[4/9] [7/6] [8/5] [8/23] [9/13] [12/10] [12/22]

### ❖生日名人❖

愛德華・葛利格（作曲家）
愛利克・艾瑞克森（精神分析學家）
奧利佛・卡恩（足球選手）
小篠綾子（設計師）
藤山寬美（演員）
平山郁夫（畫家）
伊東四朗（藝人）
細川貴志（歌手）
美村里江（演員）
南澤奈央（演員）

◉ 從你的生日看命運
請見32頁

# 6月16日

June sixteenth

比起自己的事情
更關心旁人
心地善良的職人

這一天出生的你非常重視自己的風格，同時希望將自己的知識與技術貢獻於助人或培育後進，就像一個心地善良的職人。

出生日期 16 中的 1 代表開始，6 代表母性與愛，結合兩種意義後，象徵的是獨自完成的力量。而你的出生月分又是 6，因此會讓你懂得體恤他人心情的特質更為強烈。

你的心中混雜著堅定的自信以及以他人優先的心情，在人際關係上，你會以冷酷與熱情兩種極端的面貌展現。你無法坐視別人身陷困難，總是努力想做些什麼，但有時卻無法堅持到底，最後只好呈現不負責任的態度。

你是個踏實而努力的人，也有行動力，不過善於照顧人的特質可能反而會害了你，請留意。若能利用天生的能力維持人際關係的平衡，對自己也同樣體貼，便能穩定情緒。

此外，倘若發現自己無法負荷，就請拋開無謂的自尊心，向身旁的人求助吧。鼓起勇氣承認自己的弱點、坦然地求助，對於幫助他人或培育後進也有助益。



### ✧ 戀愛・婚姻・性生活 ✧

即使你擁有明確的想法，也會為了配合對方而忍耐，導致壓力不斷累積。在戀愛中，有時明明兩人處得很開心，而你卻又突然想要一個人獨處，不時展現出這兩種極端的態度，總讓對方感到困惑。

在性生活方面，你也總是陰晴不定，然而一旦產生了興趣，就會變得狂熱而激情。無論是戀愛或結婚，請挑選個性率直的對象，那麼對於總是無法坦率的你而言，或許就能勇於表達自己的真心。

### ✧ 工作・財運 ✧

你對自己的工作抱有高度的自信，一定會負責到底。你擅長照顧別人，又有親和力，但是對自己的屬下或徒弟則極為嚴厲，同時非常要求禮節。因為富有責任感與體貼的心，你總是習慣自己攬下所有問題，然而最後往往無法負荷，反倒給身邊的人帶來困擾，請特別注意。

基本上，你具有理智地賺錢的能力，但可能會因為沉迷於某項事物而砸下大錢。想要提昇財運，就請專注於自己的工作。不要在乎身旁的雜音，在自己相信的路上勇往直前，便是獲得成功的關鍵。

## ❖今生使命・未來展望❖

具有職人般氣質的你，今生的使命是：確實完成被賦予的任務，將成果具體化，流傳後世。

你在感興趣的領域或工作上擁有豐富的知識與技術，同時也有高度的自信心。由於你強烈地希望能培育後進、幫助他人，因此一直努力將經驗分享給更多的人。為此，你應該將這些成果具體化的形態，否則無法傳達給更多的人。

首先，你可以從整理、丟棄不需要的東西開始做起。

透過整理自己身邊的物品，你腦中的豐富知識與資料庫也會被重新整理，想留下的東西也會漸漸變得明確。

## ❖生日帶來的訊息❖

「技術的傳承」
「熟練」
「斷捨離」

### 前世の故事

你的前世，是中世紀歐洲一個手工藝界的職人工會會長。你從年輕時就展現職人才華，備受肯定，同時又富有領導能力，在眾多同業中格外突出。

儘管你沉默寡言，但是由於很會照顧人，因此收了許多徒弟，漸漸在工會中掌握權力。最後你坐上工會會長的位置，為了提昇職人的地位而積極接觸國王，展開了各種活動。

然而，你不但沒時間顧好原本職人的工作，工會內部的人事又非常不穩定。你深深體認到扮演好自己角色的重要性，於是在心中立誓以後一定要專注於眼前的事。

# מזר

6/16 希伯來文

### ❖生日契合度❖

**◉ 情人・伴侶**

| | |
|---|---|
| 1月7, 16, 25日 | 7月1, 19, 28日 |
| 2月6, 15, 24日 | 8月9, 18, 27日 |
| 3月5, 14, 23日 | 9月8, 17, 26日 |
| 4月4, 13, 22日 | 10月7, 16, 25日 |
| 5月3, 21, 30日 | 11月6, 15, 24日 |
| 6月2, 11, 29日 | 12月5, 14, 23日 |

**◉ 工作夥伴・朋友**

| | |
|---|---|
| 1月12, 21, 30日 | 7月6, 15, 24日 |
| 2月2, 11, 29日 | 8月5, 14, 23日 |
| 3月10, 19, 28日 | 9月4, 13, 22日 |
| 4月9, 18, 27日 | 10月3, 21, 30日 |
| 5月8, 17, 26日 | 11月2, 11, 29日 |
| 6月7, 16, 25日 | 12月1, 19, 28日 |

**◉ 競爭對手・天敵**

[5/2] [5/29] [7/27] [8/17] [9/16] [11/5] [12/31]

**◉ 靈魂伴侶**

[1/1] [2/16] [3/17] [5/22] [7/22] [8/1] [9/27]

### ❖生日名人❖

古斯塔夫五世（瑞典國王）
艾瑞克・席格爾（作家）
菲爾・米克森（高爾夫選手）
山本達郎（歷史學家）
山本晉也（導演）
大橋步（插畫家）
高見山大五郎（相撲選手）
Char（吉他手）
池井戶潤（作家）
島崎瞳（歌手）

◉ 從你的生日看命運
請見32頁

# 6月17日

June seventeenth

## 重視夥伴 正義感強烈的 團隊領袖

6月17日出生的你，重視夥伴，待人親切。儘管你喜歡照顧別人，但精神上卻很堅強與獨立，藏在心裡的正義感與信念絕不會輕易扭曲或改變。你擁有不輸給任何人的熱情與力量，最適合擔任需要執行力與續航力的團隊領袖。

你充滿俠義精神，重視禮節，絕不接受任何謊言與不正當、投機取巧的事。在人際關係中，你總想明確區分對方是敵是友，若認為對方是敵人，就會毫不留情展開攻擊，以保護夥伴，儼然是一名戰士。你總是付出比一般人還要多的努力，也很有膽量，遇到困難也絕不輕言放棄，努力與夥伴合力度過難關，在社會上必能成功。

你充滿熱情且不服輸的精神，同時也具備冷靜的觀察力與判斷力，行事風格腳踏實地、努力不懈。正因為你懷有強烈的夥伴意識，因此往往不自覺地強迫身邊的人接受你自以為的好意。而且，你也會因為自尊心太高而不願意示弱，經常把讓自己痛苦的標準強加在旁人身上，責備對方不夠努力，請格外注意。

你的出生日期17是由代表縱向箭頭的1與代表斜向箭頭的7所組成，象徵著不斷向外擴張的力量，也是代表熱情領導者的數字。再加上出生月分6的母性與愛等特質，讓你充滿友愛精神又很會照顧人的領導者特色便更加顯著。



### ✧戀愛・婚姻・性生活✧

你擅長照顧人，喜歡讓對方依賴，精神上相當獨立，因此自己不會主動依賴對方。你的自尊心很高，總是希望自己能主導一切。洋溢著母性與正義感的你，會為了好好守護重要的人，即使是女性也不排斥賺錢養家。

你對工作和家庭投注同等的能量，因此公私生活上沒有建立明確的界線。為了家人，請把家當作是放鬆的地方，好好珍惜。在性生活上，你也喜歡自己主導，讓對方對你盡情撒嬌。

### ✧工作・財運✧

在工作上，當你下定決心後，你便會展現出優異的專注力與力量，並努力不懈。你具有領導者的器量，在事業上擁有出眾的才華，能夠牢牢掌握成功的機會；無論從事什麼工作，都能發揮領導者的才能，平步青雲。你很有聲望與人緣，能夠吸引大家加入你的行列，共同取得巨大的成功。

你的財運很旺，自己也會努力賺錢，因此獲得巨大財富絕非夢想。你會在自己感興趣的領域砸下大錢，但除此之外便稍嫌吝嗇。

## ❖ 今生使命・未來展望 ❖

擁有強烈正義感，貫徹信念的你，今生的使命就是：成為能連結眾人力量的溝通者。

學習自由與任性的差異，是你今生重要的課題。試問，總是努力不懈、竭盡全力的你，是不是經常要求身旁的人也必須像你一樣努力，或把自己的信念強加在他們身上呢？你選擇這種生活態度是你的自由，但假如強逼別人也接受，就是一種任性。請切記每個人都擁有自己的人生，請保持彈性的態度，接受各種不同的想法。

為此，請先在自己的人生中加入一些改變。請你養成想到什麼就做什麼的行動力，不要考慮太多，順從你的直覺，自由而敏捷地採取行動。不過也請別忘了，真正的自由，必然伴隨著相對的責任。

❖ 生日帶來的訊息 ❖

「強韌的精神力」
「慈愛」
「包容對方」

### 前世の故事

你的前世，是鄂圖曼土耳其帝國時代一名家財萬貫的富商之妻。你從小就強勢而不服輸，不管做什麼都不比大部分男孩子遜色。而你唯一無法勝過的少年，就是你日後的丈夫。

嫁給令你心服口服的青梅竹馬後，你們看上了當時正興盛的東西方貿易，兩人合力拓展事業版圖。很幸運地，你們的事業蒸蒸日上，生活愈來愈富裕，然而你的丈夫卻經常不在家。你抱著連丈夫的份一起努力的心情，更勤奮地工作，但這時你才發現，自己真正想要的並不是財富，而是丈夫的愛。

6/17 希伯來文

❖ 生日契合度 ❖

◉ 情人・伴侶

| | |
|---|---|
| 1月3, 21, 30日 | 7月6, 15, 24日 |
| 2月2, 11, 29日 | 8月5, 14, 23日 |
| 3月10, 19, 28日 | 9月4, 13, 22日 |
| 4月9, 18, 27日 | 10月3, 21, 30日 |
| 5月8, 17, 26日 | 11月2, 11, 29日 |
| 6月7, 16, 25日 | 12月1, 10, 28日 |

◉ 工作夥伴・朋友

| | |
|---|---|
| 1月4, 22, 31日 | 7月7, 16, 25日 |
| 2月3, 12, 21日 | 8月6, 15, 24日 |
| 3月2, 11, 29日 | 9月5, 14, 23日 |
| 4月1, 10, 28日 | 10月4, 13, 31日 |
| 5月9, 18, 27日 | 11月3, 12, 21日 |
| 6月8, 17, 26日 | 12月2, 20, 29日 |

◉ 競爭對手・天敵

[3/27] [8/4] [8/13] [9/3] [9/8] [9/21] [11/19]

◉ 靈魂伴侶

[1/16] [5/14] [6/20] [9/17] [10/25] [11/17] [11/26]

❖ 生日名人 ❖

史特拉汶斯基（作曲家）
巴瑞・曼尼洛（音樂人）
大威廉絲（網球選手）
原節子（演員）
山寺宏一（聲優）
麻生久美子（演員）
二宮和也（歌手）
菊池雄星（棒球選手）
波瑠（演員）
森川葵（演員）

◉ 從你的生日看命運
請見32頁

# 6月 18日

June eighteenth

努力實踐發自內心的愛理想主義者

這一天出生的你思慮周密，是打從心底盼望世界和平的理想主義者。你像一名聖人，對自己的愛抱有崇高的理想，並擁有貫徹這份愛、實現理想所需的智慧與執行力。

出生日期 1 代表著開始與領導者，8 則代表無限大與熱情，兩者都是充滿力量的數字，因此你是個兼備智慧與力量的可靠領導者。再加上出生月分 6 代表的母性與愛，6 月 18 日出生的人，便成為內心堅韌、溫柔體貼，能用深深的愛包容旁人的協調者。

你做事可靠，頭腦聰明，擅長照顧人，幾乎所有事情都難不倒你，於是自然成為團體的核心。你喜歡學習，也喜歡教人；能站在前方率領大家前進，也能在第一線與夥伴共同揮汗，更能扮演協調者的角色，可說是一個全能型的領導者。

宛如模範生的你，會為了他人而努力工作。重視團體和諧的你，總是壓抑自己的情緒，朝著崇高的理想與遠大的目標前進。你的責任感很強，總是想符合旁人的期待，因此不習慣吐露自己的真心話。你的個性不服輸，自尊心也很高，因此從不向人求助，往往將自己逼到喘不過氣。在你因為太在乎身旁的人而變得筋疲力盡之前，請找到一個能讓你安心展現自己最真實的一面、值得信賴的伴侶。

## ✧ 戀愛・婚姻・性生活 ✧

你充滿知性又清新的形象，吸引許多人的愛慕，但心中卻藏著高度理想與浪漫的情懷。你對結婚對象的收入與外表等條件都設定得很高，比較喜歡知識豐富、令人尊敬的異性。在還未踏入感情前，就在心中寫好完美的戀愛腳本，並相信會實現。婚後你會重視家庭，但最大的課題就是能否與伴侶建立能互相吐露心事的關係。你的知識水準高，又重視心靈契合，因此對用肉體交流的性行為興趣缺缺。不過性愛時光是少數能解放心靈的機會，請更重視它。

## ✧ 工作・財運 ✧

你總是細心周到，對人的照顧無微不至，並能確實聽取大家的意見，個性耿直又富有協調性，是值得信賴的商量對象或協調者。你兼具清晰的頭腦與強大的行動力，總是完美完成任務，主管對你的評價也很高。由於你待人親切、善於照顧人，因此會受到屬下與同事的愛戴。你擁有穩定的財運，而且由於自尊心強的關係，擁有強烈的上進心。只要你善加運用踏實的計畫能力與豐富的金融知識，思考適合自己的理財方式，便能漸漸累積財富。

### ❖ 今生使命・未來展望 ❖

你今生的使命，就是對在生命中接觸過的人付出無私的愛。

由於你以愛為名造福人群的理想過於崇高，很容易讓你覺得一切毫無價值，同時會用自己認為正確的價值觀來衡量自己和別人。

你是否曾打著為了社會與大眾付出的名義，卻要求別人回報呢？或是，你是否曾用愛當作藉口，試圖控制對方呢？

在自己也渴望被愛的狀態下，對身旁的人付出的每一分愛，都只是痛苦。

你必須先用愛來填滿自己。請試著把對旁人付出的體貼轉向自己。你的心中一定藏著一份巨大且無私的愛，只要接受最真實的自己、充分地愛自己，那不求回報的無私的愛便能自然湧現。

### ❖ 生日帶來的訊息 ❖

**「專注的熱情」**
**「理想」**
**「活得自在一點」**

### 前世の故事

你的前世，是日本戰國時代一名講述佛法的高僧。

你經常溫和地勸諫那些不斷發起戰爭的諸侯，有時也會給予他們確切的建議。雖然有許多名諸侯都想聘你為參謀，但你卻堅定地拒絕，始終貫徹中立的立場。滿懷慈悲心的你，對生命萬物感到不捨，期望和平的世界能早日到來。

一天，某個諸侯因為對你心生不滿而派出刺客暗殺你。你明明盼望著沒有爭端的世界，最後卻被捲入爭端而喪命，面對世事的無常，你只能吟誦著佛經，迎向生命的終點。

6/18 希伯來文

### ❖ 生日契合度 ❖

**◉ 情人・伴侶**

| | |
|---|---|
| 1月8, 17, 26日 | 7月2, 20, 29日 |
| 2月7, 16, 25日 | 8月1, 10, 28日 |
| 3月6, 15, 24日 | 9月9, 18, 27日 |
| 4月5, 14, 23日 | 10月8, 17, 26日 |
| 5月4, 13, 31日 | 11月7, 16, 25日 |
| 6月3, 21, 30日 | 12月6, 15, 24日 |

**◉ 工作夥伴・朋友**

| | |
|---|---|
| 1月5, 14, 23日 | 7月8, 17, 26日 |
| 2月4, 13, 22日 | 8月7, 16, 25日 |
| 3月3, 12, 30日 | 9月6, 15, 24日 |
| 4月2, 20, 29日 | 10月5, 14, 23日 |
| 5月10, 19, 28日 | 11月4, 13, 22日 |
| 6月9, 18, 27日 | 12月3, 12, 30日 |

**◉ 競爭對手・天敵**

[3/30] [5/1] [5/6] [7/31] [8/3] [8/12] [11/18]

**◉ 靈魂伴侶**

[1/7] [1/13] [2/12] [2/24] [4/19] [5/12] [6/26]

### ❖ 生日名人 ❖

雷蒙・拉迪蓋（詩人）
尤爾根・哈貝馬斯（哲學家）
保羅・麥卡尼（音樂人）
橫山光輝（漫畫家）
大槻義彥（物理學家）
藤真利子（演員）
逆鉾伸重（相撲選手）
三澤光晴（職業摔角選手）
曾田正人（漫畫家）
谷村美月（演員）

◉ 從你的生日看命運
請見32頁

# 6月19日

June nineteenth

**富有才華**
**培育下一代領袖**
**真正的領導者**

這一天出生的你具有領袖氣質，擁有培育後進與組織的才華。你擁有宏觀的視野，總是追求完美，充滿著智慧。

你豐富的知性與教養吸引了許多人的仰慕，你也總是默默地傾聽對方的困境，提供一些建議，引導對方成長。而你自身也會透過照顧別人或教導別人獲得不少的成就感，在發揮領導能力的同時，也能培育下一代的領導者，可謂真正的領袖。

儘管你不太吐露真心話，但卻懷有堅定的信念。你重視人與人之間的和諧，又能讓事情依自己的想法發展，是個深謀遠慮的策士。此外，就算是面對親近的人，你也會客觀而冷靜地觀察、評析對方的一言一行，相當嚴苛。一旦自尊心受損，你可能會態度丕變，令人害怕。

你的出生日期 19 是結合了開始的 1 與結束的 9 的意義的數字，意謂著培養新一代領袖的真正領袖。你的出生月分 6 是一個充滿能量的數字，代表母性和愛，具有協調、教導的意義。因此 6 月 19 日出生的你，個性溫和，深受旁人的信賴，能夠用寬廣的視野來看待事物，是領袖中的領袖。



## ❖戀愛・婚姻・性生活❖

你擅長照顧人與領導的特質，在愛情中會表現得更明顯。你會仔細觀察對方的一舉一動，試圖掌握對方的一切。有時會因為太疑神疑鬼又過度解讀，把自己搞得很累。而且，你心裡的想法可能與外表所展現的態度完全不同。本來對方以為已經和你建立了良好的關係，但你卻可能因為對方的一句話而感到受傷，因此想猜透你的心思的人會非常辛苦。

在性生活方面，你會根據當下的心情，有時想掌握主導權，有時順從對方，態度上簡直天差地別。婚後，你會扮演好自己在家中的角色，成為一個值得信賴與可套的家人。

## ❖工作・財運❖

不管從事什麼工作，你都會成為團隊的核心，負責統整、協調的工作。你經常在周圍人們的簇擁下，擔任領導者的角色。你也很適合在各種重要場合中，扮演主管和屬下之間、或客戶與商品之間的橋梁。此外，你擁有豐富的專業知識，頭腦聰明，又很努力，所以深受旁人的信賴。

你的財運穩定，能確實地儲蓄或使財富增值。儘管你不會成為巨富，卻能夠穩定地累積財富。

## ❖ 今生使命・未來展望 ❖

你的使命，就是善用領導者的資質，透過親身經驗探求真理，並靠自己的力量把事情做到完美，學會真正的獨立自主。

你表現在外的一面與深藏在內心的一面截然不同，易出現雙重人格的特質。領導者往往是孤獨的，但透過作為領導者的體驗學習真理，對立志培育新一代領導者的你來說，絕對是種寶貴學習。

儘管你身邊經常圍繞著許多人，但請你先確實留下獨處的時間。一開始，你可能會覺得孤單寂寞，但請好好享受只有獨處時才能得到的輕鬆自在，並獨自探求背後的真理。

透過探求真理，你的內在與外在便能取得平衡。當你學會真正的獨立自主的，你作為真正領導者、培養出下一代領導者的才華就會更加耀眼。

### ❖ 生日帶來的訊息 ❖

「探求真理」
「人才輩出」
「品味孤獨」

### 前世の故事

你的前世，是在近代北美大陸進行田野調查的人類學家。

你從小就對上古時代的一切抱有極高的興趣，上了大學便正式學習考古學與文化人類學，踏上研究者之路。

某次在進行田野調查時，你認識了一名美國原住民老人，得知他的部族只剩下他一個人，隨著他的殞落這個部族也即將消失。老人訴說的回憶，就是那個部族的歷史。但你發現這個即將從世上消失的文化，仍可以藉由故事的形式傳承下去，於是燃起了希望，並在心中立誓要終身持續研究下去。

6/19 希伯來文

### ❖ 生日契合度 ❖

**◉ 情人・伴侶**

| | |
|---|---|
| 1月4, 13, 31日 | 7月7, 16, 25日 |
| 2月3, 12, 21日 | 8月6, 15, 24日 |
| 3月2, 11, 29日 | 9月5, 14, 23日 |
| 4月1, 19, 28日 | 10月4, 22, 31日 |
| 5月9, 18, 27日 | 11月3, 12, 30日 |
| 6月8, 17, 26日 | 12月2, 20, 29日 |

**◉ 工作夥伴・朋友**

| | |
|---|---|
| 1月6, 15, 24日 | 7月9, 18, 27日 |
| 2月5, 14, 23日 | 8月8, 17, 26日 |
| 3月4, 22, 31日 | 9月7, 16, 25日 |
| 4月3, 12, 30日 | 10月6, 15, 24日 |
| 5月2, 20, 29日 | 11月5, 14, 23日 |
| 6月1, 10, 28日 | 12月4, 13, 31日 |

**◉ 競爭對手・天敵**

[6/16] [7/24] [7/28] [8/5] [8/14] [10/12] [12/10]

**◉ 靈魂伴侶**

[1/11] [1/22] [4/17] [5/7] [7/23] [8/4] [8/31]

### ❖ 生日名人 ❖

布萊茲・帕斯卡（數學家）
翁山蘇姬（政治家）
尚・杜賈爾登（演員）
太宰治（作家）
植村秀（植村秀創始人）
山崎十三（漫畫家）
溫水洋一（演員）
中澤裕子（藝人）
福原美穗（歌手）
廣瀨鈴（演員）

◉ 從你的生日看命運
請見32頁

# 6月20日

June twentieth

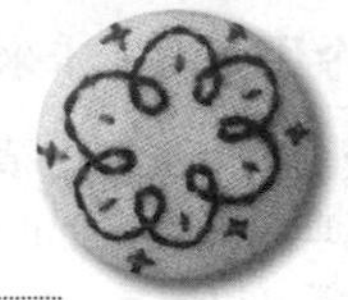

重視他人勝過於自己愛的奉獻者

6月20日出生的你，是一名愛的奉獻者，總是盡心盡力協助別人，就算把自己的事情擺在後面也不以為意。你能夠體察別人的心情，擁有強烈的母性本能以及一顆善良的心。

富有知性的你，總是謙虛有禮，對人的照顧無微不至，協調性極高，並能與任何人相互配合。你的個性正直，具有人緣，不過你比較喜歡輔助別人，而非自己拋頭露面。

你重視與旁人的協調，並擅長維持現實世界與精神世界的平衡。相對地，由於你經常用不同角度來看待事物，所以常常優柔寡斷，難以下定決心。在人生的各種場合中，你也經常依賴別人，希望別人替你做決定。其實你的內心脆弱、容易受傷，想法悲觀，常因為一些小事而感到沮喪或悶悶不樂。請養成不管多小的事情都自己做決定的習慣，假如能遇到一個好領導者，相信就有機會能改善你的弱點。

你的出生日期20當中的2，是二元論的基礎，也是女性特質較強的數字。再加上0，2的能量就會被放大。你的出生月分6的形狀代表著孕婦，是一個象徵愛與母性的數字，因此你親切溫和的態度，便能讓團隊的氣氛更為融洽，為周圍帶來和諧。

### ❖戀愛・婚姻・性生活❖

你對每個人都很貼心，但你的體貼可能會讓對方產生誤解，因此經常有人向你表白。你對於強勢的追求沒有抵抗力，再加上你充滿母性，所以不管對方的人品如何，你可能都難以拒絕，與對方藕斷絲連。此外，你也擅長配合對方，扮演不同的角色。

婚後的你十分重視家庭，經常和全家一起去旅遊，打造一個溫暖又和諧的家庭。在性生活方面，你習慣將主導權交給對方，完全服從對方的指示，因此你比較喜歡稍微強勢的對象。

### ❖工作・財運❖

你適合負責支援旁人的工作。不論男女，都很適合具有奉獻精神的醫療、社福領域，或是美容相關的行業。你比較不擅長與人競爭，但可以成為一名優秀的參謀，擔任領導者最可靠的左右手，發揮你輔佐的才華。另外，你擁有豐富的感性，在藝術或音樂創作的領域也能夠發揮所長。

你的財運穩健，擅長理財，不過比起財富，你更重視心靈上的富足。

## ❖ 今生使命・未來展望 ❖

擅長扮演輔佐者角色的你，今生的使命是：不向困難屈服，獲得現實上的成功，將豐盈的成果與周圍的人分享。

你富有強烈的奉獻精神，因此不管別人拜託你什麼，你是不是都會一口答應，到最後卻連自己也不知道自己在做什麼？倘若你發現自己長期只有付出，而沒有接受，就證明你心中的能量已經失衡。

請確實地接受自己付出後應得的報酬，就從認真面對並珍惜金錢開始做起。只要你愉快地接受金錢的能量、愉快地使用它，你的財運就會產生正向的循環，而你作為輔佐者的才華也會更加燦爛。

### ❖ 生日帶來的訊息 ❖

「支援的愛」
「清廉」
「享受富饒」

### 前世の故事

你的前世，是古代阿拉伯一名負責照顧整個家族的女性。你的公公、婆婆與眾多親戚總是不斷對你提出各種要求、把難題丟給你，而充滿愛的你從來沒有顯露出一絲不悅，一直努力工作，撐起整個家。而你最愛的丈夫和孩子們，就是你最大的心靈支柱。

丈夫的事業在你的協助之下大獲成功，於是遠赴他處做生意的機會變多了，最後似乎在外面有了女人。得知此事後，你對自己一輩子為丈夫付出、為整個家族奉獻而感到後悔，盼望著如果有來世，你一定要過著屬於自己的人生。

כנ

6/20 希伯來文

### ❖ 生日契合度 ❖

**◉ 情人・伴侶**

| | |
|---|---|
| 1月5, 14, 23日 | 7月8, 17, 26日 |
| 2月4, 13, 22日 | 8月7, 16, 25日 |
| 3月3, 21, 30日 | 9月6, 15, 24日 |
| 4月2, 11, 29日 | 10月5, 14, 23日 |
| 5月1, 19, 28日 | 11月4, 13, 22日 |
| 6月9, 18, 27日 | 12月3, 12, 21日 |

**◉ 工作夥伴・朋友**

| | |
|---|---|
| 1月7, 16, 25日 | 7月1, 19, 28日 |
| 2月6, 15, 24日 | 8月9, 18, 27日 |
| 3月5, 14, 23日 | 9月8, 17, 26日 |
| 4月4, 13, 22日 | 10月7, 16, 25日 |
| 5月3, 21, 30日 | 11月6, 15, 24日 |
| 6月2, 11, 29日 | 12月5, 14, 23日 |

**◉ 競爭對手・天敵**

[3/25] [5/12] [6/4] [10/9]
[10/27] [11/26] [12/7]

**◉ 靈魂伴侶**

[2/16] [2/25] [4/14]
[5/31] [7/29] [9/9] [9/30]

### ❖ 生日名人 ❖

賈克・奧芬巴哈（作曲家）
萊諾・李奇（音樂人）
趙治勳（圍棋棋士）
妮可・基嫚（演員）
竹鶴政孝（Nikka 威士忌創始人）
石坂浩二（演員）
鷺澤萠（作家）
鬼龍院翔（歌手）
相武紗季（演員）
May J.（歌手）

◉ 從你的生日看命運
請見32頁

# 6月21日

June twenty-first

## 充滿服務精神 天真無邪的開心果

這一天出生的你，對身旁的人非常親切，總是一心奉獻自己。保有童心，就像一個天真爛漫的孩子，是個喜歡逗大家開心的開心果。你充滿開朗活潑、調皮搗蛋的孩子般的能量，但又有一絲絲害羞，不敢直視陌生人的雙眼。不過只要和你變熟，你就會全力展現出自己溫暖體貼、服務精神旺盛的一面。

你總是顧慮周遭環境與人們的狀況，不會直接表達出自己的情感，同時也擁有安排或協調事情的能力。你總能在人我關係間維持良好平衡，且想像力豐富，頭腦靈活，也有培育人才的能力。若能在音樂或藝術上找到適合自己的表現方法，才華就會發光發熱。

你的心中懷有一份公益之心，願意奉獻社會，然而假如你的使命感太強，最後可能會無法承受壓力，想要逃避或把責任推給別人，請注意。

你的出生日期 21 中，2 表示協調、和諧的女性能量，1 表示充滿幹勁的男性能量，表現出創造新事物的力量，2 與 1 相加後等於 3，代表同時又擁有孩子的特性。再加上出生月分 6 所具備的母性、愛等特質，更突顯你願意接納所有支持你的人、展現出強大母性能量的特質。

### ❖ 戀愛・婚姻・性生活 ❖

你渴望被愛，只要對方展開積極的追求，你被動的一面就會顯現，即使並沒有意思，也可能會接受對方。

你很喜歡小孩，因此也很渴望結婚。無論是談戀愛或婚姻，你都非常重視兩人之間的關係，希望能隨時和喜歡的人膩在一起，向他撒嬌，但是你絕對不會為難對方。你很重視家人，同時也富有責任感，但也正因如此，可能會有試圖掌控小孩的傾向。婚後，你為了扮演好先生或好太太，也許很難說出自己的真心話。唯一能讓你做自己的時刻，大概就只有寶貴的性愛時光了。

### ❖ 工作・財運 ❖

你擁有將各種不同事物加以整合、編排、加工，創造出新事物的才華，因此適合音樂界或出版業等相關產業。由於你很怕寂寞，所以不適合一個人埋頭苦幹的工作。

你的財運穩定，但容易受到周圍的影響，因此必須慎選工作場所以及工作夥伴。由於你抱有強烈的使命感和堅定的信念，只要創意才華能夠發揮，就有可能獲得大筆的財富。未來的財運，則取決於你怎麼使用、如何分享手中的財富。

## ❖ 今生使命・未來展望 ❖

今生的你，未來的展望是為了實現世界和平而幫助他人。

你總是想為社會、為世人奉獻自己，這樣的情操固然了不起，但也正因如此，你往往特別強調自己心中的正確價值觀與正義。假如你只是把為了世界、為了人們當作道貌岸然的藉口，便很有可能為了讓自己行事方便而變得任性，請特別注意。

在為了實現世界和平而採取行動之前，請你先保持自己內心的平靜；在試圖幫助別人之前，請先幫助自己。只要你好好整理自己的內心，讓自己得到療癒，你就能自然而然地流露出天真的笑容；而這樣的笑容，將成為實現世界和平的第一步。

請對眼前的一切心存感謝，並誠心誠意、腳踏實地地做好自己能做到的事情。

### ❖ 生日帶來的訊息 ❖

**「令人愉快的存在」**

**「援助」**

**「自我療癒」**

### 前世の故事

你的前世，是住在安地斯山脈山麓間的一名熱愛歌舞的印加女音樂家。

由於你美妙的歌聲與舞技大受眾人好評，後來獲得國王賞識，於是進入皇宮，擔任教導音樂的老師，培養後進。然而在你出生長大的村子裡，有個你心儀已久的對象，你當初沒有向他表白就離開了村子，而這件事一直是你心中的遺憾。

你始終抱著這種難過的心情去表演歌舞，最後導致身心失衡，染上重病。在迎接人生的尾聲時，你才發現自己最想把歌舞獻給誰。

# כאו

6/21 希伯來文

### ❖ 生日契合度 ❖

**◉ 情人・伴侶**

| | |
|---|---|
| 1月10, 19, 28日 | 7月4, 13, 31日 |
| 2月9, 18, 27日 | 8月3, 12, 30日 |
| 3月8, 17, 26日 | 9月2, 11, 29日 |
| 4月7, 16, 25日 | 10月1, 19, 28日 |
| 5月6, 15, 24日 | 11月9, 18, 27日 |
| 6月5, 14, 23日 | 12月8, 17, 26日 |

**◉ 工作夥伴・朋友**

| | |
|---|---|
| 1月8, 17, 26日 | 7月2, 11, 29日 |
| 2月7, 16, 25日 | 8月1, 19, 28日 |
| 3月6, 15, 24日 | 9月9, 18, 27日 |
| 4月5, 14, 23日 | 10月8, 17, 26日 |
| 5月4, 22, 31日 | 11月7, 16, 25日 |
| 6月3, 12, 30日 | 12月6, 15, 24日 |

**◉ 競爭對手・天敵**

[3/14] [3/23] [6/20] [7/1] [7/19] [9/8] [11/6]

**◉ 靈魂伴侶**

[1/24] [3/28] [7/6] [10/12] [10/21] [10/24] [12/4]

### ❖ 生日名人 ❖

尚・保羅・沙特（作家）
村岡花子（翻譯家）
都倉俊一（作曲家）
長谷川初範（演員）
青山剛昌（漫畫家）
松本伊代（藝人）
笛木優子（演員）
涌井秀章（棒球選手）
手嶌葵（歌手）
高城蕾妮（歌手）

◉ 從你的生日看命運
請見32頁

# 6月22日

June twenty-second

**無法袖手旁觀**
**充滿人情味的**
**魅力領袖**

選擇這一天做為生日的你，待人親和，是一個充滿人情味的魅力領袖。你心地善良，看見別人有困難，絕不會袖手旁觀。

你的出生日期22意謂著時間與空間的擴張，象徵宛如浩瀚宇宙的格局，在生日靈數中是一個充滿靈性的神聖數字。再加上出生月分6所具備的母性、愛等特質，讓你充滿愛、和諧與平衡的女性特質更為顯著。

你擅長照顧別人，認真又正直，總是腳踏實地、不斷努力，而這樣的態度帶給人良好的第一印象。你乍看之下平凡，然而心裡卻有著與眾不同的想法，散發出獨特的魅力光采。

你的創造力與行動力都屬於世界級的程度，不過有時你的言行舉止奇特而大膽，令旁人難以理解，使你在不知不覺中樹立許多敵人。

此外，因為你從不對人逢迎拍馬，有時可能會用命令的口吻對別人說話，容易給人傲慢又自以為是的印象。有意思的是，別人對你的評價相當兩極化。

你喜歡照顧別人，但是過度的關心只會變成多管閒事，請特別注意。請記得，有時默默地守護對方，也是一種表示親切的形式、一種愛的表現。

### ❖戀愛・婚姻・性生活❖

在戀愛中，你會拋開平常好好先生的形象，展現出試圖控制對方、掌管對方一切的一面。儘管你也會體貼地照顧對方，但隨著兩人的關係愈來愈緊密，彼此坦誠相對之後，你就會露出自以為是老大或女王的態度。你總想一手掌握主導權，從不壓抑占有欲和嫉妒心。

結婚之後你會非常重視對方，但生活上依然凡事以自己為中心。在性生活中，你也會時而強勢時而弱勢，在任何事情上的反應都令人難以捉摸。

### ❖工作・財運❖

在工作方面，你擁有躍上世界舞臺的格局；比起在國內發展，在海外更能發揮專長。若能從事與外國做生意的貿易業，或是在外資企業工作，專注於扮演本國與外國之間溝通橋梁的角色，會讓你的才華更能發揮。

你的工作態度非常踏實，總能莫名成為人們目光的焦點。只要朝著自己所相信的路，持續往前邁進，必定能展翅高飛。在財運上你也有賺大錢的實力，請繼續努力不懈，為自己設定遠大的目標。

## ❖ 今生使命・未來展望 ❖

今生你的使命是：對自己的人生負起責任，發揮強大的領導能力。

你平常總想幫助他人，對於身邊親近的人更是積極地伸出援手；然而假如關心得太過火，就會變成試圖控制別人、要求別人依照自己的意思行事。

對你來說，了解親切和多事的差別，正是今生的課題之一。請節制對別人的干涉，以更大的格局貫徹自己獨特的人生。就算對方沒有按照你的想法行動，但只要你把自己該做的事情做好，自然能得到周遭的認可。請把你大膽的想像力及現實上的行動力用在自己身上，對自己的人生發揮強大的領導能力。當你貫徹自己獨特的人生，你的態度將會對周遭的人帶來莫大的影響，以結果而言，或許就等同於對身旁的人發揮領導能力。

## ❖ 生日帶來的訊息 ❖

**「世界級的規模」**
**「絢爛」**
**「追求更大格局」**

### 前世の故事

你的前世，是繁榮昌盛的俄羅斯帝國的女皇。你天生散發著女皇的光環，具有審美眼光，心地善良，並從不吝惜對弱者付出愛。

你即位後，在文化事業上投注的心力遠多於國政，特別是在美術、藝術領域上。你從全國招募有能力的年輕人，打造一個讓他們能專注於藝術創作的環境，毫無保留地提供支援。

因為你所做的一切，國家的藝術文化水準大為提昇，然而你卻不太確定這到底是不是自己真正想做的事，因而每天過得悶悶不樂。

כבו

6/22 希伯來文

### ❖ 生日契合度 ❖

**◉ 情人・伴侶**

| | |
|---|---|
| 1月2, 11, 29日 | 7月5, 14, 23日 |
| 2月10, 19, 28日 | 8月4, 13, 22日 |
| 3月9, 18, 27日 | 9月3, 12, 30日 |
| 4月8, 17, 26日 | 10月2, 11, 29日 |
| 5月7, 16, 25日 | 11月1, 10, 19日 |
| 6月6, 15, 24日 | 12月9, 18, 27日 |

**◉ 工作夥伴・朋友**

| | |
|---|---|
| 1月9, 18, 27日 | 7月3, 21, 30日 |
| 2月8, 17, 26日 | 8月2, 11, 29日 |
| 3月7, 16, 25日 | 9月10, 19, 28日 |
| 4月6, 15, 24日 | 10月9, 18, 27日 |
| 5月5, 14, 23日 | 11月8, 17, 26日 |
| 6月4, 13, 22日 | 12月7, 16, 25日 |

**◉ 競爭對手・天敵**

[1/26] [3/6] [8/10] [9/18] [10/17] [11/7] [12/24]

**◉ 靈魂伴侶**

[1/19] [2/9] [2/22] [6/27] [10/5] [11/27] [12/26]

### ❖ 生日名人 ❖

梅莉・史翠普（演員）
周星馳（演員）
山本周五郎（作家）
二世野村萬作（狂言師）
秋山豐寬（太空人）
笹野高史（演員）
阿部寬（演員）
柳美里（作家）
川上憲伸（棒球選手）
平野啓一郎（作家）

◉ 從你的生日看命運
請見32頁

# 6月23日

June twenty-third

體貼對方
心地善良
懂得靈活應變的人

這一天出生的你，是一個多變的人，能夠在各種人際關係中自由變換自己的角色。你熱愛自由，擁有彈性極大的包容力。你對環境的適應力也非常高，能準確地掌控周圍的狀況並臨機應變，因此總是有許多人圍繞在你身邊。你擁有高雅的外表和行為舉止，能以溫柔的態度包容他人，並且頭腦靈活，擅長在一瞬間抓住對方的心。

你非常喜歡和人們接觸，害怕寂寞，卻又極度討厭被人際關係所束縛。一旦人際關係讓你感到喘不過氣，你也許就會突然消失，或拋下一切逃開。你總是會配合對方改變自己的反應，所以遇到某些特定對象時，你可能會變得情緒不穩，展現出任性的一面，請特別注意。

你的直覺敏銳，卻無法完全相信它，反而容易因此猶豫不決。其實你只要相信自己的直覺，依照直覺採取行動，答案就會自然浮現。

你的出生日期 23 當中，2 代表協調與和諧，3 代表天真無邪的孩子，而 2 與 3 相加後等於 5，因此 23 日出生的人也擁有 5 的特質，就像流水一般具有可塑性，自由自在。再加上出生月分 6 所具備的母性、愛等特質，讓你成為一名心地善良的溝通者、重視協調的特質更顯突出。

## ✧戀愛・婚姻・性生活✧

你能夠配合喜歡的人而改變自己，藉此抓住對方的心。有時你的表現差異極大，甚至連身邊親近的人都覺得陌生。對於喜歡的人，你願意奉獻自己，盡心盡力順從對方，但是卻討厭受到束縛，失去自由。你害怕寂寞，因此渴望結婚，然而一旦對方令你產生負擔，你也許會臨陣脫逃。

婚後，你不是乖乖待在家裡的類型，而會把精力花在工作或興趣上，喜歡招待朋友來家裡作客。在性生活方面，你自由奔放又富有服務精神，但請避免將性愛變成單方面的異常嗜好。

## ✧工作・財運✧

在工作上，你總能看出對方的要求，提前準備妥善，細心周到，因此馬上就能成為全公司最受歡迎的人。你有掌握流行的眼光與獨到品味，適合在幕後負責籌劃新產品或擔任製作人。此外你很擅長面對和接待別人，也很適合服務業。

你的財運不差，但卻不擅長儲蓄；此外，你的財運也容易受到與自己來往的人所影響。只要時勢所趨與你的靈感直覺相契合，便有機會獲得大筆財富。倘若你太過貪心，則可能感到迷惘，喪失好運並陷入泥沼，必須特別注意。

## ✧ 今生使命・未來展望 ✧

自由自在的你，今生的使命就是探索精神性的世界，把從中獲得的智慧傳達給更多人。

擁有敏銳直覺的你，是不是對另一個世界充滿好奇，卻又因為害怕而刻意避開呢？又或者是始終抱著好玩的心態，完全陷入那個世界了呢？

無論是上述何者，都證明了你的心態已經失衡。深愛自由與變化，總是能維持各種平衡的你，應該善用這樣的特性，更輕鬆自在地與精神性的世界共處。只要順從自己的感受，避開沉重、黑暗的事物，選擇明亮又輕盈的事物即可。接著，請在現世中實踐你從另一個世界裡學到的智慧，並將從中得到的成果分享給更多的人。

當你將自己親身體驗、實際感受到的事物，用你獨特的方式呈現，便能喚起更多人的注意，你的才華也會更為耀眼。

### ✧ 生日帶來的訊息 ✧

**「彈性的精神」**

**「適應力」**

**「展現智慧」**

### 前世の故事

你的前世，是中世紀歐洲的一名伯爵夫人。你出生於名門世家，生活無虞，長大後與父母所選擇的對象進行政治聯姻。你的丈夫是一名擁有廣大領土的伯爵，每晚都在城堡裡舉辦舞會。而你利用與生俱來的美貌、社交長才與款待賓客的能力，成為社交界的王牌。你自己也會積極參加各種舞會或音樂會，連日主辦宴會。雖然精彩的社交生活充滿刺激與歡樂，但你卻沒有獨自專心做事或思考的時間。

一天，你在宴會的空檔不經意地抬頭望向夜空，忍不住問自己：我究竟是為了什麼而活呢？

כגו

6/23 希伯來文

### ✧ 生日契合度 ✧

**◉ 情人・伴侶**

| | |
|---|---|
| 1月9, 18, 27日 | 7月3, 12, 30日 |
| 2月8, 17, 26日 | 8月2, 11, 29日 |
| 3月7, 16, 25日 | 9月1, 10, 28日 |
| 4月6, 15, 24日 | 10月9, 18, 27日 |
| 5月5, 14, 23日 | 11月8, 17, 26日 |
| 6月4, 13, 22日 | 12月7, 16, 25日 |

**◉ 工作夥伴・朋友**

| | |
|---|---|
| 1月1, 19, 28日 | 7月4, 13, 31日 |
| 2月9, 18, 27日 | 8月3, 21, 30日 |
| 3月8, 17, 26日 | 9月2, 11, 29日 |
| 4月7, 16, 25日 | 10月1, 19, 28日 |
| 5月6, 15, 24日 | 11月9, 18, 27日 |
| 6月5, 14, 23日 | 12月8, 17, 26日 |

**◉ 競爭對手・天敵**

[1/23] [2/13] [4/2] [6/6] [9/6] [11/22] [12/30]

**◉ 靈魂伴侶**

[1/20] [3/9] [7/23] [8/13] [10/11] [11/19] [12/27]

### ✧ 生日名人 ✧

約瑟芬・德・博阿爾內（拿破崙之妻）
席內丁・席丹（足球選手）
三木露風（詩人）
岸田劉生（畫家）
河合隼雄（心理學家）
妹尾河童（舞臺設計師）
筑紫哲也（記者）
南野陽子（演員）
松田丈志（游泳選手）
蘆田愛菜（演員）

◉ 從你的生日看命運
請見32頁

# 6月24日

June twenty-fourth

看見別人有困難
絕不會袖手旁觀
愛的奉獻者

6月24日出生的你，擁有慈悲心腸與奉獻精神。你對每個人都親切又體貼，應對謙恭有禮。

你的出生日期24中，2代表協調、和諧，4代表認真、正直，象徵溫柔又有耐心地培育後進。再加上出生月分6所具備的母性、愛等特質，讓你宛如母親的溫暖氣質便更為明顯。

你總是面帶親和的微笑，能讓身旁的人感到放鬆。看見有人遇到困難，你絕對不會袖手旁觀，一定會挺身而出幫助對方。你無時無刻都很穩重，令身旁的人安心，無論男女老幼都很喜歡你。

你認真而努力，同時擁有強烈的正義感，不會放過任何違規或投機取巧的行為，並且會秉公處理。內心堅強的你，富有責任感，但有時不知變通，稍嫌固執。

別人拜託你事情時，你總是難以推辭，只好努力完成。另外，有時別人明明沒有要求你幫忙，你卻自己多嘴或插手，而倘若對方沒有向你表達謝意，你甚至會埋怨。請不要把自己認為正確的想法強加在別人身上，而應該發揮與生俱來的和諧與平衡特質，抱著更開闊的心胸享受人生。



## ❖戀愛・婚姻・性生活❖

在戀愛中，你身為指導者的個性會特別明顯。你愈在乎對方，就愈容易試圖掌握對方的一舉一動，想要完全控制、束縛對方。

婚後，你會打造一個溫暖的家，非常重視家人。假如一直像個認真的指導者，家裡的氣氛就會變僵，因此請不要忘記享受生活。在性生活方面，你堅信進行親密行為等於結婚生子，所以對發生關係的對象往往特別依賴。正因如此，你不會隨隨便便與人交往，有時甚至會被認為太嚴肅。

## ❖工作・財運❖

你擁有能夠適應任何工作的能力，不過如果從事助人的行業，例如醫療或照護相關的工作，更能發揮所長。另外，比起自己帶頭，你更適合輔佐別人，如此你的奉獻精神才能盡情發揮。

你的財運穩定，但經常出手闊綽，因此需要有計畫地儲蓄。假如打腫臉充胖子，你的財運就會溜走，所以請適可而止。也不要忘了偶爾犒賞、投資自己，讓金錢的能量進而循環流轉，就是提昇財運的祕訣。

## ❖ 今生使命・未來展望 ❖

身為愛的奉獻者，你認為自己今生的使命是：帶著孩子般的純真，盡情享受人生。

重視規矩和原則的你，是否總是關心別人，而把自己的人生擺在後面呢？也許你認為旁人的幸福就是你的幸福，然而別人的幸福畢竟不屬於你。單純為他人奉獻，並非你存在的價值。

一定有人因為看見你快樂的模樣、從你的笑容中感受到幸福。你的天賦，就是像孩子一般無拘無束地享受自己的人生，同時療癒身旁的人。

你的人生是百分之百屬於你自己的，因此比起為他人奉獻，你應該先為自己奉獻。當你露出像孩子般天真的笑容，自然地享受人生時，你心中那份無私的愛就會流向身旁的人。

### ❖ 生日帶來的訊息 ❖

**「奉獻的愛」**
**「貢獻」**
**「練習樂觀享受人生」**

#### 前世の故事

你的前世，是在英國工業革命時代拯救了許多人性命的修女。

你從小就擁有虔誠的信仰，很年輕就選擇成為修女，走上奉獻神的道路。在那個以經濟發展為優先的時代，窮人必須在嚴酷的環境下工作，否則無法生存下去。你看見他們痛苦的模樣，對於社會的不公感到心痛。為了把神的愛平等地分享給每一個人，你參加教會舉辦的公益活動，提供食物給窮人。但是眼看年幼的孩子和生病的人們接連在你面前失去生命，你卻什麼都做不了。面對這樣的現狀，你深深感到無能為力。

---

# כדו

6/24 希伯來文

### ❖ 生日契合度 ❖

**◉ 情人・伴侶**

| | |
|---|---|
| 1月6, 15, 24日 | 7月9, 18, 27日 |
| 2月5, 14, 23日 | 8月8, 17, 26日 |
| 3月4, 13, 31日 | 9月7, 16, 25日 |
| 4月3, 21, 30日 | 10月6, 15, 24日 |
| 5月2, 20, 29日 | 11月5, 14, 23日 |
| 6月10, 19, 28日 | 12月4, 13, 22日 |

**◉ 工作夥伴・朋友**

| | |
|---|---|
| 1月2, 11, 29日 | 7月5, 14, 23日 |
| 2月1, 19, 28日 | 8月4, 22, 31日 |
| 3月9, 18, 27日 | 9月3, 12, 30日 |
| 4月8, 17, 26日 | 10月2, 11, 29日 |
| 5月7, 16, 25日 | 11月1, 10, 28日 |
| 6月6, 15, 24日 | 12月9, 18, 27日 |

**◉ 競爭對手・天敵**

[1/31] [2/12] [3/11] [8/6] [9/21] [9/23] [10/20]

**◉ 靈魂伴侶**

[1/12] [1/21] [3/1] [3/28] [6/16] [6/25] [9/13]

### ❖ 生日名人 ❖

安布羅斯・比爾斯（作家）
傑夫・貝克（吉他手）
南茜・艾倫（演員）
利昂內爾・梅西（足球選手）
加藤清正（武將）
本因坊秀哉（圍棋棋士）
康珍化（作詞家）
犬童一心（導演）
岡野玲子（漫畫家）
中村俊輔（足球選手）

◉ 從你的生日看命運
請見32頁

# 6月25日

June twenty-fifth

關懷他人
擁有審美眼光的
藝術家

6月25日出生的人具有藝術家的特質，同時對旁人充滿關心，喜歡照顧別人。你深愛美麗的事物，擁有審美眼光與獨到品味，能利用獨特的感受力創造作品，打造出屬於你的世界。

一旦決定目標，你就會嚴格要求自己確實完成，是個嚴以律己的理想主義者。當你看見別人有困難，心地善良的你就會不由自主地伸出援手。原則上，你喜歡獨處，不過你的溝通能力也很強，擁有協調性和靈活度，可以和身邊的人和諧共處，同時觀察現場的狀況，做出貼心的舉動。

你具有強烈的正義感，非常厭惡投機取巧的事情，但是你不會在眾人面前直接揪出對方的錯誤，而是會默默地提醒他。

你從小就很獨立自主，表現成熟，但其實內心纖細、脆弱而純真。你不會輕易透露自己的真心話，也不喜歡別人踏進你的私人領域，卻常常試圖干涉或控制對方，請特別留意。

你出生日期25日中的2代表著協調與和諧，5則代表自由、變化、溝通，當2與5相加後等於7，因此你也擁有7的完美、職人特質，就像個講究細節的藝術家。再加上出生月分6所具備的母性、愛等特質，你關心周圍的體貼特性就變得更顯著，不會整天埋頭在自己的世界裡。

## ❖戀愛・婚姻・性生活❖

你最大的魅力就是富有彈性，儘管你擁有自己獨特的風格，但仍然能配合對方。然而由於你極少吐露自己的真心話，因此即使是戀人或伴侶也無法踏入你的某些領域。你可能對展現出真實的自己相當抗拒。

婚後，你會很重視家人，但態度卻有些複雜而任性，既想保有自己的隱私，又想掌握對方的一切。你不討厭性，並且技術高明，喜歡看著對方的反應來享受性愛。

## ❖工作・財運❖

在工作上，你的風格儼然像個堅持自我風格的藝術家。你能夠與旁人相互合作，努力不懈；但總是追求完美，從不妥協的態度，或許會讓人覺得難以親近。你相當照顧後進，願意把自己的技術和智慧傳授給對方，並認為這是自己的使命。

你對金錢不太感興趣，甚至有點罪惡感。你認為自己獲得的金錢必須是相對於工作的酬勞，因此只要從事令自己滿意的工作，就無須擔心錢的事情。

## ✧ 今生使命・未來展望 ✧

你今生的使命，就是完成自己被賦予的任務，並且將成果具體化，流傳後世。

你像個藝術家，非常重視個人感受，並堅持自己的風格，因此能利用獨特的靈感留下具體的作品或成果。然而，假如你一直認為自己非努力不可、非把事情做好不可，一旦努力過頭，就會用心中的那把尺來責備自己或衡量他人，請特別注意。

別被義務和使命感所侷限，請放鬆一些，盡情在自己感興趣的領域進行創作。最重要的是，請每天快樂地持續創作。

無論是作為工作或是興趣，在畫畫、作曲、拍照、製作手工飾品等領域，你都可以發揮身為藝術家的本領。留下實體作品，就等於留下你人生的足跡，同時也能幫助你實現今生的使命。

## ✧ 生日帶來的訊息 ✧

**「藝術品味」**
**「創新」**
**「快樂地創作」**

### 前世の故事

前世的你，是活躍於中世紀歐洲的知名珠寶設計師。不過這只是表面上的職業，事實上你擁有敏銳的感應力與治癒能力，為了避免涉入當時的獵巫行動，因此你將這份能力隱藏起來，一心一意地製作珠寶飾品，並將技術傳授給學徒們。

每當你看見生病的窮人或有困難的人，總會想幫助他們，然而為了保護自己和家人的安全，卻只能壓抑下來。長期的偽裝使你感到非常痛苦，或許正因如此，最後你病倒了，結束你短暫的人生。在臨終前，你不禁感到後悔：既然人難免一死，不如貫徹自己想過的生活，用自己的天賦去幫助更多人。

6/25 希伯來文

### ✧ 生日契合度 ✧

**◉ 情人・伴侶**

| | |
|---|---|
| 1月7, 16, 25日 | 7月1, 10, 28日 |
| 2月6, 15, 24日 | 8月9, 18, 27日 |
| 3月5, 14, 23日 | 9月8, 17, 26日 |
| 4月4, 13, 22日 | 10月7, 16, 25日 |
| 5月3, 12, 30日 | 11月6, 15, 24日 |
| 6月2, 11, 29日 | 12月5, 14, 23日 |

**◉ 工作夥伴・朋友**

| | |
|---|---|
| 1月12, 21, 30日 | 7月6, 15, 24日 |
| 2月2, 11, 20日 | 8月5, 14, 23日 |
| 3月10, 19, 28日 | 9月4, 13, 22日 |
| 4月9, 18, 27日 | 10月3, 21, 30日 |
| 5月8, 17, 26日 | 11月2, 11, 29日 |
| 6月7, 16, 25日 | 12月1, 10, 28日 |

**◉ 競爭對手・天敵**

[5/2] [6/28] [7/27] [9/7] [9/25] [11/5] [12/22]

**◉ 靈魂伴侶**

[3/26] [6/3] [7/22] [7/29] [9/9] [10/17] [11/18]

### ✧ 生日名人 ✧

安東尼・高第（建築師）
喬治・歐威爾（作家）
喬治・麥可（音樂人）
菅原道真（學者）
加藤芳郎（漫畫家）
愛川欽也（藝人）
本宮宏志（漫畫家）
澤田研二（歌手）
松浦亞彌（歌手）
藤谷太輔（歌手）

◉ 從你的生日看命運
請見32頁

# 6月26日

June twenty-sixth

為了夥伴
願意兩肋插刀
重情重義的領導者

這一天出生的你，是個天生的領導者，總是為了身旁的人兩肋插刀。永遠為團隊奮鬥的你，情感很豐富，相當重視夥伴，對人體貼入微，總是默默地關心別人，富有人緣，敦厚的個性也深受眾人愛戴。

不過由於你太關心身旁的人，對每個人都親切，因此容易變得鄉愿，最後招致誤解或為別人帶來麻煩。

因為你擁有極大的影響力，因此總想著能為他人做些什麼，有時別人根本沒有拜託你，你卻自己插手許多事情；為了避免招惹上不必要的麻煩，請謹慎行事。你總是努力不懈，面對困難也不會覺得痛苦，反而充滿幹勁，能從中找到自己的價值。只是有時身旁的人不一定與你有著相同的心情，請不要自己一頭熱，多考慮一下身邊夥伴的想法。

你的出生日期26兼具2的協調與6的愛、美等意義，使你注重和諧、溫柔而可靠，並擁有一顆熾熱的心。再加上出生月分6所代表的母性與愛等女性特質，你會與夥伴同心協力完成目標，成為一名重情重義，用充滿熱情的力量帶領夥伴前進的隊長。



### ✧戀愛·婚姻·性生活✧

你總是願意為對方盡心盡力付出，但有時會不顧對方的狀況，就擅自插手對方的事情，顯得太多管閒事。將對方照顧得無微不至的你，往往在不知不覺中扮演起父母的角色，而不是情人，這點請格外注意。

在性生活方面，你也總是一心想討對方歡心，鮮少表達自己的感受，最後變得唯命是從。婚後，如果對另一半的愛太過強烈，便容易產生強烈的嫉妒心，或是讓壓抑已久的情緒一次爆發出來，無法控制自己的脾氣。為了維持良好且平衡的關係，請適度與對方保持距離。

### ✧工作·財運✧

你的一生中會因為工作的關係接觸到許多人，並從中獲得人生價值。你懷抱著愛，同時對工作充滿熱情，因此很適合從事直接面對客戶的服務業，或直接照顧病患的醫療、照護及社會福利等領域的工作。

你擁有創造財富的能力，但是面對他人的動之以情，你往往就不忍心拒絕，而借對方或給對方錢。不過，用在別人身上的錢，最後都會輾轉回到你手邊，因此只要不是為了自己的私利賺錢，而是慷慨地把錢花在別人身上，你的財運就會提昇。

### ❖ 今生使命・未來展望 ❖

充滿人情味又富有正義感的你，今生的使命，就是成為一個連結人與人關係的溝通者。

總是把家人或夥伴擺在第一位而努力的你，內心是否渴望自由與改變，卻又不自覺地把自己想要的一切擺在後面？或許你只是把為了別人當作藉口，一直在逃避改變。

每個人對於改變多少都有些抗拒或恐懼，首先，你可以從在生活中刻意加入一些變化開始。

同時也請你重視效率，一想到什麼，就立刻展開行動。請更坦率地面對自己的感受，把自由和改變當作送給自己人生的禮物。

當你拓展自己的世界，過著更自由、更熱愛自己的人生，便能使人與人之間的關係變得更有意義。

### ❖ 生日帶來的訊息 ❖

「深深的羈絆」
「熱愛」
「享受自由」

**前世の故事**

你的前世，是近代初期在西亞經營商隊旅社的女主人。商隊的商人在旅行途中會來你的旅社投宿，有時也會在這裡進行商談或交易。

這間旅社本來是由你的父母經營，你從小就是個乖孩子，由於受到商人們的疼愛，自然地學會了各種經商的知識。後來你結了婚，繼承這間旅社，成為女主人。由於你的旅社服務周到，又是個商人間可放心交流的場所，因此生意興隆。後來，你也生了好幾個孩子，只是因為工作繁忙，你幾乎沒有時間與丈夫和孩子們好好相處。你內心深處一直希望能有更多時間陪伴家人。

## כוו

6/26 希伯來文

### ❖ 生日契合度 ❖

**◉ 情人・伴侶**

| | |
|---|---|
| 1月3, 21, 30日 | 7月6, 15, 24日 |
| 2月2, 11, 20日 | 8月5, 14, 23日 |
| 3月1, 19, 28日 | 9月4, 13, 22日 |
| 4月9, 18, 27日 | 10月3, 21, 30日 |
| 5月8, 17, 26日 | 11月2, 11, 29日 |
| 6月7, 16, 25日 | 12月1, 19, 28日 |

**◉ 工作夥伴・朋友**

| | |
|---|---|
| 1月4, 13, 22日 | 7月7, 16, 25日 |
| 2月3, 12, 21日 | 8月6, 15, 24日 |
| 3月2, 11, 20日 | 9月5, 14, 23日 |
| 4月10, 19, 28日 | 10月4, 22, 31日 |
| 5月9, 18, 27日 | 11月3, 12, 30日 |
| 6月8, 17, 26日 | 12月2, 11, 29日 |

**◉ 競爭對手・天敵**

[1/3] [2/1] [4/1] [4/8] [7/23] [8/22] [12/18]

**◉ 靈魂伴侶**

[1/25] [4/6] [8/9] [10/9] [11/24] [12/5] [12/16]

### ❖ 生日名人 ❖

賽珍珠（作家）
克勞迪奧・阿巴多（指揮家）
柴田豐（詩人）
高山辰雄（畫家）
甲本雅裕（演員）
岸本葉子（散文作家）
久保帶人（漫畫家）
許斐剛（漫畫家）
道端 Karen（模特兒）
福見友子（柔道選手）

◉ 從你的生日看命運
請見32頁

# 6月27日

June twenty-seventh

## 在背後默默支持旁人內斂的賢者

這一天出生的你，個性沉穩，總是帶著親切的微笑，彷彿一個靜靜守護著大家的賢者。你謙恭有禮，冷靜穩重，行事低調，散發出知性與優雅氣質。

你的出生日期27當中，2代表協調、和諧，7代表完成、自立，而出生月分6則是一個象徵母性與愛的數字。因此6月27日出生的你，期盼自己能夠實現理想，同時幫助別人。你具有成為領袖的實力，但你不喜歡受到矚目，比較傾向在幕後策劃、協助身邊的人。

你擁有豐富的知識，深謀遠慮，兼具企劃力和執行力，是個讓每個人都能放心相處的成熟大人。不管遇到什麼狀況，你都不會慌張，溫和內斂，善於照顧別人，細心體貼。相對地，你討厭向別人吐露自己的感情和真心話，自尊心極高。

頭腦聰明的你，內心纖細而脆弱，感受力也很強，因此一旦情緒失衡，便很容易產生罪惡感，覺得自己失去價值而感到無力。此外，當別人有求於你，你便難以拒絕，導致將自己的事情擺在後面，而先去幫助別人，但你往往希望得到別人的好評或回報。你可能會仗恃自己頭腦聰明、知識豐富，而用自認為正確的價值觀嚴格地批判他人，必須特別注意。

### ✧ 戀愛・婚姻・性生活 ✧

在感情上，你待人體貼周到，無微不至，總是默默等著別人注意到你的付出。你能夠配合對方的需求和希望做出各種努力，卻有要求對方回報的傾向。在結婚之前，你會冷靜分析對方，審慎考慮之後才做決定，因此必定能得到安穩的幸福。

因為你總是朝著理想的藍圖而努力，所以可能會把自己的價值觀強加在家人身上，使得家裡的氣氛變差。在性生活中，你會努力迎合對方，但有時你會提不起興致，甚至產生厭惡感，因此平常的牽手、擁抱等身體接觸就更顯重要。

### ✧ 工作・財運 ✧

基本上，你的個性比較偏向幕後人員。你認為自己存在的價值並不是為了賺錢，而是為他人帶來快樂，因此適合諮商師、顧問等提供別人專業知識、給予協助支援的工作。不過有時你會想掌控對方，讓對方遵從你的想法，請特別小心。

你的財運穩定，但是不喜歡別人用收入來衡量你的工作，而是希望自己能對社會有所貢獻，獲得世人的讚賞。若能維持個人事業和公益活動等世俗與個人價值觀上的平衡，你的財運也會變得穩定。

## ✧ 今生使命・未來展望 ✧

今生你的使命是：對生命中接觸過的人付出無私的愛。

總是為別人奉獻的你，是否經常對身邊的人要求報酬或回報，希望對方讚賞自己，或是即使對方沒有需要，你也把愛強加在對方身上？無論是多好的事情，只要是強迫別人接受，就稱不上無私的愛。

永遠以別人的事情為優先，把自己的事情擺在後面的你，現在應該把投注在別人身上的愛轉向自己。當你被愛滿足，自然就會湧現無私的愛，身邊的人也會因此而感到喜悅。

請吃些讓你食指大動的美食、出去旅行，投資在讓自己開心的事物上，也是愛自己的形式之一。請先讓你的身心充滿愛的能量，打從心底享受屬於自己的人生，用愛滿足自己，才是達成你今生使命的第一步。

## ✧ 生日帶來的訊息 ✧

「潛藏的能力」
「氣質」
「讓自己快樂」

### 前世の故事

你的前世，是日本江戶幕府時代的一名尼姑。因為你的伯母也是尼姑，受到她的影響，你也選擇遁入佛門；出家後，你奉命重建一間荒廢的寺院。在你的努力之下，寺院恢復為清淨的空間，並收容許多因為種種因素而選擇逃離生活的女性，成為一座提供協助眾人的寺院，在暗地裡流傳開來。

一天，一群立志推翻幕府的年輕人得知你溫厚善良，而前來拜託你幫忙藏匿一名受傷的夥伴。但是身為只保護女性的尼姑庵的住持，你不得不拒絕這個要求，但也因此感到痛心，希望來世能夠以別的立場與他們重逢。

6/27 希伯來文

### ✧ 生日契合度 ✧

◉ 情人・伴侶

| | |
|---|---|
| 1月8, 17, 26日 | 7月2, 11, 29日 |
| 2月7, 16, 25日 | 8月1, 19, 28日 |
| 3月6, 15, 24日 | 9月9, 18, 27日 |
| 4月5, 14, 23日 | 10月8, 17, 26日 |
| 5月4, 13, 31日 | 11月7, 16, 25日 |
| 6月3, 12, 30日 | 12月6, 15, 24日 |

◉ 工作夥伴・朋友

| | |
|---|---|
| 1月5, 14, 23日 | 7月8, 17, 26日 |
| 2月4, 13, 22日 | 8月7, 16, 25日 |
| 3月3, 21, 30日 | 9月6, 15, 24日 |
| 4月2, 20, 29日 | 10月5, 14, 23日 |
| 5月1, 19, 28日 | 11月4, 13, 22日 |
| 6月9, 18, 27日 | 12月3, 12, 21日 |

◉ 競爭對手・天敵

[3/8] [3/12] [6/14] [8/21] [10/19] [10/28] [12/17]

◉ 靈魂伴侶

[1/13] [1/22] [6/11] [7/10] [8/24] [10/7] [10/31]

### ✧ 生日名人 ✧

路易十二（法國國王）
海倫・凱勒（社會運動家）
伊莎貝・艾珍妮（演員）
梁朝偉（演員）
勞爾・岡薩雷斯・布蘭科（足球選手）
小泉八雲（作家）
陳建民（廚師）
橫尾忠則（平面設計師）
立川談春（落語家）
優香（藝人）

◉ 從你的生日看命運
請見32頁

# 6月28日

June twenty-eighth

## 重視夥伴 慷慨大方的 團隊領袖

6月28日出生的你，總是綻放著宛如向日葵般燦爛的笑容，替身邊的人帶來活力。許多人因為仰慕你而圍繞在你的身旁，不知不覺中你便成為團隊的中心。你是一個能和夥伴在第一線揮汗工作的熱血隊長。

你的出生日期28包括了2代表的協調、和諧，及8象徵的無限大的力量。出生月分6則表示愛和母性，使你成為無法對弱者或有困難的人視而不見，重視人情義理，慷慨大方的領袖。

你是個好好先生，如果有人拜託你事情，你會高興地一口答應，不會拒絕。然而相對地，這代表著你其實很依賴他人，請格外留意。有時太關心別人，就會變成多管閒事，令人感到困擾。如果你自願照顧別人，卻又抱怨別人沒有感謝你或不聽你的話，就太不合理了。

你擁有統率眾人的能力，能激發出大家的力量，共同達成夢想和目標。你能帶領整個團隊賺大錢，又能慷慨地與大家分享。不過，請避免因為太過重視身旁的人，而導致自己迷失目標和方向。你非常喜歡和大家在一起，但是請每天至少撥出一點時間，讓自己獨處，靜下來地面對自己的內心。



### ❖戀愛・婚姻・性生活❖

你永遠面帶笑容，懷有大愛，包容身邊的每一個人。但在戀愛中，你的這種態度容易遭致誤解，導致你不喜歡的對象也可能向你表白，而不想傷害他人的你可能也就這麼接受了。平時擅長規劃、安排事情的你，在感情裡卻截然不同，相當奇妙。

在性生活中，你會展現出不同於平常的羞澀與依賴，可能會讓對方嚇一跳。婚後你會將重心放在家庭，為了家人而勤奮工作，但很有可能會過度保護、太寵小孩，請注意。

### ❖工作・財運❖

你擅長照顧人的特性也會發揮在工作上。你重視人情義理，喜歡和人群接觸、照顧別人；而最適合你的工作模式，就是和一個團隊一同工作。作為團隊領袖，你會帶著積極正向的能量鼓勵大家，就算面對困難，也能一起勇往直前。相對地，你比較不擅長獨自進行的工作或是每天面對著電腦的工作。

你的財運良好，也有事業運，具備帶領整個團隊一起賺錢的才華，而非自己獨自獲利。假如能慷慨大方地把賺來的錢和夥伴們分享，你的財運就會更為提昇。

### ❖ 今生使命・未來展望 ❖

今生的你，為自己建立的人生目標是：靠自己的力量獨力完成一件事情，學會真正的獨立自主。

你十分重視與夥伴或家人之間的關係，卻不擅長獨力將事情完成。若總是照顧別人，而永遠把自己的事情擺在後面，便稱不上成熟獨立的大人。

正因為你有作為領導者的自信，所以可能對於向人求助有些抗拒，然而謙虛地承認自己做不到，老老實實地向別人求助，這才是自立自強的第一步。

為此，首先你必須習慣獨處。請培養一個自己可以獨力完成的興趣，不斷累積獨自將事情完成的經驗。當你達到真正的獨立自主，便能成為替更多人帶來助益的真正領袖。

### ❖ 生日帶來的訊息 ❖

「團隊合作」
「熱誠」
「自立」

### 前世の故事

你的前世，是在近代化過程中的美國某個鄉村裡，照顧著一個大家族的母親。

你從小就心地善良，看到身旁的人有難，絕對不會袖手旁觀，也非常體貼家人和朋友。有一天，你的好友向你訴說戀愛上的煩惱，然而對方正是你暗戀的對象。你壓抑著自己的心情，幫助他們兩人在一起，成就了朋友的戀情。孤獨的你為了填補心中的大洞，便倉促地和一個擁有大家庭的人結婚。

失戀的情傷雖然痊癒，但每天為了照顧家人而忙碌不堪的你卻逐漸身心俱疲。最後你發現自己做的每個選擇原來從來就不是為了自己，而忍不住嘆息。

6/28 希伯來文

### ❖ 生日契合度 ❖

**◉ 情人・伴侶**

| | |
|---|---|
| 1月4, 13, 31日 | 7月7, 16, 25日 |
| 2月3, 12, 21日 | 8月6, 15, 24日 |
| 3月2, 11, 29日 | 9月5, 14, 23日 |
| 4月1, 10, 28日 | 10月4, 22, 31日 |
| 5月9, 18, 27日 | 11月3, 21, 30日 |
| 6月8, 17, 26日 | 12月2, 11, 29日 |

**◉ 工作夥伴・朋友**

| | |
|---|---|
| 1月6, 15, 24日 | 7月9, 18, 27日 |
| 2月5, 14, 23日 | 8月8, 17, 26日 |
| 3月4, 13, 31日 | 9月7, 16, 25日 |
| 4月3, 21, 30日 | 10月6, 15, 24日 |
| 5月2, 11, 29日 | 11月5, 14, 23日 |
| 6月10, 19, 28日 | 12月4, 13, 22日 |

**◉ 競爭對手・天敵**

[3/19] [3/22] [5/20] [8/5] [9/13] [10/12] [10/30]

**◉ 靈魂伴侶**

[2/28] [3/11] [4/8] [4/17] [6/15] [7/23] [11/28]

### ❖ 生日名人 ❖

亨利八世（英格蘭國王）
魯本斯（畫家）
盧梭（思想家）
三波伸介（藝人）
佐野洋子（繪本作家）
根本敬（漫畫家）
藤原紀香（演員）
水野美紀（演員）
中村中（音樂人）
濱田岳（演員）

◉ 從你的生日看命運
請見32頁

# 6月29日

June twenty-nth

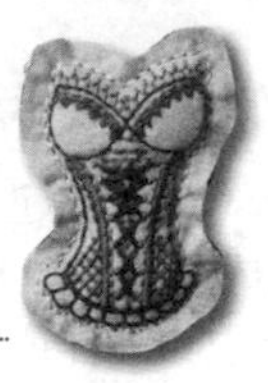

只要受人請託
就無法推辭
幕後的實力者

這一天出生的你，永遠面帶笑容，待人親和，同時散發出一種具有魅力的領袖光環，總是眾人目光的焦點。

你的出生日期29的2與9相加之後會成為11，這是一個富有靈性又神聖的數字。此外，2象徵著協調與和諧，9代表完成、智慧、聖人，因此你不喜歡與人爭執，更具有俯瞰全局的視野和高深莫測的智慧，深謀遠慮。再加上出生月分6所具備的母性、愛等特質，讓你利用優秀的頭腦和直覺協助別人的特質便更加顯著，是一個懂得體貼他人的幕後實力者。

你具有敏銳的感性，比別人更能感受神聖和美麗的事物，同時富有藝術品味、豐富的感受力與藝術創作的表現能力。儘管你有作為領袖的實力，但由於不擅長表達自己的意見，可能會讓別人留下優柔寡斷、人云亦云的印象。

你的頭腦靈光，既重視邏輯，也能憑直覺得到答案，所以非常可靠。當別人拜託你事情時，你總是無法拒絕，有時可能會因此感到壓力。假如你一直隱藏自己的真心，扮演著模範生的角色，那麼壓力的反彈可能會讓你脫口說出傷害別人的話，請特別注意。



## ❖戀愛・婚姻・性生活❖

你在人們的眼裡是個溫和的模範生，總是演出符合旁人期待的好學生形象，但是在面對你願意敞開心胸的對象時，也許會展現出講話相當毒辣的一面。在戀愛中，你容易呈現出宛如天使與惡魔的雙重個性。由於你對每個人的影響力很大，假如你自覺說得太過火，請立刻老實地道歉。

婚後，你會做好自己被賦予的任務，成為一個好太太或好先生，但請不要獨自努力，有時也可以向你的另一半訴苦。在性生活方面，只要你能把心裡的想法傳達給對方，就能讓兩人的關係更緊密。

## ❖工作・財運❖

你的頭腦聰明，懂得臨機應變，待人親和有禮，在組織裡往往備受重用，不論從事什麼工作都能得心應手。你是個全能型的人才，不過若能發揮你的直覺、創造力與藝術品味，從事藝術家或設計師等需要感性的工作，更能在職場上發光發熱。

你對賺錢沒什麼興趣，但你能客觀地看待事物、看穿事物的本質，若能提供旁人意見，幫助身邊的人獲得成功，自己的財運自然也會提昇。

## ❖ 今生使命．未來展望 ❖

今生你的使命，就是無論遇到什麼樣的困難，都絕不放棄，獲得現實上的成功，並與身邊的人分享豐盈的成果。

你總是一心探尋精神性世界的真理，對於在現實世界中賺錢卻不抱興趣，因此獲得成功對你而言似乎並不容易。

不過，成功的形式因人而異。你的能力存在於那個無形的世界，只要將它轉換成具體的形式或成果，就能與更多人分享。

想要獲得現實中成功的第一步，就是珍惜象徵物質能量的金錢。若你能認真面對名為金錢的這股能量，便能掌握現實的成功。請善用你奇妙的才華，思考該如何分享與人分享豐盈的成果，這就是實現你今生使命的捷徑。

## ❖ 生日帶來的訊息 ❖

### 「開拓命運」
### 「洞察」
### 「活在現實中」

### 前世の故事

你的前世生於鄂圖曼土耳其帝國時代，畢生在沙漠中的城市裡替人們算命的知名占卜師，能夠透過水晶球預知客人的一生。

透過你的特殊能力，你能從水晶球裡看到問卜者從出生到現在的人生，接著你更能看出對方未來即將面臨的災難、幸運以及死亡的瞬間。

然而漸漸地，你卻產生一個疑問：人的命運真的是早已決定、完全不能改變的嗎？即使所謂的命運確實存在，但你仍強烈地希望，能用自己的意志開拓屬於自己的人生。

# כטו

6/29 希伯來文

### ❖ 生日契合度 ❖

**◉ 情人．伴侶**

| | |
|---|---|
| 1月5, 14, 23日 | 7月8, 17, 26日 |
| 2月4, 13, 22日 | 8月7, 16, 25日 |
| 3月3, 12, 30日 | 9月6, 15, 24日 |
| 4月2, 20, 29日 | 10月5, 14, 23日 |
| 5月1, 19, 28日 | 11月4, 13, 22日 |
| 6月9, 18, 27日 | 12月3, 12, 21日 |

**◉ 工作夥伴．朋友**

| | |
|---|---|
| 1月7, 16, 25日 | 7月1, 10, 28日 |
| 2月6, 15, 24日 | 8月9, 18, 27日 |
| 3月5, 14, 23日 | 9月8, 17, 26日 |
| 4月4, 13, 22日 | 10月7, 16, 25日 |
| 5月3, 12, 30日 | 11月6, 15, 24日 |
| 6月2, 11, 29日 | 12月5, 14, 23日 |

**◉ 競爭對手．天敵**

[3/7] [7/30] [8/2] [9/1] [10/18] [11/8] [11/26]

**◉ 靈魂伴侶**

[1/8] [4/11] [5/19] [7/2] [8/10] [8/19] [9/18]

### ❖ 生日名人 ❖

聖修伯里（作家）
黑田清輝（畫家）
柳宗理（工業設計師）
伊東絹子（模特兒）
野村克也（棒球選手）
倍賞千惠子（演員）
引田天功（魔術師）
福嶋晃子（高爾夫選手）
井川遙（演員）
大西禮芳（演員）

◉ 從你的生日看命運
請見32頁

# 6月30日

June thirtieth

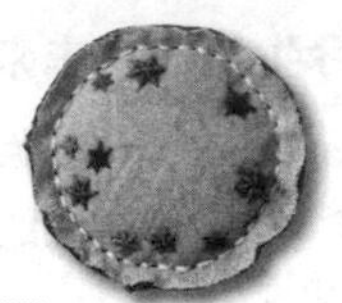

**關心弱勢**
**心地善良**
**純真的孩子**

6月30日生日的你，心地善良，永遠面帶笑容。你待人親切，散發著具有包容性的溫暖，並保有一顆純真的心，就像一個永遠的孩子般。

你出生日期30中的3，是一個象徵孩子的數字，而0則增強了它的特質，使你成為一個讓人感受不到你真實年紀的人。再加上出生月分6代表的母性與愛，讓你對於身邊的人總是不分彼此，會把別人的事情當作自己的事情一樣認真煩惱，體貼旁人的特質也更為顯著。

無論你到了幾歲都會保有開朗活潑的特質，永遠不會忘記天真的童心。你討厭艱澀複雜的事情，處事總是簡單明快。表裡一致的你，想法很容易被一眼看穿；易感的你，也會將所有的喜怒哀樂都直接表現在臉上。不過你天性樂觀，就算情緒低落也不會一直放在心上。

你擁有強烈的正義感，不允許弱小遭到欺負。你對陌生人從不畏懼，擁有優異的社交能力，充滿幽默感，跟任何人都能立刻變成朋友。

面對新奇、好玩或令你感興趣的事物時，你會展現出強烈的好奇心與專注力，但卻缺乏計畫與續航力，經常三分鐘熱度，無法保持冷靜沉穩的態度，也不擅長忍耐。一旦你對某件事失去興趣，可能就會半途而廢，請特別注意。

### ❖戀愛・婚姻・性生活❖

在戀愛中，你相當內斂低調。如果是女性，會一直等待心目中的白馬王子；如果是男性，則會非常專情，不會把戀愛當成遊戲。

你認為戀愛等於前往婚姻之路，不能分開看待；一旦結了婚，就會成為好太太或好先生。你喜歡小孩，對孩子的教育也充滿熱忱，會想讓小孩學習各種才藝。在性生活方面，基本上你不太擅長，就算有興趣，也會因為害怕而無法盡情享受。請多重視與伴侶之間的肌膚之親，避免陷入無性生活。

### ❖工作・財運❖

你認為工作不是義務，而是玩樂的延續，總是思考該怎麼樂於工作。你擁有獨特創造力與想像力，只要找到能發揮創意的職場，才華就會全然展現。

你的財運良好，但可能對賺錢抱有罪惡感。如果生活只顧著賺錢，精神便容易失衡，請特別注意。倘若能透過工作帶給身旁的人喜樂，並對社會有所貢獻，便能幫助你提昇財運。

## ❖ 今生使命・未來展望 ❖

你今生的使命是：為世界及世人努力付出，實現一個能讓人們和平共處的社會。

像孩子般的你，假如打著追求世界和平的大旗，便很容易把自己的價值觀強加在別人身上，並用自己心中的標準來衡量或批判別人。希望世界和平固然是個任誰都無法否定的遠大目標，但用這種價值觀來批判他人，才是最傷人的行為。

畢竟，在你連自己的事情都沒辦法做好的狀況下，就算想為社會與人們付出，也欠缺說服力。因此在努力實踐遠大的目標之前，請先為自己的心帶來平靜。

最重要的是，在你幫助弱者前，請承認自己也有懦弱的一面，並優先幫助自己。唯有當你接受最真實的自己，療癒自己的內心，展露出天真的笑容時，才有能力對世界和平做出貢獻。

## ❖ 生日帶來的訊息 ❖

**「勇敢的心」**
**「天真浪漫」**
**「接受自己的脆弱」**

### 前世の故事

你的前世，是一位古代阿茲提克文明時代的祭司，也是天文學家。

你從小就對天文抱有高度興趣，為了學習嚮往已久的天文學，你成為祭司的弟子，努力學習，最後成為隸屬於皇室的祭司。成為祭司的你，負責觀測天象、製作曆法、主持祭典。然而這些工作都是為了國政，了解國家未來的方向，並無法直接對人民的生活有所幫助。你認為只要解開天體運行的規律對大自然造成的影響，必定能為農耕帶來助益，但卻又無法真正專心投入研究，因此遺憾不已。

ול

6/30 希伯來文

### ❖ 生日契合度 ❖

**◉ 情人・伴侶**

| | |
|---|---|
| 1月10, 19, 28日 | 7月4, 13, 31日 |
| 2月9, 18, 27日 | 8月3, 21, 30日 |
| 3月8, 17, 26日 | 9月2, 11, 29日 |
| 4月7, 16, 25日 | 10月1, 19, 28日 |
| 5月6, 15, 24日 | 11月9, 18, 27日 |
| 6月5, 14, 23日 | 12月8, 17, 26日 |

**◉ 工作夥伴・朋友**

| | |
|---|---|
| 1月8, 17, 26日 | 7月2, 20, 29日 |
| 2月7, 16, 25日 | 8月1, 19, 28日 |
| 3月6, 15, 24日 | 9月9, 18, 27日 |
| 4月5, 14, 23日 | 10月8, 17, 26日 |
| 5月4, 22, 31日 | 11月7, 16, 25日 |
| 6月3, 21, 30日 | 12月6, 15, 24日 |

**◉ 競爭對手・天敵**

[2/15] [4/22] [5/3] [8/10] [8/27] [10/7] [11/15]

**◉ 靈魂伴侶**

[1/21] [2/11] [2/23] [3/31] [9/13] [10/24] [11/20]

### ❖ 生日名人 ❖

查理八世（法國國王）
薩道義（外交官）
麥克・泰森（拳擊手）
麥可・菲爾普斯（游泳選手）
狂野木村（職業摔角選手）
南伸坊（插畫家）
平田俊子（詩人）
荻原浩（作家）
中尾明慶（演員）
夏帆（演員）

◉ 從你的生日看命運
請見32頁

**7 月是「休息、內省」的月分。**
**7 月出生的你，是個「獨立的人」。**

**請你停下腳步，確認自己當下的處境，**
**讓自己在身心平衡的狀態下獨立地生活。**

7

# 7月1日

July first

對於自我風格有所堅持的自信領袖

不管面對什麼事情，你都能發揮正面積極、能量充沛的領導力，以自己的方式帶領組織前進。

生日中的數字 1，表示一切的開端，代表朝著目標勇往直前的箭頭與方向，象徵男性特質強大的領導力。再加上出生月分 7 代表著獨立、完成的意義，讓你充滿自信的領袖特質更加突顯。你對自己的風格有所堅持，無論處在什麼樣的環境都能貫徹自我意志。

7 月 1 日誕生的你活潑豪爽，散發出獨特的氣質，即使在人群當中你也是特別顯眼的存在。你既聰明又努力，請你懷著強大的信念，朝著目標勇往直前。你對於自己的想法與行動有所堅持，自尊心強，基本上很討厭被別人命令。你的自我風格清晰，所以不願意妥協，但個性爽朗獨立，很容易相處。

你能給予後生晚輩與崇拜自己的人確實的建議與協助。但因為你相當有自信，對於敵我關係、階級關係的區別較為明確，所以有容易樹敵的傾向。比較不了解你的人，可能會覺得你看起來自以為是、自我主張太強，因此必須小心。與身邊的人相處時，請不要忘記心懷感謝，保持謙虛。



## ❖ 戀愛．婚姻．性生活 ❖

你只要喜歡上一個人，就會想盡辦法將對方占為己有，在戀愛中較為強勢。因為你很有自信，所以會採取直球對決，鮮少考慮對方的想法。你會不斷地約對方、向對方告白，採取積極的行動，不會搞一些小動作。

你在結婚之後也想要掌控對方，因此確實會變成大男人或大女人。你雖然愛你的伴侶，但有時也會變得高高在上，或用命令的語氣說話，必須特別注意。在性生活方面，你往往只顧著追求自己的快樂。如果能多多配合對方的需求，一定能讓你們的感情更加升溫。

## ❖ 工作．財運 ❖

你能完全地掌握在事業上成功的特質，因此無論從事哪種工作，都必然會成為核心角色。在專業領域上你會特別有上進心，求知欲也很旺盛。你既努力又不服輸，因此也能獲得眾人的信賴。你擁有不到最後絕不放棄的信念，因此即使遇到突發狀況，也不會讓事情大幅失控，能夠把工作完成。

你擁有財運，也有靠自己實力賺錢的能力。尤其在目標變得明確時，你的行動力、突破力更是出色，一定能累積巨額財富。

## ❖ 今生使命．未來展望 ❖

今生的你，將活用身為領袖的資質，取得實際的成功與財富，並與身邊的人分享當成自己的使命。

你對於自己的風格有所堅持，只要確定目標就能夠勇往直前，但經常因為太過專注，而看不見身邊的人。

在達成目標時，你往往會忘了感謝一直以來協助自己的人，彷彿能夠做出成果靠的都是自己。為了取得實際的成功，確實訂定目標向前邁進雖然重要，但也不要忘記那些在背後支持你的人，同時也要有意識地將你的財富，慷慨地分享給大家。

當你對身邊的人表達感謝與慰勞，並將成功與財富分享給夥伴時，你身為領袖的資質將更加耀眼，也能取得更豐碩的富足。

## ❖ 生日帶來的訊息 ❖

「分享幸福」
「自信」
「活出信念」

### 前世の故事

你的前世是19世紀的歐洲登山家，一心一意挑戰險峻的高峰。

你從小就喜歡爭第一，挑戰事物的極限能使你獲得成就感，於是你就在不知不覺間受到險峻的高山吸引。登山不可缺少自我磨練的努力，總是堅持第一的你，經常鎖定未曾有人攀登的山峰、未曾有人走過的路徑，展開魯莽的挑戰，讓身邊的人膽顫心驚。

某次因為你的判斷錯誤，造成山友遇難。最後雖然逃過一劫，但為了滿足你對第一的堅持與自尊，置同伴於險境，違反了身為領袖的精神，從此之後你就知道悔改了。

---

# אז

7/1 希伯來文

### ❖ 生日契合度 ❖

**◉ 情人．伴侶**

| | |
|---|---|
| 1月5, 14, 23日 | 7月8, 17, 26日 |
| 2月4, 13, 22日 | 8月7, 16, 25日 |
| 3月3, 12, 30日 | 9月6, 15, 24日 |
| 4月2, 11, 29日 | 10月5, 14, 23日 |
| 5月10, 19, 28日 | 11月4, 13, 22日 |
| 6月9, 18, 27日 | 12月3, 12, 30日 |

**◉ 工作夥伴．朋友**

| | |
|---|---|
| 1月7, 16, 25日 | 7月1, 19, 28日 |
| 2月6, 15, 24日 | 8月9, 18, 27日 |
| 3月5, 14, 23日 | 9月8, 17, 26日 |
| 4月4, 13, 22日 | 10月7, 16, 25日 |
| 5月3, 12, 30日 | 11月6, 15, 24日 |
| 6月2, 11, 29日 | 12月5, 14, 23日 |

**◉ 競爭對手．天敵**

[1/18] [2/26] [4/9] [5/21] [6/4] [8/10] [9/28]

**◉ 靈魂伴侶**

[1/26] [2/2] [3/21] [4/15] [4/20] [8/15] [11/2]

### ❖ 生日名人 ❖

萊布尼茲（數學家）
雅詩．蘭黛（雅詩蘭黛創始人）
黛安娜（威爾斯王妃）
卡爾．路易斯（短跑選手）
麗芙．泰勒（演員）
獅子文六（作家）
淺井慎平（攝影師）
星野一義（賽車手）
明石家秋刀魚（藝人）
尾崎好美（馬拉松選手）

◉ 從你的生日看命運
請見32頁

# 7月2日

July second

## 生性溫柔又堅定的支持者

7月2日出生的你，是個懂得拿捏人際關係平衡又真誠的人。你希望成為別人的助力，擅長做一名幕後輔佐者，或是成為旁人的支持，而你也能夠從中感受到喜悅。出生日期中的2，是二元論的基礎數字，代表兩極的平衡，象徵著包容、和諧等女性特質。再加上出生月分7代表著獨立、完成的意義，能賦予你獨立與堅持的特質，讓你成為態度既溫柔又堅定的支持者。

你有成熟穩重的氣質，是能緩和周遭氣氛的療癒系人物。你誠實，具備判斷現場氣氛的天賦，能冷靜判斷事物，因此很有人緣。你有能配合任何人的協調性，並給人良好印象，能讓眾人感到安心。

雖然你也有容易迷惘的一面，但也具有韌性，與不願意退讓的一面。你不是只有配合對方，而是能在保有自我風格的同時，也思考適合對方的方法，給予對方支持，這樣的你一定得到許多人的信賴。

不過，你也具有容易封閉自我的特質。如果太過敏感、天真，會容易因為一點小事就受傷。你可能因為太重視與周遭人們的和諧，只好獨自承擔所有的一切，導致自己進退不得，請特別注意。如果遇到這種情況，盡量不要獨自一人煩惱，請找能夠信任的人坦白地說出自己的真心話。



### ✧戀愛・婚姻・性生活✧

你在愛情中屬於被動的類型，想要把自己的一切都託付給對方。你對任何人都很溫柔，因此也有不少人喜歡你，但要小心不能讓自己沒興趣的對象產生誤會。你對婚姻與性生活的想法比較嚴肅，較難發展出熱情的性生活。

請告訴自己，應該以自己的快樂與幸福為優先。你在婚後無疑地屬於為伴侶與家人奉獻的類型。你會過度在意對方臉色或他人的評價，因此請試著更輕鬆地享受愛情與婚姻生活。

### ✧工作・財運✧

你適合從事輔佐旁人的工作。尤其適合擔任老闆等領導者的左右手，例如祕書或經理這類的職務，更能發揮你的長才。服務他人能使你覺得開心，因此當你選擇工作時，或許可從是否能幫助別人的觀點來評估。你溫柔體貼與穩重的氣質，能為職場帶來和諧，緩和職場氣氛。你對金錢的很實際，擅長理財。即使沒有賺大錢的能力，但也因為具備儲蓄、理財的天賦，所以幾乎未曾有過財務方面的煩惱，不過你可能會把錢都投入到慈善活動或環保議題的領域中。

## ❖ 今生使命・未來展望 ❖

你是擁有自我風格的輔佐者，你的使命就是為了實現人人都能和平共處的社會帶來貢獻。

希望帶給別人幫助的你，一旦以世界和平為目標，企圖為造福眾人採取行動，往往就會拿出捨我其誰的強烈使命感。如果你覺得無法幫助別人的自己沒有價值，就會勉強自己當好人，這可能會使你陷入偽善的狀況，甚至開始依賴對方。

你不喜歡爭執，因此與生俱來就有促成整體協調與達成平衡的優勢。你可以採取更寬廣的視野，把焦點擺在幫助國家、地區、自己所處的環境等等，而不是某個特定的關係之中。

如果你能在身心平衡、獨立的狀態下採取行動，會更強化你的輔佐能力，自然可以為更多人帶來幫助，間接促進世界和平。

## ❖ 生日帶來的訊息 ❖

「獨立支援」
「平衡」
「擴大視野」

### 前世の故事

你的前世是古希臘的政治家兼軍人。

出身自名門貴族的你，是個聰明的才子。你對自己的城邦宣誓效忠、堅守崗位的身影，讓許多市民寄予厚望。你的國家在與大國的戰爭中獲勝後，你成功地實施改革，讓政治變得更加民主，也順利控制議會。不久之後，鄰國的反抗勢力與你的國家再度爆發戰爭，而你也以軍事參謀的角色大顯身手。雖然戰爭最後勝利了，但也有許多人為此犧牲。你也在這場戰爭中染上惡疾，你忍受著生病的痛苦，自我反省著：我走這條路真的正確嗎？就這樣迎向人生的終點。

7/2 希伯來文

### ❖ 生日契合度 ❖

**◉ 情人・伴侶**

| | |
|---|---|
| 1月10, 19, 28日 | 7月4, 22, 31日 |
| 2月9, 18, 27日 | 8月3, 21, 30日 |
| 3月8, 17, 26日 | 9月2, 11, 29日 |
| 4月7, 16, 25日 | 10月1, 10, 28日 |
| 5月6, 15, 24日 | 11月9, 18, 27日 |
| 6月5, 14, 23日 | 12月8, 17, 26日 |

**◉ 工作夥伴・朋友**

| | |
|---|---|
| 1月8, 17, 26日 | 7月2, 20, 29日 |
| 2月7, 16, 25日 | 8月1, 10, 28日 |
| 3月6, 15, 24日 | 9月9, 18, 27日 |
| 4月5, 14, 23日 | 10月8, 17, 26日 |
| 5月4, 13, 31日 | 11月7, 16, 25日 |
| 6月3, 21, 30日 | 12月6, 15, 24日 |

**◉ 競爭對手・天敵**

[1/6] [4/13] [7/11] [8/19]
[10/7] [10/16] [12/11]

**◉ 靈魂伴侶**

[1/12] [4/9] [4/21] [5/2]
[6/1] [7/24] [11/20]

### ❖ 生日名人 ❖

赫曼・赫塞（作家）
伊美黛・馬可仕（菲律賓總統夫人）
向達倫（作家）
琳賽・蘿涵（演員）
三島海雲（可爾必思創始人）
岡鹿之助（畫家）
石川達三（作家）
龜山努（棒球選手）
淺丘琉璃子（演員）
三宅健（歌手）

◉ 從你的生日看命運
請見32頁

# 7月3日

July third

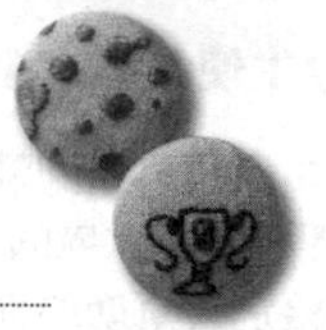

對於自我想法
非常執著
童心未泯的大孩子

這天生日的你，是個本性直率、童心未泯的人。你強烈堅持自己的風格，也有貫徹這種風格的強韌意志。你的出生日期3，在穩定中蘊含著變化的可能性，是代表創意、活力的數字，象徵著孩子。再加上出生月分7獨立、完成的特性，讓你同時具備孩子與大人兩種極端的特質，以及對自我風格的堅持。

你對任何事物的觀點都有些與眾不同，但基本上你一直都能保持純真的赤子之心。你喜歡策劃惡作劇或驚喜，並躲在幕後裡偷看結果，以此為樂。你具備旺盛的好奇心，能夠積極挑戰未曾嘗試過的事物或你覺得有趣的事物。你不僅想像力豐富、腦筋動得快、天生直覺準確，也擁有決斷力、行動力與執行力。你的行動往往隨心所欲，不管是與大家同樂，還是獨自沉浸在某件事情上，你都能取得良好平衡。

不過如果你自由自在、隨心所欲的個性太過強烈，就可能使你陷入自私任性的境地，對身邊的人造成困擾，請特別注意。遇到重要的事情時，不要妄想自己一個人解決，在採取行動前，先找別人商量或許比較好。

你擁有創造新事物的動力與能量，如果能夠找到專屬自己的表現方式，你的才華就能轉瞬間開花結果。



### ❖戀愛・婚姻・性生活❖

3日出生特質是想要撒嬌的孩子，7月出生的特質則是獨立的大人，而你同時具備這兩種極端的個性，因此可能會讓戀愛的對象不知所措。你天生具備看穿對方本質的能力，因此能夠憑著直覺找到適合自己的人。如果過度追求理想的婚姻生活，可能因為理想與現實的落差而感到痛苦。你把性生活當成是一種交流的方式，想從伴侶之處得到的與其說是性關係本身，不如說是彼此的親密感。你有時會故意為難你的伴侶，強迫對方接受不合理的要求，請特別注意。

### ❖工作・財運❖

如果能以自己的步調愉快工作，你的才華就會開花結果。你適合從事能夠自由發想，發揮旺盛好奇心與獨特點子的媒體產業，或是能夠發揮創造力與玩心的運動或音樂產業等等。你也能將自己的想法與感受化為實際，因此如果符合時勢所趨，就有大獲成功的可能。你的財運良好，也具備賺錢的能力，但也可能把大筆金錢投入到自己的興趣上，買東西時也未多加考慮。你總是花錢多過於存錢，因此時時注意財務上的收支平衡特別重要。

## ❖今生使命・未來展望❖

你今生的使命是為自己的選擇負起責任，在自己的人生中發揮領導能力。

既像大人又像孩子的你，或許對於需要具備責任感與決斷力的領導者角色感到棘手。如果突然要你帶領一群人反而顯得太過勉強，所以請先從在自己的人生中發揮領導力開始吧。就算從小事做起也好，請你試著為自己的事情下決定。

和大家一起去吃飯時，請有意識地先點自己想吃的食物，大家一起行動時請走在最前面，重要的是，請在這些小地方喚醒並實踐你的領導能力。把這些經驗累積起來，就能培養對自己決定的事情負起責任的態度，進而確實地在自己的人生中發揮強大的領導力。

—— ❖生日帶來的訊息❖ ——

**「兩面性」**
**「陰陽交融」**
**「承擔決斷的責任」**

### 前世の故事

你的前世是一個小丑，隨著馬戲團一起在安地斯山脈的村莊間巡迴演出。

你出生在貧困的家庭，很小就被賣到馬戲團，並在團員的疼愛中成長，學習技藝。不久之後，站上舞臺逗人發笑就成為你人生的幸福動力。即使在生活中遇上令你痛苦或悲傷的事，只要站上舞臺，你就能全都拋諸腦後。儘管年歲漸長，你依然持續地表演，帶給眾人歡笑。直到某一天，你在落幕的舞臺上嚥下了人生的最後一口氣。這一刻，你的心裡閃過了這樣的想法：雖然站上舞臺是順理成章的事，但自己真正想做的事到底是什麼？

גז

7/3 希伯來文

❖生日契合度❖

◉ **情人・伴侶**

| | |
|---|---|
| 1月2, 20, 29日 | 7月5, 14, 23日 |
| 2月1, 19, 28日 | 8月13, 22, 31日 |
| 3月9, 18, 27日 | 9月3, 21, 30日 |
| 4月8, 17, 26日 | 10月2, 11, 29日 |
| 5月7, 16, 25日 | 11月1, 10, 19日 |
| 6月6, 15, 24日 | 12月9, 18, 27日 |

◉ **工作夥伴・朋友**

| | |
|---|---|
| 1月9, 18, 27日 | 7月3, 21, 30日 |
| 2月8, 17, 26日 | 8月2, 20, 29日 |
| 3月7, 16, 25日 | 9月1, 19, 28日 |
| 4月6, 15, 24日 | 10月9, 18, 27日 |
| 5月5, 14, 23日 | 11月8, 17, 26日 |
| 6月4, 13, 22日 | 12月7, 16, 25日 |

◉ **競爭對手・天敵**

[3/3] [4/23] [6/21] [7/12] [8/1] [9/9] [10/5]

◉ **靈魂伴侶**

[1/19] [2/13] [2/22] [5/10] [5/15] [6/23] [7/4]

❖生日名人❖

路易十一（法國國王）
法蘭茲・卡夫卡（作家）
肯・羅素（導演）
湯姆・克魯斯（演員）
深作欣二（導演）
角田次朗（漫畫家）
岡村隆史（搞笑藝人）
賀來賢人（演員）
稀勢之里寬（相撲力士）
板野友美（藝人）

◉ 從你的生日看命運
請見32頁

# 7月4日

July fourth

## 重視經驗單純而堅定的實務家

生日的數字4，就像四角形或四四方方的形容詞般，具有安定、穩固的意思。4日出生的人是循規蹈矩、腳踏實地的正派人士。再加上出生月分7獨立、完成的特質，更加強調了你對自我風格的堅持，以及貫徹自我信念的執著。

7月4日出生的你，是重視自我經驗，想法保守、踏實的實務家，也是個做事認真、一絲不苟的努力者。不管什麼事情，你都會仔細思考再採取行動，這種單純而堅定的想法會帶給你安定感，也讓你深得周遭人們的信賴。

你很重視常理，並相信自己的想法是正確的，這讓你不管遇到什麼事情都能貫徹信念。你在學習新知時，也很重視自己的經驗，會在領悟之後才將習得的智慧融入自己的觀點中，並應用到日常生活或與人際關係上。

你雖然話不多，也不是愛出鋒頭的人，但有著強烈的責任感，一旦你決定的事就會使命必達。另一方面，由於你總是全力聚焦於眼前的事情，因此比較不懂得變通，而無法應付變化。請你不要受限於自己的想法與常理，也不要以此勉強別人接受。多活用你的直覺與靈感，以大而化之的態度與人相處。



### ❖ 戀愛・婚姻・性生活 ❖

你認真、正直的個性，會強烈表現在愛情層面上。你不擅長細膩的愛情遊戲。你只要喜歡上一個人，就會一心一意只想著對方，也絕對不允許對方劈腿或背叛。

即使結婚，你也依然會為伴侶奉獻一切。此外，你也希望家庭生活能一絲不苟，想要確實做好自己的本分。你在養兒育女方面，有過於投入的傾向，請注意不要把孩子套入制式的教育中。你在性生活方面相當晚熟，希望在婚前守貞。

### ❖ 工作・財運 ❖

你是個努力的人，因此不管從事什麼樣的工作，都能爬到一定程度的地位。如果你找到能活用自己經驗並完全投入的工作，人生一定會相當充實。

你擅長各種既細膩又精密的工作，因此在專家、職人的領域，能發揮長才。你也適合從事需要認證的專業性工作，或是公務員之類的嚴謹職業。

你擅長理財，不會浪費錢，能夠有計畫地一點一滴累積財富。你有穩健的財運，很會守財，但小心不要變成太誇張的守財奴，該付帳的時候就慷慨地付出，爽快地接受這一切。

## ❖ 今生使命・未來展望 ❖

今生你的使命是：活用腳踏實地的個性，探索無形的世界，並將從中習得的智慧與知識，傳達給更多的人。

你雖然是看重現實的實務家，但也應該能感受到這個世界不只存在著有形的、物質的一面。你雖然對無形的世界感興趣，卻有刻意迴避的傾向。為了好好感受無形的世界，磨練感官是最重要的事情。

例如，透過芳療刺激嗅覺，或透過欣賞藝術刺激視覺或聽覺等，都是不錯的方法。這些經驗能確實觸動你的感受，並將其活化。

請把你在無形的世界中所接觸、感受到的道理，積極地應用在你的生活當中。將這些經驗中所感受到的事物與發現，持續地以言語或文字傳達給身邊的人，就是你今生的目標與人生的課題。

### ❖ 生日帶來的訊息 ❖

「完美主義」
「用心努力」
「磨練感官」

### 前世の故事

你的前世是在俄羅斯的寒冷村莊出生長大的耿直青年。

嚴格的父親將你教育成保衛村莊的游擊戰士，而你也長成了恪守父親教誨的好孩子。就在你長大成人之際，一場大型的戰爭爆發了，你與父親一起為了保衛村莊而拚了命戰鬥。但父親卻在激戰當中喪命。你忍住悲傷，繼續專注在戰鬥上，但不久之後也追隨父親而去……。為了成為一個好的戰士，懂得克己的你，與戀愛或結婚一直是絕緣體，最後只好孤獨地迎接寂寞的死期，你心想：希望下輩子能建立一個平凡的家庭，獲得渺小的幸福就好。

דד

7/4 希伯來文

### ❖ 生日契合度 ❖

◉ **情人・伴侶**

| | |
|---|---|
| 1月9, 18, 27日 | 7月3, 21, 30日 |
| 2月8, 17, 26日 | 8月2, 11, 29日 |
| 3月7, 16, 25日 | 9月1, 19, 28日 |
| 4月6, 15, 24日 | 10月9, 18, 27日 |
| 5月5, 14, 23日 | 11月8, 17, 26日 |
| 6月4, 13, 22日 | 12月7, 16, 25日 |

◉ **工作夥伴・朋友**

| | |
|---|---|
| 1月1, 19, 28日 | 7月4, 13, 31日 |
| 2月9, 18, 27日 | 8月3, 21, 30日 |
| 3月8, 17, 26日 | 9月2, 20, 29日 |
| 4月7, 16, 25日 | 10月1, 19, 28日 |
| 5月6, 15, 24日 | 11月9, 18, 27日 |
| 6月5, 14, 23日 | 12月8, 17, 26日 |

◉ **競爭對手・天敵**

[1/4] [3/22] [4/4] [4/20] [5/10] [8/16] [9/11]

◉ **靈魂伴侶**

[3/18] [4/11] [5/16] [7/27] [9/10] [10/29] [12/13]

### ❖ 生日名人 ❖

納撒尼爾・霍桑（作家）
史蒂芬・福斯特（作曲家）
尼爾・西蒙（劇作家）
埃里克・弗萊明（演員）
瀧澤馬琴（作家）
小林劍道（搞笑藝人）
Gackt（音樂人）
赤西仁（歌手）
增田貴久（歌手）
池江璃花子（游泳選手）

◉ 從你的生日看命運
請見32頁

# 7月5日

July fifth

## 勇往直前作風頑固的自由之士

你是個一旦下定決心，就會朝著目標勇往直前的自由之士。

尤其當你把採取行動的開關打開時，那股強而有力的衝勁誰也阻止不了。你有自己的原則，不受任何框架與規則的限制，所以幾乎聽不進周遭的意見或建議。雖然你貫徹信念的強大意志值得讚賞，但也必須小心不要變成自我中心的頑固傢伙。

你有旺盛的好奇心，即使在新環境當中也能立刻適應。你善於交際，擁有很多朋友，但卻不喜歡被別人綁住。你希望隨心所欲做自己想做的事情，如果別人雞婆多嘴，就會讓你產生壓力。

雖然你喜歡與人相處，但也具有冷酷的一面，會以自己的價值觀評斷別人，並隨著不同的對象改變自己的相處態度。你具有靈活應對的一面，卻也有不知變通的一面，具有極端的兩面性。由於你愛好自由與孤獨，因此有時也必須冷靜地回頭檢討自己這種以自由為名的任性是否已超出常理。

你的出生日期 5，是代表自由、變化、溝通的數字。你的出生月分 7，則是代表獨立、完成的數字。因此 7 月 5 日出生的你，能以出眾的速度與專注力，推動決定好的事情。



### ❖戀愛・婚姻・性生活❖

你在愛情方面也是一個特立獨行的人。你戀愛對象的類型很廣泛，對於偷情或劈腿等世人視為禁忌的愛情也不太抗拒。由於你的興趣與聊天的話題很豐富，充滿知性的魅力，是個讓人無可挑剔的情人。但另一方面，你也有容易移情別戀的一面。一旦愛情降溫，你就有可能態度丕變。

婚後，你雖然會珍惜伴侶，但如果無法以自己的步調生活，將會讓你心生壓力。你也討厭受限於丈夫或妻子的角色裡。你在性生活方面雖然自由大膽，但由於重視隱私，或許可能發展成一夜情。

### ❖工作・財運❖

你精明幹練、活力充沛，能夠同時完成多項任務。比起在組織或團隊裡推動工作，需要獨立判斷與自由行動的職位，更能發揮你的長才。研究或開發等冷門的專業領域，也可能成為你大顯身手的舞臺。另一方面，有許多規則、規定等限制的職場，會讓你覺得綁手綁腳，因此不適合你。你也不怕辭職或換工作，反而會當成通往新世界的挑戰，轉眼就能上手。你的財運起伏劇烈，但如果你懷著沒錢再賺就好的態度，就不需要太擔心。

## ❖ 今生使命・未來展望 ❖

你今生的使命是：學習真正的自由，以赤子般的天真，盡情享受人生。

學習自由與任性的差異，貫徹像赤子般天真無邪的生活方式，是你今生的課題。

你對自己抱持的信念很堅定，雖然這是你的自由，但如果將這樣的堅持強行灌輸給別人，就會變成單純的任性。如果你為了自己的自由而造成別人的困擾，就不是真正的自由。

主張自由的人，就不應該干涉他人的自由。試著微笑過著大而化之的生活，是你達成今生使命的第一步。只有能活出真正的自由，你才能盡情、天真地享受人生。請用天真、愉快的態度去感受當下。達成你今生使命的關鍵字，就是由衷的笑容。

## ❖ 生日帶來的訊息 ❖

「自由與責任」
「確立」
「直接享受感受到的事物」

### 前世の故事

你的前世是一個居無定所、不斷地在歐洲各地漂泊的自由之士。

你從小就生長在接觸各種不同文化的環境，無論你到哪裡，都會被誤認為是出身當地的人。由於你到每個地方，都能很快熟悉當地的語言與文化，無論從事什麼工作都能靈巧完成，因此大家都把你當成全能的職人，對你另眼相看。你與任何人都能很快地打成一片，但絕對不會揭露自己真實的身分與真正的想法，貫徹著超然獨立的生活方式。然而，隨著死期將近，你開始因為從未讓任何人認識真正的自己而感到寂寞，獨自一人靜靜地遙想著應該回去真正的故鄉。

הה

7/5 希伯來文

### ❖ 生日契合度 ❖

**◉ 情人・伴侶**

| | |
|---|---|
| 1月6, 15, 24日 | 7月9, 18, 27日 |
| 2月5, 14, 23日 | 8月8, 17, 26日 |
| 3月4, 22, 31日 | 9月7, 16, 25日 |
| 4月3, 21, 30日 | 10月6, 15, 24日 |
| 5月2, 20, 29日 | 11月5, 14, 23日 |
| 6月1, 19, 28日 | 12月4, 13, 22日 |

**◉ 工作夥伴・朋友**

| | |
|---|---|
| 1月2, 20, 29日 | 7月5, 14, 23日 |
| 2月1, 19, 28日 | 8月13, 22, 31日 |
| 3月9, 18, 27日 | 9月3, 21, 30日 |
| 4月8, 17, 26日 | 10月2, 20, 29日 |
| 5月7, 16, 25日 | 11月1, 10, 28日 |
| 6月6, 15, 24日 | 12月9, 18, 27日 |

**◉ 競爭對手・天敵**

[1/11] [2/12] [4/5] [4/10] [5/21] [7/16] [8/4]

**◉ 靈魂伴侶**

[3/28] [4/27] [5/8] [6/10] [6/17] [7/15] [10/26]

### ❖ 生日名人 ❖

尚・考克多（詩人）
喬治・龐畢度（政治家）
保羅・史密斯（設計師）
山階芳麿（鳥類學者）
草村禮子（演員）
杉山愛（網球選手）
山田優（模特兒）
野田洋次郎（歌手）
小椋久美子（羽球選手）
大谷翔平（棒球選手）

◉ 從你的生日看命運
請見32頁

# 7月6日

July sixth

## 以專業知識見長 擅長教學的 專家型老師

你的個性溫柔穩重，對每個人都同樣親切。你深思熟慮的態度，讓你擁有徹底探究一件事情的求知欲，屬於具備職人氣質的教師。

你的出生日期6是愛的數字，象徵母性、情感與美感。再加上出生月分7獨立、完成的特質，讓7月6日誕生的人，能從經驗中學習真理，將精神性與實質性的事物加以高度整合。此外，你對事物會徹底探究的職人精神，也更加突顯。

你給人良好的印象，對人也很照顧，因此是許多人景仰、依賴的對象。你擁有強烈的正義感，對於不可靠的人或遇到困難的人無法視而不見，尤其如果看到有人欺壓弱小，你的反應會特別強烈。你雖然重感情，能夠設身處地為人著想，但也知道不能讓對方過於依賴，必須促使其獨立。另一方面，你也可能把所有事情都攬到自己身上，獨自一人承擔，導致應付不過來。如果你的正義感、使命感或義務感過於強烈，可能以專業知識或社會期許嚴格逼迫對方，請特別注意。

你既喜歡照顧別人，又抱持著個人主義。同時兼具兩種相反特質的你，因此可能容易心理失衡。良好的平衡感是你與生俱來的天賦，請你有意識地發揮所長。



### ❖戀愛・婚姻・性生活❖

你個性溫柔、擅長照顧別人，因此對於喜歡的人也會全心全意奉獻。愈是需要照顧的人，愈能激發你的母性本能。即使理性上知道行不通，也可能聽不進周遭的意見，堅持聽從自己的心意而身陷其中，請特別注意。

在性生活方面，基本上你也會配合對方。你雖然不是能盡情享樂的人，但對研究的熱中，會讓你想要嘗試各種技巧，展現出好奇心旺盛的一面。你在婚後將成為老實的妻子或丈夫，不惜為實現理想家庭而努力，例如磨練家事技巧等等。

### ❖工作・財運❖

你在面對後輩或年紀較小的人時，會把自己當成老師，並在指導他們的同時，也會懷著責任感，堅持完成被交辦的任務。因此適合從事活用豐富知識、指導別人的工作。你雖然重感情，容易因情感影響判斷，但也能根據現實情況、理性判斷。你有敏銳的洞察力與直覺，可能也會站在指導的立場給予他人協助。

你的財運不差，但心地善良，遇到有困難的人就會出手幫忙，慷慨地付出。但自己本身卻能腳踏實地理財，不會浪費。

## ❖ 今生使命・未來展望 ❖

你今生的使命是活用擅長照顧人的教師的長處，過著認真、依循正道的人生，把長期以來做過的事情確實留下具體的紀錄。

你過於為別人著想，易抱持著必須做得一絲不苟、必須活得符合社會期許的想法。但你是否太過以自以為的價值觀綁住自己或別人，而責備做得不夠完美的自己，或批判做得不夠完美的對方呢？

如果你太努力，可能會在不知不覺間，使自己愈來愈多管閒事。

首先，請試著將注意力放在把自己做過的事情好好記錄下來，而不是做得一絲不苟。就算是日常小事，也可以透過具體的方式加以記錄、傳達。如果能為自己長期以來做過的事情留下紀錄，就能在回顧時確認自己的人生軌跡，這麼一來，或許也能真切感受到自己過著踏實的人生。

### ❖ 生日帶來的訊息 ❖

「知識的奉獻」
「教育」
「留下記錄」

### 前世の故事

你的前世是活躍於古代南歐的產婆。

你從小就是個溫柔、擅長照顧別人的女孩，後來也生下了許多孩子。這豐富的經驗讓你有機會幫鎮上權威人士的病弱妻子來接生。儘管他的妻子最後難產了，但在你的適當處置下，孩子平安誕生了。讓這個家庭重獲希望，而你自己也沉浸在感動當中。

後來你成為產婆，見證了許多孩子的誕生。但每次生產狀況都不一樣，該如何將適當的處置方式整理成具體的記錄流傳後世，讓你相當煩惱。

7/6 希伯來文

### ❖ 生日契合度 ❖

◉ 情人・伴侶

| | |
|---|---|
| 1月7, 16, 25日 | 7月1, 19, 28日 |
| 2月6, 15, 24日 | 8月9, 18, 27日 |
| 3月5, 14, 23日 | 9月8, 17, 26日 |
| 4月4, 13, 22日 | 10月7, 16, 25日 |
| 5月3, 21, 30日 | 11月6, 15, 24日 |
| 6月2, 11, 29日 | 12月5, 14, 23日 |

◉ 工作夥伴・朋友

| | |
|---|---|
| 1月3, 12, 30日 | 7月6, 15, 24日 |
| 2月2, 11, 20日 | 8月5, 14, 23日 |
| 3月1, 19, 28日 | 9月4, 13, 22日 |
| 4月9, 18, 27日 | 10月3, 21, 30日 |
| 5月8, 17, 26日 | 11月2, 20, 29日 |
| 6月7, 16, 25日 | 12月1, 19, 28日 |

◉ 競爭對手・天敵

[1/21] [2/14] [4/15] [5/20] [5/29] [10/12] [10/24]

◉ 靈魂伴侶

[1/28] [4/16] [5/22] [7/20] [8/1] [10/19] [11/25]

### ❖ 生日名人 ❖

芙烈達・卡蘿（畫家）
阿胥肯納吉（鋼琴家）
席維斯・史特龍（演員）
小布希（第 43 任美國總統）
崔洋一（導演）
遠藤實（作曲家）
桐島洋子（評論家）
瀨川瑛子（歌手）
伊勢崎賢治（衝突預防學學者）
豐田真帆（演員）

◉ 從你的生日看命運
請見32頁

# 7月7日

July seventh

## 不想打亂自己步調的頑固專家

7的形狀象徵著斜向箭頭，代表一個週期的結束，有完結、完全調和的意思。出生月分、日期都是7的你，無論好壞都會展現出相當強烈的7的力量。基本上，你給人我行我素、敏銳、聰明的印象，貫徹自己的風格，是個頑固的專家。

你從小就像個小大人，很早熟。你講究細節，是個完美主義者，有自己明確的想法與原則，不會輕易做出妥協、讓步。你雖然話少，不會引人注意，卻是個可靠的角色。你經常客觀地觀察、分析周遭的情況，自然地展現出對周圍人們的細心體貼。

基本上，你不擅長成群結隊，比起與人來往，你更偏好單獨行動。你討厭被干涉，所以即使被獨自晾在一旁也不覺得痛苦。你不喜歡團體行動或與他人溝通，是一匹冷漠的孤狼。你對於溝通並不積極主動，因此旁人也很難理解你，有時容易遭到孤立。

你不喜歡明顯表現出喜怒哀樂，所以總是保持冷靜。雖然你是相當努力的人，卻不會讓別人看見這一面。情緒壓抑的你，不管對誰都不會坦白內心想法，淡然貫徹自我風格，個性孤高獨特，而這些都是7月7日出生的人獨有的特質。



### ✧戀愛・婚姻・性生活✧

獨立又成熟的氣質，讓你看起來很有魅力，但你也很害怕寂寞，這樣的反差讓你相當具有吸引力。基本上，你即使有情人或伴侶，也不希望對方闖進自己的私人領域，所以或許偏好遠距離戀愛或假日夫妻。你雖然不希望對方闖進自己的領域，但也很任，想把對方控制得對自己百依百順，希望能獨占、支配對方。

你雖然打從心底對性生活感到無力招架，卻很珍惜兩人共處的時光。婚後你會強烈表現出對理想家庭的堅持。

### ✧工作・財運✧

若你想要擁有能做一輩子的工作，就必須把獨立創業或以自由工作者的身分展開事業納入考量。一旦你從事能以自己的步調進行的工作，就能發揮長才。

你很討厭被人催促或被打亂步調，所以多人參與的工作或許會對你造成相當大的壓力。你不太有物欲，就某方面來說，對金錢也不太在意，因此最好把財務的管理與投資交給其他人。你只要把理財的心力拿來專注在事業上，就能引來財運，因此最好擁有能保持恰到好處距離感的合作夥伴。

## ❖ 今生使命・未來展望 ❖

你今生的使命是活用職人特質，成為一位能連結人與人關係的溝通者。

對於喜歡獨處的你而言，與人深交或許是個高難度課題。但你所具備的技術與知識，以及依此創造出來的作品，找遍世界的任何角落都是獨一無二的事物。這些作品幫助了許多人，讓你的人生綻放光彩，也為你的人生帶來意義。為此你也不得不與許多人往來。

對方要如何評價自己的作品是對方的問題。請你放開自己的執著，把評價的權利交由對方。接受對方的這種胸襟，也能使你獲得解放。

只有根據你獨特的品味所創造出來的作品，才能成功地促使他人相互交流。

## ❖ 生日帶來的訊息 ❖

「自我的確立」
「孤高」
「接受他人」

### 前世の故事

你的前世，是在中世紀末期的英國，貫徹騎士精神的孤高騎士。

你對曾是騎士的父親非常崇拜，從小就決定走向與父親相同的道路。你還是孩子時，就已經開始侍奉君主，即使身心都必須接受嚴格的修練，你依然勤奮努力、毫無抱怨。你以驚人的意志力，持續修行，確實累積自己的實力，不久之後就再也沒有人能夠超越你。

無人能敵的你，成為了不折不扣的孤高騎士。但以騎士為主角的封建社會早已開始瓦解，讓你失去了能夠實際大顯身手的舞臺，但你依然在自己鎖定的人生目標之路上勇敢前進。

---

זז

7/7 希伯來文

### ❖ 生日契合度 ❖

◉ **情人・伴侶**

| | |
|---|---|
| 1月12, 21, 30日 | 7月6, 15, 24日 |
| 2月2, 11, 20日 | 8月5, 14, 23日 |
| 3月1, 19, 28日 | 9月4, 13, 22日 |
| 4月9, 18, 27日 | 10月3, 21, 30日 |
| 5月8, 17, 26日 | 11月2, 20, 29日 |
| 6月7, 16, 25日 | 12月1, 10, 28日 |

◉ **工作夥伴・朋友**

| | |
|---|---|
| 1月4, 22, 31日 | 7月7, 16, 25日 |
| 2月3, 12, 21日 | 8月6, 15, 24日 |
| 3月2, 20, 29日 | 9月5, 14, 23日 |
| 4月1, 10, 28日 | 10月4, 13, 31日 |
| 5月9, 18, 27日 | 11月3, 12, 30日 |
| 6月8, 17, 26日 | 12月2, 20, 29日 |

◉ **競爭對手・天敵**

[1/13] [1/29] [2/1] [4/19] [5/16] [8/4] [8/22]

◉ **靈魂伴侶**

[1/9] [1/16] [5/30] [6/11] [6/13] [7/1] [12/25]

### ❖ 生日名人 ❖

古斯塔夫・馬勒（作曲家）
馬克・夏卡爾（畫家）
皮爾・卡登（設計師）
林哥・史達（歌手）
關穎珊（花式滑冰選手）
栗林忠道（軍人）
葉祥明（繪本作家）
堤真一（演員）
MISIA（歌手）
原田夏希（演員）

◉ **從你的生日看命運**
**請見32頁**

# 7月8日

July eighth

## 同時保有冷靜與熱情的挑戰者

你是喜愛新事物的挑戰者，不管什麼事情都要親自嘗試才甘心。你熱愛挑戰，認為挑戰困難宛若修行一般，能夠提高你的原動力。遇到問題時，你也具有出色的解決能力，能夠在彼此合作下，將你豐富的知識與經驗準確地傳達出去。

你的出生日期8，象徵著無限大（∞），代表物質與精神兩方面的統合與權力、財富、動力。再加上出生月分7獨立、完成的特質，讓你充滿對任何事情都能傾注熱情的動力，也擁有冷靜的一面，能夠靜下來分析、洞察一切。但如果這樣的反差表現太過強烈，身邊的人可能會覺得你令人捉摸不定。

而我行我素的頑固特質，可能會讓你一不注意就忽略周遭的情況，表現出為達目的不擇手段的強硬態度。一旦你覺得這樣做是正確的，就會勇往直前，不受常理所束縛。這樣的行動力雖然是很棒的特質，但因為你的一舉一動都會帶給旁人很大的影響，因此平常就必須小心地為自己的言行舉止負責。

你對人的好惡分明，夥伴意識特別強烈，會將成功的收穫與喜悅與夥伴分享。如果你能夠放開支配與控制的企圖，以對等的立場與別人相處，就能獲得真正的愛與成果。



### ❖戀愛·婚姻·性生活❖

你在愛情中意外的冷靜，很難真正喜歡上一個人。然而，你一旦喜歡上對方，就會以知性及熱情作為攻勢，化身為愛情的獵人，想方設法讓對方看到你。你雖然會積極、大膽地發動攻勢，但高度的自尊心卻成了阻礙，讓你不擅長坦率地向對方撒嬌，或告訴對方你的心意。婚後，你雖然會盡力顧家，卻不是能安然待在家裡的類型。在性生活方面，你相當熱情，但如果內心失去平衡就會變得不安，容易出現想要支配對方的傾向，請特別注意。

### ❖工作·財運❖

你在商業方面具有出色的判斷力，無論從事什麼樣的職業，都能對於被交辦的工作負起責任，並加以完成。你擁有強烈的夥伴意識，重視與他人之間的關係，因此較偏好許多人一起合作的團隊型工作。若能讓身邊的人感到滿足、對人們有幫助的工作方式，能使你心情愉快，更加發揮才能。

你的財運非常強，如果樂於把自己賺的錢和別人分享，更能招來財運。如果你能夠創辦一個輔佐他人的事業，會讓你的職涯發展更充實。

## ✣ 今生使命・未來展望 ✣

今生你的使命士：實踐無私的愛，並將這份愛與更多的人分享。

你屬於充滿行動力的熱血型人物，會實際採取行動，擁有充沛的能量，能夠將無私的愛在現實世界中展現出來。但比別人加倍努力的你，是否會一不小心就犧牲了自己，總是以奉獻別人為優先呢？你是否也曾在內心深處，期望對方的回報呢？

在勉強自己將愛傾注給他人前，你應該先比任何人都更珍惜自己，完全接受自己的本質，讓愛之光照耀自己。當你自己充滿愛的時候，完全不求回報、真正無私的愛，自然就會從你身上滿溢出來。

請肯定真實的自己，不吝於將愛傾注給自己，就能幫助你達成今生的使命。

## ✣ 生日帶來的訊息 ✣

### 「知性與熱情」
### 「解決」
### 「活在愛裡」

### 前世の故事

你的前世是在中國宋代，靠著絲綢生意而家財萬貫的商人。

從小，你就對各種神祕、美麗的事物感到著迷，因此高價的絲綢自然成為吸引你目光的商品。於是你在夥伴的協助下，開始將絲綢加工成各種產品，做成一門生意。掌握獨特加工技術與販賣通路的你，不久之後甚至能與皇室直接交易。你因此大權在握，成為一代巨富。

不過，獨占財富與榮耀的你變得愈來愈傲慢，招致合作夥伴的反感，導致對方最終謀反。你這時才學到，獨占與固執無法讓一個人的人生獲得真正的富裕。

# חז

7/8 希伯來文

### ✣ 生日契合度 ✣

**◉ 情人・伴侶**

| | |
|---|---|
| 1月8, 17, 26日 | 7月2, 20, 29日 |
| 2月7, 16, 25日 | 8月1, 10, 28日 |
| 3月6, 15, 24日 | 9月9, 18, 27日 |
| 4月5, 14, 23日 | 10月8, 17, 26日 |
| 5月4, 13, 31日 | 11月7, 16, 25日 |
| 6月3, 21, 30日 | 12月6, 15, 24日 |

**◉ 工作夥伴・朋友**

| | |
|---|---|
| 1月5, 14, 23日 | 7月8, 17, 26日 |
| 2月4, 13, 22日 | 8月7, 16, 25日 |
| 3月3, 21, 30日 | 9月6, 15, 24日 |
| 4月2, 11, 29日 | 10月5, 14, 23日 |
| 5月1, 19, 28日 | 11月4, 13, 22日 |
| 6月9, 18, 27日 | 12月3, 12, 21日 |

**◉ 競爭對手・天敵**

[1/10] [3/12] [4/20] [6/23] [6/28] [8/3] [12/30]

**◉ 靈魂伴侶**

[1/13] [1/25] [3/11] [9/8] [9/17] [9/23] [10/31]

### ✣ 生日名人 ✣

拉封丹（詩人）
斐迪南・齊柏林（飛行船技師）
約翰・洛克菲勒（企業家）
凱文・貝肯（演員）
川口和久（棒球選手）
三谷幸喜（編劇）
櫻澤惠理香（漫畫家）
谷原章介（演員）
西川美和（導演）
鈴木啟太（足球選手）

◉ 從你的生日看命運
請見32頁

# 7月9日

July ninth

把自己的信念作為人生信仰堅忍不拔的賢者

你的頭腦聰明，擁有旺盛的求知欲與學習欲，是認真的資優生。你擁有堅定的信念，並以此作為人生信仰，自許為眾人的典範，是一位堅忍不拔的賢者。

出生日期的9是完結、調和的數字，包含了所有數字的特質，象徵著賢者、導師、智者的角色。而出生月分的7，也是象徵自立、完成的數字，代表一個週期的結束。

因此7月9日出生的人，是一個面對任何事情都想要獨自完成的完美主義者，並擁有寬廣的視野，能從不同於他人的角度俯瞰世界。你是理論派的冷靜學者，從小就擁有獨立思考的能力。你的獨立性很強，也很重視自己所展現的獨特風格。

你是嚴以律己的努力者，極富責任感，做事一絲不苟，行事上既穩重又重視協調性，但你的外表與內在卻存在著某種程度的反差。雖然你和任何人都能合得來，但由於你非常敏感，因此反而比較喜歡能夠一個人好好放鬆的獨處時光。你不擅長成群結隊，只喜歡與特定的對象深交。

如果有人找你商量事情，你會設身處地給予他準確的建議。但面對初次見面的人則態度冷淡，往往給人難相處的印象。即使後來你與對方逐漸熟稔，也不可能坦白說出自己的真心話。你必須更信任身邊的人，有時也要依賴他們，說說心裡話，不要什麼事情都一個人悶在心裡。



## ❖戀愛・婚姻・性生活❖

你對愛充滿幻想，有些不切實際。但因為你給人的知性、溫柔印象，因此身邊的人也會對你有好感。你在戀愛方面相當晚熟，不會積極行動。即使對方向你告白，你也會想很多，不擅長將自己內心的情感傳達給對方。婚後，你雖然會盡力打造理想的家庭生活，但往往容易強行將自己的想法加諸於家人身上，請特別注意。你在性生活方面相當冷淡，請珍惜兩人享受親密關係的時光。

## ❖工作・財運❖

你聰明又靈巧，不管從事什麼樣的工作都能完美地達成。比起在組織中，你更適合需要獨力完成、或需要豐富知識的專業型工作。

你擁有穩健的財運，但賺錢的欲望不太強烈，不喜歡那種整日追名逐利的生活方式。比起利益，你更重視自己所堅持的信念與風格。基本上，你很討厭那種「有錢可以解決一切問題」的態度，不喜歡對錢斤斤計較，或和人因為金錢的問題起爭執。

## ❖今生使命・未來展望❖

你是擁有強大信念的賢者，今生的使命是：用自己的一生追求真理，靠自己的力量把事情做到盡善盡美，讓身心都能達到真正的獨立。

即使你認為自己已經很獨立了，但你是否會在意別人仍勝於自己，或是覺得如果無法幫助別人，自己就沒有價值呢？這顯示你對助人的依賴心，稱不上真正的獨立。

在你幫助別人之前，首要之務是先達到你自身生活與心靈上的平衡、獨立。不要在意周圍的眼光，而要有意識地把你下定決心要做的事確實地達成。因為擁有強大信念的你，一定做得到。請不要把原本就有難度的事想得更複雜，而是單純地從你現在立刻能做的事情、想做的事情積極地展開行動。

當你的身心平衡、獨立，盼望能造福社會的你，就能為更多的人帶來影響、貢獻。

### ❖生日帶來的訊息❖

「終極的真理」
「理智」
「貫徹信念」

### 前世の故事

你的前世是日本奈良時代的貴族。從小就知識淵博的你，長大之後在朝廷中擔任重要職位。

當其他官員都馬馬虎虎地應付工作，始終認真的你，卻為了造福社會與人民全力以赴。你獨自承擔了大量的工作，很努力將每件事做到盡善盡美。這樣的你，在接近人生的尾聲時，終於發現自己一直以來都相當逞強地過活。

你回顧過去的人生，發現自己為了別人太過努力，而忽略了自己的事情，更從未思考自己想要的幸福，於是你心想，下輩子要專注於自己想要的生活。

טז

7/9 希伯來文

### ❖生日契合度❖

◉ **情人・伴侶**

| | |
|---|---|
| 1月4, 13, 31日 | 7月7, 16, 25日 |
| 2月3, 12, 21日 | 8月6, 15, 24日 |
| 3月2, 11, 29日 | 9月5, 14, 23日 |
| 4月10, 19, 28日 | 10月4, 22, 31日 |
| 5月9, 18, 27日 | 11月3, 21, 30日 |
| 6月8, 17, 26日 | 12月2, 11, 29日 |

◉ **工作夥伴・朋友**

| | |
|---|---|
| 1月6, 15, 24日 | 7月9, 18, 27日 |
| 2月5, 14, 23日 | 8月8, 17, 26日 |
| 3月4, 13, 31日 | 9月7, 16, 25日 |
| 4月3, 12, 30日 | 10月6, 15, 24日 |
| 5月2, 20, 29日 | 11月5, 14, 23日 |
| 6月10, 19, 28日 | 12月4, 13, 22日 |

◉ **競爭對手・天敵**

[1/9] [2/29] [6/27] [7/6] [8/18] [11/20] [12/31]

◉ **靈魂伴侶**

[1/7] [1/11] [4/17] [5/25] [5/31] [7/14] [11/22]

### ❖生日名人❖

雷史畢基（作曲家）
大衛・霍克尼（畫家）
湯姆漢克（演員）
細野晴臣（音樂人）
中田浩二（足球選手）
稻垣潤一（音樂人）
久本雅美（藝人）
淺野優子（演員）
松下由樹（演員）
草彅剛（演員）

◉ **從你的生日看命運**
**請見32頁**

# 7月10日

July tenth

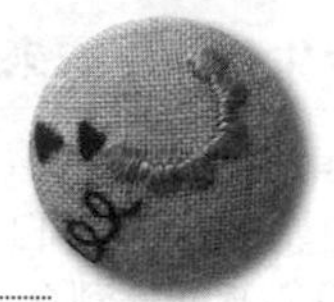

將自己想法
徹底力行
王牌般的領袖

你是一位目標崇高的領袖，對旁人擁有極大的影響力，朝著自己的信念之路勇往直前。對於眾人而言，你是一個宛若王牌般的領導者，只要你一出現，團隊就有向心力，你只要站在最前方，自然就能帶領大家前進。

你看起來總是直率、開朗、有精神，同時對整個團隊瞭若指掌，擅長讓眾人團結一心。你不只會照顧人，也很細心，因此擁有聲望。即使你自己沒有意識到，但人們總會自然而然地聚集在你周圍，習慣依賴你。

具備行動力的你，充滿了靠自己力量開拓人生的動力。對於凡事你都有自己的主張，而且非常坦率、表裡一致，屬於容易相處的類型。但另一方面，由於你的情緒起伏大，因此心裡想的事情往往立刻會表現在臉上，而會影響到身邊的人，請特別注意。

你的出生日期 10，是由象徵領袖的 1 與帶有增強力量的 0 共同組成，所以會更加放大你的領袖氣質。再加上出生月分 7 代表著獨立、使命必達的意義，也會使你的續航力與意志力比一般人更強。7 月 10 日出生的人，總能確實地帶領大家朝著目標前進，一定能成為一位偉大的領導者。



## ❖ 戀愛・婚姻・性生活 ❖

你對於自己喜歡的類型想法很明確，因此會追求理想中的對象。在愛情中，你也會展現出直球對決的態度，猛烈地追求自己喜歡的人。為了避免因為攻勢過猛而導致對方退縮，請好好拿捏分寸。

你無法將愛與性分開看待，喜歡激情的性生活。而且性生活對你來說相當重要，若是彼此淪為無性關係，可能會成為分手的主因。

婚後，無論在家庭上還是工作上你都會全力以赴，所以往往會想要掌控伴侶與家人，將自己的行事風格強行加諸於他們身上，請特別注意。

## ❖ 工作・財運 ❖

工作時，你也會展現出在自己信念之路上勇往直前的強烈意志。你擅長組織團隊，能夠以宏觀視角掌控全局，提出方向。目標愈明確，你愈能發揮所長。你熱愛嘗試新事物，也很有人緣，適合投入於還沒有人做過的新創產業中。

你擁有將自己的天賦化為財富的直覺，因此財運非常好。但你對於金錢本身不太執著，屬於只要從事自己喜歡的工作，自然就能招來財運的類型。

## ✣ 今生使命・未來展望 ✣

今生你的使命是：活用與生俱來的領導力，即使遇到困難也絕不放棄，取得現實上的成功，並與身邊的人分享成果。

你雖然能夠貫徹自己的信念，帶領大家前進，但有時候是否會因為三分鐘熱度，或把目標設得太高，而乾脆中途放棄呢？

取得成功的過程必須腳踏實地。因此你的首要之務，就是確實面對眼前的課題，將其逐一完成。而能完成眼前的任務，就是你邁向成功的證明。只要你持續累積這樣的經驗，一定就能掌握取得成功的訣竅。

在取得成功、分享成果的過程中，能將你培養成更宏觀的領袖。

## ✣ 生日帶來的訊息 ✣

「一心一意」
「直率」
「放下執著」

### 前世の故事

你的前世是參與美國南北戰爭的海軍少校，從小你就把「守護正義」當成人生目標。

長大之後，你加入了軍隊，為了自己的信念而戰，更獨力率領眾多部下拚命地戰鬥。你始終堅持正面迎敵的信念，最後因為在戰場上遭到敵軍砲火的攻擊而身受重傷。

一直以來，目睹了許多部下傷亡的你，在醫院治療時開始回顧自己的人生，第一次靜下心來站在別人的角度思考：一直以來，部下們是懷著什麼樣的想法來追隨自己，陪自己奮戰至今呢？

7/10 希伯來文

### ✣ 生日契合度 ✣

◉ 情人・伴侶

| | |
|---|---|
| 1月5, 14, 23日 | 7月8, 17, 26日 |
| 2月4, 13, 22日 | 8月7, 16, 25日 |
| 3月3, 21, 30日 | 9月6, 15, 24日 |
| 4月2, 20, 29日 | 10月5, 14, 23日 |
| 5月1, 19, 28日 | 11月4, 13, 22日 |
| 6月9, 18, 27日 | 12月3, 12, 21日 |

◉ 工作夥伴・朋友

| | |
|---|---|
| 1月7, 16, 25日 | 7月1, 19, 28日 |
| 2月6, 15, 24日 | 8月9, 18, 27日 |
| 3月5, 14, 23日 | 9月8, 17, 26日 |
| 4月4, 13, 22日 | 10月7, 16, 25日 |
| 5月3, 12, 30日 | 11月6, 15, 24日 |
| 6月2, 11, 29日 | 12月5, 14, 23日 |

◉ 競爭對手・天敵

[3/14] [4/24] [5/10] [5/23] [6/28] [8/29] [9/9]

◉ 靈魂伴侶

[1/8] [1/15] [2/2] [4/11] [5/22] [6/6] [8/10]

### ✣ 生日名人 ✣

喀爾文（宗教家）
普魯斯特（作家）
貝爾納・比費（畫家）
亞瑟・艾許（網球選手）
潔西卡・辛普森（歌手）
村山由佳（作家）
澤村一樹（演員）
小泉孝太郎（演員）
田中圭（演員）
前田敦子（演員）

◉ 從你的生日看命運
請見32頁

# 7月11日

July eleventh

**順從直覺**
**勇往直前的**
**靈性能力者**

這天出生的你，是屬於魔法師、女巫類型的人，你天生就對無形的世界特別敏銳，更將靈性的事物視作理所當然的存在。你擁有出色的直覺與敏銳的感受力，是一個純粹的靈性能力者。對於凡事你都擁有探究之心，會鍥而不捨地鑽研專業知識，依自己的步調把事情做到完美。

出生日期 11 象徵著千手觀音，是代表革命、革新的神聖數字。你擁有瞬間就能領悟答案的天賦，也具備吸引人的明星氣質。再加上出生月分 7 的獨立、完成的特質，更加強了你對貫徹自我風格的堅持與堅忍不拔的態度。

比起站上舞臺，你更喜歡活用自己的知識與直覺，把關鍵的訊息或建議傳達給需要的人。你的左右腦平衡絕佳，能夠將你直覺接收到的答案化作具體的說明。由於你獨一無二的感受力非常突出，因此或許難以得到一般人的理解。你不擅長在人前表達內心的想法與情緒，往往陷入缺乏溝通的困境。

雖然你很敏感、容易受傷，但也會因為一時的大膽發言而直接傷害到對方，或嚇到身邊的人。所以請你在說話的時候，留意周遭的反應與氛圍。



### ❖戀愛・婚姻・性生活❖

你擁有獨特的愛情觀，重視自己的直覺勝於一切，因此在愛情中也有自己特有的堅持。由於你尊重個人隱私，因此在戀愛中也會比較冷淡。你重視心心相印甚於表面形式，因此與伴侶之間的真心交流對你來說更重要，性則是一種能量交流的方式。

你一旦擁有家庭，就會成為好先生或好太太，但如果長期下來精神上的壓力太大，就容易透過外遇或一夜情來逃避現實，請特別小心。

### ❖工作・財運❖

沉默寡言的你，雖然不會讓人印象深刻，但你有禮貌、總是默默完成工作的可靠態度卻頗受好評。

此外，你具備一般人所沒有的獨特、獨創的想法，因此適合成為藝術家或設計師之類的創意工作者。你擁有稍縱即逝的靈感與敏銳的洞察力，因此也適合從事心理諮商、占卜等能引導別人的工作。如果身在組織當中，從事企劃、研究開發、調查分析等工作或許較能發揮你的才華。你雖然重視精神上的事物，不太關心金錢，但卻擁有不可思議的財運，在經濟上不虞匱乏。

## ❖ 今生使命・未來展望 ❖

今生你的使命是：活用與生俱來的直覺，實踐讓人人和平共處的理想目標，為世界和平帶來貢獻。

擁有優異直覺的你，雖然具有瞬間看透本質的天賦，但對於不擅長溝通的你而言，要將比較形而上的想法說得能讓身邊的人理解，或許是個困難的課題。如果你提出太過遠大的目標，可能會因為說明不夠充分，而讓別人心生罪惡感或覺得缺乏完成的能力，必須特別小心。

在你以造福眾人為目標而努力之前，你應該先以達成自己的心靈平靜為目標，為自己活用靈感與直覺。

當你能夠活得像自己，處在和平且充滿喜悅的狀態時，這樣的幸福波動就能傳遞給身邊的人，間接地促成世界和平。

## ❖ 生日帶來的訊息 ❖

「獨創性」
「超感官」
「傳達訊息」

### 前世の故事

你的前世是在古埃及時代從事醫療事務的薩滿巫師。當時的社會風俗充斥著魔法與信仰的觀念，認為生病是因為惡靈作祟，因此醫師與巫師沒有分別，占卜與魔法也被視作一種醫療行為。

喜愛鑽研的你，也因此習得專業的醫療知識，具備薩滿的才能，有時甚至為國王或他的親信治療，因此獲得一定的社會地位。但你並沒有因為周圍人們對你的評價、感謝而驕傲，仍想著如何把自己的技術流傳後世，才能治療更多的病患。

7/11 希伯來文

### ❖ 生日契合度 ❖

**◉ 情人・伴侶**

| | |
|---|---|
| 1月1, 19, 28日 | 7月4, 13, 31日 |
| 2月9, 18, 27日 | 8月12, 21, 30日 |
| 3月8, 17, 26日 | 9月11, 20, 29日 |
| 4月7, 16, 25日 | 10月1, 10, 28日 |
| 5月6, 15, 24日 | 11月9, 18, 27日 |
| 6月5, 14, 23日 | 12月8, 17, 26日 |

**◉ 工作夥伴・朋友**

| | |
|---|---|
| 1月8, 17, 26日 | 7月2, 20, 29日 |
| 2月7, 16, 25日 | 8月1, 10, 28日 |
| 3月6, 15, 24日 | 9月9, 18, 27日 |
| 4月5, 14, 23日 | 10月8, 17, 26日 |
| 5月13, 22, 31日 | 11月7, 16, 25日 |
| 6月3, 12, 30日 | 12月6, 15, 24日 |

**◉ 競爭對手・天敵**

[2/15] [2/20] [3/11] [5/4] [6/11] [8/18] [10/8]

**◉ 靈魂伴侶**

[1/12] [1/24] [2/23] [9/7] [11/11] [11/20] [12/19]

### ❖ 生日名人 ❖

約翰・昆西・亞當斯（第 6 任美國總統）
尤・伯連納（演員）
迪克・貝葉爾（職業摔角選手）
喬治・亞曼尼（設計師）
埃莫森・萊奧（足球選手）
鍾芭・拉希莉（作家）
木實奈奈（演員）
柴田元幸（翻譯家）
加藤成亮（歌手）
坂口健太郎（演員）

◉ 從你的生日看命運
請見32頁

# 7月12日

July twelfth

遇到感興趣的事就會一頭栽進去的創造者

7月12日出生的你是一名創造者，遇到自己感興趣的領域就會一頭栽進去。你的自尊心高、不服輸又愛出鋒頭，討厭別人向你下指導棋。你也是個調皮的孩子王，溫柔又有正義感，不會放任別人欺負弱小。

這天出生的人有個特質，那就是喜歡裝出一張撲克臉，因為你的喜怒哀樂明顯、情緒起伏激烈，卻又不想被別人看透內在的情感豐富。此外，你的個性開朗直率，卻又同時冷靜、成熟，因而散發出一股獨特的氣質。你雖然討厭為了應酬、毫無意義的聚會，但能掌握與他人之間微妙的距離，聰明圓滑地處理人際關係。

你的特徵是行事果斷與具有爆發力，當你遇到感興趣的事情，就會毫不猶豫地飛奔而去，以近乎可怕的專注力投入其中，同時也具有做出實際成果的創造力。然而，一旦你喪失了專注力，就有可能半途而廢。如果你總是輕率、應付，最後事情可能會變得一發不可收拾，因而造成別人的困擾，請特別注意。

你的出生日期12，是由帶男性特質的1與帶女性特質的2所組成，且1與2相加後等於3，象徵衝勁靈活的孩子。再加上出生月分7的獨立、完成的特質，讓你因好奇心驅使而勇往直前，一頭栽入感興趣領域的特質會更加明顯。



## ✧ 戀愛．婚姻．性生活 ✧

你屬於單憑感覺就會墜入情網的類型，在戀愛中並不理性。雖然你感情專一，但也不喜歡總是和對方黏在一起。即使有些孩子氣，也會隱約展現出成人魅力，這點或許能擄獲對方的心。你雖然會想依賴對方，但又希望保有自我空間，在關係的進退之間充滿矛盾。你也很希望能結婚，對理想中的婚姻充滿了想像。

你相當重視性生活，將其視為與傾心對象深入交流的機會，但你在這時候會採取試圖控制、獨占對方的態度，不同於平時的孩子氣。

## ✧ 工作．財運 ✧

你在工作上屬於全方位的人才，不管什麼角色都能勝任。你可以擔任領導者、輔佐者、甚至是炒熱氣氛的開心果，是職場中彌足珍稀的存在。

若從事讓你可以保持自己的步調與自我風格的新創產業或自由業，或許會比隸屬於某家大企業更能發揮你的才華。

你有財運也有成功運。由於你一旦投入工作就會非常忘我，建議你不用太在意金錢，只要將熱情貫注在自己的工作上，就能在不知不覺間累積財富。

## ✧ 今生使命・未來展望 ✧

今生你的使命是：活用身為創造者的資質，為自己的人生負起責任，發揮強大的領導力。

擁有赤子之心的你，如果突然被指派為領導者，反而容易因為責任感太重而失去方向。今生的你，可以從一些自己能決定的小事開始，學著為自己的選擇負責，不必一下子就要以成為完美的領導者為目標。

對你喜歡的事物就明確表達喜歡，討厭的事物就明確表達討厭。或是投入喜歡的事物中，在這個領域認真鑽研，就能在自己的人生中發揮領導力。

當你能專注在自己喜愛的事物上，並坦率地貫徹自己想要的生活方式，對於身邊的人來說，就是一個能為眾人帶來希望與典範的理想領導者。

### ✧ 生日帶來的訊息 ✧

**「盡情」**
**「專注力」**
**「鑽研自己的世界」**

### 前世の故事

你的前世是在中非大草原中，成天自由自在地打獵的獵人。

你從小就靜不下來，所以很享受這種隨心所欲的生活。你雖然會找同伴一起進行某些計畫，但往往一下子就覺得無趣了，又開始做別的事情。明明你擁有廣大的智慧，面對凡事卻總是只會畫大餅，只有三分鐘熱度，所以旁人也無法把任何重責大任的工作交給你。這種作風讓你變得愈來愈孤獨，比起完成想做的事的充實感，你更多時候都在反省自己的思慮不周與對旁人造成的困擾。於是你向靈魂發誓，下輩子要為自己的言行負起責任，專心埋首於一件事物中。

# יבן

7/12 希伯來文

### ✧ 生日契合度 ✧

**◉ 情人・伴侶**

| | |
|---|---|
| 1月2, 11, 29日 | 7月5, 14, 23日 |
| 2月10, 19, 28日 | 8月4, 22, 31日 |
| 3月9, 18, 27日 | 9月3, 21, 30日 |
| 4月8, 17, 26日 | 10月2, 11, 29日 |
| 5月7, 16, 25日 | 11月1, 10, 19日 |
| 6月6, 15, 24日 | 12月9, 18, 27日 |

**◉ 工作夥伴・朋友**

| | |
|---|---|
| 1月9, 18, 27日 | 7月3, 21, 30日 |
| 2月8, 17, 26日 | 8月2, 11, 29日 |
| 3月7, 16, 25日 | 9月1, 19, 28日 |
| 4月6, 15, 24日 | 10月9, 18, 27日 |
| 5月5, 14, 23日 | 11月8, 17, 26日 |
| 6月4, 13, 22日 | 12月7, 16, 25日 |

**◉ 競爭對手・天敵**

[1/5] [2/16] [4/30] [5/3] [5/22] [7/2] [12/14]

**◉ 靈魂伴侶**

[1/5] [1/10] [2/27] [5/24] [8/25] [9/6] [9/11]

### ✧ 生日名人 ✧

莫迪里安尼（畫家）
李炳憲（演員）
瑪拉拉・蘇芙札（人權運動者）
中村玉緒（演員）
上野千鶴子（社會學者）
北別府學（棒球選手）
森永卓郎（經濟評論者）
渡邊美里（音樂人）
小林麻耶（主播）
百田夏菜子（歌手）

◉ 從你的生日看命運
請見32頁

# 7月13日

July thirteenth

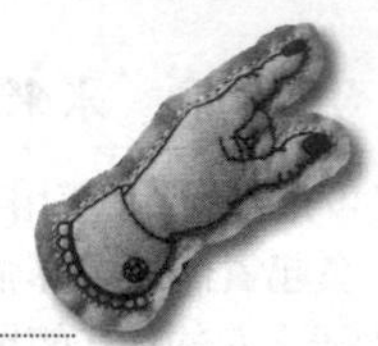

## 堅定有力 敦厚正直的 實力者

出生日期13象徵著撲克牌的國王，是強而有力的數字，代表莫大的權力與現實世界中的支配力。再加上出生月分7的獨立、完成的特性，讓你剛正不阿、堅忍不拔的特質更突顯。

7月13日出生的人，雖然擁有堅定、強大的力量，但看待事情的角度略為與眾不同，抱持著懷疑的態度。個性謹慎的你，必須自己先消化、完全理解，或是完全被說服之後才會相信。

你很誠實、正派，擁有一套自己的行事原則，以及對於是非對錯判斷的標準。相對地，你也比較頑固，內在的自尊心非常高。行事上，你不僅有專注力，責任感也很強烈，不管做什麼事情，都會認真勤奮地完成，不到最後不會放棄。你也不會輕易改變自己的理念，絕對不接受任何自己覺得不正確的事。

你做事很一板一眼，即使對於比較親近的人，也不允許輕率、說笑或遷就，給人嚴肅的印象。你也很在意世俗眼光與評價，不願意坦率地說出心裡的想法。由於你會太過堅持自己的行事風格與做法，有時要提醒自己適度地包容對方，避免被誤以為是個偏執狂。



### ✧戀愛・婚姻・性生活✧

在感情中，你屬於極為認真、老實的類型，無法把愛情與婚姻分開來看。你覺得劈腿或玩票般的戀愛與自己徹底絕緣。即使想要外遇，也因為說謊技巧拙劣，立刻就會被對方拆穿。

在性生活方面，你希望由自己主導，熱情主動地與對方翻雲覆雨。夜晚的你與白天的認真、嚴肅形象落差非常大，你會搖身一變，展現出熱情如火的一面。如果能夠將你的需求坦率地告訴對方，一定能讓你們之間的愛更加深厚。

### ✧工作・財運✧

不管從事什麼工作，你都能腳踏實地的使命必達。而且你鑽研每件事物，都能確實做出成果，這樣的才華獲得旁人高度的評價。在後勤方面，你能發揮實力，對組織而言絕對是不可或缺的存在。同時，你也能發揮協調的智慧，有時甚至能以領導者的身分主導工作。

你腳踏實地不浮誇的性格，能為你穩健地帶來財運。但你有可能受到金錢的誘惑而性格大變，請特別注意。只要不被金錢的力量所吞噬，你就能維持穩健的財運。

## ✧ 今生使命・未來展望 ✧

你今生的使命是：磨練靈感與直覺，探索無形的世界，將從中得到的智慧與資訊，活用到現實世界中。

你雖然能充分感受到這個世界並非光靠物質而存在，但對於坦率接受這點卻心懷抗拒。你看待事情時，總帶有批判、懷疑的眼光，展現出你謹慎的一面。不過，擺脫不了理性思維的你，更應該有意識地活用感官去感受。

例如，雖然你無法用眼睛看見「氣味」，卻能透過嗅覺去確實感受。如果你能將這些實際的感受力融入於日常生活中，就能逐漸探索那無形世界的魅力。

你今生的課題，就是順從自己的直覺與靈感而行，以自己的方式，將你從無形世界中感受到的智慧與資訊傳達給身邊的人。

### ✧ 生日帶來的訊息 ✧

「敦厚正直」
「強韌」
「交給直覺」

### 前世の故事

你的前世是在俄羅斯的羅曼諾夫王朝時期，侍奉貴族領主的管家。

在偌大的城堡裡有許多傭人與工匠，你的工作就是統籌、管理一切的人事。不管做什麼事情，你都很認真，想要做到盡善盡美。某天，你因為修補宅邸的工程進度落後，對工匠做出嚴厲的懲罰。你甚至不給他們辯解的機會，結果招致他們猛烈反擊。你依舊毅然反駁他們的所有藉口，結果導致其他傭人也開始對你不服。最後狀況演變到無法收拾的地步，讓領主對你大發雷霆。這時你才想起自己也不過是一名傭人，竟然忘記了自己的本分，這讓你相當羞愧。

# רגז

7/13 希伯來文

### ✧ 生日契合度 ✧

**◉ 情人・伴侶**

| | |
|---|---|
| 1月9, 18, 27日 | 7月3, 21, 30日 |
| 2月8, 17, 26日 | 8月2, 11, 29日 |
| 3月7, 16, 25日 | 9月1, 19, 28日 |
| 4月6, 15, 24日 | 10月9, 18, 27日 |
| 5月5, 14, 23日 | 11月8, 17, 26日 |
| 6月4, 13, 22日 | 12月7, 16, 25日 |

**◉ 工作夥伴・朋友**

| | |
|---|---|
| 1月1, 19, 28日 | 7月4, 13, 31日 |
| 2月9, 18, 27日 | 8月3, 12, 30日 |
| 3月8, 17, 26日 | 9月11, 20, 29日 |
| 4月7, 16, 25日 | 10月1, 19, 28日 |
| 5月6, 15, 24日 | 11月9, 18, 27日 |
| 6月5, 14, 23日 | 12月8, 17, 26日 |

**◉ 競爭對手・天敵**

[1/4] [2/13] [5/19] [6/25] [7/8] [8/21] [10/10]

**◉ 靈魂伴侶**

[1/20] [2/11] [4/2] [4/9] [4/26] [5/25] [7/23]

### ✧ 生日名人 ✧

哈里遜・福特（演員）
魯比克・厄爾諾（發明家）
劉翔（田徑選手）
青木繁（畫家）
關口宏（藝人）
中森明菜（歌手）
青山真治（導演）
中孝介（歌手）
五嶋龍（小提琴家）
NON（演員）

◉ 從你的生日看命運
請見32頁

# 7月14日

July fourteenth

深思熟慮
勇往直前的
自由之士

你一旦下定決心，就會筆直地朝著目標勇往直前。你不在意單獨行動，是個冷靜的自由之士。但你的超凡行動力，偶爾會嚇到身邊的人。

有時，你也會因為突然轉換目標的方向而使得周遭人們感到困惑或造成別人的困擾，但對你而言，那是經過深思熟慮後的行動。不過，捉摸不定、經常改變興趣，或許也是你的魅力之一。

你雖然擁有社交力卻不輕浮，初次見面的人或許會覺得你難以親近。而且如果光是一般的客套話並無法滿足你，因為你更希望能深入談論自己感興趣的領域。你雖然會將真心話告訴信任的人，但你不喜歡別人闖進你的私人領域，因為這麼做會讓你感到不自在。如果你能重視在日常生活中多對身邊的人噓寒問暖，表達不經意的關心，就能提昇他們對你的信賴感。

你的出生日期 14 中的 1 與 4 都是代表箭頭的數字，展現出明確的方向性，代表你是言出必行、勇往直前的人。再加上出生月分 7 的獨立、完成的特質，讓 7 月 14 日出生的你，成為一個能夠冷靜判斷事物，並朝著自己心願勇往直前的自由之士。



## ❖戀愛・婚姻・性生活❖

如果你確定對方就是你要的人，那麼就會賭上自己的尊嚴，無論如何都要把對方追到手；結婚後，你也會一心一意地愛著對方。你會強烈地想要綁住對方，但另一方面你又希望擁有獨處的時間，相當任性。

因為你很容易改變心意，如果不向對方說明，就獨自行動或決定重要的事情，經常會導致兩人漸行漸遠，必須特別留意。

日常生活中的你雖然簡單易懂，但在性生活方面的反應卻經常反覆無常，或許會讓對方很費心。

## ❖工作・財運❖

你是個能幹的人，能快速、有效率地完成交辦的任務。你的獨立性強，能力也很好，是個優秀的人才，光靠自己一個人就能完成好幾人份的工作。

你會鑽研自己感興趣的領域，因此適合從事開創新事物的新事業，或是擔任亟需應變能力的金融界交易員。

面對金錢你會認真以待，因此很少一下子大賺或大賠。你雖然擁有絕佳的平衡財務收支的能力，但也會在感興趣的領域上爽快挹注大筆資金，必須小心。

## ✣ 今生使命・未來展望 ✣

今生你的使命是：活用超凡的行動力，像個孩子般天真地享受人生。

雖然對於總是朝著目標勇往直前的你而言，漫無目的地享受人生或許看起來像是在浪費時間。

然而，這個世上發生的一切都有意義。有時，請試著刻意不去思考意義，只把注意力擺在感受上。如果你能擁更多讓自己大腦放空的時間，例如去大自然磨練你的感受力，或許能讓自己真正應該前進的方向變得更明確。

請你不要去思考事情的意義或目的，而是像孩子一樣放手享受當下，並露出天真的笑容。正因為你誠摯的笑容，身邊的人才能變得更加坦率。

請你讓自己心中的大人與小孩、思考與感受的兩極之間取得平衡，盡情享受自己獨特的人生。

### ✣ 生日帶來的訊息 ✣

「默默執行」
「直線思考」
「天真的笑容」

### 前世の故事

你的前世是在近代歐洲致力於發掘珍貴歷史遺產的考古學家。

從小你就在古代遺跡旁長大，把遺跡當成遊樂場的你，自然而然對歷史產生興趣，後來成為一名考古學家。你運用過去的文獻資料，以及直覺、經驗，把夢想都投注在挖掘不為人知的大型遺跡上。但由於世界各地都有歷史遺跡，因此需要前往與住宿的旅費、給當地協助者的報酬等龐大的經費。

財務問題不只壓迫著你的生活，也讓你難以擺脫對未來的不安。你總是悲觀地想，如果能夠不擔心生活，只專注在自己喜歡的事情上，那該有多好。

ידז

7/14 希伯來文

✣ 生日契合度 ✣

◉ **情人・伴侶**

| | |
|---|---|
| 1月6, 15, 24日 | 7月9, 18, 27日 |
| 2月5, 14, 23日 | 8月8, 17, 26日 |
| 3月4, 13, 31日 | 9月7, 16, 25日 |
| 4月12, 21, 30日 | 10月6, 15, 24日 |
| 5月11, 20, 29日 | 11月5, 14, 23日 |
| 6月1, 10, 28日 | 12月4, 13, 22日 |

◉ **工作夥伴・朋友**

| | |
|---|---|
| 1月2, 11, 29日 | 7月5, 14, 23日 |
| 2月1, 19, 28日 | 8月4, 22, 31日 |
| 3月9, 18, 27日 | 9月3, 12, 30日 |
| 4月8, 17, 26日 | 10月2, 11, 29日 |
| 5月7, 16, 25日 | 11月1, 10, 19日 |
| 6月6, 15, 24日 | 12月9, 18, 27日 |

◉ **競爭對手・天敵**

[2/21] [3/14] [4/5] [10/4] [10/22] [11/12] [12/30]

◉ **靈魂伴侶**

[1/1] [2/20] [5/17] [7/17] [8/10] [10/12] [11/26]

✣ 生日名人 ✣

古斯塔夫・克林姆（畫家）
艾薩克・辛格（作家）
小傑拉德・福特（第38任美國總統）
英格瑪・柏格曼（導演）
久米宏（主播）
水谷豐（演員）
根岸英一（化學家、諾貝爾獎得主）
佐藤弘道（藝人）
本谷有希子（劇作家）
山本彩（歌手）

◉ 從你的生日看命運
請見32頁

# 7月15日

July fifteenth

內心深藏著高度自信的博愛主義者

7月15日出生的人是個博愛主義者，對自己的人生使命非常執著，自尊心很高。

15日的1是象徵開始的數字，5則是象徵自由、變化的數字，兩者相加等於6，代表包容一切、大愛、溫暖的意思。再加上出生月分7的獨立特質，讓你明明心中充滿了愛，卻容易用冷酷來包裝。

你基本上個性溫和，為人溫暖，非常重感情。而且你有強烈的夥伴意識，很會照顧仰賴自己的人，重視身邊的人際關係。你雖然沉默寡言，行事低調，但會很細心地覺察周遭情況，總在不經意中關心他人。

擅長照顧別人的你，卻討厭被別人照顧，所以你明明比別人加倍體貼、有愛心，卻經常裝得一臉冷漠的樣子。在沒有人看見的時候，你會讓座給老人、幫助有困難的人，但如果和別人在一起，你就會因為害羞而裝作沒看到，有時你也會因此而後悔。

如果你能坦率地展現出溫柔的一面，並活用冷靜的特質，就能與身邊的人建立舒適的人際關係。



## ✧戀愛・婚姻・性生活✧

你的心裡明明充滿了愛，卻又在對方面前故意裝酷，或許也有人會對你這種有所反差的形象深深著迷吧。不過，一旦開始交往，你就容易把自己的想法強加在對方身上，或在各方面干涉對方。你對自己想法充滿了自信，所以即使結婚，也要避免強迫對方接受自己的意見。

如果你只把對伴侶或對孩子的愛擺在心裡，他們也感受不到，所以即使難為情，還是要確實地把愛說出口。性生活是你唯一能夠直接展現自我情感之處，請努力運用技巧取悅對方。

## ✧工作・財運✧

你不僅頭腦好，也擁有分析力與判斷力。你擅長照顧後輩與部下，因此自然會扮演統領團隊的角色。但你對於出人頭地或擔任主管沒什麼興趣，希望能夠永遠留在第一線，可以直接指導、照顧別人。

你沒什麼金錢的欲望，只要夠用就滿足了。但你總是把錢花在別人身上，用來幫助遇到困難的朋友。或許是因為這個緣故，當你遭遇困難時，都會得到他人的幫助，並不會為錢所苦。

## ✧今生使命・未來展望✧

你今生的使命，就是把自己一直以來所做的事情，以具體的形式加以呈現，流傳後世。

容易以造福別人為優先的你，如果必須把事情做到一絲不苟的念頭過於強烈，就會常常怪罪做得不夠完美的自己，或是把自己的想法強行加在他人身上，或是依此評斷他人，必須特別小心。

想活出自己，請先把注意力擺在一件事情上，並持續留下具體的成果。例如寫日記、繪畫、種菜等等。

在人生的其他層面也一樣，只要你能有意識地留下自己每天經歷的軌跡，就能確實感受到活著的意義與人生的成就感。

## ✧生日帶來的訊息✧

**「頑固的博愛」**
**「正義」**
**「留下人生的足跡」**

### 前世の故事

你的前世，是在近代的英國軍隊教育新兵的教官。

你從小就是一個很有自己想法的孩子，在志願加入軍隊後，便腳踏實地往上爬。後來，因為你強烈的使命感與擅長領導的特質，而被任命為指導新兵的教官。你在槍枝與砲彈的技術指導方面特別出色。此外，你也不會因為新兵的身分或出身而給予差別待遇。你既溫和又嚴厲，受到學生的景仰。

某天，你發現了軍官的弊端，因無法忍受而提出彈劾，最後卻落入了他人的陷阱，以反叛的罪名遭到逮捕。即使如此，你還是因為自己在道德層面為學生做了最佳示範而了無遺憾。

טוז

7/15 希伯來文

### ✧生日契合度✧

◉ 情人・伴侶

| | |
|---|---|
| 1月7, 16, 25日 | 7月1, 19, 28日 |
| 2月6, 15, 24日 | 8月9, 18, 27日 |
| 3月5, 14, 23日 | 9月8, 17, 26日 |
| 4月4, 13, 22日 | 10月7, 16, 25日 |
| 5月3, 21, 30日 | 11月6, 15, 24日 |
| 6月2, 20, 29日 | 12月5, 14, 23日 |

◉ 工作夥伴・朋友

| | |
|---|---|
| 1月3, 12, 30日 | 7月6, 15, 24日 |
| 2月2, 11, 20日 | 8月5, 14, 23日 |
| 3月1, 19, 28日 | 9月4, 13, 22日 |
| 4月9, 18, 27日 | 10月3, 21, 30日 |
| 5月8, 17, 26日 | 11月2, 20, 29日 |
| 6月7, 16, 25日 | 12月1, 19, 28日 |

◉ 競爭對手・夫敵

[1/24] [3/6] [3/20] [4/12] [7/11] [10/6] [10/15]

◉ 靈魂伴侶

[1/10] [1/28] [2/25] [4/16] [4/23] [7/29] [8/10]

### ✧生日名人✧

林布蘭（畫家）
詹・麥可・文生（演員）
伊蓮・雅各（演員）
山本薩夫（導演）
深田祐介（作家）
金子功（設計師）
瀨古利彥（馬拉松選手）
上橋菜穗子（兒童文學作家）
永瀨正敏（演員）
柏木由紀（藝人）

◉ 從你的生日看命運
請見32頁

# 7月16日

July sixteenth

## 堅持自我風格 心地善良的 專業職人

這天出生的你屬於專業的職人類型，你重視自我風格，對於能把自己的感受力化為具體的成果而感到喜悅。

生日的16，結合了1的領袖及6的愛與協調的特質，當1與6相加後等於7，象徵獨自完成事情的力量。再加上出生月分7獨立、完成的特質，讓你擁有自己的世界觀，對自己的世界非常重視。

你的正義感與責任感很強烈，會努力在期限內完成交辦的任務，不喜歡造成別人的困擾，或請求別人協助。

你的心地善良，個性認真而穩重，會埋首於喜歡的事情當中，是個我行我素的人。你雖然喜歡照顧仰賴自己的人，卻討厭別人闖進自己的私人領域。你也不太擅長溝通，如果別人白目地打探你的消息，你會突然不高興，甚至還會發怒。

你必須有意識地擴大自己的世界，例如接觸大自然的能量，欣賞美術作品，琢磨自己的感受力。當你在實踐自己計畫時，即使是獨自進行，也要懷著要將成果與更多人分享的想法，如果能夠做到這點，你就能確實感受到世間萬物其實都是彼此相連。



### ❖戀愛・婚姻・性生活❖

你的喜好明確，即使有精於心計的部分，終究還是重視感覺，無法接受感覺上與自己合不來的對象。在結婚方面，你會在心裡描繪理想的家庭，尋找符合自己理想的對象，絕不妥協。

你即使強烈地愛著對方，也不擅於表達自己的心意。雖然你能坦率地與心意相通的對象相處，也往往容易把自己的喜好強行加在對方身上，請特別注意。

在性生活方面，當熟悉彼此後，你就會想要嘗試一些比較新鮮方式，如果對方能夠和你一起享受，就能避免陷入一成不變的狀態。

### ❖工作・財運❖

你對於自己的工作有著強烈的自信。當你從事喜歡的工作時，就會不眠不休埋首其中。即使是別人討厭的工作，你也能一步一腳印，負起責任地堅持到最後。由於你的專家氣質，讓你往往容易陷入與人溝通不足的狀況，請特別注意。雖然你很會照顧後生晚輩或年紀較小的人，但絕對不會讓別人踏入自己的私人領域，在職場上或許是個神祕的前輩。你對於賺錢沒什麼興趣，比較希望獲得與自己能力相符的評價。請你坦率地接受他人的協助與支援。

## ❖今生使命・未來展望❖

你今生的使命是：發揮你的職人精神，將你的信念傳達給更多的人。

你是一個很重視自己空間與既有發展領域的人，但往往會將自己封閉在那個世界裡。體驗新的領域對你而言是一大難事，甚至讓你感到恐懼而嚴加抗拒。

讓自己勇於改變的關鍵在於，你不要一下子就想做出重大的改變，而是先從每天加入一點小小的變化開始。例如，在日常生活中改變飲食風格、改變衣服的顏色、試著走進一間新的店家看看。

像這樣在生活中加入各種變化，就能讓你的工作或作品更加有深度、觸角更廣、打動更多的人。如果能讓更多人看見你的作品，就有機會將你的信念傳達給更多的人，達成你的今生使命。

## ❖生日帶來的訊息❖

### 「自主自立」
### 「自負」
### 「要有所自覺地與人交流」

### 前世の故事

你的前世，是在近代德國留下許多作品的作家。

你從小就喜歡閱讀，總是一個人關在房間裡閱讀或撰寫自己的作品。不久之後，你的某部作品獲得好評，成為眾所矚目的新銳作家，但不擅長與人交際的你，仍專注於寫作，避免出現在人前。由於你的作品風格難以理解，因此讀者多數是受過高等教育的階級。

晚年的你終於意識到這點，於是開始使用簡單易懂的文風來創作，寫出連孩子也能愉快閱讀又有內涵的故事。離世前，你想到自己的故事能讓更多人感受到閱讀的喜悅而心滿意足。

---

# טוז

7/16 希伯來文

### ❖生日契合度❖

**◉ 情人・伴侶**

| | |
|---|---|
| 1月12, 21, 30日 | 7月6, 15, 24日 |
| 2月2, 11, 29日 | 8月5, 14, 23日 |
| 3月1, 19, 28日 | 9月4, 13, 22日 |
| 4月9, 18, 27日 | 10月3, 21, 30日 |
| 5月8, 17, 26日 | 11月2, 11, 29日 |
| 6月7, 16, 25日 | 12月1, 19, 28日 |

**◉ 工作夥伴・朋友**

| | |
|---|---|
| 1月4, 22, 31日 | 7月7, 16, 25日 |
| 2月3, 12, 21日 | 8月6, 15, 24日 |
| 3月2, 20, 29日 | 9月5, 14, 23日 |
| 4月1, 19, 28日 | 10月4, 22, 31日 |
| 5月9, 18, 27日 | 11月3, 21, 30日 |
| 6月8, 17, 26日 | 12月2, 11, 29日 |

**◉ 競爭對手・天敵**

[1/16] [3/27] [4/8] [4/10] [5/4] [7/5] [10/25]

**◉ 靈魂伴侶**

[1/18] [2/6] [3/25] [6/2] [6/20] [8/11] [9/17]

### ❖生日名人❖

柯洛（巴比松派畫家）
羅爾德・阿蒙森（探險家）
拉里・桑格（維基百科創始人）
朝倉攝（舞臺美術家）
福田康夫（政治家）
浮谷東次郎（賽車手）
笠松茂（體操選手）
篠塚和典（棒球選手）
松本隆（作詞家）
諸見里忍（高爾夫選手）

◉ 從你的生日看命運
請見32頁

# 7月17日

July seventeenth

**懷著信念**
**走自己的路**
**孤高的勇者**

這天誕生的人是一名勇者，一旦決定就會勇往直前，依循信念，開拓自己的道路。雖然你乍看之下似乎很冷酷，但內心其實充滿了熱情與能量。

你是個對自己的想法會堅持到底的人，不管對方是誰，都不輕易扭轉、改變想法，比別人更加固執。當你一旦決定要做一件事，那股專注力、行動力與熱情，不會輸給任何人。因你的自尊心與不服輸的精神，因此會用努力和毅力去面對所有困難。

你屬於專注型的人，會把能量和注意力貫注在自己感興趣的領域。你為達成目標會全力以赴，並散發出旁人難以匹敵的堅忍氣質，因此你不管對自己還是對別人都很嚴格。你也有無情的一面，會乾脆地捨棄那些與自己意見不同、或是跟不上自己步調的人，請特別注意。

你的出生日期 17，是縱向與斜向這兩種箭頭的組合。你同時具備 1 的領袖資質，與 7 的職人資質，1 與 7 兩個數字相加等於 8，象徵著無限大（∞）的力量。再加上出生月分 7 獨立、完成的特質，使你的先鋒性格更加突顯，即使獨自一人，也不會輕易放棄，就算前方沒有路，也能滿懷力量地前進。7 月 17 日出生的人，擁有強大的信念與熱情的能量，一定能夠實現自己的目標與願望。



## ❖戀愛・婚姻・性生活❖

你容易展現出積極主動的特質，即使身為女性，也會不斷拉著年紀比自己輕的情人前進，屬於大姊頭的類型。如果身為男性，則會經常想要掌握主導權，展現出「閉嘴，跟著我！」的態度。你雖然寬宏大量又很會照顧人，喜歡對方向你撒嬌，但自己卻不擅長示弱或依賴別人。

婚後，你和伴侶之間的關係會很緊密，雖然嘴上說是為了對方，卻有控制傾向，會把自己的喜好強加在對方身上。在性生活方面，你喜歡由自己主導，往往強迫對方接受自己偏好的方式，請特別注意。

## ❖工作・財運❖

你在事業上擁有出類拔萃的才華，無論從事什麼工作，都必定能以領導者的身分嶄露頭角。你不僅具備實踐自己想法的能力，同時擁有堅持到底的強大行動力。你的志向遠大，也很有聲望，擁有締造偉大成就的格局。你屬於創業型的經營者，比起受僱於人，更適合獨立創辦自己的事業。你的財運很好，能靠著白手起家致富。只要盡量提出遠大的目標，加以實踐，就能迎來好運。

## ✧ 今生使命・未來展望 ✧

擁有強大信念與力量的你，今生的使命是：對於生命中所有遇見的人付出無私的愛。不執著於現實上的成功與富裕，並不吝與其他人分享，是你今生的人生目標。

然而，鋒芒畢露的你，卻容易以愛為名，將自己的想法擅自強加給身邊的人，並希望對方有天能回報。如果對方沒有表達謝意或給予回饋，你就會覺得對方忘恩負義，請注意。

你必須先接受自己努力得來的成功與富足，並好好地品味這得來不易的成果。因富足而心滿意足的你，自然就會想把成果與身邊的人分享，展現出無私的大愛。

## ✧ 生日帶來的訊息 ✧

「集中於一點」
「成就」
「磨練謙卑的心」

### 前世の故事

你的前世是一名以絲路貿易為業的富商。身為大國的皇族，擁有靠山的你，注意到東西方貿易的商機，你也因此獲得了龐大的利益。對做生意充滿自信的你，企圖擴大勢力，於是你更加努力投入工作，並強迫部下按照自己雷厲風行的方針，與外國進行交易。結果，你的經營方向引起周遭的反感，使得部下逐漸離去。被孤立的你開始感到寂寞，終於發現過去的成功憑的並不只是自己一個人的力量，第一次對於許多曾幫助過你的人湧現感恩之情。

7/17 希伯來文

### ✧ 生日契合度 ✧

◉ 情人・伴侶

| | |
|---|---|
| 1月8, 17, 26日 | 7月11, 20, 29日 |
| 2月7, 16, 25日 | 8月1, 19, 28日 |
| 3月6, 15, 24日 | 9月9, 18, 27日 |
| 4月5, 14, 23日 | 10月8, 17, 26日 |
| 5月4, 13, 31日 | 11月7, 16, 25日 |
| 6月3, 12, 30日 | 12月6, 15, 24日 |

◉ 工作夥伴・朋友

| | |
|---|---|
| 1月5, 14, 23日 | 7月8, 17, 26日 |
| 2月4, 13, 22日 | 8月7, 16, 25日 |
| 3月3, 21, 30日 | 9月6, 15, 24日 |
| 4月2, 20, 29日 | 10月5, 14, 23日 |
| 5月10, 19, 28日 | 11月4, 13, 22日 |
| 6月9, 18, 27日 | 12月3, 21, 30日 |

◉ 競爭對手・天敵

[4/1] [4/11] [4/25] [8/3] [9/20] [10/1] [11/8]

◉ 靈魂伴侶

[3/23] [3/29] [6/2] [7/7] [7/19] [8/24] [10/22]

### ✧ 生日名人 ✧

薩馬蘭奇（第 7 屆 IOC 主席）
馬蒂・尼凱寧（跳臺滑雪選手）
王家衛（導演）
堀田善衛（作家）
丹波哲郎（演員）
青島幸男（作家）
C・W・尼可（作家）
高木守道（棒球選手）
大竹忍（演員）
北村一輝（演員）

◉ 從你的生日看命運
請見32頁

# 7月18日

July eighteenth

## 一心探求生命意義的人道主義者

7月18日出生的你，是一個聰明的資優生，經常留意周遭事物，扮演統合全局的角色，全身充滿了活力。

出生日期18的1代表著起始、領導，8則是充滿力量的數字，具有無限大（∞）的意義，因此18代表可靠的領導者、統合者。再加上出生月分7的獨立、完成特質，讓你貫徹自我信念的職人風範更加突顯，是一個對凡事都好奇心旺盛的智者。

你的個性理智、乾脆，希望能以自己的步調來貫徹理念，非常討厭被催促。你也很關心環境保護、和平運動等社會議題，是一個以群眾福祉為己任的人道主義者。

你在精神上很成熟、獨立，因此覺得自己不應該顯露真實的情緒，也不喜歡告訴別人心裡的想法。其實你很在意自己做的事情是否對別人有幫助，經常冷靜地觀察周圍的狀況，以及別人對自己的評價。

如果你因為責任感太強烈而過於努力，可能會把自己逼得太緊，必須小心。雖然每個人都難免會在意別人、壓抑自己的情緒，但有時候也必須承認自己的脆弱，主動向別人坦白自己心裡真實的想法與感受。



### ❖ 戀愛・婚姻・性生活 ❖

你是個感受力豐富的浪漫主義者，對戀愛對象的標準很高。因為你比較理性，所以也比較偏好能獲得你尊重的異性。有點雙重人格的你，請對情人坦率地表達自己真正的想法。雖然你希望依照腦海中的劇本發展戀情，但如果你只扮演理想的角色，愛情也不會長久吧。

婚姻的關鍵在於，如何與對方建立能夠互相傾訴真心的關係。在性生活方面，你重視的終究還是精神面，覺得能找到價值觀相符的伴侶比較重要。

### ❖ 工作・財運 ❖

頭腦清晰並擁有強大行動力的你，經常被任命為團隊裡的領導者。在組織中，你會完美做好自己的本分，上司對你的評價也非常高。工作上遇到難題時，雖然你不會逃避，但卻非常討厭自己的步調被打亂或被催促，因而承受不少壓力。

你不認同那種「為了錢而工作」的想法，卻擁有穩健的財運，對於一夜致富的豪賭則絲毫不感興趣。你會透過儲蓄、保險等豐富的理財知識與工具來累積財富，獲得更穩定、更優渥的生活。

## ❖ 今生使命・未來展望 ❖

真心祈求世界和平有一天能實現的你，今生的使命是：透過人生的經歷習得真理，並靠自己的力量獨力達成目標，讓自己學會真正的獨立自主。

你是否因為以造福世界與人類為己任，而太在意他人的眼光與評價呢？

如果你違背了自己的本心，勉強自己為身邊的人帶來貢獻，最後只會更加依賴或更想控制對方，這樣的態度算不上真正的獨立。請謙虛地承認自己也有做不到的時候，誠懇地拒絕他人或向別人求助，這才是自立自強的第一步。

好好珍惜獨處的時間，並有意識地增加自己獨立思考、行動、體驗的機會。所謂的獨立，絕對不是孤立。當你的內心能以平衡的狀態支持著自己，並與他人分享你的成就，就會離世界和平的夢想更接近。

### ❖ 生日帶來的訊息 ❖

「自律的理性」
「做人之道」
「以真正的獨立為目標」

### 前世の故事

你的前世，是活躍於日本戰國時代的策士，也是在宗教界位居高位的名僧。你不想為特定的諸侯來獻策，因此是以策士的身分給予建議。雖然各國的諸侯都想請你當參謀，但你都順利躲過，繼續維持自己中立的立場。某位諸侯認為你這樣的態度就是帶有反叛之心，因此決定對你發動火攻，察覺對方計謀的你，再次順利地逃過一劫。

你從遠處眺望已被燒毀的寺廟，認真思考著：人們出於對權力的依賴以及支配欲才會導致戰爭，那麼何謂真正的做人之道呢？

יחז

7/18 希伯來文

### ❖ 生日契合度 ❖

**◉ 情人・伴侶**

| | |
|---|---|
| 1月4, 22, 31日 | 7月7, 16, 25日 |
| 2月3, 12, 21日 | 8月6, 15, 24日 |
| 3月2, 11, 29日 | 9月5, 14, 23日 |
| 4月10, 19, 28日 | 10月4, 13, 31日 |
| 5月9, 18, 27日 | 11月3, 21, 30日 |
| 6月8, 17, 26日 | 12月2, 11, 29日 |

**◉ 工作夥伴・朋友**

| | |
|---|---|
| 1月6, 15, 24日 | 7月9, 18, 27日 |
| 2月5, 14, 23日 | 8月8, 17, 26日 |
| 3月4, 22, 31日 | 9月7, 16, 25日 |
| 4月3, 12, 30日 | 10月6, 15, 24日 |
| 5月2, 20, 29日 | 11月5, 14, 23日 |
| 6月10, 19, 28日 | 12月4, 13, 31日 |

**◉ 競爭對手・天敵**

[3/9] [3/13] [4/27] [5/11] [7/15] [10/8] [10/30]

**◉ 靈魂伴侶**

[1/2] [3/18] [4/4] [4/26] [10/16] [11/1] [12/25]

### ❖ 生日名人 ❖

威廉・薩克萊（作家）
納爾遜・曼德拉（政治家）
小約翰・葛倫（太空人）
伊麗莎白・麥高文（演員）
松原伸惠（歌手）
板尾創路（演員）
村川政德（職業摔角選手）
白井貴子（排球選手）
千葉真子（馬拉松選手）
廣末涼子（演員）

◉ 從你的生日看命運
請見32頁

# 7月19日

July nineteenth

## 對於自己智識絕對自信的領導者

這天出生的你，是個聰明理智的人，擁有寬廣的視野，善於掌握事物的全貌。求知欲旺盛的你，對於自己的想法與智識擁有絕對的自信，是個自尊心很強的領導者。

你雖然是眾所公認的領袖，但卻不喜歡自告奮勇地站在第一線，是個需要旁人舉薦才會考慮出任的策士。

你的自尊心比別人強，因此會在別人看不見的地方默默努力。難度愈高的事情，愈能激發你的動力。你總是擺出一張撲克臉，絕對不會將自己的野心表現出來。而你的強烈上進心，讓你無論對自己或別人都會嚴格要求完美。

你在特定專業領域上，擁有扎實的知識與技術，若能善用這些能力教育、指導身邊的人，將能展現你內心善良的一面。這種外冷內熱的複雜性格，反而不利於你的人際關係發展。你的出生日期 19，結合了最初的 1 與最後的 9 兩個數字。使你既具備 1 的領袖資質，又因為 9 的調和特質，讓你也具有協調者的天賦。再加上出生月分 7 獨立、完成的特性，讓你優異的洞察力及極為講究的職人特質會更突顯，讓你成為有自信又有能力的領導者。



### ✧ 戀愛・婚姻・性生活 ✧

在愛情中，你會特別容易展現出雙重人格的傾向，既自信大膽又敏感、害怕孤獨。正式交往後，你會希望占有主導的地位，想要掌控對方的一切。

婚後，你會成為一個好老公或好太太，確實地履行你的職責，但可能會在不知不覺間對家人採取高壓的態度，請注意。

在性生活方面，你會時而主動時而被動，甚至會強迫對方玩些大膽的花招，因此彼此在這方面能否透過溝通、達成共識相當重要。

### ✧ 工作・財運 ✧

若擔任中階主管或團隊領導者，能夠發揮你的才能。不過，無論你從事什麼樣的工作，你都會確實成為不可或缺的核心幹部。

你並不是那種會逼迫大家前進的強勢領導者，而會仔細傾聽周遭的意見，發揮你的洞察力與協調立，帶領整個團隊往前邁進，屬於聰明又有智慧的領導人，因此能夠獲得眾人的高度評價。

這樣的你，很適合在大學或大企業的研究機構中，擔任專業研發部門的最高負責人。由於你具備開拓自己人生道路的能力，因此能夠腳踏實地為自己確實地累積財富，擁有穩健又強大的財運。

## ❖ 今生使命・未來展望 ❖

你是一個朝著完美邁進的領導者，今生的使命是：不向眼前的困難屈服，獲得現實上的成功，並與身邊的人分享富足。

你是否對於以金錢或物質來衡量自己或工作上的價值而感到厭惡或罪惡呢？雖然人生最終的成功、幸福與金錢、物質上的成就之間沒有必然的關係，但在現實世界中，這些事物確實具有美好的價值，並能為你帶來不少好處。

若過度執著於金錢與物質，會成為人生的阻礙，但將其看得輕賤卻也過於偏頗。

請你懷著喜悅與感謝之心，坦率地接受自己付出努力後在所獲得的豐碩成果，並與身邊的人分享你的富裕，就能完成你今生的使命。

## ❖ 生日帶來的訊息 ❖

**「明確的自信」**
**「崇高的自尊心」**
**「坦率接受一切」**

### 前世の故事

你的前世是北美原住民的長老，守護著祖先世代相傳的土地，過著安穩的生活。

這種崇敬自然，隨時不忘心懷感謝的生活方式，完全符合你敦厚純良的個性。你們在嚴峻的冰原中，靠著狩獵與採集維生，雖然稱不上富裕，卻過得安穩而幸福，但是入侵的殖民者卻摧毀了這一切。

雖然你試圖以和平的方式與殖民者對抗，但殖民者卻毫不留情地踐踏著這塊土地。內心深深受創的你，就這樣迎來了死期，在逐漸朦朧的意識中，你忍不住擔憂子孫的未來。

יטז

7/19 希伯來文

### ❖ 生日契合度 ❖

◉ **情人・伴侶**

| | |
|---|---|
| 1月5, 14, 23日 | 7月8, 17, 26日 |
| 2月4, 13, 22日 | 8月7, 16, 25日 |
| 3月3, 21, 30日 | 9月6, 15, 24日 |
| 4月2, 20, 29日 | 10月5, 14, 23日 |
| 5月10, 19, 28日 | 11月4, 13, 22日 |
| 6月9, 18, 27日 | 12月3, 12, 21日 |

◉ **工作夥伴・朋友**

| | |
|---|---|
| 1月7, 16, 25日 | 7月1, 19, 28日 |
| 2月6, 15, 24日 | 8月9, 18, 27日 |
| 3月5, 14, 23日 | 9月8, 17, 26日 |
| 4月4, 13, 22日 | 10月7, 16, 25日 |
| 5月12, 21, 30日 | 11月6, 15, 24日 |
| 6月11, 20, 29日 | 12月5, 14, 23日 |

◉ **競爭對手・天敵**

[1/18] [4/24] [7/30] [8/10] [9/9] [10/19] [11/26]

◉ **靈魂伴侶**

[1/26] [4/11] [6/6] [8/10] [8/20] [8/28] [12/30]

### ❖ 生日名人 ❖

竇加（畫家）
布賴恩・梅（歌手）
霍華・舒茲（星巴克執行長）
三波春夫（歌手）
黑澤清（導演）
近藤真彥（歌手）
杉本彩（藝人）
宮藤官九郎（編劇）
藤木直人（演員）
藤井聰太（將棋棋士）

◉ **從你的生日看命運**
**請見32頁**

# 7月20日

July twentieth

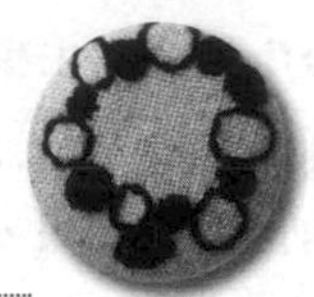

## 默默在背後支持對方的勇敢奉獻者

7月20日出生的你是勇敢的奉獻者，會在幕後裡默默、悄悄地輔佐著別人，雖然有能力這麼做讓你很開心，但你也必須獨自承擔一切的壓力，因此而煩惱。

出生日期20的2，代表著協調、包容，具有女性特質。0則會發揮擴大林近數字能量的作用，更加突顯2的輔佐者特質。再加上出生月分7代表著獨立、完成的特質，因此7月20日出生的人，不會在人前搶功，總是在幕後持續地給予對方完美的支援，是一位孤高的輔佐者。

身邊的人對你的評價非常高，特別能得到長輩的疼愛。你會接受他人任何的委託，而且也具備獨自完成的能力。即使所託之事早已超出自己的能力範圍，你也絕不讓人看見自己垂頭喪氣的樣子，是個理性而具有韌性的人。由於你的女性特質較強，所以你其實經常會感到迷惘，但你不會讓人看見這一面。

你是一個有想法的人，卻不多嘴，很少把自己真實的想法表現出來，因此請注意不要讓自己承受了過多的壓力。如果你為了配合對方而壓抑自己，只會陷入對旁人的依賴之中。勇於表達自己的見解，並不代表你很任性或自大。請你先打從心底地支持自己，才能更好地支援他人。



### ❖戀愛・婚姻・性生活❖

在愛情中，你是個非常低調、沉默的人。你幾乎很少主動追求對方，總是等待對方主動，因此晚婚的可能性很高。或許相親會比聯誼之類的活動讓你更快步入婚姻。你在婚後會成為一個好老公或好太太，用心建立溫暖的家。你雖然會為家人全心全意地付出，卻很少說出自己的心裡話，甚至希望能保有自己的私人空間。你雖然對於性生活並不積極，但如果你是男性，會想要取悅對方；如果是女性，則會努力回應對方的需求。

### ❖工作・財運❖

你屬於位居幕後的類型，對於交辦給自己的工作，會負責地完成。你雖然常常在組織中扮演不可或缺的協調者，但其實讓你按照自己步調進行的工作，才能讓你在沒有壓力的情況下發揮自己的能力。在技職領域或研究領域，協助師傅或領袖的工作方式或許較適合你。

你的財運稱不上好或壞，端看你與誰往來。你擅長理財，能把錢財守住。比起物質成就，你更重視自己能否為別人帶來精神層面的喜悅。

## ❖ 今生使命・未來展望 ❖

身為奉獻者的你，今生的使命是：為實現人們可以和諧共處的社會做出貢獻。

以實現和諧共處的社會為目標是一件很棒的事情，但你是否過度以眾人的福祉為優先，而忍住不說自己真正的想法，或是很依賴別人呢？就算你覺得只要這麼做，大家應該都能得到幸福，但如果不把這樣的想法說出來，依然無法傳達給任何人。

請你在努力幫助他人之前，先幫助自己。

優先實現自己的夢想與願景，而不是把夢想託付在他人身上，希望別人能實現你的夢想。唯有靠著自己的力量開拓自己的人生，逐步累積這樣的體驗，當你的心獲得安定，也能將這份安定的力量傳遞出去，間接實現和諧共處的社會。

### ❖ 生日帶來的訊息 ❖

**「勇敢的堅強」**

**「仰慕」**

**「實現自己的夢想」**

### 前世の故事

你的前世是生活在中世紀西亞沙漠的女性。當男性組織商隊跨越沙漠時，保護族人居住的綠洲就是女性的任務。村子中規定，當男性不在的時候，任何外人都不能進入綠洲。但某天晚上，你去汲水場附近辦事時，看到一名旅人痛苦地倒在一旁，你明知道會破壞規定，依然以救人為優先，將旅人帶回住處。但這其實是盜賊的計謀，因為你的思慮不周，整個村莊因此陷入危機。你終於意識到「何謂真正地幫助他人？」是一件難以判斷的事情。

7/20 希伯來文

### ❖ 生日契合度 ❖

**◉ 情人・伴侶**

| | |
|---|---|
| 1月10, 19, 28日 | 7月4, 13, 22日 |
| 2月9, 18, 27日 | 8月3, 12, 30日 |
| 3月8, 17, 26日 | 9月2, 20, 29日 |
| 4月7, 16, 25日 | 10月1, 10, 28日 |
| 5月6, 15, 24日 | 11月9, 18, 27日 |
| 6月5, 14, 23日 | 12月8, 17, 26日 |

**◉ 工作夥伴・朋友**

| | |
|---|---|
| 1月8, 17, 26日 | 7月2, 20, 29日 |
| 2月7, 16, 25日 | 8月1, 19, 28日 |
| 3月6, 15, 24日 | 9月9, 18, 27日 |
| 4月5, 14, 23日 | 10月8, 17, 26日 |
| 5月4, 22, 31日 | 11月7, 16, 25日 |
| 6月3, 12, 30日 | 12月6, 15, 24日 |

**◉ 競爭對手・天敵**

[4/22] [5/20] [6/21] [7/1] [8/15] [8/18] [10/2]

**◉ 靈魂伴侶**

[2/23] [6/16] [7/18] [9/13] [10/3] [10/15] [10/30]

### ❖ 生日名人 ❖

孟德爾（植物學家）
娜塔利・伍德（演員）
卡洛斯・桑塔那（吉他手）
湯馬斯・佛里曼（新聞記者）
糸川英夫（航太工程師）
緒方拳（演員）
間寬平（藝人）
松坂慶子（演員）
三都主亞歷山德羅（足球選手）
橫澤夏子（藝人）

◉ 從你的生日看命運
請見32頁

# 7月21日

July twenty-first

**不會直接表達內心想法的害羞的孩子**

這天出生的你，屬於低調保守的類型。雖然你是一個很有自己見解與想法的人，卻不會直接表達出來。

你的個性開朗活潑，像天真的孩子般，卻又總有些顧慮。你雖然會很關心旁人的狀況與周遭的氣氛，卻不太會說出自己內心真正的想法，在這方面相當謹慎。然而，一旦與你成為知心好友，你就會與初次見面時的羞澀感判若兩人，展現出開朗健談的一面。

你具有旺盛的好奇心，想法靈活，創造力也很豐富。如果能讓你以適當的方式展現自我，你的才能就會轉瞬間開花結果。你也有溫柔的一面，想要守護孩子、寵物或動植物等弱小的生命。然而，一旦發生自己無法處理的問題，你就會想逃避或將責任轉嫁給他人的傾向，請特別注意。

你的出生日期 21，兼具 2 代表的協調、和諧等女性特質，與 1 代表的男性特質，並擁有將兩者特質合而為一的意義。再加上出生月分 7 獨立、完成的特質，讓你的職人氣質更加突顯。

7 月 21 日出生的人，雖然生性害羞，卻對自己喜歡的事物非常堅持，懷有不服輸的精神，也有把自己的創造力化為具體成果的能力。



### ❖ 戀愛．婚姻．性生活 ❖

你屬於不擅長主動邀約或告白的類型。你在愛情方面特別容易展現出被動的一面，因此對方只要主動一點，基本上你都不會拒絕。

不管在愛情還是婚姻方面，你都很理想化，是個浪漫主義者。害怕寂寞的你，重視彼此之間的羈絆與關係，非常希望隨時都能與喜歡的人膩在一起。你也會在心裡思考自己該如何配合對方。雖然你很重視彼此平時的親密互動，例如牽手或擁抱等身體接觸，但對於性生活總是不夠積極。

### ❖ 工作．財運 ❖

你適合充滿創造性的行業。你很擅長細緻的手工，因此創造新作品，或將不同的事物加以融合後再賦予新的生命等工作，能夠發揮你與生俱來的天賦。此外，你也能引導他人發揮才能，適合幫助團隊共創新事物的工作。

雖然你也具有職人氣質的一面，但比起自己主導，你更適合活用輔佐者的特質，擔任製作人之類的角色。基本上，你的財運很穩健，但很容易受到旁人的影響，因此請慎選工作環境與合作夥伴。

## ✧ 今生使命・未來展望 ✧

今生的你，把為自己的人生負起責任，發揮強大的領導力當成自己的使命。

像個孩子般的你，似乎想要成為帶領人們邁向幸福的領導者。但是現在的你更重視與周圍的協調性，也有依賴的傾向，無法清楚說出自己的意見，所以發揮領導力對你來說肯定是個棘手的領域。如果勉強自己去領導別人，可能會變成單純的傲慢任性，因此必須小心。

首先請試著從在自己的人生中發揮領導力開始。不要在意周圍眼光，停止當好人，喜歡的事情就說喜歡，討厭的事情就說討厭，清楚把意見表達出來。對自己的決斷抱持著信心，貫徹自己的生活方式。只有帶著發自內心的天真笑容，為自己的人生負起責任，才能往成為真正的領導者踏出重要的第一步。

## ✧ 生日帶來的訊息 ✧

「創造性」
「展現自我」
「表現明確的想法」

### 前世の故事

你的前世是特別熱愛自然的古代印加藝術家，生活在安地斯山脈的山腳下。你創作的各種作品都獲得好評，甚至還獻給國王。國王非常喜愛作品精細的做工與美感，還將其使用在重要的儀式上。王室提供你作業環境，讓你致力於製作國王委託的作品。但你不得不遵循國王提出的詳細指示，於是作品逐漸失去自己的風格。你雖然感謝國王給你美好的環境，讓你可以毫無後顧之憂地投入作品製作，但有時也會因為無法做到自己滿意的表現而產生厭惡感。

7/21 希伯來文

### ✧ 生日契合度 ✧

◉ 情人・伴侶

| | |
|---|---|
| 1月2, 20, 29日 | 7月5, 14, 23日 |
| 2月10, 19, 28日 | 8月4, 22, 31日 |
| 3月9, 18, 27日 | 9月3, 21, 30日 |
| 4月8, 17, 26日 | 10月2, 11, 29日 |
| 5月7, 16, 25日 | 11月1, 10, 19日 |
| 6月6, 15, 24日 | 12月9, 18, 27日 |

◉ 工作夥伴・朋友

| | |
|---|---|
| 1月9, 18, 27日 | 7月3, 12, 30日 |
| 2月8, 17, 26日 | 8月2, 11, 29日 |
| 3月7, 16, 25日 | 9月1, 19, 28日 |
| 4月6, 15, 24日 | 10月9, 18, 27日 |
| 5月5, 14, 23日 | 11月8, 17, 26日 |
| 6月4, 13, 22日 | 12月7, 16, 25日 |

◉ 競爭對手・天敵

[2/25] [3/3] [5/22] [7/21] [9/23] [10/8] [10/12]

◉ 靈魂伴侶

[2/18] [4/16] [5/28] [6/5] [9/15] [9/20] [12/30]

### ✧ 生日名人 ✧

保羅・路透（路透社創始人）
海明威（作家）
羅賓・威廉斯（演員）
凱瑟琳・德瑞巴（馬拉松選手）
船越英一郎（演員）
藤本隆宏（演員）
春菜愛（藝人）
岩崎恭子（游泳選手）
小林麻央（藝人）
紀平梨花（花式滑冰選手）

◉ 從你的生日看命運
請見32頁

# 7月22日

July twenty-second

**對精神世界非常著迷具有職人魅力**

選擇在7月22日誕生的你，非常著迷於無形世界的力量，堅持自己的信念，擁有職人氣質的超凡魅力。你的外表給人老實爽朗的印象，但本性其實很古靈精怪。

出生日期22是充滿精神性的神聖數字，象徵宛如浩瀚宇宙的格局。再加上出生月分7獨立、完成的特質，讓你對自我風格的堅持，以及獨立精神與探究之心更加突顯。

基本上，你是一點一滴累積努力的踏實主義者，也會確實遵守禮法的好人。

你的內心堅韌，會以超乎常人的態度去深入探究事物。尤其當你開始探索無形的世界時，就會埋首其中，甚至會無視於周遭情況。

你與國外有很深的緣分，因此出國發展會比待在國內更能發揮你原本的實力。你既大膽又細膩、既符合社會期許又能打破常規，這種令人難以捉摸的壯闊格局，能讓你散發獨特的魅力。

你不喜歡討好任何人，因此難免樹敵眾多，使得別人對你的評價相當兩極。但只要貫徹自己的風格，不怕被人厭惡，一定會出現支持你的人，所以不用擔心。



## ❖ 戀愛・婚姻・性生活 ❖

在愛情方面，隨著你與伴侶關係逐漸深入，讓你即使不開口也會散發出大王或女王的氣場。你希望對方把你擺在心中的第一位，討厭被一視同仁的方式對待，想要管理、控制對方的一切。

婚後，你不甘心就這樣步入家庭。雖然你會努力擔起在家庭中的責任，但往往會埋首於自己的工作中，難免犧牲了和家人相處的寶貴時光。

在性生活方面，你容易展現支配者的一面，對於掌握主導權相當享受，最好能找到肉體與精神上都能彼此匹配的對象。

## ❖ 工作・財運 ❖

你具有成就大事的才能。不僅在國內，在國外也能展現你在事業上的超凡魅力。如果年輕時就能確定方向，一定能在政治、演藝或運動相關產業大顯身手，發揮你與生俱來的才華。

你財運起伏非常大。雖然有點波折，但如果能將喜歡的事情當成工作，就能吸引龐大的財富。不要小看自己，把夢想與目標放大到世界級或國際級，持續腳踏實地地努力達成。

### ❖ 今生使命・未來展望 ❖

今生你的使命是：運用你的超凡魅力，磨練你的直覺與靈感，探索精神性的世界，將從中獲得的體驗與資訊運用於現實世界，並傳達給更多人。

你對直覺、靈感與感受等科學無法解釋的能力非常感興趣，象徵著心靈、靈魂等無形的世界相當吸引你。你今生的課題，就是將這些不可思議的力量與訊息活用於現實世界中。

擅長鑽研某項主題或領域的你，一旦開始探索事物便會埋首其中，因而容易讓自己變得孤立。但是探索無形的世界是永無止盡的，只有將你從中得到的智慧應用在現實的世界中才有意義。

無形的世界離我們並不遙遠，在日常生活中隨時隨地都無所不在，請你以自己的方式，將無形世界的智慧傳達給更多無法參透的人。

### ❖ 生日帶來的訊息 ❖

**「壯闊的世界觀」**
**「埋首其中」**
**「調整與現實間的平衡」**

#### 前世の故事

你的前世生於戰時混亂的西伯利亞，是獨自一人孤獨觀星的天文學家。由於你出生在財富、權力、名望兼備的家庭，因此即使生在亂世，也能埋首於喜愛的事物中。

你非常喜歡從自己房間的天窗仰望星空，持續觀察天體，每晚幾乎都為了觀星而忘記入眠。你對於觀星以外的事情完全提不起興趣，更不要說社會情勢了，就連居住的城市已發生改變，你也完全沒有發現，甚至連與身邊的人相處都讓你覺得厭煩。

到了晚年，你在夜空中發現了前所未見的星體，但沒有人能夠和你討論這到底是發現新星，還是一場誤會。

7/22 希伯來文

### ❖ 生日契合度 ❖

**◉ 情人・伴侶**

| | |
|---|---|
| 1月9, 18, 27日 | 7月3, 21, 30日 |
| 2月8, 17, 26日 | 8月2, 20, 29日 |
| 3月7, 16, 25日 | 9月1, 19, 28日 |
| 4月6, 15, 24日 | 10月9, 18, 27日 |
| 5月5, 14, 23日 | 11月8, 17, 26日 |
| 6月4, 13, 22日 | 12月7, 16, 25日 |

**◉ 工作夥伴・朋友**

| | |
|---|---|
| 1月1, 19, 28日 | 7月4, 13, 31日 |
| 2月9, 18, 27日 | 8月3, 12, 30日 |
| 3月8, 17, 26日 | 9月2, 11, 29日 |
| 4月7, 16, 25日 | 10月1, 19, 28日 |
| 5月6, 15, 24日 | 11月9, 18, 27日 |
| 6月5, 14, 23日 | 12月8, 17, 26日 |

**◉ 競爭對手・天敵**

[1/23] [2/4] [3/30] [4/13] [5/7] [6/9] [7/7]

**◉ 靈魂伴侶**

[1/20] [2/28] [5/18] [8/31] [9/9] [9/27] [11/28]

### ❖ 生日名人 ❖

古斯塔夫・赫茲（物理學家）
雅努什・柯札克（兒童文學作家）
鮑比・謝爾曼（歌手）
亞當・庫柏（芭蕾舞者）
濱口庫之助（作曲家）
安西水丸（插畫家）
森公美子（歌手）
內村光良（藝人）
長谷川京子（演員）
吉高由里子（演員）

◉ 從你的生日看命運
請見32頁

# 7月23日

July twenty-third

不受旁人影響
貫徹自我風格
自由的旅人

這天出生的你，是個自由的旅人。你不在意旁人眼光，只想走自己的路。出生日期 23 的 2 象徵著協調、和諧，3 則代表天真的孩子。因此 23 日出生的人，既重視人與人之間的關係，更重視彼此之間的自由與空間。

再加上出生月分 7 獨立、完成的特質，讓你既具備流水般的靈活度與包容性，也能本著自己的價值觀採取行動，貫徹自我的獨特風格。

你的個性開朗，擅於照顧他人，觀察力也很敏銳。行動敏捷的你，溝通能力好，懂得傾聽他人，因此身邊的人都很喜歡你。

由於你的興趣和話題廣泛，很擅長炒熱氣氛和接待客人。但你偶爾也有頑固的一面，因為你很重視自己的原則，如果對方的想法偏離了你的中心思想，你就會聽不進去。你的頭腦聰明，能在人際關係中如魚得水，也能冷靜觀察與分析對方的立場或現場的氛圍。

你明明喜歡獨處，卻又容易感到寂寞；你明明想和許多人建立關係，卻又討厭遭到束縛。這樣矛盾的性格可能會讓你看起來有些任性，老是把身邊的人要得團團轉；但這樣的特質也是你的魅力，不過你自己或許不會太在意。



### ❖ 戀愛・婚姻・性生活 ❖

在愛情中你屬於受歡迎的類型，總是給人良好的印象，那開朗的氣質更是頗受好評。然而，一旦開始交往，你經常會優先考慮自己勝於對方，甚至因此讓對方感到疲憊。雖然對方的信賴讓你能展現自己真實的一面，但也不要過度依賴。

你不在意婚姻的形式，因此可能早就和交往對象過著老夫老妻的生活，但只要你們對此有共識就不會造成太大的問題。你的性觀念很開放，也不在乎愛情的約束力，如果伴侶以外的人向你求歡，你可能也會爽快答應。

### ❖ 工作・財運 ❖

你在工作中很活躍，能夠發揮天生敏銳的感受力以及察言觀色的能力。你對旁人的關心總是恰到好處，因此頗受好評。由於你工作的方式很獨特，因此若能從事一個人可自由活動的工作，會比團隊行動更適合你。此外，你也能適時地支援他人，因此在任何方面都能大顯身手。

你雖然擁有不錯的財運，但對金錢不太執著。由於你擅長收集與分析資訊，若應用在投資上，也能透過投資獲利。

### ❖ 今生使命・未來展望 ❖

身為自由靈魂的你，今生的使命是：帶著孩子般的天真，盡情享受人生。

雖然乍看之下你是一個自由自在、不受拘束的人，但其實你還是會在意周遭人們對你的看法，因此有時心裡也會搖擺不定。

而且你的想法或許可能會把原本簡單的事情複雜化。你原本具備靈活應變的特質，但可能會因為自己的原則問題，限縮了自己的視野與世界，請特別小心。

為了讓自己的發展充滿無限的可能，請你喚醒自己心裡那個天真無邪的孩子，以發自內心的笑容坦率過著愉快的生活，就能夠讓你發揮自身應有的格局。

### ❖ 生日帶來的訊息 ❖

**「自由意志」**
**「很有個性」**
**「拋開限制」**

### 前世の故事

你的前世生於西班牙安達魯西亞的佛朗明哥舞者，熱愛唱歌跳舞，過著自由奔放的生活。

身為專業舞者的你，靠著美貌以及舞蹈才華獲得名利與聲望。但你也有任性的一面，你的表演動力會受到出席人數的影響，觀眾多的時候你會以熱情的舞蹈使人心醉神怡，但觀眾少的時候你甚至會取消演出。

雖然你自己也覺得這樣不夠專業，但沒有意識到「跳舞，其實是為了自己」的你，總覺得觀眾不夠多就提不起勁。

7/23 希伯來文

### ❖ 生日契合度 ❖

◉ **情人・伴侶**

| | |
|---|---|
| 1月6, 15, 24日 | 7月9, 18, 27日 |
| 2月5, 14, 23日 | 8月8, 17, 26日 |
| 3月4, 22, 31日 | 9月7, 16, 25日 |
| 4月3, 12, 30日 | 10月6, 15, 24日 |
| 5月2, 11, 29日 | 11月5, 14, 23日 |
| 6月1, 19, 28日 | 12月4, 13, 31日 |

◉ **工作夥伴・朋友**

| | |
|---|---|
| 1月2, 20, 29日 | 7月5, 14, 23日 |
| 2月1, 19, 28日 | 8月4, 22, 31日 |
| 3月9, 18, 27日 | 9月3, 21, 30日 |
| 4月8, 17, 26日 | 10月2, 20, 29日 |
| 5月7, 16, 25日 | 11月1, 10, 28日 |
| 6月6, 15, 24日 | 12月9, 18, 27日 |

◉ **競爭對手・天敵**

[2/10] [3/11] [5/5] [5/12] [6/17] [7/7] [8/13]

◉ **靈魂伴侶**

[3/10] [3/13] [4/21] [8/14] [10/1] [11/17] [12/19]

### ❖ 生日名人 ❖

克勉十一世（羅馬教宗）
雷蒙・錢德勒（作家）
莫里斯・格連（短跑選手）
丹尼爾・雷德克里夫（演員）
幸田露伴（作家）
朝丘雪路（演員）
三上博史（演員）
倉田真由美（漫畫家）
村上淳（演員）
山本貴司（游泳選手）

◉ 從你的生日看命運
請見32頁

# 7月24日

July twenty-fourth

在幕後支持他人
生性溫柔
謙虛的奉獻者

7月24日出生的人，是一個會在幕後支持他人的奉獻者，喜歡溫和平靜的生活。出生日期24的2代表協調、和諧，4代表認真、誠實。若將2與4相加後會等於6，因此也帶有6所具備的孕育、母性的特質。讓24日出生的你，喜歡一點一滴地品味成長的喜悅。再加上出生月分7獨立、完成的意義，更加強調了內斂、對愛無法坦率表達的傾向。這讓你成為一個謙虛的人，雖然心中滿懷對別人的體貼，卻不會明顯表現出來。

你的秉性老實而溫柔，會仔細觀察周遭的狀況，甚至是沒人注意到的細節之處。你雖然沉默寡言，不喜引人注目，卻有著強烈的責任感，能確實完成別人的委託，深受旁人信賴，擁有超凡的穩定感。你會照顧仰賴自己的人，也喜歡教導別人，會為了大家而獨自一人默默地完成各種瑣碎的事情。

此外，你是個完美主義者，既嚴以律己也嚴以待人，就算是小事，你也不允許任何欺瞞、舞弊或違反規則的情況發生。雖然你的意志堅定，但也懷著少女般的浪漫情懷，真心渴望自己的理想有一天能實現。但如果你總是要求別人和自己一樣的認真、努力，只會讓彼此漸行漸遠，請特別注意。



### ✧戀愛・婚姻・性生活✧

你喜歡照顧人，容易展現出輔佐者與老師的一面，因此喜歡比自己小一點的對象。但因為你對人的同情心與希望保有空間的獨立意識總會交錯出現，有時也會讓對方感到迷惑。你不是會把愛情當成遊戲的人，認為戀愛是通往婚姻之路，但這種想法或許會讓對方感到壓力太大。

你在婚姻生活中容易吃醋，甚至想要占有、控制對方所有一切。

你不會沉迷於性生活，因為對你而言「性＝生小孩＝結婚」的觀念根深柢固。你必須讓自己適時轉念，好好享受肌膚之親，不要只想著這是婚姻的義務。

### ✧工作・財運✧

若你有想做一輩子的工作，或從事即使需要與許多人配合，也能保有自己的步調與風格的工作，就能讓人生綻放光彩。你既具備觀察力，也有引導對方發揮才華的能力，適合從事各種顧問工作，或成為占卜師。

你的財運穩定，不會大賺或大賠。此外，你對儲蓄興趣不大，比起自己，你更願意把錢花在對方身上，所以來往對象會大幅影響財運，請謹慎。

## ⁘ 今生使命・未來展望 ⁘

你是個認真的奉獻者，今生的使命是：將自己一直以來所做的事情，確實留下具體的成果。

擁有高度理想的你，對於自己必須更努力、做得更好的想法是否過於嚴苛呢？

如果你老是以這種想法綁住自己，一再責備、批判做得不夠好的自己，只會為你帶來痛苦而已。此外，如果你一再勉強自己，在面對他人時，可能也會容易出現強迫對方接受自己想法的傾向，請特別注意。

你原本就已經很努力了，所以請別再勉強自己，試著把注意力放在「將成果具體化」。這讓你得以重新檢視自己人生的軌跡，確實肯定自己的努力，將帶領你達成今生的使命。

## ⁘ 生日帶來的訊息 ⁘

「修養德行」
「無欲則剛」
「留下流傳後世的軌跡」

### 前世の故事

你的前世是個修道士。你隸屬的教會及修道院在混亂的法國大革命時代，成為許多人的救贖。

你認為在國家愈混亂的時候，更需要好好照顧相對弱勢、貧困的族群，與他們分享食物，將神的教誨傳達給他們。雖然你自己也深受權力的迫害，但你仍透過教會聆聽人們的懺悔，持續撫慰人心。每當你接觸到這些即使身處革命風暴中仍一心一意禱告的人，就深感自己的無能為力。但在你沒有錢也沒有權的狀態下，只能將神無形的訊息傳給給眾人。「到底如何才能在這樣的狀況中拯救更多的人呢？」每每想到這點，你總是憤恨不已。

---

# כדז

7/24 希伯來文

### ⁘ 生日契合度 ⁘

◉ **情人・伴侶**

| | |
|---|---|
| 1月7, 16, 25日 | 7月1, 10, 28日 |
| 2月6, 15, 24日 | 8月9, 18, 27日 |
| 3月5, 14, 23日 | 9月8, 17, 26日 |
| 4月4, 13, 22日 | 10月7, 16, 25日 |
| 5月3, 12, 30日 | 11月6, 15, 24日 |
| 6月2, 20, 29日 | 12月5, 14, 23日 |

◉ **工作夥伴・朋友**

| | |
|---|---|
| 1月3, 12, 30日 | 7月6, 15, 24日 |
| 2月2, 11, 20日 | 8月5, 14, 23日 |
| 3月10, 19, 28日 | 9月4, 13, 22日 |
| 4月9, 18, 27日 | 10月3, 12, 30日 |
| 5月8, 17, 26日 | 11月2, 20, 29日 |
| 6月7, 16, 25日 | 12月1, 10, 28日 |

◉ **競爭對手・天敵**

[1/6] [3/20] [4/11] [5/15] [5/20] [8/26] [12/4]

◉ **靈魂伴侶**

[5/14] [6/21] [8/19] [9/27] [10/19] [10/28] [12/24]

### ⁘ 生日名人 ⁘

慕夏（畫家）
珍・韋伯斯特（作家）
珍妮佛・洛佩茲（演員）
谷崎潤一郎（作家）
高田繁（棒球選手）
吉本芭娜娜（作家）
坂本昌行（歌手）
魁皇博之（相撲選手）
久保田利伸（歌手）
水川麻美（演員）

◉ **從你的生日看命運**
**請見32頁**

# 7月25日

July twenty-fifth

終身貫徹自己理想與感性孤高的藝術家

7月25日出生的人是一個孤高的藝術家，相信自己的感受，並將自己所領悟到的真理實踐於生活中。你對自己的經驗、感受與風格懷有高度的自信，會致力達成自己訂下的目標，是個嚴以律己的理想主義者。

出生日期25的2代表協調、和諧，5則代表自由、變化、溝通，25日出生的人，是個講究細節，能創造出獨特作品的藝術家。再加上出生月分7獨立、完成的特質，會讓你對自我風格的堅持，以及總是以完美為目標的意識更為突顯。

才華洋溢的你，能透過出眾的品味與獨特的感受力，完成工作或創作，藉此展現自己獨特的觀點。你雖然喜歡獨處，但也懂得與他人充分溝通，甚至能夠透過自身對周遭情況或細節的冷靜判斷，給予旁人準確的建議。

你在人際方面總是習慣獨來獨往，很少說出自己心底的想法，也討厭別人闖入自己的私人領域。而且你有一顆容易受傷的纖細玻璃心，因此情緒容易起伏不定。由於你是完美主義者，如果把自己逼得太緊，也可能因為承受的壓力過大而導致心理失衡，請特別注意。



## ❖戀愛．婚姻．性生活❖

你在愛情方面會展現出雙重人格的樣貌，具有成熟的氣質，卻又害怕寂寞，但這反而成為你的獨特魅力，讓你成為異性的目光焦點。

你希望自己和他人之間能保有一些美感的距離，因此非常抗拒暴露自己的本性。即使結了婚，你也依然會對闖進自己的私人領域的伴侶感到不悅。

你本質上比較冷酷，但在性生活方面卻容易展現出害怕寂寞的一面，讓你想要支配、獨占對方，但這種方式往往是你對愛的展現。

## ❖工作．財運❖

雖然你會與身邊的人合作、協調，但你總是努力不懈、追求完美的這種毫不妥協的態度，或許會使你散發出有點難以親近的氛圍。雖然你也能與團隊合作，但會明確切割出個人的責任範圍，覺得自己的任務終究須由自己完成，所以讓你自由發揮或許更能做出成果。

你的財運穩健，卻很厭惡為錢工作的想法。你認為金錢只是對於自己創作的等值報酬。因此只要從事自己喜歡的工作，財運自然就會跟著來。

### ✧ 今生使命・未來展望 ✧

今生的你是一名孤高的藝術家，你的使命是將自己的信念傳達給更多的人。

你的人生課題是學習自由與自私之間的差異。或許為了學習這點，你今生刻意讓自己置身於嚴峻的環境中，品嘗不自由的滋味。

你是否頑固地緊抓著自己的想法與風格不放，綁住自己，拒絕改變，陷入自私的想法中呢？你雖然對自己的風格很有自信，但也不要關在只有自己的世界裡。

首先，請試著在生活中加入一點小小的改變。例如，改變日常作息或轉換環境等等。如果你能更自由地享受人生的變化，自然能創作出觸角更廣的作品，將自己的信念傳達給更多的人。

### ✧ 生日帶來的訊息 ✧

「藝術的才華」
「超然獨立」
「主動改變」

### 前世の故事

你的前世是活躍於中世紀末期歐洲的畫家。你出生在貧窮的農家裡，在忙於農務的生活中，只要一有空你就會創作自己最喜歡的風景畫。某天，你的其中一幅作品得到知名畫家認可，使你的畫在貴族之間蔚為流行，愈來愈多貴族找你作畫，你也獲得了名聲與財富。

然而，貴族想要的都是肖像畫，這讓你覺得愈畫愈空虛。意志消沉的你，有天終於病倒了，你開始感到後悔，如果當初為了創作風景畫，前往更廣闊的世界旅行就好了。但如果沒有財富與名聲，也無法實現這個願望，這點讓你感嘆世事的矛盾。

כהו

7/25 希伯來文

### ✧ 生日契合度 ✧

◉ **情人・伴侶**

| | |
|---|---|
| 1月3, 21, 30日 | 7月6, 15, 24日 |
| 2月2, 11, 20日 | 8月5, 14, 23日 |
| 3月10, 19, 28日 | 9月4, 13, 22日 |
| 4月9, 18, 27日 | 10月3, 21, 30日 |
| 5月8, 17, 26日 | 11月2, 11, 29日 |
| 6月7, 16, 25日 | 12月1, 19, 28日 |

◉ **工作夥伴・朋友**

| | |
|---|---|
| 1月4, 13, 31日 | 7月7, 16, 25日 |
| 2月3, 12, 21日 | 8月6, 15, 24日 |
| 3月2, 11, 29日 | 9月5, 14, 23日 |
| 4月1, 19, 28日 | 10月4, 13, 31日 |
| 5月9, 18, 27日 | 11月3, 21, 30日 |
| 6月8, 17, 26日 | 12月2, 20, 29日 |

◉ **競爭對手・天敵**

[1/22] [2/10] [3/18] [4/16] [5/31] [8/31] [10/7]

◉ **靈魂伴侶**

[1/16] [2/6] [6/13] [7/21] [8/27] [12/7] [12/23]

### ✧ 生日名人 ✧

費迪南德・拜爾（作曲家）
保羅・蘭格漢（病理學家）
小磯良平（畫家）
早船千代（兒童文學作家）
宇能鴻一郎（作家）
中村紘子（鋼琴家）
田中東尼（美容師）
植田辰哉（排球選手）
高島禮子（演員）
駒野友一（足球選手）

◉ **從你的生日看命運**
**請見32頁**

# 7月26日

July twenty-sixth

## 冷靜與熱情兼備 擅長照顧人的 熱血隊長

這天出生的你，雖然是個熱血隊長，卻也同時具備冷靜判斷周遭情勢的能力。乍看之下你很冷靜，但其實你並不冷酷，反而時常關注周遭，是個溫柔又有人情味的人。冷靜與熱情兼備的你，總是以自己的方式為團隊與夥伴全力奮戰。

你的出生日期26，包含了2這個代表協調與和諧、女性特質強烈的數字，與6這個代表美與創造、充滿愛的能量的數字。26日出生的人，既重視夥伴之間的和睦，也充滿了孕育新事物的積極力量。再加上出生月分7獨立、完成的特質，讓你除了擁有客觀看待事物的冷靜觀點，也更加具備身為領導者的協調能力。由於你的能力出眾，身邊的人對你相當信賴。但如果你強烈展現出7月出生者的獨特自立與職人氣質，就會非常重視自己獨處的時光，即使如此你也並非是個冷淡的人。你的正義感強烈，有時會以自己的價值觀嚴格地評論他人，或是展現出固執己見的一面，但如果你好好重視自身與周遭的和諧，事情就會順利發展。

如果你能夠發揮出生日期26賦予的能量，活用協調與統籌全局的能力，就能成為善於照顧人的隊長，使你的柔性魅力更加綻放光芒。



### ✧戀愛・婚姻・性生活✧

在愛情中，你會一心為對方奉獻，連微小的細節都會注意到，因此對方會覺得很開心。但如果你強迫對方接受自己的價值觀，會使對方覺得這份愛太過沉重而開始疏遠你。或許你在確認對方的想法後再行動，能使彼此的關係更加和諧。

在性生活方面，如果你能在解讀對方感受的同時，也能表達自己內心的情感，更能加深兩人之間的羈絆。在婚姻生活中，你雖然會為了家庭全力以赴，但也容易變得有控制欲。確實與伴侶溝通，是建立美好家庭的祕訣。

### ✧工作・財運✧

如果你找到自己的畢生志業，就能在工作上大顯身手。你適合活躍於第一線，例如擔任能夠直接傾聽顧客心聲的業務員，或是從事服務業等等，你在這些領域的表現都很值得期待。你也具備實務上的管理能力，因此如果當上店長或經理等管理階級，就可以活用你的分析力與業務力。

你的財運良好，可透過事業創造財富，投資理財方面也很傑出。不過你的開銷大，可能會因衝動而購買昂貴商品。若你能不執著於金錢，擁有讓金錢能量循環的意識，把你在物質上的成就與旁人分享，或許能獲得意想不到的收穫。

## ❖ 今生使命・未來展望 ❖

身為熱血隊長的你，今生的使命是：對於生命中所有遇見的人付出無私的愛。

你是否認為與人相處時要隨時心懷著愛，溫柔以待，不管面對誰都須展現出親切奉獻的態度？為了所愛的人與朋友，其實你已經十分努力了。

如果你不論做什麼事情都太過一頭熱，就容易出現要求對方回報、企圖控制對方的傾向，請特別注意。畢竟把自己的事情擺在一邊，以別人的事情為優先，只會造成自己的痛苦而已。這並不是無私的愛。所謂無私的愛，是在愛自己、滿足自己之後，才能自然而然地流露對別人的關懷之情。

請從好好珍惜自己，更加愛自己開始，這是你實現今生使命的第一步。

## ❖ 生日帶來的訊息 ❖

**「隱藏的熱情」**
**「洞察力」**
**「過度努力」**

### 前世の故事

你的前世是鄂圖曼帝國的王子。你在四個王子中排名第三，與其他王子一起在優渥的王室環境下成長。後來，傳出皇帝重病的消息，於是皇位繼承的問題開始受到眾人矚目。在靠實力競爭的世界裡，許多人因此被捲入欲望的漩渦中，兄弟之間的鬥爭也開始展開。努力又不服輸的你，與能幹的親信一同策劃了一個計謀，但你無論如何都無法對曾經一起長大的親兄弟下手，結果轉瞬間被他人趁隙而入，反而遭自己的手足奪去性命。在萬念俱灰中，重視家庭情感勝於權位的你，思考著自己是不是做錯了什麼。

# כוז

7/26 希伯來文

### ❖ 生日契合度 ❖

**◉ 情人・伴侶**

| | |
|---|---|
| 1月8, 17, 26日 | 7月2, 20, 29日 |
| 2月7, 16, 25日 | 8月1, 19, 28日 |
| 3月6, 15, 24日 | 9月9, 18, 27日 |
| 4月5, 14, 23日 | 10月8, 17, 26日 |
| 5月4, 22, 31日 | 11月7, 16, 25日 |
| 6月3, 21, 30日 | 12月6, 15, 24日 |

**◉ 工作夥伴・朋友**

| | |
|---|---|
| 1月5, 14, 23日 | 7月8, 17, 26日 |
| 2月4, 13, 22日 | 8月7, 16, 25日 |
| 3月3, 12, 30日 | 9月6, 15, 24日 |
| 4月2, 11, 29日 | 10月5, 14, 23日 |
| 5月1, 19, 28日 | 11月4, 13, 22日 |
| 6月9, 18, 27日 | 12月3, 12, 30日 |

**◉ 競爭對手・天敵**

[1/19] [2/27] [4/10] [4/17] [6/14] [7/10] [12/21]

**◉ 靈魂伴侶**

[4/1] [4/22] [5/18] [6/29] [7/7] [8/27] [10/13]

### ❖ 生日名人 ❖

蕭伯納（劇作家）
卡爾・榮格（心理學家）
史丹利・庫柏力克（導演）
米克・傑格（歌手）
凱文・史貝西（演員）
珊卓・布拉克（演員）
元彪（演員）
櫻庭一樹（作家）
加藤夏希（演員）
秋元才加（藝人）

◉ 從你的生日看命運
請見32頁

# 7月27日

July twenty-seventh

## 絕不改變自我風格的頑固的智者

這天出生的你，總是維持一貫的低調，待在稍微遠離人群的地方，一個人靜靜地觀察與思索。你的頭腦聰明，感受力也很敏銳，是個會讓眾人另眼相看的智者。

出生日期27的2代表協調、和諧，7則代表獨立能力與職人氣質。由此可知，27日出生的人，能獨自為眾人完成自己能力所及的事情。再加上出生月分7獨立、完成的特質，讓你對於自我風格的重視與對美感的意識更加突顯，因此顯得相當頑固。

你的責任感與使命感很強烈，一旦下定決定之後，即使最後只剩下自己一個人，也會使命必達。你乍看之下低調謙虛，但其實你的內心堅毅，獨立性強。你能夠不經意地察言觀色，努力成為大家的助力，但絕對不會站到臺前，比較喜歡在幕後悄悄地發揮實力。

在做人行事上非常堅持正確觀念的你，不容許任何輕率任性的態度或行為，會直指對方的錯誤，有時甚至還會毫不客氣地與對方切割。由於你重視自己的私領域，所以即使與家人之間也會保持著一定的距離。追求崇高的精神世界的你，無比熱愛藝術、文學等知性的事物，更崇拜那些知識比自己豐富的人，但反過來你也容易輕視初學者或知識淺薄的人，因此請特別注意。



### ❖ 戀愛・婚姻・性生活 ❖

「冰山美人」這個詞完全就是你的寫照。你在愛情方面有點冷淡，與深陷其中的忘我熱戀完全無緣。有所矜持的你，會為了迎合對方而不願說出自己真正的想法。

你對結婚對象的條件嚴苛，婚後雖然會努力打造理想中的家庭，但很有可能變成虎媽或虎爸。請你不要因為過度堅持自己的理想而忽略真正重要的事。你在性生活方面的反應也較為冷淡，由於總是考慮太多，可能變成無性婚姻。

### ❖ 工作・財運 ❖

你擁有聰明、獨特的品味，以及細微的觀察能力，這讓你能看出對方的才華，能夠引導出對方的魅力，讓他發光發熱。你總是希望能為這個世界做出貢獻、幫助他人，如果能為此發揮所長，將使你感到喜悅。你最適合擔任製作人、諮商師、教練等能夠活用你的知性與感性的工作。

你的財運雖然沒有很強，卻能踏實地儲蓄。只要能讓你確實感受到自己對社會有幫助，獲得許多人的好評，那麼只要獲得適當的報酬就能滿足你。

## ❖ 今生使命・未來展望 ❖

你今生的使命是：凡事獨力完成到最後一刻，實踐真正的獨立自主。

你是否出於對自立的驕傲，或是必須獨立的責任，總是試圖獨自把所有事情做到盡善盡美，結果自己卻遭到孤立呢？

真正獨立的人，會承認自己也有軟弱的時候，清楚自己能力所及的範圍，當需要幫助的時候，能以謙虛的態度借助他人的力量。所以與其抱持著想要獨力完成所有事情的想法而中途受挫、放棄，不如把目標擺在即使虛心借助他人之力，也要堅持到最後。

關鍵是，請你敞開心胸與身邊的人交流，虛心接納他人的意見，需要時就向他人求助。和許多人齊心協力達成目標的經驗，更有助於你學會真正的獨立自主。

### ❖ 生日帶來的訊息 ❖

「精神崇高」
「鮮明的風格」
「接納脆弱的勇氣」

### 前世の故事

你的前世是日本畫壇的巨擘，由於你擁有獨特的品味與敏銳的觀察力，因此擅長細緻的畫風，作品獲得眾人好評。不久，前來找你拜師的人眾多，甚至自成門派。

你雖然很熱心地指導門生，但弟子們在作品上也逐漸發揮出自己的特色，脫離你的表現手法。害怕損及門派聲譽的你，因此總想方設法地控制他們，但反而招致反彈，甚至有人背叛師門。當你面對寂寞的晚年時，才發現自己的想法太過保守，反而忽略了最重要的事情。

7/27 希伯來文

### ❖ 生日契合度 ❖

**◉ 情人・伴侶**

| | |
|---|---|
| 1月4, 13, 31日 | 7月7, 16, 25日 |
| 2月3, 12, 21日 | 8月6, 15, 24日 |
| 3月2, 11, 20日 | 9月5, 14, 23日 |
| 4月1, 19, 28日 | 10月4, 22, 31日 |
| 5月9, 18, 27日 | 11月3, 21, 30日 |
| 6月8, 17, 26日 | 12月2, 11, 29日 |

**◉ 工作夥伴・朋友**

| | |
|---|---|
| 1月6, 15, 24日 | 7月9, 18, 27日 |
| 2月5, 14, 23日 | 8月8, 17, 26日 |
| 3月4, 13, 31日 | 9月7, 16, 25日 |
| 4月3, 21, 30日 | 10月6, 15, 24日 |
| 5月2, 11, 29日 | 11月5, 14, 23日 |
| 6月10, 19, 28日 | 12月4, 13, 22日 |

**◉ 競爭對手・天敵**

[3/22] [5/26] [6/1] [8/18] [8/23] [10/21] [11/8]

**◉ 靈魂伴侶**

[3/25] [8/4] [8/22] [9/21] [9/30] [10/7] [12/27]

### ❖ 生日名人 ❖

碧娜・鮑許（舞者）
奇拉維特（足球選手）
艾力士・羅德里奎茲（棒球選手）
強納森・萊斯・梅爾（演員）
高島忠夫（演員）
川口開治（漫畫家）
渡嘉敷勝男（拳擊手）
寺田惠子（音樂人）
星野真里（演員）
松井玲奈（藝人）

◉ 從你的生日看命運
請見32頁

# 7月28日

July twenty-eighth

## 冷靜與熱情兼備　性格複雜的領導者

這天誕生的你，擁有一顆火熱的心。你總是爽朗，具備統整全局的領導力。你雖然充滿熱情，對任何事情都全力以赴，但自尊心很高，不願透露自己內心，因此令人難以捉摸，有時也會造成旁人的困擾。你對於沒有目的的聚會或單純的同學會不感興趣，即使出席也很快就會離開。此外，你可能會為了達成目而不擇手段，具有對凡事冷靜又透徹的一面。

你明明最討厭半途而廢，卻又有著什麼事情都想要參與，導致最後難以收拾的傾向，因此請特別注意。你想與大家同樂時，以及想要安靜獨處時的反應落差甚大，如果身邊的人無法理解，將使彼此感到壓力。你的心中同時存在著動與靜、冷與熱這兩種極端的特質。請務必意識到這點，並在人生中均衡發揮。

出生日期 28 的 2 代表協調、和諧，8 則是代表無限大（∞）的力量。28 日出生的人屬於心懷熱情的領袖，能帶領大家齊心協力地朝著夢想與目標邁進。再加上出生月分 7 獨立、完成的特質，讓你同時具備熱情鼓舞大家的一面，以及冷靜判斷不摻雜私情的一面，成為一位富有獨特魅力的領導者。



### ✧戀愛・婚姻・性生活✧

你的內心相當純樸敏感，與你開朗、活潑的外表完全相反。雖然在團體中的你會積極主動，然而一旦變成一對一交往後，你就會轉為被動。你雖然會希望將關係交由對方主導，卻能冷靜觀察與判斷對方適不適合自己。但也可能因為你的擇偶條件太過嚴格，使你交往的對象一個又換過一個。

你在結婚成家之後，關係會趨於穩定，並使家人團結一心。但在性生活方面往往表現得比較被動冷淡。你相當容易吃醋，絕對不可能容許外遇的發生，但外冷內熱的你絕對不會表現出來。

### ✧工作・財運✧

充滿活力的你，擁有號召力與人緣，能夠把許多人通通拉進你的團隊或是專案計畫裡。你的才華在商場上應該會成為強而有力的武器。你也具備領袖資質，無論從事什麼樣的工作都能出人頭地。你具備出色的美感以及整合眾人的能力，因此適合在時尚界發展，或從事藝術、表演相關工作。

比起獨自努力，你或許更適合透過團隊合作一起賺錢。雖然身為領導者難免會想多分得一些利益，但或許慷慨分享才能讓你的財運產生正向循環。

## ❖ 今生使命・未來展望 ❖

身為獨特領袖的你，今生的使命是：面對困難勇於挑戰，不到最後決不放棄，取得現實上的成果，並與身邊的人分享。

你今生的課題就是「如何與財共生」。舉例來說，你是否主張清貧思想，並把金錢視為骯髒之物，而鄙視有錢人呢？或者，你認為世界上能夠相信的只有金錢，而崇尚拜金主義？

請你先意識到自己對於金錢的偏見，並試著把金錢當成中性的能量。使用金錢能讓我們感受到富足，因此適度地花錢取悅自己其實是一件重要的事。請你盡情品味透過消費從物質面和精神面獲得的富足，並不執著於到手的財富，大方與旁人分享。

## ❖ 生日帶來的訊息 ❖

「理性的熱忱」
「至高無上」
「我為人人」

### 前世の故事

你的前世是一位美國律師，活躍於南北戰爭前夕。

你自幼就擁有強烈的正義感，頭腦清楚，透過自學法律知識成為律師。你的律師事務所一開張就接二連三取得勝訴，使你的知名度也跟著水漲船高。但因為你天性善良，不會向客戶收取大筆報酬，因此生活並不輕鬆。即使如此，能以自己的才智打敗對手的快感，支持著你繼續從事律師的工作。雖然你的工作能力讓你獲得好評，但業界也開始出現「你為了勝利會不擇手段」的謠傳。你雖然虛心接受各界對自己的評價，卻愈來愈搞不清楚自己到底是為了什麼而做律師。

7/28 希伯來文

### ❖ 生日契合度 ❖

◉ **情人・伴侶**

| | |
|---|---|
| 1月5, 14, 23日 | 7月8, 17, 26日 |
| 2月4, 13, 22日 | 8月7, 16, 25日 |
| 3月3, 21, 30日 | 9月6, 15, 24日 |
| 4月11, 20, 29日 | 10月5, 14, 23日 |
| 5月1, 10, 28日 | 11月4, 13, 22日 |
| 6月9, 18, 27日 | 12月3, 12, 21日 |

◉ **工作夥伴・朋友**

| | |
|---|---|
| 1月7, 16, 25日 | 7月1, 19, 28日 |
| 2月6, 15, 24日 | 8月9, 18, 27日 |
| 3月5, 14, 23日 | 9月8, 17, 26日 |
| 4月4, 13, 22日 | 10月7, 16, 25日 |
| 5月3, 21, 30日 | 11月6, 15, 24日 |
| 6月2, 20, 29日 | 12月5, 14, 23日 |

◉ **競爭對手・天敵**

[1/9] [4/28] [5/5] [5/12] [7/10] [10/27] [12/10]

◉ **靈魂伴侶**

[1/26] [2/16] [3/12] [4/24] [8/2] [8/10] [9/20]

### ❖ 生日名人 ❖

碧雅翠絲・波特（繪本作家）
馬歇爾・杜象（藝術家）
桂銀淑（歌手）
渡瀨恆彥（演員）
塞吉歐・越後（足球選手）
大瀧詠一（音樂人）
佐伯健三（音樂人）
畑山隆則（拳擊手）
矢井田瞳（歌手）
大空翼（足球選手）

◉ **從你的生日看命運**
**請見32頁**

# 7月29日

July twenty-ninth

**不喜歡出鋒頭 在幕後支持他人 神奇的實力者**

7月29日出生的你，個性溫和低調，是一個會在幕後支持他人的實力者。你不喜歡出鋒頭，具有開闊的視野與深度的智慧，是個深思熟慮的聰明人。你擁有獨特的氣場，雖然不懂譁眾取寵，但任誰都會對你另眼相看。

出生日期29同時具備了2的協調、和諧，與9的完結、智慧、賢者的意義，而兩者相加後得到的11，則代表革新、革命，是帶有靈性的神聖數字，具有活用精神世界的才華，能為周遭人們帶來實際的貢獻。再加上出生月分7獨立、完持的特質，讓你難免會有過於追求真理，容易活在自己世界的傾向。

經常有人找你商量煩惱，或是拜託你在糾紛中扮演調停、仲裁的角色，而你都能提供與眾不同的觀點，為對方尋求解決。雖然你不會發揮強大的領導力，卻具有不可思議的魅力，能夠自然而然地使眾人團結一心。

你心裡很渴望自己具有幫助他人的能力，但如果這樣的念頭太過強烈，如果未能達成，容易因此感到自己沒有價值或心生罪惡。你的個性有點複雜，有時會突然冒出一針見血的發言，讓旁人大吃一驚，或是對於某些事特別鑽牛角尖，令人難以捉摸。



## ✧戀愛・婚姻・性生活✧

你可能會為了回應家人和周遭的期待而扮演好人。然而，一旦你與真正傾心的對象交往，你就會直接說出內心想法，甚至一下子刺中對方的痛處。你雖然沒有惡意，但若在性生活方面如此表現，可能會深深傷害對方，請特別注意。

你在婚後會成為支持家人的好老公或好太太，但如果為了扮演這樣的角色而壓抑自己的內心，容易變成假面夫妻。無論是與伴侶的內心距離，還是人際關係之間，取得恰到好處的平衡都很重要。

## ✧工作・財運✧

你擁有高超的知識與技術，無論從事什麼工作都能順利完成。你的身段也很柔軟，是組織中的寶貴人才，無論什麼角色都能勝任。你充滿藝術品味，具備真正識貨的審美觀，身為藝術家的才能也會為你創造具體的成果。你不是積極出鋒頭的類型，因此工作夥伴往往將左右你的事業運。

你對賺錢本身沒什麼興趣，覺得錢只要夠用就好了。如果能夠盡力協助身邊的人獲得成功，自然就能提昇財運。

## ✧ 今生使命・未來展望 ✧

今生你的使命是：活用自身的感受力，為實現世界和平而努力。

當你太過把注意力擺在造福世界與人類，難免就會強調自己的正當性與正義感。如果你以自身清晰的頭腦與豐富的智識作為防衛，再加上「自己是為了造福世界」這個冠冕堂皇的藉口，一頭熱地主張自己的正當性，可能會變得聽不進他人的意見，請特別注意。

當你在以世界和平為目標而採取具體行動之前，應該先讓自己的心靈獲得平靜。你不能光是以正義之刃批判身邊的人，而是應該更重視自己的靈感與直覺，並心胸開闊地接受各界的聲音。在你高呼遠大理想的同時，若能以平靜的心對待眼前的人與事，才能接收到「如何實現世界和平、造福世界」的靈感或訊息。

### ✧ 生日帶來的訊息 ✧

**「理性的靈感」**

**「包容」**

**「放下對是非的執著」**

### 前世の故事

你的前世是一個占卜師，畢生都在東西方文明交錯的中東沙漠城市中，替人們預測人生。

你運用這個不可思議的力量幫助別人，並樹立起獨特的作風，因此獲得了名聲。但你即使成為知名占卜師，也不奢求名利或地位，只想繼續提昇自己的技術與能力，用心學習各式各樣的占卜手法。一頭栽進靈性的占卜世界的你，逐漸分不出預言與現實的區別，導致人生開始失衡、瓦解。你雖然能夠預測別人的生命，卻不知道該如何活用自己的才華，於是逐漸迷失了人生的方向。

---

כטז

7/29 希伯來文

### ✧ 生日契合度 ✧

**◉ 情人・伴侶**

| | |
|---|---|
| 1月1, 19, 28日 | 7月4, 22, 31日 |
| 2月9, 18, 27日 | 8月12, 21, 30日 |
| 3月8, 17, 26日 | 9月2, 20, 29日 |
| 4月7, 16, 25日 | 10月1, 10, 19日 |
| 5月6, 15, 24日 | 11月9, 18, 27日 |
| 6月5, 14, 23日 | 12月8, 17, 26日 |

**◉ 工作夥伴・朋友**

| | |
|---|---|
| 1月8, 17, 26日 | 7月2, 20, 29日 |
| 2月7, 16, 25日 | 8月1, 10, 28日 |
| 3月6, 15, 24日 | 9月9, 18, 27日 |
| 4月5, 14, 23日 | 10月8, 17, 26日 |
| 5月13, 22, 31日 | 11月7, 16, 25日 |
| 6月12, 21, 30日 | 12月6, 15, 24日 |

**◉ 競爭對手・天敵**

[1/20] [4/15] [5/30] [6/3] [6/20] [7/11] [7/28]

**◉ 靈魂伴侶**

[4/18] [4/27] [5/2] [10/12] [10/24] [11/23] [12/10]

### ✧ 生日名人 ✧

克拉拉・伯恩（演員）
第17代中村勘三郎（歌舞伎演員）
橋本龍太郎（政治家）
不破萬作（演員）
山際淳司（作家）
秋吉久美子（演員）
山田久志（棒球選手）
三屋裕子（排球選手）
小野麗莎（歌手）
高木美保（演員）

**◉ 從你的生日看命運**
**請見32頁**

# 7月30日

July thirtieth

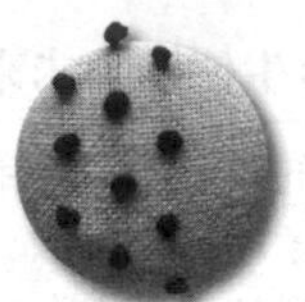

擁有獨特創意
具有開拓精神的
坦率創造者

選擇在這天出生的你，好奇心旺盛，擁有開創新事物的能量以及獨特的創造力，是個坦率的創造者。

你雖然天真無邪又大而化之，卻擁有敏銳觀察事物的冷靜。你的個性複雜又獨特，並同時具備兩種極端的特質，既是個天真的孩子，也是個冷靜的大人。

你對細節之處極為講究，很重視自己的想法與既有的領域，並對嶄新或未知的事物懷有旺盛的好奇心，即使是未曾經歷的領域，你也具有投入的勇氣。你不害怕失敗，是個開拓的先鋒。

你對自己感興趣或有趣的事情擁有超凡的專注力，很重視人生體驗。你的直覺敏銳，擁有看透事物本質的天賦，因此任何謊言與欺瞞都無法躲過你的法眼。你有時會冒出一針見血的發言，讓身邊的人大吃一驚，但因為別人深知你沒有惡意，並不會因此討厭你。

你的出生日期30的3，是象徵孩子的數字，而這個孩子的特質，則會因為0本身的增強、放大的力量更為突顯，讓你永保赤子之心，旁人感受不到你的實際年齡。再加上出生月分7獨立、完成的特質，更為你添加了客觀的觀察力、分析力與冷靜的判斷力等成熟大人的特徵。



## ✧戀愛·婚姻·性生活✧

你對愛情的想像總在理想與現實之間徘徊，內心有點複雜。若在一段比較緊密的關係中，你會感到窒息；彼此若像朋友一般的相處，反而讓你比較輕鬆自在。

但在婚姻方面，你卻是那種會閃婚的類型，也有奉子成婚的可能。在婚後的你也會貫徹享受生命的態度，開心地享受幸福的家庭生活。

在性生活方面，你比外表看起來更晚熟，不會自己採取主動，或許基於你認為「性行為是為了傳宗接代」的想法，因此特別謹慎。

## ✧工作·財運✧

你的想法創新獨特，並擁有豐富的創造力，若能從事讓你發揮玩心的工作將能使你一炮而紅。不少這天出生的人都有好人緣，能夠持續工作一輩子，請你冷靜看待自己的才華，有意識地將其化為具體的成果吧。

你擁有潛在的財運，但需要靠自己積極努力才能將財運吸引過來。當你的目標明確時，便能發揮你出色的專注力與爆發力，因此在短時間內發揮致富的潛力。但你卻不擅長管理財務，建議你交給值得信賴的專家。

## ✧ 今生使命・未來展望 ✧

今生你的使命是：為自己的選擇負責，並在自己的人生中發揮出強大的領導力。

開朗直率、天真爛漫的你，可能不擅長為自己的一言一行負責。若叫你站在領導者的角色，引導他人、提出方向等等擔任對你來說責任重大的任務，你可能會因為承受不了壓力而想要逃跑。

在你想成為真正的領導者之前，請試著先在自己的人生中好好發揮領導力。即使是日常的小事，也要依循自己的想法去做決定。

請你不要把這一切想得太難，如果你選擇了想做的事情，就要有自己負起責任的覺悟，無論結果如何，都應該堅持到最後。只要你有魄力地為自己的每個選擇而負責，可能很快就能成為一個真正的領導者。

## ✧ 生日帶來的訊息 ✧

「成熟的孩子」

「先驅」

「不要逃避面對」

### 前世の故事

你的前世是活躍於古代馬雅文明之地的發明家。

你從小就對自己不懂或未知的事物懷著旺盛的好奇心，因而發明了各式各樣的東西。你也很喜歡讓人驚艷、逗人發笑，因此用自己發明的東西到街頭表演，成為了一個街頭藝人。後來，你就常常在街頭公開你的新發明，逗人們開心地發笑。到了晚年，你開始思考「自己這一生為何而活？」、「為什麼自己喜歡逗人開心呢？」但無論如何你都想不出答案，於是你發現，就算你擁有發明東西的能力，也無法看透自己複雜的心。

ל

7/30 希伯來文

### ✧ 生日契合度 ✧

◉ **情人・伴侶**

| | |
|---|---|
| 1月2, 11, 29日 | 7月5, 14, 23日 |
| 2月1, 19, 28日 | 8月4, 22, 31日 |
| 3月9, 18, 27日 | 9月3, 21, 30日 |
| 4月8, 17, 26日 | 10月2, 20, 29日 |
| 5月7, 16, 25日 | 11月1, 10, 19日 |
| 6月6, 15, 24日 | 12月9, 18, 27日 |

◉ **工作夥伴・朋友**

| | |
|---|---|
| 1月9, 18, 27日 | 7月12, 21, 30日 |
| 2月8, 17, 26日 | 8月2, 11, 20日 |
| 3月7, 16, 25日 | 9月10, 19, 28日 |
| 4月6, 15, 24日 | 10月9, 18, 27日 |
| 5月5, 14, 23日 | 11月8, 17, 26日 |
| 6月4, 13, 22日 | 12月7, 16, 25日 |

◉ **競爭對手・天敵**

[1/30] [2/16] [3/14] [4/23] [5/13] [7/3] [12/21]

◉ **靈魂伴侶**

[1/14] [3/12] [4/16] [4/25] [6/23] [9/29] [12/12]

### ✧ 生日名人 ✧

艾蜜莉・勃朗特（作家）
亨利・福特（福特公司創始人）
亨利・摩爾（雕刻家）
阿諾・史瓦辛格（演員）
尚・雷諾（演員）
希拉蕊・史旺（演員）
齋藤晴彥（演員）
西岸良平（漫畫家）
上原彩子（鋼琴家）
古閑美保（高爾夫選手）

◉ **從你的生日看命運**
**請見32頁**

# 7月31日

July thirty-first

追求一切完美絕不通融的實務者

7月31日誕生的你，個性踏實、認真，是個希望一切都能做到盡善盡美的實務者。你會確實遵守自己的原則或對人的承諾，無法接受任何偏離自我原則的想法或做法。出生日期31的3，代表天真無邪的孩子，1則是方向、箭頭的意思，所以31日出生的人，具有孩子般的創造力，並能確實化為具體的成果。再加上出生月分7獨立、完成的特質，讓你無論什麼事情都會鍥而不捨地努力，並確實做出具體成果的力量更加突顯。

雖然你也擁有頑固、冷酷的一面，但本質上的個性依然誠實穩重。你對任何人都很溫和謙虛的態度，應該能為你帶來眾人的好感。即使是你不擅長的事情，你也會反覆練習，將其融會貫通，因此深得旁人的信賴。你不喜歡依賴別人，具有獨自確實執行、堅持到底的能力，如果遇到不懂的事情，就會一直鑽研到自己理解為止。你的個性耿直，對於長輩的建言，你會照單全收，認真看待。相對地，也因為你過於認真、毫無通融可言的性格，往往會對自己與他人太過嚴厲，請特別注意。此外，你也不擅長對別人傾訴煩惱或真心話，因此面對壓力都會獨自承擔下來。請你好好培養對人坦白內心想法，並傾聽周遭意見的包容性。



## ✧ 戀愛・婚姻・性生活 ✧

你認真的個性也會表現在愛情上。你非常純情、晚熟，即使喜歡上一個人，也很難表明心跡。你無法把戀愛與結婚分開看待，總是要求對方以結婚為前提的認真交往。你討厭輕浮的愛情遊戲，因此相親對你來說或許更能遇到合適的對象。

你對性一面懷有好奇心，但也同時抱有罪惡感，因此在進行親密關係前，先營造讓自己好好放鬆的氣氛很重要。婚後，你會以理想的家庭為目標，努力成為好老公或好太太；但別忘了坦率表達自己的情感，才是讓夫妻和睦的祕訣。

## ✧ 工作・財運 ✧

你富有責任感，會完美地達成被交辦的任務，因此你的執行力一定能獲得眾人好評。你喜歡能以自己的步調進行的工作環境，因此如果在組織中，會計、財務、研究開發或調查分析等後勤部門較能發揮你的才華。由於你具備職人氣質，喜歡創造具體成果的工作，因此也很適合待在產品研發的第一線。

你對人生擁有明確的目標，因此能建立穩定生活，財運也很穩定。你有管理財務的才能，同時金錢觀較實際，是節儉的人。雖然不會賺大錢，但金錢上也幾乎不會因嚴重失敗所苦。

## ❖ 今生使命・未來展望 ❖

你今生的使命是：磨練自己的直覺與感受力，探索無形的世界，將你從中感受到的依竊，具體地展現於現實世界中。

對凡事認真又實際的你，似乎只對眼前的事物有興趣，而對於那些科學尚未證實的無形世界有些逃避。但你應該也能感覺到，這個世界並非光靠物質的力量所構成。

請試著從磨練自己的感受力開始。在大自然中閉上眼睛，去感受你聽見的聲音、飄來的香氣，將感官琢磨得更敏銳吧。

接著，你可以將自己感受到的事物，以文字或照片等具體形式加以呈現，留下成果。當你不斷累積這樣的生命經驗，在現實世界中展現、活用無形世界的智慧，今生的使命一定也會變得更加明確。

### ❖ 生日帶來的訊息 ❖

「不可退讓的正義」
「忠誠之心」
「磨練自己的感受力」

### 前世の故事

你的前世是20世紀初的英國間諜，為保衛家國而服務。

你從小就具有強烈的正義感，一心想為國家效命，長大之後，政府看好你忠誠、耿直的人格特質，將你培養成國際間諜。你為了國家的榮景潛入敵國，過著每天收集情報的生活。但某天情報走漏，讓你的間諜身分曝光，於是你遭到敵國逮捕。即使承受無數次拷問也絕不招供的你，意識逐漸變得愈來愈模糊。你在冰冷的監牢裡，思索著那個自己用一生效忠的國家，以及一心依循的正義，哪一個才是真正的正途。

7/31 希伯來文

### ❖ 生日契合度 ❖

◉ **情人・伴侶**

| | |
|---|---|
| 1月9, 18, 27日 | 7月3, 21, 30日 |
| 2月8, 17, 26日 | 8月2, 11, 29日 |
| 3月7, 16, 25日 | 9月1, 19, 28日 |
| 4月6, 15, 24日 | 10月9, 18, 27日 |
| 5月5, 14, 23日 | 11月8, 17, 26日 |
| 6月4, 13, 22日 | 12月7, 16, 25日 |

◉ **工作夥伴・朋友**

| | |
|---|---|
| 1月1, 19, 28日 | 7月4, 13, 31日 |
| 2月9, 18, 27日 | 8月3, 21, 30日 |
| 3月8, 17, 26日 | 9月2, 11, 29日 |
| 4月7, 16, 25日 | 10月1, 19, 28日 |
| 5月6, 15, 24日 | 11月9, 18, 27日 |
| 6月5, 14, 23日 | 12月8, 17, 26日 |

◉ **競爭對手・天敵**

[2/13] [3/13] [5/7] [5/28] [8/12] [10/5] [10/22]

◉ **靈魂伴侶**

[2/10] [4/27] [5/22] [7/23] [9/18] [10/20] [12/18]

### ❖ 生日名人 ❖

杜布菲（畫家）
J・K・羅琳（作家）
石立鐵男（演員）
和泉雅子（演員）
岡崎友紀（演員）
古谷徹（聲優）
中山秀征（藝人）
本田美奈子（歌手）
栗原惠（排球選手）
哈利・波特（魔法師）

◉ **從你的生日看命運**
**請見32頁**

8 月是「充實、光榮」的月分。

8 月出生的你，是「開拓者」。

**請你盡情釋放自己的潛能，擁抱富足的生命，**

**並與身邊的人一同分享。**

# 8月1日

August first

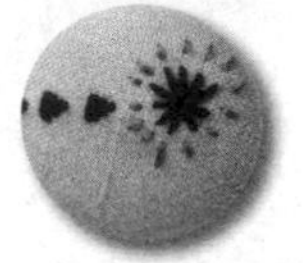

## 全心投入 豪氣萬千的 領袖

選擇在這天出生的你，是個精力充沛又具備行動力的領袖。你是燃燒自我型的領導者，能與大家一起面對困難。你擁有身為領導者的宏大器量，以及不輸給任何人的氣勢，即使身在人群當中也是最顯眼的存在。你經常散發出活力四射的氣質，是個廣受歡迎的人物。

你的個性開朗豁達，很懂得照顧仰賴自己的部下或是後生晚輩，散發像是大哥、大姐頭的氣質。你的好惡、敵我意識非常強烈，處事一向是非黑白分明，沒有灰色地帶。對於感興趣的事，你會全心投入，在競爭的場合，更會展現不服輸的強勢作風。

你喜歡出鋒頭，出於你的高度自信與對第一的堅持，難免會樹敵不少。你也將自己的夥伴組成類似派系的組織，而且不容許背叛，具有令人畏懼的一面。你雖然擅長擴張事業，卻不擅長面對問題或收拾殘局，可能會在弄得亂七八糟之後撒手不管，強迫旁人收拾善後，因此請特別注意。

你的出生日期 1，代表朝著目標勇往直前的箭頭方向，是具有男性特質的強大領袖數字。再加上出生月分 8 熱情、力量無限大（∞）的特性，為你的領袖特質增添熱情與動力，更加強化了你不服輸的賭徒性格。



### ✧戀愛・婚姻・性生活✧

你只要喜歡上一個人，就會自顧自地發動猛烈熱情攻勢，直到把對方追到手為止。你既死心眼又善妒，有時容易給對方留下可怕的印象。請不要只顧著直球猛攻，有時也要穿插變化球，讓對方看見自己感性、脆弱的一面。

你在婚後可能會成為典型的大男人或大女人，掌控家中的實權，把家庭看成一個團隊，希望大家總是一起行動。在性生活方面，你也容易以自我為中心，落入一成不變的模式，請你多多傾聽伴侶的心聲。

### ✧工作・財運✧

你擁有無論從事什麼職業，都會成為領導者的格局。比起一直被人使喚，能夠獨自行動或許能使你在工作上更加活躍。你既有體力又有人緣，具有成為一流藝人或運動員的潛力。如果任職於公司，你適合成為在第一線整合團隊的專案經理或店長，能以領導者的身分完美地統合一切，留下傲人的成績。

你的財運也很旺，具有能靠自己的力量賺取龐大財富的能力。不要過於小看自己的力量，提出遠大的目標，帶領團隊一同努力，就能取得超乎想像的成功。

## ❖ 今生使命・未來展望 ❖

今生你的使命是：活用身為熱血領袖的才華，為社會與人類貢獻，以實現世界和平。

今生的你雖然想以「達成世界和平」為目標，但如果朝著這個目標前進，你可能會打著正義的旗幟去責罰身邊的人，因此請特別注意。

你的能量總是向外發散，應該要好好地專注自己的內在，先取得內心的平靜與平衡，再去追求遠阿的目標。

具有領袖氣質的你，一心為社會、為人們而努力，但往往會把自己的事情排到後面。如果你能維持自己內心的安穩，終究能成為影響周遭的大浪，實現世界和平的目標。

## ❖ 生日帶來的訊息 ❖

**「擴展潛能」**

**「熱情」**

**「調節內心的平衡」**

### 前世の故事

你的前世是生活在大航海時代的西班牙冒險家。

你從小就富有挑戰精神，是個非常喜歡探索新事物的少年。不久之後，你得到冒險航海的機會，朝著當時最受關注的新大陸出發。你與同伴懷著不想輸給別國競爭對手的企圖心，一起熬過了艱苦的旅程，幸運地抵達目的地。後來，你在那裡發現了新奇又出色的寶物，這讓你高興得不得了。你懷著一夜致富的夢想將寶物帶回國，卻在歸途中遭遇暴風雨，船隻意外沉沒。結果，你不僅失去寶物，還失去了重要的夥伴。獨自抓著浮木漂流的你，感到悔不當初。

8/1 希伯來文

### ❖ 生日契合度 ❖

**◉ 情人・伴侶**

| | |
|---|---|
| 1月1, 19, 28日 | 7月4, 22, 31日 |
| 2月9, 18, 27日 | 8月3, 21, 30日 |
| 3月8, 17, 26日 | 9月2, 20, 29日 |
| 4月7, 16, 25日 | 10月1, 19, 28日 |
| 5月6, 15, 24日 | 11月9, 18, 27日 |
| 6月5, 14, 23日 | 12月8, 17, 26日 |

**◉ 工作夥伴・朋友**

| | |
|---|---|
| 1月8, 17, 26日 | 7月2, 11, 29日 |
| 2月7, 16, 25日 | 8月10, 19, 28日 |
| 3月6, 15, 24日 | 9月9, 18, 27日 |
| 4月5, 14, 23日 | 10月8, 17, 26日 |
| 5月4, 22, 31日 | 11月7, 16, 25日 |
| 6月12, 21, 30日 | 12月6, 15, 24日 |

**◉ 競爭對手・天敵**

[2/10] [2/24] [5/21] [5/27] [5/30] [6/3] [11/10]

**◉ 靈魂伴侶**

[1/24] [3/10] [3/22] [4/18] [5/8] [10/15] [12/1]

### ❖ 生日名人 ❖

聖羅蘭（設計師）
室生犀星（詩人）
金婆婆、銀婆婆（長壽者）
金田正一（棒球選手）
田村正和（演員）
大友良英（音樂人）
若田光一（太空人）
米倉涼子（演員）
富永愛（模特兒）
黑川智花（演員）

◉ 從你的生日看命運
請見32頁

# 8月2日

August second

心胸開闊包容旁人的奉獻者

你的出生日期2，是以二元論為基礎的數字，代表著兩個世界的整合與兩極的平衡等特質。你的個性溫和、穩重，喜歡做一名幕後的領袖，或是擔任支援周遭的角色，是一名極度體貼的奉獻者。再加上出生月分8豐富、熱情的特性，會更加突顯你珍惜夥伴，希望大家齊心協力的想法。你重視團隊的和諧，並能維持整體平衡，屬於經理人的類型。

你不管對誰都很親切，擅長照顧別人，散發出溫暖的氣質，總能緩和周遭的氣氛。而且你做人誠實，不喜競爭，內心又充滿了愛，因此很有人緣。你的特質是天生優雅有禮，總是謙遜又細心，具有能夠配合任何人的高度協調性。

你最重視團隊合作，能以天生的開闊心胸包容身邊的人，緩和團隊的氣氛，激勵你的隊友。但這樣的溫柔，有時也會讓你陷入優柔寡斷，或是強化你的依賴傾向。一旦你換到需要負起全責的立場，就可能變得軟弱、進退兩難。重要的是，讓周圍的人適度分擔自己的壓力，請你好好正視自己的心情，不要將所有痛苦都獨自承擔。



### ✧戀愛・婚姻・性生活✧

在愛情中，你很少自己積極主動，屬於靜靜等待對方出手的類型。即使發展成戀愛關係，也會把所有主導權交給對方。

你總是為了配合對方，而被耍得團團轉。此外，你也可能明明心裡有意見卻不直說；或是太過缺乏自己的想法，導致對方和你相處時無言以對，請特別注意避免發生這種情況。你在性生活方面也屬於被動的一方，甚至可能因為無法拒絕對方所有要求而覺得痛苦，請你努力把自己的想法說出來。你對結婚懷有憧憬，希望建立一個和樂圓滿的家庭。

### ✧工作・財運✧

你重視團隊合作，喜歡支援旁人的工作。溫柔體貼的你，也擁有緩和職場氣氛的能力，因此你適合從事服務業，例如擔任護士、幼教老師、美容師、廚師等等，為許多人奉獻的工作，能讓你的才華發光發熱。無論什麼工作，你都能在後勤職位中獲得成就感。

你的金錢觀很踏實，能夠穩健地一點一滴儲蓄。你的財運雖然會受到來往的人影響，但你也有在儲蓄中理財的天賦，因此應該不會為錢所苦。

### ❖ 今生使命・未來展望 ❖

今生你的使命是：活用包容力高的奉獻者特質，為自己的人生負責，發揮強大的領導力。

你今生的展望，雖然是成為引導眾人邁向幸福的領導者，但如果想要一下子率領這麼多的人，說不定會被壓力擊垮。

首先，請你試著先把別人的事情擺在一邊，從在自己人生中發揮強大的領導力開始吧！重要的是，請肯定自己的想法，並清楚地把自己的意見告訴身邊的人。從與身邊的朋友相處開始，慢慢地改善自己對於發揮自主性的不安情況。

只要你對自己決定的事情負起責任，就能在自己的人生中發揮決斷力與領導力，達成今生的使命。

### ❖ 生日帶來的訊息 ❖

**「溫和的包容」**
**「貢獻」**
**「釐清自己的志向」**

### 前世の故事

你的前世，是日本室町時代的武家妾室。你每天細心勤勞地照顧著老爺，並樂在其中，你相信能過平穩的生活就是幸福，就這樣過了一天又一天。

但是，當正室生下世子之後，你與老爺的關係就漸漸淡了。由於你自己沒有懷上孩子，也無法離開這個家，只能在默默等待老爺回頭的時光中，虛度年華。在你走到人生終點時，身邊只有一名侍女陪伴。你希望下輩子可以選擇「以自己感受優先，不受任何關係影響」的生活。

8/2 希伯來文

### ❖ 生日契合度 ❖

**◉ 情人・伴侶**

| | |
|---|---|
| 1月2, 11, 29日 | 7月5, 14, 23日 |
| 2月1, 19, 28日 | 8月4, 22, 31日 |
| 3月9, 18, 27日 | 9月3, 21, 30日 |
| 4月8, 17, 26日 | 10月2, 20, 29日 |
| 5月7, 16, 25日 | 11月1, 10, 28日 |
| 6月6, 15, 24日 | 12月9, 18, 27日 |

**◉ 工作夥伴・朋友**

| | |
|---|---|
| 1月9, 18, 27日 | 7月3, 21, 30日 |
| 2月8, 17, 26日 | 8月2, 11, 29日 |
| 3月7, 16, 25日 | 9月10, 19, 28日 |
| 4月6, 15, 24日 | 10月9, 18, 27日 |
| 5月5, 14, 23日 | 11月8, 17, 26日 |
| 6月4, 13, 22日 | 12月7, 16, 25日 |

**◉ 競爭對手・天敵**

[2/7] [2/24] [3/11] [3/15] [5/24] [5/31] [6/20]

**◉ 靈魂伴侶**

[1/14] [1/19] [4/25] [8/30] [9/6] [9/24] [10/28]

### ❖ 生日名人 ❖

彼得・奧圖（演員）
高橋悅史（演員）
須田開代子（保齡球選手）
中上建次（作家）
渡邊久信（棒球選手）
真璃子（歌手）
友近（藝人）
梯剛之（鋼琴家）
波岡一喜（演員）
千田健太（劍擊選手）

◉ 從你的生日看命運
請見32頁

# 8月3日

August third

## 對任何事物都好奇心旺盛朝氣十足的孩子

你開朗又善於交際，對任何事情都懷抱著興趣，並積極挑戰。你喜歡逗人開心、給人驚喜，因此你的身邊總是笑聲不斷。

你具有幽默感，與人談天的話題也很豐富，腦筋動得很快，擁有獨創的點子、自由的想像力，以及讓旁人吃驚的才華。你相信自己的靈感，常常以此精力充沛地採取行動。

8月3日出生的人，既擁有決斷力也有行動力，會不斷地將觸角延伸到自己感興趣的事物上。你不太考慮將來的事情，充滿享受當下的熱情。相對地，你也常常只有三分鐘熱度，無法孜孜不倦地堅持努力下去。

這天出生的人擁有不服輸的一面，如果對自己的想法太過固執，將失去與周遭的協調性，變得任性妄為，恐怕會遭到孤立，因此請特別注意。請你在保有赤子之心之際，也不要忘了向旁人虛心請教。

你的出生日期3，是孩子的象徵。在穩定中蘊含著變化的可能，是一個創意、活潑的數字。再加上出生月分8熱情、無限大（∞）的特性，更加放大了創造新事物的動力與能量，讓你勇敢挑戰未知的可能，像個朝氣十足的孩子。



### ❖戀愛・婚姻・性生活❖

你擁有獨特的愛情觀，會憑直覺選擇對象。你個性熱情又具有行動力，可能會與眾人意想不到的對象在一起。你也屬於愛恨分明的類型，雖然戀愛經驗不多，但你會隨著一次次的戀愛有所成長。

這天出生的人，基本上很喜歡孩子，因此也有不少人奉子成婚。你的理想是建立一個歡笑不斷的家庭。雖然你對性有興趣，但出於對自己外型的自卑，可能並不積極。比起性行為本身，更重視心靈交流。

### ❖工作・財運❖

在職場中，你屬於活力四射的類型，無論從事任何工作，都能樂在其中。你對新奇事物的興趣濃厚，並具有創造力、感受力與玩心，也適合從事演藝或音樂相關的娛樂產業。你可能因為太過旺盛的好奇心而經常換工作，不過你具有同時兼顧兩種以上工作的精明與活力。

你的財運很強，擁有靠靈感賺錢的能力。不過，你經常出手闊綽，浪費成性，不如委託值得信賴的專家為你管理財務，或許你心裡會較為踏實、安心。

## ❖ 今生使命・未來展望 ❖

你今生的使命是：活用旺盛的好奇心，探索無形的世界，並將從學到的智慧與訊息，向世人傳達。

你是否從小就感受得到無形的世界存在，卻一直逃避呢？或者，你也可能早就沉浸在精神世界裡。不管你採取哪種態度，都是太過受到無形世界的影響，顯示你正處於失衡的狀態。因此你需要學著如何與無形的世界平衡共處。

請你在日常生活中磨練自己的感官，並將你的感受試著以語言、文字或圖畫呈現出來。不要受到世俗眼光的影響，相信自己的直覺，愉快地創作，就能離你的畢生志業更接近。

## ❖ 生日帶來的訊息 ❖

「興致盎然」

「野心」

「磨練感受力」

### 前世の故事

你的前世是生活在亞馬遜叢林深處，與大自然為伍的孩子。

你的好奇心很旺盛，每天都在叢林中四處探險、跑來跑去。熱愛享受生命的你，對於那些需要努力或堅持才能取得成果的事並不擅長，幾乎無視於家庭與部落的生活所需，鎮日只與那些氣味相投的夥伴，享受著唱歌跳舞的生活。你只想將對生命的熱情花在享受當下，貫徹自由自在的生活方式。

但等你邁入老年，開始回顧人生之際，這才發現自己沒有留下任何的人生成果。你心想，下輩子要好好學習生命中最重要的事，決不能再虛度光陰。

8/3 希伯來文

### ❖ 生日契合度 ❖

**◉ 情人・伴侶**

| | |
|---|---|
| 1月9, 18, 27日 | 7月3, 21, 30日 |
| 2月8, 17, 26日 | 8月2, 11, 20日 |
| 3月7, 16, 25日 | 9月1, 19, 28日 |
| 4月6, 15, 24日 | 10月9, 18, 27日 |
| 5月5, 14, 23日 | 11月8, 17, 26日 |
| 6月4, 13, 22日 | 12月7, 16, 25日 |

**◉ 工作夥伴・朋友**

| | |
|---|---|
| 1月10, 19, 28日 | 7月4, 22, 31日 |
| 2月9, 18, 27日 | 8月3, 21, 30日 |
| 3月8, 17, 26日 | 9月2, 20, 29日 |
| 4月7, 16, 25日 | 10月1, 19, 28日 |
| 5月6, 15, 24日 | 11月9, 18, 27日 |
| 6月5, 14, 23日 | 12月8, 17, 26日 |

**◉ 競爭對手・天敵**

[1/23] [3/30] [4/12] [5/19] [7/23] [7/26] [10/10]

**◉ 靈魂伴侶**

[1/15] [1/20] [2/10] [6/16] [9/22] [9/30] [10/25]

### ❖ 生日名人 ❖

東尼・班奈特（歌手）
馬丁・辛（演員）
瑪莎・史都華（企業家）
岡田茂（前三越社長）
田中耕一（化學家、諾貝爾獎得主）
行定勲（導演）
稻葉篤紀（棒球選手）
安住紳一郎（主播）
伊藤英明（演員）
川中香緒里（射箭選手）

◉ 從你的生日看命運
請見32頁

# 8月4日

August fourth

## 腳踏實地一步步持續擴展目標的實務家

這天誕生的你，做任何事情都非常認真努力，堅持到底，一步步累積成果。你的出生日期4，代表事物的實質基礎。再加上出生月分8象徵著無限大（∞）的富足、熱情的特質，讓你不管遇到什麼困難，都不會半途而廢，總是全力以赴，積極挑戰。因此8月4日出生的人，可以說是腳踏實地，一步步擴展目標的實務家。

你的個性雖然誠實穩重，卻蘊藏熱情，能以強大的信念達成目標。雖然你缺乏強大的行動力，卻擁有出眾的實力與穩定性，能夠實際做出確實的成果。你會緩慢、踏實地走在自己信念的道路上勇往直前。當自己決定的事能按照計畫進行時，能讓你感到喜悅，因此你適合從事需要耐性的活動。

不管做什麼事，你都會本著不會偷懶的老實態度，讓你深得旁人的信任。而且你一旦決定的事情，無論如何都會堅持到最後，擁有很強的責任感。

相對地，如果你對眼前的事情過於全力以赴，往往容易變得冥頑不靈，對身邊的人會很嚴格。請你接受每個人之間的差異，傾聽周遭的意見，讓自己的心變得更溫柔、更有包容力。



### ❖戀愛・婚姻・性生活❖

你坦率專一的特質，會顯露在愛情中。只要你喜歡上一個人，就會採取各種攻勢。你可能會無視對方的想法，以自己的步調積極行動，因此也可能導致對方退卻。你無法將愛情與婚姻分開看待，認為戀愛就是以結婚為前提交往。

婚後的你，無論對於家庭或工作你都會全力以赴，但可能會過度勉強自己，請特別注意。你對於性生活也會認真以待，會在結婚之前守貞。

### ❖工作・財運❖

你擁有為了成功不惜一切代價的事業擴張力。當你在組織中的角色愈明確，愈能發揮你的才華。你總是以正向積極的心態，朝著制定的目標持續腳踏實地邁進，因此能夠得到確實的結果。如果能在組織中，讓你負責實務領域，想必更能活用才能。

你的財運雖然無可挑剔，但也不能只是儲蓄。將你賺得的財富慷慨地與身邊的人分享，是提昇財運的祕訣。

## ❖ 今生使命・未來展望 ❖

今生你的使命是：活用實務家的才能，卻不失天真的赤子之心，帶著豁達的笑容好好享受人生。

對於重視實際又個性認真的你來說，實現這個目標或許難度很高。你是否常常因為想把事情做得盡善盡美，因此更加努力，而在不知不覺間努力過頭，變得不苟言笑呢？

為了讓你擺脫世俗眼光與社會期許，展現出內在的赤子之心，建議你先從外在表現著手，讓自己露出笑容開始。就算只是裝出來的笑容也無所謂，因為並不是發生開心的事情才能展現笑顏，而是笑容能夠吸引快樂的事物。

當你帶著天真無邪的笑容，隨心所欲地享受自己獨一無二的人生之時，就完成了你今生的使命。

## ❖ 生日帶來的訊息 ❖

「物質主義」
「勤勞」
「覺得有趣」

### 前世の故事

你的前世是商人，住在極寒的西伯利亞。你小時候是個沉默、謹遵父母教誨的孩子，長大之後就從父母手上繼承了家業。你每天勤奮工作，活用自己的商業才華，逐漸拓展事業。結婚生子後，你依然認為必須致力於事業才能保衛家庭，因此你仍繼續勤奮工作，甚至捨不得休息。因為你沒有時間與家人交流，結果導致夫妻、親子之間的感情非常疏離。

雖然你已經累積了一定程度的財富，依然感到不滿足，仍舊持續地投入工作當中。等到你到了晚年退休，有了獨處的時間後才發現，自己除了工作以外什麼都不懂，使你陷入茫然之中。

דח

8/4 希伯來文

### ❖ 生日契合度 ❖

◉ 情人・伴侶

| | |
|---|---|
| 1月6, 15, 24日 | 7月9, 18, 27日 |
| 2月5, 14, 23日 | 8月8, 17, 26日 |
| 3月4, 22, 31日 | 9月7, 16, 25日 |
| 4月3, 21, 30日 | 10月6, 15, 24日 |
| 5月2, 11, 29日 | 11月5, 14, 23日 |
| 6月1, 19, 28日 | 12月4, 13, 22日 |

◉ 工作夥伴・朋友

| | |
|---|---|
| 1月2, 11, 29日 | 7月5, 14, 23日 |
| 2月10, 19, 28日 | 8月4, 13, 22日 |
| 3月9, 18, 27日 | 9月3, 21, 30日 |
| 4月8, 17, 26日 | 10月2, 20, 29日 |
| 5月7, 16, 25日 | 11月1, 10, 19日 |
| 6月6, 15, 24日 | 12月9, 18, 27日 |

◉ 競爭對手・天敵

[1/31] [2/22] [6/16] [6/26]
[8/31] [11/4] [11/12]

◉ 靈魂伴侶

[1/9] [7/2] [8/5] [8/18]
[9/4] [10/30] [12/31]

### ❖ 生日名人 ❖

路易・威登（LV創始人）
路易・阿姆斯壯（爵士樂手）
巴拉克・歐巴馬（第44任美國總統）
多明哥・馬丁尼茲（棒球選手）
寺田博雄（漫畫家）
吉田松陰（思想家）
美保純（演員）
檀麗（演員）
谷本步實（柔道選手）
加藤清史郎（演員）

◉ 從你的生日看命運
請見32頁

# 8月5日

August fifth

拓展關係強而有力的傳達者

8月5日出生的人是一名溝通者，全身充滿了開朗、活潑的能量，無論在哪裡你都能馬上與任何人打成一片，團結眾人的力量，共同邁向目標，志向遠大。

你具有旺盛的好奇心與行動力，總是精神飽滿，火力全開。你也擁有出眾的實力，而且你在行事上的熱情與速度感，想必能讓周圍的人為你折服。

你與任何人都能一拍即合，並牽起人與人之間的關係，形成自己廣大的人脈圈。個性自由奔放、爽朗友善的你，周圍總是聚集許多人，而且笑聲不斷。你既出鋒頭又受人歡迎，自然成為團體的核心人物。由於你充滿了十足的爆發力，想到什麼就馬上行動，因此不管什麼事情都能快速上手，不用花太多時間摸索學習。不過你有時會因為衝得太快，被看作任性傲慢，請特別注意，不要混淆了自由與自私之間的差異。

你的出生日期5，是代表自由與變化的數字。再加上代表無限大（∞）的出生月分8富足、熱情的特性，讓你追求喜悅與富足的力量更加突顯。

充滿魅力的你，想必能將豐富的資訊、龐大的人脈等無形的資產，逐漸吸引到自己身邊。



## ❖戀愛．婚姻．性生活❖

在愛情中，你是不折不扣的肉食系。你認為人生只有一次，因此很希望能盡情地享受各種不同的戀愛。由於你以自己的感受為主，因此婚外情與劈腿對你來說都並非禁忌。喜愛追求刺激的你，經歷過一段又一段的戀愛，若遇到有難度或阻礙的關係，反而會更加點燃你的熱情，屬於戀愛經驗豐富的類型。

婚後，你也不會安穩地守在家裡，而會為了工作與興趣到處奔波。你討厭束縛，容易見異思遷。可能會因外遇而離婚，請特別小心。

在性生活方面，熱情如火又重視技巧的你，能夠盡情享受肌膚之親。

## ❖工作．財運❖

你無論從事什麼工作，都能馬上進入狀況，發揮即戰力。因為你的理解能力很強，因此一下子就能適應新工作。你擁有判斷時勢的能力，因此也適合從事將新知傳播出去的工作。你比較擅長拓展業務以及與人合作，卻不太擅長需要耐性的工作。因此當你開始一項新工作時，能夠持續多久，將成為你能否成功的關鍵。

你有靠自己能力賺錢的財運，有時也會因為衝動而消費，並不擅長儲蓄。

## ✧ 今生使命・未來展望 ✧

今生你的使命是：持續並專心地去做一件事，為自己留下具體的成果。

但這對於追求自由與變化的你而言，要求你專心致志地完成一件事，還要留下成果，這個人生目標肯定很棘手。

你可以先從自己擅長的領域著手，試著刻意地留下具體紀錄。例如透過寫日記或攝影等方式，留下別人也能看得見的具體成果。只要你能逐步地堅持下去，日後就能從自己確實記錄下的人生軌跡中感受到回饋。

請把你無形的情感、知識、經驗等透過有形的方式具體記錄下來，並將這些成果與你遇見的人分享，這能讓你的才華更加發揮作用。

## ✧ 生日帶來的訊息 ✧

**「擴大影響力」**
**「拓展」**
**「持續累積」**

### 前世の故事

你的前世是居無定所的流浪民族，輾轉在歐洲各地移動。

好奇心旺盛的你，從小就與大人一起體驗各式各樣的職業。你前往每個國家時，都能快速學會當地的語言，熟悉當地的文化與習慣，並在各地建立起豐富的人脈。由於你的人面廣，所以也開始從事類似人力仲介的工作，為想要找工作的人，與需要人手的商人與貴族之間搭起橋梁。

擁有各種行業人脈、精通各種職業才能的你，最後甚至包下政府的祕密情報工作，只有內行人才知道你的存在。

一生活得自由自在的你，直到人生的最後，才發現自己沒有留下任何具體的事蹟或成果，因此而感到焦心。

8/5 希伯來文

### ✧ 生日契合度 ✧

**◉ 情人・伴侶**

| | |
|---|---|
| 1月7, 16, 25日 | 7月1, 19, 28日 |
| 2月6, 15, 24日 | 8月9, 18, 27日 |
| 3月5, 14, 23日 | 9月8, 17, 26日 |
| 4月4, 13, 22日 | 10月7, 16, 25日 |
| 5月12, 21, 30日 | 11月6, 15, 24日 |
| 6月11, 20, 29日 | 12月5, 14, 23日 |

**◉ 工作夥伴・朋友**

| | |
|---|---|
| 1月3, 21, 30日 | 7月6, 15, 24日 |
| 2月2, 11, 20日 | 8月5, 14, 23日 |
| 3月1, 19, 28日 | 9月4, 13, 22日 |
| 4月9, 18, 27日 | 10月3, 21, 30日 |
| 5月8, 17, 26日 | 11月2, 20, 29日 |
| 6月7, 16, 25日 | 12月1, 19, 28日 |

**◉ 競爭對手・天敵**

[1/23] [2/29] [4/3] [6/19] [10/23] [12/3] [12/22]

**◉ 靈魂伴侶**

[2/16] [2/25] [3/26] [7/20] [7/31] [12/8] [12/24]

### ✧ 生日名人 ✧

莫泊桑（作家）
阿姆斯壯（太空人）
約翰・休斯頓（導演）
鄭東煥（演員）
高橋勝成（高爾夫選手）
坂茂（建築師）
藤吉久美子（演員）
柴崎幸（演員）
大後壽壽花（演員）
村上茉愛（體操選手）

◉ 從你的生日看命運
請見32頁

# 8月6日

August sixth

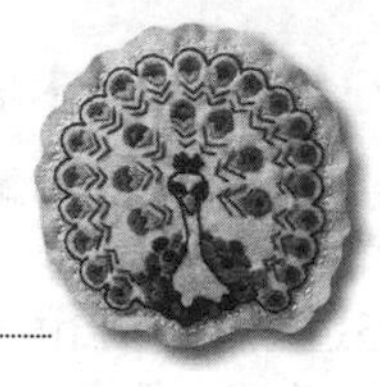

集結眾人之力
朝著困難挑戰的
熱血教師

6日出生的人，基本上對任何人都很親切和善，態度不會因人而異，總是給人良好的印象。

6是愛的數字，象徵著和諧與平衡、美感與創造。再加上出生月分8無限大（∞）、熱情的特性，更加擴大了愛的能量，使其發揮無限拓展的力量。8月6日出生的人，是會與同伴一起面對困難的熱血教師。為人溫暖，總是帶著微笑，對誰都能溫柔包容，因此受到許多人的景仰與依賴。

你的號召力很強，集結眾人之力完成一件事情，能帶給你成就感。你很會照顧人，善於分享、教導別人。你擁有強烈的正義感，如果看到有人欺負弱小你會特別反感，並勇敢地去對抗。你的母性本能強烈，充滿人情味，喜歡照顧人，如果看到有人遇到困難，你無法視而不見。

你的協調能力很優秀，重視自己與周遭人們的關係。不過，一旦你的心理失衡，就會變得想依賴特定對象。如果你到處插手別人的事情，可能會出現強迫別人接受自己好意的傾向。你也會因為關心夥伴而多管閒事，因此請特別注意，不管遇到什麼事情都不要幫人幫過頭。



## ❖戀愛・婚姻・性生活❖

生性溫柔、一心為對方著想的你，是典型的奉獻型情人。對方愈是沒用，可能愈會讓你陷入熱戀當中。因為你很害怕對方移情別戀，因此往往會接受那些讓自己也覺得很無奈的情況。

在性生活方面，就算是你不喜歡的對象，如果對方比較強勢，你也可能與對方發生關係。你一旦對人產生感情，這段關係就會切不斷，因此請特別注意。

婚後，你為了建立穩定理想的家庭，會對家人傾注所有的關愛。但即使是家人，也最好不要過度干涉、支配對方。

## ❖工作・財運❖

你總能讓人感受到你的溫柔、包容，因此適合與人接觸的工作。你擁有團結眾人的力量，能帶領人們一起克服難關，因此適合從事教育或人才培育、教練等職業，例如培育人才的教師，可以讓你的才華開花結果，感受到工作的意義。你的熱情也會影響、帶動身邊的人，因此如果在大企業工作，適合擔任中階管理者。

你的財運不差，但因為個性太善良，可能為了幫助遭遇困難的人而不顧後果。請不要忘記優先考慮自己的實際情況。

## ❖ 今生使命・未來展望 ❖

你今生的使命是：讓人與人之間建立有意義且深刻的連結，成為連結眾人的溝通者。

總是習慣和團隊一起向前衝的你，是否對自身的改變或環境變化多少有點恐懼呢？再者，若你意識到夥伴想法有改變、與你不再相同，或是瞞著你去做一些事，你是否會感到憤怒或寂寞呢？承認並接受自己或他人的改變，能使你更加成長。

請先試著從日常生活中的小事開始，有意識地加入一點變化吧。只要你能放開對改變的恐懼，一想到什麼事就付諸實行，自己也能逐步成長，變成更好的自己。

喜歡與眾人親近的你，如果能夠學會接受改變帶給你的成長，讓自己明快地採取行動，在拓展目標的同時，你也能認識更多新的夥伴。

## ❖ 生日帶來的訊息 ❖

**「包容」**

**「團隊意識」**

**「接受對方的改變」**

### 前世の故事

你的前世是屬於羅馬帝國王室的教職人員。出身貴族的你，深得國王信賴，後來被聘為王子的老師。剛柔並濟的你，深獲王子的敬仰與信賴。後來，王子即位成為國王，你則開始攝政，從旁協助政務。某天，你的國家與鄰國發生戰爭，新國王徵詢你的意見，你則建議他開戰，於是兩國陷入了戰爭。

這時你才意識到，原本以為自己是為國王好、為國家好才提出的建言，其實說不定只是為了要誇耀自己擁有控制國王或國家的力量。

וח

8/6 希伯來文

### ❖ 生日契合度 ❖

**◉ 情人・伴侶**

| | |
|---|---|
| 1月3, 12, 30日 | 7月6, 15, 24日 |
| 2月2, 11, 29日 | 8月5, 14, 23日 |
| 3月1, 19, 28日 | 9月4, 13, 22日 |
| 4月9, 18, 27日 | 10月3, 21, 30日 |
| 5月8, 17, 26日 | 11月2, 20, 29日 |
| 6月7, 16, 25日 | 12月1, 10, 19日 |

**◉ 工作夥伴・朋友**

| | |
|---|---|
| 1月4, 13, 31日 | 7月7, 16, 25日 |
| 2月3, 12, 21日 | 8月6, 15, 24日 |
| 3月2, 11, 29日 | 9月5, 14, 23日 |
| 4月1, 19, 28日 | 10月4, 13, 31日 |
| 5月9, 18, 27日 | 11月3, 12, 30日 |
| 6月8, 17, 26日 | 12月2, 11, 29日 |

**◉ 競爭對手・天敵**

[2/10] [5/11] [5/15] [6/24] [7/11] [12/9] [12/20]

**◉ 靈魂伴侶**

[5/23] [5/30] [7/19] [8/9] [8/20] [12/7] [12/23]

### ❖ 生日名人 ❖

勞勃・米契（演員）
安迪・沃荷（藝術家）
楊紫瓊（演員）
奈特・沙馬蘭（導演）
第 12 代市川團十郎（歌舞伎演員）
堺正章（藝人）
今森光彥（攝影師）
辰巳琢郎（演員）
魚君（魚類學者）
窪田正孝（演員）

◉ 從你的生日看命運
請見32頁

# 8月7日

August seventh

## 把熱情寄託在自己作品上執著的職人

8月7日出生的你，屬於熱血職人的類型，總是懷著熱情，貫徹自己的理念與獨特的風格。你喜歡以自己的步調進行工作，聽不進別人的意見，是個頑固的人。

出生日期7的形狀，如同斜向的箭頭，顯示一個週期的結束，是具有完結、調和意義的數字。再加上出生月分8無限大（∞）、熱情的特性，讓你對自己的風格與作品的堅持，以及對事物的熱情更加突顯。

你從小就有著成熟的氣質，在精神上比較獨立。你討厭被人干涉，喜歡單獨行動。雖然是努力的完美主義者，卻討厭讓人看見自己的努力。你擁有才華，希望能依照自己的步調完美地執行，並憑著自己的熱情創作作品。你具備客觀的觀察力、分析力與冷靜的判斷力，並擁有出色的穩定性。

你具備8月出生者的特質，在對細節的堅持下，依然能夠貫徹自己的信念，並擁有強大的行動力、執行力及不服輸的熱情。但也因為這樣的自信與驕傲，當你的意見未受採納時，可能導致情緒爆發。請不要累積負面情緒，坦率地告訴對方自己的想法吧！



### ❖ 戀愛・婚姻・性生活 ❖

氣質成熟又有魅力的你，在愛情中相當獨立，會追求自己理想中的對象，絕不輕易和不符合理想的對象交往。習慣單獨行動的你，也有害怕寂寞的時候。讓自己不經意流露出脆弱的一面，更能打動對方的心。

即使與對方結為夫妻，你也希望彼此能夠獨立，就算在兩人獨處的時候，你們也不會黏在一起，尊重彼此的空間。

但在性生活方面，你會變得相當熱情，不只會取悅對方，也希望兩人能一起享受。

### ❖ 工作・財運 ❖

無論你處於哪一個人生階段，只要讓你找到畢生志業，就能發光發熱。你適合在獨立的狀態下，以自己的步調完成工作的環境。你原本就對工作充滿熱情，並且非常講求專業精神，你對自己的技術充滿自信，覺得自己不會輸給任何人。

在工作上的評價與成功，會直接關係到你的地位與財富。但如果你太過重視名利，反而會錯失成功的良機，請特別注意。如果你能專注於自己喜歡的工作，就是吸引財富的捷徑。

## ❖ 今生使命・未來展望 ❖

你今生的使命是：懷著專業創作的堅持，無私地去愛所有在人生中遇到的人，不要求任何回報，只品嘗付出的喜悅。

對於不擅長與人深交的你來說，或許會覺得去愛與自己無關的人是多管閒事。但如果誰也不會因為你用心創作的事物而喜悅，你不會感到失落嗎？

如果你傾注熱情完成的工作或作品，能讓別人感到開心，就代表對方接收到你的愛。為了達到這個目的，你可以試著更積極主動與人接觸。

無論在工作上還是私底下，一邊具體想像你的存在或創造的作品能為別人帶來喜悅，一邊投入眼前的工作當中，就能實現你今生無私去愛、不求回報的使命。

## ❖ 生日帶來的訊息 ❖

「傳達想法」
「貫徹到底」
「與他人深交」

### 前世の故事

你的前世是中世紀法國的熱血騎士，一心貫徹騎士的精神。

你對原本身為騎士的父親非常崇拜，因此朝著與父親相同的人生道路邁進。為了達成目標，你從小就相當努力，不管面對什麼樣的修行都不會退縮示弱，最後終於成為了全歐洲最優秀的騎士。即使步入老年，你也未曾失去對騎士精神的熱情與信念，因此許多年幼的見習生或年輕的騎士都前來拜你為師。其中也有人因為受不了你嚴厲的指導，很快就離去。你看著這些年輕人的背影，憤怒地想：為什麼他們不更加努力，以我現今擁有的崇高地位為目標呢？

8/7 希伯來文

### ❖ 生日契合度 ❖

**◉ 情人・伴侶**

| | |
|---|---|
| 1月8, 17, 26日 | 7月2, 20, 29日 |
| 2月7, 16, 25日 | 8月1, 19, 28日 |
| 3月6, 15, 24日 | 9月9, 18, 27日 |
| 4月5, 14, 23日 | 10月8, 17, 26日 |
| 5月4, 22, 31日 | 11月7, 16, 25日 |
| 6月3, 21, 30日 | 12月6, 15, 24日 |

**◉ 工作夥伴・朋友**

| | |
|---|---|
| 1月5, 14, 23日 | 7月8, 17, 26日 |
| 2月4, 13, 22日 | 8月7, 16, 25日 |
| 3月12, 21, 30日 | 9月6, 15, 24日 |
| 4月2, 11, 29日 | 10月5, 14, 23日 |
| 5月10, 19, 28日 | 11月4, 13, 22日 |
| 6月9, 18, 27日 | 12月3, 12, 21日 |

**◉ 競爭對手・天敵**

[1/7] [1/28] [2/27] [4/22] [6/25] [7/31] [12/26]

**◉ 靈魂伴侶**

[1/16] [1/31] [4/22] [5/27] [6/26] [10/25] [12/11]

### ❖ 生日名人 ❖

瑪塔・哈里（間諜）
阿比比・比基拉（馬拉松選手）
莎莉・賽隆（演員）
司馬遼太郎（作家）
藤田元司（棒球選手）
松浦理英子（作家）
桑名正博（歌手）
內田春菊（漫畫家）
朝赤龍太郎（相撲選手）
野比大雄（住在東京的小學生）

**◉ 從你的生日看命運**
**請見32頁**

# 8月8日

August eighth

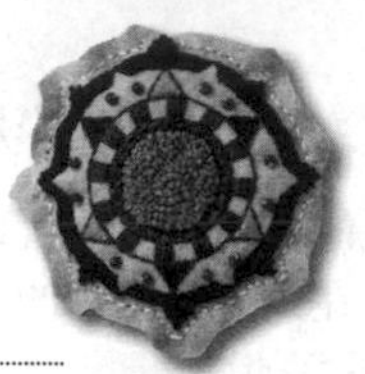

為每個人點燃熱情的熱血激勵者

你總是積極開朗，屬於熱血的激勵者，能激發他人的需求與動機。你擁有強大的意志與動力，毫不畏懼任何困難。你的出生月分、日期的8，象徵無限大（∞），是代表熱情、富足、繁榮、光榮的數字。此外，8也具有放大、擴展的特性，因此8月8日出生的人，無論身在何處、做什麼事情，都會非常耀眼。

你擁有優異的執行力，對眾人有號召力，並且能將計畫付諸實行。你的正能量，總能點燃身邊人們的熱情，即使原本他人以為不可能做到的事情，想必也會化為可能。

你對任何事情都想要體驗看看，並且能夠接二連三地實現願望，擁有出類拔萃的魅力。你也具備不認輸的骨氣，因為你擁有一顆堅定的心，絕對不會放棄。但你如果為達目的不擇手段，或展現的態度過於強勢、傲慢，可能會為旁人帶來困擾，請特別注意。

雖然你對凡事積極挑戰的態度值得讚許，但請不要忘了為自己的選擇負起責任。偶爾也要獨自靜下心來，面對自己的內心，控制好內在那股強大的驅動力與亟待擴張的能量，並將你獲得的富足與喜悅慷慨地分享給身邊的人。



## ❖戀愛・婚姻・性生活❖

你一旦喜歡上一個人，就會義無反顧地追求對方。你會不顧一切地積極表現你的熱情，直到把對方追到手。你最討厭那種曖昧不明的狀態，要就是要，不要就是不要，所以在愛情中也偏好速戰速決。

婚後擁有伴侶的安心感，反而使你不會安分待在家裡，而會沉迷於工作，因此也不要忘記尊重你的伴侶。

在性生活方面，你也會以自己的需求為主，不斷向對方求歡。請注意，不要因為你的自私引起伴侶的反感。

## ❖工作・財運❖

你的個性最適合發展宏圖大業，擁有率領團隊成就大事業的無限可能與力量。你具備經營者的頭腦，即使面對困難的工作，也能活力十足地好好處理。重視衝勁的你，對於需要耐心推動的工作反而會感到棘手，因此需要一個能夠冷靜判斷事務的事業夥伴與你搭配。基本上，你認為沒有什麼不可能的事，愈是困難的挑戰，愈能激發熱情。你總能用積極的能量影響周圍的人，讓大家團結一致，大獲成功。你擁有獨立創業，白手起家而建立龐大資產的財運。

## ❖ 今生使命・未來展望 ❖

兼具行動力與熱情的你，今生的使命是：透過自己的經驗探求真理，獨力完成目標，學會真正的獨立自主。

對於喜歡與同伴一起挑戰困難的你而言，獨自完成一件事情談何容易，因為總是無法好好堅持到最後是你的特質之一。請你稍微體諒一下那些被你設定的目標耍得團團轉的人的心情，好好檢討自己。

首先，請你刻意地增加獨自行動的時間，面對自己的內心。一旦你決定要做，就自己負起責任堅持到最後，不要把爛攤子拋給周圍的人。一再累積這樣的經驗，能讓你的才華更加穩健發揮，學會真正的獨立。只要你能達到身心平衡、自立自強，自然也能促使周圍的人獨立自主。

## ❖ 生日帶來的訊息 ❖

**「無限大的力量」**

**「繁榮」**

**「學會獨處」**

### 前世の故事

你的前世是在中國元代侍奉皇帝的貴族。你生在財富與權力兼備的貴族之家，自幼就容貌端莊美麗，非常引人注目。長大後，你在皇帝舉辦的武術大會中取得優勝，於是被提拔為皇帝的心腹，成為率領軍隊的高官。而你也因為優秀的能力深受好評，獲得一人之下萬人之上的地位，並熱中於戰事。

但某天，你因為太過相信自己的能力，強行出兵，結果敗給敵軍，不僅失去眾多兵力，也失去了皇帝的信賴。這時，你才第一次意識到承擔責任的重要性，身為領導者不應該因自己的能力而傲慢，必須綜觀整體局勢，才能做出正確判斷。

חח

8/8 希伯來文

### ❖ 生日契合度 ❖

◉ **情人・伴侶**

| | |
|---|---|
| 1月4, 13, 31日 | 7月7, 16, 25日 |
| 2月3, 12, 21日 | 8月6, 15, 24日 |
| 3月2, 11, 29日 | 9月5, 14, 23日 |
| 4月1, 10, 28日 | 10月4, 22, 31日 |
| 5月9, 18, 27日 | 11月3, 21, 30日 |
| 6月8, 17, 26日 | 12月2, 20, 29日 |

◉ **工作夥伴・朋友**

| | |
|---|---|
| 1月6, 15, 24日 | 7月9, 18, 27日 |
| 2月5, 14, 23日 | 8月8, 17, 26日 |
| 3月4, 22, 31日 | 9月7, 16, 25日 |
| 4月3, 12, 30日 | 10月6, 15, 24日 |
| 5月11, 20, 29日 | 11月5, 14, 23日 |
| 6月1, 19, 28日 | 12月4, 13, 31日 |

◉ **競爭對手・天敵**

[2/11] [3/19] [4/21] [6/10] [7/26] [10/19] [12/28]

◉ **靈魂伴侶**

[2/1] [4/8] [4/26] [5/24] [10/27] [11/6] [11/10]

### ❖ 生日名人 ❖

楊・維克特（作曲家）
達斯汀・霍夫曼（演員）
羅傑・費德勒（網球選手）
前田美波里（演員）
押井守（動畫導演）
隈研吾（建築師）
新井素子（作家）
田中要次（演員）
天海祐希（演員）
貓廣志（藝人）

◉ **從你的生日看命運**
**請見32頁**

# 8月9日

August ninth

## 從時代脈動中 展現商業天分 熱血的賢者

你的出生日期9，是從1數到9的最後一個數字。因此這個數字包含了所有數字的特性，代表完結、調和，象徵著探究真理、追求智慧，希望為世界及人類帶來助益的賢者。再加上象徵無限大（∞）的出生月分8富足、熱情的特性，讓你胸懷熱情，即使遇到困難，也能默默挑戰的特質更加突顯。

你擁有解讀時代潮流的品味與商業天分，能在各式各樣的場合發揮你的智慧與力量。你也是求知欲旺盛的資優生，從小就有著成熟的氣質，並且聰明、懂得觀察氣氛。但從你沉穩的性格幾乎難以想像，你其實是個滿腔熱血的拚命三郎。你雖然很少強烈主張自己的想法，但卻愛恨分明。你的服務精神令人敬佩，時常關注周遭，對於自己決定要做的事情總是全力以赴，不會偷懶。

因為你心懷對社會貢獻的高度理想，因此往往會嚴格批評那些胸無大志的人。由於謹慎的你總是非常關注周遭的情況，可能容易因為過於在意他人的言行而累積壓力，造成身心失衡，請特別注意。不要太過以社會、眾人為優先，你應該花更多的金錢及時間在自己身上，畢竟照顧自己的身心也很重要。



### ✧戀愛．婚姻．性生活✧

在愛情方面，由於你的自尊心高，害怕受傷害，所以不會主動告白，導致感情遲遲無法進展。你會冷靜地選擇適合自己的結婚對象，婚後會不惜一切努力也要建立理想家庭，屬於好老公、好太太的類型。你在婚後也會極力避免顯露自己的情緒，雖然這麼做比較不會吵架，但請特別注意不要因此成為假面夫妻。

你很重視精神層面，因此性生活往往會變得相對淡漠。如果生下孩子，你可能會因為覺得任務結束而變成無性婚姻，因此必須注重日常的肌膚之親。

### ✧工作．財運✧

你的頭腦好，能夠敏銳判斷現場氣氛，因此無論從事什麼工作，都能巧妙應對。你希望自己成為一個對世界、對全人類有貢獻的人，服務精神很強烈，因此適合需要特殊技巧與專業知識的工作。你也具有商業直覺，財運良好，但如果只為賺錢而工作，容易破壞內在的身心平衡，請特別注意。

你的出生日期9的關鍵字是「貢獻社會」。如果當你意識到賺錢不是為了自己，而是可以用來貢獻社會，為人類謀求福祉，就能提昇自己的財運。

### ⁘ 今生使命・未來展望 ⁘

今生你的使命是：活用身為賢者的資質，不向困難屈服，取得現實上的成功及富足，並與身邊的人分享。

把「造福世界」與「對人類發展有貢獻」視為第一要務的你，對於自己個人的成功反而會感到抗拒。但如果連自己都無法獲得滿足，就更缺乏為他人奉獻的能力。

請先從感謝你手中的富足開始，謹慎面對、處理象徵成功的金錢。由於你容易對賺錢懷著罪惡感，但請你放開雙手，懷著喜悅接納來到自己身邊的富足。在事業上充分發揮自己的才華，取得象徵現實成功的金錢，並慷慨地與周圍的人分享，這才是你今生必須達成的使命。

### ⁘ 生日帶來的訊息 ⁘

**「具有辨識力的成熟大人」**
**「洞察力」**
**「享受富足」**

### 前世の故事

你的前世是日本室町時代的貴族。當其他貴族理所當然地縱情娛樂時，你把全副心思都擺在如何改善窮苦人家的生活，並開始思考自己能否拯救他們。

但沒有政治實權的你，能做到的頂多就是給予偶然遇到的對象微薄的施捨。你雖然很想獲得龐大的財富，讓自己有能力拯救更多的人，但如果繼續過著原本的生活，你就無計可施，無法實現這個願望。但就在你不經意地想著「如果我更有錢、更有權就好了……」的時候，你發現自己對那樣的身分其實懷著嚮往。

8/9 希伯來文

### ⁘ 生日契合度 ⁘

**◉ 情人・伴侶**

| | |
|---|---|
| 1月5, 14, 23日 | 7月8, 17, 26日 |
| 2月4, 13, 22日 | 8月7, 16, 25日 |
| 3月3, 21, 30日 | 9月6, 15, 24日 |
| 4月2, 11, 29日 | 10月5, 14, 23日 |
| 5月1, 19, 28日 | 11月4, 13, 22日 |
| 6月9, 18, 27日 | 12月3, 21, 30日 |

**◉ 工作夥伴・朋友**

| | |
|---|---|
| 1月7, 16, 25日 | 7月10, 19, 28日 |
| 2月6, 15, 24日 | 8月9, 18, 27日 |
| 3月5, 14, 23日 | 9月8, 17, 26日 |
| 4月4, 13, 22日 | 10月7, 16, 25日 |
| 5月3, 21, 30日 | 11月6, 15, 24日 |
| 6月11, 20, 29日 | 12月5, 14, 23日 |

**◉ 競爭對手・天敵**

[4/9] [5/17] [6/4] [8/2]
[11/26] [11/27] [12/26]

**◉ 靈魂伴侶**

[1/13] [3/24] [5/13] [5/25]
[5/31] [9/13] [12/12]

### ⁘ 生日名人 ⁘

第二代李頓伯爵（政治家）
尚・皮亞傑（心理學家）
朵貝・楊笙（童話作家）
勞勃・蕭（演員）
惠妮・休斯頓（歌手）
黑柳徹子（藝人）
池上彰（記者）
海野綱彌（漫畫家）
G.G. 佐藤（棒球選手）
木南晴夏（演員）

◉ 從你的生日看命運
請見32頁

# 8月10日

August tenth

**即使遭遇困難也不放棄前進力量強大的領袖**

你是心胸寬闊、不拘小節的人。只要訂定目標，就能率領眾人不斷前進，遇到什麼困難都不放棄，是個強而有力的領袖。

你的出生日期10，由代表箭頭、方向性的1，與代表強化力量的0組成，使你身為領袖的特質更突顯。再加上出生月分8無限大（∞）的特性，更加放大8月10日誕生者的能量，使這天出生的人像磁鐵一樣吸引周圍的人，成為有魅力的領導者。

你總是樂觀開朗，朝氣蓬勃又不拘小節。爽快、直率的個性，能讓認識你的人心情舒暢，想必大家都很喜歡你吧。此外，你是個大膽豪爽的大哥、大姐頭，充滿領導力與行動力，更擁有率領組織的強大力量。由於你很懂得如何照顧人，對於身邊的人總是十分關心，因此也擁有一定的聲望。

你的脾氣來得快去得也快，就算大發雷霆，也不會一直記在心上。但相對地，你的情緒會立刻反應在臉上或態度上，有時會影響周圍的人，請特別注意。

為了避免讓別人誤認為你難以親近，請你保持笑口常開，經常支持、體貼別人，不忘保有一顆感謝的心。



## ❖ 戀愛・婚姻・性生活 ❖

你的個性熱情又專一，容易墜入情網。情人對你而言是人生中不可或缺的存在，因此當你結束一段戀情時，能夠毫不留戀地往下一段戀情邁進。

無論在愛情還是婚姻當中，掌握主導權的總是你。在性生活方面，你也很熱情積極。但你無法把性與愛分開看待，所以一旦變成無性關係，就有著連愛情都降溫的危險性。

你在婚後很有可能變成大男人或母老虎。即使在家中，也想握有掌控權，希望凡事照著自己的意思做。建議你平常就要與伴侶充分溝通，以免讓對方心生不滿。

## ❖ 工作・財運 ❖

身為天生領袖的你，擁有優異的統合能力，總有辦法將團隊整合起來。你能夠綜觀整體局勢、預測未來，並提出方向，因此深受周遭的人信賴。

即使在未知的領域，你也能與團隊成員共同開創新的道路，這樣的才華讓你適合發展新事業。你也具備爆發力，能在限定時間的專案中發揮才能。你的財運非常好，也具有事業運，工作的成果足以直接為你帶來財富。

## ❖ 今生使命・未來展望 ❖

今生你的使命是：活用強大的領導力，對社會與人類有貢獻，為實現世界和平而奉獻自己。

有時你會因為使命感太強，為了造福眾人而太過把身邊的人擺在第一位。

你是否曾因為捨我其誰的強大義務感，把自己的價值觀也強行加在他人身上呢？過於堅持自己才正確的想法，只會為自己與周圍的人帶來痛苦。

你雖然有著世界和平這個龐大的使命，但還是先從達成自己內心的平靜開始吧。與其勉為其難地為他人努力，還不如優先考慮對自己有幫助的事情。

保持自己內心的安穩，讓自己以平和的心過著幸福的生活，就能確實邁向你今生的目標，實現世界和平。

### ❖ 生日帶來的訊息 ❖

**「吸引人的魅力」**

**「勇敢」**

**「保持內心的平靜」**

### 前世の故事

你的前世，是在美國南北戰爭時代，提供南軍經濟援助的事業家。

你從小就如同領袖般的存在，長大之後發揮商業才能，在事業上大獲成功。由於你的事業完全歸功於價格低廉的奴隸勞動力，因此在南北戰爭爆發後，你決定提供南軍經濟支援，反抗主張解放奴隸的北軍。

但隨著戰況漸趨嚴峻，你的事業也開始衰敗。不願認輸的你，乾脆加入了南軍，至於何者才是真正有利於國家人民的選擇，你決定對這個問題視而不見。

# יח

8/10 希伯來文

### ❖ 生日契合度 ❖

**◉ 情人・伴侶**

| | |
|---|---|
| 1月1, 10, 28日 | 7月4, 13, 22日 |
| 2月9, 18, 27日 | 8月3, 21, 30日 |
| 3月8, 17, 26日 | 9月2, 20, 29日 |
| 4月7, 16, 25日 | 10月1, 19, 28日 |
| 5月6, 15, 24日 | 11月9, 18, 27日 |
| 6月5, 14, 23日 | 12月8, 17, 26日 |

**◉ 工作夥伴・朋友**

| | |
|---|---|
| 1月8, 17, 26日 | 7月11, 20, 29日 |
| 2月7, 16, 25日 | 8月10, 19, 28日 |
| 3月6, 15, 24日 | 9月9, 18, 27日 |
| 4月5, 14, 23日 | 10月8, 17, 26日 |
| 5月4, 22, 31日 | 11月7, 16, 25日 |
| 6月3, 21, 30日 | 12月6, 15, 24日 |

**◉ 競爭對手・天敵**

[1/25] [2/15] [4/1] [6/11] [6/27] [8/1] [11/1]

**◉ 靈魂伴侶**

[1/15] [1/30] [2/11] [5/11] [5/26] [6/28] [12/28]

### ❖ 生日名人 ❖

羅珊娜・艾奎特（演員）
安東尼奧・班德拉斯（演員）
角野卓造（演員）
宮崎學（動物攝影師）
寛利夫（演員）
北澤豪（足球選手）
安倍夏美（歌手）
速水茂虎道（演員）
門脇麥（演員）
中島裕翔（歌手）

◉ 從你的生日看命運
請見32頁

# 8月11日

August eleventh

## 洞察背後的真相 熱情洋溢的 靈性能力者

11日出生的人的特徵是，對於無形的世界，有著與生俱來的高超敏感度，從小就將靈性的事物視為理所當然的存在。11象徵著千手觀音，是看透一切，代表革命、革新的數字。你的靈感與直覺都很敏銳，宛如魔法師、女巫型的人物。再加上出生月分8無限大（∞）的特性，使8月11日出生的人，更能成為內心蘊藏熱情能量的靈性能力者。你能夠感受神聖的事物與美的事物，藝術品味也很優異，並具備豐富的表現力與細膩的感受力。

你基本上不愛出鋒頭，喜歡在背後支持別人，但卻懷有不服輸的個性，有時也會毫不客氣地將嚴厲的話語脫口而出。

雖然你能夠憑著出色的靈感、直覺知道答案，卻無法用理性的方式說明，因此身邊的人或許難以理解。周遭的人或環境會帶給你強烈影響，使你容易因此迷惘，因此請特別注意自己結交的對象或選擇的環境。

你自己明明也很敏感、容易受傷，有時卻仍會脫口而出直指對方要害的話，嚇到周圍的人。請你保持內心的清明，不管對任何事情都不要過度熱中。

### ✧戀愛・婚姻・性生活✧



你擁有獨特的愛情觀，重視自己的感受勝於一切。基本上，你是重視心靈相契的浪漫主義者，會溫柔地為對方奉獻。但當你與對方感情愈好，愈容易以不經意的話語傷害對方，請特別注意。

你在性生活方面雖然被動，但由於你以自己的感受為優先，因此每次的反應都不一樣，有時也會突然變得很熱情。一旦擁有家庭，你會努力成為好丈夫或好太太，但由於你不受限於世俗眼光，因此有陷入婚外情的可能。若精神壓力太大可能會突然出現暴走的舉動，因此包含人際關係在內的家庭環境相當重要。

### ✧工作・財運✧

你具有與眾不同的獨特想法與創意，對創作也很有興趣，因此適合成為藝術家、設計師或建築師等創意工作者。你也擁有稍縱即逝的靈感與敏銳的洞察力，因此也適合從事產品開發或加入媒體產業。

你對於神祕的事物、未知的事物以及靈性領域有著強烈的好奇心，因此太平凡的工作無法滿足你。你雖然重視精神上的事物，卻不可思議地沒有經濟上的困擾。倒不如說，當你不太在意金錢，在現實中發揮自己與生俱來的感受力，反而更能提昇財運。

### ✧ 今生使命・未來展望 ✧

兼具熱情與直覺的你，今生的使命是：為自己的決斷與選擇負起責任，在人生中發揮領導力。

志在拓展的你，容易接收各種訊息，但這樣的你是否容易迷惘、受他人意見左右，甚至不知如何是好呢？如果你想要發揮領導力，卻迷失了應該前進的方向，應該會造成大家的困擾吧？

請先試著從對自己的人生負責開始吧！不要被他人的意見擾亂，也不要只依賴自己的直覺，均衡活用左右腦的能力。無論面對什麼事情，都請勇敢表達自己的想法，並靠自己的意志去選擇。當你累積對自己的選擇負起責任的經驗，自然就會產生自信，對周遭的人們也能發揮強大的領導力。

### ✧ 生日帶來的訊息 ✧

**「傳達者」**
**「隱藏的熱情」**
**「對自己的言行負責」**

**前世の故事**

你的前世是古波斯時代薩桑王朝的祭司，負責向國王傳達神諭。

你自幼就靈感發達，能夠感受到不可思議的事物，後來你的天賦被發掘，接受祭司的教育，逐漸成長。後來，你負責執掌祭祀，將神諭告訴國王。這莫大的權力，讓你甚至能夠隨心所欲操控國王。被權力蒙蔽雙眼的你，開始將神諭改成對自己有利的內容，讓國王隨你的心意採取行動。過分相信自己力量的你，沉溺在對權力的欲望當中，甚至未曾發現你早已迷失了自我。

8/11 希伯來文

#### ✧ 生日契合度 ✧

◉ **情人・伴侶**

| | |
|---|---|
| 1月2, 11, 29日 | 7月5, 14, 23日 |
| 2月10, 19, 28日 | 8月4, 13, 22日 |
| 3月9, 18, 27日 | 9月3, 21, 30日 |
| 4月8, 17, 26日 | 10月2, 11, 29日 |
| 5月7, 16, 25日 | 11月1, 10, 19日 |
| 6月6, 15, 24日 | 12月9, 18, 27日 |

◉ **工作夥伴・朋友**

| | |
|---|---|
| 1月9, 18, 27日 | 7月3, 12, 30日 |
| 2月8, 17, 26日 | 8月2, 11, 29日 |
| 3月7, 16, 25日 | 9月1, 19, 28日 |
| 4月6, 15, 24日 | 10月9, 18, 27日 |
| 5月5, 14, 23日 | 11月8, 17, 26日 |
| 6月4, 13, 22日 | 12月7, 16, 25日 |

◉ **競爭對手・天敵**

[4/5] [5/4] [5/24] [7/21] [7/29] [10/24] [12/20]

◉ **靈魂伴侶**

[2/12] [2/22] [4/29] [5/15] [6/9] [9/11] [10/19]

#### ✧ 生日名人 ✧

卡美哈梅哈三世（夏威夷國王）
艾利斯・哈利（作家）
伊內絲（模特兒）
吉川英治（作家）
岸惠子（演員）
中尾彬（演員）
孫正義（軟銀集團創始人）
吉田戰車（漫畫家）
松村邦洋（藝人）
小林綾子（演員）

◉ 從你的生日看命運
請見32頁

# 8月12日

August twelfth

## 享受生命的每個瞬間人生的表演者

8 月 12 日誕生的你，是個開朗、直率的人，像個天真的孩子。擅長自娛娛人的你，是個天生的表演者。

你的個性表裡如一，總是直來直往，也有不服輸、喜歡出鋒頭的一面。你生性樂觀，不太在意未來的事情，是個懂得享受人生的天才。你也不受束縛，擁有自由的靈魂。你會不斷朝著目標前進，四處奔波，是個朝氣蓬勃、活力十足的人。你對未知事物的好奇心比別人更加強烈，總是未經思考就展開行動。特色是反應迅速，對於有興趣的事物充滿想探究的衝勁。

你最喜歡和一群人熱熱鬧鬧地一同為目標努力，擁有重視夥伴的溫柔，以及愛哭的一面。由於你不會說謊，因此內心的真實情緒立刻就會表現在你的態度及表情上。你容易擁有無謂的堅持，或是孩子氣的任性，因此請特別注意。此外，你也因為缺乏耐心，導致對所有的事都漫無計畫，往往容易變得半吊子。請你為自己的言行負起責任，以免造成旁人的困擾。

你的出生日期 12，具有氣勢、流動、節奏感的意思，是象徵孩子的數字於是你會坦率、自由自在地享受當下。再加上出生月分 8 富足、熱情的特性，讓你面對任何事情都會勇敢挑戰的動力更加突顯。



### ❖ 戀愛・婚姻・性生活 ❖

你屬於在邂逅的那一刻就會墜入情網的類型。當你面對喜歡的對象時，內心總充滿著難以自抑的熱情，因此會不顧周遭與對方的狀況，積極主動地出擊。

你對於理想中的婚姻擁有自己的想像，放假時不會悠閒待在家裡，而是會全家一起出門活動。由於你具有往外拓展的能量，因此也有對單一對象無法獲得滿足的傾向。你對性生活也興致勃勃，擁有旺盛的好奇心，希望享受自己主導的樂趣，並且像是從事運動一樣努力，展現活力充沛的一面。

### ❖ 工作・財運 ❖

你是團隊中寶貴的人才，既能發揮領導力，也能在後勤的工作崗位大顯身手。你也能夠炒熱職場氣氛，是大家重視的開心果。由於你身處在競爭的環境中，能激發比別人加倍的熱情，因此如果有具體的目標或對手，更能激發你的動力。

你的財運非常好，也擁有賭運，有著一夜致富的可能性。但如果熱中於投資或賭博，可能會落入意想不到的陷阱。你需要一個冷靜的顧問，幫助你判斷實際狀況與抽身的時機。

## ❖ 今生使命・未來展望 ❖

你今生的使命是：活用身為表演者的才能，探究無形的世界，將從中學到的事物，在現實世界中具體呈現。喜歡享受當下的你，比起另一個無形的世界，你更容易受到現實事物的吸引。但你應該也知道，這個世界光憑物質的事物無法成立。

讓自己意識到世上所有一切都是靠著看得見的物質世界與看不見的精神世界間的平衡、連結方能成立，這很重要。今生請試著更有意識地活用自己的靈感與直覺。

這麼一來，你應該就會發現人與人之間的相遇，以及所有發生的一切都不是偶然，而是必然。請你好好回想，正因為你充滿了將一切化為實際的力量，在出生時才會選擇將「探究無形的世界，並將其智慧活用在現實生活中，以傳達給更多的人」當成你今生的主題。

## ❖ 生日帶來的訊息 ❖

「活在當下」
「精彩」
「向神祈禱」

### 前世の故事

你的前世是中美洲古代都市的舞孃，負責在神殿祭祀時獻舞。

你對自己的容貌有自信，自尊心也高，是個愛出鋒頭的人，非常喜歡舞動身體的你，覺得自己在跳舞時是最幸福的。由於你比任何人都輕快的舞姿極為耀眼，某天國王看上你的舞姿，於是招你入宮生活。你的工作就是為國王獻舞。雖然你獲得了富足生活的保障，在跳舞時卻失去了隨心所欲的自由，這樣的日子讓你逐漸喘不過氣。而孩子氣的你，卻任性地把這樣的鬱悶發洩到周圍的人身上。即使如此，你依然難以忍受這種生活，甚至怨恨神讓你遭遇不幸。

8/12 希伯來文

### ❖ 生日契合度 ❖

◉ **情人・伴侶**

| | |
|---|---|
| 1月9, 18, 27日 | 7月3, 21, 30日 |
| 2月8, 17, 26日 | 8月2, 11, 29日 |
| 3月7, 16, 25日 | 9月1, 19, 28日 |
| 4月6, 15, 24日 | 10月9, 18, 27日 |
| 5月5, 14, 23日 | 11月8, 17, 26日 |
| 6月4, 13, 22日 | 12月7, 16, 25日 |

◉ **工作夥伴・朋友**

| | |
|---|---|
| 1月1, 19, 28日 | 7月4, 13, 31日 |
| 2月9, 18, 27日 | 8月12, 21, 30日 |
| 3月8, 17, 26日 | 9月2, 11, 29日 |
| 4月7, 16, 25日 | 10月1, 10, 19日 |
| 5月6, 15, 24日 | 11月9, 18, 27日 |
| 6月5, 14, 23日 | 12月8, 17, 26日 |

◉ **競爭對手・天敵**

[1/10] [3/3] [3/21] [4/26] [6/21] [7/5] [12/3]

◉ **靈魂伴侶**

[1/2] [2/1] [2/4] [3/13] [9/12] [9/22] [11/25]

### ❖ 生日名人 ❖

喬治四世（英國國王）
姜尚中（政治學家）
陳凱歌（導演）
山普拉斯（網球選手）
朴容夏（演員）
吉田秋生（漫畫家）
陣內孝則（演員）
角松敏生（音樂人）
東幹久（演員）
貴乃花光司（相撲力士）

◉ **從你的生日看命運 請見32頁**

# 8月13日

August thirteenth

**什麼事情都想參與 活力十足的掌權者**

你的出生日期13象徵撲克牌的國王，是個強而有力的數字，代表莫大的權力與現實的支配力。再加上出生月分8無限大（∞）的力量與熱情、富足的特性，讓你對各種事情都感興趣、都想要參與，是個拓展意志強烈、活力十足的掌權者。

你的個性認真誠實，謹守社會常規，腳踏實地又努力，也具備才華，能夠確實地在參與的事物中做出具體的成果。好奇心旺盛的你，任何事情都想參一腳，擁有創造新事物的能量。你對自己擁有絕對的自信，內心堅韌，不會因為一點小事就輕易動搖。

你非常重視輩分倫理等上下關係，對地位高的人會彬彬有禮，但對地位低的人難免會有居高臨下的傾向。對地位與權力敏感的你，具備把身邊的人拉進你麾下的強大力量，因此也會組成自己的小圈圈或派系。一旦你有機會掌握權力，就會變得獨裁，試圖憑自己的想法支配一切，請特別注意。

此外，由於你對自己的要求很嚴格，因此無法向他人示弱，往往會獨自承擔不少問題。你也有過勞、忍受壓力直到身體出問題的傾向，請注意不要勉強自己，該休息時就早點休息。



### ❖戀愛・婚姻・性生活❖

無論對愛情還是婚姻，你都擁有一套旁人無法動搖的價值觀。你對愛情專一，無法將戀愛與結婚分開來看待，認為戀愛就等於結婚。

你的戀愛對象類型很廣泛，雖然你對遊戲般的愛情也感興趣，但卻不擅長隱瞞，可能很快就會曝光。由於你會先考慮自保，因此很少展開具體行動。

在性生活方面，你希望由自己引導，來一場激烈火熱的魚水之歡。婚後，請避免因為太過重視家庭，而把自己的價值觀強行加在家人身上。

### ❖工作・財運❖

你在工作上屬於活躍的類型，能夠發揮強烈的正義感與責任感，和大家一起打造堅若磐石的團隊。雖然你也具備成為領導者的實力，但或許擔任鞏固組織的輔助角色，更能讓你的實力得到長足的發展。

你的自尊心高，不願服輸也不願示弱。一旦你掌握了地位與權力，就容易被金錢的力量迷惑，出現所有一切都能靠錢解決的傲慢傾向，請特別注意。基本上你的財運穩固，只要不著迷於金錢的魔力，就能確實財富。

## ❖ 今生使命・未來展望 ❖

你今生的使命是：像孩子一樣天真無邪，盡情享受自己的人生。

你基本上是個認真努力的人，對你來說享受人生等於偷懶玩樂，是自己不知該如何面對的課題。

像孩子一樣天真無邪享受人生，就是意謂著活在當下，接受真實的自己。所以感受比思考更重要。

對於把嚴謹思考當成習慣的你而言，確實需要學著好好去感受一切。無論是透過音樂、舞蹈、芳療還是瑜伽，總之好好磨練自己的感官吧！不要愁眉苦臉，隨時保持笑容。

當你放鬆地露出像孩子般的純真笑容時，心靈自然就會開放，你就能發揮真正的實力，創造新的事物。

## ❖ 生日帶來的訊息 ❖

**「拓展創造性」**
**「堅固」**
**「發揮感受力」**

## 前世の故事

你的前世是近世東歐貴族的妻子，你的丈夫統治著廣大的領土。

雖然你在城堡中過著不愁吃穿的生活，但在丈夫身旁看著他的治世理念，逐漸點燃你的熱情，使你也想參與領地的管理。但無法理解庶民生活感覺的你，所下達的指令只重視法律與規範，逐漸招致領地人民的反感。你愈是勸戒民眾，反彈愈是強烈，最後終於導致全民起義。

被趕下領主寶座的丈夫和你，在逃亡之處殞命。你直到將死之際才發現，不是只有自己的主張與價值觀才是正確的。

# יגח

8/13 希伯來文

### ❖ 生日契合度 ❖

◉ **情人・伴侶**

| | |
|---|---|
| 1月6, 15, 24日 | 7月9, 18, 27日 |
| 2月5, 14, 23日 | 8月8, 17, 26日 |
| 3月4, 22, 31日 | 9月7, 16, 25日 |
| 4月3, 21, 30日 | 10月6, 15, 24日 |
| 5月2, 20, 29日 | 11月5, 14, 23日 |
| 6月10, 19, 28日 | 12月4, 13, 31日 |

◉ **工作夥伴・朋友**

| | |
|---|---|
| 1月2, 11, 20日 | 7月5, 14, 23日 |
| 2月10, 19, 28日 | 8月4, 22, 31日 |
| 3月9, 18, 27日 | 9月3, 12, 30日 |
| 4月8, 17, 26日 | 10月2, 20, 29日 |
| 5月7, 16, 25日 | 11月1, 10, 19日 |
| 6月6, 15, 24日 | 12月9, 18, 27日 |

◉ **競爭對手・天敵**

[1/29] [2/3] [4/25] [5/27] [6/4] [10/13] [10/31]

◉ **靈魂伴侶**

[2/2] [4/27] [5/8] [7/20] [11/27] [12/1] [12/11]

### ❖ 生日名人 ❖

希區考克（導演）
本・霍根（高爾夫選手）
卡斯楚（政治家）
佐野淺夫（演員）
阿萬紀美子（兒童文學作家）
林家波子（藝人）
高橋喬治（音樂人）
伊藤綠（花式滑冰選手）
入來祐作（棒球選手）
篠原涼子（演員）

◉ **從你的生日看命運**
**請見32頁**

# 8月14日

August fourteenth

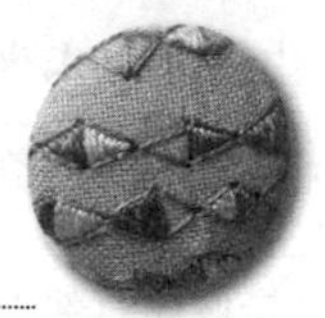

什麼事情都想參與
志在拓展的
自由之士

你是挑戰精神旺盛的自由之士，對於什麼事情都想試試看。你非常重視朋友與夥伴，交遊廣闊，你多樣化的人脈，超越了年齡、性別與職業。

你的頭腦靈活，創意也很出眾，一旦抓到靈感，立刻就能轉換執行的方向。但你的特徵是三分鐘熱度，即使一開始衝勁十足，最後也有可能虎頭蛇尾。如果你只有自己一個人還無所謂，但如果關係到許多人，就可能對旁人造成困擾。請不要任性妄為，配合周圍人們的步調也很重要。

你的情緒表現很豐富，溝通能力出色，很受朋友與夥伴歡迎。個性乾脆直爽的你，看似自由自在，但其實擁有堅定的信念，也蘊藏著達成目的的熱情。

你的出生日期 14 中的 1 與 4 都是象徵箭頭的數字，代表明確的方向性。14 日出生的人，特徵是具有速度感、能快速決策，不斷積極地採取行動。

再加上出生月分 8 無限大（∞）、豐富、熱情的特性，使得 8 月 14 日出生的人，不只能自由自在地拓展人生領域，對於周遭的人也有強大的號召力，能夠逐漸擴張自己的勢力。



### ❖戀愛・婚姻・性生活❖

你在愛情方面也非常有主導性，希望把喜歡的對象拉進自己的世界中，隨著自己的想法支配對方。在性生活方面，你也相當積極熱情。只要體力允許，你就會不顧對方的狀況盡情享受。

愛情也好，婚姻也好，當彼此打得火熱的時候還無所謂，一旦你的感情開始降溫，外遇或離婚等情況似乎就會浮現出來。

活力充沛的你，能快速掌握訣竅，任何事情都能迅速完成，即使是女性，也能兼顧工作與家庭。無論如何，你都不是安於現況的人。

### ❖工作・財運❖

不管什麼事情你都能快速完成，在組織中想必能確實擔任重要的職位。你也擁有超凡的業務天分，能把才華發揮在開拓新事業等未開先例的工作上。而且你的挑戰精神旺盛，即使獨立創業也能獲得成功。

你具備十足的賺錢能力，因此如何使用賺到的錢，對你來說反而更加重要。請不要只把錢花在自己身上，透過投資策略，使身旁的家人與朋友也變得富足才是上策。只要金錢的能量能夠順利循環，就能為你帶來更富裕的人生。

## ❖ 今生使命・未來展望 ❖

你身為志在拓展的自由之士，今生的使命是：認真踏實地度過人生，將自己一直以來所做的事情堅持到最後，並留下具體的成果。

只要是感興趣的事情，不管什麼你都會想試試看，因此對你來說，堅持到最後反而成為一個高難度的課題。

請先從鎖定一件你已經開始著手的事情開始，試著堅持到最後。雖然不需要抱持著非做不可的壓力，但請對自己決定要做的事情負起責任。比起成果，你更應該把注意力擺在如何持之以恆。如果今天做不到，明天再開始就可以了。只要一路堅持到成功為止，你的人生將不再出現失敗。

此外，請將你的成功事蹟留下紀錄。為自己的人生留下足跡能夠幫助你開創人生，這就是你今生的使命。

### ❖ 生日帶來的訊息 ❖

「新銳」
「廣闊」
「留下生命的軌跡」

### 前世の故事

你的前世是中世紀末期歐洲的海盜，在大海中生活與流浪。

從小在山裡長大的你，心中懷著對自由的夢想因而非常嚮往在海上航行的人生。你獨自一人離開村莊來到海邊，廣闊大海讓你滿心雀躍，於是你偷了一艘小船，漫無目的地來到海上。後來船上的舵壞了，海盜船的人救起在海上漂流的你，於是你就這樣志願加入海盜。海盜的生活非常符合你的個性，你很享受這種自由自在的日子，但不久之後，你又想看看更寬廣的世界。你的下一個目標是從威尼斯商人口中聽到的黃金之國吉龐。你感興趣的目標與領域逐漸擴大，但你也控制不了自己的想法。

8/14 希伯來文

### ❖ 生日契合度 ❖

**◉ 情人・伴侶**

| | |
|---|---|
| 1月7, 16, 25日 | 7月1, 19, 28日 |
| 2月6, 15, 24日 | 8月9, 18, 27日 |
| 3月5, 14, 23日 | 9月8, 17, 26日 |
| 4月4, 13, 22日 | 10月7, 16, 25日 |
| 5月3, 12, 30日 | 11月6, 15, 24日 |
| 6月2, 20, 29日 | 12月5, 14, 23日 |

**◉ 工作夥伴・朋友**

| | |
|---|---|
| 1月3, 21, 30日 | 7月6, 15, 24日 |
| 2月2, 11, 29日 | 8月5, 14, 23日 |
| 3月1, 19, 28日 | 9月4, 13, 22日 |
| 4月9, 18, 27日 | 10月3, 21, 30日 |
| 5月8, 17, 26日 | 11月2, 20, 29日 |
| 6月7, 16, 25日 | 12月1, 10, 28日 |

**◉ 競爭對手・天敵**

[1/23] [2/15] [4/3] [4/14] [5/2] [6/19] [12/3]

**◉ 靈魂伴侶**

[1/1] [1/8] [1/26] [4/14] [6/21] [9/20] [11/27]

### ❖ 生日名人 ❖

歐尼斯特・西頓（博物學家）
魔術強森（籃球選手）
莎拉・布萊曼（歌手）
荷莉・貝瑞（演員）
江國滋（作家）
桂歌丸（落語家）
鈴木保奈美（演員）
村田沙耶香（作家）
淺利陽介（演員）

◉ 從你的生日看命運
請見32頁

# 8月15日

August fifteenth

## 以超凡力量用愛連結眾人的熱血教師

8月15日出生的人是一個熱血教師，能夠站在學生的立場，與學生一起歡笑、憤怒、流淚。出生日15兼具1的開始，與5自由及變化的性質，由此產生包容一切的大愛與溫柔等意義。再加上出生月分8無限大（∞）的特性，讓這天出生的人能夠發揮超越一般人的力量與熱情。

你重視同伴，具有團結力，能夠將許多人連結在一起。你深知人情世故，個性溫和，容易感動又溫柔。尤其當同伴、家人或晚輩遇到危機時，你會有即使需要自己擋在他們前面，也要保護到底的澎湃熱情。你很善惡分明，最討厭聽到各種錯誤、扭曲的觀念，對於被欺負的弱者也無法視而不見。當他們遭遇困難來請你幫忙時，你想必會把自己的事情擺在後面，為他們奔走。

對於任何問題或困難，你總是正面以對，全力以赴。你的個性靜不下來，想到什麼就要馬上行動，是個不管遇到什麼事情都會全速前進的鬥士。

但你也有把自己的觀點強行加在對方身上的傾向。有時也會出現偽善一面，覺得自己為對方做這麼多，對方怎能不懂得回報。請不要過於多管閒事，強迫對方接受你的好意，然後自己又覺得鬱悶。



### ✧戀愛．婚姻．性生活✧

雖然你會為喜歡的對象一心奉獻，積極照顧對方，但想要掌握主導權的特質卻會非常明顯。你會一邊說著「我是為你好」，一邊強行把自己的興趣、想法加在對方身上，具有試圖按照自己的意志支配對方的傾向，因此請特別注意。

你雖然是會為家人著想的好丈夫、好太太，但面對愈是親近的人，愈會干涉對方，避免太囉唆。性生活方面，取悅對方能讓你開心。即使是自己不喜歡的人，若對方猛烈追求，你也可能半推半就接受，請避免接近這樣的對象。

### ✧工作．財運✧

你最適合統整團隊的職位。但你希望站在第一線與同伴一起挑戰，因此光是下達指示的管理階級並無法滿足你。你同時具有活躍的行動力，一旦目標確定後就能展現出眾的力量。你也很會照顧部下與晚輩，是個可靠的前輩，或令人崇拜的上司。你雖然擁有不錯的財運，但不是那種會做財務計畫、好好儲蓄的類型。若賺了錢，也會慷慨請後輩吃飯。此外，你還會熱中於教育，因此孩子的教育費也是一筆不小的開銷。

## ❖ 今生使命・未來展望 ❖

你今生的使命是：活用熱血教師的資質，在世上自由往來，成為連結人與人關係的溝通者。

你是不是因為過於重視人情世故與正義感等觀念，而限制了自己的自由呢？你是否也因為自己的夥伴意識太強烈，而會對夥伴的改變感到心生抗拒呢？

或許真正的你明明想追求自由與改變，但卻被自己的角色所綁住。請先在日常生活中，每天加入一點小小的變化，培養心的靈活度開始吧！

例如，改變服裝、改變髮型、換個地方吃飯等等，試著做點輕鬆的改變，好好享受這些新的變化。只要你接受自己原有的自由，就能認可旁人的自由，這是你迎向更寬廣的世界的第一步。

## ❖ 生日帶來的訊息 ❖

**「熱情的羈絆」**
**「激情」**
**「承認對方的自由」**

### 前世の故事

你的前世，是近代初期的法國海軍，負責鍛鍊剛下部隊的新兵，是個熱血教官。

你從小就有強烈正義感，會為夥伴著想，最討厭犯錯。由於你希望能變得更強大，因此志願從軍。但當時的法國海軍戰力低於英國或西班牙，因此在海戰中出現了許多犧牲者。你雖然是教官的身分，教導士兵新的戰術與知識，卻未曾將其活用於實戰。

你認為若想提昇自己在軍中的地位，就要赴前線指揮軍隊。於是你對自己進行嚴格的訓練，希望未來能夠獲得晉升。

**8/15** 希伯來文

### ❖ 生日契合度 ❖

◉ **情人・伴侶**

| | |
|---|---|
| 1月3, 21, 30日 | 7月6, 15, 24日 |
| 2月2, 11, 29日 | 8月5, 14, 23日 |
| 3月1, 19, 28日 | 9月4, 13, 22日 |
| 4月9, 18, 27日 | 10月3, 12, 21日 |
| 5月8, 17, 26日 | 11月2, 20, 29日 |
| 6月7, 16, 25日 | 12月1, 19, 28日 |

◉ **工作夥伴・朋友**

| | |
|---|---|
| 1月4, 13, 31日 | 7月7, 16, 25日 |
| 2月3, 12, 21日 | 8月6, 15, 24日 |
| 3月2, 11, 20日 | 9月5, 14, 23日 |
| 4月1, 19, 28日 | 10月4, 13, 31日 |
| 5月9, 18, 27日 | 11月3, 21, 30日 |
| 6月8, 17, 26日 | 12月2, 11, 29日 |

◉ **競爭對手・天敵**

[2/15] [3/15] [5/11] [6/6] [10/11] [11/28] [12/20]

◉ **靈魂伴侶**

[1/27] [2/6] [3/25] [5/3] [5/12] [11/6] [12/25]

### ❖ 生日名人 ❖

拿破崙一世（法國皇帝）
奧斯卡・皮特森（爵士鋼琴家）
雪兒薇瓦丹（歌手）
班・艾佛列克（演員）
渥美二郎（歌手）
宇梶剛士（演員）
川口能活（足球選手）
金城綾乃（歌手）
岡田將生（演員）
本鄉猛（假面騎士1號）

◉ 從你的生日看命運
請見32頁

# 8月16日

August sixteenth

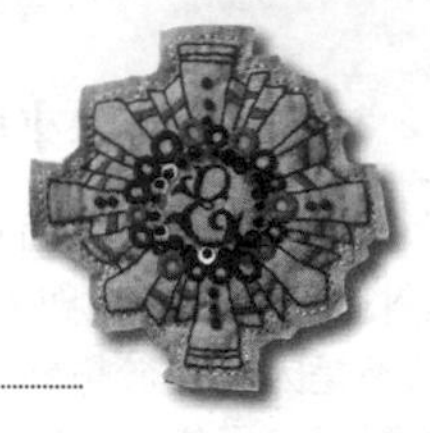

## 極度重視自我風格的專家

這天出生的你，擁有專業知識與技術，是個極度熱愛自我風格的專家。你對世界擁有自己獨特的觀點，不過一旦拓展興趣範圍，你的注意力就會被各式各樣的事物所拉走，讓你在堅持自我與擁抱新事物之間不斷消耗精力。

出生日期16的1代表開始，6則代表愛與調和，1與6兩者相加後等於7，象徵統整事物，獨立完成的能力。再加上出生月分8所象徵的無限大（∞），更加強化你的號召力。這麼一來，在擴張能量，與獨自做出具體成果的職人氣質之間是否能取得巧妙平衡，對你來說就變得非常重要。

你有強烈的專業意識與責任感，因此能夠將負責的工作堅持到最後。雖然你有點不善於溝通，卻有著不可思議的魅力，能夠吸引許多人到你身邊。你會像對待夥伴一樣，親切對待仰賴你的人，溫柔地照顧對方。你對自己的知識與技術很有自信，因此會想盡辦法傳授給周圍的人，希望帶給他們助益。但你也會因為做得過火而變得囉唆，其實你沒有惡意。

對你來說，確保自己有獨處的時間很重要。若你能在保有自己的堅持，與新吸收的事物間保持巧妙平衡，自然就能把你的愛與理念分享給更多的人。



### ✣ 戀愛・婚姻・性生活 ✣

你雖然不擅長表達自己的想法，然而一旦你喜歡上對方，態度就會有所改變。即使對方就在眼前，你也會自顧自地傳達自己的心意，卻根本沒有注意對方的想法。你也可能會自以為對方喜歡你而倒貼上去，自己送上門。

只要耐心與對方交往，即使需要花點時間，對方也能感受到你的魅力，所以不要急著結婚。至於在性生活方面，你冷淡與熱情的一面會交錯出現，因此能配合你的伴侶較為理想。

### ✣ 工作・財運 ✣

你在工作上，兼具講究細節的職人氣質與大膽行動的一面，所以或許會在某種程度上造成旁人困擾。基本上比較適合坐辦公桌，但因擁有技術，因此也適合擔任需要跑業務的業務型工程師。雖然你或許對跑業務不擅長，但只要放膽嘗試，就能取得成果。只要你想憑自己的專業知識與技術賺錢，就能實際辦到。但由於你有許多強烈的自我堅持，若不多點彈性，就會變成毫無道理可言的固執，而無法拓展財運，因此保持內心的靈活與開放很重要。

## ❖ 今生使命・未來展望 ❖

今生你的使命是：無私去愛人生中所有遇到的人，並不要求回報。

你屬於專家、職人類型的人，對於自己感興趣的事有著徹底的堅持，只要一頭栽進自己感興趣的世界就能讓你感到幸福。但如果不將你身為專家的出色才華分享給更多的人，努力也就失去了意義。

你可以主動積極地把自己的專業能力或技術傳授給更多的人，讓更多人善用。很會照顧人的你，可能會忍不住想插手或插嘴，為了讓繼承你知識與技術的人能夠發揮自己的能力，請保持守護者的姿態，用愛培育對方。

雖然自私的雞婆與無私的愛很相似，但實際上卻完全不同。當你不吝與周圍的人分享自己的才華時，就會充滿愛與喜悅，如此一來，自然而然就能將心中滿溢的愛分享給更多的人，並不求回報。

## ❖ 生日帶來的訊息 ❖

「專業意識」
「改善」
「奉獻自己的才能」

### 前世の故事

你的前世是生於中世紀德國，一個由手工藝師傅所組的專業協會的創新型大師。

你對於協會拒絕引進新事物的古老體制有所不滿，但並沒有公開反抗，而是一心一意努力培養自己的實力與新人。由於你對弟子很照顧，因此逐漸在協會中擁有強大的影響力，開始實踐自己的理念。後來，你花了很多時間改革古老的體制，但體制卻無法輕易改變。

不知不覺間疏於本業的你，重新認知到遵守優良傳統的意義，並且深切感受到改革這件事必須花更多的時間才能進行。

8/16 希伯來文

### ❖ 生日契合度 ❖

◉ 情人・伴侶

| | |
|---|---|
| 1月8, 17, 26日 | 7月2, 11, 29日 |
| 2月7, 16, 25日 | 8月10, 19, 28日 |
| 3月6, 15, 24日 | 9月9, 18, 27日 |
| 4月5, 14, 23日 | 10月8, 17, 26日 |
| 5月4, 22, 31日 | 11月7, 16, 25日 |
| 6月3, 21, 30日 | 12月6, 15, 24日 |

◉ 工作夥伴・朋友

| | |
|---|---|
| 1月5, 14, 23日 | 7月8, 17, 26日 |
| 2月4, 13, 22日 | 8月7, 16, 25日 |
| 3月3, 21, 30日 | 9月6, 15, 24日 |
| 4月2, 11, 29日 | 10月5, 14, 23日 |
| 5月10, 19, 28日 | 11月4, 13, 22日 |
| 6月9, 18, 27日 | 12月3, 12, 30日 |

◉ 競爭對手・天敵

[1/10] [3/31] [4/7] [4/22] [5/24] [6/23] [10/25]

◉ 靈魂伴侶

[1/4] [4/10] [5/9] [5/12] [6/29] [8/9] [9/5]

### ❖ 生日名人 ❖

比爾・艾文斯（爵士鋼琴家）
詹姆斯・卡麥隆（導演）
瑪丹娜（歌手）
提摩西・荷頓（演員）
上野瞭（兒童文學作家）
菅原文太（演員）
澤井信一郎（導演）
荒井良二（繪本作家）
大澤茜（藝人）
達比修（棒球選手）

◉ 從你的生日看命運
請見32頁

# 8月17日

August seventeenth

## 充滿熱情與強大行動力的熱血隊長

這天出生的你個性豪爽，充滿勇往直前的拚勁，是個熱血的人。你的內心堅韌，擁有想到什麼就立刻行動的能力，並自然而然團結眾人，就像是個熱血的隊長。你比別人更加不服輸，不管遇到什麼樣的困難，都能靠著努力與毅力正面迎擊。你如果下定決心要做某件事，想必就能以天生的專注力與決斷力，一口氣勇往直前。

當你展現出專注於某件事的能量時，自然就能吸引周圍的人，成功扮演起團結所有參與者的角色。無論在什麼樣的環境中，你都能做出成果，屬於可靠的領袖，深得旁人信賴。你的夥伴意識很強，但對於只是萍水相逢的朋友關係，或是目的不明確的聚會不感興趣。此外，你的自尊心很高，非常討厭接受他人的指示，或是遵循單方面的命令。你往往會以敵我意識來區分周遭的人際關係，對於那些自己並不認同的人，會毫不留情地展現出嚴厲的一面。

你的出生日期17的1與7，都代表擁有明確方向性的箭頭。再加上出生月分8所象徵的無限大（∞）的力量，使你蘊藏的熱情與對周圍人們的影響力，都會更加強化。



### ✧戀愛・婚姻・性生活✧

在感情上，你會比較想要掌握主導權，是個掌控型的情人。你的個性熱情、大方，也很會照顧對方。但你卻不擅長向對方示弱、撒嬌。

在性生活方面，你會展現出積極直接的態度。一旦發生親密關係，就會竭盡忠誠。在婚姻方面，雖然你很體貼，但也容易出現支配對方的傾向。請仔細傾聽對方的需求，不要單方面強迫對方接受自己的想法，是讓婚姻生活順利的祕訣。

### ✧工作・財運✧

你在事業方面擁有優秀的洞察力、判斷力、行動力，因此容易成功。不管從事什麼樣的工作，你都能以統整或領袖的角色嶄露頭角。你受不了受雇於人的立場，因此總有一天會獨立創業、拓展事業版圖，你也很適合擔任創業型老闆。

你具有白手起家的天賦，財運絕佳。當你的目標或方向愈明確，愈能積極展開行動，提昇財運。你對周圍人們的影響很大，因此不要忘了常懷感謝之心，將手中的財富分享給更多的人。

## ❖ 今生使命・未來展望 ❖

你今生的使命是：透過自己的經驗探究真理，獨自把事情做到完美，並且學會真正的獨立。

你擁有能夠完成多數事情的實力，但是否會因此嚴厲批評那些跟不上自己，或努力不足的人呢？雖然擁有強大的信念與執行力是一件很棒的事情，但若要求周圍的人也要和你做到同樣的地步就是一種傲慢。

當你下次想批評對方前，請先試著自己一個人把想做的事獨力完成，就能體諒他人的難處。你的自尊心高，或許不想讓別人看見自己做不到的樣子。但只有接受自己的脆弱，才能真正成熟獨立。

真正獨立自立的人，懂得把做不到的事情交給他人，與周圍的人取得良好的平衡關係。如果身為熱血隊長的你，擁有承認自己脆弱的勇氣，當你理解了獨立的真正意義，也能幫助更多人學會自立。

## ❖ 生日帶來的訊息 ❖

「難以動搖的熱情」
「豪爽」
「承認脆弱的勇氣」

### 前世の故事

你的前世，是中國元代的富商。

當時的西域盛行東西方的貿易交流，而你在那裡發揮了其他商人比不上的商業天分，獲得了龐大的利益。因為你的欲望無窮無盡，於是開始認為努力不夠或才華不足的人沒有用處，因此會毫不留情地捨棄對方，或是徹底擊潰競爭對手。某天，你遺失了倉庫裡的珍貴寶物，使你大受打擊。你第一個懷疑的是擔任掌櫃的部下，並在盛怒之下殺了他，但後來你才發現這是競爭對手的伎倆。你在轉瞬間失去了寶物、得力部下的性命以及其他部下的信賴，這時你才察覺到自己有多傲慢。

יזח

8/17 希伯來文

### ❖ 生日契合度 ❖

◉ **情人・伴侶**

| | |
|---|---|
| 1月4, 13, 31日 | 7月7, 16, 25日 |
| 2月3, 12, 21日 | 8月6, 15, 24日 |
| 3月2, 11, 29日 | 9月5, 14, 23日 |
| 4月1, 19, 28日 | 10月4, 22, 31日 |
| 5月9, 18, 27日 | 11月3, 21, 30日 |
| 6月8, 17, 26日 | 12月2, 11, 29日 |

◉ **工作夥伴・朋友**

| | |
|---|---|
| 1月6, 15, 24日 | 7月9, 18, 27日 |
| 2月5, 14, 23日 | 8月8, 17, 26日 |
| 3月4, 13, 22日 | 9月7, 16, 25日 |
| 4月3, 21, 30日 | 10月6, 15, 24日 |
| 5月11, 20, 29日 | 11月5, 14, 23日 |
| 6月1, 19, 28日 | 12月4, 13, 31日 |

◉ **競爭對手・天敵**

[2/8] [3/28] [3/31] [5/10] [6/10] [6/16] [9/22]

◉ **靈魂伴侶**

[2/19] [3/20] [5/7] [5/18] [8/15] [11/1] [12/27]

### ❖ 生日名人 ❖

費馬（數學家）
江澤民（政治家）
勞勃・狄尼洛（演員）
埃里克・約翰遜（吉他手）
西恩・潘（演員）
吉姆・庫瑞爾（網球選手）
赤井英和（演員）
華原朋美（歌手）
蒼井優（演員）
戶田惠梨香（演員）

◉ **從你的生日看命運**
**請見32頁**

# 8月 18日

August eighteenth

**拓展力量　不輸給任何人　熱情的賢者**

8月18日出生的你，擁有出眾的行動力以及旺盛的求知欲，是個熱情的賢者。此外你也是完美主義者，會依照自己的想法實現夢想。你的出生日期18兼具1的領袖特質，與8無限大（∞）、熱情的特性，所以18日出生的人具備統合的才華，拓展事物的推進力也很出色。

再加上出生月分8的力量，讓你不管面對什麼事情都會全力以赴，憑藉著超凡的執行力與專注力，取得實際的成功。

你是個聰明的資優生，個性爽朗，最喜歡與大家一起為了目標共同努力，在團體中是大家的領袖，扮演團結眾人的角色。但不同於外表的爽朗，你私底下其實是個相當努力、不服輸的人。你的自尊心很高，絕對不會說出自己真正的想法，即使辛苦也會獨自努力到超出極限為止。

你懂得觀察現場氣氛再下判斷，協調人事的能力優異，因此很少樹敵。不過，因為你心裡懷抱理想非常遠大，會因為無法達成而懷有罪惡感，因此陷入無力與孤獨當中。你也經常出現嚴加逼迫自己滿足周圍期待的傾向。請活用自己心中大而化之的一面，對自己更加寬容。



## ✧戀愛・婚姻・性生活✧

你是一個浪漫主義者，在愛情中也會追求自己的理想。你對於戀愛對象的收入、外表、知識與學歷等都有很高的要求。即使談戀愛也像在玩角色扮演遊戲一樣，會在自己心中先進行模擬，並希望照著自己寫下的劇本發展。

婚後，你會很重視家庭，但婚姻生活是否幸福，就在於你與伴侶之間能夠建立多深厚的信賴關係，以及你能否和對方表達自己的心聲。

在性生活方面，雖然你會展現熱情，但也有敏感的一面，如果你心底深處的某個想法卡住了，就會突然變得消極。

## ✧工作・財運✧

為了邁向目標，你會不惜付出一切努力。你能準確察覺到組織期望自己扮演的角色，並努力做出符合期待的成果。你屬於動腦派，擁有冷靜的判斷力，也很重視人和，因此不會為自己樹敵。你擅長擔任團隊的領導者，能夠將人團結起來，因此評價很高，深得上司信賴。

你的財運穩健，也有理財天賦，能夠活用儲蓄、保險、投資等專業的金融商品知識，為自己腳實地建立財富。

### ❖ 今生使命・未來展望 ❖

你今生的使命是：即使遇到困難也不屈服，取得現實上的成功，並分享給身邊的人。

在物質世界裡，取得現實上的成功有一定的價值。雖然你對賺錢懷有罪惡感，但是否也對別人有錢、沒錢相當敏感，並以此評斷別人的價值呢？

致富只是成功的其中一種形式，請從檢討自己對金錢的觀點開始。無論是看不起為賺錢而庸庸碌碌的自己，或靠身價輕易評斷一個人的好壞，都是金錢觀失衡的證據。

金錢是物質能量的象徵，請你好好地珍惜金錢，並透過賺錢來品嘗富足的滋味。當你帶著喜悅收下象徵物質富足的金錢，再將到手的財富與成功，慷慨地分享給周圍的人，就達成了今生的使命。

### ❖ 生日帶來的訊息 ❖

「冷靜的熱情」

「清醒」

「接受富足」

### 前世の故事

你的前世是日本戰國時代的富商，靠著與諸侯們做生意而致富。

你懂得運用自己清晰的頭腦與洞察力來判斷戰況，並根據判斷，將軍事費用借給較有可能戰勝的一方，因此逐漸擴大事業。不知不覺間，如果得到你的支持就能獲勝的謠言流傳開來，使得諸侯們爭相招攬你，但你仍舊保持中立的立場。結果這種騎牆派的態度觸怒了某位諸侯，使你差點死在他手上。即使如此，最後你依然運用大筆的資金成功地逃脫了，這更加強了你認為將來的社會需要的不是武力，而是財力的想法。

8/18 希伯來文

#### ❖ 生日契合度 ❖

◉ 情人・伴侶

| | |
|---|---|
| 1月5, 14, 23日 | 7月8, 17, 26日 |
| 2月4, 13, 22日 | 8月7, 16, 25日 |
| 3月12, 21, 30日 | 9月6, 15, 24日 |
| 4月2, 20, 29日 | 10月5, 14, 23日 |
| 5月1, 19, 28日 | 11月4, 13, 22日 |
| 6月9, 18, 27日 | 12月3, 12, 21日 |

◉ 工作夥伴・朋友

| | |
|---|---|
| 1月7, 16, 25日 | 7月1, 19, 28日 |
| 2月6, 15, 24日 | 8月9, 18, 27日 |
| 3月5, 14, 23日 | 9月8, 17, 26日 |
| 4月4, 13, 22日 | 10月7, 16, 25日 |
| 5月3, 21, 30日 | 11月6, 15, 24日 |
| 6月2, 11, 29日 | 12月5, 14, 23日 |

◉ 競爭對手・天敵

[1/17] [3/17] [3/25] [7/10] [7/21] [12/16] [12/18]

◉ 靈魂伴侶

[1/26] [2/7] [3/30] [4/11] [4/23] [10/22] [12/30]

#### ❖ 生日名人 ❖

安東尼奧・薩里耶利（作曲家）
羅曼・波蘭斯基（導演）
勞勃・瑞福（演員）
G-DRAGON（歌手）
古賀新一（漫畫家）
水道橋博士（藝人）
吉川晃司（音樂人）
清原和博（棒球選手）
中居正廣（藝人）
成海璃子（演員）

◉ 從你的生日看命運
請見32頁

# 8月19日

August nineteenth

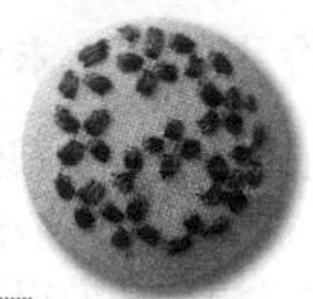

## 兼具熱情信念與冷靜智慧自傲的領導者

你的自信十足，擁有旺盛的求知欲，是堅持自我風格的完美主義者。你既努力又具備行動力，無論身為需要動腦筋的智者，還是統轄眾人的領袖，都有充分的實力。但你對於主動站出來到前頭領導眾人感到抗拒，往往是經由旁人舉薦之後，你才勉為其難地站出來。

你是謀士型的人，擅長從宏觀的視野，掌握事物的整體狀況。你擁有出眾的協調能力，能夠觀察時代趨勢與現場氣氛，看似接受周遭的意見，但最後還是能讓自己的主張巧妙過關。

你的外表給人柔和穩重的印象，但內心熱情如火，相當不服輸，在任何情況下都不會改變自己的信念。你的複雜個性中，兼具兩種極端的特質，既細心又大膽，既熱情又冷靜知性。不過，無論遇到什麼人，你都不會輕易表露心聲。

你心裡隱藏著強烈的使命感，很希望自己的努力能為社會帶來貢獻。你最討厭受到限制，或必須接受他人單方面的指示。對於高高在上的掌權者或社會弊病，你會特別感到憤怒與反彈。

你的出生日期19，結合了最初的1與最後的9這兩個數字，使你兼具1的領袖特質，以及9的整合才華。再加上出生月分8無限大（∞）的特性，讓你擁有加倍的自信心，因此更加倍的不服輸。



### ❖戀愛・婚姻・性生活❖

你在愛情中有雙重人格，無論對方是主動或被動，你都能應對。你雖然討厭自由受限，卻希望能掌控對方的一切，希望對方按照你的想法去做。雖然你很純真又敏感，但也很可能突然向對方提出任性要求，讓對方不知如何應對。

婚後，你雖然會扮演好丈夫、好太太的角色，卻不會輕易對伴侶表露心聲。唯一能讓你坦露真實自我的地方就是床上，因此在性生活方面伴侶是否能夠配合你就很關鍵。

### ❖工作・財運❖

在商場上成功的要件，清晰的頭腦、冷靜的判斷力與行動力等等，你都完全具備。你充滿自信與上進心，懷有不服輸的精神，但比起擔任站在前方領導大家的領袖，你更能發揮協調全體的整合才華。

你具有強烈的熱情與信念，氣勢很強，總讓事情不知不覺之間就能依照你的想法進行。你大膽又細心，擁有優異的協調與調整能力，因此在你麾下不會發生離譜的問題。你擁有踏實的財運，如果有計畫地獨立創業，有機會獲得成功。

## ❖ 今生使命・未來展望 ❖

今生你的使命是：活用身為領袖的才能，對社會做出貢獻，在現實中為了實踐世界和平而努力。

雖然把世界和平與社會福祉放在心上，奮不顧身投入的精神令人敬佩，但如果你以清晰的頭腦與豐富的知識理論作為武裝，一昧地熱血主張自己的正當性，並不容任何反駁，反而偏離了和平真正的意義，請特別注意。

當你為遠大的人生目標採取具體行動之前，應該先以關注自己的內心是否平靜。請你想為全人類帶來貢獻之前，請先調整、療癒自己的內心。

只要你的內心回歸平靜，你也會更加用心對待眼前的人與事，這也能幫助你達成今生的使命。

## ❖ 生日帶來的訊息 ❖

「熱血睿智」
「統合」
「貫徹本色」

### 前世の故事

你的前世，是美國某個原住民部落的長老。某天，白人的殖民者突然闖進你們的村莊，強行奪走你們代代相傳的土地，破壞了你們平靜的生活。絕對不允許這種事情發生的你，於是指示所有部族的男性拿起武器對抗，使雙方進入激戰之中。

雖然你的戰術發揮了作用，殲滅不少敵人，但手拿新式武器的殖民者相當難纏，雙方在激烈的戰鬥後都出現大批犧牲者，你自己也遭受了致命的襲擊。看著代代相傳的土地染上鮮血，使你感到懊悔，你一邊祈禱未來的世界沒有戰爭，一邊嚥下最後一口氣。

# יטח

8/19 希伯來文

### ❖ 生日契合度 ❖

◉ **情人・伴侶**

| | |
|---|---|
| 1月10, 19, 28日 | 7月4, 22, 31日 |
| 2月9, 18, 27日 | 8月3, 21, 30日 |
| 3月8, 17, 26日 | 9月2, 20, 29日 |
| 4月7, 16, 25日 | 10月1, 10, 28日 |
| 5月6, 15, 24日 | 11月9, 18, 27日 |
| 6月5, 14, 23日 | 12月8, 17, 26日 |

◉ **工作夥伴・朋友**

| | |
|---|---|
| 1月8, 17, 26日 | 7月2, 20, 29日 |
| 2月7, 16, 25日 | 8月10, 19, 28日 |
| 3月6, 15, 24日 | 9月9, 18, 27日 |
| 4月5, 14, 23日 | 10月8, 17, 26日 |
| 5月4, 22, 31日 | 11月7, 16, 25日 |
| 6月12, 21, 30日 | 12月6, 15, 24日 |

◉ **競爭對手・天敵**

[1/1] [4/19] [5/27] [6/3]
[8/23] [8/27] [9/8]

◉ **靈魂伴侶**

[1/21] [4/18] [4/21] [5/2]
[6/1] [7/24] [11/29]

### ❖ 生日名人 ❖

奧維爾・萊特（飛機發明者）
可可・香奈兒（設計師）
比爾・柯林頓（第 42 任美國總統）
前川清（歌手）
風間徹（演員）
立浪和義（棒球選手）
府川亮（藝人）
藤岡靛（演員）
木村沙織（排球選手）
西原亞希（演員）

◉ **從你的生日看命運**
**請見32頁**

# 8月20日

August twentieth

## 熱情開朗 想幫助更多人的 奉獻者

8月20日出生的人脾氣好、很會照顧人，滿懷著無論如何都想幫助別人的熱情，是個活力十足的奉獻者。你重視和諧，是充滿體貼之情的善心人士。

出生日期20的2代表包容、調和的女性特質，而這個特質會透過0的力量而更加突顯。再加上出生月分8象徵著無限大（∞）、富足、熱情的特性，使這天出生的人總是開朗熱情，希望幫助更多人的想法願望也更加突顯。

這天出生的人雖然也擁有領導力，但比起成為領袖，擔任支援旁人的後勤工作，或是扮演協調角色，更能發揮長才。你的個性大而化之，周圍的人對你的評價非常高，尤其受到長輩疼愛。你也充滿幹勁與行動力，隨時都在為別人忙碌奔走。

20日出生的人有著強烈的女性特質，具有容易迷惘的傾向。此外，你拒絕不了別人的請求，不管什麼事情都會自己承擔下來，因此容易陷入難題。你很在意世人的眼光與他人的評價，如果你因為對方的臉色而有所退縮，就會糟蹋了自己難得的魅力。

若能意識到這點，你也可在人前人後展現不同態度，時而強勢時而溫柔。但請特別注意，不要隱藏真正的自己，太過勉強自己而累積超載的壓力。



### ✧戀愛・婚姻・性生活✧

在愛情中，你積極為對方奉獻的特質被更加強化，甚至到讓對方難以招架的程度。你總是把對方擺在第一位，不會表達自己的意見，也不會反駁對方的想法。為對方著想的心意雖然重要，但如果完全依賴對方，將會迷失自己，請特別注意。

你在婚後很勤勞，不僅對家人溫柔，家事與育兒也做得很確實。你疼愛孩子，對孩子照顧無微不至，幾乎是過度保護。在性生活方面你比較被動。因為你把伴侶視為第一位，因此不管什麼模式都會配合，遵循對方所有要求。

### ✧工作・財運✧

你是組織內不可缺少的潤滑劑。你不會主動站在舞臺前，因為在幕後擔任安排、協調、給予建議的角色，更能發揮你的才華。你的交涉、管理能力很優秀，即使擔任祕書或助理等庶務職位也能使你出人頭地。

當人際關係出現麻煩時，你會介入調停，傾聽雙方的說法，居中協調，扮演仲裁者的角色。你的財運會受到往來對象的影響，你也能夠大幅提昇、拓展對方的財運，因此認清交往對象，是影響你財運的關鍵。

## ❖ 今生使命・未來展望 ❖

你能在幕後發揮協調能力，為周圍的人帶來幫助，這樣的你，今生的使命是：為自己的選擇負責，在自己的人生中發揮強大領導力。

人太好的你，肯定對於站到人前發揮領導力的角色感到棘手。因此，你容易出現優柔寡斷、受他人意見影響的依賴傾向，請特別注意。

但你這輩子的人生畢竟只專屬於自己，所以有時候也試著在自己的人生中發揮強大的領導力吧！首先，就從清楚地表達自己的意見開始，對於自己喜歡的事情就說喜歡，討厭的事情就說討厭，不要因為考量別人而一再委屈自己。

若能在自己的人生中，活用你原本具備的熱情與動力，為自己的決斷與選擇負責，貫徹自己想要的人生，那麼你對領導者角色的恐懼，有一天總會消失。

### ❖ 生日帶來的訊息 ❖

「強大的支援」
「堅決」
「表達自己的意見」

### 前世の故事

你的前世，是生活在中東沙漠的遊牧民族之妻。

你總是與家人一起帶著家畜，從這個綠洲移動到那個綠洲，過著不斷遷徙的生活，並樂在其中。你每天打理三餐的食物、帶孩子、做家事讓帳篷的生活更舒適、幫助男人照顧家畜……生活雖然單調，卻過得很充實。但不久之後，你的公婆去世，丈夫也早一步離你而去，使你的生活頓失重心。最後，除了長子一家，其他孩子都離家獨立，自此之後你甚至失去了活著的意志。你心想，下輩子一定要更加拓展自己的人生，不要再依賴丈夫與孩子。

8/20 希伯來文

### ❖ 生日契合度 ❖

◉ **情人・伴侶**

| | |
|---|---|
| 1月2, 20, 29日 | 7月5, 14, 23日 |
| 2月1, 19, 28日 | 8月4, 22, 31日 |
| 3月9, 18, 27日 | 9月3, 21, 30日 |
| 4月8, 17, 26日 | 10月2, 11, 20日 |
| 5月7, 16, 25日 | 11月1, 10, 28日 |
| 6月6, 15, 24日 | 12月9, 18, 27日 |

◉ **工作夥伴・朋友**

| | |
|---|---|
| 1月9, 18, 27日 | 7月3, 12, 30日 |
| 2月8, 17, 26日 | 8月2, 20, 29日 |
| 3月7, 16, 25日 | 9月1, 19, 28日 |
| 4月6, 15, 24日 | 10月9, 18, 27日 |
| 5月5, 14, 23日 | 11月8, 17, 26日 |
| 6月4, 13, 22日 | 12月7, 16, 25日 |

◉ **競爭對手・天敵**

[4/5] [4/20] [5/24] [7/2] [7/21] [8/11] [9/27]

◉ **靈魂伴侶**

[1/10] [4/2] [4/7] [4/11] [6/5] [6/23] [9/6]

### ❖ 生日名人 ❖

陳美齡（歌手）
高杉晉作（奇兵隊）
白川英樹（化學家、諾貝爾獎得主）
五味太郎（繪本作家）
仲畑貴志（文案寫手）
桐島加戀（藝人）
梅宮安娜（藝人）
米田功（體操選手）
森山未來（演員）
勝地涼（演員）

◉ **從你的生日看命運**
**請見32頁**

# 8月21日

August twenty-first

擁有豐富創造力
害羞又直率的
孩子

這天誕生的你，充滿開朗的能量，是個想像力豐富的人。你雖然有點害羞，卻有著超凡的行動力，能夠將隱藏在心底的熱情化為實際。

你是個朝氣蓬勃又直率的孩子，但有時也會考慮到對方的反應或周遭的狀況，而猶豫著自己要不要直接表現出真實的自我，擁有非常謹慎的一面。你的想法靈活，能在各式各樣的場面活用豐富的創造力，並以自己獨特的方式表現出來，讓抽象的才華轉瞬間化為具體的成果。你心地善良，充滿母性本能，極度愛護孩子、寵物、動植物等比自己弱小的生命。

雖然你個性活潑又充滿行動力，但在重要時刻可能會變得優柔寡斷，內心中潛藏著膽小、不相信自己的傾向。容易迷惘的你，有時可能會在關鍵時刻突然心生退意，日後才後悔不已。

你的出生日期21的2帶有高度的女性能量，表示協調與調和，能夠調節1活力十足的男性能量，帶來創造新事物的力量。讓你擁有生性溫柔、真誠待人的特質。再加上出生月分8無限大（∞）、豐富的特性，讓8月21日出生的人，能以豐富的想像力創造新事物的能量更加強化。



## ✧ 戀愛・婚姻・性生活 ✧

在愛情中，你被動的特質容易被突顯出來。如果對方強勢地追求你，你可能就很難直接拒絕對方。比起愛人，你更希望被愛，再加上你也喜歡孩子，因此會非常想要結婚。不管是在愛情還是在婚姻當中，你都重視彼此的關係，很想要隨時與喜歡的人膩在一起，也看重彼此的心靈羈絆。

你有時候會變得無法相信對方而擔心各種事情，展現出神經質又善妒的一面，請特別注意。比起性本身，你更重視牽手或擁抱等日常生活的親密互動。

## ✧ 工作・財運 ✧

你擁有整合各種不同的事物，將其編輯加工，創造出新事物的才華。因此你適合擔任激發他人才華的製作人，或與團隊一起創造新事物的工作。你對流行的趨勢也很敏感，也很適合在時尚、媒體、音樂界等發展。

你雖然財運穩定，但就某種程度上而言，你極度容易受到周遭人事的影響，因此慎選工作的地點與夥伴非常重要。你具有從無形的世界接收資訊，將其化為具體成果的寶貴天賦，請好好地運用吧！

## ✧今生使命・未來展望✧

你是個坦率可愛的孩子，今生的使命是：磨練直覺與靈感，探索無形的世界，將從中得到的智慧與資訊傳達給現實世界，成為兩者之間的溝通橋梁。

很有愛心的你，總會想要保護各種弱者與微小的生命，如此易感的你，想必早已自然而然地接受無形世界的存在。此外，你也擁有豐富的創造力與想像力，有時會才思泉湧，就像有天使相助一樣。請在今生好好探索這無形的靈性世界，將你從中學到的事物，活用在實際的人生中。

請以自己的步調，不慌不忙地與無形的世界交流。關鍵在於，你不要太依賴直覺與靈感，或是將此看成天賦異稟，也不要直接忽視這些想法。將你從無形世界獲得的靈感落實於生活中，並自由地展現，你就完成了今生的課題。

## ✧生日帶來的訊息✧

**「靈活的創造力」**

**「純樸」**

**「從看不見的世界學習」**

### 前世の故事

你的前世是古代印加帝國的一位音樂家，平時生活在安地斯山脈的山腳下，熱愛歌曲與舞蹈。你在穹蒼之下感受著山的氣息，並將胸口湧出的熱情，直接化為充滿魅力的歌舞，因此深入人心。後來，眾人對你的評價傳到國王耳裡，於是他聘用你為王室御用的音樂家。雖然獲得好評讓你很開心，但繼續在自然的懷抱裡，自由地從事音樂創作才是你的心願。

進入了王室的生活，在長期的壓力下使你突然發不出聲音，失去了美妙的歌喉。這時你才突然察覺到，自己所創作的歌曲與舞蹈，到底是為了給誰欣賞呢？

8/21 希伯來文

### ✧生日契合度✧

**◉ 情人・伴侶**

| | |
|---|---|
| 1月9, 18, 27日 | 7月3, 21, 30日 |
| 2月8, 17, 26日 | 8月2, 11, 29日 |
| 3月7, 16, 25日 | 9月1, 19, 28日 |
| 4月6, 15, 24日 | 10月9, 18, 27日 |
| 5月5, 14, 23日 | 11月8, 17, 26日 |
| 6月4, 13, 22日 | 12月7, 16, 25日 |

**◉ 工作夥伴・朋友**

| | |
|---|---|
| 1月1, 10, 28日 | 7月4, 13, 31日 |
| 2月9, 18, 27日 | 8月3, 12, 30日 |
| 3月8, 17, 26日 | 9月11, 20, 29日 |
| 4月7, 16, 25日 | 10月1, 19, 28日 |
| 5月6, 15, 24日 | 11月9, 18, 27日 |
| 6月5, 14, 23日 | 12月8, 17, 26日 |

**◉ 競爭對手・天敵**

[2/12] [3/3] [5/19] [5/21] [7/5] [9/23] [12/30]

**◉ 靈魂伴侶**

[1/13] [1/25] [2/10] [6/16] [7/14] [9/21] [11/22]

### ✧生日名人✧

奧伯利・比亞茲萊（畫家）
貝西伯爵（爵士鋼琴家）
金・凱特羅（演員）
尤塞恩・博爾特（短跑選手）
李寶美（高爾夫選手）
菅原洋一（歌手）
關根勤（藝人）
西村和彥（演員）
萩原聖人（演員）
野口健（登山家）

◉ 從你的生日看命運
請見32頁

# 8月22日

August twenty-second

以世界舞台為發展目標超凡魅力的領導者

8月22日出生的你，擁有豐富的創造力與強大的行動力，在團體中一向被視為不可忽視的存在。從你給人的誠實爽朗印象中幾乎無法聯想，其實你是一位蘊含熱情，也兼具實力的明日之星。

出生日期22象徵著時間與空間的一切，是靈性的神聖數字。再加上出生月分8豐富、熱情、無限大（∞）的特性，使你的能力等級可拓展到世界級。

你的特徵是氣場強大，即使與別人初次見面，也能帶給對方時尚、尊貴的名流的印象。很有禮貌的你，態度既坦率又能展現誠意，讓眾人備感親切。你雖然擁有一點一滴累積努力的實際的一面，但你的想法和行動的方式都很獨特，無法以常理度之。而且不管做什麼事情，你都不甘於被困在小小的世界裡。所以你與海外特別有緣，比起待在國內，去國外發展更能使你的實力得到長足發揮。

從某種意義上而言，你具有雙重人格。你做事雖然合理，卻又打破成規，讓人捉摸不定。你散發獨特的氣場，也會給人傲慢、自以為是的印象。你也經常以命令的口氣，從高高在上的角度做出大膽的發言，因此周圍的人對你的評價明顯分成兩極，有人極為厭惡，也有人對你讚不絕口，給人一種特別神祕的感覺。



## ✧戀愛・婚姻・性生活✧

在愛情上，你很認真、熱心、擅長照顧人，但隨著與對方的關係逐漸加深，你也會搖身一變，散發出王者或女王的氣場。雖然你的態度會因人而異，但卻有各種控制對方的傾向。在性生活方面，你更是個任性的完全主導者，如果不如己意就會自暴自棄或突然發怒。如果要結婚，最好選擇能夠完全接受你的獨特性，或是年齡相差較大的對象，如果是外國人可能更為理想。

## ✧工作・財運✧

在事業上，你活躍的範圍跨足全世界。若從事經常與海外往來的貿易產業或金融相關產業等，想必能讓你以世界為舞臺大顯身手。你擁有強大的運勢，只要不疏於每天實際地努力，必定能在任何領域嶄露頭角。

你的財運格局也是世界等級，具有賺大錢的能力。由於你擁有才華與能力，只要把喜歡的事情當成工作，就能在這輩子成為世界聞名的大富豪。你不要過於在意世人的評價或周圍的聲音，只要好好磨練自己的才能，懷著遠大的目標，每天一點一滴地持續努力，夢想就會實現。

## ❖ 今生使命・未來展望 ❖

宏觀的你，今生的使命是：不失赤子之心，朝著遠大的夢想，在歡笑與豁達中愉快享受人生。

宛如明星般的你所具備的獨特想法與感受，確實存在著他人無法理解的部分。儘管如此，也不要試圖把自己套進世俗眼光的框架中，因為如此一來就無法盡情地發揮你本身的才華。

你應該相信自己的感受，重視感覺更勝於思考，並坦率地遵從內心的聲音，毅然決然地大膽轉往心之所向的目標。而這時的重點就在於笑容。對於自己正在進行的這件事，你是否從中感到喜悅？不管什麼時候都不要失去你的笑容，無論遇到什麼事情都保有你的愛與熱情，徹底享受自己獨一無二的人生，就能通往你今生的使命。

## ❖ 生日帶來的訊息 ❖

「豪華絢爛」
「光鮮亮麗」
「盡情享受人生」

### 前世の故事

你前世是俄羅斯帝國的某位女皇，無論是廣大領土、龐大財富、權力、美貌還是名聲，所有你想要的一切都掌握在手中。

兼具美貌與優秀才能的你，在誕生之前，就已經被賦予君王的命運。你以女皇的氣場與高貴的美貌，使許多民眾為你折服，取得了莫大的權力。但因為你過於高傲，無論是誰都無法輕易親近你，也沒有出現你能夠信賴的人，就這樣孤獨度過一生。到了晚年，擁有一切的你，心底湧現的卻是對平凡人生的嚮往與羨慕。

8/22 希伯來文

### ❖ 生日契合度 ❖

**◉ 情人・伴侶**

| | |
|---|---|
| 1月6, 15, 24日 | 7月9, 18, 27日 |
| 2月5, 14, 23日 | 8月8, 17, 26日 |
| 3月4, 13, 31日 | 9月7, 16, 25日 |
| 4月3, 12, 30日 | 10月6, 15, 24日 |
| 5月11, 20, 29日 | 11月5, 14, 23日 |
| 6月1, 10, 28日 | 12月4, 13, 31日 |

**◉ 工作夥伴・朋友**

| | |
|---|---|
| 1月2, 20, 29日 | 7月5, 14, 23日 |
| 2月1, 19, 28日 | 8月13, 22, 31日 |
| 3月9, 18, 27日 | 9月3, 21, 30日 |
| 4月8, 17, 26日 | 10月2, 20, 29日 |
| 5月7, 16, 25日 | 11月1, 10, 19日 |
| 6月6, 15, 24日 | 12月9, 18, 27日 |

**◉ 競爭對手・天敵**

[1/4] [5/18] [5/22] [6/26] [9/13] [10/25] [12/11]

**◉ 靈魂伴侶**

[2/29] [4/2] [5/17] [5/27] [10/3] [10/9] [12/2]

### ❖ 生日名人 ❖

德布西（作曲家）
雷・布萊伯利（作家）
川口浩（演員）
橋田信介（記者）
三野文泰（主持人）
塔摩利（藝人）
春日錦孝嘉（相撲力士）
菅野美穗（演員）
齋藤工（演員）
北川景子（演員）

◉ 從你的生日看命運
請見32頁

# 8月23日

August twenty-third

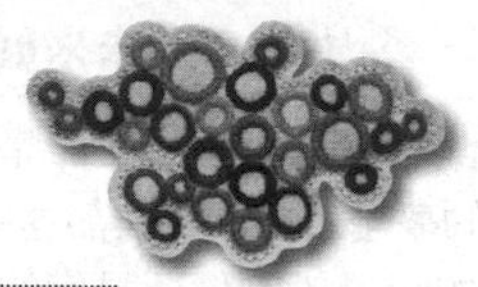

追求新事物
不斷求新求變的
先驅者

這天出生的你，是走在時代尖端的先驅。你持續不斷地大膽創作、求新求變，進而拓展自己的世界。你的好奇心旺盛，興趣廣泛，收集資訊的能力非常優異，能夠快速掌握流行要素後，再不斷地加以吸收新知。

你喜歡自由自在、討厭束縛，表達坦率又不會過度堅持自我，讓你充滿了人格魅力，不知不覺中身邊就會自然出現追隨者、擁戴者。而能夠應付任何情況的靈活度，是你與生俱來最強大的武器，讓你能在各式各樣的場面中大顯身手。

你的個性開朗，具有吸引人的魔力，但你的想法時常在改變，因而造成旁人的困擾。你雖然對自己的想法或感受有自信，卻也擁有容易受到周圍意見影響的一面。請隨時注意，不要迷失目標，以免好不容易起步的計畫最後變成半途而廢。

你的出生日期 23 的 2 象徵協調、調和，3 則代表天真的孩子。若將 2 與 3 相加後會等於 5，象徵著自由、變化、溝通的特質。再加上出生月分 8 無限大（∞）、熱情的特性，使 8 月 23 日出生的人，兼具流水般的靈活、柔和與太陽般的熱情，屬於充滿魅力的類型。



### ✧戀愛・婚姻・性生活✧

你一旦遇見喜歡的對象，就會主動積極地追求。因為你能夠配合對方靈活地改變自己，因此你與任何人都能交往。

你在結婚之後，往往原本打算過著以對方為中心的生活，卻在不知不覺間變成以自己為中心。如果你只顧著想要配合對方，可能會在某天突然承受不了壓力而爆發，請特別注意。

在性生活方面，你很開放積極。雖然你也很希望能夠滿足對方，感覺上好像在配合，但其實你才是掌握主導權的一方。

### ✧工作・財運✧

你對事業非常積極，對於自己的創作也擁有強大的發言權，因此會非常樂於工作。但由於你缺乏計畫性與續航力，因此往往不擅長堅持到最後。請試著找到能夠理解你的優點，幫助你持續下去、做出具體成果的人，他能幫助你的事業導向成功。由於你具有預知流行趨勢的感受力，因此也適合從事媒體或時尚相關工作。你的財運良好，擁有賺錢的實力。如果你的品味符合時代所趨，一夜暴富也不是夢。

## ✧ 今生使命・未來展望 ✧

總是不斷追求變化的你，今生的使命是：將自己做過的事情，確實留下具體的成果。

從不擅長堅持到底的你，一定對於這個課題有所自覺。

首先就從接受改變開始吧，畢竟變化也是你的特色之一。請試著從難度較低，即使你一邊改變，也能確實堅持到最後的事情開始，並確實做好眼前的每一件小事，逐步留下具體的成果、紀錄。

不管什麼事情都不要半途而廢，但即使做不到，也不要責備或懲罰做不好的自己。如果做不到，只要再次挑戰就好了。對你來說，一次又一次地反覆挑戰，並持續下去，這才是最重要的學習。

## ✧ 生日帶來的訊息 ✧

**「靈活的熱情」**
**「明豔」**
**「反覆去做」**

### 前世の故事

你的前世，是北非國度中自由奔放的肚皮舞孃。

在你還是小女孩的時候，某次欣賞肚皮舞表演之後，就為其突顯成熟女性之美的舞姿深深著迷。你想要將如此美好的肚皮舞讓更多人看到，於是你受訓成為專業的舞者，與同伴一起踏上巡迴表演之旅。

你每到一個地方，就會因為美貌與舞蹈的才華出名，於是你的身邊聚集了許多想要拜你為師的女孩。雖然出色的舞者增加了，令你備感欣慰；但如果收了學生，培養他們，就會影響到你身為舞者的演出機會。由於你不希望被任何事情綁住，只想為自己盡情跳舞的心因此開始動搖。

8/23 希伯來文

### ✧ 生日契合度 ✧

**◉ 情人・伴侶**

| | |
|---|---|
| 1月7, 16, 25日 | 7月1, 19, 28日 |
| 2月6, 15, 24日 | 8月9, 18, 27日 |
| 3月5, 14, 23日 | 9月8, 17, 26日 |
| 4月4, 13, 22日 | 10月7, 16, 25日 |
| 5月3, 21, 30日 | 11月6, 15, 24日 |
| 6月2, 20, 29日 | 12月5, 14, 23日 |

**◉ 工作夥伴・朋友**

| | |
|---|---|
| 1月12, 21, 30日 | 7月6, 15, 24日 |
| 2月2, 11, 29日 | 8月5, 14, 23日 |
| 3月10, 19, 28日 | 9月4, 13, 22日 |
| 4月9, 18, 27日 | 10月3, 12, 30日 |
| 5月8, 17, 26日 | 11月2, 20, 29日 |
| 6月7, 16, 25日 | 12月1, 10, 28日 |

**◉ 競爭對手・天敵**

[1/3] [1/15] [2/14] [4/12] [6/10] [7/18] [10/21]

**◉ 靈魂伴侶**

[3/17] [4/23] [5/13] [6/23] [6/30] [9/9] [10/10]

### ✧ 生日名人 ✧

路易十六（法國國王）
金・凱利（演員）
迪克・布魯納（繪本作家）
朴贊郁（導演）
瑞凡・費尼克斯（演員）
岡江久美子（演員）
山田隆夫（藝人）
高橋瞳（演員）
山咲徹（漫畫家）
AKIRA（歌手）

◉ 從你的生日看命運
請見32頁

# 8月24日

August twenty-fourth

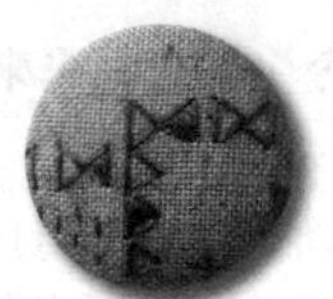

**心地善良認真溫柔的博愛主義者**

8 月 24 日出生的人，是非常認真，而且心地善良的人。你渾身充滿了龐大的能量，能把愛灌注給生命中所有與你相遇的人。你很誠實、敏銳，對於現場的氣氛相當敏感。與周遭的人相處時，總以和諧為優先，重視與家人、朋友、同伴等身邊的人的關係。

出生日期 24 的 2 代表協調、調和，4 代表認真、誠實，若將 2 與 4 相加後等於 6，代表數字組合後產生母性、養育、教導的意義。再加上出生月分 8 無限大（∞）、熱情的特性，使這天出生的人除了擁有溫柔的力量之外，還有任何人都能依靠的人品。你不管對誰都很親切，給人良好的印象，想必獲得許多朋友與同伴的仰慕。

你總是體貼對方，在基於為眾人服務的想法下採取行動。你無法容許任何舞弊或違反規則的情況，即使小事也一樣。如果你發現身邊的人犯了錯，更是無法保持沉默，有著正義之士的一面。你總是不惜挺身而出地幫助對方，希望將他導向正途，或許你把這麼做當成自己的使命吧！

喜歡照顧人的你，也會出現多管閒事的一面，即使對方沒有拜託你的事情，你也會插手相助。請你不要忘記，默默在旁守護的態度，有時也是一種溫柔。



## ✧戀愛・婚姻・性生活✧

你是典型的雞婆型情人，一心想要為對方奉獻。你心裡充滿著「他沒有我不行」或「我不照顧他不行」的想法。但如果你要求對方回報，做為自己犧牲奉獻的代價，都會顯現你內在的占有欲與嫉妒心，請特別注意。

在婚姻生活中，你希望任何事情都想按照自己的想法去安排。為了讓孩子實現自己的未竟之業，也有熱心於教育的傾向。你認為發生性關係就等於結婚一般慎重，所以與婚外情無緣，如果不是你真正喜歡的對象，就不會發展出性關係。當你看到對方喜悅的樣子，自己也能確實感受到幸福。

## ✧工作・財運✧

你溫柔體貼、開朗溫暖的人品，讓所有人都喜歡你，總能成為職場中受歡迎的人。你最適合從事能與眾人直接接觸的工作，並能讓你發揮工作才能。

你擁有出色的財運，也有商業才華，但你的慷慨似乎會讓一切都成為徒勞無功。只要有人拜託你，就會立刻掏出錢來借他的個性，或許讓你很難守住財富。不過用在別人身上的錢，最後也有可能繞一圈回到自己身邊。當你遇到困難時，自然就會有人對你伸出援手，因此不用擔心。

### ❖今生使命・未來展望❖

身為博愛主義者的你，總不吝惜把愛灌注給所有的人，而這樣的你，今生的使命是：在世上自由來去，成為連結人與人關係的溝通者。

你總是追求自由與變化，並不斷地將新資訊傳達給周圍的人。但實際上的你，卻屬於有點嚴肅認真的類型。你擁有嚮往自由的一面，但是否也會對變得自由的自己感到害怕呢？

首先，為了拓展新的人際關係，請你稍微拿出一點勇氣，積極前往人多的地方吧！因為你總是忍不住以善惡為基準判斷事物，對這樣的你而言，建立新的人際關係，也能確實拓展自己的價值觀。

當你開拓了心的自由度，積極在人生中加入變化，就能成為邁向今生使命的第一步。

### ❖生日帶來的訊息❖

**「值得仰賴的母性」**
**「信賴」**
**「接受人生的變化」**

#### 前世の故事

你的前世，是在即將發生大革命的法國，將生涯奉獻給創辦私學的教育者。你從小就很會照顧比自己小的孩子，生性溫柔的你，對教師懷著憧憬。但當時能夠接受教育的，只有少數富裕家庭的孩子，譬如貴族階級。明明貧窮的人更需要接受教育，但雙方之間的差距只有愈來愈大。你為了打破這樣的現狀，以實現無私的教育為目標，挑戰創辦私學。你向一個又一個有力貴族募款，但反應幾乎都很冷淡。即使結果幾乎讓你灰心喪志，但你依然憑著一股熱情勇往直前。

8/24 希伯來文

### ❖生日契合度❖

**◉ 情人・伴侶**

| | |
|---|---|
| 1月3, 12, 30日 | 7月6, 15, 24日 |
| 2月2, 11, 20日 | 8月5, 14, 23日 |
| 3月10, 19, 28日 | 9月4, 13, 22日 |
| 4月9, 18, 27日 | 10月3, 21, 30日 |
| 5月8, 17, 26日 | 11月2, 11, 20日 |
| 6月7, 16, 25日 | 12月1, 19, 28日 |

**◉ 工作夥伴・朋友**

| | |
|---|---|
| 1月4, 13, 31日 | 7月7, 16, 25日 |
| 2月3, 12, 21日 | 8月6, 15, 24日 |
| 3月2, 11, 29日 | 9月5, 14, 23日 |
| 4月1, 19, 28日 | 10月4, 13, 31日 |
| 5月9, 18, 27日 | 11月3, 12, 30日 |
| 6月8, 17, 26日 | 12月2, 11, 29日 |

**◉ 競爭對手・天敵**

[1/20] [1/22] [4/10] [5/15] [11/1] [11/24] [11/28]

**◉ 靈魂伴侶**

[1/9] [2/15] [3/5] [5/23] [7/8] [8/29] [10/16]

### ❖生日名人❖

波赫士（作家）
魯伯特・葛林特（演員）
若山牧水（歌人）
根岸吉太郎（導演）
小林伸二（足球選手）
三池崇史（導演）
高嶋知佐子（小提琴家）
吉田麻也（足球選手）
土井杏南（短跑選手）
白井健三（體操選手）

◉ 從你的生日看命運
請見32頁

# 8月25日

August twenty-fifth

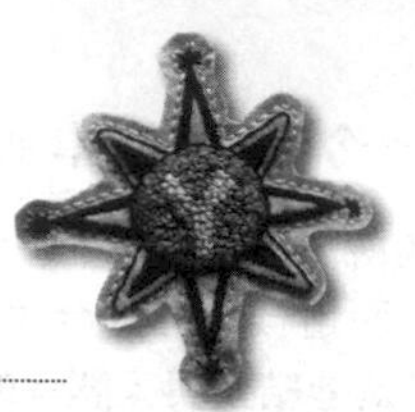

朝著崇高理想
持續努力的
熱情藝術家

這天出生的你，不但會堅持自己的風格，氣場也很強大，是個熱情的藝術家。你的品味與感受力出眾，擁有能夠展現自己獨特觀點的才華。

出生日期25由代表協調、調和的2，與代表自由、變化的5這兩個性質相反的數字組成，將2與5相加後等於7，帶有獨立、完成的意思，讓你表現出鑽研一件事情時的職人氣質。再加上出生月分8所象徵的無限大（∞），使你成為因自己的風格而受到眾人矚目的獨特存在。

你非常努力，不允許接受半吊子的妥協，總追求最佳表現。但也由於你嚴以律己，理想崇高，因此感興趣的領域很廣泛，卻又總想把一切做到完美，有勞碌命傾向。雖然克服困難總能讓你感到喜悅，但承擔辛苦也要有個限度。

你平常的個性低調穩重，討厭遇上各種模糊的態度與敷衍的行動，若看到別人如此，也會嚴格加以批判。你對自己的專業領域非常熱中，也蘊藏著不知不覺之間讓周圍的人跟隨著你前進的熱情。如果你總是隨著自己心中熱情與冷靜的一面相互起舞，容易導致精神失衡的崩潰，請特別注意。為了磨練自己的感受力、更專注於創作活動，不可缺少獨處的時間與場所。



## ✧ 戀愛・婚姻・性生活 ✧

你的魅力是神祕。即使是喜歡上的對象，你也絕對不會讓對方了解自己的真實想法。例如，當對方以為你對他沒有意思時，你卻突然接近，這種把對方玩弄在股掌之間的態度，反而吸引了異性的注意。

關於婚姻，由於你無法坦率面對對方，所以很難修成正果。若是在婚姻中展現出口是心非的一面，容易招來誤會，因此坦誠相對很重要。

你對於性生活也不太熱中，卻可能因為嫉妒他人而激烈求歡。請盡量把心裡的想法告訴你的伴侶，讓自己的內心回歸平靜，享受真正的愛情關係。

## ✧ 工作・財運 ✧

你在工作方面特別追求完美，無論對自己或別人都很嚴格。自尊心高，不服輸，對於堅持絕不退讓。由於你擁有各個領域的豐富知識，因此在各方面都會受到倚重，然而，一旦你開始過度熱情闡述自己的所知，反而會造成別人困擾，因此請特別注意。在財運方面，你能靠著自己的力量開拓金源，吸引財富。只要能均衡發揮自己擁有的技術與商業天分，就有獲得高度評價、賺大錢的可能。請不吝於發揮自己的才華。

### ❖ 今生使命・未來展望 ❖

你是擁有崇高理想的藝術家，今生的使命是：無私去愛人生中所有遇到的人。

自尊心強，擁有熱情的你，總是維持個人的一貫風格，走自己的路，對自己的工作絕不妥協，因此一旦投入其中，可能容易遭受旁人孤立。

如果這樣的你，想要勉強把自己的愛散播給其他人，可能會變成強迫推銷或多管閒事。請你在愛別人之前，先肯定努力的自己，讓自己充滿愛才是最重要的事。

除此之外，也請你專注在打造更多工作成果或作品上，讓接觸到你的創作的人確實接收到你的心意，這也是展現無私的愛的一種方式。

### ❖ 生日帶來的訊息 ❖

「一心一意」
「全力以赴」
「用心打造作品」

**前世の故事**

你的前世生活在中世紀的歐洲，表面上是製作繪畫、雕刻等作品的藝術家，私底下卻是名女巫。

由於你身為藝術家的評價很高，於是獲得許多位高權重者或企業家的豐厚贊助。但這些贊助者多半只對財富與物質的成就感興趣，他們心靈則因為爭名奪利而精疲力盡。於是，你開始運用敏銳的靈性與療癒能力為他們治療。但當其他人得知你的能力後，斷定你是可怕的巫婆，打算將你處刑。

你原本對於能發揮自己天生的能力感到充實，卻因為無法再這麼做而感當深深的失望與無力。

8/25 希伯來文

### ❖ 生日契合度 ❖

**◉ 情人・伴侶**

| | |
|---|---|
| 1月8, 17, 26日 | 7月2, 11, 29日 |
| 2月7, 16, 25日 | 8月10, 19, 28日 |
| 3月6, 15, 24日 | 9月9, 18, 27日 |
| 4月5, 14, 23日 | 10月8, 17, 26日 |
| 5月4, 22, 31日 | 11月7, 16, 25日 |
| 6月3, 12, 30日 | 12月6, 15, 24日 |

**◉ 工作夥伴・朋友**

| | |
|---|---|
| 1月5, 14, 23日 | 7月8, 17, 26日 |
| 2月4, 13, 22日 | 8月7, 16, 25日 |
| 3月12, 21, 30日 | 9月6, 15, 24日 |
| 4月11, 20, 29日 | 10月5, 14, 23日 |
| 5月1, 19, 28日 | 11月4, 13, 22日 |
| 6月9, 18, 27日 | 12月3, 12, 21日 |

**◉ 競爭對手・天敵**

[1/1] [3/3] [4/2] [4/7] [5/16] [9/2] [12/30]

**◉ 靈魂伴侶**

[1/7] [1/13] [2/6] [3/2] [4/1] [7/1] [8/15]

### ❖ 生日名人 ❖

伯恩斯坦（指揮家）
史恩・康納萊（演員）
艾維斯・卡斯提洛（歌手）
提姆・波頓（導演）
田宮二郎（演員）
小篠順子（設計師）
岡田武史（足球選手）
池賴廣（作曲家）
和田正人（演員）
中野友加里（花式滑冰選手）

◉ 從你的生日看命運
請見32頁

# 8月26日

August twenty-sixth

總是想要與同伴一起尋求突破的熱血隊長

8 月 26 日出生的你開朗活潑。在人群當中，總是比任何人都更加閃耀。你是個重視人和勝過一切的開心果，對周圍也具有強大的影響力，就像團隊的領袖一樣。你會提出共通的目標，與大家一起共同努力，就像偶像劇中的熱血隊長。

你對身邊的人非常親切，會設身處給予對方建議，努力想解決他們的問題。你也相當遵守人情義理，會將團隊達成的成果與喜悅，一視同仁地共同分享。你對任何人都很溫柔坦率，希望能與大家一起在現場流著汗水與淚水，共同品嘗生命的苦與樂。

但你也可能因為不管任何事情而拚過頭，讓身邊的人覺得喘不過氣。你必須接受世界上存在著各種價值觀的人，並非只有自己的想法才是絕對正確的。請避免單方面把自己的價值觀強加於對方身上。

你的出生日期 26，包含了 2 的協調，與 6 的愛與母性的能量，代表內心的熱情如火、為夥伴著想的鬥士。再加上出生月分 8 所象徵的無限大（∞）、熱情的特性，讓你充滿熱情，經常為夥伴忙碌奔走。

## ✧戀愛・婚姻・性生活✧

你一旦墜入情網，就想馬上告訴對方自己的心意，屬於會積極告白的類型。但如果這樣的想法太過強烈，可能就會變成單方面地強迫對方接受，請你多加考慮對方的心情，放慢步調、培養愛意。

你把性當成愛情的武器，更試圖運用這個技巧占有對方。在婚姻生活中，你也想要掌控家裡的一切，有變成控制狂的傾向。雖然你溺愛孩子、熱心於教育，也不能忘了「每個孩子都有他自己的人生」。在你愛護家人的同時，尊重對方的想法也是一件很重要的事情。

## ✧工作・財運✧

你屬於會工作一輩子的類型。你總是開朗有活力，無論在面對客戶，還是在職場當中，都擁有超高人氣。你有能力管理零售現場或店鋪，因此也適合擔任店長。對於決定好的目標，你會努力邁進，所以也適合成為業務或服務業。

你擁有很棒的財運，賺錢的才華出眾，但花錢的速度也很快，不太擅長儲蓄。因此你的錢會一下子進來，又一下子爽快花光，但你的財運，正是靠這種靈活的金錢能量而生生不息。

### ✧ 今生使命・未來展望 ✧

總是想要和大家一起尋求突破的你，今生的使命是：透過自己的經驗追求真理，靠自己的力量把事情做到完美，讓身心都能達到真正的獨立。

有時候，你以為自己是在幫助別人，但說不定你對於幫助別人有依賴的傾向。相對地，你之所以會希望周圍的人來依賴你，或許追根究柢是因為你實際上無法確實獨立。

請下定決心，自己的事情自己做，確實做好自己能做的每一件事情。如果可能做不到，就拒絕別人的請託，不要勉強自己接受。

真正獨立的人，會確實做好自己能做的事情，如果不能做，也會好好交給別人。若你的身心都能達到真正的獨立，你與團隊與組織間的關係就能取得良好的循環與平衡，將大家帶往更好的方向。

### ✧ 生日帶來的訊息 ✧

「愉快開朗」
「鬥魂」
「果斷拒絕」

#### 前世の故事

你的前世，是在近代南亞，一個為人民奉獻的貴婦。

你從小就對自己的富裕生活與庶民貧困生活之間的差距而感到疑惑。於是，你藉著與領主結婚的機會，致力於改革社會階級所造成的問題。但你那身為領主的丈夫，卻是個為了擴大自己的領地而不擇手段的人。夾在庶民與丈夫之間的你，非常地心痛。你努力與庶民一起揮汗勞動，將得到的收穫與財富分給人民，但領主的強取豪奪卻只會失去庶民的信任。無論是對人民還是對家庭你都無能為力，甚至為自己的無力感而憤怒。

8/26 希伯來文

### ✧ 生日契合度 ✧

◉ **情人・伴侶**

| | |
|---|---|
| 1月4, 13, 22日 | 7月7, 16, 25日 |
| 2月3, 12, 21日 | 8月6, 15, 24日 |
| 3月2, 11, 29日 | 9月5, 14, 23日 |
| 4月1, 19, 28日 | 10月4, 22, 31日 |
| 5月9, 18, 27日 | 11月3, 12, 30日 |
| 6月8, 17, 26日 | 12月2, 11, 20日 |

◉ **工作夥伴・朋友**

| | |
|---|---|
| 1月6, 15, 24日 | 7月9, 18, 27日 |
| 2月5, 14, 23日 | 8月8, 17, 26日 |
| 3月4, 22, 31日 | 9月7, 16, 25日 |
| 4月3, 21, 30日 | 10月6, 15, 24日 |
| 5月2, 20, 29日 | 11月5, 14, 23日 |
| 6月1, 19, 28日 | 12月4, 13, 31日 |

◉ **競爭對手・天敵**

[1/8] [1/12] [6/10] [7/24] [8/10] [10/21] [12/22]

◉ **靈魂伴侶**

[1/31] [3/18] [7/6] [8/13] [8/22] [11/1] [11/9]

### ✧ 生日名人 ✧

紀堯姆・阿波利奈爾（詩人）
德蕾莎修女（天主教修女）
麥考利・克金（演員）
安藤三男（演員）
宮川俊二（主播）
五十嵐優美子（漫畫家）
國府弘子（爵士鋼琴家）
佐佐岡真司（棒球選手）
菊池亞希子（演員）
安德烈・格蘭迪耶（凡爾賽玫瑰）

◉ **從你的生日看命運**
**請見32頁**

# 8月27日

August twenty-seventh

## 保持熱情默默努力的賢者

8月27日出生的你溫文儒雅，經常環顧周遭的情況，是能夠成熟應對的賢者。你的內心堅定，無論何時何地都不會動搖自己的信念。

出生日期27的2代表協調與調和，7代表獨自一人與職人氣質，兩者相加在一起後等於9，象徵著完成、完結、智慧等。再加上出生月分8無限大（∞）的力量，為你冷靜的賢者特質增添幾許充滿幹勁的熱血動力。

由於你的自尊心很高，因此不會把熱情的一面展現在他人面前。你總是想要成為大家的助力，但不喜歡主動站出來在第一線為大家服務。如果對方發現你自然流露的親切，並因此而開心、感謝你，想必能夠提高你於人前奉獻所長的行動力。你也會在背後溫暖守護著家人及朋友，當他們需要幫助的時候，你會立刻趕去幫忙。

對於凡事，你都擁有一套自己的標準，對於不符合標準的人，你會一改平常溫和的態度，展現嚴厲批判的一面。你知識淵博、探究心旺盛，但有時候會有點走火入魔，請特別注意。像你會輕視知識淺薄的人，或是與那些不符合自己價值觀的對象切割等嚴厲的態度，都需要重新檢討。



### ❖戀愛・婚姻・性生活❖

雖然你總是溫和、笑咪咪的，但在愛情當中，卻有退一步冷靜評估的傾向。你的自尊心強，不希望受到傷害，因此不會主動告白，而會等待對方的追求。

婚後，你會努力建立和平和睦的家庭，但為了購買理想的房子，對金錢相當計較。關於性生活，基本上你會被動配合對方，沒什麼堅持。但你是會大幅受到對方影響的類型，因此某些對象也可能使你展露特別大膽的一面。

### ❖工作・財運❖

你除了擁有自己的興趣之外，也有旺盛的探究心，熱中於學習。你也具有優異的能力，能夠看透事物真理，並且能有條有理地說明。你希望自己對社會有貢獻，因此適合擔任需要學識與修養的研究員、大學教授、醫療相關人員等等。

你也會熱中於從事志工活動或社會公益，但這些活動最好不要超出你的興趣範圍。你擁有透過本業確實賺錢的能力，若能適度捐錢反而對你的財運更加助益。你似乎看不起那種只為了賺錢而工作的行為，所以也會排斥那種工作；但只要你知道自己為何而做的意義，就能賺到大錢。

## ❖今生使命・未來展望❖

充滿體貼的你，總希望成為大家的助力。這樣的你，今生的使命是：無畏困難，取得現實上的成功，並與周圍的人分享。

你或許對於埋首賺錢，或是只會存錢的人都心懷抗拒。你是否不管別人拜託你什麼事情，你都會答應下來，但卻討厭把金錢當成評價標準，甚至連等值的報酬都不收呢？不管你所描繪的人生有多麼理想化，在現實中都需要金錢才能實現。

請懷著喜悅，確實收下自己努力後換得的等值報酬。接著，再爽快地使用自己賺來的錢，讓自己感受富足的喜悅。從宏觀的角度來看，當你把錢花出去時，這筆錢就在世上循環，也是一種與全世界分享成果，對你和他人都有實效的行為。

## ❖生日帶來的訊息❖

「熱情知性」
「思慮周到」
「享受富足」

### 前世の故事

你的前世，是日本戰國時代的天主教徒。心靈純潔的你，為慈善活動奉獻了自己的一生。你誕生在富裕的商人之家。在這個戰亂之世，城鎮中有許多因受傷、生病、飢餓而受苦的人。而受洗過的你，與其他天主教徒一起展開有組織的救援活動。你聰明又充滿體貼，一下提供食物給貧窮的人，一下又為傷者治療，誠心誠意地奉獻，並夢想著人人平等的和平時代的到來。但是戰況愈演愈烈，讓你自己也置身於危機之中。但你完全沒有發現，仍然一心一意朝著心中的理想，致力於各種公益活動。

8/27 希伯來文

### ❖生日契合度❖

**◉ 情人・伴侶**

| | |
|---|---|
| 1月5, 14, 23日 | 7月8, 17, 26日 |
| 2月4, 13, 22日 | 8月7, 16, 25日 |
| 3月3, 12, 30日 | 9月6, 15, 24日 |
| 4月2, 20, 29日 | 10月5, 14, 23日 |
| 5月10, 19, 28日 | 11月4, 13, 22日 |
| 6月9, 18, 27日 | 12月3, 21, 30日 |

**◉ 工作夥伴・朋友**

| | |
|---|---|
| 1月7, 16, 25日 | 7月1, 10, 28日 |
| 2月6, 15, 24日 | 8月9, 18, 27日 |
| 3月5, 14, 23日 | 9月8, 17, 26日 |
| 4月4, 13, 22日 | 10月7, 16, 25日 |
| 5月12, 21, 30日 | 11月6, 15, 24日 |
| 6月2, 20, 29日 | 12月5, 14, 23日 |

**◉ 競爭對手・天敵**

[2/9] [2/17] [6/26] [8/20] [8/26] [8/29] [11/27]

**◉ 靈魂伴侶**

[2/7] [3/21] [6/12] [8/1] [11/25] [12/6] [12/12]

### ❖生日名人❖

黑格爾（哲學家）
曼・雷（攝影師）
下村脩（化學家、諾貝爾獎得主）
宮澤賢治（詩人）
山岡久乃（演員）
藤龍也（演員）
金村義明（棒球選手）
三崎亞記（作家）
剛力彩芽（演員）
濱田龍臣（演員）

◉ 從你的生日看命運
請見32頁

# 8月28日

August twenty-eighth

## 重視團隊合作 勝於一切的 領導者

8月28日出生的你擁有強大的氣場，只要有你在的地方，周圍就會充滿能量。你即使遇到困難也絕不放棄，是個兼具拚勁與毅力的人。28日出生的人，絕對有足夠的氣度，能夠成為活躍的熱情領導者。而且你的專注力與行動力也很優異，比別人更加倍不服輸。你重視家人、夥伴等隊友，具有社團社長的氣質，能帶領整個團隊齊心協力，朝著目標努力。

為同伴著想的你，總是無法拒絕別人的請託，即使把自己的事情擺到後面，也會不斷地答應別人的要求，是個相當善良的人。不過你可能會基於為了大家好的心態，把所有亂七八糟的事情都承擔下來，最後因為無法收拾或想要強行推動而招致周圍的反感，請小心避免發生這樣的情形。你具有強烈的責任感，是個認真努力的人，卻有逞強的習慣，總覺得自己必須成為大家的模範，引導眾人走上正途。你雖然喜歡和大家一起行動，但不要迷失原本的角色，適度發揮自己的領導力吧！

你的出生日期28的2象徵協調、調和，8象徵無限大（∞）、豐富、熱情，是熱情領袖的數字。再加上出生月分8熱情的特性，使你面對任何事情都有強大的力量，自然也能增強對周圍的影響力。



### ❖戀愛・婚姻・性生活❖

雖然你平常是個豪爽的大哥大、大姐頭，然而一旦談起戀愛，卻會突然變得溫順。你強烈希望為對方奉獻，總想找理由照顧對方。請小心不要因為太過一廂情願而把對方逼得太緊。

你在婚後也會全心全意地承擔照顧家人的任務，但也會把「我是為了你好」當成理由，希望對方按照自己的想法去做，出現控制家人的傾向，請特別注意。在性生活方面，不管對方提出什麼要求，你都會努力回應，伴侶想必會很開心。

### ❖工作・財運❖

你的執行力優異，能以一顆熱血的心吸引周圍的人加入你的計畫，並化為實際行動。在工作場合上，你能率領團隊，在現場直接指導，並穩健地做出成果。這樣的你，或許不適合一個人默默努力、太精細的作業，或是在鴉雀無聲的辦公室裡處理文書。你的財運強大，具有率領團隊賺大錢的才華。你平常就希望對社會有貢獻，但與其插手半吊子的志工活動，不如把部分本業賺的錢拿去捐獻，更能以符合你的方式做出貢獻。

## ✧今生使命・未來展望✧

你是重視團隊的領導者，今生的使命是：為實現世界和平而努力。

平時非常努力的你，使命感總是太過強大，總是希望自己能為世人帶來貢獻。你是否覺得如果自己無法產生貢獻，自己就沒有價值呢？

如果你想為社會付出的意識過於強烈，容易陷入偽善的狀況，並且也可能為了補償自己的無價值感與罪惡感，而變得太過努力。

請再次審視自己原本付出的初衷。你只要保持自己的本色，就已經擁有充分的價值了。與其勉強自己為別人而努力，不如先接受真正的自己，讓自己的內心獲得平靜，這才是朝著世界和平目標所踏出最實際的第一步。

### ✧生日帶來的訊息✧

「愛屋及烏」
「友情」
「接受原本的自己」

### 前世の故事

你的前世，生於當時正為獨立宣言而熱議的美國，你也從專職家庭主婦搖身一變，成為能幹的女性創業者。

從小，你的身邊就圍繞著許多朋友，而你是個會帶頭玩耍的女孩。婚後，你為從軍的溫柔丈夫守護著家庭，與孩子一起過著平凡的生活。而強烈的愛國心，讓你加入抵制英國產品的活動。結果你靈光乍現想出的替代產品，竟然獲得相當大的迴響。隨著你與同伴們愉快的共事，你的公司也逐漸成長。但過度忙碌的你，總覺得好像忘記了什麼最重要的事。

---

# כחח

8/28 希伯來文

### ✧生日契合度✧

**◉ 情人・伴侶**

| | |
|---|---|
| 1月1, 10, 28日 | 7月4, 22, 31日 |
| 2月9, 18, 27日 | 8月3, 21, 30日 |
| 3月8, 17, 26日 | 9月2, 11, 29日 |
| 4月7, 16, 25日 | 10月1, 19, 28日 |
| 5月6, 15, 24日 | 11月9, 18, 27日 |
| 6月5, 14, 23日 | 12月8, 17, 26日 |

**◉ 工作夥伴・朋友**

| | |
|---|---|
| 1月8, 17, 26日 | 7月2, 11, 29日 |
| 2月7, 16, 25日 | 8月1, 19, 28日 |
| 3月6, 15, 24日 | 9月9, 18, 27日 |
| 4月5, 14, 23日 | 10月8, 17, 26日 |
| 5月4, 22, 31日 | 11月7, 16, 25日 |
| 6月3, 12, 30日 | 12月6, 15, 24日 |

**◉ 競爭對手・天敵**

[2/1] [3/23] [5/27] [6/2] [6/21] [7/19] [8/18]

**◉ 靈魂伴侶**

[1/3] [2/2] [4/9] [4/18] [4/30] [8/17] [12/31]

### ✧生日名人✧

哥德（作家）
卡爾・貝姆（指揮家）
塔莎・杜朵（繪本作家）
伊迪絲・漢森（藝人）
傑森・普雷斯利（演員）
田崎潤（演員）
高橋順子（詩人）
鈴木慶一（音樂人）
香西薰（歌手）
伊野波雅彥（足球選手）

◉ 從你的生日看命運
請見32頁

# 8月29日

August twenty-ninth

**根據直覺展開行動的幕後高人**

這天出生的你，個性溫和不喜歡競爭，擁有環顧整體的寬廣視野、深度的智慧與縝密的思考。你的直覺敏銳，總能順著靈感展開積極的行動，同時具備實力。

你雖然沒有強大到引人注目的氣場，但卻有一股讓所有人都對你另眼相看的魅力，屬於深藏不露的真正實力者。

經常有人會拜託你在爭端中擔任調停或仲裁的角色，而你會秉公處理。你既具備現實上的對應能力，卻又擁有神祕的明星氣質。你經常在恰到好處的時機出現，並以一句不經意的話，瞬間化解現場氣氛，宛如救世主般。不過，你的發言有時也會因為太一針見血，讓身邊的人大吃一驚，或是因為出乎意料的事情而煩惱，屬於旁人難以理解的類型。

你雖然想要努力回應旁人的期待，卻往往因為自己的感受與周圍的感覺不同而產生壓力。請注意不要破壞你內心的平衡。

你的出生日期 29 的 2 代表協調、調和，9 則代表完全、完結、智慧、賢者，讓你能活用自己的才華，讓周圍的人感到幸福。再加上出生月分 8 無限大（∞）、熱情的特性，更加強調你熱血的行動派特質。



### ❖ 戀愛・婚姻・性生活 ❖

你是世人眼中的模範生，會回應家人或旁人的期待，扮演他們眼中的角色。但面對真正喜歡的對象時，你會展現出熱情的一面，或是擁有說話一針見血，直指對方痛處的傾向。尤其在床上，你可能會因為多嘴而傷害對方的自尊，請特別注意。婚後，你會成為支撐家計的好丈夫、好太太，但如果壓抑自己真正的想法，將會累積不少壓力。如果你的伴侶能夠坦率地接納真實的你，就能幫助你調節情緒，回歸自己內心的平衡。

### ❖ 工作・財運 ❖

你不管從事什麼工作都會很熱心，能夠以高度專業的知識及技術妥善完成。你的身段也很軟，是組織中相當寶貴的全能型人才。你也擁有藝術品味，具備真正識貨的審美觀，若身為藝術家，你的才能也能開花結果。

你不是領導型的人，所以工作夥伴將會左右你的事業運。由於你對存錢沒有太大的興趣，因此財運將隨著交往的對象而改變。如果你根據直覺，選擇讓自己感到雀躍、愉快的事之後，再埋首努力，就能提昇你整體的財運。

## ❖ 今生使命・未來展望 ❖

今生你的使命是：活用自己的直覺，為自己的人生負起責任，成為帶領許多人邁向幸福的領導者。

你是個無所不能的全能人才，希望你能運用直覺與靈感等無形的才華，為更多人帶來幸福。

但你往往會扮演回應周遭期待的好學生，對這樣的你來說，最重要的是先把自己與生俱來的才華，充分運用在自己的人生當中。

容易受周遭影響的你，即使是面對一件小事，都應該為自己的選擇負起責任，發揮強大的決斷力。請相信自己的感覺，盡情活用自己的魅力與才華，乾脆地貫徹自己想要的人生。透過在自己的人生中實踐強大的領導力，身為真正領導者的任務，也會出乎意料地很快就降臨到你的身上。

## ❖ 生日帶來的訊息 ❖

**「不可思議的吸引力」**
**「神祕感」**
**「貫徹自己想要的人生」**

### 前世の故事

你的前世是一名珠寶設計師，在中世紀東西文明交匯的土耳其城市中鑑定珠寶，設計樣式。

你兼具準確的鑑定眼光、豐富的感受力與傑出的技術，因此以一流珠寶設計師的身分，獲得世人高度的評價，甚至還將珠寶飾品進獻給國王。

你日復一日地鑑定珠寶，設計適合的樣式，並製成作品。但過度忙碌使身心逐漸失去平衡，罹患重病。這時你才愕然發現，竟然沒有為自己設計過任何一件飾品。你相當後悔，因為你希望能設計出專屬自己、獨一無二的珍貴飾品，配戴在自己身上。

8/29 希伯來文

### ❖ 生日契合度 ❖

**◉ 情人・伴侶**

| | |
|---|---|
| 1月2, 11, 29日 | 7月5, 14, 23日 |
| 2月1, 10, 28日 | 8月13, 22, 31日 |
| 3月9, 18, 27日 | 9月3, 12, 30日 |
| 4月8, 17, 26日 | 10月2, 20, 29日 |
| 5月7, 16, 25日 | 11月1, 19, 28日 |
| 6月6, 15, 24日 | 12月9, 18, 27日 |

**◉ 工作夥伴・朋友**

| | |
|---|---|
| 1月9, 18, 27日 | 7月3, 21, 30日 |
| 2月8, 17, 26日 | 8月2, 11, 29日 |
| 3月7, 16, 25日 | 9月10, 19, 28日 |
| 4月6, 15, 24日 | 10月9, 18, 27日 |
| 5月5, 14, 23日 | 11月8, 17, 26日 |
| 6月4, 13, 22日 | 12月7, 16, 25日 |

**◉ 競爭對手・天敵**

[1/15] [1/26] [4/23] [6/30] [8/20] [9/24] [10/6]

**◉ 靈魂伴侶**

[1/5] [1/28] [3/26] [6/18] [7/22] [9/6] [9/29]

### ❖ 生日名人 ❖

安格爾（畫家）
莫里斯・梅特林克（劇作家）
英格麗・褒曼（演員）
麥可・傑克森（歌手）
裴勇浚（演員）
谷岡泰次（漫畫家）
小出裕章（核能工學家）
八代亞紀（歌手）
川上未映子（作家）
山下敦弘（導演）

◉ 從你的生日看命運
請見32頁

# 8月30日

August thirtieth

**渾身是勁 不知道什麼是累 精力充沛的孩子**

8月30日出生的你，好奇心旺盛，是個精神充沛又開朗的人。你天真無邪，充滿活潑的能量，彷彿就像不知道什麼是累的孩子一樣。你最喜歡愉快的事情與人們的笑容，以及和大家為了共同目標而努力。而且，你確實能號召眾人一同展開實際的行動。

你的個性爽朗，總能在歡笑當中，把精神與力量傳播給周圍的人，創造新的事物。

你具有看穿事物本質的敏銳直覺，有時也會拋出一針見血的話，不過因為沒有惡意，所以不會遭到厭惡。

你不擅長做太複雜的事情，行事上缺乏了計畫性與續航力。請你珍惜自己的感受力與好奇心，如果有不懂的事情，就以謙虛的態度向深諳此道的專家請教。

你的出生日期30的3是孩子的象徵。而這個特質會透過0的力量而更加突顯。30日出生的你是一個永遠的大孩子，總讓人感受不到你的實際年齡。你不管到了幾歲，都不會失去天真爛漫的赤子之心。再加上出生月分8無限大（∞）的特性，將點燃你熱血鬥士的靈魂，讓你不知疲倦、精力充沛展開活動的能量更加強大。

## ❖戀愛・婚姻・性生活❖

你懷著高度的理想性，嚮往浪漫的愛情，等待白馬王子的到來。你的坦率、開朗，讓你與任何人都能和睦相處，但即使擁有許多異性朋友，也很難發展成進一步的關係。不過，當你感受到「就是這個人」的時候，就會積極展開攻勢。

在婚姻方面，你可能會因為一見鍾情的閃婚或奉子成婚，而把周圍的人都嚇了一跳。有時請靜下心、停下腳步，冷靜地問自己「這樣真的好嗎？」，替自己釐清一些事情。

在性生活方面，你會比外表展現的還要晚熟。雖然你屬於順從回應對方要求的類型，但如果性能力覺醒，也會變得大膽。

## ❖工作・財運❖

你在某種程度上，其實不把工作當成義務，而是當成玩樂的延伸。不管身處於何種業界，你都能像玩遊戲一般享受工作，是讓組織氣氛變好的開心果。比起單打獨鬥，你應該更喜歡眾人參與的團隊合作吧？不服輸的你，如果有競爭對手，更能點燃你的熱情。正因為如此，你不適合靜靜坐在辦公桌前的單純作業，或是規則繁多、企業文化太嚴肅的公司。你的財運絕佳，請選擇能夠發揮你獨特創意或嶄新想法的工作吧！

## ✧今生使命・未來展望✧

不管到了幾歲，你都像個天真無邪的孩子，這樣的你，今生的使命是：磨練自己的直覺與靈感，探索無形的世界，把從中得到的智慧與資訊，傳達到現實的世界中，成為兩者之間的溝通橋梁。

擁有優異直覺的你，應該早已意識到無形世界的存在與影響。請你不要被以往的習慣或世俗眼光牽著走，相信自己的直覺，展開具體行動。如果你把事情想得太難、太複雜，常常會導致走錯方向，請特別注意。

那無形的世界就存在於我們的日常生活當中，絕對不是特別遙遠的國度。請你不管到了幾歲都不要失去天真的心，持續磨練豐富的感受力，珍惜當下的生活。你這種坦率、單純的生活方式，將會帶給許多人正面的力量，而能低調地將真正重要的信念傳達出去。

### ✧生日帶來的訊息✧

「精力旺盛」
「活潑」
「順著直覺生活」

### 前世の故事

你的前世，是在古代馬雅文明的所在地，一個大受歡迎的街頭藝人。

你對任何未知的事物都充滿著旺盛的好奇心，而這樣的探究之心讓你不眠不休地持續製作誰都想不到的發明，並帶上街頭讓大家看到你的絕世發明。

你最喜歡取悅別人，帶給人們驚喜，是街頭藝人中人氣非常高的明星。你的表演既感人又細緻，總讓人們深受感動。

雖然這樣的賣藝生活很刺激有趣，但你的心頭也湧現了「我從表演中想傳達給世人的信念到底是什麼？」的疑問。最後，你把興趣轉移到探索無形的世界當中。

8/30 希伯來文

### ✧生日契合度✧

**◉ 情人・伴侶**

| | |
|---|---|
| 1月9, 18, 27日 | 7月3, 21, 30日 |
| 2月8, 17, 26日 | 8月2, 11, 20日 |
| 3月7, 16, 25日 | 9月1, 19, 28日 |
| 4月6, 15, 24日 | 10月9, 18, 27日 |
| 5月5, 14, 23日 | 11月8, 17, 26日 |
| 6月4, 13, 22日 | 12月7, 16, 25日 |

**◉ 工作夥伴・朋友**

| | |
|---|---|
| 1月1, 19, 28日 | 7月4, 13, 31日 |
| 2月9, 18, 27日 | 8月3, 12, 30日 |
| 3月8, 17, 26日 | 9月11, 20, 29日 |
| 4月7, 16, 25日 | 10月1, 10, 19日 |
| 5月6, 15, 24日 | 11月9, 18, 27日 |
| 6月5, 14, 23日 | 12月8, 17, 26日 |

**◉ 競爭對手・天敵**

[2/3] [4/2] [5/19] [6/21] [7/23] [9/2] [12/12]

**◉ 靈魂伴侶**

[1/4] [3/9] [3/27] [4/4] [8/7] [9/3] [9/10]

### ✧生日名人✧

維吉尼亞・李・伯頓（繪本作家）
布魯斯・麥克拉倫（賽車手）
卡麥蓉・狄亞（演員）
安迪・羅迪克（網球選手）
井上陽水（音樂人）
大野豐（棒球選手）
羽海野千花（漫畫家）
內藤大助（拳擊手）
吉澤悠（演員）
松本潤（歌手）

◉ 從你的生日看命運
請見32頁

# 8月31日

August thirty-first

好奇心旺盛
有強烈拓展企圖
熱情的實務家

這天誕生的你是個溫和的人，不管對誰都會展現笑容。你懷有孩子般的好奇心，能夠把抽象的靈感化為具體的事物，並與世人分享，是一個老實的實務家。

出生日期31的3代表孩子，1代表箭頭，代表著你可以凝聚如孩子般的創造力，創造出實際的事物。再加上出生月分8無限大（∞）、熱情的特性，為你增添了熱情與力量，使你將自己創造出來的事物更加發揚光大。

你責任感強烈，懂分寸，也值得信賴，行事沉穩，卻能保有孩子般的笑容與童心。

你的個性正直、不會懷疑別人，無論對誰都會用誠摯的心認真相待。你會確實遵守和別人約定好的事情或自己決定好的規則，只要是自己覺得正確的觀念或事情，你絕對不會退讓。但你的正經八百看在周圍的人眼裡，也會呈現頑固、不知變通的一面。

無論對人還是對事，都以好壞、對錯等單純的二分法判斷，或許是8月31日出生的人的特徵。但如果拘泥於自己的是非標準，就難以發揮你敦厚、誠摯的人品，以及展現對人的體貼，請特別注意。



## ✧戀愛・婚姻・性生活✧

你屬於晚熟的類型，雖然對異性有興趣，卻因害羞不敢直接表明自己的感情。因為太在意對方，你還會脹紅臉無法好好說話，相當純情。由於你不懂愛情遊戲的技巧，因此會突然向單戀對象告白，而這樣的模式有時也會嚇到對方。

婚後，你會成為顧家的人。你重視溝通，會仔細聽伴侶說話。在性生活當中則展現強烈的被動態度，因為太害羞而任由對方擺布。

## ✧工作・財運✧

你重情義，擅長照顧人，因此在組織中是寶貴的人才，能夠確實地出人頭地。你會嚴格遵守進度與約定，如果能為自己做過的事情確實留下具體成果，會讓你感到更有成就感，因此也適合在製造業的第一線發展。

在財運方面，你不是會瞬間發大財的人，但因為你擅長理財，能夠踏實地留下財富。由於你的金錢觀極為實際，因此會減少財務上的風險或波動。你具有強烈的守財意識，存錢也可能成為你的興趣。

### ✧ 今生使命・未來展望 ✧

認真誠實的你，今生的使命是：以不失天真爛漫的赤子之心，盡情地享受自己獨一無二的人生。

隨著年齡增長，你是否會努力裝出大人該有的樣子，甚至逞強地扮演某個理想中的角色呢？讓自己更坦率地展現出赤子之心，是你今生的主題。

比起思考，感受才是解放童心的關鍵。在面對新的人事物時，我們會特別重視第一印象。建議你在接觸孩子或寵物時，完全活用嗅覺或觸覺等五感的能力，好好去感受他們帶給你的幸福。

如果你每天都能像孩子般充滿天真的笑容，周遭的人與世界一定能變得更愉快。好好享受這瞬間的當下，讓自己不受制於過去或未來，都能以赤子之心面對，正是你的使命。

### ✧ 生日帶來的訊息 ✧

「正義英雄」
「坦率」
「快樂勝於正確的價值」

### 前世の故事

你的前世，是在近代奧地利維護國家權力的警官。

你從小就是擁有強大正義感的少年，如果看見有人欺負弱小，你就會不顧一切衝上去阻止。

出於你對正義英雄的嚮往，你成為了一位警官，運用自身的正義感，全力以赴地守護國家的秩序及取締各種非法的情況。但隨著你的人生經驗愈來愈豐富，逐漸發現犯罪者都有各自的苦衷，有時不能一概斷定他們都是十惡不赦的壞人。你面對愈來愈多這樣的狀況，開始思考：自己一直以來相信的正義到底是什麼？

8/31 希伯來文

#### ✧ 生日契合度 ✧

◉ 情人・伴侶

| | |
|---|---|
| 1月6, 15, 24日 | 7月9, 18, 27日 |
| 2月5, 14, 23日 | 8月8, 17, 26日 |
| 3月4, 13, 22日 | 9月7, 16, 25日 |
| 4月3, 21, 30日 | 10月6, 15, 24日 |
| 5月2, 20, 29日 | 11月5, 14, 23日 |
| 6月1, 19, 28日 | 12月4, 13, 31日 |

◉ 工作夥伴・朋友

| | |
|---|---|
| 1月2, 11, 29日 | 7月5, 14, 23日 |
| 2月1, 19, 28日 | 8月4, 22, 31日 |
| 3月9, 18, 27日 | 9月3, 12, 30日 |
| 4月8, 17, 26日 | 10月2, 20, 29日 |
| 5月7, 16, 25日 | 11月1, 10, 28日 |
| 6月6, 15, 24日 | 12月9, 18, 27日 |

◉ 競爭對手・天敵

[1/22] [2/3] [2/10] [5/13] [6/8] [9/21] [12/16]

◉ 靈魂伴侶

[3/1] [3/7] [6/4] [6/16] [6/25] [7/16] [9/13]

#### ✧ 生日名人 ✧

理查・吉爾（演員）
鏑木清方（畫家）
田村高廣（演員）
高橋和巳（作家）
青木功（高爾夫選手）
大島弓子（漫畫家）
小林善紀（漫畫家）
日比野克彥（美術家）
野茂英雄（棒球選手）
水森香織（歌手）

◉ 從你的生日看命運
請見32頁

9月是「完結、收成」的月分。
9月出生的你，是「統合者」。

請你發揮統合的才華，
綜觀全局，放下人生中多餘的事物。

# 9月1日

September first

## 嚴以律己 以完美為目標的 理想主義者

不管做什麼事情都積極有活力的你，具備成為組織領袖或領導者的器量。擁有信念的你，總是努力地以完美為目標。你能發揮強大的領導力，凝聚團體的向心力。

出生日期中的數字 1，表示一切的開端，代表朝著目標勇往直前的箭頭與方向，象徵男性特質強烈的領導力。1 日出生的你很受歡迎，既開朗又活潑，即使在人群當中也是特別顯眼的存在。再加上出生月分 9 完結、智慧的要素，讓你身為理想主義者聰明、心胸開闊的特質更加突顯。

1 是最初的數字，9 則是最後的數字。9 月 1 日出生的人，既具備領袖的資質，又同時扮演整合的角色，因此是個擁有豐富同情心，重視周遭和諧的領導者。

你的個性溫和，但對自己非常嚴苛，擁有比別人更強烈的義務感與責任感，並要求自己必須做到完美。

雖然你很會照顧仰賴自己的人，但由於你的理想很高，所以基於高度要求完美的特質，對於善惡好壞的標準非常嚴格，容易為自己樹立很多敵人。當你過於專注在一件事情時往往就會忽略周圍的情況，請特別注意。不要忘了對身邊支持你的人心懷感激，讓自己保持謙虛也是一種智慧。

### ❖ 戀愛．婚姻．性生活 ❖



你屬於總是想要引領對方的類型，遇到喜歡的人，會採取直球對決的追求方式。乍看之下強勢的你，在行動前心裡其實也有很多的算計，但你也會因為太急於看到結果，而有逼迫對方的傾向，有時候也需要學會等待。

你在婚後會想要掌控家庭內的主導權。如果忘了伴侶對自己的支持，就容易變得傲慢。在性生活方面，你往往因為想要按照自己的步調進行而陷入單一模式，也可能在孩子誕生之後，突然對對方變得冷淡。

### ❖ 工作．財運 ❖

你擁有高度清晰的頭腦、冷靜的判斷力與強大行動力，而這些都是幫助事業成功的要素。因此你無論從事什麼樣的工作，都能扮演類似核心的角色。你擁有強大的自信與上進心，也有不服輸的精神，所以如果自己率先站在前方帶領周遭的人前進，想必能夠發揮才華。

你具有光憑自己的實力，就能白手起家賺得巨額財富的能力。尤其目標明確時，你的事業爆發力更是驚人，具有在短期內致富的強大財運。

## ✣ 今生使命・未來展望 ✣

你是聰明的領袖，今生的使命是：活用身為領導者的資質，為自己的選擇與決斷負責，在自己的人生中發揮強大的領導力。

雖然你擁有引領旁人的力量，但如果換成是自己的事情，狀況就有點不同了。你可能因為過於追求完美，考慮太多而裹足不前。

請不要只在與他人的關係中，扮演領導者的角色，而要面對自己真正的想法，貫徹自己想要的生活方式。請把自己的意見與想法清楚告訴身邊的人，不要忍耐，積極挑戰自己想做的事情吧！

只要在自己的生活中，發揮本身強大的領導力。你就能透過對自己的決斷負責，開始步向更適合自己的人生，而身為真正領袖的任務很快就會降臨到你身上。

### ✣ 生日帶來的訊息 ✣

「完全的統合」
「整合一致」
「活出自己」

### 前世の故事

你的前世，是中世紀末的義大利冒險家。你從小就是同伴之間的領袖，總能讓大家團結在一起。你對未知的事物擁有旺盛的好奇心，因此對於別人口中的黃金之國吉龐心生嚮往，於是你募集夥伴，朝著吉龐出發。聰明的你，運用自己對於權力、金錢的支配力來控制夥伴。

但隨著旅行時間愈來愈長，夥伴的動力也愈來愈低，最後內部開始分裂。明明自己具備了領袖必備的所有才能，卻逐漸變得沒有人願意追隨自己，這樣的現況，讓你不得不思索「真正的領袖到底需要什麼特質？」。

9/1 希伯來文

### ✣ 生日契合度 ✣

◉ 情人・伴侶

| | |
|---|---|
| 1月2, 11, 29日 | 7月5, 14, 23日 |
| 2月1, 10, 28日 | 8月4, 13, 22日 |
| 3月9, 18, 27日 | 9月3, 21, 30日 |
| 4月8, 17, 26日 | 10月2, 20, 29日 |
| 5月7, 16, 25日 | 11月1, 10, 19日 |
| 6月6, 15, 24日 | 12月9, 18, 27日 |

◉ 工作夥伴・朋友

| | |
|---|---|
| 1月9, 18, 27日 | 7月3, 21, 30日 |
| 2月8, 17, 26日 | 8月2, 11, 29日 |
| 3月7, 16, 25日 | 9月1, 10, 28日 |
| 4月6, 15, 24日 | 10月9, 18, 27日 |
| 5月5, 14, 23日 | 11月8, 17, 26日 |
| 6月4, 13, 22日 | 12月7, 16, 25日 |

◉ 競爭對手・天敵

[5/31] [8/1] [8/20] [9/9] [9/27] [10/1] [11/9]

◉ 靈魂伴侶

[4/20] [4/29] [6/23] [9/29] [10/5] [10/28] [12/17]

### ✣ 生日名人 ✣

愛德加・萊斯・巴勒斯（作家）
洛基・馬西安諾（拳擊手）
小澤征爾（指揮家）
伊井直行（作家）
渡部陽一（攝影師）
土田晃之（藝人）
三浦理惠子（藝人）
山崎貴弘（棒球選手）
福西崇史（足球選手）
平岡祐太（演員）

◉ 從你的生日看命運
請見32頁

# 9月2日

September second

**顧慮周全深藏不露的實力者**

你的出生日期2，是代表二元論基礎的數字。代表兩個相反世界的整合以及兩極的平衡，是象徵女性特質的數字。而出生月分9的意思則是完結、智慧，是具有總結意義的數字。9月2日出生的你擁有這兩個數字，因此能夠顧慮周全，重視和諧與平衡。你的實力深藏不露，頭腦聰明、懂得包容，並且能夠團結眾人。

你對誰都很溫柔、親切，態度溫和不樹敵，想必能夠緩和四周的氣氛。而你優秀的協調能力與老實的性格，讓周圍的人對你很安心。你給人的印象良好，因此也很有人緣。你會因為自己能在幕後引領、支持身邊的人而覺得開心。你的頭腦也轉得很快，擅長判斷現場情況，在重要時刻能夠積極行動，發揮推動事物的實力。如果你能遇到出色的領袖或夥伴，才華就會開花結果。你具備能夠配合任何人的協調性，在團隊或組織中也能扮演團結眾人的角色。

但溫柔與優柔寡斷只有一線之隔。如果過於重視和諧，往往會被周遭的意見影響，因此請特別注意。由於你有無法說出自己真正想法的傾向，因此容易累積壓力，請準備幾個專屬自己的放鬆方式。

## ❖戀愛・婚姻・性生活❖

你在愛情當中屬於被動類型，總想把自己的一切託付給對方。雖然在腦中構思的愛情劇本相當完美，但你喜歡上一個人時會遲遲無法採取行動，靜靜等待對方的追求。在約會時，你也喜歡能夠主導一切的人。但如果對方比較強勢，你也可能在無法拒絕的情況下展開關係，因此請重視自己的想法。

婚後，只要你不太過依賴對方，就能在給伴侶面子的同時，也能巧妙地控制對方。在性生活方面，請不要完全交由對方主導，把自己的想法傳達給對方，盡情地享受親密關係的美好時光。

## ❖工作・財運❖

你適合擔任輔佐的工作，能夠成為優秀領袖的左右手。你具有行動力，也很機靈，因此也適合擔任祕書或經理等需要細心考量的職業。而且從事需要為他人奉獻的工作，更能發揮你的能力。你對心靈富足的追求勝過於報酬，因此可能會著迷於信仰或探究無形的世界，並且把錢花在這方面，請特別注意。你的金錢觀很實際，擅長理財。即使沒有賺大錢的能力，也有存錢、投資的天賦，因此生活應該不虞匱乏。

## ❖ 今生使命・未來展望 ❖

你今生的使命是：活用協助周遭的人的能力，探索無形的世界，並將你從無形的世界中學到的事情，逐漸實踐在日常生活當中。

重視關係的你，同時也具有將無形世界與現實世界加以連結的能力。例如透過芳療將香氛融入於生活中、側耳傾聽大自然中的風聲、鳥鳴，有意識地磨練感官能力，讓自己的直覺與靈感變得更敏銳。

請相信自己的直覺，憑感覺行動非常重要。如果能讓周圍的人看見你那化感受為實際行動的樣子，也會想要將自己的感受或想法落實在生活中，比你給他們的良心建議還更有說服力。

## ❖ 生日帶來的訊息 ❖

**「包容與協調」**
**「穩健」**
**「交給感受決定」**

### 前世の故事

你的前世，是在日本江戶時代侍奉將軍的側室之一。

你原本是某個武士的女兒，才貌兼備的你，帶著侍女出門賞花時，偶然被微服出巡的將軍看上，而被拔擢到將軍府中。你在那個各懷心計的環境中，以天生的親和力與輔佐力，巧妙地周旋其中。某天，你腦中突然閃過將軍性命即將受到威脅的直覺，就在你因為沒有任何根據而猶豫著要不要說出口的時候，就發生了有人朝將軍放冷箭的事件，使你因為沒有相信自己的直覺而後悔。

9/2 希伯來文

### ❖ 生日契合度 ❖

**◉ 情人・伴侶**

| | |
|---|---|
| 1月9, 18, 27日 | 7月3, 21, 30日 |
| 2月8, 17, 26日 | 8月2, 11, 29日 |
| 3月7, 16, 25日 | 9月1, 19, 28日 |
| 4月6, 15, 24日 | 10月9, 18, 27日 |
| 5月5, 14, 23日 | 11月8, 17, 26日 |
| 6月4, 13, 22日 | 12月7, 16, 25日 |

**◉ 工作夥伴・朋友**

| | |
|---|---|
| 1月1, 10, 28日 | 7月4, 13, 31日 |
| 2月9, 18, 27日 | 8月3, 21, 30日 |
| 3月8, 17, 26日 | 9月2, 20, 29日 |
| 4月7, 16, 25日 | 10月1, 19, 28日 |
| 5月6, 15, 24日 | 11月9, 18, 27日 |
| 6月5, 14, 23日 | 12月8, 17, 26日 |

**◉ 競爭對手・天敵**

[1/19] [1/23] [3/24] [4/20] [4/29] [5/20] [12/2]

**◉ 靈魂伴侶**

[1/30] [2/28] [3/27] [7/10] [9/3] [9/30] [12/19]

### ❖ 生日名人 ❖

安重根（朝鮮獨立運動家）
裘林諾・傑馬（演員）
吉米・康諾斯（網球選手）
基努・李維（演員）
伊藤博文（政治家）
中原誠（將棋棋士）
矢崎滋（演員）
早見優（藝人）
橫山惠（演員）
國分太一（音樂人）

◉ 從你的生日看命運
請見32頁

# 9月3日

September third

## 既聰明又天真 敏感純真的孩子

你的個性天真爛漫、開朗、誠實又朝氣蓬勃，不管長到幾歲都不失一顆天真的心，是個像孩子一樣的人。但相對地，你也非常冷靜，能夠留意周遭的細節，具有成熟的一面。你的個性爽朗乾脆，總是帶著笑容，一直都很受人歡迎。

你非常喜歡逗大家開心，總是希望自己能為眾人帶來幫助。而且你的想像力豐富，是個喜歡幻想的浪漫主義者。你喜歡孩子與動植物，與任何人都能馬上打成一片。你的直覺也很敏銳，具有看穿對方本質的天賦。

你對新事物、未知的事物擁有旺盛的求知欲，不管什麼事情都會積極挑戰。雖然你對感興趣或有趣的事情具備了超凡的爆發力與專注力，但相對地，你也很容易感到厭煩，缺乏計畫性與續航力。你雖然擁有成熟的品格，但總會把內心的情緒展現在態度上，不喜歡說謊或隱瞞。

你的出生日期 3 象徵著孩子，再加上出生月分 9 完結、知性的成熟要素，使你既擁有純粹的赤子之心，又具備成熟的判斷力，能夠觀察旁人的神色，冷靜預測情勢，顯現具有兩面性的複雜性格。

### ❖戀愛・婚姻・性生活❖

因為你看似孩子氣又直率，所以看起來對愛情沒什想法，但其實你對於戀愛對象的理想很高，會認真找出命定之人，絕不妥協。當你遇到理想的對象時，你能夠憑直覺一眼認出，絕對不會錯過。由於你散發出中性氣質，所以雖然有許多感情不錯的異性朋友，但卻很難從中發展出戀愛關係。

在婚姻方面，你可能會和一見鍾情的對象閃婚。在性生活方面，你追求的是親密感，而不是行為本身，因此或許會那種例行公事般的性生活感到感到恐懼。

### ❖工作・財運❖

你對工作的想法，有點像是遊戲的延伸。你擅長把工作變成有趣的事情，無論做什麼樣的工作，你都能融入自己的玩心。你不擅長需要耐心的作業，或是坐著不動的文書處理，適合擔任到處跑來跑去的業務或從事娛樂產業、面對孩子的工作或與寵物相關工作。你在理財方面的態度大而化之，但是財運良好，所以不會為錢所苦。你屬於任何人都喜愛的類型，因此總會有人對你伸出援手，或是經常獲得從天而降幸運的幸運兒。

## ❖ 今生使命・未來展望 ❖

今生你的使命是：不失天真爛漫的赤子之心，盡情享受自己想要的人生。

你明明擁有赤子之心，但是否隨著年紀愈來愈大，逐漸壓抑內心孩子的部分，避免自己太天真呢？

讓自己活在當下的這一瞬間，不被過去與未來綁住，是不失赤子之心的要訣。因此建議你從事運動或跳舞等能夠活動身體、讓自己開心的活動。透過音樂或繪畫也可以刺激你的敏感度，提高你的感受力。

當你從事最喜歡的事情時所露出的天真笑容，就是為自己、為所有的人帶來喜悅的最佳利器。

## ❖ 生日帶來的訊息 ❖

「坦率的哲學家」

「專注」

「活在當下」

### 前世の故事

你的前世，是生活在亞馬遜叢林的少數民族中的長老。

雖然你很重視祭典與儀式，但對於那種需要努力與堅持的實務之事卻不擅長。這種好惡分明的態度，使你繼續過著隨心所欲的生活，因此無法成為村長。隨著歲月流逝，同年齡的夥伴接連去世，在不知不覺間你成為村子裡最資深的長者，所有人都對你特別敬重。你用自己這一生徹底力行「人生就是要過得有趣」的強大信念，累積不少特別的生命經歷，因此許多村民會聚集在你身邊，聽你說那些冒險的故事，你覺得自己能貫徹這樣的生活理念真是太好了。

גט

9/3 希伯來文

### ❖ 生日契合度 ❖

◉ **情人・伴侶**

| | |
|---|---|
| 1月6, 15, 24日 | 7月9, 18, 27日 |
| 2月5, 14, 23日 | 8月8, 17, 26日 |
| 3月4, 13, 31日 | 9月7, 16, 25日 |
| 4月3, 12, 30日 | 10月6, 15, 24日 |
| 5月2, 20, 29日 | 11月5, 14, 23日 |
| 6月10, 19, 28日 | 12月4, 13, 22日 |

◉ **工作夥伴・朋友**

| | |
|---|---|
| 1月2, 11, 29日 | 7月5, 14, 23日 |
| 2月1, 19, 28日 | 8月4, 13, 22日 |
| 3月9, 18, 27日 | 9月3, 21, 30日 |
| 4月8, 17, 26日 | 10月2, 20, 29日 |
| 5月7, 16, 25日 | 11月1, 19, 28日 |
| 6月6, 15, 24日 | 12月9, 18, 27日 |

◉ **競爭對手・天敵**

[1/20] [3/11] [3/21] [4/5] [5/27] [6/21] [11/21]

◉ **靈魂伴侶**

[2/22] [6/7] [7/4] [10/21] [11/25] [11/29] [12/10]

### ❖ 生日名人 ❖

斐迪南・保時捷（工程師）
澤地久枝（作家）
楳圖一雄（漫畫家）
野依良治（化學家、諾貝爾獎得主）
西荻弓繪（編劇）
中田久美（排球選手）
吉田秀 （柔道選手）
田村裕（藝人）
染谷將太（演員）
哆啦A夢（貓型機器人）

◉ **從你的生日看命運**
**請見32頁**

# 9月4日

September fourth

## 擁有把想法化為實際的才華知性的實務家

你的出生日期4是個踏實的數字，也是創造現實世界的基礎。4日出生的人認真踏實，是個正經八百的努力者。再加上出生月分9完結、智慧的要素，更加突顯這天出生的人的知性、理想主義者的資質。

9月4日出生的人，對於自己決心參與的事情會好好完成，具有將自己的想法化為現實的才華，屬於堅實的實務家。

你的個性踏實穩定，不管做什麼都孜孜不倦又有毅力，是努力的人。你的全力以赴能讓周圍的人安心，使你被眾人信賴。

你有著強大的毅力與責任感，能依照計畫推動事物。你既理智又能注意到細節，因此不會疏於事前的準備、調查與處理。你總是冷靜、客觀地判斷事物，能退一步綜觀全體，注意所有事情是否進行順利。

你重視社會期許與規範，會確實嚴守與他人約定的事。因為你對於世俗價值觀的認同，因此不接受偏離這種價值觀的行為，往往會嚴厲責備、處罰那些不按約定俗成的原則行事的人，請特別注意。你明明是很重視關係和諧的人，是否偶爾也會因為自己的不知變通而煩惱呢？請不要什麼事情都想得正經八百，保留一點大而化之的空間吧！

### ❖戀愛・婚姻・性生活❖

在感情上，因為你希望得到對方的青睞，因此會在腦中反覆模擬、練習。但正式上場時，經常因為太過緊張而忘記原本的安排，結果變成只好直接告白的情況。在性生活方面，你相當晚熟。甚至對性行為本身懷著厭惡或恐懼。請好好營造讓彼此都能放鬆、享受的氣氛。

婚後，你會努力打造穩定舒適的家。但小心不要因為太過拘泥於自己理想中的家庭形象而限制家人太多。

### ❖工作・財運❖

你的頭腦好，能敏銳判斷現場的氣氛，因此無論從事什麼樣的工作，都能爬到某種程度的地位，適合需要活用知性才華的專業工作。而你的認真、努力、對工作的續航力，想必能活用在需要耐心的工作或單調細緻的作業上。此外，你也很擅長協調關係與安排事務，在大公司中是個寶貴的人才。

你在金錢方面屬於腳踏實地的類型。你不浪費，能夠有計畫地存錢。財運穩健，只要擬定扎實的人生計畫，就能確實留下財富。

## ❖ 今生使命・未來展望 ❖

今生你的使命是：將自己所做的事情具體化，流傳後世。

你的信念強大，能夠朝著制定的目標勇往直前，但你希望自己必須更努力、做得更好的念頭太強烈，反而使你因為壓力而無法發揮原本的能力。

請你多加釋放肩上的壓力，有意識地把自己所做的事情一點一滴累積成具體的作品。你原本就是腳踏實地的人，所以應該很擅長完成具體的成果，或為一件事物累積努力。

只要你一開始不要把目標設得太大，持續累積日常小事，將其以照片、文章、部落格或日記等具體的形式記錄下來。只要日復一日地累積紀錄，你的人生目標也會變得更明確。

## ❖ 生日帶來的訊息 ❖

**「理想主義」**

**「理性」**

**「放下肩上的壓力」**

### 前世の故事

你的前世是受雇於俄羅斯皇宮的建築師。從小就認真努力，並著迷於大型建築的你，一直朝著成為建築師之路邁進。後來，你因為豐富的知識、才華與認真的人品獲得認可，成為隸屬於俄羅斯皇室的建築設計師。

你負責建設新的宮殿，並埋首其中。但最後由於建築物太過雄偉，無法在你有生之年完成。你在離世之時，對於無法看著自己設計的建築物完成非常遺憾，並發誓下輩子一定要看到它完成後的樣貌。

# טד

9/4 希伯來文

### ❖ 生日契合度 ❖

◉ **情人・伴侶**

| | |
|---|---|
| 1月7, 16, 25日 | 7月10, 19, 28日 |
| 2月6, 15, 24日 | 8月9, 18, 27日 |
| 3月5, 14, 23日 | 9月8, 17, 26日 |
| 4月4, 13, 22日 | 10月7, 16, 25日 |
| 5月3, 21, 30日 | 11月6, 15, 24日 |
| 6月2, 11, 29日 | 12月5, 14, 23日 |

◉ **工作夥伴・朋友**

| | |
|---|---|
| 1月3, 12, 30日 | 7月6, 15, 24日 |
| 2月2, 11, 29日 | 8月5, 14, 23日 |
| 3月10, 19, 28日 | 9月4, 13, 22日 |
| 4月9, 18, 27日 | 10月3, 12, 30日 |
| 5月8, 17, 26日 | 11月2, 20, 29日 |
| 6月7, 16, 25日 | 12月1, 10, 28日 |

◉ **競爭對手・天敵**

[4/7] [4/30] [5/25] [7/13] [7/18] [9/16] [11/14]

◉ **靈魂伴侶**

[1/28] [2/27] [3/15] [4/5] [5/4] [6/30] [7/31]

### ❖ 生日名人 ❖

布魯克納（作曲家）
碧昂絲（歌手）
丹下健三（建築師）
藤岡琢也（演員）
小林薫（演員）
山中伸彌（醫師、諾貝爾獎得主）
大森立嗣（導演）
島谷瞳（歌手）
中丸雄一（歌手）
彼得兔（公的小兔子）

◉ **從你的生日看命運**
**請見32頁**

# 9月5日
September fifth

## 機靈判斷現場氛圍的溝通者

你是個聰明、機靈的溝通者，能夠瞬間判斷現場氛圍，炒熱氣氛或輕易改變氣氛。你最喜歡新領域、新事物或新的朋友，具備出色的環境適應力，很快就能跟剛認識的人混熟，也擁有許多夥伴與朋友。

你總是追求自由與改變，接連地挑戰自己感興趣的事，是個行動派。你最討厭被綁住或受到限制。你不會受制於舊有的習慣或社會的期許，能夠冷靜分析妨礙自己變化的成因，並且積極改變，屬於革新型的人。在經過你的判斷之後，就能爽快割捨不需要的事物，這也是9月5日出生者的特徵。

你天生敏感，能夠準確察覺別人內心的情緒與立場。你也具有讓別人對你暢所欲言的能力，在組織或團體當中，自然成為核心人物，擔任團結眾人的角色。但相對地，你也很容易受到他人的意見與環境影響而感到困惑。而且，你會朝著對自己有利的方向解讀事物，並希望事情照著自己所想去發展，請特別注意。

你的出生日期5，是代表自由、變化、溝通的數字。再加上出生月分9完結、智慧的要素，讓你判斷現場氛圍，臨機應變、團結眾人的能力更加突顯。

### ❖戀愛・婚姻・性生活❖

你聰明又擁有豐富的話題，因此很有異性緣。你能觀察對方的狀態，小心不讓對方厭煩，因此給人好感度絕佳的第一印象。而且你能夠配合對方的期望，演出各種不同的戀愛模式，享受戀愛。你不抗拒婚外情或一夜情，如果愛情降溫，也會爽快地結束關係，令人難以捉摸。

你在婚後會很重視伴侶，但因為你有時說真心話，有時又說場面話，或許會讓對方難以完全理解你。在性生活方面，你雖然會顧慮對方的感受，但也會由自己掌控主導權，大膽地享受。

### ❖工作・財運❖

你在工作方面有出色的天賦。腦筋轉得快、理解力佳，無論從事什麼工作都能成為即戰力，是公司寶貴的人才。你既聰明又會給人良好的印象，因此上司、同事或部下都很信賴你。若能從事服務業等需要面對客戶的工作，是你能發揮才華的領域之一。但因為你討厭受到約束，因此也適合時間限制較少的自由業。雖然能夠自由運用時間的工作較適合你，但財運也因此大起大落。你不擅長腳踏實地賺錢，對金錢也不太執著，有時會爽快把錢全部花光。

## ✧ 今生使命・未來展望 ✧

今生你的使命是：學習自由與自私的差異，成為連結人與人之間的溝通者。

追求自由與變化的你，兼具統籌者的特質，能將世上的人們團結在一起。

儘管如此，你還是必須把學習自由與自私的差異當成人生課題，因為你的自由看在旁人眼中，或許只是任性妄為。真正的自由往往伴隨著自我負責的意義。但請你回過頭檢視自己，是否常為發生在自己身上的事情找藉口，或把該負的責任轉嫁到他人身上的情形。擁有自己的自由雖然重要，但也應該同時擁有認可、尊重別人與你不同的寬大度量，你才能成為一個廣納百川的真正溝通者，串起人與人之間的關係。

## ✧ 生日帶來的訊息 ✧

「機靈」
「聰明」
「對責任有所自覺」

### 前世の故事

你的前世是居無定所，不斷地在歐洲各地漂泊的旅人。

由於你頭腦聰明、理解力佳，因此流浪到每個國家都能學到許多事情。接觸過各式各樣異國文化的你，也將感受力琢磨地更加敏銳，在與眾人的邂逅當中，發展出高度溝通能力。你靠著自己從異地帶來的資訊與技術，傳授給當地的人們以謀求生計。

當你迎來生命的最後一刻時，回顧這一生不受任何拘束的生活，並問自己：這到底是不是真正的自由？

9/5 希伯來文

### ✧ 生日契合度 ✧

◉ 情人・伴侶

| | |
|---|---|
| 1月3, 21, 30日 | 7月6, 15, 24日 |
| 2月2, 11, 29日 | 8月5, 14, 23日 |
| 3月1, 19, 28日 | 9月4, 13, 22日 |
| 4月9, 18, 27日 | 10月3, 12, 30日 |
| 5月8, 17, 26日 | 11月2, 11, 29日 |
| 6月7, 16, 25日 | 12月1, 10, 28日 |

◉ 工作夥伴・朋友

| | |
|---|---|
| 1月4, 22, 31日 | 7月7, 16, 25日 |
| 2月3, 12, 21日 | 8月6, 15, 24日 |
| 3月2, 11, 29日 | 9月5, 14, 23日 |
| 4月1, 19, 28日 | 10月4, 13, 31日 |
| 5月9, 18, 27日 | 11月3, 12, 30日 |
| 6月8, 17, 26日 | 12月2, 11, 29日 |

◉ 競爭對手・天敵

[1/2] [1/13] [1/29] [4/10]
[5/5] [6/6] [10/22]

◉ 靈魂伴侶

[4/4] [5/30] [6/22] [6/29]
[9/28] [11/6] [12/16]

### ✧ 生日名人 ✧

路易十四（法國國王）
佛萊迪・墨裘瑞（歌手）
金妍兒（花式滑冰選手）
棟方志功（版畫家）
利根川進（分子生物學家、諾貝爾獎得主）
若林豪（演員）
草刈正雄（演員）
仲村徹（演員）
國府田麻理子（聲優）
菊地亞美（藝人）

◉ 從你的生日看命運
請見32頁

# 9月6日

September sixth

## 比起自己 更重視旁人 慈悲的奉獻者

你溫柔體貼，總是懷著溫暖擁抱周圍的人，是一個愛的奉獻者。你也是個好人，總是帶著溫和的笑容與開闊的胸襟，對所有人都一視同仁地展現親切。你性情敦厚，很會照顧人，總給人良好的印象，能深獲旁人的信賴。

出生日期 6 是愛的數字，象徵和諧與平衡、美與創造。再加上出生月分 9 協調者的要素，更加突顯你慈悲為懷的特質，比起自己的事情，你覺得與周遭人們之間的和諧才是最重要的。

你擁有豐富的感受力與知識，喜歡與別人分享各種事物，總是想對別人帶來幫助。你也熱中於志工活動，能夠自然而然地體貼周圍的人。你對人充滿愛的性格，想必得到許多人的景仰。你也富有同情心，如果有人遇到困難，你一定會伸出援手，無法視而不見。

但強烈的責任感使你無法拒絕別人拜託的事情，有時攬下的事情也會超出自己的能力。你在無意識中也有多管閒事的傾向，請考量對方的狀況與想法，保有彼此適度的空間。否則會變成強迫別人接受自己的好意，反而使人退避三舍，因此請特別注意。

### ❖戀愛・婚姻・性生活❖

你溫柔體貼，能夠設身處地去照顧他人，甚至任何事情都以對方為優先，近乎犧牲般地為對方奉獻。但相對地，你也會要求對方回報，或試圖依照自己的想法控制對方。而強烈的嫉妒與執著可能會使你無法原諒對方的背叛，如果事情曝光或許會鬧得很大。

在性生活方面，你會為了取悅對方而積極挑戰各種變化。婚後，你將成為好丈夫或好太太，努力打造自己理想中的家庭。但如果你太在意世人眼光，即使愛情降溫，可能會繼續扮演假面夫妻，請特別注意。

### ❖工作・財運❖

你頭腦聰明、做事認真、個性溫和，不管從事什麼工作，都能穩定發揮所長。你有強大的奉獻精神，總希望對別人帶來幫助，因此適合能直接與人接觸的醫療、公益、教育相關產業。若能從事教導別人的工作，會讓你更有動力。由於你很擅長照顧人，因此總能得知他人需要幫忙之處，在職場上是個可靠的協調者。你的財運雖然穩健，但可能會對於賺錢懷有罪惡感。具有社會意義的工作更能使你發揮實力，財運也會因此提昇。

## ❖ 今生使命・未來展望 ❖

你總是重視別人的事情勝過自己的事情，這樣的你，今生的使命是：無私去愛人生中所有遇到的人，並不要求回報。

當你太過拚命地犧牲自己的同時，是否也在強迫旁人接受自己的愛呢？或者你覺得自己為對方做了那麼多，是否會希望對方有所回報？

雖然為別人犧牲奉獻是很棒的行為，但還是請你多為自己的事盡心盡力吧。請你努力把愛灌注到自己身上，讓自己先充滿愛，這時自然有多餘的愛可分享給他人，而這才是真正無私的愛。

只有溫柔對待自己，讓自己先充滿愛，才是無私去愛旁人的第一步。因此請不吝於稱讚自己、認同自己、取悅自己。

### ❖ 生日帶來的訊息 ❖

**「陰陽調和」**
**「對人的愛」**
**「認同自己」**

### 前世の故事

你的前世是古羅馬帝國時代的教育家。

你出生在富裕的平民家庭，但隨著年紀漸長，你逐漸發現社會的階級差異。於是你把貧窮、社會底層那些無法接受教育的孩子聚集起來，教他們讀書。

由於你心地善良，所以仰賴你的孩子也愈來愈多。直到晚年，你都用自己的財產，一心一意地教育這些缺乏資源的孩子。最後你獨自迎來人生的終點，這時你才發現，你這輩子都為別人盡心盡力，既沒有婚姻也沒有照顧到自己。於是你心想，下輩子除了為別人奉獻之外，也要更加重視自己的需求。

9/6 希伯來文

### ❖ 生日契合度 ❖

**◉ 情人・伴侶**

| | |
|---|---|
| 1月8, 17, 26日 | 7月2, 11, 29日 |
| 2月7, 16, 25日 | 8月1, 19, 28日 |
| 3月6, 15, 24日 | 9月9, 18, 27日 |
| 4月5, 14, 23日 | 10月8, 17, 26日 |
| 5月4, 22, 31日 | 11月7, 16, 25日 |
| 6月3, 21, 30日 | 12月6, 15, 24日 |

**◉ 工作夥伴・朋友**

| | |
|---|---|
| 1月5, 14, 23日 | 7月8, 17, 26日 |
| 2月4, 13, 22日 | 8月7, 16, 25日 |
| 3月12, 21, 30日 | 9月6, 15, 24日 |
| 4月2, 20, 29日 | 10月5, 14, 29日 |
| 5月10, 19, 28日 | 11月4, 13, 22日 |
| 6月9, 18, 27日 | 12月3, 12, 21日 |

**◉ 競爭對手・天敵**

[2/9] [2/15] [3/8] [6/2]
[7/24] [11/18] [12/30]

**◉ 靈魂伴侶**

[2/6] [2/21] [4/22] [4/28]
[9/8] [10/31] [12/11]

### ❖ 生日名人 ❖

黑柳朝（散文作家）
槙文彥（建築師）
西村京太郎（作家）
永井豪（漫畫家）
市毛良枝（演員）
大江千里（音樂人）
伊藤理佐（漫畫家）
谷亮子（柔道選手）
冰川清志（歌手）
山下敬吾（圍棋棋士）

◉ 從你的生日看命運
請見32頁

# 9月7日

September seventh

## 貫徹自我風格 知識型的專家

7日出生的你，從小就散發出成熟的氛圍，在精神上也相當獨立。你總是貫徹自己的風格，是個職人型的專家。

7的形狀代表斜向箭頭，象徵一個週期的結束，代表著完結、和諧的數字。再加上出生月分9完結、智慧的要素，讓你聰明、知性的一面更加突顯。你擁有旺盛的求知欲與探究之心，是個徹底追求自我風格的專家。我行我素的你，基本上不擅長與群眾相處。而且你討厭被催促，也討厭突然變更行程。

你總是沉默寡言，個性冷靜而謹慎，不會表露自己的真實情緒。你具備總是保持冷靜，客觀分析、判斷事物的能力，因此能讓周圍的人對你另眼相看。你的創造力豐富、想法獨特，但也是個完美主義者，能夠懷著原則處理事情，並且有能力使命必達。然而，你的職人氣質與不允許妥協的態度，或許會使你散發出難以靠近的氣場。

由於你不喜歡說出自己真正的想法，或許也有人會向你抱怨「不知道你在想什麼」，但這樣的獨特就是你的個性。不過還是要小心避免被周圍的人孤立，在容許的範圍內，請盡量把自己的想法告訴對方。

### ❖戀愛・婚姻・性生活❖

在愛情方面，你經常因為冷淡與熱情這兩種反應的交錯出現，導致對方無所適從，卻也有人因此而被你吸引。但因為你幾乎不說出自己真正的想法，或許也會讓對方感到不安，懷疑你們真的彼此相愛嗎？

即使婚後，你也很重視私人空間，希望伴侶能獨立一些。在床上的時候，是你唯一能夠吐露心聲的寶貴時刻。偶爾也可以順著自己的感受，盡情向對方撒嬌。

### ❖工作・財運❖

你希望擁有願意用一生投入的工作，並且能達到經濟獨立。如果環境允許你繼續以自己的步調及風格工作，想必能讓你感到更充實。你的求知欲旺盛，好學不倦。如果決定了能夠探究一輩子的主題，你的才華就會瞬間開花結果。

你很討厭被人催促或打亂步調，但具備才華的你，最後總能做出完美的成果。你對金錢並不執著，只要從事自己喜歡的工作就心滿意足，而這樣的工作往往也能提昇你的財運。

## ✧ 今生使命・未來展望 ✧

你今生的使命是：磨練自己的技術、琢磨自己的風格，使其成為一種具有自我特色的註冊商標。

請你放心去追求自己喜歡的事物與喜歡的世界。身為完美主義者的你，無論置身於哪個領域，只要經過反覆鑽研之後必定能都嶄露頭角，不需要急於做出成果或立下功勞。同時，也請你坦率接受旁人的支援。

為了將你好不容易打造出來、具有自我特色的註冊商標推廣給更多的人，廣為社會接納，就不可缺少一個積極幫你宣傳的協助者，而這名協助者必須真正地了解你的才華或你這個人。為了達成你今生的使命，不能自己一個人從頭到尾包辦所有事情，請與擅長經營或庶務的人合作吧！

## ✧ 生日帶來的訊息 ✧

「自我壓抑」

「獨立」

「確立風格」

### 前世の故事

你的前世，是在日本的戰國時代末期，一個貫徹武士道精神、遵循劍道而活的孤高劍士。

你從小就跟隨也是武士的父親磨練劍術，長大之後，很快就踏上武者修行之路。由於你是一名求道者，因此醒著的時候，滿腦子想的都是：該如何使自己變得更強、該如何才能將劍術發展到爐火純青等等。與在旅途中遇到的強敵交手，是你唯一的生存目的。你完全沒有品味過平凡的生活與幸福，只是一個人持續地默默揮劍，一心想要變得更強。

טז

9/7 希伯來文

### ✧ 生日契合度 ✧

◉ **情人・伴侶**

| | |
|---|---|
| 1月4, 13, 31日 | 7月7, 16, 25日 |
| 2月3, 12, 21日 | 8月6, 15, 24日 |
| 3月2, 20, 29日 | 9月5, 14, 23日 |
| 4月1, 19, 28日 | 10月4, 13, 31日 |
| 5月9, 18, 27日 | 11月3, 21, 30日 |
| 6月8, 17, 26日 | 12月2, 11, 20日 |

◉ **工作夥伴・朋友**

| | |
|---|---|
| 1月6, 15, 24日 | 7月9, 18, 27日 |
| 2月5, 14, 23日 | 8月8, 17, 26日 |
| 3月4, 13, 31日 | 9月7, 16, 25日 |
| 4月3, 12, 30日 | 10月6, 15, 24日 |
| 5月2, 11, 29日 | 11月5, 14, 23日 |
| 6月1, 10, 28日 | 12月4, 13, 22日 |

◉ **競爭對手・天敵**

[1/25] [3/28] [4/4] [4/9] [5/20] [7/24] [8/16]

◉ **靈魂伴侶**

[1/20] [2/1] [2/10] [3/5] [4/23] [5/7] [10/22]

### ✧ 生日名人 ✧

弗里德里希・凱庫勒（化學家）
倫納德・羅森曼（作曲家）
蘿蘭愛思（設計師）
伊力・卡山（導演）
博拉・米盧蒂諾維奇（足球選手）
安迪・福克（格鬥家）
山本厚太郎（歌手）
長渕剛（音樂人）
岡崎朋美（鋼琴家）
山崎賢人（演員）

◉ **從你的生日看命運 請見32頁**

# 9月8日

September eighth

## 整合理論與實務的知性鬥士

9月8日出生的你是個理智的鬥士，雖然具有滿腔熱血，卻能用打動人心的話語來說服別人，將人們團結在一起。

不管遇到什麼事情，你都非得親自體驗、實踐才願意罷休，因為面對困難的挑戰能激起你心中的熱情。你為了解決問題，能將自己的知識與經驗轉換成智慧，激勵周圍的人，充滿了整合團隊的才華。

你的出生日期8，象徵無限大（∞）、代表著整合物質與精神兩方面的能力，以及權力、財富與繁榮等等，是個充滿力量的數字。再加上出生月分9完結、智慧的要素，讓你的領袖實力更加突顯，能以熱情與豐富的知識為動力，朝著目標勇往直前。

你因為聰明、開朗的性格而獲得周遭的信賴，是個可靠的存在，也很有聲望。你的興趣廣泛，經常朝著各式各樣的事情，活力充沛地行動。因為內在的自尊心高，因此當事情不如預期時，你的情緒就會起伏劇烈；當周圍的人都願意跟隨你、跟上你的步調時，才能放下心來。

你擁有超凡的商業天分，可以把任何需求轉換為賺錢的動力。但你也是個理想主義者，希望能將透過自己商業天分得到的財富，用之於社會。

### ❖戀愛・婚姻・性生活❖

你在愛情中會展現出大膽積極的一面，是個戰略家，為了把喜歡的對象追到手，會在腦中反覆模擬，並試著運用各種的方法。你雖然很霸道，卻又具備浪漫纖細的一面，若想要與人深入交往，需要不少時間才能讓對方理解自己的本質。

決定結婚對象時，你會以條件為優先，但最後可能會因為未必合適而引爆心中累積的不滿，成為熟年離婚的高危險群。在性生活方面，你會熱情地主動求歡，然而一旦感情降溫，就會立刻心生抗拒，展現冷感、極端的一面。

### ❖工作・財運❖

你對工作滿懷熱情，兼具知性與理性，能夠腳踏實地取得現實上的成功。你的野心很大，總是朝著遠大的目標勇往直前。同時，你也會不惜花費大筆時間提昇自己的專業與修養，為達成目標腳踏實地的研究。

你擁有商業天分，能夠發揮大膽且具戰略性的領導力，無論從事什麼樣的工作都能嶄露頭角。你的財運非常穩定，兼具賺錢、投資、理財的才華，也能踏實存錢，所以一輩子不虞匱乏。

## ❖ 今生使命・未來展望 ❖

今生你的使命是：不向任何困難屈服，取得現實上的成功，與周圍的人分享富足，並回饋給社會。

因為你感興趣的事情太多了，所以似乎有把觸角伸向各個地方，但在收拾不了的時候又會中途丟給別人負責的傾向。正因為你的存在會為周圍人們帶來極大的影響，所以你應該確實面對眼前的課題，並且腳踏實地解決問題。

如果想要取得現實中的成功，該採取什麼樣的行動呢？你的生活方式本身，就是給旁人的解答，而你也會與他們分享富足。

請不要對於已到手的成功太執著，將成功與喜悅回饋給周圍的人與社會，更大的成功與富足就會回到你身邊。逐步累積這樣的經驗，你今生的人生使命也會變得更加明確。

### ❖ 生日帶來的訊息 ❖

**「理性與熱情」**
**「全面性」**
**「將富足回饋於世」**

### 前世の故事

你的前世，是在高麗王朝時代的朝鮮，將白手起家累積的龐大財富用來做賣藥生意的商人。

你出生於醫生世家，從小看著父親的身影，想著自己將來也要從事醫療相關的工作。聰明又有野心的你，深入學習醫術與漢方，成功開發出能治療當時肆虐的瘟疫的特效藥。你親自走遍全國，將新藥高價賣給國王、貴族等等，靠著白手起家賺得莫大財富。但你的生活極盡奢侈，一轉眼就花光了財產，這時你重新領悟到金錢與富足的價值，以及用錢的方法有多麼重要。

9/8 希伯來文

### ❖ 生日契合度 ❖

**◉ 情人・伴侶**

| | |
|---|---|
| 1月5, 14, 23日 | 7月8, 17, 26日 |
| 2月4, 13, 22日 | 8月7, 16, 25日 |
| 3月12, 21, 30日 | 9月6, 15, 24日 |
| 4月11, 20, 29日 | 10月5, 14, 23日 |
| 5月1, 19, 28日 | 11月4, 13, 22日 |
| 6月9, 18, 27日 | 12月3, 21, 30日 |

**◉ 工作夥伴・朋友**

| | |
|---|---|
| 1月7, 16, 25日 | 7月1, 19, 28日 |
| 2月6, 15, 24日 | 8月9, 18, 27日 |
| 3月5, 14, 23日 | 9月8, 17, 26日 |
| 4月4, 13, 22日 | 10月7, 16, 25日 |
| 5月3, 21, 30日 | 11月6, 15, 24日 |
| 6月2, 20, 29日 | 12月5, 14, 23日 |

**◉ 競爭對手・天敵**

[1/8] [1/19] [3/26] [6/22] [7/3] [12/7] [12/11]

**◉ 靈魂伴侶**

[1/27] [2/7] [2/9] [3/24] [10/8] [10/9] [12/6]

### ❖ 生日名人 ❖

馬蘭・梅森（數學家）
德弗札克（作曲家）
杉浦康平（平面設計師）
堀江謙一（帆船冒險家）
紺野美沙子（演員）
松本人志（藝人）
高橋真（漫畫家）
中西哲生（足球選手）
末次由紀（漫畫家）
關惠美（演員）

◉ 從你的生日看命運
請見32頁

# 9月9日

September ninth

為造福世界
犧牲自己的
奉獻型賢者

9是從1到9的最後一個數字，包含所有數字的要素，象徵完結、和諧，代表隱藏的真理與智慧及知性。出生日期裡有兩個9的你，是一名賢者，希望造福世界與人類，甚至願意犧牲自己。你重視周遭的和諧勝過任何事情，近乎奉獻般地努力，即使把自己的事情擺到最後，也想為周圍的人帶來幫助。

你的個性基本上文靜溫和。比起動態活動，你更偏好在屋子裡讀書、玩遊戲。你總是保持低調，能夠判斷現場情況，適度應對，屬於知性、冷靜的資優生。你往往扮演著從後方觀察整體，整合大家力量的關鍵角色，不喜歡積極站到前面帶領眾人。在眾人面前，你會壓抑自我，是由衷希望世界和平的理想主義者。

你對於物質欲望沒什麼興趣，只追求精神上的滿足，因此會高度參與志工活動。但你也有使命感太過強烈的傾向，希望自己能確實造福眾人，如果達成不了這個使命，你經常會懷有無力感與罪惡感，並責備自己。

你也經常在無意識中扮演好人的角色，而迷失真正的自己。請你對自己的心更加誠實，多加展露真實自我的一面，找到能與真實自我共處的夥伴。

## ✧戀愛・婚姻・性生活✧

你的形象知性、清新，能給人良好的印象。但在愛情中卻屬於膽小、謹慎的類型。即使有喜歡的人，想必也因為太過理性，而難以燃起熱情。

你在婚後會成為好丈夫、好太太，對家庭也有高度的理想性。但如果只專注於追求理想藍圖，將使家中氣氛變得拘束、難以放鬆，請特別注意。

嚴格來說，你對性生活比較淡漠，甚至心懷抗拒，也可能因為精神壓力而變得冷感，請特別注意。

## ✧工作・財運✧

你適合能為許多人帶來幫助的知識型專業工作。你能夠聰明、敏感地判斷職場中現場情況，了解當下所需的行動，因此無論從事什麼樣的工作，都能順利完成。若能為別人帶來幫助，能使你覺得工作更有意義，因此擔任公務員或從事志工活動也能發揮你的能力。在組織中，只要你知道自己的努力能夠實際為別人帶來幫助，就能發揮實力、大顯身手。

你雖然擁有穩健的財運，卻容易對賺錢懷有罪惡感。你的財務管理能力很強，因此只要具備專業知識，想必也能成為理財專家。

## ❖ 今生使命・未來展望 ❖

希望為別人帶來幫助的你，今生的使命是：實現讓世人和平共處的世界。

身為賢者的你，最重要的是不要太有使命感，以及肯定真實的自己。你認為大家應該和平共處，以造福別人為優先，所以無論如何都有使命感太過強烈的傾向。你是否認為如果無法對別人帶來貢獻，自己就沒有價值呢？

當這樣的使命感太過強烈，就容易以自己的價值觀批判、責備自己或別人。如果能夠接受真實的自己，就不會太過勉強自己或他人，那麼無論是與自己相處，還是與別人相處，都能更加溫柔自在。

常保自身的內心平靜，是一件重要的事情。若每個人都能讓自己的內心靜下、維持平和的狀態，就是對實現和睦社會、世界和平最大的貢獻。

## ❖ 生日帶來的訊息 ❖

「貢獻社會」
「和平」
「享受生命」

### 前世の故事

你的前世是日本鎌倉時代的僧侶。

你從小就喜歡學習，很擅長閱讀。你還是少年的時候，就拜在某位僧侶門下努力修行，後來自己也成為傑出的僧侶。你覺得只要能夠造福世界與人類，不管什麼事情你都願意做，於是你開始雲遊四方，只要有人來拜託你，無論自己處在什麼樣的狀況下，你都會伸出援手。

你雖然為這樣的舉動感到喜悅，但某天突然發現自己想要幫助別人的心態背後，其實是想要幫助自己、肯定自己的付出。於是，在嚥氣之前，你心想下輩子要更加為自己而活。

טט

9/9 希伯來文

### ❖ 生日契合度 ❖

◉ **情人・伴侶**

| | |
|---|---|
| 1月1, 19, 28日 | 7月4, 13, 31日 |
| 2月9, 18, 27日 | 8月3, 21, 30日 |
| 3月8, 17, 26日 | 9月2, 20, 29日 |
| 4月7, 16, 25日 | 10月1, 19, 28日 |
| 5月6, 15, 24日 | 11月9, 18, 27日 |
| 6月5, 14, 23日 | 12月8, 17, 26日 |

◉ **工作夥伴・朋友**

| | |
|---|---|
| 1月8, 17, 26日 | 7月2, 20, 29日 |
| 2月7, 16, 25日 | 8月1 19, 28日 |
| 3月6, 15, 24日 | 9月9, 18, 27日 |
| 4月5, 14, 23日 | 10月8, 17, 26日 |
| 5月4, 13, 31日 | 11月7, 16, 25日 |
| 6月3, 21, 30日 | 12月6, 15, 24日 |

◉ **競爭對手・天敵**

[1/7] [2/6] [4/9] [4/26]
[5/27] [5/30] [9/26]

◉ **靈魂伴侶**

[3/1] [3/4] [3/31] [6/1]
[8/23] [9/4] [9/13]

### ❖ 生日名人 ❖

路易吉・伽伐尼（醫師）
托爾斯泰（作家）
哈蘭德・桑德斯（肯德基創始人）
平井道子（演員）
谷隼人（演員）
弘兼憲史（漫畫家）
石井一久（棒球選手）
酒井若菜（演員）
加藤凌平（體操選手）
島耕作（初芝電器產業）

◉ 從你的生日看命運
請見32頁

# 9月10日

September tenth

總想掌控全局
寬大為懷的
協調者

這天出生的你，具有看透整體局勢的眼光，是個器量寬大的協調者。你不在意小事，是豪爽的大哥、大姐頭型的領袖。

你精神充沛、幹勁十足，與其說是自己站在前方引領眾人，不如說你擁有讓眾人自然而然聚集到你身邊的魅力。你的個性坦率又容易理解、大而化之又爽快，能帶給周圍的人容易親近的安心感。

即使置身於大場面中，你也保有仔細的關注力與冷靜的分析力，因此許多人都對你很依賴。

你擅長照顧人，尤其面對仰賴你的對象，你更會設身處地為對方著想。但相對地，你對於自己的事情也擁有自尊心高又敏感的一面，一旦別人踩到地雷，你就會暴怒或變得情緒化，可能讓周圍的人大吃一驚。

你的出生日期 10，由代表領袖、方向的 1 與放大力量的 0 組成，更加突顯了你身為領袖的特質。再加上出生月分 9 完結、智慧的要素，使你能經常關注整體，重視和諧，更加突顯你統整團隊的優秀領導才華。

### ❖ 戀愛・婚姻・性生活 ❖

在愛情中，你會直接展現出自己的坦率。你動不動就會墜入情網，立刻陷入熱戀當中，是很容易戀愛的類型。你一旦喜歡上一個人，就會對對方猛烈追求，但往往因為衝得太猛而太過強勢，忽略對方的感受與想法，請特別注意。

你在性生活方面也很積極，能夠熱情地享受。即使交往已久，依然希望彼此能擁有火熱的性生活，請把自己的想法確實告訴對方。婚後，你會掌控家中實權，就算是微不足道的事情，也想要自己全都一把抓。請小心避免因為堅持己見而破壞了家庭和諧。

### ❖ 工作・財運 ❖

你能夠關注整體局勢，提出大方向，具有團結組織的優秀能力。你的頭腦好，兼具專注力與爆發力，因此適合能夠瞬間完成，在短期內決勝負的工作。若能參與期間限定的計畫應該也會表現不錯。

如果你對於自己身為協調者的天分有所自覺，就能有意識地活用領導力，更能拓展發揮才能的空間。

你的財運良好，似乎一輩子不會為錢所苦。當你將自己的工作推上軌道時，就能招來財運。

## ✧ 今生使命・未來展望 ✧

今生你的使命是：為自己的選擇負起責任，在自己的人生中發揮領導力。

你擁有身為領導者的才華，能夠統領周圍的人，總是以別人的事情為優先，往往會把自己的事情擺到後面。但你在面對自己本身的事情時，是否會覺得有點難處理，變得優柔寡斷呢？

在對周遭人們展現你的領導力之前，請有意識地在自己的人生中更加發揮主導能力。請不要在意周遭的眼光與反應，為自己的選擇負起責任，確實透過自己的意志進行決斷。

當你為自己的決斷百分之百負起責任，貫徹屬於自己的人生時，身為領導者的才華就能發光發熱，影響力也能逐漸擴及周遭。這時候的你，才能真正充分發揮自己所嚮往的真正領導者的實力。

## ✧ 生日帶來的訊息 ✧

「泰然自若」

「大器」

「不要把錯推給別人」

### 前世の故事

你的前世是美國南北戰爭時代的北軍軍官。你從小就嚮往成為正義使者，所以很年輕就志願從軍。希望改革社會的你，忍耐地接受辛苦的訓練並反覆鑽研，終於升上軍官。南北戰爭開始之後，你的麾下擁有大批士兵。你懷著如果自己不變強就無法贏得戰爭的信念，嚴厲指揮部下，幾乎聽不進他們的意見。

士兵對於這樣的你逐漸心生反抗，但你依然貫徹信念。不過無心追隨你的部下逐漸展現出士氣低落的情況，這讓你開始思考：真正的領袖到底應該怎麼做？

---

ינט

9/10 希伯來文

### ✧ 生日契合度 ✧

**◉ 情人・伴侶**

| | |
|---|---|
| 1月2, 20, 29日 | 7月5, 14, 23日 |
| 2月1, 19, 28日 | 8月13, 22, 31日 |
| 3月9, 18, 27日 | 9月3, 21, 30日 |
| 4月8, 17, 26日 | 10月2, 20, 29日 |
| 5月7, 16, 25日 | 11月1, 10, 28日 |
| 6月6, 15, 24日 | 12月9, 18, 27日 |

**◉ 工作夥伴・朋友**

| | |
|---|---|
| 1月9, 18, 27日 | 7月12, 21, 30日 |
| 2月8, 17, 26日 | 8月2, 11, 29日 |
| 3月7, 16, 25日 | 9月10, 19, 28日 |
| 4月6, 15, 24日 | 10月9, 18, 27日 |
| 5月5, 14, 23日 | 11月8, 17, 26日 |
| 6月4, 13, 22日 | 12月7, 16, 25日 |

**◉ 競爭對手・天敵**

[2/7] [4/10] [5/22] [8/1] [8/20] [9/18] [12/28]

**◉ 靈魂伴侶**

[1/1] [2/22] [5/1] [5/6] [7/13] [9/24] [10/19]

### ✧ 生日名人 ✧

歐陽菲菲（歌手）
藍迪・強森（棒球選手）
卡爾・拉格斐（設計師）
柯林・佛斯（演員）
米爾科・克洛柯夫（格鬥家）
山田康雄（聲優）
神戶俊平（獸醫師）
齋藤由貴（演員）
松田翔太（演員）
谷村奈南（歌手）

◉ 從你的生日看命運
請見32頁

# 9月11日

September eleventh

## 所傳遞的訊息擁有莫大影響力的靈性大師

9月11日出生的你，求知欲旺盛，腦筋也轉得很快，兼具知性與敏銳的直覺，是能帶給周圍莫大影響的靈性能力者。

出生日期11象徵著千手觀音，是暗示革命與革新的數字。再加上狀似垂頭老人的出生月分9所具備的賢者、智慧者的要素，更加突顯你想要傳遞對於有助於社會與全人類的訊息的願望。

你懷抱著實現世界和平的遠大志向，是個理想主義者，把靈性的世界視為理所當然的存在，想法獨特又眼界寬廣。你的靈感與直覺很敏銳，擁有審美觀與細膩的感受力，對神聖的事物與真正美麗的事物有所感應。

你的天賦能讓你運用出色的直覺與靈感，瞬間導出答案，使你具備獨特的氣質，並能向眾人傳遞直指事物核心的訊息。

但一般人大多難以理解你的言行，因此你也會展現出敏感而又容易受傷的一面。有時你也會因為說出令人驚訝的大膽發言，傷到對方或嚇到周圍的人，請特別注意。請有意識地在自己的直覺與知性、感性與理性之間保持良好的平衡。

### ❖戀愛．婚姻．性生活❖

你的形象知性、溫柔，總給人良好的印象，旁人對你的評價也很高，但你在愛情方面卻相當晚熟。你擁有獨特的愛情觀，重視直覺勝過一切。世俗的眼光標準在你選擇對象時完全無法發揮作用，因此旁人總難以理解你所選的對象，但你是會為對方犧牲奉獻的類型。

婚後有，你會比較重視社會期許，珍惜家人與孩子，努力打造理想家庭。在性生活方面，雖然你重視心靈相通勝過於肌膚之親，能夠享受當下的氣氛。但你基本上對性生活看得較淡，也可能演變成無性關係。

### ❖工作．財運❖

你能夠敏銳察覺現場情況，採取聰明的行動，因此無論從事什麼樣的工作，都能順利地完成。就個性上來說，你偏好先進的、夢想型的工作。由於你具備瞬間的靈感與敏銳的洞察力，因此也適合從事藝術或設計等創造性的工作。你對神祕、未知的事物及靈性領域有興趣，也可能自然而然朝著這個領域發展。

你有的財運穩健，因此在金錢方面不虞匱乏。但你是奉獻精神強大的浪漫主義者，所以比起賺錢，你更重視精神方面的事物。

## ✧ 今生使命・未來展望 ✧

你今生的使命是：磨練直覺與靈感，探索精神的世界，將從中得到的智慧與資訊傳達給現實世界，成為兩者之間的溝通橋梁。

你是否因為太過依賴、拘泥於精神性的世界，導致與現實世界之間的平衡瓦解呢？不管你是否定精神的世界，還是沉浸在精神的世界裡，都是失衡的表現。因為探索精神的世界之路並沒有終點，請懷著花上一輩子的覺悟，以自己的步調向那個世界好好學習。

此外，請不要用理性來批判自己的直覺與靈感。雖然即便聽從直覺，也不一定能得到好的結果。但如果對結果太過在意，只會使難得的直覺無法發揮作用，請特別注意。請你以自己的方式持續探究精神的世界，傳遞獨特的訊息。

### ✧ 生日帶來的訊息 ✧

「莫大的影響力」

「革命」

「聽從直覺」

### 前世の故事

你的前世，生於古代美索不達米亞領域的某個繁榮帝國，是一個輔佐國王的薩滿。

能力優秀的你，逐漸爬上足以給予國王建議的地位。不久之後，善用才華的你，獲得了莫大的權力，甚至被稱為地下國王，但最後卻被自己信賴的徒弟背叛。你長久以來將許多訊息傳達給國王與人民，但卻不曾將這些訊息運用到自己的人生與生活。

「遵循自己接收到的訊息，去過自己的人生」是你前世最後接收到的訊息，請獻給下輩子的自己。

9/11 希伯來文

### ✧ 生日契合度 ✧

◉ **情人・伴侶**

| | |
|---|---|
| 1月9, 18, 27日 | 7月3, 12, 30日 |
| 2月8, 17, 26日 | 8月2, 11, 20日 |
| 3月7, 16, 25日 | 9月1, 19, 28日 |
| 4月6, 15, 24日 | 10月9, 18, 27日 |
| 5月5, 14, 23日 | 11月8, 17, 26日 |
| 6月4, 13, 22日 | 12月7, 16, 25日 |

◉ **工作夥伴・朋友**

| | |
|---|---|
| 1月1, 19, 28日 | 7月4, 13, 31日 |
| 2月9, 18, 27日 | 8月3, 21, 30日 |
| 3月8, 17, 26日 | 9月2, 20, 29日 |
| 4月7, 16, 25日 | 10月1, 10, 28日 |
| 5月6, 15, 24日 | 11月9, 18, 27日 |
| 6月5, 14, 23日 | 12月8, 17, 26日 |

◉ **競爭對手・天敵**

[1/5] [2/13] [3/20] [5/11] [6/2] [6/27] [8/24]

◉ **靈魂伴侶**

[1/20] [2/10] [5/3] [5/16] [8/29] [10/3] [11/10]

### ✧ 生日名人 ✧

卡爾・蔡司（光學家）
艾德蒙・諾曼（地質學家）
歐・亨利（作家）
費迪南德・馬可仕（菲律賓總統）
弗朗茨・貝肯鮑爾（足球選手）
涼風真世（演員）
安田章大（音樂人）
森迫永依（演員）
松本薰（柔道選手）
山口觀弘（游泳選手）

◉ **從你的生日看命運**
**請見32頁**

# 9月12日

September twelfth

## 看起來孩子氣 兼具成熟氣質的 創造者

在這天誕生的你，開朗、活潑、不服輸，是個有點調皮的孩子王。

你的個性直率，喜怒哀樂的情緒都會清楚表現出來，但相對地也具備成熟的特質，能夠綜觀全體，顧慮到各個面向。你雖然愛出鋒頭、自尊心高，但其實內心非常溫柔、敏感而純真。你的情緒起伏激烈，心情容易變換不定。此外，你的爆發力出眾，不只朝氣蓬勃，平衡感及節奏感也很優秀，因此很喜歡活動身體。舞蹈、運動或音樂想必能成為你的終生興趣。

你兼具孩子般的自由創造力，與成人的智慧及見識，是個創造型的人，能夠確實把自己的想法化為形體。

但因為你兼具孩子氣與成熟這兩種相反的面向，如果太過極端地表現，可能會使你的言行舉止變得難以理解，與眾人格格不入。你不管做什麼事情都三分鐘熱度，很快就放棄，有走一步算一步或半途而廢的傾向，因此請特別注意。

你的出生日期 12，象徵著由 1 的男性特質與 2 的女性特質組合而成的 3，具有活力、能掌握趨勢，是象徵孩子的數字。再加上出生月分 9 代表完結、智慧的成人數字，為你天生的行動力增添了知性的風采，使你蘊藏著一炮而紅的潛力。

### ❖ 戀愛・婚姻・性生活 ❖



你屬於一見鍾情的類型。雖然你的外表給人開朗、輕浮的印象，但其實你很少移情別戀，對喜歡的對象會從一而終。但你有個小缺點，就是只要喜歡上一個人，就會不顧一切地發動追求攻勢，因此對方也可能會被你的氣勢嚇到。請你不要自顧自地採取行動，有時也要停下來，冷靜思考對方的狀況。

你很喜歡小孩，也很想要結婚，能夠與孩子建立像朋友一般的親子關係。在性生活方面，你重視與伴侶的心靈交流，肉體關係則是尚待開發的領域。

### ❖ 工作・財運 ❖

你在工作上是個能幹的人，具備領導力，也充滿行動力。但另一方面，你也能在幕後徹底扮演輔佐者的角色。你是組織中的開心果，擅長利用自己炒熱氣氛。但你不適合單調的工作。活動企劃或短期決勝負型的工作較適合你。在表演、運動領域，你也能親自下場大顯身手。

你的財運與賭運整體而言都不錯，會熱中於投資或賭博。但請避免因為太過忘我地投入而使財庫大傷。

## ⁘ 今生使命・未來展望 ⁘

「不失天真爛漫的童心，豁達地帶著笑容享受人生」是你今生的課題。

今生的你，請把隨時不忘笑容與玩心，盡情享受人生當成目標。你原本應該具備盡情享受人生的天賦，能夠順從自由奔放的赤子之心。但正因為是你天生擅長的領域，反而容易遺忘了它的重要性，也很容易就放棄。

雖然在現實生活中顧慮到整體情況固然重要，但不要把這個課題想得太難，能在運動或舞蹈等愉快的氣氛中放空腦袋也是不可或缺的時光。

請你活用自己的特質，多展現發自內心的笑容。如此，你就能在日常生活中隨時不忘笑容與玩心，將享受人生的意義與重要性傳達給周圍的人。

## ⁘ 生日帶來的訊息 ⁘

「專注與持續」
「關注」
「笑口常開」

### 前世の故事

你的前世，是在阿茲提克文明時代直屬王室的舞孃。

出身自貧窮農家的你，從小就很喜歡跳舞，總是隨時隨地跟著音樂跳舞。某天，你在國王面前展現舞姿，而在眾多舞孃當中，你的身影特別突出，於是你就以專屬王室的舞孃身分，進入王室中。但沉浸在奢華生活的你，疏於練習舞蹈，只知玩耍度日。而逐漸無法從你的舞蹈中感受到魅力的國王，也下令將你逐出王室。大受打擊的你，在失意時迎來生命的終點，你開始懷念起自己過去只要天真跳舞，什麼也不用考慮的日子。

---

# יבט

9/12 希伯來文

### ⁘ 生日契合度 ⁘

**◉ 情人・伴侶**

| | |
|---|---|
| 1月6, 15, 24日 | 7月9, 18, 27日 |
| 2月5, 14, 23日 | 8月8, 17, 26日 |
| 3月4, 13, 31日 | 9月7, 16, 25日 |
| 4月3, 21, 30日 | 10月6, 15, 24日 |
| 5月2, 20, 29日 | 11月5, 14, 23日 |
| 6月10, 19, 28日 | 12月4, 13, 31日 |

**◉ 工作夥伴・朋友**

| | |
|---|---|
| 1月2, 11, 29日 | 7月5, 14, 23日 |
| 2月1, 19, 28日 | 8月4, 22, 31日 |
| 3月9, 18, 27日 | 9月3, 12, 30日 |
| 4月8, 17, 26日 | 10月2, 20, 29日 |
| 5月7, 16, 25日 | 11月1, 10, 19日 |
| 6月6, 15, 24日 | 12月9, 18, 27日 |

**◉ 競爭對手・天敵**

[1/21] [4/19] [5/14] [5/27] [9/5] [9/23] [12/12]

**◉ 靈魂伴侶**

[2/13] [3/22] [3/28] [4/27] [6/1] [7/16] [10/3]

### ⁘ 生日名人 ⁘

理查・格林（發明家）
伊雷娜・約里奧－居里（物理學家）
張國榮（演員）
珍妮佛・哈德森（演員）
鈴木章（化學家、諾貝爾獎得主）
大野克夫（作曲家）
戶田惠子（演員）
岡本夏生（藝人）
丸山茂樹（高爾夫選手）
長友佑都（足球選手）

◉ 從你的生日看命運
請見32頁

# 9月13日

September thirteenth

## 重視責任與義務　具有學者氣質的　知性實力派

9月13日誕生的你，是個認真誠實又努力的人。你熱心向學，擁有強烈的上進心，是個聰明、知性又具有學者氣質的實務家。

出生日期13象徵撲克牌的國王，代表著莫大的權力、對現實的支配力等等，是個強而有力的數字。再加上出生月分9完結、智慧的要素，更加強化你原本就強烈的求知欲與責任感。

你重視社會期許與規範，個性拘謹。你的好惡分明，絕對不會改變自己的信念，堅決不接受自己覺得不正確的事情。

你的正義感比別人加倍強烈，尤其無法對欺負弱小之類的行為視而不見，會強烈批判霸凌者。你擁有出色的實力，面對任何事情都能謹慎思考，腳踏實地持續去做，直到做出具體的成果。

你對權力地位等權術遊戲的敏銳度特別高。能夠判斷現場情況，周旋於人我關係之間，藉此穩固自己的派系，逐漸擴大影響力。

責任感強大的你，重視世人的評價，因此不願意讓人看見自己脆弱的一面。你會習慣逼自己獨自承擔問題，請特別注意。你乍看之下文靜溫和，其實隱藏著高度的自尊心，想必擁有許多不可退讓的堅持。

### ❖ 戀愛・婚姻・性生活 ❖

你對愛情非常實際，屬於會認真思考未來的類型。你無法將戀愛與結婚分開來看待，會對所愛的人專情，強烈希望擁有幸福的婚姻，建立幸福的家庭。因此，你難以接受劈腿行為或愛情遊戲。

婚後，你會努力不懈地打造理想中的家庭。在性生活方面，你會展現出不同於平常正經八百的一面，希望由自己主導，激情地翻雲覆雨。你會適度地切換自己在白天與黑夜之間的不同面貌，因此請不要羞於把自己對這方面的需求告訴對方，因為對方能否接受你的兩面性，這對於關係非常重要。

### ❖ 工作・財運 ❖

無論從事什麼工作，你都會認真老實地逐步完成工作，做出具體成果。對你的才華，旁人也給予高度評價，認為你具備穩定感，值得信賴。此外，你能夠仔細判斷整體情勢，並從後方給予眾人支援。

你擅長理財，也適合會計、財務之類的工作。你雖然不喜豪奢，卻擁有踏實的財運。只要工作穩定，就能擁有足以支應生活的收入。然而，一旦你被金錢的魔力所迷惑，就有可能個性丕變，請特別注意。

### ❖ 今生使命・未來展望 ❖

今生你的使命是：認真、老實地度過人生，為自己一直以來所做的事情留下具體的成果。

你很重視義務、任務與規範，但愈是努力做到完美，愈容易因為對於自我觀點的講究而責備、批判自己或他人。如果你太堅持自己的想法、做法才正確，可能會嚴格追究他人的錯誤，對他人雞蛋裡挑骨頭，變成討人厭的傢伙，請特別注意。

首先，請不要與他人比較，而要把注意力擺在自己一直以來所做的事情上，有意識地留下具體的成果。建議你可以用文字、繪畫、攝影等具體的形式留下自己的人生軌跡。當你能客觀地回顧自己往日的成果就會發現，在人生中絕對正確的觀點其實從不存在。

### ❖ 生日帶來的訊息 ❖

「權利與義務」
「責任感」
「留下人生的證明」

#### 前世の故事

你的前世，是統治中世紀丹麥某塊領土的貴族。

你身為領主之子，在成長過程中，認真學習適合未來領主的帝王之學。後來因為父親猝死，你年紀輕輕就坐上領主的寶座。你為了達成自己心目中的理想，捨棄了父親原本的做法，接連推出新的制度。但你理想中所謂正確的觀點，終究只是缺乏實際經驗的紙上談兵。

後來，對此爆發不滿的民眾發動叛亂，將你逐出領土。這時，你才領悟到自己的淺薄，以及父親一手建立的傳統的重要性。

## יגט

9/13 希伯來文

### ❖ 生日契合度 ❖

◉ **情人・伴侶**

| | |
|---|---|
| 1月7, 16, 25日 | 7月1, 19, 28日 |
| 2月6, 15, 24日 | 8月9, 18, 27日 |
| 3月5, 14, 23日 | 9月8, 17, 26日 |
| 4月4, 13, 22日 | 10月7, 16, 25日 |
| 5月3, 21, 30日 | 11月6, 15, 24日 |
| 6月2, 20, 29日 | 12月5, 14, 23日 |

◉ **工作夥伴・朋友**

| | |
|---|---|
| 1月3, 21, 30日 | 7月6, 15, 24日 |
| 2月2, 11, 20日 | 8月5, 14, 23日 |
| 3月1, 19, 28日 | 9月4, 13, 22日 |
| 4月9, 18, 27日 | 10月3, 21, 30日 |
| 5月8, 17, 26日 | 11月2, 20, 29日 |
| 6月7, 16, 25日 | 12月1, 10, 28日 |

◉ **競爭對手・天敵**

[3/16] [4/12] [6/1] [6/13] [11/11] [12/19] [12/31]

◉ **靈魂伴侶**

[1/26] [1/28] [5/4] [5/31] [7/4] [8/30] [9/9]

### ❖ 生日名人 ❖

阿諾・荀白克（作曲家）
羅爾德・達爾（作家）
幣原喜重郎（外交官）
大宅壯一（評論家）
山田洋次（導演）
安藤忠雄（建築師）
島木讓二（藝人）
山崎一（演員）
玉置浩二（音樂人）
松坂大輔（棒球選手）

◉ **從你的生日看命運**
**請見32頁**

# 9月14日

September fourteenth

## 隨心所欲勇往直前的自由之士

你能以寬廣的視野環顧整體局勢，朝著自己的理想，隨心所欲地勇往直前，是個自由之士。

出生日期14的1與4都是代表箭頭的數字，讓你擁有明確的方向性，氣勢十足地往前進。再加上出生月分9完結、智慧的要素，使你即使在意周遭，也能在自己決定的道路上勇往直前，更加突顯出內心的堅韌。

但你也不是只會埋頭猛衝地前進，你也同時擁有臨機應變的能力與彈性，你能夠根據現實的需要，馬上改變方向或是目標。

你的求知欲旺盛，對於自己想學的事物，馬上就會採取行動。但相對地，對於自己不感興趣的事情，就遲遲無法採取行動。你是個具有行動力的人，但也因為在意周遭的眼光而有躊躇不前的傾向。

個性積極的你，只要擬定目標，就能朝著目標勇往直前。而且你重視自由甚於一切，最討厭被綁手綁腳。但你也有想要綁住對方這矛盾的一面。

此外，你也可能因為步調太快，導致周圍的人跟不上。為了避免把旁人耍得團團轉，請你採取行動時，要注意到周遭的和諧及協調，如此一來你的才華更能開花結果。

### ✧戀愛．婚姻．性生活✧

你具有知性的貴族形象，溝通能力絕佳，屬於深受異性歡迎的類型。你也比較喜歡能夠捧自己、稱讚自己的人。即使你想要早點交男女朋友、快點結婚，也可能因為想太多不必要的事，導致自己因為擔心而躊躇不前，最後變成晚婚。

即使婚後你也希望保有自己的步調與空間，討厭被限制，因此需要取得伴侶的諒解。你雖然對性感興趣，但似乎需要花不少時間才能發展出第一次的關係。然而，一旦有了這樣的體驗後，面對各種大膽的花招，你也能盡情享受。

### ✧工作．財運✧

無論從事什麼樣的工作，你都能快速、靈巧地完成。對部下的支援總能爽快地辦到，因此能出人頭地。你擅長溝通，因此適合從事有關銷售或接待顧客的工作。你的經營天分也很高，若自己開拓新事業，想必也能發揮你的長才。

你對理財的趨勢很敏感，能夠找到日後可能為自己營利的領域。但有時你會把大筆金錢瞬間投入慈善事業或宗教活動中，請特別注意。因為與其把錢花在自己身上，你更有把錢花在別人身上的傾向。

## ✧ 今生使命·未來展望 ✧

今生你的使命是：學習自由與自私的差異，享受人生的自由與彈性，成為人與人之間的溝通者。

自由，對你而言或許是理所當然的權利，但沒有負起相對義務的自由，看在旁人眼中只是單純的任性，請特別注意。而建立在別人犧牲上的自由，也稱不上真正的自由。

不要只覺得自己的想法才是正確的，因為有多少人就有多少種的想法與方式，擁有接受這點的靈活度比什麼都重要。

為了讓自己接納更多不同的觀點，前往海外、體驗不同文化的旅行或許也不錯。請盡情將旅途中得到的知識、資訊、體驗坦率地和別人分享，增加彼此的了解，牽起人與人之間的關係，這就是你今生被託付的真正使命。

## ✧ 生日帶來的訊息 ✧

「穩定與創造」
「縱橫」
「傳達想法」

### 前世の故事

你的前世，是在大航海時代的西班牙國王麾下，畢生致力於開拓新航路的航海士。

你是貴族的兒子，個性自由奔放，充滿了行動力，從小就對大海懷著憧憬。你學會航海士的技能後，就奉國王之命開拓還沒有任何人發現的新航路。這項使命非常適合貫徹自由生活方式的你。雖然你覺得自己找到了天職，但實際上即使發現新航路，也不保證你能夠平安歸來，這趟旅行可說是有去無回的單程船票。但即使如此，你依然毫不猶豫地選擇了貫徹自由的生活方式。

9/14 希伯來文

### ✧ 生日契合度 ✧

**◉ 情人·伴侶**

| | |
|---|---|
| 1月3, 21, 30日 | 7月6, 15, 24日 |
| 2月2, 11, 29日 | 8月5, 14, 23日 |
| 3月10, 19, 28日 | 9月4, 13, 22日 |
| 4月9, 18, 27日 | 10月3, 21, 30日 |
| 5月8, 17, 26日 | 11月2, 11, 20日 |
| 6月7, 16, 25日 | 12月1, 10, 19日 |

**◉ 工作夥伴·朋友**

| | |
|---|---|
| 1月4, 13, 31日 | 7月7, 16, 25日 |
| 2月3, 12, 21日 | 8月6, 15, 24日 |
| 3月2, 11, 29日 | 9月5, 14, 23日 |
| 4月1, 19, 28日 | 10月4, 22, 31日 |
| 5月9, 18, 27日 | 11月3, 12, 30日 |
| 6月8, 17, 26日 | 12月2, 11, 29日 |

**◉ 競爭對手·天敵**

[1/2] [1/23] [4/3] [4/10] [9/3] [10/20] [12/5]

**◉ 靈魂伴侶**

[1/7] [1/27] [5/21] [7/21] [7/30] [10/25] [12/5]

### ✧ 生日名人 ✧

海頓（作曲家）
亞歷山大·馮·洪堡德（博物學家）
艾美·懷恩豪斯（音樂人）
赤塚不二夫（漫畫家）
矢澤永吉（音樂人）
吉田修一（作家）
第二代中村獅童（歌舞伎演員）
安達祐實（演員）
上戶彩（演員）
高橋愛（藝人）

◉ 從你的生日看命運
請見32頁

# 9月15日

September fifteenth

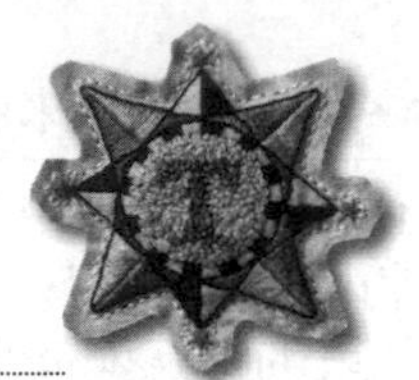

## 兼具感性與知性的人道主義者

9月15日出生的人，同時具備兩種相反的特質，既熱情又冷靜，既重感情又知性，是性格複雜的人道主義者。

你的出生日期15同時具備了1的起始，與5的自由與變化，兩者相加為6，象徵著包容一切的大愛與溫柔。再加上出生月分9完結、智慧的要素，使你雖然以造福人群為優先，但也兼具熱情與冷靜這兩種相反的特質。

重視人情義理的你，既溫暖又容易感動。你很擅長照顧人，會將心中的愛分享給身邊的人，以及分享給大自然與社會。你關心弊案、環保問題等各種社會議題，一心充滿著想為這個世界做點什麼的想法。你具有熱血的衝動性格，但相對地，也有另一個你在一旁冷眼地旁觀自己。

你的頭腦清晰，並具有分析能力，行動時靠的不只是熱情，也能冷靜找出最實際的方法。但有時也會出現不擇手段的冷酷。

你擁有戰略家的能力，能夠運用人脈達成目的。如果你基於好心而過於多管閒事，可能會導致對方不敢太接近，請特別注意。請你調整好兩種極端的自己，並取得平衡，避免在與旁人相處時失衡。

### ❖ 戀愛．婚姻．性生活 ❖

你想向喜歡對象告白的心情，以及想踩煞車的心情，常常在自己心中拉扯。一旦開始交往，你就會想方設法照顧對方，並告訴對方「我是為你好」。因此你也很容易出現單方面強迫對方接受自己的喜好、興趣與想法，想要照自己的意思控制對方的傾向，請特別注意。

婚後，你會重視家庭，把愛全心全意地投注到家人身上，但即使如此，你依然很難坦率地分享自己真實的想法。在床上的時候，是你唯一能夠坦露真實自我的場合。如果能夠取悅對方，你也願意挑戰大膽的花招。

### ❖ 工作．財運 ❖

你兼具冷靜分析事物的頭腦，以及熱情行動的執行力，因此無論你從事什麼樣的工作，都會扮演起統領大家的角色。如果你知道自己的工作能實際幫助別人，就會覺得特別有意義，面對工作時也更有動力。你很擅長照顧部下或後輩，是受人景仰的可靠前輩或上司。

你的財運也不錯，但對於賺錢懷有罪惡感。如果工作時你能夠抱持著把賺到的錢用來造福別人的想法，就能加速成功。你也熱中於教育，孩子的教育費可能是一筆龐大的開銷。

## ❖ 今生使命・未來展望 ❖

此生你對於為別人而活感到喜悅，而這樣的你，今生的使命是「無私去愛所有人生中遇到的人，並不求回報」。

明明應該是想付出無私的愛，但你是否希望對方能有所回報？或是，雞婆地強迫對方接受他們不想要的好意，試圖以愛之名控制對方呢？

首先，請你理解「每個人的人生都只屬於他自己」的道理。因此，請你只要在對方要求幫助的時候，在自己能力的範圍內伸出援手。

並且，把你更多的時間與注意力放在「愛自己、滿足自己」的層面上。

當自己充滿愛的時候，才能與他人分享真正無私的愛。即使你不刻意付出，你對生命的愛與珍視，自然能夠擴及所有與你接觸過的人。

## ❖ 生日帶來的訊息 ❖

### 「人道主義」
### 「重視整體」
### 「了解愛與愛情的差異」

**前世の故事**

你的前世，是殖民時代荷蘭國軍的教官，負責訓練剛入伍的新兵。

你從小就有強烈的正義感，想要為了正義而戰而志願入伍。由於你頭腦好、比別人加倍努力，因此成為指導新兵的教官。你對待每一位新兵，不會因為身分或出身而給他們差別待遇，而會平等視之，因此受到許多學生景仰。隨著你逐漸升官，也慢慢看見政治的腐敗，最後你忍無可忍地指出軍中的弊端，結果導致學生與你一起遭受處罰。因為你執著於自己心中的正義、原則，連有前途的學生都一起捲進是非當中。這讓你深深懊悔，並重新思考愛與正義真正的意義。

9/15 希伯來文

### ❖ 生日契合度 ❖

**◉ 情人・伴侶**

| | |
|---|---|
| 1月8, 17, 26日 | 7月2, 20, 29日 |
| 2月7, 16, 25日 | 8月10, 19, 28日 |
| 3月6, 15, 24日 | 9月9, 18, 27日 |
| 4月5, 14, 23日 | 10月8, 17, 26日 |
| 5月4, 22, 31日 | 11月7, 16, 25日 |
| 6月12, 21, 30日 | 12月6, 15, 24日 |

**◉ 工作夥伴・朋友**

| | |
|---|---|
| 1月5, 14, 23日 | 7月8, 17, 26日 |
| 2月4, 13, 22日 | 8月7, 16, 25日 |
| 3月3, 12, 30日 | 9月6, 15, 24日 |
| 4月2, 20, 29日 | 10月5, 14, 23日 |
| 5月10, 19, 28日 | 11月4, 13, 22日 |
| 6月9, 18, 27日 | 12月3, 21, 30日 |

**◉ 競爭對手・天敵**

[2/24] [3/21] [5/6] [7/4] [10/20] [12/8] [12/12]

**◉ 靈魂伴侶**

[1/13] [1/31] [6/11] [6/26] [8/9] [9/26] [10/22]

### ❖ 生日名人 ❖

阿嘉莎・克莉絲蒂（作家）
湯米・李・瓊斯（演員）
奧利佛・史東（導演）
今村昌平（導演）
大石靜（編劇）
竹下景子（演員）
酒井順子（散文作家）
彥摩呂（藝人）
井浦新（演員）
安潔拉亞季（音樂人）

◉ 從你的生日看命運
請見32頁

# 9月16日

September sixteenth

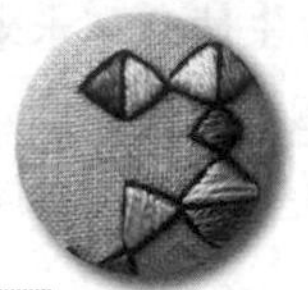

對自我的風格感到自信的大師

9月16日出生的你，對自己的專業作風懷有堅持與自信，是大師型的人物。你對於自己的經驗、知識與技術能用來幫助別人或培育後進而感到欣慰。

出生日期16具有1的開始、領導，以及6的愛與和諧的整合力，若組合起來後等於7，象徵著完成，這代表著你具有獨自完成的能力。再加上出生月分9完結、智慧的要素，讓你無論對自己或對旁人都會強烈地要求完美。

比起一次接觸許多人，你更喜歡只認識少數認同自己的對象，並且不吝惜把自己的知識與技術分享給他們。你也具備團結眾人的能力，因此人們自然會聚集到你的身邊。你很重感情、擅長照顧人，但如果太過在意細節，反而會變成多管閒事，造成別人的反感。

你是不懂何謂妥協、只懂全心全意努力的人，因為你的自尊心高，因此也往往會依照自己的想法控制對方。你對於自己曾照顧的對象或參與過的作品，有著非常強烈的執著，甚至到難以放手的地步。你的內心也有敏感、容易受傷的一面，因此與他人相處時，請保持適當的距離以維持關係的良好平衡。如此一來，你獨特的技術與智慧，就能用來幫助更多的人，也能活用於社會。

## ❖ 戀愛・婚姻・性生活 ❖

你對愛情懷有極高的理想，但又無法具體言說，使你在感情中的行事作風總是與心裡想的相反，屬於心口不一的類型。由於你的自尊心很高，也懂得尊重對方，在顧慮太多的情況下，導致關係遲遲難以進展。

即使結婚之後，你對情感的表現依舊很極端，不是極度愛撒嬌，就是燃起熊熊妒火，向對方展開攻擊。在性生活方面，你也會時而冷淡時而熱情，使對方無所適從。雖然你不擅長說出自己心裡的想法，但還是學著坦率地面對伴侶吧！

## ❖ 工作・財運 ❖

面對工作，你會展現出徹頭徹尾負責的態度，並努力成為後輩的典範。

由於具有職人的氣質，使你對細節都非常講究，會努力堅持完美，直到自己滿意為止。你擅長照顧人，也會幫別人指點迷津，但你因為完美主義的關係，可能會因為做得太過火而使旁人敬而遠之。

你雖然對賺錢有興趣，卻不會為了賺錢而改變自己的風格。無論什麼事情你都能靈巧地完成，但建議你不要跨足本業以外的工作。腳踏兩條船會使你失去財運，請特別注意。

## ❖ 今生使命．未來展望 ❖

今生你的使命是：從自己的體驗中領悟真理，學著獨力完成一件事情。

具有職人特質的你，很希望自己能培育人才，並讓旁人也經歷與自己同樣的學習與經歷。但如果你太強迫對方接受自己的想法，可能會突顯出強勢的作風，反而招致對方反彈。

請不要太在意周遭的眼光，把更多注意力擺在鑽研自己的專業上，周遭的人自然就能知道你對於自己的專業有多講究。並且，請你花更多的時間來滿足自己，不只雕琢技術，也雕琢自己的心。

當你能拋下不必要的堅持，對自己的創作灌注熱情時，你的身影才是後進最好的典範，將成為活生生的人生教材。

## ❖ 生日帶來的訊息 ❖

「共存共榮」
「重視原則」
「展現生活態度」

### 前世の故事

你的前世是培育出許多傑出職人的大師，在中世紀德國的印刷廠中擔任師傅。

你擁有高超的印刷技術，並且能夠一眼看穿部下擅長的部分，因此能挖掘、培育有潛力的人才。但你也因為這樣，不知不覺間疏於磨練自己的技術，開始擔心被徒弟超越。而傑出的徒弟在業界的活躍，確實也深深地傷害了你的自尊。於是，你在自己的自尊，與培育出青出於藍的徒弟的成就感之間搖擺不定，這時你才發現自己失衡的心是因為從未學會真正的成熟、獨立。

9/16 希伯來文

### ❖ 生日契合度 ❖

◉ **情人．伴侶**

| | |
|---|---|
| 1月4, 22, 31日 | 7月7, 16, 25日 |
| 2月3, 12, 21日 | 8月6, 15, 24日 |
| 3月2, 20, 29日 | 9月5, 14, 23日 |
| 4月1, 19, 28日 | 10月4, 22, 31日 |
| 5月9, 18, 27日 | 11月3, 21, 20日 |
| 6月8, 17, 26日 | 12月2, 11, 20日 |

◉ **工作夥伴．朋友**

| | |
|---|---|
| 1月6, 15, 24日 | 7月9, 18, 27日 |
| 2月5, 14, 23日 | 8月8, 17, 26日 |
| 3月4, 13, 31日 | 9月7, 16, 25日 |
| 4月3, 12, 30日 | 10月6, 15, 24日 |
| 5月2, 20, 29日 | 11月5, 14, 23日 |
| 6月1, 19, 28日 | 12月4, 13, 22日 |

◉ **競爭對手．天敵**

[1/12] [4/21] [4/27] [7/22] [9/4] [11/25] [12/31]

◉ **靈魂伴侶**

[1/29] [1/30] [5/25] [8/31] [9/3] [9/21] [11/12]

### ❖ 生日名人 ❖

恩格爾貝特．坎普弗爾（博物學家）
大衛．考柏菲（魔術師）
米基．洛克（演員）
竹久夢二（畫家）
古橋廣之進（游泳選手）
東國原英夫（藝人）
奧浩哉（漫畫家）
內野聖陽（演員）
宮川大輔（藝人）
澤野大地（撐竿跳選手）

◉ 從你的生日看命運
請見32頁

# 9月17日

September seventeenth

**能夠驗證自己想法的計畫型領導者**

這天出生的你，擁有堅定的信念，能朝著目標勇往直前，是個渾身充滿能量的人。你能冷靜判斷周圍的狀況，並使大家團結在一起，是個計畫型的領導者。

不過，你也不是盲目前進，你的衝勁背後隱藏著縝密的計畫與專注力，以及腳踏實地的努力。你擁有理性且冷靜沉著的一面，但在參與事務時又有著超乎常人的動力與熱情，所以大部分的計畫都能成功。

9月17日的17由1的縱向箭頭，7的斜向箭頭這兩個箭頭組成。使你既擁有領袖的資質，也兼具隨時從不同的角度冷靜觀察、分析事物的能力。再加上出生月分9完結、智慧的要素，更加強化你理性和完美主義的一面，使你能夠提出遠大的理想並拚命努力。

你的自尊心高，比別人更加不服輸；懷著滿腔熱血，眼前的阻礙愈大，反而愈能使你燃起鬥志克服。你聰明、對自己的想法有自信，因此也能條理分明地說明自己的主張，依此說服對方。

你是嚴以律己的努力者，因此有嚴格的一面，會輕視不努力的人，或是做不出成果的人。請特別注意避免表現出盛氣凌人的傲慢態度。

## ❖戀愛・婚姻・性生活❖

你在愛情方面也很重視自己的地位。喜歡對方向自己撒嬌，卻不擅長向對方撒嬌。你在傾聽伴侶的意見與主張時，也能巧妙掌控主導權，有控制對方的傾向。此外，即使吵架你也堅決不退讓，絕對不可能自己主動道歉。

在婚姻生活方面，你會兼顧家事與工作，以達成各方面的完美為目標努力。至於性生活方面由你主導，你會進行各式各樣的嘗試，不知不覺間讓對方順從你的步調。

## ❖工作・財運❖

你的聰明理性、優秀的判斷力與精力充沛的行動力，都能運用在工作上。你有客觀判斷現況的能力，也擅長分析，會想要驗證自己提出的計畫。

面對困難的課題時你也不膽怯，因此經常獲得來自周遭人們的信賴。你天生具備努力與熱情，因此無論從事什麼樣的工作都能嶄露頭角。

你的金錢運勢很強，只要朝著明確的方向持續努力，就能獲得豐碩的回報。若你能提出遠大、具體的夢想或目標，並與周圍的人共享，就是成功祕訣。

## ⁘ 今生使命・未來展望 ⁘

你今生的使命是：不管未來陷入什麼樣的困難都絕不放棄，取得現實上的成功，並慷慨地與身邊的人分享。

精力充沛的你，想必已經獲得許多與你的努力相符的成果，例如地位、環境、物質、金錢等等。想法具有高度的你，或許已經朝著下一個目標，往更高處努力。

但盡情品味你已經到手的富足，並心懷感謝，卻是你今生選擇的重要課題。

請你懷著一顆喜悅之心，接受現在擁有的物質與精神上的富足，並慷慨地將你手中的富足與周圍的人分享，那麼更高一等的豐盈成果就會降臨到你身上。一再創造這種富足能量的循環，就是你今生的使命。

## ⁘ 生日帶來的訊息 ⁘

「實現願望」
「光榮」
「分享富足」

### 前世の故事

你的前世是生於鄂圖曼土耳其帝國時代，攀上王族並靠著官商勾結而大獲成功的商人。

你從小就很聰明，能夠洞燭機先，所以你很早就預測到東西方貿易的發達。當你成功攀上當時的王族後，逐漸擴大自己的事業，獲得了莫大的財富與權力。而你對自己的能力太有自信，不僅想要獨占財富，甚至還想要掌控王族，但後來你的惡行曝光，所有一切都遭到沒收，你也受到處罰。這時，你才發現，不管這輩子你有多少財富都無法帶到另一個世界，財富只有與周圍的人分享時才有意義，於是你發誓下輩子要重修這個人生課題。

9/17 希伯來文

### ⁘ 生日契合度 ⁘

◉ 情人・伴侶

| | |
|---|---|
| 1月5, 14, 23日 | 7月8, 17, 26日 |
| 2月4, 13, 22日 | 8月7, 16, 25日 |
| 3月3, 21, 30日 | 9月6, 15, 24日 |
| 4月2, 11, 29日 | 10月5, 14, 23日 |
| 5月1, 19, 28日 | 11月4, 13, 22日 |
| 6月9, 18, 27日 | 12月3, 12, 30日 |

◉ 工作夥伴・朋友

| | |
|---|---|
| 1月7, 16, 25日 | 7月10, 19, 28日 |
| 2月6, 15, 24日 | 8月9, 18, 27日 |
| 3月5, 14, 23日 | 9月8, 17, 26日 |
| 4月4, 13, 22日 | 10月7, 16, 25日 |
| 5月3, 21, 30日 | 11月6, 15, 24日 |
| 6月2, 11, 29日 | 12月5, 14, 23日 |

◉ 競爭對手・天敵

[3/8] [5/5] [6/19] [6/22] [7/1] [12/25] [12/26]

◉ 靈魂伴侶

[1/6] [2/18] [4/14] [7/6] [9/27] [10/17] [11/27]

### ⁘ 生日名人 ⁘

波恩哈德・黎曼（數學家）
康斯坦丁・齊奧爾科夫斯基（科學家）
菲爾・傑克森（籃球選手）
正岡子規（俳人）
曾野綾子（作家）
橋爪功（演員）
大島智子（演員）
蝶野正洋（格鬥家）
北山宏光（歌手）
石川遼（高爾夫選手）

◉ 從你的生日看命運
請見32頁

# 9月18日

September eighteenth

## 致力於和平運動的人道主義者

9月18日出生的你，是一名人道主義者，你希望世界和平，並採取具體行動。同時你也是知性與行動力均衡兼備的賢者。

出生日期18由1的開始與8的無限大（∞）這兩個能量外放的數字組成。而兩者相加得到的9，則擁有反向的內縮能量，具有統籌、整合一切的意思。再加上出生月分9完結、智慧的性質，更加突顯你的聰明，使你具備獨特的明星氣質。

你擁有熱情，能朝著消除戰爭、貧困與實現世界和平的遠大目標展開熱血的行動。

你乍看之下很成熟，文靜知性的外表給人清爽的印象。但其實你有著為社會正義燃燒的熱血男兒的一面。你能懷著對同伴的體貼團結整個團隊，或是與同伴一起揮汗努力等，視情況扮演不同類型的領袖。

你的求知欲旺盛，不只會關注自己身邊的人或發生的事情，也能把眼光轉向整個社會，寬廣的視野是你的特徵。你特別對於戰爭、貧窮、不平等之類的社會弊端更是無法容忍。

雖然你經常扮演可靠的協調者，但因為想要回應周遭的期待，所以這樣的責任感經常使你把自己逼得太緊。你的理想崇高、所有一切都以完美為目標，所以也經常承受壓力。請你留一點空間給自己的心，不要所有事情都獨自承擔。

### ✧戀愛・婚姻・性生活✧

你在愛情中容易出現完美主義的特質，比起聽從自己的心，你更想要根據腦中擬定的計畫發展一段感情。但你也會因為自己談了一場只能壓抑自我情緒、隱藏真正想法的戀愛而痛苦，無法好好享受。

請你有意識地在婚姻生活與性生活當中，坦率表現自己的情感。雖然你不擅長拜託別人，不管什麼事情都能圓融處理，但有時候讓對方看見自己的弱點與不完美，反而能夠展現你人性化的一面，也能使對方產生好感。

### ✧工作・財運✧

你在工作方面經常被分派到領導者的任務，無論什麼情況都能發揮實力。你立刻就能掌控組織期望自己扮演的角色，並且巧妙運作，不為自己樹敵。你屬於能夠自然掌控權力的戰略者，能夠確實抓到自己的定位。你的財運也很穩定，極少大起大落。你能夠踏實地賺錢，不會為了一夜致富而盲目投下賭注。你擁有豐富的儲蓄與投資知識，能夠踏實累積財富，也會積極從事志工之類的慈善活動。

### ❖ 今生使命・未來展望 ❖

你是個和平主義者，今生的使命是：實現讓世人和平共處的世界。

聰明理智的你，常常以豐富的知識理論武裝自己，並大肆宣揚自己的正義感與使命感，有把造福世界當成冠冕堂皇的藉口批判他人的傾向。

你對自己心中的價值觀有著絕對的自信，當你打著世界和平的大旗的同時，你是否也因此責備、批判周圍的人，撒下了爭執的種子呢？

為了達成實現世界和平這個遠大的目標，首先必須實現自己內心的和平。只要每個人都獲得內心的和平，就不會產生爭執。已獲得內心平靜的你，也不再需要責備或批判他人，因為你的存在就是實現世界和平最好的方法。

### ❖ 生日帶來的訊息 ❖

「沉靜的鬥志」
「平安」
「實現內在平靜」

前世の故事

你的前世是日本戰國時代的僧侶，而你的另一個身分是受諸侯信賴的策士，以顧問的身分受到重用。

雖然你是全國知名的戰爭顧問，但你真正想要的是沒有戰爭的世界。於是你給予諸侯的建議之中，都隱藏著實現世界和平這個遠大的目標。你總是站在中立的角度環顧整個戰時的社會，四處謀劃，想方設法實現太平之世。而你矛盾的態度，終於觸犯了某位諸侯，因此被迫自殺。你回顧這個只能活在策士角色的人生，希望下輩子能夠在沒有戰爭的世界活出真正的自己。

9/18 希伯來文

❖ 生日契合度 ❖

◉ **情人・伴侶**

| | |
|---|---|
| 1月1, 19, 28日 | 7月4, 13, 31日 |
| 2月9, 18, 27日 | 8月3, 21, 30日 |
| 3月8, 17, 26日 | 9月2, 11, 29日 |
| 4月7, 16, 25日 | 10月1, 10, 19日 |
| 5月6, 15, 24日 | 11月9, 18, 27日 |
| 6月5, 14, 23日 | 12月8, 17, 26日 |

◉ **工作夥伴・朋友**

| | |
|---|---|
| 1月8, 17, 26日 | 7月2, 20, 29日 |
| 2月7, 16, 25日 | 8月1, 19, 28日 |
| 3月6, 15, 24日 | 9月9, 18, 27日 |
| 4月5, 14, 23日 | 10月8, 17, 26日 |
| 5月4, 22, 31日 | 11月7, 16, 25日 |
| 6月3, 21, 30日 | 12月6, 15, 24日 |

◉ **競爭對手・天敵**

[2/26] [5/9] [8/27] [9/17] [9/26] [11/24] [12/27]

◉ **靈魂伴侶**

[1/30] [2/5] [4/27] [5/29] [8/14] [9/7] [10/21]

❖ 生日名人 ❖

勒讓德（數學家）
葛麗泰・嘉寶（演員）
詹姆斯・馬斯登（演員）
森本毅郎（主播）
神谷明（聲優）
水森英夫（作曲家）
中井貴一（演員）
井原正巳（足球選手）
大貫亞美（歌手）
藤澤里菜（圍棋棋士）

◉ **從你的生日看命運**
**請見32頁**

# 9月19日

September nineteenth

想要順從己願推動事物的聰明策略家

9月19日出生的人求知欲旺盛，最喜歡學習，而且腦袋聰明，總是以完美為目標激勵自己，屬於努力型的領導者。

這天出生的人也是策略家，能以寬廣的視野掌控事物的全局，隨心所欲地引領周圍的人。雖然你溫和、親切、值得信賴，但也隱藏著極為高度的自尊心與強烈的鬥爭心。

你的頭腦轉得很快，總是洞燭機先，並且為了達到目的，在私下比別人加倍努力，但你不希望別人知道，所以平常總是擺出一張撲克臉。你的內外反差極大，即使與對方變得熟稔，還是會在某方面拉出界線冷靜觀察。

如果你的自尊被公然傷害，態度會突然變得很可怕。你熱中於學習，會仔細聽別人說話，也擅長扮演調停紛爭的協調者，但深信自己才是最正確的想法應該適可而止。

你的出生日期19，由最初的1與最後的9這兩個數字組合而成。使你既具備1的領導者資質，也兼具9扮演關鍵角色的才華。再加上出生月分9完結、智慧的要素，更加突顯你戰略家的特質，雖然你會為了達成目標，運用知識與人脈等所有手段，但推動的方式都相當聰明。

## ✧戀愛・婚姻・性生活✧

你的理想與自尊都很高，因此會要求戀愛對象的學歷、家世、公司等等，開出的條件難免嚴格。你雖然不會說出自己真正的想法，但卻想要掌控、管理對方的所有一切。你兼具大膽與細膩，尤其在愛情當中更容易出現雙重性格的一面。

你在婚後會扮演好丈夫、好太太，但如果不對伴侶說出真正的想法，可能會使彼此都懷著不滿。你在性生活方面，一下掌控主導權，一下又順從對方，態度反覆無常，使得對方無所適從。

## ✧工作・財運✧

你無論從事什麼樣的工作，都絕對會成為核心的角色。你能仔細傾聽周遭的意見，扮演協調全體的角色，想必能因此獲得高度評價。如果你能夠實際感受到自己的工作對許多人有幫助，工作起來就會更有成就感。

你的財運強大，有能力開拓自己的事業，也具備踏實儲蓄、使財富增值的天賦。只要消除你對存錢的罪惡感，就能成為理財專家，也能為社會帶來貢獻。

## ✧ 今生使命・未來展望 ✧

你今生的使命是：為自己的人生負起責任，發揮強大的領導力。

雖然你已經發揮了領導力，但如果換成是自己的事情，似乎就會有點不順利。你的個性兼具大膽強勢與純真敏感這兩種極端的部分，因此是否有時也會對自己失去控制呢？或許正因為你以完美為目標，所以經常會有另一個冷靜的自己，對自己提出嚴厲的批判。

首先，請你停止以對錯或好壞等標準評價自己的言行，仔細側耳傾聽自己心的聲音。腦袋總是全速運轉的你，也可以適度的活動身體，讓腦袋放空。請順從當你的心靜下來時突然湧現的感受以及喜悅，並做出相應的行動，這能讓你完成在自己人生中發揮領導力的使命。

## ✧ 生日帶來的訊息 ✧

**「條理分明」**

**「遠見」**

**「不要批判自己」**

### 前世の故事

你的前世，是在日本江戶時代統治村子的村長。你從小就很聰明，甚至被稱為神童。由於擔任村長的父親驟逝，你年紀輕輕就繼承了村長的職務。

某年連續天候不佳，你的村子也嚴重欠收，繳不出規定的年貢。於是你代表村子，前往衙門提出減輕年貢的請求。但當時向大人提出請求是重罪，你因此遭到逮捕。儘管你已經有所覺悟，但仍然在昏暗的牢房裡遺憾地思考身為村長的自己，真正應該為村子做的事情到底是什麼。

יטט

9/19 希伯來文

### ✧ 生日契合度 ✧

◉ **情人・伴侶**

| | |
|---|---|
| 1月2, 11, 29日 | 7月5, 14, 23日 |
| 2月1, 19, 28日 | 8月13, 22, 31日 |
| 3月9, 18, 27日 | 9月3, 21, 30日 |
| 4月8, 17, 26日 | 10月2, 20, 29日 |
| 5月7, 16, 25日 | 11月1, 19, 28日 |
| 6月6, 15, 24日 | 12月9, 18, 27日 |

◉ **工作夥伴・朋友**

| | |
|---|---|
| 1月9, 18, 27日 | 7月3, 21, 30日 |
| 2月8, 17, 26日 | 8月2, 11, 29日 |
| 3月7, 16, 25日 | 9月1, 19, 28日 |
| 4月6, 15, 24日 | 10月9, 18, 27日 |
| 5月5, 14, 23日 | 11月8, 17, 26日 |
| 6月4, 13, 22日 | 12月7, 16, 25日 |

◉ **競爭對手・天敵**

[1/10] [2/7] [5/18] [6/1]
[6/30] [8/28] [12/1]

◉ **靈魂伴侶**

[2/9] [4/11] [4/29] [5/28]
[8/30] [9/20] [10/19]

### ✧ 生日名人 ✧

埃米爾・扎托佩克（長跑）
崔姬（模特兒）
亞歷山大・卡列林（摔角選手）
小柴昌俊（物理學家、諾貝爾獎得主）
小野寺昭（演員）
一条由香莉（漫畫家）
細田守（動畫導演）
西川貴教（歌手）
朝日健太郎（沙灘排球選手）
福田沙紀（演員）

◉ **從你的生日看命運**
**請見32頁**

# 9月20日

September twentieth

把旁人的喜悅當成自己福祉的幕後協調者

這天出生的你，希望為全世界、為全人類帶來幫助，是一個總在幕後支持眾人的協調者。你脾氣好，擅長照顧人，能夠協調現場氣氛帶來平靜，是個療癒系的人。

出生日期20具有代表包容、和諧等女性特質的2，以及能夠透過0的力量將此特質更加強化、擴展。再加上出生月分9完結、智慧的要素，讓你帶有愛與溫柔的女性特質之中，更增添了聰明的知性，突顯了你身為能幹輔佐者的能力。

你總以維持整體的和諧與平衡為優先，為了看見旁人開心的樣子常奮不顧身地努力，是個善良的人。由於你禁不住會優先考慮對方的立場，想必也經常因為無法拒絕別人拜託的事情，而把一切都攬下來，並因此而煩惱。

你總是很自制，若請你在眾人面前清楚表達自己的意見，你會感到很為難。20日出生的人，特徵就是面對任何事情都會獨自承擔。你是一個謙虛內斂的人，若能為周圍的人帶來幫助，你心裡也會很高興。

不過，你也能視情況展露不同的面貌，有時會把真正的自己隱藏起來，演出另一個自己。周圍的人對你評價很高，長輩更特別疼愛你，但如果過於在意他人的評價將會累積不少的壓力，請特別注意。

## ❖戀愛・婚姻・性生活❖

你在愛情方面相當晚熟。對喜歡的人，你會展現出強烈奉獻的特質。你總是把伴侶擺第一，奮不顧身地奉獻。為對方著想的心情雖然重要，但如果太過依賴對方，將會失去自我，請特別注意。你在婚後會對家人很溫柔，也會確實兼顧帶孩子與家事的義務，但你也有在意世人眼光的一面。你對孩子的照顧與溺愛，已經接近過度保護的程度。在性生活方面，你較為消極，屬於順從對方需求的被動類型。即使把你丟著不管，你也會靜靜等待。

## ❖工作・財運❖

你能敏銳察覺到周遭的變化，因此在組織與團隊當中是不可缺少的潤滑劑。若能在幕後扮演協調、溝通、提出建議的角色，更能發揮你的才華。如果知道自己的工作能為眾人與社會帶來幫助，你會覺得很幸福。你能在各個面向扮演好提供輔佐的角色，因此追隨的領導者愈優秀，自己的能力也會更加提昇。你擅長在人際關係出現摩擦的時候，傾聽雙方的說法並介入仲裁，調解紛爭。比起金錢本身，人際關係的好壞，往往才是掌控你財運的關鍵。

### ❖ 今生使命・未來展望 ❖

能在幕後發揮協調能力的你，今生的使命是：探索無形的世界，把從中得到的智慧與經驗，傳達給現實世界，成為兩者之間的溝通橋梁。

你原本就具備可以自然接收到心靈或靈魂等無形世界訊息的能力。但容易受環境影響的你，如果過度沉浸在無形的世界中，將可能破壞自己與現實世界之間的平衡，請特別注意。

為了在現實的世界與無形的世界之間維持良好的平衡，請從你雖然看不見，但卻實際有效果的事物開始嘗試吧！建議你從芳療的香氛，或氣功的氣等能夠確實感受到效果的領域開始入門。透過接受無形世界的訊息，磨練自己的感官能力，並以自己的方式傳達給更多的人，是你今生的使命。

### ❖ 生日帶來的訊息 ❖

「奉獻的心」
「全力相助」
「相信直覺」

### 前世の故事

你的前世，是在中世紀生活於阿拉伯沙漠的遊牧民族，你是族長的助理。

某段時間因為天候不佳的影響，導致部族糧食缺乏。這時來了一位自稱占卜師的人，告訴了你們綠洲的所在地。但這其實是其他想要獨占糧食的部族所傳遞的假資訊。你的部族因為被騙而近乎毀滅。

你對於自己當時建議族長相信占卜師的話而懷有罪惡感，更因為自責而難以承受這個後果，你心想：如果能夠更相信自己的直覺，不被他人的意見所迷惑就好了。

כט

9/20 希伯來文

### ❖ 生日契合度 ❖

**◉ 情人・伴侶**

| | |
|---|---|
| 1月9, 18, 27日 | 7月3, 21, 30日 |
| 2月8, 17, 26日 | 8月2, 20, 29日 |
| 3月7, 16, 25日 | 9月1, 19, 28日 |
| 4月6, 15, 24日 | 10月9, 18, 27日 |
| 5月5, 14, 23日 | 11月8, 17, 26日 |
| 6月4, 13, 22日 | 12月7, 16, 25日 |

**◉ 工作夥伴・朋友**

| | |
|---|---|
| 1月10, 19, 28日 | 7月4, 13, 31日 |
| 2月9, 18, 27日 | 8月3, 21, 30日 |
| 3月8, 17, 26日 | 9月2, 20, 29日 |
| 4月7, 16, 25日 | 10月1, 19, 28日 |
| 5月6, 15, 24日 | 11月9, 18, 27日 |
| 6月5, 14, 23日 | 12月8, 17, 26日 |

**◉ 競爭對手・天敵**

[2/20] [3/3] [7/15] [7/26] [8/12] [8/24] [12/3]

**◉ 靈魂伴侶**

[1/3] [2/10] [5/10] [8/19] [9/12] [11/1] [12/9]

### ❖ 生日名人 ❖

蘇菲亞・羅蘭（演員）
布萊恩・茹貝爾（花式滑冰選手）
野呂邦暢（作家）
小田和正（音樂人）
鈴木砂羽（演員）
一青窈（歌手）
安室奈美惠（歌手）
若林正恭（搞笑藝人）
伊藤由奈（歌手）
大本彩乃（歌手）

◉ 從你的生日看命運
請見32頁

# 9月21日

September twenty-first

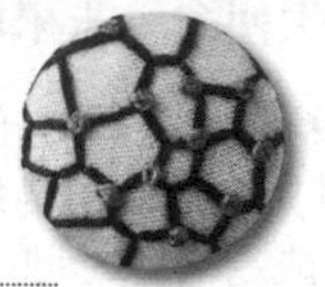

思考太多而迷失自我的害羞的孩子

這天出生的你，內心堅韌又可靠，是個溫柔的人。你總是考慮周到，但會因為太過於顧慮對方與周圍的狀況而埋頭苦思。

開朗活潑的你，散發出孩子般的氣質，個性人見人愛。但也有害羞的一面，對於初次見面的人也特別怕生。你坦率、脾氣好，但抗拒把自己真正的想法傳達給周圍的人，儘管表面上擺出笑臉，但容易把話又吞回去。你願意交心的對象並不多，但如果能與對方變得熟稔，你孩子般的特質就會爆發出來。

你擁有獨特的感受與想法，以及豐富又充滿個性的創造力。只要找到符合自己的表現方式，獲得旁人的認可與稱讚，才華就有可能一下子開花結果。你很喜歡照顧動植物，與你心靈相通的寵物等，是能夠療癒彼此的重要存在。

你的出生日期21，由2協調、和諧的女性能量，與1精力充沛的男性能量組合而成，代表創造出新事物的力量。再加上出生月分9完結、智慧的要素，更強化你內心相當敏感純真的特質，使你容易迷惘，往往會迷失原本的自己。若不知道如何做決定，就坦率選擇讓你愉快的選項，發揮與生俱來的創造力吧！

## ✧ 戀愛・婚姻・性生活 ✧

你不擅長坦率表現自己的想法，在愛情中基本上屬於被動的類型。你也是追求理想愛情與婚姻的浪漫主義者，希望從對方言語或態度中得到實際被愛的感受。即使不喜歡對方，如果被強勢追求，你也可能因此就範。你很嚮往結婚，但如果無法得到理想的婚姻，也可能因為失望而逃避現實。你對於性生活也有自己理想的模式，如果這樣的想法遭到忽略，你可能會對對方心生厭惡。

## ✧ 工作・財運 ✧

你在工作上能夠毫無遺憾地發揮自己豐富的創造力與嶄新的點子。你具備出色的天賦，能將原有的事物以自己的方式重新改造，或是將兩種不同的事物組合而成新的事物，並根據靈活的創意，打造具有特色的作品。你也具備音樂等藝術方面的品味，能為傳統流派吹入新的氣息，確立新的風格。基本上，你的財運穩健，但也容易受到周遭的影響。請你訓練自己看人的眼光，或是判斷這個環境對你究竟是好或壞的能力。

## ✧ 今生使命・未來展望 ✧

你今生的使命是：不失天真爛漫的赤子之心，盡情享受適合自己的人生。

溫柔的你，往往容易迷失自己的本心。一旦陷入困難的狀況，就有依賴他人、找藉口逃避責任的傾向。

正因為你是這樣的人，所以才會選擇這個人生課題吧。首先，請面對自己的想法，並坦率表現出來。做決定時不要看他人的臉色，請遵循自己的心展開行動。

動不動就容易迷惘的你，不要把善惡當成自己選擇的標準，請挑選能讓你覺得興奮、愉快、有趣的事物。坦率聽從自己的心，在迷惘的時候，毫不猶豫選擇能讓自己露出笑容的愉快選項，自然就能過著適合自己的生活。

## ✧ 生日帶來的訊息 ✧

「溫柔的想法」
「靦腆」
「回歸純真」

### 前世の故事

你的前世，是出生於安地斯山脈的印加民族。

在你還是個小男孩的時候，就擁有清澈響亮的歌聲，在祭典時必定會扮演重要角色。你因優美的歌聲獲得好評，甚至有機會在國王面前表演，獲得許多讚美。但你在變聲並長大成人之後，唱歌對你而言已經不再是享受，於是你將過去塵封起來，再也不在人前歌唱。

經過多年歲月，你不知不覺間成為村子裡的長老，並開始懷念起自己的歌聲還受歡迎的時候。於是你希望下輩子的自己，能夠盡情活用上天賜予的才能。

9/21 希伯來文

### ✧ 生日契合度 ✧

◉ **情人・伴侶**

| | |
|---|---|
| 1月6, 15, 24日 | 7月9, 18, 27日 |
| 2月5, 14, 23日 | 8月8, 17, 26日 |
| 3月4, 13, 31日 | 9月7, 16, 25日 |
| 4月3, 21, 30日 | 10月6, 15, 24日 |
| 5月11, 20, 29日 | 11月5, 14, 23日 |
| 6月1, 19, 28日 | 12月4, 22, 31日 |

◉ **工作夥伴・朋友**

| | |
|---|---|
| 1月2, 11, 29日 | 7月5, 14, 23日 |
| 2月1, 19, 28日 | 8月13, 22, 31日 |
| 3月9, 18, 27日 | 9月3, 21, 30日 |
| 4月8, 17, 26日 | 10月2, 11, 29日 |
| 5月7, 16, 25日 | 11月1, 10, 28日 |
| 6月6, 15, 24日 | 12月9, 18, 27日 |

◉ **競爭對手・天敵**

[1/3] [1/31] [5/23] [6/26] [9/5] [10/20] [12/12]

◉ **靈魂伴侶**

[1/7] [1/12] [2/29] [3/28] [5/13] [6/10] [11/4]

### ✧ 生日名人 ✧

H・G・威爾斯（作家）
夏爾・尼科勒（細菌學家）
傑瑞・布洛克海默（導演）
史蒂芬・金（作家）
比爾・莫瑞（演員）
第7代坂東三津五郎（歌舞伎演員）
松田優作（演員）
安倍晉三（政治家）
羅川真里茂（漫畫家）
二階堂富美（演員）

◉ 從你的生日看命運
請見32頁

# 9月22日

September twenty-second

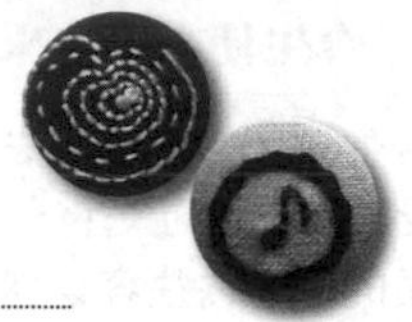

## 容易小看自己才華低調的明日之星

9月22日出生的你，是個認真老實的人，能將禮法之類的社會規範展現得拿捏得當，但本質上並不頑固。你雖然具有獨特的明星性，卻不了解自己的力量，就某方面而言小看了自己的才華。

你的發想與行動都能放眼全世界，擁有超凡的格局。即使是你覺得理所當然的事情，也蘊含了旁人想像不到的大膽作為，同時你還能考慮地非常細緻周到，想必會讓眾人大吃一驚。

你的出生日期22代表了所有的時間與空間，象徵著宇宙規模的浩瀚能量，是個靈性的神聖數字。再加上出生月分9完結、智慧的要素，更加強化你求知欲旺盛、完美主義的特質。

你擁有強大的毅力以及無與倫比的行動力，能夠朝著目標不斷努力，不管做什麼事情，都能因為你壓倒性的存在而特別顯眼。若置身於小地方將容不下你的潛力，因為你能以世界為舞臺發光發熱。

你散發出獨特的氣質與氣場，展現的正直態度不會因人而異，想必使旁人對你的印象相當兩極。但這也是你最大的魅力，你應該貫徹自我的風格，不需要刻意迎合旁人。

### ✧ 戀愛・婚姻・性生活 ✧

在愛情當中，你容易露出平常壓抑的本性。

雖然你溫柔又擅長照顧人，但隨著與對方的關係加深，欲望也會逐漸湧現，散發出完美主義的王者、女王氣場。你即使與心儀的伴侶結婚、有了性關係，或已共度漫長歲月，依然會向對方提出各種要求。如果不如己意，你就會擺臉色給對方看，容易突然出現任性妄為的傾向。或許就某種意義而言，能夠理解你的伴侶也絕對非比尋常。

### ✧ 工作・財運 ✧

你是個事業運強大的人，只要日復一日地實際去努力，不管在什麼領域都能受到矚目。你擁有龐大的格局，活躍的範圍可跨足全世界，但如果過於小看自己的能力，原本的才華也難以浮上檯面。若能把據點轉移到海外，是挖掘自己才華的好機會。但即使你擁有遠大的目標，也不要忘記心懷謙虛。

你具備明星的氣質，也擁有好人緣，因此你的才華如果能夠開花結果，就能擁有非常強大的財運。而且你有才華也有行動力，能夠白手起家賺得巨額財富。

## ✧今生使命・未來展望✧

你今生的使命是：將自己提出的理想與夢想化為現實，並以具體的方式流傳後世。

你雖然容易小看自己的才華，但不會受制於旁人的評價，重視自我累積的實際成果。

由於你總是想要以完美為目標，對自己的評價有漸趨嚴格的傾向，因此會責備、批判做得不夠完美、不符合社會期許的自己，而把自己逼得太緊，請特別注意。

請學會適度讓自己放鬆，並接受真實的自己。不要對自己想走的路設限，而要貫徹隨心所欲的生活方式。當你貫徹明星般不同於常人的生活方式時，你的人生就會成為活生生的典範，在更多人心中留下具體的記憶。

## ✧生日帶來的訊息✧

「生活的典範」
「閃閃發光」
「留下記憶」

### 前世の故事

你的前世，是俄羅斯帝國的賢者。你在統治廣大領土、握有龐大財富與權力的貴族手下擔任參謀，因此能將所有想要的一切都掌控在手中。

在你出生前，就被賦予身為賢者的命運。你擁有優秀的才能，從小就被所有人當成智者對待，年紀輕輕就以閃耀氣場與高度洞察力吸引眾人，獲得莫大的權力與繁榮。但想法太過崇高的你，並非任何人都能輕易接近的對象，最後你就孤獨度過這一生。

在臨終之際，你的心裡湧現了對於平凡生活中小小幸福的憧憬。

9/22 希伯來文

### ✧生日契合度✧

◉ 情人・伴侶

| | |
|---|---|
| 1月7, 16, 25日 | 7月10, 19, 28日 |
| 2月6, 15, 24日 | 8月9, 18, 27日 |
| 3月5, 14, 23日 | 9月8, 17, 26日 |
| 4月4, 13, 22日 | 10月7, 16, 25日 |
| 5月3, 21, 30日 | 11月6, 15, 24日 |
| 6月2, 20, 29日 | 12月5, 14, 23日 |

◉ 工作夥伴・朋友

| | |
|---|---|
| 1月3, 21, 30日 | 7月6, 15, 24日 |
| 2月2, 11, 20日 | 8月5, 14, 23日 |
| 3月10, 19, 28日 | 9月4, 13, 22日 |
| 4月9, 18, 27日 | 10月3, 21, 30日 |
| 5月8, 17, 26日 | 11月2, 11, 29日 |
| 6月7, 16, 25日 | 12月1, 10, 19日 |

◉ 競爭對手・天敵

[1/4] [1/24] [3/22] [4/16] [4/21] [5/4] [7/16]

◉ 靈魂伴侶

[2/18] [5/4] [6/23] [7/11] [9/27] [11/25] [12/8]

### ✧生日名人✧

安娜・瑪格達麗娜・巴哈（聲樂家）
羅納度（足球選手）
吉田茂（政治家）
田部井淳子（登山家）
鈴木雅之（歌手）
石井龍也（音樂人）
緒形直人（演員）
澀谷昴（歌手）
北島康介（游泳選手）
美波（演員）

◉ 從你的生日看命運
請見32頁

# 9月23日

September twenty-third

太在意社會觀感

無法大膽行動的

先驅者

這天出生的你總是在意他人的眼光，是個好脾氣的自由之士。你就像自由流動的水一般靈活、具有彈性，不管什麼樣的人都能輕鬆應對，因此既有人緣，也得到旁人的信賴，是個受歡迎的人。

但即使你能夠透過靈活自如的應對才能，締結人際關係，卻也因為能敏銳感知他人的情緒，導致你過於在意周遭的意見與態度，往往讓自己的才能因此無法順利施展。

你的出生日期23，是由代表協調、和諧的2與象徵天真孩子的3所組成，象徵新的邂逅與人際關係。再加上出生月分9完結、智慧的要素，使9月23日出生的人，成為內斂、好脾氣、在意周遭的平衡與和諧的自由之士。

你頭腦聰明，也具備判斷現場氛圍的能力，總是不忘顧慮周遭，以成熟的方式應對。但由於你本來就偏好自由自在的生活，因此對於自己因置身於社會被賦予的各種角色或眾人期許而感到限制或綁手綁腳。

你也不太喜歡別人來依賴你，比較希望在自己偏好的時間，以自己偏好的方式，輕鬆與人互動。但相對地，你也害怕寂寞，會戰戰兢兢地觀察對方的臉色。你有時也需要忽視周遭眼光，堅持己見，毅然決然地採取大膽的行動。

## ❖ 戀愛・婚姻・性生活 ❖

你不管與什麼樣的對象都能來往，總給人良好的印象，因此想必非常受到歡迎。但即使你深愛著對方，也很少透露自己真正的想法，或許會使對方不安，覺得你捉摸不定。而且你不喜歡被人限制或被管，因此會透過自己靈活的應對，巧妙地躲開各種規範。

婚後，你雖然會努力打造理想家庭，但如果沒有自由的時間，或許會使你覺得喘不過氣。在性生活方面，有壓力反而使你更能享受，如果有機會，也可能爽快答應其他對象的邀約，因此請謹慎行動。

## ❖ 工作・財運 ❖

你很快就能理解工作的內容，是寶貴的即戰力。此外，你很會照顧人，也擅長輔佐性的工作，在職場上想必很受歡迎。你也確實擁有判斷趨勢的眼光，因此企劃、研發等也是你擅長的領域之一。在工作上很有可能立下大功。

你擁有賺錢的能力，但對於金錢不太執著。由於你容易受到周遭影響，因此你花錢的方式、花費的金額端看來往的對象而定。你既沒有想要努力存錢的想法，但也不會為錢所苦，所以應該不太在意吧。

### ❖ 今生使命・未來展望 ❖

身為自由之士的你，選擇「學習自由與自私的不同」當成自己今生的使命。

你是否為了加深自己對自由的學習，故意讓自己置身於不自由的環境，體驗不自由的滋味呢？

你明明打從心底愛好自由、追求變化，但在某方面卻會因為在意旁人的眼光，對自己想要做出的改變踩煞車。你的溝通能力佳、人面廣，但反過來看，你是否也有依賴別人的傾向，如果不隨時與別人在一起就會覺得不安呢？這或許是你害怕對方的真正原因，並使你無意識地想要控制對方。

真正的自由是為自己果斷地負起責任，你必須為自己的選擇與決定負責。請你試著有意識地控制情緒起伏，避免讓情緒失控。那麼讓自己獲得真正自由的關鍵，應該已經掌控在你的手上。

### ❖ 生日帶來的訊息 ❖

「韌性」
「感到平衡」
「實現自由」

#### 前世の故事

你的前世是西班牙佛朗明哥舞團的演奏家。你與專業舞者組成一個團隊，一邊協助他們，一邊前往各地巡迴演出。聰明的你身兼團隊的經理，並忙碌地工作，負責從管理行程到安排舞臺、酬勞交涉等一切事務。但沐浴在聚光燈下的，經常是舞者。沒有任何人注意到在臺下演奏的你。

這種即使努力也沒有回報的生活讓你覺得很不甘心，你很希望自己能活在更自由、更耀眼的世界，盼望自己也能像那些舞者一樣，能被眾人注意到自己的才華。

9/23 希伯來文

#### ❖ 生日契合度 ❖

◉ 情人・伴侶

| | |
|---|---|
| 1月3, 21, 30日 | 7月6, 15, 24日 |
| 2月2, 11, 29日 | 8月5, 14, 23日 |
| 3月10, 19, 28日 | 9月4, 13, 22日 |
| 4月9, 18, 27日 | 10月3, 21, 30日 |
| 5月8, 17, 26日 | 11月2, 11, 29日 |
| 6月7, 16, 25日 | 12月1, 10, 28日 |

◉ 工作夥伴・朋友

| | |
|---|---|
| 1月4, 13, 31日 | 7月7, 16, 25日 |
| 2月3, 12, 21日 | 8月6, 15, 24日 |
| 3月2, 20, 29日 | 9月5, 14, 23日 |
| 4月1, 19, 28日 | 10月4, 22, 31日 |
| 5月9, 18, 27日 | 11月3, 21, 30日 |
| 6月8, 17, 26日 | 12月2, 11, 29日 |

◉ 競爭對手・天敵

[2/5] [2/28] [3/30] [6/23] [9/21] [12/9] [12/20]

◉ 靈魂伴侶

[1/25] [2/8] [5/12] [7/30] [9/8] [9/17] [11/17]

#### ❖ 生日名人 ❖

約翰・法蘭茲・恩克（天文學家）
雷・查爾斯（音樂人）
吉田秀和（樂評家）
川平慈英（演員）
稻葉浩志（歌手）
中山雅史（足球選手）
阿部和重（作家）
鈴木杏樹（演員）
渡部建（搞笑藝人）
服部年宏（足球選手）

◉ 從你的生日看命運
請見32頁

# 9月24日

September twenty-fourth

## 優先造福別人<br>認真善良的<br>博愛主義者

9月24日出生的人，經常顧慮周遭，優先考量別人的事情，是心地善良的博愛主義者。這天出生的人滿懷熱情，想要為世界、為人類帶來貢獻。

出生日期24兼具2的協調、和諧，與4的認真、誠實，將2與4相加後等於6，因此也帶有母性、培育、教導等意義。再加上出生月分9完結、智慧的要素，使這天出生的人總是以周圍的人為優先，把個人的事情擺到後面，為了全體的和諧而奉獻，並注入能量。

考慮周到的你，行動時總是會自然地思考自己可以為眾人做些什麼？你能夠敏銳地察覺、判斷現場情況，是個老實的人。你很會照顧人，責任感也很強，無法拒絕別人拜託的事情。你的脾氣很好，喜歡並擅長與別人分享資訊。

不過，在溫和的外表下，你其實具有不管什麼事情都要做到完美才罷休的完美主義，用開玩笑迴避責任的得過且過態度，對你而言行不通。你嚴以律己也嚴以待人，若知道對方說謊、隱瞞或違反規範，即使情節輕微你也不放過。正因為你個性正經八百，所以也擁有強烈要求其他人同樣認真、誠實的傾向。但如果你變得太像老師，會使周圍的人對你敬而遠之，請特別注意。

### ❖ 戀愛・婚姻・性生活 ❖



你在愛情方面的仔細體貼，很會照顧人，因此任誰都很仰慕你。然而，一旦開始交往，你就是典型的雞婆情人，懷著必須好好照顧對方的慈愛之心，為對方奉獻。但如果干涉過度，反而會使對方逃之夭夭，必須適可而止。

在婚姻生活中，你會扮演好丈夫、好太太的角色，不會輕易透露自己的心聲，往往獨自一人承擔痛苦。在性生活方面，你覺得「性＝生小孩＝結婚」，因此請你放開那些限制自己的義務感，讓自己輕鬆地享受親密關係。

### ❖ 工作・財運 ❖

你頭腦聰明，能夠敏銳察覺現場情況，因此無論從事什麼樣的工作，都能確實完成。若能置身於許多人一同參與的工作，讓你更容易發揮才華，而當你能實際感受到自己的工作能造福社會時，更會覺得自己的工作有價值。

你的財運穩健，但對於存錢懷有罪惡感與厭惡感。會慷慨地把賺來的錢用在貢獻社會或幫助有困難的人。雖然是為別人花的錢，最後總會以其他形式回到自己身邊，但把錢花在自己身上，享受自己努力的成果，也是重要的人生經驗。

## ✧ 今生使命・未來展望 ✧

你誠摯希望自己能為別人帶來幫助，這樣的你，今生的使命是：無私去愛所有人生中遇到的人，並不求回報。

充滿慈愛之心的你，今生更是提出「無私去愛」這個遠大的目標，希望深入學習「欲求之愛」與「無私之愛」的差別。但很遺憾的是，當你強迫對方接受不想要的幫助、太過雞婆、希望對方回報等等，都無法稱為無私的愛。

這對認真的你來說，或許是個困難的課題，但請你試著接受自己，也接受他人真實的一面，不必以好壞來論斷。當你的主觀意志從付出的愛之中消失，無私的愛就能從你心中自然而然地滿溢出來。

### ✧ 生日帶來的訊息 ✧

「愛護街坊」
「順應」
「無條件接受」

### 前世の故事

你的前世是在俄國大革命時拯救信徒的東正教會司祭。

你每天持續在教堂為和平而祈禱。無論身為祭司的你，或是一般的平民，都因為革命時期的動盪不安，而經歷了許多事情。到了你的晚年時，國內更陷入一片混亂。於是，你把幫助弱小貧困的人，當成自己最後的使命，全力以赴地將食物分享給需要的人們。雖然你自己也遭受嚴重迫害，但仍不改信念，繼續從事奉獻之舉。但最後你仍在難以抵擋的情況下遭到逮捕並處刑。

你一心貫徹自己信仰的愛與正義，卻以這樣殘酷的方式結束人生。你對這樣的結局感到既遺憾又無力。

9/24 希伯來文

### ✧ 生日契合度 ✧

**◉ 情人・伴侶**

| | |
|---|---|
| 1月8, 17, 26日 | 7月2, 11, 29日 |
| 2月7, 16, 25日 | 8月1, 19, 28日 |
| 3月6, 15, 24日 | 9月9, 18, 27日 |
| 4月5, 14, 23日 | 10月8, 17, 26日 |
| 5月4, 22, 31日 | 11月7, 16, 25日 |
| 6月3, 21, 30日 | 12月6, 15, 24日 |

**◉ 工作夥伴・朋友**

| | |
|---|---|
| 1月5, 14, 23日 | 7月8, 17, 26日 |
| 2月4, 13, 22日 | 8月7, 16, 25日 |
| 3月3, 21, 30日 | 9月6, 15, 24日 |
| 4月2, 20, 29日 | 10月5, 14, 23日 |
| 5月1, 19, 28日 | 11月4, 13, 22日 |
| 6月9, 18, 27日 | 12月3, 21, 30日 |

**◉ 競爭對手・天敵**

[1/1] [1/6] [3/20] [5/15] [6/23] [7/4] [7/6]

**◉ 靈魂伴侶**

[1/13] [4/4] [5/9] [6/29] [10/4] [11/15] [12/2]

### ✧ 生日名人 ✧

約翰・克萊蘭（作家）
阿瑟・健力士（健力士酒廠創始人）
費茲傑羅（作家）
塞韋羅・奧喬亞（化學家）
約翰・楊恩（太空人）
長新太（繪本作家）
筒井康隆（作家）
山岸涼子（漫畫家）
早乙女太一（演員）
永野芽郁（演員）

◉ 從你的生日看命運
請見32頁

# 9月25日

September twenty-fifth

在意他人評價 感受力出眾的 靈敏藝術家

這天出生的你是一名藝術家，能以出色的品味與感受力，展現自己的觀點。正因為你的感受力出眾，所以你也非常敏感，總是很在意別人的評價。

你的出生日期25是由代表協調、和諧的2，與代表自由、變化的5這兩個性質相反的數字組成。將2與5相加後等於7，代表你擁有專心鑽研一件事物的職人氣質。再加上出生月分9完結、智慧的要素，更加突顯你對純粹的嚮往與神經質的一面，讓你非常在意周遭評價，對任何事情都追求完美。

你擁有出色的專注力與強烈的毅力，對於自己感興趣的領域，無法接受半吊子般的妥協心態。由於你的目標遠大，因此會嚴以律己，也嚴以待人，有時會因為說話太過火而暗自後悔。你討厭別人以場面話或現實價值來評價自己所做的事情，為了獲得正當的評價，你會在別人不知道的地方更加努力。

你的個性溫和，不喜歡出鋒頭，總是低調地在幕後裡幫助有困難的人。但你也喜歡獨處，很容易自己一個人躲起來，請避免因為和他人溝通不足而被孤立。不要頑固地封閉在自己的世界裡，請重視與周圍的人相處，才能消除內心那些不必要的擔心與不安，將你獨一無二的才華直接表現出來。

## ❖ 戀愛・婚姻・性生活 ❖



雖然你總給人溫柔的印象，但絕對不會表露心跡。這些隱藏起來的部分，卻讓你擁有神祕的魅力，成為異性的目光焦點。你不會主動追求別人，但總能冷靜評估對方是不是理想的對象。在性生活方面，你因為太在意對方的反應而無法坦率享受。

婚後，即使是家人，你也不允許對方踏進自己的私人領域，如果能選擇大而化之、連你的敏感與神經質都能接受的伴侶，就能獲得幸福。

## ❖ 工作・財運 ❖

你面對任何工作時都會努力追求完美，帶有職人的氣質。在組織中，你雖然身段柔軟，追求與周圍的和諧，但對於自己的堅持則會毫不退讓。你能以寬廣的視野掌握整體情況，因此能在組織中找到自己的角色，並完美地達成。

你對金錢的想法很實際，財運也穩定，能夠一絲不苟地根據計畫使用金錢。你雖然理解金錢是對於自己的作品與表現的等值報酬，但還是不喜歡別人光靠金錢來評價。若你能爽快地接受財富的能量，財運就能因此提昇。

## ✧ 今生使命・未來展望 ✧

今生你的使命是：從自己的體驗中學習真理，凡事獨力完成到最後一刻，實現真正的獨立自主。

你會徹底追求自己的興趣，屬於職人類型的人，但如果你更加努力追求完美，就會關進自己的世界裡，因此被孤立，請特別注意。

此外，如果你過度禁欲，將導致身心失衡，造成身邊人們的困擾，也可能因此對別人變得依賴。

你今生的主題是學習孤立與自立的差別，在兩者平衡的狀況下學會獨立。請不要逃進自己的世界裡，試著與旁人及現實世界和諧相處。當你在身心、經濟上都獨立的狀態下創造出的作品或參與的工作，更能讓許多人泰然接受，獲得社會的高度評價。

## ✧ 生日帶來的訊息 ✧

**「心的彈性」**

**「表達力」**

**「調節內心的平衡」**

### 前世の故事

你的前世生活在中世紀的歐洲，表面上你是以藝術家的身分生活，私底下卻是名女巫。你擁有敏銳的感應力與治癒能力，得知你的特殊能力的人一一前來拜訪，並從疾病中康復。當你會治病的傳聞傳開後，家門口逐漸大排長龍，使你開始想要更加提昇自己的能力。後來，你逐漸聽不進別人的話，像是著了魔似地埋首於修行，使人們感到恐懼，也逐漸遠離。

等到失去所有人的信任時，你才發現自己完全忽略了眼前的人，只在意自己的事情，因此深感後悔。

# כהט

9/25 希伯來文

### ✧ 生日契合度 ✧

**◉ 情人・伴侶**

| | |
|---|---|
| 1月4, 22, 31日 | 7月7, 16, 25日 |
| 2月3, 12, 21日 | 8月6, 15, 24日 |
| 3月2, 20, 29日 | 9月5, 14, 23日 |
| 4月1, 19, 28日 | 10月4, 22, 31日 |
| 5月9, 18, 27日 | 11月3, 21, 30日 |
| 6月8, 17, 26日 | 12月2, 20, 29日 |

**◉ 工作夥伴・朋友**

| | |
|---|---|
| 1月6, 15, 24日 | 7月9, 18, 27日 |
| 2月5, 14, 23日 | 8月8, 17, 26日 |
| 3月4, 13, 31日 | 9月7, 16, 25日 |
| 4月3, 12, 30日 | 10月6, 15, 24日 |
| 5月2, 11, 29日 | 11月5, 14, 23日 |
| 6月10, 19, 28日 | 12月4, 13, 31日 |

**◉ 競爭對手・天敵**

[2/7] [3/1] [4/27] [10/25] [10/30] [11/4] [12/7]

**◉ 靈魂伴侶**

[1/13] [4/5] [5/3] [6/29] [9/21] [10/3] [12/27]

### ✧ 生日名人 ✧

格倫・顧爾德（鋼琴家）
斯坦尼斯拉夫・蒲寧（鋼琴家）
威爾・史密斯（演員）
凱薩琳・麗塔瓊絲（演員）
石橋湛山（政治家）
武田百合子（作家）
北村總一朗（演員）
多田薰（漫畫家）
豐原功補（演員）
淺田真央（花式滑冰選手）

◉ 從你的生日看命運
請見32頁

# 9月26日

September twenty-sixth

奉獻心力
擅長照顧人的
精力旺盛的鬥士

這天誕生的你，是一名總是喜歡為別人付出的鬥士。你會非常照顧那些遇到困難的人，或是仰慕你的人。若覺得自己能夠得到別人的倚重，會更加提昇你前進的動力。

你的脾氣好、對人體貼，對社會的奉獻之心也很旺盛。你也能夠細心地注意到周遭的情況或其他人的感受，因此自然能在團隊或組織中，成為一個發光發熱的可靠領導者。

你不管對什麼事情都會全力以赴，不會偷懶，是個熱血的鬥士。你不喜歡與人爭執，會考慮到夥伴的個性與特質，使大家都能發揮各自的優點。但如果你這種為了別人好的想法表現得太過強勢，就會出現連別人沒有拜託你幫忙的事，你也會一頭栽進去的傾向，導致自己總是在處理別人的雜事而變得太忙，請特別注意。

出生日期 26 的 2 代表著協調、和諧，6 則代表著母性與美感，兩者都是充滿愛、擁有女性特質的數字。26 日出生的人，則擅長將兩個世界整合在一起，進而創造出新的世界。至於出生月分 9，則有完結、智慧的意義。使得 9 月 26 日出生的你擁有充沛的能量，能夠為了身邊的人，不吝灌注自己的愛與熱情。

## ❖戀愛・婚姻・性生活❖

你在愛情方面也很擅長照顧人，可能會出現為對方付出太多的傾向。你一旦喜歡上對方，就會勇往直前地發動攻勢，卻可能忽視周遭的情況，這麼做反而會使對方退避三舍，請特別注意。

你把性看成是一種愛情的技能，會視狀況巧妙地將性魅力當成吸引對方的王牌。你在婚姻生活中會成為好丈夫、好太太，凡事面面俱到。你喜歡全家一起出遊、活動，擁有和睦的家庭氣氛。但在面對孩子時，請多給對方一點空間，避免過度干涉。

## ❖工作・財運❖

你是會工作一輩子的類型。你溫暖、值得信賴的性格，使你能在直接與人接觸的醫療、社福、照護或教育相關工作中發光發熱。

你也具備實際的判斷力、身為領導者的統率力，偏好在能直接接觸顧客、或是能與團隊一起努力的第一線工作。

你創造財富的才能出眾，但為別人花錢的情況比較多，因此不擅長存錢。但把錢花在別人身上也能提昇你自己的財運，因此不斤斤計較也無所謂。

## ❖ 今生使命・未來展望 ❖

你今生的使命是：對任何困難不輕易屈服，取得現實上的成功，並與周圍的人分享。

你很重人情義理，因此也會實際感受到透過人際關係帶來的心靈富足。但太過重視同伴，往往會使你過於投入對方的人生。

雖然想要與同伴一起分享努力的成果是很棒的態度。但即使是朝著相同目標努力的夥伴，每個人對於目標達成的成就感也各不相同。讓每個人以自己喜歡的方式，去追求並接受結果，才是真正的關愛。

不要執著於自己手中的富足，如果從中感受到喜悅，就爽快地分享給身邊的人。如此一來，就能透過富足的能量循環，將更豐盈的人生吸引到你身邊，拓展成功的格局。

## ❖ 生日帶來的訊息 ❖

「大公無私」
「熱情」
「爽快放下」

### 前世の故事

你的前世，是18世紀時的企業家之妻。你的丈夫在英國東印度公司從事貿易工作，並在商場上獲得成功。

你出身於身分高貴的家庭，美貌與才智兼備，你為了活用自己的才華非常努力，最後終於在東印度公司以譯者的身分大顯身手。後來，你成為派駐當地的業務員的專屬翻譯，並成為他的妻子。你們雖然也有孩子，但比起家事與育兒，你覺得丈夫的事業更有趣，因此參與經營並投入其中。晚年的你，雖然取得了龐大的財富、名譽與權力，但你覺得自己似乎忘記了人生中真正重要的事物。但你當時仍不清楚那是什麼。

9/26 希伯來文

### ❖ 生日契合度 ❖

◉ **情人・伴侶**

| | |
|---|---|
| 1月5, 14, 23日 | 7月8, 17, 26日 |
| 2月4, 13, 22日 | 8月7, 16, 25日 |
| 3月12, 21, 30日 | 9月6, 15, 24日 |
| 4月2, 20, 29日 | 10月5, 14, 23日 |
| 5月10, 19, 28日 | 11月4, 13, 22日 |
| 6月9, 18, 27日 | 12月3, 12, 30日 |

◉ **工作夥伴・朋友**

| | |
|---|---|
| 1月7, 16, 25日 | 7月1, 10, 28日 |
| 2月6, 15, 24日 | 8月9, 18, 27日 |
| 3月5, 14, 23日 | 9月8, 17, 26日 |
| 4月4, 13, 22日 | 10月7, 16, 25日 |
| 5月3, 21, 30日 | 11月6, 15, 24日 |
| 6月2, 20, 29日 | 12月5, 14, 23日 |

◉ **競爭對手・天敵**

[2/26] [4/24] [6/4] [7/3] [8/28] [11/8] [12/1]

◉ **靈魂伴侶**

[2/27] [6/12] [8/1] [9/9] [11/9] [12/6] [12/18]

### ❖ 生日名人 ❖

巴夫洛夫（生理學家）
T・S・艾略特（詩人）
馬丁・海德格（哲學家）
奧莉薇亞・紐頓・強（歌手）
小威廉絲（網球選手）
柳澤公夫（漫畫家）
天童好美（歌手）
木根尚登（歌手）
池谷幸雄（體操選手）
佐藤藍子（演員）

◉ **從你的生日看命運**
**請見32頁**

# 9月27日

September twenty-seventh

**向眾人隱瞞自己想法的孤高的智者**

9月27日誕生的你，就像一朵在野外綻放的花朵。你是獨自探究真理的孤高賢者，不管四周多麼紛擾，你都能保持平常心，追求自己的理想。出生日期27的2代表協調、和諧，7則代表自我與職人氣質，這兩個數字組合起來，代表你能實現、完成自己的理想。再加上出生月分9完結、智慧的要素，更加突顯你自尊心高的理想主義者特質。

你非常聰明、勤勉而博學。你對自己非常嚴格，為了支持自己的理想而非常努力。你也是個完美主義者，即使面對單調的作業你也不會抱怨，為了達成自己的任務，總能淡然、腳踏實地持續努力下去。

你不會讓任何人了解自己真正的想法，超然獨立地貫徹自己的風格。你對自己有自信，總是保持冷靜，沒有任何事情能使你輕易動搖，但你的內心其實感受力非常強，擁有一顆敏感的心。你不擅長直接表現自己的情緒，即使在不甘心或悲傷的時候，也會強迫自己忍耐。

即使是與你交好的朋友，你也會在心中劃出一條界線，冷靜觀察與分析對方。因為你的脾氣很好，因此能夠配合任何人，但如果情緒失衡，將會抱持著罪惡感，採取自暴自棄或展現冷淡的態度，請特別注意。

## ❖ 戀愛・婚姻・性生活 ❖

你從小就散發出成熟的氣質。同年齡的對象看在你的眼裡就像個孩子，所以你難免會被年長、知性、冷靜的人吸引，年輕時甚至有可能陷入不倫之戀。你認為戀愛與結婚不同，因此會嚴格評估結婚對象。婚後，你會在意世人眼光，努力打造別人口中的理想家庭。在另一方面，你絕對不會讓對方知道自己真正的想法，即使是夫妻也似乎很少交心。你經常把性生活當成一種義務，最後往往會變成無性婚姻，請特別注意。

## ❖ 工作・財運 ❖

你非常勤奮，總是想能為旁人做些什麼，即使面對單調的作業也會默默完成。你重視團隊的團結，認為大家都應該嚴守規矩與紀律。若能運用自己的知識或專業來幫助別人，會讓你很開心，因此你適合從事教練、顧問、律師或公務員等工作。若以運動團隊裡的角色來比喻，你雖然不特別亮眼，卻是不可或缺的技術型選手。雖然你對賺錢沒有太大興趣，但若把求知欲轉移到鑽研經濟層面，有機會成為股市投資專家，賺得龐大財富。

## ❖ 今生使命・未來展望 ❖

總是冷靜沉著的你，似乎把「為世界、為人類帶來貢獻，實現大家和平共處的社會」當成今生的目標。

你的使命感與正義感非常強烈，對於凡事該怎麼做才正確的標準比別人嚴格許多，並且認為若自己做的事對人們沒有助益，等於毫無價值可言，而乾脆地捨棄。

朝著世界和平這個遠大目標努力的你，任誰也無法置喙。但你愈是努力，愈容易遭到周遭孤立，導致身心失衡，請特別注意。

如果你真心以世界和平為目標，首先第一要務就是讓自己心回歸平靜。只要你以自己的想法批判自己與對方，就難以獲得平和的心。此外，擁有承認自己脆弱的勇氣也很重要。或許找到一位能讓你坦率分享心中真正想法的對象，就能讓你達成這些目標，實現你真正的使命。

## ❖ 生日帶來的訊息 ❖

**「知識的探求」**
**「英姿瀟灑」**
**「表露內心的想法」**

### 前世の故事

你的前世，是日本江戶時代知名廟宇的木工師傅。

你的性格認真誠實，擅長優美的工藝，承攬了日本各地神社佛閣的建築。你到各個地方都會指導當地的年輕人，不吝將自己的技術傳授給更多的人。由於你忠於自己的使命，一心一意鑽研此道，導致你與同伴及徒弟之間除了工作之外沒有任何交集。結果你離開工作崗位之後，沒有任何一個親密的朋友。而年事已高，迎來晚年的你，開始對於自己與任何人相處時都保持距離感到後悔。你發誓下輩子要更加對他人敞開心胸，發展出親密的人際關係。

9/27 希伯來文

### ❖ 生日契合度 ❖

**◉ 情人・伴侶**

| | |
|---|---|
| 1月1, 19, 28日 | 7月4, 13, 31日 |
| 2月9, 18, 27日 | 8月3, 12, 30日 |
| 3月8, 17, 26日 | 9月2, 20, 29日 |
| 4月7, 16, 25日 | 10月1, 19, 28日 |
| 5月6, 15, 24日 | 11月9, 18, 27日 |
| 6月5, 14, 23日 | 12月8, 17, 26日 |

**◉ 工作夥伴・朋友**

| | |
|---|---|
| 1月8, 17, 26日 | 7月11, 20, 29日 |
| 2月7, 16, 25日 | 8月1, 19, 28日 |
| 3月6, 15, 24日 | 9月9, 18, 27日 |
| 4月5, 14, 23日 | 10月8, 17, 26日 |
| 5月4, 13, 31日 | 11月7, 16, 25日 |
| 6月3, 21, 30日 | 12月6, 15, 24日 |

**◉ 競爭對手・天敵**

[4/26] [5/9] [5/21] [6/2] [8/18] [11/17] [12/18]

**◉ 靈魂伴侶**

[1/21] [2/5] [6/19] [8/23] [11/2] [12/4] [12/28]

### ❖ 生日名人 ❖

雅克・蒂奧（小提琴家）
劉德華（演員）
托蒂（足球選手）
渡邊格（分子生物學家）
大杉漣（演員）
星野道夫（攝影師）
岸谷五朗（演員）
羽生善治（將棋棋士）
八嶋智人（演員）
內田理央（演員）

◉ 從你的生日看命運
請見32頁

# 9月28日

September twenty-eighth

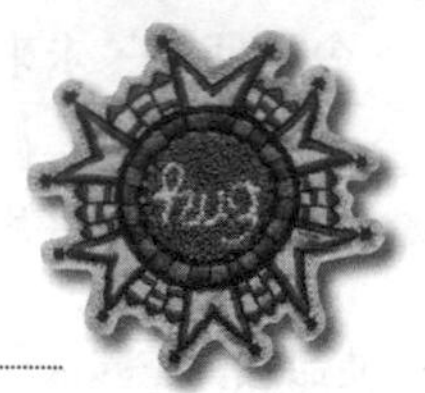

重視家人和朋友
勝於一切的
領導者

這天出生的你氣質清新，個性爽朗，擅長照顧人，是值得信賴的協調者。

你很珍惜家人、夥伴、團隊等關係，也會親自下場與夥伴一同揮汗努力，是個會鼓勵大家的隊長。在組織中，你會提出遠大夢想、理想或崇高的目標，讓大家團結一心朝這個方向努力。

對人體貼的你，擁有強烈的責任感。但由於你會以自己的標準、價值觀來判斷事物，往往嚴以律己也嚴以待人。你會以「我是為你好」為藉口，試圖支配、控制對方。此外，你因為責任感強烈，拒絕不了別人的請託，只好獨自一個人承擔壓力。你往往會因為太過重視周遭的人際關係，最後迷失了自己，因此請偶爾保留一段安靜的獨處時光，面對真實的自己。

你的出生日期 28 的 2 代表協調、和諧，8 則是代表無限大的力量（∞）。兩者結合在一起，象徵團結眾人之力，朝著目標邁進的協調者。再加上出生月分 9 完結、智慧的要素，使 9 月 28 日出生的你，不僅能給予旁人建議，自己也會率先熱心參與事物，這樣的態度獲得好評，屬於不知不覺間就會成為領導者的領袖型人物。

## ✧戀愛・婚姻・性生活✧

具有行動力的你，對任何事都會積極參與，然而一旦關係到愛情，你就會變得像是愛作夢的少年、少女。儘管你有許多朋友，但面對喜歡的人時，卻只敢在遠處凝視對方。你對愛的表現，就是希望自己能成為對方的助力。

你把婚姻看得相當嚴肅，會以嚴苛的條件，仔細地斟酌結婚對象。你在性生活方面，會突然變得順從的模樣，令對方很驚訝。無論在愛情、婚姻還是性生活中，你都擁有著時隱時現的雙重性格，讓對方經常感到不知所措。

## ✧工作・財運✧

你為了實現理想的目標，喜歡在第一線與夥伴一起揮汗努力。你總是希望自己能為社會帶來貢獻，而工作就是展現自己能力的重要場合。會為夥伴著想的你，也具有強大的號召力，立刻就能集結人才、物資、資金等必備的事物。

身為團隊領導者，你擁有帶領整個團隊獲利的才華，並會慷慨地和夥伴分享成果，因此能夠更加提昇財運。你對於別人的動之以情缺乏抵抗力，因此在金錢借貸或捐款時，應該謹慎以對。請特別注意避免遭到偽善的慈善團體所欺騙。

## ✧今生使命・未來展望✧

處處考慮周到的你，今生的使命是：對自己的選擇負起責任，在自己的人生中發揮強大領導力。

充分具備領袖資質的你，今生的目標是成為一個更進階的領導者。你會在眾人之中挑起領導的責任，但也會因此變得雞婆，或是害怕被周遭孤立而做不了嚴峻的決定。

你想必也已隱約察覺，自己之所以會把注意力轉移到他人身上，是為了逃避面對真實的自己。請你有意識地控制自己，即使還是很在意旁人的言行，但除非對方請你幫忙，否則就不要插手或插嘴。

重要的是，為自己的決斷負起責任，並接受真實的自己。當你在自己的人生中發揮強大的領導力時，就能成為更進階、更有力的領導者。

## ✧生日帶來的訊息✧

「綜觀全局」

「瀟灑」

「活得英氣凜然」

### 前世の故事

你的前世是一位美國獨立戰爭前夕的農場主人。

你擁有一個廣大的農場，總是一心為了員工著想，並以寬廣的視野認真經營。由於正義感很強烈，因此如果有人做了錯事，你就會試著將他導向正途。然而，獨立戰爭開打後，社會情勢急轉直下，過去曾被視為正確的理念在一夕間出現重大轉變。

這時，你發現自己一直以來都遵循著那套符合社會期許的理念，卻失去了自己獨立思考的能力，也從未思考過更適合自己的生活方式。於是，你發誓下輩子要成為一個具有智慧的真正領導者。

9/28 希伯來文

### ✧生日契合度✧

**◉ 情人・伴侶**

| | |
|---|---|
| 1月2, 11, 29日 | 7月5, 14, 23日 |
| 2月1, 10, 28日 | 8月13, 22, 31日 |
| 3月9, 18, 27日 | 9月3, 12, 30日 |
| 4月8, 17, 26日 | 10月2, 20, 29日 |
| 5月7, 16, 25日 | 11月1, 19, 28日 |
| 6月6, 15, 24日 | 12月9, 18, 27日 |

**◉ 工作夥伴・朋友**

| | |
|---|---|
| 1月9, 18, 27日 | 7月12, 21, 30日 |
| 2月8, 17, 26日 | 8月2, 20, 29日 |
| 3月7, 16, 25日 | 9月1, 19, 28日 |
| 4月6, 15, 24日 | 10月9, 18, 27日 |
| 5月5, 14, 23日 | 11月8, 17, 26日 |
| 6月4, 13, 22日 | 12月7, 16, 25日 |

**◉ 競爭對手・天敵**

[1/1] [1/26] [5/27] [6/21] [7/3] [9/27] [12/1]

**◉ 靈魂伴侶**

[3/17] [4/2] [5/24] [6/5] [9/29] [11/22] [12/30]

### ✧生日名人✧

艾德・蘇利文（主持人）
馬切洛・馬斯楚安尼（演員）
米卡・海基寧（賽車手）
娜歐蜜・華茲（演員）
葛妮絲・派特洛（演員）
朴世莉（高爾夫選手）
小西博之（演員）
伊達公子（網球選手）
吹石一惠（演員）
鶴見虹子（體操選手）

◉ 從你的生日看命運
請見32頁

# 9月29日

September twenty-nth

## 運用直覺給予精準建議的靈性導師

這天出生的你，是個求知欲旺盛，處處考慮周到的人。你是個聰明又可靠的資優生，自然而然成為旁人的依靠。

你的直覺敏銳，能憑著稍縱即逝的靈感給他人一針見血的建議，既是賢者，也是靈性的忠告者。你雖然作風低調，不引人注目，但獨特的個性卻讓你散發著神祕的氣質。

你的性格正直、誠實，值得信賴，所以經常有人找你商量煩惱，或是拜託你調解紛爭。即使你不特別思考對策，有時不經意的發言也可能成為解決的線索，屬於靈性導師的類型。正因如此，你無心說出的話，有時也會刺傷對方，因此請特別注意用字遣詞。請保持自我的本色，不要被旁人要求你扮演的角色所困住。

你的出生日期29中的2與9相加後等於11，是一個具有靈性且神聖的數字。2代表協調、和諧，9代表完結、智慧，讓你能活用自己的才能，為周遭的人帶來幸福。9月29日出生的人，因為出生月分9的影響，會更加突顯賢者、協調者的特質，必定能為許多人帶來幫助。

### ✣戀愛・婚姻・性生活✣

不管對方是誰，你都能給人知性、溫柔、清新的印象。雖然你是世人眼中的資優生，但面對自己真正喜歡的、傾心的人，就會吐露心中真正的想法，但也會毫不客氣地戳中對方的痛處。而且這樣的傾向在性生活方面會特別強烈，可能會使對方失去自信，請特別注意。

婚後，你會成為在背後支撐家人的好丈夫、好太太。但你不僅僅是支持對方，而會先認清對方行為背後的需求與動機，並在必要的時候出手，才不會幫倒忙。凡事你都會以相信自己的感覺為優先。

### ✣工作・財運✣

你的求知欲旺盛，無論從事什麼樣的工作，想必都能確實做出成果。而你擁有的豐富知識與技巧，也會成為你出社會之後的重要利器。由於你的直覺、靈感等感受力豐富，因此兼具藝術品味。但你不是會主動積極站到舞臺前求表現的類型，因此共事的對象將大幅左右你的工作運。

你對於存錢不感興趣，因此你的財運將視交往對象而定，職場環境與人際關係也會大幅影響你的財運。其實只要你能幫助周圍的人取得成功，自己的財運就能更加提昇。

## ❖ 今生使命・未來展望 ❖

今生的你，在活用優秀的直覺力的同時，也一直都把「成為幕後的協調者、貫徹真正的輔佐者角色」當成自己的使命。

你常常以顧問的身分，給予旁人準確的建議，成為他們的助力。你的才能雖然非常出色，但你的判斷標準往往會被他人奉為圭臬，這樣的你並非是稱職的輔佐者。

今生的你，請以實際地輔佐自己為優先。雖然扮演顧問的角色不是壞事，但請意識到自己是在「扮演」而已，這點相當重要。

請你肯定自己的魅力與才華，扮演自己的啦啦隊長，並有意識地改造自己。當你認可自己靈性的天賦，滿足了自己的自尊心，才能確實擔起輔佐者的角色。

## ❖ 生日帶來的訊息 ❖

「自負」
「忠告」
「改造自己」

### 前世の故事

你的前世，是在中世紀西亞的優秀預言家。你的任務是將神諭告訴國王。

天生靈感、直覺特別優秀的你，能夠給予任何人準確的建議，幫他們迅速解決問題。國王聽聞你的特殊能力後，將優秀的你視為人生導師，將你接進城堡裡，依據你的建議施政。但對於過度依賴你的國王，你給出的建議也愈來愈多、愈來愈嚴厲。後來，你領悟到「自己的才華應該為自己所用」的道理，於是你在與國王的關係變得惡化之前，悄悄地離開了城堡。

9/29 希伯來文

### ❖ 生日契合度 ❖

**◉ 情人・伴侶**

| | |
|---|---|
| 1月9, 18, 27日 | 7月3, 21, 30日 |
| 2月8, 17, 26日 | 8月2, 11, 29日 |
| 3月7, 16, 25日 | 9月1, 19, 28日 |
| 4月6, 15, 24日 | 10月9, 18, 27日 |
| 5月5, 14, 23日 | 11月8, 17, 26日 |
| 6月4, 13, 22日 | 12月7, 16, 25日 |

**◉ 工作夥伴・朋友**

| | |
|---|---|
| 1月1, 19, 28日 | 7月4, 22, 31日 |
| 2月9, 18, 27日 | 8月3, 21, 30日 |
| 3月8, 17, 26日 | 9月2, 20, 29日 |
| 4月7, 16, 25日 | 10月1, 10, 28日 |
| 5月6, 15, 24日 | 11月9, 18, 27日 |
| 6月5, 14, 23日 | 12月8, 17, 26日 |

**◉ 競爭對手・天敵**

[1/10] [4/29] [5/11] [5/19] [9/6] [10/6] [10/20]

**◉ 靈魂伴侶**

[1/30] [2/10] [3/18] [10/3] [12/1] [12/9] [12/27]

### ❖ 生日名人 ❖

布雪（畫家）
葛麗・嘉遜（演員）
安東尼奧尼（導演）
鈴木三重吉（兒童文學作家）
上野紀子（繪本作家）
林隆三（演員）
福岡伸一（生物學家）
驚嚇大木（搞笑藝人）
山田真步（演員）
龍雀兒（搞笑藝人）

◉ 從你的生日看命運
請見32頁

9
月

# 9月30日

September thirtieth

## 探究心強 擁有知性內涵的 天真的孩子

9月30日出生的你，聰明活潑又坦率。不管活到幾歲都不失天真爛漫的赤子之心，是個永遠的孩子。

你對周遭的變化很敏感，同時具有深思熟慮、成熟的一面。但你會把心裡的感受立刻直接表現在臉上或態度上，因此無法說謊或隱瞞自己的想法。你對新的事物、未知的事物擁有強烈的好奇心，求知欲比別人更加旺盛。你也會高度關注各種社會議題，無法接受歧視或偏見等不公義的事情發生。

面對任何事情，你都會勇於挑戰、競爭，但因為你也想重視整體的和諧，所以在精神上容易因此失衡。你對於感興趣、有趣的事情擁有出色的爆發力與專注力，卻缺乏計畫性與續航力。你的直覺敏銳，具有瞬間看穿事物本質的天賦，因此有時會突然說出一針見血的話，讓周圍的人非常驚訝，但由於你沒有惡意，所以不會遭人厭惡，你天真的個性在人際關係中很吃香。

出生日期30的3是象徵孩子的數字，30則代表孩子的特質會透過0的力量更加放大、突顯，讓旁人看不出你的實際年齡。再加上出生月分9完結、智慧的成人要素，使你比較敏感，會顧慮別人不會在意的奇怪地方。9月30日出生的你，對所有人都一視同仁，個性爽快、脾氣好，若心情不好也會很快恢復。

### ✧戀愛・婚姻・性生活✧

你容易墜入情網，在感情中偏好戲劇性的發展，也可能落入不倫之戀。但另一方面，你也會評估對方是否值得你付出，並企圖以自己的想法控制對方，頗有心機，很會算計。你雖然擁有許多異性朋友，但卻只喜歡和他們成為朋友，若要發展成情人，對你來說難度似乎很高。

在婚姻方面，你可能會與一見鍾情的對象閃電結婚。如果對方給你的感覺對了，你也不抗拒發生性關係，因此奉子成婚的可能性也很大。

### ✧工作・財運✧

你不會把工作當成義務或苦刑，無論身處哪個業界，處理工作時總是想著該怎麼把工作變有趣。你喜歡可以動腦的工作，但對於單調的工作，或只是安靜地坐在辦公桌前處理行政事務的工作並不擅長，可能會因為專注力無法持續太久而犯下單純的錯誤。如果身於規矩太多的嚴肅職場氣氛中，也會讓你覺得喘不過氣吧。你在財務方面相當草率，但因為你的財運強大，並不會為錢所苦。如果把擅長的事情或喜歡的事情化為工作，就有一下子爆紅，賺得巨額財富的潛力。

## ✧今生使命・未來展望✧

今生的你，把「不失天真爛漫的赤子之心，盡情享受自己想要的人生，活得純樸無邪」當成自己的使命。

你有把人生想得太難的傾向，認為必須更努力成為大人，才能享受自己想要的人生。結果你往往因此認真過度而變得專斷獨行，或是因為做不到而乾脆任性地放棄。

如果想要活得不失赤子之心，你不能用頭腦思考，而是要去感受。不要把自己困在過去或未來，而是活在當下這一瞬間。為了避免自己老是深陷思考，建議你從事運動、舞蹈或瑜伽等體育活動，可專心放空；或是接觸能夠刺激感受力的音樂與繪畫等藝術活動，也能提高你的感受力。

對你的人生來說，笑容比什麼都重要。只要你露出發自內心的微笑，就能感染身邊的人，讓別人也一起開心起來。

### ✧生日帶來的訊息✧

「求知欲」
「初衷」
「釋放情感」

### 前世の故事

你的前世，生於古馬雅文明盛世，是一個大受歡迎的街頭藝人。除了擁有技藝之外，你也很博學多聞，晚年時更成為知名的發明家。

你對於未知事物的好奇心，從小就比別人更加旺盛。於是，你接連發明許多新的事物，獲得眾人讚賞與聲譽。你隨著好奇心的驅使，一再帶給別人驚奇與歡樂，一直以來都過著自由自在的生活。但當你迎來人生的終點時，突然開始思考，自己一直以來活著是為了什麼，於是你強烈想要知道「人生的意義與目的」等真正重要的事情。

9/30 希伯來文

### ✧生日契合度✧

**◉ 情人・伴侶**

| | |
|---|---|
| 1月6, 15, 24日 | 7月9, 18, 27日 |
| 2月5, 14, 23日 | 8月8, 17, 26日 |
| 3月4, 13, 31日 | 9月7, 16, 25日 |
| 4月3, 21, 30日 | 10月6, 15, 24日 |
| 5月2, 20, 29日 | 11月5, 14, 23日 |
| 6月1, 19, 28日 | 12月4, 13, 31日 |

**◉ 工作夥伴・朋友**

| | |
|---|---|
| 1月2, 11, 20日 | 7月5, 14, 23日 |
| 2月1, 19, 28日 | 8月13, 22, 31日 |
| 3月9, 18, 27日 | 9月12, 21, 30日 |
| 4月8, 17, 26日 | 10月2, 20, 29日 |
| 5月7, 16, 25日 | 11月1, 10, 28日 |
| 6月6, 15, 24日 | 12月9, 18, 27日 |

**◉ 競爭對手・天敵**

[1/22] [1/29] [4/23] [6/3] [9/5] [11/19] [12/11]

**◉ 靈魂伴侶**

[1/30] [3/22] [4/12] [5/22] [6/16] [9/13] [10/7]

### ✧生日名人✧

楚門・卡波提（作家）
黛博拉・寇兒（演員）
瑪蒂娜・辛吉絲（網球選手）
石原慎太郎（作家）
五木寬之（作家）
高口里純（漫畫家）
東山紀之（歌手）
長嶋有（作家）
潮田玲子（羽球選手）
西島隆弘（歌手）

◉ 從你的生日看命運
請見32頁

10 月是「統合、擴大」的月分。

10 月出生的你，是個「格局宏大的人」。

請你從超越自我的宏觀角度來思考事情，

發揮勇敢挑戰的企圖心吧！

# 10月1日

October first

目標崇高遠大
格局超乎常人
魅力四射的領導者

10月1日出生的你，不會被小事困住，是器量寬大的領導者。你經常會提出偉大崇高的夢想與目標，憑著超凡出眾的行動力與執行力，號召周圍的人一起將其實現，是大格局的領導者。

你在眾人當中也特別顯眼，散發著亮眼的主角光環，想必在各領域都擁有發光發熱的能力。

你的個性爽朗大方，很會照顧崇拜自己的人或後生晚輩，散發出大哥大、大姐頭的氣質。你不管做什麼事情都討厭那種半調子的態度，總是全力以赴。你的個性喜歡分清楚是非黑白，很堅持要奪得第一的寶座，自尊心也高，因此難免樹敵眾多。

再加上你超乎常人的格局，使你往往忍不住展現出高人一等的態度。請稍微保留自己的想法，謙虛傾聽旁人的意見。

你的出生日期1是代表一切起源的數字，意謂著朝向目標勇往直前的方向，象徵著男性特質強烈的領袖才能。再加上出生月分10的要素，使1的領袖特質，因為0的力量而更加突顯、放大，讓你成為光芒四射的領袖。

## ✧戀愛・婚姻・性生活✧

你是典型的王者、女王型人物。只要喜歡上一個人，就會發動攻勢，不管對方的狀況，也不玩什麼手段，持續展開追求直到對方感受到你的魅力為止。你平常容易展現出高高在上的態度，因此兩人獨處的時候，如果能讓對方看見自己的軟弱，就能有效提昇好感度。

你總是不拿第一就不罷休，因此在婚後也會掌握家中實權。整個家庭必定會以你為中心運轉。在性生活方面，你往往會因為自我本位主義而採取單一模式，有時候也請好好顧慮伴侶的心情。

## ✧工作・財運✧

你是個熱愛工作的人。無論從事什麼樣的工作，都能立刻發揮領導者的實力。比起一輩子受雇於人，獨立創業更能使你的才能充分發揮出來。但獨立創業也會使你專斷獨行的風格變得更加難以控制，若能找到令你尊敬的人生導師，不時提點你，就能離成功更近。

你主動積極的行動能夠引來財運，也能光憑實力從零開始創造龐大財富。若你與外國之間保有暢通的合作管道，就能打造跨足世界的宏大事業。

### ✧ 今生使命・未來展望 ✧

你今生的使命是：活用大格局的領袖的才能，轉型成為輔佐者的角色，幫助周圍的人獲得成功。

你總是習慣受到眾人矚目，因此對你而言，轉型成為輔佐他人的角色，或許反而更難做到。但充分具備領袖實力的你，能透過輔佐型的角色，帶給更多人成功的機會。

真正的領袖不是淩駕於眾人之上，而是引導對方發揮潛力，讓對方發光發熱。你只要能夠在人生中貫徹自我風格，累積大量幫助自己發揮才能的經驗，自然就能將經驗分享給身邊的人，輔佐他人邁向成功之路。

### ✧ 生日帶來的訊息 ✧

「貫徹初衷」
「想念」
「學習謙虛」

**前世の故事**

你的前世是出生在中世紀末期西班牙的冒險家。

你自幼就對未知的領土懷著強烈嚮往，是個喜歡幻想的男孩。於是，你在長大之後，朝著別人口中的黃金之國吉龐揚帆出航。不幸的是，途中遭遇嚴峻的天候與海盜襲擊，船員勸你返回港口，但你卻不接受。最後船隻在漫長的航程中沉沒了。船員四處流散，你獨自一人不斷划著小船，終於抵達陸地。你認為那就是黃金之國，但其實是北美大陸。你沒有發現這個錯誤，也不知道自己實際上航行了多遠，就這樣斷了氣，孤獨地離開人世。

## אי

10/1 希伯來文

### ✧ 生日契合度 ✧

◉ **情人・伴侶**

| | |
|---|---|
| 1月9, 18, 27日 | 7月3, 21, 30日 |
| 2月8, 17, 26日 | 8月2, 11, 29日 |
| 3月7, 16, 25日 | 9月1, 19, 28日 |
| 4月6, 15, 24日 | 10月9, 18, 27日 |
| 5月5, 14, 23日 | 11月8, 17, 26日 |
| 6月4, 13, 22日 | 12月7, 16, 25日 |

◉ **工作夥伴・朋友**

| | |
|---|---|
| 1月1, 19, 28日 | 7月4, 22, 31日 |
| 2月9, 18, 27日 | 8月3, 21, 30日 |
| 3月8, 17, 26日 | 9月2, 11, 29日 |
| 4月7, 16, 25日 | 10月1, 19, 28日 |
| 5月6, 15, 24日 | 11月9, 18, 27日 |
| 6月5, 14, 23日 | 12月8, 17, 26日 |

◉ **競爭對手・天敵**

[3/1] [4/9] [5/28] [6/18] [7/17] [8/1] [12/21]

◉ **靈魂伴侶**

[3/18] [4/20] [6/6] [7/12] [8/20] [10/11] [11/1]

### ✧ 生日名人 ✧

班傑明・霍奇基斯（釘書機發明者）
霍羅威茨（鋼琴家）
吉米・卡特（第39任美國總統）
茱莉・安德魯絲（演員）
服部良一（作曲家）
中村正人（音樂人）
佐藤康光（將棋棋士）
河口恭吾（音樂人）
瀧川克莉絲汀（藝人）
神田沙也加（歌手）

◉ **從你的生日看命運**
**請見32頁**

# 10月2日

October second

## 勇敢支持旁人 心地善良的 輔佐者

你能夠體貼旁人的心情，擁有一顆善良的心，善於輔佐別人，屬於輔佐人才，能夠勇敢支持周圍的人發揮才能。

你的出生日期2，是代表二元論基礎的數字，代表包容、協調與平衡兩極，是象徵女性特質的數字。再加上出生月分10的整合、擴大的要素，更加強化你輔佐者的特質。

你的個性文靜沉穩，能帶給別人超乎尋常的好感。你不管對誰都很溫柔，而協調能力優異的誠實性格，也能為你帶來人緣。

你也具備高度的協調性，能夠顧慮細節，緩和周圍氣氛。

你雖然不擅長表達自己的意見或做決定，但如果是為了協助領導者或周圍的人，不管什麼事情都能堅持到底。擔任檯面下的輔佐者，會比親自站上舞臺更能發揮你的能力，但有時候你也會被推舉為領袖。

然而，如果你迷失了自己的角色，就容易隨波逐流，獨自一人承擔煩惱，或是對別人產生依賴，請特別注意。你既敏感又易感，也容易受到旁人影響，所以往來的對象往往會大幅影響你的運勢。

如果能遇見讓你說出心底話、值得尊敬的領袖或人生導師，將會成為影響你人生發展的關鍵。

### ✧戀愛・婚姻・性生活✧

你在愛情方面相當被動，會把一切託付給對方。你不會積極主動出擊，總是等待對方行動。你能夠配合任何人，很懂得如何被愛。

你在婚後也能透過支持伴侶得到喜悅，能夠在伴侶的主導下，過著安心的家庭生活。但你無論在戀愛中還是結婚後，都會努力地履行自己的義務，所以往往會覺得很痛苦。

你在性生活方面相當晚熟，有對伴侶言聽計從的傾向。如果能夠更相信自己的感覺，把真正的想法告訴伴侶，更能加深你們的關係。

### ✧工作・財運✧

你很溫柔體貼，適合徹底輔佐旁人的工作。例如擔任輔佐領袖的經理或祕書，就能把你的才華發揮出來。重視協調的你，最適合在團隊中工作。但如果你想太多、容易猶豫，失誤往往也會變多，請專注在眼前的工作上。

你擁有實際的金錢觀，比起金錢，你更追求心靈的滿足。但你也有理財天賦，所以想必一輩子都不會為錢所苦。

## ❖ 今生使命・未來展望 ❖

今生你的使命是：活用輔佐才華，以孩子般的天真，豁達地享受人生。

你總是以別人的事情為優先，把自己的事情擺到後面。這樣的你，知道真正能讓自己覺得快樂的事情是什麼嗎？

這個問題不管問誰都得不到答案，因為答案就在你內在的那顆赤子之心。不失赤子之心，就是在每個當下維持原本的自我。重點是，你是否能夠打從心底享受現在的生活方式？

你不需要勉強配合別人，只需要誠實聽從自己的心聲，表現出原本的自己。當你誠實面對自己，貫徹適合自己的生活方式時，就能帶著由衷的笑容，享受自己的人生。

## ❖ 生日帶來的訊息 ❖

「奉獻精神」
「犧牲」
「釋放赤子之心」

### 前世の故事

你的前世是在日本戰國時代一直以來輔佐主君的影武者。

你在嚴格的武家教育中成長，認為「主君的喜悅，就是我的幸福」，不管什麼時候都壓抑著自己的情緒，竭盡忠誠。某天，主君因為急病驟逝。為了不讓敵方得知主君之死，擴大勢力，你開始扮演主君的角色。站到檯面上的你，卻因為優柔寡斷的言行舉止，使影武者的身分在敵人面前曝光。你為了負起責任而自盡之時，開始思索著自己到底是誰？並發誓下輩子不要只扮演輔佐的角色，而是要更加貫徹自己想要的人生。

10/2 希伯來文

### ❖ 生日契合度 ❖

**◉ 情人・伴侶**

| | |
|---|---|
| 1月6, 15, 24日 | 7月9, 18, 27日 |
| 2月5, 14, 23日 | 8月8, 17, 26日 |
| 3月4, 22, 31日 | 9月7, 16, 25日 |
| 4月3, 21, 30日 | 10月6, 15, 24日 |
| 5月2, 20, 29日 | 11月5, 14, 23日 |
| 6月10, 19, 28日 | 12月4, 13, 22日 |

**◉ 工作夥伴・朋友**

| | |
|---|---|
| 1月2, 11, 29日 | 7月5, 14, 23日 |
| 2月1, 19, 28日 | 8月13, 22, 31日 |
| 3月9, 18, 27日 | 9月3, 21, 30日 |
| 4月8, 17, 26日 | 10月2, 20, 29日 |
| 5月7, 16, 25日 | 11月1, 19, 28日 |
| 6月6, 15, 24日 | 12月9, 18, 27日 |

**◉ 競爭對手・天敵**

[1/4] [3/11] [3/24] [4/20] [4/24] [8/15] [9/20]

**◉ 靈魂伴侶**

[2/20] [3/13] [4/12] [6/12] [6/16] [7/24] [10/1]

### ❖ 生日名人 ❖

甘地（政治家）
唐納・凱倫（設計師）
雅娜・諾弗娜（網球選手）
小原乃梨子（聲優）
圓地文子（作家）
育江綾（漫畫家）
山瀨麻美（藝人）
濱崎步（歌手）
宮本大輔（棒球選手）
杉咲花（演員）

**◉ 從你的生日看命運
請見32頁**

# 10月3日

October third

## 活躍於世界舞臺 精力充沛的 表演者

這天出生的你，是以世界為舞臺活躍的表演者。你充滿創造新事物的力量與能量，天真爛漫又開朗。

3日出生的人，具有喜歡與人親近、表裡如一的特徵，個性人見人愛。你總是位在歡笑的中心，讓人自然而然想要追隨你。你既受歡迎，又有吸引力。

你充滿行動力，相信自己的感受，會積極挑戰未知事物與看起來有趣的領域。你是樂天派，不太在意將來的事情，擁有超乎尋常的熱情、活力與專注力，懂得享受當下。你的想法自由、不受拘束，總能想出嶄新的點子。逗人開心是你的拿手好戲，而你也樂在其中。你無法忍受自己被困在原地，是社交型的人，希望能到處展現自己的才能。

你的特徵是像孩子一樣天真，一旦得意忘形就會讓人束手無策。你的個性浮躁，難以抵抗誘惑；雖然容易激起熱情，卻也容易冷卻，如果投入眼前的事物，就會看不見周遭情況，請特別注意。

你的出生日期3是代表創造、活力的數字，象徵著孩子。再加上出生月分10的要素，更加強化你的格局與力量，使你成為具備領袖素質、充滿魅力的表演者。

### ✧戀愛·婚姻·性生活✧

你很容易一下子就陷入熱戀之中，具有獨特的愛情觀，對人的好惡也很分明。你不擅長愛情遊戲，喜歡直球對決。你也有純情的一面，能夠持續專一地愛著一個人。婚後，你會變得專制、對伴侶耍任性，容易展現出孩子氣的一面。擁有兩人共通的興趣，是讓夫妻圓滿的祕訣。

你對性生活擁有旺盛的好奇心，卻對自己的體型自卑，因此也有害羞的一面，很難踏出第一步。

### ✧工作·財運✧

你在職場上是受人疼愛的開心果，總是樂觀積極，既能享受工作，也具備領袖資質。你也適合活用與生俱來的發想力與創造力，從事創造新事物的工作。由於你不服輸，所以如果有對手更能點燃你的熱情。

你的財運非常好，具有憑自己的點子與才華換取財富的能力。但相對地你也出手闊綽，花錢時往往只憑感覺，缺乏計畫，有浪費的傾向，因此刷卡付款時請特別注意。

### ❖ 今生使命・未來展望 ❖

今生你的使命是：活用身為表演者的資質，確實扮演自己被賦予的角色，為自己一直以來所做的事情留下具體的成果。

你雖然擅長逗周圍的人開心、發笑，也有缺乏耐心的一面，不擅長腳踏實地，一步一腳印地努力作業。你可能會因此責備做得不夠完美的自己，並因此而消沉。但以自己的高標準綁住自己，只會變得痛苦而已。

今生請你試著從事自己覺得有趣的事情，就算是微不足道的小事也無所謂，並稱讚做得到的自己吧！請你充分活用「凡事都能當成樂趣」的天賦，為自己熱愛的事物，確實留下具體成果，想必自己的人生方向就會變得更明確。

### ❖ 生日帶來的訊息 ❖

**「玩樂的靈魂」**
**「愉快」**
**「刺激創作欲望」**

#### 前世の故事

你的前世是侍奉歐洲宮廷王室的小丑。你從小就喜歡說笑話、在人前跳舞，為別人帶來歡笑。國王聽說你多才多藝，便把你召進宮廷，成為宮廷御用小丑。你每天取悅國王與周圍的貴族，在宮廷中大受歡迎。你也很喜歡將日常生活的情景融入表演中，使演出既爆笑又有趣。但某天你卻在重要場合裡表演了諷刺國政的內容，觸犯了國王的禁忌，於是遭到幽禁。

你在牢獄裡，因為自己只顧著開心，忘了考慮後果而後悔，並深刻反省自己的思慮不周。

---

גי

10/3 希伯來文

### ❖ 生日契合度 ❖

**◉ 情人・伴侶**

| | |
|---|---|
| 1月7, 16, 25日 | 7月1, 19, 28日 |
| 2月6, 15, 24日 | 8月9, 18, 27日 |
| 3月5, 14, 23日 | 9月8, 17, 26日 |
| 4月4, 13, 22日 | 10月7, 16, 25日 |
| 5月3, 12, 30日 | 11月6, 15, 24日 |
| 6月2, 11, 29日 | 12月5, 14, 23日 |

**◉ 工作夥伴・朋友**

| | |
|---|---|
| 1月12, 21, 30日 | 7月6, 15, 24日 |
| 2月2, 11, 29日 | 8月5, 14, 23日 |
| 3月10, 19, 28日 | 9月4, 13, 22日 |
| 4月9, 18, 27日 | 10月3, 21, 30日 |
| 5月8, 17, 26日 | 11月2, 20, 29日 |
| 6月7, 16, 25日 | 12月1, 19, 28日 |

**◉ 競爭對手・天敵**

[2/3] [5/2] [7/5] [7/9] [8/8] [10/6] [12/10]

**◉ 靈魂伴侶**

[1/10] [1/28] [2/25] [3/15] [4/25] [7/20] [12/17]

### ❖ 生日名人 ❖

湯森・哈里斯（外交官）
史提夫・萊許（作曲家）
亞力克斯・拉米瑞茲（棒球選手）
艾希莉・辛普森（歌手）
下村湖人（作家）
山本耀司（設計師）
宮川大助（漫才師）
槙村憐（漫畫家）
石田百合子（演員）
蛯原友里（模特兒）

◉ 從你的生日看命運
請見32頁

# 10月4日

October fourth

## 朝著信念之路勇往直前的實務者

10月4日出生的你，是朝著自己的信念之路，勇往直前的踏實者。你做事一絲不苟又努力，不管什麼事情，都能腳踏實地認真累積成果。老實敦厚的你，重視世俗標準與規範，會確實嚴守與他人約定好的事情。

你的出生日期4，就像四角形一樣，代表安定與穩固，象徵認真的個性。再加上出生月分10整合、擴大的要素，更加突顯你帶著相信自己的強大使命感，往前邁進的力量。雖然你一點都不擅長社交，但能夠細心地照顧周遭的人，所以人們自然會聚集到你身邊。

你的責任感強烈，不管什麼事情都會堅持到最後，想必能夠深受旁人信賴。你做事有計畫，也有行動力，因此別人很仰賴你，經常把各種工作交給你負責。面對眼前的事情，你總是全力以赴，懷著強烈的信念前進，因此如果熱中於某件事物，就會逐漸看不見周遭情況。你也有不知變通，堅持自己才正確的頑固的一面。你不擅長拜託別人，可能會因為太努力而搞壞身體，或是會獨自一人承擔問題，結果把問題弄得複雜化的傾向，請記得找一個能讓你傾吐真心的商量對象。

### ✧戀愛．婚姻．性生活✧

你只要喜歡上一個人，就會一心一意地發動攻勢，直接把自己的心意告訴對方。你絕對不允許對方出軌，總是認為戀愛等於結婚。婚後，你以家庭為優先，相當疼愛孩子。你會努力兼顧家庭與工作，試圖把一切做到完美，請特別注意不要因為太努力而累過頭。

你在性生活方面相當晚熟，甚至無法享受性生活。你把性當成一種義務，因此容易陷入無性婚姻，請特別注意。請珍惜每天與伴侶的肌膚之親。

### ✧工作．財運✧

你是認真努力的人，不管什麼樣的工作都能確實累積成果。如果能在公家機關之類的穩定組織中，根據自己的步調，腳踏實地進行工作，更容易發揮才華。你喜歡根據自己安排的計畫推動工作，並留下具體的成果。

你很擅長管理財務，因此適合從事財務、稅務、金融等相關工作。你的財運很穩定，在理財方面也很實際，想必不會為錢所苦。而你逐步累積的工作成果，也能夠為你帶來實際上的收入。

## ❖今生使命・未來展望❖

你今生的使命是：活用認真、踏實的特質，期許自己成為連結人與人之間的溝通者。

想法踏實、保守的你，儘管心底渴望自由與改變，或許仍會抓住穩定感不放，對於改變心懷抗拒。首先，請你在日常生活中稍微加入一點變化，畢竟試著挑戰任何事情，不要在意結果是很重要的態度。

為了跳脫自我設限的框架，享受變化，請你拋棄多餘的事物，試著改變自己原本的規則。只要能夠拋開那些多餘的事物，騰出自由的空間，想必就能跟上新的潮流。為了展開新的人際關係，建議你獨自前往新的場所。多累積幾次與人們邂逅的經驗，就是成為溝通者的第一步。

## ❖生日帶來的訊息❖

**「用盡全身之力」**
**「實質」**
**「接受自由與變化」**

### 前世の故事

你的前世是西伯利亞某座村莊中長老的孫子。

你的父母很早就去世了，你一邊照顧兄弟，一邊在祖父的養育下成長。你是文靜、坦率的好孩子，總會確實遵守祖父嚴格的教誨，全心全意地努力工作。後來，你與長輩介紹的對象結婚，也生下了孩子，並持續為家庭付出。某天，村子之間發生戰爭，於是你也投身參戰。當戰局愈演愈烈，你也在戰鬥中被擊倒了。在你的意識逐漸朦朧之際，你心想：在這場戰爭之後，村民能獲得什麼呢？話說回來，這場戰爭真的是必要的嗎？並對自己心中的理念產生質疑。

---

דל

10/4 希伯來文

### ❖生日契合度❖

◉ **情人・伴侶**

| | |
|---|---|
| 1月12, 21, 30日 | 7月6, 15, 24日 |
| 2月2, 11, 20日 | 8月5, 14, 23日 |
| 3月10, 19, 28日 | 9月4, 13, 22日 |
| 4月9, 18, 27日 | 10月3, 12, 30日 |
| 5月8, 17, 26日 | 11月2, 20, 29日 |
| 6月7, 16, 25日 | 12月1, 10, 28日 |

◉ **工作夥伴・朋友**

| | |
|---|---|
| 1月4, 13, 31日 | 7月7, 16, 25日 |
| 2月3, 12, 21日 | 8月6, 15, 24日 |
| 3月2, 11, 29日 | 9月5, 14, 23日 |
| 4月10, 19, 28日 | 10月4, 13, 31日 |
| 5月9, 18, 27日 | 11月3, 21, 30日 |
| 6月8, 17, 26日 | 12月2, 20, 29日 |

◉ **競爭對手・天敵**

[2/3] [6/6] [7/22] [8/16] [10/2] [12/9] [12/11]

◉ **靈魂伴侶**

[3/14] [4/4] [5/5] [7/19] [7/30] [8/18] [10/16]

### ❖生日名人❖

米勒（畫家）
艾迪・湯森（拳擊手）
蘇珊・莎蘭登（演員）
日野原重明（醫師）
福井謙一（化學家、諾貝爾獎得主）
北島三郎（歌手）
高橋和希（漫畫家）
梅澤由香里（圍棋棋士）
上田龍也（歌手）
前田愛（演員）

◉ **從你的生日看命運**
**請見32頁**

# 10月5日

October fifth

## 順從自己興趣 活得坦蕩真誠的 自由之士

你不在意旁人的眼光，會貫徹自己的想法，是擁有大格局的自由之士。你的出生日期 5 是代表自由、變化、資訊的數字。再加上出生月分 10 的要素，更加強化你貫徹自己想法的實際力量。

10 月 5 日出生的你，好奇心旺盛、具備行動力，無論想法、行動，還是一般人想不到的奇特大膽的事，只要感興趣，就能毫不猶豫勇往直前。你能在組織中大顯身手，讓人另眼相看，但旁人有時也會因無法理解你脫離常軌的行動，感到吃驚。有時也需對自己的想法更加謹慎，避免行動演變成任性妄為。

你的個性很能與人親近，不管身在何處、對象是誰，都能與對方融洽相處。你個性開朗、話題豐富也很有人緣，即使做出不合理的事情，也不知為何能輕易獲得旁人的諒解，不會因此被討厭。

不擅長耐心處理事情，或根據計畫推動事情，也是 5 日出生者的特徵，所以你是個總而言之先做再說的行動派。由於你的心情總是起伏不定，情緒往往因為失衡而變得不穩定。請你適時地透過旅行、搬家、換工作等方式巧妙改變自己的環境，活用你善於適應環境的特質，能夠更加開拓你的人生。

### ❖戀愛・婚姻・性生活❖

這天出生的人，不管男女都是肉食系。你的愛情中不存在任何禁忌，只要感覺對了，就會在不顧對方情況下展開攻勢。你會誠實面對自己的感情，所以不管是婚外情、劈腿還是奪人所愛，都不會阻礙你那忠於自我的心。不過，你的熱情來得快、去得也快。年輕時，會追求戲劇化的戀情。

你在婚後雖然重視伴侶，卻會不安於室，如果生活失去新鮮感，可能因為外遇而導致離婚。你在性生活方面也會以自己的需求為主。雖然順從自己的感情，會讓你很快樂，但也不要忘記考慮對方的心情。

### ❖工作・財運❖

你的行動力高，屬於喜歡四處奔波的行動派，因此適合擔任能夠自由行動、信奉成果主義的業務工作。你不太重視工作的穩定性，只會看重自己感興趣的事情，因此也可能採取兼職或約聘的工作方式，或是不斷地換工作。你的行動力出眾、發想力大膽，也擁有創業當老闆的才華。

你的金錢觀相當爽快，覺得賺錢就是要拿來花，花完再賺就好了，所以如果有想要的東西，就會忍不住買下來。一點一滴存錢不符合你的個性。

## ❖ 今生使命・未來展望 ❖

你今生的使命是：溫柔親切地對待所有人，給予他們無私的愛，並不求回報。

你的話題豐富、溝通能力也很好，不管和誰都能立刻變得熟稔，但相對你是否太過八面玲瓏，與別人都只建立表面上的交情呢？此外，你是否會因為當下的感受改變態度，而把對方耍得團團轉呢？

在人際關係中，順著自己的感受擅自改變態度，或是根據自己的狀況來決定愛或不愛對方，都不是真正的愛。

請認可想要為某件重要的事努力的自己，把愛傾注到自己身上吧。當你自己充滿了愛，就能隨時都以同樣的態度面對任何人，就能毫不勉強地為身邊的人付出無私的愛。

## ❖ 生日帶來的訊息 ❖

「大膽的行動力」
「自由奔放」
「把愛傳出去」

### 前世の故事

你的前世是在歐洲各地居無定所，生活在社會底層的流浪旅人。

你從小就接觸著各種不同的文化長大，精通各地的語言、文化與習俗，不管什麼工作都能靈巧完成。你有時候也會染指竊盜、詐欺、毒品買賣等犯罪行為，但你自己並不討厭這樣的生活，也沒有什麼罪惡感，甚至會更大膽地追求金錢與刺激。你反覆過著賺得大筆金錢就立刻花光，如果沒錢再想辦法賺錢的生活。你雖然過得隨心所欲，卻逐漸發現這種肆無忌憚的行為是在自找死路，卻無法主動為這樣的生活畫下休止符。

# הו

10/5 希伯來文

### ❖ 生日契合度 ❖

◉ **情人・伴侶**

| | |
|---|---|
| 1月8, 17, 26日 | 7月2, 20, 29日 |
| 2月7, 16, 25日 | 8月1, 19, 28日 |
| 3月6, 15, 24日 | 9月9, 18, 27日 |
| 4月5, 14, 23日 | 10月8, 17, 26日 |
| 5月4, 22, 31日 | 11月7, 16, 25日 |
| 6月3, 12, 30日 | 12月6, 15, 24日 |

◉ **工作夥伴・朋友**

| | |
|---|---|
| 1月5, 14, 23日 | 7月8, 17, 26日 |
| 2月4, 13, 22日 | 8月7, 16, 25日 |
| 3月3, 21, 30日 | 9月6, 15, 24日 |
| 4月2, 20, 29日 | 10月5, 14, 23日 |
| 5月1, 19, 28日 | 11月4, 13, 22日 |
| 6月9, 18, 27日 | 12月3, 12, 30日 |

◉ **競爭對手・天敵**

[2/18] [4/11] [5/3] [5/6] [6/23] [7/5] [8/3]

◉ **靈魂伴侶**

[2/24] [3/14] [3/23] [4/1] [6/29] [7/28] [11/12]

### ❖ 生日名人 ❖

羅伯特・戈達德（火箭發明家）
凱特・溫斯蕾（演員）
佐佐木喜善（民俗學家）
松居直（出版人）
杉田成道（電視導播）
西岡德馬（演員）
家鋪隆仁（藝人）
邊見麻里（演員）
黑木瞳（演員）
吉田沙保里（摔角選手）

◉ **從你的生日看命運**
**請見32頁**

# 10月6日

October sixth

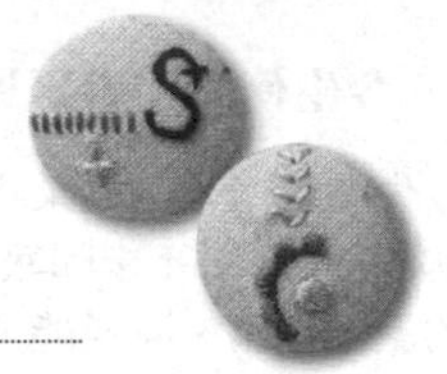

## 朝著信念之路 勇往直前 正義的導師

你擁有強烈的正義感，絕對不接受任何不公不義的事情，宛如擁有強大信念的導師，能夠朝著自己制定的目標勇往直前。

你的出生日期6，代表著協調與平衡、美與創造的意思，是象徵母性的數字。再加上出生月分10的要素，更加放大你身為領袖的資質，為你增添擁有堅強意志的大格局領導者的特質。

你的特徵是隨時笑容不斷，對誰都很溫柔親切，總能給人留下良好的印象。你值得信賴、懂得包容、溫暖的人品，使許多人自然而然地聚集在你身邊。你的想法單純，不擅長處理困難度太高的事情。雖然擁有不拘小節、直來直往的一面，但相對地也較容易出現心高氣傲、情緒起伏不定的情況。

你既擅長也熱愛照顧、教導別人，而且無法對於弱者或遇到困難的人視而不見。就算是和自己沒有直接關係的人，你也會忍不住想要出手幫忙，或希望依照自己的想法控制對方，這也是6日出生的人常見的特徵。

你可能因為太過為對方著想而幫得太過火，或強迫對方接受自己的好意，請特別注意。

### ❖戀愛・婚姻・性生活❖

你很擅長照顧人，個性既熱情又專一，因此只要喜歡上一個人，就會著了魔般地為對方奉獻。你雖然受到許多人的喜愛，卻希望從中找到能夠共度人生的真正伴侶。而且只要情人向你撒嬌，不管什麼要求你都會接受，請特別注意。你的嫉妒心也很重，有太急著得到答案的傾向，在愛情中也可能變得自私自利。

你在性生活方面基本上會配合對方，展現出激情的一面。如果能夠與合適的伴侶結合，就能建立彼此信賴的伴侶關係，共度溫暖幸福的婚姻生活。

### ❖工作・財運❖

你兼具指導力與判斷力，也很會照顧人，因此教師、幼保師、各種講師等教導、培育人才的工作都能夠發揮你的才能。你溫暖的氣質總能夠緩和周遭的氣氛，因此也適合從事接待顧客的職業。你擁有強烈的責任感，也有能力擔任團結眾人的領袖，不管在什麼樣的職場都能深受信賴。如果你知道自己的工作能夠為別人帶來喜悅，會使你更有成就感，提昇你的工作動力。

你的財運雖然不差，但可能經常對於花錢抱持著罪惡感。不過，因為你常為別人付出，因此累積了良好的財務循環能量；當你需要時，別人也會伸出援手，不會為錢所困。

## ❖ 今生使命・未來展望 ❖

你今生的使命是：凡事獨力完成到最後一刻，實踐真正的獨立自主。

你雖然為別人竭力奉獻，但換成自己的事情，是否就經常半途而廢呢？如果抱持著為別人奉獻的想法，你就能犧牲自己全力以赴，那麼請你在面對自己的事情時，也試著以同樣的態度，把能量一口氣灌注到自己身上。

明明自己的事情都沒有做好，還想為別人做點什麼，可能會強化你依賴別人、希望得到別人認可的傾向，請特別注意。

首先，請你鎖定自己最喜歡的領域，把一件事情獨力完成。即使成果並不完美，也請肯定願意堅持到底的自己。只要你多重複幾次獨自一人努力的體驗，就能品味達成、完結目標的喜悅，讓自己學會真正的獨立。

### ❖ 生日帶來的訊息 ❖

**「施行王道」**

**「藝術的薰陶」**

**「過自己想要的人生」**

### 前世の故事

你的前世是侍奉中世紀歐洲貴族的教育工作者。你把貴族的子女當成自己的孩子一樣疼愛、照顧，希望教導他們成為出色的大人。除了語言、禮儀、社交技巧之外，你也一步一步地教導他們其他所有貴族需要的技能。另一方面，你也覺得他們沒辦法過著像普通孩子般的生活而感到心生憐惜，所以不管他們提出什麼要求都接受，對他們相當溺愛。雇主看到自己的孩子變得愈來愈任性相當憤怒，將你趕出宅邸。這時你才發現因為太愛孩子、希望得到孩子喜愛而容許任何事情的自己相當愚蠢，並開始重新思考真正的愛到底是什麼。

---

ןו

10/6 希伯來文

### ❖ 生日契合度 ❖

**◉ 情人・伴侶**

| | |
|---|---|
| 1月4, 13, 31日 | 7月7, 16, 25日 |
| 2月3, 12, 21日 | 8月6, 15, 24日 |
| 3月2, 11, 29日 | 9月5, 14, 23日 |
| 4月1, 19, 28日 | 10月4, 13, 31日 |
| 5月9, 18, 27日 | 11月3, 21, 30日 |
| 6月8, 17, 26日 | 12月2, 20, 29日 |

**◉ 工作夥伴・朋友**

| | |
|---|---|
| 1月6, 15, 24日 | 7月9, 18, 27日 |
| 2月5, 14, 23日 | 8月8, 17, 26日 |
| 3月4, 13, 31日 | 9月7, 16, 25日 |
| 4月3, 12, 30日 | 10月6, 15, 24日 |
| 5月11, 20, 29日 | 11月5, 14, 23日 |
| 6月10, 19, 28日 | 12月4, 13, 22日 |

**◉ 競爭對手・天敵**

[4/9] [5/6] [5/24] [7/6] [8/5] [10/20] [11/15]

**◉ 靈魂伴侶**

[1/22] [4/17] [5/8] [7/14] [8/13] [10/14] [11/28]

### ❖ 生日名人 ❖

柯比意（建築師）
伊麗莎白・蘇（演員）
柳時元（演員）
桂小金治（落語家）
佐藤忠男（電影評論家）
海老名香葉子（散文作家）
雁屋哲（漫畫原作家）
松田美由紀（演員）
伊調千春（摔角選手）
堀北真希（演員）

◉ 從你的生日看命運
請見32頁

# 10月7日

October seventh

把想法寄託在自己作品上的職人

10月7日出生的你，會堅持自己的風格，是一個能將想法直接表現在自己的工作或作品上的職人型人物。

出生日期7象徵斜向的箭頭，代表一個週期的結束，是完結、協調整體的數字。你從小就帶有成熟的氣質，在精神上很獨立。再加上出生月分10的要素，更加強化你堅持到底的意志，會想要將自己的想法貫徹執行。

你內在雖然蘊藏火熱的熱情，但文靜的個性使你總是保持冷靜。你基本上不擅長面對人群，比起與別人往來，你更偏好單獨行動。你對知識懷著旺盛的好奇心，擁有強烈求知欲，不管什麼事情都會有毅力地完成，是個完美主義者。你做事一絲不苟，努力又有強烈責任感，是對自己嚴格的人。雖然你不擅長展現情緒，但卻具有透過言語或其他形式，細膩表達自己想法的才華。你那種不受旁人影響，貫徹自己風格的態度，令人大感佩服。

但因為你對事物太過講究，往往對別人也會嚴格要求完美。此外，你不管什麼事情都想自己決定，容易因為溝通不足導致被孤立或招致誤會。請你不要封閉在自己狹隘的世界裡，以更靈活、開放的態度傾聽周遭的意見，或許能創造出新的作品或嘗試新的工作。

### ✧ 戀愛・婚姻・性生活 ✧

你在愛情中，同時具備保有自我空間，有時卻又害怕寂寞這兩種特質，兩者之間的落差讓你看起來更有魅力。一旦開始交往，你也會展現強勢的一面，負責擔任引導對方的角色。在約會時，你也會很珍惜兩人獨處的時間。

在性生活方面，你也會展現出一樣的態度，與其說你是享受行為本身，不如說是因為兩人獨處而感到幸福。婚後，你能夠建立穩定的家庭關係。雖然夫妻之間，保有彼此的隱私也很重要，但也要小心不要把伴侶晾在一旁。

### ✧ 工作・財運 ✧

你希望能找到畢生志業，並希望藉此獨立。比起受雇於人的立場，你更適合獨力創業，打造自己的事業。而且你不只能對別人發揮領導力，對自己的工作也很負責。你不會在馬馬虎虎的狀態下妥協，而是會要求完美地達成，所以或許也會因此標準而批判上司或同事。

雖然你對金錢的欲望不太強烈，但打造讓自己滿意的作品也能帶來財富。若專注於鑽研工作，會比思考如何賺錢更能為你招來財運，並以此為基礎擴展事業。

## ❖ 今生使命・未來展望 ❖

你今生的使命是活用職人的才華，取得財富、地位等現實中的成功，並與周圍的人分享富足。

你擁有旺盛的求知欲與探究心，雖然講究技術，但對於地位與收入等物質上的成功卻似乎不太執著。雖然你不擅長與許多人相處，但如果缺少理解你、支持你的人，你就無法獲得真正的成功。請你在工作時，想想自己用心製作的作品，能讓許多的人活用，為人們帶來喜悅，會更有動力。

此外，即使你獲得成功，也不能以為成功是光憑一己之力取得的，只要你有這樣的想法，成功就無法長久。請不要忘記對身邊的人心懷感謝，並且把到手的成功與財富回饋給他們，就是使你獲得真正富足的要訣。

## ❖ 生日帶來的訊息 ❖

**「無與倫比的意志力」**
**「貫徹到底」**
**「培養平衡感」**

### 前世の故事

你的前世是中世紀末期的英格蘭騎士。

你從小就很崇拜身為騎士的叔父，因此長大之後也走上騎士之路。你很努力修行，不管過程多麼艱辛都不會抱怨，並能發揮優秀的實力。最後你超越叔父，被任命為騎士團長。你憑藉著優秀的技術與強大的領導力，帶領騎士團獲得王公貴族的認可，名聲響徹全歐洲。但你卻不因此而滿足，想要將自己的威名傳播到全世界，因此更努力地加強自己的實力。但騎士團的部下卻不願意追隨這樣的團長，於是你便遭到孤立。

10/7 希伯來文

### ❖ 生日契合度 ❖

◉ **情人・伴侶**

| | |
|---|---|
| 1月5, 14, 23日 | 7月8, 17, 26日 |
| 2月4, 13, 22日 | 8月7, 16, 25日 |
| 3月3, 21, 30日 | 9月6, 15, 24日 |
| 4月2, 11, 29日 | 10月5, 14, 23日 |
| 5月1, 19, 28日 | 11月4, 13, 22日 |
| 6月9, 18, 27日 | 12月3, 12, 21日 |

◉ **工作夥伴・朋友**

| | |
|---|---|
| 1月7, 16, 25日 | 7月10, 19, 28日 |
| 2月6, 15, 24日 | 8月9, 18, 27日 |
| 3月5, 14, 23日 | 9月8, 17, 26日 |
| 4月4, 13, 22日 | 10月7, 16, 25日 |
| 5月3, 21, 30日 | 11月6, 15, 24日 |
| 6月2, 20, 29日 | 12月5, 14, 23日 |

◉ **競爭對手・天敵**

[1/9] [3/25] [5/7] [5/12] [6/13] [7/3] [9/4]

◉ **靈魂伴侶**

[3/23] [5/4] [5/10] [6/3] [7/14] [8/28] [11/25]

### ❖ 生日名人 ❖

尼爾斯・波耳（物理學家）
普丁（俄羅斯總統）
馬友友（大提琴家）
水野健次郎（企業家）
桐野夏生（作家）
佐佐木倫子（漫畫家）
叶恭子（藝人）
阿部涉（主播）
生田斗真（演員）
加藤和樹（演員）

◉ 從你的生日看命運
請見32頁

# 10月8日

October eighth

**想將所有事情分清是非黑白的熱血鬥士**

這天出生的你是一個熱血的鬥士，擁有非常堅強的意志，在獲得自己想要的成果之前不會輕易放棄。你擁有旺盛的好奇心與活躍的行動力，生性不服輸，因此會比別人更加努力。即使在困難的挑戰當中，你也能想出前所未有的點子，或是發現新的方向，屬於邊走邊想的類型。

你最討厭那種曖昧不明的態度，對於所有事情都想分清楚是非黑白，再加上你的競爭心旺盛，容易因為自我中心的想法而批判、刺傷別人。結果可能會導致被旁人孤立，請特別注意。

你蘊藏著想要為世界及全人類帶來貢獻的熱情，為了避免變得專斷獨行，如果能夠隨時站在對方的立場思考，就能讓你的實力更加綻放光芒。

你的出生日期 8，象徵著無限大（∞）、物質與精神的整合、偉大的力量、財富與榮光。再加上出生月分 10 擁有廣大格局的特質，就能使你力量倍增。更加突顯你即使遇到重大的困難與課題也不膽怯，能夠與同伴一起勇往直前，在取得希望的成果之前絕不放棄的熱血鬥士特質。

## ❖ 戀愛・婚姻・性生活 ❖

你在愛情中總以自己的感受為優先，會在擬定戰略之前就忍不住展開行動。你對人也會展現出好惡分明的態度，面對喜歡的對象會積極主動地進攻，對於沒感覺的對象則置之不理。你也擁有浪漫的一面，為了實現理想的約會，會很重視自己的表現與氣氛的營造。

在婚姻生活方面，你容易在希望自己能為伴侶帶來幫助的想法，與內心總是想要追求刺激的欲望之間矛盾糾結。

在性生活方面，你往往會重視自己的感受，如果能夠尊重對方的心情與需求，就能建立良好的關係。

## ❖ 工作・財運 ❖

你對工作懷著遠大的願景，也擁有足以實現的實力。置身於愈艱難的情況下，愈能激發你的動力；愈是被逼到絕境，愈能發揮你的力量。你具有號召眾人一起大膽拓展事業的傾向，為了避免造成旁人困擾，請不要忘了以公開透明的態度，確實向同伴報告自己的戰略與計畫，並且積極的聯繫與商量。

你基本上擁有非常強的財運，但往往會出現全有或全無的情況，財務狀況相當極端，因此在使用金錢時請注意收支平衡。

## ❖ 今生使命・未來展望 ❖

今生你的使命是：活用天生的熱情與執行力，為實現世界和平率先展開行動，並為此帶來貢獻。

熱血的你懷有強大信念，認為即使像「世界和平」這種宏願，自己也有能力實現。但若你覺得自己必須為眾人帶來貢獻的想法太強烈，就會強迫別人接受自己認為是正確的價值觀，請特別注意。

對世界和平的熱情，是一種無形的能量，組織力、執行力與資金則是有形的能量，想要達成目標，就要把兩者整合在一起。

首先，請有意識地朝著自己的夢想與目標展開行動，一點一滴地落實。這樣的態度能夠讓你將正面的能量傳遞給周遭的人，自然而然實現真正的世界和平。

## ❖ 生日帶來的訊息 ❖

「光榮的軌跡」

「均衡」

「重視過程」

### 前世の故事

你的前世是在中國唐代的南部地區，靠著買賣翡翠獲益的富翁。

挖到上等翡翠的父親，雖然靠著白手起家賺進巨額財富，卻也因為意外事故而喪命。而從小景仰父親的你，長大後一心想要拓展父親的事業，因此也開始提供顧客翡翠裝飾設計的新服務。後來，你優異的技術得到皇帝認可，事業逐漸擴大。但由於事業一下子擴張得太快，使得你在維持品質與管理財務上愈來愈難做到完善，因而面臨存亡危機。陷入絕境的你，重新思考自己到底是為了什麼想要擴大事業呢？在樸實的生活中尋找幸福不是比較好嗎？

# חי

10/8 希伯來文

### ❖ 生日契合度 ❖

◉ **情人・伴侶**

| | |
|---|---|
| 1月10, 19, 28日 | 7月4, 13, 22日 |
| 2月9, 18, 27日 | 8月3, 21, 30日 |
| 3月8, 17, 26日 | 9月2, 11, 29日 |
| 4月7, 16, 25日 | 10月1, 19, 28日 |
| 5月6, 15, 24日 | 11月9, 18, 27日 |
| 6月5, 14, 23日 | 12月8, 17, 26日 |

◉ **工作夥伴・朋友**

| | |
|---|---|
| 1月8, 17, 26日 | 7月2, 20, 29日 |
| 2月7, 16, 25日 | 8月1, 19, 28日 |
| 3月6, 15, 24日 | 9月9, 18, 27日 |
| 4月5, 14, 23日 | 10月8, 17, 26日 |
| 5月4, 22, 31日 | 11月7, 16, 25日 |
| 6月3, 21, 30日 | 12月6, 15, 24日 |

◉ **競爭對手・天敵**

[4/8] [5/21] [7/11] [8/27] [9/1] [9/17] [12/1]

◉ **靈魂伴侶**

[2/20] [3/4] [4/30] [5/17] [8/26] [10/24] [12/22]

### ❖ 生日名人 ❖

恩斯特・克雷奇默（心理學家）
雪歌妮・薇佛（演員）
麥特・戴蒙（演員）
武滿徹（作曲家）
三田佳子（演員）
大竹伸朗（美術家）
吉井和哉（音樂人）
瑛士（藝人）
平野綾（聲優）
高梨沙羅（跳臺滑雪選手）

◉ **從你的生日看命運 請見32頁**

# 10月9日
October ninth

鉅細靡遺
統合全局的
賢者

選擇在10月9日誕生的你，是能夠統整一切的賢者。你總是綜觀全體局勢，就連細節也不放過。而且你重視周遭的人事和諧勝過了一切，並能在統領眾人勇往直前的過程中，確實地累積成果。

出生日期9包含了1到9的所有數字要素，象徵著完結與智慧。再加上出生月分10的放大、擴張力量，更加突顯你能協調全體，將眾人團結起來的領導力。你頭腦聰明、求知欲旺盛，總是希望造福世界與人類。

你平常雖然低調，但在需要的時候也會展現積極強勢的一面。你兼具大膽與敏感、熱情與冷靜的反差性格，周圍的人經常覺得你看起來難以捉摸。

雖然你擁有讓周圍的人自然而然想要追隨的魅力，但由於你的感受力太強，因此也有容易被周遭的人與環境影響的一面。

而且，你有嚴重的三分鐘熱度傾向，可能會隨時放棄或轉換目標，請特別注意，不要把周圍的人耍得團團轉。雖然你連細節都會在意，但請你不要執著於自己的意見與想法，試著更大方地接受新的觀點吧！

## ✧戀愛・婚姻・性生活✧

你知性溫柔的氣質，總給人良好的印象，周遭的人覺得你很成熟，因此可以和你安心往來，並給你相當高的評價。大家以為你即使遇到喜歡的人，也遲遲不會採取行動，但其實你擁有各種不同的戀愛模式，有時也會試著猛烈進攻。

婚後，你能打造和平穩定的家庭。雖然出門在外時，你會比較收斂，但其實在家裡可能是個大男人或大女人。由於你很熱愛生命，因此不管在家庭還是工作方面都會全力以赴。你對性生活心懷抗拒，似乎需要花不少時間才懂得享受。然而，一旦你品嘗到了性生活的樂趣，就能點燃激情。

## ✧工作・財運✧

你是領袖型人物，不管從事什麼工作都能嶄露頭角。若能從事對眾人有幫助的工作，能夠使你獲得充實感。你頭腦聰明、努力、又有實力，也兼具協調能力，因此只要有充分的準備，也適合獨立創業。

你擁有不錯的財運，有能力將自己的才能與技術轉換成收入。由於你深得旁人的信賴，因此能同時吸引人才與財富。雖然你對金錢不太執著，但如果能將自己賺到的錢回饋給社會，就能讓金錢的循環變得更好，也能增加財富。

## ✧ 今生使命・未來展望 ✧

你今生的使命是：活用綜觀全體的賢者才能，在自己的人生中發揮強大的領導力。

因為你覺得幫助別人很開心，但往往會把自己的事情稍微擺到後面。你之所以會展現出超乎必要的多管閒事，或是如果發生討厭的事情會立刻轉換心情，其實是為了避免面對自己真正的情緒，而採取的防禦機制吧？

即使你想一直扮演好人，也該適可而止了。請把自己的意見清楚告訴周圍的人，對喜歡的事情就說喜歡，對討厭的事情就說討厭。

心懷著愛，把自己的想法明確傳達給對方，才是尊重自己也尊重他人的行為。當你可以追求自己一心想完成的志業，在自己的人生中發揮強烈的領導力時，你身為賢者的格局，想必也能提昇到更高的層次。

### ✧ 生日帶來的訊息 ✧

**「完全調和」**
**「統一」**
**「萬法歸一」**

### 前世の故事

你的前世是日本平安時代的宮廷貴族。

你從小就展現出很可靠的一面，腦筋動得很快，就連大人也對你另眼相看。擁有實際的專業與修養的你，長大之後就被提拔到宮中，甚至獲准上朝奏暴。一心想為國家貢獻的你，甚至把縱情玩樂，無所作為的皇族全都趕出宮外。這些被趕走的皇族也很怕你。某天，你突然察覺，自己的行為，都是對沉浸在酒癮的父親的報復。當你發現自己以冠冕堂皇的藉口所做出的行為，都是出於對父親的複雜情感動，使你陷入茫然不知所措的混亂中。

טז

10/9 希伯來文

### ✧ 生日契合度 ✧

**◉ 情人・伴侶**

| | |
|---|---|
| 1月2, 11, 29日 | 7月5, 14, 23日 |
| 2月1, 19, 28日 | 8月4, 22, 31日 |
| 3月9, 18, 27日 | 9月3, 21, 30日 |
| 4月8, 17, 26日 | 10月2, 20, 29日 |
| 5月7, 16, 25日 | 11月1, 10, 28日 |
| 6月6, 15, 24日 | 12月9, 18, 27日 |

**◉ 工作夥伴・朋友**

| | |
|---|---|
| 1月9, 18, 27日 | 7月3, 12, 30日 |
| 2月8, 17, 26日 | 8月2, 11, 29日 |
| 3月7, 16, 25日 | 9月1, 19, 28日 |
| 4月6, 15, 24日 | 10月9, 18, 27日 |
| 5月5, 14, 23日 | 11月8, 17, 26日 |
| 6月4, 13, 22日 | 12月7, 16, 25日 |

**◉ 競爭對手・天敵**

[1/17] [2/9] [3/17] [5/13] [7/26] [10/8] [11/25]

**◉ 靈魂伴侶**

[2/22] [3/21] [4/16] [7/13] [8/25] [8/30] [12/26]

### ✧ 生日名人 ✧

聖桑（作曲家）
約翰・藍儂（歌手）
安妮卡・索倫斯坦（高爾夫選手）
西恩・藍儂（音樂人）
水前寺清子（歌手）
小西良幸（設計師）
大乃國康（相撲力士）
長野博（歌手）
夏川里美（歌手）
前田遼一（足球選手）

◉ 從你的生日看命運
請見32頁

# 10月10日

October tenth

能在全世界大顯身手志在拓展的領導者

你不管做任何事情都很正向積極、精力充沛。你抱持著強大的信念，經常放眼世界，是志在提昇、拓展自我的領導者。你的個性開朗、活潑又直率。不管做什麼事情、身在何處，自然都會成為眾人注目的焦點。你心胸寬大不拘小節，能夠把大家團結在一起，這樣的可靠深得旁人信賴。

你會提出遠大的目標，並朝著這個目標發揮出類拔萃的行動力。同時，你也擁有自己開拓新道路的優秀推進力。

你不管置身於多麼辛苦的情況下，都會本著貫徹到底的堅強意志。而你的情緒起伏比較激烈，如果埋首於一件事情之中，就會忽視周遭的一切，容易自己一個人向前猛衝。正因為你擁有莫大的影響力，更不能忘記感謝、顧慮周圍的人，並特別注意自己的情緒控制。

出生日期10這個數字中的1，象徵起始、領導，0則具有放大相鄰數字力量的特質。當1與0搭配在一起時，會更加突顯領袖的特質與格局。你的出生日期與出生月分都是10，使你的領袖格局會往上提昇一階，成為領袖中的領袖。充滿明星般魅力的你，也擁有吸引力與人緣，讓周圍的人自然而然想要追隨。

## ❖戀愛・婚姻・性生活❖

你個性專一又熱情，一旦喜歡上某個人，就會一心一意愛著他。但你可能因為太過全力以赴，在尚未考慮對方想法的情況下就發動攻勢，這樣反而不見得能成功，請特別注意。

你即使結婚，也會忙於為工作或為興趣奔波，正因為如此，更要與伴侶建立強大的信賴關係。你的愛情與婚姻都離不開性，希望能夠享受燃燒熱情的時光。如果變成無性關係，你對伴侶的愛也會冷卻，甚至可能造成分手。因此對你來說，肉體關係的親密與否或許相當重要。

## ❖工作・財運❖

你擁有優異的執行力與領導力，能夠成為統整團隊的領導者，並發揮你的才華。而且你擁有洞察未來的能力，也具備展開新計畫的實力。你不甘於窩在小小的組織裡，因為你具有帶動組織整體發展的能力，因此若能找到讓你施展抱負、提出大格局目標的公司，對你而言相當重要。

你的財運很好，擁有白手起家，創造巨額財富的可能性。你對金錢雖然不太執著，但有透過事業引來龐大財富的才能。只要不過度鋪張浪費，想必一輩子都不會為錢所困。

## ❖ 今生使命・未來展望 ❖

你今生的使命是：活用大格局領袖的資質，適度抑制自我的光芒，徹底扮演輔佐旁人的角色。

你雖然擁有出色的領袖才能，但想必也不可能光憑一己之力就獲得成果。因為有身旁這麼多人的幫助，你才能以領袖的身分得到許多成就。如果你有意識到這點，接下來就輪到你站在輔佐者的立場報恩的時候了。

首先，請你稍微壓抑自我的表現。你雖然擁有自己明確的想法，但也需要謙虛地傾聽對方的意見，從容等待對方的反應。即使這對急性子的你來說或許有點困難，但學會等待正是你今生的目標，更是幫助你發揮輔佐者資質的第一步。

## ❖ 生日帶來的訊息 ❖

**「微笑的力量」**

**「巔峰」**

**「靜靜等待時機」**

### 前世の故事

你的前世是在美國獨立戰爭時擔任指揮官的青年。

你從小就總是以領袖的身分大顯身手，是眾人崇拜的對象。就在你剛成年時，獨立戰爭爆發，以民兵身分參戰的你，發揮天生的領導力，很快就當上了指揮官。你為了從干涉殖民地發展的母國中脫離，追求自由與獨立，擔任民兵隊的指揮，自己也身先士卒地參與戰鬥。

但你在某場對戰中，被敵軍的槍彈射中倒下。壯志未酬就離世的你，夢想著殖民地實現獨立的那一日，嚥下人生的最後一口氣。

---

יי

10/10 希伯來文

❖ 生日契合度 ❖

◉ **情人・伴侶**

| | |
|---|---|
| 1月9, 18, 27日 | 7月3, 12, 30日 |
| 2月8, 17, 26日 | 8月2, 11, 29日 |
| 3月7, 16, 25日 | 9月10, 19, 28日 |
| 4月6, 15, 24日 | 10月9, 18, 27日 |
| 5月5, 14, 23日 | 11月8, 17, 26日 |
| 6月4, 13, 22日 | 12月7, 16, 25日 |

◉ **工作夥伴・朋友**

| | |
|---|---|
| 1月1, 19, 28日 | 7月4, 13, 31日 |
| 2月9, 18, 27日 | 8月3, 12, 30日 |
| 3月8, 17, 26日 | 9月2, 11, 29日 |
| 4月7, 16, 25日 | 10月1, 19, 28日 |
| 5月6, 15, 24日 | 11月9, 18, 27日 |
| 6月5, 14, 23日 | 12月8, 17, 26日 |

◉ **競爭對手・天敵**

[2/10] [4/29] [5/9] [7/19] [8/7] [8/9] [12/12]

◉ **靈魂伴侶**

[3/27] [4/2] [4/17] [4/20] [6/15] [7/21] [10/20]

❖ 生日名人 ❖

威爾第（作曲家）
弗里喬夫・南森（探險家）
阿爾伯托・賈科梅蒂（雕刻家）
大衛・李・羅斯（音樂人）
梅艷芳（演員）
菅直人（政治家）
高橋留美子（漫畫家）
森內俊之（將棋棋士）
栗山千明（演員）
宮里美香（高爾夫選手）

◉ **從你的生日看命運**
**請見32頁**

# 10月11日

October eleventh

**聆聽宇宙訊息並加以傳達的靈訊使者**

這天誕生的你，是宇宙訊息的使者。你能夠看透一切事物的本質，對於眾人而言，這珍稀的特質宛若明星般的耀眼，令人很難不注意到你的存在。

出生日期 11 象徵千手觀音，是革命、革新的神聖數字。再加上出生月分 10 的要素，更加強調靈性的才華，使你原本擁有的靈訊使者的力量，提昇到能感應到宇宙的等級。

你對於事物的神聖與美感，具有審美與細膩的感受力。你接收訊息的天線相當敏銳，天生具備能夠運用出色靈感，瞬間導出答案的才能。

你的個性大膽而豪邁，卻又能自然而然顧慮到細節，充滿吸引人的魅力。你不喜歡受到世俗標準的束縛，追求隨心所欲的獨特生活方式，因此也有旁人難以理解之處，但你自己並不在意。

你的情緒總是充滿著劇烈的起伏，儘管自己敏感、容易受傷，有時卻會以令人驚訝的大膽發言刺傷別人，或是讓旁人退避三舍，請特別注意。為了穩定自己的情緒，請培養能讓自己放鬆的方法，例如冥想或芳療等等。

## ✧戀愛・婚姻・性生活✧

你能夠憑著自己的直覺，立刻知道誰是適合自己的戀愛對象。你屬於容易墜入情網、點燃熱情的戀愛類型。由於你的愛情觀獨特，因此站在他人的立場來看，或許很難把你當成戀愛對象。不過其實你很溫柔體貼，是個會為對方犧牲奉獻的人。

婚後，你會重視家庭與子女，是個溫柔的爸爸或媽媽。但由於你的工作也很忙碌，或許會讓生活變得匆忙。你在性生活方面也有熱情的一面，同時重視彼此的內心交流，享受浪漫的情調。

## ✧工作・財運✧

你的想法比較先進，喜歡具有夢想性的工作。你具備普通人缺乏的獨特發想能力與創造力，更擁有出色的專注力與爆發力。你也常有稍縱即逝的靈感、敏銳的洞察力與企劃力，因此適合開發新產品。你對於心靈領域的事物擁有強烈的好奇心，一般平凡的工作或許無法滿足你。

你的財運絕佳，並不會產生金錢上的煩惱。你擁有賺錢的能力，但對金錢不太執著，重視精神上的事物勝於金錢，會順從自己的興趣享受生活。

## ❖ 今生使命・未來展望 ❖

你擁有出色的靈感，今生的使命是：以孩子般的天真盡情享受人生。

你對於接收訊息擁有特別高超的敏銳度。但正因為如此，你容易受旁人的意見影響而變得迷惘，似乎不擅長享受人生。

請你今生不要只依靠靈感，必須更重視自己的情緒。多從事自己喜歡的事情，累積由衷感到愉快的經驗，並記住這樣的感受。

請你好好地面對自己的情緒，運用天生的直覺，調整自己內心的平衡。當你帶著孩子般的天真笑容，活出自己想要的人生的時候，你自己與身邊的人自然就能被幸福包圍。

### ❖ 生日帶來的訊息 ❖

「突破盲點」

「權力」

「快樂勝於正確」

### 前世の故事

你的前世是活躍於古代亞述帝國盛世的薩滿。

從小就很優秀的你，長大後就順利地進入王室，成為隸屬於王室的薩滿，並提供國王建言。由於各種事情都因為你的建議而順利運作，國王非常高興，不只信任你，也給你許多獎賞。最後你甚至能夠隨心所欲地操控國王。而國王的心腹察覺狀況不對，揭露了你的陰謀。國王從此不再盲目地相信你，並對你處以極刑。你因為過於相信自己的能力，被權力迷惑了雙眼，而走上歪路，最後你就在後悔中迎向人生終點。

10/11 希伯來文

### ❖ 生日契合度 ❖

◉ 情人・伴侶

| | |
|---|---|
| 1月6, 15, 24日 | 7月9, 18, 27日 |
| 2月5, 14, 23日 | 8月8, 17, 26日 |
| 3月4, 13, 31日 | 9月7, 16, 25日 |
| 4月3, 21, 30日 | 10月6, 15, 24日 |
| 5月2, 20, 29日 | 11月5, 14, 23日 |
| 6月10, 19, 28日 | 12月4, 13, 22日 |

◉ 工作夥伴・朋友

| | |
|---|---|
| 1月2, 20, 29日 | 7月5, 14, 23日 |
| 2月1, 19, 28日 | 8月13, 22, 31日 |
| 3月9, 18, 27日 | 9月3, 21, 30日 |
| 4月8, 17, 26日 | 10月2, 20, 29日 |
| 5月7, 16, 25日 | 11月1, 10, 28日 |
| 6月6, 15, 24日 | 12月9, 18, 27日 |

◉ 競爭對手・天敵

[1/4] [1/11] [7/16] [8/4]
[8/23] [9/6] [12/2]

◉ 靈魂伴侶

[2/11] [3/1] [3/19] [5/30]
[7/19] [9/22] [11/29]

### ❖ 生日名人 ❖

海因里希・歐伯斯（天文學家）
路易斯・理查森（氣象學家）
雅特布雷奇（音樂人）
瓊安・庫薩克（演員）
魏聖美（高爾夫選手）
川久保玲（設計師）
高畑淳子（演員）
秋川雅史（聲樂家）
金城武（演員）
秦基博（音樂人）

◉ 從你的生日看命運
請見32頁

# 10月12日

October twelfth

## 擁有突破挑戰的能力 氣勢十足的孩子

選擇在這天誕生的你，是個勇往直前、氣勢十足的孩子。你遇到有興趣的事情就會埋頭猛衝，擁有不輸給任何人的突破挑戰的能力。你的個性活潑開朗，擁有孩子王般的調皮魅力。你最喜歡參與各種讓自己感到喜悅的事情，是個交遊廣泛的社交家。你的個性單純好懂，非常不服輸，而且自由奔放，遇到自己覺得有趣的事情或感興趣的事情，就能心無旁騖地積極挑戰。當你心動時，就會立刻行動，專注力與行動力可說是無人能及。

反之，你也有三分鐘熱度的一面。不僅很快會感到厭煩，且只要稍微遇到挫折，就常會因為難以忍受而放棄。你喜歡出鋒頭，有時會說出讓旁人吃驚的大膽發言或做出意外之舉，但你也會因為太過在意小事而意志消沉。情緒表現就像孩子一樣豐富，總把喜怒哀樂顯露在態度上，情緒善變也是你的特徵。你易因情緒劇烈起伏而遭到旁人誤解。請對自己的性格有自覺，接受真實的自己，不要因在意旁人眼光而太過壓抑。

你的出生日期 12，代表著變動性、活躍感的特質，是象徵孩子的數字。再加上出生月分 10 擴張、放大的力量，更加強化你的變動性，讓你對自己有興趣的事，就會馬上放下原本手中的事物去嘗試的孩子特質更加突顯。

### ❖戀愛・婚姻・性生活❖

你希望戀愛中充滿了熱情，是個用情專一的人。你只要喜歡上一個人，就會直接向對方表達你的愛意，期待展開戀愛關係。你也很容易對人一見鍾情，瞬間墜入情網，但感情來得快、去得也快的你，戀愛的經驗想必很豐富。

你即使結婚，在人前也會像孩子一般地向你的伴侶撒嬌。你的性生活往往會落入單調的模式，但你並不會因此反感。良好的性關係也會成為你的活力來源，為了避免因為缺乏性生活而造成離婚危機，請將自己的想法坦率地告訴伴侶。

### ❖工作・財運❖

你在工作上是個能幹的人，但對耐心處理一件工作卻不太擅長。你不喜歡缺乏新鮮感的環境，置身於這種環境當中，會很想換工作。若能從事能發揮創造力與執行力的短期活動企劃、或參與期間限定型的專案計畫，能夠讓你的才能開花結果。你的財運非常好，具有能夠邊享受工作，邊累積財富的能力。賭運也很強大，但若沉迷其中，易陷入泥沼，分辨何時該收手很重要。你具有能吸引人才與財富的魅力，想必終身不會為錢所困。

### ❖ 今生使命・未來展望 ❖

你今生的使命是：運用赤子之心，認真踏實地度過人生，為自己一直以來所做的事情，留下具體的成果。

格局宏大的你，最喜歡有趣的事情，但對於一步一腳印地去做一件事情卻不太擅長。活在當下的你，或許對於好好扮演自己被賦予的角色，日復一日地完成工作不太感興趣。

但還是請你試著以每日的紀錄或作品的形式，著手為自己做過的事情留下具體的成果，不管是多麼微不足道的小事都無所謂。例如寫部落格、拍照、留下工作紀錄等等，採取你覺得有趣的方法即可。每天持續累積的小事，將成為你人生的軌跡，你也會對於能夠留下具體成果的人生感到更充實。

### ❖ 生日帶來的訊息 ❖

「有實行力的夢想家」
「大膽突破」
「正視現實」

#### 前世の故事

你的前世是喜歡音樂的青年，住在遠離阿茲提克首都的邊境。

當你用自製的大鼓開始演奏時，大家就會隨著你的節奏開始跳舞。你很享受這樣與大家同樂的氣氛，而田裡的工作對你而言相當無聊，一點也不有趣。即使大家都在田裡努力工作，你也會在不知不覺間溜出來，像孩子一樣調皮。你心裡總想著：我想讓更多人享受自己的演奏、我想在熱鬧的祭典裡炒熱現場氣氛，我明明擁有這樣的能力……你雖然懷著夢想與希望，但樸實的生活卻與你的想法之間存在著一定的落差，使你每天煩惱度日。

10/12 希伯來文

### ❖ 生日契合度 ❖

**◉ 情人・伴侶**

| | |
|---|---|
| 1月7, 16, 25日 | 7月1, 10, 28日 |
| 2月6, 15, 24日 | 8月9, 18, 27日 |
| 3月5, 14, 23日 | 9月8, 17, 26日 |
| 4月4, 13, 22日 | 10月7, 16, 25日 |
| 5月3, 12, 30日 | 11月6, 15, 24日 |
| 6月2, 20, 29日 | 12月5, 14, 23日 |

**◉ 工作夥伴・朋友**

| | |
|---|---|
| 1月3, 12, 30日 | 7月6, 15, 24日 |
| 2月2, 20, 29日 | 8月5, 14, 23日 |
| 3月10, 19, 28日 | 9月4, 13, 22日 |
| 4月9, 18, 27日 | 10月3, 21, 30日 |
| 5月8, 17, 26日 | 11月2, 11, 20日 |
| 6月7, 16, 25日 | 12月1, 19, 28日 |

**◉ 競爭對手・天敵**

[1/5] [5/5] [6/3] [7/18] [7/27] [8/17] [10/23]

**◉ 靈魂伴侶**

[4/23] [5/4] [6/12] [8/3] [8/28] [9/18] [11/18]

### ❖ 生日名人 ❖

帕華洛帝（男高音）
休・傑克曼（演員）
秋山仁（數學家）
山根一真（記者）
島田莊司（作家）
戶井十月（作家）
鹿賀丈史（演員）
真田廣之（演員）
今敏（動畫導演）
友坂理惠（演員）

◉ 從你的生日看命運
請見32頁

# 10月13日

October thirteenth

沿著信念之路
勇往直前的
宏觀實權者

你的出生日期13象徵著撲克牌的國王，是個強而有力的數字，代表莫大的權力與現實的支配。你是個認真、誠實的實力者。再加上出生月分10的要素，更加強調你強大的力量，想必代表你沿著自己相信的道路勇往直前的宏大規模吧。

你只要定下目標，就會心無旁鶩地埋頭猛衝，為周圍帶來莫大影響。你的力量與規模想必都無可匹敵。

你重視世俗標準與規則，好壞分得相當清楚，對於違反自己正義的事情不感興趣。此外，你也崇拜守護正確價值觀的正義使者，懷抱著強烈的英雄夢。因此你在人際關係當中也不知變通，或許有聽不懂玩笑話的傾向。

你擁有出色的才能，不管什麼事情都踏實處理，能夠留下具體成果。你嚴格遵守長幼順序與前輩、後輩等上下關係，認為與地位高的人相處時謹守禮儀是理所當然。你對於地位與權力也很敏銳，強烈希望出人頭地、獲得權力。正因為如此，當你獲得權力時也容易展現自大、傲慢的態度。請小心不要把自己宏大的規模與力量發揮在支配他人上。

## ✧戀愛・婚姻・性生活✧

你是誠實、認真又專情的人，非常想要結婚，無法將愛情與婚姻分開來看，因此看不見未來的戀愛，很快就會使你冷卻下來。

你在家庭生活當中想要掌握金錢管理的實權。對於家事也不會偷懶，能夠一絲不苟地確實扮演好自己的角色。

在性生活方面，你希望由自己引導，來一場激烈火熱的魚水之歡。你能夠有意識地切換白天與夜晚兩種面貌，如果把這件事情坦率告訴你的伴侶，想必能讓你們過著充實的性生活。

## ✧工作・財運✧

你在工作方面的誠實認真特別突出，擁有出眾的安定感與信賴感，不管什麼事情都能腳踏實地處理，留下豐碩的成果。你也兼具身為領導者的才華，能夠發揮大規模權力者的力量。

在金錢方面，你堅信有多少付出就能有多少收穫的價值觀，因此不會涉足投資。你雖然不會賺大錢，但擁有穩健的財運，基本上不會為錢所困。但如果受到金錢的魔力誘惑，就有可能性格大變，請特別注意。

## ⁘ 今生使命・未來展望 ⁘

你今生的使命是活用勇往直前的權力者才能，自由往來全世界，成為大尺度的溝通者。

你堅持走在自己相信的道路上，擁有強大的信念，但或許對於自由行動感到棘手。你是否明明在心底深處嚮往自由與變化，卻以為自由就是任性，並且把這點列為做不到或無法改變的理由呢？

遵守規則雖然重要，但如果執著於穩定，就無法活用你自身具備的宏大規模。

為了讓今生的自己能夠更自由地翱翔，請你想到什麼，就敦促自己立即展開行動吧。如果想太多就會猶豫，所以請你下定決心，快速地立即行動！並且積極挑戰。打破自己的硬殼，就能串起全世界的人，朝著大尺度的溝通者邁出第一步。

## ⁘ 生日帶來的訊息 ⁘

「強大的信念」
「確實」
「靈活應對」

### 前世の故事

你的前世是在羅曼諾夫王朝的俄羅斯，統治廣大領地的大領主。你認真學習帝王學，當上領主之後就不斷地擴大領地。你雖然熱情地提出將領地打造得更富足的遠大理想，卻因為無法理解庶民的生活感受，逐漸招致家臣與人民的反感。

你堅持自己的想法，任何人的意見都聽不進去，最後終於被趕下領主寶座。這時候你才發現，太過拘泥於自認為正確的主張與價值觀，是導致失敗的原因。於是你開始認真思索，真正豐饒幸福的世界是什麼樣子。

10/13 希伯來文

### ⁘ 生日契合度 ⁘

◉ **情人・伴侶**

| | |
|---|---|
| 1月3, 21, 30日 | 7月6, 15, 24日 |
| 2月2, 11, 20日 | 8月5, 14, 23日 |
| 3月10, 19, 28日 | 9月4, 13, 22日 |
| 4月9, 18, 27日 | 10月3, 12, 21日 |
| 5月8, 17, 26日 | 11月2, 11, 29日 |
| 6月7, 16, 25日 | 12月1, 10, 19日 |

◉ **工作夥伴・朋友**

| | |
|---|---|
| 1月4, 22, 31日 | 7月7, 16, 25日 |
| 2月3, 12, 21日 | 8月6, 15, 24日 |
| 3月2, 20, 29日 | 9月5, 14, 23日 |
| 4月1, 19, 28日 | 10月4, 22, 31日 |
| 5月9, 18, 27日 | 11月3, 12, 21日 |
| 6月8, 17, 26日 | 12月2, 11, 20日 |

◉ **競爭對手・天敵**

[3/27] [5/7] [7/13] [8/13] [8/25] [9/7] [11/19]

◉ **靈魂伴侶**

[1/18] [4/24] [6/20] [7/12] [7/19] [10/18] [10/27]

### ⁘ 生日名人 ⁘

尤・蒙頓（歌手）
柴契爾夫人（政治家）
保羅・賽門（音樂人）
保羅・帕茲（歌手）
小林多喜二（作家）
樋口久子（高爾夫選手）
森昌子（歌手）
生瀨勝久（演員）
松嶋菜菜子（演員）
益若翼（模特兒）

◉ **從你的生日看命運**
**請見32頁**

# 10月14日

October fourteenth

**喜愛新奇事物**
**行動力十足的**
**溝通者**

10月14日出生的你，特徵是擁有宏大的格局與氣勢，喜愛新的事物，總是追求變化，不會墨守成規。

出生日期14的1與4都象徵著箭頭，這兩個數字組合在一起，擁有明確的方向性。再加上出生月分10擴張、放大的要素，更加提昇你勇往直前的資質，以及能與許多人建立關係的溝通者角色。

你能夠朝著目標，積極地展開接二連三的行動，甚至在還未認真思索之前，就已先採取行動。你能夠靈活地轉換方向，只要覺得好的意見就立刻採用，決策明快。你擁有明確的信念與企圖，並能快速展開行動，同時人緣極佳，想必有不少人仰慕你、追隨你。

擅長在人與人之間扮演溝通者角色的你，擁有廣泛的人脈，但不管什麼事情，都有容易沉迷其中，而有忽略周遭的傾向。此外，你也常常只有三分鐘熱度，一旦對一件事情失去興趣，就會立刻澆熄熱情，把這件事情丟到一旁，請特別注意。

儘管你擁有著真心為對方著想的溫柔，卻無法坦率表現，在這方面有點笨拙。請你注意精神上的平衡，並努力地以言語確實表達你對周遭人們的感謝。

### ❖戀愛・婚姻・性生活❖

你的外表給人輕浮的印象，其實內心相當熱情。你兼具凡事貫徹到底的堅毅與流水般的靈活，這種獨特的氣質為你帶來個人魅力，能夠吸引許多人。

比起為某個單一對象奉獻，你更希望擁有許多戀人，享受充滿變化的愛情遊戲。你或許對結婚興趣缺缺。而且你也很討厭別人打聽自己的事情，即使結了婚，也不會完全說出自己心底的想法，希望蒙混過關。你無法用言語表達的情感，就會透過身體來表現，因此性生活是你重要的溝通方式之一。

### ❖工作・財運❖

你適合開拓新事業，從事沒有前例可循的工作。此外，在不斷推動新計畫或有待重整的公司中，也能發揮你的工作手腕。你擁有強大的能力與領導力，但會變得有點獨裁，請特別注意。

你擁有靈感，蘊藏著神祕的天賦，知道把錢挹注到哪裡才能擴展事業，所以你的財運很平穩。而且，你能感受到人們的正財運除了來自努力，還有一些無形的能量加持，因此也會把錢爽快地用在捐獻等與工作沒有直接關係的地方。

## ✧ 今生使命・未來展望 ✧

今生你的使命是：活用身為溝通者的才能，無私地去愛人生中所有遇到的人，並不求回報。

對於無法坦率說出真心話的你而言，向周圍的人表達情感是個有點困難的課題。

不過，情感不是只有透過言語才能傳達，請你試著在能力所及的範圍內，對別人付出關愛。重點是，你只要去做自己天生擅長的事情就可以了。例如，邀身邊的人到很棒的餐廳吃午餐、介紹可能合拍的朋友認識、協助他人策劃旅行與派對等等。

你不需要勉強自己對別人親切，只要試著把自己擅長的知識與能力，愉快地傳達給周圍的人即可。當你以自然的態度自由自在地與人接觸，就是在傳遞無私的愛。

## ✧ 生日帶來的訊息 ✧

「完全的自由」

「方向」

「是愛，還是恐懼？」

### 前世の故事

你的前世，是在中世紀歐洲海上漂流的海盜。

你原本是小島上的漁夫，但覺得島上的生活很無聊，開始想要看看更寬廣的世界。某天，你為了捕魚而搭船離開小島，卻因為迷航而遇到海盜船，於是便加入海盜團，成為他們的同伴。成為海盜的你，不斷地襲擊、掠奪遇到的船隻，剩下的時間就縱情娛樂，過著自由自在的生活。但與同樣的夥伴每天為伴，反覆過著相似的日子，使你突然對這樣的生活產生疑問。你開始思考，自己的世界真的擴大了嗎？這是真正的自由嗎？

10/14 希伯來文

### ✧ 生日契合度 ✧

◉ 情人・伴侶

| | |
|---|---|
| 1月8, 17, 26日 | 7月2, 20, 29日 |
| 2月7, 16, 25日 | 8月10, 19, 28日 |
| 3月6, 15, 24日 | 9月9, 18, 27日 |
| 4月5, 14, 23日 | 10月8, 17, 26日 |
| 5月4, 13, 22日 | 11月7, 16, 25日 |
| 6月12, 21, 30日 | 12月6, 15, 24日 |

◉ 工作夥伴・朋友

| | |
|---|---|
| 1月5, 14, 23日 | 7月8, 17, 26日 |
| 2月4, 13, 22日 | 8月7, 16, 25日 |
| 3月3, 12, 30日 | 9月6, 15, 24日 |
| 4月11, 20, 29日 | 10月5, 14, 23日 |
| 5月1, 19, 28日 | 11月4, 13, 22日 |
| 6月9, 18, 27日 | 12月3, 12, 30日 |

◉ 競爭對手・天敵

[1/28] [2/9] [2/21] [5/10] [6/5] [9/14] [9/29]

◉ 靈魂伴侶

[1/4] [4/4] [6/20] [7/10] [8/27] [9/26] [12/5]

### ✧ 生日名人 ✧

科耳洛希（物理學家）
艾森豪（第 34 任美國總統）
雷夫・羅倫馬球（設計師）
羅傑・摩爾（演員）
張震（演員）
白石冬美（聲優）
佐藤陽子（小提琴家）
永作博美（演員）
堺雅人（演員）
岩澤厚治（歌手）

◉ 從你的生日看命運
請見32頁

# 10月15日

October fifteenth

## 遵循信念勇往直前的熱情教師

10月15日出生的人，不管做什麼事情都會全力以赴，遵循自己的信念勇往直前，是個熱血教師。你重視人情義理又愛哭，是個溫柔、有溫度的人。你的個性不拘小節又死心眼，就像在青春偶像劇中，與學生一起歡笑、流淚以及發脾氣的老師。你重視與家人、夥伴之間的關係勝過一切，帶有大哥大、大姐頭的氣質。

如果自家人或後生晚輩來拜託你，你會把自己的事情擺到後面，為他們四處奔走。你對於自己決定的事情，能夠懷著熱情努力實踐。而且你的個性靜不下來，想到什麼就會馬上行動，不管什麼事情都全力以赴的你，就像個鬥士。

你雖然擅長照顧人，但有時自己覺得是為對方好，會出現強迫對方接受的傾向。親和力雖然重要，但如果做得太過火會變成雞婆，使對方喘不過氣。請你接受對方與自己的差異，畢竟有時只在一旁守護也很重要。

你的出生日期15，同時具備1的開始，與5的自由與變化的特質，兩者相加為6，象徵包容所有一切的大愛與溫柔。再加上出生月分10的要素，更加提昇你的熱情，代表只要你下定決心，不管到哪裡都能邁向目的。

### ✧ 戀愛・婚姻・性生活 ✧

你屬於很容易就會沉溺於愛情中的戀愛類型。你會為喜歡上的人奉獻，孜孜不倦地照顧他。而且你的占有欲強，對方光是和與其他異性說話，就會被你懷疑劈腿，甚至還會指責他。就算你很愛對方，但若支配欲與控制欲太過強烈，還是會使對方喘不過氣，甚至因此而離開你，請特別注意。

你在婚後也可能因為太過重視家人，而囉唆地干涉他們。熱愛取悅對方的你，在性生活方面，只要對方要求，你也會運用技巧，熱情地與對方翻雲覆雨。

### ✧ 工作・財運 ✧

在工作上，你會一邊提出方向，一邊與夥伴在現場揮汗如雨地努力，讓整個團隊團結一心。你不管在任何方面都很會照顧人，因此得到許多人的仰慕，甚至會在周圍的人推舉之下，坐上領袖的寶座。你擁有可靠的行動力，因此建議你挑戰過去誰曾有人參與過的新領域。

你的財運非常好，擁有招財的的天賦，因此對於金錢本身並不執著。而且，你會慷慨地把錢花在別人身上，但遇到困難的時候，周圍的人也會反過來幫助你，因此你這輩子都不會為錢所苦。

## ✧今生使命・未來展望✧

你今生的使命是：活用熱情教師的資質，透過自己的經驗探究真理，確立自己的風格，並且學會真正的獨立。

你是否有太過於多管閒事的傾向，或是付出後會期待對方的回報？這種心態就如同依賴對方。

真正的獨立是，分辨什麼是自己做得到的事情，並且獨自堅持到最後。不在意他人的評價，也不強迫對方接受自己的價值觀，或者支配對方。

只要認同原原本本的自己，就能接受對方本來的樣貌。當你能夠不依賴彼此，與對方建立對等的關係時，就能達成真正的獨立。首先，請你試著從珍惜獨處的時間，從感興趣的領域好好投入一件事情開始吧。習慣度過獨處的時光，就是你達成今生使命的第一步。

## ✧生日帶來的訊息✧

「擴大的愛情」
「熱中」
「探究真理」

### 前世の故事

你的前世，是殖民地時代英國軍校的教官。你用既嚴格又溫柔地方式教導了許多即將入伍的少年，並得到許多學生的仰慕。你在某天的課堂上，忍不住透露自己的心聲，批判軍隊的高層，於是被軍隊視為異議份子，趕出學校。這也使得仰慕你的學生對此強烈反彈，發起叛亂。

後來，學生的叛亂行動愈演愈烈，局面演變成你出面也無法處理的地步。你看到被軍方全力鎮壓、逮捕的學生時，因為自己先前的愚蠢行動與無力，流下了後悔的淚水。

טוֹר

10/15 希伯來文

### ✧生日契合度✧

**◉ 情人・伴侶**

| | |
|---|---|
| 1月4, 13, 31日 | 7月7, 16, 25日 |
| 2月3, 12, 21日 | 8月6, 15, 24日 |
| 3月2, 20, 29日 | 9月5, 14, 23日 |
| 4月10, 19, 28日 | 10月4, 13, 31日 |
| 5月9, 18, 27日 | 11月3, 21, 30日 |
| 6月8, 17, 26日 | 12月2, 11, 20日 |

**◉ 工作夥伴・朋友**

| | |
|---|---|
| 1月6, 15, 24日 | 7月9, 18, 27日 |
| 2月5, 14, 23日 | 8月8, 17, 26日 |
| 3月4, 13, 31日 | 9月7, 16, 25日 |
| 4月12, 21, 30日 | 10月6, 15, 24日 |
| 5月2, 20, 29日 | 11月5, 14, 23日 |
| 6月10, 19, 28日 | 12月4, 13, 22日 |

**◉ 競爭對手・天敵**

[3/6] [8/14] [9/11] [10/20] [11/20] [11/29] [12/15]

**◉ 靈魂伴侶**

[2/26] [3/9] [4/17] [6/24] [7/14] [8/14] [11/12]

### ✧生日名人✧

尼采（哲學家）
理查・卡本特（歌手）
柳原白蓮（歌人）
石井幹子（照明設計師）
木村綠子（演員）
岡野昭仁（歌手）
東村明子（漫畫家）
真木陽子（演員）
阪口夢穗（足球選手）
水原希子（模特兒）

◉ 從你的生日看命運
請見32頁

# 10月16日

October sixteenth

**對於作品品質**
**絕不妥協**
**堅持完美的職人**

這天出生的你，是對自我風格和作品堅持到底的職人。你熱愛自己的工作，以及運用專業知識與技術製作的作品。你朝著理想的生活方式與信念的道路，心無旁騖地勇往直前。你有強烈的專業意識與責任感，能一絲不苟地完成別人交辦的任務。

你擁有自己強烈的堅持，無法做出半吊子的妥協，有時也無法配合旁人的步調。你個性認真，心裡也隱藏著高度的自尊，請特別注意避免因為太過頑固而遭周圍孤立。你不管什麼事情都必須親自體驗才甘心，也可能因為挑戰許多事情而變得太忙碌。

但是你對於使命堅忍不拔的態度，總能讓周圍的人對你另眼相看，得到大家的信任。你擁有明確的方向性，能夠一邊激勵大家，一邊帶領大家往前進，即使是獨自一人無法完成的龐大計畫，你也能將其導向成功。

你出生的16日，是由1的起始，與6的愛與協調組成，具有統整的力量，象徵獨自完成的能力。再加上出生月分10代表現世與靈界所有一切的要素，更加強化你任何事情都以完美為目標的想法。

## ❖ 戀愛・婚姻・性生活 ❖

雖然在戀愛當中，對方會逐漸占據你的心思，但因為自尊心的阻撓，使你很難坦率表達。你會因為自己明明這麼以情人為重，對方卻總是不在乎自己而感到嫉妒。

你在婚後相當重視家庭，一切會以家人為優先考量。但是不管家人之間的關係再好，若忘了留點獨處的時間，會對你造成莫大的壓力。

在性生活方面，伴侶原以為你是那種能夠縱情享受的人，但你的熱情卻會一下子冷卻，兩面性的反差或許會使你更帶有神祕的魅力。

## ❖ 工作・財運 ❖

你的職人氣質在工作時會更加強化，使你不會輕易改變自己的意見。你對自己的工作有自信，因此你的自尊不允許你向任何人妥協，或許也會因此遭到孤立。但如果別人認可你的才華，你想必會誠摯回應他的建議。

如果你的作品獲得好評，就有賺大錢的可能。但你也有擅長照顧人、好好丈夫的一面，因此也可能因為人際關係而散財。如何使用到手的金錢，將是影響你財運的重點，請你慷慨地和別人分享財富。

## ❖ 今生使命・未來展望 ❖

今生你的使命是：透過自己的工作與創作，取得現實上的成功，並與許多人共享富足。

你是個非常講究專業的職人型人物，雖然你擅長以成功為目標，自己一個人一步一腳印地努力向前，卻不擅長把到手的富足與周圍的人分享，或是把喜悅的心情傳達給別人。

今生的你，請重視自己與身邊可信賴的夥伴及家人之間的關係，並將實質的成果與他們分享。例如，頻繁地送伴手禮，或是請別人吃飯等等。只要你對重要的人心存感激，就能透過共享事物或時光，感受到彼此之間更深層的交流。

### ❖ 生日帶來的訊息 ❖

**「職人魂」**
**「直性子」**
**「分享喜悅」**

### 前世の故事

你的前世是中世紀德國某個大師級的人物，領導同儕們組成職業工會。你在同儕當中既有實力也有人緣，最後掌握了工會內的實權，但你為了實現自己的理想社會，企圖掌握更大的權力。

最後你所心心念念的權力終於到手，但你的態度卻開始變得蠻橫，同伴則以冷淡的態度對抗。為了貫徹自己的信念，你開始行使權力，壓制反對派。當你與曾是同伴的敵手對抗時，開始懷疑：自己雖然朝著自以為正確的方向勇往直前，但這樣真的能夠接近自己的理想嗎？

טזי

10/16 希伯來文

### ❖ 生日契合度 ❖

**◉ 情人・伴侶**

| | |
|---|---|
| 1月5, 14, 23日 | 7月8, 17, 26日 |
| 2月4, 13, 22日 | 8月7, 16, 25日 |
| 3月3, 12, 30日 | 9月6, 15, 24日 |
| 4月2, 20, 29日 | 10月5, 14, 23日 |
| 5月10, 19, 28日 | 11月4, 13, 22日 |
| 6月9, 18, 27日 | 12月3, 12, 30日 |

**◉ 工作夥伴・朋友**

| | |
|---|---|
| 1月7, 16, 25日 | 7月1, 19, 28日 |
| 2月6, 15, 24日 | 8月9, 18, 27日 |
| 3月5, 14, 23日 | 9月8, 17, 26日 |
| 4月4, 13, 22日 | 10月7, 16, 25日 |
| 5月3, 21, 30日 | 11月6, 15, 24日 |
| 6月2, 11, 29日 | 12月5, 14, 23日 |

**◉ 競爭對手・天敵**

[1/22] [4/16] [5/4] [5/25]
[6/13] [6/22] [10/18]

**◉ 靈魂伴侶**

[1/21] [2/16] [3/6] [4/5]
[5/14] [6/3] [12/21]

### ❖ 生日名人 ❖

諾亞・韋伯斯特（韋氏字典編纂者）
王爾德（作家）
鈞特・葛拉斯（作家）
提姆・羅賓斯（演員）
大山羨代（聲優）
阿川泰子（歌手）
大田垣晴子（插畫家）
德澤直子（模特兒）
瀧本美織（演員）
大坂直美（網球選手）

◉ 從你的生日看命運
請見32頁

# 10月17日

October seventeenth

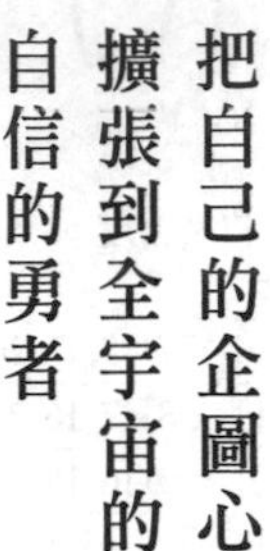

## 把自己的企圖心擴張到全宇宙的自信的勇者

這天誕生的你，胸口蘊藏著熱情，是熱愛努力的熱血鬥士。你充滿了依據自己的信念勇往直前的強大行動力。

你的出生日期 17 代表了擁有明確方向的箭頭，再加上出生月分 10 的要素，使你的人生格局更加擴大。你擁有熱情的力量、堅定的信念、難以撼動的意志。當眼前的阻礙愈大，愈能激發你的戰意，使你成為勇者，為了克服阻礙勇敢發動挑戰。

你的自尊心高，比別人更加不服輸，一旦展開實際行動，就會把重點擺在具體成果的展現上，是個結果論者。你的意志堅定，不會輕易改變自己的想法，因此也有不太能接受別人意見的頑固的一面。你雖然能夠朝著提出的目標邁進，但也會嚴格要求對方和自己一樣努力。

旁人如果跟不上你的幹勁，你或許會覺得不滿。但你應該自己站到前面，激勵周圍的人，將組織或團隊團結起來，而不是去期待別人有什麼作為。如果你不要企圖依照自己的想法控制對方，而是把心思放在引導別人發揮才能的重心上，想必更能活用你的能力。

### ❖ 戀愛・婚姻・性生活 ❖

你總是自己掌握主導權，不斷地引領著對方的行動前進。你在愛情中也很不服輸，愈是遭到周遭反對，或是障礙與試煉愈多，愈能點燃你的熱情。你不擅長向對方撒嬌，因為覺得承認自己的脆弱、錯誤或做出讓步相當於認輸，所以你很難做到。

你雖然重視夫妻關係，但不是那種男主外、女主內的類型，會把能量注入在工作或興趣等家庭以外的事情上。在性生活方面，你也喜歡自己引導對方，偏好熱情大膽的性關係。

### ❖ 工作・財運 ❖

你擴張事業的意志強大，擁有旺盛的企圖心。在這凡事講求競爭的社會中，你屬於比別人更熱血的類型。你即使身在組織當中，也不甘於永遠屈居人下。你就算面對上司與客戶，也能大膽地表達自己的意見。只要別人需要你的時候，你會變得相當可靠，能夠大顯身手，令人刮目相看。

你具備白手起家創造巨額財富的才能，因此適合創立自己的事業，擔任老闆。你的財運十分宏大，因此提出具體、遠大、崇高的目標會更容易實現。

## ✧今生使命・未來展望✧

今生你的使命是：以實現世界和平為目標，造福世界與人類，讓人人都能過著幸福、富足的生活。

你充滿專注力與行動力，但你希望的幸福與富足，不一定與旁人相同。如果把「為了獲得幸福，因此必須努力」當成理念，就會以自己覺得正確的價值觀要求周圍的人，只會造成自己或旁人的痛苦而已。

如果你真心希望世界和平，請試著在以自己的正義感制裁別人之前，在心裡保留一點認同對方的立場與退縮的空間。只有你真心地接受幸福的形式因人而異，想要什麼樣的幸福是每個人的自由，並以內心的平和、平靜為優先，才能朝著你今生的使命，踏出確實的一步。

## ✧生日帶來的訊息✧

「實現理想」

「興盛」

「釋放能量」

### 前世の故事

你的前世是俄羅斯帝國的富商，在亞洲與歐洲之間進行貿易。

由於你擁有商業天分，因此自然會吸引各路人才聚集到你的身邊，使你的事業規模逐漸擴大。後來，你創造莫大的利益，取得高度的地位、名聲與強大的權力，獲得許多財富。於是，你開始擁有「自己掌握了這個世界所有一切」的錯覺，最後甚至將反對者與競爭對象徹底擊潰。

你毫不留情地捨棄弱者與失敗者的無情手法，使你逐漸失去人心，遭到孤立。你在迎來孤獨的晚年時，終於發現了體諒、接受對方立場的重要性。

רזך

10/17 希伯來文

### ✧生日契合度✧

**◉情人・伴侶**

| | |
|---|---|
| 1月1, 10, 28日 | 7月4, 13, 31日 |
| 2月9, 18, 27日 | 8月3, 21, 30日 |
| 3月8, 17, 26日 | 9月2, 11, 29日 |
| 4月7, 16, 25日 | 10月1, 19, 28日 |
| 5月6, 15, 24日 | 11月9, 18, 27日 |
| 6月5, 14, 23日 | 12月8, 17, 26日 |

**◉工作夥伴・朋友**

| | |
|---|---|
| 1月8, 17, 26日 | 7月2, 11, 29日 |
| 2月7, 16, 25日 | 8月10, 19, 28日 |
| 3月6, 15, 24日 | 9月9, 18, 27日 |
| 4月5, 14, 23日 | 10月8, 17, 26日 |
| 5月4, 22, 31日 | 11月7, 16, 25日 |
| 6月3, 12, 30日 | 12月6, 15, 24日 |

**◉競爭對手・天敵**

[2/6] [4/4] [6/10] [8/17] [8/26] [11/15] [12/28]

**◉靈魂伴侶**

[4/9] [5/8] [5/20] [6/25] [7/18] [7/24] [12/4]

### ✧生日名人✧

亞瑟・米勒（作家）
蒙哥馬利・克利夫特（演員）
阿姆（音樂人）
賀來千香子（演員）
黑澤宗子（諧星）
井上怜奈（花式滑冰選手）
今井翼（藝人）
大島優子（演員）
松坂桃李（演員）
櫻庭奈奈美（演員）

◉從你的生日看命運
請見32頁

# 10月18日

October eighteenth

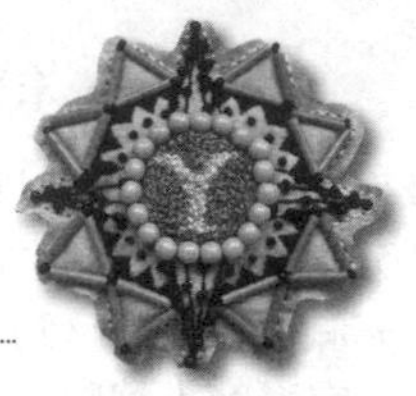

**為了改變世界 認真培養下一代的 熱血導師**

1代表起始，8代表無限大，兩者都是充滿力量的數字。你誕生的18日，意謂著可靠的領袖與能使眾人團結的人。再加上出生月分10的影響，使1所具備的行動力與指導力，因為0的力量而更加放大、強化。

10月18日出生的你，兼具知性與行動力，是意志力堅強的賢者。你擁有自然而然就能吸引人的氣場，但不忘顧慮周圍的人，總是為眾人全力以赴。你是蘊藏著熱情的人生導師，具有培養出改變世界的下一代領袖的使命。

你懷著為貢獻社會的高度意識，希望實現所有人都能和平共處的社會，是個理想主義者。你朝著遠大的目標前進，並兼具足以率領許多人的實力與人緣。你具有為周圍的人帶來莫大影響的明星特質，想必不少人仰慕你，擅自把你當成導師崇拜。正因為如此，你的自尊心也很高，無法承認自己的失敗與出糗等表現負面的時刻。

你太過要求完美，往往不管對自己還是對他人都很嚴格，請特別注意。只有不拘小節、以超然的眼光貫徹自己想要的人生，才能輔佐、培養出真正的領袖。

## ❖戀愛・婚姻・性生活❖

在愛情與婚姻方面，你有自己的理想，希望能夠將其實現。你的自尊心高、個性敏感又容易受傷，很難坦率地表達自己的想法。由於你太過於尊重對方，有時反而會使得對方不知所措。

你在婚後會為了家庭工作，扮演好丈夫（好爸爸）或好太太（好媽媽）的角色，但也會以自己的價值觀限制著家人。你比較重視精神層面的交流，性生活往往流於平淡。請你更加對伴侶敞開心房，享受兩人世界。

## ❖工作・財運❖

你聰明、認真又勤勉。愈是處在困境，愈能不帶情緒地冷靜判斷，因此在組織中是個可靠的精神型領導者。

你高超的能力與崇高的人格，使不少想成為領袖的人都會來請教你，你也能成為他們精神上的支持，促使他們成長，以導師的身分發揮極大的作用。

你的財運穩定，能實際累積財富。但你有點看不起為增加個人財富而賺錢的行為，你的付出必須確實地為世界帶來貢獻，你才能安心地收取等值的報酬。但你往往會以身價來判斷衡量一個人的能力，請特別注意。

## ❖ 今生使命・未來展望 ❖

今生你的使命是：支持領導者，活用真正的導師才能，為自己的人生負起責任，並發揮強大的領導力。

你的責任感強烈，往往會因為顧慮周圍的人，而隱藏自己真正的想法，把自己逼到絕境。你需要從被眾人期待的角色中釋放，更坦率、大膽地貫徹自己想要的生活方式。

你太在意自己是否擁有造福世界與人群的能力，往往會把他人的眼光當成所有一切的判斷標準。請你不要站在他人的角度想事情，而要更加相信根據自己的感覺所做的判斷。

你可以從一些讓心裡比較沒負擔的小事開始，例如，和朋友一起去吃午餐時，試著提出自己想去的店家。當你在自己的人生中發揮強大的領導力，貫徹自己的生活方式時，就能為眾多領袖帶來更大的影響。

## ❖ 生日帶來的訊息 ❖

「積陰德」
「做出貢獻」
「好好感受自己的情緒」

### 前世の故事

你的前世是活躍於日本安土桃山時代的茶道宗師。你的頭腦清晰，人緣深厚，擁有許多弟子，也頻繁出入顯赫諸侯的茶會。

某天，你的大弟子在招待重要客人的茶席上嚴重失態。而弟子的過失就是師傅的責任，於是你賭上自己的性命，為弟子的無禮向前來參加茶會的諸侯謝罪。幸好這位諸侯心胸寬大，不追究你與弟子的失禮，也沒有給你們任何處罰。這時候你才學到真正的領導者應該是什麼樣的人物。於是你更加勤奮修行，期許自己也能成為這樣的人。

יחי

10/18 希伯來文

### ❖ 生日契合度 ❖

**◉ 情人・伴侶**

| | |
|---|---|
| 1月2, 11, 20日 | 7月5, 14, 23日 |
| 2月1, 10, 28日 | 8月13, 22, 31日 |
| 3月9, 18, 27日 | 9月3, 21, 30日 |
| 4月8, 17, 26日 | 10月2, 11, 29日 |
| 5月7, 16, 25日 | 11月1, 10, 19日 |
| 6月6, 15, 24日 | 12月9, 18, 27日 |

**◉ 工作夥伴・朋友**

| | |
|---|---|
| 1月9, 18, 27日 | 7月3, 12, 30日 |
| 2月8, 17, 26日 | 8月2, 20, 29日 |
| 3月7, 16, 25日 | 9月10, 19, 28日 |
| 4月6, 15, 24日 | 10月9, 18, 27日 |
| 5月5, 14, 23日 | 11月8, 17, 26日 |
| 6月4, 13, 22日 | 12月7, 16, 25日 |

**◉ 競爭對手・天敵**

[4/18] [5/8] [6/18] [8/1] [8/28] [9/1] [10/17]

**◉ 靈魂伴侶**

[2/22] [3/8] [3/26] [4/20] [7/17] [9/24] [12/30]

### ❖ 生日名人 ❖

亨利・柏格森（哲學家）
娜拉提洛娃（網球選手）
周迅（演員）
馬場登（漫畫家）
三矢雄二（聲優）
鄉廣美（歌手）
蜷川實花（攝影師）
金子昇（演員）
森泉（模特兒）
仲里依紗（演員）

◉ 從你的生日看命運
請見32頁

# 10月19日

October nineteenth

**以宏觀視野理解萬物的聰明領導者**

10月19日出生的人求知欲旺盛，頭腦聰明，具有綜觀全局的能力。你的視野開闊、思考深入，擁有寬大的器量，並具有吸引眾人的魅力，讓你的周圍總是自然而然地聚集了人群。

你的出生日期19，結合了最初的1與最後的9這兩個數字。使你兼具1的領袖資質，與9的團結才能。再加上出生月分10的要素，更加擴大你的格局。你雖然低調，卻會朝著崇高的理想邁進，並在不知不覺之間站上領導者的位子。你的內心隱藏著高度的自尊，在看不見的地方比別人更加努力，但卻不會輕易讓人看見你努力的身影。

你溫和又擅長照顧人，一視同仁的態度也讓你擁有好人緣。你能傾聽別人的意見，巧妙地與自己的主張融合在一起，屬於協調型的領導者。

你兼具大膽與敏感兩種完全相反的特質，內在外在反差甚大，因此也可能因為別人不經意的一句話而態度丕變，出現可怕的一面。這樣的誇張落差也會讓人覺得你不好相處，所以請你拋棄無謂的自尊，小心避免因為極端的態度而失去難得的好人緣。

## ❖戀愛・婚姻・性生活❖

當你把對方當成戀愛對象看待時，就會以自己心目中的理想形象為標準，判斷對方適不適合自己，並依此選擇伴侶。一旦開始交往，你就會想要掌握對方的一切，認真經營感情，但你卻不喜歡告訴對方真心話。

大家以為你是個以自我為中心的人，但你也有愛煩惱的一面，容易展現出雙重人格的特質。你雖然愛你的家人，但也喜歡工作，即使結婚，也很有可能不會把家庭擺在第一位。你的兩面性也會展現在性生活上，時而掌握主導權，時而順從對方。

## ❖工作・財運❖

你不管從事什麼工作，都肯定能成為核心人物。你會提出遠大的目標，兼具實現目標的縝密計畫性與執行力。你能夠擬定計畫、決定方向、傾聽眾人的意見，推動整體計畫並進行調整，使你的組織能力獲得極高的評價。

你擁有既實際又強大的財運，對於理財的知識也很豐富，能透過投資之類的方式確保踏實的利益。你在未知的領域也能開拓自己的道路，並且希望把到手的財富拿來幫助更多的人。

## ❖今生使命・未來展望❖

你是博學多聞的領袖，在心裡的某個部分，堅信另一個無形的世界確實存在。這樣的你，選擇把「磨練自己的直覺與靈感，探索無形的世界，並把從中學到的知識與經驗，在現實世界中傳遞出去」當成今生的使命。

雖然科學無法證明，但如果把無形的世界當成沒有意義的事物，就等於不相信自己的直覺與靈感。

首先，請從自己感興趣的領域，認真探索無形世界的事物，並試著有自覺地把這樣的智慧活用到現實世界中，例如：芳療或氣功。再把你從中得到的感覺與體驗，以簡單易懂的語言及表現方式傳達給周圍的人，就是你今生的使命。透過接受無形的世界，展現身為領導者的器量，就能使你身為領袖的格局更加宏大。

## ❖生日帶來的訊息❖

「俯瞰全局」

「才智」

「活用直覺」

### 前世の故事

你的前世是某個巴西原住民部族的長老。你聰明、溫和，能以宏觀的視角看待事物，並獲得同伴們莫大的信賴。

你們與其他部族比鄰而居，但某天有個好戰的部族對你的村子發動攻擊。你不希望發生無意義的戰爭，希望能靠協商解決，但對方不願意聽你說，在無可奈何之下，戰爭還是發生了。雖然整個部族齊心協力作戰，卻打不過習於戰鬥的對手，因此慘敗。雖然你幸運地平安無事，但也因為雙方都出現許多犧牲者而感到悲痛，你的靈魂，謹記著戰爭是一件沒有意義的事情。

יטז

10/19 希伯來文

❖生日契合度❖

◉ **情人・伴侶**

| | |
|---|---|
| 1月9, 18, 27日 | 7月3, 21, 30日 |
| 2月8, 17, 26日 | 8月2, 11, 29日 |
| 3月7, 16, 25日 | 9月1, 19, 28日 |
| 4月6, 15, 24日 | 10月9, 18, 27日 |
| 5月5, 14, 23日 | 11月8, 17, 26日 |
| 6月4, 13, 22日 | 12月7, 16, 25日 |

◉ **工作夥伴・朋友**

| | |
|---|---|
| 1月1, 19, 28日 | 7月4, 13, 22日 |
| 2月9, 18, 27日 | 8月3, 12, 30日 |
| 3月8, 17, 26日 | 9月2, 11, 29日 |
| 4月7, 16, 25日 | 10月1, 19, 28日 |
| 5月6, 15, 24日 | 11月9, 18, 27日 |
| 6月5, 14, 23日 | 12月8, 17, 26日 |

◉ **競爭對手・大敵**

[5/10] [6/9] [7/9] [8/7] [8/18] [9/6] [11/10]

◉ **靈魂伴侶**

[3/20] [5/15] [7/23] [8/4] [9/10] [10/2] [11/1]

❖生日名人❖

路易斯・芒福德（歷史學家）
埃米爾・吉列爾斯（鋼琴家）
米澤富美子（物理學家）
菊地信義（書籍設計師）
野澤秀行（音樂人）
原博實（足球選手）
畑健二郎（漫畫家）
金子賢（演員）
羽田圭介（作家）
須賀健太（演員）

◉ **從你的生日看命運**
**請見32頁**

# 10月20日

October twentieth

## 在幕後發揮力量 熱愛支持別人的輔佐者

你是熱愛支持別人的輔佐者，擅長照顧別人，在幕後發揮力量。你為了實現大家提出的願景，不惜提供他人全力以赴的幫助。你會一邊說著「這麼做是為了大家」，也一邊激起自己的鬥志。你雖然絕不出鋒頭，但具有能夠看透全局的眼光，也能顧慮細節，渾身充滿了可靠的能量，令人信賴。

你的出生日期10月20日的月分與日期，都含有0這個具有放大、擴張相鄰數字所代表意義的力量。出生日期20的2代表協調、包容，出生月分10的1則代表箭頭、開始，而0的能量則能夠同時放大1與2這兩個數字的特質。但是1的領導力與2的輔佐者所具備的相反特性，也會因為0而更加突顯，讓你的精神也有容易失衡的傾向。

你個性溫和，基本上無法拒絕別人拜託的事情。同時也有強大的責任感，覺得既然自己承擔下來，就要幫忙到底。你有一顆堅韌的心，能壓抑真正的自己，扮演旁人期望中的角色，但若壓力太大，可能會忍受不住而爆發，請注意。

### ✣戀愛・婚姻・性生活✣

你容易墜入情網，一旦喜歡上某個人，就會想盡辦法為對方奉獻。你會把對方的事情擺在第一，總是抱持著認同的態度，接受對方的想法與意見。你雖然很重視對方的心情，總以對方為優先，但你依賴伴侶，把一切都交給伴侶判斷的態度，會使你迷失自己，請特別注意。

你在婚後不會只顧著自己的小家庭，也很重視親戚，會為整個家族奉獻。而且你不管是帶孩子還是做家事，都會確實完成自己的本分，不會偷懶。但由於你很疼愛孩子，因此對孩子的照顧可能會到過度保護的地步。在性生活方面，你雖然屬於願意配合對方的被動類型，但也能順從自己真正的本心去享受。

### ✣工作・財運✣

你在組織當中常常扮演協調者的角色，能夠不帶偏見地接納各種意見，協助團隊確立目標。你雖然言行舉止低調，卻不知為何相當具有存在感。你擅長從各個角度支持站在舞臺上的人，因此處在協調、顧問的位置，能夠發揮你的才能。你兼具出眾的專注力與爆發力，因此最適合擔任需要活用交涉能力或管理能力的經理、祕書等輔佐領導者的角色。

你也具有能夠擴張對方財運的特質，因此你所輔佐的對象將會大幅影響你的財運。正因為如此，分辨出誰是值得你追隨的領導者，對你而言就比什麼都重要。

## ❖ 今生使命．未來展望 ❖

今生的你，選擇把「輔佐別人，共享喜悅，同時也懷著天真爛漫的赤子之心，豁達享受自己的人生」當成今生的使命。

你是否連自己也愈來愈搞不清楚，自己溫柔地接納別人的行為，是出自真心還是義務呢？如果你總是把自己的事情擺到後面，無法露出發自內心的笑容，那麼即使你的幫助使周遭人們充滿歡笑，你也無法獲得真正的喜悅。請不要太在意他人的評價，盡情享受自己的人生，才能使你自己更加閃耀。

請你坦率面對自己的情緒，把心思放在豁達地享受人生。比起思考，你更應該以感受為優先。請讓自己更常展露出發自內心的歡笑，這將會成為帶領你邁向人生目的地的關鍵。

## ❖ 生日帶來的訊息 ❖

**「值得信賴」**

**「拜師」**

**「純真的生活」**

### 前世の故事

你的前世，是中世紀生活在中東沙漠的遊牧民族女性。

你過著為丈夫與家族奉獻的生活，但某天你的丈夫出門尋找逃走的駱駝，就再也沒有回來了。過了好幾個禮拜，有人在其他綠洲發現了你的丈夫，於是你前去找他，而丈夫給人的印象竟判若兩人，這時你才發現，丈夫是為了與其他女子共同生活而離開自己。

雖然能再次見到丈夫使你感到安心，但你也湧上憤怒情緒，邊哭邊指責丈夫。但等你情緒冷靜下來後，發現自己一直以來都過著只依賴丈夫的生活，於是你下定決心自己也要重新活過，便頭也不回地離開了。

# כ׳

10/20 希伯來文

### ❖ 生日契合度 ❖

**◉ 情人．伴侶**

| | |
|---|---|
| 1月6, 15, 24日 | 7月9, 18, 27日 |
| 2月5, 14, 23日 | 8月8, 17, 26日 |
| 3月4, 13, 31日 | 9月7, 16, 25日 |
| 4月3, 12, 30日 | 10月6, 15, 24日 |
| 5月2, 20, 29日 | 11月5, 14, 23日 |
| 6月1, 19, 28日 | 12月4, 13, 22日 |

**◉ 工作夥伴．朋友**

| | |
|---|---|
| 1月2, 11, 20日 | 7月5, 14, 23日 |
| 2月10, 19, 28日 | 8月4, 22, 31日 |
| 3月9, 18, 27日 | 9月3, 21, 30日 |
| 4月8, 17, 26日 | 10月2, 11, 20日 |
| 5月7, 16, 25日 | 11月1, 10, 28日 |
| 6月6, 15, 24日 | 12月9, 18, 27日 |

**◉ 競爭對手．天敵**

[2/2] [4/11] [6/26] [8/6] [9/12] [10/2] [11/21]

**◉ 靈魂伴侶**

[2/20] [3/10] [5/12] [6/7] [7/24] [9/19] [10/21]

### ❖ 生日名人 ❖

阿爾圖爾．蘭波（詩人）
約翰．杜威（哲學家）
佛列德瑞克．丹奈（艾勒里．昆恩、作家）
石津謙介（設計師）
宇江佐真理（作家）
中嶋常幸（高爾夫選手）
茂木健一郎（腦科學家）
山口智子（演員）
柴崎友香（作家）
山田孝之（演員）

◉ 從你的生日看命運
請見32頁

# 10月21日

October twenty-first

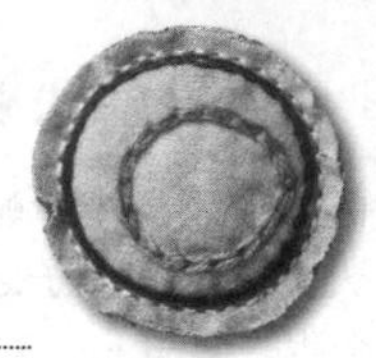

莫名引人喜愛
活力充沛的
開心果

選擇在這天誕生的你，就像是個活力充沛的孩子，莫名地招人喜愛，自然而然為周遭帶來愉快的氣氛，無法讓人討厭。當你捲起袖子下定決心，就能向目標猛烈衝刺，擁有活躍的能量。

你雖然敏感，但也兼具大膽的一面，擅長以獨特的發想創造新事物。你具有獨特的存在感，能夠緩和現場氣氛，創造歡笑，就像是個開心果。

但你也有怕生的一面，或許需要一點時間才能建立信賴關係。如果你能運用靈活的發想力與豐富的感受力，在藝術或表演之類的場域獲得表現自己魅力的空間，你的才華想必就能開花結果。

你的出生日期21，兼具2調和、協調的女性能量，與1開始、領導的強大男性能量，讓你具有創造新事物的才能。再加上出生月分10放大、擴張的能量特質，使你擁有旺盛的好奇心，代表著只要你感興趣，不管什麼事情都積極挑戰的行動力。

不過，當事情順利進行的時候雖然沒問題，但如果你小看挑戰或出現迷惘，那麼就算你能夠克服的問題也會想要逃避，因此提醒自己要有毅力，不輕言放棄。

## ❖戀愛・婚姻・性生活❖

你的外表與內在都會隨著交往對象產生極端的變化，因為你愛上的是戀愛的感覺。你把被愛擺在第一優先，只要遇到新的對象，從服裝風格到髮型都會隨著對方的喜好而改變。你的被動特質在愛情當中會特別突顯，可能也會因此讓對方感到沉重的心理負擔。

你在婚後也會依賴你的伴侶，容易對他撒嬌。你喜歡孩子，會與孩子建立朋友般的親子關係。你無法將戀愛與性生活分開來看，重視肉體的關係與交流。

## ❖工作・財運❖

你的個性獨特，擁有感受力豐富的發想力，因此或許適合從事能夠活用這方面特質的職業。能夠置身於流行尖端，發揮創造力的時尚、美容相關事業等最適合你。

你也擅長從零創造出新事物，或是統整、編纂、加工的事務，因此也適合擔任寫手或編輯。若能與信賴的夥伴組成團隊從事工作，更能發揮你的能力。

你的財運穩健。請相信自己的才能，將自己的工作化為具體的作品，有機會使你獲得好評，賺得巨額財富。

## ❖ 今生使命・未來展望 ❖

你是組織中的開心果，擁有迷人的魅力，而你今生的人生目標是腳踏實地地扮演自己被賦予的角色，將自己完成的工作成果以具體的方式表現，並且持之以恆。

你擅長將想像具體化，請你今生充分發揮這樣的才能，並且把注意力擺在如何持之以恆。

當你決定在感興趣的領域展開行動時，迅速的行動力與爆發力，往往令人瞠目結舌。但這樣的氣勢可能無法持續到最後也是事實。你想必也常常感覺到自己只有三分鐘熱度吧。

但你也擁有堅韌能幹的一面。不需要想得太嚴肅，只要享受眼前的工作，並且持之以恆地完成，就能在不知不覺間達成目標。請你為努力的自己準備充分的犒賞，愉快地展開挑戰吧！

### ❖ 生日帶來的訊息 ❖

**「先驅的力量」**

**「創造」**

**「負起責任堅持到底」**

### 前世の故事

你的前世是在近代的南美巴西，是一個熱愛森巴舞節奏的舞者。

據說森巴是來自非洲裔黑人奴隸的音樂，其強而有力的節奏是為了令人忘卻悲慘的遭遇與嚴峻的勞動。這樣的節奏深深吸引著你，令你十分著迷。你每天拚命表演舞蹈，希望來看自己跳舞的人，能夠稍微獲得療癒，忘卻疲憊。你的舞蹈也因此獲得好評，為許多人帶來療癒的影響力，但沒有把自己的經典舞序確實流傳後世，是熱愛跳舞的你唯一的遺憾。

10/21 希伯來文

### ❖ 生日契合度 ❖

**◉ 情人・伴侶**

| | |
|---|---|
| 1月7, 16, 25日 | 7月1, 19, 28日 |
| 2月6, 15, 24日 | 8月9, 18, 27日 |
| 3月5, 14, 23日 | 9月8, 17, 26日 |
| 4月4, 13, 22日 | 10月7, 16, 25日 |
| 5月3, 12, 30日 | 11月6, 15, 24日 |
| 6月11, 20, 29日 | 12月5, 14, 23日 |

**◉ 工作夥伴・朋友**

| | |
|---|---|
| 1月3, 21, 30日 | 7月6, 15, 24日 |
| 2月2, 11, 20日 | 8月5, 14, 23日 |
| 3月1, 10, 28日 | 9月4, 13, 22日 |
| 4月9, 18, 27日 | 10月3, 12, 30日 |
| 5月8, 17, 26日 | 11月2, 11, 20日 |
| 6月7, 16, 25日 | 12月1, 10, 19日 |

**◉ 競爭對手・天敵**

[1/12] [2/5] [4/30] [5/5]
[8/17] [11/29] [12/4]

**◉ 靈魂伴侶**

[3/15] [4/5] [6/14] [8/30]
[10/8] [11/27] [12/17]

### ❖ 生日名人 ❖

阿佛烈・諾貝爾（發明家）
瑪麗・布萊爾（藝術家）
娥蘇拉・勒瑰恩（作家）
嘉莉・費雪（演員）
江戶川亂步（作家）
蛭子能收（漫畫家）
永島敏行（演員）
渡邊謙（演員）
千住明（作曲家）
伊藤美誠（桌球選手）

◉ 從你的生日看命運
請見32頁

# 10月22日

October twenty-second

## 個性獨特 有強大影響力的 明星型領導者

這天出生的你將活躍於全世界，散發強烈氣場，讓許多人為你著迷，是充滿魅力的領導者。你的意志力堅強，具備超乎尋常的大膽行動力，不甘於窩在小小的世界裡。你的出生日期22，象徵著時間與空間的所有一切，是靈性的神聖數字。再加上出生月分代表著10大格局領導者的特質，使你超凡的存在感提昇到宇宙等級。

你會嚴格遵守禮法、認真誠實的態度總帶給人好感。但如果只展現你堅持的一面，就無法將你宏大的才能發揮出來。你擁有獨特的個性，以及能夠去愛各種人的寬大包容力，並且可透過強大的精神力量，帶給周圍的人遠大的夢想與希望，因此將活動據點轉移到海外，更能使你的實力得到長足的發揮。

10月出生的人，特色是具備明星特質、容易親近，自然而然就能吸引人，展現大哥大、大姐頭的氣質。但是你不諂媚迎合別人，走自己的路的態度，有時也會帶給人傲慢的印象。但這正是22日出生的人的特徵。請你貫徹適合自己的生活方式，充分發揮無與倫比的才能吧！

### ❖ 戀愛・婚姻・性生活 ❖

你認真又具有包容力，但隨著關係深入，難免容易展現出原本具備的王者、女王氣質。一旦發現對方可以受到自己的控制，就會想要指揮、命令對方，如果不如己意，也可能自暴自棄。

即使結婚後，你也不甘屈居於家庭，對工作滿懷熱情。最好要有總是閒不下來、每天過得匆匆忙忙的心理準備。你偏好激烈熱情的性生活，並會掌握主導權，支配對方的傾向也會增強。



### ❖ 工作・財運 ❖

你絕對是個能夠做大事的人。當你與海外保持暢通的合作管道時，事業舞臺將遍布全世界。你具備明星特質，因此只要不疏於日常的努力與感謝之心，不管在什麼領域都能嶄露頭角，擁有強大的事業運。

你的財運超乎尋常地強大、極端。你天生就具備憑自己的才能換得金錢的能力。因此只要不把自己侷限在小地方，把力量專注在喜歡的事物上，就能接二連三實現夢想。你吸引人才與財富的力量非常強大，即使財務出現問題，也能立刻挽回。

## ✧ 今生使命・未來展望 ✧

你是能為旁人帶來影響力的明日之星，今生的使命是：自由往來全世界，成為連結人與人關係的溝通者。

你擁有世界級的創意與行動力，但如果受限於世俗標準，就無法活用你的明星特質，請特別注意。你不要太小看自己，讓自己不斷地邁向全新的世界。

請打破那個限制住自我發展的殼，自由張開雙翼，追求新的可能性。只要你能順從直覺迅速展開行動，自然就能為實現夢想與願望做好準備。

你將理想化為實際的過程，能夠支持多人完成他的夢想。當你貫徹身為明星的獨特生活方式，就能為世界上的更多人帶來影響力，也實現了你身為溝通者的使命。

## ✧ 生日帶來的訊息 ✧

「潛在能力」
「神聖」
「串連全世界」

### 前世の故事

你的前世，是生活在俄羅斯大河畔小鎮的學者。這座小鎮與鄰國相接，自古以來就在侵略與被侵略當中融入許多民族，而你的誕生就繼承了許多民族的血脈。你勤勉探究學問，成為皇帝認證的教育學者，甚至躋身貴族。

但你對這樣的身分並不滿足，依然同情看待貧苦的人以及被排擠的異族，持續針對帝國的理想樣貌傳遞自己的訊息。最後你的活動普及到全國，不知不覺間對社會帶來莫大影響。於是你深深煩惱，不知道自己在接下來的階段該怎麼做。

כבי

10/22 希伯來文

### ✧ 生日契合度 ✧

◉ 情人・伴侶

| | |
|---|---|
| 1月3, 21, 30日 | 7月6, 15, 24日 |
| 2月2, 11, 29日 | 8月5, 14, 23日 |
| 3月1, 10, 28日 | 9月4, 13, 22日 |
| 4月9, 18, 27日 | 10月3, 12, 30日 |
| 5月8, 17, 26日 | 11月2, 20, 29日 |
| 6月7, 16, 25日 | 12月1, 10, 28日 |

◉ 工作夥伴・朋友

| | |
|---|---|
| 1月4, 13, 31日 | 7月7, 16, 25日 |
| 2月3, 12, 21日 | 8月6, 15, 24日 |
| 3月2, 20, 29日 | 9月5, 14, 23日 |
| 4月1, 19, 28日 | 10月4, 22, 31日 |
| 5月9, 18, 27日 | 11月3, 21, 30日 |
| 6月8, 17, 26日 | 12月2, 20, 29日 |

◉ 競爭對手・天敵

[1/25] [2/1] [5/16] [7/4] [8/22] [9/25] [10/13]

◉ 靈魂伴侶

[3/7] [3/16] [4/6] [4/13] [4/22] [5/30] [8/18]

### ✧ 生日名人 ✧

法蘭茲・李斯特（作曲家）
羅伯特・卡帕（攝影師）
凱撒琳・丹尼芙（演員）
史派克・瓊斯（導演）
草笛光子（演員）
田中芳樹（作家）
高木豐（棒球選手）
室井滋（演員）
鈴木一朗（棒球選手）
關根麻里（藝人）

◉ 從你的生日看命運
請見32頁

# 10月23日

October twenty-third

行動快速
不斷蛻變的
改革者

10月23日誕生的你，是喜歡重大改變的改革者。你的環境適應力優異，個性坦率不拘謹，一旦對目標下定決定，就有了停不下來的衝勁。

你兼具靈活度與生氣蓬勃的大膽性格，不知不覺間就承擔起領袖般的角色，四周圍繞著許多人。你的人面廣，擅長為別人牽線，是宴會中不可缺少的稱職主人。

你對自己感興趣的事情，充滿了勇往直前的能量，但也有容易受他人意見影響而猶豫的一面。畢竟10月23日出生的人有著溝通者的特徵，重視人與人之間的關係、喜歡照顧人。但因為你自己具有衝勁，如果是朝著錯誤的方向前進，就有可能變得難以挽回。

請為自己保留足以客觀分辨自己處境的思考時間，或是找個能夠幫自己冷靜判斷的夥伴，這樣你在進行工作時也會比較安心吧。

2代表協調、調和，3代表天真的孩子，你出生的23日，象徵著新的邂逅、人與人之間的連結。再加上出生月分10宏大的格局，讓你擁有大河般壯闊的靈活度，更加突顯你充滿速度感與富有變化的特質。

### ✧戀愛・婚姻・性生活✧

面對喜歡的對象，你會懷著一顆坦率的心。雖然每一段感情你都認真看待，但由於你的戀愛經驗豐富，想必也經常招致旁人誤解。

你即使結婚也不甘於只待在家庭內，喜歡活潑地往外跑。如果你把這股能量用在工作或社區活動方面還算好，但如果用到戀愛上就會陷入泥沼。

你在性生活方面也沒有禁忌，可以當成一種溝通的方式，讓自己輕鬆享受。請你仔細認清對手，以成熟的態度謹慎看待性生活，以免演變成三角關係或陷入麻煩之中。



### ✧工作・財運✧

你的話題豐富，也有吸引人的魅力，想必會在不知不覺間成為職場的核心人物。你能夠很快理解工作，一點就通，因此不管從事什麼樣的職業，都能成為大顯身手的即戰力。你只要發揮領袖特質，就能激勵、團結眾人，一起朝著目標勇往直前。

你的財運大致良好。能夠靠自己的力量賺錢，也能靠著與別人的合作產生財富。但你容易受到周圍意見的影響、連動，財運也會隨之劇烈起伏，請特別注意。

## ❖今生使命・未來展望❖

你今生的使命是：對於生命中所有遇見的人付出無私的愛。

你擁有優秀的靈活度，不管遇上什麼樣的對象，你都能應付，能夠在人際關係當中綻放光芒。但也因為如此，你有依賴他人的傾向，如果自己失去與人連結的關係，你就會陷入不安。無私去愛所有人雖然是個崇高的目標，但如果因為自己的不安、寂寞，就隨隨便便把愛分享出去，這樣的行為會與無私的愛相差甚遠。而且很遺憾的是，你的不安與寂寞並不會因為這樣就消除。

首先，請你徹底愛自己，讓自己先充滿愛吧！請你對著鏡子裡的自己，高聲喊出「我最喜歡我自己！」當你自己充滿愛的時候，就能將滿溢的愛分享給更多的人，達成你今生的使命。

## ❖生日帶來的訊息❖

**「不斷變化」**
**「飛躍的發展」**
**「挖掘愛的泉源」**

### 前世の故事

你的前世是在中世紀的西班牙，一邊從事農業，一邊夢想著飛上天的農民。你被天空中翱翔的鳥兒吸引，所以自己也想飛上天去。於是，你花了好幾年的時間，利用木材、鐵、布與鳥的羽毛，製作飛天用的翅膀。雖然大家都瞧不起你，但你依然追尋飛上天空的夢想。

後來，你得到鐵匠的協助，終於讓翅膀完成了。到了第一天飛行的日子，你拍著翅膀，只飛了幾公尺就墜落，翅膀也摔壞了。但是飛在空中的感覺，讓你覺得這就是自由。這時候你才發現，自己多年來對飛行的堅持，其實就是對自由的讚頌。

כגי

10/23 希伯來文

### ❖生日契合度❖

**◉ 情人・伴侶**

| | |
|---|---|
| 1月8, 17, 26日 | 7月2, 20, 29日 |
| 2月7, 16, 25日 | 8月1, 19, 28日 |
| 3月6, 15, 24日 | 9月9, 18, 27日 |
| 4月5, 14, 23日 | 10月8, 17, 26日 |
| 5月4, 22, 31日 | 11月7, 16, 25日 |
| 6月3, 21, 30日 | 12月6, 15, 24日 |

**◉ 工作夥伴・朋友**

| | |
|---|---|
| 1月5, 14, 23日 | 7月8, 17, 26日 |
| 2月4, 13, 22日 | 8月7, 16, 25日 |
| 3月3, 21, 30日 | 9月6, 15, 24日 |
| 4月2, 11, 29日 | 10月5, 14, 23日 |
| 5月10, 19, 28日 | 11月4, 13, 22日 |
| 6月9, 18, 27日 | 12月3, 12, 30日 |

**◉ 競爭對手・天敵**

[1/12] [4/16] [4/25] [7/14] [8/30] [10/3] [10/31]

**◉ 靈魂伴侶**

[4/22] [5/3] [6/26] [7/1] [7/7] [10/16] [11/21]

### ❖生日名人❖

比利（足球選手）
麥可・克萊頓（作家）
李安（導演）
傑尼・喜多川（傑尼斯事務所社長）
坂口良子（演員）
渡邊真知子（歌手）
矢部浩之（藝人）
小原正子（藝人）
磯山沙也加（藝人）
渡邊直美（藝人）

◉ 從你的生日看命運
請見32頁

# 10月24日

October twenty-fourth

正義感強烈
重視原則的
博愛主義者

10月24日出生的你，是個認真、充滿正義感的人。你不吝惜把愛分享給所有與自己有關的人，擁有充沛的能量。你能夠看透對方的心情，誠摯又體貼，個性認真踏實，因此人緣非常好。

你的出生日期24的2代表協調、調和，4代表認真、誠實，兩者組合在一起等於6，意謂著逐步成長的喜悅。再加上出生月分10的要素，使你原本的特質能量會被放大，更加突顯你為對方著想、熱心奉獻的態度。除此之外，你總是想要以善惡判斷事物，意圖分清是非黑白的傾向也更加強烈。

你的責任感很強，個性勤勉，能夠自己一個人腳踏實地繼續努力。你把眾人平等、和睦相處奉為圭臬，不允許任何違規舞弊，即使程度輕微也一樣。雖然你擁有如此嚴厲的一面，但態度沉穩，所以給人雖然嚴格，卻很溫柔的印象。

你的自尊心高，所以會明確區分敵我與階級意識。你的目光敏銳，能夠看透謊言與敷衍，因此只要發現一點徵兆就不會輕易放過，並基於自己的價值觀，乾脆地捨棄這樣的人。因此請小心，不要強迫別人接受自己覺得正確的價值觀，或者隨意批判他人。

## ❖戀愛・婚姻・性生活❖

你對感情專一持久，每段戀情都能持續很長的時間。但你即使知道這段戀情走不下去，也依然會纏著對方，令人感到沉重。你擅長照顧人，認為自己必須照顧對方，也想要為對方犧牲奉獻。

你在婚姻生活中，會朝著實現自己理想中的家庭而努力不懈。此外，你也有熱心於教育的傾向，希望孩子能夠實現自己的未竟之夢。你只會與自己真正傾心的對象發生性關係，當你看到對方喜悅的樣子，自己也會覺得開心，因此只要是喜歡的對象提出的要求，你都會答應。

## ❖工作・財運❖

你能夠主動去做別人不願意做的事情，並從幫助他人的喜悅中得到成就感。如果你想要活用自己的才能，訣竅就是與許多人一起工作。你有引導別人發揮才華的能力，因此適合擔任教師、講師、各種顧問或製作人。你擁有準確的審美觀，因此也適合從事藝術相關工作。

你的財運穩定，對金錢不太執著，但你卻執著於人際關係，這將影響你的財運。如果在引導別人發揮優點的同時，也能尊重對方的自由，你的財運也能提昇。

## ✧今生使命・未來展望✧

你今生的使命是：以大愛溫暖地擁抱人們，同時讓自己實踐真正的獨立自主。你把別人的喜悅當成自己的人生目標，責任感強烈，別人拜託的事情，不管什麼都會答應，並努力為別人把事情做到完美。

但如果這樣的想法過於強烈，你將會在精神上逼迫自己，或是責備、批判自己。首先最重要的是，請區分自己做得到的事情與做不到的事情。你希望對別人帶來幫助，因此拒絕別人，跟對方說「我做不到」或許需要很大的勇氣。

但有時候也需要試著改變自己的角色，從被依靠的一方，變成依靠別人的一方。擁有請別人幫忙的勇氣，並在自己能力做得到的範圍內幫助別人，這才是真正的成熟獨立。

## ✧生日帶來的訊息✧

「嚴格的博愛」
「祈禱」
「擁有拒絕的勇氣」

### 前世の故事

你的前世，是在中世紀末的瑞士，每天過著禁欲生活的修道士。

你對神宣示忠誠，因此壓抑自己的感情，認為為世人祈禱，才是自己的使命。你嚴格遵守戒律，持續過著專心致志祈禱的生活。然而就在某一天，你愛上了偶然在街上遇到的女性。你的愛意日復一日逐漸膨脹，而你強烈想要否定這樣的情感，因為自己早已把一輩子奉獻給神，不能有這樣的想法。然而，愛著這位女性的心情，為你單調的生活增添色彩，想著她的美好時間也成為自己的心靈慰藉，你的心因此而動搖。

# כדי

10/24 希伯來文

### ✧生日契合度✧

**◉ 情人・伴侶**

| | |
|---|---|
| 1月4, 13, 31日 | 7月7, 16, 25日 |
| 2月3, 12, 21日 | 8月6, 15, 24日 |
| 3月2, 11, 20日 | 9月5, 14, 23日 |
| 4月1, 19, 28日 | 10月4, 13, 22日 |
| 5月9, 18, 27日 | 11月3, 21, 30日 |
| 6月8, 17, 26日 | 12月2, 11, 20日 |

**◉ 工作夥伴・朋友**

| | |
|---|---|
| 1月6, 15, 24日 | 7月9, 18, 27日 |
| 2月5, 14, 23日 | 8月8, 17, 26日 |
| 3月4, 13, 31日 | 9月7, 16, 25日 |
| 4月12, 21, 30日 | 10月6, 15, 24日 |
| 5月2, 20, 29日 | 11月5, 14, 23日 |
| 6月1, 19, 28日 | 12月4, 13, 22日 |

**◉ 競爭對手・天敵**

[1/2] [2/6] [4/9] [5/15]
[6/25] [9/2] [10/30]

**◉ 靈魂伴侶**

[4/10] [5/8] [7/5] [7/14]
[8/23] [11/10] [11/26]

### ✧生日名人✧

威廉・韋伯（物理學家）
比爾・懷曼（音樂家）
凱文・克萊（演員）
韋恩・魯尼（足球選手）
宇津井健（演員）
渡邊淳一（作家）
山口裕子（人物設計師）
及川光博（演員）
木村公宜（高山滑雪選手）
木村 KAELA（歌手）

◉ 從你的生日看命運
請見32頁

# 10月25日

October twenty-fifth

## 活躍於全世界 拓展格局的 藝術家

這天出生的你，能夠以獨特的個性與感受力，活躍於全世界的舞臺，是個大格局的藝術家。

你的出生日期25日，兼具2代表的協調、調和，與5代表的自由、變化、行動力，意謂著你可以一邊取得內外平衡，一邊確立自我。你努力以完美為目標，不允許半吊子的妥協，總是要求自己發揮最佳表現。出生月分10代表現世與靈界的所有一切。因此10月25日出生的人，能夠創造誰也無法想像到的獨特世界，並且對於推廣這個世界的信念很強烈。

你平常穩重溫和，雖然沒興趣和別人比較，但也不吝於努力磨練自己的專業。雖然你給人良好的印象，個性也很溫和，但自尊心強，擁有自己明確的觀點，不會被他人的意見影響。你雖然喜歡獨處，但反過來也有害怕寂寞的一面，因此很重視自己與旁人的距離。你能夠接受他人真實一面的態度，足以帶給對方安心感。你也能判斷周遭的氣氛，並且自然地配合，想必受到許多人的信賴。雖然你很早就培養出獨立成熟的氣質，但其實內心相當敏感，容易受傷。

### ✧ 戀愛・婚姻・性生活 ✧

外表與行動之間的落差，帶給你不可思議的魅力。你融合了神祕的氛圍與大膽開放的態度，因此會成為異性的目光焦點。但你也會莫名給人冷漠如冰山的印象，因此戀愛經驗並不多，一旦認定了自己的真命天子或天女，就會從一而終。

你對性生活的態度基本上相當平淡，然而一旦開啟慾望的開關，就會變得驚人地積極。你可能會因為寂寞而變得特別依賴性關係，請特別注意。你在婚後會以理想的家庭為目標，努力兼顧家庭與工作。不過，你有獨自承擔問題的傾向，因此與伴侶坦承交流相當重要。

### ✧ 工作・財運 ✧

你擁有一切追求完美的職人氣質，覺得自己的堅持比什麼都重要。你雖然不擅長出鋒頭，但具有存在感，屬於能夠負責大事的類型。你在組織中能以較超然的觀點進行判斷，重視與周遭的和諧，確實負擔自己的責任。

你對金錢的態度雖然很實際，但也有略為浪費的一面。你討厭為錢工作的態度，但另一方面你也期望擁有符合自己能力的報酬，無法忍受低評價。但只要不執著於微不足道的自尊，財運就會站在你這邊。

## ❖今生使命・未來展望❖

你今生的使命是：成為翱翔全世界的個性派藝術家，取得現實中的成功，並與許多人分享富足。

你雖然擁有舉世認可的專業知識與技術，但或許對積極推廣、以事業的方式營利感到抗拒。你自尊心強烈，對旁人的稱讚卻會感到不自在。請你接受把金錢之類的報酬當成對自己才華的評價吧。

為此，不要限制自己的能力或行動，以更自由的方式坦率表現自己的心情。透過工作之類的方式，積極表現自己擁有的技術與才華，並把在現實中取得的成功與富足，慷慨地與更多人分享，就是你今生的人生目標。

## ❖生日帶來的訊息❖

「精神性的展現」
「一心求道」
「分享幸福」

### 前世の故事

你的前世，是活躍於中世紀歐洲的巫醫。你不只治療怪病，也能活用敏銳的靈力與治療能力等特殊才能，處理醫療無法解決的問題，甚至是內心的煩惱。

後來掀起獵巫熱潮，就連巫醫也成為被鎮壓的對象。在你失去自由後，當時握有權力的天主教會修士，搶走了你的角色。你很憤怒，覺得他們做的事情只不過是模仿。你對自己的巫術有自信，一心一意希望正確推廣這樣的技術，為全世界的人們帶來幫助。

# כהי

10/25 希伯來文

### ❖生日契合度❖

**◉情人・伴侶**

| | |
|---|---|
| 1月5, 14, 23日 | 7月8, 17, 26日 |
| 2月4, 13, 22日 | 8月7, 16, 25日 |
| 3月3, 21, 30日 | 9月6, 15, 24日 |
| 4月2, 20, 29日 | 10月5, 14, 23日 |
| 5月1, 19, 28日 | 11月4, 13, 22日 |
| 6月9, 18, 27日 | 12月3, 12, 21日 |

**◉工作夥伴・朋友**

| | |
|---|---|
| 1月7, 16, 25日 | 7月1, 19, 28日 |
| 2月6, 15, 24日 | 8月9, 18, 27日 |
| 3月5, 14, 23日 | 9月8, 17, 26日 |
| 4月4, 13, 22日 | 10月7, 16, 25日 |
| 5月12, 21, 30日 | 11月6, 15, 24日 |
| 6月2, 11, 29日 | 12月5, 14, 23日 |

**◉競爭對手・天敵**

[2/17] [3/4] [5/16] [8/13] [9/19] [10/4] [12/23]

**◉靈魂伴侶**

[3/3] [5/13] [6/3] [6/30] [7/20] [8/5] [10/26]

### ❖生日名人❖

小約翰・史特勞斯（作曲家）
比才（作曲家）
畢卡索（畫家）
野澤雅子（聲優）
日野皓正（音樂人）
山本浩二（棒球選手）
大和田伸也（演員）
宇都宮隆（歌手）
恩田陸（作家）
五嶋綠（小提琴家）

◉從你的生日看命運
請見32頁

# 10月26日

October twenty-sixth

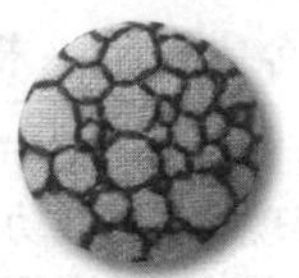

強烈地希望為別人帶來助益的熱情隊長

10 月 26 日出生的你，總是正向積極，是充滿力量的隊長。你的夥伴意識強烈，希望為別人發揮自己的力量，擁有一顆熱情的心。

你希望與夥伴之間擁有協調的關係，不管什麼事情都積極地全力以赴。你親切開朗，擁有充沛的能量，身邊自然會聚集了許多受到這種個性吸引的人。你雖然忙碌奔波，依然能夠從幫助別人當中感到強烈的喜悅。你特別重視與身邊的人的關係，擁有為他們全力以赴的奉獻精神。

受到夥伴的依賴，是激勵你的重要力量之一，但如果做得過火，只會變得八面玲瓏。如果不管誰的請託，你都和顏悅色地隨意答應，或者別人沒有拜託你的事情，你也插手或插嘴，只會造成對方的困擾而已。如果沒特別注意，你可能連別人對你的信用也會失去。

你誕生的 26 日，是 2 的協調，與 6 的母性的組合，象徵著兩個世界的整合，再創造出新的世界。再加上出生月分 10 的放大、擴張的力量，更加突顯你的強大的信念與執行力，迸發出與同伴齊心協力創造新事物的火熱能量。

## ❖戀愛・婚姻・性生活❖

你在面對喜歡的人時，你會強烈展現出只要自己做得到，不管什麼都願意為他做的態度，你也會使用各種手段引誘對方。無論對方的想法是什麼，你都會把對方拉進自己的領域內，在各個方面照顧他。

你把性行為看成擄獲對方的手段，因此會展現出強勢而熱情的一面。婚後，你也會熱心地照顧伴侶與孩子。你雖然以家人為中心，全心全意地照顧家庭。但家人終究還是別人，必須尊重他們，不要支配他們，或是奪走他們的自由。

## ❖工作・財運❖

你是一輩子都不會從工作退下來的人。你擅長照顧、招待別人，也能從中得到成就感，因此在餐飲業、旅館業、教育產業、照護或社福相關產業，想必能夠讓你的才能獲得眾人肯定。

你不管從事什麼工作，都能以天生的幹勁，成為令人刮目相看的存在。你開朗、體貼又有責任感，想必深得客戶與同事的信賴。你也適合擔任管理者，成為率領團隊的領袖。你的財運絕佳，會慷慨地把賺到的錢和夥伴分享，或花在他們身上，是個爽快的人。

## ❖ 今生使命．未來展望 ❖

你今生的使命是：全力發揮自己的能力，實現大家都能和平共處的社會。

你的胸口總是蘊藏著想為別人帶來幫助的熱情。「世界和平」雖然是個偉大的目標，但其背後是否也有著「無法幫助他人的自己就沒有價值」的觀念呢？

身為隊長的你，如果以「我是為大家好」這個冠冕堂皇的理由主張自己的想法才正確，其對錯與否或許會成為爭執的原因。

為別人好，雖然是很棒的生活態度，但你應該先為自己好，把能量灌注在讓自己身上，讓自己露出笑容。當你能夠由衷地享受人生，並且過得幸福，就能實現你使命中的和平社會。

## ❖ 生日帶來的訊息 ❖

「推己及人」

「滿足」

「為自己的幸福負責」

### 前世の故事

你的前世是在印度蒙兀兒王朝為人民奉獻的貴婦。

你出身於身分高貴的家族，並且嫁給地方的領主。你很支持對人民慈愛的丈夫，自己也為了打造能讓人們過得更好的領地而盡心盡力。你甚至比身為領主的丈夫更努力，希望能夠打造出豐饒的成果，並且將收穫與財富公平地分享給眾人，這樣的你確實地抓住了民眾的心。但你不只犧牲了自己的私生活，還太過勉強自己，最後因為過勞而病倒。你在病床上，回顧那個總是把家人、身邊的人與自己的事情擺到後面的人生，心想著：以後要多為自己著想一點。

# כוי

10/26 希伯來文

### ❖ 生日契合度 ❖

◉ **情人．伴侶**

| | |
|---|---|
| 1月1, 19, 28日 | 7月4, 13, 31日 |
| 2月9, 18, 27日 | 8月12, 21, 30日 |
| 3月8, 17, 26日 | 9月2, 20, 29日 |
| 4月7, 16, 25日 | 10月1, 10, 19日 |
| 5月6, 15, 24日 | 11月9, 18, 27日 |
| 6月5, 14, 23日 | 12月8, 17, 26日 |

◉ **工作夥伴．朋友**

| | |
|---|---|
| 1月8, 17, 26日 | 7月2, 20, 29日 |
| 2月7, 16, 25日 | 8月1, 19, 28日 |
| 3月6, 15, 24日 | 9月9, 18, 27日 |
| 4月5, 14, 23日 | 10月8, 17, 26日 |
| 5月4, 22, 31日 | 11月7, 16, 25日 |
| 6月3, 21, 30日 | 12月6, 15, 24日 |

◉ **競爭對手．天敵**

[5/26] [6/2] [6/11] [7/1] [7/11] [8/18] [9/10]

◉ **靈魂伴侶**

[2/2] [3/19] [4/9] [5/26] [7/15] [10/6] [12/22]

### ❖ 生日名人 ❖

拿破崙．希爾（作家）
法蘭索瓦．密特朗（政治家）
希拉蕊．柯林頓（政治家）
郭富城（演員）
小倉久寬（演員）
野村義男（吉他演奏家）
井森美幸（藝人）
千秋（藝人）
鹿島田真希（作家）
貴婦松子（專欄作家）

◉ **從你的生日看命運**
**請見32頁**

# 10月27日

October twenty-seventh

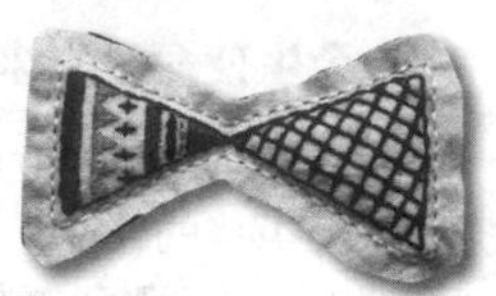

**暗地裡支持 領導者的 真正參謀**

這天出生的你氣質清新，姿態優雅。你的思慮周到而且低調，總是希望成為別人的助力，是個心地善良的賢者。你頭腦清晰、冷靜沉著、觀察力敏銳，能夠看透事物的本質，因此擅長輔佐別人發揮他們的能力。

你的態度沉著而穩定，是個性格成熟的人，因此任何人都能安心地與你交往。你雖然希望為社會帶來貢獻，讓世界變得更好，但你不會自己率先站出來，而是會把這樣的想法託付給自己看中的、志同道合的領導者，並且希望在暗地裡支持他。這位因為你的智慧與建議而得到幫助的領導者，想必非常感謝、尊敬你吧。

但另一方面，如果對方看起來還不夠格，你就會化為幕後黑手，希望根據自己的想法控制他。你也會輕視思想淺薄、對於行動不假思索又情緒化的人，因此請充分注意自己的言行，以免招致反感。

你的出生日期 27 日的 2 代表協調、調和，7 代表獨自一人、職人氣質。這兩個數字組合在一起，意謂著你能盡己所能實現理想。再加上出生月分 10 的大格局領導者的特質，使 10 月 27 日出生的你，能夠在背後支持、培養自己理想中的領導者，以參謀的身分大顯身手，成為真正的賢者。

## ✣ 戀愛・婚姻・性生活 ✣

你氣質優雅，即使只有自己一個人時，也會面露微笑，在愛情中，基本上你會被動配合對方。你氣質沉著，但也有爽朗的一面，總能給人絕佳的好感。即使是情人或夫妻關係，你也不喜歡和對方膩在一起，希望在相處時保持適當的距離。



你結婚後會在背後支持家庭，設身處地傾聽孩子們的煩惱，與他們討論，成為理想的父母。你在性生活方面也會交由對方主導。即使沒有興致也會接受對方的求歡，因為你無法說出拒絕的話，或許也會因為這樣而感到壓力。

## ✣ 工作・財運 ✣

你在工作方面，會重視自己能否對別人有助益，總是想要造福世界與人群。你的個性低調，但在組織當中卻是讓人另眼相看的存在。你的頭腦好，能一眼看穿每個人的能力，眼光獨到的你，想必能夠成為支持強大領袖的參謀，更適合擔任製作人、教練或顧問等等工作。

你雖然擁有實際的財運，但也對存錢懷有罪惡感。你總是把別人的喜悅當成自己活著的意義；如果決定把賺來的錢用來造福社會，就能爽快收下報酬，財運也能變好。

## ❖ 今生使命・未來展望 ❖

聰明又知識淵博的你，今生的使命是：活用賢者的才華，用心輔佐領袖，同時又能在自己的人生中發揮領導力，貫徹自己想要的生活方式。

身為輔佐領袖的賢者，你的能力非常傑出。但你總是顧慮周遭情況，貫徹執行在後方支援他人的任務，經常把自己的事情擺到後面。

請你偶爾也在人前，爽快地將自己的想法表現出來吧！你根據自己的專業知識與出色的觀察力所提出的建議，想必非常準確而優秀，任誰都會刮目相看。希望你也將這麼棒的建議，套用在自己的人生當中，在自己的人生中發揮強大的領導力，貫徹自己想要的生活方式。

## ❖ 生日帶來的訊息 ❖

「嚴肅的知性」
「功德」
「為選擇負起責任」

### 前世の故事

你的前世，是侍奉日本地方諸侯的賢者。你不只對主君提出關於藩政的建言，也傳授藩校的少年廣泛的知識。你總是關心著眾人之事，但也不疏於對自己專業的鑽研，因此得到許多弟子的仰慕，帶給他們重大影響，而這些弟子也逐漸成長為優秀的人才。

出自你門下的優秀少年被錄用後，都因為腦筋動得快、想法靈活而一下子就出人頭地。過去仰賴你的藩主，也愈來愈常向你的弟子尋求建議。看到自己培育的弟子能夠大顯身手，雖然使你感到欣慰，但你也因此心生嫉妒，忍不住想著：下輩子比起培育人才，更應該精進自己。

10/27 希伯來文

### ❖ 生日契合度 ❖

◉ 情人・伴侶

| | |
|---|---|
| 1月2, 11, 29日 | 7月5, 14, 23日 |
| 2月1, 19, 28日 | 8月4, 22, 31日 |
| 3月9, 18, 27日 | 9月3, 12, 30日 |
| 4月8, 17, 26日 | 10月2, 20, 29日 |
| 5月7, 16, 25日 | 11月1, 10, 28日 |
| 6月6, 15, 24日 | 12月9, 18, 27日 |

◉ 工作夥伴・朋友

| | |
|---|---|
| 1月9, 18, 27日 | 7月3, 21, 30日 |
| 2月8, 17, 26日 | 8月2, 11, 29日 |
| 3月7, 16, 25日 | 9月1, 19, 28日 |
| 4月6, 15, 24日 | 10月9, 18, 27日 |
| 5月5, 14, 23日 | 11月8, 17, 26日 |
| 6月4, 13, 22日 | 12月7, 16, 25日 |

◉ 競爭對手・天敵

[2/18] [4/17] [5/18] [6/26] [7/20] [8/10] [12/15]

◉ 靈魂伴侶

[1/28] [5/6] [6/9] [8/7] [8/21] [12/3] [12/12]

### ❖ 生日名人 ❖

詹姆士・庫克（探險家）
帕格尼尼（小提琴家）
羅斯福（第 26 任美國總統）
堀內孝雄（音樂人）
谷川真理（馬拉松選手）
高嶋政伸（演員）
MAKIDAI（藝人）
小西真奈美（演員）
塚本高史（演員）
青山黛瑪（歌手）

◉ 從你的生日看命運
請見32頁

# 10月28日

October twenty-eighth

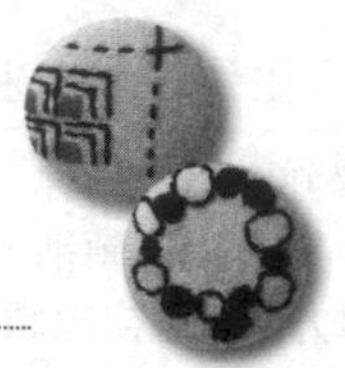

## 擁有號召力與拓展力的樂天型領袖

10月28日出生的你，生性樂天，不會因為一點小事就沮喪，是個充滿活力的人。你的心胸寬大，不管什麼事情都能接受，是個很會照顧人的大哥大、大姐頭。

你的出生日期28的2代表協調、調和，8則代表無限大（∞）的力量。由此可以解讀，28日出生的人能以實現夢想與理想為目標，團結眾人力量，是領袖型的人物。再加上出生月分是10，因此1具備的行動力與領導力等男性特質，將透過0更加突顯。

你能夠朝著目標發揮天生的力量，號召周圍的人，強而有力地前進，是大規模的領導者。人們仰慕你溫厚的人品，自然聚集到你周圍，使你深受旁人信賴，擁有出眾的人緣。你最喜歡與大家一起揮汗努力。你的想法樂觀，不會因為小事而耿耿於懷，即使失敗也能一笑置之，迎接下一個挑戰。但也因為如此，你會重蹈覆轍，無法記住教訓。

你的想法大膽而奔放，擁有獨特的世界觀，也有強大的吸引力，能夠引來人才、資源、資訊等商場上必須的要素，因此無論成功還是失敗，都難免會為周圍的人帶來重大影響。

### ❖戀愛・婚姻・性生活❖

你的個性爽朗，與異性之間比起戀愛關係，更容易發展出夥伴般的深厚友情。面對喜歡的人時，因為太過害羞，反而使對方無法察覺你的心意，但由於你的個性老實好懂，周圍的人想必會因為看不下去而幫助你吧。

你在婚後以家庭為中心，如果你是女性，會成為開朗能幹的正義歐巴桑，如果是男性，則會成為可靠的一家之主。在性生活方面則害羞晚熟，任由對方擺布，與外表落差甚大。你的伴侶可能會因為這樣而驚訝吧。

### ❖工作・財運❖

你能夠以宏觀的視角掌握事物，朝著目標強而有力地勇往直前，完全是個適合在商場上打滾的人。你的個性大而化之，擅長照顧人，如果能以團隊領導者的身分從事工作，就能確實留下成果。你充滿了不管是誰都自然而然想要追隨的魅力，請你充分活用這樣的才能吧。

把細節作業或財務工作交給擅長的夥伴，你自己則致力於引導眾人發揮各自的能力，就能賺大錢。而賺到的錢不要只是存起來，憑著靈感找出能讓更多人愉快的使用方式，就能提昇財運。這也是成為幸福的富翁的訣竅。

## ❖ 今生使命・未來展望 ❖

今生你的使命是：探究直覺與靈感等無形的世界，活用神祕的力量與資訊，取得現實中的成功。

大而化之、不拘小節的你，其實擁有敏銳的直覺吧？你或許已經在無意識中，形成了能夠將靈感付諸行動的神經迴路。但是，你可能太執著於現實主義的觀念，乾脆地捨棄了你從無形世界中取得的能力與訊息。

為了達成你的使命，不可缺少你自己的親身體驗。首先，請在日常生活中活用話語的力量，有意識地挑選令人舒服的語言使用吧。畢竟愉快的過程才是重點，因為不在意成果，更能專注於享受過程，讓你早日體驗看無形世界的力量，也能為現實帶來成功。

## ❖ 生日帶來的訊息 ❖

**「擴大與均衡發展」**
**「冠冕堂皇」**
**「在現實中活用靈感」**

### 前世の故事

你的前世是在逐漸邁向近代化的美國北部，是一個與同伴一起推廣棒球的球隊隊長。你喜歡新事物、熱愛與同伴一起玩鬧，而當時剛開始流行的棒球非常符合你的個性，使你深深著迷。因此你不斷尋找比賽的對手，同時也指導其他人棒球的規則與技術，讓同伴變得愈來愈多。最後，你成為全美棒球愛好者中，無人不知無人不曉的存在。你也沒有想到自己會基於單純的好奇心，而在棒球領域投入了這麼多的心力，使這項興趣逐漸成為自己的事業。

10/28 希伯來文

### ❖ 生日契合度 ❖

**◉ 情人・伴侶**

| | |
|---|---|
| 1月9, 18, 27日 | 7月3, 12, 30日 |
| 2月8, 17, 26日 | 8月2, 11, 29日 |
| 3月7, 16, 25日 | 9月1, 10, 28日 |
| 4月6, 15, 24日 | 10月9, 18, 27日 |
| 5月5, 14, 23日 | 11月8, 17, 26日 |
| 6月4, 13, 22日 | 12月7, 16, 25日 |

**◉ 工作夥伴・朋友**

| | |
|---|---|
| 1月1, 19, 28日 | 7月4, 13, 31日 |
| 2月9, 18, 27日 | 8月3, 12, 30日 |
| 3月8, 17, 26日 | 9月11, 20, 29日 |
| 4月7, 16, 25日 | 10月1, 10, 28日 |
| 5月6, 15, 24日 | 11月9, 18, 27日 |
| 6月5, 14, 23日 | 12月8, 17, 26日 |

**◉ 競爭對手・天敵**

[4/9] [5/10] [6/1] [9/24] [10/5] [11/28] [12/12]

**◉ 靈魂伴侶**

[4/8] [5/2] [5/16] [7/23] [9/24] [10/29] [11/10]

### ❖ 生日名人 ❖

奧古斯特・埃斯科菲耶（法國名廚）
比爾・蓋茲（微軟創始人）
茱莉亞・羅勃茲（演員）
瓦昆・菲尼克斯（演員）
矢口高雄（漫畫家）
蟹江敬三（演員）
小池真理子（作家）
倉木麻衣（歌手）
蘇珊娜（藝人）
菜菜緒（模特兒）

◉ 從你的生日看命運
請見32頁

# 10月29日

October twenty-nth

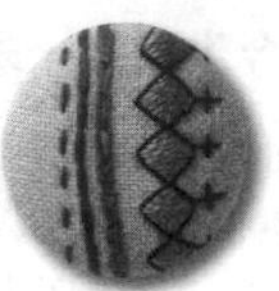

## 愛出鋒頭無法保持沉默的實力者

這天出生的你，發言大膽、氣場獨特，任誰都會對你另眼相看，是深藏不露的實力者。

你的出生日期29中的兩個數字加起來等於11，帶有靈性、神聖的意義，是個特別的數字。象徵著你能活用無形世界的能力，帶給周圍的人喜悅。再加上出生月分10這個代表著拓展力的領導者數字，使你擁有號召眾人的能力，即使安靜不說話，也能散發出引人注目的氣場與存在感。

你是頭腦好的資優生，旁人也覺得你相當可靠。你自己雖然不在意小事，但卻會關心他人的小地方，是個人緣好的協調者。在某些場合中，你的立場可能原本是輔佐領導者的參謀，卻忍不住插手或插嘴，結果卻成為目光的焦點。這顯示出你也有容易憂慮的一面，一旦接收到可能導致失誤的訊息，就無法保持沉默。你的實力與不可思議的魅力深獲眾人好評，也可能在旁人的推舉之下挑起領導者的角色。

你是善良的人，因此會壓抑真正的想法，持續扮演資優生的角色，努力回應旁人的期待。但有時也會因為壓力太大造成反彈，脫口而出偏激的真心話。由於你說出來的話可能因為太過一針見血深深刺傷對方，說話時千萬要小心。

### ❖戀愛・婚姻・性生活❖

你或許明明已經在心裡面認定對方就是你的意中人，卻只能表現出曖昧的態度，難以將自己真正的想法傳達給對方。另一方面，你也會以自己為中心，按照自己的想法去安排一切的事情，忘了顧及對方的心情。

婚後，你會確實扮演身為丈夫或妻子的角色，但無法安分待在家庭。你很熱愛工作，因此無論面對家庭或工作都會全力以赴。你在床上較易透露不同於平常的真心話，但有時也會踩到伴侶的地雷，導致伴侶喪失自信，請特別注意。

### ❖工作・財運❖

你擁有高度的專業知識與技術，不管什麼工作都能使命必達。你也給人處是靈活的印象，而且多才多藝，是組織活動中的寶貴人才。而且，你擁有真正識貨的審美觀，也具有看透時代趨勢的才能，屬於能夠接二連三提出新企畫的點子王。

你的財運會隨著交往的對象改變，但自己也有充分的賺錢能力。你容易對錢財懷著罪惡感，因此需要花點心思讓自己感受到金錢的意義。請活用你的直覺力與分析力，給予對方準確的建議，幫助他取得成功，如此一來，你的財運也自然能夠提昇。

## ❖ 今生使命・未來展望 ❖

你今生的使命是：以深刻的智慧與寬廣的視野輔佐身邊的人，同時讓自己懷著一顆赤子之心，盡情享受當下。

你總是認真、考慮周到，能夠為別人而努力，但你是否想要更坦率地順從自己的心，活得更自由自在呢？活在當下，就是如實享受這一瞬間。年歲漸長的你，受到過去與未來的侷限，心中的執著也會愈變愈多，因此或許會覺得很難做到「活在當下」。

理性的你，往往會忍不住以腦袋思考，壓抑自己的情緒。首先，請你重視感受更甚於思考。盡情體驗那些能讓自己自然而然心情雀躍的新事物。請你全面打開自己的感官，盡情享受現在這一瞬間。這種興奮的靈魂躍動感，就能為你實現活在當下的今生使命。

## ❖ 生日帶來的訊息 ❖

**「潛能」**
**「閃耀」**
**「讓精神活躍」**

### 前世の故事

你的前世出身於統治沙漠民族的王國，是當時的參謀長。由於你的祖國長時間受其他民族支配，因此人民一直生活在壓抑的環境中。後來出現一位覺醒的領袖，他想要奪回自己的王國。於是你賦予他智慧與啟示，幫助他在長期抗戰中獲勝，讓國家取得獨立。原本你應該參與這個新國家的政治，但新國王害怕你背後強烈的宗教力量，因此將你放逐到政治領域之外。你既無法推動國政，也無法留下名聲。遭到一心侍奉的領袖背叛的你，內心徒留無盡的空虛，於是你把「下輩子，要把自己的力量用在自己身上」這句誓言刻印在心底深處。

כטי

10/29 希伯來文

### ❖ 生日契合度 ❖

**◉ 情人・伴侶**

| | |
|---|---|
| 1月6, 15, 24日 | 7月9, 18, 27日 |
| 2月5, 14, 23日 | 8月8, 17, 26日 |
| 3月4, 22, 31日 | 9月7, 16, 25日 |
| 4月12, 21, 30日 | 10月6, 15, 24日 |
| 5月2, 20, 29日 | 11月5, 14, 23日 |
| 6月10, 19, 28日 | 12月4, 13, 22日 |

**◉ 工作夥伴・朋友**

| | |
|---|---|
| 1月2, 20, 29日 | 7月5, 14, 23日 |
| 2月1, 19, 28日 | 8月13, 22, 31日 |
| 3月9, 18, 27日 | 9月3, 21, 30日 |
| 4月8, 17, 26日 | 10月2, 20, 29日 |
| 5月7, 16, 25日 | 11月1, 10, 28日 |
| 6月6, 15, 24日 | 12月9, 18, 27日 |

**◉ 競爭對手・天敵**

[3/6] [6/20] [7/15] [8/15] [9/14] [11/20] [12/2]

**◉ 靈魂伴侶**

[2/29] [6/30] [7/15] [8/12] [9/1] [9/21] [12/31]

### ❖ 生日名人 ❖

妮基・桑法勒（美術家）
李察・德雷福斯（演員）
薇諾娜・瑞德（演員）
高畑勳（動畫導演）
加茂周（足球選手）
水野英子（漫畫家）
周防正行（導演）
高嶋政宏（演員）
金城一紀（作家）
堀江貴文（企業家）

◉ 從你的生日看命運
請見32頁

# 10月30日

October thirtieth

擅長擴張業務
卻不擅長實務
永遠的孩子

10月30日出生的你，是個永遠的孩子，只要是你感興趣的事情，不管什麼都有勇氣挑戰。你的特徵是坦率又好懂，帶點大而化之的傻氣。

你的出生日期30中，象徵著孩子的數字3，會因為0的力量而放大、強化。讓你成為一個好奇心旺盛的孩子，以及擁有與同伴一起創造出新事物的力量。上述的能量，也因為出生月分10而更加擴張。使你推動事物的能力，產生新事物的創造力，以及起跑時的拚勁完全不輸給任何人。

你的個性爽朗，周遭自然而然聚集了許多人，總在不知不覺間成為眾人的中心。即使你遇到挫折也能很快重新站起，不管實際年齡幾歲，都不失赤子之心。

此外，你的情緒起伏激烈，就算只是雞毛蒜皮的小事也無法忍耐。由於你的好奇心也強烈，容易被各種事物吸引，導致半途而廢，請特別注意。雖然你很有創意，卻總是難以堅持下去，確實做出具體成果。

你很容易將自己的喜怒哀樂展現在臉上或態度上，但即使你偶爾脫口而出幾句一針見血的話，依然能夠得到旁人的喜愛，不會被討厭。這都要歸功於你那不帶惡意的單純之心，但你說話時還是請特別注意，不能因為這樣就得意忘形。

## ❖戀愛・婚姻・性生活❖

你兼具持續等待理想情人的浪漫，以及戀愛經驗豐富的多情種類型。原本以為你只是充滿對戀愛的嚮往，很難出現進一步的行動。然而，一旦喜歡的異性出現，你立刻就會墜入情網。你也很有可能因為閃婚或奉子成婚而嚇到周圍的人。

你雖然喜歡小孩，但自己也是個孩子，所以不擅長收拾，家裡的東西可能會到處亂丟，陷入一團混亂的生活之中。你在性生活方面雖然會熱情投入，但往往會陷入單一模式，請與伴侶一起花點心思，更能愉快享受性福。

## ❖工作・財運❖

你不覺得工作是件苦差事，所以偏好以自由、宏觀的角度挑戰新的領域。你在工作時會花心思去想該怎麼做才能樂在其中，因此若處於規則嚴格的職場、重複的單調作業中，或許會使你感到窒息。建議你從事相對活躍、需要時常往來各地的業務。

你天生擁有非常強大的財運，因此從事喜歡的工作是上上之策。如果能在工作中套用你獨特、嶄新的點子，也有一下子竄紅的可能性。

## ❖今生使命・未來展望❖

你像個永遠的孩子，今生的使命是完成自己的任務，以具體的形式，為自己一直以來的努力事蹟留下成果。

你擁有豐富的創造力，但是否容易出現半途而廢的特質呢？你是不是對於認真、踏實地把一件任務精確完成感到困難重重呢？

請你先把要求完美、精確的標準擺在一邊，把注意力放在留下具體的成果上。例如，隨身帶著相機，每天在部落格上更新自己隨興拍攝的照片，試著從確實留下這種他人也看得見的成果開始吧。

透過天生的創意與自由的發想帶來巧思，每天一點一滴累積自己的作品，那麼你就能了解腳踏實地、持續累積的意義，為你實現今生的使命。

## ❖生日帶來的訊息❖

**「唯我獨尊」**
**「專心」**
**「累積生活經驗」**

### 前世の故事

你的前世是大受歡迎的演員，在近代南美洲的巴西市中心演出。你從小就喜歡說笑話、策畫驚喜、逗人開心，因此從兒童時期就開始在街頭表演。後來有劇團看上你的才能，將你挖角，於是你就走上了演員的人生。

你在鎮上小劇場的公演總是座無虛席、笑聲不斷。即使前往外地展開巡演之旅，你的表演依然在各地深獲好評。後來，你回顧自己這輩子最愛的表演生涯，發現居然沒有為自己一直以來的生活留下具體的紀錄或證明，成為你唯一的遺憾。

לי

10/30 希伯來文

### ❖生日契合度❖

**◉ 情人・伴侶**

| | |
|---|---|
| 1月7, 16, 25日 | 7月1, 19, 28日 |
| 2月6, 15, 24日 | 8月9, 18, 27日 |
| 3月5, 14, 23日 | 9月8, 17, 26日 |
| 4月4, 13, 22日 | 10月7, 16, 25日 |
| 5月3, 12, 30日 | 11月6, 15, 24日 |
| 6月11, 20, 29日 | 12月5, 14, 23日 |

**◉ 工作夥伴・朋友**

| | |
|---|---|
| 1月3, 21, 30日 | 7月6, 15, 24日 |
| 2月2, 11, 20日 | 8月5, 14, 23日 |
| 3月1, 10, 28日 | 9月4, 13, 22日 |
| 4月9, 18, 27日 | 10月3, 12, 21日 |
| 5月8, 17, 26日 | 11月2, 20, 29日 |
| 6月7, 16, 25日 | 12月1, 10, 28日 |

**◉ 競爭對手・天敵**

[4/3] [5/2] [7/9] [8/3] [9/5] [11/5] [12/19]

**◉ 靈魂伴侶**

[2/9] [4/14] [5/31] [6/21] [8/28] [10/1] [11/7]

### ❖生日名人❖

安潔莉卡・考夫曼（畫家）
路易・馬盧（導演）
馬拉度納（足球選手）
全智賢（演員）
東海林禎雄（漫畫家）
大川榮策（歌手）
玄田有史（經濟學家）
清春（音樂人）
仲間由紀惠（演員）
鬼束千尋（音樂人）

◉ 從你的生日看命運
請見32頁

# 10月31日

October thirty-first

## 根據信念勇往直前的實務家

這天出生的你，朝著自己提出的理想堅定地勇往直前，是個精確踏實的實務家。

你的出生日期31，由3的創造力與1的領導力組合而成，意謂著凝聚充滿青春氣息、誠摯坦率的力量，創造出全新的形式。再加上出生月分10大規模的要素，更加擴大孕育新事物的創造力與規模，突顯將想法化為現實的才能。

你對任何人都公平溫和，不管做什麼事情都全力以赴的態度，博得高度的好感，讓大家覺得你是個好人。你誠實、能幹、責任感強烈，是個可靠的硬派，但另一方面你的笑容又像孩子一樣可愛，而這些都是31日出生的人的特徵。

你會徹底遵守約定好的事情或決定好的規則，是個耿直的人，但另一方面你也有以善惡、正誤等單純二分法來判斷事物的傾向。你認為自己的正確是絕對的，也會嚴格責備、批判偏離這個標準的人。你不接受謊言、敷衍或是語帶曖昧的大人的苦衷。但你擁有成就大事的器量，如果太過於在意細節，將使自己變得黯淡無光，請特別注意。

### ❖戀愛・婚姻・性生活❖

你雖然對戀愛感興趣，卻不積極展開行動，屬於停留在妄想階段的類型。其實你是個超純情派，在異性面前會害羞到連話也無法好好說。你會鼓起幹勁想要讓愛情有所進展，但最後也可能因為太急躁而搞砸一切。

你在婚後想必會成為確實守護家庭的好丈夫、好太太吧。但你有理想中的家庭形象，因此也有強硬的一面，希望根據這個形象控制家人。你對性生活相當抗拒，對於性行為仍停留在刻板印象，覺得從事性行為就是為了生小孩，因此或許很難順從感情去享受。

### ❖工作・財運❖

你重視時間與規則，屬於會確實遵守的類型，因此適合從事公務員或銀行員等嚴肅的職業。你誠實、擅長照顧人，是部下仰慕的對象，因此在組織中也能獲得超凡的信賴感。如果自己經手的工作能夠確實留下有形的成果，能讓你獲得比別人多一倍的成就感，因此也適合擔任產品製造的第一線。

你的財運擁有超凡的穩定感，也擅長理財，能夠維持收支的平衡。你對金錢的感覺極為現實，能夠透過踏實的理財確實留下財富。存錢與其說是你的興趣，不如說是你的拿手絕活。

## ✧ 今生使命・未來展望 ✧

今生的你，選擇把活用能夠確實做出具體成果的才能，自由地在全世界往來，在與更多人的連結當中，拓展全新的世界當成自己的使命。

你會把自己覺得正確的觀念套用在各式各樣的事物上，並且乾脆地割捨不正確的事物。稍微放開這種頑固的想法，為自己的人生帶來更多的自由與變化，是你今生的課題。當你遇見行動和想法與自己的價值觀不符的人時，正是你拓展自己僵硬框架的機會。因為使你的人生更加閃耀的線索，就隱藏在過去因為荒謬而被你捨棄的事物當中。

一點一滴地擴大自己刻板印象的框架、敞開心房認識更多的人，想必就能透過與更多人的相遇，開啟你還不知道的，通往新世界的自由之窗。

## ✧ 生日帶來的訊息 ✧

「現實主義」
「完成」
「從正義感中解放」

### 前世の故事

你的前世是在帝政時代的俄羅斯，直屬於政府的警官，為維持國家的權力服務。你的父親也是警官，而你從小就在父親手下接受嚴格的管教，度過少年時代。

長大之後，你毫不猶豫地走向與父親相同的道路。政府的長官看上你遵守法律與規則的強烈正義感，提拔你進入直屬政府的秘密部隊。於是，你舉發了許多叛亂份子，並獲得顯赫的名聲。你對自己貫徹信念的生活方式感到驕傲，但就在你面臨退休時，突然開始思索，自己只是在小時候聽父親的話，長大成為警官之後聽政府的話，卻從來沒有自己思考過到底何謂真正的正義。

---

# לאי

10/31 希伯來文

### ✧ 生日契合度 ✧

**◉ 情人・伴侶**

| | |
|---|---|
| 1月3, 21, 30日 | 7月6, 15, 24日 |
| 2月2, 11, 29日 | 8月5, 14, 23日 |
| 3月10, 19, 28日 | 9月4, 13, 22日 |
| 4月9, 18, 27日 | 10月3, 12, 30日 |
| 5月8, 17, 26日 | 11月2, 20, 29日 |
| 6月7, 16, 25日 | 12月1, 10, 28日 |

**◉ 工作夥伴・朋友**

| | |
|---|---|
| 1月4, 13, 31日 | 7月7, 16, 25日 |
| 2月3, 12, 21日 | 8月6, 15, 24日 |
| 3月2, 11, 20日 | 9月5, 14, 23日 |
| 4月1, 19, 28日 | 10月4, 13, 31日 |
| 5月9, 18, 27日 | 11月3, 21, 30日 |
| 6月8, 17, 26日 | 12月2, 20, 29日 |

**◉ 競爭對手・天敵**

[3/4] [4/8] [6/13] [6/24] [8/7] [11/25] [12/27]

**◉ 靈魂伴侶**

[1/9] [4/13] [6/4] [7/3] [8/18] [9/19] [12/5]

### ✧ 生日名人 ✧

維梅爾（畫家）
約翰・濟慈（詩人）
瑪麗・羅蘭珊（畫家）
蔣介石（政治家）
漢姆特・紐頓（攝影師）
鄧加（足球選手）
富山敬（聲優）
武田花（攝影師）
山本博（射箭選手）
山本耕史（演員）

◉ 從你的生日看命運
請見32頁

11 月是「直覺、動盪」的月分。
11 月出生的你，是個「靈感敏銳的人」。

**請你遵循從天而降的直覺與腦中的想法，**
**並且付諸實行。**

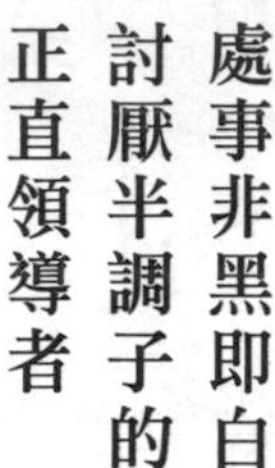

# 11月1日

November first

**處事非黑即白**
**討厭半調子的**
**正直領導者**

11 月 1 日出生的你，不管什麼事情都直接面對，是個生性耿直的領導者。你的個性具有乾脆直爽、單純明快的特徵，總是想著要分清楚是非黑白。

你擁有吸引人的神祕魅力，以及出色的人緣與踏實的行動力，天生就兼具領導者的寬大器量與明星特質。

你乍看之下氣質溫柔穩重，但卻非常堅強，能把自己想做的事堅持到底。你在關鍵時刻擁有優異的專注力，能夠做大事，擁有無與倫比的才華。

你也很擅長照顧他人，爽朗又豁達，想必有不少人崇拜、仰慕你。但是你的自尊心高，會以敵我好惡明確區分自己的人際關係。

你經常順從靈感行動，不斷改變方向，對好惡的判斷也時常改變，因此或許會把周圍的人耍得團團轉，使周圍的人相當辛苦。

你的出生日期 1 代表一切的開端，以及朝著目標勇往直前的箭頭，是個象徵男性特質的數字。再加上出生月分 11 靈感、直覺的要素，使你成為一有想法就會立即行動，速度感超凡的領導者。

## ❖戀愛・婚姻・性生活❖

你順從自己的直覺，是個典型的一見鍾情型之人。你會鎖定自己喜歡上的對象，一定要把對方追到手。但你不擅長愛情遊戲或是玩點細膩的手段，只會一個勁兒地展現自己的心意，希望把對方拉進自己的世界裡。

旁人往往會對你抱持著強勢的印象，因此在兩人獨處時展現自己的脆弱能夠有效增加好感度。婚後，想必你會成為巧妙操控對方的大男人或大女人。在性生活方面，你往往會以自己的感受為優先，請你也要注意到伴侶的感受。



## ❖工作・財運❖

你屬於能夠實現自己的想法，成功創業的類型。你不管從事什麼樣的工作，都能發揮領袖的實力。

你也具備動力，能夠接二連三地提出新創意或新企畫，因此旁人要配合你的步調相當辛苦。你擁有冷靜的眼光，能在眾多的創意當中分辨出何者才有可能實現，是延續成功的重點。

你的財運也很強大，有能力運用實力與企劃力，從零創造財富。不過你一旦猶豫就容易做出錯誤的選擇，請你鼓起勇氣冷靜下來，暫時停下腳步。

## ✧ 今生使命・未來展望 ✧

你是個明星領導者，今生提出的展望是學習任性與天真的差異，像個坦率的孩子一樣，盡情享受人生。你對旁人具有極大的影響力，往往會把自己的喜好與想法強加在對方身上，依此控制對方。

這種任性態度雖然與天真類似，卻不一樣。順從自己的想法生活雖然自由，但若強迫對方接受，那就是任性。像孩子般的天真，指的是不會想控制任何事物，而重點就在於對別人無所求的態度。

為了達成這個目標，感受比思考重要。請你坦率順從自己的直覺，貫徹自己的生活方式，以發自內心的笑容享受人生的一切。如此一來，就能對旁人擁有莫大的影響力，同時也能發揮真正的領導力。

## ✧ 生日帶來的訊息 ✧

**「先驅」**
**「單純明快」**
**「設定目標」**

### 前世の故事

你的前世是近世初期的歐洲冒險家，當時剛因為發現新大陸而舉國歡騰。

從小就喜歡冒險的你，聽說了新大陸美洲的傳聞後，就坐立難安，於是招募夥伴，朝向這座未知的大陸出發。你雖然運用靈感與直覺掌舵，但因為缺乏計畫與準備不足，糧食在途中就見底了。就在你已經有撐不下去的覺悟時，發現了一座小島，並且好不容易登陸。你在島上定居，不想再次航行。

你在這座島上度過了後半輩子，並且把「我為什麼而行動？」這個問題，當成來世的課題。

# א״א

11/1 希伯來文

### ✧ 生日契合度 ✧

**◉ 情人・伴侶**

| | |
|---|---|
| 1月6, 15, 24日 | 7月9, 18, 27日 |
| 2月5, 14, 23日 | 8月8, 17, 26日 |
| 3月4, 22, 31日 | 9月7, 16, 25日 |
| 4月3, 21, 30日 | 10月6, 15, 24日 |
| 5月2, 20, 29日 | 11月5, 14, 23日 |
| 6月1, 19, 28日 | 12月4, 13, 31日 |

**◉ 工作夥伴・朋友**

| | |
|---|---|
| 1月2, 11, 29日 | 7月5, 14, 23日 |
| 2月1, 19, 28日 | 8月13, 22, 31日 |
| 3月9, 18, 27日 | 9月3, 21, 30日 |
| 4月8, 17, 26日 | 10月2, 11, 29日 |
| 5月7, 16, 25日 | 11月1, 10, 19日 |
| 6月6, 15, 24日 | 12月9, 18, 27日 |

**◉ 競爭對手・天敵**

[2/12] [5/9] [6/9] [7/10] [8/4] [8/6] [10/18]

**◉ 靈魂伴侶**

[2/11] [3/20] [3/24] [6/7] [9/13] [10/11] [11/2]

### ✧ 生日名人 ✧

安東尼奧・卡諾瓦（雕刻家）
蓋瑞・普萊爾（高爾夫選手）
萩原朔太郎（詩人）
佐治敬三（企業家）
服部克久（作曲家）
石丸謙二郎（演員）
西原理惠子（漫畫家）
小倉優子（藝人）
田中將大（棒球選手）
福原愛（桌球選手）

◉ 從你的生日看命運
請見32頁

# 11月2日

November second

看到別人快樂自己就快樂的輔佐者

你的平衡感優異，性格誠實，是個輔佐者，擅長在背後支持領導者或周圍的人。

你的出生日期2是二元論基礎的數字，代表兩個相反世界的整合與兩極的平衡，象徵女性特質。再加上出生月分11直覺、革新的要素，使你能夠感知到對方的喜悅，更加強化你的輔佐力。

你的個性溫柔沉穩，非常體貼。你最重視協調，能夠配合任何類型的人。你擅長判斷氣氛，能夠協調、緩和場面，在團體活動中是不可缺少的存在。比起自己站上舞臺，你更喜歡在幕後幫助別人，想必能在幕後發揮力量。

此外，你的感覺敏銳，能夠犧牲自己奉獻別人，因此獲得周圍的高度信賴。

但另一方面，你單純敏感，容易因為一點小事就受傷。你不擅長自己做決斷，也有容易受周圍影響的一面。你的第六感雖然很強，但你卻無法相信，不管面對什麼事情都容易猶豫。此外，你也不願清楚說出自己的意見，因此也有悶在心裡累積壓力的傾向。請你更加坦率地順從自己內心的感覺，憑自己的意志決定事情。

### ❖戀愛・婚姻・性生活❖

你總是被動地等待別人來追你。就算是沒什麼感覺的對象，如果對方強勢追求，你也可能因為難以拒絕而與他交往。

你即使在婚後也會配合伴侶，因此很難表達自己真正的想法。即使伴侶的想法和行動與自己不同，導致自己被耍得團團轉，你往往也會基於必須建立良好的夫妻關係的義務感而壓抑自己，強迫自己忍耐，請特別注意。

你在性生活方面，也會懷著奉獻對方的精神，因此容易變得被動，但感受不契合的人發生性關係，只會造成痛苦而已，請鼓起勇氣明確拒絕對方。

### ❖工作・財運❖

你適合擔任經理、祕書等支持、輔佐領導者的工作。幫助別人能夠使你感到喜悅，因此從事能夠帶給許多人愉快的職業，想必就能活用你的特徵。你也具有感受對方狀態的靈性才能，因此也適合擔任諮商師或占卜師。

你能夠緩和組織的氣氛，在組織當中屬於寶貴的存在。你對金錢的感覺很實際，擅長理財。雖然沒有賺大錢的能力，但具有存錢、守財、投資的天賦，因此可能在不知不覺間累積大筆財富。

## ✧ 今生使命・未來展望 ✧

擅長幫助別人的你，是否總是把自己的事情擺到後面呢？猶豫的結果，會使你經常錯過時機、無法做決定，而導致自己因此必須忍耐。

因為你能夠徹底完成被賦予的任務，所以更應該自己決定自己想做的事情，並且試著將你做到的事情留下具體的成果。例如寫日記、試著培育喜歡的植物等等。把每天累積的小事，以看得見的形式表現出來。

持續從事自己一個人就能做到的事情，絕對會為你帶來自信。明確表達我想做這件事情的意志，並且實際展開行動，就能讓你身為輔佐者的喜悅更加擴大。

## ✧ 生日帶來的訊息 ✧

**「調和與平衡」**
**「引起共鳴」**
**「具體表達自己的想法」**

### 前世の故事

你的前世是在古代埃及王朝，在幕後支持國王的地下夫人。

國王看似對才貌兼備、品行優異的你一見鍾情，但他的目的其實是想利用你的咒術天賦。你的家境清貧，因此父母很開心地把你送進王室。你在王室的生活雖然衣食無缺，但你感覺到國王並不愛自己，這點使你感到心痛。不管你如何犧牲奉獻，都得不到國王的愛。你每天為國王提供各式各樣的建議、對神祈禱，同時也在心中遙想來世，希望下輩子即使貧窮也沒關係，請讓我與心愛的人在一起，過著被愛的生活。

11/2 希伯來文

### ✧ 生日契合度 ✧

**◉ 情人・伴侶**

| | |
|---|---|
| 1月7, 16, 25日 | 7月1, 19, 28日 |
| 2月6, 15, 24日 | 8月9, 18, 27日 |
| 3月5, 14, 23日 | 9月8, 17, 26日 |
| 4月4, 13, 22日 | 10月7, 16, 25日 |
| 5月3, 21, 30日 | 11月6, 15, 24日 |
| 6月2, 20, 29日 | 12月5, 14, 23日 |

**◉ 工作夥伴・朋友**

| | |
|---|---|
| 1月3, 12, 30日 | 7月6, 15, 24日 |
| 2月2, 11, 20日 | 8月5, 14, 23日 |
| 3月1, 19, 28日 | 9月4, 13, 22日 |
| 4月9, 18, 27日 | 10月3, 21, 30日 |
| 5月8, 17, 26日 | 11月2, 20, 29日 |
| 6月7, 16, 25日 | 12月1, 10, 28日 |

**◉ 競爭對手・天敵**

[1/11] [4/6] [5/11] [5/20] [9/7] [10/12] [11/5]

**◉ 靈魂伴侶**

[4/7] [5/13] [8/12] [9/2] [9/18] [10/1] [11/16]

### ✧ 生日名人 ✧

瑪麗・安東尼（法國皇后）
盧契諾・維斯康堤（導演）
三益愛子（演員）
三橋達也（演員）
杉田二郎（歌手）
藤本瞳（作家）
平田滿（演員）
中垣內祐一（排球選手）
瀧藤賢一（演員）
深田恭子（演員）

◉ 從你的生日看命運
請見32頁

# 11月3日

November third

對太多事感興趣
不在意旁人眼光的
好奇寶寶

這天出生的你，在個性方面是個不墨守成規，不在意旁人眼光的人。你的想像力豐富，腦筋轉得快，擁有優異的溝通能力。你開朗、善於社交、具備幽默感，話題也很豐富，擁有廣泛的交友關係，總是處在歡笑的中心，是個受歡迎的人。你天生直覺敏銳，決斷力與執行力兼備。

你擁有獨特的世界觀與出色的直覺，相信自己的感受力，是個積極行動的人。你的好奇心旺盛，經常挑戰未知的可能性，充滿了創造新事物的熱情與能量。

但是你偏好不拘泥於常識，順從自己想法的獨特生活方式，因此會忍不住把目光轉向各式各樣的事物，難以決定人生的方向。你因為受周圍的人與環境影響，也有優柔寡斷、容易猶豫的傾向。你有情緒難以穩定下來一面，請特別注意。

你基本上是個樂觀的人，比起想東想西，你更偏好運用直覺展開行動，在生活中不忘笑容是重點。你的出生日期 3 是象徵孩子的數字，具備創造性與活動性。再加上出生月分 11 直覺、革新的要素，更加強調你追求全新方向，容易陷入迷航的特質。

## ❖ 戀愛・婚姻・性生活 ❖

你擁有獨特的愛情觀與偏好，能夠坦率面對自己的感情，大膽展開行動，不太在意周圍的想法。你容易受對方影響，因此戀愛模式會隨著喜歡的人而改變。

你即使結婚，也不甘於乖乖待在家庭裡。就算生了小孩也沒有父母的自覺，反而是孩子帶領你成長。你對性生活擁有旺盛的好奇心，但對體型自卑，再加上你非常喜歡肌膚之親，因此即使不發生性關係，平常的身體接觸想必也能滿足你。



## ❖ 工作・財運 ❖

你的想法積極樂觀，如果確立明確的目標，或是出現對手，更容易使你燃起鬥志。你對流行敏感，也有良好的品味，能夠活用獨特的發想與獨創性，因此適合從事流通、媒體相關工作。在組織中是受到疼愛的角色，就像大家的開心果。

你擁有出色的財運，自己的創意與感受力能夠直接為你帶來財富，運勢非常強大。如果遇到好的生意夥伴，能使你更接近成功。在金錢方面有多少花多少，因此千萬不能隨隨便便把錢借給別人。

## ❖ 今生使命・未來展望 ❖

你今生的使命是：學習自由與任性的不同，接受自己人生的自由與變化，成為連結全世界人們的溝通者。

你思考的方向，容易受環境得影響而不斷改變。但這就是你所謂的自由嗎？或者只是單純的任性呢？學習兩者的差異是你今生的使命之一。

真正的自由，必定伴隨著自我的責任。為了活得像自己，找到自己無可動搖的中心思想是一件重要的事情。

什麼是你無可退讓的，最重要的事情呢？只要能夠確實了解自己，那麼即使受到旁人影響，也不會迷失目標。找到真正的自己，並與之產生連結，就能進而與更多人溝通、建立關係，實現你今生的使命。

## ❖ 生日帶來的訊息 ❖

「純粹的心」
「創造力」
「負起伴隨自由而來的責任」

### 前世の故事

你的前世是生活在亞馬遜叢林腹地大自然中的原住民。

某天，同伴因為狩獵的收穫實在太少，於是要去遠處的村子看看狀況。你雖然瞬間閃過不好的預感，但還是敵不過同伴的說服而出發。後來你們一直沒有回來，村民都非常擔心。而這個時候，其實你們正在與某個好戰的部族交戰。你們雖然擅長狩獵，但依然是個崇尚和平的部族，所以在戰鬥中受了重傷。好不容易回到自己村子的你，雖然證明了自己的預感，卻也因為無法充分活用直覺而苦惱。

# גיא

11/3 希伯來文

### ❖ 生日契合度 ❖

**◉ 情人・伴侶**

| | |
|---|---|
| 1月3, 21, 30日 | 7月6, 15, 24日 |
| 2月2, 11, 20日 | 8月5, 14, 23日 |
| 3月1, 19, 28日 | 9月4, 13, 22日 |
| 4月9, 18, 27日 | 10月3, 21, 30日 |
| 5月8, 17, 26日 | 11月2, 20, 29日 |
| 6月7, 16, 25日 | 12月1, 10, 28日 |

**◉ 工作夥伴・朋友**

| | |
|---|---|
| 1月4, 13, 22日 | 7月7, 16, 25日 |
| 2月3, 12, 21日 | 8月6, 15, 24日 |
| 3月2, 11, 29日 | 9月5, 14, 23日 |
| 4月10, 19, 28日 | 10月4, 22, 31日 |
| 5月9, 18, 27日 | 11月3, 21, 30日 |
| 6月8, 17, 26日 | 12月2, 11, 29日 |

**◉ 競爭對手・敵人**

[1/2] [2/5] [3/3] [3/18] [4/1] [5/16] [11/12]

**◉ 靈魂伴侶**

[4/6] [6/22] [7/28] [8/9] [9/17] [10/9] [11/26]

### ❖ 生日名人 ❖

約翰・孟塔古（三明治伯爵）
山謬爾・馬爾沙克（作家）
查理士・布朗遜（演員）
山川菊榮（評論家）
山崎豐子（作家）
山口瞳（作家）
手塚治虫（漫畫家）
堤幸彥（導演）
向井亞紀（藝人）
錦戶亮（歌手）

◉ 從你的生日看命運
請見32頁

# 11月4日

November fourth

## 能夠將靈感付諸實現的腳踏實地者

11 月 4 日出生的你，是個擁有敏銳直覺的踏實者，你具有將自己的直覺確實化為具體表現的才能。

你的出生日 4 是創造現實世界的基礎數字。再加上出生月分 11 靈感、直覺的要素，使你成為能夠將應付現實的能力，與靈性才華整合在一起的人。

你對無形的世界高度敏銳，能夠條理分明地分析感受到的事物，具有能將這些事物以具體形式表現的才華。你認真努力，不管什麼事情都全力以赴不偷懶，能夠堅持到底。你誠實的性格得到旁人的深厚信賴，而你也能夠進一步運用靈感與啟發，給出準確的建議。

但如果你堅持自己的想法才正確，就無法活用難得的直覺。雖然你也有敏感的一面，卻會對旁人拋出嚴苛的話，這麼做也會造成糾紛。4 日出生的人也有頑固不知變通的一面，無法坦率接受別人的意見。雖然你不擅長尋求別人的幫助，但不要獨自承受問題，毅然決然地把自己做不到的事情交給別人。請你更加珍惜自己，不要疏於對自己的照顧。

### ✣ 戀愛・婚姻・性生活 ✣

你對於喜歡的人相當專一，是個純情的人。你喜歡對方的心情總比別人更加強烈，但你不擅長戀愛遊戲，或是太過直接表達自己的心意，這方面比較笨拙。

你對結婚相當謹慎，難以下定決心。但婚後想必會努力實現理想中的家庭。然而，如果你太過拘泥於追求自己的理想，將會感到痛苦，因此追求理想也應該適可而止。你在性生活方面晚熟而謹慎，需要多花一點時間才能由衷享受。請你盡量把自己的感受坦率告訴對方。



### ✣ 工作・財運 ✣

你的想法獨特，能夠想出各式各樣的點子，並將這些點子實現，而這樣的能力在工作上也能充分發揮。你適合擔任將靈感化為具體形式的藝術家、作家、設計師等等。你具有職人氣質，擅長腳踏實地的精密作業，因此想必也很會將資訊整理成數據或文章。你是個認真努力的人，不管從事什麼樣的工作都能建立一定程度的地位。

你的財運穩健，能夠腳踏實地累積財富。你很重視精神層面，請避免把太多的金錢投入在靈性世界的探究之中。

## ❖ 今生使命・未來展望 ❖

你今生的使命是：活用將直覺化為具體形式的踏實者才能，和別人分享完全不求回報的愛。

認真誠實的你，是否只顧著思考別人的事情，強烈覺得自己必須對別人有幫助呢？但如果太過於照顧對方，強迫對方接受自己的心意，那麼不管多麼努力，都稱不上是真正的愛。即使是家人，也要清楚「別人的人生是屬於他自己的」。

為此，你必須先用愛滿足自己。請你先試著把別人的事情擺在一邊，把能量灌注在取悅自己身上。

當你充滿愛的時候，自然就能將多出來的愛擴散到周圍。為了讓自己發自內心散發出這樣的感覺，你必須更加、更加地珍惜自己、愛自己。

## ❖ 生日帶來的訊息 ❖

「幻想與現實」
「表現」
「好好愛自己」

### 前世の故事

你的前世是生活在森林深處小村子的公務員。

你從小就認真努力，熱愛寫日記，把每天發生的事情記錄下來。長大之後的你，成為村子裡的公務員，負責記錄村子裡發生的事情。但這些事情太過單調無趣，無法使你獲得成就感。某天，你在房間的角落找到小時候寫的日記。

裡面除了每天的紀錄之外，還有想到的點子與從長老之處聽到的故事，你覺得這些內容相當迷人。你發現自己太過拘泥於形式上的事物，於是你發誓今後要更加珍惜自己的感受力，完成自己被賦予的任務。

11/4 希伯來文

### ❖ 生日契合度 ❖

**◉ 情人・伴侶**

| | |
|---|---|
| 1月8, 17, 26日 | 7月2, 11, 29日 |
| 2月7, 16, 25日 | 8月1, 19, 28日 |
| 3月6, 15, 24日 | 9月9, 18, 27日 |
| 4月5, 14, 23日 | 10月8, 17, 26日 |
| 5月4, 13, 31日 | 11月7, 16, 25日 |
| 6月12, 21, 30日 | 12月6, 15, 24日 |

**◉ 工作夥伴・朋友**

| | |
|---|---|
| 1月5, 14, 23日 | 7月8, 17, 26日 |
| 2月4, 13, 22日 | 8月7, 16, 25日 |
| 3月3, 21, 30日 | 9月6, 15, 24日 |
| 4月11, 20, 29日 | 10月5, 14, 23日 |
| 5月1, 10, 28日 | 11月4, 13, 22日 |
| 6月9, 18, 27日 | 12月3, 12, 21日 |

**◉ 競爭對手・天敵**

[3/12] [5/7] [6/4] [8/30] [10/28] [12/26] [12/30]

**◉ 靈魂伴侶**

[4/1] [4/28] [5/27] [6/8] [8/18] [9/8] [11/15]

### ❖ 生日名人 ❖

史坦林・諾斯（兒童文學作家）
羅伯特・梅普爾索普（攝影師）
李翊雲（作家）
馬修・麥康納（演員）
泉鏡花（作家）
池內淳子（演員）
淺倉大介（音樂人）
名倉潤（藝人）
山本未來（演員）
尾野真千子（演員）

◉ 從你的生日看命運
請見32頁

# 11月5日

November fifth

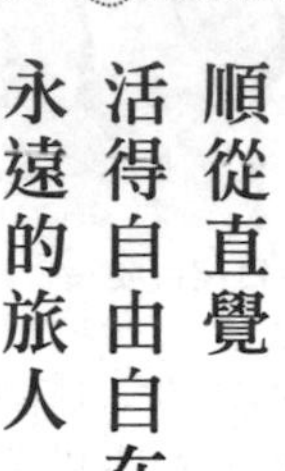

## 順從直覺 活得自由自在 永遠的旅人

這天出生的你，喜歡順從直覺與靈感，過著自由自在的人生，是個永遠的旅人。你的好奇心旺盛，喜歡變化，會毫不猶豫地接連投入有趣、神祕、珍奇新穎的事物，並且付諸行動。

但你的行動力與速度感也會使周圍的人感到困惑、跟不上你的步調。你不受社會期許所束縛，是個相信自己的感受，能夠依此展開行動的自由之士。你不喜歡被規則綁住，也討厭管理別人或是被別人管理。

你的爆發力優異，也具備衝勁，但如果碰壁或遇到障礙，就會立刻洩氣、煩惱或迷惘。你的內心與外表有些反差，擁有純潔、容易受傷的一面。你的情緒起伏大，因此調整精神面的平衡對你來說很重要。

你的出生日期5是代表自由、變化、溝通的數字，出生日期11則意謂著直覺與革新。11月出生的你靈敏度高，能夠與許多人建立關係，交流資訊。

5日出生的人，能夠從零開始建立人脈網，並由此發展。能夠順從自己的想法，自由自在的生活雖然是一件很棒的事情，但也不能忘了謙虛地反省，檢視這樣的自由是否變成了任性。

### ✧戀愛・婚姻・性生活✧

你是個依據直覺而行的人，能夠與命運的邂逅相遇，順從心底的愛意，享受自由的戀愛。一旦你對愛的感受被啟發了，就會立刻付諸行動。即使是婚外情或一夜情，也無法使你猶豫。你在愛情方面沒有禁忌，甚至還會享受刺激。

婚後的你雖然體貼，努力想要珍惜對方，但單調的日子也會使你感到無趣，而會為工作或興趣而忙碌奔走。在性生活方面，你會順從自己的感覺，隨心所欲地大膽享樂，因此對方也會對你很滿意。



### ✧工作・財運✧

你擅長判斷時代潮流，從中蒐集、傳達資訊。你的敏銳度很高，因此適合處理跟著時下流行或趨勢走向的事物。除了經常接觸人群的餐飲業、物流業、服務業之外，藝術家、模特兒、演藝、音樂等相關工作，也能發揮你的才華。另一方面，單純、重複的作業，或是需要遵守各種規定的作業就不適合你。

在金錢方面，你不擅長有計畫地儲蓄、使用。你有時會突然豪爽地花大錢，因此對待金錢的態度必須謹慎。

## ❖ 今生使命・未來展望 ❖

你擁有天生的直覺與出眾的行動力，是個自由之士，而這樣的你，今生的使命是：透過自己的經驗學習真理，並學會真正的獨立自主。

該如何從自己的經驗中學習，又該如何把這些學習活用到人生當中，是值得好好思考的重點。你之所以會把學會真正的獨立自主當成目標，或許是因為你覺得自己的人生失衡，並未確實地獨立。

請你先從確認自己有沒有把自由與任性的意義搞混開始吧。你是否一遇到困難就立刻推給別人，或者做事情半途而廢呢？自由總是伴隨著相對的責任。

請你回顧自己過去的經驗與行動，對自己的言行負起責任，靠著自己的力量，把眼前應該做的事情，一件一件確實完成，就能邁向真正的獨立。

## ❖ 生日帶來的訊息 ❖

「無拘無束」
「展翅高飛」
「既獨立又不忘與人聯繫」

### 前世の故事

你的前世，是居無定所、輾轉旅居歐洲各地的流浪民族。

你從小就在各式各樣的異國文化中長大，擁有少見的環境適應能力。最後你基於對所愛對象的希望，在某座城市定居下來。但幸福的日子轉瞬即逝，你開始覺得城市的生活單調乏味，繁多的限制也使你感到拘束。你的伴侶也對於總是意志消沉的你感到失望，最後離你而去。

你雖然找回自由自在的生活，但伴侶離開前留下的那句「你只顧自己！」仍然是你哽在胸口的一根刺。你一邊問自己「真正的關係與真正的自由到底是什麼？」一邊繼續你的旅程。

# היא

11/5 希伯來文

### ❖ 生日契合度 ❖

**◉ 情人・伴侶**

| | |
|---|---|
| 1月4, 22, 31日 | 7月7, 16, 25日 |
| 2月3, 12, 21日 | 8月6, 15, 24日 |
| 3月2, 11, 29日 | 9月5, 14, 23日 |
| 4月1, 19, 28日 | 10月4, 22, 31日 |
| 5月9, 18, 27日 | 11月3, 12, 30日 |
| 6月8, 17, 26日 | 12月2, 20, 29日 |

**◉ 工作夥伴・朋友**

| | |
|---|---|
| 1月6, 15, 24日 | 7月9, 18, 27日 |
| 2月5, 14, 23日 | 8月8, 17, 26日 |
| 3月4, 13, 31日 | 9月7, 16, 25日 |
| 4月3, 21, 30日 | 10月6, 15, 24日 |
| 5月2, 20, 29日 | 11月5, 14, 23日 |
| 6月10, 19, 28日 | 12月4, 13, 22日 |

**◉ 競爭對手・天敵**

[1/12] [3/1] [3/22] [5/8] [5/11] [7/6] [8/5]

**◉ 靈魂伴侶**

[2/28] [7/10] [7/14] [7/26] [9/3] [10/2] [11/21]

### ❖ 生日名人 ❖

費雯麗（演員）
亞特・葛芬柯（歌手）
布萊恩・亞當斯（音樂人）
寶兒（歌手）
佐藤愛子（小說家）
富野由悠季（動畫導演）
天地真理（歌手）
深谷薰（漫畫家）
宮本慎也（棒球選手）
中川晃教（音樂人）

◉ 從你的生日看命運
請見32頁

# 11月6日

November sixth

## 無法分清楚是非黑白的溫柔的導師

選擇在這天誕生的你，容易猶豫，不擅長做出明快的決定。你的脾氣好、氣質沉穩，不管對誰都一視同仁地親切，對人高度包容的溫和性格是你的特徵，宛如一個溫柔的導師。

你的出生日期6，是象徵美與創造的愛的數字，再加上出生月分11的要素，讓你能夠運用靈感影響許多人，強化你身為通訊者的特質。

雖然你能夠接收到許多靈感，卻無法運用腦袋思考與明確分清楚是非黑白。你容易受到他人意見左右，會在決定之後又後悔，展現優柔寡斷的特質。

你的個性溫柔敦厚，直覺與靈感也相當敏銳，擁有獨特的觀點。你不擅長複雜、困難的事情，總是一派單純。但你擅長透過細膩的感受力，感知美的事物與神聖的事物。你生性溫柔，能夠自然而然地思及周圍的人，並奉獻自己照顧他們。你喜歡頻繁地送他們禮物，也擅長給予指導。但你的情緒容易失衡，也會脫口說出一些負面的話，之後才來後悔。此外，你基於好心做出的行動，最後也可能會變成對別人的控制欲，請特別注意。

### ❖ 戀愛・婚姻・性生活 ❖

你優柔寡斷，情緒容易起伏不定，在感情上相當脆弱，但你會溫柔地為情人奉獻。你容易受到喜歡的人影響，外表與內在都會隨著交往的對象而改變。如果不可靠的人向你撒嬌，你會本能地想要幫助他。

在選擇結婚對象方面，你重視自己的直覺。在婚後會成為重視家庭的好丈夫、好太太。在性生活方面，只要能夠取悅對方，即使對方提出大膽的要求，你也往往都會配合。但是請小心不要因為屈服於對方，導致狀況朝著對自己不利的方向發展。



### ❖ 工作・財運 ❖

你很喜歡接觸人，因此適合從事與人直接相關的工作。例如活用直覺的心理諮商師或治療師等充滿奉獻精神的職業，就很適合你。此外，你也具備審美的眼光，能夠辨別美的事物，因此也適合加入藝術、時尚相關業界。

你的財運雖然不差，但是對存錢沒什麼興趣。如果你把錢用在幫助別人，自己也會因此很開心。但是，想要給予對方一切的態度，反而可能傷害對方，請特別注意。

## ✣ 今生使命・未來展望 ✣

今生你的使命是：即使陷入困難的狀況，也要堅持到最後，取得現實上的成功，並且慷慨地把成功與周圍的人分享。

你擁有強烈的奉獻精神，即使幫助別人，也對於獲得實際報酬感到不自在。然而，在這個物質世界取得現實上的成功，是一件非常有價值的事情。

首先，請你好好面對象徵物質能量的金錢。你似乎對於存錢懷抱著罪惡感，但只要把取得的金錢與成就，慷慨地與周圍的人分享即可。畢竟如果你手上什麼都沒有，也無法分享給別人。

當你展現坦率分享的態度時，就會獲得更多的成就感。請把你獲得的成果慷慨地分享給更多的人，就會幫助你實現今生的使命。

## ✣ 生日帶來的訊息 ✣

「溫柔的真義」
「真正」
「做出成果」

### 前世の故事

你的前世是在羅馬帝國的宮廷中，負責照顧王子的老師。

你的指導不同於其他教育者，比起帝王學，你更重視對方的個性與感受力。因為皇帝雖然從小就擁有神秘的力量，最後卻耽溺於權力，而你眼看著皇帝的下場，便偷偷地把避免成為權力奴隸的心法傳授給王子。不久之後，王子長成了賢明的皇儲，能夠看清大臣的能力，擇才任之，但這樣的王子，卻被視為宮廷中的異類。於是你鼓勵王子，告訴他：你做得沒有錯，總有一天別人一定能夠理解你。

# ויא

11/6 希伯來文

### ✣ 生日契合度 ✣

**◉ 情人・伴侶**

| | |
|---|---|
| 1月5, 14, 23日 | 7月8, 17, 26日 |
| 2月4, 13, 22日 | 8月7, 16, 25日 |
| 3月3, 21, 30日 | 9月6, 15, 24日 |
| 4月2, 20, 29日 | 10月5, 14, 23日 |
| 5月1, 19, 28日 | 11月4, 13, 22日 |
| 6月9, 18, 27日 | 12月3, 12, 30日 |

**◉ 工作夥伴・朋友**

| | |
|---|---|
| 1月7, 16, 25日 | 7月1, 19, 28日 |
| 2月6, 15, 24日 | 8月9, 18, 27日 |
| 3月5, 14, 23日 | 9月8, 17, 26日 |
| 4月4, 13, 22日 | 10月7, 16, 25日 |
| 5月3, 21, 30日 | 11月6, 15, 24日 |
| 6月2, 20, 29日 | 12月5, 14, 23日 |

**◉ 競爭對手・天敵**

[1/9] [3/25] [4/15] [7/2] [7/12] [9/20] [11/11]

**◉ 靈魂伴侶**

[2/5] [6/30] [7/2] [7/23] [8/17] [11/5] [12/24]

### ✣ 生日名人 ✣

阿道夫・薩克斯（樂器製作者）
楊德昌（導演）
詹姆斯・奈史密斯（籃球發明者）
艾瑪・史東（演員）
新垣勉（聲樂家）
五十嵐文男（花式滑冰選手）
伊原剛志（演員）
松岡修造（網球選手）
小田茜（演員）
窪塚俊介（演員）

◉ 從你的生日看命運
請見32頁

# 11月7日

November seventh

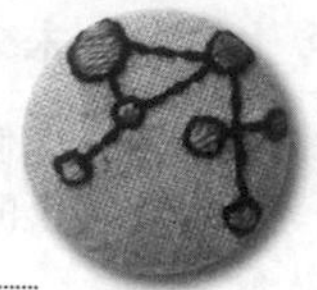

能夠將靈感付諸實現的知識型職人

7日出生的你，能夠貫徹自己的風格，擁有頑固的職人氣質。你的出生日期7代表一個週期的結束，是完結、完全調和的數字。再加上出生月分11的直覺力，更加能突顯你的感受力。

你的特徵是除了有形的世界之外，也能從無形的世界獲得資訊，並且憑著自己的力量，確實以具體的形式表現出來。

你的個性冷靜、考慮周到，不擅長與人成群結隊，屬於喜歡孤獨的類型。你重視自己的步調，討厭被別人干涉或催促。你給人的感覺雖有點距離，但總是能夠保持冷靜，因此別人會依賴你客觀的觀察力、分析力與判斷力。

你屬於理論派，會徹底探究自己感興趣的事情，但你的感受也很敏銳，能夠運用直覺與靈感推動事物。

你從小就有著成熟的氣質，很早就能在精神上獨立。你不擅長對人傾訴煩惱或示弱，可能會封閉在自己的世界裡，請特別注意。

11月7日出生的人，擁有一顆靈活的心，也能傾聽周圍的意見，請你重視與身邊的人的交流，過著腳踏實地的生活。

## ❖戀愛・婚姻・性生活❖

你雖然對愛情感興趣，但態度往往有點冷淡，是個比較冷酷的人。如果你把愛情定位在只是玩玩，就會採取大膽的行動，但卻因此失去了真心相愛的機會。你或許也擁有過戲劇性的戀愛經驗，例如順從直覺陷入熱戀。但如果不是直覺與現實條件符合的對象，你就不會與他步入禮堂，因此你結婚的門檻或許很高。

你在婚後會重視心靈交流，但也希望擁有彼此獨立的空間。你對性生活也具有探究心，想要進行各種嘗試，因此如果伴侶不是個能夠打從心底放鬆享受的人，你們就無法從中得到樂趣。

## ❖工作・財運❖

對你而言，找到能夠一輩子投入的工作與環境非常重要。如果能在工作中遇到尊重你的步調與風格、理解你的感受力的夥伴，就能讓你的人生綻放光采。比起與眾人組成團隊，獨自完成所有事情的職人型工作，更能發揮你的才能。

你對金錢不太有欲望，只要能夠從事喜歡的工作，報酬什麼的都是次要的事。若能琢磨自己的專業，把自己打造成一個品牌，就能為你帶來事業發展與收入，你或許可以找個專業的顧問談談。

## ❖今生使命・未來展望❖

你今生的使命是：活用自己把想法具體化的才能，為實現世界和平帶來貢獻。

擁有世界和平的目標，雖然聽起來有點誇張，但只要你能感受每天的幸福，帶著笑容過生活，周圍的人也自然能露出笑容，擁有幸福的感受。這才是你能夠做到的，最簡單、最有力的邁向世界和平的方法，不是嗎？

重視自我風格的你，往往封閉在自己的世界裡，但是抱持著自信，試著把自己創作的作品傳達給更多的人也很重要。

請你試著想像一下，讓自己的作品為更多人帶來的幸福吧，你一定也能自然而然地露出笑容。當你活出自己，不忘了為自己帶來幸福，才能為實現世界和平踏出最確實的一步。

## ❖生日帶來的訊息❖

「創造力」

「睿智」

「為自己帶來幸福」

### 前世の故事

你的前世是一名中世紀的英國女性，你的心上人是個為了貫徹騎士道的精神，而努力完成嚴格修行的騎士。

這名騎士是你的遠房親戚，你們從小就是青梅竹馬。他品行端正，武術與馬術等騎士的技術都很優異，從小就是你的驕傲，你很崇拜他。雖然他也察覺了你的心意，卻還是與其他女性結婚。大受打擊的你，封閉了自己的心。這讓你的父母很擔心，勸你和其他男性結婚，但你無法欺騙自己的心，最後孤身一人逐漸老去。你有時也會遺憾自己這輩子無法品味身為女性的喜悅，並且在這樣的遺憾中離開人世。

11/7 希伯來文

### ❖生日契合度❖

◉ **情人・伴侶**

| | |
|---|---|
| 1月1, 19, 28日 | 7月4, 13, 31日 |
| 2月9, 18, 27日 | 8月12, 21, 30日 |
| 3月8, 17, 26日 | 9月11, 20, 29日 |
| 4月7, 16, 25日 | 10月1, 19, 28日 |
| 5月6, 15, 24日 | 11月9, 18, 27日 |
| 6月5, 14, 23日 | 12月8, 17, 26日 |

◉ **工作夥伴・朋友**

| | |
|---|---|
| 1月8, 17, 26日 | 7月2, 11, 29日 |
| 2月7, 16, 25日 | 8月1, 19, 28日 |
| 3月6, 15, 24日 | 9月9, 18, 27日 |
| 4月5, 14, 23日 | 10月8, 17, 26日 |
| 5月4, 13, 31日 | 11月7, 16, 25日 |
| 6月12, 21, 30日 | 12月6, 15, 24日 |

◉ **競爭對手・天敵**

[1/7] [3/22] [4/4] [8/18] [10/7] [10/13] [12/4]

◉ **靈魂伴侶**

[3/4] [4/9] [5/20] [8/17] [8/23] [10/12] [12/13]

### ❖生日名人❖

瑪麗・居禮（化學家）
卡繆（作家）
瓊・蘇莎蘭（聲樂家）
瓊妮・密契爾（音樂人）
伊集院光（藝人）
長瀨智也（歌手）
內山理名（演員）
片瀨那奈（演員）
韓英惠（演員）
村上佳菜子（花式滑冰選手）

◉ **從你的生日看命運**
**請見32頁**

# 11月8日

November eighth

因為太溫柔
經常猶豫不決的
善良鬥士

11月8日出生的你，是溫柔、滿懷著愛的鬥士。你充滿熱情，希望活用自己的智慧、經驗與影響力，引導所有與你相遇的人走向正確的方向。

你充滿活力，不管面對多麼困難的狀況，都能全力以赴。此外，你也能迅速掌握必要的資訊，具備解決問題的執行力。

你個性溫柔，會為夥伴著想，然而一旦猶豫，就會迷失在迷宮中找不到出口。但你具備獨自解決問題的實力，因此最後還是能夠透過靈感找到線索。

你說出來的話，對周圍的人有很大的影響力，因此請為自己的發言負起責任，用字遣詞必須謹慎。請不要被他人的意見左右，而是要在接受他人意見的同時，也對自己的決定負起責任，並且相信自己的選擇，如此一來，你的能力就會更加發揮出來。

你的出生日期8象徵無限大（∞），是代表偉大的力量、光榮、財富的數字。再加上出生月分11的要素，使你能夠敏感接收能量，擴大將自己的力量傳播給周圍的能力。

## ❖戀愛・婚姻・性生活❖

你挑選伴侶時，會帶有高度的理想，能夠冷靜分辨對象，鎖定自己看上的極品獵物發動攻勢。擁有審美眼光的你，對於服裝品味也很講究，會根據自己的喜好改變對方。

你也會根據直覺，選定結婚的對象與時機，並把對方拉進自己的世界裡。就算是女性，也不甘於待在家庭，如果能夠兼顧工作是最理想的狀況。在性生活方面，你有時會順從自己的欲望逼近對方，有時又會完全委身於對方。請明確表達自己的想法，讓伴侶理解自己的希望。



## ❖工作・財運❖

你充滿活力，也有出眾的商業頭腦，不管去到哪裡都能大顯身手，是個超級工作狂。這天出生的人，不少都把工作當成興趣，經常滿腦子都是工作的事。你的個性強勢，自尊心高，比起受雇於人，更適合獨立創業，實現自己的夢想。

喜歡工作的你，往往會把工作帶進私人領域。旁人也可能因為你的強勢而覺得厭煩，請特別注意。你的賺錢能力超群，能夠活用靈感獲得強大的財運。當你擁有明確的目的性時，你的財運更是出眾。

## ✧今生使命．未來展望✧

今生你的使命是：請活用溫柔鬥士的特質，不管什麼事情都憑自己的意志決定，成為帶領人們的真正領導者。

你不管做任何事情都全力以赴，因此想必已經取得現實上的成功，為周圍的人帶來莫大的影響力。

此外，為同伴著想的你，是否為了採用、整合大家的意見，而壓抑自己的意見與想法呢？明確表達自己的意見，帶領同伴前進意謂著一肩承擔起重大的責任。但你能夠挑戰這項任務，而與你同行的夥伴也各自都能得到成長。

隨時磨練自己的感受力，信任自己的經驗與靈感，先把強大的領導力運用在自己的人生。因為這麼做才能夠幫助你實現成為真正領導者的使命。

## ✧生日帶來的訊息✧

**「現實的成功」**

**「榮譽」**

**「負起領導者的責任」**

### 前世の故事

你的前世誕生於中國北宋時代，是一個治理邊境的皇室。

你有一個雙胞胎的兄弟，而你是哥哥。你們兄弟感情非常好，自幼就共同學習，一起長成傑出的青年。你從小就帶有明星氣質，擁有強大的影響力，深得臣下信賴。反之，弟弟則關在自己的世界裡，經常躲在你的背後。只有一人能夠成為王儲是出身在王室的宿命，而你被選中了。

手握權力的你，不知道該如何處理將來可能會威脅自己的弟弟，但最後你還是讓他成為你的參謀心腹。每當你不知道該如何下決定時，弟弟就會給出適當的意見，幫助你度過難關。

# חיא

11/8 希伯來文

### ✧生日契合度✧

**◉ 情人．伴侶**

| | |
|---|---|
| 1月2, 11, 29日 | 7月5, 14, 23日 |
| 2月10, 19, 28日 | 8月4, 22, 31日 |
| 3月9, 18, 27日 | 9月3, 12, 30日 |
| 4月8, 17, 26日 | 10月2, 20, 29日 |
| 5月7, 16, 25日 | 11月1, 10, 19日 |
| 6月6, 15, 24日 | 12月9, 18, 27日 |

**◉ 工作夥伴．朋友**

| | |
|---|---|
| 1月9, 18, 27日 | 7月3, 21, 30日 |
| 2月8, 17, 26日 | 8月2, 11, 20日 |
| 3月7, 16, 25日 | 9月1, 19, 28日 |
| 4月6, 15, 24日 | 10月9, 18, 27日 |
| 5月5, 14, 23日 | 11月8, 17, 26日 |
| 6月4, 13, 22日 | 12月7, 16, 25日 |

**◉ 競爭對手．天敵**

[3/8] [4/19] [5/10] [9/18] [10/1] [10/17] [11/16]

**◉ 靈魂伴侶**

[3/17] [5/6] [7/8] [10/10] [11/9] [11/13] [12/30]

### ✧生日名人✧

費斯曼（地質學家）
羅夏克（精神分析學家）
瑪格麗特．米契爾（作家）
亞蘭．德倫（演員）
石黑一雄（作家）
寺村輝夫（兒童文學作家）
若尾文子（演員）
尾高忠明（指揮家）
小野田安秀（音樂人）
坂口憲二（演員）

◉ 從你的生日看命運
請見32頁

# 11月9日

November ninth

希望運用直覺為社會貢獻的智者

11月9日出生的你，是個為世界、為人類全力以赴的賢者。

你希望運用出生月分11所帶來的啟發、直覺來為人生解答，為世界帶來幫助。至於出生日期的9，則包含所有數字的要素，象徵完結與整合，代表賢者與人生導師。

你聰明、認真、個性穩重，擁有一顆純潔的心，總是能夠綜觀整體、顧慮細節，是個成熟的人。

你的求知欲旺盛、熱愛學習，想要吸收各種知識。雖然你也有書呆子的一面，但能夠敏銳接收靈感，也重視自己的感覺。你屬於資優生類型的人，能夠仔細傾聽周圍的意見，把這些意見整合在一起。你胸懷著大格局的理想，並且抱持著強大的信念，朝著實現理想而努力。另一方面，過高的理想也容易使你對自己產生無力感與罪惡感，導致你也有半途而廢、強詞奪理的傾向。

此外，太顧慮周圍與想得太多，使你的身心容易失衡，請特別注意。但只要與能夠與別人分享感受，即使對方只有一個人，也能藉由分享想法，或是討論知識方面的話題，讓情緒穩定下來。

## ✧戀愛・婚姻・性生活✧

你雖然晚熟，但卻擁有獨特的戀愛觀。你會憑著靈感選擇對象，希望為喜歡的人帶來幫助，是個溫柔的情人。你也是個浪漫主義者，重視彼此精神方面的交流。如果腦中描繪的想像與眼前的事實有落差，也會使你感到困惑，但你的婚姻生活應該很穩定。你的感覺敏銳，對於外遇特別敏感，尤其不容許伴侶在精神方面的背叛。

你在性生活方面也很重視情調，但不會失去理性。比起性行為本身，你更重視身體上的接觸，因此即使只是溫柔的擁抱，也能使你得到滿足。



## ✧工作・財運✧

你不只具備知識，在各個方面也都很聰明，因此無論從事什麼樣的工作都能使你發揮才能。你對神祕事物的好奇心強烈，接收訊息的感受力也高，因此適合從事傳遞關鍵訊息的工作，例如成為占卜師。你對於奉獻活動或志工活動也具有熱情，因此也適合從事公務員或醫師等服務性質高的工作。

你擁有實際的財運，財務管理的能力也很好，因此適合從事專門處理金錢的職業。你有判斷時代潮流與尖端趨勢的才能，這樣的才能也能為你帶來財富。

## ❖ 今生使命．未來展望 ❖

為社會帶來幫助能使你感到喜悅，因此今生你的使命是：探究無形的世界，將從中得到的智慧與資訊傳達給更多的人。

你一直以來都在無意識當中，從無形世界接收訊息，而如何更有自覺地感知這些訊息，以具體形式明確表達出來，是你今生的課題。請認真向無形世界學習，並且親自將其智慧運用在現實世界。

首先，就從透過身體與感官所感受到的事物，應用在生活當中開始。例如，透過插花刺激視覺，或是沐浴在朝陽中冥想。刺激你的感官，就能讓第六感覺醒。

從自己能夠感受到實際效果的事物開始運用。如果再與過去累積的知識與實際體驗融合，就能讓你的訊息更加容易傳達出去。

## ❖ 生日帶來的訊息 ❖

「埋性與知性」

「洞見」

「磨練第六感」

### 前世の故事

你的前世是日本平安時代的地方豪紳。

你雖然身為女性，但自幼就飽覽群書，並且在學習教養中成長。你茂密的黑髮也相當美麗，因此有許多人來說媒，最後你與有利於提昇家族地位的對象結婚。你雖然努力成為支持丈夫的賢妻，但缺乏心靈交流的婚姻生活只讓你感到無趣。

你每天一邊等待丈夫的歸來，一邊勤奮縫製丈夫的衣服。某天，你突然想起在結婚之前，因為與某位男性之間怦然心動的回憶。你一想到自己再也不會擁有這樣的體驗，就覺得萬分遺憾。

11/9 希伯來文

### ❖ 生日契合度 ❖

◉ **情人．伴侶**

| | |
|---|---|
| 1月9, 18, 27日 | 7月3, 21, 30日 |
| 2月8, 17, 26日 | 8月2, 20, 29日 |
| 3月7, 16, 25日 | 9月1, 19, 28日 |
| 4月6, 15, 24日 | 10月9, 18, 27日 |
| 5月5, 14, 23日 | 11月8, 17, 26日 |
| 6月4, 13, 22日 | 12月7, 16, 25日 |

◉ **工作夥伴．朋友**

| | |
|---|---|
| 1月1, 19, 28日 | 7月4, 13, 31日 |
| 2月9, 18, 27日 | 8月3, 21, 30日 |
| 3月8, 17, 26日 | 9月11, 20, 29日 |
| 4月7, 16, 25日 | 10月1, 19, 28日 |
| 5月6, 15, 24日 | 11月9, 18, 27日 |
| 6月5, 14, 23日 | 12月8, 17, 26日 |

◉ **競爭對手．天敵**

[1/8] [3/18] [4/27] [6/9] [7/8] [8/25] [10/17]

◉ **靈魂伴侶**

[5/25] [6/15] [7/12] [8/4] [9/7] [11/19] [12/13]

### ❖ 生日名人 ❖

伊凡．屠格涅夫（作家）
大衛．杜瓦爾（高爾夫）
亞歷山德羅．德爾皮耶羅（足球選手）
野口英世（細菌學家）
吉田秀雄（企業家）
江藤俊哉（小提琴家）
梅澤富美男（演員）
石田繪里（演員）
加瀨亮（演員）
上川大樹（柔道選手）

◉ **從你的生日看命運 請見32頁**

# 11月10日

November tenth

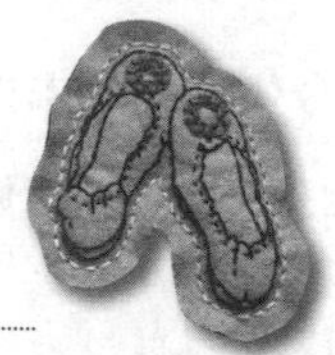

想到什麼就立刻說出口的坦率領導者

這天誕生的你不拘小節，是個豁達、坦率的領導者。但你有時也會因為太過直率，想到什麼就立刻說出口，有時說錯了話因而懊悔不已。你的出生日期 10 是由 1 與 0 組成，這個數字大幅度地提昇了你的領袖特質。再加上出生月分 11 的要素，更為你增添感受的豐富度，也提昇了你的直覺與感應的能力。

為了實現大格局的理想，懷著強大的意志力，發揮前進的力量，是 10 月出生者的才能。這天出生的人開朗活潑，個性單純又乾脆。除此之外也擅長照顧人，能夠顧慮到細節，具有吸引人的魅力。這樣的人帶有大哥大、大姐頭的氣質，身邊自然而然地聚集了許多人，等回過神來才發現自己總是扮演著控制場面的核心角色。

你是個努力的人，只要決定好的事情，無論如何都會堅持到最後。你總是不斷追求新的夢想，擁有充沛的活力，並發揮天生的專注力與行動力，將夢想實現。

你的喜怒哀樂會直接表現在態度與言語上，這樣的坦率雖然展現出 11 月出生者的特質，但也容易傷害周圍的人，招致旁人誤解，因此請充分留意自己的言行，為自己的言行負起責任。如果覺得自己傷害了對方，請不要忘了真誠地向對方道歉。

## ✧戀愛・婚姻・性生活✧

你重視第一印象，容易因此墜入情網。你對於喜歡的對象相當專一，會溫柔地為他奉獻，然而一旦開始交往，就有企圖根據自己的想法控制對方的傾向。你對性生活也很積極，但比起行為本身，心靈交流才是你最重視的事情。你在婚後會成為守護家庭的好丈夫、好太太，但總是想要掌握家中的主導權。此外，你不經思考或情緒性的發言，往往展現了高高在上的態度，因此請小心不要傷害家人與伴侶。



## ✧工作・財運✧

你的洞察力敏銳，能夠以宏觀的視角提出方向，具有優異的能力，能夠團結眾人、率領眾人前進。你也擁有觸動人心的魅力，因此能以團隊領袖的身分發揮能力。你對未知事物的好奇心很強烈，擁有獨特的思考方式，因此也適合擬定新計畫，或者參與新商品的開發。

你擁有絕佳的財運，但有時會花錢花得隨心所欲。你有洞燭時代先機的能力，因此透過投資等方式擴大事業，就能吸引財富。

## ✧ 今生使命・未來展望 ✧

今生的你的使命是：像孩子般天真地享受自己想要的人生。

你擅長團結眾人，但如果背負了太多壓力，覺得自己非做不可，往往就會勉強自己。如此一來將會造成反彈，使你強勢地逼迫身邊的人，或是對身邊的人產生依賴，因此不忘感謝是重要的態度。

你就是你。請你接受原原本本的自己，放鬆肩膀的力量，豁達享受人生。你不會對自己的感受說謊，無論好壞，都會把感覺到的事情展現在臉上、態度上或言語上。這樣的你，請有自覺地露出笑容。

當你露出笑容時，自然就會心情愉快，負面的情緒也能得到緩和。珍惜這份讓自己愉快的心，貫徹自己的生活方式，就能幫助你達成今生的使命。

## ✧ 生日帶來的訊息 ✧

「全力前進」
「躍進」
「為世界帶來歡笑」

### 前世の故事

你的前世是美國南北戰爭時代的北軍幹部。你從小就發揮身為領袖的才能，深得同伴信賴。你以頂尖的成績從學校畢業，進入嚮往的軍隊，並在軍中嶄露頭角，逐漸躋身幹部。後來，你提出釋放奴隸的理想，在槍聲與硝煙中持續勇敢奮戰，但在某場戰鬥中，你因為些微的判斷失誤而被逼入絕境。你雖然接連施展新的戰術，但結果全都不如預期，不僅造成嚴重損傷，部隊也戰力低落。你因為錯失重整的時機而被臨陣換將，部下也接二連三地遠離你。這時候，你才發現重新取得他人的信任有多麼困難，而這樣的關係又多麼脆弱。

11/10 希伯來文

### ✧ 生日契合度 ✧

◉ **情人・伴侶**

| | |
|---|---|
| 1月6, 15, 24日 | 7月9, 18, 27日 |
| 2月5, 14, 23日 | 8月8, 17, 26日 |
| 3月4, 13, 31日 | 9月7, 16, 25日 |
| 4月3, 21, 30日 | 10月6, 15, 24日 |
| 5月2, 20, 29日 | 11月5, 14, 23日 |
| 6月1, 19, 28日 | 12月4, 13, 31日 |

◉ **工作夥伴・朋友**

| | |
|---|---|
| 1月2, 20, 29日 | 7月5, 14, 23日 |
| 2月1, 19, 28日 | 8月13, 22, 31日 |
| 3月9, 18, 27日 | 9月3, 21, 30日 |
| 4月8, 17, 26日 | 10月2, 11, 29日 |
| 5月7, 16, 25日 | 11月1, 10, 28日 |
| 6月6, 15, 24日 | 12月9, 18, 27日 |

◉ **競爭對手・天敵**

[2/12] [4/9] [5/27] [6/27] [8/28] [10/31] [11/9]

◉ **靈魂伴侶**

[3/28] [4/12] [6/10] [6/16] [8/24] [9/4] [12/19]

### ✧ 生日名人 ✧

馬丁・路德（宗教改革者）
米哈伊爾・卡拉什尼科夫（槍械設計師）
元斌（演員）
黑木和雄（導演）
糸井重里（文案寫手）
岡部理佳（漫畫家）
原日出子（演員）
川島直美（演員）
小暮閣下（歌手）
三浦貴大（演員）

◉ **從你的生日看命運**
**請見32頁**

# 11月11日

November eleventh

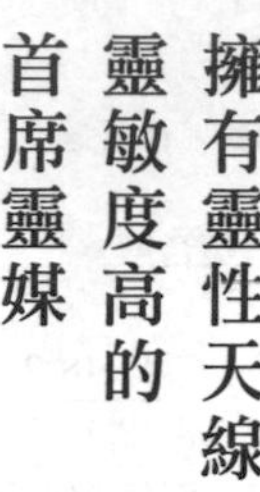

## 擁有靈性天線 靈敏度高的 首席靈媒

你的出生日期11月11日，最大的特徵是擁有兩個千手觀音的象徵，代表直覺、革新的神聖數字11。

你天生就對無形的世界高度敏感，是首席靈媒，也是徹頭徹尾的魔法師、女巫。你的靈感與直覺敏銳，因此把靈性世界視為理所當然，是個超感覺派。個性十足又前衛的你，擁有獨特的世界觀。你的感受力優異，兼具敏銳的審美觀與細膩的感受，因此藝術品味也很出眾。

你追求大格局的夢想與理想，不會受限於世俗眼光，也不因獲得平凡的事物而滿足。你能夠運用出色的靈感與直覺，瞬間得到答案。但你即使在直覺上知道解答，也無法有條理地說明你的理由與根據，因此周圍的人可能難以理解。

因為你的敏銳度太高，因此容易受到他人的情緒與周遭的環境影響，變得猶豫或情緒不穩定。因為你的易感心理，有時會因此做出令人吃驚的大膽發言，造成別人的傷害，或是嚇到周圍的人，因此用字遣詞請特別注意。

### ✧戀愛・婚姻・性生活✧

你會依憑直覺來挑選對象。你重視自己的靈感勝過一切，擁有獨特的戀愛觀，因此對他人來說或許有點難懂。符合社會期許的擇偶標準，對你而言並不適用，總讓別人有一種很難摸透的感覺。

你在婚姻方面，也同樣靠直覺而定。基本上你會溫柔地為對方奉獻，重視精神交流勝過一切。在性生活方面則以對方為主。你雖然能夠自然地配合對方，但對方是否得到滿足則另當別論。你可能在雙方正打得火熱時，突然冒出一句難聽的話，無意中破壞了關係，請特別注意。



### ✧工作・財運✧

你能夠活用靈感與敏銳的洞察力，因此適合需要動腦的工作。你具備創意工作者的才華，擁有常人所沒有的獨特想法與創造力，因此也適合擔任藝術家或設計師。你與神祕的事物、靈性的領域擁有不解之緣，因此也適合成為占卜師或治療師，但需要務實的夥伴為你規劃事業。

你對於金錢漫不經心，但在必要之時具有吸引財富的天賦，所以不需要擔心。你的金錢觀較特殊，會在世人難以理解之處花大錢，必須特別小心。

## ✧ 今生使命・未來展望 ✧

你把「活用直覺，為自己一直以來所做的事情留下具體成果」當成今生的目標。

你經常憑感覺行動，但卻不擅長以具體的方式展現你在感性上的天賦，例如用實際的語言表達，或是整理成文章。在人生中能活用靈感雖然很棒，但因為難以具體言說，這些靈感往往過去就過去了。如此一來，就無法與更多的人分享你出色的直覺。

首先，請你有自覺地為自己的靈感留下具體的紀錄。任何形式都可以，例如寫成文字，或是拍成照片。請你試著將直覺感受到的事物，如實地以各種自由的形式表達出來。

將你透過直覺獲得的資訊，一點一滴累積成看得見的成果，你就能在無形世界與現實世界之間搭起橋梁，將更多美好的生命靈訊傳遞給世人。

### ✧ 生日帶來的訊息 ✧

**「傳達訊息」**
**「參透領悟」**
**「確實地具體展現」**

### 前世の故事

你的前世，是活躍於古埃及時代的占卜師。你深獲眾人的信賴，最後被國王請進宮，希望你能為他服務。不久之後，國王就來找你商量事情。然而，你在國王面前因為太過緊張，在占卜時產生了猶豫，導致占卜結果並不正確，觸怒了國王，於是被國王幽禁。你即使身處牢獄當中，依然不斷地接收來自上天的訊息。這些訊息的內容都相當嚴峻，關係到國家存亡。雖然你心想必須快點告訴國王才行，但你已經失去自信，不確定自己的直覺是否正確，也不知道國王是否會相信你。

## יא׳א

11/11 希伯來文

### ✧ 生日契合度 ✧

◉ **情人・伴侶**

| | |
|---|---|
| 1月7, 16, 25日 | 7月1, 19, 28日 |
| 2月6, 15, 24日 | 8月9, 18, 27日 |
| 3月5, 14, 23日 | 9月8, 17, 26日 |
| 4月4, 13, 22日 | 10月7, 16, 25日 |
| 5月3, 21, 30日 | 11月6, 15, 24日 |
| 6月2, 11, 29日 | 12月5, 14, 23日 |

◉ **工作夥伴・朋友**

| | |
|---|---|
| 1月3, 21, 30日 | 7月6, 15, 24日 |
| 2月2, 11, 20日 | 8月5, 14, 23日 |
| 3月10, 19, 28日 | 9月4, 13, 22日 |
| 4月9, 18, 27日 | 10月3, 12, 30日 |
| 5月8, 17, 26日 | 11月2, 20, 29日 |
| 6月7, 16, 25日 | 12月1, 10, 19日 |

◉ **競爭對手・天敵**

[1/6] [2/14] [5/20] [7/11] [8/6] [9/16] [10/2]

◉ **靈魂伴侶**

[2/18] [3/6] [4/25] [5/6] [6/14] [7/11] [9/9]

### ✧ 生日名人 ✧

杜斯妥也夫斯基（作家）
阿爾弗雷德・弗里德（法學家）
黛咪・摩爾（演員）
李奧納多・狄卡皮歐（演員）
澤村貞子（演員）
小森和子（電影評論家）
吉幾三（歌手）
田中美佐子（演員）
中西圭三（音樂人）
手越祐也（歌手）

◉ **從你的生日看命運**
**請見32頁**

# 11月12日

November twelfth

## 順從靈感付諸實行的表演者

這天誕生的你，特徵是行動力強，能夠根據你收到的靈感立刻採取行動。你的人緣好、善於交際又愛出鋒頭，擁有廣闊的人脈，是個表演型的人。你聰明活潑，個性就像孩子般純粹，不管什麼事情都會直接面對和解決。

由於你的自尊心高、不服輸，因此對手的存在更能激起你的熱情。你的正義感強烈，不接受各種違背社會觀感的事情。你擁有優異的直覺、強大的執行力與行動力、爆發力與速度感也很出眾，因此想到什麼就立刻行動。

另一方面，你也容易因為投入一件事情就看不見周遭，這點請特別注意。你的情緒起伏激烈，也會容易改變心意。因為你的個性只有三分鐘熱度，不太思考日後的事情，往往會隨波逐流，因此身邊的人或許會忙於幫你收拾善後。在藝術領域能夠活用你的直覺、創造力與專注力，如果能在這方面好好表現，你的精神世界想必也會更加安穩。

你的出生日期 12 意謂著趨勢、潮流，是個代表孩子的數字。再加上出生月分 11 的神聖要素，更加提昇你的直覺力，突顯了你跟著感覺行動的坦率、天真、開朗、輕快與活潑的特質。

### ✧戀愛・婚姻・性生活✧

你對於一見鍾情的對象相當專情，是個純情派人物。你相信靈感，因此會在一瞬間就墜入情網。儘管你喜歡對方的心意比別人更強，但在愛情方面卻很笨拙，可能會太直接傾訴自己的感受，導致對方退避三舍。

在結婚方面，幾乎是憑直覺立即決定。一旦擁有家庭，就會成為好丈夫、好太太。有孩子後，則會成為照顧孩子、為孩子煩惱的好爸爸或好媽媽。你雖然不討厭帶來深入交流的性行為，但對鑽研技巧卻沒興趣，往往流於單一模式。

### ✧工作・財運✧

你是個不管從事什麼工作都能發揮能力的工作狂，無論你擔任的是領導者，還是幕後工作者，你都能輕易上手，是個全能的人才，在任何組織中都很被看重。你具備獨特的想法與創造力，言行舉止也會不斷變來變去，如果旁人能夠理解你這種獨特的性格，更能讓你發揮才能。你的財運良好，只要擁有對於時代潮流的品味與靈感，就能為你帶來財富。你也擁有賭運，有機會在賭博性高的領域賺大錢，但運氣不好的時候可能會反遭吞噬，請特別注意。

## ✧ 今生使命・未來展望 ✧

你今生的使命是：活用表演者的特質，像在天空中自由飛翔的鳥兒，以成為連結世人的溝通者為目標。天真不受拘束的你，是否把自由與任性搞混，做出不顧別人的行為，而為身邊的人帶來困擾呢？今生請學習自由與任性的差別，才能幫助你達成使命。

請你將與生俱來的出色創意、獨特的品味與創造力，源源不絕地展現出來。表現方法有很多，例如活動身體的舞蹈，或是動手製作的藝術作品都包括在內。請你盡情前往各種不同的場所，結識更多擁有不同觀點的人。

你不需要在意別人的反應，只要帶著笑容，更自由、更大膽地展現自己、並持續蛻變，就能化身為魔杖，幫助自己達成今生的使命。

## ✧ 生日帶來的訊息 ✧

**「躍動力」**

**「活潑」**

**「不需太在意別人的反應」**

### 前世の故事

你的前世是活躍於古希臘的女性格鬥家。你擁有出眾的運動天賦，並且在國王主辦的格鬥技大賽中出賽。你運用優異的技術與體能，取得漂亮的勝利，因此獲得國王的喜愛，得以侍奉國王。你雖然有個青梅竹馬的未婚夫，但因為嚮往無憂無慮的生活，便拋棄了他進入王室。但是王宮的生活相當無聊，沒有你想像中的多彩多姿。於是，你提出離開城堡的要求，但不被接受，甚至因為觸犯了國王的底線而遭到幽禁。就這樣在牢獄中度過餘生的你，對於被眼前的享樂迷惑而背叛情人這件事情感到後悔，你希望來世能夠與最愛的人一起過著平凡但幸福的生活。

11/12 希伯來文

### ✧ 生日契合度 ✧

**◉ 情人・伴侶**

| | |
|---|---|
| 1月3, 12, 30日 | 7月6, 15, 24日 |
| 2月2, 11, 20日 | 8月5, 14, 23日 |
| 3月1, 19, 28日 | 9月4, 13, 22日 |
| 4月9, 18, 27日 | 10月3, 12, 30日 |
| 5月8, 17, 26日 | 11月2, 11, 29日 |
| 6月7, 16, 25日 | 12月1, 10, 28日 |

**◉ 工作夥伴・朋友**

| | |
|---|---|
| 1月4, 13, 31日 | 7月7, 16, 25日 |
| 2月3, 12, 21日 | 8月6, 15, 24日 |
| 3月2, 11, 29日 | 9月5, 14, 23日 |
| 4月1, 19, 28日 | 10月4, 13, 22日 |
| 5月9, 18, 27日 | 11月3, 12, 30日 |
| 6月8, 17, 26日 | 12月2, 11, 20日 |

**◉ 競爭對手・天敵**

[3/12] [7/23] [8/13] [9/30] [10/29] [12/3] [12/29]

**◉ 靈魂伴侶**

[2/8] [6/20] [6/29] [7/12] [7/30] [9/8] [12/7]

### ✧ 生日名人 ✧

雅克・查爾斯（物理學家）
羅丹（雕刻家）
麥克・安迪（兒童文學作家）
葛麗絲・凱莉（演員）
納迪婭・柯曼妮奇（體操選手）
安・海瑟薇（演員）
津森千里（設計師）
岩崎宏美（歌手）
寺島進（演員）
麻木久仁子（藝人）

◉ 從你的生日看命運
請見32頁

# 11月13日

November thirteenth

**容易受旁人影響 猶豫不決的 實力派**

你的出生日期 13，象徵撲克牌的國王，是個強而有力的數字，代表莫大的權力、對現實的支配力。再加上出生月分 11 靈感、直覺的要素，使你雖然擁有強大的力量，卻容易受周圍影響，展現容易迷惘的性格。

你本質上是個認真、誠實的好人。儘管自己擁有強大的信念，但或許因為受到 11 月出生的影響，會聽進太多周圍的意見，使你因為煩惱東、煩惱西而難以做出決斷。但是你的內心堅韌，不管做什麼事情，都能抱持著信念，腳踏實地持續努力，這是個非常棒的才能。周圍的人對你的評價也高，相當信任你，所以他們會把重要的事情交給你負責。請你相信自己的實力，更加磨練自己的才能。

你的個性坦率、表裡一致，討厭說謊或敷衍的言行，能夠直覺看穿別人的謊言。而且你的責任感太強，無法拒絕別人的請託，總是獨自承擔問題，請特別注意。你甚至可能在煩惱無解之後，把自己逼到極限。請不要把事情想得太複雜，有時候坦率順從自己的感受，溫柔對待自己，展現出天生實際的一面，想必就能發揮你原本的實力。

## ❖ 戀愛・婚姻・性生活 ❖

你很認真看待愛情，認為戀愛等於結婚，因此戀愛經驗不會太豐富。你的感情專一，會和對方坦誠相對。婚後你雖然會追隨伴侶的生活步調，但因為你覺得自己的價值觀才正確，使你也會以好壞判斷對方、嚴格批評斷對方，請特別注意。

在性生活方面，你會隨著當天的直覺展現不同的面貌，有時會引導對方，有時又會等待對方引導。雖然你自己也對自己擁有這樣的兩面性感到驚訝，但是請你不要害羞，努力把自己的感受傳達給伴侶，讓彼此都能擁有愉快的感受。



## ❖ 工作・財運 ❖

你不管做什麼事情，都能一點一滴地努力做出具體成果，這樣的才能也能充分發揮在工作方面。你會認真完成別人交辦的任務，拿出扎實的成果，因此周遭人們對你的評價也高，對你特別信任，使你能夠出人頭地。雖然你不太表現出來，但你對於成功與權力擁有強烈的欲望。

在金錢方面，你雖然不花大錢，能夠過著收支平衡的生活，金錢觀很實際。然而你一旦手握權力，就會耽溺於金錢的力量，不管什麼事情都想要用錢來解決，請特別注意。

## ❖ 今生使命・未來展望 ❖

今生你的使命是：對於生命中所有遇見的人付出無私的愛。不管做什麼事情都做到一絲不苟的你，一旦認為自己必須對別人帶來幫助才有價值，就難免會懷抱著強烈的使命感與義務感。

但是擅自強迫對方接受不需要的好意，只會變得多管閒事而已。此外，如果對方沒有表達感謝，你也可能暗自責備對方。「我是為了你好」、「我必須當個好人」，一直抱持著這類想法做出的行為，只會離你的人生目標愈來愈遠。

請你先從溫柔對待自己，用愛滿足自己開始。有時候不妨試著配戴喜愛的飾品、到讓你感到滿足的場所消費，當你的身心都得到滿足時，自然而然就能滿溢出無私的愛。擁有實力的你，想必能夠活用直覺，將無私的愛傳播給更多的人。

## ❖ 生日帶來的訊息 ❖

「實在的力量」
「重信重義」
「好好愛自己」

### 前世の故事

你的前世，是俄羅斯羅曼諾夫王朝時代，統治廣大領土的貴族的情婦。有能力的你，在暗地裡支持著領主與夫人。

你眼看著領主熱血地實施各種統治的計畫，於是也開始提出治理方面的建議。你呼籲領主提供人民更富足的生活，但你的主張太過理想，導致領主逐漸疏遠你。再加上你與夫人也處得不好，終於被趕出宅邸。這時候你才發現，自己的價值觀與對於不切實際的理想的堅持，破壞了原本安穩的生活，於是你開始思考自己的角色與來到人世的真正意義。

11/13 希伯來文

### ❖ 生日契合度 ❖

◉ **情人・伴侶**

| | |
|---|---|
| 1月8, 17, 26日 | 7月2, 20, 29日 |
| 2月7, 16, 25日 | 8月1, 19, 28日 |
| 3月6, 15, 24日 | 9月9, 18, 27日 |
| 4月5, 14, 23日 | 10月8, 17, 26日 |
| 5月4, 13, 31日 | 11月7, 16, 25日 |
| 6月3, 12, 30日 | 12月6, 15, 24日 |

◉ **工作夥伴・朋友**

| | |
|---|---|
| 1月5, 14, 23日 | 7月8, 17, 26日 |
| 2月4, 13, 22日 | 8月7, 16, 25日 |
| 3月3, 12, 30日 | 9月6, 15, 24日 |
| 4月2, 20, 29日 | 10月5, 14, 23日 |
| 5月1, 19, 28日 | 11月4, 13, 22日 |
| 6月9, 18, 27日 | 12月3, 12, 21日 |

◉ **競爭對手・天敵**

[1/13] [3/26] [5/10] [6/16] [7/13] [10/10] [11/9]

◉ **靈魂伴侶**

[2/6] [2/24] [5/18] [6/17] [7/25] [8/6] [10/16]

### ❖ 生日名人 ❖

羅伯特・史蒂文森（作家）
瑪格麗特・朗（鋼琴家）
珍・茜寶（演員）
琥碧・戈柏（演員）
岸信介（政治家）
伊勢正三（音樂人）
本田雅人（音樂人）
真島秀和（演員）
木村拓哉（藝人）
倖田來未（歌手）

◉ **從你的生日看命運**
**請見32頁**

# 11月14日

November fourteenth

埋頭猛衝
充滿速度感的
自由之士

選擇在11月14日誕生的你，是個充滿速度感的自由之士，你總順從直覺，身體動得比腦子還快，擁有衝勁十足的行動力。你會朝著自己的信念與展望，熱血地勇往直前。

你的行動靈活、決斷力優異，擁有心動就會馬上行動的力量。你的直覺也很敏銳，一有靈感就能立刻轉換方向，既果斷又靈活。但在確定方向之前卻容易猶豫，別人也會覺得你是個心情善變、難以捉摸的人。雖然你本人沒有惡意，但就結果來看，你還是會把周圍的人耍得團團轉，請特別注意。

此外，你在人際關係方面的冷熱落差很大，總是希望與信得過的人真心交流，不允許對方背叛或做任何悖德之舉。你雖然擅長照顧人，卻往往根據第一印象決定對方的評價，因此如果你的態度能夠更柔軟，與周遭的人際關係也會更加順暢。

你的出生日期14的1與4都代表箭頭，這兩個數字組合在一起，展現了明確的意志與方向。再加上出生月分11象徵著直覺、革新的要素，更加強調你的直覺力與勇往直前的力量。

## ❖ 戀愛・婚姻・性生活 ❖

不管你自己有沒有自覺，你都是頗受異性歡迎的類型。或許也有人在你不知道的情況下，覺得被你冷落了。你重視與情人的精神交流，因此嫉妒心也重，對於交往對象的不忠，擁有敏銳的直覺，如果對方偷吃，你立刻就會發現。如果你是女性，即使結婚也不會安分地守在家裡；如果是男性，婚後也很有可能依然如單身般過著自由自在的生活。

你雖然把性視為神聖的事物，但或許能因為偶然的機會釋放內在的壓抑，突然懂得大膽享受。



## ❖ 工作・財運 ❖

你在工作上無疑地是個能幹的人。你能夠臨機應變、迅速對應，無論是擔任領導者還是輔佐者，都能根據現實情況扮演好自己的角色。你也有藝術方面的才華，適合擔任藝術家或設計師。你在金錢方面的理財能力優異，既有賺錢的能力，也有管理、運用金錢的能力。你會把錢投入學習音樂、美術、藝術等靈性方面的事務，這麼做也能夠使自己的品味與直覺更敏銳，因此在自我投資方面千萬不能吝嗇。

## ❖ 今生使命．未來展望 ❖

今生你的使命是：透過自己的體驗學習真理，獨自把事物做到完美，學會真正的獨立自主。

你只有三分鐘熱度，因此對你來說，獨自把一件事情堅持完成確實有一定的難度。獨自把事情做到完美雖然是一件很棒的事情，但如果沒有實力，反而只會造成周圍的困擾而已，請特別注意。

真正獨立的人，能夠分辨自己做得到的事情與做不到的事情，不會勉強自己。這樣的人既不會把自己的能力看得太高，也不會看得太低，能夠接納原本的自己。如果遇見做不到的事情，也會坦白地向周圍承認做不到。

請接受這個世界就是由獨立的人互助共生，在彼此的支持當中才能活下去，並負起自己應承擔的責任，就能幫助你完成今生的使命。

## ❖ 生日帶來的訊息 ❖

「臨機應變」
「積極主動」
「好好拒絕」

### 前世の故事

你的前世，是在中世紀歐洲海域漂流的女海盜。

你出生在某個小國的王室，是個衣食無缺的公主，但你拒絕父王決定的政治聯姻，並且溜出城堡。你與一起出城的侍女扮成水手的樣子逃到海上，雖然你們成功逃脫了，卻不知道該去哪裡。這時候你們遇到了一艘適逢船長剛去世的海盜船。你憑著王族的氣質與智慧，勇敢對抗海盜，最後身為女性的你得到他們的認可，成為海盜船的船長。後來你成為遠近馳名的海盜，但你想起父母與手足的時候，還是會對於自己的選擇是否正確感到迷茫。

# יד׳א

11/14 希伯來文

### ❖ 生日契合度 ❖

**◉ 情人．伴侶**

| | |
|---|---|
| 1月4, 13, 31日 | 7月7, 16, 25日 |
| 2月3, 12, 21日 | 8月6, 15, 24日 |
| 3月2, 11, 29日 | 9月5, 14, 23日 |
| 4月1, 19, 28日 | 10月4, 13, 31日 |
| 5月9, 18, 27日 | 11月3, 21, 30日 |
| 6月8, 17, 26日 | 12月2, 11, 29日 |

**◉ 工作夥伴．朋友**

| | |
|---|---|
| 1月6, 15, 24日 | 7月9, 18, 27日 |
| 2月5, 14, 23日 | 8月8, 17, 26日 |
| 3月4, 13, 22日 | 9月7, 16, 25日 |
| 4月3, 12, 30日 | 10月6, 15, 24日 |
| 5月11, 20, 29日 | 11月5, 14, 23日 |
| 6月1, 10, 28日 | 12月4, 13, 22日 |

**◉ 競爭對手．天敵**

[1/3] [3/5] [5/21] [6/25] [8/5] [10/23] [12/1]

**◉ 靈魂伴侶**

[3/9] [3/27] [4/8] [7/17] [8/4] [8/28] [12/9]

### ❖ 生日名人 ❖

查爾斯．萊爾（地質學家）
克勞德．莫內（畫家）
張藝謀（導演）
史蒂法諾．加巴納（設計師）
遠藤章（生化學家）
阿藤快（演員）
佐藤美智子（演員）
坂本直子（馬拉松選手）
片岡安祐美（棒球選手）
野村周平（演員）

◉ 從你的生日看命運
請見32頁

# 11月15日

November fifteenth

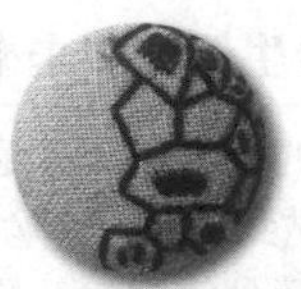

## 順從直覺心地善良的教師

11月15日出生的你，能夠活用敏銳的直覺，同時不管對誰都很溫柔，是體貼、充滿大愛又包容的教師。

你的出生日期15的1意謂著開始，5意謂著自由與變化，擁有包容一切的大愛與溫柔是你的特徵。再加上出生月分11的要素，更加提高你對靈性世界的敏銳度，使你相信自己的直覺勝過一切，能夠順從直覺前行。

你的個性溫柔、穩重，不管對誰都很親切。你熱愛與人分享，也擅長指導別人。你把與周圍的人的和諧視為優先，努力過著均衡的生活。你有時候也會順從直覺採取行動，使周圍的人為你擔心，但你實際上是為了實踐奉獻的精神。

你平常給人低調的印象，但也有嚴格的一面，一旦正義感太強烈，就會嚴厲追究對方的錯誤。你如果太過以別人為優先而迷失自己，情緒起伏就會變得激烈，易被別人的意見左右，變得優柔寡斷。如果你太雞婆，好心的溫柔對別人而言也會變成困擾，請特別注意。重點在於你必須分清楚親切與雞婆的差異。

### ❖ 戀愛・婚姻・性生活 ❖

你在愛情方面擁有獨特的感性，一句出人意表的話，往往就能瞬間抓住對方的心。你會給予喜歡上的對象各種建議，想要成為他的助力，但由於你很渴望被對方需要，請避免讓對方把你當成呼之即來、揮之即去的人。

婚後的你很重視家庭，雖然會為家人努力工作，但也希望根據自己的想法安排家裡的事情，因此請提醒自己不要變得專斷獨行。在性生活方面，你都會配合伴侶的希望。即使在打得火熱的時候，也能溫柔地顧慮對方，而看到伴侶歡欣的模樣想必能使你更加熱情。



### ❖ 工作・財運 ❖

在職場上，你具有獨特的明星特質，擅長照顧部下與後生晚輩，能夠自然而然號召人群，被推舉為部門幹部或領導者。只要活用你的直覺，就能接受和傳遞直指核心的訊息，因此你也適合從事占卜師或心理諮商師等工作。

你對金錢不太關心，但如果手握大筆財富，也會出現執著的欲望。實際上你很少有金錢方面的煩惱，遇到危機時必定有人出手救援，擁有強大的運勢。由於總依循直覺而行，因此旁人可能很難以理解你對於工作或收入的標準。

## ❖ 今生使命．未來展望 ❖

心地善良的你，不管陷入多麼困難的狀況，都絕不放棄。你將「獲得現實上的成功，與更多的人分享富足」當成今生的使命。

雖然你很擅長犧牲自己，照亮別人，但卻對於只有自己獲得物質上的成功心懷抗拒。但是，你在物質上取得的成功與富足，最後仍會為別人帶來幫助。你不需要對取得成功懷著罪惡感，請你允許自己帶著發自內心的喜悅，收下成功的果實。只要你變得富足，就能不吝惜與周圍的人分享真正的財富。

雖然一開始你或許會心懷抗拒，但是當你品嘗到獲得財富與成功的喜悅時，自然會願意慷慨地與眾人一起分手中的富足，幫助你達成今生的使命。

## ❖ 生日帶來的訊息 ❖

「嚮往和諧」
「母性」
「放下執著」

### 前世の故事

你的前世是繁華至極的殖民地時代的西班牙國軍，負責鍛鍊入伍的新兵，是他們的指導教官。

溫柔的你雖然嚴厲，但能夠設身處地照顧學生，因此獲得許多學生的敬仰。然而當你看見王室的腐敗時，忍不住提出指責，卻因為批判王室的罪名而鋃鐺入獄。你因為自己對於正義太過堅持，導致心愛的妻子也被抹上罪人家室的污名，這使你相當後悔，但你卻沒有遭到處刑。

後來你才發現，被關進監獄是夥伴為了保護你的策略。你在得知這點之後發現，原來自己真正的使命還未消失。

# טוֹרָא

11/15 希伯來文

### ❖ 生日契合度 ❖

◉ 情人．伴侶

| | |
|---|---|
| 1月5, 14, 23日 | 7月8, 17, 26日 |
| 2月4, 13, 22日 | 8月7, 16, 25日 |
| 3月3, 21, 30日 | 9月6, 15, 24日 |
| 4月2, 11, 29日 | 10月5, 14, 23日 |
| 5月1, 19, 28日 | 11月4, 13, 22日 |
| 6月9, 18, 27日 | 12月3, 12, 30日 |

◉ 工作夥伴．朋友

| | |
|---|---|
| 1月7, 16, 25日 | 7月1, 19, 28日 |
| 2月6, 15, 24日 | 8月9, 18, 27日 |
| 3月5, 14, 23日 | 9月8, 17, 26日 |
| 4月4, 13, 22日 | 10月7, 16, 25日 |
| 5月3, 12, 30日 | 11月6, 15, 24日 |
| 6月2, 20, 29日 | 12月5, 14, 23日 |

◉ 競爭對手．天敵

[1/15] [1/27] [2/8] [9/10] [9/26] [10/11] [12/2]

◉ 靈魂伴侶

[3/8] [6/21] [7/2] [8/8] [8/14] [9/5] [11/7]

### ❖ 生日名人 ❖

喬治亞．歐姬芙（畫家）
柏特歷．麥保馬（足球選手）
坂本龍馬（志士）
內田康夫（作家）
肝付兼太（聲優）
加藤綠（聲優）
神田川俊郎（廚師）
木村美穗（搞笑藝人）
本鄉奏多（演員）
峯岸南（歌手）

◉ 從你的生日看命運
請見32頁

# 11月16日

November sixteenth

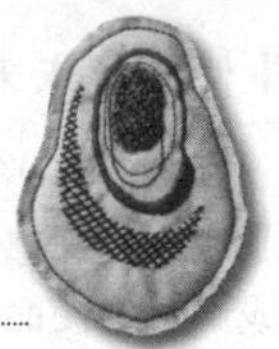

## 活用直覺創造作品的職人

這天誕生的你，擁有專業的知識與技術，能夠活用靈感創造作品，是個擁有職人精神的人。你不只會磨練自己的技藝，也重視把職人技術傳授給後進的態度，也很擅長照顧人。

你的出生日期16的1意謂著開始，6意謂著愛與調和，這兩個數字合在一起，象徵整合事物、獨自完成的力量。再加上出生月分11所代表的兩個箭頭、直覺、革新的要素，使你用來表達理念的語言、作品和參與的工作都帶有非常強烈的訊息，對周遭人們的影響力也很大。

你雖然擁有強烈的專業意識與責任感，卻會順從高度敏銳的直覺行動，或這點可能會使他人難以理解。但你也具備體貼他人的溫柔性格，與培育後進的才能。只不過，你說話有點不加修飾，往往會把感覺到的事情直接講出來。有時也會因為表達得不夠充分而招致誤解，請特別注意。

你能夠透過把無形的直覺與靈感，以具體的形式表現，負起向眾人傳達重要訊息的任務。為了完成這項重要任務，請你主動騰出獨處的時間並為自己打造一個舒適的環境，才能好好傾聽心底的聲音。

### ✧戀愛・婚姻・性生活✧

你在愛情方面非常在意對方的反應，難以傳達自己真正的想法。你雖然知道該怎麼做比較好，卻經常因為無法當下告訴對方而後悔。你對婚姻擁有高度理想，因此婚後也會努力將理想實現。但如果描繪的理想太高，會因為與現實之間的落差，使你覺得自己沒有價值，因此追求理想也應該適可而止。

在性生活方面，你有自己的規則，如果不如己意，可能就會突然冷卻下來。如果伴侶能以理解你的立場，採取實際的對應，就能使你發自內心地放鬆，好好享受親密關係。



### ✧工作・財運✧

你擁有職人氣質，因此不管做什麼事情都講究細節。明明眾人都覺得沒有問題，你還是會再度出手調整，直到自己滿意為止。你身邊的人或許在各方面都很辛苦，但最後的成果想必完成度很高。如果身邊的人能夠跟上你的腳步，即使是重大的工作，你也能完成。

在財運方面，你雖然擁有自己賺錢的能力，但困難的時候財富也會適時從天而降。若太過執著於金錢，反而會使你失去很多，請抱持著相助的想法，慷慨地放開對金錢的執著。

## ❖ 今生使命・未來展望 ❖

感受力高，能夠瞬間做出判斷的你，今生的使命是：運用自己的知識與能力，幫助更多的人，為世界和平與社會帶來貢獻。

你會徹底鑽研自己感興趣的領域，對自己的知識與技術抱持著自信。因此你的自尊心也高，能夠讓你說真心話的對象很少，往往會使你陷入溝通不足的狀態。但是你想要培育人才、想幫助別人的心情也很強烈，因此總難以避免與人接觸。

如果稍微鬆開太高的自尊，主動接近周圍的人，就能和更多的人分享你的智慧與技術。請你主動敞開心房，坦率表達出自己真正重視的事情。當你自己所把重視的事情傳達給周圍的人，你理想中的和睦世界一定能夠實現。

## ❖ 生日帶來的訊息 ❖

「傳承」
「感應」
「主動敞開心房」

### 前世の故事

你的前世，是在中世紀德國的珠寶商會，領導職人們的大師。你的父親也是一名優秀的職人，誕生在職人家庭的你，從小就擁有一雙靈巧的手，於是你開始有樣學樣地協助父親的工作。你不只技術優異，還擁有天生的直覺與靈感。後來，你創作的珠寶飾品，被某位貴族看上，獲得極高的評價。

多虧這位貴族，你接到了許多工作，並且出人頭地，成為指導許多職人的大師。你不斷地為委託人製作美麗的珠寶飾品，但在人生的最後，卻發現沒有為自己打造任何一件飾品，這點也成為你唯一的遺憾。

11/16 希伯來文

❖ 生日契合度 ❖

◉ **情人・伴侶**

| | |
|---|---|
| 1月10, 19, 28日 | 7月4, 13, 31日 |
| 2月9, 18, 27日 | 8月3, 21, 30日 |
| 3月8, 17, 26日 | 9月2, 20, 29日 |
| 4月7, 16, 25日 | 10月1, 19, 28日 |
| 5月6, 15, 24日 | 11月9, 18, 27日 |
| 6月5, 14, 23日 | 12月8, 17, 26日 |

◉ **工作夥伴・朋友**

| | |
|---|---|
| 1月8, 17, 26日 | 7月2, 20, 29日 |
| 2月7, 16, 25日 | 8月10, 19, 28日 |
| 3月6, 15, 24日 | 9月9, 18, 27日 |
| 4月5, 14, 23日 | 10月8, 17, 26日 |
| 5月4, 22, 31日 | 11月7, 16, 25日 |
| 6月3, 12, 30日 | 12月6, 15, 24日 |

◉ **競爭對手・天敵**

[1/7] [4/13] [5/3] [7/11] [8/16] [11/22] [11/24]

◉ **靈魂伴侶**

[1/6] [4/9] [5/8] [6/16] [8/8] [10/3] [11/14]

❖ 生日名人 ❖

塔齊奧・努沃拉里（賽車手）
亞歷山大・波波夫（游泳選手）
木下是雄（物理學家）
宮本茂（遊戲設計師）
內田有紀（演員）
西村博之（企業家）
小島義雄（藝人）
西山茉希（模特兒）
紗榮子（藝人）
新田真劍佑（演員）

◉ **從你的生日看命運**
**請見32頁**

# 11月17日

November seventeenth

不違背自己原則
喜愛坦蕩生活的
正直的勇者

11月17日出生的你，不扭曲自己的原則，是充滿力量的勇者。你只喜歡坦蕩的生活，是個正直的人。

出生日期17的1與7都擁有明確的方向性，是代表箭頭的數字，因此你活力充沛、充滿熱情，能夠懷著明確信念勇往直前。再加上出生月分11所具備的直覺與革新的能量，為你添加直覺、靈感等敏銳的感性。

你雖然沒有證據，卻深信偶然浮現的點子，坦率地順從內心的聲音，朝著自己相信的道路前進，並擁有強韌的心靈。你是充滿熱情的實務家，不會因為一點小事就喪氣或是抱怨。但你也因為太過相信自己的心，而有不接受對方意見與想法的頑固的一面。

你即使在心裡猶豫或煩惱，也會因為自尊心高、不服輸，所以不會讓旁人看到這一面，最後只能朝著前方猛衝，反而不太聰明。你如果累積太多負面情緒，會因為優柔寡斷而導致情緒不穩定，請特別注意。你能夠敏銳地抓住出色的直覺與靈感，並兼具在現實中付諸實行的力量，在兩者之間取得良好的平衡。如果能運用這項出色的才能來讓自己開心，就能成就人生大業。

## ❖戀愛・婚姻・性生活❖

你擁有高度的理想，如果不是自己尊敬的異性，就連看也不願意看一眼。你的自尊心高，無論如何都不願意委屈自己，因此在愛情中也經常想要掌握主導權。如果不如己意，你也可能乾脆地甩了對方。你若出軌不會只是玩玩，就算出軌被揭穿也不會承認自己的錯誤。你婚後的生活雖然以工作為中心，但想必也能好好經營家庭。在性生活方面，你對自己的外型有自信，能夠盡情放縱地享樂。雖然你總是想要由自己引導，但也請重視伴侶的心情。



## ❖工作・財運❖

你總是勇往直前，懷著自己的信念在工作中邁進。你也具備挑戰精神，擁有強大的精神力，無論什麼樣的困難都願意挑戰，對於出人頭地擁有強烈的欲望。

你時而熱情，時而冷靜，也適合擔任組織的領導者。你擁有出色的創意與行動力，能夠把浮現的點子化為事業，因此即使獨立創業，也能活用天生的才能，逐漸將公司做大。你原本就有出色的財運，也有運用自己的熱情與能力賺取財富的企圖心，因此獲得龐大的財富，對你而言只是指日可待之事。

## ✧ 今生使命・未來展望 ✧

你今生的使命是：在自己的人生中發揮真正的領導力。

你能夠憑著努力與毅力完成多數的事情，是眾人公認的領袖型人物。

你自己不疏於努力，但也會以同樣嚴格的標準要求別人。如果別人無法適應你的做法，或是做不出成果，你就會無情地將他捨棄。但是真正領導者不會嚴格批判別人，也不會強迫別人接受自己的做法。然而，每個人都有他的人生。你以自己的價值觀批判別人，終究是對別人有所期待，也是對別人的依賴。

請放開心胸，並接納人心脆弱的一面。若能進一步擁有心靈的從容，看到對方的優點與隱藏的才華，就是你成為真正的領導者，以及完成今生使命所不可或缺的條件。

## ✧ 生日帶來的訊息 ✧

**「不屈服的堅強」**

**「坦蕩」**

**「靈活地應對」**

### 前世の故事

你的前世是大蒙古帝國的女性，你的丈夫是王族，也是掌控經濟的富商。

你的丈夫因為絲路的打造，以及東西貿易的頻繁往來而大獲成功，獲得了龐大的財富，但他總是忙於遠征，很少與你見面。管理全家的財富變成你的任務。你對政治也有興趣，隨著實務經驗的累積，自己的能力也逐漸提昇。丈夫看見你的能力原本相當開心，但卻逐漸開始對你深不見底的力量感到害怕。你以為做好自己的工作，就能獲得丈夫的愛情與財富，但現實上的不如意卻使你感到煩心。

# יזיא

11/17 希伯來文

### ✧ 生日契合度 ✧

**◉ 情人・伴侶**

| | |
|---|---|
| 1月2, 20, 29日 | 7月5, 14, 23日 |
| 2月1, 19, 28日 | 8月4, 22, 31日 |
| 3月9, 18, 27日 | 9月3, 21, 30日 |
| 4月8, 17, 26日 | 10月2, 20, 29日 |
| 5月7, 16, 25日 | 11月1, 10, 28日 |
| 6月6, 15, 24日 | 12月9, 18, 27日 |

**◉ 工作夥伴・朋友**

| | |
|---|---|
| 1月9, 18, 27日 | 7月3, 12, 30日 |
| 2月8, 17, 26日 | 8月2, 11, 29日 |
| 3月7, 16, 25日 | 9月1, 19, 28日 |
| 4月6, 15, 24日 | 10月9, 18, 27日 |
| 5月5, 14, 23日 | 11月8, 17, 26日 |
| 6月4, 13, 22日 | 12月7, 16, 25日 |

**◉ 競爭對手・天敵**

[1/8] [1/17] [3/15] [6/1] [7/21] [10/26] [12/8]

**◉ 靈魂伴侶**

[2/9] [4/7] [5/1] [8/7] [9/15] [10/1] [11/18]

### ✧ 生日名人 ✧

莫比烏斯（數學家）
野口勇（雕刻家）
馬丁・史柯西斯（導演）
蘇菲・瑪索（演員）
尹孫河（藝人）
納谷悟朗（聲優）
山口崇（演員）
內田裕也（音樂人）
城島茂（音樂人）
龜田興毅（拳擊手）

◉ 從你的生日看命運
請見32頁

# 11月18日

November eighteenth

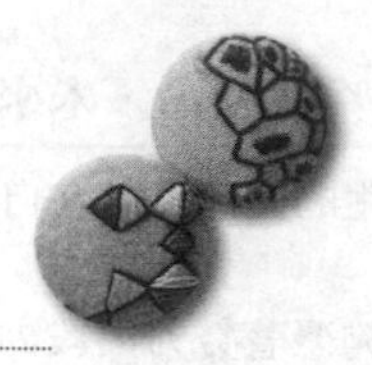

從精神的世界探究智慧的聰明導師

選擇在這天出生的你，聰明理智，深受周圍的人信賴。出生日期18的1代表開始，8代表無限大（∞），這兩個數字都充滿精力充沛、向外發散的能量。

18日出生的人開朗、爽快，能夠團結眾人，是個可靠又成熟的人。出生月分11是擁有特別意義的神聖數字，代表著直覺、革新的神聖領域。這讓11月18日出生的你，就連對無形的世界也能豎起天線，探究其智慧，總能夠預先看見下一步，是個賢者，也是人生的導師。你能夠均衡地運用知性與直覺，敏銳判斷未來的發展，擁有獨特的明星氣質，並能得到旁人的尊敬，想必能夠自然而然擔任掌控各種局面的角色。

你個性溫和、容易親近，往往能扮演團結眾人的角色。你的內心雖然隱藏著熱血，但對於無意義的爭執沒有興趣，特別看重和平。你也具有實際的執行力，能夠將夢想與浪漫化為具體形式，但也往往因為責任感太過強烈而逼迫自己。你也有無情的一面，如果事情不照著自己的理想發展，就會把過錯推給別人，甚至乾脆地捨棄對方。請小心不要因為背負太多事情，而把自己逼入絕境。珍惜每個能夠讓你吐露內心話的人，他們能夠療癒並走入你的內心。

## ✧戀愛・婚姻・性生活✧

你在愛情方面是個相當浪漫的人，會追求自己的理想。但如果只對符合自己條件的對象感興趣，即使好不容易遇到真命天子或天女，也可能會錯過。請你豎起敏銳的天線，避免因為限縮戀愛對象而錯過婚期。

在性生活方面，知識份子的一面會妨礙你積極享樂，或許也會使你在心底藏著壓力。你的婚姻運也很好，能夠建構理想的家庭。但如果太在意世人觀感，可能會變成假面夫妻，為了避免出現這種情形，請重視家庭內的溝通。



## ✧工作・財運✧

在工作方面，統整或領導的任務經常落到你頭上，因此無論從事什麼職業，都能出人頭地。你有能力瞬間判斷出別人對自己的期待，因此不管到哪裡都能展現可靠的一面。你能夠完美達成被賦予的任務，所以上司對你的評價也很高。

你的財運很穩定，運勢起伏不大，你能夠腳踏實地賺錢，不會想要一夜致富或是盲目地下賭注。你能夠活用對於金融商品的知識與直覺，實際地累積財富。

## ❖今生使命・未來展望❖

你今生的使命是：探究無形的世界，將從中得到的智慧與資訊傳達給身邊的人，以實踐真正的世界和平。

聰明的你，想必已經注意到那個科學無法說明的、無形的世界的存在。你擁有從無形的世界引來成功的實力，但現在或許仍對未來願景視若無睹。

請你試著活用自己的直覺與靈感，展開具體的行動。這時把你得到的知識與經驗活用在日常生活當中，驗證其效果的態度就很重要。

請讓自己擁有冥想等內觀自我的時間，有自覺地傾聽內在的聲音，想必就能獲得有助於世界和平的新發現。

### ❖生日帶來的訊息❖

**「知識與智慧」**

**「賢明」**

**「在日常生活中具體實踐」**

你的前世，是在日本戰國時代，受到諸侯信任的高僧策士。

你博學多聞又聰明，給予諸侯準確的建議，因而獲得相當高的評價。但其實你的背後存在著一名神秘的女性。當你與這名不知道從何處出現的女孩說話時，你的直覺就會變得不可思議地敏銳，腦中浮現出未來的場景。但是弟子在偷看到你和女孩對話的模樣後，向你所屬的教派告狀，於是你就被逐出教派。你想在離開寺廟之前，再與這位女孩見上一面，但不管你怎麼找，都找不到她的蹤跡，所有人都對她一無所知。直到最後，你都不曉得這位女孩是否真實存在過。

前世の故事

11/18 希伯來文

### ❖生日契合度❖

**◉情人・伴侶**

| | |
|---|---|
| 1月9, 18, 27日 | 7月3, 12, 30日 |
| 2月8, 17, 26日 | 8月2, 11, 29日 |
| 3月7, 16, 25日 | 9月1, 19, 28日 |
| 4月6, 15, 24日 | 10月9, 18, 27日 |
| 5月5, 14, 23日 | 11月8, 17, 26日 |
| 6月4, 13, 22日 | 12月7, 16, 25日 |

**◉工作夥伴・朋友**

| | |
|---|---|
| 1月1, 19, 28日 | 7月4, 22, 31日 |
| 2月9, 18, 27日 | 8月3, 21, 30日 |
| 3月8, 17, 26日 | 9月2, 11, 29日 |
| 4月7, 16, 25日 | 10月1, 10, 19日 |
| 5月6, 15, 24日 | 11月9, 18, 27日 |
| 6月5, 14, 23日 | 12月8, 17, 26日 |

**◉競爭對手・天敵**

[1/8] [3/12] [4/9] [7/13] [8/16] [10/28] [11/4]

**◉靈魂伴侶**

[1/2] [3/4] [6/24] [7/5] [8/20] [9/7] [9/13]

### ❖生日名人❖

韋伯（作曲家）
阿道夫・諾登斯科德（探險家）
愛麗森・費利克斯（田徑選手）
古賀政男（作曲家）
森進一（歌手）
齊木茂（演員）
渡邊滿里奈（藝人）
東尾理子（高爾夫選手）
岡田准一（演員）
三宅宏實（舉重選手）

◉從你的生日看命運
請見32頁

# 11月19日

November nineteenth

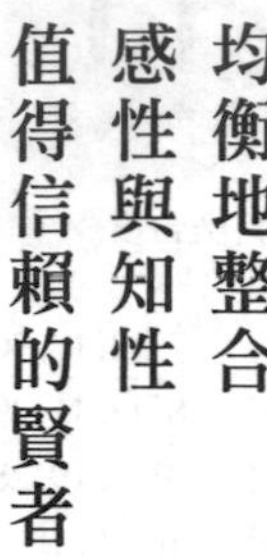

## 均衡地整合感性與知性值得信賴的賢者

11月19日出生的你是一名賢者，天生具備能夠透過出色的直覺與靈感瞬間導出答案的才能。你聰明、求知欲也旺盛，不管對自己還是他人都很嚴格，是個完美主義者。你也具備應付現實的優異能力，是個領導者。

你的感覺敏銳，能夠立刻察覺當場的狀況，也能採納周圍的意見，配合現場狀況導出適當的對應方式，是個均衡的領導者。你溫和、體貼，給人的感覺也很好，但內在其實是個對自己嚴格的努力者。但由於你的自尊心高，所以絕對不會表現出來。此外，你想必也很少對別人表明自己的心聲，或吐露自己的抱怨吧。你平常雖然溫厚，但如果自尊被刺傷，即使面對感情好的人，也會瞬間改變態度，具有可怕的一面。

19日出生的人，兼具1的領袖資質，與9身為錨栓的團結才能。再加上出生月分11的要素，使你懂得均衡、熟練地使用直覺、靈感等感性與知性，成為讓人另眼相看的賢者。

你擅長站在宏觀的角度，均衡運用理論與直覺，掌握事物的全貌。你的個性天不怕地不怕，如果能夠察覺自己的才能，就會很早熟。

### ❖戀愛・婚姻・性生活❖

你大膽與敏感並存的善變性格，往往會把對方耍得團團轉。你一方面展現出想要掌握對方一切的強勢，另一方面又有敏感的部分，也會因為一點小事而受傷。這樣的傾向在性行為的場合會變得更強烈，伴侶在摸清楚你的模式之前，應該會很辛苦。

你不管對自己還是對伴侶都很嚴格，會要求情人符合完美的條件。結婚之後，百分之百信任伴侶與孩子，就像他們信賴你一樣，想必是家庭圓滿的祕訣。



### ❖工作・財運❖

你面對工作、待人處事的態度，使你在職場上得到深厚的信賴，不管從事什麼樣的工作，你都會成為核心般的存在吧。你傳遞的訊息，不管是突如其來的靈感，還是不經意想到的一句話，都會在組織當中帶來重大影響，因此請謹慎選擇發言的場所與說出來的話。

你擁有堅實、強大的財運，獨自創業也有獲得成功的器量，但在組織當中扮演協調人或事的角色，或許更能活用你的才能。只要加深對儲蓄的知識，就有機會踏實累積賺得的財富，讓財產穩健增加。

### ❖ 今生使命・未來展望 ❖

你今生的使命是：活用支持人們的賢者才能，像天真的孩子一樣，豁達、坦率地享受自己的人生。

你私底下自尊心高，不擅長揭露自己真正的想法，因此對你來說，表現出像孩子般的天真，想必是個難度很高的課題。但你是不是把活得天真、坦率、想得太難了呢？

你感受到的靈感與直覺，在現實中並無合理的依據。一旦你開始深入思考，只會使難得的直覺付諸流水。請你重視感覺甚於思考，累積更多感官的體驗，磨練感受力。當你能露出由衷的笑容，活得天真的姿態，就能活用你領導眾人的才能。

### ❖ 生日帶來的訊息 ❖

「提出問題」
「俯瞰一切」
「活出本色」

#### 前世の故事

你的前世，是生活在北美大陸的美國原住民部族的頭目。

你崇敬自然，從大自然學習了各式各樣的事物，繼承了代代相傳的，關於天候與動植物的優秀知識及技術。由於你在這方面的能力特別出色，因此在族中也擔任薩滿的角色。後來白人殖民者入侵，在各地引發衝突，最後發展為戰爭。

你為照顧傷者而奔走，但人數實在太多，自己的能力不足以治療他們所有的人。你感受到自己能力的極限，在心裡自問：以我的能力，真正應該扮演的角色是什麼？

11/19 希伯來文

❖ 生日契合度 ❖

◉ **情人・伴侶**

| | |
|---|---|
| 1月6, 15, 24日 | 7月9, 18, 27日 |
| 2月5, 14, 23日 | 8月8, 17, 26日 |
| 3月4, 13, 31日 | 9月7, 16, 25日 |
| 4月3, 21, 30日 | 10月6, 15, 24日 |
| 5月2, 20, 29日 | 11月5, 14, 23日 |
| 6月10, 19, 28日 | 12月4, 22, 31日 |

◉ **工作夥伴・朋友**

| | |
|---|---|
| 1月2, 20, 29日 | 7月5, 14, 23日 |
| 2月1, 19, 28日 | 8月4, 22, 31日 |
| 3月9, 18, 27日 | 9月3, 12, 30日 |
| 4月8, 17, 26日 | 10月2, 11, 29日 |
| 5月7, 16, 25日 | 11月1, 10, 28日 |
| 6月6, 15, 24日 | 12月9, 18, 27日 |

◉ **競爭對手・天敵**

[3/20] [4/9] [4/19] [6/18] [7/1] [11/21] [12/28]

◉ **靈魂伴侶**

[3/1] [4/20] [5/11] [6/25] [7/6] [8/5] [11/11]

❖ 生日名人 ❖

伊凡・克魯森施滕（俄羅斯海軍將領）
彼得・杜拉克（管理學家）
卡爾文・克雷恩（設計師）
梅格・萊恩（演員）
茱蒂・佛斯特（演員）
古井由吉（作家）
松崎茂（歌手）
少路勇介（演員）
橋本甜歌（藝人）
寺本明日香（體操選手）

◉ **從你的生日看命運**
**請見32頁**

# 11月20日

November twentieth

因為太溫柔
容易猶豫不決的
善良奉獻者

選擇在這天誕生的你，氣質溫柔沉穩，能以細心的體貼療癒周圍的人。不管男性還是女性，都強烈具備協調、安定的女性能量。你能發揮調整、輔佐的才能為周遭帶來幫助，深得眾人的信賴，旁人對你的評價也很高。你的個性誠實，能夠不露聲色地顧慮周圍，尤其獲得長輩疼愛。

你具有敏銳的直覺與靈感，但經常因為太過敏銳而猶豫。你的個性被動，當你遇到被催著做決定、被迫速戰速決、需要分清楚是非黑白的狀況時，就會覺得很棘手。

你總會優先考慮對方的立場，雖然是個好人，但要是做得太過火，看在別人眼中就會變得依賴、沒有主見，不管什麼事情都推給別人。如果你無法拒絕別人那些讓你感到厭煩、困擾的委託，就會被當成無論什麼要求都會答應的工具人，請特別注意。

你的出生日期 20 的 2 代表包容、調和的女性特質，而這個要素因為 0 的力量，會更加擴張、放大。再加上出生月分 11 直覺、革新的要素，使你難免容易煩惱或迷惘。如果平常就能有意識地擴大自己包容一切的度量，就比較不會因為小事而煩惱。

### ❖ 戀愛・婚姻・性生活 ❖

你在愛情方面，為對方奉獻的特質會更加強烈，而且有依賴的傾向。你會讓對方掌握主導權，自己則是一味地追隨。你完全不會表達自己的意見，總是以對方的狀況為優先，因此在婚後也會很顧家，但如果奉獻過度，或許讓對方變得你很沒用。你選擇的對象，會大幅左右你的愛情與婚姻。在性生活方面，你也會展現被動的姿態，如果被強勢的對象追求，不清不楚的關係就會持續下去，最後可能演變出違背自己意願的結果，請特別注意。

### ❖ 工作・財運 ❖

你具備交涉能力與管理能力，因此適合擔任人事、財務、總務等後勤輔佐的角色。你能夠在幕後協調、調整，給予在舞臺上發光發熱的人穩固的支持。你值得信賴的人品與工作態度，使你雖然低調，但在組織中卻成為不可缺少的存在。你也適合從事活用直覺與靈感，給予他人建議的工作。你交往的對象能夠大幅度地改變你的財運。如果你能夠看透對方的才華，盡量活用引導對方發揮才華的能力，就能為彼此帶來強勢的財運。

## ❖ 今生使命・未來展望 ❖

你心地善良，總是為他人著想，這樣的你所選的今生使命是：為自己走過的人生足跡，確實留下看得見的具體成果。

你總是忍不住以對方為優先，就算好不容易鼓起勇氣，認為自己必須更清楚地向周圍的人說明自己的想法，最後也會只因為做不到而責備自己。

請你不要太過在意與別人的關係，把注意力擺在你自己一個人就能做到的事情上，並留下具體成果。例如靠自己的想法決定當天的菜單、靠直覺決定當天的穿著打扮等等，就算是這些日常小事也無所謂。每天磨練自己的直覺，累積靠自己的想法進行選擇的經驗非常重要。

而後再把這些經驗用筆記或照片記錄下來。像這樣把經驗化為具體的形式，你也能獲得憑著自己的雙腳走過人生的踏實感。

## ❖ 生日帶來的訊息 ❖

**「犧牲自我」**
**「熱心公益」**
**「尊重自己的想法」**

### 前世の故事

你的前世，是在中世紀中東擁有龐大勢力的黑道家族的妾室。你的丈夫憑著武力襲擊城市與綠洲，靠搶奪值錢的東西與物資致富。你也是從某個綠洲被擄來，被迫成為他的妾室。雖然生活衣食無缺，然而你對丈夫的恐懼，卻使你每天戰戰兢兢地膽怯度日。你既無法逃走，也無法像山寨夫人那樣接受自己的境遇，安安穩穩地照常過日子，於是你就在不上不下的狀態中度過一生。

你也很厭惡自己這種優柔寡斷的態度，發誓下輩子一定要過著自己想要的生活。

11/20 希伯來文

### ❖ 生日契合度 ❖

◉ **情人・伴侶**

| | |
|---|---|
| 1月7, 16, 25日 | 7月1, 19, 28日 |
| 2月6, 15, 24日 | 8月9, 18, 27日 |
| 3月5, 14, 23日 | 9月8, 17, 26日 |
| 4月4, 13, 22日 | 10月7, 16, 25日 |
| 5月3, 21, 30日 | 11月6, 15, 24日 |
| 6月2, 11, 29日 | 12月5, 14, 23日 |

◉ **工作夥伴・朋友**

| | |
|---|---|
| 1月3, 21, 30日 | 7月6, 15, 24日 |
| 2月2, 11, 29日 | 8月5, 14, 23日 |
| 3月1, 19, 28日 | 9月4, 13, 22日 |
| 4月9, 18, 27日 | 10月3, 21, 30日 |
| 5月8, 17, 26日 | 11月2, 11, 29日 |
| 6月7, 16, 25日 | 12月1, 10, 28日 |

◉ **競爭對手・天敵**

[1/6] [1/12] [2/14] [2/20] [3/10] [7/20] [9/25]

◉ **靈魂伴侶**

[2/7] [3/26] [5/6] [6/14] [9/27] [10/26] [11/27]

### ❖ 生日名人 ❖

奧托・馮・格里克（物理學家）
塞爾瑪・拉格洛夫（作家、諾貝爾獎得主）
愛德溫・哈伯（天文學家）
艾米里歐・璞琪（設計師）
瑪婭・普麗謝斯卡婭（芭蕾舞者）
市川崑（導演）
島田敏（聲優）
YOSHIKI（音樂人）
小池榮子（演員）
川口悠子（花式滑冰選手）

◉ **從你的生日看命運**
**請見32頁**

# 11月21日

November twenty-first

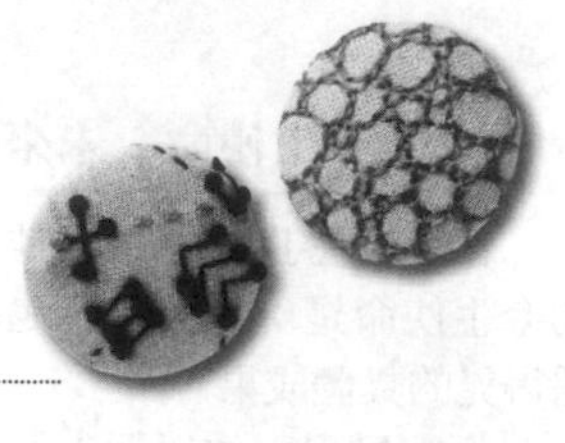

## 無法完全相信自己直覺的靦腆的孩子

這天出生的你，像個怕生、害羞又靦腆的孩子。你需要多一點熟悉的時間才能比較放得開，然而一旦和人變熟，你就會精力充沛又開朗外向，是個討人喜愛的人。

你的出生日期21，兼具2協調、溫柔的女性化能量，與1活力充沛、勇往直前的男性化能量。21日出生的人，能夠活用自己的感受力與創意，將兩種事物整合在一起再創新事物，並且讓這項新事物能為世人所用，將自己的理念發揚光大。

再加上出生月分11的直覺、神祕特質，能將你與生俱來的感受力磨練得更敏銳。你重視與周遭的平衡，創意靈活、想像力豐富。你坦率展現的話語和作品，都能為許多人帶來不少啟發。

你能夠順從腦中浮現的感受力與靈感，透過自由地表現自己，讓隱藏的才能更加開花結果。但是你自己在某方面又無法完全相信靈感與直覺，動不動就因此煩惱、迷惘，而且一旦開始煩惱就沒完沒了，容易出現依賴某個人的傾向，請特別注意。試著接觸孩子、寵物、動植物等單純的能量，或許更能使你找回自己。

### ✧戀愛・婚姻・性生活✧

你靦腆的一面在愛情中也會若隱若現。你容易沉浸在自己的世界裡，在腦中編織出一篇理想的故事，自顧自地樂在其中。無論在愛情中還是婚姻中，你都重視心靈與交流，一刻也不願意與喜歡的對象分開。你非常想要結婚，如果受到猛烈追求，就難以乾脆拒絕，可能會抵擋不住對方的攻勢而接受。希望你之後不要因為對方不符合理想而後悔。

你很重視性生活的感受，如果感覺不到彼此的深度交流，或許會覺得不安。



### ✧工作・財運✧

請你相信自己的感受力，並在工作上更加發揮出來。無論是時尚、媒體、音樂業界等處理流行的工作，或藝術方面的職業，都能使你的能力得到長足的發揮。比起率先站到人前，你更屬於那種會精確完成交辦任務的類型。

你的財運穩健，但容易迷惘，也容易受到周遭環境左右。請你坦率順從自己的心聲，不只在工作上，也要謹慎選擇居住的場所與來往的對象。並好好珍惜前往新的場所，以及與新的人相遇的機會，對自己的才能抱持著自信，就能提昇你的財運。

## ❖ 今生使命・未來展望 ❖

你今生的使命是：接受自己人生的自由與變化，成為連結眾人關係的溝通者。你嚮往的自由生活，卻也在意別人的眼光，為那些微不足道的小事而執著，請你不要再列出自己做不到的理由了。你可以順從自己的心聲，把心一橫，大膽地體驗自由與變化的人生。但請你不要忘記，如果你想要自由自在，做自己真正喜歡的事情，這樣的生活方式必定伴隨著相應的責任。

當你不在意周遭的反應與他人的眼光，相信自己的直覺與感性，就能產生真正的自信。為此，你必須更坦率地面對自己的情緒。只要你能認真地領悟到自己的責任，就不用擔心會對任何人造成困擾，或是傷害任何人。當心境變得更自由自在，能盡情在人生中翱翔的你，就能成為串起許多人幸福的溝通者。

## ❖ 生日帶來的訊息 ❖

「悲傷的想法」
「體貼」
「活得自由」

### 前世の故事

你的前世，是生活在安地斯山麓的古印加女性音樂家，你熱愛唱歌與跳舞。你神秘的歌聲與優美的舞蹈，在舉行祭典與儀式時，因為充滿了靈性而獲得好評，你因此得到國王的寵愛，被召入王室，並以音樂家的身分度過一生。其實，在你故鄉的村子裡有你愛的人，但你沒有向他表明心跡就離開了，這點一直是你心裡的遺憾。而這樣的遺憾隨著日子過去變得愈來愈強烈，至少能以歌曲與舞蹈表達內心的悲傷，是你唯一的安慰。你雖然想要拋棄一切回到村子裡，但無論如何都無法順從自己的心情行動，這點使你非常煩心。

11/21 希伯來文

### ❖ 生日契合度 ❖

◉ 情人・伴侶

| | |
|---|---|
| 1月3, 12, 30日 | 7月6, 15, 24日 |
| 2月2, 11, 29日 | 8月5, 14, 23日 |
| 3月1, 19, 28日 | 9月4, 13, 22日 |
| 4月9, 18, 27日 | 10月3, 12, 30日 |
| 5月8, 17, 26日 | 11月2, 11, 29日 |
| 6月7, 16, 25日 | 12月1, 19, 28日 |

◉ 工作夥伴・朋友

| | |
|---|---|
| 1月4, 13, 31日 | 7月7, 16, 25日 |
| 2月3, 12, 21日 | 8月6, 15, 24日 |
| 3月2, 11, 29日 | 9月5, 14, 23日 |
| 4月1, 19, 28日 | 10月4, 13, 31日 |
| 5月9, 18, 27日 | 11月3, 12, 30日 |
| 6月8, 17, 26日 | 12月2, 11, 29日 |

◉ 競爭對手・天敵

[2/14] [2/28] [3/21] [6/24] [7/14] [10/11] [10/22]

◉ 靈魂伴侶

[3/16] [4/15] [5/5] [5/14] [5/21] [6/2] [12/23]

### ❖ 生日名人 ❖

伏爾泰（哲學家）
雷內・馬格利特（畫家）
詹姆斯・德普雷斯特（指揮家）
碧玉（歌手）
平幹二朗（演員）
岡本富士太（演員）
藤森照信（建築師）
服部隆之（作曲家）
池脇千鶴（演員）
指原莉乃（藝人）

◉ 從你的生日看命運
請見32頁

# 11月22日

November twenty-second

## 有莫大影響力 帶有愛的能量的 明星

選擇在 11 月 22 日誕生的你，擁有明確的誕生使命。如果用一句話來形容，你擁有常人無法估量的格局，能夠為周遭帶來莫大的影響，是滿懷著愛的明日之星。出生日期 22 象徵時間與空間的所有一切，暗示著龐大的格局，是個靈性、神聖的數字。再加上出生月分 11 的要素，更加提昇你感知無形世界的靈敏度，使你的直覺、靈感等感受變得更敏銳。

你看似認真、老實，是個爽朗、平凡的人。但你的內在其實有著與眾不同的獨特觀點，你靈光一現的想法與行動力，擁有牽動世界發展的格局。如果想要活用你大格局的人生天賦，不能只停留在國內，建議前往海外追求更寬廣的舞臺，更能使你的實力得到長足的發揮，獲得的評價也會更高。

你獨特的氣質散發出明星般的魅力，人群自然而然就會聚集到你身邊。而你不討好任何人，無論何時都不改變自我風格的清高態度，是 22 日出生者的特徵。因此周遭對你的評價也很兩極，你能做的就是不要被周圍的雜音影響，採取符合自我風格的大膽行動。

### ✧ 戀愛・婚姻・性生活 ✧

愛情能夠使你展現出平常隱藏起來的本性。隨著與對方的關係加深，你也會變得愈來愈任性。你往往會以高高在上的態度，控制、指示、命令對方。你在婚後也不甘於乖乖待在家庭裡。如果能夠得到伴侶良好的輔佐，你就能不斷發揮魅力。你雖然能夠給予孩子很好的照顧，但也經常以父母的身分干涉孩子的生活。你在性生活方面，也以自己的感覺為中心，會隨著當下的心情而變得冷淡或大膽，擁有複雜的一面。你無法接受對方精神上的背叛。



### ✧ 工作・財運 ✧

胸懷大志的你，想必有日能活躍於世界舞臺。你充滿明星般的魅力，因此在事業面也能得到他人的幫助。你只要不忘平日的努力與謙虛，就能在任何領域取得成功，擁有強大的工作運。你也適合從事活用瞬間的靈感、敏銳的洞察力與獨創性的自由業。你在財運方面，同樣擁有龐大的格局。你有預測時代趨勢的才能，而你獨特的品味與感受力，能為結合時勢所趨為你直接帶來財運。你的財運與夢想及目標的規模成正比，所以請你盡可能提出遠大格局的夢想。

## ✧ 今生使命・未來展望 ✧

你對周遭有著莫大的影響力，而你今生的使命是：成為一個擁有自我風格的明星，無私去愛所有在人生中遇到的人。對於胸懷大志的你而言，實踐無私的愛是再適合不過的課題。然而就你情況而言，是否愈覺得自己好，愈容易以高高在上的角度，強迫對方接受他們所不希望的事情，或者提出各式各樣強制性的指示或命令呢？

請你在與人相處時，經常檢視自己「這個行為是基於無私的愛嗎？」所謂無私的愛，應該是自然而然滿溢出來的，連自己都忘記給過的事物。如果你做了所有能做的事情，就不應該要求回報，把好壞全都留給對方評斷。剩下的，就只有不吝惜把更多的愛灌注給自己，愛自己勝過別人。當你能夠更加做自己、持續發光發熱時，想必就能推動自己達成無私去愛別人的使命。

## ✧ 生日帶來的訊息 ✧

「無限的可能性」

「宇宙」

「活在無私的愛之中」

### 前世の故事

你的前世是俄羅斯帝國的女皇。

你本是個小國君主的女兒，憑著磨練知識與才能的努力，以及傑出的好運，與下一屆的俄國皇帝結婚，不久之後成為皇后。你與丈夫的關係很早就變得冷淡，於是你就在奢侈品與眾多情人的圍繞下，過著奢華糜爛的生活。在丈夫死後就任帝位的你，積極推動外交政策，讓帝國變得愈來愈繁榮。另一方面，你也在情人當中，選出一位你真正傾心的男性，讓他成為你實質上的伴侶。他是一位優秀的軍人，也是政治家，當他早一步離你而去時，你由衷感謝他，讓你也能以無異於平凡女性的身分，享受與他共度的充實時光。

11/22 希伯來文

### ✧ 生日契合度 ✧

◉ 情人・伴侶

| | |
|---|---|
| 1月8, 17, 26日 | 7月11, 20, 29日 |
| 2月7, 16, 25日 | 8月10, 19, 28日 |
| 3月6, 15, 24日 | 9月9, 18, 27日 |
| 4月5, 14, 23日 | 10月8, 17, 26日 |
| 5月4, 22, 31日 | 11月7, 16, 25日 |
| 6月3, 12, 30日 | 12月6, 15, 24日 |

◉ 工作夥伴・朋友

| | |
|---|---|
| 1月5, 14, 23日 | 7月8, 17, 26日 |
| 2月4, 13, 22日 | 8月7, 16, 25日 |
| 3月3, 21, 30日 | 9月6, 15, 24日 |
| 4月2, 20, 29日 | 10月5, 14, 23日 |
| 5月1, 19, 28日 | 11月4, 13, 22日 |
| 6月9, 18, 27日 | 12月3, 12, 21日 |

◉ 競爭對手・天敵

[3/8] [3/12] [4/25] [5/6] [7/4] [10/7] [12/17]

◉ 靈魂伴侶

[1/25] [2/3] [3/5] [7/10] [7/25] [8/15] [12/11]

### ✧ 生日名人 ✧

夏爾・戴高樂（政治家）
安德烈・紀德（作家）
史嘉蕾・喬韓森（演員）
倍賞美津子（演員）
中田喜子（演員）
遠野凪子（演員）
aiko（歌手）
盧名星（演員）
小森純（模特兒）
有村智惠（高爾夫選手）

◉ 從你的生日看命運
請見32頁

# 11月23日

November twenty-third

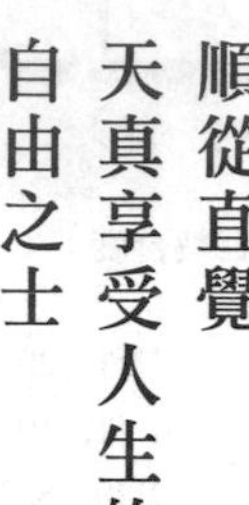

## 順從直覺 天真享受人生的 自由之士

這天誕生的你，順從自己的心靈與感受，靈活往來全世界，是個自由的人。你能夠坦率地接受遇見的人，天真享受人生，是個輕鬆的旅行者。

出生日期23的2象徵協調、調和，3代表天真的孩子。這兩個數字組合在一起，使23日誕生的人，天生就具備流水般的靈活與柔和。再加上出生月分11直覺與神祕性的要素，更為你增添靈感等感知力的能量。你擁有絕佳的環境適應力，能夠靈活應付任何人與任何事情。

你熱愛與人交流，擁有廣泛的交友關係。你雖然擁有稍微遠離塵世的神祕感，但這種獨特的個性，也成為你受到旁人喜愛的魅力。你有時也會說出一針見血的話，導致別人喪氣消沉。就算沒有惡意，仍然會傷害到別人，因此發言時請特別注意。

你的個性容易猶豫，尤其容易受到親近的人的意見影響。但即使接受旁人的意見，也應該更相信自己的直覺，自由地讚頌人生。

### ❖戀愛・婚姻・性生活❖

你能夠自然而然地輕鬆享受欲拒還迎，讓對方以為已經把你追到手，卻又被你溜走的戀愛遊戲。這麼做雖然會把對方撩得心癢難耐，但反而使你看起來更有魅力吧。你是戀愛經驗豐富的小惡魔或花花公子，身心都能配合對方自在變化。對於結婚也有優柔寡斷的一面，或許會意外地晚婚。

婚後你也不甘於待在家庭，會為了工作或興趣奔走。你在性生活方面相當開放，沒有什麼禁忌。你請特別注意地分辨你的對象，以免因為行為舉止太過自由奔放而惹上麻煩。



### ❖工作・財運❖

你擅長與人保持距離感，不管面對任何人都圓融周到，與人接觸的工作，更能發揮你天生的才能。此外，你能夠不經意地關心他人，懂得觀察對方的狀況並給予協助，在職場上的評價也很高。你自由、不拘泥的個性，不管任何工作都能靈活對應。

你在財運方面，屬於能夠為伴侶帶財的類型。交往的對象可能會為你帶來財富。確實支持你的伴侶，也能夠提昇你的財運。此外，你對流行也很敏感，極有可能因為引領走在時代尖端的熱潮而大受歡迎。

## ❖今生使命・未來展望❖

你今生的使命是：學會真正的獨立自主。

你擁有廣大的人脈，但如果不隨時與人交流，是否就會使你感到不安呢？如果身心失衡，是否就特別容易依賴身邊的人呢？對這樣的你來說，肯定會覺得把獨立當成目標相當困難。

請你有意識地增加單獨行動的時間。接著再請你單獨從事某件事情，不要借助他人的力量。就算從事的事情屬於興趣也無所謂。建議你前往想去的地方，來一場當天來回的一日小旅行。盡可能在自己的能力所及範圍內，試著挑戰不借助他人的力量，獨自堅持到最後。累積獨自一人堅持到底的經驗，是你人生當中必經的課題。

## ❖生日帶來的訊息❖

「靈活的韌性
「決定事情的輕重緩急」
「單獨行動」

### 前世の故事

你的前世，是熱愛唱歌，活得自由奔放的香頌歌手。

你出生在十九世紀末的法國北部港鎮，從少女時期就以專業歌手的身分，與同伴過著巡迴演出的日子。你充滿魅力的歌聲與美貌，為你博得高人氣，使你變得愈來愈傲慢，甚至任意使喚經紀人。忍無可忍的經紀人，在某天賣掉你昂貴的首飾與衣服後，帶著變賣的錢消失得無影無蹤。疏於歌藝的你，逐漸變得連生活都出現問題，這時候你才終於發現，自己過去只懂得依賴周圍的人，並沒有學會真正獨立。

11/23 希伯來文

### ❖生日契合度❖

◉ **情人・伴侶**

| | |
|---|---|
| 1月4, 13, 31日 | 7月7, 16, 25日 |
| 2月3, 12, 21日 | 8月6, 15, 24日 |
| 3月2, 11, 29日 | 9月5, 14, 23日 |
| 4月1, 19, 28日 | 10月4, 13, 31日 |
| 5月9, 18, 27日 | 11月3, 21, 30日 |
| 6月8, 17, 26日 | 12月2, 20, 29日 |

◉ **工作夥伴・朋友**

| | |
|---|---|
| 1月6, 15, 24日 | 7月9, 18, 27日 |
| 2月5, 14, 23日 | 8月8, 17, 26日 |
| 3月4, 13, 31日 | 9月7, 16, 25日 |
| 4月3, 21, 30日 | 10月6, 15, 24日 |
| 5月2, 11, 29日 | 11月5, 14, 23日 |
| 6月1, 19, 28日 | 12月4, 13, 22日 |

◉ **競爭對手・天敵**

[1/3] [3/10] [5/20] [6/7] [10/5] [12/12] [12/31]

◉ **靈魂伴侶**

[2/1] [3/10] [4/17] [6/6] [7/23] [9/26] [10/20]

### ❖生日名人❖

約翰・沃利斯（數學家）
約翰尼斯・范德瓦耳斯（物理學家）
麥可・高福（演員）
沙迪亞・賽巴巴（宗教家）
文森・卡索（演員）
久米正雄（作家）
田村魚菜（料理研究家）
島村英紀（地震學家）
小室等（音樂人）
田中美奈實（主播）

◉ **從你的生日看命運**
**請見32頁**

# 11月24日

November twenty-fourth

因為太善良
容易迷失自我的
人道主義者

11月24日出生的人誠實、為別人著想，就像是個溫柔的老師。但也因為太在意周圍的人，而有容易猶豫的一面。

你會設身處地照顧所有與你有關的人，是個人道主義者。你個性認真，重視整體的調和與平衡，因此總是會有意識地判斷現場的氣氛，採取最適當的言行。你會貼近別人的心情，想為周圍的人犧牲奉獻，充滿了人情味。

你的直覺敏銳，能夠瞬間導出答案，擁有細膩的感受，能夠理解美麗的事物。你正義感強烈，不容許舞弊、違反規則，或欺負弱小，即使犧牲自己，也希望引導對方走向正途。但你請特別注意這樣的態度是否陷入專斷獨行，或是多管閒事的狀況。

你的出生日期24日的2代表協調、調和，4代表認真、誠實，象徵調和、融合現實的能力。再加上出生月分11直覺、神祕性的能量，更強調你的善良，使你總是以他人的事情為優先，把自己的事情擺到後面。

## ❖戀愛・婚姻・性生活❖

你坦率地順從直覺，因此很有可能吸引真命天子或天女。你喜歡照顧人，希望對方總是需要自己。但你請特別注意，以免因為照顧人的欲望太過強烈而被對方利用。你在吵架的時候會對伴侶說出一針見血的難聽話，也可能因為這樣而陷入自我厭惡。

你在婚後會為家庭奉獻，但如果你無法感受到自己的努力獲得好評，心情就會變差。你或許會把性生活當成為了繁衍後代的義務，但更加放開心胸去享受也是重要的想法。



## ❖工作・財運❖

你非常適合扮演老師角色，引導他人發揮才能，或是教導他人。在組織中與人接觸，更能使你的才能發光發熱。你也適合擔任各種顧問、占卜師，或心理諮商師等等。活用藝術與感性的工作，對你也是一種合適的選擇。

你擁有穩定的財運。但因為你更重視精神層面，所以對金錢不太關心，然而卻不可思議地不會為錢所困。你是會為別人付出的類型，因此交往的對象將大幅影響你的財運。

## ❖ 今生使命・未來展望 ❖

你是個正義感強烈的好人，你今生的使命是：不向困難低頭，取得現實中的成功，與更多的人分享富足。

你該不會對金錢抱持著厭惡感吧？認真、誠實的你，深信愛才是一切，而愛的反面就是象徵物質的金錢。

品味物質上的成功，是我們生活在這個世界上的特權。既然接受了生命，就不要留下遺憾，試著品味現實上的成功吧。

請盡情品味使用金錢後所感受到的富足。這指的不僅是你實際獲得的物品，也試著把更多的注意力擺在花錢得到的感受。

如果你能夠仔細品味富足對生命的意義，就能夠慷慨地把這樣的富足與周圍的人分享。

## ❖ 生日帶來的訊息 ❖

「相互扶助」
「重視愛情」
「取得成功」

### 前世の故事

你的前世，是在第一次世界大戰前夕的東歐，為人們奉獻的修道士。

出生在大家庭的你，在照顧兄弟姊妹中成長，而在教堂祈禱就是你心靈的支柱。你長大後為了把自己奉獻給神，而走向成為修道士之路。但在進入戰爭的黑暗時代中，你必須幫助弱小、貧困的人，因此你也投身於將食物與衣服分享給他們的公益活動。然而當物資用盡時，你除了祈禱之外，已沒有其他可做的事。雖然你覺得祈禱很崇高，但光靠祈禱也無法維持社會狀況時，你忍不住心想：要是自己也擁有財富與權力就好了。

11/24 希伯來文

### ❖ 生日契合度 ❖

◉ **情人・伴侶**

| | |
|---|---|
| 1月5, 14, 23日 | 7月8, 17, 26日 |
| 2月4, 13, 22日 | 8月7, 16, 25日 |
| 3月3, 21, 30日 | 9月6, 15, 24日 |
| 4月2, 20, 29日 | 10月5, 14, 23日 |
| 5月10, 19, 28日 | 11月4, 13, 22日 |
| 6月9, 18, 27日 | 12月3, 21, 30日 |

◉ **工作夥伴・朋友**

| | |
|---|---|
| 1月7, 16, 25日 | 7月1, 19, 28日 |
| 2月6, 15, 24日 | 8月9, 18, 27日 |
| 3月5, 14, 23日 | 9月8, 17, 26日 |
| 4月4, 13, 22日 | 10月7, 16, 25日 |
| 5月3, 12, 30日 | 11月6, 15, 24日 |
| 6月2, 20, 29日 | 12月5, 14, 23日 |

◉ **競爭對手・天敵**

[1/24] [2/11] [4/15] [5/2] [6/15] [10/24] [12/7]

◉ **靈魂伴侶**

[2/17] [5/31] [9/18] [10/17] [11/14] [11/23] [12/8]

### ❖ 生日名人 ❖

威廉・韋伯・艾利斯（橄欖球發明者）
法蘭西絲・柏納特（兒童文學作家）
羅特列克（畫家）
史考特・喬普林（音樂家）
清川虹子（演員）
中村孝明（廚師）
沼田早苗（攝影師）
古村比呂（演員）
山本太郎（政治家）
池內博之（演員）

◉ 從你的生日看命運
請見32頁

# 11月25日

November twenty-fifth

把實現世界和平當成人生目標感受豐富的藝術家

這天誕生的你是個藝術家，具有透過獨特的感受力與品味，擁有表現自己世界的才華。你也是個一心盼望著世界和平的人。

你的出生日期25的2意謂著協調、變化，5則意謂著自由、變化、溝通，兩者的結合代表尋求自己內心與外在世界的和諧、協調其中的能量的數字。你的出生月分11，是具有特殊意義的神聖數字，使你對於無形的世界高度敏銳，代表你具備透過靈感導出答案的才華。你一旦決定要做某件事情，就會以完美為目標，努力貫徹自己的堅持。你不允許半調子的妥協，如果沒有拿出最好的表現，你就不會甘心。

你基本上偏好單獨行動。但25日出生的人，擁有高度的溝通能力，具有能夠細心判斷周圍氣氛的特徵。你乍看之下給旁人冷酷、成熟的印象，但其實內心就像玻璃一樣純淨、易碎、纖細。請你小心避免因為累積太多壓力導致精神失衡。有時候也可以欣賞藝術、接觸能讓自己感動的真正藝術品，畢竟不疏於療癒自己也是重要的態度。

### ✧戀愛・婚姻・性生活✧

你具備神祕的氣質，看在異性眼中相當不可思議。你不擅長主動表明心跡，對於愛情也表現得冷酷。請你更相信你的意中人，對他敞開心房吧。

請你避免因為無法說出真心話，導致產生誤會，陷入無性關係的窘境。在婚姻生活當中，雖然需要專屬自己的時間與空間，但如果對方是能夠尊重彼此生活節奏的人，就很適合你。建立能夠保持適度距離感的成熟關係，你自己也能過著精神穩定的婚姻生活。



### ✧工作・財運✧

你在工作方面，帶有職人的專業氣質。雖然你很重視與周圍的調和，但也有追求完美、不輕易妥協的傾向，因此有時也會帶給周遭的人難以接近的感受。如果能夠從事活用自己獨特的世界觀，製作、策畫作品的工作，你的才華就會開花結果。

你的財運雖然穩定，但你不是為錢工作的人。你覺得金錢是對於自己的作品與工作的等值報酬，因此只要順從這個信念前進就不會有問題。但如果你為錢從事自己不喜歡的工作，就會被財運拋棄，請特別注意。

## ❖ 今生使命・未來展望 ❖

你今生的使命是：活用藝術家的才能，為實現世界和平帶來貢獻。

你是否嚴肅地認為如果自己的能力與才華無法用來幫助他人，就沒有價值呢？你雖然乍看之下冷酷，但其實內心也有敏感、神經質的一面。你不管對自己還是對他人都過度要求完美，容易因為情緒失衡而產生無價值感。

請你先把世界和平這個遠大的目標擺在一邊，確實認清自己的夢想與願望，並專注地將其實現。只要這個願望能為身邊的人的平安與喜悅帶來貢獻，你朝著這個夢想努力，以及實現自己願望的過程本身，就能幫助你實現今生的使命。

## ❖ 生日帶來的訊息 ❖

「突破極限」
「表達者」
「實現夢想」

### 前世の故事

你的前世在中世紀的歐洲以藝術家的身分活動，但同時你也是偷偷實行民俗療法，開立藥草處方的隱居女巫。

你從小就擁有敏銳的靈感與療癒力等特殊能力，你也活用這樣的能力，活躍於藝術舞臺。後來你結婚了，並且向丈夫坦承自己的能力。丈夫認為你應該實現自己的天命，使用自己的能力幫助更多的人。雖然在獵巫時代發揮這樣的能力需要冒著極大的風險，但你以丈夫信任的愛為後盾，在心底重重發誓，自己要活用這樣的能力，帶給人們幸福。

11/25 希伯來文

### ❖ 生日契合度 ❖

◉ 情人・伴侶

| | |
|---|---|
| 1月1, 19, 28日 | 7月4, 13, 31日 |
| 2月9, 18, 27日 | 8月3, 21, 30日 |
| 3月8, 17, 26日 | 9月2, 20, 29日 |
| 4月7, 16, 25日 | 10月1, 10, 28日 |
| 5月6, 15, 24日 | 11月9, 18, 27日 |
| 6月5, 14, 23日 | 12月8, 17, 26日 |

◉ 工作夥伴・朋友

| | |
|---|---|
| 1月8, 17, 26日 | 7月2, 20, 29日 |
| 2月7, 16, 25日 | 8月1, 10, 28日 |
| 3月6, 15, 24日 | 9月9, 18, 27日 |
| 4月5, 14, 23日 | 10月8, 17, 26日 |
| 5月4, 13, 31日 | 11月7, 16, 25日 |
| 6月3, 21, 30日 | 12月6, 15, 24日 |

◉ 競爭對手・天敵

[2/22] [3/16] [4/13] [4/22] [8/19] [10/25] [11/4]

◉ 靈魂伴侶

[1/3] [4/12] [5/11] [7/6] [8/5] [9/16] [11/2]

### ❖ 生日名人 ❖

安德魯・卡內基（企業家）
卡爾・賓士（汽車發明者）
喬・迪馬喬（棒球選手）
岡田彰布（棒球選手）
寺門義人（藝人）
真琴翼（演員）
高津臣吾（棒球選手）
塚地武雅（藝人）
椎名林檎（音樂人）
伊藤淳史（演員）

◉ 從你的生日看命運
請見32頁

# 11月26日

November twenty-sixth

發揮自己的力量
熱心助人的
選手兼教練

11 月 26 日誕生的你，熱愛與人相處，擁有一顆熱血的心，比起自己的事情，更希望守護自己所愛的人與同伴。你會與同伴一起在現場流汗，懷著熱情挑戰所有事物，是個選手兼教練型的人。26 的 2 意謂著協調、調和，6 意謂著母性、愛與美，26 日出生的你受到這兩個數字影響，擁有為夥伴著想的熱情。你可以透過幫助別人找到成就感與人生的意義。

再者，出生月分 11 是有著特殊意義的神聖數字。代表你對於無形的世界相當敏銳，具有透過靈感瞬間導出答案的才能。因此你可以察覺現場人們的心情，適合扮演支持眾人、將大家團結在一起的角色，是個細心體貼的管理者。你喜歡和大家一起挑戰困難的事情，總是以團隊的利益為優先。你相當重感情，充滿關懷與體貼，無法不照顧那些仰慕你的人。你不管對誰都是全心全意、設身處地與對方相處，因此也獲得旁人的好感與深厚的信賴。

只不過，你也會因為拒絕不了別人的請託，把事情一件件承擔下來，最後因為撐不住而爆發，從結果來看會變得不負責任。請你不要對幫助別人成癮，請貫徹任何事情都爽快承擔自我責任的態度。

## ❖ 戀愛．婚姻．性生活 ❖

你在愛情方面，也強烈展現出管理者的特質。你雖然能夠設身處地照顧對方，但又有太過雞婆的傾向。如果過於犧牲自己，反而會使對方感到沉重而離開你，對伴侶的照顧應該適可而止。你對性生活也感興趣，請你試著把自己的心情確實傳達給對方，讓對方也能聽聽你的需求。至於在婚姻生活方面，你也貫徹支持伴侶的角色，把心力傾注在為家人打造舒適的家庭。但不只要愛家人，也要把愛灌注給自己的身心，取得整體的平衡。



## ❖ 工作．財運 ❖

你是那種會一輩子都持續從事某項工作的類型。你擅長照顧人，與人相處時能夠設身處地為對方著想，因此想必會在直接與人接觸的職場發揮長才。你擁有眾所公認的現場應對能力以及服務顧客的能力，因此擔任領導者能夠使你大顯身手。你也擁有實際的判斷力，能以獨特的眼光提出獨創的企劃，是經營事業不可缺少的人才。你的財運出眾，擁有自己創造財富的才能。若能爽快地把賺來的錢投入社會公益，就能讓自己的荷包更加飽滿。

## ❖ 今生使命．未來展望 ❖

你今生的使命是：在自己的人生當中也負起責任，發揮強大的領導力。

你雖然也具備團隊領導者的才華，能夠統整團隊，但你是否因為過於在意別人的心情，而意志不堅或依賴別人的意見，最後往往變得八面玲瓏，對誰都只能展現微笑的一面呢？如果你獨自承受這種人際關係的壓力，就容易出現想要一口氣拋開一切的傾向，請特別注意。

總是努力的你，有時也必須慰勞自己，以自己的心情為優先。體貼周圍的人雖然重要，但貫徹自己的風格，不管對自己還是對周圍的人來說，都能帶來新發現。請有意識地在自己的人生中發揮強大的領導力，就從過著適合自己的人生開始吧！

## ❖ 生日帶來的訊息 ❖

**「分享富足」**

**「豐收」**

**「順從自己的判斷」**

### 前世の故事

你的前世，是中國明代的富商之女。

你身為大家族的長女，從小就幫忙家業，照顧年幼的弟妹，是個活潑的少女。你隨著父親出外經商時，治理當地的領主對你一見鍾情，於是你便嫁給了他。你即使成為領主夫人，也靠著天生的開朗與活潑，得到許多傭人與村人的仰慕。你一邊協助丈夫的工作，一邊養育孩子，身先士卒地帶領百姓一起勞動，為領地帶來極大的繁榮。當你為別人而忙的人生結束時，胸口湧現了「這一生是否應該更為自己而活呢？」的想法。

11/26 希伯來文

❖ 生日契合度 ❖

**◉ 情人．伴侶**

| | |
|---|---|
| 1月2, 20, 29日 | 7月5, 14, 23日 |
| 2月1, 19, 28日 | 8月4, 22, 31日 |
| 3月9, 18, 27日 | 9月3, 21, 30日 |
| 4月8, 17, 26日 | 10月2, 11, 29日 |
| 5月7, 16, 25日 | 11月1, 10, 19日 |
| 6月6, 15, 24日 | 12月9, 18, 27日 |

**◉ 工作夥伴．朋友**

| | |
|---|---|
| 1月9, 18, 27日 | 7月12, 21, 30日 |
| 2月8, 17, 26日 | 8月2, 11, 29日 |
| 3月7, 16, 25日 | 9月1, 19, 28日 |
| 4月6, 15, 24日 | 10月9, 18, 27日 |
| 5月5, 14, 23日 | 11月8, 17, 26日 |
| 6月4, 13, 22日 | 12月7, 16, 25日 |

**◉ 競爭對手．天敵**

[3/17] [5/4] [7/3] [9/8]
[10/10] [10/26] [12/6]

**◉ 靈魂伴侶**

[4/2] [5/1] [6/5] [7/4]
[9/2] [10/14] [10/28]

❖ 生日名人 ❖

斐迪南．德．索緒爾（語言學家）
奧萊爾．斯坦因（探險家）
蒂娜．透娜（歌手）
伊莉莎白．布雷克本（生物學家）
樫尾忠雄（卡西歐創始人）
下條阿童木（演員）
最相葉月（作家）
第 4 代市川猿之助（歌舞伎演員）
大野智（歌手）
丸山隆平（音樂人）

◉ 從你的生日看命運
請見32頁

# 11月27日

November twenty-seventh

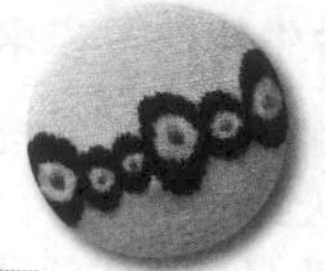

**無法完全信任自己直覺的和平主義者**

這天出生的你，是個在理性與直覺之間搖擺不定，總是陷入迷惘的和平主義者。你滿懷著想為別人帶來幫助的熱情，喜歡在幕後裡支持別人。

你的出生日期27的2代表協調、調和，7代表單獨一人、職人氣質。所以27日誕生的人，會為了大家的福祉，擁有「自己有能力做的事就自己做」的觀念。

再加上出生月分11直覺、神祕的要素，使你除了直覺力之外，也更突顯容易猶豫的特質。11月27日誕生的你，明明有著敏銳的直覺與感性，卻因為想得太多，聰明反被聰明誤，使你無法完全相信自己的直覺，容易懷疑或迷惘。

你也總是能夠退一步看清楚周圍的狀況，具備客觀分析、冷靜觀察、擬訂計畫並踏實執行的能力。此外，你態度沉穩、彬彬有禮，是品格兼備的成熟大人，因此能夠為周圍的人帶來安心的感覺。

不過，如果你能不要只是依賴理性與資料，有時也順從情緒，相信自己寞名的感性與直覺，試試跟著直覺走，那麼人生想必會有更寬廣的可能性。

### ✧戀愛・婚姻・性生活✧

你能夠冷靜、客觀地分析自己與對方的性格類型。你總是保持冷靜，覺得順從情緒燃燒的火熱戀情與自己無緣。你很少主動積極地展現熱情，態度比較被動。被別人追求時，你也有無法乾脆拒絕的一面，可能會懷抱著不適感，維持不清不楚的關係。如果你不希望發生婚外情或三角關係，清楚說不也是重要的態度。在結婚方面，你會仔細判斷對象，因此或許屬於晚婚型的人。

在性生活方面，你有淡漠、潔癖的一面，也可能發展出無性關係。



### ✧工作・財運✧

比起在舞臺上活躍，你更適合在幕後主持大局。關於工作的意義，你也把重點擺在為人類帶來貢獻與喜悅，勝過於賺錢。因此顧問、諮商、醫療相關等領域，更能使你自己得到成就感，並充分發揮才能。你擁有豐富的知識、想法與洞燭機先的觀察力，因此很有可能以幕後推手的身分獲得成功。

你的財運穩健，也懂得理財，但往往會對賺錢抱持著罪惡感。請你把金錢當成貢獻社會的報酬，大大方方地收下。

## ✧ 今生使命・未來展望 ✧

你把「探索心靈、靈性等無形世界，將神祕的力量與資訊活用在生活中，並且傳達出去」當成今生的使命。

你的特徵是冷靜沉著，具有根據計畫執行的能力，這樣的你，是否認為不管什麼事情都能靠著知識與理性判斷呢？你的內心或許對於無形的靈性、靈魂、直覺的世界抱持著恐懼，覺得如果接受這樣的世界，自己的信念就會瓦解。或者也有可能反過來因為與生俱來的探究心，而深深陷入這樣的世界裡，導致遠離現實。

無論是哪一種，或許都代表現在的你，在無形的世界與現實的世界之間陷入失衡的狀態。請你不要只注意其中一個世界，而是必須同時意識到兩者的存在，把心思放在與無形的世界平衡共處。因為探究無形的世界，會成為開啟你人生另一扇門的重要關鍵。

## ✧ 生日帶來的訊息 ✧

「琢磨靈性」
「品格高尚」
「活用直覺」

### 前世の故事

你的前世，是在日本的幕府末期的維新時期，暗地裡支持維新志士的醫生之妻。

你原本是在幕後輔佐幕府將軍的女忍者。但是忍者在幕末時期失去舞臺，因此你將實用的技術與知識活用在醫療方面，開始到鎮上的診療所工作，並與身為醫生的丈夫結婚。後來，維新志士開始造訪你們的診療所，而你們也開始支持他們的活動。為了保護這些被幕府盯上，有生命危險的志士，你有時也會使用忍術，拚了命保護他們。你雖然對自己選擇的第二人生沒有不滿，但有時心裡也會閃過「希望有一天能過著由自己當主角的生活」的願望。

# כז״א

11/27 希伯來文

### ✧ 生日契合度 ✧

**◉ 情人・伴侶**

| | |
|---|---|
| 1月9, 18, 27日 | 7月3, 21, 30日 |
| 2月8, 17, 26日 | 8月2, 11, 29日 |
| 3月7, 16, 25日 | 9月1, 19, 28日 |
| 4月6, 15, 24日 | 10月9, 18, 27日 |
| 5月5, 14, 23日 | 11月8, 17, 26日 |
| 6月4, 13, 22日 | 12月7, 16, 25日 |

**◉ 工作夥伴・朋友**

| | |
|---|---|
| 1月10, 19, 28日 | 7月4, 13, 31日 |
| 2月9, 18, 27日 | 8月3, 12, 30日 |
| 3月8, 17, 26日 | 9月11, 20, 29日 |
| 4月7, 16, 25日 | 10月1, 19, 28日 |
| 5月6, 15, 24日 | 11月9, 18, 27日 |
| 6月5, 14, 23日 | 12月8, 17, 26日 |

**◉ 競爭對手・天敵**

[2/4] [2/22] [3/30] [4/8] [7/26] [9/9] [12/9]

**◉ 靈魂伴侶**

[2/1] [2/4] [3/13] [6/4] [6/6] [8/22] [10/25]

### ✧ 生日名人 ✧

安德斯・攝爾修斯（天文學家）
李小龍（演員）
吉米・亨德里克斯（音樂人）
吉爾・桑達（設計師）
松下幸之助（松下電器創始人）
岩合光昭（動物攝影師）
小室哲哉（音樂製作人）
杉田薰（演員）
淺野忠信（演員）
片桐仁（藝人）

◉ 從你的生日看命運
請見32頁

# 11月28日

November twenty-eighth

依靠直覺的
團結眾人的
善良領導者

這天誕生的你，總是重視與旁人的關係，喜歡大家一起齊心協力努力達成目標，是領袖型的人物。

你心地善良，擅長照顧人，擁有吸引人的獨特魅力，對周圍也有影響力。你不喜歡只有自己出鋒頭，希望大家一起合力前進。如果能夠巧妙引導周圍的人發揮力量，就能取得莫大的成果。

你也擁有優異的直覺，但無法將直覺接收到的訊息清楚向人說明。只要有人用道理反駁你，就會使你失去自信，甚至否定好不容易降臨的靈感。反之，如果過於相信自己的能力，也會出現順著自己的感覺與誤會埋頭猛衝的傾向，請特別注意。

你也容易受到周圍的人影響，迷失自己的想法與真正的心情。請你每天保留一段安靜獨處的時間，養成與自己的內心對話的習慣。

你的出生日期28日的2代表協調、調和，8代表無限大（∞）的力量。這個數字代表團結眾人之力，實現夢想與目標的領袖氣質。至於出生月分11則象徵著直覺與革新，是個靈性的數字。11月28日出生的你，能夠活用直覺與靈感，將大家團結在一起。

## ✧戀愛・婚姻・性生活✧

戀愛時的你，會變得與平常截然不同。你的輔佐者資質將會突顯出來，使你成為支持伴侶的一方。不管對誰都很溫柔的你，如果遭到對方強勢進攻，也可能無法乾脆地斬斷關係，與對方藕斷絲連糾纏下去。你在婚後雖然會熱心照顧家庭，但如果不如己意，往往會吐露：「你們都不懂得感謝」、「我說的話都沒有人聽」的不滿。在性生活方面，你會順從地任對方擺布。而你也容易出現無法坦率地把自己的心意傳達給心上人的傾向，但正因為對方是你傾心的伴侶，更應該把心思擺在真心交流。



## ✧工作・財運✧

你是那種會與同伴一起朝著遠大目標燃燒熱情的類型。不管從事什麼樣的工作，你都會全力以赴控制場面。你雖然有時候也會太雞婆，但因為很會照顧人，所以身邊聚集了許多仰慕你的人。

你雖然個性實際，但能夠活用敏銳的感受力，提出普通人完全想不到的大膽想法。你具有號召許多人一起賺大錢的明星領導者實力。請你把賺來的錢，爽快地分享給大家。只要能夠遵守這個原則，想必一輩子都不會為錢煩惱。

## ❖ 今生使命・未來展望 ❖

你今生的使命是：懷著赤子之心，盡情享受適合自己的人生。

你是否把造福眾人當成藉口，常做出多管閒事的行為呢？你是否太過在意大家要一起努力、團結一心，而剝奪別人的自由呢？請你有時也試著拋開領導者的立場，放鬆一下，反過來觀照自己吧。

盡情享受適合自己的人生，就是保持原本的自己，活在當下這一刻。為了達成這個目的，建議你從事不需要花腦筋，可在娛樂中活動身體的運動或舞蹈。請你試著將腦袋放空，坦率地把你所感受到的事物和別人分享。當你露出發自內心的笑容，好好享受自己的人生時，你團結眾人的領袖魅力就會更加閃耀。

## ❖ 生日帶來的訊息 ❖

「與自己對話」
「讓工作向前進步」
「順從赤子之心」

### 前世の故事

你的前世，是個善良又好強的女性，生活在美好舊時代的美國偏僻鄉村。

你家裡經營餐館，而你就是這間餐館的活招牌，在村子裡很受歡迎。某天，店裡來了一位年輕旅人，你對他一見鍾情，覺得自己可以改變有點不可靠的他，於是不顧周遭反對與他結婚。但不管你多麼盡心盡力地奉獻，他都依然故我，不要說幫忙店裡了，甚至還擅自拿店裡的錢，與別的女性打得火熱，最後還借錢給外遇對象。你發現可以改變別人只是自己的錯覺。於是你今後對丈夫完全不抱期待，自己一肩挑起店裡的經營，在心裡發誓要努力自立。

11/28 希伯來文

### ❖ 生日契合度 ❖

◉ 情人・伴侶

| | |
|---|---|
| 1月6, 15, 24日 | 7月9, 18, 27日 |
| 2月5, 14, 23日 | 8月8, 17, 26日 |
| 3月4, 22, 31日 | 9月7, 16, 25日 |
| 4月3, 21, 30日 | 10月6, 15, 24日 |
| 5月2, 20, 29日 | 11月5, 14, 23日 |
| 6月1, 19, 28日 | 12月4, 13, 22日 |

◉ 工作夥伴・朋友

| | |
|---|---|
| 1月2, 11, 29日 | 7月5, 14, 23日 |
| 2月1, 19, 28日 | 8月13, 22, 31日 |
| 3月9, 18, 27日 | 9月3, 21, 30日 |
| 4月8, 17, 26日 | 10月2, 20, 29日 |
| 5月7, 16, 25日 | 11月1, 10, 19日 |
| 6月6, 15, 24日 | 12月9, 18, 27日 |

◉ 競爭對手・天敵

[1/10] [1/13] [2/12] [4/10] [6/9] [7/28] [9/1]

◉ 靈魂伴侶

[1/20] [2/2] [5/26] [7/6] [8/15] [9/2] [10/3]

### ❖ 生日名人 ❖

弗里德里希・恩格斯（政治哲學家）
李維史陀（社會人類學家）
寺田寅彥（物理學家）
宇野千代（作家）
向田邦子（作家）
里見浩太朗（演員）
松平健（演員）
原田知世（演員）
堀內健（藝人）
松雪泰子（演員）

◉ 從你的生日看命運
請見32頁

# 11月29日

November twenty-ninth

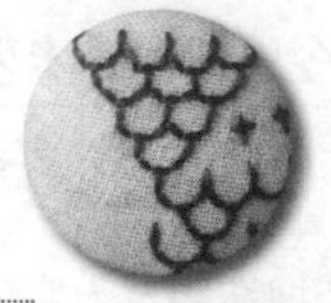

## 運用直覺 傳達訊息 深藏不露的實力者

你會運用靈感與直覺，把訊息傳遞出去，是個靈性能力者。29中的兩個數字相加後等於11，而11是靈性、神聖的數字。至於2則象徵協調、調和，9則意謂著完結、智慧與賢者。

由此可知，29日出生的人溫和，不喜歡紛爭，兼具綜觀整體的宏觀視野與深刻的智慧，並且考慮周全，是個資優生型的人。你低調、優先考慮造福他人，雖然沒有引人注意的高調氣場，卻是任誰都另眼相看的賢者。

你雖然沒有發揮強大的領導力，但基於直覺與靈感直搗本質的發言，卻對周圍有著莫大的影響力，使你成為深藏不露的實力者。你自己本身雖然想要表現得符合社會期許，但本性卻帶有一點摸不透的部分。這是因為11月代表直覺與革新，而受到11月出生的影響，你想必從小就散發出魔法師、女巫般的神祕氣質。

就算是你習以為常的事情，周圍的人也無法充分理解，因此你也會被當成不可思議的人對待。追求獨特生活方式的你，往往會迷惘、敏感而容易受傷，但另一方面，你不經意的一句話，有時也會大膽得驚人，或許會刺傷別人，或是產生莫大的影響，因此請你充分注意自己的言行。

### ❖ 戀愛・婚姻・性生活 ❖

你在愛情方面雖然晚熟，但能夠透過直覺知道誰會讓自己墜入情網。一旦放鬆下來，就會突然大膽撒嬌，說出平常忍著不說的真心話，有時也會把對方嚇一跳。但這種不可思議的部分，正是你的魅力。

在結婚方面，你會一味等待對的人出現，因此有晚婚的傾向。婚後的你會珍惜家庭，重視與家人之間的交流。在性生活方面，你會順從自己的感覺，因此比外表給人的感覺還要大膽。你的態度有善變的傾向，容易受當天心情影響，因此如果伴侶懂得隨機應變就能放心。

### ❖ 工作・財運 ❖

你能夠將工作上的專業知識、技巧維持在高水準的程度，因此無論負責什麼樣的工作，都能做得相當周到。你的頭腦清晰，擁有豐富的直覺力與創造力，同時兼具藝術品味與審美觀，因此也有機會以藝術家的身分獲得成功。

你的財運好壞端看交往的對象而定。你能夠給予想存錢的人準確的建議，因此協助周圍的人取得成功，自己的財運自然就能提昇。

## ✧今生使命・未來展望✧

你今生的使命是認真、踏實地度過人生，留下具體的人生足跡。

你雖然充分理解現世與靈界的關係，但你今生的主題卻是活用這樣的才能，在現實世界過著腳踏實地的生活。

具有魔法師、女巫型靈性天賦的你，想必已經取得人生的答案。請你先將各種在意的俗事擺在一邊，把注意力放在確實完成就在你眼前的，自己能力所及的事情吧。

不管什麼事情都不要半途而廢，並留下具體的紀錄，並傳達給周圍的人，就是你今生的課題。就算是日常生活中的小事也無所謂。每天腳踏實地，一點一滴地持續記錄自己的人生足跡很重要。請你不要忘記，你所擅長的直覺能夠發揮的場所，終究是這個現實世界，而不是靈性世界。

## ✧生日帶來的訊息✧

**「磨練精神力」**
**「情緒」**
**「活在現實中」**

### 前世の故事

你的前世是古埃及盛世大金字塔時代的薩滿。

當時的薩滿都兼任醫師、數學家、天文學家、占卜師、治療師等專業的角色。靈感與直覺都很優異的你，成為了優秀的薩滿，甚至爬上能夠直接給予國王建議的地位。但你毫無顧忌的說話方式，卻讓周圍的人開始疏遠你。就連重用你的國王，也只能離你遠遠的。你因此學到，即使擁有出色的能力，如果傳達的手段與方法錯誤，依然無法在現實當中活用。

# כטיא

11/29 希伯來文

### ✧生日契合度✧

**◉ 情人・伴侶**

| | |
|---|---|
| 1月7, 16, 25日 | 7月1, 19, 28日 |
| 2月6, 15, 24日 | 8月9, 18, 27日 |
| 3月5, 14, 23日 | 9月8, 17, 26日 |
| 4月4, 13, 22日 | 10月7, 16, 25日 |
| 5月3, 21, 30日 | 11月6, 15, 24日 |
| 6月11, 20, 29日 | 12月5, 14, 23日 |

**◉ 工作夥伴・朋友**

| | |
|---|---|
| 1月3, 21, 30日 | 7月6, 15, 24日 |
| 2月2, 11, 20日 | 8月5, 14, 23日 |
| 3月1, 19, 28日 | 9月4, 13, 22日 |
| 4月9, 18, 27日 | 10月3, 12, 21日 |
| 5月8, 17, 26日 | 11月2, 11, 20日 |
| 6月7, 16, 25日 | 12月1, 19, 28日 |

**◉ 競爭對手・天敵**

[2/5] [3/31] [5/29] [8/2] [8/24] [10/30] [12/29]

**◉ 靈魂伴侶**

[2/7] [5/6] [7/13] [8/21] [9/9] [9/11] [10/8]

### ✧生日名人✧

露意莎・奧爾柯特（作家）
約翰・弗萊明（物理學家）
C・S・路易斯（作家）
林志玲（演員）
田中絹代（演員）
勝新太郎（演員）
尾崎豐（音樂人）
田中慎彌（作家）
田口淳之介（藝人）
平野步夢（單板滑雪選手）

◉ 從你的生日看命運
請見32頁

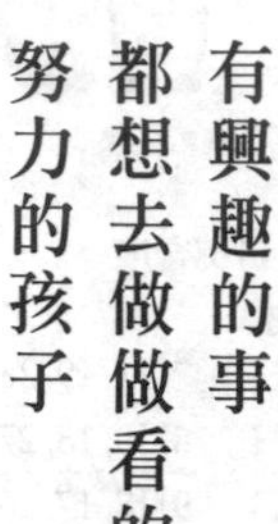

# 11月30日

November thirtieth

**有興趣的事都想去做做看的努力的孩子**

11 月 30 日誕生的你因為好奇心旺盛，看到什麼都有興趣，是個調皮、貪心的孩子。你不管實際年齡幾歲，都很天真爛漫，不失一顆赤子之心。

你不拘小節，樂天開朗，不管什麼事情都果敢挑戰，即使失敗也很快就能重新站起來。

此外，你能夠感受神聖與美麗的事物，擁有細膩的感受力。你在藝術方面也品味優異，具有豐富的表現力。你天生就對無形的事物高度敏銳，靈性的世界對你來說，想必也是理所當然的存在。

能夠透過靈感，瞬間導出答案，是你與生俱來的天賦。你能夠以敏銳的直覺看透事物的本質，對別人拋出一針見血的話，但因為你沒有惡意，所以也不會被討厭，這可說是 30 日出生的人得天獨厚的性格。

你誕生的 30 日，代表象徵孩子的數字 3，因為 0 的力量而被放大、突顯。再加上出生月分 11 直覺、神祕的要素，更加強化你順從自己的興趣與好奇心，追求理想生活方式的特質。你感興趣的對象很廣泛，因此容易迷惘，或許很難在人生當中找到穩定的方向。如果插手太多事物，可能全部都會變成半調子，請特別注意。

## ❖戀愛・婚姻・性生活❖

你坦率面對自己的感情，也具備大膽的行動力。你不管跟誰都能變得熟稔，因此想必也有很多異性朋友。你嚮往浪漫的愛情，也希望自己的愛情能有戲劇性的發展。你很容易受戀愛對象大幅影響，最後的結局可能會讓旁人大吃一驚。你重視靈光一現的直覺，一下子就會墜入情網，因此也有閃婚或奉子成婚的可能性。

你在婚後也希望能與家人建立朋友一般的關係。在性生活方面，你重視肌膚的碰觸等肉體上的交流。



## ❖工作・財運❖

你擁有獨特的感受力，對你來說，工作就像遊戲般享受，你不管去到哪裡，都能成為帶動團隊氣氛的開心果。反之，你不擅長面對機械型的單調、重複性作業，對於安靜坐在辦公桌前也感到難以度日，可能因為專注力無法持續而犯下單純的錯誤。若身處規則繁多的嚴肅職場文化中，會讓你感到窒息。

你對於理財的想法很大而化之，但你天生就擁有非常強大的財運。如果你創新、大膽的想法或嶄新的創意剛好跟上時勢所趨，也可能一口氣爆紅而賺得大筆財富。

## ✧ 今生使命・未來展望 ✧

你今生的使命是：接受自己人生的自由與變化，成為連結眾人關係的溝通者。一邊享受眼前出現的變化，一邊將新的資訊不斷傳達給周圍的人，就是你今生的課題。擁有靈活創意的你，想必能夠勇於接受這種步調輕快、變換自如的生活方式。

不過，為旁人帶來困擾的任性，與基於自我責任貫徹的自由雖然相似，實則不同。請你不要忘了用謙虛的態度學習自由與任性的差異。

首先，請你做好不管自己的人生發生什麼事情，都不要抱怨的心理準備。依賴別人、把責任推給旁人，無法使你獲得真正的自由。如果有此覺悟下，再依此邁向世界，你就能成為連結眾人關係的溝通者，達成今生的使命。

## ✧ 生日帶來的訊息 ✧

**「純粹的直覺」**
**「純真」**
**「學會不抱怨」**

### 前世の故事

你的前世是在古馬雅文明所在地，一個挑戰飛向天空的發明家。

你曾是個好奇心旺盛的孩子，對於傳說中從天空飛來的創世神心生嚮往，因此也夢想著要飛上天。於是，你參考鳥的形體製作翅膀，順從直覺做出類似飛機原型的事物。你每次實驗都從高處掉下來，好幾次都受了重傷，但你並不放棄。某天，你裝上翅膀站在高臺上時，突然吹來一陣強風，把你的身體輕飄飄地往上吹，讓你體驗了飛上天空的感覺。興奮的你向靈魂發誓，來世一定要憑自己的力量，更自由地在天空中翱翔。

# לזא

11/30 希伯來文

### ✧ 生日契合度 ✧

**◉ 情人・伴侶**

| | |
|---|---|
| 1月3, 21, 30日 | 7月6, 15, 24日 |
| 2月2, 11, 29日 | 8月5, 14, 23日 |
| 3月10, 19, 28日 | 9月4, 13, 22日 |
| 4月9, 18, 27日 | 10月3, 12, 21日 |
| 5月8, 17, 26日 | 11月2, 20, 29日 |
| 6月7, 16, 25日 | 12月1, 10, 28日 |

**◉ 工作夥伴・朋友**

| | |
|---|---|
| 1月4, 22, 31日 | 7月7, 16, 25日 |
| 2月3, 12, 21日 | 8月6, 15, 24日 |
| 3月2, 11, 29日 | 9月5, 14, 23日 |
| 4月1, 19, 28日 | 10月4, 22, 31日 |
| 5月9, 18, 27日 | 11月3, 12, 30日 |
| 6月8, 17, 26日 | 12月2, 20, 29日 |

**◉ 競爭對手・天敵**

[1/23] [2/14] [4/21] [5/7]
[10/23] [11/19] [12/9]

**◉ 靈魂伴侶**

[1/25] [4/4] [5/21] [6/4]
[6/22] [7/3] [11/8]

### ✧ 生日名人 ✧

馬克・吐溫（作家）
邱吉爾（政治家）
蒙哥馬利（作家）
杉浦日向子（江戶文化研究者）
相島一之（演員）
松本梨香（聲優）
滿島光（演員）
宮崎葵（演員）
藤井快（保齡球選手）
知念侑李（歌手）

◉ 從你的生日看命運
請見32頁

**12 月是「坦率、氣勢」的月分。**
**12 月出生的你，是「展現企圖的人」。**

**請你順從旺盛的好奇心，朝著下一個年度，**
**鼓起勇氣，迎向自己新的志向吧！**

# 12月1日

December first

## 擁有遠大目標 個性坦率的 領導者

12 月 1 日出生的你，能夠提出遠大的夢想與目標，率領眾人前進，是個活力充沛又開朗的領導者。你不拘小節，個性爽朗又坦率。而無憂無慮、照亮周遭的笑容是你的特徵。

你的存在就像是個開心果，擅長指出大方向，朝著這個方向點燃夥伴的熱情，提振整體團隊的士氣。你兼具出眾的行動力與執行力，總是邊跑邊思考。你起跑時氣勢十足的模樣，帶有不可思議的魅力，讓周圍的人忍不住跟著你一起前進。

但是你起跑時的氣勢，卻很難持續到最後。儘管你出發時活力充沛，卻經常因為走錯路而在半途迷失目標，認不清方向。你一旦陷入迷惘，就可能會找藉口、把責任轉嫁到別人身上、想要逃離現場，請特別注意。如果迷路請暫時停下腳步，不忘採取謙虛的態度，拋下無謂的自尊，坦率地向周圍的人請教。

你的出生日期 1 是代表一切開端的數字，表示朝著目標勇往直前的箭頭，象徵著男性特質強烈的領袖。再加上出生月分 12 的坦率、氣勢、節奏感等要素，更加突顯你鼓起氣勢朝著目標出發，坦率又孩子氣的特質。

### ❖ 戀愛・婚姻・性生活 ❖

你在愛情方面也重視個人氣勢，採取直球決勝的態度。你是典型會一見鍾情型的人，遇到喜歡的對象，就會不厭其煩地積極追求。你往往給人頑強、有點強勢的印象，但本質上相當純情，如果能把這種純粹的心意傳達給對方，就有可能打動對方的心。你即使結婚，也不改孩子氣的一面，對於儲蓄與安排家計感到棘手。一旦有了孩子，你的生活型態就會以孩子為中心。在性生活方面，你雖然有衝動，但或許缺乏持續性。不要強迫伴侶接受自己的步調，因為體貼對方也是一件重要的事情。



### ❖ 工作・財運 ❖

你是具有號召力的領袖，參與需要爆發力的短期集中型活動、或是展開新計畫想必就能發揮你的能力。你的人緣也很好，具備出色的團結才能，能夠自己站到前面提振團隊士氣，把整個團隊合而為一。

但是你缺乏續航力，單調乏味的工作無法活用你的優點。你的財運屬於短期決勝型，而且擁有賭運，所以也可能在關鍵時刻一下子分出勝負。只要你的判斷準確，就有機會一口氣賺到大錢。

## ✧今生使命・未來展望✧

你今生的使命是：活用有氣勢的領袖才能，持續從事一件事情，留下確實的成果。

你總是站在眾人前方，想要不斷地挑戰新事物。但腳踏實地持續把一件事情堅持到最後，並做出看得見的成果，對你來說或許是最棘手的課題。

因為你的特質就是無法將起初的氣勢持續到最後，請你根據這點，不要勉強自己，從做得到的部分開始。

不管做什麼事情都不要半途而廢。請你有意識地將每一件參與的事情完成，並留下具體的成果。完成一項可以讓你抬頭挺胸地說「這就是我做的事」的成果，就是你今生的目標。當你能與同伴一起完成作品，就能使你的領導者才能更加閃耀。

## ✧ 生日帶來的訊息 ✧

**「展現企圖」**

**「挑戰」**

**「從失敗中學習」**

### 前世の故事

你的前世是在歐洲的大航海時代，以航向新大陸為目標的冒險家。

你對於未知的事物擁有旺盛的好奇心與行動力，因此呼朋引伴並找來船隻，朝著新大陸出發。你們意氣風發地出航，心想總之只要往西邊前進就對了，但你們的準備完全不足，很快就迷失方向，而且準備的糧食不夠，船隻也故障了。雖然你們暫時折返，但你並沒有受到教訓，仍然再度挑戰。從此之後，你就在中途失敗又再次出航的循環中反覆嘗試。直到人生的最後，你才發現：只要沒有為每次的失敗留下紀錄，那麼不管重複幾次都是同樣的結果。

# איב

12/1 希伯來文

### ✧生日契合度✧

**◉ 情人・伴侶**

| | |
|---|---|
| 1月7, 16, 25日 | 7月1, 10, 28日 |
| 2月6, 15, 24日 | 8月9, 18, 27日 |
| 3月5, 14, 23日 | 9月8, 17, 26日 |
| 4月4, 13, 22日 | 10月7, 16, 25日 |
| 5月3, 12, 30日 | 11月6, 15, 24日 |
| 6月2, 20, 29日 | 12月5, 14, 23日 |

**◉ 工作夥伴・朋友**

| | |
|---|---|
| 1月3, 21, 30日 | 7月6, 15, 24日 |
| 2月2, 11, 29日 | 8月5, 14, 23日 |
| 3月10, 19, 28日 | 9月4, 13, 22日 |
| 4月9, 18, 27日 | 10月3, 21, 30日 |
| 5月8, 17, 26日 | 11月2, 20, 29日 |
| 6月7, 16, 25日 | 12月1, 10, 28日 |

**◉ 競爭對手・天敵**

[2/1] [3/1] [5/11] [6/10] [7/18] [8/8] [12/19]

**◉ 靈魂伴侶**

[3/8] [7/13] [8/3] [9/9] [9/18] [10/8] [12/26]

### ✧生日名人✧

杜莎夫人（蠟像藝術家）
山崎實（建築師）
伍迪・艾倫（導演）
貝蒂・蜜勒（演員）
荻原碌山（雕刻家）
藤子・F・不二雄（漫畫家）
松島實（聲優）
富司純子（演員）
根津甚八（演員）
長谷川理惠（藝人）

◉ 從你的生日看命運
請見32頁

# 12月2日

December second

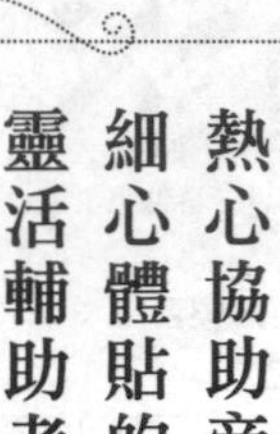

## 熱心協助旁人 細心體貼的 靈活輔助者

這天誕生的你，個性輕快開朗，是個會全力以赴幫助別人的輔佐者。你很細心體貼，會溫柔地為對方著想，能夠熱心協助周圍的人。

你的出生日期 2，是二元論的基礎數字，意謂著調和、包容，具備強烈的女性特質。再加上出生月分 12 的坦率、氣勢等要素，也為你添加男性特質，強化鼓起氣勢的開拓力。你能夠運用自身的靈活性配合任何人，並具備協調性高、考慮周到等特徵。

你的性格誠實、協調能力優異，不管對誰都很親切。你不會只是默默地聽對方說話，也能根據必要給予對方準確的建議，具有能夠配合對方，採取不同相處方式的柔軟性。你為了帶動氣氛，在行動時能夠表現出開心的樣子，這樣的你能帶給周圍安心感。人見人愛的你，只要露出愉快的微笑，想必就能療癒所有的人吧。

只不過，你太過在意旁人的反應，總是觀察別人的臉色，最後可能會產生容易受旁人影響而無法拋開煩惱的傾向。請你釐清自己的想法，以真正的輔佐者為目標，在必要的時候確實向對方傳達你必須告訴他的內容，即使有點嚴厲也不能心軟。

### ✧ 戀愛・婚姻・性生活 ✧

你不管對誰都很溫柔，經常被異性追求，是容易被愛的類型。如果發展成戀愛關係，就會努力配合對方的喜好，你雖然喜歡為對方奉獻，卻討厭對方檢視、限制自己的行動。

你雖然夢想著幸福的婚姻生活，但因為優柔寡斷，需要一點時間才能步入禮堂。婚後你會成為確實支持伴侶的好丈夫、好太太。在性生活方面，你也比較被動，屬於配合對方的類型，因此或許較適合能夠強勢引導自己的對象。



### ✧ 工作・財運 ✧

你適合需要細心特質的職業。例如經理、祕書、看護等輔助他人的工作，就能發揮你的才能。此外，在旅行社或婚宴會館為實現顧客的希望擬定企劃，扮演幫助顧客獲得幸福的角色應該也不錯。你穩重的氣質能夠緩和現場的氣氛，因此適合與許多人接觸的職業。

你的金錢觀也極為踏實，不擅長當機立斷，因此也不會大賺或大賠。你擅長取得平衡，所以也有一邊儲蓄一邊踏實投資的才能。

## ⁘ 今生使命・未來展望 ⁘

今生你的使命是：接受自己人生的自由與變化，成為連結世上眾人關係的溝通者。

你是否很羨慕那些行為舉止看起來自由自在的人呢？或許表達自己的意見與自由行動，會讓你覺得任性。而學習自由與任性的差別，就是你今生的課題。

請你順從自己的內心，積極地在日常生活中加入一點小小的變化。例如改變髮型、開拓新的店家、開始學習新的事物等等，在生活中加入變化，就能提昇自己的自由度。

當你更加自由、放鬆，接受自己人生中的變化，才能自信成為連結世上眾人關係的溝通者。

## ⁘ 生日帶來的訊息 ⁘

**「開朗的支持」**
**「繼承」**
**「加入變化」**

### 前世の故事

你的前世生長在富裕的家庭，是中世紀末期歐洲某位貴族的夫人。

你雖然與丈夫年紀相差很多，卻家庭圓滿，全家和睦生活。某天丈夫遠赴戰場，你的生活發生了極大的轉變。即使父親不在，你也不希望孩子感到寂寞，因此你故做開朗，守護家庭，但丈夫戰死，你也成了寡婦。

後來孩子逐漸長大離家，你被留在空蕩蕩的屋子裡，這時你才發現自己一直以來都依賴丈夫與孩子，未曾過著屬於自己的人生，於是你發誓，下輩子要活得更像自己。

# בּיב

12/2 希伯來文

### ⁘ 生日契合度 ⁘

**◉ 情人・伴侶**

| | |
|---|---|
| 1月3, 21, 30日 | 7月6, 15, 24日 |
| 2月2, 11, 20日 | 8月5, 14, 23日 |
| 3月1, 19, 28日 | 9月4, 13, 22日 |
| 4月9, 18, 27日 | 10月3, 21, 30日 |
| 5月8, 17, 26日 | 11月2, 11, 29日 |
| 6月7, 16, 25日 | 12月1, 10, 28日 |

**◉ 工作夥伴・朋友**

| | |
|---|---|
| 1月4, 22, 31日 | 7月7, 16, 25日 |
| 2月3, 12, 21日 | 8月6, 15, 24日 |
| 3月2, 20, 29日 | 9月5, 14, 23日 |
| 4月10, 19, 28日 | 10月4, 13, 31日 |
| 5月9, 18, 27日 | 11月3, 21, 30日 |
| 6月8, 17, 26日 | 12月2, 20, 29日 |

**◉ 競爭對手・天敵**

[3/6] [5/25] [6/6] [6/20] [7/5] [7/20] [12/11]

**◉ 靈魂伴侶**

[2/15] [2/17] [5/5] [6/4] [7/19] [10/9] [11/24]

### ⁘ 生日名人 ⁘

瑪麗亞・卡拉絲（女高音）
蓋瑞・貝克（經濟學家）
吉安尼・凡賽斯（設計師）
劉玉玲（演員）
莫妮卡・莎莉絲（網球選手）
小甜甜布蘭妮（歌手）
山崎努（演員）
螻榮子（漫畫家）
松嶋尚美（藝人）
八乙女光（歌手）

◉ 從你的生日看命運
請見32頁

# 12月3日

December third

不失赤子之心活力十足的表演者

你行事明快、配合度高，總是不失赤子之心，是個活力十足的表演者。你開朗、坦率、自由奔放又帶點調皮，喜歡透過開玩笑或策劃驚喜來嚇人或逗人開心，最喜歡愉快的事情。

3日出生的人是個古靈精怪的可愛存在，圍繞在你周圍的人總是笑聲不斷。你個性親切，表裡如一，所以人見人愛。你總是能以正向積極的想法激勵周圍的人，不太考慮之後的事情，是個享受人生的天才。

你不僅天不怕地不怕，也擁有超凡的爆發力，只要下定決心，就會氣勢十足地往前衝，所以也經常忽略周遭的事。

但你有時也會只有三分鐘熱度，不擅長忍耐。由於你不服輸，所以如果對方出乎意料地強勢，你就會開始任性，有時也會大動肝火。一旦對自己太過縱容，你也可能逃避問題，沉溺在安逸的快樂當中，請特別注意。

你誕生的3日象徵著孩子，是個創造、活動力的數字。再加上出生月分12的坦率、氣勢等要素，為12月3日出生的人帶來加倍的赤子之心，成為帶給周圍歡樂的開心果，有著出乎意料的力量與氣勢，是個活力充沛的人。

## ❖戀愛・婚姻・性生活❖

你在愛情中也會忠於自己的感受，是個熱情的人，會憑著大膽的行動力勇往直前。你有獨特的喜好與堅持，想必有很多旁人難以理解的部分。

你喜歡小孩，因此可能奉子成婚。你在婚後也不改孩子氣的部分，但你很愛孩子，會成為熱心教育、為孩子操煩的父母。你對性生活有著旺盛的好奇心，但如果第一印象不好，也可能抱持著厭惡感。或許需要一點時間，在性生活方面的能力才會覺醒。營造輕鬆的氣氛，讓你能以遊戲般的心情享受相當重要。

## ❖工作・財運❖



你與生俱來的充沛精神，與可愛、讓人討厭不起來的個性，使你在組織中是開心果般的存在。

你也擅長運動、演戲、演奏等展現自己的活動，因此適合朝著音樂、戲劇、運動業界發展。但你不擅長細膩的作業，請留意保持專注直到最後。

你的財運很好，也會湧現許多賺錢的點子。享受工作能夠直接為你帶來財富。你也有強烈的浪費傾向，會把錢花在取悅別人，因此最好把理財交給擅長的人比較保險。

## ❖今生使命・未來展望❖

你不管對誰，都能懷著赤子之心坦率面對，而你今生的使命就是：無私地去愛所有在人生中接觸過的人。

孩子氣的你，難免會以自己為中心，往往覺得自己為對方做了這麼多，所以強烈希望對方能夠知恩圖報。不管你為對方帶來多大的幫助，期待回報的行為都稱不上無私的愛。為了在生活中實踐大愛的精神，必須先以愛滿足自己。

只要用愛滿足自己，心中滿溢的愛自然就能擴散到周圍，所以不需要想得太難。

當你帶著笑容，發自內心感到愉快的狀態，就是充滿愛的時候。請透過這樣的笑容，創造大家都能帶著笑容交流的喜悅能量循環，就能為你實現今生的使命。

## ❖生日帶來的訊息❖

「爆發力」

「威力的氣勢」

「活用笑容的力量」

### 前世の故事

你的前世，出生於在亞馬遜腹地經營農園的家庭。

你從小生長在自由的環境，長大之後總是我行我素。在作業型態單純、毫無樂趣的農園工作，對你來說只是受苦而已。你每天都只幫忙一下下就溜走。最後你終於離開家裡，與臭味相投的夥伴開始在叢林中生活，享受自在冒險的感覺。你每天都只做自己喜歡的事，但就在這時候，你得知全家人因為罹患傳染病而相繼去世。匆忙回到家裡的你，只剩下孤零零的一個人，在束手無策之下，你不得不重新檢視自己的生活方式。

# גיב

12/3 希伯來文

### ❖生日契合度❖

◉ **情人・伴侶**

| | |
|---|---|
| 1月8, 17, 26日 | 7月2, 11, 29日 |
| 2月7, 16, 25日 | 8月1, 19, 28日 |
| 3月6, 15, 24日 | 9月9, 18, 27日 |
| 4月5, 14, 23日 | 10月8, 17, 26日 |
| 5月4, 22, 31日 | 11月7, 16, 25日 |
| 6月3, 21, 30日 | 12月6, 15, 24日 |

◉ **工作夥伴・朋友**

| | |
|---|---|
| 1月5, 14, 23日 | 7月8, 17, 26日 |
| 2月4, 13, 22日 | 8月7, 16, 25日 |
| 3月3, 12, 30日 | 9月6, 15, 24日 |
| 4月11, 20, 29日 | 10月5, 14, 23日 |
| 5月1, 19, 28日 | 11月4, 13, 22日 |
| 6月9, 18, 27日 | 12月3, 12, 21日 |

◉ **競爭對手・天敵**

[1/19] [2/3] [4/21] [9/2] [9/5] [9/20] [10/21]

◉ **靈魂伴侶**

[1/22] [2/12] [2/15] [3/11] [5/12] [7/7] [12/23]

### ❖生日名人❖

尚盧・高達（導演）
尼諾・羅塔（作曲家）
奧齊・奧斯本（音樂人）
永井荷風（作家）
種田山頭火（俳人）
篠山紀信（攝影師）
山脇百合子（繪本作家）
長州力（格鬥家）
古田新太（演員）
高岡早紀（演員）

◉ **從你的生日看命運**
**請見32頁**

# 12月4日

December fourth

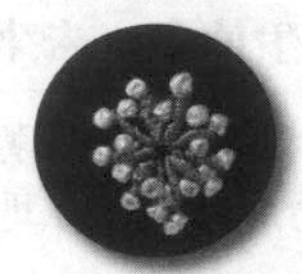

勇往直前
行動敏捷的
實務家

12月4日誕生的你，是個堅定的實務家。你的特徵是只要確定目標，就能勇往直前堅持到最後的氣勢，以及擁有敏捷的行動。

出生日期4代表創造現實世界的基礎。再加上出生月分12坦率、氣勢的要素，使你擁有堅強的信念，能夠坦率貫徹自己相信正確的事情。

正經八百的個性是4日出生者的特色，你重視社會期許與規範，能夠忠實遵守約定與別人交代的事情。你的性格誠實，具備執行力，擅長根據計畫推動事物。

你擁有強烈的責任感，不管做什麼事情，都能全力以赴堅持到底，不會偷工減料，因此深得周圍信賴。另一方面，因為你不擅長拜託別人，也有笨拙、不知變通的部分。你可能會因為獨自一人承擔問題，最後卻造成旁人的困擾，因此必須小心。請你不要太拚，發生問題時就坦率地向周圍的人求助吧。如果你能夠展現隱藏在認真背後的坦率與誠實，旁人也會更容易出手幫助你。

只要能夠均衡發揮以具體形式表現的實務家才能，你的人生就會變得更充實。

## ❖ 戀愛・婚姻・性生活 ❖

你在愛情當中也會展現純真、坦率的一面。你不擅長細膩的愛情遊戲，總是以豁出去的氣勢正面以對。你絕對不接受對方的謊言、欺瞞與背叛，甚至還有可能報復。

你對性生活有著強烈的抗拒，難以享受。交往的對象也會影響你對性生活的態度，如果對方清心寡慾，你們也可能會演變成無性關係。

你在婚後會以穩定的婚姻生活為目標努力。但請小心不要因為太過重視家庭，而被家庭成員或家庭綁住。



## ❖ 工作・財運 ❖

你是勤勉認真的實務家，會腳踏實地累積努力，不管從事什麼樣的工作，都能建立一定程度的地位。在組織當中扮演好自己的角色能使你感到喜悅，因此如果能以數字展現努力的成果，就能使你獲得成就感。

你能看清楚目標，以及邁向目標的過程，也以經營組織的能力見長。你的財運也很穩健，能夠有計畫地累積財富。如果想要取得龐大的財產，就必須抓住機會，一口氣展開行動。

## ❖ 今生使命・未來展望 ❖

你今生的使命是：活用身為實務家的資質與經驗，獨自探究真理，學會真正的獨立自主。

你的強項是全力以赴去做一件事情，並且堅持到底。但這件事情是否為別人的指示，或是自己被分配到的任務呢？如果只是壓抑自己的心情，扮演別人期待的角色，那就一點也不有趣，即使事情順利進行，開心可能也會減半。而且，這麼做稱不上是真正的獨立。因為真正的獨立，不是遵循別人的指示行動，而是本著自己的意志與想法，去做自己做得到的事情，至於做不到的事情就乾脆地放棄，不要勉強自己承擔下來。

請清楚分辨自己做得到的事情與做不到的事情，有時也請拿出向別人求助的勇氣。把事情徹底完成才是最重要的，這才能幫助你邁向獨立。

## ❖ 生日帶來的訊息 ❖

**「突破的力量」**
**「遵守戒律」**
**「鼓起勇氣拒絕」**

### 前世の故事

你的前世是生活在西伯利亞海邊的一個漁夫。

生長在酷寒之地的小村莊的你，長大之後就與父親一起到沿岸的漁場工作，最後你離家獨立，結婚並育有三名子女。你每天往返家庭與漁場，過著單調的生活，但為了守護家庭，你依然努力從事辛苦嚴峻的工作。某天，你在惡劣的天候下出海捕魚，結果卻被捲進暴風雨中而遇難。你在驚濤駭浪的折騰下，比起妻兒，你最先想到的是詛咒自己的命運，並怨恨自己為什麼會遇到這種事情。這時候你才愕然發現，原來自己對於選擇這樣的生活方式感到後悔。

# דיב

12/4 希伯來文

### ❖ 生日契合度 ❖

**◉ 情人・伴侶**

| | |
|---|---|
| 1月4, 13, 31日 | 7月7, 16, 25日 |
| 2月3, 12, 21日 | 8月6, 15, 24日 |
| 3月2, 20, 29日 | 9月5, 14, 23日 |
| 4月1, 19, 28日 | 10月4, 13, 31日 |
| 5月9, 18, 27日 | 11月3, 21, 30日 |
| 6月8, 17, 26日 | 12月2, 11, 29日 |

**◉ 工作夥伴・朋友**

| | |
|---|---|
| 1月6, 15, 24日 | 7月9, 18, 27日 |
| 2月5, 14, 23日 | 8月8, 17, 26日 |
| 3月4, 22, 31日 | 9月7, 16, 25日 |
| 4月12, 21, 30日 | 10月6, 15, 24日 |
| 5月2, 20, 29日 | 11月5, 14, 23日 |
| 6月1, 19, 28日 | 12月4, 13, 22日 |

**◉ 競爭對手・天敵**

[1/16] [3/10] [4/27] [6/10] [8/22] [10/12] [12/31]

**◉ 靈魂伴侶**

[2/1] [3/18] [3/27] [6/6] [7/11] [10/9] [12/9]

### ❖ 生日名人 ❖

湯瑪斯・卡萊爾（歷史學家）
萊納・瑪利亞・里爾克（詩人）
泰拉・班克斯（模特兒）
鳥越信（兒童文學家）
永井真理子（歌手）
淺香唯（藝人）
中川剛（藝人）
田村淳（藝人）
辣妹曾根（藝人）
木下優樹菜（藝人）

◉ 從你的生日看命運
請見32頁

# 12月5日

December fifth

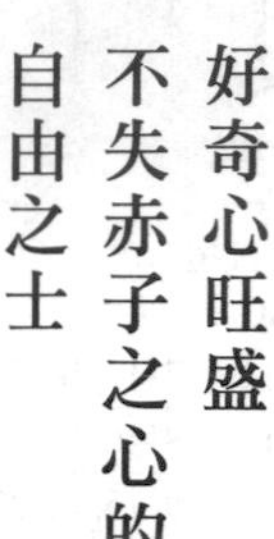

## 好奇心旺盛不失赤子之心的自由之士

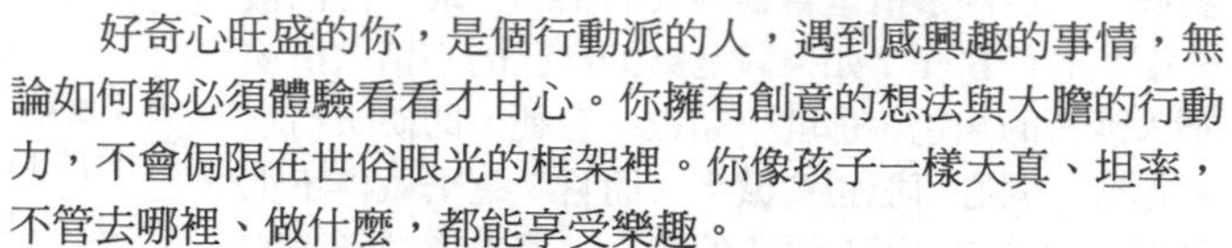

好奇心旺盛的你，是個行動派的人，遇到感興趣的事情，無論如何都必須體驗看看才甘心。你擁有創意的想法與大膽的行動力，不會侷限在世俗眼光的框架裡。你像孩子一樣天真、坦率，不管去哪裡、做什麼，都能享受樂趣。

你可以很快地就熟悉任何環境，與任何人都能當朋友，能夠營造出愉快的氣氛，是個受歡迎的人。但周圍的人也可能因為跟不上你的速度感與氣勢，而被你耍得團團轉。

你的情緒起伏激烈，是個感情用事的人，但情緒來得快，去得也快是你的魅力。你對流行敏感，對於第一、首賣、限定商品沒有抵抗力。身邊的人想必覺得你單純、好懂又可愛吧。5日出生的人，特徵正是討厭被嚴格管理、限制自由。

你的出生日期5是代表自由、變化、溝通的數字。出生月分12，則包含了坦率、氣勢等要素。12月5日出生的你，擁有做事不會瞻前顧後，會專注在眼前的事情，不斷往前邁進的力量，心動就會馬上行動。你的溝通能力優異，不管與誰來往都能一視同仁，建立新的人脈，扮演人與人之間的橋梁，而這正是你傑出的特徵。

### ❖ 戀愛・婚姻・性生活 ❖

你如果身為女性，會是個小惡魔，如果身為男性，也會是個順從自己的感情大膽行動的花花公子，即使是被視為禁忌的戀情，你也會順從衝動去享受。

你對於性生活的態度自由開放。有時希望與對方共度甜蜜時光，有時又會突然變得冷淡，而這樣的你，想必也對於隱藏在自己心中的天使與惡魔有所自覺。你與別人變熟之後，特別容易展現任性的一面，有些人覺得這樣的你很有魅力，因此你想必也很受異性歡迎。你愛好自由，因此婚後或許很難乖乖待在家裡。



### ❖ 工作・財運 ❖

你天生具備行動力，不管從事什麼樣的工作，都能成為即戰力。你對工作內容理解得很快，與任何人都能立刻就混熟，在職場裡很快就能融入其中。你的特徵是把工作當成興趣與遊戲的延伸。若能從事娛樂、遊樂園方面等可以活用玩心的工作，就能發揮你的才能。此外，經常出差的工作，或是發展海外事業等能讓人感受到變化或速度的工作也很適合你。

你的財運雖然強大，但運勢起伏應該很激烈。你是個有多少錢就花多少的人，難以做到有計畫的儲蓄。

## ✧今生使命・未來展望✧

你的好奇心旺盛，擁有行動力。而這樣的你，今生的使命是：克服困難，堅持到底，取得現實中的成功，與周圍的人分享富足。

你擁有出眾的速度感，但另一方面，是否因為容易放棄，或是插手太多事物導致無法收拾，結果最後半途而廢呢？

為了取得現實中的成功，不能逃避腳踏實地的作業，就從你眼前的每一項課題開始去做，並收下具體的報酬。請你將努力取得的成果，慷慨地與旁人分享。當你能坦率地感謝那些在努力過程中，為自己帶來鼓勵與幫助的人，將現實中的恩惠分享出去，就能推動你達成今生的使命。

## ✧生日帶來的訊息✧

「變化的心」
「速攻」
「將夢想具體化」

### 前世の故事

你的前世，是居無定所，在歐洲各地遊走的貿易商。

你從小就在接觸異國文化的環境中生長，培養出不受限的自由與感性。後來你有了家庭，為了支撐家計，成為在各地遊走的貿易商，但你卻對守護家人的生活方式感到窒息。不久之後，你就拋棄家庭，選擇孤獨、輕鬆的人生。但你到了晚年，卻開始想念與自己分隔兩地的家人。於是你就在思考「血緣關係與真正的愛到底是什麼？」時，發現過去從未深入面對自己的人生，並因此感到後悔。

# היב

12/5 希伯來文

### ✧生日契合度✧

**◉ 情人・伴侶**

| | |
|---|---|
| 1月5, 14, 23日 | 7月8, 17, 26日 |
| 2月4, 13, 22日 | 8月7, 16, 25日 |
| 3月3, 12, 30日 | 9月6, 15, 24日 |
| 4月2, 20, 29日 | 10月5, 14, 23日 |
| 5月1, 10, 28日 | 11月4, 13, 22日 |
| 6月9, 18, 27日 | 12月3, 12, 30日 |

**◉ 工作夥伴・朋友**

| | |
|---|---|
| 1月7, 16, 25日 | 7月10, 19, 28日 |
| 2月6, 15, 24日 | 8月9, 18, 27日 |
| 3月5, 14, 23日 | 9月8, 17, 26日 |
| 4月4, 13, 22日 | 10月7, 16, 25日 |
| 5月3, 12, 30日 | 11月6, 15, 24日 |
| 6月2, 20, 29日 | 12月5, 14, 23日 |

**◉ 競爭對手・天敵**

[2/23] [4/6] [5/21] [7/1] [8/11] [9/3] [9/19]

**◉ 靈魂伴侶**

[1/10] [3/26] [7/2] [8/1] [9/27] [10/8] [12/17]

### ✧生日名人✧

華特・迪士尼（電影創作者）
海森堡（物理學家）
富士子・海明（鋼琴家）
木下惠介（導演）
小林幸子（歌手）
川中美幸（歌手）
奈良美智（畫家）
岩井志麻子（作家）
觀月亞里莎（演員）
道端安潔莉卡（模特兒）

◉ 從你的生日看命運
請見32頁

# 12月6日

December sixth

## 愛孩子 用心培育的 單純導師

你不管對誰都很溫柔親切，給人良好的印象，是個充滿愛的導師。你總是笑容不斷，用溫柔照顧著周圍的人，這樣的性格想必受到許多人喜愛吧。

你的出生日期 6 象徵愛、美、調和，是母性的數字。再加上出生月分 12 坦率、氣勢的要素，更加突顯你純粹體貼對方的心情與深厚的大愛。

你的母性本能強烈，能幫助別人、輔助別人成長就是你的喜悅來源。你不管對誰都很照顧，無法對弱勢的人或遇到困難的人視而不見，會犧牲自己照顧他們。你熱愛與人分享，也擅長指導別人。你討厭困難、複雜的事情，責任感與正義感都很強烈，會勇敢對抗欺負弱小的人。

但另一方面，你幫助別人明明是出於自己的雞婆，卻往往希望對方有所回報。你對於自己的觀點有強烈的信心，也有不願意扭轉觀念的頑固的一面。你容易出現對身邊的人撒嬌，試圖依照自己的意思控制對方的傾向，請特別注意。理所當然地對周圍的人好是你的優點。但如果你可以不要求回報，坦率表現自己深厚的大愛會更好。

### ❖ 戀愛．婚姻．性生活 ❖

你擁有溫柔的包容力，愈需要你照顧的人，你會愈為他付出。你不會懷疑對方的動機，如果對方向你撒嬌，就能激發你的母性本能，那麼大部分的事情你都會接受。在性生活方面，你基本上會努力配合對方，但有時候也希望享受由自己引導的關係。

你對於婚姻有自己的理想，重視家人，不惜努力帶給大家幸福快樂的生活。但如果太重視世人的眼光，會強迫家人接受符合社會期許的價值觀，使家裡變成無法放鬆的地方，請特別注意。



### ❖ 工作．財運 ❖

沉穩又大而化之的你，擅長照顧周圍的人，不管從事什麼工作都會認真執行。你對於社會貢獻與志工活動擁有高度熱情，也擅長指導別人，因此適合與人接觸、幫助別人的工作，例如實際以教育為工作的教師或講師、人才培育、醫療與社福相關工作等等，從事這些工作能讓你獲得成就感，也能發揮實力。

你的財運穩健，卻容易對純粹為了賺錢而工作的心態感到罪惡。因此選擇對社會有意義的工作，把錢花在能讓身邊的人感到喜悅之處，就能讓你的財運更加提昇。

## ❖ 今生使命・未來展望 ❖

你今生的使命是：為締造眾人都能安穩生活的社會帶來貢獻，以實現世界和平。

你非常體貼別人，但這樣的你，是否覺得不為他人帶來幫助的自己就沒有價值，並因此而責備自己呢？那麼一心為造福世界與全人類而努力的你，現在充滿了幸福感嗎？如果自己沒有被滿足，那麼不管你為他人多麼努力，都會期待回報，甚至可能以自己的價值觀責備、批判身邊的人。

當你以世界和平為目標努力之前，請更溫柔地對待自己，溫柔地療癒自己內在的小孩。你或許不擅長以自己為優先。但為自己帶來幫助，才能真正為他人帶來幫助。請你不要忘記，你心靈的安穩，有助於實現世界和平。

## ❖ 生日帶來的訊息 ❖

**「無可置疑的母性」**

**「純潔」**

**「培育他人，也是培育自己」**

### 前世の故事

你的前世，是羅馬帝國時代的修士。

你出生在身分高貴的家庭，度過衣食無缺的童年。長大成人之後，你為了收容滿街的孤兒而建造了修道院。你熱中於工作，收容了許多孩子，照顧他們的生活，教導他們學業。你曾有過締結婚約的對象，但最後卻取消婚約，把所有心力都擺在照顧孩子上。

後來你年歲漸長，孩子也都離開修道院，於是你便將修道院關閉。孤零零的你，在思念這些離開修道院的孩子時，才發現自己真正想要的其實是有血緣關係的家人。

# ויב

12/6 希伯來文

### ❖ 生日契合度 ❖

**◉ 情人・伴侶**

| | |
|---|---|
| 1月1, 19, 28日 | 7月4, 13, 31日 |
| 2月9, 18, 27日 | 8月12, 21, 30日 |
| 3月8, 17, 26日 | 9月2, 11, 29日 |
| 4月7, 16, 25日 | 10月1, 10, 19日 |
| 5月6, 15, 24日 | 11月9, 18, 27日 |
| 6月5, 14, 23日 | 12月8, 17, 26日 |

**◉ 工作夥伴・朋友**

| | |
|---|---|
| 1月8, 17, 26日 | 7月2, 20, 29日 |
| 2月7, 16, 25日 | 8月1, 10, 28日 |
| 3月6, 15, 24日 | 9月9, 18, 27日 |
| 4月5, 14, 23日 | 10月8, 17, 26日 |
| 5月4, 22, 31日 | 11月7, 16, 25日 |
| 6月12, 21, 30日 | 12月6, 15, 24日 |

**◉ 競爭對手・天敵**

[3/14] [5/21] [7/28] [9/6] [10/2] [11/6] [12/20]

**◉ 靈魂伴侶**

[2/14] [3/19] [9/4] [9/7] [10/6] [10/21] [12/10]

### ❖ 生日名人 ❖

約瑟夫・路易・給呂薩克（物理學家）
布魯斯・瑙曼（雕刻家）
木田太良（作曲家）
宍戸錠（演員）
星由里子（演員）
車團吉（演員）
久石讓（作曲家）
車田正美（漫畫家）
長野久義（棒球選手）
林遣都（演員）

◉ 從你的生日看命運
請見32頁

# 12月7日

December seventh

## 在爆發力與續航力之間取得平衡的頑固職人

12月7日出生的你，想到什麼就立刻行動，是個坦率貫徹自己的意志、擁有強烈堅持的職人。當你靈光一現時，就會迅速行動，氣勢如虹。

出生日期7的形狀代表斜向的箭頭，意謂著結束、完美主義，是屬於頑固職人的數字。

7月出生的人，從小就帶有成熟的氣質，很早就在精神上獨立。你是個對自己嚴格的努力者，探究心也很旺盛。你不擅長與人成群結隊，更偏好單獨行動。再加上出生月分12坦率、氣勢的要素，使你擁有孩子般的天真與氣勢，為你添加相反的特質。

你同時具備成人與孩子兩方面的特性，也有陰晴不定，難以取悅的一面，雖然堅持細節，企圖做到完美，但如果中途被催促或是被干預，就會突然失去動力，把事情丟下不管。

你的爆發力與續航力很難取得平衡，因此可能會出現廢寢忘食過度投入、不如己意就生氣，或是把氣出在旁人身上的極端態度，因此必須小心。如果能夠懷著不如己意也是一種人生樂趣的從容，就能確立自己的生活方式。

### ❖戀愛・婚姻・性生活❖

你能帶給對方積極、獨立、成熟的印象，但反過來看，你也有天真、很會撒嬌的一面，因此對方想必經常因為這樣的兩面性而感到困惑吧。基本上，你即使擁有情人或伴侶，也討厭對方闖進自己的領域。而在深入交往之後，也可能強化想要獨占對方的心情。

你在婚後也很重視自己的私人空間，因此請讓伴侶理解你需要時間獨處吧。性生活是你唯一能夠釋放自己，專心接受對方愛意的重要時間。

### ❖工作・財運❖

比起與許多人一起合作，你在獨自工作的環境，或是從事能夠以自己的步調進行的工作，更能發揮才華。你兼具求知欲以及瞬間做出判斷的決斷力，因此適合從事科技業、金融業或顧問業。而能活用觀察力與對神祕事物的感受力的工作，例如成為治療師或占卜師等，或許也不錯。

你的金錢欲望不強。但你具備豐富的金融知識與投資天賦，因此適合成為理財專家。只要專注在自己的工作上，徹底鑽研自己的專業，就能為你帶來財運。

## ❖ 今生使命．未來展望 ❖

你今生的使命是：為自己的人生負起責任，發揮真正的領導力。

成熟的你，想必已經能夠為自己的人生負起責任了吧。但如果關在自己的世界裡，對其他的人或事採取不負責任的態度，就稱不上在自己的人生當中發揮真正的領導力。明確地向人生中遇到的人表達自己的想法，貫徹自己的生活方式，是一件重要的事情。

你要將發生在自己身上的所有事情都當成自己的責任，抱持著這樣的覺悟，才能在自己的人生中發揮領導力。請珍惜自己獨特的風格，把心一橫開拓自己的人生，就能達成今生的使命。

## ❖ 生日帶來的訊息 ❖

**「職人的氣質」**
**「傳統」**
**「自己要負起全部的責任」**

### 前世の故事

你的前世，是在歐洲中世紀末期，貫徹騎士道精神的末代騎士之子。

身為騎士的父親，為了將你培養成優秀的騎士，從小就給你嚴格的指導，但你控制不了想要玩耍的心情，有時候也會偷懶。你天真覺得，騎士這項工作已經逐漸過時，於是你反抗父親，最後並未繼承家業。因此你的父親成了末代騎士。但另一方面，你自己也找不到其他想做的事情，就這樣靠著代代相傳的家產過活。你心想：我其實原本想憑著自己的意志開拓人生的，但卻生不逢時。

12/7 希伯來文

### ❖ 生日契合度 ❖

◉ **情人．伴侶**

| | |
|---|---|
| 1月2, 11, 20日 | 7月5, 14, 23日 |
| 2月10, 19, 28日 | 8月4, 13, 22日 |
| 3月9, 18, 27日 | 9月3, 21, 30日 |
| 4月8, 17, 26日 | 10月2, 20, 29日 |
| 5月7, 16, 25日 | 11月1, 10, 19日 |
| 6月6, 15, 24日 | 12月9, 18, 27日 |

◉ **工作夥伴．朋友**

| | |
|---|---|
| 1月9, 18, 27日 | 7月3, 21, 30日 |
| 2月8, 17, 26日 | 8月2, 11, 20日 |
| 3月7, 16, 25日 | 9月1, 19, 28日 |
| 4月6, 15, 24日 | 10月9, 18, 27日 |
| 5月5, 14, 23日 | 11月8, 17, 26日 |
| 6月4, 13, 22日 | 12月7, 16, 25日 |

◉ **競爭對手．天敵**

[5/4] [7/2] [8/7] [9/10] [10/17] [11/4] [12/31]

◉ **靈魂伴侶**

[3/30] [4/7] [5/19] [7/31] [8/12] [10/10] [11/22]

### ❖ 生日名人 ❖

荷姆斯基（思想家）
湯姆．威茲（音樂人）
與謝野晶子（歌人）
森博嗣（作家）
香川照之（演員）
伊藤和枝（演員）
松尾諭（演員）
高木大成（棒球選手）
宮本笑里（小提琴家）
羽生結弦（花式滑冰選手）

◉ 從你的生日看命運
請見32頁

# 12月8日

December eighth

## 用直球決勝志在拓展的鬥士

這天出生的你，個性表裡如一，是個會正面迎向遠大目標的鬥士。你會坦率地面對所有事情，好惡也很分明，不會對人說謊或隱瞞。

你有號召眾人的強大力量，能夠吸引志同道合的夥伴，想必一下子就能建立強大的團隊。不服輸的你，即使面對重大的困難或課題，也能以驚人的力量與速度解決。一旦燃起鬥志，你就會朝著目標勇往直前，不害怕失敗。

即使遇到障礙，你也能在克服的過程中享受樂趣，具有獲得成功的實力，但你不會擬定周延的計畫，屬於一邊前進一邊思考的類型。你討厭說話拐彎抹角，不管對誰都能坦率表達自己的感情，然而你也有把自己的想法強加在對方身上的傾向，必須注意。如果你能夠信任無形的感性與直覺，不要只偏重現實面，想必能獲得更大的成果。

你的出生日期8，象徵著無限大（∞），是代表物質與精神兩面性的統合與意志力、權力、財富等的數字。再加上出生月分12坦率、直覺的要素，更加突顯你積極勇敢、總是持續挑戰不懈怠的特質。

### ❖戀愛・婚姻・性生活❖

你的感情表現直接而大膽，所以如果墜入情網，身邊每個人都能立刻看出來。你會散發亮麗的氣場，並且坦率地展現自己。然而一旦開始交往，你就容易向對方耍任性，請特別注意。

你在婚後也不是會乖乖待在家裡的類型。你的好奇心旺盛，總是追求變化與刺激，因此請小心不要讓兩人的關係僵化。你把性生活當成一種愛的表現，想透過身心來感受對方的熱情。你往往容易照著自己的步調埋頭猛衝，請不要忘記體貼你的伴侶。



### ❖工作・財運❖

你除了優異的企劃力、提案力之外，也有執行的才能，因此無論從事什麼樣的工作，都能不斷做出成績。你能夠敏銳地接收新的資訊，也兼具動力與活力，因此能根據獲得的情報運用自己的人脈，展開全新的事業。你擁有優異的商業敏感度，不管是獨立創業，還是身處組織當中，都能大顯身手。

你的財運強大，擁有優異的賺錢直覺，能夠接連想出嶄新的創意與企劃，並且付諸實行，因此獲利能力超群。只不過，你不擅長投資與儲蓄，因此請把財富交由專家管理。

## ❖ 今生使命・未來展望 ❖

你今生的使命是：探究看不見的神祕力量與現象，如實接受，並傳達給眾人。

你是個現實主義者，但其實也具備敏銳的感受力。你在日常生活中，是否也有過不可思議的體驗呢？這種時候，請你稍微注意自己的反應。你是否因為覺得不可能而強烈否定，或是懷疑自己的感覺，認為是錯覺呢？

在這個現實世界中，請活用靈性的感受，並取得成功與富足，就是你今生的使命。

如果能在你超凡的執行力當中，融入透過直覺取得的資訊，想必就能創造出前所未有的獨創性事物。多多親近自然與動物，接觸繪畫、音樂等藝術，藉此琢磨自己的感受力，就能夠在背後推動你實現今生的使命。

## ❖ 生日帶來的訊息 ❖

「志向遠大」
「熱烈」
「琢磨感受力」

### 前世の故事

你的前世，是在中國的秦始皇時代的一位廚師。

你是大家族的長女。你的父親雖然是技術高超的廚師，但要養活一大家子仍然不容易。後來你得知皇宮舉辦了宮廷廚師選拔大會，於是你擔任父親的助手，與他一起報名。你為了吸引皇族的目光，以蔬菜製成吉祥的飛天之龍，為料理做裝飾。你的嶄新創意得到肯定，父親獲得優勝，成為宮廷廚師，全家的生活也因此變得富足。你很開心自己發揮了作用，於是更努力地磨練料理的技術與感受力。

# חיב

12/8 希伯來文

### ❖ 生日契合度 ❖

◉ **情人・伴侶**

| | |
|---|---|
| 1月2, 20, 29日 | 7月5, 14, 23日 |
| 2月10, 19, 28日 | 8月4, 13, 22日 |
| 3月9, 18, 27日 | 9月3, 21, 30日 |
| 4月8, 17, 26日 | 10月2, 20, 29日 |
| 5月7, 16, 25日 | 11月1, 10, 19日 |
| 6月6, 15, 24日 | 12月9, 18, 27日 |

◉ **工作夥伴・朋友**

| | |
|---|---|
| 1月9, 18, 27日 | 7月3, 21, 30日 |
| 2月8, 17, 26日 | 8月2, 11, 20日 |
| 3月7, 16, 25日 | 9月1, 19, 28日 |
| 4月6, 15, 24日 | 10月9, 18, 27日 |
| 5月5, 14, 23日 | 11月8, 17, 26日 |
| 6月4, 13, 22日 | 12月7, 16, 25日 |

◉ **競爭對手・天敵**

[1/1] [3/17] [5/4] [8/8] [9/10] [10/17] [12/30]

◉ **靈魂伴侶**

[3/30] [4/27] [5/19] [6/18] [7/31] [8/12] [10/10]

### ❖ 生日名人 ❖

卡米耶・克洛岱爾（雕刻家）
西貝流士（作曲家）
金・貝辛格（演員）
馬蒂・弗里德曼（音樂人）
劉嘉玲（演員）
大石真（兒童文學作家）
藤村俊二（演員）
和久井映見（演員）
稻垣吾郎（演員）
安田顯（演員）

◉ 從你的生日看命運
請見32頁

# 12月9日

December nninth

## 不失求知欲與赤子之心的賢者

你的出生日期 9 是完結、整合的數字，包含了所有數字的要素，象徵著賢者與人生導師。

9 日出生的人，基本上個性文靜，求知欲旺盛，希望造福世界與人群，是個心胸開闊、充滿智慧的人。再加上出生月分 12 坦率、氣勢的要素，使你不失赤子之心，不僅自己愉快，也能帶給身邊的人希望，將社會導向和平，吹起一股新的氣息。

12 月 9 日出生的人，心地善良、總是綜觀全體，具有統整團隊與群體的能力。你從小就有著成熟的氣質，但也絕對沒有失去孩子般的感性。你同時兼具成熟與天真、強與弱、陰與陽等相反的性質，因此周圍的人往往難以理解你的本質。你性格誠實、待人和善，因此能夠得到他人的仰慕，但你很少表現出自己真正的想法。而正因為你懷抱著遠大的理想，所以也有覺得自己很無力、沒有價值的時候。

均衡活用自己豐富的知識、新鮮的感受力，以及與生俱來的創造力，從自己做得到的事情開始做起是重要的態度。只要不受環境與他人的言行影響，珍惜自己的感受力，腳踏實地投入眼前的事情，想必就能更加活用你出色的才能。

### ❖ 戀愛・婚姻・性生活 ❖

你不擅長自己主動告白，在愛情中較為晚熟。你基本上雖然被動，但會仔細尋找感受與自己相符的人。但如果你判斷這段感情只是玩玩而已，就會採取大膽的行動，甚至可能陷入婚外情，請特別注意。

你在婚後能從協助伴侶當中找到喜悅。如果你有一個好的伴侶，就能把家庭打理得有條不紊，發揮賢內助的作用，建立溫暖的家庭。即使身為男性，也會很顧家。在性生活方面，你會耐心等待對方出招。你喜歡被引導，也會配合對方，但可能有不為人知的性癖。



### ❖ 工作・財運 ❖

你能夠從幫助別人當中感到喜悅，擁有奉獻的精神。你的知識豐富，具有判斷現場氣氛的能力，因此無論從事什麼樣的工作，想必都能獲得信賴。你能夠理解孩子的心情，因此從事第一線教育或兒童福利等與孩子有關的職業，也能發揮才能。

你的財運雖然穩健，但如果迷上某樣事物，也會為其投入大筆金錢。你對於儲蓄感到抗拒，但有運用資產及投資股票的天分，因此如果具備金融專業知識，也可以把理財當成職業。

## ❖今生使命・未來展望❖

你今生的使命是：不失天真爛漫的赤子之心，帶著笑容，大而化之地享受人生。

你是個聰明的資優生。其實你想要更加隨心所欲地享受人生，但是否因為在意周圍的眼光而躊躇不前呢？如果忍著不做自己想做的事情，反而容易對身邊的人撒嬌、耍任性。因此請你更坦率地承認自己的赤子之心，下定決心挑戰想做的事情吧。

你總是忍不住憑理性思考，所以建議你可以從形式開始嘗試。建議你先露出笑容吧。即使沒什麼開心的事情，只要露出笑容，想必也能逐漸變得心情愉快。因為不在意別人的眼光，認真取悅自己，是一件重要的事情。

當你露出孩子般的天真笑容時，就能享受人生，緩和身邊人們的心情，進而促進世界和平。

## ❖生日帶來的訊息❖

**「孩子與大人」**
**「野心」**
**「挑戰夢想」**

### 前世の故事

你的前世，是在日本的平安時代，為宮廷服務的朝臣之子。

你從小就接觸許多書籍，在學習成為貴族必備的知識與教養中成長。你的家族對優秀的你寄予厚望，希望你將來能被提拔到高位，為整個家族帶來更好的生活。但你自己對出人頭地沒有興趣，雖然行為舉止成熟，但總是夢想著隨心所欲的生活。你在成年之後進入宮廷服務，並如家族期待的一般逐漸升上高位。當你回過神來，才發現自己已經掌握權力，心中也長出了改變世界的野心。

# טיב

12/9 希伯來文

### ❖生日契合度❖

**◉情人・伴侶**

| | |
|---|---|
| 1月6, 15, 24日 | 7月9, 18, 27日 |
| 2月5, 14, 23日 | 8月8, 17, 26日 |
| 3月4, 13, 31日 | 9月7, 16, 25日 |
| 4月3, 12, 30日 | 10月6, 15, 24日 |
| 5月2, 20, 29日 | 11月5, 14, 23日 |
| 6月1, 19, 28日 | 12月4, 13, 22日 |

**◉工作夥伴・朋友**

| | |
|---|---|
| 1月2, 11, 29日 | 7月5, 14, 23日 |
| 2月1, 10, 28日 | 8月4, 22, 31日 |
| 3月9, 18, 27日 | 9月12, 21, 30日 |
| 4月8, 17, 26日 | 10月2, 11, 29日 |
| 5月7, 16, 25日 | 11月1, 19, 28日 |
| 6月6, 15, 24日 | 12月9, 18, 27日 |

**◉競爭對手・天敵**

[2/21] [3/17] [4/9] [7/25] [8/13] [12/20] [12/26]

**◉靈魂伴侶**

[2/2] [4/4] [7/25] [8/16] [9/22] [10/12] [11/11]

### ❖生日名人❖

葛麗絲・霍普（世界最早的女性程式設計師）
濱田庄司（陶藝家）
白石加代子（演員）
安彥良和（動畫師）
綾小路君麻呂（藝人）
落合博滿（棒球選手）
宮澤章夫（劇作家）
春風亭昇太（落語家）
ISSA（歌手）
高橋一生（演員）

◉從你的生日看命運
請見32頁

# 12月10日

December tenth

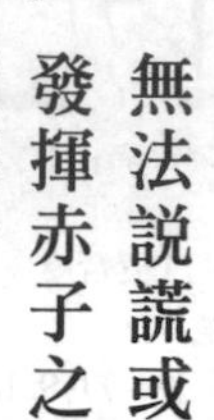

**無法說謊或隱瞞**
**發揮赤子之心的**
**領導者**

這天出生的你，樂觀開朗，是個充分發揮赤子之心的領導者。你無法說謊或隱瞞，個性直接坦率。你的好奇心旺盛，會積極挑戰看似有趣的事情或是感興趣的事情。

你有不拘小節的豪爽，對所有人都一視同仁，因此很有人緣。你有強烈的正義感，以及表裡如一的天真爛漫，這也是你吸引人的魅力之一。你的想法總是樂觀，能夠激勵周圍的人，為他們帶來光明，有著可靠的一面。

你的情緒起伏激烈，心裡想的事情容易直接表現在臉上，但你立刻就能切換心情，不會鑽牛角尖。你有朝著目標勇往直前的出色專注力，但另一方面，只要投入某件事情，就可能看不見周遭的情況。除此之外你也很頑固，只要決定了某件事情，無論如何都不會改變自己的想法，因此有被孤立的可能，必須注意。

你的出生日期10，由帶有領袖特質的1，再加上意謂著放大、拓展力量的0，更加提昇你身為領導者的才能。再加上出生月分12的直覺、氣勢的要素，使12月10日出生的你，以孩子般的天真為周圍帶來元氣與力量，因此會成為在團結大家的同時，自己也能樂在其中的新型態領袖。

### ❖戀愛・婚姻・性生活❖

你雖然待人親切，但在愛情方面好惡分明。你的人緣很好，想必受到許多人喜愛，然而一旦愛上某人，就會對他相當專情。

在性生活方面，你會展現熱情、好奇心旺盛的一面，並會帶著遊戲的感覺享受各種花招。因此若缺乏性生活，也可能成為分手的原因，必須注意。婚後的你雖然覺得家庭與工作都很重要，但在自己的工作忙起來時，往往會把家裡的事情都推給伴侶。請不要忘了推己及人，心懷感謝，是一件重要的事情。



### ❖工作・財運❖

你是個受歡迎的人，擁有擔任領導者的寬大氣度。你能夠以天生的領導力激勵大家的士氣，也有能力整合組織，因此想必也有很多人希望和你一起工作。你的爆發力與專注力都很優異，因此適合擔任期間限定的專案領導者。

你的好奇心旺盛，喜歡新的事物，也擁有大量創新的想法，因此如果參與新事業，很有可能大獲成功。你擁有出色的財運，尤其在憑著自己的才能賺取金錢方面，擁有出眾的商業頭腦。你也有經營投資的才華，想必一輩子不會為錢所困。

## ❖ 今生使命・未來展望 ❖

你是個擁有赤子之心的領導者，你今生的使命是：腳踏實地持續努力，並為自己完成的事情留下確實的成果。

你做事情的時候，是否有半途而廢的傾向呢？你不管做什麼事情，剛開始的時候都會熱中而努力，然而一旦專注力中斷，熱情就會冷卻，甚至也有可能丟著不管吧？此外，你雖然熱愛出鋒頭、愉快的事情，但卻對於腳踏實地、一步一腳印的努力感到困難。

請先從為自己的行動，留下看得見的成果開始。例如寫日記、寫部落格或是拍照，任何你覺得有趣、喜歡的方法都可以。不要被必須做到完美的想法綁住，只要把注意力擺在自己身上，日復一日地養成留下具體成果的習慣，就能擴大自己對周圍的影響力，達成你今生的使命。

### ❖ 生日帶來的訊息 ❖

**「挑戰的精神」**
**「開放」**
**「腳踏實地的生活」**

### 前世の故事

你的前世，是在南北戰爭時代的美國，將熱情傾注在奴隸釋放運動的公民領袖。

你出生在富裕的家庭，並與黑人幫傭的孩子成了好朋友。正義感強烈的你，後來成為主張廢除種族歧視的公民團體領袖。南北戰爭爆發之後，你也以民兵身分被送上戰場，但你卻無法接受打著正義的旗幟，與自己國家的國民交戰這種不合理的行為。雖然釋放黑奴是個冠冕堂皇的理由，但把每個人像奴隸一樣送到前線打仗，讓你忍不住懷疑自己人生的意義。

---

ירב

12/10 希伯來文

### ❖ 生日契合度 ❖

**◉ 情人・伴侶**

| | |
|---|---|
| 1月7, 16, 25日 | 7月1, 19, 28日 |
| 2月6, 15, 24日 | 8月9, 18, 27日 |
| 3月5, 14, 23日 | 9月8, 17, 26日 |
| 4月4, 13, 22日 | 10月7, 16, 25日 |
| 5月3, 21, 30日 | 11月6, 15, 24日 |
| 6月2, 11, 29日 | 12月5, 14, 23日 |

**◉ 工作夥伴・朋友**

| | |
|---|---|
| 1月3, 21, 30日 | 7月6, 15, 24日 |
| 2月2, 11, 20日 | 8月5, 14, 23日 |
| 3月1, 19, 28日 | 9月4, 13, 22日 |
| 4月9, 18, 27日 | 10月3, 12, 30日 |
| 5月8, 17, 26日 | 11月2, 11, 29日 |
| 6月7, 16, 25日 | 12月1, 19, 28日 |

**◉ 競爭對手・天敵**

[2/23] [3/9] [3/31] [4/1] [8/28] [9/25] [11/1]

**◉ 靈魂伴侶**

[2/16] [3/26] [4/7] [5/6] [5/13] [6/14] [7/29]

### ❖ 生日名人 ❖

瑪麗・諾頓（兒童文學作家）
肯尼斯・布萊納（演員）
寺山修司（劇作家）
坂本九（歌手）
福本伸行（漫畫家）
佐藤浩市（演員）
小栗左多里（漫畫家）
有森也實（演員）
荻野目洋子（歌手）
篠山輝信（演員）

◉ 從你的生日看命運
請見32頁

# 12月11日

December eleventh

## 難以理解大人苦衷的天真靈媒

你生性單純，不懂得懷疑別人，是個天真的靈媒。你雖然是個開朗、溫柔的人，但內心卻非常敏感，具有審美觀，能夠感受神聖與真正美麗的事物。

你的出生日期11象徵著直覺與革新，是個靈性、神聖的數字。再加上出生月分12的氣勢、節奏感等要素，使你天生就對無形的世界高度敏感，擁有純粹的感受力與行動力。

你的直覺優異，兼具轉瞬即逝的靈感與實現靈感的出色執行力。你不會被社會期許的價值觀所綁住，能夠貫徹隨心所欲的獨特生活方式，但你無法理解客套或隱藏內心想法這類大人的苦衷，因此在一般社會中或許會活得很艱難。12月11日出生的人，特徵就是永遠不失赤子之心，會一頭栽進有趣的事物或神祕的事物裡。

但你的情緒善變，容易迷惘，人生沒有一定的方向。此外，你一次只能做一件事情，如果超過負荷就會陷入恐慌。你容易受到他人的意見影響而變得優柔寡斷，也可能把身邊的人耍得團團轉。不管什麼事情都不要太過神經質，在愉快的情緒中發揮自己的能力吧。

### ✧戀愛・婚姻・性生活✧

你在愛情中無法忽視自己的直覺，缺乏理性，無疑是會在瞬間墜入情網的類型。你基本上會溫柔地為對方奉獻，對於一見鍾情的對象相當專情，是個極度純情派。

婚後的你會很重視家人與孩子，想必會成為溫柔的父親或母親。你雖然不受世俗眼光限制，但對於伴侶的出軌與移情別戀相當敏感，絕對不允許這種事情發生。你在性生活方面，比起身體的契合，更重視心靈的交流。你希望與對方深入接觸，比起技巧，更追求浪漫的氣氛。



### ✧工作・財運✧

你獨特、前衛，喜歡有夢想的工作，在組織中既可以擔任領導者，也可以擔任幕後的輔佐者。你擁有一般人所沒有的獨特想法與創意，也有轉瞬即逝的敏銳洞察力，適合從事藝術或設計等創意工作，或許也有身兼數職的才能。

你擁有穩定的財運，比起金錢更重視精神層面。你為了享受符合自己興趣的生活，花錢的方式或許也很極端。你判斷時代潮流的才能與獨特的感受力，很有可能為你帶來財運。

## ❖ 今生使命・未來展望 ❖

今生你的使命是：學習自由與任性的差異，以成為連結世人的溝通者為目標。

坦率面對自己情緒的你，是否分不清自由與任性的差異，因為自己任性的行為，而帶給周圍的人困擾呢？或者你想要順從直覺行動，卻反過來因為害怕變化而動彈不得呢？

請先在日常生活當中，嘗試一點小小的變化。就從髮型、服裝、時間管理等自己做得到的部分開始吧。至於改變要從哪個部分開始，就順從自己的直覺。畢竟未曾嘗試過的事情，任誰都會不安。一開始先不要在意結果，就抱持著體驗看看的心情，接受自己人生中的變化。但不要忘記，真正的自由伴隨著相對的責任。

## ❖ 生日帶來的訊息 ❖

「自由與責任」
「傳達」
「描繪願景」

### 前世の故事

你的前世，是出生在古埃及的解夢師。

當時的解夢師，也兼任醫師、藥劑師、治療師。國王為你的才能著迷，將你接到宮殿裡，擔任御用解夢師。每天為噩夢所苦的國王，向你詢問夢的意義。你的解讀準確，使國王愈來愈信賴你。但某天，國王說他夢見你想要奪權，篡奪他的寶座。你雖然解讀出這個夢的真正意義，並將這個意義告訴國王，但國王依然沒有解除對你的疑慮。最後國王將你幽禁，剝奪你的自由。這輩子都受自己的能力左右的你，希望下輩子能夠更加自由。

# יאיב

12/11 希伯來文

## ❖ 生日契合度 ❖

◉ 情人・伴侶

| | |
|---|---|
| 1月3, 21, 30日 | 7月6, 15, 24日 |
| 2月2, 11, 20日 | 8月5, 14, 23日 |
| 3月10, 19, 28日 | 9月4, 13, 22日 |
| 4月9, 18, 27日 | 10月3, 21, 30日 |
| 5月8, 17, 26日 | 11月2, 20, 29日 |
| 6月7, 16, 25日 | 12月1, 10, 19日 |

◉ 工作夥伴・朋友

| | |
|---|---|
| 1月4, 13, 22日 | 7月7, 16, 25日 |
| 2月3, 12, 21日 | 8月6, 15, 24日 |
| 3月2, 11, 20日 | 9月5, 14, 23日 |
| 4月1, 19, 28日 | 10月4, 22, 31日 |
| 5月9, 18, 27日 | 11月3, 12, 30日 |
| 6月8, 17, 26日 | 12月2, 11, 20日 |

◉ 競爭對手・天敵

[2/10] [3/29] [5/7] [6/6] [6/15] [7/2] [10/13]

◉ 靈魂伴侶

[1/7] [3/25] [5/21] [8/19] [9/1] [10/7] [12/16]

## ❖ 生日名人 ❖

白遼士（作曲家）
柯霍（細菌學家）
莫理斯・盧布朗（作家）
索忍尼辛（作家）
土本典昭（導演）
谷村新司（音樂家）
秋本治（漫畫家）
原由子（歌手）
黑谷友香（演員）
廣瀨愛麗絲（演員）

◉ 從你的生日看命運
請見32頁

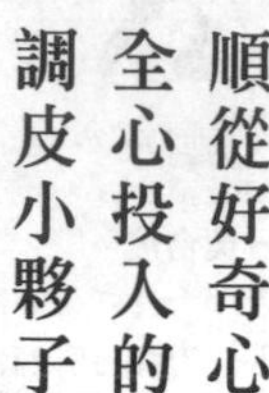

# 12月12日

December twelfth

**順從好奇心**
**全心投入的**
**調皮小夥子**

這天誕生的你，好奇心旺盛，遇到感興趣的事情就會勇往直前，個性像孩子一樣直率。如果有什麼在意的事情，只要挑起了你的好奇心，你就會不顧後果想要一頭栽進去。你總是活力充沛又開朗，是個相當調皮的孩子王。

你在順遂的時候，擁有所向披靡的動力與氣勢，使你蘊藏著各種可能性，或許一下子就能完成超乎想像的工作。雖然你可能會無視周圍的狀況暴衝，對身邊的人造成困擾，但由於你天生討人喜歡，所以應該不會被討厭。

你雖然是個不服輸又愛出鋒頭的人，但內心其實非常溫柔純真。你也有敏感、容易受傷的一面，只不過你善變又情緒起伏激烈，因此不擅長花時間持續做一件事情。你往往只有三分鐘熱度，對所有事情都漫無計畫。如果總是想靠著藉口與謊言敷衍了事，就會失去周圍的信任，必須注意。你在關鍵時刻擁有出色的行動力與爆發力。如果能夠坦率傾聽旁人的意見，想必更能活用自己的才能。

你出生於 12 日，而 1 加 2 等於 3，代表坦率、氣勢、節奏感，是孩子的數字。而你的出生月分 12 也帶有同樣的特質，因此必定會更加突顯你天真無邪的孩子氣以及與生俱來強大的氣勢。

## ❖ 戀愛・婚姻・性生活 ❖

你如果遇見對的人就會瞬間來電，立刻墜入情網，屬於典型的一見鍾情。但你愛上的是戀愛的感覺，即使原本火力全開才將對方追到手，如果後來發現搞錯對象，你也可能無情地把對方甩開。在愛情方面你會極端地自以為是，不太靈光。

你對家庭有自己的理想劇本，非常想要結婚，而婚後也想要快點生孩子。你能與孩子建立如同朋友一般的和睦親子關係。性生活能讓你感受到深刻的交流，因此你並不討厭，只是技巧笨拙，往往會流於按表操課的單一模式。



## ❖ 工作・財運 ❖

你既擁有領導力，也能在幕後負責輔助夥伴的工作。然而會計或管理業務等需要耐心持續的工作並不適合你。你擅長擔任為組織帶來熱鬧氣氛的開心果，不管在什麼樣的職場都被視為寶貴的存在。你具備創造力與行動力，因此參與新的活動或開設新的店鋪，就能發揮你出眾的才華。

整體而言，你的財運非常好。你的直覺敏銳，也有賭運，特別適合從事短期決勝的活動，或是憑創意決勝的流行事物，有可能在這方面獲取龐大財富。

### ✧ 今生使命・未來展望 ✧

你今生的使命是：活用孩子般好奇心旺盛的特質，與身邊的人分享無私的愛。

你總是滿腦子想著自己的事情，順從自己的心意勇往直前，

當你幫助別人的時候，是否總覺得自己為對方做了這麼多，並期待對方的回饋呢？

你個性開朗、擅長溝通，而今生應該更進一步，把不要求任何回報的無私的愛當成課題。為此，你必須先讓自己充滿愛的能量。當自己充滿了愛，甚至不會感覺到自己為別人做了什麼，應該也就不會對別人斤斤計較了。

當你不害羞、不退縮，熱愛原本的自己時，心中滿溢的愛就會成為無私的愛，自然地傳給周遭的人們。

### ✧ 生日帶來的訊息 ✧

「節奏感」
「躍動」
「不期待回報」

#### 前世の故事

你的前世，是在古馬雅文明時代保護國王的保鑣。

你從小就擁有出眾的運動神經，後來成為全國最強壯的人，並因此而出名，於是國王僱用你成為他的保鑣。你離開家人，進入王室工作，但卻沉溺於衣食無虞、酒足飯飽的生活。後來，你逐漸無法勝任保鑣的工作，最後被迫與人戰鬥，直至被打到七零八落，成為大家的笑柄。你對於自己因為得意忘形而沉溺怠惰，最後不僅失去成功、名譽、自己的肉體，甚至是最重視的家人，而感到後悔，也因此領悟到不要在人生迷失目標的重要性。

## יביב

12/12 希伯來文

### ✧ 生日契合度 ✧

◉ **情人・伴侶**

| | |
|---|---|
| 1月8, 17, 26日 | 7月2, 20, 29日 |
| 2月7, 16, 25日 | 8月1, 19, 28日 |
| 3月6, 15, 24日 | 9月9, 18, 27日 |
| 4月5, 14, 23日 | 10月8, 17, 26日 |
| 5月4, 13, 31日 | 11月7, 16, 25日 |
| 6月3, 12, 30日 | 12月6, 15, 24日 |

◉ **工作夥伴・朋友**

| | |
|---|---|
| 1月5, 14, 23日 | 7月8, 17, 26日 |
| 2月4, 13, 22日 | 8月7, 16, 25日 |
| 3月3, 12, 30日 | 9月6, 15, 24日 |
| 4月2, 20, 29日 | 10月5, 14, 23日 |
| 5月1, 19, 28日 | 11月4, 13, 22日 |
| 6月9, 18, 27日 | 12月3, 12, 21日 |

◉ **競爭對手・天敵**

[2/21] [4/11] [5/23] [6/23] [8/12] [10/12] [12/8]

◉ **靈魂伴侶**

[2/21] [5/9] [5/30] [6/8] [9/14] [9/17] [11/6]

### ✧ 生日名人 ✧

艾德・孟克（畫家）
維爾納（化學家）
法蘭克・辛納屈（歌手）
小津安二郎（導演）
舟木一夫（歌手）
西村雅彥（演員）
瀨戶朝香（演員）
加藤愛（演員）
平愛梨（演員）
貫地谷栞（演員）

◉ **從你的生日看命運**
**請見32頁**

# 12月13日

December thirteenth

單純相信一切

正直又純真的

實力者

你的出生日期13，就如同撲克牌的國王所象徵的，是代表莫大的權力與對現實的支配力的強大數字。你的特徵是自尊心高，擁有強大的信念，內心有著強大的熱情，是個有實力的人。再加上出生月分12氣勢、直率的要素，更加突顯你不管做什麼都認真、正直的純真性格。

你的外表給人沉穩、低調的印象，是個誠實、重視社會觀感的人。你容易接到別人的請託，而且不管什麼內容都不會拒絕，會全力以赴。

你個性耿直，重視社會期許與規範，最討厭不公義的事情。

12月13日出生的人，對正義使者、英雄形象懷著強烈的憧憬，擁有正義感的你，無法對任何舞弊、大壞蛋、欺負弱小的人視而不見。你不會說謊，不管面對自己還是面對別人都很正直，總是保持純真的心，是個清高的人。

另一方面，你對於坦率表達自己的意見、想法與情緒不太擅長。即使發生問題，你也無法與周圍的人討論，有獨自承擔煩惱的傾向。你的外表給人親切、溫柔的印象，但其實內心有著堅韌、不服輸的一面。你擁有眾所公認的實力，因此不要執著於自己的想法，培養接受不同想法的靈活心態相當重要。

## ✧戀愛．婚姻．性生活✧

你對於喜歡的人相當專情。但你非常害羞，難以傳達自己真正的想法，最後也可能流於單相思。你因為過於正直、無法說謊，因此如果出軌或變心，就會立刻展現在臉上或態度上，馬上被對方拆穿。

結婚之後，你會努力負起在家中的責任，但請小心不要強迫家人接受自己的規則。在性生活方面，你會有意識地切換白天與夜晚的面貌，晚上的激情有別於白天的正經八百，這點對伴侶而言或許非常有魅力。



## ✧工作．財運✧

你能夠確實累積成果，擁有穩定的實力，雖然不出鋒頭，但腳踏實地享受工作，具有踏實做出具體成果的才幹。你能在組織當中扮演協調者的角色，想必能以中階管理人員的立場發揮長才。

你在財運方面相當穩健，運勢起伏不大，基本上應該不會為錢所困。但你如果掌握權力，就容易耽溺於金錢的力量，出現一切都想靠錢解決的傾向，因此不忘感謝周遭的謙虛態度相當重要。

## ❖ 今生使命・未來展望 ❖

今生你的使命是：追求隱藏在事物深處的真理，並學會真正的獨立。

你是否打造了一個屬於自己的價值觀框架呢？你是否常以自己的正義為基準，評斷人或事，單方面地責備、批判對方呢？

封閉在自己僵硬的思考框架裡，與真正的獨立雖然相似，實則不同。請你不管什麼事情都親自體驗，從中找出真理，而非相信社會常規。

你不管做什麼都很認真，因此應該也很擅長掌握事物的真理與本質。重要的是，先從你稍微有點興趣的領域開始，有耐心地花點時間去體驗。擁有充分實力的你，只要透過各式各樣的經驗，就能逐漸突破自己的框架，學到隱藏在事物深處的真理，並學會真正的獨立。

## ❖ 生日帶來的訊息 ❖

「培養實力」
「廉潔」
「突破自己的框架」

### 前世の故事

你的前世，是羅曼諾夫王朝時代的俄羅斯官員。

你從小生長在富裕的家庭，過著衣食無缺的生活。後來你成為了王朝的官員並獲得權力，你為了讓國民過著更好的生活，制定了各式各樣的法律。你總是相信自己的想法，依此制定了一條又一條的新法，誰的意見也聽不進去。但你制定的法律卻流於理想，不符合現實，招致國民反感。最後反抗的狀況愈愈演愈烈，而你也被迫卸下官職。這時候你才發現，你太過堅持自己想法，造成了國家的混亂，並因此而自責。

# יגיב

12/13 希伯來文

### ❖ 生日契合度 ❖

◉ 情人・伴侶

| | |
|---|---|
| 1月4, 13, 31日 | 7月7, 16, 25日 |
| 2月3, 12, 21日 | 8月6, 15, 24日 |
| 3月2, 11, 29日 | 9月5, 14, 23日 |
| 4月1, 10, 28日 | 10月4, 22, 31日 |
| 5月9, 18, 27日 | 11月3, 21, 30日 |
| 6月8, 17, 26日 | 12月2, 20, 29日 |

◉ 工作夥伴・朋友

| | |
|---|---|
| 1月6, 15, 24日 | 7月9, 18, 27日 |
| 2月5, 14, 23日 | 8月8, 17, 26日 |
| 3月4, 13, 31日 | 9月7, 16, 25日 |
| 4月3, 12, 30日 | 10月6, 15, 24日 |
| 5月11, 20, 29日 | 11月5, 14, 23日 |
| 6月10, 19, 28日 | 12月4, 13, 31日 |

◉ 競爭對手・天敵

[2/25] [3/22] [6/25] [7/4] [7/24] [9/13] [10/7]

◉ 靈魂伴侶

[5/16] [6/24] [7/2] [8/18] [9/2] [10/20] [11/28]

### ❖ 生日名人 ❖

海涅（詩人）
羅斯・麥唐諾（作家）
泰勒絲（歌手）
淺田次郎（作家）
樋口可南子（演員）
岡崎京子（漫畫家）
織田裕二（演員）
妻夫木聰（演員）
瑛太（演員）
橫峯櫻（高爾夫選手）

◉ 從你的生日看命運
請見32頁

# 12月14日

December fourteenth

順從自己意志
勇往直前的
自由之士

選擇在這天出生的你，保有自己的行事步調，會朝著自己感興趣的方向前進，是個埋頭猛衝的自由之士。

出生日期14的1與4都是代表箭頭的數字，展現了明確的方向性。你不會依賴別人，憑著靈活變通的應對，靠自己的力量抵達目的地。再加上出生月分12所象徵的坦率、氣勢等要素，更加強化你為了達成遠大的目標而勇往直前的能量。

12月14日出生的人，不管做什麼事情都當機立斷。你擁有天生的速度感，沒有長久待在一個地方的耐性。你的喜怒哀樂等情緒表現豐富，會坦率面對自己的心情。你能夠朝著自己的信念與未來的展望，積極展開行動。

另一方面，你感興趣的領域常常改變，方向也會變來變去，身邊的人或許會因為不知道你要去哪裡而擔心。但是你很確定自己正朝著自身的目標前進。因此請你仔細跟身邊的人溝通，確實向他們說明狀況，以免讓他們擔心。

在某種程度上鎖定目標也很重要，不要什麼都想插手，只憑著自己的步調與氣勢猛衝。有時候也請鼓起勇氣停下腳步，確認自己所處的情況，想必能幫助你更快達成目標吧。

## ✧戀愛・婚姻・性生活✧

你有時候像男生一樣帥氣，有時候又像女生一樣溫柔。你的面貌總是千變萬化，讓人捉摸不定，而讓對方不知所措的部分，也正是你的魅力。

在性生活方面，你也同樣會依狀況展現各種不同的面貌。即使在日常生活當中，你在溫柔的時候與冷淡的時候也有激烈的落差。你很重視自由，即使結婚似乎也不會只安於待在家庭。你往往會因為一時興起而行動，千萬不要忘記顧慮對方的心情。



## ✧工作・財運✧

你在工作上絕對是個幹練的人。你的業務頭腦突出，也能發揮領導能力統整團隊，但美中不足的地方就是不夠沉穩。你不管做什麼事情都能快速完成、靈活應變，不管在什麼樣的職場都很寶貴。

在金錢方面，無論從事的是賺錢、管理還是投資，你的直覺都很出色。尤其對於金錢的趨勢特別敏感，具有先見之明，能夠看清楚未來有機會獲利的領域。你只要判斷會成功，就能爽快地挹注資本，因此也極有賺大錢的可能性。

## ❖ 今生使命・未來展望 ❖

你今生的使命是：不向困難低頭，取得現實中的成功，並與周圍的人分享。

對尊重自由的你而言，以成功為目標持續努力，或許是個高難度的課題。但現實中的成功，並非光靠你一個人的力量達成，必須靠著許多人的協助與機運。此外，人生當中不只需要靈活應付變化，也需要實際的努力。

你總是希望沿著最短的路徑，朝成功突飛猛進，但請你有時候也配合一下大家的腳步，故意繞點遠路看看。

若能與同伴一起克服困難，現實中的成功想必也會更有分量。與坦率接受自己的夥伴交流，和大家一起分享成功與喜悅，這種人生中至高無上的歡喜，想必是獨自一人所無法感受到的。

## ❖ 生日帶來的訊息 ❖

「自由自在」

「活力」

「立定遠大的目標」

### 前世の故事

你的前世，是在中世的歐洲海域闖蕩的冒險家。

你原本出生在一座小島，但隨著年歲漸長，你開始對島上一成不變的生活感到不滿。你想要看看更廣大的世界，於是你沒有告訴家人，就與意氣相投的夥伴一起逃離這座島。你們搭乘小船，在島嶼之間航行，每天過著讚頌自由的生活。但就在某天，你們的船隻因為大浪而翻覆。被拋到海上的你，在海上漂流了好幾天。你與同伴獨自一人在大海漂流，這時想起了自己出生的故鄉，於是你心想自由的生活雖然很棒，但與家人一起共度的安穩生活也令人懷念。

# יד׳ב

12/14 希伯來文

### ❖ 生日契合度 ❖

◉ 情人・伴侶

| | |
|---|---|
| 1月5, 14, 23日 | 7月8, 17, 26日 |
| 2月4, 13, 22日 | 8月7, 16, 25日 |
| 3月3, 12, 30日 | 9月6, 15, 24日 |
| 4月2, 20, 29日 | 10月5, 14, 23日 |
| 5月1, 10, 28日 | 11月4, 13, 22日 |
| 6月9, 18, 27日 | 12月3, 12, 21日 |

◉ 工作夥伴・朋友

| | |
|---|---|
| 1月7, 16, 25日 | 7月1, 10, 28日 |
| 2月6, 15, 24日 | 8月9, 18, 27日 |
| 3月5, 14, 23日 | 9月8, 17, 26日 |
| 4月4, 13, 22日 | 10月7, 16, 25日 |
| 5月3, 21, 30日 | 11月6, 15, 24日 |
| 6月2, 11, 29日 | 12月5, 14, 23日 |

◉ 競爭對手・天敵

[2/17] [4/23] [5/14] [6/20] [7/12] [7/30] [10/21]

◉ 靈魂伴侶

[2/7] [3/6] [4/10] [7/2] [8/17] [9/28] [10/26]

### ❖ 生日名人 ❖

羅斯瑪麗・蘇特克里夫（作家）
珍・柏金（歌手）
麥可・歐文（足球選手）
植芝盛平（合氣道創始者）
世良公則（音樂人）
清水信之（作曲家）
勝間和代（經濟評論家）
坂本勇人（棒球選手）
高畑充希（演員）
宮市亮（足球選手）

◉ 從你的生日看命運
請見32頁

# 12月15日

December fifteenth

## 想要幫助弱者 天真的博愛主義者

12月15日出生的人個性溫柔，擁有強大的正義感，絕不接受任何欺負弱小的行為，是個天真的博愛主義者。

出生日期15兼具1的起始，與5的自由與變化的特質，這兩個數字相加為6，代表包容一切的大愛與溫柔。再加上出生月分12坦率、氣勢的要素，更加強化你坦率表現情緒，如孩子般天真爛漫的特質。

你重視人情義理，個性溫暖，容易感動。你最喜歡和別人一起哭、一起笑、一起生氣，共享喜怒哀樂的滋味。你重視人際關係，擁有強烈的夥伴意識。你最討厭不公不義的事，是個善良的好人，尤其在面對同伴、親人、後生晚輩或弱者時，更容易激發你強烈的保護欲，如果對方遇到困難，你就會把自己的事情擺到後頭，為對方奔走。你也有雞婆的一面，就算對方沒有拜託你，你也會想要照顧他，而且你也熱愛指導別人，並會把自己的成果與別人分享。

不過，如果你為別人做了些什麼，就無法原諒對方懷有不知感恩的態度，甚至會因此而批判對方。請你不要把自己的想法強行加在對方身上。不忘赤子之心，行動時保持愉快，才是突顯你才華的祕訣。

### ❖ 戀愛・婚姻・性生活 ❖

你會願意為了一見鍾情的對象犧牲奉獻。雖然你會勤奮照顧自己喜歡上的人，但如果走火入魔，就會出現想要掌控對方的特質。

你會直接表達自己的心意，但方式有點笨拙，甚至會使對方退縮。婚後的你會成為保護家庭的好丈夫、好太太。不過，如果你太囉唆地干涉家人，會造成你與家人之間的裂痕，甚至成為離婚危機，請特別注意。你熱愛性生活，將其視為與對方深入交流、溝通的手段，取悅對方也能使你感到喜悅。



### ❖ 工作・財運 ❖

你在各方面都很罩，因此獲得許多人的仰慕，很有人緣，能在身邊的人推舉之下，自然而然坐上領袖的位置。但你即使成為領導者，也覺得光靠指示並不夠，會親自前往第一線團結眾人，與大家一起揮灑汗水。

你的財運非常好，但無法有計畫地存錢。你也擁有強大的賭運，但靠著賭博贏錢會使你得意忘形，結果反而把財富揮霍殆盡。此外，你熱心於教育，因此孩子的教育費也有水漲船高的傾向。

### ❖ 今生使命・未來展望 ❖

你今生的使命是：為了實現眾人都能和平共生的社會而做出貢獻。

擁有強大正義感的你，如果以豐富的知識與理論為武裝，朝著實現世界和平的目標邁進，往往就會以嚴格的態度批判自己或他人。

抱持著信念行動固然重要，但你是否常把自己的價值觀強加在別人身上呢？如果太過於堅持自己的價值觀，那麼無論行動時多麼想要造福他人，都終究只能稱得上是自我滿足或偽善。

在實現理想之前，請先回歸自己內心的平靜，讓自己從對正確的堅持中釋放；在考慮別人的事情之前，先坦率面對自己的情緒，試著去做想做的事情。當你的心真正得到滿足時，自然而然就能採取對身邊的人有貢獻的行動。而這種自然之舉，才是通往世界和平最確實的一步。

### ❖ 生日帶來的訊息 ❖

**「天真的正義感」**
**「博愛」**
**「對世界和平做出貢獻」**

### 前世の故事

你的前世，是殖民時代的荷蘭軍士兵。

你出生於一個小鎮，在年邁雙親的疼愛下成長。擁有強烈正義感的你，是個為夥伴著想的少年，後來你志願加入軍隊。不久之後就在軍隊中出人頭地，負起保衛王室的任務，但你也因此看見王政的腐敗，於是便早早離開軍隊。

退伍後的你，思考著可以為國民做些什麼，後來你就將眼光轉向了貿易。你既有行動力又有成功運，很快就一展長才，你希望能透過貿易為人們帶來富足的生活，並為此拚命工作。但你忘不了當兵時對王室的腐敗所感受到的憤怒，並強烈希望打造一個更美好的世界。

# טוֹב

12/15 希伯來文

### ❖ 生日契合度 ❖

**◉ 情人・伴侶**

| | |
|---|---|
| 1月10, 19, 28日 | 7月4, 22, 31日 |
| 2月9, 18, 27日 | 8月3, 12, 30日 |
| 3月8, 17, 26日 | 9月2, 11, 29日 |
| 4月7, 16, 25日 | 10月1, 19, 28日 |
| 5月6, 15, 24日 | 11月9, 18, 27日 |
| 6月5, 14, 23日 | 12月8, 17, 26日 |

**◉ 工作夥伴・朋友**

| | |
|---|---|
| 1月8, 17, 26日 | 7月2, 20, 29日 |
| 2月7, 16, 25日 | 8月1, 19, 28日 |
| 3月6, 15, 24日 | 9月9, 18, 27日 |
| 4月5, 14, 23日 | 10月8, 17, 26日 |
| 5月4, 22, 31日 | 11月7, 16, 25日 |
| 6月3, 12, 30日 | 12月6, 15, 24日 |

**◉ 競爭對手・天敵**

[5/13] [6/2] [6/29] [7/11]
[8/10] [10/16] [11/11]

**◉ 靈魂伴侶**

[5/2] [6/25] [9/4] [10/24]
[11/2] [12/13] [12/28]

### ❖ 生日名人 ❖

居斯塔夫・艾菲爾（巴黎鐵塔設計師）
亨利・貝克勒（物理學家）
谷川俊太郎（詩人）
立松和平（作家）
篠井英介（演員）
高橋克典（演員）
春野壽美禮（演員）
新木優子（演員）

◉ 從你的生日看命運
請見32頁

# 12月16日

December sixteenth

不失赤子之心 擅長照顧人的 職人

這天出生的你，是個擁有專業知識與技術的職人，熱愛自己的工作與創作的作品。你就像個天真的孩子，不管是多大的作品，都能愉快地沉迷於創作當中。你的態度想必療癒了許多人，為他們帶來了勇氣。

你的出生日期16的1意謂著開始，6則意謂著愛與調和，兩者合起來則象徵整合事物、獨自完成的力量。再加上出生月分12氣勢、創造力的要素，使你阻擋不了湧現的創意，沉浸在自己的工作與創作活動中，就連時間的流逝也忘記。

你擁有強烈的專業意識與責任感，對於自己感興趣的事情尤其著迷，會將莫大的能量投入其中。你雖然我行我素，但能夠確實完成別人交辦的任務。你明明討厭被人干涉，卻喜歡雞婆地干涉別人，被周圍的人看在眼裡，也可能會覺得你很任性。你一旦沉浸在自己的世界裡，就會疏於溝通，被周圍的人孤立，請特別注意。

擅長照顧別人的你，可以扮演領導者的角色，以自己為中心統整大家的點子，做出具體的成果，如此一來，你想必更能發光發熱。

## ⁘戀愛・婚姻・性生活⁘

你擁有高度的理想，但當你試圖將理想告訴對方時，卻可能因為冒失而導致失敗。明明好不容易才能與交往對象進展順利，所以請你好好確認對方的想法，不要把自己單方面的想像強行加在對方身上。

你很愛身邊的人，婚後也會重視家庭，非常期待孩子的成長。你對性生活充滿興趣，如果對方配合度高，你就會想進行各種嘗試。你也帶點孩子氣，因此會順從經驗比自己豐富的對象，也有可愛的一面。

## ⁘工作・財運⁘



你帶有職人氣質，因此對特定領域的專業有著強烈的堅持，至於你不感興趣的部分則大而化之，相當我行我素。你基本上屬於重視第一線的實務派，也擅長教導別人知識與技術，因此負責新人與後進的教育，也能發揮你的才能。你給人的印象很好，因此也適合擔任需要跑業務的銷售工程師。

如果你覺得賺錢有趣，就會瞬間提昇財運。若從事行銷相關領域，能使自己的想法實際化為金錢，因此投入這方面的工作能為你帶來激勵，也能提高動力。

## ❖ 今生使命・未來展望 ❖

你對自己的知識與技術有自信，而為自己的人生負起責任，發揮真正的領導力就是你今生帶來世上的使命。

職人型的你，體貼旁人的心意往往會變成一廂情願。你覺得有助於旁人的行動，卻可能因為溝通不足而不被身邊的人理解，回過神來才發現周圍的人都離你而去。即使你想要發揮領導力，也可能被對方認為是單純的控制或支配，請特別注意。

請你先整合自己心中的大人與孩子這兩個極端的部分，在自己的人生當中發揮領導力。也請你對自己的人生負起責任，絕對不抱怨。這種高潔的姿態，能為你的作品與工作帶來光輝，給予身邊的人正面影響，就能幫助你實現今生的使命。

## ❖ 生日帶來的訊息 ❖

「傳統與革新」

「合而為一」

「有所覺悟地活下去」

### 前世の故事

你的前世，是在中世紀的德國努力製作甜點的大師。

你出生在甜點師傅之家，卻為了反抗父親離家出走，成為其他大師的弟子，努力學習甜點製作。等你修業年限期滿後，你以師傅的身分獨立開業，不久之後也成為大師，將自己的技術傳授給弟子。後來你聽到父親的消息，決心回去見他一面。父親即使年邁，依然照著自己的風格持續工作。你從父親身上，感受到他與現在的自己共通的部分，於是你向父親表達自己的謝意，感謝他引導你走向相同的道路。而你也發誓，日後要更加懷著對這份工作的驕傲努力下去。

# טזיב

12/16 希伯來文

### ❖ 生日契合度 ❖

**◉ 情人・伴侶**

| | |
|---|---|
| 1月2, 11, 29日 | 7月5, 14, 23日 |
| 2月1, 19, 28日 | 8月13, 22, 31日 |
| 3月9, 18, 27日 | 9月3, 12, 30日 |
| 4月8, 17, 26日 | 10月2, 11, 29日 |
| 5月7, 16, 25日 | 11月1, 10, 19日 |
| 6月6, 15, 24日 | 12月9, 18, 27日 |

**◉ 工作夥伴・朋友**

| | |
|---|---|
| 1月9, 18, 27日 | 7月3, 12, 30日 |
| 2月8, 17, 26日 | 8月2, 20, 29日 |
| 3月7, 16, 25日 | 9月1, 19, 28日 |
| 4月6, 15, 24日 | 10月9, 18, 27日 |
| 5月5, 14, 23日 | 11月8, 17, 26日 |
| 6月4, 13, 22日 | 12月7, 16, 25日 |

**◉ 競爭對手・天敵**

[3/4] [5/4] [7/25] [8/2]
[8/11] [11/7] [12/15]

**◉ 靈魂伴侶**

[1/28] [2/13] [5/1] [5/24]
[7/22] [8/16] [11/9]

### ❖ 生日名人 ❖

約翰・芮特（物理學家）
珍・奧斯汀（作家）
亞瑟・查理斯・克拉克（作家）
服部幸應（料理研究家）
石倉三郎（演員）
森田健作（政治家）
山下真司（演員）
松山千春（音樂人）
橘慶太（藝人）
桐谷美玲（演員）

◉ 從你的生日看命運
請見32頁

# 12月17日

December seventeenth

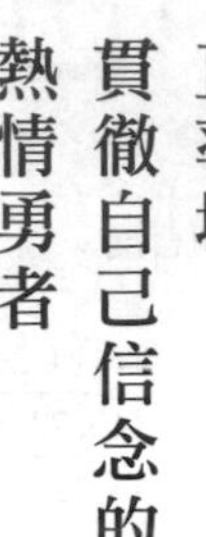

## 直率地貫徹自己信念的熱情勇者

12月17日誕生的你，是個意志堅定、貫徹信念的勇者。你充滿熱情與動力，懷著明確的展望與原則勇往直前。你活潑開朗，帶點調皮，個性愛出鋒頭又不服輸。

你的出生日期17的1與7代表著箭頭，都帶有明確的方向性。17日出生的人擁有高度自尊，不管對方是誰，都不輕易妥協或改變自己的信念，有頑固的一面。出生月分12帶有坦率、氣勢的要素，由於1與2相加後為3，是代表天真孩子的數字。因此毫不懷疑地貫徹自己相信的事情，想必是12月出生的人特有的態度。當你決定去做一件事情時，你的專注力、行動力、熱情與意志力不會輸給任何人，並擁有號召身邊眾人的莫大影響力。你既努力又有耐心，不管什麼樣的困難都能勇敢挑戰，尤其在面對自己感興趣的事情時，更是希望把自己的全副精神都灌注其中。

你的夥伴意識強烈，也會清楚區分敵我，對於目的不明確的聚會不感興趣。你想要熱情燃燒、貫徹自己的信念是你的自由，但要求身邊的人都和自己一樣熱血就太強人所難。請避免因為要求別人和自己一樣努力，而以嚴厲的言行舉止讓身邊的人退避三舍，有時也不要忘記露出放鬆的笑容。

### ❖戀愛．婚姻．性生活❖

你無法坦率地撒嬌，在戀愛時屬於好強的類型。無論男女都希望摘下高嶺之花，因此在戀愛遊戲中往往會虛張聲勢。你自尊心高又好強，有孩子氣的一面，在愛情中經常想要掌握主導權。

你即使身為女性，也不太想讓對方養，為對方奉獻的意識薄弱，希望建立平等的關係，或者甚至想要養對方。你就算結婚，生活也往往會變成以工作為中心，希望掌控家庭就像掌控工作一樣，如果遭到反抗，你可能會變得很生氣。在性生活方面，你對自己的技巧有自信，想支配對方與愛撒嬌的反應會交替出現。



### ❖工作．財運❖

你在事業面有出眾的才華，不管從事什麼樣的工作都不會洩氣，擁有堅持到底的強大信念與行動力。就算你現在是上班族，也依然擁有自己成功創業的器量。你是個努力的人，因此會無情地捨棄不夠努力，或是做不出成果的人，擁有嚴厲的一面。你能夠分清楚是非黑白，徹底攻擊反抗你的人，因此也會讓人感到害怕。你的財運格局雖然很大，基本上卻相當節儉，擁有白手起家，創造財富的才能、行動力與運勢。

## ❖今生使命・未來展望❖

你今生的使命是：探索無形的世界，將你從中學到的智慧與經驗傳遞到現實世界，將兩個世界結合在一起。

想法現實的你，或許會對無形的世界視若無睹，或者即使感興趣也不承認，甚至覺得有點可怕。但另一方面，你一定實際感受過直覺與靈感帶來的好處。

探索無形的世界，並非否定你在現實中的努力，反而能協助、引導你抵達光靠現實的努力所達不到的高度。請你不要懷著負面的想法去努力，而是要感謝現在擁有的事物，抱持著正面的心情輕鬆學習。請認真學習無形世界的智慧，將從中得到的發現與許多人分享，融入自己的人生當中，就能協助你達成今生的使命。

## ❖生日帶來的訊息❖

### 「熱情的信念」
### 「嚴格」
### 「接受無形世界的存在」

### 前世の故事

你的前世是在鄂圖曼帝國經營香料貿易的富商。

當時的香料屬於藥品，在歐洲相當貴重，而香料貿易的路徑——絲路，就掌握在鄂圖曼帝國手中。香料的交易價格高，因此使你瞬間獲得了莫大的利益、地位、名聲與強大的權力。你雖然帶給親戚、家人衣食不缺的富足生活，但你嚴厲、獨裁的傲慢態度，卻讓周圍的人在面對你時總是戰戰兢兢。你雖然在與任何人都不交心的生活中感到寂寞，但終究還是決定貫徹自己的做法。

# יזיב

12/17 希伯來文

### ❖生日契合度❖

**◉ 情人・伴侶**

| | |
|---|---|
| 1月9, 18, 27日 | 7月3, 21, 30日 |
| 2月8, 17, 26日 | 8月2, 11, 29日 |
| 3月7, 16, 25日 | 9月10, 19, 28日 |
| 4月6, 15, 24日 | 10月9, 18, 27日 |
| 5月5, 14, 23日 | 11月8, 17, 26日 |
| 6月4, 13, 22日 | 12月7, 16, 25日 |

**◉ 工作夥伴・朋友**

| | |
|---|---|
| 1月1, 19, 28日 | 7月4, 13, 31日 |
| 2月9, 18, 27日 | 8月3, 21, 30日 |
| 3月8, 17, 26日 | 9月2, 11, 29日 |
| 4月7, 16, 25日 | 10月1, 10, 28日 |
| 5月6, 15, 24日 | 11月9, 18, 27日 |
| 6月5, 14, 23日 | 12月8, 17, 26日 |

**◉ 競爭對手・天敵**

[1/5] [2/1] [6/17] [7/22] [9/6] [9/26] [10/14]

**◉ 靈魂伴侶**

[2/15] [5/18] [6/6] [7/9] [8/22] [9/3] [12/18]

### ❖生日名人❖

沙特萊侯爵夫人（數學家）
拉德莉芙（馬拉松選手）
蜜拉・喬娃維琪（演員）
大場比呂司（漫畫家）
假屋崎省吾（花道家）
有森裕子（馬拉松選手）
西村知美（藝人）
牧瀨里穗（演員）
水野良樹（音樂人）
宇野昌磨（花式滑冰選手）

◉ 從你的生日看命運
請見32頁

# 12月18日

December eighteenth

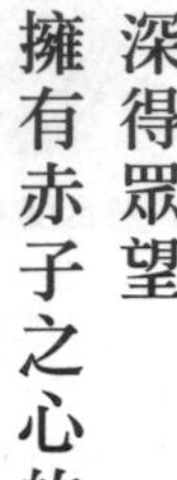

## 深得眾望擁有赤子之心的賢者

選擇在這天誕生的你，是個擁有赤子之心的賢者。你能幹可靠，能在大家前來找你商量時給予準確的建議，是值得信賴的人生導師。你度量寬大，能夠扮演各式各樣的團結者，想必是個讓身邊的人另眼相看的存在。

出生日期 18 的 1 代表開始，8 代表無限大（∞），兩者都是將強大的能量向外綻放的數字。18 日出生的人，天生具備整合、統整一切的能力，是爽朗、聰明的大人。至於出生月分 12 則代表氣勢、節奏感，象徵著活潑的孩子。這天出生的人，除了團結整體的力量之外，更增添了創造新事物的能力。

你是個和平主義者，遇到爭執或吵架時能夠親自居中協調，巧妙平息紛爭。你既聰明又有執行力，會積極促進人們的和平。另一方面，你也會因為在意太多事情而累積壓力。你是個完美主義者，因此在不如己意的時候，也會狠下心來放棄眼前一的切，採取極端的行動。

有時候你也可以暫時停止顧慮身邊的人、判斷現場氣氛，畢竟保有內心的從容很重要。如果你能夠在心裡接納自己同時具備聰明的大人與天真、有衝勁的孩子這兩個極端的面向，並且有意識地在不同的場合展現不同的面貌，你身為導師的才華也會更加閃耀。

### ✧戀愛・婚姻・性生活✧

你雖然是為對方奉獻的類型，但在愛情當中也希望實現自己的理想，富有完美主義的一面。你會先在腦中想好戀愛對象的條件，尋找對象時也會只鎖定符合條件的人。但尋找對象不應該靠大腦判斷，用心去感受也很重要。你在性生活當中，看似重視理智與精神性，但其實也希望隨心所欲享受肉體的愉悅，兩種面向同時兼具。你的婚姻運也很好，會努力兼顧工作與家庭，為打造美好的家而努力。但必須避免因為太在意世人的眼光而變成假面家族。



### ✧工作・財運✧

你能夠從後退一步的觀點掌握組織的狀況，自然而然顧慮到與組織有關的人，是個可靠、優秀的存在。你經常扮演團結眾人的角色，無論從事什麼樣的職業都能嶄露頭角。你能夠老實完成被分派的任務，如果做到完美就能獲得滿足感。你的財運穩定，應該不會有太大的起伏。雖然你會把大錢花在喜歡的事物上，但不會有勇無謀地豪賭一把。你能在儲蓄的過程中，獲得關於投資與金融商品方面的知識，並藉此建立財富。

## ✧ 今生使命・未來展望 ✧

身為賢者的你，今生的使命是：帶著孩子般天真無邪的笑容，坦率、盡情地享受人生。

你的內心雖然有孩子氣的部分，但是否受到自己身為大人的自尊心妨礙，禁止自己坦率展現這方面的特質呢？

首先，請你不要把眼前的事物想得太難，有意識地坦率享受吧。比起嚴肅的思考，請更珍惜感受。積極創造笑容，刺激自己的感官，試著更加活用直覺。你可以嘗試運動流汗、唱卡拉 OK，或是學習跳舞，也很推薦能調和動與靜能量的瑜伽及冥想。

不要總是以完美為目標努力，為自己保留能夠露出發自內心的笑容，並愉快享受的時間，就能幫助你達成今生的使命。

## ✧ 生日帶來的訊息 ✧

**「統合所有的力量」**

**「品德」**

**「回歸童心」**

### 前世の故事

你的前世，是在日本的戰國時代，受諸侯信賴的醫生。

你有時候會扮演顧問的角色，負責給予諸侯建議或調停紛爭。除了戰爭受傷時的緊急處置之外，你也精通當時的疫病，名聲傳遍全國。但只要有需要，你不管哪裡都會去，無論對誰都一視同仁，這樣的態度觸犯了某位諸侯的底線，並將你囚禁。即使如此，你依然為了這位諸侯與其家臣全力以赴地善盡自己的職責，但同時這樣的生活方式，也使你開始感到窒息。於是，你突然開始祈禱希望能過過看更天真的、像孩子一樣的生活。

# יחיב

12/18 希伯來文

### ✧ 生日契合度 ✧

**◉ 情人・伴侶**

| | |
|---|---|
| 1月6, 15, 24日 | 7月9, 18, 27日 |
| 2月5, 14, 23日 | 8月8, 17, 26日 |
| 3月4, 13, 31日 | 9月7, 16, 25日 |
| 4月3, 21, 30日 | 10月6, 15, 24日 |
| 5月2, 20, 29日 | 11月5, 14, 23日 |
| 6月1, 19, 28日 | 12月4, 13, 22日 |

**◉ 工作夥伴・朋友**

| | |
|---|---|
| 1月2, 11, 29日 | 7月5, 14, 23日 |
| 2月1, 10, 28日 | 8月13, 22, 31日 |
| 3月9, 18, 27日 | 9月3, 12, 30日 |
| 4月8, 17, 26日 | 10月2, 20, 29日 |
| 5月7, 16, 25日 | 11月1, 19, 28日 |
| 6月6, 15, 24日 | 12月9, 18, 27日 |

**◉ 競爭對手・天敵**

[3/8] [3/20] [4/19] [8/4] [8/24] [10/11] [11/8]

**◉ 靈魂伴侶**

[2/13] [6/7] [8/5] [10/16] [10/30] [11/2] [11/4]

### ✧ 生日名人 ✧

史蒂芬・史匹柏（導演）
布萊德・彼特（演員）
克莉絲汀・阿奎萊拉（歌手）
池田理代子（漫畫家）
布施明（歌手）
園子溫（導演）
武田真治（演員）
小雪（演員）
安藤美姬（花式滑冰選手）
絢香（音樂人）

◉ 從你的生日看命運
請見32頁

# 12月19日

December nineteenth

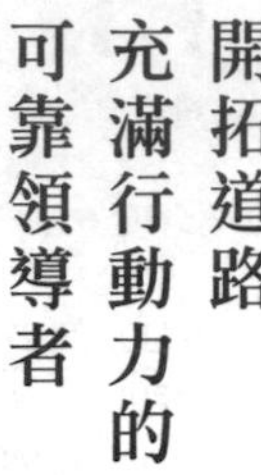

## 開拓道路 充滿行動力的 可靠領導者

這天誕生的你非常不服輸，在自己相信的道路上勇往直前、毫無恐懼，是個可靠的領導者。你的腦筋轉得很快、有智慧，既努力又熱中學習，隱藏著高度的自尊心。但正因為如此，如果你在人前遭受傷害，就可能會過度反應，請特別注意。

你是個嚴以律己也嚴以待人的完美主義者，不管做什麼事情都不偷懶，願意累積一次又一次的努力。你總是冷靜觀察著周圍的人，可能會因為對方不經意的話語或態度，瞬間改變你對他的評價，這樣的無情，往往會讓別人覺得你看起來很嚴厲、可怕。但另一方面，你很重感情，內心其實非常溫柔敏感。你或許已經知道自己內心存在著這兩種極端的性質，而且能夠巧妙區分。

如果你很早就察覺自己在領導方面的才能，可能很快地就會在音樂、運動等領域嶄露頭角，或是獲得極大的成就。

你的出生日期 19 是由最初的 1 與最後的 9 兩個數字組合而成。1 代表開始、領導，9 則代表統整、強化。將這兩個數字組合在一起，意謂著平衡感優異的領導者。如果再加上出生月分 12 氣勢、發展的要素，或許就會使 12 月 19 日出生的人，充滿氣勢十足的行動力，並能獲得旁人熱烈的支持，成為可靠的領導者。

### ❖ 戀愛・婚姻・性生活 ❖

你是那種會想要掌握、管理對方一切的類型。這或許表示你總是想要自己掌握主導權。在愛情方面，你特別容易展現出大膽而纖細的雙重性格。

你雖然專情，然而一旦出現不信任感，就會轉而移情別戀，甚至考慮離婚。你在性生活方面，主動與被動的面貌會交互出現，或許會讓伴侶覺得困惑。你的態度總是容易變得極端，需要對方的理解。你在婚後也會重視家庭，但應該很想依照自己的想法控制家人吧。



### ❖ 工作・財運 ❖

你不管從事什麼工作，都能以核心成員的身分發揮實力。你能夠仔細傾聽旁人的意見，擅長協調團隊運作。你在重要場合也能扮演可靠的橋梁。雖然你能在組織當中發光發熱，但也有開拓自己的道路、獨立創業的能力。

你的財運穩健，能夠踏實累積賺得的財富，使財產逐漸增加。你不可能沉迷於賭博，或是想透過投資一夜致富。你是個聰明的人，能夠運用豐富的金錢知識，實際地增加資產。

## ❖今生使命・未來展望❖

你今生的使命是：成為開拓道路的領導者，將自己做過的事情，以具體的形式確實保留下來。

你是個完美主義者，因為極度想要做到完美，往往會責備、批判做不到的自己。你不應該基於責任感與使命感，總是以完美為目標努力。首先，你該做的是接受原本的自己。其次，請你有意識地透過具體的形式，記錄至今走過的人生軌跡，或是現在從事的工作或興趣。

當你留下具體成果時，也將當時的感受也一併記錄下來了。請你不要想得太難，就算只是將筆記或照片整理得有條不紊也無所謂。請不要把注意力擺在自己做不到的部分，而是為自己人生中做得到的事情確實留下具體的成果，就能清楚感受到人生的成就。

## ❖生日帶來的訊息❖

「循環」

「完成」

「締造圓滿人生」

### 前世の故事

你的前世是西部拓荒時代的美國原住民長老。

你是個聰明、勇敢的領袖，在村子裡是受村人景仰的賢者。某天，白人殖民者為了採勘金礦闖入村莊，開始擅自破壞歷代祖先保護的土地，並且掠奪村人。你雖然想要拿起武器挑戰，但你知道不能讓一時的憤怒控制自己，於是絞盡腦汁想辦法。在你判斷時代的趨勢後，認為接受殖民者才能為村子帶來發展。於是你壓抑不甘心的情緒，放棄挑起爭端。多虧了你的選擇，村子日後也變得相當進步。

# יטיב

12/19 希伯來文

### ❖生日契合度❖

**◉ 情人・伴侶**

| | |
|---|---|
| 1月7, 16, 25日 | 7月1, 19, 28日 |
| 2月6, 15, 24日 | 8月9, 18, 27日 |
| 3月5, 14, 23日 | 9月8, 17, 26日 |
| 4月4, 13, 22日 | 10月7, 16, 25日 |
| 5月3, 21, 30日 | 11月6, 15, 24日 |
| 6月11, 20, 29日 | 12月5, 14, 23日 |

**◉ 工作夥伴・朋友**

| | |
|---|---|
| 1月3, 21, 30日 | 7月6, 15, 24日 |
| 2月2, 11, 29日 | 8月5, 14, 23日 |
| 3月1, 10, 28日 | 9月4, 13, 22日 |
| 4月9, 18, 27日 | 10月3, 21, 30日 |
| 5月8, 17, 26日 | 11月2, 20, 29日 |
| 6月7, 16, 25日 | 12月1, 10, 19日 |

**◉ 競爭對手・天敵**

[1/15] [3/4] [4/3] [5/27] [6/16] [7/27] [9/10]

**◉ 靈魂伴侶**

[4/7] [7/11] [8/28] [9/2] [11/9] [11/16] [12/26]

### ❖生日名人❖

愛迪・琵雅芙（歌手）
羅伯特・謝爾曼（作曲家）
李明博（政治家）
埃里克・溫奈（馬拉松選手）
山谷初男（演員）
岡本麗（演員）
反町隆史（演員）
佐藤江梨子（演員）
李忠成（足球選手）
石井慧（格鬥家）

◉ 從你的生日看命運
請見32頁

# 12月20日

December twentieth

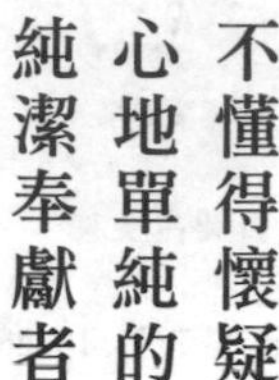

不懂得懷疑
心地單純的
純潔奉獻者

12 月 20 日出生的人，擁有坦率、溫柔的能量，性格單純到甚至不懂得懷疑他人，充滿包容力，是個能夠包容所有人的全心奉獻者。

出生日期 20 的 2 是意謂著調和、包容的數字，0 則有著放大、拓展的效果，更加強調 2 的女性特質。再加上出生月分 12 坦率、氣勢等孩子般的要素，更加突顯你坦率接受別人的包容力。

你滿懷著體貼之心，個性溫和又機靈。你是個擁有無敵笑容的療癒系人物，只要有你在，就能為周遭帶來平靜。你不管到了幾歲都不失赤子之心，是個可愛又討喜的人。但你可能因為人太好，而無法清楚說出自己的主張。因為無法拒絕，而承擔了許多別人拜託你的事情，結果可能變成每個人都不滿意你的支援，請特別注意。

你太輕易相信別人，囫圇吞下別人的話，請避免遭到別人利用。雖然你希望為別人帶來幫助，但也可能因為你容易迷惘又優柔寡斷，反而為旁人帶來困擾。但這也是出於你誠實、溫柔的人品，所以不會降低別人對你的評價，尤其長輩更是疼愛你。

### ✧戀愛．婚姻．性生活✧

你總是優先考慮伴侶的事情，無論對方是什麼樣的人，你都會為他奉獻。不管是在日常生活還是性生活，你都會堅定、努力地回應伴侶的期待。但你自己內心有時會出現男性般的帥氣，有時又會出現女性般的溫柔，或是孩子般的天真，所以你也搞不清楚哪個才是真正的自己。

但你希望幫助別人的個性，反而會為你帶來困擾，可能會使你變得八面玲瓏、難以抵擋別人的熱烈追求，最後甚至與多個人同時發生關係。不管對誰都很溫柔雖然重要，但有時也必須確實劃清界線，才能建立圓滿的家庭。



### ✧工作．財運✧

你在組織裡是不可或缺的幕後功臣。你不只能夠完成交辦的事情，還因為創意豐富，因此也有從企劃、發表簡報等方面提供協助的才能。你基本上低調收斂，但溫柔的氣質能夠緩和現場氣氛，因此有時候也可以試著把心一橫站上舞臺，扮演司儀或主持的角色。

你的財運將隨著輔佐的人大幅變動。因此請認清自己想要輔佐的對象，想想自己希望哪個人獲得成功、想要追隨哪個人等等，比什麼都重要。

## ❖ 今生使命・未來展望 ❖

體貼又療癒的你，今生的使命是：學習自由與任性的差異，成為連結人們的溝通者，在世上自由地往來。

你容易迷惘，無法立即採取行動，因此請你試著提醒自己「心動就立刻行動」。換句話說，就是在你優柔寡斷、容易後悔的特質顯露之前，稍微加快行動的速度，立刻做出決定。例如讀完別人寄來的電子郵件之後就立刻回信等等，在每一種情況下都立即行動不拖延，以輕快的節奏有條不紊地完成事情。

請你不管什麼事情都先體驗看看，不需要害怕淪為任性，因為積極挑戰是一件很重要的事。你今生的課題，就是在找理由、找藉口說自己做不到之前，活用自己坦率的特質，果斷、大膽地在人生當中融入自由與變化。但是請你不要忘記，真正的自由必定伴隨著相對嚴格的責任。

## ❖ 生日帶來的訊息 ❖

**「即時應對」**
**「順從」**
**「聽從自己的直覺」**

### 前世の故事

你的前世，是往來於中世紀中東沙漠的商隊中的女性。你們全家在大型綠洲旁的市場買進水與糧食後橫越沙漠，靠著販賣這些貨品維生。

某天，你在沙漠中看見一名倒下的男性，你不顧同伴反對把他救起。他為了感謝你，而帶你們走捷徑，但所到之處卻都是強盜窩。還好你們全家都成功逃脫，只有食物被奪走，但你卻因為自己被騙而感到羞恥，也後悔將全家人捲進災難裡。與此同時，你發現自己已經對每天只在沙漠來來去去的生活感到厭煩。

כיב

12/20 希伯來文

### ❖ 生日契合度 ❖

◉ **情人・伴侶**

| | |
|---|---|
| 1月3, 12, 30日 | 7月6, 15, 24日 |
| 2月2, 11, 20日 | 8月5, 14, 23日 |
| 3月10, 19, 28日 | 9月4, 13, 22日 |
| 4月9, 18, 27日 | 10月3, 12, 21日 |
| 5月8, 17, 26日 | 11月2, 11, 20日 |
| 6月7, 16, 25日 | 12月1, 19, 28日 |

◉ **工作夥伴・朋友**

| | |
|---|---|
| 1月4, 13, 31日 | 7月7, 16, 25日 |
| 2月3, 12, 21日 | 8月6, 15, 24日 |
| 3月2, 11, 29日 | 9月5, 14, 23日 |
| 4月1, 19, 28日 | 10月4, 13, 22日 |
| 5月9, 18, 27日 | 11月3, 12, 30日 |
| 6月8, 17, 26日 | 12月2, 20, 29日 |

◉ **競爭對手・天敵**

[6/6] [7/20] [10/6] [10/11] [10/31] [12/6] [12/18]

◉ **靈魂伴侶**

[2/26] [5/12] [6/20] [7/3] [9/10] [9/17] [10/18]

### ❖ 生日名人 ❖

沃爾特・亞當斯（天文學家）
尤里・蓋勒（超能力者）
約翰・斯賓塞（演員）
野口悠紀雄（經濟學家）
黑澤久雄（電影製作人）
內田光子（鋼琴家）
野田秀樹（劇作家）
池森秀一（音樂人）
淺越浩志（藝人）
片岡禮子（演員）

◉ **從你的生日看命運**
**請見32頁**

# 12月21日

December twenty-first

## 內心搖擺不定 靜不下來的 天真孩子

1221是個1與2的前後排列、很有節奏感的數字，選擇在這天誕生的你，個性就如同這樣的數字排列一般，擁有獨特的節奏與氣勢。你的創意豐富，擁有創造新事物的力量，就像個坦率的孩子。你雖然有帶點害羞的一面，卻是個天真無邪的人。

你的出生日期21中的2所具備的協調、調和的女性能量，能夠調節1有力的能量，兩個數字組合在一起代表創造新事物的力量。再加上出生月分12的氣勢與節奏感等要素，更為你創造新事物的力量增添氣勢與動力，使你擁有大幅轉換事物的能力。

雖然你的個性孩子氣又不服輸，卻會因為顧慮對方與周遭的狀況，對於直接表達自己的感受有點猶豫。你的想法雖然靈活，但內心總是搖擺不定，先不論好壞，總之就是靜不下來。

你不管什麼事情都會坦然接受，因此容易受到周圍的人與環境影響，導致你說的事情與做的事情常常變來變去。

你心地善良，母性本能強烈，因此也適合照顧孩子與寵物、植物，但你也有缺乏耐心的一面，因此負起責任好好照顧到最後是一件重要的事。

### ✧ 戀愛・婚姻・性生活 ✧

你愛的是戀愛的感覺，所以內心總是搖擺不定。你很少自己主動告白，幾乎都是在對方的強勢追求下才開始交往。雖然一開始和對方交往或許並非你的本意，但你也可能因為感受到被愛的幸福而覺得滿足。

你喜歡小孩，也很希望能夠結婚。個性溫和的你，雖然能建立開朗愉快的家庭，但請避免對伴侶太過依賴。你是那種希望與喜歡的對象整天膩在一起的人，在性生活方面，你也會因為肌膚相親而感到幸福與滿足。

### ✧ 工作・財運 ✧

你具備活用創意與靈感的編輯力，能夠運用現有的事物進行重製，或是為其增添一點其他的元素。你能夠接二連三地提出新企劃或創作新作品，在媒體、出版、廣告、商品開發等創意領域，更能一展長才。

比起獨自作業，在組織中工作更適合你。如果遇到能夠信賴的上司或人生導師，就能靜下心來面對工作。

你的財運雖然穩健，但容易受到周圍環境的大幅影響而變動，請你慎選工作場所，以及一起工作的夥伴。

## ✧ 今生使命・未來展望 ✧

你今生的使命是：懷著無私的愛，溫柔對待所有的人。你對於被愛雖然敏感，但卻相當笨拙，因此愛人對你來說是個不太習慣、有點棘手的領域。

擁有強烈母性本能的你，任為自己能夠去愛身邊的人，但這樣的愛，是否變成了強迫別人接受你的任性之愛呢？你是不是連對方不希望被干涉的事情都隨意插手或插嘴，或是希望對方能夠感謝自己為他做的事，要求對方回報呢？這些行為都與無私的愛相差甚遠。

與其被對方的反應牽著走、期待對方回報，還不如把這樣的能量傾注到自己身上，以愛滿足自己，優先讓自己充滿愛。你天真開朗的笑容，正是愛與療癒的化身。貫徹讓自己的人生充滿笑意的生活方式，才是你今生的課題。

## ✧ 生日帶來的訊息 ✧

**「人生起伏如波」**

**「轉換」**

**「放下期待」**

### 前世の故事

你的前世是出生在安地斯山脈的山麓，侍奉印加帝國太陽神的女孩。

侍奉神的女孩就如同女巫，必須是容姿端麗、頭腦聰明、擅長編織的處女。你憑著與生俱來的美貌得到了這項任務。而侍奉太陽神的女孩們，奉國王之命過著團體生活，每天編織奉獻給神的織品，釀造奉獻給神的酒。你雖然對這樣的任務感到驕傲，但嚴守戒律的生活也逐漸使你感到不滿。你更想要去愛現實中的人，而不是神。雖然你知道這麼想是禁忌，但胸口依然熱情滿溢，於是你開始偷偷尋找脫離這種生活的方法。

12/21 希伯來文

### ✧ 生日契合度 ✧

**◉ 情人・伴侶**

| | |
|---|---|
| 1月8, 17, 26日 | 7月2, 20, 29日 |
| 2月7, 16, 25日 | 8月1, 10, 28日 |
| 3月6, 15, 24日 | 9月9, 18, 27日 |
| 4月5, 14, 23日 | 10月8, 17, 26日 |
| 5月4, 22, 31日 | 11月7, 16, 25日 |
| 6月12, 21, 30日 | 12月6, 15, 24日 |

**◉ 工作夥伴・朋友**

| | |
|---|---|
| 1月5, 14, 23日 | 7月8, 17, 26日 |
| 2月4, 13, 22日 | 8月7, 16, 25日 |
| 3月3, 21, 30日 | 9月6, 15, 24日 |
| 4月2, 11, 29日 | 10月5, 14, 23日 |
| 5月10, 19, 28日 | 11月4, 13, 22日 |
| 6月9, 18, 27日 | 12月3, 12, 21日 |

**◉ 競爭對手・天敵**

[2/12] [5/1] [5/6] [6/5] [8/3] [10/3] [12/8]

**◉ 靈魂伴侶**

[1/31] [5/3] [5/18] [6/2] [10/4] [11/15] [11/30]

### ✧ 生日名人 ✧

尚・亨利・法布爾（昆蟲學家）
赫爾曼・約瑟夫・馬勒（遺傳學家）
基佛・蘇德蘭（演員）
松本清張（作家）
夏樹靜子（作家）
神田正輝（演員）
片岡鶴太郎（演員）
惠俊彰（藝人）
本木雅弘（演員）
吉川日奈（藝人）

◉ 從你的生日看命運
請見32頁

# 12月22日

December twenty-second

## 敏感又容易迷惘 內心單純的 天真孩子

這天誕生的你，擁有一顆純粹、正直的心。正因為你很單純，所以容易展現迷惘、天真的一面，但你本質上蘊藏著格局宏大的明星特質。

你的出生日期22，象徵著時間與空間的一切，代表宇宙真理，是格局宏大的神聖數字。出生月分12則具備氣勢與節奏感，是個代表孩子的數字，象徵著無限的可能性。

12月22日出生的人，外表看起來明辨是非，是個乾乾淨淨、認認真真的人，而內心則蘊藏著遠大的理想，並且為了實現理想，有著異於常人的創意、行動力與爆發力。

你兼具老實與協調性，能夠確實地從觀察理想面與現實面，看透事物的本質。你擁有吸引人的神祕魅力以及非比尋常的動力，能夠為周圍的人帶來重大影響。你重視社會期許，但其實在心裡對於現實狀況有著與一般人不同的特殊觀點。

你的自尊心高、不服輸，但反過來看，也容易因為小事而受傷，有著單純的一面。你明明討厭配合別人，卻希望別人來配合自己，帶有一點任性與強勢，這點請特別注意。

### ✧戀愛・婚姻・性生活✧

你會大膽接近一見鍾情的對象，積極展開攻勢。你專情、擁有超凡的行動力，希望把對方占為己有。不管是愛情還是婚姻，一旦你與對方變得熟悉，就會開始命令、控制對方，展現強勢的態度。

如果你沉迷於工作或興趣，就會把家庭責任全都拋給對方。就算是女性，也不是那種會乖乖待在家裡的類型。在性生活方面，你也不能以常理度之。你的熱情與冷靜並存，並有著自我中心、強勢的部分，似乎會把對方耍得團團轉。

### ✧工作・財運✧



你在工作時與其聽從別人的命令，更偏好站在命令別人的立場。你能夠敏感掌握時代潮流，具有判斷流行趨勢的優秀感受力。你的特徵是以世界為舞臺活躍的宏大格局。

你的財運絕佳，如果能把自己最喜歡的事情當成工作，就有創造龐大財富的可能性。重點在於不要小看自己，盡可能提出遠大的目標，放眼世界持續努力。你也有賭運，但關鍵在於抽身的時機。不服輸的個性可能會害你失去一切，所以賺來的錢最好交由專家管理。

## ❖ 今生使命・未來展望 ❖

內心純粹的你，今生的使命是：透過自己的經驗探究真理，靠著自己的力量把事情做到完美，學會真正的獨立。

你擁有明星般的氣場，不禁讓人另眼相看。你雖然擁有貫徹自己信念的堅強，但另一方面是否也相當敏感，會因為別人不經意的話語而迷惘、生氣或過度在意周圍的反應呢？

這樣的你，今生請把重點擺在「活得像自己」。你容易獲得不同於他人的寶貴經驗，請你不要把這些經驗推給別人，懷著覺悟，將其當成自己人生的精神糧食。請你有意識地探究人生的真理，確實為自己的人生負起責任。

不依靠任何人，憑著一己之力開拓全新的世界，就是一條實現你理想願景的捷徑。

## ❖ 生日帶來的訊息 ❖

「光明之路」

「重生」

「活得像自己」

### 前世の故事

你的前世，是在近世初期，出生於俄羅斯的王子。

你是廣大領地的繼承者，卻自幼相繼失去雙親，於是你就在冷漠的大人照顧下成長，不知道愛為何物。你自己也把心靈緊緊封閉起來，以無情為盔甲武裝自己。幸運的是，你與一位溫柔、聰明、謙虛的女性結婚，而這位女性逐漸融化你冰封的心。你坦率聽從妻子的意見，將她的意見活用於政治當中，國家也變得繁榮。然而，某天你的妻子突然死去，於是你又開始灰心喪志。最後你開始以狹隘的價值觀批判他人，就連家臣也怕你，而你就在逐漸被眾人孤立的情況下，度過一個又一個難眠的夜晚。

# כביב

12/22 希伯來文

### ❖ 生日契合度 ❖

**◉ 情人・伴侶**

| | |
|---|---|
| 1月4, 22, 31日 | 7月7, 16, 25日 |
| 2月3, 12, 21日 | 8月6, 15, 24日 |
| 3月2, 11, 29日 | 9月5, 14, 23日 |
| 4月1, 19, 28日 | 10月4, 13, 31日 |
| 5月9, 18, 27日 | 11月3, 21, 30日 |
| 6月8, 17, 26日 | 12月2, 11, 29日 |

**◉ 工作夥伴・朋友**

| | |
|---|---|
| 1月6, 15, 24日 | 7月9, 18, 27日 |
| 2月5, 14, 23日 | 8月8, 17, 26日 |
| 3月4, 22, 31日 | 9月7, 16, 25日 |
| 4月12, 21, 30日 | 10月6, 15, 24日 |
| 5月2, 11, 29日 | 11月5, 14, 23日 |
| 6月10, 19, 28日 | 12月4, 13, 22日 |

**◉ 競爭對手・天敵**

[2/11] [3/1] [4/25] [7/13] [8/14] [9/4] [10/25]

**◉ 靈魂伴侶**

[2/19] [3/27] [5/7] [5/16] [6/20] [12/9] [12/27]

### ❖ 生日名人 ❖

普契尼（作曲家）
拉馬努金（數學家）
雷夫・范恩斯（演員）
凡妮莎・帕拉迪絲（演員）
中野英雄（演員）
國生小百合（演員）
森田真法（漫畫家）
安惠美（藝人）
池田勇太（高爾夫選手）
忽那汐里（演員）

◉ 從你的生日看命運
請見32頁

# 12月23日

December twenty-third

就算任性
依舊人見人愛的
自由之士

12 月 23 日出生的你，不管幾歲都像孩子一樣天真爛漫，是個受到眾人喜愛，像邱比特一樣的存在。你擁有自己行事風格與步調，是個有氣勢的人。

你的性格坦率、沒什麼堅持，擁有出眾的溝通能力，一下子就能和剛認識的人打成一片。不管是什麼樣的人或環境你都能巧妙應對，是個變幻自如的自由之士。你的個性自由而大膽，就算有點任性，也會成為可愛的魅力，莫名能夠獲得原諒。

但另一方面，如果你不總是與誰在一起就會覺得不安，擁有害怕寂寞的一面。如果這樣的傾向太強烈，就會變成對別人的依賴，請特別注意。

你的行動擁有靈活度與爆發力，但卻缺乏持久性。為了避免吹破牛皮，請直到最後都負起責任，把自己說出口的承諾堅持到底。

你出生的 23 日中的 2 代表協調、調和，3 則代表天真的孩子，這兩個數字組合在一起，象徵天真的溝通，以及人與人之間的連結。再加上出生月分 12 氣勢、節奏感等孩子的要素，更加突顯你能靈活串連人們的溝通才能，使你天真自由之士的特質更加閃耀。

## ✧戀愛・婚姻・性生活✧

你能夠直接對自己喜歡上的對象示好。身邊的人也清楚知道這點，因此也有很多人為你的愛情點燃熱情吧？嚴格說起來，年長的對象較吸引你，因此你偏好超出自己能力的交往方式，但其實原本的你也有充分的魅力。你對婚姻懷著強烈的嚮往，通常會在較年輕的時候就結婚。但如果理想與現實的落差使你遭受打擊，你也會乾脆地離婚。

在性生活方面，你重視配合度。此外，你也可能受到當下氣氛影響，而發展出為日後帶來麻煩的狀況，因此必須特別小心。



## ✧工作・財運✧

你快速進行工作的能力獲得好評。不僅對工作理解迅速，還能洞燭先機，依序將工作完成，在職場上能夠得到重用。你適合進入需要判斷時代趨勢，引進全新構想的企劃部門。此外，你的溝通能力優秀，因此也適合經常需要與人接觸的工作。

你的財運不差，但花費往往很高。尤其你容易展現出對消費欲望的依賴，如果沉迷於購物或賭博將會相當危險。對於花錢的娛樂必須適可而止，請清楚判斷抽身時機。

## ❖ 今生使命・未來展望 ❖

你今生的使命是：不屈服於困難，取得現實上的成功，並與周圍的人分享。

你朝著目標起跑時，雖然氣勢十足，但是否會半途而廢，拓展太多興趣的觸角，因而迷失目標呢？

如果只靠最初的氣勢，很難把工作完成。提出的目標愈大，愈不可缺少腳踏實地持續作業的態度，請你必須懷著這樣的覺悟。

即使提出遠大的目標，也必須確實面對眼前的課題，將這些課題一絲不苟地解決。對你來說，取得現實的成功，並非人生的最終目標。將到手的成功與富足，慷慨地與許多人分享，才是你今生想要達成的真正使命。

## ❖ 生日帶來的訊息 ❖

**「靈活的魅力」**
**「親密」**
**「面對課題」**

### 前世の故事

你的前世，是歐洲大受歡迎的馬戲團馴獸師。

你的父母都是馬戲團的團員，你從小就喜歡動物，而馴獸師就是你嚮往的工作。你接受訓練，終於站上舞臺。你與猛獸默契十足的演出，是馬戲團大受歡迎的劇目。

某天，你在前往下一個城鎮移動時，發現大象的腳並沒有套上枷鎖。你慌忙將枷鎖鎖好，同時思考大象即使雙腳獲得自由也不逃走的原因。原來如此，牠已經放棄逃跑了啊……你突然發現，這也是自己的狀態。

# כגיב

12/23 希伯來文

### ❖ 生日契合度 ❖

**◉ 情人・伴侶**

| | |
|---|---|
| 1月5, 14, 23日 | 7月8, 17, 26日 |
| 2月4, 13, 22日 | 8月7, 16, 25日 |
| 3月3, 12, 30日 | 9月6, 15, 24日 |
| 4月2, 11, 29日 | 10月5, 14, 23日 |
| 5月1, 19, 28日 | 11月4, 13, 22日 |
| 6月9, 18, 27日 | 12月3, 12, 21日 |

**◉ 工作夥伴・朋友**

| | |
|---|---|
| 1月7, 16, 25日 | 7月1, 19, 28日 |
| 2月6, 15, 24日 | 8月9, 18, 27日 |
| 3月5, 14, 23日 | 9月8, 17, 26日 |
| 4月4, 13, 22日 | 10月7, 16, 25日 |
| 5月3, 12, 30日 | 11月6, 15, 24日 |
| 6月2, 11, 29日 | 12月5, 14, 23日 |

**◉ 競爭對手・天敵**

[2/8] [2/14] [4/3] [6/21] [8/2] [9/23] [11/26]

**◉ 靈魂伴侶**

[4/5] [5/10] [7/10] [8/19] [10/1] [10/26] [11/17]

### ❖ 生日名人 ❖

商博良（考古學家）
江崎利一（固力果創始人）
笑福亭鶴瓶（落語家）
綾辻行人（作家）
宮部美幸（作家）
武藤敬司（格鬥家）
柴田倫世（主播）
上野水香（芭蕾舞者）
倉科佳奈（演員）
小島瑠璃子（藝人）

◉ 從你的生日看命運
請見32頁

# 12月24日

December twenty-fourth

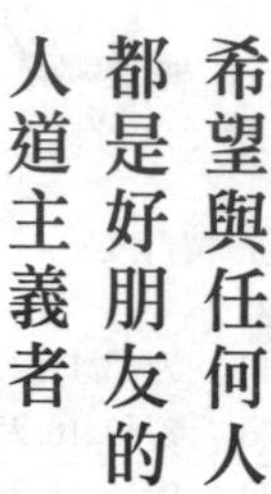

## 希望與任何人都是好朋友的人道主義者

你擁有友愛的精神，希望與所有認識的人都成為好朋友，是個人道主義者。你親切體貼、態度穩重，給人的印象想必也很好。

你出生的24日中的2代表協調、調和，4代表認真、誠實，兩者合在一起是接受對方、仔細培養的意思。出生月分12是有著氣勢、節奏感的數字。所以12月24日出生的你，非常希望靠著孩子般的天真，以愛串起許多人的關係。你總是為別人著想，思考著該怎麼做才能讓大家和睦相處呢？並依此展開行動。你滿懷慈愛，有著強烈的母性本能，會保護比自己弱小的生命，提供全心全意的照顧。你對於自己的信念，有著勇往直前、絕不妥協的堅強，但另一方面，你也會因為顧慮對方的心情，而難以直接表達自己的想法。

不過，與對方變得熟稔之後，你就會展現雞婆的一面，或許會讓對方產生有點強勢的印象。你的正義感與責任感強烈，對於幫助別人能夠感受到純粹的喜悅。當你發現身邊的人做錯事情時，你無法保持沉默，能以純粹、正直的心，引導對方轉往正確的方向。但也請你把自己心中的正義並非絕對正確的念頭，放在腦中的某個角落。

### ✧戀愛・婚姻・性生活✧

你有著天真無邪的笑容，以及恰到好處的距離感與親和力，因此桃花運出眾。只要你敞開心胸與人來往，不管是誰都會被你的魅力吸引。你非常想為心上人奉獻，但如果過度干涉對方，這愛會變得沉重，請特別注意。

你在婚姻生活當中，也希望實現自己的想法。你會把自己的未竟之夢託付給孩子，成為熱中於教育的父母。除非是你真正傾心的對象，否則你不會希望與對方發生關係。你希望取悅自己的心上人，因此會熱情地變出各種花招。

### ✧工作・財運✧



你既能夠擔任領導者，也能完成幕後工作，是個無論什麼工作都適任的全能人才。雖然你不管在哪裡都受到重用，但直接與人接觸的工作，更能活用你的才華，成就感也會比較高。

你的財運基本上非常好，但容易受到周圍的人際關係影響。來往的人與當下的環境，會大幅左右你的財運高低，因此整頓生活領域與夥伴關係相當重要。你雖然有賭運，但只要嘗到賭博的滋味，就不懂得抽身，可能因此蒙受嚴重損失，請特別注意。

## ❖ 今生使命・未來展望 ❖

你今生的使命是：實現大家和平共處的社會。

為別人帶來幫助能使你感到喜悅，極度為眾人著想的你，是否會以善惡的價值觀批判別人呢？你抱持著如果不為別人帶來幫助就沒有價值的想法努力，但似乎有著把人生看得太認真的傾向。即使是為對方好，如果太囉唆、太嚴格，身邊的人也會覺得你多管閒事，對你敬而遠之，請特別注意。

在你希望為社會帶來幫助之前，請從整頓自己的內心開始。每個人的內心安穩，是實現世界和平的絕對條件。你即使面對自己也有認真、嚴格的一面，請你稍微放開自己內心的束縛，接受原本的自己，也接受原本的他人。保持自己心靈的平靜，就是通往世界和平最確實的一步。

## ❖ 生日帶來的訊息 ❖

「真正的愛」
「神聖的愛」
「實現和平」

### 前世の故事

你的前世，是在法國大革命前的麵包店老闆。

當時因為材料不足的緣故，很難每天製作麵包，即使好不容易取得小麥，做出的麵包也很快就被部分的有錢人買斷。就算有錢，也無法確保餵飽自己與家人。因為你曾是孤兒，所以有餘力的時候，也會將麵包送到孤兒院。你希望看到孩子開心的臉，所以不顧家人反對，依然努力多送一點麵包過去。然而糧食的狀況愈來愈惡化，就連自己家裡都變得有一餐沒一餐，你的無力感也一天比一天加深。

12/24 希伯來文

### ❖ 生日契合度 ❖

◉ **情人・伴侶**

| | |
|---|---|
| 1月10, 19, 28日 | 7月4, 13, 31日 |
| 2月9, 18, 27日 | 8月3, 21, 30日 |
| 3月8, 17, 26日 | 9月2, 20, 29日 |
| 4月7, 16, 25日 | 10月1, 19, 28日 |
| 5月6, 15, 24日 | 11月9, 18, 27日 |
| 6月5, 14, 23日 | 12月8, 17, 26日 |

◉ **工作夥伴・朋友**

| | |
|---|---|
| 1月8, 17, 26日 | 7月11, 20, 29日 |
| 2月7, 16, 25日 | 8月10, 19, 28日 |
| 3月6, 15, 24日 | 9月9, 18, 27日 |
| 4月5, 14, 23日 | 10月8, 17, 26日 |
| 5月13, 22, 31日 | 11月7, 16, 25日 |
| 6月3, 21, 30日 | 12月6, 15, 24日 |

◉ **競爭對手・天敵**

[2/6] [3/20] [5/11] [7/15] [9/17] [10/15] [12/23]

◉ **靈魂伴侶**

[1/15] [3/1] [3/22] [8/5] [8/23] [9/16] [10/3]

### ❖ 生日名人 ❖

霍華・休斯（企業家）
瑞奇・馬汀（歌手）
亞力士・卡布瑞拉（棒球選手）
平尾昌晃（作曲家）
小野不由美（作家）
北川悅吏子（編劇）
相葉雅紀（歌手）
石原聰美（演員）
中村倫也（演員）
三宅諒（劍擊選手）

◉ 從你的生日看命運
請見32頁

# 12月25日

December twenty-fifth

活得自由又靈活的天生藝術家

這天出生的你，如同張開翅膀在天空中翱翔的鳥兒，擁有自由的感受。你能夠憑著出眾的品味與獨特的靈感展現自己的世界，是個天生的藝術家。

你的出生日期25，代表2的協調、調和與5的自由、變化、溝通，意謂著整合自己的內外世界，並將其表現出來。你的出生月分12，是個孩子的數字，代表氣勢與節奏感。因此12月25日出生的人，擁有創造新事物的氣勢與速度感，擅長透過自己的作品與工作，向周圍的人傳達自己的訊息。

你努力、不服輸，認真面對所有的事情，試圖做到完美。你沒有興趣與他人比較，總是專注在達成自己提出的目標與願景，生活方式往往會變得克己。

你基本上喜歡獨處，但25日出生的人也擁有高度的溝通能力，能夠判斷周圍的氣氛，擁有顧慮周遭的彈性。

你從小就有著獨立、成熟的氣質，但有點神經質。你對人際關係敏感，容易受到環境影響，情緒往往會變得不穩定。請確保自己擁有獨處的時間與空間，讓自己真正放鬆下來，對你來說很重要。

## ❖戀愛・婚姻・性生活❖

你乍看之下成熟，帶有神祕的氣質，但露出微笑的表情，能使別人心情放鬆，因此受到異性矚目。即使面對的是情人或婚姻中的伴侶，你也對於展現本性感到相當抗拒。在愛情中會保有一塊對方難以進入的、專屬自己的領域。

在性生活方面，你會柔軟地配合對方，不會忘我地完全投入。在自己的伴侶抱怨「我都看不出來你在想什麼……」之前，坦率把自己的心情告訴他是一件重要的事情。

## ❖工作・財運❖

你在工作方面，是個帶有職人氣質的藝術家。你適合選擇從事自由業，或是把自己策劃的事物化為作品的工作。你不服輸，總是要求完美，在團隊合作當中，請避免被誤以為是難以親近的人。

你的財運雖然穩定，但對自己的技術擁有強烈的專業意識，因此賺錢是次要的事情。但如果以賺錢為優先，你也會失去財運，請特別注意。只要能夠確立自己的做事風格，完成自己可以接受的工作，財運自然就會提昇，因此毋須擔心。

## ❖ 今生使命・未來展望 ❖

你是個天生的藝術家，今生的使命是：為自己的人生負起責任，發揮強大的領導力。

你雖然冷靜又努力，但其實內心敏感，不僅比想像中還要容易受周圍影響，在情緒方面往往也容易變得不安定。但你應該幾乎不會把這些複雜的情緒表現出來。即使你對自己的知識與技術有自信，或許也會對自己的直覺、感性、生活方式等沒什麼信心。

今生請你不要封閉、孤立在自己的世界裡，而是要更自由地將自己的風格表現出來。藝術家型的你，應該能把人生變成表現自我的場域。換句話說，就是懷抱著對自己人生的責任與覺悟，發揮強大的領導力。當你懷著對自己人生的覺悟前進時，你創作的作品或從事的工作，就能更加綻放光芒。

## ❖ 生日帶來的訊息 ❖

「天性的表現」

「齊心合作」

「釋放自我」

### 前世の故事

你的前世是個魔法師，在中世紀的歐洲傳授、推廣順從自然法則的白魔法。

擁有靈感與療癒力的你，在活用自己的能力時，也積極融入使用藥草的民間療法，希望達成與自然的調和。白魔法除了用來造福眾人，也具有教化的功能，避免人們染上黑魔法。但發生飢荒時，黑魔法師卻靠著囤積的糧食吸引人們。雖然你一直以來都懷著驕傲，告訴人們正確的道路，但重要的時候卻發揮不了任何用處，使你感到懊惱，因此你希望成為更強大的領導者。

# כהיב

12/25 希伯來文

### ❖ 生日契合度 ❖

**◉ 情人・伴侶**

| | |
|---|---|
| 1月2, 11, 29日 | 7月5, 14, 23日 |
| 2月1, 19, 28日 | 8月4, 13, 22日 |
| 3月9, 18, 27日 | 9月3, 21, 30日 |
| 4月8, 17, 26日 | 10月2, 20, 29日 |
| 5月7, 16, 25日 | 11月1, 10, 28日 |
| 6月6, 15, 24日 | 12月9, 18, 27日 |

**◉ 工作夥伴・朋友**

| | |
|---|---|
| 1月9, 18, 27日 | 7月3, 21, 30日 |
| 2月8, 17, 26日 | 8月2, 20, 29日 |
| 3月7, 16, 25日 | 9月1, 19, 28日 |
| 4月6, 15, 24日 | 10月9, 18, 27日 |
| 5月5, 14, 23日 | 11月8, 17, 26日 |
| 6月4, 13, 22日 | 12月7, 16, 25日 |

**◉ 競爭對手・天敵**

[2/7] [3/22] [7/20] [8/11] [8/25] [9/7] [10/8]

**◉ 靈魂伴侶**

[2/13] [3/21] [4/25] [8/3] [8/12] [11/13] [12/8]

### ❖ 生日名人 ❖

威廉・格雷戈爾（礦物學家）
沃爾特・韋斯頓（登山家）
尤特里羅（畫家）
卡爾・尤赫海姆（年輪蛋糕創始人）
康拉德・希爾頓（企業家）
江藤淳（藝文評論家）
夏八木勳（演員）
下野龍也（指揮家）
岡島秀樹（棒球選手）
武井咲（演員）

◉ 從你的生日看命運
請見32頁

# 12月26日

December twenty-sixth

## 點燃士氣 精力充沛的 激勵者

這天誕生的你，具有開朗的氣場，無論在什麼樣的環境下，都能使現場的氣氛一下子變得生動活潑，是眾人的開心果。你相當出鋒頭，就像個有點調皮的孩子王，最喜歡大家一起熱熱鬧鬧地做點什麼。

你的出生日期 26 包含 2 的協調、調和與 6 的母性，兩個數字合起來，代表你會本著一顆溫柔的心，輔佐身邊的人。而出生月分的 12，則意謂著氣勢與節奏感，是個孩子的數字。

你也擁有正義感，無法對欺負弱小之類的狀況置之不理，雖然你很努力、不服輸，私底下卻心地善良又很會照顧人。你的夥伴意識強烈、重感情，有著滿滿的活力，如果夥伴遇到危機，你一定會出手幫忙。

你總是有著高度的驅動力，身為一名點燃周圍士氣的激勵者，不管什麼事情都會熱情挑戰。當身邊的人對你愈依賴，你愈無法拒絕，最後什麼事情都攬下來，陷入忙碌奔走的狀態。請避免輕易承諾或突然畫大餅，以免承擔太多事情導致無法收拾。請先分辨清楚自己做得到的範圍，至於做不到的事情，老實地告訴對方。

### ❖ 戀愛・婚姻・性生活 ❖

你在愛情當中，很快就能認清對方的特質，使彼此之間的關係變得像是相伴多年的夫妻。你對於喜歡的人從一而終，一旦付出信賴，就會持續為他奉獻。你不在意對方的狀況，也會想要照顧他。你把性當成戀愛的武器，或許也會做為一種手段，用來抓住對方的心。

在婚姻生活中，你能夠帶動家中氣氛，讓家裡變成明亮、舒適的地方。但即使面對家人，你也必須接受對方的需求，偶爾也要有意識地讓出主導權，以免演變成單方面強迫對方的狀況。

### ❖ 工作・財運 ❖

如果你能夠一輩子都從事與人接觸的工作，就能綻放光彩。你擅長提昇組織或隊伍的士氣，具有團結眾人的能力，因此直接面對顧客的工作能讓你大顯身手。例如擔任店長、業務經理、從事行銷之類的企劃工作，或者從事團結組織的管理工作，就能使你一展長才。

你擁有出色的財運，賺錢的能力出眾。你無法拒絕訴諸人情義理的請託，最後會為別人慷慨解囊。但你的財運，正是靠著這樣的心胸支撐。

## ❖今生使命．未來展望❖

今生你的使命是：活用靈感與直覺，探索無形的世界，將從中獲得的智慧與資訊傳達給現實世界，成為兩個世界之間的溝通管道。

你或許對無形的世界懷著好奇心，對其相當著迷。或者反過來想與其切割，認為對現實世界沒有幫助。無論如何，你都容易採取其中一種極端的態度，請特別注意。

最重要的是，在日常生活中活用言靈的力量，相信自己的直覺，試著採取具體的行動。

平常為身邊的人努力的你，有時候也請空出時間內觀自省，靜靜傾聽自己內心的聲音。在現實中擁有實力的你，如果能夠活用無形世界的智慧，或許也能帶給周圍的人更大的影響。

## ❖ 生日帶來的訊息 ❖

「打破現狀」
「開花結果」
「留意平衡」

### 前世の故事

你的前世，是在中世紀的朝鮮半島為人民奉獻的公主。

你藉著與領主結婚的機會，致力於改革社會系統，希望弭平差異。你輔佐身為領主的丈夫，積極提拔來自各地的人才，引進稅金制度等新的方針，企圖貫徹這些制度，奠定國家發展的基礎。此外，你與領民一起勞動、流汗，齊心協力的態度也獲得信賴，但社會改革的結果，卻替以農耕為主的庶民帶來痛苦。雖然你希望帶給人民繁榮的國家，並為此而努力，但最後仍改變不了社會結構，能夠變得富足的人終究只有部分階級，這點使你感到自責。

# כויב

12/26 希伯來文

### ❖生日契合度❖

◉ 情人．伴侶

| | |
|---|---|
| 1月9, 18, 27日 | 7月3, 12, 30日 |
| 2月8, 17, 26日 | 8月2, 11, 20日 |
| 3月7, 16, 25日 | 9月10, 19, 28日 |
| 4月6, 15, 24日 | 10月9, 18, 27日 |
| 5月5, 14, 23日 | 11月8, 17, 26日 |
| 6月4, 13, 22日 | 12月7, 16, 25日 |

◉ 工作夥伴．朋友

| | |
|---|---|
| 1月1, 19, 28日 | 7月4, 13, 31日 |
| 2月9, 18, 27日 | 8月3, 12, 30日 |
| 3月8, 17, 26日 | 9月2, 11, 29日 |
| 4月7, 16, 25日 | 10月1, 19, 28日 |
| 5月6, 15, 24日 | 11月9, 18, 27日 |
| 6月5, 14, 23日 | 12月8, 17, 26日 |

◉ 競爭對手．天敵

[1/8] [3/3] [7/8] [8/1]
[8/16] [10/10] [11/1]

◉ 靈魂伴侶

[2/15] [3/27] [4/17] [8/9]
[9/1] [10/24] [12/9]

### ❖生日名人❖

湯瑪斯．格雷（詩人）
亨利．米勒（作家）
毛澤東（政治家）
傑羅姆．勒．班納（格鬥家）
菊池寬（作家）
川原和久（演員）
原田美枝子（演員）
田畑智子（演員）
小栗旬（演員）
城田優（演員）

◉ 從你的生日看命運
請見32頁

# 12月27日

December twenty-seventh

## 不失赤子之心 聰明又博學的智者

12 月 27 日出生的你，是個聰明又博學的智者。你有著冷靜沉著的成熟特質，同時又兼具孩子般的天真與純粹。

出生日期 27，帶有 2 的協調、調和，與 7 的獨立、職人氣質這兩種意義，象徵你可以一邊祈禱眾人的幸福，一邊朝著理想確實邁進。再加上出生月分 12 的氣勢、節奏感這兩項要素，更加突顯你擁有創造新事物的能量。

大家往往會把你看成認真的資優生，但其實你也有著孩子般的玩心，雖然低調收斂，但卻散發出某種吸引人的魅力。你沉著穩重、禮貌優雅，但也有頑童般容易親近的一面，身邊的人想必很仰慕你。

你雖然不太透露自己真正的想法，但內心隱藏著高度自尊，也有著不服輸的一面。你在心裡，其實看不起知識淺薄、不夠努力的人。

雖然你擅長細心、體貼地協助身邊的人，但也容易累積壓力，一旦情緒失衡，就有責怪自己的傾向，請特別注意。就算只有一個真心的朋友也好，最好能有願意理解你、讓你吐露心聲的人。

### ✧戀愛・婚姻・性生活✧

你基本上是個被動的人，在愛情方面的進展也步調緩慢。即使遇到印象不錯的人，你也不可能主動出擊。雖然你會自己想像各式各樣的狀況，但其實就連告訴對方自己對他懷著好感，或許都說不出口。你雖然理性、不太表露真心，但胸口卻藏著為對方著想的溫情。

另一方面，你也有點頑固，不會對自己所堅持的價值觀讓步。婚後，你會成為好丈夫、好太太，但如果太執著於理想的家庭形象，只會使自己痛苦而已。在性生活方面，你比較被動、壓抑。由於你重視精神層面，請特別注意不要發展成無性關係。



### ✧工作・財運✧

你是個浪漫主義者，工作不忘玩心，把取悅別人當成最重要的事情。在幕後擔任輔佐者或參謀，都能發揮你的能力。你踏實的工作態度雖然得到深厚的信賴，但你依然不出鋒頭。為別人帶來幫助能夠使你獲得成就感。

此外，你兼具敏銳的眼光與靈感，因此也有開拓新領域的可能性。你工作的目的與其說是賺錢，不如說是造福世界與人類，你的財運雖然不差，但你懷著強大的信念，認為應該把錢花在為人們帶來幸福。你自己或許不太有想要賺錢，或是想要成為有錢人的意識吧。

## ❖ 今生使命．未來展望 ❖

你今生的使命是：不忘孩子般的天真，帶著發自內心的笑容，豁達享受人生。

你雖然有著孩子般的天真，但理性上經常把大家的利益視為優先，所以不擅長坦率表達自己的情緒。你是否壓抑真正的心情，總是把自己的事情擺到後面呢？

你有時候也可以稍微停下思考，試著把更多的意識擺在感受真我。

為別人著想、行動雖然很了不起，但總是犧牲自己，並不是真正地幫助別人。請你釋放在自己心中沉睡的赤子之心，拋開罪惡感，更坦率地享受自己的人生吧。認真地把能量灌注在自己身上，為自己帶來笑容，最後也會為周遭帶來喜悅，而這才是對別人有幫助的事情。

## ❖ 生日帶來的訊息 ❖

「運用智慧」

「聰明」

「不忘玩心」

### 前世の故事

你的前世，是日本江戶時代的醫生。

你的醫院就位在江戶的某條街上，而你平常就在各處的商家、宅邸出入，因此開始有人拜託你幫他物色媳婦、女婿，甚至是找工作。你擁有深厚的人緣，人面也廣，因此積極將工作介紹給因失業而煩惱的年輕人，就連因為生病療養而失去工作的人，你也會在他們恢復之後幫他們找工作，於是你的醫療與人力仲介事業，運作得比想像中還順利。但因為你太忙於介紹，在醫生的本業犯下了嚴重失誤。這時你才察覺到，自己從事的這份工作，處理的是比任何事物都重要的生命，於是你重整心情，決定要更專注在本業上。

# כזיב

12/27 希伯來文

### ❖ 生日契合度 ❖

◉ **情人．伴侶**

| | |
|---|---|
| 1月6, 15, 24日 | 7月9, 18, 27日 |
| 2月5, 14, 23日 | 8月8, 17, 26日 |
| 3月4, 13, 31日 | 9月7, 16, 25日 |
| 4月3, 12, 30日 | 10月6, 15, 24日 |
| 5月2, 20, 29日 | 11月5, 14, 23日 |
| 6月10, 19, 28日 | 12月4, 13, 31日 |

◉ **工作夥伴．朋友**

| | |
|---|---|
| 1月2, 11, 29日 | 7月5, 14, 23日 |
| 2月1, 19, 28日 | 8月4, 22, 31日 |
| 3月9, 18, 27日 | 9月3, 21, 30日 |
| 4月8, 17, 26日 | 10月2, 11, 29日 |
| 5月7, 16, 25日 | 11月1, 10, 19日 |
| 6月6, 15, 24日 | 12月9, 18, 27日 |

◉ **競爭對手．天敵**

[2/27] [4/1] [6/8] [7/26] [8/9] [8/27] [12/29]

◉ **靈魂伴侶**

[1/21] [3/25] [5/11] [5/26] [8/25] [9/13] [12/16]

### ❖ 生日名人 ❖

克卜勒（天文學家）
巴斯德（細菌學家）
瑪琳．黛德麗（演員）
淺沼稻次郎（政治家）
奈美悅子（演員）
藤井尚之（音樂人）
福田正博（足球選手）
濱田麻里（藝人）
山崎直子（太空人）
西田優香（柔道選手）

◉ **從你的生日看命運**
**請見32頁**

# 12月28日
December twenty-eighth

## 與夥伴同在現場揮灑汗水的熱血隊長

這天誕生的你，總是處在眾人的中心，無論是工作還是娛樂，你總是熱愛現場熱熱鬧鬧的感覺。你調皮又充滿玩心，最重視身歷其境的氣氛。

你能夠設身處地為同伴著想，只要有人陷入困難，你就會自然伸手幫忙，是個熱血的隊長。但是你的夥伴意識過於強烈，即使沒有別人的請託，你也會一頭栽進麻煩當中，有時也反而會使狀態變得更加混亂。請你提醒自己，對任何事都不要太過投入。

你希望與家人及夥伴一起實現夢想和目標，而不是單獨達成，所以你能夠引導別人發揮能力，擁有統整團隊的出色才華。雖然你幫助別人是出於自己的喜好，卻會因為別人不知感恩或聽不進建議而生氣，這點必須注意。此外，因為你會明確區分敵我，所以聚集在你身邊的人，往往總是相同類型。

你的出生日期28的2，代表協調、調和，8則代表無限大（∞）的力量。至於出生月分12，則帶有氣勢、節奏感的意義，是個代表孩子的數字。12月28日出生的你，最喜歡與同伴一起努力，能夠擔任活力充沛的隊長，強而有力地率領大家前進。

### ❖戀愛・婚姻・性生活❖

你平常會站在前面率領眾人，然而一旦談起戀愛，就是另外一回事了。你在戀愛中會變得被動，想要配合對方的步調。你意外地善妒，總是在意著對方。自己明明有很多異性朋友，卻無法忍受對方與異性相處，可能會像孩子一樣鬧脾氣，造成對方的困擾。

你在婚後會穩定下來，以豁達、可愛的態度建立和睦的家庭。你和孩子在一起時，通常看起來像是兄弟姊妹，不像親子，因為你會不惜努力保持年輕。在性生活方面，或許在你安心的情況下就能發揮本領。



### ❖工作・財運❖

你總是希望與夥伴一起燃燒熱血，就像是個熱血隊長。你重視第一線，和大家一起流著汗水、挑戰困難能夠讓你感受到活著的意義。

你為夥伴著想，有著強烈的號召力，具有吸引人才、資源、金錢的強大力量。你不擅長瑣碎的工作，所以比起親力親為，交給擅長的人負責比較保險。你具有以隊長的身分，帶領眾人賺大錢的才能。老大般的個性讓你禁不起吹捧，在人前說點好話就能讓你破費款待，你有時會等到事後才來後悔，請特別注意。

## ❖ 今生使命・未來展望 ❖

你今生的使命是：把自己完成的事情，以看得見的形式確實保留下來，流傳後世。

你充滿創造新事物的力量，但把事物創造出來之後就會失去興趣，將其拋在一邊，把注意力轉移到下一個目標。此外，你雖然為照顧身邊的人忙碌奔走，卻往往把自己的事情擺到後頭。

請你拋開以別人為優先的想法，有時候也試著宣告「我只做自己的事情！」例如寫寫日記或部落格、完成手工藝或木工作品等，就算從日常生活中微不足道的小事開始也好，總之試著挑戰能夠留下成果的事物吧。以具體的形式展現自己經手的事物，能使你在人生中獲得確切的成就感。

## ❖ 生日帶來的訊息 ❖

「迸發的熱情」

「熱血」

「腳踏實地堅持下去」

### 前世の故事

你的前世，是來歷正統的英國政治家。

你開朗、不知畏懼為何物，從小就自然而然地培養出領導身邊人群的能力。父親對你的資質寄予厚望，認為你未來應該成為推動國政的政治家，於是嚴格地教導你禮儀、規矩甚至法律等政治家必備的帝王學。但是，你比別人加倍厭惡沒來由的命令，因此總是反抗這樣的父親。最後你成了傑出的政治家，並且也結婚了。

後來你的兒子出生，你看著他在玩耍時指揮朋友的樣子，不禁與他未來的樣貌重疊。這時你才發現父親對自己的期望有多麼深厚。

12/28 希伯來文

### ❖ 生日契合度 ❖

◉ **情人・伴侶**

| | |
|---|---|
| 1月7, 16, 25日 | 7月1, 19, 28日 |
| 2月6, 15, 24日 | 8月9, 18, 27日 |
| 3月5, 14, 23日 | 9月8, 17, 26日 |
| 4月4, 13, 22日 | 10月7, 16, 25日 |
| 5月3, 21, 30日 | 11月6, 15, 24日 |
| 6月2, 20, 29日 | 12月5, 14, 23日 |

◉ **工作夥伴・朋友**

| | |
|---|---|
| 1月3, 21, 30日 | 7月6, 15, 24日 |
| 2月2, 11, 29日 | 8月5, 14, 23日 |
| 3月1, 19, 28日 | 9月4, 13, 22日 |
| 4月9, 18, 27日 | 10月3, 12, 30日 |
| 5月8, 17, 26日 | 11月2, 11, 29日 |
| 6月7, 16, 25日 | 12月1, 10, 28日 |

◉ **競爭對手・天敵**

[3/22] [4/21] [6/1] [6/28] [7/18] [9/1] [11/20]

◉ **靈魂伴侶**

[1/19] [4/16] [5/31] [7/4] [8/30] [9/27] [12/15]

### ❖ 生日名人 ❖

亞瑟・愛丁頓（天文學家）
理察・克萊德曼（鋼琴家）
丹佐・華盛頓（演員）
堀辰雄（作家）
石原裕次郎（演員）
渡哲也（演員）
北村薰（作家）
藤山直美（演員）
星出彰彥（太空人）
寺島忍（演員）

◉ **從你的生日看命運 請見32頁**

# 12月29日

December twenty-nth

**無法完全相信深藏不露的實力者**

這天誕生的你，是個深藏不露的實力者，不會讓自己的能力展現出來。但你的輔佐，卻能讓任何人都感到安心。

你的出生日期29的2，象徵協調、調和，9則意謂著完結、賢者。這兩個數字相加等於11，是個靈性、神聖的數字。

29日出生的人，溫和、不喜歡爭執，有綜觀整體的宏觀視野與深度的智慧，是個考慮周到的好人。再加上出生月分12氣勢、節奏感等孩子的要素，使12月29日出生的人，雖然是個聰明、可靠的資優生，卻也有著調皮的一面，經常有朋友找你商量煩惱，或是受人請託調解糾紛、擔任仲裁。

你平常雖然不出鋒頭，但在需要的時候卻能發揮實力，若無其事地提出誰也想不到的好方法。

雖然你很少吐露心聲，但喜怒哀樂都很分明，跟你熟稔之後，或許會因為這樣的落差而被嚇到。你只要一下定決心就會動力全開，朝著目標勇往直前。你自己雖然希望待在幕後，但因為你不僅擁有統籌整體的實力與人緣，也有不可思議的魅力，因此也會在重要場合擔任領袖。

## ✧戀愛・婚姻・性生活✧

你扮演著符合周遭期待的好人，以資優生的面貌出現在眾人面前，但在戀愛方面容易展現兩面性，面對傾心的伴侶時，行為舉止卻可能變得任性妄為。

如果你覺得自己說得太過分了，也必須老實地向對方道歉。你神祕的眼神中，隱隱透露出孩子般的純粹，這點相當吸引異性。你對性生活雖然感興趣，卻有晚熟、全憑心情的一面，因此或許會讓對方因為顧慮你的情緒而疲累。

你對第一印象的直覺，是你決定對方適不適合你的關鍵。



## ✧工作・財運✧

你是個聰明的全方位人才，幾乎所有事情都能做到一定程度。你不管什麼工作都能順利完成，為了維持知識與技術也不吝努力。你給人反應靈敏的印象，因此在組織活動中是非常寶貴的人才。

基本上你不是主動積極策劃工作的類型，一起工作的領導者或身邊夥伴的資質，將會成為左右你事業運的重點。

你的財運也會隨著交往對象大幅改變。你雖然具備理財知識，對於存錢卻沒有太大興趣，屬於腳踏實地的類型。

## ❖ 今生使命・未來展望 ❖

擁有優異直覺的你，今生的使命是：接受人生的自由與變化，希望成為連結世上人們的溝通者。

你雖然能夠活用出色的直覺與靈感，得到直觀的答案，卻稱不上將這樣的能力發揮到淋漓盡致吧。你無法有條理地說明自己的直覺，所以是否對於把答案告訴別人沒有自信呢？

但是你想必也有過不少憑著自己的直覺得到的答案，度過人生難關的經驗。請你在今生試著把心思擺在將這樣出色的才能，與更多的人分享吧。

你只要留心與身邊的人坦率溝通，將感受到的事情自然、開朗地告訴他們即可。當你只將實踐之後得到效果的經驗，自由地以訊息傳達出去，不久之後終究能夠將全世界的人們串連起來。

## ❖ 生日帶來的訊息 ❖

「臨機應變」
「預言」
「培養靈活度」

### 前世の故事

你的前世是古埃及命字塔時代的薩滿。

你出生在極普通的庶民之家，從小就有優異的靈感與直覺，在鄰居之間也是獲得好評的孩子。當時的習俗是，擁有神祕力量的孩子，都要離開父母身邊，以薩滿的身分接受教育。不久之後，國王的使者聽到傳聞而前來迎接你。你為了接受薩滿的精英教育，小小年紀就坐上金碧輝煌的轎子離開家鄉。你看著父母邊哭邊送行的臉，知道這就是永別。於是你覺悟到，自己日後將不再是父母的孩子，而是必須以國家命運預測者的身分活下去。

כטיב

12/29 希伯來文

❖ 生日契合度 ❖

◉ **情人・伴侶**

| | |
|---|---|
| 1月3, 12, 30日 | 7月6, 15, 24日 |
| 2月2, 11, 29日 | 8月5, 14, 23日 |
| 3月10, 19, 28日 | 9月4, 13, 22日 |
| 4月9, 18, 27日 | 10月3, 21, 30日 |
| 5月8, 17, 26日 | 11月2, 11, 29日 |
| 6月7, 16, 25日 | 12月1, 10, 19日 |

◉ **工作夥伴・朋友**

| | |
|---|---|
| 1月4, 22, 31日 | 7月7, 16, 25日 |
| 2月3, 12, 21日 | 8月6, 15, 24日 |
| 3月2, 11, 29日 | 9月5, 14, 23日 |
| 4月1, 10, 28日 | 10月4, 13, 31日 |
| 5月9, 18, 27日 | 11月3, 12, 30日 |
| 6月8, 17, 26日 | 12月2, 20, 29日 |

◉ **競爭對手・天敵**

[3/15] [5/2] [6/24] [8/2] [8/22] [9/21] [12/11]

◉ **靈魂伴侶**

[3/7] [3/25] [5/3] [6/11] [7/3] [10/7] [11/8]

❖ 生日名人 ❖

帕布羅・卡薩爾斯（大提琴家）
裘德・洛（演員）
岸本加世子（演員）
鶴見辰吾（演員）
加勢大周（演員）
押切萌（模特兒）
森崎友紀（料理研究家）
荒川靜香（花式滑冰選手）
錦織圭（網球選手）
生駒里奈（藝人）

◉ **從你的生日看命運**
**請見32頁**

# 12月30日

December thirtieth

**直率又有衝勁**
**純潔無瑕的孩子**

這天誕生的你，坦率、開朗、有精神，讓人感受不到年齡，就像是個永遠的孩子。你不管幾歲都天真爛漫，無論什麼事情都能把直率的態度貫徹到底，不會失去天真無邪的心。

你擁有幽默感，能在歡笑當中，與周圍的人分享元氣與動力。雖然你也有不服輸、自尊心高、好強的一面，但內心非常溫柔，感受力也很豐富。而且你擁有強烈的正義感，看到有人欺負弱小就無法置之不理，擁有不管三七二十一就衝上去伸張正義的勇氣。

你對於新的事物、未知的事物、有趣的事物擁有比別人加倍旺盛的好奇心。毫不畏懼地積極挑戰任何事情，對於感興趣的事情很快就會著迷。你的直覺敏銳，具有瞬間看透事物本質的才能，謊言與欺瞞無法對你產生作用。

你對於感興趣的事情、有趣的事情，擁有出色的爆發力與專注力，但計畫力與續航力則馬馬虎虎。你對任何人說話都是一針見血，但因為沒有惡意，所以也不會被討厭，這可說是 12 月 30 日出生的人在個性上的優勢。

出生日期 30 的 3 是孩子的數字。而這個特質因為 0 的力量而被擴大、強調。你的出生月分 12，有著坦率的氣勢，屬於總是以直球決勝的孩子的數字。12 月 30 日出生的人因為擁有雙倍的孩子特質，因此天真、開放、不怕生，不管和誰都能交好。

## ❖ 戀愛・婚姻・性生活 ❖

你不管和誰都能立刻打成一片，因此想必有許多異性朋友。像孩子般可愛的你，對周圍的人來說或許就像偶像一樣。你對於愛情有著高度理想，能夠一直認真地等待白馬王子出現。但或許會因為意想不到的邂逅而一見鍾情，很快地就閃婚。你專情、不瞻前顧後，因此也很有可能先有後婚。你對於性生活雖然有著旺盛的好奇心，但對體型自卑，所以比起性本身，你更重視肌膚接觸等肉體交流。



## ❖ 工作・財運 ❖

對你來說，工作就像一種遊戲，既不是義務也不辛苦。在職場的人際關係方面，你也與任何人都能立刻交好，是個不可或缺的開心果。建議你可以從事活躍的自由業，如果是上班族，則適合擔任外勤業務。因為你不適合單調重複的作業、需要細心專注的工作、或是規則嚴謹的嚴肅職場。

整體而言，你的財運不錯，只要活用你獨特的創意與新鮮的感受力，就有可能瞬間爆紅，賺到大錢。

## ❖ 今生使命・未來展望 ❖

今生的你，就像永遠的孩子，而這樣的你，選擇把「無私去愛人生中所有相遇的人」當成自己的使命。孩子氣的你是個急性子，因為太急著看到結果，所以如果別人不立刻對你為他做的事情表達感謝或讚賞，你就容易鬧彆扭、生氣、不安或沮喪。一旦你展現嬌氣的一面，往往就會把事情的不順利怪罪到別人頭上，或是採取任性的態度。

當自己處於不滿足的狀態，無法對他人傾注無私的愛。你是否能夠打從心裡感到愉快，是影響你能不能無私去愛人的關鍵。

而對你的人生而言，笑容就是最佳工具。笑容這項工具很棒，能夠讓自己與對方同時感到幸福。對於能讓自己展露笑容的事情不要偷懶，把心思放在不求回報、不斤斤計較的愛的實踐吧！

## ❖ 生日帶來的訊息 ❖

「天衣無縫」
「輕鬆愉悅」
「滿溢的熱情」

### 前世の故事

你的前世，是古代印加帝國大受歡迎的街頭藝人，同時也是個發明家。

你從小就好奇心旺盛，熱愛有趣的事情，因此朝著藝人之路邁進。你用自豪的發明產品展開的表演大受好評，不管在哪裡演出，都聚集了許多人。群眾被你的演出吸引而陶醉、爆笑，送給你熱烈的掌聲。你順從著好奇心，享受自由自在的人生，但迎向人生終點時，你突然湧現了「這樣的人生真的好嗎？」的疑問，你心想：或許在平凡的生活中尋找幸福的人生更好。

# לִיבּ

12／30 希伯來文

### ❖ 生日契合度 ❖

**◉ 情人・伴侶**

| | |
|---|---|
| 1月8, 17, 26日 | 7月2, 11, 20日 |
| 2月7, 16, 25日 | 8月10, 19, 28日 |
| 3月6, 15, 24日 | 9月9, 18, 27日 |
| 4月5, 14, 23日 | 10月8, 17, 26日 |
| 5月4, 22, 31日 | 11月7, 16, 25日 |
| 6月3, 12, 30日 | 12月6, 15, 24日 |

**◉ 工作夥伴・朋友**

| | |
|---|---|
| 1月5, 14, 23日 | 7月8, 17, 26日 |
| 2月4, 13, 22日 | 8月7, 16, 25日 |
| 3月3, 21, 30日 | 9月6, 15, 24日 |
| 4月2, 20, 29日 | 10月5, 14, 23日 |
| 5月1, 10, 28日 | 11月4, 13, 22日 |
| 6月9, 18, 27日 | 12月3, 12, 30日 |

**◉ 競爭對手・天敵**

[3/12] [4/21] [4/25] [6/23] [11/18] [11/27] [12/5]

**◉ 靈魂伴侶**

[4/13] [6/8] [7/16] [10/7] [11/24] [11/30] [12/2]

### ❖ 生日名人 ❖

馮塔納（作家）
吉卜林（詩人）
尤金・史密斯（攝影師）
帕蒂・史密斯（音樂人）
老虎伍茲（高爾夫選手）
泰瑞斯・吉布森（歌手）
山本潤子（歌手）
崎谷健次郎（音樂人）
元木大介（棒球選手）
馬場由佳里（高爾夫選手）

◉ 從你的生日看命運
請見32頁

# 12月31日

December thirty-first

奮力奔向未來願景單純的實務家

12 月 31 日是一年的結束，選擇在這天誕生的你，擁有純真、直接的創造力與動力。你的思維能夠衝勁十足地朝未來馳騁，自己創造出新的潮流，並且也有實力將其具體實現。

你的出生日期 31 的 3 代表創造力，1 代表開始、領導，兩者結合在一起，象徵著把想像化為實體。再加上 12 氣勢、節奏感等孩子的要素，使你擁有先見之明，能夠活用靈感，創造全新的時代潮流。

你不管對誰都面帶微笑，態度溫和親切，是個老實的好人，大家都對你很有好感。你也具備實力，屬於實務型人物。你的責任感強烈，不忘恩義與人情，既堅毅又可靠。你對人深信不疑，認真面對任何人，與人來往時總是全力以赴。你是個純粹的人，會順從接受長輩的教誨，確實遵守規定好的約定與禮法。

另一方面，對於不合心意的事情，你往往會忍不住採取孩子般任性、不服輸的態度。對你來說，把注意力擺在樂趣而非正確、擺在自我責任而非別人的期待，都是重要的事情。你的正義感強烈，無法接受欺瞞、舞弊、私下交易等行為。請你有意識地保有內心的從容，不要太過於以自己的正義逼迫別人。

## ✧戀愛・婚姻・性生活✧

你屬於無法抗拒愛情的純情派。雖然對戀愛感興趣，但幾乎可說是超晚熟。面對異性時的第一個反應是害羞，所以無法拿出勇氣表明心跡。你不是那種玩得起曖昧遊戲的人，或許會突然向單戀的對象告白，嚇到對方，但這也可能成為戀愛的契機。首先請自然地與異性當好朋友，把愛情當成友情的延伸。你在性生活方面，或許同樣晚熟、生澀。請你不要害羞，誠實地表明自己真正的想法。

## ✧工作・財運✧

你適合製作具體作品之類有創造性的工作。雖然你會嚴格遵守時間與規則，卻不會給人頑固的印象。你重視人情義理，也相當看重別人，在組織中尤其能夠得到重用，想必可以確實出人頭地。此外，把自己做過的事情化為看得見的形式能使你獲得成就感，因此也很適合從事製造業的第一線。

你對金錢的觀念也很實際，或許會把存錢當成興趣。但存錢的目的如果不明確，金錢的能量就會變得停滯，所以請你留意存錢的目的，需要用錢的時候就乾脆地花掉吧。

### ❖ 今生使命・未來展望 ❖

你是誠實的實務家，今生的使命是：透過自己的經驗追求真理，靠一己之力把事情做到完美，使身心都能均衡獨立。

你是否有著頑固的一面，無法接受自己討厭的事情，或是變化劇烈的事情呢？如果你有這樣的傾向，往往就會把自己封閉在框架裡，採取強烈的保守姿態。獨自一人頑固地孤立，和與周遭建立均衡關係的獨立完全不同。

若獨自一人攬下事情，想要堅持到底、做到完美，最後只會造成旁人的困擾而已。

請你冷靜分辨自己做得到與做不到的事情，信任周圍的人，坦率地讓他們分擔工作，這對你能否與別人建立穩固的對等關係非常重要。為了氣勢十足地邁向未來展望，並將其實現，讓自己的身心均衡獨立就是今生的首要之務。

### ❖ 生日帶來的訊息 ❖

「螺旋式上升」

「永恆」

「播下未來的種子」

#### 前世の故事

你的前世，是在俄羅斯帝政時代，為國家工作，直屬於皇室的祕密警察。

你為了脫離鄉下貧困的生活，提出為國家奉獻的志向前往首都。你最初隸屬於軍隊，後來長官對你遵守規則的強烈正義感寄予厚望，提拔你成為直屬政府的祕密警察。你因此受到激勵，以正義為名接連舉報許多叛亂份子，並因此逐漸成名。但被你逮捕的人，許多都是對貧困的生活懷著不滿的庶民，就像過去的自己一樣。發現這點之後，你開始對自己的任務萌生懷疑，不知道這樣下去真的好嗎？

## לאיב

12/31 希伯來文

### ❖ 生日契合度 ❖

**◉ 情人・伴侶**

| | |
|---|---|
| 1月4, 13, 31日 | 7月7, 16, 25日 |
| 2月3, 12, 21日 | 8月6, 15, 24日 |
| 3月2, 11, 29日 | 9月5, 14, 23日 |
| 4月1, 19, 28日 | 10月4, 13, 31日 |
| 5月9, 18, 27日 | 11月3, 21, 30日 |
| 6月8, 17, 26日 | 12月2, 20, 29日 |

**◉ 工作夥伴・朋友**

| | |
|---|---|
| 1月6, 15, 24日 | 7月9, 18, 27日 |
| 2月5, 14, 23日 | 8月8, 17, 26日 |
| 3月4, 22, 31日 | 9月7, 16, 25日 |
| 4月3, 21, 30日 | 10月6, 15, 24日 |
| 5月11, 20, 29日 | 11月5, 14, 23日 |
| 6月1, 19, 28日 | 12月4, 13, 22日 |

**◉ 競爭對手・天敵**

[2/20] [3/19] [6/10] [8/4] [9/13] [10/16] [11/29]

**◉ 靈魂伴侶**

[1/22] [2/2] [3/9] [4/8] [6/24] [11/19] [12/18]

### ❖ 生日名人 ❖

安德雷亞斯・維薩里（解剖學家）
亨利・馬諦斯（畫家）
安東尼・霍普金斯（演員）
陳偉群（花式滑冰選手）
林芙美子（作家）
石井克人（導演）
江口洋介（演員）
大黑摩季（歌手）
東貴博（藝人）
中越典子（演員）

◉ 從你的生日看命運
請見32頁

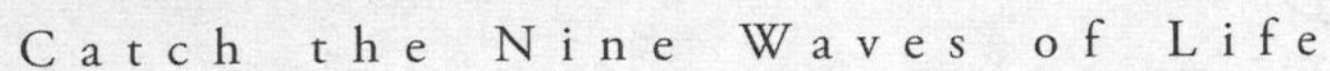

Catch the Nine Waves of Life

# 從生日看命運循環

## ❖「人生的 9 種運勢變化」❖

# 從生日看命運循環
## ── 人生的 9 種運勢變化 ──

### ❖ 人生有「9 種運勢變化」❖

無論是生物或無生物，只要被細細分割到分子、原子的程度，都會發現其中存在著電子以一定週期繞著原子核運動的原子模型。

這和宇宙中的天體運行完全一樣。海水的漲潮退潮、心臟的跳動、月經的週期、景氣的循環等等，全都不斷地重複這種如海浪浪潮般的波動。這個世界的一切，都是隨著波動運行。

我們的人生當然也會受到這種運勢波動的支配，因此總是在潮起潮落中反覆往返。而生命靈數中的 9 種運勢變化法則，就是解讀人生起伏的智慧。

為什麼人生由 9 種運勢變化的週期組成呢？答案很簡單。

因為最基本的數字只有「1～9」。所有的 2 位數都可以相加成 1 位數，例如 10 的兩位數字相加等於 1，11 相加等於 2，12 相加等於 3，無論任何數值，結果終究還是回歸到 1～9 的循環。

只要活用 9 種運勢變化的循環法則，就能清楚解讀自己置身於何種起伏當中。同時也能驗證過去的經歷，並簡單預測未來的運勢變化。

在了解自己人生的運勢變化後，順著命運的趨勢前行才是終極的成功法則。因此首先必須學會對自己人生的趨勢進行解讀。如果不了解掌管自己人生的 9 種運勢的變化，你的人生就難以成功。

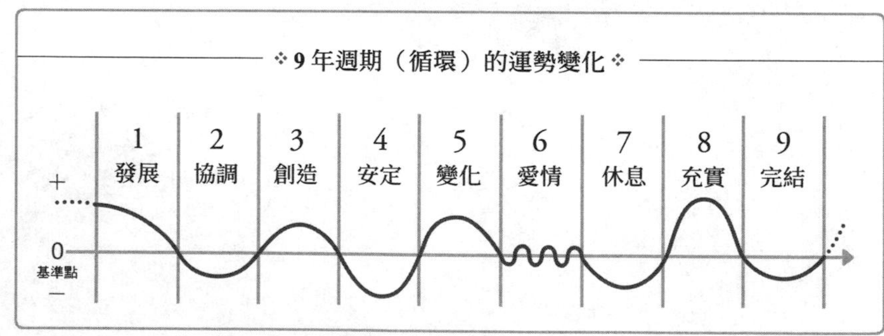

## 年度運勢「循環數」的計算方法

將你想要了解運勢的那一年西元年分，與生日的每一位數字相加。如果答案是 11、22、33，就是你那一年的「循環數」。

除此之外的答案，請重複將第 1 位數字與第 2 位數字加起來的步驟，直到答案只剩下個位數，就能得到你的「循環數」。

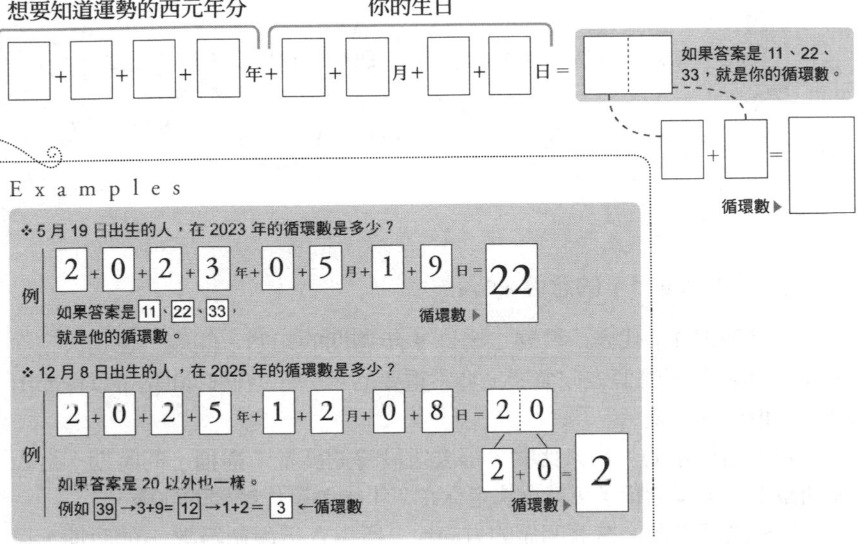


**❖生日是每年運勢循環的起點**

從這一年的生日到下一年的生日是一個循環。但循環的趨勢並非以生日為界突然切換，而是在生日前後這段時間緩緩改變。

「循環數」

了解你的人生運勢變化

## 播種的時期

明確地定出前進的目標，
邁步向前行吧。

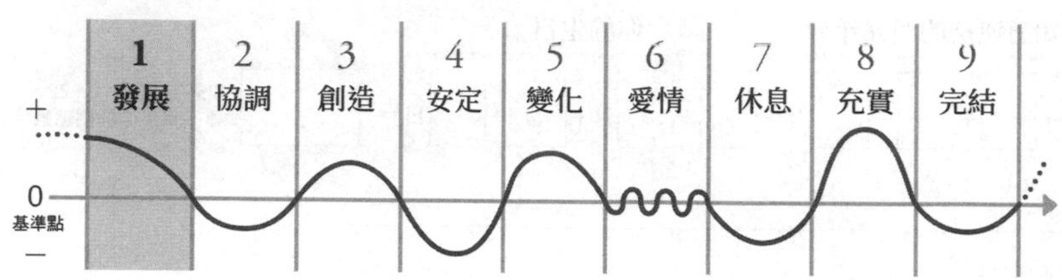


### 「循環數 1」的意義

「循環數 1」代表「發展」，是 9 年週期的起始、開端，也是決定你未來 9 年會朝著哪個方向發展，非常重要的年分。這個時間點可以釋放出外向、積極的能量。

如果用樹木的生長來比喻，那麼這段時期就是「播種」的時期。這段時期撒下什麼樣的種子，就會決定你在 7 年後會有什麼樣的收穫。

1 象徵著箭頭，有著明確的方向性。所以在這段循環數 1 的時期，最重要的，就是決定未來的目標，並朝著這個方向具體地實踐。雖然你不需要在這年完成一切，但如果沒有在這年提出明確的目標，接下來就會度過渾渾噩噩的 9 年週期，因此必須小心。

### 活用的重點

你的機會已經到來，這將是把過去醞釀的想法付諸實行的一年，最適合展開新的事物。無論是結婚、生子、就業、獨立、開業、換工作、學習新事物或挑戰新興趣都不錯。總而言之，這年最好積極行動。

就算是象徵開始的時期，也不代表你可以貿然對新的事物出手。雖然在這段時期播撒各式各樣的種子不是壞事，最後你終究只能收穫一種果實。

換句話說，今年的重點就在於想像 7 年後的自己，並在這年提出一定程度的具體展望。這段時期開始著手的事情、意圖放棄的事情，無論好壞都將決定未來 9 年的方向，因此請有所覺悟地接受挑戰吧。

### 戀愛・婚姻

這一年是最適合展開新生活的時機。無論是與長期交往的對象結婚、同居或是生子等等，以不同以往的全新形式深入交流都很適合。當然，這段時期也是容易發生新的邂逅的時期。

在戀愛方面，這一年是吸引新戀情的絕佳機會。請你以全新的自己，前往過去未曾造訪的場所或無緣的地方，試著積極展開行動，追求新的戀愛體驗吧。

不過，如果你真心追求新的戀情，那麼為過去的戀情畫下乾淨的休止符就比什麼都重要。如果在這方面曖昧不清，與過去的戀情藕斷絲連，那麼這種不清不楚的態勢，將在未來的 9 年揮之不去，因此請務必乾脆地放下舊的戀情。

### 工作・財運

這一年將是開始執行過去醞釀的新企畫、新點子、新專案的最佳時機。這段時期也是最適合獨立創業的年分。如果你想要獨立創業，請不要錯過這個「循環數 1」的時機，試著果斷展開行動，或許就會發現事情進行得意外順利。

不過，這一年也屬於金錢開銷大的時期，因此在這方面請有所覺悟。這時或許會有意想不到的支出，如果沒有一定程度的積蓄，可能會很痛苦。但在這樣的時機下不適合太吝嗇。如果你能將這年當成投資的一年，果斷地將資金投入新的領域，這筆支出終將成為碩大的果實回到你手上，不要輕易被眼前的得失所迷惑。

### 健康・生活

這年的你，想必於公於私都會變得很忙碌吧，也可能因為過勞而弄壞身體，但應該不至於對健康造成嚴重損害。這段時期適合好好一展長才，建議你可以多努力一點。如果你在這段時期經歷了重病或受傷就必須小心，很可能是在警告你一直以來都用錯誤的方式生活，所以最好不要再勉強自己，謹慎地努力恢復體力，並重新檢視過去的人生。

這時也是你開始新興趣或學習新事物的好時機，因為這段時期投入的興趣，日後很有可能成為你的工作。請你不要以有沒有才華、擅不擅長、能不能賺錢來判斷，試著接受喜歡的事情的挑戰，才是最重要的。

栽培的時期

注意與周圍人事的協調及和諧，確實扮演好輔助者的角色。

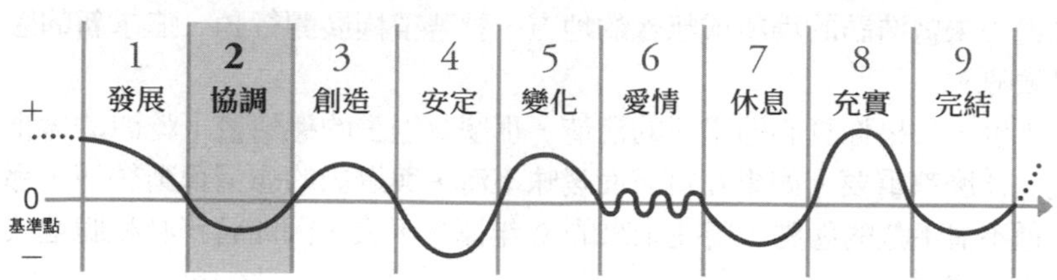


### 「循環數 2」的意義

「循環數 2」代表「協調」，這年的你可能會需要多多合作與忍耐，適合好好地扮演幕後協調、輔助的角色。

這年與流年 1 之年截然不同，真要說起來，這年反而相對平凡。如果用樹木的生長來比喻，就是「栽培」的時期。這段時期你為了培育在 1 撒下的種子，將會召募輔助者與夥伴，進行準備。請你稍微壓抑自己的主張，徹底扮演輔助、傾聽的角色，協助身邊的人吧。這段時期追求的是人事協調度、與身邊的人步伐一致，因此人際關係中的平衡感比什麼都重要。

由於從表面上看不出顯眼的變化，因此你可能會心浮氣躁，但這個時候無須焦慮。流年 1 之年撒下的種子，正在土裡確實生長，因此請相信自己，往前邁進吧。

### 活用的重點

流年 1 之年展開的項目，容易因為這年發生的事情而遭遇試煉。或許進展不如預期，因此容易後悔或迷惘，懷疑自己這麼做真的正確嗎？請你再一次重新檢視 1 之年決定的目標，以謙虛反省的態度，確認自己是不是把所有該做的事情都做了。

即使發生問題，最重要的仍是確實面對、不逃避的勇氣。在體力、時間、金錢達到極限之前，專注於眼前的事物，試著朝目標更加往前邁進一步，想必就會出現真正的協助者吧。

### 戀愛．婚姻

這段時期容易出現人際關係之間的糾紛。尤其在伴侶關係或戀愛關係方面，容易出現迷惘、被欺騙、被背叛……的情況。或是因為一時鬼迷心竅，而稍微嘗試出軌，不然也可能發現伴侶的花心或劈腿。些微的誤會，就可能在兩人之間造成鴻溝，也可能發展成爭執。這時情緒往往會變得不太穩定，因此會不相信對方、陷入誤會。

請把這些都當成對流年 1 那一年決定的關係的試煉吧。

這時候更應該回到原點，認真傾聽對方的想法。如果試著稍微壓抑自己的想法、意見及主張，坦率面對對方的理由，就能成為更加拉近兩人關係的捷徑。

### 工作．財運

這段時期，在事業面將難以獲得實質的成果。再者，這段時期是培育種子的時期，因此想在這個時候取得果實也有點勉強。即使在 1 之年撒下的種子，出乎意料地提早抽出嫩芽，也不能興高采烈地收割，否則嫩芽將無法更加成長。

如果這段時期獲得了某種程度的利益，也不能用來犒賞自己，應該以長遠的眼光，將這些利益做為再度投資的資金才是上策。

這一年尤其適合招募夥伴、合作者、員工與輔助，教育他們並仔細培養。這時候請勿要求立即的成果，抱持著先付出為上的想法，不要求回報，試著滿足對方、為他貢獻，才能在未來收穫成果。

### 健康．生活

這段時期比起生理面，你的精神面更容易失衡、受創。由於事情的發展很難如意，因此也容易累積精神壓力，必須小心。

此外，身邊的人際關係容易發生意想不到的麻煩，成為心理不平靜的一年。在試圖相信對方之前，更重要的是必須先信賴自己。

這個時候不必追求新的人際關係，最好把心思擺在與流年 1 之年認識的人深入來往。請盡量答應對方的邀約吧。因為和對方來往能帶來新的邂逅或關係。比起斤斤計較，不如放鬆精神，將能量挹注在良好的人際關係之中，更能保持身心均衡健康。

## 萌芽的時期

新生的嫩芽在時好時壞的環境中冒出頭來，這是值得期待的一年。

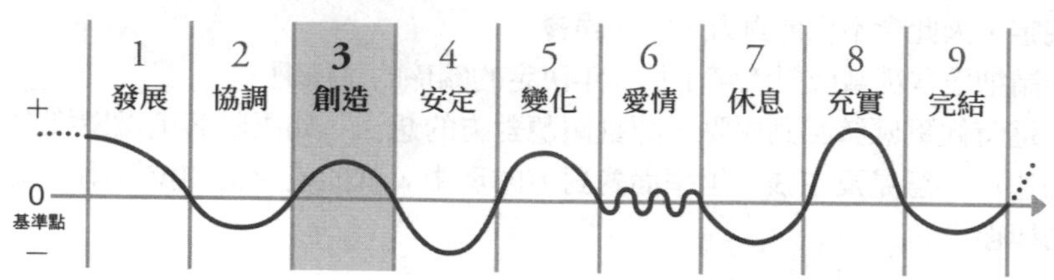


### 「循環數 3」的意義

「循環數 3」代表著「創造」，新的嫩芽會在這時冒出頭來，因此需要添加一點創造力。

雖然這時出現新的動靜，卻不代表一切順利，而是創造與破壞、喜悅與灰心、進步與停滯的波動反反覆覆、進進退退的一年。

如果用樹木的生長來比喻，就是在流年 1 之年撒下的種子，將在這年長出了看得見的新芽。因為這時已經能夠看到具體的全新動向與趨勢，因此容易得意忘形，忍不住想把力量都挹注到這個地方，但如果想在這時追求豐碩成果，因此提早收割，也隱藏著失敗的危險性。不要忽視原本的趨勢，試著把心思都擺在能讓新冒出的嫩芽更加成長的方法吧。

### 活用的重點

這是個從各種意義來看都會開始出現動靜的一年，因此情緒不要被這些變化牽著走很重要。與前一年的循環數 2 相比，這一年已經看得見具體的動靜，因此自然會想要順著這股趨勢活躍地行動，但並非所有的新芽都能順利成長。如果因為得意忘形，什麼都想要沾一點，而把觸角伸得太廣，將會失去方向，甚至還可能徒勞無功，因此必須小心。

你可以把這一年想到的點子告訴身邊的人，實際嘗試看看，或許會成為創造新趨勢的契機。重點在於，保持內心的從容。如果不管成功還是失敗，都能以幽默的心態面對，那麼最後還是能夠確實迎來屬於你的果實，因此不須擔心。

### 戀愛・婚姻

這是個拓展全新人際關係的時機。特別是在從事與工作無關的興趣或娛樂時，或許更容易拓展交友關係，找到新的戀情。

與情人或伴侶之間的關係，也容易在這段時期產生變化。只不過，應該不會出現大幅改變人生方向的發展。你們可能會因為一點小誤會而吵架，或是發生可能使關係出現裂痕的事情，但你們之間的關係，應該不至於因為這點事情就受到破壞……只要克服這些問題，距離就能拉近，更進一步加深關係，跨出邁向下一階段的步伐。

所以，與其自己一個人鑽牛角尖、悶悶不樂地煩惱，還不如坦率向對方表明自己真正的想法，只要能夠說出對不起，問題就迎刃而解。

### 工作・財運

這段時期的你由於拓展了新的人際關係，各式各樣的誘惑也會變多，因此行動上需要稍微謹慎一點。如果隨便聽信一些輕鬆就能賺錢的花言巧語，可能就會遭人暗算。

但另一方面，這段時期的你也容易得到一些意想不到的幸運，譬如從意外之處送上門來的商機，或是原本基於興趣或好玩所從事的活動居然能發展成事業，增加收入等等。

重點就在於單純的心。當你思考事情時不能以得失、賺不賺錢當成標準，順從自己的心，以愉快與否進行判斷最重要。

### 健康・生活

這段時期的你如果得意忘形，就容易被捲入出乎意料的事故或意外中，並因此而受傷，所以必須小心。尤其在休閒娛樂或基於興趣而從事的運動等場合，如果不知節制，就可能受點輕傷或發生意外。但不會造成嚴重的致命傷害，關於這點請放心。只要乖乖休養，就能很快恢復，只要你不要過度勉強自己。

此外，這段時期的你在娛樂與興趣方面也有高度的能量，請試著把時間、精力與金錢正式投入到學習才藝吧。譬如音樂、運動、藝術等與「創造」有關的領域。你可能在這些領域綻放出意想不到的才能，為日後的人生帶來重要影響，因此請給自己一段時間，試著認真投入看看。

除草的時期

踏實站穩腳步，專注地打好自己的基礎吧。

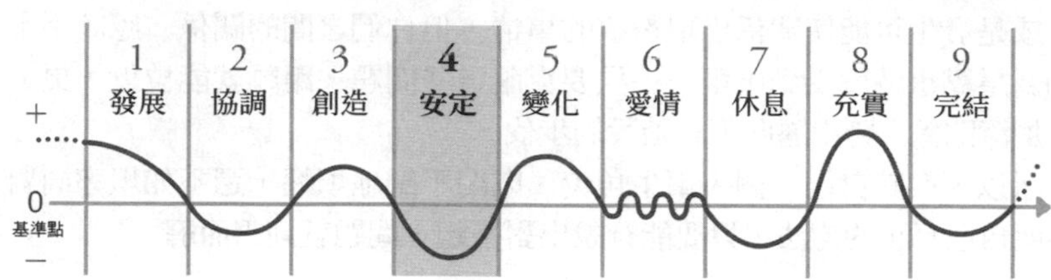


### 「循環數 4」的意義

「循環數 4」代表「安定」，是維持現狀的一年。好處是安定、踏實，壞處則是變成僵化、停滯。如果用海浪來比喻，就是平靜無波的狀態。如果用水流來比喻，就像是稍微淤滯的狀態。這年雖然動靜較少，不會有重大改變，但卻是打造地基、穩固基礎的重要時期。以樹木的生長來說，就是處理雜草的時期。為了促進樹木本身的生長，必須排除阻礙生長的要素。這段時期最好致力於打造良好的環境，樹木才能在隔年之後大幅成長。這段時期必須持續缺乏變化的實質作業，難以取得看得見的成果，或許是被迫忍耐的考驗之年，卻也是必須堅持下去的關鍵時期。這一年雖然樸實無華，卻會成為左右你整個 9 年週期的重要的一年。

### 活用的重點

這一年難以取得實質的成果，所以最好避免太大的變動。即使因為焦慮而試著行動，可能也得不到好的結果。愈是勉強自己做出一些無謂的行動，反而愈有可能造成嚴重的傷害，因此在這個時候捺著性子，認真執行眼前的任務才是上策。為了取得旁人的信賴，一旦接受委託，就要誠懇地堅持到最後，不要半途而廢，才是撐過這一年的最佳方法。

無論與誰相處，都一視同仁，不忘笑容與感謝，有精神地回應並全力以赴完成被交辦的任務……等等。以平實的態度確實地做好這些平凡的事情，就是度過這年運勢變化的重點。

### 戀愛・婚姻

這年你的戀情相對穩定，也可能是需要你多多忍耐的一年。

對於單身的人而言，遺憾的是沒有新的桃花。對有伴的人而言，你與目前伴侶的愛情或人際關係會維持現狀，不要輕舉妄動才是上策。若你捺不住性子，率先成為行動的一方，很可能會自掘墳墓。如果你這段時期打算和伴侶離婚或分手，請先等一等。這時候請不要感情用事，重新思考一下比較好。

請不要忘記，要對每天平凡的生活心懷感謝。你可以透過徹底打掃、收拾房間，把不要的東西藉此時機處理掉，只要用心保持生活環境的清爽，也能引來好的運勢，因此我相當推薦。

### 工作・財運

這一年不適合換工作、獨立創業、大幅拓展事業、朝著多角化發展，或是轉換事業內容等等。總而言之，能否務實處理眼前事物的態度相當重要，請專注在目前的事業之中，並好好地加以維持。這時焦慮是禁忌。勉強豪賭一把，可能會遭受無可挽回的教訓，因此在面對伴隨重大風險的決定時請務必謹慎……

這段時期的努力，將在過段時間之後化為豐碩的果實回到自己的手上，因此請堅持下去。這時無論在精神面或經濟面都很難看見成果，因此一開始就請有此覺悟。即使事情順利進行，也絕對不能得意忘形。存錢才是上策。最重要的是，在工作上站穩腳步，一步一步踏實前進。

### 健康・生活

這是容易累積壓力的一年。正因為如此，在日常生活中找到適合自己的簡單抒壓方式就很重要，譬如前往溫泉會館，或使用芳療放鬆等。

此外也必須注意會令手腳受傷的意外。雖然不至於受到危及性命的重傷，但可能會被捲入意想不到的麻煩，甚至住院，因此必須格外小心。這時候也千萬不能對傷勢或病情著急。勉強自己將會使傷勢拖很久才復原，而造成旁人的困擾。

這段時期不適合挑戰新的事情，請珍惜至今為止的人際關係，重整心情，再一次挑戰過去做過的事。請你特別重視對雙親與祖先的敬重，有時出門掃墓等也會成為提昇運氣的契機。

成長的時期

拓展和進入新的疆域，變化劇烈、不安穩又刺激的一年。

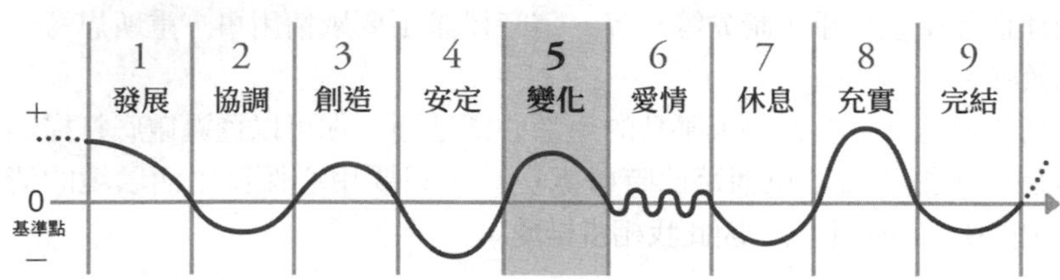


### 「循環數 5」的意義

「循環數 5」代表「變化」，象徵這是充滿劇烈變化、既刺激又不太安定的一年。這一年的行動力強，適合自由行動，嘗試新的事物，說不定立刻就能收穫成果。人際關係也會在這一年大幅拓展，有更多的機會與各種不同類型的人交流。

如果用樹木的生長來比喻，這是成長的時期。這段時期生命的枝葉會不斷向外伸展，狀態發生大幅改變，導致原本的人際關係也不得不隨之變化。可能會在這段時期與人發生一些小糾紛或小衝突。這時的你在精神層面比較不穩，情緒容易劇烈起伏，難以安穩。你只要把變化看成是駕馭波動的證據，主動積極地不斷迎向改變，就是這一年的重點。

### 活用的重點

隨著你的成長，必須爽快地拋棄過去熟悉的事物、成功的體驗、渾渾噩噩持續下去的人際關係等這些過時的事物。人們最害怕身邊的人產生變動，但如果停留在原地，就無法跟上趨勢，也得不到豐碩的成果。

或許投身新的環境，將伴隨不安與恐懼，但這些不安與恐懼是人之常情，不需要過度害怕。這段時期的你容易被各種事物轉移注意力，情緒也往往因此起伏不定，但請珍惜這份挑戰的勇氣。只要相信自己的直覺與熱血的心，踏出強而有力的一步，就能展開不同於以往的全新世界。

### 戀愛・婚姻

這一年是為身邊的人際關係帶來變化的時機。適合你的人會確實留下來，至於與你步調不再一致的人，緣分自然而然會逐漸淡去。這是人生階段發生改變的時期，因此你會有更多的機會遇見與過去不同類型的人，建議你試著展開行動，有意識地尋求新的戀情。

在愛情方面，兩人在關係上的轉變。譬如原本跑在前面的一方，變成在後面追趕的一方，或是出現新的感興趣的對象等等，兩人的關係會產生微妙的變化、掀起一些波瀾。

在夫妻生活方面，也容易發生打破原本生活模式的重大衝擊事件。至於兩人之間的羈絆會以此為契機加深，還是加速分手，決定權在你們手上。

### 工作・財運

這時的你會藉著拓展人際關係的機會，開拓全新的事業領域。這一年想必會有更多的機會接觸以前不曾參與的業界或品項，或是前往未知的地方工作。包含出國在內，你出差的機會變得更多，也會增加移動的時間，因此請小心健康。此外也需要減輕體重上的負擔，以便更能自由活動。

這一年你會遇見許多新的人，從中誕生各式各樣的想法與企劃，並且逐步發展。另一方面也可能因為太忙，結果不管哪件事情都半途而廢，因此必須注意。在某種程度上相信自己的直覺，做決定時速戰速決，就是順著這段時期的趨勢，做出成果的重點。

### 健康・生活

比起生理方面，這段時期的你更需要注意精神方面的健康。因為在新環境或新的人際關係中容易感受到壓力，因此情緒也容易激烈起伏。如果情緒變得不穩定，可能會因為憂鬱、失眠等而煩惱。

這段時期的你特別容易感受到精神方面的負擔，如果覺得太累，請在被壓力壓垮之前好好休息，譬如泡溫泉、住飯店、來一場小旅行等等，花點心思轉換心情。此外，這一年也非常適合請稍微長一點的假期出國旅行、改變房間布置、裝潢或是搬家等等，為熟悉的環境帶來一點變化。但不能在匆忙之中做出購屋或換工作等大幅影響人生發展的決定，請仔細傾聽身邊的人的意見，謹慎進行。

開花的時期

與身邊的人建立愛與情感上的連結，對於關係是重要的一年。

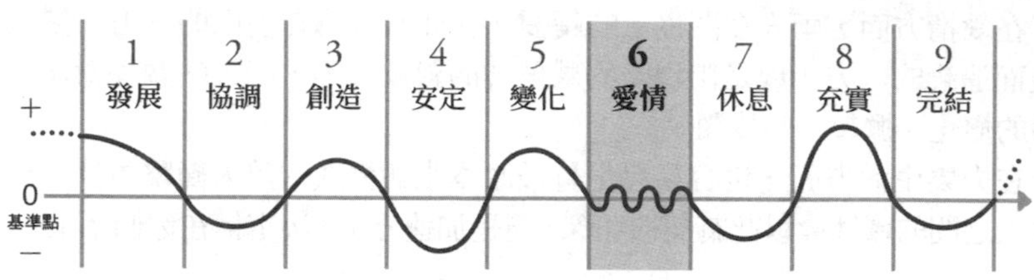


### 「循環數 6」的意義

「循環數 6」代表「愛情」，是受人信賴與援助他人的一年。這一年很有可能會發生測試你與伴侶、親子、手足等家庭關係，或是與親密友人等人際關係中的愛與情感連結的事件。可能發生好事，也可能發生壞事。你如何處理發生的事情，將成為決定你今後人生成果的重大分歧點。

如果用樹木的生長來比喻，這年是開花的時節。女性特別容易在這個時間點，經歷結婚、懷孕、生產等人生的關卡。請不要逃避隱藏在這些好事背後的壞事，因為好好處理這些事情，將是通往重要成果所無可避免的道路。

### 活用的重點

對於這一年發生的事，最重要的是你如何看待。如果太過執著於凡事能否如開花般發展，就無法接受靠近花朵的害蟲。當花朵枯萎時，你也會過度沮喪，因此必須注意。

這一年會發生不少值得你開心的事情，相對地，討厭或痛苦的事情，並不會因此從人生中完全消失。對你而言，只有真正重要的人，才會因為彼此的緊密關係，讓你更加深刻地感受到喜悅或者悲傷。所以也不必和那些與自己無關緊要的人發生糾紛。提醒自己，只有不追求來自對方肯定的愛情，讓自己本身就充滿了愛，才是讓生命的花朵持續綻放下去的祕訣。

### 戀愛・婚姻

夫妻、情侶等男女伴侶之間的問題，將在這段時期浮現出來，並出現各種情況。雖然這段時期容易出現決定結婚、發現懷孕之類的喜事，但另一方面也可能發生察覺對方外遇，或是因為某一方出軌而發展成離婚之類的問題，因此必須注意。

此外在親子關係方面，這也是容易出現問題的時機。譬如親子吵架、婆媳糾紛、孩子拒絕上學、繭居在家、家庭暴力等等，這些會導致身心健康不佳的問題請謹慎以對。你的家人或身邊的人，也容易出現金錢或健康的問題。無論如何，這些麻煩都無法迴避。你必須意識到，這些麻煩當中有著最重要的教誨，隱藏著人生的贈禮。

### 工作・財運

在事業方面，這也是與周遭的人際關係容易發生問題的一年。可能遭到疼愛的心腹屬下、信任的同事或合作對象的背叛。但即使責怪他們，也無法改變任何事情。

如果不把背叛當成反省自己的態度是否有問題的機會，思考對方為什麼會做出這樣的行為，同樣的問題就會一再反覆。這段時期，再一次測試了你的內心夠不夠強大。雖然這麼說有點殘酷，但如果你覺得自己遭到背叛，那就證明了你只看到事情的表面。請你有所自覺，不管發生什麼事情，都不多加抱怨。只有擁有如此強大的覺悟，才能綻放出真正的花朵。

### 健康・生活

請小心暴飲暴食，吃得太多或是喝太多酒。這一年無論是甜食、高熱量的各種肉類料理、垃圾食物等，你都很容易攝取過多，陷入肥胖的狀態，因此必須注意。女性最好特別小心婦科方面的疾病。建議定期接受檢查，不要怕麻煩。這段時期的你特別容易中彩券或中獎、收到意想不到的禮物、獲得意外的收入。你有機會得到令人開心的贈禮，但如果想要獨享，很有可能在日後遭受嚴重教訓。如果能夠有意識地將從天而降的禮物與身邊的人分享，日後就能化為更大的禮物回到你手上，因此請慷慨地分給身邊的人吧。

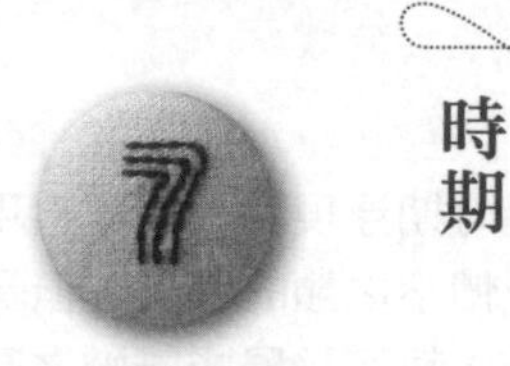


修剪的時期

為了更進一步的成長，
請重新檢視自己的內在，
更加充實自己吧。

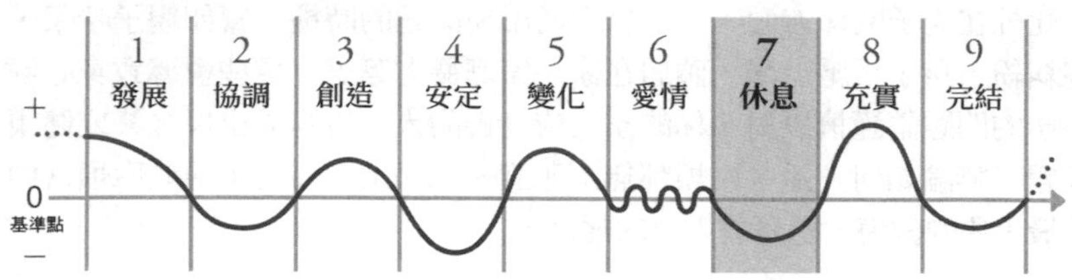


### 「循環數 7」的意義

「循環數 7」代表休息，這是重新檢視自己的內在，好好充實、充電的一年。這年容易發生讓你不得不回顧至今為止的生活方式的事件，請你有意識地稍微放慢生活的步調，但注意不要強踩煞車。這一年無論在工作方面還是家庭生活方面，都是需要你稍微停下來，重新客觀檢視的時機。

以樹木的生長來比喻，這段時期是修剪的時期。請你努力修正自己吧。重新檢討看不見的精神層面，拋棄無用的想法與價值觀，用心充實內在。所謂的休息，也不是讓你單純放空自己。好好磨練自己的身心，不要偷懶，為即將到來的收穫時期做好準備。

### 活用的重點

如果想要跳得高，就必須蹲得低。為了收穫真正甜美的果實，就必須修剪枝葉，分辨哪些果實不需要，做好去蕪存菁的工作。這一年正可說是蓄勢待發的一年。這段時期你不適合大動干戈、追求變化或成果，而適合好好珍惜獨處的時間，從中學習新的技術，累積知識，把心思投入於充實內在的時間與金錢。

不管遇到多好的機會，如果你雙手抱滿行李，都不可能承接下來。請把這一年當成接收將來成果的準備期間，因此也必須把騰出空間當成重要的課題，用心整理周遭的人事，讓自己的心留有餘裕。

### 戀愛・婚姻

這段時期適合你與伴侶稍微拉開一點距離，重新以客觀的角度檢視對方，並藉此機會更加專注於自己的內在。只要你仍試圖改變對方，對方就不會有所改變，但你如果改變了自己，對方的言行也一定會出現變化。

如果伴侶能在「循環數 7」的這一年，有意識地為你營造獨處的時間，反而能加深兩人之間的羈絆。若對對方的言行舉止嚴加檢視，就是沒有真正信賴對方的證據。認可對方的自由，才能加深彼此的信賴。正因為彼此都有獨自的時間，兩人相處時才能更加緊密，並且充滿喜悅。

### 工作・財運

事業上，即將取得豐碩成果的時期正逐漸接近。因此，這將會是重要的一年，你必須為了迎接預想中的收穫，做好各式各樣的準備。譬如重新檢視商品供應流程、公司內部系統、增強人員、強化物流體制，除了這些實質上的準備之外，每位成員也必須提昇各自的技術，或是致力於強化、充實自己的心靈層面。此外，這一年也很適合你休一段較長的假期。

即使陷入這樣的狀況並非自己的本意，但也不能焦急。請把這一年當成寶貴的充電期間，珍惜獨處的時光，試著把時間過得更從容吧。不要只是渾渾噩噩地過日子，在這段難得的休息期間裡，如果能夠努力學習，譬如為了提昇自己的技能而讀書、參加講座、取得技術或證照，隔年之後就有機會獲得豐碩的成果。

### 健康・生活

在身體方面，長年累積的問題容易浮上表面。甚至可能因為住院或療養而不得不放慢腳步，但這時候不能勉強自己。你必須理解到一個重要的觀念，如果想要根除疾病，不能只是針對表面症狀，至今累積的問題已經超過你的身體負荷，才是造成疾病的原因。

如果這時候不仔細調整身體狀況，甚至可能無法在隔年之後品嚐好不容易得到的甜美果實。這段時期建議你把時間花在讀書、陶藝、上健身房等自己一個人就能從事的興趣上，或是為取得新的證照而學習。無論如何，都應該把不勉強自己，順著自己的步調前進當成首要之務，不必與他人競爭、比較。

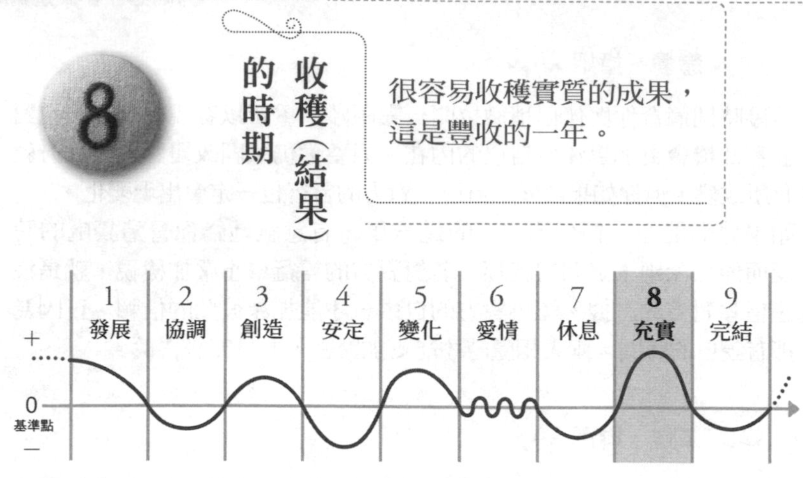


### 「循環數 8」的意義

「循環數 8」代表「充實」，是你實現、達成願望的一年。這年是在 9 年循環當中，最容易取得現實成果的一年，過去 7 年的準備，可說都是為了在這年收穫美味的果實也不為過。這也是值得期待的一年，至今累積的想法與行動，容易化為實際形式，結婚、晉升、買屋等人生中的重要大事，也容易集中在這年發生。

如果用樹木的生長來比喻，就是收穫的時期。各種恩惠、贈禮或富足的事物，容易在這個時候以看得見的形式降臨。如果已感受到好的運勢，就果斷地把引擎完全開啟，一口氣踏進這樣的態勢裡。重點在於你必須懷著一顆感謝的心，收下一直以來努力的成果，帶著喜悅分享出去，如此一來就能吸引更豐盛的一切降臨。

### 活用的重點

雖然這一年容易接受到實質的恩惠，但如果你什麼都不做，幸運也不會從天而降。因為你在這段時期接收到的成果，其實是來自過去 7 年付出的努力。遺憾的是，如果你在過去投入許多負面的能量，當然也難以避免接收負面的成果。所以，如果到了這年才手忙腳亂地努力，就已經太遲了。

這一年，或許可說是對過去 7 年的努力進行審判的時期。但即使幸運品嚐到甜美的果實，也不應該自己獨享，能否以各種形式回饋，與更多的人分享，將是幫助你在下一個 9 年週期能夠順著運勢波動發展的重點。

### 戀愛・婚姻

遇見命定之人、訂婚、結婚、生子等帶來幸福的喜事，容易集中在這一年發生。事實上，很多喜事確實也是從這一年開始發生，不少人都是在這年求婚、訂婚，隔年舉行婚禮，再隔一年生下孩子。

對夫妻來說，這一年是最適合購屋的時機。因為房子是人在一輩子買下的最高價、也是在現實之中最大件的事物，因此購屋將成為最適合在「循環數 8」這個豐盛的一年進行的一大要務。

但無論如何，都不能把目前的成果當成終點。我們終究只能把這一年當成運勢循環的一部分，新的週期仍會開始。抱持著這樣的自覺，努力不懈地加深兩人之間的關係才是重點。

### 工作・財運

「循環數 8」的「充實」最容易直接反映在金錢、事業面上。在事業方面，這年是可以稍微強勢進攻的時機。具體來說，你所企劃的商品可能會爆紅、事業步入軌道、實際上為你帶來大筆收入，或是獲得意外之財。

不只在物質方面獲得成果，內在的充實也值得期待。你可能會認識一直以來嚮往的人、拓展更高層次的人際關係、獲得周圍的高度評價、得到關注與讚賞等等。不過如果得意忘形，變得傲慢，就有可能被挖牆腳。如果忘記謙虛或感謝之心，甚至會有意想不到的陷阱等著你，必須注意。

### 健康・生活

這段時期會不斷發生有趣、開心的事情，因此可能容易因為太過努力而過勞。就某種意義來說，這段時期的你，情緒容易變得高漲，就連睡眠時間也有減少的傾向，因此必須注意因為睡眠不足而犯下簡單的錯誤、造成事故或意外。這段時期也較常參加應酬或聚餐，可能不斷外食，所以難免因為經常攝取高熱量的食物而發胖。

這一年金錢留有餘裕，出手也容易變得大方，不知不覺就會變得浪費。要慎防為了滿足虛榮與自尊的購物傾向。尤其購買房子、車子、高級家具、家電、寶石等高價商品時，不要當下就做決定，暫時打道回府，傾聽伴侶與家人的意見，保留時間仔細思考。

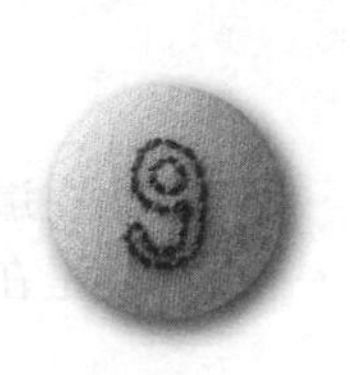

# 回歸大地的時期

不要執著於至今擁有的事物，爽快地放下吧。

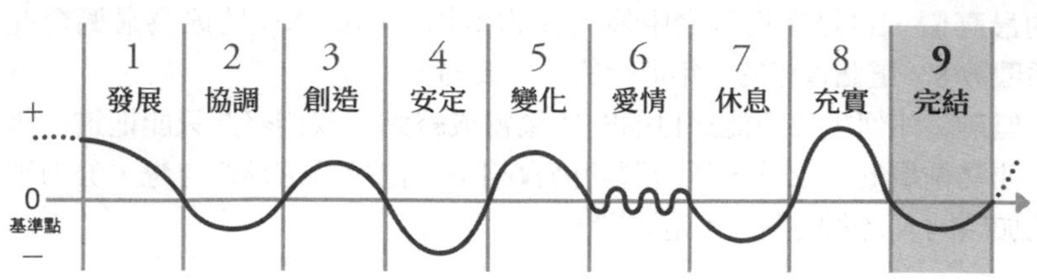


## 「循環數 9」的意義

「循環數 9」代表「完結」，是 9 年週期的總結、完成、結束的一年。請你一邊回顧這 9 年來所做的事情，一邊整理出具體的成果吧。此外，這段時期也是為邁向下一個 9 年週期，尋找全新方向的準備階段。

如果用樹木的生長來比喻，現在就是回歸大地的時期。這個 9 年週期的收成已經結束，即使再繼續追求相同的方向，也無法順利發展。現在的你已經完成一個循環，這些有形、無形的知識與經驗將成為你的資產，根植於你的內在，因此請相信自己吧。為了爽快展開新的週期，請放下不必要的事物，盡可能讓身心輕盈前行。

## 活用的重點

這一年需要做出明確的取捨，挑出可以帶到下一個週期的事物，以及需要放棄的事物。這時難免被迫做出艱難的選擇與判斷，因此請有所覺悟。你可以問自己「我在 10 年後還想繼續與這個人來往」、「擁有這項事物」、「做這個工作」嗎？並且把答案當成參考，如果你猶豫、無法立刻回答，或許就可以暫時放下。

就某種意義來說，這時也是大幅轉換跑道的機會，如果想要改變至今的態勢，就需要有把心一橫，大膽放棄的勇氣。請在這段時間，毅然決然地揮別已經成為過去的事物（人際關係、工作、興趣、物品、居處、場所、環境等等）吧。

### 戀愛・婚姻

這一年在人際交往方面也是告一段落的時期。特別是面對交往至今的人，現在更是重新檢視關係的時機。請你試著在心裡問自己：「我真的想在下一個 9 年週期繼續與這個人往來嗎？」如果你沒有得到答案，或者因為不知該如何是好而煩惱，建議你試著暫時與對方保持距離。

這段時期的人際關係中，你或許已經感覺到新的可能性，對來自直覺的訊息有點猶豫。試著暫時與對方保持距離，說不定也會讓彼此發現、看清楚一些事情，如果有必要，你們一定會再次相遇。即使是長年相伴的夫妻，也請把這段時期視為認真審視彼此關係的好機會，不要讓彼此只流於制式化的關係，請趁著這段時間，認真討論今後的方向。

### 工作・財運

這段時期在工作方面也是切換的時機。請你回顧過去的 8 年，客觀檢視自己至今做了哪些事情吧。你可以趁著這個時候，認真問問自己的內心：「未來的 9 年週期，真的可以繼續順著這個方向前進嗎？」

為了摸索新的方向，你可以試著針對感興趣的領域收集相關資訊。你必須在這一年展開學習與行動，以便習得未知領域的知識。

這時雖然是考慮換工作的好機會，但如果可以的話，請你不要立刻辭職，最好花一年左右的時間好好準備，到了隔年「循環數 1」的時候再實際展開行動。不管在工作方面還是人際關係方面，都請你清楚區分想留下的事物與拋棄的事物。請避免因為感情用事而執著於過時的人際關係、物品或資訊。

### 健康・生活

在健康方面，這段時期容易失去整體的平衡。這一年是人生的重要關卡，因此往往會因為生活與環境的變化而身心失衡，可能會出現莫名懶散、容易疲倦、提不起勁的情況。

你需要慰勞努力了 9 年的身體，譬如悠閒地去泡泡溫泉，也有讓身心煥然一新的效果。現在也是最適合回顧過去 9 年，重新檢視自己內在的時機，因此也很適合深入學習包含占卜、心理學等靈性的學問。這一年不適合太活躍地四處奔走，可以打掃房屋、丟掉舊衣服或不需要的物品，整頓自己的周遭，讓身心都能好好排毒。

# 疏苗的時期

因為人際關係而導致情緒大起大落，這是不安穩的一年。

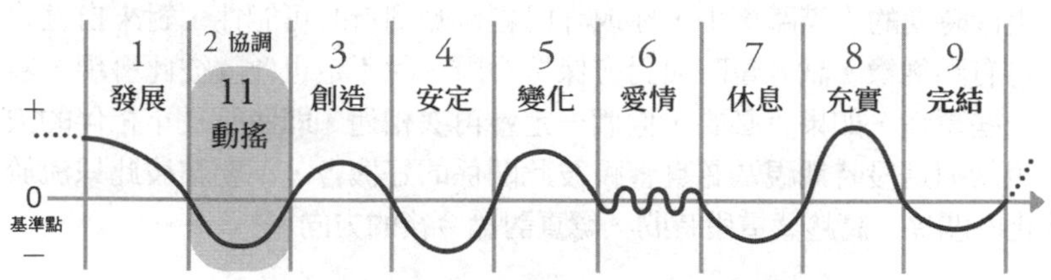


## 「循環數 11」的意義

「循環數 11」代表「動搖」。由兩個相同數字組成的兩位數，在生命靈數當中被視為神聖的數字（卓越數）。在這段時期的你，更容易接受靈性的覺察。「循環數 11」雖然也兼具「循環數 2」協調的要素，但在精神面尤其不安穩，內心的迷惘容易被放大，使你這一年總是情緒起伏不定。若以樹木的生長來比喻，「循環數 11」正是疏苗的時機。「循環數 1」時撒下的種子雖然長出嫩芽，但不能全部放著不管，必須從中選出看起來比較有生命力的樹苗，其他的就毅然決然拔掉（疏苗）。因此「循環數 11」就是被迫做出嚴苛的選擇，容易發生影響精神狀態的事件，心理不安定的一年。

## 活用的重點

這段時期在人際關係方面，容易發生精神受打擊、心靈被傷害的事件。具體來說，或許特別容易經歷與重要的人的別離，或是遭到背叛。但這時的你該問的是，從這些經驗當中可以學到什麼？這段時期的別離，也能拋開束縛過去的重擔，讓身心變輕盈，因此不需要過度恐懼。為了繼續成長，必須使舊的關係告一段落。這一年就像「機會卡」。只要能在這時巧妙克服難關，就能一口氣引來好運，確實加速成長。

相信自己的直覺，為自己的決定負起責任。沒問題的。請你相信自己，順從自己真正的想法，大膽展開行動吧。

### 戀愛・婚姻

人際關係的問題難免會在這時浮現出來。從日常生活中因為雞毛蒜皮的小事而爭吵，到嚴重的離婚問題都可能會出現，請你做好心理準備，面對即將出現在伴侶、情人、親子等親密關係中各種程度的心理煎熬。

這時最重要的是，不要勉強自己、壓抑負面情緒。當然我也不建議你直接把氣出在對方身上，但如果一味忍耐，最後爆發時就無法挽回。

首先請承認自己的負面情緒，並且把心思擺在努力傳達想法給對方吧。即使你們最後分開，也不要責怪、抱怨或憎恨對方。因為對方就是自己的鏡子，這些負面情緒終究會全部反彈回自己身上。

### 工作・財運

這一年比起工作本身，更應該留意工作上的人際關係。因為不管從事哪種工作，只要牽扯到人，那麼人際關係就是工作上不可避免的一環。無論是客戶、廠商、顧客、同事、上司、部下，請你把所有與工作相關的對象，都當成自己人，用心對待吧。

你把對方當自己人看，還是當成不重要的事物呢？你的態度就是人際糾紛的原點。當人際關係發生問題時，唯一該做的事情就是檢討自己的態度。雖然把精力花在整頓人際關係上，無法立刻獲得結果，正因為如此，這段時期最不能偷懶，請你不要逃避，做好正面處理工作上人際關係問題的心理準備吧。

### 健康・生活

人際關係的問題，會在這一年對你的精神面造成影響，而這樣的影響也會在生理面直接反映出來。

身體狀況不好的時候，依賴醫院與藥物也無法解決根本上的問題，反而可能對身體造成傷害，所以最好不要隨便依賴醫院或藥物。人際關係造成的傷害，還是只有人能夠治癒。

雖然希望有人能為自己療傷，但你內心的傷痕，終究只有自己才能真正修補。所以，請你先致力於療癒自己吧。讓自己置身在舒適的場所，攝取合適的食物，讓精神上的創傷慢慢恢復。這段時期的你特別適合接受靈性方面的練習或治癒。

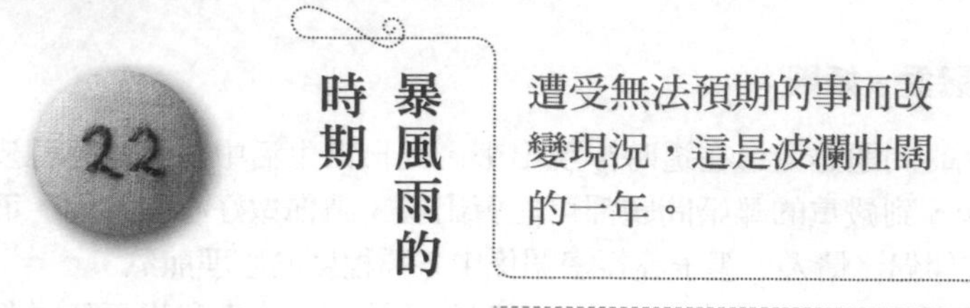


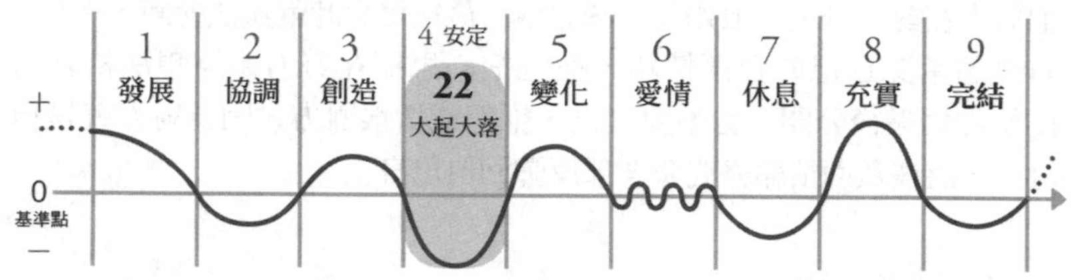


### 「循環數 22」的意義

「循環數 22」代表「大起大落」，總而言之，變化的波動非常劇烈，是辛苦的一年。雖然意想不到的幸運很有可能降臨，但另一方面，難以預料的事件也會接連發生，使你在這一年情緒起伏激烈，難以平靜下來。極端的好事或壞事都容易出現，人際關係方面也會敵我分明。

這一年帶來的衝擊非常強烈，雖然身處漩渦當中，隨著大浪載浮載沉相當辛苦，但日後回過頭來看，就會發現這時可能是人生的轉捩點。用樹木的生長來比喻，「循環數 22」就像是突然發生的暴風雨，不受我們的想法控制。但你必須清楚知道，這樣的暴風雨，也可視為愛的教鞭，能夠讓你這棵樹成長得更加茁壯。

### 活用的重點

應付這段時期的最佳方法，就是事先取得自己人生中即將發生暴風雨的預警。人生的暴風雨可能是劈腿、婚外情、離婚等戀愛問題，也可能是自己突然生病、捲進事故、家人罹患重病等健康問題，或者是工作上發生糾紛、裁員、破產、債務等金錢問題。當然，也可能發生刮中彩券等奇蹟般的幸運，但負面現象依然是難以避免的狀況，因此請做好心理準備。

具體的處理方法就是不要逃避暴風雨。因為把責任轉嫁到別人身上、逃避問題只會加深傷害而已。對於暴風雨的到來不需要過度恐懼，只要正面以對，誠實地處理每一件事情，就一定能夠把路拓寬。

### 戀愛・婚姻

對於這段時期的人際關係，尤其是愛情關係或伴侶關係，你必須有不能以常理度之的覺悟。你可能會與相差很多歲的對象或外國人陷入熱戀，也可能耽溺於不被認可的愛情……這樣的戀愛與自己的意志無關，很有可能在某天就突然掀起愛情的暴風雨。離婚的危機也可能降臨在你與伴侶之間。但如果這時輕易離婚，難得造訪的暴風雨也失去了意義。

在演變成離婚的結果之前，試著認真面對伴侶，對彼此說出真心話。這樣的過程或許會使你如坐針氈，但你絕對不會白白經歷如此寶貴的經驗，請你相信這樣的經驗能在很久之後為你帶來最棒的結果吧！

### 工作・財運

這是金錢收入與支出劇烈的一年。到手的錢雖然多，但花掉的錢會比這更多，你也可能會為了籌錢而奔走。至於與海外的關係，在這段時期會特別加深，也有發展重大事業的可能性。但是這樣的重大計畫可能會一變再變，不會順順利利地上軌道，因此需要相當的心理準備。

在工作上，你將會接連經歷前所未有的重大波瀾，把你搞得焦頭爛額。譬如親近夥伴的背叛、部下的叛亂、重大客訴、投資失敗等等，各種問題都有可能發生，成為提心吊膽的一年。對付這些問題的方法，就是不管發生什麼事情，都不是別人的錯。請把這種勇敢的態度貫徹到底。

### 健康・生活

這段時期的你非常忙碌，因此必須做好在精神上承受相當壓力的心理準備。如果精神與生理的平衡崩潰、超過自己可以忍受的極限，也可能會生病，因此不要過度忍耐。不要再只想當好人，如果想對任何人都擺出好臉色，你將會因為對誰都無法吐露心聲而痛苦，那麼無論在精神方面還是生理方面都會被逼入絕境。自己做不到的事情就說做不到，討厭的事情就說討厭，請你把心思放在清楚說出自己的想法吧。

除此之外，抱持著往者不追的心境，不要害怕被討厭，都是調整精神與生理平衡的重點。這一年將沒有多餘的心力與時間讓你優雅地享受生活，請你乾脆地接受這點吧。

人生可能發生 180 度的轉變，這是激烈變動的一年。

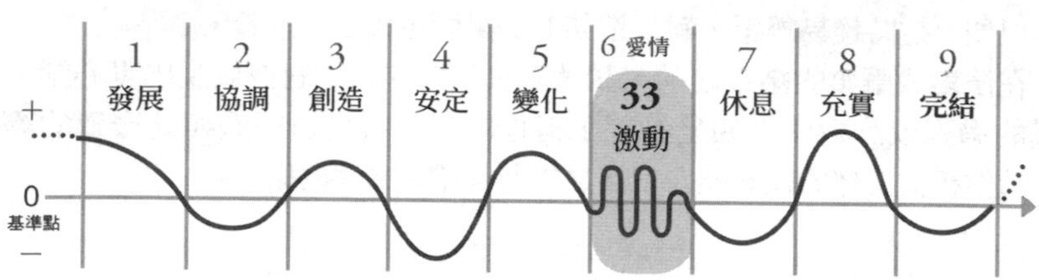


### 「循環數 33」的意義

「循環數 33」代表「激烈變動」，這一年將會遭遇意想不到的轉折，可能會發生 180 度顛覆你過去的人際關係、工作、生活方式與人生觀的衝擊性事件。

這年也必須小心意外事故或重大傷害。你可能會被捲入突如其來的麻煩當中，遭遇與身邊所愛之人的別離，導致失魂落魄，但這時的你能學會何謂「真正的愛」。只要能從這些衝擊性的事件當中學到真正的愛，你的人生就會發生戲劇性的轉變，或許也能遇見全新的自己。

如果以樹木的生長來比喻，「循環數 33」代表「突然的變動」。33 的兩位數字加起來就會變成 6，所以在 9 年週期中，也相當於「循環數 6」開花的時期。這年確實會綻放花朵，但可以想成開出的花朵與預期不同，因此不知道該如何是好的狀況。

同為神聖數字的「循環數 11」之年，容易發生心理問題，「循環數 22」是實質問題接連襲來的年分，那麼「循環數 33」之年就是上述兩者的要素同時發生，變化更加劇烈的一年。

但是「循環數 33」在進入 2000 年之後，就幾乎再也算不出來了。或許「33」的激烈變動，在 1900 年代後期，為當時的時代轉換帶來必要的轉變，但到了 2000 年之後已經過次元提昇的新時代，就不再需要這樣的循環（人生的波動）了。



＊33：這種激烈變動的循環數在 2000 年之後幾乎再也算不出來，所以請參考循環數 6（p.816-817）的運勢意義。

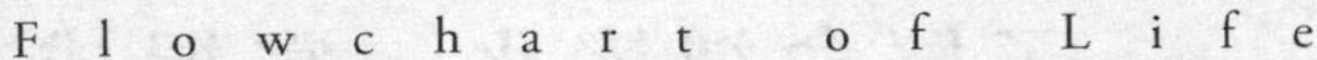

F l o w c h a r t o f L i f e

# 了解命運變化，<br>掌握成功時機！

❖「人生運勢週期表」❖

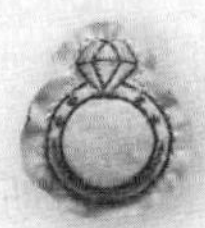

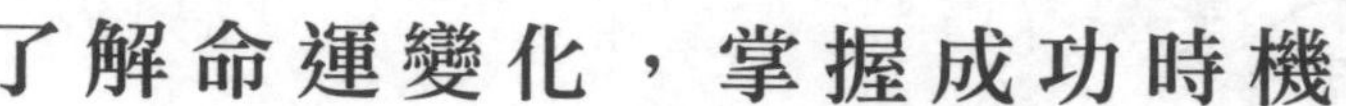

# 了解命運變化，掌握成功時機

## ── 人生運勢週期表 ──

「從自我覺察的那一刻開始，人生就能改變！」

### ❖ 什麼是「人生運勢週期表」？❖

「人生週期表」是解讀人生運勢變化的法則，這個法則形成了生命靈數的根幹。每個人在出生之前，都已經先製作了關於今生的龐大計畫表，換句話說，就是某種類似「人生設計圖」的東西。生命靈數將解讀這份人生設計圖的智慧，稱為「人生週期表」。人生週期表以「生日」為起點，每隔 1 年就是一個新的命運循環，9 個命運循環組合在一起，則形成一個人生階段。而 3 個人生階段則可組合成以 27 年為單位的人生週期，3 個人生週期可再組合成總共 81 年的完整人生週期，這就是人生週期表的結構。了解這份人生週期表，就會對現在的自己處在整個人生當中的哪個位置、轉捩點在哪裡、接下來等待自己的是什麼樣的變化、為什麼過去會發生那樣的事情……一切都瞭若指掌。只要活用這樣的智慧，就能不再對過去遺憾、擔心未來，人生的目標也會變得更明確！

### ❖ 如何掌握成功時機？❖

想要掌握成功時機，就需要了解自己的人生波動，順著運勢前行！從生命靈數的人生週期表中，可找出人生的三大轉捩點。首先「第一個轉捩點」發生在「第 4 階段」的「循環數 1」的時期。這是以 27 年為單位的「宿命期」與「命運期」轉換的時候。在此之前的人生，都建立在父母或社會的庇護之下，從這個時間點開始才完全獨立，展開自己的人生。「第二個轉捩點」則發生在「第 5 階段」的「命運循環數 5」的時期，這時是整個生命正中央的折返點，有些人在此之後會繼續攀升，有些人則會向下沉淪，堪稱人生最大的分歧點。「第 3 個轉捩點」則發生在「第 7 階段」的「命運循環數 1」的時期。在這個時間點之後，會意識到自己的使命與天命，思考著該如何回饋給周圍的人，這將是掌握後半生成功機運的重點。這 3 個轉捩點，都是人生趨勢大幅轉變的時候。請活用這份週期表，從掌握自己現在處於人生哪個位置開始吧。

# 解讀人生運勢週期表的方法——「俯瞰人生的靈魂設計圖」

❖「命運數」的計算方法請參考第 33 頁。
❖ 各「命運數」的基本特質與注意要點，請見第 34～45 頁。

| 1 | 2 | 3 | 4 | 5 | 6 | 7 | 8 | 9 |
|---|---|---|---|---|---|---|---|---|
| 發展 | 協調 | 創造 | 安定 | 變化 | 愛情 | 休息 | 充實 | 完結 |

＋
0 基準點
－

| 人生週期 | 生命階段（9 年×9 個階段） | 生命階段（9 年週期的運勢變化） | | | | | | | | |
|---|---|---|---|---|---|---|---|---|---|---|
| | | 1 發展 | 2 協調 | 3 創造 | 4 安定 | 5 變化 | 6 愛情 | 7 休息 | 8 充實 | 9 完結 |
| | 預備階段 0～8 歲 | 0 | 1 | 2 | 3 | 4 | 5 | 6 | 7 | 8 |
| 宿命期 | 第 1 階段 9～17 歲 | 9 | 10 | 11 | 12 | 13 | 14 | 15 | 16 | 17 |
| 宿命期 | 第 2 階段 18～26 歲 | 18 | 19 | 20 | 21 | 22 | 23 | 24 | 25 | 26 |
| 宿命期 | 第 3 階段 27～35 歲 | 27 | 28 | 29 | 30 | 31 | 32 | 33 | 34 | 35 |
| 命運期 | 第 4 階段 36～44 歲 | 36 | 37 | 38 | 39 | 40 | 41 | 42 | 43 | 44 |
| 命運期 | 第 5 階段 45～53 歲 | 45 | 46 | 47 | 48 | 49 | 50 | 51 | 52 | 53 |
| 命運期 | 第 6 階段 54～62 歲 | 54 | 55 | 56 | 57 | 58 | 59 | 60 | 61 | 62 |
| 使命・天命期 | 第 7 階段 63～71 歲 | 63 | 64 | 65 | 66 | 67 | 68 | 69 | 70 | 71 |
| 使命・天命期 | 第 8 階段 72～80 歲 | 72 | 73 | 74 | 75 | 76 | 77 | 78 | 79 | 80 |
| 使命・天命期 | 第 9 階段 81～89 歲 | 81 | 82 | 83 | 84 | 85 | 86 | 87 | 88 | 89 |
| | 最後階段 90 歲～ | 90 | | | | | | | | |

＊不同「命運數」的人會有不同的人生週期表，詳情請參考 p.834 之後的內容。

## ❖ 3 個人生轉捩點 ❖

「命運數 1」的人的人生週期表請參考上圖，其轉捩點分別是 36 歲、49 歲與 63 歲。已經過了轉捩點的人，可以回想看看在這個年齡前後發生了什麼事情，並且試著寫出來。譬如就業、轉業、獨立、結婚、生子、邂逅、別離、事故、糾紛、住院等等，無論好事壞事，應該都會對你的人生帶來重大影響。如果轉捩點還沒到來，那麼這段時期需居安思危，留意變化才是掌握運勢的訣竅。

# 你現在處於哪一個人生階段呢？

9 年循環×9 個階段＝
人生在 81 年就結束了？！

9 年
×
9 個階段

## 預備階段

❖ **人生的助跑、準備期**

人生不是從生命一誕生（＝0 歲）就開始，而是需要一段準備期。「命運數 1」的人準備期最長，「命運數 9」的人最短。準備期的長短取決於靈魂的經驗值，因此命運數愈年輕（1、2、3）的人，人生開始得愈慢，命運數愈成熟（7、8、9）的人則傾向愈早熟。

## 命運期

9 年

❖ 第 3 階段

❖ **與社會建立關係的創造期**

這是宣告學生時代結束，步入社會的時期。這時你對社會或公司的想法、印象與情感，將會左右日後的自己與社會建立關係的方式。這時會離開自己出生長大的家，離家獨立、就業、獨居、結婚等等，都是成為「社會的一員」的重要經驗。

9 年

❖ 第 4 階段

❖ **培養實力、打造基礎的時期**

這是結束「宿命期」的 27 年，進入「命運期」這個新人生週期的重要時期。這時必須打造人生整體的基座，讓基礎穩固。這個階段是人生最辛苦的時期，於公於私都很忙碌，但這時也可以好好奮鬥。如果不在這個時候鍛鍊自己，人生的果實或許就會變小。

## 使命·天命期

9 年

❖ 第 7 階段

❖ **重新檢視人生、自立的時期**

結束了人生核心 27 年的「命運期」，進入「使命·天命期」。這段時期將有大幅度轉變，人生第二春正式展開。這時需要以個人的身分自立，因依賴他人將會遭到孤立。確立自我風格的人，將擁有更自由的人生。

9 年

❖ 第 8 階段

❖ **人生的收穫、充實期**

這段時期是收穫人生整體成果的時期，也是人生的「黃金期」。過去累積的事物，將化為看得見的成果回到你的手上。但如果在過去的人生撒下的一直都是負面的種子，那麼就難免收穫負面的果實（疾病、事故、破產、糾紛）。

## 宿命期

9年

❖ 第1階段

❖ **自我確立與選擇的時期**

這是為自己這輩子的人生播種的時期。會撒下什麼樣的種子，多半取決於與父母的關係，無論好壞，雙親帶來的影響都很大。第1階段的「循環1」時期，才是人生實質上的起點。這時撒下的種子，將左右人生的81年週期，因此必須注意。

9年

❖ 第2階段

❖ **與他人建立關係的協調期**

這時會把自己與父母的關係當成基礎，學習家庭以外的人際關係，譬如朋友、前輩、晚輩、異性關係等等。這時如果你沒有與家人以外的人建立人際關係，就會變成繭居族，或是對於與人來往感到棘手。這段時期的戀愛經驗，將會對日後的愛情、婚姻、家庭生活帶來重大影響。

9年

❖ 第5階段

❖ **探索自我的人生轉換期**

就某種程度來說，這是在社會中確立自己的世界，重新檢視自身的時期。這時工作與生活都告一段落，必須把注意力轉向自己的內在。換句話說，就是以生命正中央的折返點為契機，認清自己後半生的方向，心懷著夢想與願景。半途而廢或妥協都是禁忌。

9年

❖ 第6階段

❖ **重新檢視夥伴與家族的時期**

這個階段會發生不得不重新檢視家庭關係的事件，譬如死別、繼承、照護、同居、孩子獨立或離婚等等，與父母、兄弟姊妹、伴侶或孩子的關係，也會在這時大幅改變。這時必須以自己為重，而非以家人為重，否則只會遭到命運捉弄。而超越血緣的全新夥伴關係將成為人生的關鍵。

9年

❖ 第9階段

❖ **對於下一個世代社會的貢獻期**

第8階段發出了人生的成績單，如果能在那時收穫滿意的果實，在這個階段就能懷著感謝的心情，回饋子孫、後生晚輩或地區社會。反之，如果一直以來都在人生中撒下負面的種子，將可能成為社會的負擔，對身邊的人造成困擾。

## 最後階段

❖ **集人生之大成、完成的時期**

這段時期將實踐上天賦予的天命。你可盡情追求自己的夢想與欲望，也可平平淡淡度過。人只能將去世前9年的記憶帶到另一個世界，而一個人去世的方式，就是這個人的人生濃縮。如何死去取決於你如何生活。

命運數 

## 靠自己的力量開拓人生！

你準備的時間較長，是典型的大器晚成型人物。

### ❖ 週期表的特徵 ❖

決斷力對你的人生來說特別重要。當遇到「循環數 1」的 9 歲、18 歲、27 歲、36 歲、45 歲、54 歲、63 歲、72 歲與 9 年週期時，可能被迫做出人生決斷。訣竅在於若你迷惘的話，就毫不猶豫選擇新方向。在這時撒下新種子是成功的祕訣。

### ❖ 轉捩點 ❖

36 歲與 63 歲就是你人生最大的轉捩點！36 歲是結婚、生子、獨立創業等環境大幅改變的契機。63 歲則是人生第二春的開始，因此請在 49 歲之前確立後半生的方向。

| 人生週期 | 生命階段（9 年×9 個階段） | 生命階段（9 年週期的運勢變化） | | | | | | | | |
|---|---|---|---|---|---|---|---|---|---|---|
| | | 1 發展 | 2 協調 | 3 創造 | 4 安定 | 5 變化 | 6 愛情 | 7 休息 | 8 充實 | 9 完結 |
| | 預備階段 0～8 歲 | 0 | 1 | 2 | 3 | 4 | 5 | 6 | 7 | 8 |
| 宿命期 | 第 1 階段 9～17 歲 | 9 | 10 | 11 | 12 | 13 | 14 | 15 | 16 | 17 |
| | 第 2 階段 18～26 歲 | 18 | 19 | 20 | 21 | 22 | 23 | 24 | 25 | 26 |
| | 第 3 階段 27～35 歲 | 27 | 28 | 29 | 30 | 31 | 32 | 33 | 34 | 35 |
| 命運期 | 第 4 階段 36～44 歲 | (36) | 37 | 38 | 39 | 40 | 41 | 42 | 43 | 44 |
| | 第 5 階段 45～53 歲 | 45 | 46 | 47 | 48 | (49) | 50 | 51 | 52 | 53 |
| | 第 6 階段 54～62 歲 | 54 | 55 | 56 | 57 | 58 | 59 | 60 | 61 | 62 |
| 使命・天命期 | 第 7 階段 63～71 歲 | (63) | 64 | 65 | 66 | 67 | 68 | 69 | 70 | 71 |
| | 第 8 階段 72～80 歲 | 72 | 73 | 74 | 75 | 76 | 77 | 78 | 79 | 80 |
| | 第 9 階段 81～89 歲 | 81 | 82 | 83 | 84 | 85 | 86 | 87 | 88 | 89 |
| | 最後階段 90 歲～ | 90 | | | | | | | | |

命運數

## 開創時代的策劃者！

你是一個懂得協調、平衡、包容的人。人際關係將決定你的人生。

### ✧ 週期表的特徵 ✧

你是最重視與人連結的策劃者，人際關係將大幅左右你的運氣。當你遇到「循環數 2」的 9 歲、18 歲、27 歲、36 歲、45 歲、54 歲、63 歲、72 歲時，你與誰相遇將是重點，請相信自己的直覺與第一印象。

### ✧ 轉捩點 ✧

35 歲、48 歲、62 歲就是你的命運分歧點。這段時期前後遇見的人，無論好壞都會成為左右你命運的人。尤其在 48 歲之後，請好好輔助身邊的人，為他們進行規劃。只要能夠嘉惠伴侶，就能在 62 歲之後享受幸福的人生。

| 人生週期 | 生命階段（9 年×9 個階段） | 生命階段（9 年週期的運勢變化） | | | | | | | | |
|---|---|---|---|---|---|---|---|---|---|---|
| | | 1 發展 | 2 協調 | 3 創造 | 4 安定 | 5 變化 | 6 愛情 | 7 休息 | 8 充實 | 9 完結 |
| | 預備階段 0～7 歲 | | 0 | 1 | 2 | 3 | 4 | 5 | 6 | 7 |
| 宿命期 | 第 1 階段 8～16 歲 | 8 | 9 | 10 | 11 | 12 | 13 | 14 | 15 | 16 |
| 宿命期 | 第 2 階段 17～25 歲 | 17 | 18 | 19 | 20 | 21 | 22 | 23 | 24 | 25 |
| 宿命期 | 第 3 階段 26～34 歲 | 26 | 27 | 28 | 29 | 30 | 31 | 32 | 33 | 34 |
| 命運期 | 第 4 階段 35～43 歲 | 35 | 36 | 37 | 38 | 39 | 40 | 41 | 42 | 43 |
| 命運期 | 第 5 階段 44～52 歲 | 44 | 45 | 46 | 47 | 48 | 49 | 50 | 51 | 52 |
| 命運期 | 第 6 階段 53～61 歲 | 53 | 54 | 55 | 56 | 57 | 58 | 59 | 60 | 61 |
| 使命・天命期 | 第 7 階段 62～70 歲 | 62 | 63 | 64 | 65 | 66 | 67 | 68 | 69 | 70 |
| 使命・天命期 | 第 8 階段 71～79 歲 | 71 | 72 | 73 | 74 | 75 | 76 | 77 | 78 | 79 |
| 使命・天命期 | 第 9 階段 80～88 歲 | 80 | 81 | 82 | 83 | 84 | 85 | 86 | 87 | 88 |
| | 最後階段 89 歲～ | 89 | | | | | | | | |

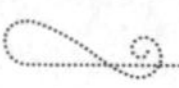

命運數

# 當個永遠的少年與少女吧！

## 活用你的創造力，當個盡情遊戲人間的表演天才吧。

### ❖ 週期表的特徵 ❖

當你遇到「循環數 3」（9 歲、18 歲、27 歲、36 歲、45 歲、54 歲、63 歲、72 歲）時，請有意識地發揮自己的創造力，嘗試運動、音樂、藝術、興趣等等。如果迷惘的話，就毫不猶豫地走向讓你快樂的那條路。請盡量展現出自己的風格。

### ❖ 轉捩點 ❖

34 歲、47 歲、61 歲將是人生的 3 個轉捩點。其中 47 歲可能會成為最大的轉機。在這時放棄夢想，抑或是挑戰更大的夢想，將使人生的後半場變得完全不同。請不要把年齡當藉口，一輩子都盡情享受人生吧。

| 人生週期 | 生命階段（9 年×9 個階段） | 生命階段（9 年週期的運勢變化） | | | | | | | | |
|---|---|---|---|---|---|---|---|---|---|---|
| | | 1 發展 | 2 協調 | 3 創造 | 4 安定 | 5 變化 | 6 愛情 | 7 休息 | 8 充實 | 9 完結 |
| | 預備階段 0～6 歲 | | | 0 | 1 | 2 | 3 | 4 | 5 | 6 |
| 宿命期 | 第 1 階段 7～15 歲 | 7 | 8 | 9 | 10 | 11 | 12 | 13 | 14 | 15 |
| 宿命期 | 第 2 階段 16～24 歲 | 16 | 17 | 18 | 19 | 20 | 21 | 22 | 23 | 24 |
| 宿命期 | 第 3 階段 25～33 歲 | 25 | 26 | 27 | 28 | 29 | 30 | 31 | 32 | 33 |
| 命運期 | 第 4 階段 34～42 歲 | 34 | 35 | 36 | 37 | 38 | 39 | 40 | 41 | 42 |
| 命運期 | 第 5 階段 43～51 歲 | 43 | 44 | 45 | 46 | 47 | 48 | 49 | 50 | 51 |
| 命運期 | 第 6 階段 52～60 歲 | 52 | 53 | 54 | 55 | 56 | 57 | 58 | 59 | 60 |
| 使命・天命期 | 第 7 階段 61～69 歲 | 61 | 62 | 63 | 64 | 65 | 66 | 67 | 68 | 69 |
| 使命・天命期 | 第 8 階段 70～78 歲 | 70 | 71 | 72 | 73 | 74 | 75 | 76 | 77 | 78 |
| 使命・天命期 | 第 9 階段 79～87 歲 | 79 | 80 | 81 | 82 | 83 | 84 | 85 | 86 | 87 |
| | 最後階段 88 歲～ | 88 | 89 | | | | | | | |

命運數

## 讓你的才能延續下去吧！

做事實在不急躁，一步一腳印就是你成功的祕訣。

### ❖ 週期表的特徵 ❖

當你遇到「循環數 4」的時期（9 歲、18 歲、27 歲、36 歲、45 歲、54 歲、63 歲、72 歲）是你站穩腳步的時候。因為這是對每個人來說都很辛苦的時期，所以你做事確實、一步一腳印的特質會更加突顯。請你持續專注在眼前的事情，培養實力吧。

### ❖ 轉捩點 ❖

你的人生十字路口就在 33 歲、46 歲、60 歲這 3 個時期。尤其 33 歲也是你「命運期」的開始，因此更是重要的時機。打造人生基礎的「第 4 階段」對於命運數 4 的你來說尤其重要，只要面對困難不逃避，日後就會有豐碩的果實等著你。

| 人生週期 | 生命階段（9 年×9 個階段） | 生命階段（9 年週期的運勢變化） | | | | | | | | |
|---|---|---|---|---|---|---|---|---|---|---|
| | | 1 發展 | 2 協調 | 3 創造 | 4 安定 | 5 變化 | 6 愛情 | 7 休息 | 8 充實 | 9 完結 |
| | 預備階段 0～5 歲 | | | | 0 | 1 | 2 | 3 | 4 | 5 |
| 宿命期 | 第 1 階段 6～14 歲 | 6 | 7 | 8 | 9 | 10 | 11 | 12 | 13 | 14 |
| | 第 2 階段 15～23 歲 | 15 | 16 | 17 | 18 | 19 | 20 | 21 | 22 | 23 |
| | 第 3 階段 24～32 歲 | 24 | 25 | 26 | 27 | 28 | 29 | 30 | 31 | 32 |
| 命運期 | 第 4 階段 33～41 歲 | 33 | 34 | 35 | 36 | 37 | 38 | 39 | 40 | 41 |
| | 第 5 階段 42～50 歲 | 42 | 43 | 44 | 45 | 46 | 47 | 48 | 49 | 50 |
| | 第 6 階段 51～59 歲 | 51 | 52 | 53 | 54 | 55 | 56 | 57 | 58 | 59 |
| 使命・天命期 | 第 7 階段 60～68 歲 | 60 | 61 | 62 | 63 | 64 | 65 | 66 | 67 | 68 |
| | 第 8 階段 69～77 歲 | 69 | 70 | 71 | 72 | 73 | 74 | 75 | 76 | 77 |
| | 第 9 階段 78～86 歲 | 78 | 79 | 80 | 81 | 82 | 83 | 84 | 85 | 86 |
| | 最後階段 87 歲～ | 87 | 88 | 89 | | | | | | |

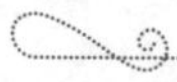

命運數

## 靠著自由與變化掌握運勢！

人生的轉機就是你的機會。好好臨機應變掌握運勢吧！

### ❖ 週期表的特徵 ❖

當你遇到「循環數 5」（9 歲、18 歲、27 歲、36 歲、45 歲、54 歲、63 歲、72 歲）時，正是人生的轉換期。愈是改變，愈有機會掌握更大的運勢。這段時期請積極地為人生加入變化，就算是小小的變化也無所謂，有意識地去行動吧。

### ❖ 轉捩點 ❖

32 歲、45 歲、59 歲這 3 段時期是你人生的十字路口，其中 45 歲最為重要。你的人生屬於向外延伸型，運勢靠著與相遇的人的緣分而定，因此不能只是呆呆站在那裡。愈積極移動、認識新的人，59 歲之後的人生應該也會愈充實。

| 人生週期 | 生命階段（9 年×9 個階段） | 生命階段（9 年週期的運勢變化） | | | | | | | | |
|---|---|---|---|---|---|---|---|---|---|---|
| | | 1 發展 | 2 協調 | 3 創造 | 4 安定 | 5 變化 | 6 愛情 | 7 休息 | 8 充實 | 9 完結 |
| | 預備階段 0～4 歲 | | | | | 0 | 1 | 2 | 3 | 4 |
| 宿命期 | 第 1 階段 5～13 歲 | 5 | 6 | 7 | 8 | 9 | 10 | 11 | 12 | 13 |
| 宿命期 | 第 2 階段 14～22 歲 | 14 | 15 | 16 | 17 | 18 | 19 | 20 | 21 | 22 |
| 宿命期 | 第 3 階段 23～31 歲 | 23 | 24 | 25 | 26 | 27 | 28 | 29 | 30 | 31 |
| 命運期 | 第 4 階段 32～40 歲 | 32 | 33 | 34 | 35 | 36 | 37 | 38 | 39 | 40 |
| 命運期 | 第 5 階段 41～49 歲 | 41 | 42 | 43 | 44 | 45 | 46 | 47 | 48 | 49 |
| 命運期 | 第 6 階段 50～58 歲 | 50 | 51 | 52 | 53 | 54 | 55 | 56 | 57 | 58 |
| 使命・天命期 | 第 7 階段 59～67 歲 | 59 | 60 | 61 | 62 | 63 | 64 | 65 | 66 | 67 |
| 使命・天命期 | 第 8 階段 68～76 歲 | 68 | 69 | 70 | 71 | 72 | 73 | 74 | 75 | 76 |
| 使命・天命期 | 第 9 階段 77～85 歲 | 77 | 78 | 79 | 80 | 81 | 82 | 83 | 84 | 85 |
| | 最後階段 86 歲～ | 86 | 87 | 88 | 89 | | | | | |

命運數

## 用一生盡情活出愛與美吧！

你對旁人不吝惜付出的愛，這能量將會變得更大，並再回到你身邊。

### ❖ 週期表的特徵 ❖

當你遇到「循環數 6」的時候（9 歲、18 歲、27 歲、36 歲、45 歲、54 歲、63 歲、72 歲），是身邊的人際關係變得更緊密的時期。照顧家人或親近的人時，請注意不要太雞婆。不求回報才是真正的愛，用更大的愛包容對方吧。

### ❖ 轉捩點 ❖

你的人生的十字路口分別為 31 歲、44 歲、58 歲這 3 段時期。特別是在命運期剛開始的 31 歲，將會大幅聚焦在結婚、生子等與戀愛及家庭相關的問題。44 歲之後請活出自己的人生，58 歲以後則可以試著多多指導後進。

| 人生週期 | 生命階段（9 年×9 個階段） | 生命階段（9 年週期的運勢變化） | | | | | | | | |
|---|---|---|---|---|---|---|---|---|---|---|
| | | 1 發展 | 2 協調 | 3 創造 | 4 安定 | 5 變化 | 6 愛情 | 7 休息 | 8 充實 | 9 完結 |
| | 預備階段<br>0～3 歲 | | | | | | 0 | 1 | 2 | 3 |
| | 第 1 階段<br>4～12 歲 | 4 | 5 | 6 | 7 | 8 | 9 | 10 | 11 | 12 |
| 宿命期 | 第 2 階段<br>13～21 歲 | 13 | 14 | 15 | 16 | 17 | 18 | 19 | 20 | 21 |
| | 第 3 階段<br>22～30 歲 | 22 | 23 | 24 | 25 | 26 | 27 | 28 | 29 | 30 |
| | 第 4 階段<br>31～39 歲 | 31 | 32 | 33 | 34 | 35 | 36 | 37 | 38 | 39 |
| 命運期 | 第 5 階段<br>40～48 歲 | 40 | 41 | 42 | 43 | 44 | 45 | 46 | 47 | 48 |
| | 第 6 階段<br>49～57 歲 | 49 | 50 | 51 | 52 | 53 | 54 | 55 | 56 | 57 |
| | 第 7 階段<br>58～66 歲 | 58 | 59 | 60 | 61 | 62 | 63 | 64 | 65 | 66 |
| 使命・天命期 | 第 8 階段<br>67～75 歲 | 67 | 68 | 69 | 70 | 71 | 72 | 73 | 74 | 75 |
| | 第 9 階段<br>76～84 歲 | 76 | 77 | 78 | 79 | 80 | 81 | 82 | 83 | 84 |
| | 最後階段<br>85 歲～ | 85 | 86 | 87 | 88 | 89 | | | | |

命運數 

## 特立獨行，貫徹自己的道路！

我行我素，帶有專家的氣質，這就是屬於你的風格。

### ❖ 週期表的特徵 ❖

當你遇到「循環數 7」（9 歲、18 歲、27 歲、36 歲、45 歲、54 歲、63 歲、72 歲）的時候，是暫時停下腳步，調整態勢的準備期。請你再一次重新檢視原點，釐清自己必須前進的道路，一步一腳印地製作作品，如此一來，必定能夠獲得好評。

### ❖ 轉捩點 ❖

30 歲、43 歲、57 歲這 3 段時期是你的人生分歧點。特別是命運期開始的 30 歲，正是獨立的時候。請在這之前離開老家。獨立創業或是開店也不錯。只要在 43 歲前，找到一輩子從事的畢生志業，57 歲之後就能順著這條路埋首前進。

| 人生週期 | 生命階段（9 年×9 個階段） | 生命階段（9 年週期的運勢變化） | | | | | | | | |
|---|---|---|---|---|---|---|---|---|---|---|
| | | 1 發展 | 2 協調 | 3 創造 | 4 安定 | 5 變化 | 6 愛情 | 7 休息 | 8 充實 | 9 完結 |
| | 預備階段 0～2 歲 | | | | | | | 0 | 1 | 2 |
| 宿命期 | 第 1 階段 3～11 歲 | 3 | 4 | 5 | 6 | 7 | 8 | 9 | 10 | 11 |
| 宿命期 | 第 2 階段 12～20 歲 | 12 | 13 | 14 | 15 | 16 | 17 | 18 | 19 | 20 |
| 宿命期 | 第 3 階段 21～29 歲 | 21 | 22 | 23 | 24 | 25 | 26 | 27 | 28 | 29 |
| 命運期 | 第 4 階段 30～38 歲 | 30 | 31 | 32 | 33 | 34 | 35 | 36 | 37 | 38 |
| 命運期 | 第 5 階段 39～47 歲 | 39 | 40 | 41 | 42 | 43 | 44 | 45 | 46 | 47 |
| 命運期 | 第 6 階段 48～56 歲 | 48 | 49 | 50 | 51 | 52 | 53 | 54 | 55 | 56 |
| 使命・天命期 | 第 7 階段 57～65 歲 | 57 | 58 | 59 | 60 | 61 | 62 | 63 | 64 | 65 |
| 使命・天命期 | 第 8 階段 66～74 歲 | 66 | 67 | 68 | 69 | 70 | 71 | 72 | 73 | 74 |
| 使命・天命期 | 第 9 階段 75～83 歲 | 75 | 76 | 77 | 78 | 79 | 80 | 81 | 82 | 83 |
| | 最後階段 84 歲～ | 84 | 85 | 86 | 87 | 88 | 89 | | | |

# 命運數 8

## 與別人共享富足吧！

**豪邁賺錢，慷慨投資。對旁人的強大影響力正是你的魅力。**

### ✣ 週期表的特徵 ✣

當你遇到「循環數 8」的時候（9 歲、18 歲、27 歲、36 歲、45 歲、54 歲、63 歲、72 歲），無論好壞，都會獲得明確的成果。這時不管成功還是失敗，你的影響力都會很大。成功的時候，不能忘記把豐碩的成果與周圍的人分享，請不要自己獨享。

### ✣ 轉捩點 ✣

29 歲、42 歲、56 歲這 3 個時間點是你的人生分歧點。你的命運期不到 30 歲就已開始，來得很早，因此請你在 42 歲前就做好後半生的規劃。你的使命、天命期也在 56 歲，還算年輕的時候就開始，從這時展開人生的第二春，也有機會成功。

| 人生週期 | 生命階段（9 年×9 個階段） | 生命階段（9 年週期的運勢變化） | | | | | | | | |
|---|---|---|---|---|---|---|---|---|---|---|
| | | 1 發展 | 2 協調 | 3 創造 | 4 安定 | 5 變化 | 6 愛情 | 7 休息 | 8 充實 | 9 完結 |
| | 預備階段 0～1 歲 | | | | | | | | 0 | 1 |
| 宿命期 | 第 1 階段 2～10 歲 | 2 | 3 | 4 | 5 | 6 | 7 | 8 | 9 | 10 |
| 宿命期 | 第 2 階段 11～19 歲 | 11 | 12 | 13 | 14 | 15 | 16 | 17 | 18 | 19 |
| 宿命期 | 第 3 階段 20～20 歲 | 20 | 21 | 22 | 23 | 24 | 25 | 26 | 27 | 28 |
| 命運期 | 第 4 階段 29～37 歲 | 29 | 30 | 31 | 32 | 33 | 34 | 35 | 36 | 37 |
| 命運期 | 第 5 階段 38～46 歲 | 38 | 39 | 40 | 41 | 42 | 43 | 44 | 45 | 46 |
| 命運期 | 第 6 階段 47～55 歲 | 47 | 48 | 49 | 50 | 51 | 52 | 53 | 54 | 55 |
| 使命・天命期 | 第 7 階段 56～64 歲 | 56 | 57 | 58 | 59 | 60 | 61 | 62 | 63 | 64 |
| 使命・天命期 | 第 8 階段 65～73 歲 | 65 | 66 | 67 | 68 | 69 | 70 | 71 | 72 | 73 |
| 使命・天命期 | 第 9 階段 74～82 歲 | 74 | 75 | 76 | 77 | 78 | 79 | 80 | 81 | 82 |
| 使命・天命期 | 最後階段 83 歲～ | 83 | 84 | 85 | 86 | 87 | 88 | 89 | | |

命運數

## 為世界和平帶來貢獻吧！

你是典型的早熟大人物。或許年紀愈大，反而活得愈輕鬆。

### ❖ 週期表的特徵 ❖

遇到「循環數 9」的時候（9 歲、18 歲、27 歲、36 歲、45 歲、54 歲、63 歲、72 歲），正是需要乾脆放手的時期。但你難免會以周遭的事情為優先，請你更坦率地面對自己的心情。比起開始的決斷，你更需要擁有停下腳步的勇氣。

### ❖ 轉捩點 ❖

28 歲、41 歲、55 歲這 3 段時期是人生的分歧點。在命運期開始的 28 歲，可看出人生能進展到什麼程度。最理想的狀況是在 41 歲之前就找出必須前進的道路。但真正適合你的人生，或許要到「使命．天命期」開始的 55 歲之後。

| 人生週期 | 生命階段（9 年×9 個階段） | 生命階段（9 年週期的運勢變化） | | | | | | | | |
|---|---|---|---|---|---|---|---|---|---|---|
| | | 1 發展 | 2 協調 | 3 創造 | 4 安定 | 5 變化 | 6 愛情 | 7 休息 | 8 充實 | 9 完結 |
| | 預備階段 0 歲 | | | | | | | | | 0 |
| 宿命期 | 第 1 階段 1～9 歲 | 1 | 2 | 3 | 4 | 5 | 6 | 7 | 8 | 9 |
| 宿命期 | 第 2 階段 10～18 歲 | 10 | 11 | 12 | 13 | 14 | 15 | 16 | 17 | 18 |
| 宿命期 | 第 3 階段 19～27 歲 | 19 | 20 | 21 | 22 | 23 | 24 | 25 | 26 | 27 |
| 命運期 | 第 4 階段 28～36 歲 | (28) | 29 | 30 | 31 | 32 | 33 | 34 | 35 | 36 |
| 命運期 | 第 5 階段 37～45 歲 | 37 | 38 | 39 | 40 | (41) | 42 | 43 | 44 | 45 |
| 命運期 | 第 6 階段 46～54 歲 | 46 | 47 | 48 | 49 | 50 | 51 | 52 | 53 | 54 |
| 使命．天命期 | 第 7 階段 55～63 歲 | (55) | 56 | 57 | 58 | 59 | 60 | 61 | 62 | 63 |
| 使命．天命期 | 第 8 階段 64～72 歲 | 64 | 65 | 66 | 67 | 68 | 69 | 70 | 71 | 72 |
| 使命．天命期 | 第 9 階段 73～81 歲 | 73 | 74 | 75 | 76 | 77 | 78 | 79 | 80 | 81 |
| | 最後階段 82 歲～ | 82 | 83 | 84 | 85 | 86 | 87 | 88 | 89 | |

# 從「生命靈數」來看
# 人生結構與登上頂峰的方法

大家常說人生就像攀登高峰。而從生命靈數來看，從幼年到 32 歲前後的「宿命期」，是打造人生基礎的時期。如果用登山來比喻，就是你還在山腳附近。在這之前，如果無法將人生的基礎打好，就無法克服最辛苦的「命運期」。命運期中點的 45 歲左右，差不多是到了人生的半山腰。這時，爬到這裡的人大致可分成兩批，一批直接下山，另一批繼續往上攻頂，朝著更高的目標邁進。而之後在 59 歲左右，會進入到人生最後階段的「使命．天命期」，到了這時候，終於攀登了大約 7 成的人生高度，決定繼續往上攻頂的人，與放棄下山的人，會在這時出現明顯的差異。下山的人，如果想在這個時候逆轉人生，需要面對相當殘酷的考驗。最後到了 86 歲左右，差不多接近人生的山頂，人生的最後階段從這時開始。山頂就在眼前，直到攻上人生的頂峰，我們才終於登上了人生這座大山。

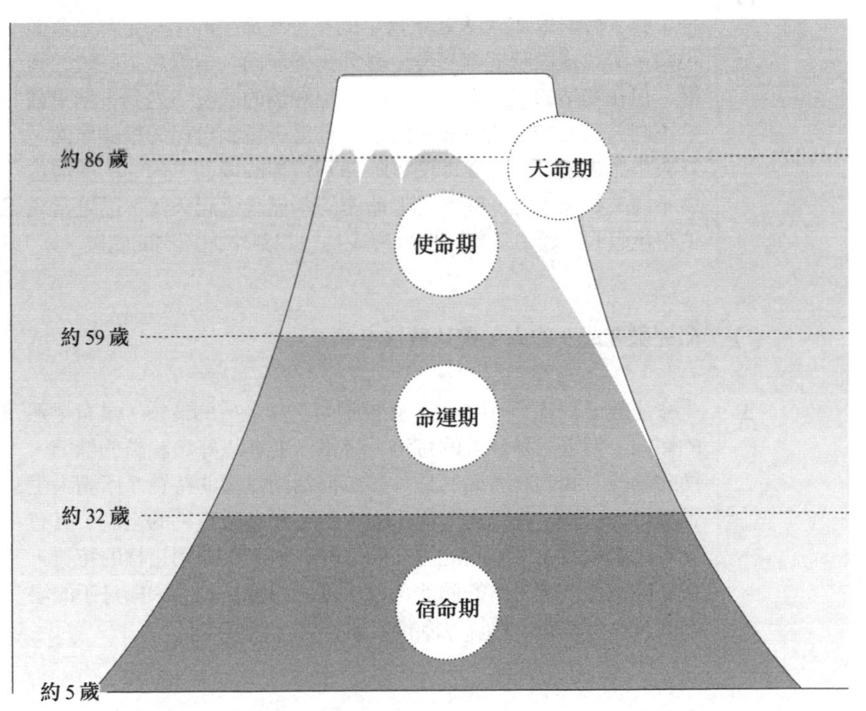

# 解讀人生運勢週期表Q&A

Q｜**當「使命・天命期」結束時，代表我們的壽命也到了盡頭嗎？**

A｜當然不是。有些人在迎向「使命・天命期」之前，就已經到了大限，並非所有人都能根據這份週期表度過人生。週期表終究只是生而在世的理想範本或指南。現在是人人百歲的時代。你可以把「使命・天命期」之後的人生當成附贈，如果能在這之前平安完成任務，那麼剩下的時間就能脫離這份計畫書，享受更自由、更隨心所欲的人生。

Q｜**我們是否無法避免命運的動盪與大起大落？**

A｜很遺憾，我們無法避免。但在兩位數字相同的「循環數 11：動搖」與「循環數 22：大起大落」的年分，發生的不一定都是負面現象。雖然這段時期容易發生影響精神層面，乍看之下嚴峻的經歷，但在知情的狀況下遇到，與在不知情的狀況下遇到，結果截然不同。只要知道這時發生的事件容易影響到自己的精神層面、為人生掀起波瀾，那麼即使實際遇到這樣的場面，內心的準備也會不同。如果不是一味地恐懼命運的動盪或大起大落，而是當成值得挑戰的課題，這些時機就會成為一口氣掌握運勢的關鍵。

Q｜**命運數 8 或 9 的人，會比較快老嗎？**

A｜「命運數 8」或「9」的人，確實帶有少年老成的氣質，具有早熟的傾向。但這只是個人的特質、特徵，並非以好壞論斷的標準。換句話說，我們應該問的是：該如何活用這樣的特質？所謂人生進展得比較快，就是比同年齡的人更容易鳥瞰事物的全貌，具有先見之明與看透未來的能力。如果能在後半生運用這樣的特質，扮演能統合周遭人事的顧問角色，就能獲得信賴，大顯身手的場面應該也會增加，到時可沒有空變老喔。

國家圖書館出版品預行編目資料

366 生日・生命靈數全書 / 葉月虹映著 .
-- 臺北市：三采文化 , 2019.09
面； 公分 . -- (Mindmap；189)
ISBN 978-957-658-209-7( 平裝 )

1. 占卜 2. 數字

292.9 108010952

suncolor 三采文化集團

Mind Map 189

# 366 生日・生命靈數全書

## 從生日數字的意義，了解你的天賦與使命，掌握一生運勢的祕密

作者｜葉月虹映　譯者｜周若珍、林詠純
副總編輯｜鄭微宣　責任編輯｜劉汝雯　版權 / 選書｜劉契妙
美術主編｜藍秀婷　封面設計｜池婉珊
內頁排版｜菩薩蠻電腦科技有限公司　校對｜聞若婷

發行人｜張輝明　總編輯｜曾雅青　發行所｜三采文化股份有限公司
地址｜台北市內湖區瑞光路 513 巷 33 號 8 樓
傳訊｜TEL:8797-1234　FAX:8797-1688　網址｜www.suncolor.com.tw
郵政劃撥｜帳號：14319060　戶名：三采文化股份有限公司
初版發行｜2019 年 9 月 27 日　定價｜NT$750
9 刷｜2023 年 10 月 30 日

suuhijutude uranau 366nichi tanjoubi zensho by Kouei Hazuki / SEKAIBUNKASHA

Original Japanese edition published by Sekaibunka Publishing Inc.
Complex Chinese translation rights arranged with Sekaibunka Publishing Inc.
through Digital Catapult Inc., Tokyo.